新譯徐霞客遊記（下）

黃珅 注譯
黃志民 校閱

三民書局

新譯徐霞客遊記 目 次

下冊

滇遊日記四……一九七九
滇遊日記五……二〇九七
滇遊日記六……二一八一
滇遊日記七……二二八〇
滇遊日記八……二三七六
滇遊日記九……二五〇四
滇遊日記十……二六一五
滇遊日記十一……二七〇五
永昌志略……二七七一
近騰諸彝說略……二七七四

滇遊日記十二……二七八三
滇遊日記十三……二八八〇
雞山志目……二九〇七
雞山志略一……二九〇九
雞山志略二……二九一五
麗江紀略……二九二一
法王緣起……二九二三
溯江紀源 一作江源考……二九二八

附編

詩文

山中逸趣跋……二九四二
致陳繼儒書……二九四三
題小香山梅花堂詩五首 有序……二九四四
遊桃花澗 有序……二九四六
賦得孤雲獨往還五首 有跋……二九四六
宿妙峰山……二九四七

哭靜聞禪侶六首 有引……二九四七
靜聞事略 附……二九四八
雞山十景十七首……二九四八
贈雞足山僧妙行七律二首 有序……二九五一

傳誌敘

徐霞客壙志銘……二九五三
霞客徐先生墓志銘……二九五四
徐霞客傳……二九六〇
壽江陰徐太君王孺人八十敘……二九六二
徐氏三可傳……二九六三

舊序

季 序……二九六五
史 序……二九六五
潘 序……二九六六
奚 序……二九六七
楊序一……二九六九
楊序二……二九七〇

書手鈔霞客遊記後……二九七一
徐序……二九七一
書徐霞客遊記後 丁酉……二九七二
葉序……二九七二
題辭……二九七四
四庫全書總目提要……二九七四
徐霞客年譜……二九七六

滇遊日記四

【題解】崇禎十一年（一六三八）十月初一，徐霞客回到昆明。「昆明」這一名詞，最早出現於西漢，原是一個游牧民族的名稱。唐武德二年，置昆明縣，不過其故址在今四川的鹽源。直至元至元十三年（一二七六），作為雲南行省中心的昆明才正式出現。《馬可波羅遊記》稱昆明為一個各族「雜居」、「商工甚多」的「壯麗大城」。昆明四面環山，六河縱橫，南臨滇池。「攬盡昆池勝，登臨壯大觀。」五百里滇池，雲淨風清，湖山一色，更有四圍香稻、萬頃晴沙、九夏芙蓉、三春楊柳，令人心曠神怡，情思浩蕩。回城三日，徐霞客就自北往南縱渡滇池，到南岸的晉寧州，遊覽了天女城、石將軍等名勝，考察了羅藏山、盤龍山等山脈。又經過昆陽州，往北到海口街，遊覽石城。再沿螳螂川北上，經過九子母山、石龍壩，到達安寧州，遊覽了虛明洞、雲濤洞和安寧溫泉，並去曹溪寺，觀看了聖泉。隨後沿著沙河走，經過碧雞關，登上進耳山、棋盤山，考察了昆明西郊的山勢。在外出一個月後，三進昆明城。接著往北遊覽了筇竹寺、海源寺三洞、妙高寺和沙朗的天生橋。然後經過富民縣，直到武定府。

戊寅十月初一日　凌晨起，晴爽殊甚。從三家村啜粥啟行，即西由峽中，已乃與溪別。復西逾嶺，共三里，入報恩寺[1]。仍轉東二里，過松花壩[2]橋。又循五龍山而南三十里，循省城東北隅南行。已乃轉西度大橋，則大溪[3]之水自橋而南，經演武場而出火燒鋪橋，下南壩矣。從橋西入省城[4]東門[5]，飯於肆。出南

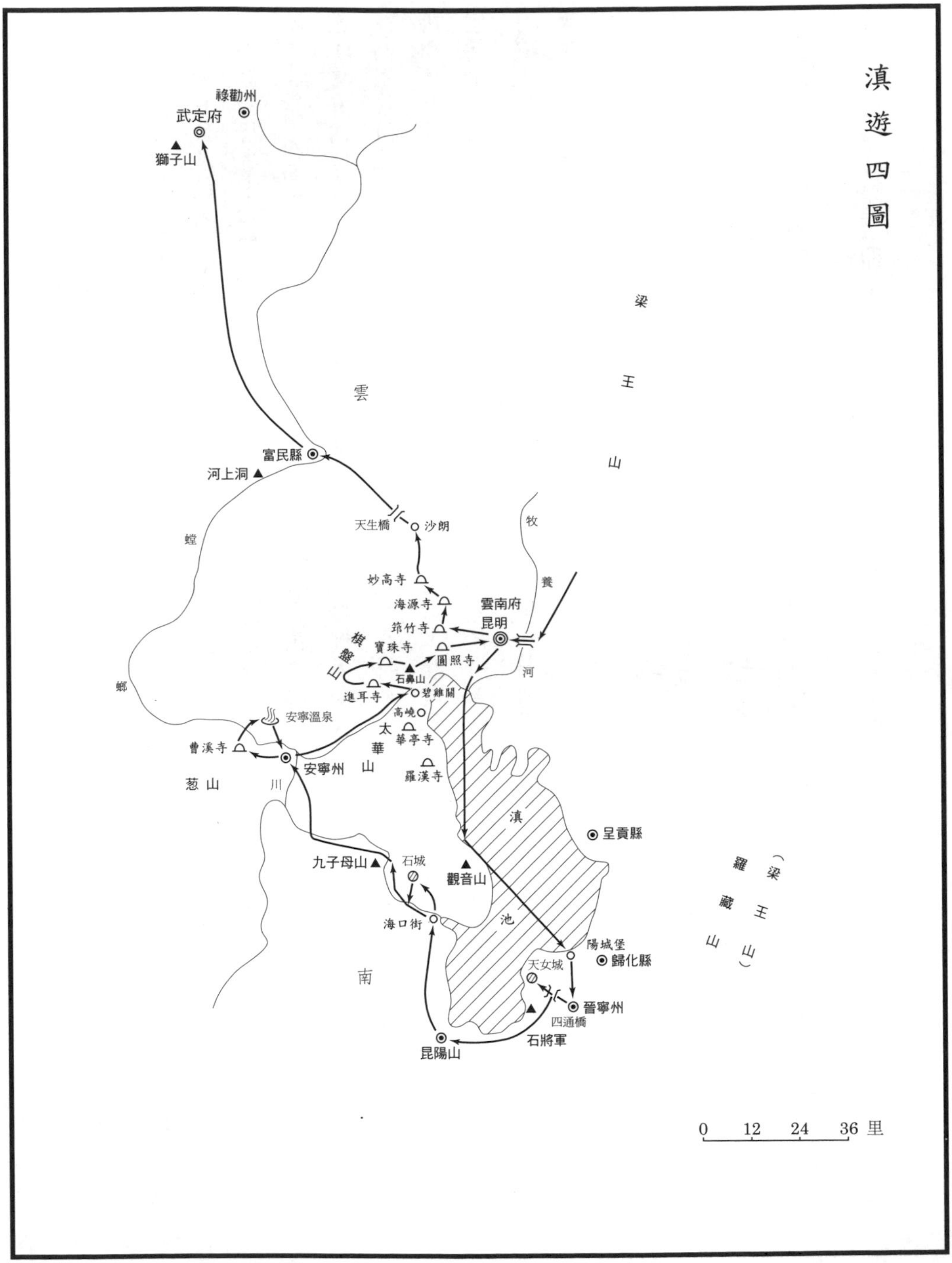
滇遊四圖
祿勸州
武定府
獅子山
雲
梁王山
富民縣
河上洞
天生橋
沙朗
螳
妙高寺
海源寺
雲南府
昆明
筇竹寺
棋盤山
寶珠寺
圓照寺
牧養河
石鼻山
進耳寺
碧雞關
螂
安寧溫泉
高嶢
太華山
華亭寺
曹溪寺
安寧州
羅漢寺
葱山
川
滇池
呈貢縣
九子母山
石城
觀音山
羅藏山
（梁王山）
海口街
陽城堡
歸化縣
南
天女城
晉寧州
四通橋
石將軍
昆陽山
0 12 24 36 里

門❻，抵向所居停處，則吳方生方出遊歸化寺❼未返。余坐待之，抵暮握手，喜可知也。見有晉寧歌童王可程，以就醫隨吳來，始知方生在唐守處過中秋，甚洽也。

初二日　余欲西行，往期阮仁吾所倩擔夫，遇其姪阮玉灣、阮穆聲，詢候甚篤。下午，阮仁吾至寓，以擔夫楊秀雇約至。余期以五日後再往晉寧，還即啟行。仁吾饋以番帨❽、香扇。

初三日　余欲往晉寧，與唐玄鶴州守、大來隱君作別。方生言：「二君日日念君。今日按君還省，二君必至省謁見，毋中塗相左也。盍❾少待之？」乃入叩玉灣，并叩楊勝寰，知麗江守相望已久。既而玉灣來顧寓中，知按君調兵欲征阿迷，然兵未發，而路人皆知之，賊黨益猖狂於江川❿、澂江之境矣。玉灣謂余：「海口⓫有石城、妙高，相近有別墅，已買山欲營構為勝地。請備車馬，同行一觀。」余辭以晉寧之行不容遲，因在迤西羈久也。彼又云：「緬甸⓬不可不一遊，請以騰越莊人為導。」余頷之。

【章　旨】本章記載了進入雲南後第一百三十八天至第一百四十天在雲南府的行跡。從三家村出發，通過松花壩橋，從省城東門進城，又從南門走出，到原先居住的地方，遇見吳方生，然後和阮仁吾約定所請挑夫的出發日期。應阮玉灣之邀一起去海口石城，據阮說緬甸不可不去一遊。

【注釋】❶報恩寺　原在昆明東北松花壩，明萬曆間鄉紳趙克忠建。❷松花壩　在昆明城東北三十里松華山下。元至元年間，平章政事賽典赤行雲南中書省事，在任期間，積極興修水利，疏通海口，創建了松花壩水利灌溉系統，在此築壩分盤龍江水為金稜河，並治盤龍、金稜、銀稜、寶象、海源、馬料六河，灌溉田地上萬頃。後歷加修濬。清雍正間，總督鄂爾泰等人又分修六河及各壩閘。❸大溪　指盤龍江。❹省城　指雲南布政使司治昆明，與雲南府同治。明洪武年間，沐英重建雲南府城，改土城為磚城，請堪輿家汪湛海主持改建事務。改建後的昆明城周圍九里多，開六門，形狀如烏龜。❺東門　明時名咸和門，俗稱大東門，在今青年路小花園附近。❻南門　明時名麗正門，改稱正麗門，在今近日公園附近。❼歸化寺　在昆明城東金馬山。明成化間，黔國公沐琮奉敕建。❽番帨　國外的佩巾。❾盍　何不。❿江川　明代為縣，隸澂江府，治所在今江川北江城。⓫海口　即海口街，又名茶埠墩，在今雲南晉寧北海口鎮，為螳螂川會合滇池之口。⓬緬甸　國名，在東南亞中南半島西部。古稱朱波國，漢稱撣國，唐稱驃國，至宋始稱緬國。宋寧宗時，與波斯等國進白象。明洪武年間，沐英討平緬甸，置緬甸軍民宣慰使司。

【語譯】崇禎十一年（戊寅）十月初一　凌晨起身，天氣分外晴朗。在三家村喝了粥啟程，即往西從峽谷中走，不久離開溪水。又往西越過山嶺，共走了三里，進入報恩寺。仍然轉向東走了二里，通過松花壩橋。又沿著五龍山往南走三十里，再沿著省城東北隅往南走。隨後就轉向西通過大橋，只見大溪的水從橋下往南流，經過演武場到火燒鋪橋流出，再往下流到南壩。從橋的西面進入省城東門，在店裡吃飯。從南門出城，到原先居住的地方，這時吳方生正好外出遊覽歸化寺還沒返回。我坐著等他，到傍晚才相見，喜悅之情可想而知了。看到有個晉寧的歌童王可程，因為看病隨吳方生一起來，才知道吳方生在唐知州那裡過中秋節，兩人十分融洽。

初二　我想往西走，去和阮仁吾約定所請挑夫的出發日期，遇見他的姪子阮玉灣、阮穆聲，對我的問候，十分真誠。下午，阮仁吾到我的住所，帶來挑夫楊秀的雇用合同。我和他約好五日後再去晉寧州，回來後就啟程出發。仁吾將外國的佩巾、香扇贈送給我。

初三　我想去晉寧州，和知州唐玄鶴、隱士唐大來告別。方生說：「他們二位天天思念您。今天巡按返回省城，二人一定會到省城拜見，不要途中錯過，何不暫且等候他們呢？」於是進城拜訪玉灣，並去拜訪楊勝寰，得知麗江府知府盼望我去已經很久了。隨後阮玉灣來寓所看我，才知巡按調動軍隊準備征討阿迷州，但軍隊還沒出發，連過路的行人都已知道這事，匪徒在江川縣、澂江府境內的活動更加猖狂了。玉灣對我說：「海口有石城、妙高寺，附近有別墅，已買了那裡的山林想構建園林。請讓我備好車馬，一起去遊覽。」我因為去晉寧州的行程不能推遲，向他辭謝了，因為要在滇西停留很長時間。玉灣又說：「緬甸不可不去一遊。請讓騰越莊園的人來作嚮導。」我點頭同意。

初四日　余束裝欲早往晉寧，主人言薄暮舟乃發，不若再飯而行。已而阮玉灣餽榼❶酒，與吳君分餉之。下午，由羊市❷直南六里，抵南壩❸，下渡舟，既暮乃行。是晚，西南鬬風❹，舟行三十里，至海夾口泊。三鼓，乃發棹，昧爽，抵湖南涯北圩口❺，乃觀音山❻之東南瀕海處。其涯有溫泉❼焉，舟人有登浴者，余畏風寒，不及沐也。於是掛帆向東南行，二十里，至安江村❽，梳櫛於飯肆。仍南四里，過一小橋，即西村四通橋分注之水，為歸化❾、晉寧分界處。又南四里，入晉寧州❿北門，皆昔來暗中所行道也。至是始見田疇廣闢，城樓雄壯焉。入門，門禁過往者不得入城，蓋防阿迷不靖也。既見大來⓫，各道相思甚急。飯而入叩州尊⓬，如慰飢渴，遂留歡宴。夜寢於下道，供帳極鮮整。

初五至初七日　日日手談⓭於內署，候張調治。黃從月、黃沂水禹甸與唐君大來，更次相陪，夜宴必盡醉乃已。

初八日　飲後與黃沂水出西門，稍北，過陽城堡⑭，即所謂古土城也。其西北為明惠夫人廟⑮，廟祀晉寧州⑯刺史李毅⑰女。夫人功見《一統志》。有元碑，首句云：「夫人姓楊氏，名秀娘，李毅之女也。」既曰「李女」，又曰「姓楊」，何謬之甚耶？豈夫人之夫乃姓楊耶？然辭不達甚矣。人傳其內猶存肉身，外加髹⑱焉，故大倍於人。余不信。沂水云：「昔年鼠傷其足，露骨焉，不妄也。」是日，州幕傅良友來拜，餽以榼醴。傅，江西德化⑲人。

【章　旨】本章記載了第一百四十一天至第一百四十五天在雲南府的行跡。從羊市口到南壩下船，夜晚乘風行駛到海夾口停泊。拂曉到達北圩口，岸上有溫泉。再經過安江村，進入晉寧州城，和唐大來、唐玄鶴相見。以後幾天在州署下棋喝酒。其間遊覽了晉寧古城陽城堡，裡面有明惠夫人廟，祭祀西晉李毅女李秀。聽說塑像內為夫人肉身，外面塗著赤黑色的漆。

【注　釋】❶榼　古代盛酒的容器。《左傳》成公十六年：「使行人執榼承飲。」杜甫〈羌村三首〉：「手中各有攜，傾榼濁復清。」白居易〈風雨中尋李十一因題船上〉：「小榼沽清醑，行廚煮白鱗。」據此，當為體積不大的壺類。❷羊市　即羊市口，今名南通街，南接東寺街。❸南壩　在昆明城南十里，元薩達克齊建，明總兵沐璘、巡撫鄭顒砌石為閘。❹闖風　猶「乘風」，形容速度快。❺北圩口　今名白魚口，在滇池西岸，為白魚產卵場。四周景色秀麗，每當櫻花盛開，一片緋紅，與碧波相映，分外迷人。❻觀音山　在滇池西岸，山上有塔。❼溫泉　在白魚口空谷園內，水溫較低。❽安江村　在滇池東岸，晉寧北境。❾歸化　明代為縣，隸雲南府晉寧州，治所在今呈貢化城。❿晉寧州　明代隸雲南府，治所在今晉寧晉城。

⓫大來　唐大來，名泰，雲南晉寧人。早年外出遊學，曾入董其昌門，詩畫皆臻其妙。及歸，放情山水，雲南巡撫錢士晉稱之為「雲中一鶴」。明亡削髮為僧，居雞足山，法名普荷，號擔當。有《橛庵草》、《翛園集》等。⓬州尊　一州之尊，用作對知州的尊稱。此指晉寧知州唐萬齡（玄鶴）。⓭手談　下圍棋。《世說新語・巧藝》：「王中郎（坦之）以圍棋是坐隱，支公（道林）以圍棋為手談。」⓮陽城堡　即晉寧廢縣，在城西二里，唐武德間置，天寶間歸南詔，廢為陽城堡。⓯明惠夫人廟　又名忠烈廟。晉惠帝光熙元年（三〇六），王苓蠻圍攻寧州，刺史李毅病故。毅女秀，明遠有父風，被眾推領州事，獎勵戰士，嬰城固守，城中糧盡，至捕鼠拔草而食，終於伺機擊敗敵軍。夫人因功奉祀，唐開元初賜廟額。⓰寧州　晉泰治間分益州置，治所或說在滇池（今雲南晉寧東），轄境相當於今雲南大部及貴州、廣西小部。⓱李毅　字允剛，西晉郪縣（故城在四川三臺南）人。初為王濬參軍，平吳後封關內侯。後為寧州刺史，討平五十八部土酋。明達剛斷，士人信服，卒諡威。⓲髹　赤黑色的漆。⓳德化　明代為九江府附郭縣。即今九江市。

【語譯】初四　我整理好行李想趁早去晉寧州，主人說要到傍晚才開船，不如吃了午飯再走。隨後阮玉灣送來一壺酒，我和吳方生分享了。下午，從羊市口一直往南走六里，到南壩，上了渡船，天晚以後才出發。這天晚上，乘著西南風，船行駛三十里，到海夾口停泊。三更便啟航，拂曉到達湖水南岸的北圩口，在觀音山東南臨近滇池的地方。岸邊有溫泉，船上有人上岸沐浴，我怕風寒，沒去沐浴。從這裡船張帆往東南行駛，走了二十里，到安江村，在飯店梳洗。仍然往南走四里，經過一座小橋，橋下就是從西面村子四通橋下分流過來的水，是歸化縣、晉寧州的分界處。又往南走四里，從晉寧州城北門進入，都是以前來時在黑夜裡所走的路。到這裡才看到寬闊的田野，雄偉的城樓。想進城，門衛禁止行人來往，不得入城，原來是阿迷州不安定因而進行防範。見到唐大來後，各自訴說思念對方的急切心情。飯後去拜望知州，了卻急切思念的心願。於是留下歡宴。夜裡睡在下道，供給的圍帳極其清潔整齊。

初五至初七　天天在州署下圍棋，等候張調治。黃從月、黃沂水禹甸和唐大來諸君，輪流前來陪伴，夜晚設宴招待，一定喝到全都醉了才罷休。

初八　喝了酒，和黃沂水走出西門，稍許往北，經過陽城堡，就是所謂的古土城。在它的西北為明惠夫人廟，廟裡祭祀晉代寧州刺史李毅的女兒。夫人的功績載在《一統志》。廟裡有元代的碑刻，碑文首句說：「夫人姓楊，名秀娘，是李毅的女兒。」既說是「李毅的女兒」，又說「姓楊」，怎麼會這樣荒謬啊？難道夫人的丈夫姓楊嗎？但也太辭不達意了。人們說夫人的塑像內部還保存著她的肉身，是在肉體外面塗上赤黑色的漆，所以塑像就比真人大一倍。我不信這傳說。黃沂水說：「從前老鼠咬傷塑像的腳，露出骨頭，並不是胡言妄語。」這天，知州的幕僚傅良友前來拜訪，而且贈送一壺甜酒。傅是江西德化人。

初九日　余病嗽，欲發汗，遂臥下道。

初十日　嗽不止，仍臥下道。唐君晨夕至榻前，邀諸友來看，極殷綣❶。

十一日　余起復入內署，蓋州治無事，自清晨邀以入，深暮而出，復如前焉。是日傅幕復送禮。余受其雞肉，轉寄大來處。下午，傅幕之親姜廷材來拜。姜，金谿❷人。

十二日　唐州尊餽新製長褶❸棉被。余入謝，并往拜姜於傅署，遇學師趙，相見藹藹❹。及往拜趙於學齋，遇楊學師，交相拜焉。詢趙師：「陸涼有何君巢阿否？」趙，陸涼人，故詢之。趙言：「陸涼無之。當是浪穹❺人。然同宦於浙中，相善。」趙君陞任於此，過池州❻，問六安❼何州君，已丁艱❽去矣。四月初至鎮遠❾，其所主之家，即何所先主者，是其歸已的❿。但余前聞一僧言，貴州水發時，城中被難者，有一浙江鹽官，摃⓫二十餘，俱遭漂沒，但不知其姓。以趙君先主鎮遠期計之，似當其時，心甚惴惴，無可質問也。從陳木叔⓬集中，轉得二知己，為吳太史⓭淡人，及何六安巢阿，俱不及面。豈淡人為火斃於長安⓮，今又有此水阨？若果爾，何遇之奇⓯也！

【章　旨】本章記載了第一百四十六天至第一百四十九天在雲南府的行跡。因咳嗽睡了二天，知州唐君邀請眾多朋友前來探望，情意十分深厚。向趙學師打聽何巢阿的消息，可能已在貴州發大水時遇難。

【注　釋】❶殷綣　殷，殷勤；熱情周到。綣，繾綣，形容情意深厚，難分難解。❷金谿　見〈江右日記〉十月二十八日日記注。❸褶　上衣。❹藹藹　和氣親熱。❺浪穹　唐初為浪穹詔居地，明代為縣，隸大理府鄧川州，治所在今雲南洱源。❻池州　明代為府，隸南京，治所在今安徽池州貴池區。❼六安　明代為州，隸南京，即今安徽六安。❽丁艱　舊時稱遭父母之喪為丁艱，又稱丁憂。父母死後，子女要在家守喪三年，不做官，不婚娶，不赴宴，不應考。❾鎮遠　明代為府，治所在今貴州鎮遠。❿的　確實。⓫摃　同「扛」。兩人共抬一物為一扛。⓬陳木叔　陳函輝，字木叔，號小寒山子，浙江臨海人。黃道周弟子，曾任靖江（今屬江蘇）縣令，以文章飭吏治，對輿地之學頗有研究。霞客死後，為作墓誌。南明時，誓眾倡義。魯王監國，進禮部尚書，兼理兵部事，以兵敗回台州雲峰山自縊。⓭太史　西周、春秋時太史記載史事，兼管天文曆法等。後世修史之事歸翰林院，故稱翰林為太史。⓮長安　明代為西安府附郭縣，即今陝西西安。⓯奇　命運不順當。

【語　譯】初九　我生病咳嗽，想發汗解寒，於是在下道臥牀休息。

初十　咳嗽不止，仍然在下道臥牀休息。唐君早晚都來牀前問候，並邀了眾多朋友同來看望，情意極為深厚。

十一日　我起牀後，又去州署，因為州裡沒什麼事，知州清晨就邀請我去，到深夜出來，又像前幾天一樣。這天傅良友又送來禮物。我收下雞肉，寄放在唐大來處。下午，傅良友的親戚姜廷材來拜訪。姜是江西金谿人。

十二日　唐知州送來新做的長袍、棉被。我去州署致謝，並到傅良友官署拜訪姜廷材，遇上趙學師，見面時和氣親熱。等到去學校拜訪趙學師時，又遇見楊學師，互相行禮。我問趙學師：「陸涼州有沒有何巢阿這人？」趙學師，陸涼人，所以問他。趙學師說：「陸涼州沒有這個人，應是浪穹人。但我們一同在浙江做過官，關係很好。」趙君提升到這裡任職，路過池州，打聽六安州何知州的情況，得知何因父母去世已離任回去了。四月初，趙君到達鎮遠府，他所寄住的人家，即何在先前寄住過的人家，這樣看來何的確已經回家了。但我前些時候，聽到一個僧人說，貴州發生水災時，城中遇難的有個浙江鹽官，二十多扛行李被水漂沒，但不知道他的姓名。根據趙君先前到鎮遠府時間推算，似乎何到貴州正是發水的時候，心中十分不安，就不再深問了。從陳木叔的文集中，間接得到二個知己，為吳太史淡人和何知州巢阿，都沒能見上一面。難道淡人已因火災而死於長安，如今又有何巢阿的水難？如果真是如此，遭遇為什麼都這樣不順啊！

十三日　州尊赴楊貢生酌，張調治以騎邀游金沙寺，以有莊田在其西麓也。出西門，見門內有新潤之房頗麗，問之，即調治之兄也。名□□，以鄉薦任常州判，甫自今春抵家。以讒與調治不睦。出西門，直西行田塍中，路甚坦。其塢即南自河澗鋪❶直北而出者，至此乃大開洋，北極於滇池焉。西界山東突瀕塢者為牧羊山，北突而最高者為望鶴山❷，其北走之餘脈為天城，又西為金沙❸，則散而瀕海者也。東界山西突而屏城南者為玉案山❹，北峙而最高者為盤龍山❺，其環北之正脊為羅藏山，則結頂而中峙者也。州治倚東界之麓。大堡❻、河澗合流於西界之麓，北出四通橋❼，分為兩流：一直北下滇海，一東繞州北入歸化界，由安江村入滇海。經塢西行三里，上溪堤，有大石梁跨溪上，是為四通橋。由橋西直上坡，為昆陽道。西北由岐一里半，為天女城，上有天城門遺址，古石兩疊，如雕刻亭簷狀。昔李毅之女秀，代父領鎮時築城於此，故名。城阜斷而復起，西北瀕湖者，其山長繞，為黃洞山；西南並天城而圓聳夾峙者，為金沙山❽。此皆土山斷續，南附於大山者也。金沙之西，則滇海南漱而入，直逼大山。金沙之南，則望鶴山高擁而北矙，為西界大山北隅之最。其西則將軍山❾聳崖突立，與望鶴駢峙而出，第望鶴則北臨金沙，天城、將軍則北臨滇海耳。黃洞山之西，有洲西橫海中，居廬環集其上，是為河泊所❿，乃海子中之蝸居⓫也。今已無河泊官，而海子中渡船猶泊焉。其處正西與昆陽對，截湖西渡，止二十里；陸從將軍山繞湖之南，其路倍之。由天女城盤金沙山北夾，又一里半，而入金沙寺⓬。寺門北向，盤龍蓮峰師所建也，寺頗寂寞。由寺後拾級而上，為玉皇閣，又上為真武殿，俱軒敞，而北向瞻湖，得海天空闊之勢。山之西麓，則連村倚曲，民居聚焉。入調治山樓，飯而登山，憑眺寺中。下步田畦水曲⓭，觀調治家人築場收穀。戴月入城，皎潔如晝，而寒悄逼人。還飯下道，不候唐君而臥。唐君夜半乃歸，使人相問，余已在夢魂中矣。

【章　旨】本章記載了第一百五十天在雲南府的行跡。和張調治騎馬去遊金沙寺。從西門出城，山塢十分開闊。西界有牧羊山、望鶴山、天城山、金沙山；東界有玉案山、盤龍山、羅藏山。州治靠著東界的山麓。走過四通橋，到天女城，即李秀築城抗敵處。城西北為黃洞山，西南為金沙山；金沙山西面為滇池，南面為望鶴山；望鶴山西面為將軍山；黃洞山西面為河泊所。金沙寺十分冷清，在上面的真武殿眺望滇池，有海闊天空的壯觀。隨後到張調治莊田看人收穀，夜晚返回晉寧城。

【注　釋】❶河澗鋪　今名河間鋪，在晉寧東南隅。❷望鶴山　在晉城西五里，過去有鶴在山上築巢，故名。❸金沙　山名，在晉城西五里，因山上產砂石，色如流金，故名。山頂平坦，傳說元末梁王在上面練武，號金沙武庫。❹玉案山　在昆明西二十里，又名列和蒙山，山頂方平高敞，狀如石枰，俗名棋盤山，下有菩提泉。❺盤龍山　在晉城東五里，萬松山的右面。❻大堡　河名，在澂江南境，源出玉溪境，經四通橋往西注入滇池。❼四通橋　約在晉城西三里處，明弘治間知州熊弘建造。❽金沙山　原作「金沙江山」，據徐本改。❾將軍山　在晉城西十里，崖壁上有將軍像。❿河泊所　今稱河泊村，在晉城正西滇池邊。但不再是水中沙洲，已和陸地聯成一片。⓫蝸居　同「蝸舍」。言屋室狹小如蝸牛之殼。⓬金沙寺　在晉城西金沙山，原名寶嚴寺，元時建。⓭水曲　河岸隨水勢曲折而變化，故稱水邊為水曲。

【語　譯】十三日　唐知州去參加楊貢生的酒宴，張調治邀請我騎馬遊覽金沙寺，因為他有莊田在寺西邊的山麓。從西門出城，看到城門內有剛裝修的住房，很華麗，詢問房屋的主人為誰，就是調治的哥哥。名□□，以舉人出任常州府通判，今年春天剛回家，因人挑撥與調治不和。走出西門，往西在田埂上行走，路很平坦。這裡的山塢南面從河澗鋪起，一直往北伸展，到此才大大開闊起來，北面到滇池為止。西界在東面突起而迫近山塢的是牧羊山，在北面突起最高的是望鶴山，往北延伸的餘脈為天城山，再往西為金沙山，是分散臨近滇池的山脈。東界在西面突起成為城南屏障的是玉案山，在北面聳峙最高的是盤龍山，繞向北面的正脊為羅藏山，是山頂相連而又居中峙立的山。晉寧州治靠著東界的山麓。大堡、河澗的水在西界的山麓合流，往北流出四通橋，分為兩條：一條直往北流入滇池，一條往東繞過州城再往北流入歸化地界，從安江村注入滇池。穿過山塢往西走三里，踏上溪堤，有座大石橋架在溪上，這就是四通橋。從橋的西面直上山坡，是去昆陽州的路。往西北在山坡岔路上走了一里半，到天女城，上面有天城門遺址，兩層古石，形如雕刻而成的亭簷。從前李毅的女兒李秀，代替父親領兵鎮守晉寧州時，在這裡建築城池，因此稱為「天女城」。城所在的土山斷而再起，西北臨近滇池的山綿延盤繞成為黃洞山；西南和天城並立圓聳夾峙的為金沙山。這些都是時斷時續的土山，往南依附著大山。金沙山的西面，滇池往南沖激直逼大山；金沙山的南面，望鶴山高高簇擁朝北臨下，為山塢西界大山北端的最高處。在它西面則將軍山的山崖高高聳立，和望鶴山並立而起，只是望鶴山北面對著金沙山，天城門、將軍山則北面對著滇池罷了。黃洞山的西面，有個小洲往西橫伸滇池中，上面有住房環繞聚集，這就是河泊所，是滇池中蝸居之地。如今已沒有河泊官，但滇池中的渡船仍在那裡停泊。它的正西和昆陽州相對，往西橫渡滇池，只有二十里；陸路從將軍山繞著滇池南面走，路程加倍。從天女城繞到金沙山北面相夾處，又走了一里半進入金沙寺。寺門朝北，是盤龍山蓮峰法師所建，寺內十分冷清。從寺後踏著石級走上，到玉皇閣，再往上為真武殿，都高大寬敞，向北眺望滇池，有海闊天空的壯觀。金沙山的西麓，則村莊靠著彎曲水邊接連不斷，有百姓聚住。走進張調治的山樓，吃了飯登山，在寺中居高遠望。下山後在田間水邊漫步，觀看調治的僕役築場收穀。到晚上頭頂月亮進城，月光皎潔明亮如同白天，但寒氣逼人。回到下道吃過晚飯，沒有等候唐君就睡了。唐君半夜才回來，派人前來問候，我已在夢中了。

十四日　在署中。

十五日　在州署。夜酌而散，復出訪黃沂水。其家寂然，花陰歷亂，惟聞犬聲。還步街中，恰遇黃。黃乃呼酒，踞下道門，當月而酌，中夜乃散。

十六日　余欲別而行，唐君謂：「連日因歌童就醫未歸，不能暢飲。使人往省召之，為君送別，必少待之。」余不能卻。

十七、十八日　皆在州署。

十九日　在州署。夜月皎而早陰霾。

二十日、二十一日　在州署。兩日皆倏雨倏霽。

二十二日　唐君為余作〈瘞靜聞骨記〉，三易稿而後成。已乃具酌演優❶，并候楊、趙二學師及唐大來、黃沂水昆仲，為同宴以餞。

【章　旨】本章記載了第一百五十一天至第一百五十九天在雲南府的行跡。一直在晉寧州署。知州唐君作了〈瘞靜聞骨記〉，並召回歌童，為我設宴餞行。

【注　釋】❶優　優伶。古稱戲曲演員為優伶，這裡指戲曲。

【語　譯】十四日　在州署中。

十五日　在州署。夜晚喝完酒分手，又去拜訪黃沂水。他的家裡寂靜無聲，花影淩亂，只聽到狗叫。轉身返回在街上步行，恰巧遇到黃沂水，他於是喊人送酒來，坐在下道門下，和我對著明月而飲，到半夜才分手。

十六日　我想告別啟行，唐君說：「這幾天因歌童去看病還沒回來，不能盡情飲酒。我已派人去省城叫他回來，為你送行，請務必等待一下。」我不能推辭。

十七、十八日　都在州署。

十九日　在州署。夜晚月光皎潔，而早晨天色陰暗。

二十、二十一日　在州署。這兩天天氣忽雨忽晴。

二十二日　唐君為我作了〈瘞靜聞骨記〉，修改三次方才完稿。隨後設宴演戲，並請楊學師、趙學師以及唐大來、黃沂水兄弟，陪同宴飲為我送行。

二十三日　唐君又餽棉襖夾褌，具厚贐焉。唐大來為余作書文甚多，且寄閃次公書，亦以青蚨❶贐。乃入謝唐君，為明日早行計。

晉寧乃滇池南一塢稍開，其界西至金沙山，沿將軍山抵三尖村，與昆陽界不過二十里；東至盤龍山頂，與澂江界不過十里；北至分水河橋，與歸化界不過五里；南入山塢，與澂江界不過十里。總計南北不過十五里，東西不過三十里，不及諸蠻酋山徼❷一曲也。

晉寧之水，惟四通橋為大。其內❸有二溪，俱會於牧羊山下石壁村。一為大壩河❹，即河澗鋪之流，出自關索嶺❺者，余昔往江川由之；一為大甫河❻，出自鐵爐關❼者，與新興❽分水之嶺界。二水合而出四通橋，又分其半，東灌州北之田。至州東北，又有盤龍山澗之水，自州城東南隅，循城北流，引為城濠，而下合於四通東灌之水，遂北為歸化縣分界，而出安江村。其河乃唐公新濬者。

晉寧二屬邑，俱在州東北境，亦滇海東南之餘塢也。歸化在州北二十里，呈貢❾又在歸化北四十里。呈貢北即昆明縣界，東北即板橋❿路，東即宜良⓫界，東南即羅藏山，陽宗⓬界。歸化北五里，有蓮花洞山，一名龍洞，有水出其間。羅藏山在歸化東十里，盤龍山東北之主峰也，東南距澂江府四十里。其山高聳，總挈眾山，與邵甸之梁王山對，亦謂之梁王山，以元梁王結寨其上也。西北麓為滇池，東南麓為明湖⓭、撫仙湖。水之兩分其歸者，以此山為界；水之三匯其壑者，亦以此山為環。然則比邵甸梁王，此更磅礴矣。其脈自鐵爐關東度為關索嶺，又東為江川北屈顙巔山⓮，遂北走為此山，又東至宜良縣西境，又北度楊林西嶺，又北過兔兒關，又北結為邵甸梁王山，而為果馬、月狐之脊焉。

晉寧四門，昔皆傾圮。唐玄鶴蒞任，即修城建樓，極其壯麗。

晉寧東至澂江六十里，西至昆陽四十里，南至江川七十里，北至省會一百里，東南至路南州一百五十里，東北至宜良一百六十里，西南至新興州一百二十里，西北至安寧州一百二十里。

唐晉寧初授陝西三水⓯令，以禦流寇功，即陞本州⓰知州，以憂歸，補任於此。乃郎年十五歲，文學甚優，落筆有驚人語，餘三子俱幼。

唐大來名泰。選貢⓱，以養母繳引⓲，詩、畫、書俱得董玄宰⓳三昧⓴。余在家時，陳眉公㉑即先寄以書云：「良友徐霞客足跡遍天下，今來訪雞足㉒并大來先生，此無求於平原君㉓者，幸善視之。」比至滇，余囊已罄，道路不前，初不知有唐大來可告語也。忽一日遇張石夫，謂余曰：「此間名士唐大來，不可不一晤。」余游高嶢時，聞其在傅玄獻別墅，往覓之，不值。還省，忽有揖余者曰：「君豈徐霞客耶？唐君待先生久矣。」其人即周恭先也。周與張石夫善，與張先晤唐，唐即以眉公書誦之。周又為余誦之。始知眉公用情周摯，非世誼所及矣。大來雖貧，能不負眉公厚意，因友及友。余之窮而獲濟，出於望外如此。

唐大來，其先浙之淳安㉔籍，國初從戎於此。曾祖金，嘉靖戊子㉕鄉薦㉖，任邵武㉗同知，從祀㉘名宦。祖堯官，嘉靖辛酉㉙解元㉚。父懋德，辛卯㉛鄉薦，臨洮㉜同知。皆有集，唐君合刻之，名《紹箕堂集》。李本寧先生為作序，甚佳。

大來言歷數先世，皆一仕一隱，數傳不更，故其祖雖發解㉝，竟不仕而年甚長。今大來雖未發解，而詩翰為滇南一人，真不忝厥祖也。但其胤嗣未耀，二女俱寡，而又旁無昆季㉞，後之顯者，將何待乎？

大來之岳為黃麟趾，字伯仁，以鄉薦任山東嘉祥㉟令，轉四川順慶府㊱某縣令，卒於任。即黃沂水禹甸之父，從月之兄也。其祖名明良，嘉靖乙酉㊲鄉薦，仕至畢節[38]兵憲[39]，有《牧羊山人集》。

大來昔從廣南出粵西抵吾地，亦以粵西山水之勝也。為余言：「廣南府東半日多程，有寶月關[40]甚奇。從廣南東望，崇山橫障，翠截遙空，忽山間一孔高懸，直透中扃，光明如滿月綴雲端，真是天門中開。路由其下盤躋而入，大若三四城門。其下旁又一竅，潛通滇、粵之水。」予按黃麟趾〈昭陽關詩〉注云：「關口天成一石虎頭，耽耽可畏。」詩曰：「何代鑿鴻濛[41]？巒山窈窱[42]通。五丁[43]輸地力，一竅自天工。域畛華、彝界，關當虎豹雄。棄繻[44]愁日暮，驅策[45]亂流中。」按昭陽即此洞也。唐君謂之寶月者，又其別名耳。此路東去即歸順，余去冬為交彝所梗，不能從此。

盤龍山蓮峰[46]祖師，名崇照，元至正[47]間以八月十八日涅槃，作偈曰：「三界與三塗，何佛祖不由[48]，不破則便有，能破則便無。老僧有吞吐不下[49]，門徒不肯用心修，切忌切忌！」師素不立文字[50]，臨去乃為此，與遺蛻俱存。至今以此日為「盤龍會」云。

邵真人以正，初名璇，晉寧人。其父名仁，叔名忠，俱由蘇州徙此。閣老劉逸[51]挽忠詩有曰：「三郎足下風雲達，忠子玘，領鄉薦。小阮[52]壺中日月[53]長。」即真人。末句又曰：「悵望蘇州是故鄉。」見《州志》。

晉時晉寧之地曰寧州，南蠻校尉李毅持節鎮此，討平叛酋五十八部。惠帝[54]時李雄[55]亂，毅死之。女秀有父風，眾推領州事，竟破賊保境。比卒，群酋為之立廟。是時寧州所轄之境雖廣，而駐節之地，實在於此。至唐武德[56]中，以其為晉時寧州統會之地，置晉寧縣。此州名之所由始也。州名宦向有李毅及王遜[57]、姚岳[58]等。迨萬曆間，吳郡[59]許伯衡修《州志》，謂今晉寧州地已非昔時五十八部之廣，以一隅而僭通部之祀，非諸侯祭封內山川義，遂一併撤去之，并志傳亦削去，祇自我朝始。遂令千載英靈，空存肸蠁[60]，一方故實[61]，竟作塵灰，可歎也！然毅雖削而其女有廟在古城，岳雖去而岳亦有廟在州西，有功斯土，非豎儒[62]所能以意滅者也。許伯衡謂昔時寧州地廣，今地狹，李毅雖嫡祖晉寧，不得而祀之，猶支子[63]之不得承祧[64]祀大宗[65]也。余謂晉寧乃嫡冢[66]，非支子比，毅所轄五十八部雖廣，皆統於晉寧，今雖支分五十八部，皆其支庶，而晉寧實承祧之主。若晉寧以地狹不祀，將委之五十八部乎？五十八部復以支分，非所宜祀，是猶嫡冢以支庶眾多，互相推委，而虛大宗之祀也。然則李毅一方宗祖，將竟委之若敖[67]乎？故余謂唐晉寧、唐大來首以復祀李毅為正。

【章旨】本章記載了第一百六十天在雲南府的行跡。晉寧州在滇池南岸的一個山塢中，面積很小。大壩河和大甫河會合後流出四通橋，成為晉寧州最大的水流。晉寧州有兩個屬縣，一為歸化，一為呈貢。羅藏山為盤龍山東北的主峰，總領群山，兩邊有滇池、明湖、撫仙湖，既是分水嶺，也是水流的匯聚處，比邵甸梁王山氣勢更加磅礴。新修建的晉寧城門極其壯麗。我在家鄉時，陳眉公就已寫信給唐大來，說我要去雲南，希望他好好招待。大來十分重視情誼，使我到雲南後擺脫困境。唐大來的先人是浙江淳安人，都是一代做官，一代隱居。大來雖未中舉，但詩、畫、書法三絕，只是後代不興旺，沒有子姪。大來的岳父為黃麟趾，是黃沂水的父親，黃從月的哥哥。大來過去從廣南府經過廣西來到我家鄉，說廣南府東面有寶月關洞十分奇特，據黃麟趾詩，這洞即昭陽關。元代盤龍山蓮峰祖師涅槃之日，至今仍舉行「盤龍會」。邵真人以正父輩從蘇州遷到這裡。晉代晉寧之地稱寧州，至唐始置晉寧縣。許伯衡因為如今晉寧州和古時寧州不同，在編州志時將前代名宦李毅等除去，識見低下，令人歎息。

【注釋】❶青蚨　南方昆蟲名，據干寶《搜神記》載，這種蟲母子情深，有人竊取子蟲，無論遠近，母蟲會立即飛到。如果將母蟲血塗八十一文錢，將子蟲血塗八十一文錢，不論用哪種錢去買東西，都會飛回來。後因稱錢為青蚨。❷徼　邊界。❸內　即「納」字。❹大壩河　在晉城東南二里左右，源出關索嶺，經石碑村北和大堡河會合。❺關索嶺　今名關嶺，在晉寧東南隅、江川北境，明代有土巡檢防守。千峰聳峙，一徑盤紆，和在它西北的關嶺相距百里，岡脊相連，同稱要隘。❻大甫河　又作「大堡河」。源出新興州，繞入晉寧南境，通過四通橋流入滇池。❼鐵爐關　在雲南玉溪市和晉寧交界處。高據峻嶺，俯對深谷，過去多樹林，號稱險阻，成為盜匪藏身之地。明代在此設巡檢司。❽新興　明代為州，隸雲南澂江府，治所在今雲南玉溪市。❾呈貢　明代為縣，隸雲南晉寧州，今屬雲南。❿板橋　今名大板橋，在昆明東郊。⓫宜良　明代為縣，隸雲南府，今屬雲南。⓬陽宗　明代為縣，隸澂江府，治所在今澂江城北、陽宗海南的陽宗。⓭明湖　又名陽宗湖、逸休湖，今名陽宗海，在澂江北境。周圍七十餘里，水色深碧。源出羅藏山，境內眾水交匯於此，下游由湯池東繞宜良入鐵池河。⓮屈顙巔山　又名疊翠山，在江川城北十五里。山上有三道泉水分流，西入滇池，東入撫仙湖，南入星雲湖。⓯三水　明代為縣，隸西安府邠州，治所在今陝西旬邑。⓰本州　指邠州，治所在今陝西彬縣。⓱選貢　科舉制度中貢入國子監的生員的一種。

明制於歲貢之外考選學行兼優者充貢，稱選貢。⑱繳引　交回薦引的憑證，即辭不受選。⑲董玄宰　董其昌，字玄宰，號香光，松江華亭人。明萬曆間進士，累官南京禮部尚書。工詩文，尤精書畫。書法初學宋代米芾，畫則集宋、元諸家之長，瀟灑生動，負有重名。⑳三昧　奧妙；訣竅。㉑陳眉公　陳繼儒，見〈浙遊日記〉九月二十四日日記注。㉒雞足　山名，見〈滇遊日記五〉十二月二十二日日記注。㉓平原君　即趙勝，戰國時趙國貴族，任趙相，有食客數千人，與齊相孟嘗君、魏公子信陵君、楚令尹春申君合稱戰國四公子。㉔淳安　明代為縣，隸嚴州府，今屬浙江。㉕嘉靖戊子　即嘉靖七年（一五二八）。㉖鄉薦　由府州薦舉解試合格者應禮部考試稱為鄉貢。因其由地方官薦舉，故也稱之為鄉薦。明、清時也稱鄉試中式為鄉薦。㉗邵武　明代為府，治所在今福建邵武。㉘從祀　陪祭。㉙嘉靖辛酉　嘉靖四十年（一五六一）。「酉」字原缺，據葉廷甲本補。㉚解元　科舉考試以名列第一者為元，鄉試第一名稱解元，會試第一名稱會元，殿試第一名稱狀元。㉛辛卯　萬曆十九年（一五九一）。㉜臨洮　明代為府，治所在今甘肅臨洮。㉝發解　唐制，舉進士者都由地方發送入試，稱為解。故科舉時稱中鄉榜的人為發解。鄉試也稱解試。㉞昆季　兄弟。長者為昆，幼者為季。㉟嘉祥　明代為縣，隸濟寧州，今屬山東。㊱順慶府　治所在今四川南充。㊲嘉靖乙酉　嘉靖四年（一五二五）。㊳畢節　明代置畢節衛，即今貴州畢節。㊴兵憲　對兵備道道員的尊稱。㊵寶月關　在廣南城東三十六里。㊶鴻濛　古人認為天地開闢之前是一團混沌的元氣，這種自然元氣稱鴻濛。㊷窅窱　幽遠深邃貌。㊸五丁　傳說秦惠王想伐蜀，但不識道路，於是造了五隻石牛，將金放在石牛尾下，揚言石牛能屙金。蜀王負力信以為真，派五丁（五個力士）將石牛拉回國，為秦開了通蜀的道路。㊹繻　古代出入關隘的帛製憑證。㊺策　馬鞭。㊻蓮峰　名宗照，劍川段氏的後人。出家後遍遊諸山。元至正間，遊晉寧東山，以為與曹溪相似，於是建盤龍寺居住。㊼至正　元順帝年號。㊽三界與三塗二句　《雲南通志》作「三界三塗，何佛何祖」，意有出入。三界，佛教將世俗世界劃分為欲界、色界、無色界，都處在生死輪迴的過程中，是有情眾生存在的三種境界。三塗，指三善道（又稱三善趣）和三惡道（又稱三惡趣）。佛教謂眾生依所行善業轉生天、人、阿修羅三善道；依所造惡業墮入地獄、餓鬼、畜生三惡道。佛祖，指佛教創始人釋迦牟尼。㊾吞吐不下　禪宗用語，又作「吞吐不得」。不得即不能。用以比喻處境難堪，猶如口中含物，既無法吞入，又吐之不出。此借指雖給予佛法的妙藥，但若缺乏道心，也難以消受處置。㊿不立文字　禪宗認為佛性本有，不假外求，故提倡不讀經，不禮佛，不立文字，強調「即心是佛」，自稱「頓門」。(51)閣老劉逸　明洪武間廢丞相設內閣大學士，後因稱宰輔為閣老。劉逸，《明史・宰輔表》無其名。(52)小阮　晉阮籍、阮咸叔姪同名列竹林七賢，當時稱阮咸為小阮。阮咸字仲容，陳留尉氏（今屬河南）人。為人曠放不拘，妙解音律，善彈琵琶。(53)壺中日月　據《雲笈七籤》載：施存「學大丹之道，……

後遇張申為雲臺治官，常懸一壺如五升器大，變化為天地，中有日月如世間。夜宿其內，自號「壺天」，人謂曰「壺公」。」李白〈下途歸石門舊居〉詩：「何當脫屣謝時去，壺中別有日月天。」後用以指道家生活。54惠帝　晉惠帝司馬衷，性痴呆，在位時出現八王之亂。55李雄　十六國時成國創立者。巴邸族。巴西宕渠（今四川渠縣東北）人。晉太安間，繼父李特為四川流民首領，攻克成都，不久稱帝。56武德　唐高祖年號。57王遜　字邵伯，魏興（治所在今陝西安康西北）人。晉惠帝末年任南夷校尉、寧州刺史，征伐各夷族部落，誅戮不守法的豪強，威行州境。58姚岳　晉永嘉間，李雄率兵侵犯寧州，刺史王遜命姚岳率兵抵抗。姚岳大破敵軍，但未能俘獲李雄。王遜大怒，鞭打姚岳，姚岳自毀冠冕而死。當時人為他喊冤，立廟祭祀。59吳郡　古郡名，因治所在吳縣，後用以指蘇州。60肸蠁　原意為散布、迷漫，指聲響或氣味的傳播。後常用以喻神靈感應。肸，同「肸」。61故實　足以效法的舊事。62豎儒　對儒者的鄙稱，言其淺陋如童奴。63支子　封建宗法，嫡長子及繼承先祖的兒子為宗子，其餘兒子為支子。64承祧　承奉祖廟的祭祀。祧，遠祖廟。65大宗　周代宗法以始祖的嫡長子為大宗，其他兒子為小宗。66嫡冢　正妻所生的長子。67若敖　春秋時楚子雄鄂生子熊儀，命名為若敖，子孫為若敖氏，常執楚政。令尹子文為若敖之後，其弟子良子越椒汰侈，子文擔心若敖氏將有大難，臨死時說：「鬼猶求食，若敖氏之鬼，不其餒而！」後越椒叛亂，楚王滅若敖氏。後因以「若敖鬼餒」或「若敖之鬼」比喻絕嗣。

【語　譯】二十三日　唐君又贈給棉襖、夾褲，準備了豐厚的送別禮物。唐大來為我寫了很多書信，並且寄信給閃次公，也送我路費。於是到州署向唐君致謝，打算明天一早動身。

晉寧州在滇池南岸一片比較開闊的山塢中，州界西邊到金沙山，沿著將軍山到達三尖村，和昆陽州界相隔不過二十里；東邊到盤龍山頂，和澂江府界相隔不過十里；北邊到分水河橋，和歸化縣界相隔不過五里；南邊伸入山塢之中，和澂江府界相隔不過十里。總計南北不過十五里，東西不過三十里，及不上各土司山地的一個角落。

晉寧州的水流，只有四通橋下的水最大。這條水接納了兩條溪流，都在牧羊山下的石壁村會合。其中一條為大壩河，即從河澗鋪流出的水，發源於關索嶺，我過去往江川縣就隨這條河走；一條為大甫河，發源於鐵爐關，和新興州分水嶺交界。兩條河會合後流出四通橋，又分出一半，往東灌溉州北部的田地。流到州的東北，又有盤龍山澗水，從州城的東南角沿著城牆往北流，被引為護城河，往下流去，和四通橋下往東灌溉田地的水匯合，於是往北流成為晉寧州和歸化縣的分界，再從安江村流出。這條河是知州唐公新近開通的。

晉寧州的兩個屬縣，都在州的東北境，也是延伸到滇池東南岸的山塢。歸化縣在州城北面二十里，呈貢縣又在歸化縣北面四十里。呈貢縣北面即是昆明縣的地界，東北即通往板橋的路，東面即是宜良縣地界，東南即羅藏山，是陽宗縣的地界。歸化縣北五里，有蓮花洞山，又名龍洞，有水從裡面流出。羅藏山在歸化縣東十里，是盤龍山東北的主峰，東南和澂江府相距四十里。這山高高聳起，總領群山，和邵甸的梁王山相對，也被稱作梁王山，因為元朝的梁王曾在山上安營紮寨。山的西北麓為滇池，東南麓為明湖、撫仙湖。水向兩邊分流的，以這座山為分界；水從三面流入山壑匯聚的，也以這座山圍繞。那麼和邵甸的梁王山相比，這山的氣勢更加磅礴了。它的山脈走向，從鐵爐關往東延伸成為關索嶺，再往東延伸成為江川縣北的屈顙巔山，於是往北延伸成為這座羅藏山，再往東延伸到宜良縣的西境，再往北越過楊林所西面的山嶺，再往北越過兔兒關，再往北盤結成為邵甸梁王山，是果馬山、月狐山的山脊。

晉寧州四面的城門，以前都已倒塌毀壞。唐玄鶴上任後，立即修建城樓，極其壯麗。

晉寧州往東到澂江府六十里，往西到昆陽州四十里，往南到江川縣七十里，往北到省會昆明一百里，往東南到路南州一百五十里，往東北到宜良縣一百六十里，往西南到新興州一百二十里，往西北到安寧州一百二十里。

唐知州最初被任命為陝西三水知縣，因抵禦流寇有功，便升為三水上屬邠州知州，因守父母之喪離職還鄉，後到這裡補任晉寧知州。他的長子年十五歲，文學十分優秀，下筆便有驚人之語。其餘三個兒子都還年幼。

唐大來名泰。入選貢生，因要奉養母親推辭引退。他的詩、畫、書法都得董玄宰的祕訣。我在家時，陳眉公就先寄信給他說：「好友徐霞客足跡遍天下，現在要來遊訪雞足山並拜訪大來先生。他這次出遊，和那些有求於平原君的食客不同，望能好好招待他。」等我到雲南的時候，口袋裡已空無一文，沒法再往前走，當初並不知道有唐大來這個朋友可以求助。忽然有一天遇見張石夫，他對我說：「這裡的名士唐大來，不能不去和他會面一次。」我在遊覽高峣時，聽說他在傅玄獻的別墅，曾去尋訪，沒有遇上。回到省城後，忽然有人拱手對我說：「您不就是徐霞客嗎？唐君等候先生已很久了！」這人就是周恭先。周和張石夫是好朋友，他同張石夫一起先見到唐大來，唐就把眉公的信讀給他們聽。現在周恭先又向我讀了這信。這才知道眉公用心周到真摯，不是世俗的友誼所能企及的。唐大來雖然貧窮，卻能不辜負陳眉公的深情厚意，把朋友的朋友，當作自己的朋友。我的窮困處境，就這樣出乎意外地獲得解脫。

唐大來祖先是浙江淳安人，明朝初年從軍來到這裡。曾祖唐金，嘉靖七年中舉，出任邵武府同知，死後從祀當地名宦祠。祖父唐堯官，嘉靖四十年解元。父親唐懋德，萬曆十九年中舉，出任臨洮府同知。都有文集，唐君合在一起刊印，題名《紹箕堂集》。李本寧先生為文集作序，寫得很好。

大來說從他的前輩一代代算起，都是一代做官，一代隱居，傳了幾代都沒改變，所以他的祖父雖然中舉，始終沒有做官，而壽命很長。如今大來雖未中舉，但詩文為雲南第一，真是無愧於他的祖父。但他的後代不興旺，兩個女兒都守寡，而且又沒有弟兄，在大來之後，將由誰來光大祖業呢？

大來的岳父黃麟趾，字伯仁，以舉人出任山東嘉祥知縣，轉任四川順慶府某縣知縣，死於任上。即是黃沂水禹甸的父親，黃從月的哥哥。他的祖父名黃明良，嘉靖四年中舉，官至畢節衛兵備道道員，有《牧羊山人集》。

大來過去從廣南府出省經過廣西到達我的家鄉，也是因為廣西山水秀麗的緣故。他對我說：「從廣南府往東走半天多路程，有一處地名寶月關，十分奇特。從廣南府往東望去，高大的山嶺橫列成屏障，蒼翠的山峰擋住遠方的天空，忽然看到山間有個洞高懸空中，從洞口直穿到中門，就像滿月掛在雲端那樣明亮，真是天門從中開出。路從山下盤繞往上進入洞中，有三、四座城門那麼大。洞的下面旁邊還有一個洞，和雲南、廣西的水暗中相通。」我查考黃麟趾〈昭陽關詩〉注說：「關口有個天生的岩石，形如虎頭，耽耽相視，令人生畏。」詩云：「何代鑿鴻濛？巒山窋窱通。五丁輸地力，一竅自天工。域畛華、彝界，關當虎豹雄。棄繻愁日暮，驅策亂流中。」查考昭陽關指的就是此洞，唐君稱它為寶月關，又是它的別名了。這條路往東去就是歸順州，我去年冬天因為交彝阻塞，不能從這條路走。

盤龍山蓮峰祖師，名崇照，在元代至正年間八月十八日去世，作偈道：「三界與三塗，何佛祖不由，不破則便有，能破則便無。老僧有吞吐不下，門徒不肯用心修，切忌切忌！」蓮峰祖師平素不寫文字，臨終前才作此偈，和遺體一起保存。至今仍在這天舉行「盤龍會」。

邵真人名以正，原名邵璇，晉寧州人。他的父親名邵仁，叔父名邵忠，都是從蘇州府遷到這裡的。閣老劉逸挽邵忠的詩有句云：「三郎足下風雲達，忠的兒子玭，中舉人。小阮壺中日月長。」即指邵真人。末句又云：「悵望蘇州是故鄉。」見《晉寧州志》。

晉寧州這地方，在晉代稱為寧州，南蠻校尉李毅以持節的身分在這裡鎮守，討平了反叛的五十八部酋長。晉惠帝時，四川李雄作亂，李毅死於戰亂。女兒李秀有父親的風範，眾人推舉她管理州中政事，終於打敗叛賊保全州境。到李秀死時，眾酋長為她建立祠廟。那時寧州所轄的境域雖然廣大，但持節駐守的地方，實際上就在現今的晉寧州。到唐代武德年間，因為這裡是晉時寧州行政中心地區，所以設置晉寧縣，這是晉寧州名的由來。過去晉寧州的著名官吏有李毅及王遜、姚岳等人。到萬曆年間，蘇州人許伯衡修《州志》，認為如今的晉寧州的地域已不像從前五十八部那麼廣大，以一隅之地而冒用過去整個寧州的祭典，不符合諸侯祭祀封土以內山川的古義，於是將祭祀全部廢除，連帶他們的傳記也都刪去，所記載的人物只從我朝開始。於是使名垂千載的英傑，空有神靈感應，一個地區足以效法的舊事，竟然化為塵土消失，真可慨歎！然而李毅的名字雖從志書刪去，但他的女兒有廟留在古城，姚岳的名字不見志書，而他也有廟在州城西面。他們在這片土地上留下的功績，不是識見淺陋的儒生所能隨意消除的。許伯衡認為過去寧州地域廣大，如今狹小，李毅雖然是真正的古時寧州地方長官，但如今晉寧州不能祭祀他，就像旁支不能作為嫡長子一樣奉承祖廟的祭祀。我認為晉寧州就是寧州的嫡長子，不能比做旁支，李毅所管轄的五十八部雖然廣大，但都統屬於晉寧州，如今雖然支解了五十八部，但這些部都是晉寧州的旁支，而晉寧州才確實是嫡長的繼承人。如果晉寧州因為地域狹小而不能祭祀李毅等人，那麼要委託給五十八部去祭祀嗎？而五十八部又因為已被支解，不適宜主持祭祀，這就好比嫡長子因為旁支眾多，互相推諉，從而無人作為大宗祭祀了。那麼李毅作為這一地區的祖先，也將淪為若敖之鬼嗎？所以我對唐知州、唐大來說，首先應該將恢復祭祀李毅作為正事。

二十四日　街鼓未絕，唐君令人至，言早起觀天色，見陰雲釀雨，風寒襲人，乞再遲一日，候稍霽乃行。余謝之曰：「行不容遲，雖雨不為阻也。」及起，風雨凄其❶，令人有黯然魂消❷意。令庖人❸速作飯，余出別唐大來。時余欲從海口、安寧返省，完省西南隅諸勝，從西北富民觀螳螂川下流，而取道武定，以往雞足。乃以行李之重者，託大來令人另齎❹往省，而余得輕具西行焉。方抵大來宅，報晉寧公已至下道，亟同大來及黄氏昆玉❺還道中。晉寧公復具酌於道，秣馬❻於門。時天色復朗，遂舉大觥❼，登騎就道。

從西門三里，度西通橋，從大道直西行。半里，上坡，從其西峽，轉而西南上，一里半，直躡望鶴嶺西坳。又西下，涉一澗，稍北，即瀕滇池之涯。共五里，循南山北麓而西，有石聳起峰頭，北向指滇池，有操戈介胄之狀，是為石將軍，亦石峰之特為巉峭者。其西有廟北向，是為石魚廟。其西南又有山西突起，亞於將軍者，即石魚山也。又西二里，海水中石突叢叢，是為牛戀石❽。涯上村與鄉，俱以「牛戀」名。謂昔有眾牛飲於海子，戀而不去，遂成石云。於是又循峽而南，二里，逾平坡南下，有水一塘，直浸南山之足，是為三尖塘[9]。塘南山巒高列，塘北度脊平衍，脊之北即滇池牛戀。塘水不北洩而東破山腋，始知望鶴之脈自西來，不自南來也。從塘北西向溯塢入，其塢自西而東，即塘水之上流也。三里，塢西盡處，有三峰排列：其南最高者即南山之再起者也；其中一峰則自南峰之西，繞峽而北，峙為中峰焉；北峰則瀕滇池而東度，為石將軍、望鶴山之脈矣。中峰之東，有村落當塢，是為三尖村；晉寧村落止此。西沿中峰而上，一里，與南峰對夾之中，復阻水為塘，不能如東塘之大，而地則高矣。又平上而西，一里，逾中峰之脊。從脊上西南直行，為新興道；逾脊西北下，即滇池南涯，是為昆陽道；而晉寧、昆陽以是脊為界焉。於是昆陽新、舊州治，俱在一望。

直下半里，沿滇池南山隴半西行，二里餘，有村在北崖之下，滇池之水環其前，是曰赤峒裏[10]，亦池濱聚落之大者，而田則不能成壑焉[11]。又西由村後逾嶺南上，既西下，三里，有村倚南山北麓。盤其嘴而西，於是西峽中開，自南而北，與西界山對夾成塢。其脊南自新興界，分支北下，西一支直走而為新、舊州治，而北盡於舊寨村；東一支即赤峒裏之後山，濱池而止。東界短，西界長，中開平塢為田，一小水貫其中，亦自南而北入滇池，即志所稱渠濫川⑫也。按《隋書》：史萬歲⑬為行軍總管，自蜻蛉川⑭至渠濫川，破三十餘部，當即指此。由東嘴截塢而西，正與新城相對，而大道必折而南，盤東界之嘴以入，三里，始西涉塢。徑塢三里，又隨西界之麓北出，一里半，是為昆陽新城⑮。又北一里半，為昆陽舊城⑯，於是當滇池西南轉折處矣。舊城有街衢闤堵而無城郭，新城有樓櫓雉堞而無民廬，乃三、四年前，舊治經寇，故卜築新邑，而市舍猶仍舊貫也。舊治街自南而北，西倚山坡，東瞰湖涘。至已日西昃⑰，亟飯於市。此州有天酒泉、普照寺⑱，以無奇不及停屐。

遂北行，四里，稍上，逾一東突之坳。其山自西界橫突而出，東懸滇海中。路逾其坳中北下，其北滇海復嵌塢西入。其突出之峰，遠眺若中浮水面，而其西實連綴於西界者也。乃西轉涉一塢，共四里，又北向循滇池西崖山麓行。五里，又有小峰傍麓東突，南北皆湖山環抱之，數十家倚峰而居，是為舊寨村。由村北過一塢，其塢始自西而東，塢北有山一派⑲，亦自西而東，直瞰滇海中。北二里，抵山下。直躡山北上，一里餘，從崩崖始轉東向山半行。又里餘，從東嶺盤而北，其嶺南、北、東三面俱懸滇海中，正東與羅藏隔湖相對。此地杳僻隔絕，行者為畏途焉。嶺北又有山一支，從水涯之北，亦自西而東，直瞰滇海中，與此嶺南北遙對成峽，滇海驅納其中，外若環窩，中駢束戶，是為海口南嶺。北下之處，峻削殊甚。余慮日暮，驅馬直下。二里，復循塢西入，二里，西逾一坳。由坳西下，山塢環開，中為平疇，滇池之流，出海就峽，中貫成河，是為螳螂川[20]焉。二里，有村傍塢中南山下，過之，行平疇間，西北四里，直抵川上。有聚落成衢，濱川之南，是曰茶埠墩，即所謂海口街[21]也，有公館在焉。監察御史案臨，必躬詣其地，為一省水利所係耳。先是唐晉寧謂余，海口無宿處，可往柴廠莫土官臨肆中宿，蓋唐以候[22]代巡，常宿其家也。余問其處尚相去六、七里，而日色已暮，且所謂海門龍王廟者，已反在其東二里，又聞阮玉灣言，有石城之勝，亦在斯地，將留訪焉，遂不復前，覓逆旅投宿。

【章　旨】本章記載了第一百六十一天在雲南府的行跡。清晨風雨淒冷，使人黯然傷懷，有惜別之意。和唐大來、唐玄鶴等道別，騎馬上路。經過滇池邊的石將軍峰、石魚廟、石魚山、牛戀石，到三尖塘，才知道望鶴山脈從西面延伸過來。進入山塢，在盡頭處有南、中、北三座山峰排列。晉寧州的村落，就到中峰東面的三尖村為止。晉寧州和昆陽州，也以中峰的山脊為界。下山經過赤峒裏，往前有山脊分出東、西兩支山脈往北延伸，中間開出平坦的山塢，渠濫川從中流過。經過山塢到昆陽州新城、舊城，太陽已經偏西，因當地並無奇景沒有停留。再往北沿著滇池邊的山嶺行走，經過舊寨村。前面有山嶺三面高懸在滇池中，地處僻遠，與世隔絕。到海口南嶺，看到滇池水湧入峽谷。馳馬直下，又看到滇池水流出後形成的螳螂川。海口街就在川邊，這裡是關係到一省水利狀況的地方。打算遊覽這裡的石城勝景，於是留下投宿。

【注釋】❶淒其　寒冷。其，詞尾。❷黯然魂消　江淹〈別賦〉：「黯然消魂者，惟別而已。」❸庖人　古時掌膳食之官，後泛指廚師。❹齎　也作「賫」、「賷」。攜帶行裝。❺昆玉　稱人兄弟的敬詞。❻秣馬　餵飽馬匹。❼觥　本作「觵」，古代酒器。原用獸角製，後也用木或銅製。❽牛戀石　為滇池東南岸的一叢巨石，因形態似牛得名。傳說過去有仙人在此牧牛，牛樂而忘返，到天明都化為石頭。❾三尖塘　在晉城西十里，上有三尖壩。❿赤峒裏　今名渠東里，在滇池南岸，晉寧和晉城之間。⓫而田則不能成壑焉　此句原脫，據徐本補。⓬渠濫川　在晉寧東南，往東北流入滇池。⓭史萬歲　杜陵（在今陝西西安東南）人。少英武，好讀兵書。隋開皇間，曾率兵北至大斤山，大破突厥，南入雲南，在渠濫川破彝族部落三十餘。⓮蜻蛉川　又作青蛉河，在雲南姚安城南，源出三窠山，下游合大姚河。⓯昆陽新城　今名大新城村，崇禎七年新築，不久被孫可望拆去，州治遷回舊城。⓰昆陽舊城　明置昆陽州，隸雲南府，舊治在今晉寧昆陽鎮。⓱昃　太陽偏西。⓲普照寺　在昆陽城西五里長松山。元時知州高壽在此避暑，曾見山頂在夜間發出祥光。延祐間，楊璉等人募建此寺。明、清間曾多次重修。⓳派　分支。⓴螳螂川　又名海口河，為滇池惟一的泄水道。流經安寧城東，因水中有洲形似螳螂，故名。下游經富民以下稱普渡河，北流匯入金沙江。從海口至安寧，沿河兩岸多奇石佳木，景色秀麗。㉑海口街　今名老街，在昆明市西山區，滇池西岸，距昆明市區七十餘里。㉒候　探望。

【語譯】二十四日　警夜的鼓聲還沒停止，唐君派人來到，說一早起來觀看天色，見陰雲密布，大雨將至，寒風襲人，要求我再推遲一天，等天氣稍稍放晴然後出發。我辭謝道：「啟行不能再遲了，即使下雨也不能阻留。」到起身時，風雨淒冷，令人情緒低落，十分傷感，有戀戀惜別之意。吩咐廚師趕快做飯，我出去和唐大來告別。當時我想從海口、安寧州返回省城，遊完省城西南隅的各處勝景，再往西北到富民縣觀看螳螂川的下游，而後取道武定府，前往雞足山。於是把重的行李，託大來派人另外送到省城，我得以輕裝西行。剛到大來家，有人來報晉寧公已經到了下道，趕快和大來以及黃氏兄弟返回道中。晉寧公又在道中備下酒宴，在城門餵飽馬匹。這時天色又放晴了，於是舉杯道別，騎馬上路。

從州城西門走出三里，通過四通橋，從大路一直往西走，過了半里，登上山坡，從它西邊的峽谷轉而往西南上山，走了一里半，直登望鶴嶺西邊的山坳。又往西下山，渡過一條澗水，稍許往北，就走近滇池的水邊。共走了五里，沿著滇池南面山的北麓往西走，有岩石在峰頂聳起，朝北指向滇池，形狀如同手持兵器、身披盔甲的人，這就是石將軍，也是特別高險陡峭的石峰。在它西面有座朝北的廟，這就是石魚廟。在它西南還有山往西突起，比石將軍的山峰低些，即石魚山。再往西走二里，滇池水中有一叢叢岩石突起，這就是牛戀石。岸上的鄉村，都以「牛戀」為名。傳說過去有許多牛在滇池飲水，因留戀滇池而不願離去，於是變成了石塊。從這裡又沿著峽谷往南走了二里，越過平坦的山坡往南走下，有一塘水，一直浸到南山山腳，這就是三尖塘。水塘南面山巒高高聳列，水塘北面伸過的山脊平坦寬闊，山脊北面便是滇池牛戀石。塘裡的水不往北流出，而是往東穿過山腋，這才知道望鶴山的山脈是從西面延伸過來，而不是從南面延伸過來。從水塘北面往西沿著水流上行，進入塢中，這山塢從西往東走向，塢中的水即是三尖塘的上游。走了三里，到山塢西部盡頭處，有三座山峰排列：南面最高的就是南山再聳起的山峰；中間的一座山峰，是從南峰的西邊繞著峽谷往北峙立為中峰；北面的山峰則靠近滇池往東延伸成為石將軍、望鶴山的山脈。中峰的東面，有村莊座落在山塢中，這就是三尖村，晉寧州所屬的村落到此為止。往西沿著中峰上山，走了一里，在和南峰對夾的中間，又攔水形成一個水塘，沒有東面的三尖塘那麼大，但地勢則比那裡高。又平步往西上山，走了一里，越過中峰的山脊。從山脊上一直往西南走，是去新興州的路；越過山脊往西北走下，便是滇池的南岸，是去昆陽州的路；而晉寧州、昆陽州就以這道山脊為界。昆陽州的新舊州治，都在這裡能一眼望見。

直往下走半里，沿著滇池南邊山壟的半坡往西，走了二里多，有村莊在北面的山崖下，滇池水在村前環繞，地名赤峒裏，也是滇池岸邊的一個大村落，但田地則不在山壑中。又往西從村後越過山嶺往南走上，隨即往西走下，過了三里，有村莊靠著南山的北麓。繞著南山山口往西，到這裡西面的峽谷從中開出，自南往北延伸，和西界的山相對夾成山塢。這山脊南端起自新興州境，分出支脈往北延伸，西邊的一支直往下成為昆陽新舊州治所在的山脈，再往北到舊寨村結束；東邊的一支，即赤峒裏的後山，延伸到滇池岸邊為止。東邊一支山脈短，西邊一支山脈長，中間開出平坦的山塢成為田地，一條小水穿過其中，也是從南往北流入滇池，便是志書中所說的渠濫川。據《隋書》記載，史萬歲任行軍總管，從蜻蛉川到渠濫川，連破三十多個部落，應當就是指這裡。從東邊的山口橫穿山塢往西，正好和昆陽州新城相對，而走大路必須轉向南，繞著東界的山口進山，走了三里，才往西穿越山塢。在塢中走了三里，又隨著西界的山麓往北走出，過了一里半，便是昆陽州的新城。再往北走一里半，是昆陽州的舊城，到這裡正好在滇池西南的轉折處。舊城有街道市垣但沒有城郭，新城有門樓城牆但沒有民房，這是因為在三、四年前，原州治遭到破壞，所以擇地建造新城，但集市、房舍還是原樣。舊城的街道從南到北，西面靠著山坡，東面俯視滇池。到達舊城時太陽已經偏西，趕緊在街上吃飯。這州有天酒泉、普照寺，因無奇特之處沒有停留。

於是往北走，過了四里，稍許往上，越過一處向東突起的山坳。這山從西界橫向突出，往東高懸在滇池中。路穿越山坳往北下去，在它北面的滇池又往西嵌入山塢。那突出的山峰，遠遠望去好像居中浮在水面上，而它的西面實際上和西界的山相連。於是轉向西越過一處山塢，共走了四里，又往北沿著滇池西崖的山麓走。過了五里，又有小山峰靠著山麓向東突起，南北兩面都是湖山環抱著它，有數十戶人家靠著小山峰居住，這就是舊寨村。從村的北面，經過一處山塢，這山塢開始從西往東伸展，山塢北面有一支山脈，也從西往東延伸，往下直對著滇池。往北走了二里，到達山下。直接登山往北上去，走了一里多，才從崩塌的山崖轉向東在半山腰走。又過了一里多，從東面的山嶺繞向北走，這山嶺南、北、東三面都高懸在滇池中，正東和羅藏山隔著滇池相對。這裡幽靜偏僻，與世隔絕，行人視為畏途。山嶺的北面又有一支山脈，從池岸的北邊也自西往東延伸，往下直對著滇池，和這座山嶺南北遙遙相對，形成峽谷，滇池的水納入其中，滇池外面峽壁環繞如同鳥窩，裡面山峰並峙又像約束的門戶。這就是海口南嶺。往北下山的地方，極其險峻陡峭。我怕天晚，揚鞭驅馬直往下跑，走了二里，又沿著山塢往西進去，再走二里，往西越過一處山坳。從這山坳往西走下，山塢環轉開闊，中間為平坦的田地，滇池水流出後進入峽谷，貫穿山塢形成河流，這就是螳螂川。走了二里，有村莊靠在塢中的南山下，過了這村莊，在平坦的田野中行走，往西北走四里，直到螳螂川邊。有村落、街道靠近螳螂川南岸，地名茶埠墩，就是所說的海口街，有公館在那裡。監察御史前來巡查，必定親自來到這裡，因為這裡關係到一省的水利狀況。在這之前，唐知州對我說，海口沒有住處，可去柴廠莫土官的鹽鋪中住，因為唐知州以訪問的名義來巡視，常住在他家。我打聽柴廠離海口還有六、七里路，而天色已晚，況且所說的海門龍王廟，反而已在這裡東面二里處，又聽阮玉灣說起有石城勝景也在這地方，準備留下遊訪，於是不再往前，而去尋找旅店投宿。

二十五日　令二騎返晉寧。余飯而躡屩，北抵川上，望川北石崖矗空，川流直齧其下。問所謂石城者，土人皆莫之知，惟東指龍王堂在盈盈❶一水間。乃溯川南岸東向從之。二里，南岸山亦突而臨川，水反舍北而逼南，南崖崩嵌盤沓，而北崖則開繞而受民舍焉，是為海門村❷。與南崖相隔一水，不半里，中有洲浮其吭間，東向滇海，極吞吐之勢，峙其上者為龍王堂。時渡舟在村北岸，呼之莫應。余攀南崖水窟，與水石相為容與❸，忘其身之所如也。久之，北崖村人以舟至，遂渡登龍王堂。堂當川流之中，東臨海面，時有賽神❹者浮舟而至，而中無廟祝❺。後有重樓，則阮祥吾所構也。廟中碑頗多，皆化、治❻以後，撫、按相度水利，開濬海口，免於氾濫，以成瀕海諸良田者，故巡方者以此為首務云。

出廟渡北岸，居廬頗集。其北向所倚之山有二重，第一重橫突而西，多石，而西垂最高，即矗削而瀕於川之北岸者；第二重橫突而東，多土，而東繞最遠，即錯出而盡為池之北圩❼者。二重層疊於村後，蓋北自觀音山盤礴❽而盡於此。村氓俱阮氏莊佃。余向詢阮玉灣新置石城之勝，土人莫解，謂阮氏有墳在東岸，誤指至此，村人始有言石城在里仁村。其村乃倮儸寨，正與茶埠墩對，從此有小徑向山後峽中西行，三里可至。余乃不東向阮墳，而西覓里仁焉。即由村後北逾第一重石峰之脊，北向下，路旁多錯立之石，北亦開塢，而中無細流。一里，隨塢西轉，已在川北岸矗削石峰之後，蓋峰南漱逼川流，故取道於峰北耳。其內桃樹萬株，被隴連壑，想其蒸霞❾煥彩時，令人笑武陵❿、天台⓫為爝火⓬矣。西一里，過桃林，則西塢大開，始見田疇交塍，溪流霍霍，村落西懸北山之下，知其即為里仁村⓭矣。蓋其塢正南矗立石山，西盡於此。塢瀕於川，亦有一村臨之，是為海口村，與茶埠墩隔川相對，有渡舟焉。其塢之東北逾坡，塢之西北循峽，皆有路，凡六十里而抵省會，而里仁村當塢中北山下。半里，抵村之東，見流泉交道，山崖間樹木叢蔭，上有廟宇，蓋龍泉出其下也。東塢以無泉，故皆成旱地；西塢以有泉，故廣闢良疇。由村西盤山而北，西塢甚深，其塢自北峽而出，直南而抵海口村焉。村西所循之山，其上多蹲突之石，下多崆峒[14]之崖，有一竅二門西向而出者。余覺其異，詢之土人，石城尚在塢西嶺上，其下亦有龍泉，可遵之而上。

共北半里，乃西下截塢而度，有一溪亦自北而南，中乾無流。涉溪西上，共半里，聞水聲潺潺[15]，則龍泉溢西山樹根下，瀦為小潭，分瀉東、南去。由潭西上嶺，半里，則嶺頭峰石湧起，有若卓錐者，有若夾門者，有若芝擎而為臺，有若雲臥而成郭者。於是循石之隙，盤坡而上，墜壑而下。其頂中窪，石皆環成外郭，東面者巑岏森透，西面者穹覆壁立，南向則余之逾脊而下者，北面則有石窟曲折，若離若合間，一石墜空當關，下覆成門，而出入由之。圍壑之中，底平而無水，可以結廬，是所謂石城[16]也。透北門而出，其石更分枝簇萼，石皆青質黑章，廉利[17]稜削，與他山迥異。有牧童二人，引余循崖東轉，復入一石隊中，又得圍崖一區，惟東面受客如門，其中有趺座之龕，架板之牀，皆天成者。出門稍南，迴顧門側，有洞岈然，亟轉身披之。其洞透空而入，復出於圍崖之內，始覺由門入，不若由洞入更奇也。計圍崖之後，即由石城中望所謂東面巑岏處矣。出洞，仰眺洞上石峰層沓，高聳無比。復有一老倮儸披獸皮前來，引余相與攀躋，其上如眾臺錯立，環中窪而峙其東。東眺海門，明鏡漾空，西俯窪底，翠瓣可數，而隔崖西峰穹覆之上，攢擁尤高。乃下峰，復度南脊，轉造西峰，則穹覆上崖，復有後層分列，其中開峽。東墜危坑而下，其後則土山高擁，負扆於上，聳立之石，或上覆平板，或中剖斜橋。崖脅有二小穴如鼻孔，群蜂出入其中，蜜漬淋漓其下，乃崖蜂所巢也。兩牧童言：「三月前土人以火熏蜂而取蜜，蜂已久去，今乃復成巢矣。」童子競以草塞孔，蜂輒嗡嗡然作銅鼓聲。佇覽久之，乃循墜坑之北，東向懸崖而下，經東石門之外，猶令人一步一回首也。先是從里仁村望此山，峰頂聳石一叢，不及晉寧將軍峰之偉杰，及抵其處，而闔闢曲折，層沓玲瓏，幻化莫測，鍾秀獨異，信乎靈境之不可以外象求也。蓋是峰西倚大山，此其一支東竄，峰頂中坳，石骨內露，不比他山之以表暴見奇者，第其上無飛流涵瑩之波，中鮮剪棘梯崖之道，不免為兔狐所窟耳。老倮儸言：「此石隙土最宜茶，茶味迥出他處。今阮氏已買得之，將造庵結廬，招淨侶以開勝壤，豈君即其人耶？」余不應去。信乎買山而居，無過此者。

下山仍過塢東，一里，經里仁村。東南一里，抵螳螂川之北，西望海口，有渡可往茶埠，而東眺瀕川，石崖聳削。先從茶埠隔川北望，於巑岏嵌突中，見白垣一方，若有新茅架其上者。今雖崖石掩映，不露其影，而水石交錯，高深嵌空，其中當有奇勝，遂東向從之。抵崖下，崖根插水，亂石潆洄，遂攀躋水石間。沿崖南再東，忽見石上有痕，躡崖直上，勢甚峻，掛石懸崖之跡，俱倒影水中。方下見為奇，又忽聞謦咳⑱聲落頭上，雖仰望不可見，知新茅所建不遠矣。再穿下覆之石，則白垣正在其上。一道者方鑿崖填路，迎余入坐茅中。其茅僅逾方丈，明窗淨壁，中無供像，亦無爨具，蓋初落成而猶未棲息其間者。道人吳姓，即西村海口人，向以賈遊於外，今歸而結淨於此，可謂得所托矣。坐茅中，上下左右，皆危崖綴影，而澄川漾碧於前，遠峰環翠於外；隔川茶埠，村廬繚繞，煙樹堤花，若獻影鏡中；而川中鳧舫賈帆，魚罾⑲渡艇，出沒波紋間，棹影躍浮嵐，櫓聲搖半壁，恍然如坐畫屏⑳之上也。

既下，仍西半里，問渡於海口村，南度茶埠街，入飯於主家，已過午矣。茶埠有舟，隨流十里，往柴廠載鹽渡滇池。余不能待，遂從村西遵川堤而行。其堤自茶埠西達平定，隨川南涯而築之。蓋川水北依北岸大山而西，其南岸山勢層疊，中多小塢，故築堤障川。堤之南，屢有小水自南峽出，亦隨堤下注。從堤上西行，川形漸狹，川流漸迅。七里，有村廬倚堤，北下臨川，堤間有亭有碑，即所謂柴廠[21]也，按舊碑謂之漢廠，莫土官鹽肆在焉。至此川迅石多，漸不容舟，川漸隨山西北轉矣，堤隨之。又西北七里，水北向逼山入峽，路西向度塢登坡。又二里，數家踞坡上，曰平定哨。時日色尚高，以土人言前途無宿店，遂止。

【章　旨】本章記載了第一百六十二天在雲南府的行跡。往北到螳螂川邊，打聽石城，沒人知道。龍王堂峙立在河道中的沙洲上，吞吐滇池水，氣勢極為雄壯。在水石中怡然自得，不知身在什麼地方。龍王廟中碑刻很多，記載著成化、弘治以後巡撫、巡按規劃水利工程、防止湖水泛濫的情況。海門村在螳螂川北岸，北面靠著兩重山，一重山多石，一重山多土，村民都是阮玉灣的佃戶。直到阮氏的墳地，才有村民說石城在里仁村，是倮儸寨。於是前往里仁村，山塢中有上萬株桃樹，絢麗多彩，遠勝武陵源、天台山的桃花。里仁村在山塢中的北山下，東塢因沒泉水成為旱地，西塢因有泉水開出良田。往南到海口村，山上有許多蹲伏的岩石，山下有許多有洞的石崖。往前看到龍泉從樹根下溢出，匯成小潭。嶺頭石峰湧起，形狀不一。隨後上坡下壑，山頂中間窪下，有岩石圍成外牆，窪地底部平坦，可以蓋房，這就是石城。圍牆的出入口在北面，岩石鋒利，與眾不同。由牧童引路，穿過一個深遠的洞，又到圍繞的石崖之中，感覺更加奇特。有個披獸皮的老倮儸前來引路，攀登洞上的石峰。繼續往前，看到石崖內側有兩個小孔，原來是蜂窩。從里仁村望這山，不及石將軍峰雄偉，但走到這裡，方知裡面變幻不測，匯聚了天地間的靈秀之氣，仙境是不能根據外表尋求的。只是山上既沒有水流，山中又沒有通道，不免成為狐兔的巢穴。據老倮儸說，這裡石縫中的土最適宜種茶。下山到螳螂川北岸，望見石崖高峻，水石交錯，裡面應有奇景。於是攀登石崖，遇見一個姓吳的道士，到他新蓋的茅屋坐下。放眼四望，前面碧波蕩漾，外面青山環繞，對岸茶埠墩村舍花樹，倒映川中，船隻出沒，槳聲傳響，彷彿坐在畫屏之中。下山到海口村擺渡，去茶埠街吃飯，已過中午。沿著螳螂川南邊的堤岸往西走，到柴廠，這裡川流迅急，岩石眾多，漸漸不能行船。再往前登上山坡，到平定哨留宿。

【注釋】❶盈盈　形容水的清澈。❷海門村　在滇池出口處，海口河北岸。❸容與　安逸自得貌。❹賽神　還願；酬神。舊時酬神為賽。❺廟祝　祠廟中司祭禮的人。祝，男巫。❻化治　成化、弘治。分別為明憲宗、孝宗年號。❼圩　指低窪地周圍防水的堤。以圩所圍的地也稱圩。❽盤礴　又作「盤薄」。逶迤；延伸。❾蒸霞　雲蒸霞蔚。形容景物絢麗。❿武陵　晉陶淵明作〈桃花源記〉，言武陵（今湖南常德一帶）有漁夫，「忽逢桃花林，夾岸數百步，中無雜樹，芳草鮮美，落英繽紛。」⓫天台　天台山中有桃源、桃花塢，見〈遊天台山日記〉初六、初七日記注。⓬爝火　小火把。《莊子．逍遙遊》以爝火與日月之光對比，以見其小。⓭里仁村　在螳螂川北岸，與海口街隔川相望，分里仁大村和小村。⓮崆峒　山洞。⓯瀧瀧　與上文「霍霍」，都狀水聲。⓰石城　在里仁村西北四里，距昆明九里。東、西、北三面峭石聳立，高十餘公尺，如同天然城堡，故名。中為窪地，可容千人。從大石城北門進去，又有石壁環立成小石城。現已闢為昆郊一景。⓱廉利　棱角鋒利。⓲謦咳　咳嗽。咳，通欬。⓳罾　一種用木棍或竹竿做支架的魚網。⓴畫屏　用圖畫裝飾的屏風。㉑柴廠　今名柴場。和下文平定哨（今名坪地哨）均在海口西北隅。

【語譯】二十五日　叫人將兩匹馬帶回晉寧州。我吃了飯穿上草鞋，往北到螳螂川邊，望見川北石崖淩空矗立，川流不停地沖擊著石崖下方。打聽所說的石城，當地人都不知道，只是向東指著相隔一條清澈的川流的龍王堂。於是逆著螳螂川南岸往東上行。走了二里，南岸的山也臨近川流突起，水流反而離開北岸而逼近南岸，南岸山崖崩塌，嵌入水中，盤曲重疊，而北岸山崖則開豁環繞容納民房，這裡就是海門村。和南岸山崖只隔著一條水，相距不到半里，中間有沙洲浮在咽喉一般的河道上，朝東面對著滇池，吞吐湖水，氣勢雄壯，龍王堂就峙立在沙洲上面。這時渡船在北岸的村裡，向著它叫喊沒人答應。我爬上南岸山崖的水洞，在河水山石中怡然自得，忘記了自己身在什麼地方。過了好久，北岸山崖上村民划船過來，於是過河登上龍王堂。龍王堂正當螳螂川流中，東面對著滇池水面，這時有燒香還願的人乘船來到，但堂中卻沒有管香火的人。堂後有兩層樓房，是阮祥吾建造的。廟中石碑很多，所刻的都是記載成化、弘治以後巡撫、巡按規劃水利工程，疏通海口，避免湖水泛濫，造成滇池沿岸眾多良田的情況，所以巡視官員來到這裡必以查看水利狀況，作為首要任務。

走出龍王廟過河到北岸，住房相當集中。北面所靠的山有兩重，第一重往西橫向突起，山上多石，而西端最高，就是靠近螳螂川北岸矗立陡峭的崖壁；第二重往東橫向突起，山上多土，往東繞出最遠，就是錯落而起盡頭成為滇池的北堤。兩重山層疊在村後，是從北面的觀音山盤繞延伸到這裡為止。村民都是阮氏莊園的佃戶。在前我打聽阮玉灣新購置的石城勝景，當地人都不明情況，只說阮氏有墳地在東岸，我因他們誤指到了這裡，才有村民說石城在里仁村。這村是倮儸寨，正好在茶埠墩對面，從這裡有小路往山後的峽谷中向西走，三里便可到達。我於是不往東去阮氏墳地，而往西去找里仁村。便從村後往北越過第一重石峰的山脊，向北走下，路旁有很多參差聳立石塊，北面開出一處山塢，但塢中沒有細小水流。走了一里，隨山塢往西轉，已到螳螂川北岸矗立陡峭的石峰後面，因為這石峰南面被川流緊迫沖刷，所以路從山峰的北面走。塢中有上萬株桃樹，覆蓋山壟、滿布溝壑，想像它們開花時絢麗多姿，煥然多彩的景色，令人嗤笑武陵源、天台山的桃花和這裡相比，就像小火把和太陽的區別一樣。往西走一里，穿過桃林，只見西面的山塢十分開闊，才看到田埂交錯，溪水霍霍流淌，西邊有村落在北山之下，知道這就是里仁村了。原來這山塢正南石山矗立，西部到這裡為止，山塢靠近螳螂川的地方，也有一個村莊對著川流，這就是海口村，和茶埠墩隔川相對，有渡船來往。這山塢的東北翻過山坡，西北沿著峽谷，都有去路，走六十里可到省會，而里仁村就在塢中北山下。走了半里，到達村的東面，看到泉水和路相交流過，山崖裡面草木叢生，綠樹成蔭，上面有廟宇，原來龍泉從它下面流出。東塢因為沒有泉水，所以都是旱地；西塢因為有泉水，所以開出很多良田。從里仁村西邊繞著山往北，西塢很深，這塢從北面的峽谷中伸出，直往南到海口村。村莊西邊所沿著的山，上面有很多蹲伏突起的岩石，下面有很多有洞的石崖，有個洞兩處門都朝西開出。我覺得它很奇特，問了當地人，得知石城還在山塢西面的嶺上，它下面也有龍泉，可沿著泉水上去。

往北共走了半里，便往西下山橫穿山塢，有條溪也從北往南，只是裡面已乾涸無水。過溪往西上去，共走了半里，聽到瀌瀌的流水聲，那是龍泉從西山的樹根下溢出，匯聚成為小潭，又往東、南兩邊分流出去。從水潭西面登上山嶺，走了半里，只見嶺頭峰石湧起，有的像直立的錐子，有的像相夾的門戶，有的像高舉的靈芝成為石臺，有的像雲霞橫臥成為城郭。從這裡沿著石間的縫隙，繞著山坡往上，又從溝壑墜下。這山嶺頂上中間低窪，岩石都環繞著窪地成為外牆，東面的岩石險峻陡峭，森列透漏，西面的岩石高拱覆蓋，如壁矗立，南面就是我越過山脊走下的地方，北面則有曲折的石洞，若離若合之間，有一塊岩石懸空下垂正當關口，往下覆蓋成門，就從這裡進出。被岩石圍繞的窪地中，底部平坦沒水，可以蓋房，這就是所謂的石城。穿過北面的石門出去，岩石更像樹木分枝、花萼簇聚，石色都青的質地、黑的紋彩，棱角鋒利，和其他山上的岩石全然不同。有兩個牧童帶我沿著山崖往東轉，再進入一列石叢中，又來到被石崖圍住的一塊地，只有東面接納遊客，如同門戶，中間有僧人打坐的石龕，架著石板的牀，都是天然形成的。出門稍許往南走，回頭看到石門的旁邊，有個深遠的洞，急忙轉身入洞探遊。這洞穿空進去，又從圍繞的石崖之中走出，才覺得從石門進入圍崖，不如從洞進去更為奇妙。估計圍崖的後面，就是從石城中望見所謂東面險峻陡峭的地方。走出洞，抬頭眺望洞的上面，石峰層層疊疊，高聳無比。又有一個老倮儸披著獸皮過來，帶我一起攀登。上面眾多的岩石如高臺一樣錯落而立，環繞著中間低窪處峙立在它的東面。向東眺望海門村，天空光亮如同明鏡，向西俯視窪地底部，青色的石瓣歷歷可數，而山崖對面高拱覆蓋的西峰上方，岩石簇擁尤為高聳。於是下峰，又越過南面的山脊，轉上西峰，只見高拱覆蓋的上方崖壁後面，還有一層崖壁分開聳列，中間開出峽谷。往東落到深坑下面，它的後面則土山高高簇擁，在上面南向峙立，聳立的岩石，有的上面覆蓋著平板，有的中間剖成傾斜的窗口。石崖內側壁上有兩個如同鼻孔的小洞，一群群蜜蜂在裡面飛進飛出，蜜漬濕淋淋地滴在洞的下面，原來是崖蜂的巢穴。兩個牧童說：「在三個月前，當地人用煙火熏蜂取蜜，蜂已飛去很長時間，到現在才又築成蜂巢。」他們爭著用草去塞小洞，洞裡的蜜蜂就發出銅鼓般嗡嗡聲。登高觀望了很久，於是沿著墜落的深坑的北面，往東從懸崖下去，經過圍崖東面的石門外，仍使人一步一回首，捨不得離開。先前從里仁村遠望這座山，峰頂聳起一叢岩石，比不上晉寧州石將軍峰雄偉，等到了這裡，只見山崖岩石，或開或閉，幽深曲折，層層疊疊，精美玲瓏，變幻莫測，匯聚了天地間的靈秀之氣，形成獨特的奇境，足見仙境確實不能根據外表而去尋求。原來這座山峰西面靠著大山，它是大山往東岔出的一支，峰頂中間坳下，岩石在裡面露出，不像其他山那樣因為露在外面而容易見奇，只是山上沒有飛流直下涵澹晶瑩的水波，山中缺少剪除荊棘在崖上鑿出石級的通道，不免成為野兔狐狸的巢穴。老倮儸說：「這裡石縫中的泥土最適宜種茶，出產的茶葉，味道遠遠高出其他地方。現在阮氏已經買下這山，準備建廟宇、蓋房屋，招集僧侶來開發這片幽勝之地。你難道就是招來的人嗎？」我沒有回答就離開了。確信買山建屋居住，沒有比這裡更好的地方。

下山後，仍然穿過山塢的東部，走了一里，經過里仁村。往東南走一里，到螳螂川的北岸，向西觀望海口，有渡船可去茶埠墩，而向東眺螳螂川邊，石崖高聳陡峭。先前從茶埠墩隔著螳螂川向北望去，在峻峭參差的山峰中，看到一堵白牆，上面好像有新蓋的茅屋。現在雖然被崖石遮掩不見痕跡，但水石交錯，高山深谷，插入空中，其中應當有奇特的美景，於是往東朝著那裡走去。到達山崖下，山崖底部插入水中，水流在亂石中瀠繞，於是在水石中攀登。沿著山崖的南面再往東走，忽然看見石上有印痕，踏上山崖直往上走，山勢十分陡峻，高掛的岩石、險峻的山崖倒影，都映在水中。正為向下見到的景色感到驚奇，忽然又聽到頭頂上響起咳嗽的聲音，雖然抬頭仰望不見人影，但知道新蓋的茅屋離這裡不遠了。再穿過往下覆蓋的岩石，只見白牆正好在它的上面。有個道士正在鑿崖填路，把我迎入茅屋中坐下。這間茅屋僅一丈見方多些，窗戶明亮，牆壁清潔，屋中沒有供奉神像，也沒有炊具，是剛剛蓋好還沒有人入住的屋子。道士姓吳，就是西面海口村的人，過去在外經商，現在回到家鄉，在這裡蓋起修行的淨室，可以說已找到託身之所了。坐在茅屋中，只見上下左右，都是高峻的石崖連成一片，清澈的螳螂川水在前方碧波蕩漾，遠處蒼翠的山峰在外圍環繞；隔川茶埠墩村舍繚繞，雲煙籠罩的樹木，堤岸上的鮮花，倒映水面，就像鏡中呈現的影子；而川中野鴨形的遊舫，揚帆的商船，撒網的漁舟，擺渡的小艇，都在波浪裡出沒，遠去的船影在飄浮雲霧中跳躍，划槳的聲音在半壁江山中傳響，使人彷彿置身畫屏之中。

下山後，仍然往西走了半里，在海口村擺渡，往南渡過螳螂川到茶埠街，進入店主家吃飯，已過中午了。茶埠墩有船，隨著螳螂川流行駛十里，到柴廠載鹽後渡滇池。我不能等待，便從村莊西面沿著螳螂川的堤岸走。這條堤岸從茶埠墩往西到達平定哨，沿著螳螂川的南岸建成。因為川水北邊靠著北岸的大山往西流，南岸山勢層層疊疊，中間有許多小山塢，所以要修築堤岸擋住川水。堤岸的南邊，常有小水從南面的峽谷流出，也隨著堤岸往下流。從堤岸上往西走，水面漸漸狹窄，川流也漸漸湍急。走了七里，有個村莊靠在堤岸上，往北伸到螳螂川旁，堤岸中有亭有碑，就是所說的柴廠，據過去的碑刻，稱為漢廠，莫土官的鹽鋪就在這裡。到這裡川流急速，岩石眾多，漸漸不能行船，螳螂川漸漸隨山往西北轉向了，堤也隨著川流轉。又往西北走了七里，水往北緊靠著山注入峽谷，路往西越過山塢登上山坡。再走二里，有幾戶人家住在山坡上，地名平定哨。這時太陽還高，因當地人說前面途中沒有旅店，於是在這裡留下。

二十六日　雞再鳴，飯而出店，即北向循西山行❶。三里，曙色漸啟，見有岐自西南來者，有岐自東北來者，而中道則直北逾坳。蓋西界老山至此度脈而東，特起一峰，當關中突，障扼川流，東曲而盤之，流為所扼，稍東遜之，遂破峽北西向，墜級爭趨，所謂石龍壩❷也。此山名為九子山，實海口下流當關之鍵，平定哨在其南，大營莊在其東，石龍壩在其北。山不甚高大，圓阜特立，正當水口，故自為雄耳。山巔有石九枚，其高逾於人，駢立峰頭。土人為建九子母廟，以石為九子，故以山為「九子母」也。余時心知正道在中，疑東北之岐為便道，且可一瞰川流，遂從之。一里，抵大營莊❸，則川流轟轟在下，舟不能從水，陸不能從峽，必仍還大路，逾坳乃得，於是返轍，從峰西逾嶺北下。共二里，有小水自西南峽來，渡之。復西上逾坡，則坡北峽中蝗川之水，自九子母山之東，破峽北出，轉而西，繞山北而墜峽，峽中石又橫岨❹而層閡之。水橫衝直搗，或跨石之頂，或竄石之脇，湧過一層，復騰躍一層，半里之間，連墜五、六級，此石龍壩也。此水之不能通舟，皆以此石為梗。昔治水者多燔石鑿級，不能成功，土人言鑿而輒長，未必然也。

石級既盡，峽亦北轉。路從峽西山上，隨之北行。下瞰級盡處，峽中有水一方，獨清瀦，土人指為青魚塘❺，言塘中青魚大且多。按志：昆陽平定鄉小山下有三洞，泉出匯而為潭，中有青魚、白魚，俗呼隨龍魚，豈即此耶？北二里，峽稍開，有村在其下，為青魚塘村。北二里，西北躡一嶺，此嶺最高，始東見觀音山與羅漢寺碧雞山❻，兩峰東峙。又北見遙山一重，橫亙眾山之北，西盡處特聳一峰最高，為筆架山❼，其西又另起一峰，與之駢立，則老龍之龍山❽也。東盡處分岐雙岫，亦最高，為進耳山❾，其南坳稍伏而豁，則大道之碧雞關也。兩最高之間，有尖峰獨銳，透穎於橫脊之南，是為龍馬山❿，其下則沙河⓫之水所自來也。惟西向諸山，稍伏而豁，大道之往迤西者從之，而老脊反自伏處南度。老龍之脊，西北自麗江⑫、鶴慶⑬東，南下至楚雄府⑭南，又東北至祿豐⑮、羅次⑯北境，又東至安寧州西北境，東突為龍山；遂南從安寧州之西，又南度三泊縣⑰之東，又南向繞昆陽州之西南，乃折而東，經新興州北，為鐵爐關；又東經江川縣北，為關索嶺，又東峙為屈顙巔山，乃折而東北，為羅藏山，則滇池、撫仙湖之界脊也。始西一里，逾其巔。又西北下一里，則螳川之水，自嶺之北麓環而西，又轉而南。嶺西有村，瀕川而居，置渡川上，是曰武趣河。昆陽西界止此，過渡即為安寧州界。武趣之河，繞村南曲，復轉西峽去。

路渡河即西北上坡，連越土壠二重，共五里，北下有水一塘在東塢中。又北二里，有水一塘在西塢中。又北一里半，有村在路東。又北一里半，坡乃北盡，坡北始開東西大塢。乃下坡西向行塢中，二里，有水東北自北界橫亙中小尖峰下來，是為沙河。其流頗大，石梁東西跨之。河從梁下南去，螳川之水自武趣西峽轉而北來，二水合於梁南，半里，遂西北至安寧州城之南，於是北向經城東而北下焉。過沙河橋，又西北一里，則省中大道自東北來，螳大川自城南來，俱會於城東，有巨石梁⑱東西跨川上，勢甚雄壯。過梁即為安寧城⑲。入其東門，闤闠頗集，乃沽飲於市，為溫泉浴計。飲畢，忽風雨交至。始持傘從南街西行，已而知道祿裱[20]大道，乃返而至東門內，從東街北行。半里，過州前，從其東復轉北半里，有廟門東向，額曰「靈泉」。余以為三潮聖水也，入之。有巨井在門左，其上累木橫架為梁，欄上置轆轤以汲，乃鹽井也。其水鹹苦而渾濁殊甚。有監者，一日兩汲而煎焉。安寧一州，每日夜煎鹽千五百斤。城內鹽井四，城外鹽井二十四。每井大者煎六十斤，小者煎四十斤，皆以桶擔汲而煎於家。又西轉過城隍廟而北，半里，出北門。風雨淒淒，路無行人，余興不為止，冒雨直前。

隨螳川西岸而北，三里半，有村在西山麓，其後廟宇東向臨之，余不入。又北二里半，大路盤山西北轉，有岐下坡，隨川直北行。余乃下，從岐一里半，有舟子艤舟渡，上川東岸，雨乃止。復循東麓而北，抵北嶺下，川為嶺扼，西向盤壑去，路乃北向陟嶺，嶺頗峻。一里，逾嶺北，又一里，下其北塢。有小水自東北來，西注於川，橫木橋度之。共一里，又西北上坡，有村當坡之北，路從其側。一里，逾坡而北，再下再上，共三里，西瞰螳川之流，已在崖下。崖端有亭，忽從足底湧起，俯瞰而異之，亟捨路西向下。入亭中，見亭後石骨片片，如青芙蓉湧出。其北復有一亭，下乃架木而成者。瞰其下，則中空如井，有懸級在井中，可以宛轉下墜。余時心知溫泉道尚當從上北行，而此奇不可失，遂從級墜井下。

其級或鑿石，或嵌木，或累梯，共三轉，每轉約二十級，共六十級而至井底。井孔大僅圍四尺，其深下垂及底約四、五丈。井底平拓，旁裂多門，西向臨螳川者為正門，南向者為旁門。旁門有屏斜障，屏間裂竅四、五，若窗櫺戶牖，交透疊映，土人因號之曰「七竅通天」㉑。「七竅」者謂其下之多門，「通天」者謂其上之獨貫也。旁門之南，崖壁巉削，屏列川上。其下洞門另闢騈開，凡三、四處，皆不甚深透。然川漱於前，崖屏於上，而洞門累累，益助北洞之勝。再南崖石轉突處，有一巨石下墜崖側，迎流界道，有題其為「醒石」者，為冷然筆。冷然，學道楊師孔號。楊係貴州人。石北危崖之上，有大書「虛明洞」三大字者，高不能矚其為何人筆。其上南崖有石橫斜作垂手狀，其下亦有洞西向，頗大而中拓，然無嵌空透漏之妙。「虛明」二字，非北洞不足以當之。「虛明」大書之下，又有刻「聽泉」二字者，字甚古拙，為燕泉筆。燕泉，都憲㉒何孟春㉓號。何，郴州人，又自敘為吾邑人。又其側有「此處不可不飲」，為升庵筆，升庵，楊太史慎號。而刻不佳，不若中洞。門右有「此處不可不醉」，為冷然筆，刻法精妙，遂覺後來者居上。又「聽泉」二字上，刻醒石詩一絕，標曰「姜思睿」，而醒石上亦刻之，標曰「譜明」。譜明不知何人，一詩二標，豈譜明即姜之字耶？此處泉石幽倩，洞壑玲瓏，真考槃㉔之勝地，惜無一人棲止。大洞之左，穹崖南盡，復有一洞，見煙自中出，亟入之。其洞狹而深，洞門一柱中懸，界為二竅。有倮儸囚髮㉕赤身，織草履於中，煙即其所炊也。洞南崖盡，即前南來之塢，下而再上處也。

時顧僕留待北洞，余復循崖沿眺而北。北洞之右，崖復北盡，遂躡坡東上，仍出崖端南來大道。半里，有庵當路左，下瞰西崖下，廬舍駢集，即溫泉㉖在是矣。庵北又有一亭，高綴東峰之半，其額曰「冷然」。當溫泉之上，標以「御風」㉗之名，楊君可謂冷暖自知㉘矣。由亭前躡石西下，石骨棱厲。余愛其石，攀之下墜，則溫池在焉。池匯於石崖下，東倚崖石，西去螳川數十步。池之南有室三楹，北臨池上。池分內外，外固清瑩，內更澄澈，而浴者多就外池。內池中有石，高下不一，俱沉水中，其色如綠玉，映水光豔燁然。余所見溫泉，滇南最多，此水實為第一㉙。池室後當東崖之上，有佛閣三楹，額曰「暖照」。南坡之上，有官宇三楹，額曰「振衣千仞」㉚。皆為土人鎖鑰，不得入。

余浴既，散步西街，見賣漿及柿者，以浴熱，買柿啖之。因問知虛明之南，尚有雲濤洞㉛，川之西岸、曹溪寺旁，有聖水，相去三里，皆反在其南，可溯螳川而遊也。蓋溫池之西濱螳川東岸，夾廬成衢，隨之而北，百里而達富民。川東岸山最高者為筆架峰，即在溫池東北，志所謂代晟山也；川西岸山最高者為龍山，曹溪在其東隴之半，志所謂葱山也。二山夾螳川而北流，而葱山則老脊之東盤者矣。余時抵川上，欲先覓曹溪、聖水，而渡舟在川西岸，候之不至，遂南半里，過虛明諸洞下。南抵崖處，坡曲為塢，宜仍循川岸而南，以無路，遂上昔來大路隅，由小岐盤西崖而南。亦再下再上，一里半，有一村在坡南，是為沈家莊。老婦指雲濤洞尚在南坡外。又南涉塢，半里，登坡，路絕而不知洞所在。西望隔川有居甚稠，其上有寺，當即曹溪。有村童拾薪川邊，遙呼而問所謂雲濤洞者。其童口傳手指，以川隔皆不能辨。望見南坡之下，有石崖一叢，漫趨之。至其下，仰視石隙，叢竹娟娟，上有朱扉不掩。登之，則磴道逶迤，軒亭幽寂，餘花殘墨，狼藉蹊間，雲牖石牀，離披洞口。軒後有洞門下嵌，上有層樓橫跨，皆西向。先登其樓，樓中供大士諸仙像。香几燈案，皆以樹根為之，多有奇古者。其南有臥室一楹，米盎書簏，猶宛然其內，而苔衣蘿網，封埋已久，寂無徑行，不辨其何人所搆，何因而廢也？下樓入洞，初入若室一楹，側有一竇，下陷窈黑。其北又裂一門，透裂入，有小竅斜通於外，見竹影竄入，即墮黑而下。南下杳不知其所底，北眺亦有一牖上透，第透處甚微，光不能深燭，以手捫隘，以足投空，時時兩無所著，又時時兩有所礙。既至其底，忽望西南有光燁然，轉一隘，始見其光自西北頂隙透入；其處底亦平，而上復穹焉高盤。倏然有影掠隙光而過，心異之，呼顧僕，聞應聲正在透光之隙，其所過影即其影也。復轉入暗底，隙隘崖懸，無由著足，然而機關漸熟，升躋似易，覺明處之魂悸，不若暗中之膽壯也。再上一層，則上牖微光，亦漸定中生朗，其旁原有細級，宛轉崖間，或頹或整，但初不能見耳。出洞，仍由前軒出扉外，見右崖有石刻一方，外為棘刺結成窠網，遙不能見。余計不能去，竟踐而入之，巾履俱為鉤卸，又以布縛頭護網，始得讀之。乃知是庵為天啟丙寅[32]州人朱化孚[33]所構，朱壬辰[34]進士。其樓閣軒亭，俱有名額，住山僧亦有名有詩，未久而成空谷，遺構徒存，祇增慨耳！

既下至川岸，若一航渡之，即西上曹溪。時不得舟，仍北三里，至溫泉，就舟而渡，登西岸，溯川南行。望川東虛明崖洞若即若離，杳然在落花流水之外。南一里，又見川東一崖，排突亦如虛明，其下亦有多洞迸裂，門俱西向，有大書其上為「青龍洞」、為「九曲龍宮」者，隔川望之，不覺神往。土人言此二洞甚深，篝火以入，可四、五里，但中黑無透明處。此洞即在沈家莊北，余前從虛明沿川岸來，即可得之，誤從其上行崖端而不知，深為悵悵。然南之雲濤，北之虛明，既已兩窮，此洞已去而復得之對涯，亦未為無緣也。又南一里，抵川西村聚。從其後西上山，轉而南，又西上，共一里，遂入曹溪寺㉟；寺門東向，古剎也。余初欲入寺覓聖泉，見殿東、西各有巨碑，為楊太史升庵所著，乃拂碑讀之，知寺中有優曇花樹諸勝，因覓紙錄碑，遂不及問水。是晚炊於僧寮，宿於殿右。

【章 旨】本章記載了第一百六十三天在雲南府的行跡。出店沿著西山走。這山名九子母山，因山頂有九塊大石得名。從岔路到大營莊，已無路可走，只得返回大路上。往前到石龍壩，只見螳螂川的水流，沖破峽谷流出，橫衝直撞，在半里之內，連落五、六級。上山往下看到清澈的青魚塘，峽谷下面有青魚塘村。又登上一座最高的山嶺，才看到觀音山和碧雞山對峙，筆架山和龍山並立，進耳山雙峰分峙，山坳中有碧雞關，龍馬山的尖鋒特別銳利。大山的主脊，往下延伸分別聳起龍山、鐵爐關所在的山、關索嶺、屈顙巔山、羅藏山。翻過山嶺，渡過武趣河，便是安寧州界。往前看到沙河水從北部的尖峰中流下，和螳螂川水合流，繞過安寧城往北流去。通過一座大石橋，便是安寧州城。城中有廟名「靈泉」，裡面有鹽井。出城後冒雨往前走，過河到螳螂川東岸。山崖頂端有個亭子，亭後岩石如同青色的荷花，下面有個井洞，井底旁邊裂出許多門，當地人稱為「七竅通天」。附近有大石落到崖旁，上面刻著「醒石」二字，旁邊懸崖上又寫著「虛明洞」三個大字，此外還刻有「聽泉」二字。這裡景物清幽秀麗，為隱居的好地方，可惜沒有一個人。附近還有個狹窄幽深的洞，有倮儸住在裡面編織草鞋。繼續翻越山坡，到一處溫泉，泉上標有「御風」之名。池水十分清澈，池內的石塊如同綠玉。滇南溫泉最多，這裡水質實為第一。沐浴後在西街散步，問後得知虛明洞南面有雲濤洞，螳螂川西岸有曹溪寺，都可一遊。螳螂川東岸最高的山為筆架峰（岱晟山），西岸最高的山為龍山（葱山）。從小路走到沈家莊，望見南面的山坡下有一叢石崖，上面有紅色的門扇。走進門內，一片淒清冷落的景象。樓中供著菩薩神像，桌子都用樹根製成，臥室內彷彿還有米罐書箱。只是青苔藤蘿遍布，已經封閉埋沒很久了。下樓進入雲濤洞，往下一片漆黑，深不見底。用手腳摸索探路，到達洞底，才有光從頂部空隙照進。出洞後用布裹住頭踩著荊棘進去，讀了一篇碑文，方知這樓為朱化孚建造，不久便已荒廢，令人感慨不已。下山後返回溫泉，過河到螳螂川西岸，望見東岸虛明崖洞，若即若離，似乎在遠離人世的地方。再往前走，又望見對岸山崖上也有很多迸裂的洞，即青龍洞和九曲龍宮，據當地人說這兩個洞很深。最後走進曹溪寺，因抄錄楊升庵所寫的碑文，來不及去找聖泉。當晚就住在寺中。

【注釋】❶飯而出店二句　「飯而出店即」五字原脫，據徐本補。❷石龍壩　在海口街西北，螳螂川北岸。自子母山南至甸基五里中，原有一道石壩，南北橫截，長百餘步，水至此奔湍三疊，而後流入螳螂川。一九一〇年七月興工，一九一二年四月建成的石龍壩站，為中國歷史上第一座水力發電站。❸大營莊　今名大鷹莊、大仁莊，在海口西北。❹岨　岨峿；抵觸。❺青魚塘　又作青魚，在海口西北。❻碧雞山　見〈滇遊日記一·遊太華山記〉注。❼筆架山　又名岱晟山、坎山，在安寧城北十五里。❽龍山　又名葱山，在安寧城西北十里。❾進耳山　在昆明城西二十餘里，三峰並峙，又名筆架山。❿龍馬山　在安寧城東北十五里，山色紅綠交錯，遠望如淺水蕩漾，富於動感。有兩座崖壁極為陡峻，宛若鬼斧神工。⓫沙河　在安寧城東南，源出清水關，流入螳螂川。⓬麗江　明代為府，治所在今雲南麗江市西北。⓭鶴慶　明代為府，治所在今雲南鶴慶。⓮楚雄府　治所在今雲南楚雄。⓯祿豐　明代為縣，隸安寧州，今屬雲南。⓰羅次　明代為縣，隸雲南府，後廢，在今祿豐東北境。⓱三泊縣　明代隸昆陽州，後廢，治所在今安寧西南的縣街。⓲巨石梁　在舊安寧城東門外，明弘治間巡撫張誥重修，為通往滇西的要道。⓳安寧城　明代置安寧州，隸雲南府，今屬雲南。⓴祿裱　《明史》作「祿脿」，明代設巡檢司，在今安寧西隅。㉑七竅通天　在安寧溫泉南面半里螳螂江畔，石壁聳立，山上有七個石洞，清幽深邃，相互貫通，或上通山頂，或下至洞底，其中最大最深的是暖谷洞和雲窩洞。這裡岩飛壑舞，溪迴谷轉，每當落日銜山，返照入江，站在山上隔江遙望，景物如畫。㉒都憲　古稱御史臺為憲臺，故明、清時都御史稱總憲，副都御史稱副憲。㉓何孟春　字子元，湖廣郴州（今屬湖南）人。明正德間任雲南巡撫，政務簡靜，博雅冠一時。㉔考槃　本《詩·衛風》篇名。考，築成之意。槃，木屋。寫賢人隱居澗谷。後用作隱居之意。㉕囚髮　頭髮蓬亂，如囚犯樣。㉖溫泉　在安寧城西北十四里的螳螂川東岸，距昆明城八十餘里。傳說東漢蘇文達隨馬援南征交趾，路過此地，與當地郡主阿樹羅發現此泉。池水宛如無瑕翡翠，水源充沛，日流量達六千噸。水溫在攝氏四十三度至四十五度之間。明楊慎作〈溫泉〉詩，稱讚安寧溫泉有七大優點。據《滇中紀勝》，原溫泉水池約半畝，池中有碧玉，故又名碧玉泉。㉗御風　乘風而行。《莊子．逍遙遊》：「列子御風而行，泠然善也。」㉘冷暖自知　《景德傳燈錄》四〈道明禪師〉：「如人飲水，冷煖自知。」用以喻個人的體會。㉙此水實為第一　在徐霞客之前，元人編《方輿攬勝》，已提出「雲南諸郡，湯池一十七所，惟安寧者最。石色如碧玉，水清可鑒毛髮，雖驪山玉蓮池遠不及。」楊慎在比較天下溫泉後，稱安寧泉為「天下第一湯」。㉚振衣千仞　西晉左思〈詠史〉詩：「振衣千仞岡，濯足萬古流。」㉛雲濤洞　疑即環雲巖，在碧玉泉南，鳳山山麓。石色斑斕，如雲似漆，間有五彩。巖間有洞，洞中鐘乳玲瓏，洞頂透漏，白天仰望，可見斑駁樹影，夜間仰望，可窺星月，自有一種神祕之感。洞旁有醉石蒼然偃臥，又有醒石斜依巖畔，如人醉初醒，惺忪而起。巖上有雲濤寺，殿宇清幽。㉜天啟丙寅　即天啟六年（一六二六）。㉝朱化孚　號岱晟，安寧人，萬曆進士。曾主試貴州，號稱得士；在兵部任職，頗有政績；官至湖廣按察使，賞罰嚴明。後辭官歸鄉。㉞壬辰　萬曆二十年（一五九二）。㉟曹溪寺　在葱山中支鳳城山腰，襟帶螳螂川，拱揖碧玉泉，林木掩映，環境清幽。傳說禪宗六祖慧能在廣東韶州曹溪大興佛法，派其弟赴雲南傳布禪宗教義，建此寺。寺前螳螂川和韶州曹溪相像，故名曹溪寺。現存寺正殿為明人仿宋、元風格重建，時人稱為「南宋古殿」。曹溪寺為雲南現存最早的一座木結構建築的古剎，寺內大雄寶殿上供奉的木雕華嚴三聖像，造型肅穆，雕刻精美，為國內不多的宋代造像。相傳每六十年一遇的甲子中秋之夜，月光自小圓窗直射殿中釋迦牟尼佛像的額端，其圓如鏡，沿鼻梁直下移至肚臍而止，人稱此奇觀為「曹溪映月寶鏡懸」，又稱「天涵寶月」、「曹溪印月」。寺中一碑，刻「虫二兩字，隱寓「風月無邊」之意。寺後殿壁上有刻楊慎〈重修曹溪寺記〉的「三絕碑」。

【語　譯】二十六日　雞啼二遍後，吃了飯走出旅店，就朝北沿著西山走。過了三里，天漸漸發白，看到有條岔路從西南延伸過來，有條岔路從東北延伸過來，而中間的道路則直往北越過山坳。原來西界的大山到這裡伸出一支山脈往東，突起一座山峰，正當關口中間，阻扼螳螂川的水流，向東曲折盤繞，川流被它阻扼稍稍往東退讓，就穿破峽谷北邊向西，從石級落下爭相奔流，這就是所說的石龍壩。這座山名九子山，實是海口下游把守關口的鎖鑰，平定哨在它的南面，大營莊在它的東面，石龍壩在它的北面。這山不太高大，圓形的山丘正好在水口挺起，所以能自成一種雄偉的景象。山頂有九塊大石，它的高度超過人，在峰頭並立。當地人為此建了九子母廟，把九塊石當作九子，所以把山稱作「九子母」了。當時我知道正路在中間，懷疑從東北延伸過來的岔路是近便的小路，而且可以放眼俯視螳螂川流，於是從岔路走。過了一里到達大營莊，只見螳螂川水流在下面轟鳴，水上不能行船，陸路不能從峽谷走，必須仍然回到大路上，越過山坳才行，於是從原路回去，沿著山峰的西面越過山嶺往北下去。共走了二里，有條小水從西南的峽谷流來，便渡過這條小水。又往西上山，越過山坡，只見山坡北面峽谷中的螳螂川水流，從九子母山的東面，穿破峽谷往北流出，轉而向西，繞到山北墜落峽谷，峽谷中的岩石橫向抵擋，層層阻隔，水流橫衝直撞，有時跨越石頂，有時竄出石脅，湧過一層，又躍到另一層，在半里之內，接連落下五、六級，這就是石龍壩。這裡水不能通航，都是因為這些岩石作梗的緣故。過去治水的人多次燒石鑿去石級，都沒有成功，當地人說石級鑿去後又長了出來，這恐怕不是真的。

石級到了盡頭，峽谷也向北轉。路從峽谷西邊的山上走，就沿著它往北，向下看到石級盡頭處，有一方水池在峽谷中，裡面積水特別清澈，當地人稱為青魚塘，說塘中的青魚又大又多。據志書記載，昆陽州平定鄉小山下有三個洞，泉水從洞中流出後匯積成潭，潭中有青魚、白魚，俗稱隨龍魚，難道就是這裡嗎？往北走了二里，峽谷稍許開闊，下面有村莊，名青魚塘村。往北走二里，轉向西北登上一座山嶺，這嶺最高，才能向東看到觀音山和羅漢寺所在的碧雞山，兩座山峰在東面峙立。又向北看到一重遠山，在群山的北面橫亙，西邊盡頭處聳起一座最高的山峰，這是筆架山，在它西面又另外聳起一座山峰，和筆架山並立，這是主脈的龍山。東邊盡頭處也有兩座最高的山峰分別峙立，這是進耳山，在它南面的山坳稍許低下開豁，就是大路上的碧雞關。東西兩邊最高的山峰中間，有座特別銳利的尖峰，從橫亙的山脊南面透出峰頭，這就是龍馬山，山下是沙河水流來的地方。唯獨向西看，群山才稍許感到低下開豁，去滇西的大路就從這裡走，而山的主脊反而從這低下的地方往南延伸。大山的主脊，西北起自麗江府、鶴慶府東部，往南延伸到楚雄府南部，又往東北到祿豐縣、羅次縣北境，再往東到安寧州西北境，往東聳立為龍山；便從南面安寧州的西部又往南伸到三泊縣的東部，再往南繞到昆陽州的西南，才轉向東，經過新興州北部，為鐵爐關；又往東經過江川縣北部，為關索嶺，再往東聳起為屈顙巔山，便轉向東北，為羅藏山，是作為滇池與撫仙湖的分界山脊。從嶺上開始往西走一里，越過它的頂部。又往西北走下一里，只見螳螂川水，從山嶺的北麓繞向西，又轉向南。山嶺的西邊有個村莊，靠近螳螂川居住，河岸設有渡口，這是武趣河。昆陽州西界到這裡為止，過了渡口就是安寧州界。武趣河的水，繞過村莊往南拐，又轉入西面峽谷中流去。

路過了河就往西北登上山坡，接連越過兩重土丘，共走了五里，往北下去，有一口水塘在東邊的塢中。再往北走二里，有一口水塘在西邊的塢中。再往北走一里半，路的東邊有個村莊。再往北走一里半，才到山坡北面盡頭處，山坡北面才開出東西向的大山塢。於是下坡在山塢中往西走，過了二里，東北有水從北界橫亙的遠山尖峰中流下，這就是沙河。這河水流很大，石橋東西向架在河上，河水從橋下往南流去，螳螂川水從武趣河西面的峽谷中轉向北流來，兩條水在橋南匯合，流了半里，就往西北到安寧州城的南面，於是往北經過城東再往北流下。過了沙河橋，再往西北走一里，去省城的大路從東北過來，螳螂大川從州城南面流來，都在城東交會，有大石橋東西向架在螳螂川上，氣勢十分雄偉壯觀。過了橋就是安寧州城。從東門進城，街市十分集中，於是在市上買了酒喝，打算去溫泉洗澡。喝完酒，忽然風雨交加。起先撐著傘從南街往西走，過了一會才知道這是去祿裱的大路，便回到東門內，從東街往北走。過了半里，經過州署前面，從它的東邊又轉向北走了半里，有座廟門向東，匾額寫著「靈泉」二字。我以為是三潮聖水，走了進去。廟門左邊有口大井，井上疊起木料，橫架成橋，欄上安裝著汲水的轆轤，原來是口鹽井。井水又鹹又苦，而且非常渾濁。井旁有監督的人，每天兩次汲水煎鹽。安寧州一處，每天日夜煎鹽一千五百斤。城內有四口鹽井，城外有二十四口鹽井，每口大的鹽井一天可煎六十斤，小的鹽井可煎四十斤，都是用桶汲起井水，擔回家去煎鹽。又往西轉過城隍廟向北，走了半里，從北門出城。風雨淒冷，路上沒有行人，但我的遊興，不因此而消失，冒雨直往前走。

沿著螳螂川西岸往北，走了三里半，有村莊在西山腳下，背後的廟宇向東對著村莊，我沒進去。再往北走二里半，大路繞著山往西北轉，有條岔路下坡，隨著川流直往北去。我於是從岔路往下走了一里半，有船夫把船停泊在渡口，上船渡河到東岸，雨才停下。再沿著東邊的山麓往北走，到達北面的山嶺下，川流被山嶺阻扼，往西繞著山壑流去，路便往北登上山嶺，這嶺很陡峻。走了一里，越過山嶺到它北面，再走一里，往下到它北面的山塢中。有條小水從東北流來，往西注入螳螂川，從橫架的木橋上過河。共走了一里，又往西北登上山坡，有村莊在山坡北面，路從村旁穿過。走了一里，越過山坡往北，兩下兩上，共走了三里，向西俯視螳螂川的流水，已在山崖下面。山崖的頂端有亭子，忽然出現在腳下，往下看去覺得十分奇怪。急忙離開道路往西走下。進入亭中，見亭子後面片片岩石，如同青色的荷花從地上湧出。北面還有一個亭子，下面用木架撐著。俯視亭子的下面，中間空著像井一樣，井中有很陡的階級，可以繞著往下。當時我心知去溫泉的路還應當從上面往北走，但這一奇觀不能錯過，於是沿著階級落到井下。這些階級有的鑿石而成，有的用木嵌成，有的由梯子搭成，共轉換三次，每轉一次，大約二十級，共六十級到達井底。井孔周長只有四尺，往下到底的深度，約有四、五丈。井底很寬平，旁邊的石壁上裂出許多門，朝西對著螳螂川的為正門，朝南的為旁門。旁門外有斜擋的屏障，屏障間裂出四、五個孔洞，就像窗口門戶，交叉穿通，重疊掩映，當地人因此稱它為「七竅通天」。「七竅」是說它的下面門多，「通天」是說它的上面只有一個通道。旁門的南面，崖壁陡峭，像屏風那樣在螳螂川邊排列。井的下面另外開出洞門，共三、四處，都不太深遠，但螳螂川水在洞前沖刷，石崖如屏風一般峙立在上方，而且洞門接連不斷，使北洞的景觀變得更美。再往南到石崖轉向突起的地方，有一塊大石往下落在石崖的旁邊，迎面對著水流，分隔道路。上面題有「醒石」二字，是冷然的筆跡。冷然是學道楊師孔的號。楊是貴州人。大石北面的懸崖上寫著「虛明洞」三個大字，因在高處不能看清是誰的筆跡。在它上面的南崖，有石橫斜伸出，形如下垂的手，在它下面也有朝西的洞，很大而且裡面擴展，但沒有玲瓏剔透的妙趣。「虛明」二字，唯有北洞才當之無愧。「虛明」大字下面，又刻有「聽泉」二字，字跡十分古樸，是燕泉的手筆。燕泉是都憲何孟春的號。何是郴州人，又自敘為我家鄉的人。在它的旁邊，還刻有「此處不可不飲」這幾個字，是升庵的筆跡，升庵是太史楊慎的號。但刻得不好，不及中洞的石刻。洞門右邊刻有「此處不可不醉」這幾個字，是冷然筆跡，雕刻技巧精妙，便有後來居上的感覺。另外在「聽泉」二字的上面，刻著醒石詩絕句一首，題名「姜思睿」，而醒石上也刻著這首詩，題名「譜明」。不知譜明是誰？一首詩題了兩個人的名字，難道「譜明」便是姜思睿的表字嗎？這裡泉石清幽秀麗，洞壑玲瓏精巧，真是賢人隱居的好地方，可惜沒有一個人到這裡來安身。大洞的左邊，在隆起的山崖南端盡頭，又有一個洞，看到煙從裡面冒出，急忙進入洞中。這洞又窄又深，洞門有根石柱居中懸立，把洞分成二處，有個倮儸赤身裸體，頭髮蓬亂如同囚犯，在洞裡編織草鞋，煙就是他燒飯冒出的。在這洞南面山崖的盡頭，就是先前從南面過來的山塢，是下去後又上來的地方。

這時顧僕還留在北洞等候，我又順著山崖沿邊眺望也往北走。北洞右邊山崖的北端到了盡頭，於是踏著山坡往東上去，仍然走到山崖一端從南面延伸過來的大路上。走了半里，有個庵在路的左邊，往下看西面的山崖下，房屋並排聚集，溫泉就在那裡了。庵的北面又有一個亭子，高高點綴在東峰的半山腰，匾額上寫著「冷然」二字。正當溫泉的上面，標出「御風」的亭名，楊君可說是冷暖自知了。從亭子的前面踩著崖石往西走下，岩石的棱角鋒利。我喜歡這裡的岩石，攀著它往下走，溫泉浴池就在眼前。池水匯聚在石崖下面，東面靠著崖石，西面離螳螂川幾十步。池的南面，有三間屋，北面對著浴池。浴池分內外兩池，外池水固然清瑩，內池水更加澄澈，但沐浴的人大多在外池。內池中有石塊，高低不一，都沉在水中，顏色如同綠玉，映照在池水中格外光彩鮮豔。我所看到的溫泉，滇南最多，這裡的水質實為第一。浴室背後，正當東面的山崖，上有三間佛閣，匾額上寫著「暖照」二字。南面的山坡上，有三間官府的房舍，匾額上寫著「振衣千仞」四字。都被當地人鎖著門，不能進入。

我沐浴後在西街散步，看到有賣漿和柿子的人，因為浴後覺得熱，買來柿子吃了。於是打聽這裡情況，得知虛明洞的南面，還有雲濤洞，螳螂川的西岸、曹溪寺的旁邊有聖水，相隔三里，反而都在溫泉南面，可沿著螳螂川上行遊覽。原來溫泉浴池的西面靠近螳螂川東岸，兩邊房屋中間是大路，隨著大路往北走，一百里到達富民縣。螳螂川東岸最高的山為筆架峰，就在溫泉浴池的東北，即志書所說的岱晟山；螳螂川西岸最高的山為龍山，曹溪寺在這山東面的半坡上，即志書所說的葱山。螳螂川夾在兩座山中間往北流，而葱山則為大山主脊往東盤繞的山脈。我到螳螂川邊時，想先去尋找曹溪寺、聖水，但渡船在川的西岸，等船卻不來，於是往南走半里，從虛明等洞下面走過。往南到達山崖的地方，山坡繞成山塢，應該仍然沿著螳螂川的岸邊往南走，因為沒路，便往上到原先走過來的大路旁，從小路繞著西邊的山崖往南走。也是兩下兩上，走了一里半，有個村莊在山坡的南面，這就是沈家莊。一個老年婦人指著說，雲濤洞還在南坡的外面。又往南穿過山塢，走了半里，登上山坡，路到斷絕處還不知洞在什麼地方。向西望見螳螂川對岸，居戶很密集，上面有寺廟，應當就是曹溪寺。看到有個村童在河邊拾柴，遠遠向他呼喊，打聽所謂的雲濤洞所在。這村童邊說邊指，因為隔著川流，都聽不明白。望見南坡的下面，有一叢石崖，便漫步走去。到石崖的下面，抬頭看到石縫中長著叢叢秀麗的竹子，上面有紅色的門扇開著。登上去後，只見石階逶迤曲折，長廊亭閣清幽寂靜，殘餘的花葉變色發黑，雜亂地散落在小路上，雲窗石牀，在洞口散亂羅列。長廊後面有洞門往下嵌入，上面橫跨著層層樓房，都朝西方向。先登上樓，樓中供奉著觀音大士等神像。焚香點燈的桌子，都用樹根製成，有很多奇特古樸的東西。樓南面有一間臥室，米罐書箱，彷彿還留在裡面，但已青苔藤蘿滿布，可見封閉埋沒很長時間，環境幽寂，沒有可通行的小路，不知是什麼人在此建造這些樓房，又為什麼廢棄了？下樓進入洞中，剛進去的地方就像一間屋子，旁邊有個小洞，往下陷落深黑。洞的北面又裂開一道門，穿過裂口進去，有個小孔斜向通到外面，看到竹影閃入，就從黑暗中落下。往南下去深不見底，向北望去也有一道窗口上透，只是透光處很小，光線不能照到深處，用手在狹窄的通道摸索，將腳伸到空處探路，常常手腳都沒有著落的地方，常常又都受到阻礙。到了洞底後，忽然望見西南有光十分明亮，轉過一個隘口，才看到這光從西北洞頂的縫隙透入；這裡底部也平坦，而上面又高高拱起盤繞。突然有個身影從縫隙的亮光中一閃而過，心裡覺得奇怪，呼喊顧僕，聽到應聲正好在透光的縫隙外，剛才閃過的身影就是他。再轉入黑暗的底部，缺口狹窄，崖壁陡立，沒有落腳的地方，但對洞中的結構漸漸熟悉，攀登似乎容易些了，覺得在明處反見而心驚，不如在暗中膽大。又往上爬了一層，只見從上面窗口透入的微弱光線，也漸漸靜止顯得明亮起來，在它旁邊原來有很小的石級，在崖壁間曲折延伸，有的已毀壞，有的還完整，但起初沒有看到罷了。走出洞，仍然從前面的長廊走到門外，看到右邊的崖壁上有一塊石刻，外面被荊棘結成網狀的鳥窩，因在遠處看不見上面的字。我估計沒法除去這些荊棘，就踩著上面進去，頭巾和鞋子都被刺鉤掉，又用布裹頭防護，才能讀碑上文字。方知這庵是天啟六年本州人朱化孚建造，朱是萬曆二十年的進士。這些樓閣廊亭，都有名稱匾額，住山僧人也有姓名有詩文，但沒多久便成了荒山空谷，遺棄的建築徒然留下，只讓人增添感慨罷了。

下山後到螳螂川岸邊，如果有一條擺渡船，就能往西上曹溪寺。當時沒有船，便仍然往北走了三里，到溫泉，乘船渡河登上西岸，沿著川流往南上行，望見川東岸的虛明洞，若即若離，似乎在遠離人世的地方。往南走一里，又看見螳螂川東岸有座山崖，也像虛明洞崖那樣淩空突起，下面也裂出許多洞，洞門都朝西，崖上寫著「青龍洞」、「九曲龍宮」這幾個大字，隔川相望，不覺令人神往。當地人說這兩個洞很深，點著燈籠進去，大約有四、五里遠，但洞中一片漆黑，沒有透光的地方。這兩個洞就在沈家莊北面，我先前從虛明洞沿川岸過來，就能看到，但誤從它的上面走到崖的一端還不知道，為此深感惆悵。但南面的雲濤洞、北面的虛明洞，兩處都已窮究，這洞已經錯過而又在對岸看到，也不能說沒有緣分了。又往南走一里，到螳螂川西岸的村落。從村後往西上山，轉而向南，再往西上去，共走了一里，就進入曹溪寺。寺門朝東，是座古廟。我起先想進寺尋找聖泉，看到大殿東、西兩邊各有一塊巨大的石碑，是太史楊升庵寫的碑文，拂拭石碑讀了碑文，得知寺中有優曇花樹等名勝，因為找紙抄錄碑文，就來不及打聽聖泉。這天晚上，在僧人的屋中做飯，住在大殿的右邊。

二十七日　晨起寒甚。余先晚止錄一碑，乃殿左者，錄未竟，僧為具餐，乃飯而竟之。有寺中讀書二生，以此碑不能句❶來相問，余為解示。二生一姓孫，安寧州人；一姓黨，三泊縣人。黨生因引余觀優曇樹❷。其樹在殿前東北隅二門外坡間，今已築之牆版中，其高三丈餘，大一人抱，而葉甚大，下有嫩枝旁叢。聞開花當六月伏❸中，其色白而淡黃，大如蓮而瓣長，其香甚烈而無實。余摘數葉置囊中。遂同黨生由香積❹北下坡，循坳而北，一里半，觀聖泉❺。泉從山坡大樹根下南向而出，前以石環為月池，大丈餘，瀦水深五、六寸餘，波淙淙由東南坡間瀉去。余至當上午，早潮已過，午潮未至，此正當縮時，而其流亦不絕，第潮時更湧而大耳。黨生言：「穴中時有二蟾蜍出入，茲未潮，故不之見。」即碑所云金鼇❻，號曰「泉神」者矣。月池南有亭新構，扁曰「問潮亭」，前巡方使關中❼張鳳翮❽為之記。黨生又引余由泉西上坡，西北緣嶺上，半里，登水月庵。庵東北向，乃蔥山之東北坳中矣。庵潔而幽，為鄉紳王姓者所建。庭中水一方，大僅逾尺，乃建庵後劚地而出者。庵前有深池，泉不能畜也。既復下至聖泉，還至曹溪北坡坳，黨生別余上寺，余乃從岐下山。

一里，抵昨村後上山處。由村後南行半里，復東望川東迴曲中，石崖半懸，飛樓臨丹，即雲濤洞也。川水已從東盤曲，路猶循西山南向下，因其山塢自南而轉也。一里餘，始循南山而東。二里，則其川自塢北曲而南，與路遇，既過，路又循東山溯溪轉而北。一里，乃東向陟南山之北。一里，乃轉東南行。一里，南陟一西來之峽，又南上坡。一里，與前來溫泉渡西大道合，始純南行。六里，入北城門。見有二女郎，辮髮雙垂肩後，此間幼童、女，辮髮一條垂腦後，女郎及男之長者，辮髮兩條垂左右耳旁，女仍用包髻，男仍用巾帽冠其上。若儸儸則辮髮一條，週環於腦額，若箍其首者。又有男子未冠者，從後腦下另挽一小鬏❾若螺，綴於後焉。手執紈扇❿，嫣然在前，後有一老婦隨之，攜牲盒紙錠，將掃墓郊外。此間重十月朝祭掃，家貧不及者，至月終亦不免也。南中所見婦女，纖足姣好，無逾此者。入城一里半，飯於東關，乃出，逾巨石梁，遵大道東北行。半里，有小溪自東塢來，溯之行。從橋南東去，三里半，上坡。又一里，逾東安哨嶺⓫。嶺不甚峻，東北從橫亙大山分隴西南下，為安寧東第一護城之砂者也。過嶺東下，始見沙河之水自東北來。隨其塢東入，過站摩村，共十五里，為始甸鋪。又四里，過龍馬山，屼屼⓬北透，橫亙大山之南。路繞其前而東，又四里，始與沙河上流之溪遇。有三鞏石梁東跨其上，是曰大橋。其水自東北進耳二尖峰西、棋盤山南峽來，西南至安寧城東，南入於螳川者也。又半里，東上坡，宿於高梘橋村⓭。

【章旨】本章記載了第一百六十四天在雲南府的行跡。在曹溪寺讀書的黨生引路去看優曇樹，聽說六月開花，但不結果實。隨後又去觀看聖泉，前面用石塊圍成月池，聽說洞中有兩隻蟾蜍出入，因未漲潮沒看到。接著去水月庵，十分清潔幽靜。下山回到安寧州城，看到兩個女郎，兩根辮子垂在肩後，到郊外掃墓，是在西南地區見到的最美的女子。進城吃了飯，又出城越過東安哨嶺，看到沙河水，再經過站摩村、始甸鋪，翻過龍馬山，通過大橋，到高梘橋村留宿。

【注　釋】❶句　句讀。句和逗，指文章中休止和停頓之處。❷優曇樹　傳說為西天竺僧人用念珠種成。明代楊慎見到此樹，已「計年百稔」，稱為「天官分種」。此樹曾經兵火枯死，後又從石隙中長出靈芽。清初總督范承勛鑿池環繞，建護花山房。此樹現高一丈多，枝葉紛披，葉子似菠蘿，花開於初夏，朵大瓣密，花心為深綠色，形如磬槌，有幽香，一開即謝，無果。❸伏　三伏的總稱。農曆夏至後第三個庚日起為初伏，第四個庚日起為中伏，立秋後第一個庚日起為末伏。是一年中最熱的時候。(前人以干支紀日，含天干第七位「庚」字的日子稱庚日。)❹香積　《維摩詰經》下〈香積品〉：「有國名眾香，佛號香積，……苑囿皆香，其食香氣。」後因稱僧飯為香積飯，僧廚為香積廚。❺聖泉　又名海眼泉，在曹溪寺左側一里處。傳說為戒照禪師卓錫所穿。通常水一日兩潮，唯獨這泉水一日三潮，每日子、午、酉時泉水來潮，澎湃有聲，水湧起二尺多高，但到落潮時水幾近乾涸，當地人稱為「三潮聖水」。另在曹溪寺右側一里處，也有一泉，名珍珠泉，水泡從池底冉冉上升，如同一串串珍珠，將硬幣放在水面上，會經久不沉，和杭州虎跑泉相似。❻䵹　鼀䵹。即蟾蜍。❼關中　秦都咸陽，漢都長安，後因稱函谷關以西為關中。也用以指陝西地區。❽張鳳翮　進士出身。明崇禎間巡按雲南。❾鬏　髮髻。❿紈扇　用細絹製成的團扇。⓫東安哨嶺　在安寧城東五里處。⓬屼屼　形容山嶺光禿不長樹木。⓭高梘橋村　今名高梘槽，在今安寧東隅的公路南側，但村在始甸西一里多。

【語　譯】二十七日　早晨起身十分寒冷。我在昨晚只抄錄了一篇碑文，是在大殿左邊的碑文，還沒錄完，僧人已準備了早餐，於是吃了飯將碑文錄完。有兩個在寺中讀書的人，因為不能將這篇碑文斷句，前來相問，我給他們講解。這兩個書生，一個姓孫，是安寧州人；一個姓黨，是三泊縣人。黨生便領我去看優曇樹。這樹長在大殿前東北角二門外的山坡上，現在已築了牆版圍起來，有三丈多高，一人合抱那麼粗，葉子很大，下面有叢叢嫩枝從旁生出。聽說在六月伏天開花，花色白中帶淡黃，像蓮花那麼大而花瓣較長，香氣十分濃烈，但不結果實。我摘了幾片樹葉放在袋中。於是和黨生從僧廚北面走下山坡，沿著山坳往北走了一里半，觀看聖泉。

泉水從山坡大樹根下往南流出，樹前用石塊圍繞砌成月池，面積一丈見方多些，積水深五、六寸多，泉水從東南的山坡中淙淙流去。我到時正當上午，泉水早潮已過，午潮還沒到，正好在收縮的時候，但水流也不斷，只是漲潮時水湧得更大罷了。黨生說：「洞中常有兩隻蟾蜍出入，現在沒有潮水，所以看不到。」就是碑文中所說的「金鼉」，號稱「泉神」。月池南面有座新建的亭子，匾額上寫著「問潮亭」，前巡方使關中人張鳳翮為亭作了一篇記。黨生又領我從泉水西面登上山坡，沿著山嶺往西北攀登，過了半里，登上水月庵。庵面向東北，在葱山東北的山坳中。這庵清潔幽靜，是姓王的鄉紳建造。庭院中有一方水，僅一尺見方多些，是建庵後挖地出水形成的。庵前有一個深池，但裡面不積泉水。隨即又往下到聖泉，回到曹溪寺北面的坡坳，黨生和我告別後走上曹溪寺，我便從岔路下山。

走了一里，到昨天從村後上山的地方。從村後往南走半里，又向東望見螳螂川往東曲折流過的地方，石崖聳峙在半空中，淩空的高樓對著紅色的門扇，這就是雲濤洞。螳螂川水已從東邊曲折流去，路仍沿著西邊的山往南走下，順著山塢自南而轉。走了一里多，才沿著南山往東。走了二里，只見螳螂川從山塢北面繞向南流，與路相遇，過了螳螂川，路又沿著東山沿溪水轉向北上行。走了一里，便往東登上南山的北面。再走一里，便轉向東南走。再過一里，往南穿過一道從西面延伸過來的峽谷，又往南登上山坡。再走一里，和先前去溫泉從螳螂川西岸過河的大路會合，開始一直往南走。過了六里，從北門進城。看到二個女郎，兩根辮子垂在肩後，這裡年幼的男孩女孩，留一根辮子垂在腦後，女郎和年紀大的男子，有兩根辮子垂在左右耳旁，女的仍然用布包住髮髻，男的仍然把帽子戴在辮子上面。如果是儸儸就留一根辮子纏繞在腦額上，就像箍住頭一樣。另外還有未成年的男子，在後腦下部另挽一個螺形的小髮髻，連結在背後。手裡拿著紈扇，容貌美麗，走在前面，後面跟著一個老婦人，提著祭奠用的盒子紙錢，將往郊外掃墓。這裡注重在十月初祭奠掃墓。因家貧窮來不及舉辦的，拖到月終也不能免掉。在西南地區見到的婦女，就雙足纖小、容貌美麗而言，沒有超過她們的了。進城走了一里半，在東關吃飯後出城，過了大石橋，沿著大路往東北走。過了半里，有條小溪從東面的山塢中流來，沿著小溪上行。從橋南往東走，過了三里半，登上山坡。又走了一里，越過東安哨嶺。這嶺不太陡峻，從東北橫貫的大山分出支脈往西南延伸下來，是安寧州東邊的第一道護城的山。越過嶺往東走下，才看到沙河水從東北流來。隨著水流過的山塢往東走進，經過站摩村，共走十五里，到始甸鋪。又走了四里，越過龍馬山，這山光禿禿地往北延伸，橫貫在大山的南面。路繞過龍馬山前往東，又走了四里，才和沙河上游的溪流相遇。有座三個拱洞的石橋在東邊橫架溪上，名叫大橋。橋下的水從東北進耳山兩個尖峰西面、棋盤山南面的峽谷中流來，往西南到安寧城東邊，再往南流入螳螂川。再走半里，往東登上山坡，在高梘橋村留宿。

二十八日　平明，東行一里半，上坡，為安寧東界，由此即為昆明地。陂陀高下，以漸升陟而上。八里，其塢自雙尖後進耳山來，路遂由南隴上。又二里，山坳間有聚廬當尖，是為碧雞關❶。蓋進耳之山峙於北，羅漢之頂峙於南，此其中間度脊之處，南北又各起一峰夾峙，以在碧雞山之北，故名碧雞關，東西與金馬❷遙對者也。關之東，向東南下為高嶢❸，乃草海西岸山水交集處，渡海者從之；向西北下為赤家鼻，官道之由海堤者從之。余時欲游進耳，遂西北下坡，半里，循西山北行。二里，有村在西山之麓，是為赤家鼻❹。大道由其前北去，乃西折而入村。村倚山而廬，有池瀦坡側，大不逾五尺，村人皆仰汲焉。中復有魚，有垂釣其上者，亦龍潭之淺者也。由池南上坡，嶺道甚峻。半里，登岡上，稍北而曲，有坊當道，則進耳山門外坊也，其寺尚隔一坑。由坊西望見寺後，大山環於上，此岡繞於前，內夾深坑，旋轉而入，若耳內之孔。寺臨孔上，盤朶邊以進，取名之義，非身履此岡，不見其親切也。進坊，西向沿坑入，半里，有岐西逾大山之坳，而入寺之路，則沿坑南轉。盤崖半里，西上入寺❺中。寺門東向，登其殿，頗軒爽，似頷端，不似耳中也。方丈在殿北，有樓三楹在殿南。其樓下臨環坑，遙矚❻滇海，頗如太華❼之一碧萬頃❽，而此深遠矣。入方丈，有辛貢士伯敏者，迎款殷懃。僧寶印欲具餐，辛揮去，令其徒陳履惇、陳履溫二陳乃甲戌❾進士履忠弟。及其弟出見，且為供葷食。復引余登殿南眺海樓，坐談久之。余欲趨棋盤山，問道於寶印。寶印曰：「由坊東下山，自赤鼻山寶珠寺上為正道，路且三十里。由此寺北，西逾大山之坳，其路半之，但空山多岐，路無從覓耳。」乃同辛君導余從殿後出，遂北至坳下東來岐路，始別去。

余乃西上，半里，逾坳半里，西北稍下，一里，涉中窪。窪西復有大山，南北橫峙，與東界進耳後雙尖，並坳北之巔，東西夾成中窪。由窪西復循西山之東，北行一里，循嶺北轉而西，稍下，一里，度峽西上。其西復有大山，南北橫峙，遂西向橫躡之。一里半，登其岡，見西南隨塢有路，上逾其脊，將趨之。有負芻者來曰：「棋盤路在北，不在西也。」乃循西山之東，又北行，其路甚微，若斷若續。二里半，從西山北坳，透脊西出，始望見三家村在西塢中。村西盤峙一峰，自北而南，如屏高擁，即棋盤山也。其脈北自妙高寺三華山⑩西南來，復聳此峰。分支西度，為溫泉之筆架山；分支南下，為始甸後之龍馬山；南環東亙，即為所逾之脊；而南度為進耳、碧雞者也。脊北山復橫列東北，至寶珠赤鼻⑪而止，為三家村東界護山。余昔來自金馬以東，即遙望西界山橫如屏，其頂復有中懸如覆釜，高出其上者，即此棋盤峰⑫也，而不知尚在重壑之內，外更有斯峰護之，洵西峰之領袖矣。從坳西轉，循東山北崖半里，乃西向下。一里，行壑中，有水北流，西涉之。又半里，抵三家村，其村倚棋盤東麓。路當從村北西上，乃誤由村南度脊處，循峽西南上，竟不得路。攀躡峽中三里，登一岡。有庵三楹踞坪間，後倚絕頂，其前東瞰滇中，乃髮僧玄禪與僧裕庵新建者。玄禪有內功，夜坐峰頭，曉露濕衣，無所退怖；庵中四壁未就，不以為意也。日已西昃，迎余瀹茗煮粥，抵暮乃別。西上躋峰，一里，陟其巔。又西向平行頂上一里，有寺東北向，即棋盤寺也。時已昏黑，遂啜茗而就榻。

【章　旨】本章記載了第一百六十五天在雲南府的行跡。進入昆明縣地界，先到碧雞關，關南的碧雞山和金馬山遙遙相對。又經過赤家鼻，登上山岡，去進耳山寺，旋繞而入，就像進入耳孔一樣。寺內有樓，遠攬滇池，貢士辛伯敏在方丈熱情款待。下山前往棋盤山，山頂還有居中聳立、如同鐵鍋倒扣的山，即棋盤峰，可謂西界山峰的領袖。再經過三家村，到一個小庵，庵內的髮僧玄禪有內功。夜晚到棋盤寺留宿。

【注　釋】❶碧雞關　在昆明西郊碧雞山北，兩山如扃，一線相通，自古為昆明通往滇西的要隘。❷金馬　關名，在今昆明東郊金馬山麓，原有城，為元梁王所築，為昆明通往內地的要隘。❸高嶢　與下句「草海」均見〈滇遊日記一・遊太華山記〉注。❹赤家鼻　又作赤甲鼻，今名車家壁，在昆明西郊。❺寺　進耳寺。在昆明城西進耳山。寺內有謠神廟，相傳祈夢靈異。❻擥　也作「攬」。❼太華　寺名，見〈滇遊日記一・遊太華山記〉注。❽一碧萬頃　閣名，明黔寧王沐氏捐錢給太華寺僧福財修建。清初總督范承勛拆毀吳三桂王府，將木石運到這裡修建一碧萬頃樓，登樓遠望，有「一幅湖山來眼底，山色湖光共一樓」之感。❾甲戌　崇禎七年（一六三四）。❿三華山　又名妙高山，在昆明城西北三十五里，山勢迴合，石道盤旋，上有妙高寺。山東北為花紅洞，有水南流伏而復出，匯入滇池。⓫赤鼻　即石鼻山，又名赤甲壁山，在昆明城西十里。⓬棋盤峰　又名玉案山，在昆明城西十餘里。盤旋迤邐十餘里，翠峰屏列，林壑幽深，「玉案晴嵐」為古代「滇陽六景」之一。山下有菩提泉，山下原有禪寺十餘座，為昆明佛教勝地。

【語　譯】二十八日　天亮後，往東走了一里半，登上山坡，是安寧州東部的邊界，從這裡開始就是昆明縣境。山坡高低不平，慢慢往上攀登。走了八里，這裡山塢從兩座尖峰後面的進耳山延伸過來，路便從南面的丘壟往上走。過了二里，山坳中有村落住房正對著尖峰，這就是碧雞關。原來進耳山聳立在北面，羅漢山的頂峰聳立在南面，碧雞關是在兩山中間延伸山脊處，在它南北兩邊又各聳起一座山峰相夾峙立，因為在碧雞山的北面，所以稱為碧雞關，和金馬關一東一西遙遙相對。碧雞關的東面，往東南走下是高嶢，它是草海西岸山水交匯的地方，渡草海的人從這裡上船；往西北走下是赤家鼻，沿著草海堤岸的官修大路就從這裡走。我這時想遊進耳山，便往西北下坡，走了半里，沿著西山往北。又走了二里，有村莊在西山腳下，這就是赤家鼻。大路從它的前面往北走，於是往西轉進入村莊。村中房屋靠著山建造，有池塘在山坡旁蓄水，池面不超過五尺見方，村民都靠這池取水。池中還有魚，有人在池邊釣魚，也算是比較淺的龍潭。從水池的南面登上山坡，嶺上的路十分陡峻，走了半里，登上山岡，稍許往北轉，有牌坊正當路中，是進耳山山門外的牌坊，離寺廟還隔著一個坑。從牌坊向西望見寺廟的背後，大山在上面環繞，這山岡在前面環繞，裡面夾著深坑，旋轉進入，裡面就像耳孔一樣。寺廟座落在耳孔上，須盤繞耳朵邊緣進去，取名「進耳」的含義，不親身登臨這座山岡，是感受不到它的貼切的。走進牌坊，往西沿著深坑進去，走了半里，有岔路往西越過大山的山坳，而去寺廟的路，則沿著坑往南轉。繞著山崖走了半里，往西上去進入寺中。寺門朝東，登上大殿，十分高爽，好像在額上，不像在耳中了。方丈在大殿的北面，有三間樓房在大殿南面。這樓下面正對著盤繞的深坑，遠望滇池，很像太華寺的一碧萬頃閣，但這裡更加深遠。進入方丈，有個名辛伯敏的貢士，慇懃迎接款待。僧人寶印想準備午飯，辛伯敏揮手讓他離開，叫他的學生陳履惇、陳履溫二陳都是甲戌進士陳履忠的弟弟。以及他的弟弟出來相見，並且為我供給葷食。又領我登上大殿南面的眺海樓，坐著交談了很久。我想去遊棋盤山，向寶印問路。寶印說：「從牌坊東邊下山，自赤鼻山的寶珠寺上去是大路，路程將近三十里。從這寺的北面，往西越過大山的山坳，路程只有大路的一半，只是荒山中有很多岔路，沒法找路罷了。」於是他和辛伯敏君帶我從大殿後面出寺，往北走到山坳下從東面延伸過來岔路上，才告別離去。

我就往西上去，走了半里，越過山坳，再走半里，往西北稍許下去，再走一里，穿過中間窪下的地方。窪地西邊又有大山，從南到北橫向峙立，和東邊進耳山後的兩座尖峰，以及山坳北面的山頂，從東西兩面相夾，中間成為窪地。從窪地西邊再沿著西山的東面往北走一里，沿著山嶺北面轉而向西，稍許往下，走了一里，穿過峽谷往西上去。峽谷西邊還有大山，從南到北橫向峙立，便往西橫穿大山。走了一里半，登上山岡，看到西南有路沿著山塢伸展，往上越過山脊，將要走這條路。有個揹草的人過來說：「去棋盤山的路在北邊，不在西邊。」於是沿著西山的東面，又往北走，這條路很小，似斷非斷。走了二里半，從西山北面的山坳，穿過山脊往西走出，才望見三家村在西面的山塢中。村的西面環立著一座山峰，從北往南，像屏風那樣高高擁起，這就是棋盤山。這山脈從妙高寺所在的三華山西南延伸過來，再聳起這座山峰。往西延伸的支脈，為溫泉所在的筆架山；往南延伸的支脈，為始甸鋪後面的龍馬山；往南環繞再向東橫貫的，就是現在所翻越的山脊；再往南延伸為進耳山、碧雞山。山脊北面還有山在東北橫列，延伸到寶珠寺所在的赤鼻山為止，為守護三家村東界的山。我先前從金馬山東面過來，就遠遠望見西界的山像屏風一樣橫列，山頂還有居中聳立如同鐵鍋倒扣高出其上的，就是這座棋盤峰。但不知道它還在重重山壑之中，外部更有這些山峰護衛著，真可謂西界山峰的領袖了。從山坳往西轉，沿著東山北面的山崖走了半里，便往西下山。走了一里，在山壑中行走，有水向北流去，往西渡過這水。又走了半里，到達三家村，這村靠著棋盤山的東麓。路應從村北往西上去，卻誤從村南山脊延伸的地方，沿著峽谷往西南上去，終於沒路可走。在峽谷中攀登三里，登上一座山岡，有庵三間座落在山中平地上，背後靠著頂峰，前面向東俯視滇中，這是留髮僧玄禪和僧人裕庵所新建的。玄禪有內功，夜間坐在峰頂上，清晨露水把衣服沾濕，也不恐懼退縮；庵中四面牆壁還沒完工，也不放在心上。太陽已經偏西，迎我進去，烹茶煮粥，到傍晚我才告別離開。往西登上山峰，走了一里，踏上峰頂。再在山頂上往西平步走了一里，看到有座朝東北的寺廟，這就是棋盤寺。這時天已昏黑，便喝了茶睡覺。

二十九日　凌晨起，僧為余炊，余乃獨躡寺後絕頂，時曉露甚重，衣履沾透。頂間無高松巨木，即叢草亦不甚深茂，蓋高寒之故也。頂頗平迥，其西南皆石崖矗突，其性平直而中實，可劈為板。省中取石，皆於此遙負之，然其上反不能見，以坳於內也。西北塢中有大壑迴環，下有水二方，村廬踞其上，即志所載勒甸村龍泉也。其水分青白色。西南峽中水，則循龍馬山東而去，當即沙河之源矣。東南即三家之流。是頂亦三面分水之處，第一入滇池，兩入螳川，皆一派耳。由頂遠眺，則東北見堯林山尖聳，與邵甸梁王山並列；東南見羅藏山環峙海外；直南見觀音山屼嵲，為碧雞絕頂掩映，半浮半隱；直西則溫泉筆架山連翩而去；惟西北崇山稍豁，則螳川之所向也。下山飯於寺。乃同寺僧出寺門，東行三十步，觀棋盤石。石一方橫臥嶺頭，中界棋盤紋，縱橫各十九道。其北臥石上，大書「玉案晴嵐」四大字，乃碧潭陳賢所題。南有二石平庋，中夾為穴，下墜甚深，僧指為仙洞，昔有牧子墜羊其中，遂以石填塞之。僧言此山之腹皆崆峒，但不得其門而入耳。穴側亦有陳賢詩碑，已剝不可讀。乃還寺，錄昆明令汪從龍詩碑。仍令幼僧導往峰西南，觀鑿石之崖。其崖上下兩層，鑿成大窟如廈屋。其石色青綠者則膩而實，黃白者則粗而剛。其崖間中嵌青綠色者兩層，如帶圍，各高丈餘，故鑿者依而穴之。其板有方有長，方者大徑五、六尺，長者長徑二、三丈，皆薄一、二寸，其平如鋸，無纖毫凹凸，真良材也。

還從寺前東向下，一里，過新庵之左，直下者一里半，過三家村左，渡澗。又一里半，東逾石山之坳。其山乃東界北走之脈，至此復突一峰，遂北盡焉。從坳東墜崖而下，復漸成一坑。隨之行三里，為寶珠寺❶。未至寺，其西墜峽處，坑水潰而為瀑，懸崖三級下，深可十五、六丈，但水細如絡絲，不如疋練❷也。寶珠寺東向倚山之半，亦幽亦敞。由其前墜坡直下，五里，抵山麓，為石鼻山。

聚落甚盛，蓋當草海之西，碧雞關大道即出其下也。由村轉北，一里半，東北與大道合，於是東向湖堤。二里半，有村當堤之衝，曰夏家窰❸。過此，遂遵堤行湖中。堤南北皆水窪，堤界其間，與西子❹蘇堤❺無異。蓋其窪即草海之餘，南連於滇池，北抵於黃土坡，西瀕赤鼻山之麓，東抵會城，其中支條錯繞，或斷或續，或出或沒。其瀕北者，志又謂之西湖，其實即草海也。昔大道迂迴北坡，從黃土坡入會城。傅玄獻為侍御時，填窪支條，連為大堤，東自沐府魚塘，西接夏家窰，橫貫湖中，較北坡之迂，省其半焉。東行堤上一里半，復有岡、有橋，有棲舍介水中央。半里，復遵堤上東行湖中。遙顧四圍山色，掩映重波間，青蒲偃水，高柳瀠堤，天然絕勝。但堤有柳而無花，橋有一、二而無二六，不免令人轉憶西陵❻耳。又東二里，湖堤既盡，乃隨港堤東北二里，為沐府魚池。又一里半，抵小西門，飯於肆。東過閘橋，濱濠❼南而東一里，入城南舊寓。問吳方生，則已隔晚向晉寧矣。已而見唐大來寄來行李書畫，俱以隔晚先至。獨方生則我來彼去，為之悵悵。乃計復為作書，令顧僕往晉寧謝唐君，別方生，并向大來索陶不退書。陶名挺❽，有詩翰聲，向官於浙。前大來欲為作書，聞其已故，乃止。適寓中有高士官從姚安來，知其猶在，皆虛傳如眉公也，故復索書往見之。

【章　旨】本章記載了第一百六十六天在雲南府的行跡。凌晨起身，獨自攀登寺後的頂峰。因山高天寒，峰頂沒有大樹。這山頂是水往三面分流的地方，西北有勒甸村龍泉，水分青、白兩色，西南為沙河源頭，東南為三家村的水流。在頂上可遙望四周的大山。飯後又觀看棋盤石，南面有兩塊石夾著所謂的仙洞。據說這座山的內部都是空洞。隨後去看已被開鑿的石崖，顏色青綠，質地細膩堅實，可劈成石板。下山經過三家村、寶珠寺，到草海西面的石鼻山麓。再經過湖堤的要衝夏家窰，沿堤岸在湖中行走。南北兩邊的水窪便是草海的一部分。大堤是傅玄獻為官時修築。在堤上遙望四周山色，真是天然勝景。到湖堤盡頭，再經過沐府魚池、小西門，到昆明城南原先寄居的寓所住下。

【注　釋】❶寶珠寺　在石鼻山，與寶曇寺、寶應寺、寶華寺相連。寺後有瀑布泉，瀉珠濺玉，聲傳里許。❷疋練　一匹白絹。形容瀑布或江水如白練。疋，同「匹」。❸夏家窰　今名夏窰，在昆明西郊，馬街子東。❹西子　春秋時越國美人西施的別稱。蘇軾〈飲湖上初晴後雨〉：「水光瀲灩晴方好，山色空濛雨亦奇。欲把西湖比西子，淡妝濃抹總相宜。」後人因稱杭州西湖為西子湖。❺蘇堤　北宋元祐年間，蘇軾任杭州刺史，開浚西湖，築堤長五里餘，橫貫湖南北。堤上有六橋，堤旁遍種柳樹。「蘇堤春曉」為西湖十景之冠。❻西陵　據前後文意，「陵」當作「湖」字。❼濠　護城河。❽陶名挺　名，原作「諱」，據《四庫》本改。《姚安縣志》「挺」作「珽」。陶珽，萬曆進士，累官武昌兵備道，正直端方，歷任有政聲。

【語　譯】二十九日　凌晨起身，僧人替我煮飯，我便獨自攀登寺後的頂峰，這時清晨的露水很重，衣服鞋子都被沾濕。峰頂上沒有高松大樹，就是叢生的草也不深密茂盛，因為高處寒冷的緣故。山頂十分平坦開曠，在它西南都是矗立的石崖突出，石質平直中間沒有空隙，可以劈成石板，省城需要石料，都到這裡遠道運去，但在它上面反而看不到，因為山坳在裡面的緣故。西北的山塢中有大壑迴繞，下面有兩個水池，村舍座落在水池上方，這裡就是志書記載的勒甸村龍泉。池水分青、白兩色。西南峽谷中的水，則沿著龍馬山東面流去，應當就是沙河的源頭了。東南就是三家村的水流。這山頂也是水往三面分流的地方，只是一條水流入滇池，兩條水流入螳螂川，實際上是同一水系。從山頂向遠處眺望，東北看到堯林山尖峰聳起，和邵甸的梁王山並立；東南看到羅藏山在滇池外圍環繞聳峙；正南看到光禿禿的觀音山，被碧雞山頂峰遮掩，半現半隱；正西則有溫泉筆架山接連不斷往下延伸；唯獨西北的大山稍許開豁，螳螂川便向著那裡流去。下山到棋盤寺吃飯。於是和寺內的僧人走出寺門，往東走三十步，去觀看棋盤石。這是一塊方形的岩石，橫臥在嶺頭，石面中間分格著棋盤形條紋，縱橫各十九條。在它北邊的臥石上，寫著「玉案晴嵐」四個大字，是碧潭人陳賢題寫的。南邊有二塊平放的岩石，中間夾著一個洞，往下落到很深的地方，僧人指著說是仙洞。過去有個牧童的羊掉入洞中，於是用石頭把洞口堵塞了。僧人說這座山的內部都是空洞，但找不到洞門進去罷了。洞旁也有陳賢題寫的詩碑，字跡已經脫落，不能讀了。於是返回寺中，抄錄昆明縣令汪從龍題寫的詩碑。仍然叫年幼的僧人帶我去棋盤峰西南，觀看採鑿石材的山崖。這裡的石崖分上下兩層，採鑿後形成的大洞，如同高大的房屋。石色青綠的質地細膩堅實，石色黃白的質地粗糙剛硬。山崖中間嵌著兩層青綠色的岩石，像圍繞兩條彩帶，每層一丈多高，採石的人依照石層鑿成洞穴。鑿下的石板，有的方形，有的長條，方形的大石板，直徑有五、六尺，長條形的石板長有二、三丈，薄都只有一、二寸，石面平整如鋸成一般，沒有絲毫凹凸不平，真是良好的材料。

返回後從寺前往東走下，過了一里，從新建的庵左邊經過，直往下走一里半，經過三家村左邊，渡過澗水。又走了一里半，往東穿過石山的山坳。這山是東界往北延伸的山脈，到這裡後又突起一座山峰，往北便到了盡頭。從山坳東邊沿著山崖墜下，又漸漸形成一個坑，沿著坑走三里，是寶珠寺。還沒走到寺中，只見寺西墜落的峽谷中，坑水往外沖出形成瀑布，懸掛崖壁分三級落下，約有十五、六丈深，但水流細得猶如絲線，不像成匹的白絹。寶珠寺朝東，靠在半山腰，既幽靜又寬敞。從它的前面沿著山坡直往下落，過了五里，到達山麓，為石鼻山。村落十分興盛，因為這裡正當草海的西岸，去碧雞關的大路就從下面通過。從村莊往北轉，走了一里半，往東北和大路會合，從這裡往東走向湖堤。過了二里半，有個村莊位於湖堤的要衝，名夏家窰。過了這村，便沿著堤岸在湖中行走。湖堤南北兩邊都是水窪，湖堤在中間將水窪隔開，和杭州西湖的蘇堤一樣。原來這水窪就是草海伸出的部分，南面連接滇池，北面到達黃土坡，西面靠近赤鼻山麓，東面到達省城，其中岔路交錯環繞，時斷時續，時隱時現，靠近北面的水窪，志書上又稱作西湖，其實就是草海。過去大路繞著北面的山坡走，從黃土坡進入省城。傅玄獻出任侍御史時，填沒水窪中的岔路，連成一條大堤，東邊起自沐府魚塘，西邊和夏家窰連接，橫貫湖中，比起繞著北面的山坡走，省了一半路程。往東在堤上走了一里半，又有山岡和橋梁，有住房在湖水中央。走了半里，再沿著堤岸往東在湖中走。遠望四周山色，掩映在重重水波之中，青翠的蒲草倒伏水面，高大的柳樹瀠繞堤岸，真是天然的絕妙美景。只是堤上有柳樹而沒有桃花，只有一、二座橋而沒有十二座，不免使人轉而回憶西湖的景色了。又往東走二里，湖堤到了盡頭，於是隨著港堤往東北走二里，為沐府魚池。再走一里半，到達小西門，在店裡吃飯。往東走過閘橋，靠近護城河南邊往東走一里，進入昆明城南原來住過的寓所。問起吳方生，他已在前天晚上去晉寧州了。隨後看到唐大來寄來的行李書畫，都在前天晚間先到。只是方生我來他卻走了，為此感到十分遺憾。於是打算再寫信叫顧僕去晉寧州向唐玄鶴道謝，和吳方生告別，並向唐大來索取寫給陶不退的信。陶名挺，有詩名，過去在浙江做官，唐大來原先想為我寫信給他，聽說他已去世，因此作罷。剛巧在寓所中碰到從姚安府來的高士官，才知道陶還在世，就像說陳眉公去世一樣，都是虛假的傳聞，所以又向大來索取介紹信，以便前去看他。

十一月初一日　晨起，余先作書，令顧僕往投阮玉灣，索其導游緬甸書，併謝向之酒盒。余在寓作晉寧諸柬，須其反命❶，即令往南壩候渡。下午顧僕去，余欲入城拜阮仁吾，令其促所定負擔人為西行計，適阮穆聲來顧，已而玉灣以書來，期明日晤其齋中，遂不及入城。

初二日　晨起，余欲自仁吾處，次第拜穆聲，後至玉灣所。忽玉灣來邀甚急，余遂從其使先過玉灣。則穆聲已先在座，延於內齋，款洽❷殊甚。既午，曰：「今日總府宴撫按，當入內一看即出，故特延穆聲奉陪。」并令二幼子出侍客飲。果去而即返，洗盞更酌。已而報撫按已至，玉灣復去，囑穆聲必款余多飲，須其出而別。余不能待，薄暮，託穆聲代別而返。

【章　旨】本章記載了第一百六十七天、第一百六十八天在雲南府的行跡。在寓所寫投送晉寧州各信。次日阮玉灣在家中設宴款待。

【注　釋】❶反命　覆命。指完成使命後回報。❷款洽　親切；融洽。

【語　譯】十一月初一　早晨起身，我先寫信，吩咐顧僕去送給阮玉灣，向他索取導遊緬甸的信，並感謝他先前送來酒盒。我在寓所寫投送晉寧州的各封信，等顧僕完成任務返回後，就叫他去南壩等候渡船。下午顧僕離去，我想進城拜訪阮仁吾，叫他催促所約定的挑夫，為西行作好準備。碰巧阮穆聲來訪，隨後阮玉灣送信來，約在明天到他家中會面，於是沒有進城。

初二　早晨起身，我打算先去阮仁吾處，接著拜訪阮穆聲，最後去阮玉灣家。忽然阮玉灣派人來邀很急，我就跟著他派來的人先去見阮玉灣。到他家時只見阮穆聲已先在座了，把我請進裡面書房，接待十分親切。到了中午，阮玉灣說：「今天總兵衙門裡宴請巡撫、巡按，我該去看一看，立即回來，所以特地請來穆聲奉陪。」並且叫兩個兒子出來陪同客人宴飲。果然他去了不久就回來，於是洗杯再飲。不一會有人來報，巡撫、巡按已經來到，阮玉灣又去了，囑託阮穆聲一定招待我多喝幾杯酒，等他回來再走。我不能等待，傍晚，託阮穆聲代我告別就返回了。

初三日　晨往阮仁吾處，令促負擔人，即從其北宅拜穆聲。留晨餐，引入內亭，觀所得奇石。其亭名竹在，余詢其故，曰：「父沒時，宅為他人所有，後復業，惟竹在耳。」亭前紅梅盛開。此中梅俱葉而花，全非吾鄉本色，惟一株傍亭簷，摘去其葉，始露面目，猶故人之免冑相見也。石在亭前池中，高八尺，闊半之，玲瓏透漏，不瘦不肥，前後俱無斧鑿痕，太湖❶之絕品也。云三年前從螺山❷絕頂覓得，以八十餘人舁❸至。其石浮臥頂上，不經摧鑿而下，真神物之有待者。余昔以避雨山頂，偏臥石隙，烏覩有此類哉！

下午，過周恭先，遇於南門內，正挽一友來顧。知金公趾為余作〈送靜聞骨〉詩，相與同往叩之。則金在其莊，不相值。金公趾名初麟，字頗肖董宗伯❹，風流公子也，善歌，知音律，家有歌童聲伎❺。其祖乃甲科。父偉，鄉薦，任江西萬安❻令。公趾昔好客❼，某奏劾錢士晉❽軍門❾，名在疏中，黜其青衿❿焉。其友遂留至其家，割雞為餉，餚多烹牛雜脯而出，甚精潔。其家乃教門⓫，舉家用牛，不用豕也。其友姓馬，字雲客，名上捷，號閬仙。尋甸府人。父以鄉科任沅州⓬守，當安酋困黔省時，以轉餉功，擢常德⓭太守。軍興旁午⓮，獨運援黔之餉，久而無匱，以勞卒於任。雲客其長子也，文雅蘊藉，有幽人墨士之風。是晚篝燈論文，雲客出所著《拾芥軒集》相訂，遂把盞深夜。

恭先別去，余遂留宿其齋中。窗外有紅梅一株盛放，此間皆紅梅，白者不植。中夜獨起相對，恍似羅浮魂夢間⓯，然葉滿枝頭，轉覺翠羽⓰太多多耳。

【章　旨】本章記載了第一百六十九天在雲南府的行跡。去拜訪阮穆聲，在他宅內的竹在亭觀賞從螺山頂峰覓得的奇石。這裡的梅都長出葉子後開花。下午和周恭先去回民馬雲客家，舉杯論文，直到深夜。這裡都是紅梅，不種白梅。

【注　釋】❶太湖　指太湖石，園林中疊假山所用的石，因採自太湖，故名。這種石因風浪沖激，多坳坎，有青、白、黑三色，高的三、五丈，低的一尺多。❷螺山　因遠望山色深碧，山石盤旋如螺髻，故稱螺峰山。「螺峰疊翠」為昆明八景之一。元大德年間在山麓建圓通寺，因寺改稱圓通山。現山頂建成昆明動物園。每當春季二、三月間，櫻花盛開，宛若滿天紅雲，輝映成趣。❸舁　扛；抬。❹董宗伯　即董其昌。宗伯，《周禮》為春官，輔佐天子掌管宗室之事。後世用作禮部尚書的別稱。❺聲伎　古代宮廷及官僚家中的歌舞伎。伎，同「妓」。❻萬安　明代為縣，隸吉安府，今屬江西。❼公趾昔好客　《四庫》本「昔」作「素」，依文意當以《四庫》本為是。❽錢士晉　浙江嘉善人，進士出身，崇禎間任貴州巡撫。❾軍門　明代對總督、巡撫的一種稱呼。❿青衿　《詩・鄭風・子衿》：「青青子衿，悠悠我心。」青衿，青領，學子所穿的衣服。後稱士子為青衿。⓫教門　教派。這裡指回教。⓬沅州　明代為州，隸辰州府，治所在今湖南芷江侗族自治縣。⓭常德　明代為府，治所在今湖南常德。⓮旁午　一縱一橫為旁午。指交錯、紛繁。⓯恍似羅浮魂夢間　舊題唐柳宗元《龍城錄》載：「隋開皇中，趙師雄遷羅浮，日暮於松林酒肆旁，見一美人，淡妝素服出迎，與語，芳香襲人，因與扣酒家共飲。師雄醉寢，比醒，起視乃在梅花樹下，上有翠羽啾嘈相顧，月落參橫，但惆悵而已。」後因以羅浮夢比喻梅花。也作「羅浮魂」。⓰翠羽　此指翠色的樹葉。但「羅浮夢」所提到的翠羽為翠色的羽毛，乃指鳥。

【語　譯】初三　早晨去阮仁吾家，叫他催促挑夫。隨即到他的北宅去拜訪阮穆聲。阮穆聲留我吃早飯，帶我走進內亭，觀賞他所得到的奇石。亭名「竹在」，我問取名的緣由，回答說：「家父去世時，房屋被別人占有，後來收復產業，只有竹子還在。」亭前紅梅花盛開。這裡的梅花都在長出葉子後才開花，和我家鄉的梅花本色全然不同，只有一株靠在亭簷旁，摘去葉子，才露出花朵，就像老朋友脫帽相見一樣。奇石放在亭前的水池中，高八尺，寬為高的一半，玲瓏剔透，不瘦不肥，前後都沒有雕琢的痕跡，可和太湖石中的極品相比。說是三年前在螺山頂峰找到的，用了八十多人抬回。這石騰空臥在山頂上，沒有經過砍鑿就被抬了下來，真是神物在等待認識它價值的人。我過去在山頂躲雨，走遍倒臥的岩石的空隙，哪裡見過這樣的奇石呢！

下午，去看望周恭先，在南門內相遇，當時他正好挽著一位朋友同來看我。得知金公趾為我寫了〈送靜聞骨〉詩，於是一起去拜訪他。而金公趾卻是在他的莊園裡，沒能遇上。金公趾名初麟，書法很像董其昌，是個風流公子。善於歌唱，懂得音律，家中有歌童舞女。他的祖父是進士。父親金偉，是舉人，出任江西萬安縣令。金公趾一向好客，有人上奏彈劾巡撫錢士晉，他的名字列在奏疏中，因此被取消了秀才的資格。周恭先的朋友便挽留我們到他家去，殺雞做飯，菜餚中有很多烹煮的牛肉乾，十分精美清潔。他家是回族，全家人都吃牛肉，不吃豬肉。這個朋友姓馬，字雲客，名上捷，號閬仙。是尋甸府人。他父親以舉人出任沅州知州，在土酋安邦彥圍攻貴州省城時，因運送糧餉有功，提升為常德府知府。戰事興起，事務紛繁，獨自負責運送援助貴州的糧餉，很長時間沒有出現匱乏，因為勞累死在任上。馬雲客是長子，為人文雅寬厚，有隱士文人的風度。這天晚上點燈談論文章，馬雲客拿出他所著的《拾芥軒集》一起修改，於是舉杯論文直到深夜。周恭先告別離去，我就在他的書齋中留宿。窗外有一株盛開的紅梅，這裡都是紅梅，不種白梅。半夜起身，獨自對著梅花，恍惚在羅浮夢境中，然而樹葉布滿枝頭，反而覺得綠葉太多，把花遮掩了。

初四日　馬君留晨餐。恭先復至，對弈兩局。又留飯。過午乃出城，以為顧僕將返也。及抵寓，顧僕不見，而方生已儼然在樓。問：「何以來？」曰：「昨從晉寧得君書，即騎而來送君。騎尚在，當遲一日復往晉寧。」問：「昔何以往？」

曰：「往新興，便道晉寧看君耳。」問：「顧行何在？」曰：「尚留晉寧候渡。」始知方生往新興，以許郡尊考滿，求雷太史左右之於巡方使君之側也。雷名躍龍，以禮侍❶丁憂於家。巡方使為倪于義，係四川人。

初五日　方生為余作永昌潘氏父子書、父名嗣魁，號蓮峰，丙子❷科第十名。子名世澄，號未波，丙子科解元。騰越潘秀才書。名一桂。又為余求許郡尊轉作書通李永昌，永昌❸太守李還素，昔自雲南別駕陞，與許同僚。又為余求范復蘇醫士，江西人。轉作書通楊賓川。賓川❹守楊大賓，黔人，號君山，原籍宜興人，以建平❺教中於南場❻，與又生鄉同年也。前又生有書來，然但知其家於黔，而不知其宦於賓。書為盜失，并不知其家之所在，但憶昔年與其弟宜興總練同會於又生坐。今不知其弟尚在宜興否？憐余無貲，其展轉為余謀，勝余自為謀也。下午，顧行自晉寧返，並得唐大來與陶不退書。阮仁吾所促負擔人亦至。

【章旨】本章記載了第一百七十天、第一百七十一天在雲南府的行跡。回到寓所，見吳方生已在樓上，方才知道他為許知府考滿，求人到巡按前活動。吳方生出於同情，想方設法為我求援。

【注釋】❶禮侍　明沈德符《萬曆野獲編》卷二十一〈佞人涕泣〉中有稱吏（兵）部尚書為「吏（兵）書」之語，則此「禮侍」似為「禮部侍郎」之略語。❷丙子　崇禎九年（一六三六）。❸永昌　明代為府，治所在今雲南保山市。❹賓川　明代為州，隸大理府，今屬雲南。❺建平　明代為縣，隸廣德州，治所在今安徽郎溪縣。❻南場　南方考場，即南闈。明、清科舉時，稱順天鄉試為北闈，江南（南京）鄉試為南闈。

【語譯】初四　馬雲客留我吃早飯。周恭先又來到，下了兩局棋。又留我吃中飯。過了中午才出城，以為顧僕就要回來了。等回到寓所，沒有見到顧僕，而吳方生已端莊地坐在樓上。我問道：「為什麼回來了？」回答說：「昨天在晉寧州收到你的信，就騎馬回來為你送行。馬還在，要推遲一天再去晉寧州。」又問：「原先為什麼去晉寧州？」答道：「去新興州，順路到晉寧州看望你罷了。」再問：「顧僕在哪裡？」回答說：「還留在晉寧州等候渡船。」方才知道吳方生去新興州，是因為許知府考核期滿，請求雷太史為他在巡按面前活動。雷太史名躍龍，以禮部侍郎的身分為親服喪回到老家。巡按為倪于義，是四川人。

初五　吳方生為我寫了給永昌府潘氏父子的信，父名嗣魁，號蓮峰，是崇禎九年第十名進士。子名世澄，號未波，是崇禎九年解元。給騰越州潘秀才的信。名一桂。又為我請求許知府寫信轉交永昌府李知府，永昌知府李還素，以前先任雲南府別駕，升任永昌知府，和許知府是同事。又為我請求范復蘇醫生，江西人。寫信給賓川州楊知州。賓州知州楊大賓，貴州人，號君山。祖籍宜興，作為建平縣學教官在南場中舉，和又生是同年舉人。前些時候，又生有信來，但只知道楊大賓的家在貴州，而不知道他在賓川州做官。這封信因遇盜遺失，也不知道他家在哪裡，只記得以前和他的弟弟宜興總練在又生那裡一同會過面。不知他的弟弟現在是否還在宜興？吳方生同情我缺乏路費，他為我費盡周折，設法求援，比我自己考慮還要周到。下午，顧僕從晉寧州返回，並且帶來了唐大來寫給陶不退的信。阮仁吾所催促的挑夫也到了。

初六日　余晨造別阮玉灣、穆聲，索其所作〈送靜聞骨〉詩。阮欲再留款，余以行李已出辭。乃出叩任君。任君，大來妹壻。大來母夫人在其家，並往起居❶之。任固留飯。余乃趨別馬雲客，不值，留詩而還。過土主廟❷，入其中，觀菩提樹❸。樹在正殿陛庭間甬道❹之西，其大四、五抱，幹上聳而枝盤覆，葉長二、三寸，似枇杷而光。土人言其花亦白而帶淡黃色，瓣如蓮，長亦二、三寸，每朵十二瓣，遇閏歲則添一瓣。以一花之微，而按天行❺之數，不但泉之能應刻❻，州勾漏泉，刻百沸。而物之能測象如此，亦奇矣。土人每以社日❼群至樹下，灼艾❽代灸，言灸樹即同灸身，病應灸而解。此固誕妄，而樹膚為之瘢靨無餘焉。出廟，飯於任，返寓。周恭先以金公趾所書詩並贐至，又以馬雲客詩扇至。阮玉灣以詩冊並贐至，其弟鐕亦使人餽贐焉。迨暮，金公趾自莊還，來晤，知余欲從筇竹往，曰：「余輩明晨當以筇竹為柳亭❾。」余謝之曰：「君萬萬毋作是念。明晨君在溫柔夢寐中，余已飛屐峰頭矣，不能待也。」是晚許郡尊亦以李永昌書至，惟范復蘇書未至也。

【章旨】本章記載了第一百七十二天在雲南府的行跡。和阮玉灣、阮穆聲告別，去拜訪唐大來的妹夫任君。隨後去土主廟，觀看菩提樹，一朵小小的花，居然能按照自然運行規律生長。因當地人迷信，樹皮上被燒得瘢痕累累。傍晚風流公子金公趾前來相會。

【注釋】❶起居 問候安否之言。❷土主廟 始建於唐南詔。遺址在今昆明五華山一中內。❸菩提樹 據《南詔野史》載，為優曇鉢（梵文），意譯為瑞應，或作祥瑞花，為一種無花果樹。但據文中描寫，似又為優鉢羅（梵文），意譯為青蓮花。《南詔野史》：「優曇花，在雲南省城土主廟，南詔蒙氏時，有僧菩提巴波，一名又法師，自西天竺來，以所攜念珠丸子種左右。樹高數丈，枝葉扶疏，每歲四月花開如蓮，有十二瓣，遇閏多一瓣，今存西一樹，尚茂。」❹甬道 兩邊築牆的通道。❺天

亦在其間。余即入其後，登藏經閣。望閣後有靜室三楹，頗幽潔，四面皆環墻迴隔，不見所入門，因徘徊閣下。忽一人迎而問曰：「先生豈霞客耶？」問何以知之，曰：「前從吳方翁案徵其所作詩，詩題中見之，知與丰標不異也。」問其為誰，則嚴姓，名似祖❻，號筑居，嚴冢宰清❼之孫也。為人沉毅有骨，澹泊明志，與其姪讀書於此。所望墻圍中靜室，即其栖托之所。因留余入其中，懇停一宿。余感其意，命顧僕往海源安置行李，余乃同嚴君入殿左方丈。問所謂禾木亭者，主僧不在，鎖鑰甚固。復遇一段君，亦識余，言在晉寧相會，亦忘其誰何矣。段言為金公趾期會於此，金當即至。三人因同步殿右。循堦坡而西北，則寺後上崖復有坪一方，其北崖環抱，與南環相稱。此舊筇竹開山之址也，不知何時徙而下。其處後為僧塋，有三塔❽皆元時者，三塔各有碑，猶可讀。讀罷還寺，公趾又與友兩三輩至，相見甚歡。窺其意，即前騎來婦備酒邀眾客，以筇竹為金氏護施之所，公趾又以夙與余約，故期備於此，而實非公趾作主人也。時嚴君謂余，其姪作飯於內已熟，拉往餐之。頃之，住持僧體空至。其僧敦厚篤摯，有道行者，為余言：「當事者委往東寺❾監工修造，久駐於彼，今適到山。聞有遠客，亦一緣也。必多留寺中毋即去。」余辭以雞山願切，此一宵為嚴君強留者，必不能再也。

體空謂：「今日諸酒肉漢混聒寺中，明晨當齋潔以請。」遂出。余欲往方丈答體空，嚴君以諸飲者在，退而不出。余見公趾輩同前騎婦坐正殿東廂，始知其婦為伎而稱觴[10]者。余乃迂從殿南二門側，曲向方丈。體空方出迎，而公趾輩自上望見，趨而至曰：「薄醴[11]已備，可不必參禪[12]。」遂拉之去。抵殿東廂，則築居亦為拉出矣。遂就燕飲。其婦所備肴饌甚腆[13]。公趾與諸坐客，各歌而稱觴，然後此婦歌，歌不及公趾也。既而段君去，余與築居亦別而入息陰軒。迨暮，公趾與客復攜酒盒就飲軒中，此婦亦至，復飛斝[14]徵歌[15]，二鼓乃別去。余就寢。寢以紙為帳，即嚴君之榻也。另一榻亦紙帳，是其姪者，嚴君攜被襆[16]就焉。既寢，嚴君猶秉燭獨坐，觀余《石齋詩帖》，並諸公手書。余魂夢間聞其哦三詩贈余，余寢熟不能辨也。

【章旨】本章記載了第一百七十三天在雲南府的行跡。和吳方生告別，經過小西門、大西門，到黃土坡，往前看到從海源寺旁洞湧出的水。因走錯路，先到圓照寺，寺內殿宇宏偉，但悄無一人。接著去座落在玉案山北端的筇竹寺，是一處幽深的境地，只是廚房中切肉之聲喧鬧，腥羶之味交織。在寺中遇見在這裡讀書的嚴似祖。接著金公趾和一些朋友提到這裡，由一個歌妓設宴招待客人。隨後在外監工的住持僧體空剛巧回到寺中。被金公趾拉去喝酒，酒菜十分豐盛。金公趾和那歌妓分別歌唱，直到二更才散席。當夜就睡在寺內嚴似祖的牀榻上。

【注　釋】❶文昌宮　建於明代，遺址在今昆明市文林小學。❷黃土坡　在昆明市西北郊。❸圓照寺　在玉案山腹。❹筇竹寺　又名玉案寺，在昆明市西北郊玉案山，為昆明佛寺之冠。傳說為宋大理國高光、高智兄弟所建。元初僧人雄辯在此講學，成為雲南禪宗鼻祖，聲譽始隆。寺內大雄寶殿原有元仁宗御賜的「聖旨」勒石，稱「聖旨碑」，近年毀於山火。其後寺屢經廢興，現存寺院是清光緒間重修的，著名的彩塑五百羅漢像，即四川合州（今重慶合川區）人黎廣修（字德生）及其助手在光緒九年至十六年（一八八三—一八九〇）完成的。這些塑像將國畫工筆畫的纖細線條和水墨畫的風格，結合雕塑的表現手法，冶為一爐，形成獨特的風格「人的氣味多，神的氣味少」。寺中匾聯林立，佳作頗多，如「兩手把大地山河捏癟搓圓撒向空中毫無色相；一口將先天祖氣咀來嚼去吞在肚裡放出光明」。以及擔當和尚（即唐大來）的「托鉢歸來，不為鐘鳴鼓響；結齋便去，也知鹽盡炭無」。寺前古柏森森，特別是兩株元代所植的孔雀杉，高大挺拔，鬱鬱蔥蔥。❺庖　廚房。❻嚴姓名似祖　嚴似祖，崇禎十三年進士，官檢討。❼嚴冢宰清　嚴清，字公直，雲南後衛人。嘉靖進士。為官以清望著稱。隆慶間巡撫四川，僚吏畏其風采，相率修行砥節。張居正當政，嚴清獨不依附。司禮秉筆太監馮保被籍沒，抄得一冊，上面所記盡是與朝中權貴往來之事，但無一事涉及嚴清。特授吏部尚書，卒諡恭肅。❽三塔　為安葬僧人遺骨的墓塔。❾東寺　昆明城南有覺照寺，俗稱大東寺，又有常樂寺，俗稱小東寺，另有慧光寺，俗稱西寺。小東寺和西寺前各有白塔，高十三丈，建於唐貞元間。❿稱觴　舉杯祝酒。⓫薄醴　薄酒。這裡謙言酒宴簡單。⓬參禪　參究禪宗修行之道，求得「明心見性」，稱作參禪。參，參究。禪，禪道。⓭腆　豐盛。⓮斝　古代銅製的酒器，似爵而較大，圓口平底，有一鋬兩柱三足。⓯徵歌　招歌者唱歌。⓰被襆　即「襆被」。被褥的意思。

【語　譯】初七　我清晨起身，要了飯吃，準備出發，范復蘇來到，立即為我寫了給賓川州楊知州的信。我於是和吳方生告別。沿著城南的護城河往西走二里，經過小西門。又往西北沿著城牆走一里，轉向北走半里，到大西門，門外有文昌宮、桂香閣峙立在右邊，十分壯觀。再往西半里，走出外面的隘門，有條岔路伸向西北，是去富民縣的大路，而向正西延伸的，是去筇竹寺的路。我便從正西向的那條路靠著山坡往南走，即先前所走過的湖堤北岸。過了五里，到山坡西端的盡頭，村舍並排聚集，這就是黃土坡。坡的西面是從北往南延伸的大塢，直到滇池。往西在山塢田埂上走了二里，有溪水從西北往南流，水上橫架著石橋，這就是從海源寺旁洞中湧出的水，便成為省城西面的第一條水流。又往西走了一里半，有座小山從西山橫向突出，反過來又從南往北環繞，路從小山的北口往上，走了一里半，往西到達山下。有道峽谷向東延伸，沿著峽谷往西上去，就是筇竹寺；從峽谷中越過澗水往西南上去，到圓照寺；從峽谷外面沿著山口往北走，到海源寺。起先有個婦女騎著馬走在前面，一個男子跟著走，說也要去筇竹寺。我跟著他們，誤從峽谷中越過澗水往南上去到圓照寺，到了那裡，才知道不是筇竹寺。圓照寺的大門朝東，層層平臺高大寬敞，殿宇也很宏大，但裡面寂靜沒有一個人。返回時走下峽谷，仍然越過澗水到北岸，吩咐挑夫將行李挑到海源寺等候，我從峽谷中走進。過了一里半，澗水分成兩條流來，一條出自南面的峽谷，一條出自北面的峽谷，在兩條澗水交會的地方，有山坡在它西邊居中聳起。在這裡渡過從南面峽谷流出的澗水，隨即登上山坡往西北走，漸漸轉向西，走了一里半，進入筇竹寺。

這寺高高座落在玉案山的北陲，寺門朝東，斜靠著所在山的平地，不太端正相稱，但四周群峰環繞拱衛，林木叢生，澗谷瀠迴，也是一處幽靜深邃的境地。進入寺中，聽到大殿左邊廚房中切肉聲喧鬧嘈雜，腥膻的氣味交織在一起，先前騎馬來的婦女也在裡面。我立即進入寺的後院，登上藏經閣。望見閣後有三間靜室，十分幽深整潔，四面都有圍牆隔著，看不到進門，因在藏經閣下徘徊。忽然有人迎上來問道：「先生豈不是霞客嗎？」我問他怎麼會知道的，答道：「從前在吳方生長輩的書桌上求取他所寫的詩，在詩題中見到先生名字，知道和你的風采完全相同。」問他是誰，則知他姓嚴，名似祖，號築居，是吏部尚書嚴清的孫子。為人沉穩剛毅有骨氣，恬淡寡欲，以明心志，和他的姪兒在這裡讀書。所望見的圍牆內的靜室，就是他們居住的地方。於是挽留我進入其中，懇請住上一夜。我被他的誠意所感動，吩咐顧僕去海源寺安置行李，我就和嚴君一起走進大殿左邊的方丈。打聽所謂的禾木亭在什麼地方，主持僧不在，門鎖得很牢。又遇到一位段君，也認識我，說在晉寧州相會過，也已忘記他是誰了。段君說金公趾約他來這裡相會，金應該馬上就會到。於是三人一起在大殿右邊漫步。沿著有石階的山坡往西北走去，只見寺後上面的山崖還有一方平地，北面山崖環抱，和南面環抱的山崖相稱。這是筇竹寺創建時的舊址，不知在什麼時候遷到下面。山坪後面是僧人的墓地，有三座塔都建於元代，三塔各有碑刻，上面文字還可認讀。讀完回到寺中，金公趾又和兩三位朋友來到，相見十分高興。察看他們的意思，原來是先前騎馬來的婦女準備了酒宴邀請眾位客人，因為笻竹寺是得到金家保護施捨的地方，金公趾原先又和我有約要來送行，所以定期在這裡準備，其實並不是金公趾作主人。這時嚴君對我說，他的姪兒在裡面已煮熟了飯，拉我去用餐。不一會，住持僧體空來到。這僧敦厚篤實，有道行，對我說：「當事人派我去監工修造東寺，長期住在那邊，今天剛巧回到山中，聽說有遠道而來的客人，也是一種緣分。請你一定要在寺內多住幾天，不要馬上離開。」我因去雞足山的心願非常迫切，向他辭謝，說今晚因為嚴君強留而住上一夜，必不能再留下過夜了。體空說：「今天很多喝酒吃肉的人混雜在寺中，明天早晨理應用純潔的齋飯來招待。」便走出了。我想去方丈回訪體空，嚴君因為眾位喝酒的人在這裡，退下以後沒有出來。我見金公趾這些人同先前騎馬來的婦女坐在正殿東邊的廂房裡，才知道這婦女是來陪飲的歌妓。我於是繞道正殿南邊的二門旁轉向方丈走去。體空正要出來迎接，被金公趾等人從上面望見，趕來說：「已經準備了薄酒，可以不必參禪了。」便拉著我離開，來到正殿東邊的廂房，只見篆居也被拉來了。於是就座宴飲。那婦女準備的菜飯十分豐盛。公趾和在座的各位客人，分別唱歌敬酒，然後由那個婦人唱歌，歌聲不如金公趾悅耳。不久段君離去，我和篆居也告辭走進息陰軒。到傍晚，金公趾和客人又帶著酒盒來軒中喝酒，那婦人也來到，依然舉杯敬酒，歌唱助興，直到二更，才分散告別。我去睡覺，牀上用的是紙帳，是嚴君的臥牀。另一張牀也是紙帳，是他姪兒的臥牀，嚴君帶著被褥在這牀上睡。我睡下之後，嚴君還點著蠟燭獨自坐著，觀看我帶來的《石齋詩帖》，以及諸公的手書。我在睡夢中聽到他吟詩三首贈我，因為熟睡沒有聽清。

初八日　與嚴君同至方丈叩體空。由方丈南側門入幽徑，游禾木亭。亭當坡間，林巒環映，東對峽隙，滇池一盃❶浮白❷於前，境甚疏窅，有雲林❸筆意。亭以茅覆，窗櫺潔淨。中有蘭二本，各大叢合抱，一為春蘭，止透二挺❹；一為冬蘭，花發十穗，穗長二尺，一穗二十餘花。花大如萱❺，乃赭斑之色，而形則與蘭無異。葉比建蘭❻闊而柔，磅礴四垂。穗長出葉上，而花大枝垂，亦交垂於旁。其香盈滿亭中，開亭而入，如到眾香國中也。三人者各當窗一隙，踞窗檻坐。侍者進茶，乃太華之精者。茶冽而蘭幽，一時清供，得未曾有。禾木者，山中特產之木，形不甚大，而獨此山有之，故取以為名。相仍已久，而體空新整之，然目前亦未睹其木也。體空懇留曰：「此亭幽曠，可供披覽；側有小軒，可以下榻；閣有藏經，可以簡閱。君留此過歲，亦空山勝事。雖澹泊，知君不以羶來，三人卒歲之供，貧僧猶不乏也。」余謝：「師意甚善。但淹留一日，余心增歉一日。此清淨界反成罪戾場矣。」坐久之，嚴君曰：「所炊當熟，乞還餐之。」出方丈，別體空，公趾輩復來，拉就殿東廂，共餐鼎肉湯麪，復入息陰軒飯。嚴君書所哦三詩贈余。余亦作一詩為別。出正殿，別公趾，則行李前去，為體空邀轉，不容行。余往懇之，執袖不捨。公趾、築居前為致辭曰：「唐晉寧日演劇集賓，欲留名賢，君不為止。若可止，余輩亦先之矣。」師曰：「君寧澹不羶，不為晉寧留，此老僧所以敢留也。」余曰：「師意既如此，余當從雞山回，為師停數日。」蓋余初意欲從金沙江往雅州❼，參峨嵋❽。滇中人皆謂此路久塞，不可行，必仍歸省，假道於黔而出遵義。余不信，及瀕行，與吳方生別，方生執裾黯然曰：「君去矣，余歸何日？後會何日？何不由黔入蜀，再圖一良晤？」余口不答，而心不能自已。至是見體空誠切，遂翻然❾有不由金沙之意。築居、公趾輩交口曰：「善。」師乃聽別。出山門，師猶遠送下坡，指對山小路曰：「逾此可入海源上洞，較山下行近。」

既別，一里半，下至峽中。今肩行李者逾南澗，仍來路出峽，往海源寺❿。余同顧僕逾北澗，循澗北入，即由峽東向躡嶺。一里，逾嶺東，稍東下，半里，折而北。又半里，已遙見上洞在北嶺，與妙高相並，而路則踐危石、歷巉磴而下。下險，即由山半轉而北行。半里，有大道東南自海源上坡，從之。西北上半里，嶺上亂石森立，如雲湧出。再北，遂得上洞。洞門東向，高穹軒迥，其內深六、七丈，闊與高亦如之。頂穹成蓋，底平如砥，四壁圍轉，無嵌空透漏之狀。惟洞後有石中突，高丈餘，有隙宛轉。逾之而入，洞壁亦嵌而下墜，深入各二丈餘，底遂窅黑。墜隙而下，見有小水自後壁滴瀝而下，至底而水不見，黑處亦漸明。有樵者見余入，駐外洞待之，候出乃去。洞中野鴿甚多，俱巢於洞頂，見人飛擾不定，而土人設機關以取之。又稍北，共半里而得中洞。洞門亦東向，深、闊、高俱不及上洞三之一，四壁亦圍轉無他岐，惟門左旁列一柱，又有二孔外透為異耳。

余從洞前望往妙高大路，自海源由山下村落，盤西山北嘴而西上。洞前有如綫之路，從嶺北逾坳而西，即從嶺頭行，可省陟降之煩。乃令顧僕下山招海源行李，余即從洞嶺北行，期會於妙高。洞北路若斷若續，緣西山之半，其下皆村聚，倚山之麓，大路隨之。余行嶺半一里，有路自下村直上，西北逾嶺，從之。一里，逾嶺西，峰頭有水一塘在窪中。由塘北西下一里，山復環成高塢，自南向北。塢口石峰東峙，嶙峋飛舞，踞眾壑之交。石峰北，又有塢自西而東。西塢重壑層疊，有大山臨之，其下路交而成蹊焉。余望之行半里，北下至石山之西。又半里，西抵西塢之底。路當從西塢北崖緣峽而上，余誤從西塢南崖躡坡而登。一里，逾嶺脊而西，即見西北層岡之上，有佛宇重峙，余知即為妙高，而下有深峽間隔，路反折而西南，已覺其誤。循之行一里，以為當截峽北度，便可折而入寺，乃墜峽西北下。半里，涉底，復攀峽西北上，以為寺在岡脊矣，而何以無路。又半里，及登脊，則猶然寺前環峽之岡，與寺尚隔一坑也。岡上有一塔，正與寺門對。復從其東北下坑，半里，由坑底再上北崖，則猶然前塢底緣峽處也。北上半里，岡頭有茶庵當道，是為富民大路，庵側有坊。沿峽端西循坡半入，半里，是為妙高寺⑪。寺門東向，前臨重峽，後倚三峰，所謂三華峰也。三尖高擁，攢而成塢，寺當其中，高而不覺其亢⑫，幽而不覺其閴，亦勝地也。正殿左右，俱有官舍，以當富民、武定之孔道故。寺中亦幽寂。土人言妙高正殿有辟⑬塵木，故境不生塵，無從辨也。

瞻眺久之，念行李當至，因出待於茶庵側。久之，乃從坡下上。余因執途人詢沙朗道，或云：「仍下坡，自普擊⑭大道而去，省中通行之路也，其路迂而易行。」或云：「更上坡，自牛圈哨分岐而入，此間間達之路也，其路近而難知。」余曰：「既上，豈可復下？」遂更上坡，三里，逶迤逾嶺頭，即循嶺北西向盤崖行。又二里，有小石峰自嶺北來，與南峰屬，有數家當其間，是曰牛圈哨：東西之水，從此分矣。從哨西直下，則大道之出永定橋者。余乃飯，而從嶺脊北向行。一里，稍下涉壑，即從壑北上坡。緣坡東北上，回望壑底，西墜成峽，北走甚深。路東北逾坡，其東猶下滇池之峽也。又一里半，從嶺頭逾坳而北。北行一里，再逾一西突之坳，其北遂仍出西峽上，於是東沿山脊行。又北一里半，西瞰有村當峽底，是為陡坡⑮。其峽逼仄而深陡，此村居之最險者。從嶺上隨嶺東轉，半里，有路自東坳間透而直西，遂墜西峽下，此陡坡通省之道。乃遵之東上，半里，逾坳東，於是南沿山脊行。又東半里，稍東北下峽中。半里，有水一池瀦路南，是為清水塘，在度脊之北。塘北遂下墜成坑，隨之北下，一里，過峽底，有東來大道，度峽西北去，此即自省會走富民間道也。隨之，復從峽西傍西山北行。二里，又轉而西，遇一負薪者，指北向從岐下峽中行。將半里，至其底，即清水塘之下流也。又從峽西緣坡麓行，細徑斷續，亂崖崩隤。二里半，逾澗，緣東麓又北一里，乃出峽口。於是北塢大闢，南北遙望，而東界老脊與西界亙峰，夾而成塢。始從畦塍北行，一里，有溪頗巨，自塢北來，轉而西去，余所從南來之水亦入之，同入西南峽中。路北渡之，一里，有村聚倚西山之麓，高下層疊，是為沙朗⑯。入叩居停，皆辭不納，以非大路故，亦昆明之習俗也。最後入一老人家，強主之，竟不為覓米而炊。

【章旨】本章記載了第一百七十四天在雲南府的行跡。和體空、嚴似祖一起遊覽筇竹寺的禾木亭，周圍環境有倪雲林畫中的意境。亭中有兩株蘭花，香氣四溢。禾木是這山的特產，所以用作亭名。體空請我留下過年，情意懇切，被他感動，於是改變主意，決定返回時再來這裡。告別後去海源寺上洞，洞頂拱起，底部平坦，裡面有很多野鴿。北面有中洞，不如上洞。從洞前的小路往北，翻過一道道山嶺，穿過山塢，因走錯路，費了不少周折，才到背靠三華峰的妙高寺，也是一處勝地。當地人說，寺中正殿有辟塵木，所以沒有塵土。繼續登上山坡，走小路去沙朗。經過牛圈哨，到陡坡，是地勢最險的村莊。再經過清水塘，穿過峽谷，沿著一條大溪到沙朗。因為不在大路上，村民不肯留客，最後強行住進一個老人家中。

【注釋】❶盃 同「杯」。❷浮白 罰飲一大杯酒。這裡用以比喻滇池水如一大杯酒。❸雲林 倪瓚，字元鎮，號雲林，江蘇無錫人。善畫山水，多水墨之作，以幽遠簡淡為宗。與黃公望、王蒙、吳鎮並稱為元末四大家。❹挺 量詞，用於某些挺生植物。❺萱 萱草，又名忘憂、金針花。花橙紅或黃紅色，供觀賞。❻建蘭 又稱秋蘭。夏秋間開花，綠黃色，有紅斑或褐斑。品種很多，以「素心蘭」為上品。❼雅州 明代直隸四川布政使司，治所在今四川雅安。❽峨嵋 見〈遊九鯉湖日記〉注。❾翻然 也作「幡然」、「反然」。很快而又徹底地改變。❿海源寺 在昆明城西玉案山麓，元代建。上有觀音寺、大悲閣，閣中有木雕千手觀音。寺下有龍湫、海源寺洞，景物清幽。⓫妙高寺 在昆明城西北的三華山，唐南詔國蒙氏建，四周林壑幽奇，寺內棟宇璀璨，即使不加清掃，也無塵埃。滇中多次遭受兵火，惟獨這寺的林木得以保存，堪稱一方福地。⓬亢高。⓭辟 通「避」。⓮普擊 今名普吉，分大、小普吉，在昆明市西。⓯陡坡 村名，在沙朗附近。⓰沙朗 即今昆明市西北的沙朗鎮。

【語譯】初八 和嚴君一起去方丈拜見體空。從方丈南邊的側門走進幽寂的小路，去遊覽禾木亭。亭在山坡中，林木掩映，山巒環繞，東面對著峽谷的缺口，滇池就像一杯斟滿的酒呈現在眼前，環境十分疏朗深遠，有倪雲林畫中的意境。亭子用茅草蓋成，窗戶潔淨。亭中有兩株蘭花，都是一大叢葉子合抱起來，一株是春蘭，只透出兩枝；一株是冬蘭，開了十穗花，花穗二尺長，一枝上有二十多朵花。花像萱草那麼大，是帶有斑點的赭色，形狀和普通的蘭花沒有什麼不同。葉子比建蘭闊而柔軟，向四面垂下很有氣勢。花枝很長透出葉上，而且花大枝重，也在葉旁交錯垂下。蘭花散發的香氣，充滿亭中，打開亭子進去，就像到了百花飄香的國中。三個人各自對著一個窗口，坐在窗檻下。僕人送上茶水，是太華山出產的精品。茶水清洌，蘭花幽香，同時享受清雅的情趣，過去從未有過。禾木這東西，是山中特產，樹形不太大，但只是這座山有它，所以取作亭名。沿用這個名稱已經很久了，體空重新整修這亭子，但現在還沒有看到這種樹木。體空懇切挽留道：「這亭幽靜空曠，可以觀賞；旁有小室，可以居住；閣中藏有佛經，可以檢閱。你留在這裡過年，也是這空山中的勝事。雖然平平淡淡，但我知道你不是圖吃才來的。三個人過年的費用，貧僧還不致缺乏。」我辭謝道：「法師的用意很好，只是我在這裡停留一天，心中的歉疚，就增加一天，這裡清淨的境界，對我來說，反而成了罪過的場所。」坐了好久，嚴君說：「所煮的飯，應該熟了，請回去吃飯。」走出方丈，告別體空，金公趾等人又來了，拉我到正殿東邊的廂房，一起吃鍋中的肉湯麵，隨後又走進息陰軒吃飯。嚴君寫了昨晚所吟的三首詩送我，我也寫了一首告別的詩。從正殿出來，和金公趾告別，而先前送走的行李，已被體空取回，不許啟程。我前往懇求體空讓我走，他拉住我的袖子不放。公趾、築居上前為我解釋說：「晉寧唐知州天天演戲召集賓客，想留下名賢，他都沒被留住。如果能留住的話，我們已先留他了。」法師說：「他寧可淡泊，不貪吃喝，所以唐知州留不住，而這正是老僧敢於挽留的原因。」我說：「法師的心意既然如此，我從雞足山返回時，一定為法師來這裡停留幾天。」我原先打算從金沙江前往雅州，參拜峨嵋山。雲南的朋友都說這條路已很久不通，不能走，必須仍舊回到省城，借道貴州境內，從遵義出發。我不相信，到臨行時，和吳方生告別，方生拉著我的衣裾，神色黯然，說：「你走了，我什麼時候才能回去？什麼時候能再相見？為什麼不從貴州去四川，再謀一次見面的機會？」我嘴上沒有回答，但內心激動卻無法控制。到這時見體空情意真切，便改變主意，產生了不從金沙江走的想法。築居、公趾等異口同聲地說：「這樣很好。」法師才讓我告別。走出山門，法師還遠送到下坡，指著對面山上的小路說：「過了這條路，可以到海源寺上洞，比從山下走要近。」

和法師分手後，走了一里半，往下到峽谷中。吩咐挑行李的人越過南面的澗水，仍然從過來的路走出峽谷，前往海源寺。我和顧僕越過北面的澗水，沿著澗水往北走進，隨即從峽谷往東登上山嶺。走了一里，越過山嶺到東邊，稍許往東走下，過了半里，轉而向北，又走了半里，已遠遠望見上洞在北面的山嶺上，和妙高寺並列，而路則踩著高峻的崖石、經過陡險的石級下去。走下這段險路，就從半山腰轉向北走。過了半里，有條大路從東南的海源寺上坡，就走這條路。往西北走上半里，嶺上亂石眾多，如雲湧出。再往北走，便到上洞。洞口朝東，高高隆起，開敞深遠，洞內深六、七丈，寬和高也是這樣。洞頂拱成傘蓋，底部平坦如磨石，四壁圍繞，沒有玲瓏剔透的形狀。唯獨洞後有塊岩石從中間突起，高一丈多，有彎曲的縫隙。穿過隙縫進去，洞壁也嵌入下墜，深入各有二丈多遠，底部就一片漆黑。沿著隙縫落下，看到有小水從後面的石壁上滴瀝流下，到底部水不見了，黑暗處也漸漸明亮起來。有個砍柴人看到我進入洞內，留在外洞等候，等到我走出洞後才離開。洞中有很多野鴿，都在洞頂築巢，看到人便驚恐不定地亂飛，當地人設置機關來捕捉牠們。又稍許往北，共走了半里來到中洞。洞門也是朝東，它的深、寬、高都不到上洞的三分之一，四周也是石壁圍繞沒有旁出的洞，唯獨洞門左邊豎立著一根石柱，又有兩個孔洞通到外面，以此為奇麗了。

我在洞前望見去妙高寺的大路，從海源寺所在的山下村落，盤繞西山北口往西走上。洞前有條像線一樣細的小路，從山嶺北面穿過山坳往西，就從嶺頭走，可以省去上下的煩勞。於是吩咐顧僕下山去海源寺招呼行李，我即從洞前的山嶺往北走，約好在妙高寺會合。洞前往北的路時斷時續，沿著西山的半腰走，山下都是村落，靠著山麓，大路沿著山麓。我在山嶺的半腰走了一里，有條路從下面的村落直向上延伸，往西北越過山嶺，便走上這條路。過了一里，越過山嶺到西面，峰頭有一水塘在窪地中。從水塘北邊往西走下一里，山又環繞形成高處的山塢，從南往北拓展。塢口石峰向東峙立，層疊高聳，凌空飛舞，位於眾壑的交會處。石峰的北面，又有山塢從西往東拓展。西邊的山塢中，溝壑重疊，有大山對著它們，山下道路交叉。我朝著山下的路走了半里，往北走下到石峰的西面。又走了半里，往西到達西邊山塢的底部。路應當從西邊山塢的北面山崖沿著峽谷往上走，我誤從西邊山塢的南面山崖踏上山坡攀登。走了一里，越過嶺脊往西，就看到西北層層山岡上，有兩重佛宇峙立，我知道這就是妙高寺，但下面有很深的峽谷間隔，路反而轉向西南，已發覺走錯了。沿著路走了一里，以為應當穿過峽谷往北，這樣就可轉向進入妙高寺，便沿著峽谷往西北落下。走了半里，穿過峽谷底部，又攀登峽谷往西北上去，以為寺就在岡脊了，但不知為什麼沒路通往呢？又走了半里，等到登上岡脊，發現仍然在寺前環繞峽谷的山岡上，和寺還隔著一個坑。山岡上有座塔，正和寺門相對。又從它的東北下坑，走了半里，從坑底再登上北面的山崖，卻仍然是先前經過的西塢底部沿著峽谷往上走的地方。往北走上半里，岡頭有間茶庵在路旁，是去富民縣的大路，茶庵旁邊有牌坊。沿著峽谷西端從半山坡進去，走了半里，就到了妙高寺。寺門朝東，前面對著兩重峽谷，後面靠著三座山峰，就是所說的三華峰。三個尖峰高高簇擁聚合，中間成為山塢，寺就坐落在山塢中，雖然地處高山，但在塢中不覺突出，雖然環境幽靜，但並不感到空寂，也是一處勝地。正殿的左右兩邊，都有官府的房舍，因為這裡正當通往富民縣和武定府大路的緣故。寺內也很幽靜。當地人說妙高寺正殿有辟塵木，所以裡面沒有塵埃，究竟是否，無法分辨了。

居高望遠，過了好久，想起行李應該到了，因此走出到茶庵旁邊等候。過了很長時間，才見挑夫從山坡下往上爬。我便拉著過路行人打聽去沙朗的路，有的說：「仍舊下坡，從去普擊的大路走，是省裡通行的路，這路雖然曲折，但容易走。」有的說：「再登上山坡，從牛圈哨分出的岔路進去，是這裡去的直達小路，這路比較近些，但難尋找。」我說：「既然已上了山坡，怎麼可以再下去？」於是更向上攀登，走了三里，曲折連綿翻過嶺頭，就沿著山嶺北面往西繞著山崖走。又過了二里，有座小石峰從山嶺北面延伸過來，和南面的山峰相連，有幾戶人家住在兩座山峰之間，地名牛圈哨；東、西兩邊的水，就從這裡分流。從牛圈哨西面直往下走去，是到永定橋的大路。我於是吃了飯，就從嶺脊往北走。過了一里，稍許往下穿過山罊，隨即從山罊北邊登上山坡。沿著山坡往東北上去，回頭遙望山罊底部，西邊下落成為峽谷，向北延伸到很深處。路往東北越過山坡，在它東面仍然是通往滇池的峽谷。再走了一里半，從嶺頭越過山坳往北。向北走了一里，再越過一處往西突出的山坳，在它北面就仍然通到西面的峽谷上，從這裡往東沿著山脊走。再往北走一里半，向西俯視，有個村落在峽谷底部，這就是陡坡。這峽谷既狹窄又深陡，這是地勢最險的村落。從嶺上沿著山嶺往東轉，走了半里，有路從東邊的山坳中穿出一直往西，便沿著西邊的峽谷落下，這是陡坡通往省城的路。於是沿著這條路往東上去，走了半里，越過山坳到它東面，從這裡往南沿著山脊走。再往東走半里，稍許偏向東北走下峽谷中。過了半里，有一池水匯積在路南，這就是清水塘，在延伸的山脊的北面。清水塘北面就往下陷落成坑，沿著坑往北走下，過了一里，穿過峽谷底部，有條從東面延伸過來的大路，穿過峽谷往西北去，這就是從省會去富民縣的小路。隨著這路，又從峽谷西邊靠著西山往北走。過了二里，再轉向西，遇見一個背柴的人，指著北面要我往北從岔路往下到峽谷中走。過了將近半里，到峽谷的底部，就是清水塘的下游。再從峽谷西邊沿著坡麓走，小路時斷時續，亂崖崩塌。過了二里半，越過澗水，沿著東邊的山麓又往北走一里，才走出峽口。到這裡北邊的山塢十分開闊，南北兩邊遙遙相望，而東界的大山脊和西界橫亙的山峰，相夾形成山塢。這才從田埂往北走，過了一里，有條很大的溪水，從山塢北面流來，轉而向西流去，我所沿著走的從南面流來的溪水也匯入其中，一起流入西南的峽谷中。路往北越過溪流，走了一里，有村落靠著西面的山腳下，房屋高低錯落，層層疊疊，這就是沙朗。進村敲門投宿，都推辭不肯接客，因為不在大路的緣故，這也是昆明當地的習俗。最後走進一個老人家中，強行往下，屋主人竟不去找米給我做飯。

初九日　令顧僕覓米具炊。余散步村北，遙晰此塢東北自牧養北梁王山西支分界。東界雖大脊，而山不甚高，西界雖環支，而西北有石崖山最雄峻。又南為沙朗西山，又南為天生橋❶，而南屬於陡坡東峽之山。其山東西兩界，既夾成大塢，而南北亦環轉連屬。其中水亦發源於龍潭，合南北峽而成溪，西注於富民螳螂，然不能竟達也，從塢西南入峽，搗入山洞。其洞深黑莫測，穿出西山，與陡坡之澗合。洞上之山，間道從之，所謂「天生橋」也。然人從其上行，不知下有洞，亦不知洞之西透。山之中空而為橋，惟沙朗人耕牧於此，故有斯名。然亦皆謂洞不可入，有虎狼，有妖祟，勸余由村後逾山西上，不必向水洞迂折。余不從。

既飯，乃南循坡麓行。一里半，與溪遇，遂同入西峽。其峽南北山壁夾而成，路由溪北沿北山之麓入。一里，仰見北崖之上，石壁盤突，其間駢列多門，而東一門高懸危瞰，勢獨雄豁，而磴跡甚微，棘翳崖崩，莫可著足。乃令顧僕并行李俟於下，余獨攀躍而上。久之，躋洞東，又見一門側迸，余以為必中通大洞，遂從其側倒懸入大洞門。其門南向甚穹，洞內層累北上，深十餘丈，而闊半之，然內無旁竇，即前外見側迸之門，亦不中達也。出洞，欲東上側門，念西洞尚多，既下，欲再探西洞，望水洞更異，遂直從洞下，西趨水洞。又半里，西峽既盡，山環於上，洞闢於下，水從東來逼南崖，搗西洞入，路從其北墜岡下。余令肩夫守行李於岡上，與顧僕入洞。洞門東向，高十餘丈，而闊半之。始涉水從其南崖入，水漱北崖而環之。入五、六丈，水環北崖，路環南崖，俱西轉。仰見南崖之上，層覆疊出，突為危臺，結為虛樓，皆在數丈之上，氤氳闔闢，與雲氣同為吞吐。從其下循之西入，北崖尚明，水漱之，南崖漸暗，路隨之。西五、六丈，南崖西盡，水從北崖直搗西崖下，西崖遂下嵌成潭，水嗚嗚其中，作衝激聲，遂循西崖北折去。路乃涉水循東崖北向隨之，洞轉而北，高穹愈甚，延納餘朗，若昧若明。又五、六丈，水漱北崖復西轉，余亦復涉西涯。於是水再環北崖，路再環南崖，竟昏黑不可辨，但聞水聲潺潺。又五、六丈，復西遇水，其水漸深，既上不可見，而下又不可測，乃出。

出復四渡水而上岡。聞岡上有人聲，則沙朗人之耕隴者。見余入洞，與負行李人耦語待之。為余言：「水之西出，即陡坡北峽，山之上度，即天生橋間道所從，如前之所標記者。」始恨不攜炬，竟西從洞中出也。其人又為余言：「富民有老虎洞，在大溪之上，不可失。」余謝之。乃西上躡嶺，一里半，登其脊，是為天生橋。脊南石峰嶙峋，高聳而出，其脈自陡坡東度脊而北，間道循其東陲，陡坡之澗界其西麓；至此又跨洞而北屬於沙朗後西山，水從其下穿腹西出，路從其上度脊西行。脊西瞰，即陡坡澗水直走而北，至此西折，脊上之路，亦盤壑西墜。益信出水之洞，即在其下，心懸懸❷欲一探之。

西行山半者一里，見有岐直下峽底，遂令顧奴同負囊者由大道直前，余乃獨下趨峽中。半里，抵峽底，遂溯水東行。一里，折而南，則後洞龐然西向，其高闊亦如前洞。水從其中踴躍而出，西與南來之澗合而北去。余溯流入洞，二丈後，仰睇洞頂，上層復裂通於門外。門之上，若橋之橫於前，其上復流光內映，第高穹之極，下層石影氤氳，若浮雲之上承明旭也。洞中流初平散而不深，隨之深入數丈，忽有突石中踞，浮於水面，其內則淵然深匯，旁薄❸崖根，不能溯入矣。洞頂亦有石倒騫，以高甚，反不覺其夭矯。其門直而迥，故深入而猶朗朗，且以上層倒射之光，直徹於內也。出洞，還顧洞門上，其左懸崖甚峭，上復闢成一門，當即內透之隙。乃涉澗之西，遙審崖間層疊之痕，孰可著足，孰可倒攀，孰可以宛轉達，孰可以騰躍上。乃復涉澗抵崖，可依所審法試之。半晌，遂及上層，外門更廓然高穹也。入其內，為龕為竇，為臺為榭，俱浮空內向。內俯洞底，波濤破峽，如玉龍❹負舟，與洞頂之垂幄懸帔，昔仰望之而隱隱者，茲如纓絡隨身，幢幡覆影矣，與躡雲駕鶴又何異乎？坐久之，聽洞底波聲，忽如宏鐘，忽如細響❺，令我神移志易。及下，層崖懸級，一時不得腠理❻，攀掛甚久。忽有男婦十餘人，自陡坡來，隔澗停睇。迨余下，問何所事，余告以游山。兩男子亦儒者，問其上何有，余告以景不可言盡。恐前行者漸遠，不復與言，遂隨水少北轉，而西行峽中。

一里，漸上北坡，緣坡西行。三里，峽塢漸開。又四里，塢愈開。其北崖逾山南下者，即沙朗後山所來道；其南坡有聚落倚南山者，是為頭村❼。路至此始由塢渡溪。溪上橫木為橋，其水即陡坡並天生橋洞中所出，西流而注於螳螂川者也。從溪南隨流行一里，過頭村之西，沿流一里半，復上坡西行。二里，再下塢中。半里，路旁有賣漿草舍倚南坡，則顧僕與行李俱在焉，遂入飯。又西盤南山之嘴，一里餘，為二村。村之西有塢北出，橫涉而過之。半里，復上坡，隨南山而西，上倚危崖，下逼奔湍。五里，有村在溪北，是為三村。至是南界山橫突而北，北界山環三村之西，又突而南，塢口始西窒焉。路由溪南躋北突之坡而上，一里半，抵峰頭。其峰北瞰三村溪而下，溪由三村西橫嚙北峰之麓，破峽西出。峽深嵌逼束，止容水不容人，故路逾其巔而過。是為羅鬼嶺，東西分富民、昆明之界焉。過嶺西下四里，連過上、下羅鬼兩村，則三村之流，已破峽西出，界兩村之中而西。又有一溪自北塢來，與三村溪合併西去，路隨之。行溪南二里，抵西崖下，其水稍曲而南，橫木梁渡之。有村倚北山而聚，是為阿夷冲。又從其西一里半，逾一坡。又一里半，昏黑中得一村，亦倚北山，是為大哨。覓宿肆不得，心甚急。又半里，乃從西村得之，遂宿其家。

【章　旨】本章記載了第一百七十五天在雲南府的行跡。出去散步，看到西北的石崖山最為雄峻，在它南面有天生橋，是因山中空形成的橋，山下有洞，當地人都說洞中有虎狼妖魔，不能進去。沒聽他們的話，吃了飯走進峽谷中，看到崖壁上有道洞門特別雄偉開闊，雖然無路可走，仍獨自往上攀登，從旁洞倒掛身子進入大洞，裡面並不相通。出洞後前往水洞，洞內雲煙彌漫，時開時合，一直往裡走，直到往上暗不可見、往下又深不可測的地方，才退出洞中。聽一個耕地的沙朗人說，可隨水流往西走出洞，感到十分遺憾。隨後登上天生橋，山脈從陡坡東面越過山脊往北。又跨過水洞，觀察山勢地形，更加相信水洞就在山脊下面。接著獨自走到峽谷底部，溯流進入後洞，往裡水匯成深潭，沒法再進去。出洞看到上面懸崖上還有一洞，於是走到遠處審視地形，設法攀登。好不容易進入洞中，洞底波濤沖破峽谷，景物奇麗，和騰雲駕鶴的仙境沒什麼不同，傾聽波濤的聲響，令人心馳神往。出洞後又走進峽谷，經過頭村、二村、三村，翻過作為富民縣、昆明縣東西分界的羅鬼嶺。再經過阿夷沖、大哨，摸黑走到西村投宿。

【注釋】❶天生橋　在昆明西北二十六里，陡坡村北，洞分三層。上洞為觀音洞，有石形如觀音站立。中洞為仙橋洞，洞內遍布石柱、石乳，形、色、聲稱為三絕。山麓為水簾洞，高大寬闊，沙朗河從中流過。❷懸懸　掛念。❸旁薄　也作「旁礴」、「磅礴」。廣被；充滿。❹玉龍　形容瀑布。❺細響　《文心雕龍・宗經》：「譬萬鈞之洪鐘，無錚錚之細響矣。」錚錚，金屬、玉器相撞擊的聲音。❻腠理　中醫指皮膚的紋理和皮下肌肉間的空隙。這裡指山的紋理。❼頭村　和二村都在昆明西北隅，三村則在富民地界。

【語譯】初九　吩咐顧僕去找米準備煮飯。我到村北散步，遠遠看清這山塢東北從牧養河北面的梁王山西支分界。東部雖然是大山脊，但山不太高，西部雖然是支脈環繞，而西北有座石崖山最為雄峻。再往南為沙朗西山，再往南為天生橋，而後往南和陡坡東面峽谷的山相連。這山東西兩界既夾成大塢，南北兩邊也環轉連接。塢中的水也發源於龍潭，匯合南北峽谷的水形成溪流，往西注入富民縣的螳螂川，但不能直達，而是從山塢的西南流入峽谷，搗入山洞。這洞漆黑一團，深不可測，溪流從西邊的山穿出，和陡坡的澗水匯合。洞上面的山，有小路通過，就是所謂的「天生橋」。但人從上面走過，卻不知道下面有洞，也不知道洞通往西邊。

因山中空而形成橋，只有沙朗人在這裡耕種、放牧，所以才有這個名稱。但他們也都說不能進洞，裡面有虎狼，有妖怪作祟，勸我從村後翻山往西上去，不必去水洞曲折繞路走。我沒有聽從他們的話。

吃罷飯，就往南沿著坡麓走。過了一里半，和溪流相遇，便隨流一起進入西邊的峽谷。這峽谷由南北兩邊的山壁相夾而成，路從溪水北岸沿著北面的山麓進去，走了一里，抬頭望見北邊的山崖上，石壁盤繞突起，壁間並列著許多洞門，而東邊的一個洞門高高聳立，俯視峽谷，氣勢特別雄偉開豁，但石階的痕跡很淺，荊棘遮掩，崖石崩塌，沒有落腳的地方。於是吩咐顧僕帶著行李在下面等候，我獨自往上攀援跳躍，過了好久，登上洞門的東邊，又看到旁邊裂出一門，我以為這洞裡面一定通往大洞，便從旁邊倒懸身子進入大洞門。這洞門朝南拱起，裡面石階一層層往北向上延伸，有十多丈深，寬是深度的一半，但洞內沒有旁洞，就是剛才在外面看到的旁裂洞門，裡面也不和大洞相通。走出洞，想往東登上側門，又考慮到西邊的洞還很多，下去後，想再探遊西邊的洞，望見水洞更加奇特，便從洞門下去，直向西趕往水洞。又走了半里，西邊的峽谷到了盡頭，山岡在上面環繞，洞在下面開出，水從東邊流來緊靠著南面的崖壁，沖入西面的山洞中，路從它的北面落到山岡下。我吩咐挑夫在山岡上守著行李，自己和顧僕進入水洞。洞門朝東，高十多丈，寬是高的一半。起先渡水從洞南邊的崖壁進去，水沖刷瀠繞著北邊的崖壁。進入五、六丈後，水繞著北邊的崖壁，路繞著南邊的崖壁，都往西轉。抬頭望見南崖上面，岩石層層覆蓋，重疊而出，突起成為高臺，連結成為中空的樓閣，都在幾丈高的地方，在霧氣彌漫中，或開或閉，時隱時現。沿著南崖下面往西走進，北崖還有亮光，水流沖刷著它；南崖漸漸昏暗，路隨著它走，往西走進五、六丈，到南崖的西頭，水從北崖直沖到西崖下面，西崖下便陷成水潭，水在潭中嗚咽，發出沖激的聲響。就沿著西崖往北轉去。路便渡過水沿著東崖往北隨著水流走，洞轉向北，顯得更加高拱，引進一點餘光，若暗若明。又走進五、六丈，水沖刷著北崖再往西轉，我也再渡過水到西岸。到這裡水再繞著北崖流，路再繞著南崖走，洞內終於一片昏黑什麼也看不清了，只聽到潺潺的水流聲。再走五、六丈，又在西邊遇上水。這裡的水漸漸深了，上面既已沒法看清，下面又深不可測，便走出洞來。

出洞後又四次渡水然後登上山岡。聽到岡上有人聲，是耕地的沙朗人。看到我要進洞，便和挑行李的人說著話等候。那人對我說：「水從洞中往西流出的地方，就是陡坡北面的峽谷，山從洞上過去，就是天生橋小路所經過的地方，和前面的標記相同。」我這才後悔沒有帶上火把，可往西從洞中走出。那人又對我說：「富民縣有個老虎洞在大溪邊上，不可錯過。」我向他道謝。於是往西攀登山嶺，走了一里半，登上嶺脊，這就是天生橋。嶺脊南面石峰層疊峻峭，高高聳出，這山脈從陡坡東面越過嶺脊往北延伸，小路隨著它的東陲走，陡坡的澗水是它西麓的分界；山脈延伸到這裡又跨過水洞往北和沙朗背後的西山相連，水從它的下面穿過山腹往西流出，路從它的上面越過嶺脊往西走。俯視嶺脊西面，陡坡澗水直往北流，到這裡向西轉，脊上的路，也繞著山壑往西落下。更加相信出水的洞，就在它的下面，心裡念念不忘想去探遊一次。

往西沿著山腰走了一里，看到有條岔路直往下到峽谷底部，便吩咐顧僕和挑夫從大路一直往前走，我就獨自往下去峽谷。走了半里，到峽谷底部，便沿著水流往東上行。走了一里，轉向南，只見山的後洞朝西大開，門的高度和寬度也和前洞相同，水從洞中湧出，往西和從南面流來的澗水匯合後往北流去。我逆流進入洞中，走了二丈後，抬頭斜望洞頂，上層又裂開通到洞門外。洞門的上方，像橋梁一樣橫跨在前面，上面還有閃動的光線映入洞內，只是高拱之極，下層石影如浮雲彌漫，往上托著明亮的朝陽一般。洞中的水流，起先平鋪分散而不深，沿著水流深入幾丈，忽見有塊岩石在中間突起，浮出水面，洞內的水流則匯聚成為深潭，充滿崖壁的底部，不能再逆流而入了。洞頂也有石倒掛飛舉，因為太高，反而不覺得有屈伸自如的姿態。這洞門筆直而深，所以雖深入很遠仍然明亮，而且上層還有倒射的光線，直透到裡面。走出洞，轉身回看洞門的上方，左邊的懸崖十分陡峭，崖上又開出一道門，應當就是透光入洞的空隙。於是渡過澗水到西岸，遠遠察看崖壁間的層疊痕跡，什麼地方可以落腳，什麼地方可以倒攀，什麼地方可以曲折到達，什麼地方可以騰躍而上。於是再渡過澗水到達崖壁，根據察看時設想的方法試著走。過了好久，才到達上層，外門更加開闊高拱。進入洞內，岩石有的成龕，有的成窩，有的成臺，有的成榭，都懸在空中，往裡伸展。在洞內俯視洞底，波濤沖破峽谷，如飛瀑載舟，和洞頂如帳幕下垂、披肩懸掛的石乳，以前抬頭仰望隱隱約約的景象，如今就像隨身飄動的纓絡、覆蓋身影的旗幟，這和騰雲騎鶴的仙境，又有什麼不同呢？坐了好久，傾聽洞底的波濤聲，忽然大如宏鐘轟鳴，忽然細如金玉撞擊，使我心馳神往。到下山時，只見層層崖壁石級高懸，只是一時找不到通路，攀援了很長時間。忽然有十多個男女，從陡坡過來，隔著澗水停下張望。到我下去後，問我來此有什麼事，我告訴他們是來遊山。其中有兩個男子也是讀書人，問山上有些什麼，我告訴他們美景一言難盡。因為擔心顧僕等人在前面已漸漸走遠，不再和那些人說話，就隨著水流稍許往北轉，向西走進峽中。

走了一里，漸漸登上北面的山坡，沿著山坡往西走，過了三里，峽谷中的山塢漸漸開闊起來，又走了四里，山塢更加開闊。那條從北面山崖越過往南下去的路，就是從沙朗後山過來的路；在南面的山坡上背靠南山的村落，就是頭村。路到這裡才從山塢渡過溪水。溪水上面橫架著木橋，這水就從陡坡以及天生橋洞中流出，往西注入螳螂川。從溪水南岸隨著水流走了一里，經過頭村西邊，沿著溪流走了一里半，再登上山坡往西走。過了二里，再往下到山塢中。又走了半里，路旁有賣漿的草房靠著南邊的山坡，只見顧僕和行李都在那裡，於是進去吃飯。再往西繞著南山的山口，走了一里多，到了二村。村的西面有山塢往北伸出，橫向穿過山塢。走了半里，再登上山坡，隨著南山往西走，路上靠高峻的山崖，下臨奔騰的急流。走了五里，有村落在溪水北岸，這就是三村。到這裡南界的山橫向突起往北延伸，北界的山繞過三村的西面，又突起往南延伸，山塢出口的西面才被堵塞。路從溪水南岸，攀登往北突起的山坡上去，走了一里半，到達峰頂。這山峰北面俯視三村的溪水往下流，溪水從三村西邊橫向流過，沖刷著山峰的北麓，突破峽谷往西流出。峽谷深陷狹窄，只能水在裡面流，人不能通行，所以路須從它的山頂越過。這就是羅鬼嶺，是富民縣和昆明縣的東西分界。翻過羅鬼嶺往西走下四里，接連經過上羅鬼、下羅鬼兩個村落，只見三村的溪流，已沖破峽谷西出，隔在兩個村落的中間往西流去。又有一條溪水從北面的山塢流來，和三村的溪水匯合後往西流去，路隨著它走。沿著溪水南岸走了二里，到達西面的山崖下，這水稍許轉折向南，從橫架的木橋過溪。有村落靠著北山聚居，這就是阿夷冲。又從這村往西走一里半，越過一道山坡。再走一里半，在昏黑中到一村落，也靠著北山，這就是大哨。找不到旅店住宿，心中十分著急。又走了半里，才從西村找到住處，就在村民家中留宿。

初十日　雞鳴起飯，出門猶不辨色。西南行塍中，一里半，南過一石橋，即阿夷冲溪所出也。溪向西北流，路度橋南去。半里，又一水自東南峽中來，較小於阿夷冲溪，即志所云洞溪之流也。二流各西入螳螂川。度木橋一里餘，得大溪湯湯，即螳螂川也，自南峽中出，東北直抵大哨西，乃轉北去，而入金沙江。有巨石梁跨川上，其下分五鞏，上有亭。其東西兩崖，各有聚落成衢，是為橋頭。過橋，西北一里，即富民縣治。由橋西溯川南行，七里，為河上洞。先是有老僧居此洞中，人以老和尚洞呼之，故沙朗村人誤呼為老虎洞。余至此，土人猶以為老和尚也。及抵洞，見有刻為河上洞者，蓋前任縣君以洞臨溪流，取「河上公」❶之義而易之。

甫過橋，余問得其道，而顧僕與負囊者已先向縣治。余聽其前，獨沿川岸溯流去，一里，西南入峽。又三里，隨峽轉而南，皆瀕川岸行。又二里，見路直躡山西上，余疑之，而路甚大，姑從之。一里，遇樵者，始知上山為胡家山道，乃土寨也。乃復下，瀕川而南。一里，其路又南上山，余占❷其旁路皆翳，復隨之。躡山南上，愈上愈峻，一里，直登嶺脊而不見洞。其脊自西峰最高處橫突而東，與東峰壁夾川流，祇通一綫者也。蓋西岸之山，南自安寧聖泉西龍山分支傳送而來，至此聳為危嶂，屏壓川流，又東北墜為此脊，以橫扼之。東岸之山，東自牛圈哨嶺分支傳送而來，至此亦聳為危嶂，屏壓川流，又西與此脊對而挾持之。登此脊而見脊南山勢崩墜，夾川如綫，川自南來，下嵌其底，不得自由，惟有衝躍。脊南之路，復墜淵而下，以為此下必無通衢，而墜路若此，必因洞而闢。復經折隨之下，則樹影偃密，石崖虧蔽❸，悄非人境。下墜一里，路直逼西南高峰下，其峰崩削如壓，危影兀兀欲墜。路轉其夾坳間，石削不容趾，鑿孔懸之，影倒奔湍間，猶窅然九淵也。至是余知去路甚遠，已非洞之所麗❹，而愛其險峭，徘徊不忍去。忽聞上有咳聲，如落自九天，已而一人下，見余愕然，問何以獨踞此。余告以尋洞，曰：「洞在隔嶺之北，何以逾此？」余問：「此路何往？」曰：「沿溪躡峭，四十里而抵羅墓❺。」則此路之幽闃，更非他徑所擬矣。雖不得洞，而覘此奇峭，亦一快也。

返躋一里，復北上脊。見脊之東有洞南向，然去川甚遠，余知非河上洞，而高攬❻南山，凭臨絕壑，亦超然❼有雲外想，遂披棘攀崖入之。其洞雖不甚深，而上覆下平，倒插青冥❽，呼吸日月，此為最矣。凭憩久之，仍逾脊北下。一里，抵麓，得前所見翳路，瞰川崖而南，半里，即橫脊之東垂也。前誤入南洞，在脊南絕頂，此洞⑨在脊北窮峽。洞門東向，與東峰夾東螳川，深嵌峽底，洞前惟當午一露日光，洞內之幽阻可知也。洞內南半穹然內空，北半偃石外突。偃石之上，與洞頂或綴或離，其前又豎石一枝，從地內湧起，踞洞之前，若湧塔然。此洞左之概也。穹入之內，崆峒窈窕，頂高五、六丈，多翱翔卷舒⑩之勢。五丈之內，右轉南入，又五丈而脊然西穹，闃黑莫辨矣。此洞右之概也。余雖未窮其奧，已覺幽奇莫過，次第滇中諸洞，當與清華、清溪二洞，相為伯仲。而惜乎遠既莫聞，近復荒翳，桃花流水，不出人間，雲影苔痕，自成歲月而已。

出洞，遂隨川西岸遵故道，七里，至橋頭。又北一里餘，入富民縣⑪南門，出北門，無城堞，惟土墻環堵而已。蓋川流北向，闢為大塢，縣治當西坡之下，其北有餘支掉臂而東，以障下流。武定之路，則從此臂逾坳北去，川流則灣此臂而東北下焉。時顧僕及行李不知待何所，余踉蹌而前，又二里，及之坳臂之下，遂同上峽中，平逾其坳。三里，有溪自西南山峽出，其勢甚遙，乃河上洞西高峰之後，夾持而至，東注螳川者。其流頗大，有梁南北跨之。北上坡，又五里，飯於石關哨⑫。逾坳北下，日色甚麗，照耀林壑。西有大山曰白泥塘，其山南北橫聳，如屏插天。土人言東下極削而西頗夷，其上水池一泓，可耕可廬也。山東之水，即由石關哨北麓而東去。共二里，涉之，即緣東支迤邐北上，其支從白泥東北環而南下者。其腋內水亦隨之南下，合於石關北麓。路溯之北，八里，又逾其坳。坳不甚峻，田塍疊疊環其上，村居亦夾峙，是為二十里鋪。又四里，為沒官莊。又三里，為者坊關⑬。其處塢徑旁達，聚三流焉。一出自西南峽中者最大，即白泥塘山後之流也，有石梁跨其上；梁南居廬，即者坊關也。越梁西北上一里，復過一村廬，又一小水自西峽來，又一水自西北峽來，二水合於村廬東北，稍東，復與石梁下西南峽水合而東北去，當亦入富民東北螳川下流者。過村廬之西北，有平橋跨西峽所出溪上，度其北，遂西北上嶺。其嶺蓋中懸於西北兩澗之中，乃富民、武定之界也。盤曲而上者三里，有佛宇三楹，木坊跨道，曰「滇西鎖鑰」，乃武定所建，以為入境之防者。又西上一里餘，當山之頂有保焉，其居廬亦盛，是為小甸堡⑭。有歇肆在西隘門外，遂投之而宿。

十一日　自小甸堡至武定府⑮歇。

季會明曰：「此後共缺十九日。詢其從遊之僕⑯，云武定府有獅子山⑰，叢林⑱甚盛，僧亦敬客，留憩數日，遍閱武定諸名勝。後至元謀縣⑲，登雷應山⑳，見活佛㉑，為作碑記，窮金沙江㉒。由是出官莊，經三姚，三姚：大姚縣、姚安府、姚州。而達雞足。此其大略也。余由十二月記憶之，其在武定、元謀間無疑矣。夫霞客雖往，而其僕猶在，文之所缺者，從而考之。是僕足當霞客之遺獻云。」

【章旨】本章記載了第一百七十六天、第一百七十七天從雲南府進入武定府的行跡。越過阿夷冲溪、洞溪，到螳螂川邊，上面架著五拱的大石橋。過橋進入峽谷，登上一道險峻的山脊，只見螳螂川夾在高聳的山峰中，像一條線那麼細小。到一處極其幽深險峭的地方，雖然已走錯路，但因此能看到這樣的奇景，仍很高興。返回時登上一個洞，這洞倒插青天，吐納日月，極為壯觀。接著到河上洞，洞門深深嵌在峽谷底部，洞前有豎石如塔拔地湧起，雖然未能窮究洞中的奧祕，但已覺得沒有比這洞更幽深奇險的地方，只可惜沒人知道。出洞後穿過富民縣城，越過一條大溪，到石關哨吃飯。西面有大山名白泥塘，接著經過二十里鋪，到者坳關，山塢中有三條水流，匯合後流入螳螂川下游。再往前到一座刻著「滇西鎖鑰」的木牌坊，進入武定府界。又經過小甸堡，到武定府城留宿。

【注釋】❶河上公　據葛洪《神仙傳》，為漢文帝時人，在河邊蓋草屋居住。漢文帝愛讀《老子》，有幾處不理解，聽說河上公對《老子》經義有研究，於是派人向他求教。❷占　窺察。❸虧蔽　遮掩。❹麗　附麗；附著。❺羅墓　今名樂母、樂畝，在昆明西北隅。❻攬　挹取。❼超然　離世脫俗。❽青冥　青天。❾此洞　即河上洞。在富民城西十里，以靠近螳螂川邊而得名。為石灰岩溶洞，洞內有天然形成的寬大平臺。近年來還在洞中發現了大熊貓、小熊貓、劍齒象等野獸的化石。❿卷舒　卷縮和伸展。⓫富民縣　明代隸雲南府，今屬雲南。⓬石關哨　在富民城北十里，去武定的大路上。⓭者坳關　今名者北，在富民北境。⓮小甸堡　今分小甸上、下兩村。在富民縣西北隅。⓯武定府　明隆慶間治所遷至今雲南武定。⓰從遊之僕　即顧僕（顧行），他在跟隨霞客西行三年，到達雞足山後，因不堪旅途勞苦，竊取霞客所有財物，逃歸江陰家鄉。⓱獅子山　在武定城西南四里處，雄奇峭拔，狀如獅子，故名。山高千仞，風景冠絕一方，被譽為「西南第一山」。山上有平臺，元至大年間建正續禪寺，殿宇層層，依山錯落，相傳明建文帝在此隱居，聲名倍增。殿前兩株杉樹，高二十五公尺，得四人合抱，相傳即建文帝手植。在藏經樓下的帝王宮中，有建文帝塑像。⓲叢林　眾僧聚居念佛修道的地方，即寺院。⓳元謀縣　明代隸武定府，今屬雲南。一九六五年五月一日，在元謀城東南十四里的上那蚌村，發現兩顆淡灰色的石化程度很深的古人類上中臼齒化石，基本形態和北京人相似。後經古地磁法測定，元謀猿人的生存年代距今一百七十萬年左右，比北京人、藍田人要早一百多萬年，是迄今已發現的中國和亞洲最早的原始人類。⑳雷應山　又名雄山、東山，在元謀城東北五十里。山勢高峻，主峰海拔二千八百餘公尺。㉑活佛　傳說雷應山下海鬧村有女子在山上留偈坐化，當地人稱為活佛，明時建活佛寺（即香山寺），上有入定石等勝蹟，舊時香火頗盛。㉒金沙江　古稱繩水、瀘水。指長江上游自青海玉樹巴塘河口，流經雲南麗江市石鼓急轉北流，至四川宜賓的一段，長二千六百餘里。

【語　譯】初十　雞啼時起身吃飯，出門還什麼也看不清楚。往西南在田埂中行走，過了一里半，往南走過一座石橋，橋下的水就是從阿夷沖流出的。溪水往西北流，路過橋往南走。過了半里，又有一條水從東南的峽谷中流來，比阿夷沖的溪水小些，即志書上說的洞溪水。兩條水各自往西流入螳螂川。過木橋後走一里多，看到浩浩蕩蕩的大溪，就是螳螂川，從南面的峽谷中流出，往東北一直流到大哨西邊，才轉向北流，注入金沙江。有大石橋橫架在川上，橋下分為五拱，橋上有亭子。橋東西兩邊的山崖下，各有村落街市，這就是橋頭。過了橋往西北走一里，便是富民縣治。從橋的西邊沿著螳螂川往南上行，走了七里，到河上洞。過去有個老僧居住在這洞中，人們便稱它為老和尚洞，故沙朗村人誤稱為老虎洞。我到這裡，當地人仍然稱它為老和尚洞。等走到洞口，看見刻有「河上洞」三字，原來是前任縣官因為這洞靠近溪流，故取「河上公」的含義來改換名稱。

剛過橋，我就打聽到去那裡的路，但顧僕和挑夫已經先去富民縣城。我聽任他們往前走，獨自沿著螳螂川流上行，走了一里，往西南進入峽谷。又走了三里，隨峽谷轉向南，都靠著螳螂川岸走。再走二里，看見路往西徑直上山，我產生懷疑，但路很寬大，暫且隨著它走。過了一里，遇到砍柴的人，才知道上山是去胡家山的路，是當地的村寨。於是又下山，沿著螳螂川往南。走了一里，路又往南上山，我察看它旁邊的路都被遮蔽，又隨著這條路走。登山往南上去，越往上越陡峻，過了一里，直登嶺脊卻看不到洞。這嶺脊從西峰最高處橫向往東突起，和東峰的崖壁夾著螳螂川流，只有一條隙縫穿通。原來螳螂川西岸的山脈，從南面安寧州聖泉西邊龍山的分支延伸過來，到這裡聳立為高峻的山峰，像屏障那樣逼壓川流，又往東北落下成為這座山脊，來橫拒川流；東岸的山脈，從東面牛圈哨嶺的分支延伸過來，到這裡也聳立為高峻的山峰，像屏障一樣逼壓川流，又和西岸的這座山脊相對挾持。登上這座山脊，可看到山脊南面山勢崩墜，川流被夾成一條線，從南面流來，往下落到底部，不能自由流行，只是沖擊、騰躍。山脊南面的路，又沿著深淵落下，原以為這裡下去一定不會有大路，但道路卻這樣落到下面，一定是因為有洞而開闢的。又隨著路往下轉，只見樹影濃密地往下覆蓋，石崖被遮掩隱蔽，靜悄悄不像世人居住的地方。路往下落走了一里，直逼西南的高峰下面，這峰崩塌陡峭就像直壓下來，高高的倒影，搖搖欲墜。路轉到它所夾的山坳中，石壁陡峭，沒處落腳，上面鑿孔讓人攀登，山影倒映奔騰的急流，就像在深淵之中。到這時，我才知道距離路很遠，已經不是河上洞所靠近的地方，但因喜愛這裡的險峻，來回走動，捨不得離開。忽然聽到上面有咳嗽聲，就像從高空傳下，隨即有一個人下來，看到我十分吃驚，問我為什麼獨自坐在這裡。我告訴他是來尋找河上洞，那人說：「河上洞在對面山嶺的北面，怎麼會翻山到這裡？」我問：「這條路通往哪裡？」他說：「沿著溪水登上峭壁，走四十里到達羅墓。」那麼這條路的幽寂，更加不是其他小路所能相比了。雖然沒有找到河上洞，但看到這樣奇特陡峭的景象，也是一件愉快的事。

往回攀登一里，再往北登上山脊，看到山脊東面有個朝南的洞，只是離螳螂川很遠，我知它不是河上洞，但這洞位於高處，可以挹取南山秀色，下面對著萬丈深淵，使人也有遠離人世的感覺。於是劈開荊棘，攀登山崖進洞。這洞雖然不太深，但上面覆蓋，下面平坦，倒插青天，吐納日月，沒有比這裡更壯觀的了。靠著洞休息了很長時間，仍然越過山脊往北走下。過了一里，到達山腳，走上了先前所看到的被遮蔽的路，朝下望著螳螂川邊的山崖往南走了半里，就到了橫拒川流的山脊東陲。剛才誤入的南洞，在山脊南邊的頂峰，河上洞在山脊北邊峽谷盡頭。洞門朝東，和東邊的山峰相對，夾著螳螂川，洞深深地嵌在峽谷底部，洞前只有在中午才有一些陽光，洞裡的幽暗阻隔可想而知了。洞中南半部高高拱起，裡面很空曠，北半部倒伏的岩石往外突出。倒伏岩石的上面，有的和洞頂連結，有的和洞頂分離，在它前面又豎立著一根石柱，從地下湧起，盤踞洞的前面，就像拔地而起的塔一樣。這是洞內左邊的大概情況。從高拱的地方往裡，山洞幽深，頂部離地五、六丈，頗有屈伸回旋的氣勢。在洞內五丈深的地方，往右轉向南進入，又五丈而洞就往西拱起，沉寂黑暗，什麼也分辨不清了。這是洞內右邊的大概情況。我雖然沒能窮究洞中的奧祕，但已覺得這洞的幽深神奇沒有什麼地方能超過它，如果將雲南各洞排列名次，應當和清華洞、清溪洞不相上下。只可惜地處僻遠，既默默無聞，附近又已荒蕪隱蔽，桃花流水，遠離人世，雲影苔痕，自成歲月罷了。

走出河上洞，就隨螳螂川西岸沿著原路走，過了七里，到橋頭。又往北一里多，走進富民縣城南門，從北門走出，沒有城牆，惟有土牆環繞罷了。原來螳螂川往北流去，開出很大的山塢，富民縣治位於塢西的山坡下，它的北面有山脈分支轉向東延伸，攔截螳螂川的下游。去武定府的路，就從這支脈越過山坳往北走，川流則繞著這支脈往東北流下。這時顧僕和行李不知等在什麼地方，我急匆匆地往前，又走了二里，到支脈越過的山坳下面追上他們，於是一起進入峽谷，平步越過山坳。走了三里，有溪水從西南的峽谷中流出，水流來勢很遠，是從河上洞西邊高峰的背後夾在峽谷中流來，往東注入螳螂川。這條溪流很大，橋梁南北向架在溪上。往北登上山坡，又走了五里，在石關哨吃飯。越過山坳往北下去，陽光十分明媚，照耀著山林洞壑。西面有座大山名白泥塘，這山橫貫南北，高高聳立，如同屏障插入雲天。當地人說，往東下去極其陡峭，而往西下去卻很平坦，山上有一池水，可在那裡耕種居住。山東邊的水，就從石關哨北麓往東流去。共走了二里，渡過這條水，就沿著東面的支脈曲曲折折往北上去。這支脈從白泥塘東北繞著山往南延伸。山腋內的水也隨著山勢往南流，和石關哨北麓的水匯合。路沿著水流往北上行，走了八里，又越過那邊的山坳。山坳不太高，有田地層層疊疊在上面環繞，村舍也在兩邊相夾。這就是二十里鋪。再走四里，到沒官莊。再走三里，到者坳關。這裡的山塢小路四通八達，匯聚了三條水流。一條最大的水出自西南的峽谷中，是白泥塘山背後的水流，上面架著石橋，橋南的住房，就是者坳關。過橋往西北走上一里，再經過一個村舍，又有一條小水從西面的峽谷流來，還有一條水從西北的峽谷流來，兩條水在村舍東北會合，稍許往東流，再和石橋下面從西南峽谷中流出的水匯合，然後往東北流去，應當也是流入富民縣東北螳螂川的下游的水。經過村舍的西北，有座平橋架在從西面峽谷流出的溪水上，過橋到溪水北岸，便往西北登上山嶺。因為這山嶺聳立在西面和北面的兩條山澗中間，就成了富民縣和武定府的分界。曲折盤繞往上走了三里，看到有三間佛寺，木牌坊架在路的兩旁，上面寫著「滇西鎖鑰」這幾個字，是武定府建立的，作為進入武定府境界的邊防。又往西走上一里多，在山頂上有座城堡，也有很多住房，這就是小甸堡。西面關口門外有旅店，便到那裡投宿。

十一日　從小甸堡到武定府留宿。

【研　析】昆明周圍，五湖相連，六水縱橫，水資源十分豐富。水既能維持生命，也會威脅生命。元初賽典赤到雲南任職，即以治水作為治滇的急務。《遊記》中多次提到當時人對興修水利的重視。滇池西南岸的海口，是滇池的出水口，湖水從這裡流入螳螂川，「為一省水利所係耳」，故自成化、弘治以來，「撫、按相度水利，開濬海口，免於汎濫，以成瀕海諸良田者，故巡方者以此為首務云。」「監察御史案臨，必躬詣其地。」松花壩是賽典赤在昆明興修的最大的水利工程，徐霞客就是通過松花壩橋，返回昆明城的，但對這裡的水利狀況，卻隻字不提，這不能不說是一件憾事。

雲南又是地熱資源十分豐富的地方。據不完全統計，全省共有溫泉六百多處，居全國之冠。《遊記》中有關溫泉的記載，除了黃山湯泉，全在雲南。徐霞客在雲南遇上的第一個溫泉，可能是曲靖南面的石堡溫泉，遠遠望去，「塢中蒸氣氤氳，隨流東下，田畦間鬱然四起」，剛下水時，「其熱爍膚」，不久就「溫調適體」，屬中溫泉。另外在彌勒州和晉寧州觀音山東南滇池岸邊，也有溫泉，前者泉溫偏冷，後者因徐霞客當時怕風寒，沒去沐浴。據前人記載，雲南著名溫泉有十七處，以安寧溫泉為首，被譽為「天下第一湯」，也是中溫泉。也許是因為前人對安寧溫泉的描寫讚美已經很多了，《遊記》中只說池水清瑩澄澈，顯得過於簡單。出於一種專業的敏感，徐霞客十分注意溫泉所處的位置：「池匯於石崖下，東倚崖石，西去螳川數十步。」以及水中石塊的形態：「池中有石，高下不一，俱沉水中，其色如綠玉，映水光豔燁然。」他還寫了安寧城內的鹽泉（鹽井），對一般文人不會關心的當時安寧鹽井的數目、每日產鹽量、產鹽方式，都作了具體的記載，其價值應超過前人牀上疊牀的對溫泉的空泛的讚美。

如果說，在前二篇遊記中，徐霞客以考察為主，兼顧遊賞，那麼在這篇遊記中，則以遊賞為主，兼顧考察了，故對景物的描寫，較前二篇為多。他曾聽人說起，在昆陽州北境海口附近的石城，是一處勝景，這裡「嶺頭峰石湧起，有若卓錐者，有若夾門者，有若芝擎而為臺，有若雲臥而成郭者」。一幅奇麗的岩溶石叢圖，已破紙而出。從外面望去，「其頂中窪，石皆環成外郭，東面者巑岏森透，西面者穹覆壁立，南向則余之逾脊而下者，北面則有石竄曲折，若離若合間，一石墜空當關，下覆成門，而出入由之。圍壑之中，底平而無水，可以結廬，是所謂石城也。」這段文字，寫得相當樸實，而且因過於具體而欠流麗，但正是這種厚重的敘述，能將石城不同尋常的位置、形態，歷歷在目地表現出來。在兩個牧童的帶領下，徐霞客走進一個洞中，又從洞中通往石城，覺得「由門入，不若由洞入更奇也」。當他在外面遠望石城所在的山峰時，見峰頂聳起一叢岩石，並不偉傑，但裡面「闔闢曲折，層沓玲瓏，幻化莫測，鍾秀獨異，信乎靈境之不可以外象求也」。長期養成的考察習慣，又使他自然而然地探討產生這種特殊景觀的地理因素：「蓋是峰西倚大山，此其一支東竄，峰頂中坳，石骨內露，不比他山之以表暴見奇者。」並為這裡「上無飛流涵瑩之波，中鮮剪棘梯崖之道，不免為兔狐所窟耳」，而感到可惜。離開石城後，徐霞客走進螳螂川邊一個道士的茅屋，放眼望去，「上下左右，皆危崖綴影，而澄川漾碧於前，遠峰環翠於外；隔川茶埠，村廬繚繞，煙樹堤花，若獻影鏡中；而川中梟舫賈帆，魚罾渡艇，出沒波紋間，棹影躍浮嵐，櫓聲搖半壁，恍然如坐畫屏之上也。」在此，他用和寫石城完全不同的充滿詩情畫意的語言，或遠或近，或上或下，或動或靜，或濃或淡地描繪了一幅極為優美的山鄉風物圖。如果說，石城的奇勝，如同一個高士，深沉不露，只對無畏的探索者張開它的臂膀；那麼茶埠墩的秀色，則像一個嫵媚的少女，風姿綽約，給人以溫柔甜美的感覺。另外，徐霞客還描寫了安寧州雲濤洞的一個園子：「仰視石隙，叢竹娟娟，上有朱扉不掩。登之，則磴道逶迤，軒亭幽寂，餘花殘墨，狼藉蹊間，雲牖石牀，離披洞口……樓中供大士諸仙像。香几燈案，皆以樹根為之，多有奇古者。其南有臥室一楹，米盎書簏，猶宛然其內，而苔衣蘿網，封埋已久，寂無徑行，不辨其何人所搆，何因而廢也？」文字十分雅潔，筆致十分輕靈，意境十分清冷，感喟十分深沉，在幾乎凝固的無聲無臭的氛圍中，彌漫著淡淡的、卻又不盡的哀怨。

在這篇遊記中，也留下了一些有關地質水文的記載。如安寧州的「七竅通天」，「其下之多門」，「其上之獨貫」，實際上是一個「洞中有洞」的深井洞穴。昆明棋盤山山腹都是空洞，崖上鑿成大窟如同大廈，岩石或青綠細膩，或黃白粗硬，石板平滑如同鋸成。更奇特的是昆陽北境的石龍壩：「峽中石又橫岨而層閡之。水橫衝直搗，或跨石之頂，或竄石之脇，湧過一層，復騰躍一層，半里之間，連墜五、六級。」由於這石作梗，水上不能行船，「昔治水者多燔石鑿級，不能成功，土人言鑿而輒長，未必然也。」遊記中還描寫了安寧曹溪寺中的「三潮聖泉」，泉水從山坡的大樹根下往南流出，每天子、午、酉時來潮，泉水沸湧，澎湃有聲。這實際上是一種多潮泉，由於岩溶發育不均勻，水道不通暢，造成因水量不足而產生的虹吸循環。

徐霞客在嵩明州時，因處境艱難，曾寫信向同知張某求助，但張拒而不收，他想不到張竟然這樣不通情理，「始悔彈鋏操竽之拙也」。而在昆明、晉寧、安寧等地，他得到唐大來、吳方生、唐玄鶴、阮仁吾、張石夫、周恭先、金公趾、嚴似祖等人熱情的款待和幫助。這些人原先和徐霞客並不認識，都是通過介紹，因友及友的，當然其中也包含著他們對徐霞客超然高舉、萬里西征的欽慕之情。「知君筆下無知己，除卻青山只有吾。」在西遊途中，唐大來可以說是對徐霞客理解最深的人。雖然二人相處時間不長，但很快成了知己。大來讚美霞客「影高遺孑，胸藏大冶，尤寥廓，尤揮灑」的襟懷，「生平只負雲山夢，一步能空天下山」的壯舉，但也因當時社會不寧、道路多險，對徐霞客隻身遠行表示擔憂，勸他不如早日返回故鄉：「一杖還如舊，蠻烟日已非。江山與風月，欲勸主人歸。」「中外干戈滿，窮荒欲何探？我非情更怯，欲爾望江南。」徐霞客對唐大來的深情厚意十分感激：「大來雖貧，能不負眉公厚意，因友及友。余之窮而獲濟，出於望外如此。」吳方生是徐霞客的同鄉，因事遠戍雲南。徐霞客到昆明，就住在他家中。他知道霞客身上旅費不多，於是寫信給各處的朋友，請他們在霞客到那裡時多加關照。霞客感動地說：「其展轉為余謀，勝余自為謀也。」但這樣兩個重情尚義的人，卻命運多乖，大來「胤嗣未耀，二女俱寡，而又旁無昆季」，方生遠戍他鄉，不知歸期。「士窮乃見節義」，特別是在自身困頓多難的情況下，他們對霞客的無私幫助，顯得格外可貴。另外還有昆明筇竹寺的住持僧體空法師，一見霞客，便不肯放行，一心要霞客留下，情意十分懇切。霞客原打算從金沙江去雅州，上峨眉山拜佛，這時被體空、吳方生等人的情誼所打動，「翻然有不由金沙之意」，答應到雞足山後再返回這裡，和朋友相會。

在遊太華山時，徐霞客參觀了楊太史祠。楊慎是明代著名學者，因觸犯嘉靖帝而受廷杖，謫戍永昌（今雲南保山市），直到去世，始終未被赦免。楊慎在滇長達三十七年，足跡幾乎遍及雲南。前人有「不出戶而知天下」的說法，楊慎認為「天下誠難以不出戶知也」，提出「見睫者不若身歷，騰口者不若目擊」。這種主張，和霞客十分相近。徐霞客進入曹溪寺，原想先去找聖泉，看到「殿東、西各有巨碑，為楊太史升庵所著，乃拂碑讀之，知寺中有優曇花樹諸勝，因覓紙錄碑，遂不及問水」。可見他對楊慎的崇敬。後來他到雲南西北境的浪穹，在何鳴鳳處觀賞了楊慎的手卷，並對何購得已埋沒山間的楊慎的〈泛湖窮洱源〉遺碑，「將為立亭以志其勝」，表示讚賞。徐霞客曾路過昆陽州的新城、舊城，據他說因這裡「無奇不及停屐」。其實這裡曾出過一個比楊慎更傑出的歷史人物三寶太監鄭和。鄭和在永樂到宣德的三十年間，備嘗艱辛，矢志不移，七次下西洋，行程數萬里，最遠到達紅海海口、非洲東岸，在當時可謂空前的盛舉。鄭和是昆陽人，昆陽月山上有他為父親所立的〈馬哈只碑〉。對這位前輩探險家，徐霞客理應懷有比楊慎更高的崇敬。他不會不知道昆陽是鄭和的故里，但對此卻隻字不及，個中緣由，頗耐人尋味。三寶太監下西洋，一個重要原因是明成祖朱棣「疑惠帝（建文帝）亡海外，欲蹤跡之」。徐霞客對建文帝懷有深切的同情，對朱棣及其心腹鄭和自然會產生不滿，乃至憎惡，這或許是他不願提及鄭和的一個心理因素。

滇遊日記五

【題解】崇禎十一年（一六三八）十一月，徐霞客到達武定府，遍遊包括獅子山在內的府城眾勝景。接著至元謀，登雷應山，並北上考察金沙江。十二月初，他離開元謀官莊茶房西行，經過大姚縣、姚安府，觀賞大姚和姚安的白塔，遊訪了妙峰山德雲寺、龍華山活佛寺，考察了姚安五海子（湖泊）。隨後繼續西行，渡過雲南川，經過小雲南驛，到達洱海衛（雲南縣），遊覽了水目山、清華洞、九鼎山。再沿梁王山西麓往北，到達賓川州，於十二月下旬，到達雞足山，往來於悉檀寺、大覺寺、獅子林之間。雞足山為西南佛教名山，山上峰峙泉湧，佛宇遍布，奇花古樹，爭芳競異，是徐霞客西遊的一個重要目的地。他上山不久，即埋葬了從南寧一路帶來的靜聞遺骨。隨即登上頂峰，觀看日出，考察了雲觀、日觀、雪觀、海觀四門和迦葉殿，再往下經過捨身崖、東身峽、禮佛臺、八功德水、猢猻梯等險境勝景，到如同「萬仞蒼崖圖」的華首門。同時還遊訪了寂光寺、碧雲寺、銅佛殿、西來寺、蘭陀寺等寺院，並留在獅子林靜室過年。

戊寅十二月初一日　在官莊❶茶房。時顧行病雖少瘥，而孱弱殊甚，尚不能行。欲候活佛寺❷僧心法來，同向黑鹽井❸，迂路兩日，往姚安府。以此路差可行，不必待街子❹也。

初二日、初三日、初四日　在茶房。悟空日日化❺米以供食，而顧行孱弱如故。心法亦不至。

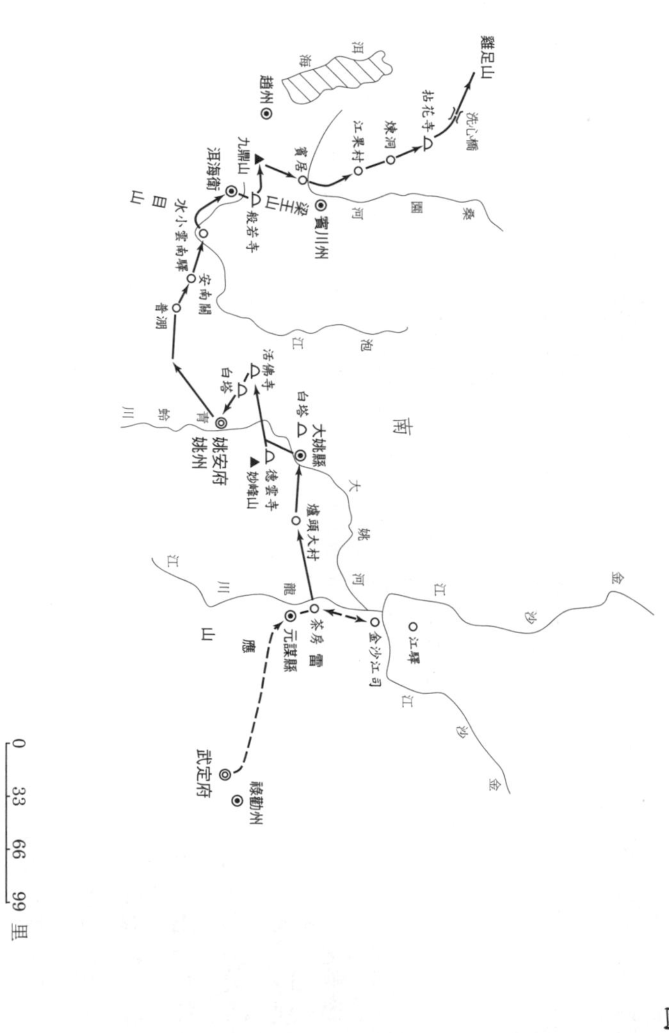

雞足山
洗心橋
拈花寺
煉洞
江果村
賓居
九鼎山
梁王山
般若寺
賓川州
趙州
洱海
洱海衛
水目山
小雲南驛
安南關
普淜
泡江
青蛉川
姚安府
姚州
活佛寺
白塔
大姚縣
德雲寺
妙峰山
爐頭大村
大姚河
龍川江
元謀縣
雷應山
苴房
金沙江司
江驛
金沙江
武定府
祿勸州
雲南
0 33 66 99 里

滇遊
圖五

初五日　前上雷應諸蜀僧返。諸僧待明日往馬街，隨街往爐頭，出大姚。余仍欲隨之，而病者不能霍然❻，為之怏怏。

馬街❼在西谿東坡上，南去元謀縣❽二十五里，北去黃瓜園❾三十五里，東至雷應山箐口十里，西至溪西坡五里，當大塢適中處。東西抵山，共徑十五里，南抵山，北逾江，共徑一百三十里，平塢之最遙者也。其東南有聚廬曰官莊，為黔府❿莊田，茶房即在馬街坡北。

元謀縣在馬頭山⓫西七里，馬街南二十五里。其直南三十五里為臘坪⓬，與廣通⓭接界；直北九十五里為金沙江，渡江北十五里為江驛⓮，與黎溪⓯接界；江驛在金沙江北，大山之南。由其後北逾坡五里，有古石碑，大書「蜀、滇交會」四大字。然此驛在江北，其前後二十里之地，所謂江外也，又屬和曲州⓰。元謀北界，實九十五里而已。江驛向有驛丞，二十年來道路不通，久無行人，今止金沙江巡檢司帶管。直東六十里為墟靈驛⓱東嶺頭，與和曲州接界；直西四十里為西嶺，與大姚縣接界。其地北遙與會川衛⓲直對，南遙與新化州⓳直對，東遙與嵩明州直對，西遙與大姚縣直對。東界大山即墟靈驛與雷應山也，南自大麥地⓴直北抵金沙江南岸，橫亙二百里，平障天半焉。西界山層疊錯出，亦皆自南而北。縣治之支，南自楚雄府定遠縣㉑東來，分支結為縣治。其餘支西繞者，由縣西直北十五里西溪㉒之口而止，是為第一層。又一支南自定遠縣分支來，與縣西之支同夾而北，至西溪口，東支已盡，此支更夾之而北，至扁擔浪㉓而止，是為第二層。又一支西自定遠西與姚安府東界分支東來，與扁擔浪之支同夾而北，中界苴林後水，即所謂西尖界嶺也。又一支西自姚安府東北分支東來，與西尖界嶺同夾而北，中界爐頭溪水，即所謂爐頭西亂石岡也。又一支定遠縣西北妙峰山分支東來，與亂石岡同夾而北，中界河底之水，即所謂舌甸獨木橋西山也。諸山皆夾川流北出，或合西溪，或出苴榷㉔而下金沙。故自縣以北，其西界諸山，一支既盡，一支重出，若鱗次而北抵金沙焉。其東界水皆小，惟墟靈驛一支較大，南出馬頭山之南，經縣治東而北與西溪合。自是以北，溪東之村，倚東界山之麓甚多：官莊之北十里為環州驛，又十里為海鬧村㉕，濱溪東岸，即活佛所生處，離寺二十五里。其村有木棉樹，大合五、六抱。縣境木棉樹最多㉖，此更為大。又十五里為黃瓜園。溪西之村，倚西界山之麓亦甚多：西坡下村與官莊對峙，北十五里為五富村，又十里為苴寧村㉗，又北逾嶺二十里為扁擔浪，於是北夾西溪，盡於金沙焉。

西界諸山，俱自定遠夾流分支，東北而盡於金沙江。其西北又有大山方頂，矗峙於北，與金沙北岸「蜀、滇交會」之嶺駢擁天北。從塢中北向遙望，若二眉高列於塢口焉。余初以為俱江北之山，及抵金沙江上，而後知江從二山之中，自北而南，環東山於其北，界西山於其西，始知此方頂之山，猶在金沙之南也。其山一名方山㉘，象形。一名番山，以地。因其音之相近而名之。其地猶大姚縣屬，在縣東北百四十里苴榷之境，東臨金沙江。是此山又從西北北勝州㉙界環突東南，界金沙於外，抱三姚於中，與此西界迴合，而對峙為門戶者也。

金沙巡司㉚乃金沙江南曲之極處。自此再東，過白馬口㉛、普渡河㉜北口，即從烏蒙山㉝之西，轉而北下烏蒙㉞、馬湖㉟。巡司之西，其江自北來，故雲南之西北界，亦隨之而西北出，以抵北勝、麗江㊱焉。

【章旨】本章記載了進入雲南後第一百七十八天至第一百八十二天在武定府的行跡。在元謀縣的官莊茶房等候，全靠悟空化緣供飯。這時顧僕因病十分虛弱，還不能行走。最後決定和四川僧人一起去大姚縣。官莊為黔府的莊田。元謀縣東面有馬頭山、雷應山，北面有金沙江，江北有古碑刻著「蜀、滇交會」四個大字。在縣城以北，西部的各支山脈，依次往北延伸到金沙江。西北有方頂大山，東面臨近金沙江。金沙江巡檢司在金沙江最南面的彎曲處。

【注釋】❶官莊　在元謀元馬鎮東郊。❷活佛寺　在元謀城東雷應山。❸黑鹽井　明代在定遠設黑鹽井提舉及黑井巡檢司。今名黑井，在祿豐縣西北隅，龍川江西岸。❹街子　雲南稱墟集為街子。❺化　化緣；化募。僧尼或道士求人布施。❻霍然　霍，鳥疾飛的聲音，引申為疾速，這裡言疾病迅速消除。❼馬街　又名層軲轆街。明清以來即成商業中心，有「金馬街，銀元謀」之稱。現為元謀城所在地，名元馬鎮。❽元謀縣　明代隸武定府。治所曾多次遷徙，治所在今元謀南境的老城。❾黃

瓜園　在元謀北境，龍川江東岸，往北四十里至金沙江。⑩黔府　即黔國公府，見〈滇遊日記一．隨筆二則〉注。⑪馬頭山　在元謀老城東二十里，高數百丈，可遠眺大姚、定遠諸峰。在滇蜀來往大路上，因山高缺水，當地人在山上建茶亭，以助行人，故又名茶房山。附近古動物化石甚多，中國最早的古猿人門齒化石，即在馬頭山麓發現。⑫臘坪　今名羊街，在元謀南境。⑬廣通　明代為縣，隸楚雄府，治所在今祿豐西境的敦仁鎮。⑭江驛　即「姜驛」，今亦名姜驛，在元謀北隅，金沙江北岸，為通四川要道。⑮黎溪　元置黎溪州，明初廢入會川衛，今仍名黎溪，在四川會理城西南，金沙江東岸。⑯和曲州　明代隸武定府。隆慶間改為武定府附郭縣，治所在今武定。⑰墟靈驛　即「虛仁驛」，今名白路，在武定西隅。⑱會川衛　即會川衛軍民指揮使司，屬四川都司，在今四川會理。⑲新化州　明洪武間置馬龍他郎甸長官司，弘治間改為新化州，萬曆間隸臨安府，治所在今新平西境的新化。⑳大麥地　在元謀東隅。㉑定遠縣　明代隸楚雄府，治所在今牟定。㉒西溪　又名苴水、虹江，今名龍川江。源出雲南南華西境的苴力鋪山，東南流經楚雄城北，轉向東北流至元謀境內，匯入金沙江。㉓扁擔浪　今名丙大浪，在龍川江西岸。㉔苴榷　即「苴卻」。明代地屬大姚，即今永仁縣城。㉕海鬧村　今名海螺村，在龍川江東岸。㉖縣境木棉樹最多　木棉，又稱攀枝花、英雄樹。（或說木棉非攀枝花，攀枝花為落葉喬木，不能紡紗，木棉為多年生灌木，可紡紗。）唐南詔時雲南已開始種植木棉，至今元謀田野中，木棉依然隨處可見。㉗苴寧村　即前「苴林」。在龍川江西岸。㉘方山　在大姚城北一百八十里，山下金沙江環繞，俯視如練。㉙北勝州　明代直隸雲南布政使司，治所在瀾滄衛城（即今雲南永勝）。㉚金沙巡司　明代設金沙江巡檢司，在元謀北境，金沙江南岸，龍川江東岸，龍川江匯入金沙江的水口。㉛白馬口　在武定北隅，所所卡河從南往北至此匯入金沙江。㉜普渡河　即螳螂川下游，往北匯入金沙江。㉝烏蒙山　又名絳雲露山、雲龍山，今名拱王山，在祿勸州東北境，與東川接界。北臨金沙江，東傍普渡河，主峰轎頂山，海拔四千二百餘公尺，為雲南東部最高的山峰。山有十二峰，多懸崖峭壁，雄拔陡絕。即使在八、九月間，依然積雪瑩然。山上有烏龍泉，下游為烏龍河，唐時蒙詔（南詔）封此山為東岳。現在通常將位於雲南東北部和貴州西部的大山脈稱為烏蒙山，整個山區綿延數百里，北面為金沙江峽谷，西側與小江峽谷緊緊相逼，為金沙江與北盤江的分水嶺。㉞烏蒙　今雲南昭通城東二十里有烏蒙土城。唐時烏蠻仲弁田之裔始遷於此，宋封烏蒙王，元置烏蒙路，明代置烏蒙軍民府，隸四川布政使司。㉟馬湖　府名，明代隸四川布政使司，治所在屏山（今屬四川）。㊱麗江　見〈滇遊日記六〉正月二十五日日記注。

【語　譯】崇禎十一年十二月初一　在官莊茶房。這時顧僕的病雖然稍稍好轉，但十分虛弱，還不能行走。想等活佛寺僧人心法來後，一起去黑鹽井，繞道走兩天路，前往姚安府，因為這條路尚可走，不必等待趕集的日子。

初二、初三、初四　在茶房。悟空天天化緣得米來供飯食，顧僕還是那樣虛弱。心法也沒到這裡。

初五　先前攀登雷應山的眾多蜀地僧人返回。眾僧等到明天去馬街，隨馬街去爐頭，到大姚縣。我仍想跟著他們走，但病人不能迅速痊癒，為此怏怏不樂。

馬街在西谿東坡上，南面離開元謀縣二十五里，北面離開黃瓜園三十五里，東面到雷應山箐口十里，西面到溪西坡五里，正當大塢的適中處。這裡東西兩邊到達山嶺，直徑距離共十五里，南邊到達山嶺，北邊越過金沙江，直徑距離共一百三十里，是範圍最大的平坦山塢。在它東南有村落名官莊，是黔府的莊田。茶房就在馬街所在的山坡北面。

元謀縣在馬頭山西面七里，馬街南面二十五里。在它正南三十五里為臘坪，和廣通縣接界；正北九十五里為金沙江，渡江往北十五里為江驛，和黎溪接界；江驛在金沙江北岸，大山的南面。從它的背後往北越過山坡走五里，有塊古石碑，寫著「蜀、滇交會」四個大字。但這驛在江的北岸，這裡前後二十里的地方，就是所說的江外，又屬和曲州。元謀縣北部的邊界，實際上只有九十五里罷了。江驛過去有驛丞，因為近二十年來，道路不通，長久沒有行人，如今只由金沙江巡檢司帶管。正東六十里為墟靈驛東面的嶺頭，與和曲州接界；正西四十里為西嶺，與大姚縣接界。這裡北面和會川衛遙遙相對，南面和新化州遙遙相對，東面和嵩明州遙遙相對，西面和大姚縣遙遙相對。東界的大山就是墟靈驛和雷應山，南面從大麥地直往北延伸到金沙江南岸，橫亙二百里，遮隔半邊天。西部的山峰層層疊疊，錯落聳起，也都從南往北延伸。縣治所在的支脈，從南面的楚雄府定遠縣東延伸過來，分出一支結成縣治所在的山。其餘往西繞去的支脈，從縣城西面直往北延伸十五里，到西溪口為止，這是第一層。又有一支山脈從南面的定遠縣分支過來，和縣城西面的支脈相夾往北延伸，到西溪口，東邊的支脈已到盡頭，這一支山脈和其他山脈再相夾往北延伸，到扁擔浪為止，這是第二層。又有一支山脈從西面的定遠縣西界與姚安府東界的分支往東延伸過來，和扁擔浪的支脈相夾往北延伸，中間隔著苴林後面的水流，就是所說的西尖界嶺。又有一支山脈從西面的姚安府東北的分支往東延伸過來，和西尖界嶺相夾往北延伸，中間隔著爐頭溪水，就是所說的爐頭西面的亂石岡。又有一支山脈從定遠縣西北妙峰山的分支往東延伸過來，和亂石岡一起平行往北延伸，中間隔著河底的水，就是所說的舌甸獨木橋西山。各支山脈所夾的川流都向北流出，有的和西溪會合，有的流出苴榷而後匯入金沙江。所以從縣城往北，西界的各支山脈，一支延伸到盡頭後，另有一支重新伸出，就像魚鱗那樣依次往北延伸到金沙江。在它東界的水都比較小，只有墟靈驛的一條水比較大，出自南面馬頭山的南邊，流經縣治東邊而後往北和西溪會合。從這裡往北，西溪東邊的村莊，靠著東界山麓的很多：在官莊北面十里為環州驛，又過十里為海鬧村，靠近西溪東岸，是活佛出生的地方，距離活佛寺二十五里。這個村內有木棉樹，大得五、六人合抱。元謀縣境內木棉樹最多，這裡更為高大。再過十五里為黃瓜園。西溪西邊的村莊，靠著西界山麓的也很多：西坡下村和官莊相對峙立，往北十五里為五富村，再過十里為苴寧村，再往北越過山嶺走二十里為扁擔浪，到這裡從北邊夾著西溪到金沙江為止。

西部的各支山脈，都來自在定遠縣夾帶川流的分支山脈，往東北到金沙江為止。在它們的西北還有方頂的大山，矗立在北面，和金沙江北岸刻著「蜀、滇交會」的山嶺，並排簇擁了北面的天際。從山塢中向北遙望，就像兩條眉毛在塢口高高排列。我起先以為都是金沙江北岸的山，到抵達金沙江邊時，才知道江水從兩座山的中間，自北往南，繞過在它北岸的東山，將西山隔在它的西岸，方才知道這座方頂的大山，還在金沙江的南岸。這山一名方山，以山形相像得名。一名番山，以所在地得名。因兩個字音相近而同名。這裡仍然屬於大姚縣，在縣城東北一百四十里的苴榷境內，東面臨近金沙江。因此這座山又從西北的北勝州界繞出，突起東南，外面隔著金沙江，中間懷抱姚安府、姚州和大姚縣，和元謀西界山環繞聚合，從而相對峙立成為門戶。

金沙江巡檢司，在金沙江最南的彎曲處。從這裡再往東，經過白馬口、普渡河北口，就從烏蒙山的西面，轉向北往下到烏蒙府、馬湖府。巡檢司的西邊，金沙江從北流來，所以雲南的西北界，也隨著江往西北伸出去，到達北勝州、麗江府。

初六日　是早，雲氣少翳。諸蜀僧始欲游街子，俟下午渡溪而宿，明晨隨街子歸人同逾嶺。既晨餐，或有言宜即日行者。悟空以余行有伴，辭不去，而顧僕又以懨懨❶不能速隨諸僧後，雖行，心為忡忡。出茶房西一里半，渡西溪，溪從此西曲，從其南岸隨之。又一里餘，抵西山下，溪折而北，又從其西崖傍山麓隨之。又北一里餘，有村當路北，遂由其南西向入峽。半里，涉枯澗❷，乃躡坡上。其坡突石，皆金沙燁燁，如雲母❸堆疊，而黃映有光。時日色漸開，躡其上，如身在祥雲金粟❹中也。一上二里，逾其頂，望其西又闢一界，有尖山獨聳，路出其間，乃望之而趨。西向漸下，三里，抵塢中，有水自南峽中來，至此遶塢東北去，其水不深而闊。路北數十家倚河東岸，由其南渡河而西。其處木棉其❺有高一丈餘者，云兩三年不凋。有枯澗自西來，其中皆流沙沒足，兩傍俱迴崖亙壁，夾持而來，底無滴水，而沙間白質皚皚，如嚴霜結沫，非鹽而從地出，疑雪而非天降，則硝❻之類也。路當從澗底直入，諸僧之前驅者，誤從南坡躡嶺上。上一里，見其路愈南，而西尖在西，知其誤，乃與僧西北望澗底攀崖下墜。一里，復循底西行，見壁崖上懸金丸累累，如彈貫叢枝，一墜數百，攀視之，即廣右所見「顛茄」也。志云：「枝中有白漿，毒甚，土人鍊為弩藥，著物立斃。」行澗底二里，其底轉自西北來，路乃從西南躡嶺。一里半，盤嶺頭西出。又一里半，西南下坡。其處開壑灣環而北，涉壑底而西，不見有水。半里，循西坑入，見石峽中有水潺潺，其峽甚逼，水亦甚微。一里，其峽有自南流而出者，下就涉之。其流之側，有窞如半匏，仰東崖下，涵水一盂，不流不竭，亦瀦水之靜而有常，不與流俱汩者也。涉細流西上，逾坡半里，有植木為坊者，上書「黔府官莊」。西下半里，有數家在坡北，其壑亦灣環而北，中有田塍數十畦，想即石峽之上流，得水如綫，遂開此畦，所謂黔府莊田是也。時諸僧未及攜餐，令其徒北向彝家覓火。余輩隨大道繞其南而西，一里，又有木坊在西坡，書亦如前，則其西界也。從此西下，又涉一枯澗，遂西上嶺，其上甚峻。前乞火僧攜火至，而不得泉，莫能為炊。上嶺二里，盤峽而西，又半里，轉而南半里，一坪北向，環窪中亦無水，余乃出所攜飯分啖之。

隨坪稍南，半里，復西上，其上愈峻。二里，登岡頭，以為逾嶺矣，而不知其上乃東垂之脊也。望西尖尚在其北，隔一深坑甚遙，西尖又有南北二橫山亙其兩頭，又自成一界焉。從脊向西行二里半，又南轉峽上，循而環之，又西北上，再陟峻嶺。二里，登岡頭，又以為逾嶺矣。而其上猶東垂之脊也。又從脊向西行，於是脊兩旁皆深墜成南北壑。壑蟠空於下，脊端突起於外，西接橫亙之界，樹叢石錯，風影颯颯動人，疑是畏途。時肩擔者以陟峻難前，顧僕以體弱不進，余隨諸僧後，屢求其待之與俱。每至一嶺，輒坐待久之，比至，諸僧復前，彼二人復後。余心惴惴，既恐二人之久遲於後，又恐諸僧之速去於前，屢前留之，又後促之，不勝惶迫，愈覺其上不已也。從脊行三里，復從嶺西上一里，遂陟橫亙南山之北巔。其巔與中突之尖南北相對，上有石疊垣橫界，是為元謀東界，大姚西界❼，即武定、姚安二府所分壤處也。路由其間，登巔之絕處，則有盤石當頂。於是從南橫之巔，南向陟其脊，東瞰元謀，西瞰爐頭，兩界俱從屐底分塢焉。南行脊上二里，西向下二里，路側漸墜成峽，石坎累累，尚無滴水。歷石坡直下一里，抵峽中，峽西又有迴岡兩重，自東北而蟠向西南。於是涉峽盤岡，再逾坡兩重，共七里，乃西南下嶺。一里，始及其麓。其塢乃南北大開，中有溪界之，望見溪西有大聚落，是為爐頭。時諸僧已飢甚，且日暮，急於問邸，遂投東麓下草廬家宿。

【章旨】本章記載了第一百八十三天從武定府至姚安府的行跡。吃過早飯，隨蜀地僧人出發。離開茶房，渡過西溪，前面山坡上有金光閃閃的沙石，如同雲母。越過坡頂，朝著一座尖山趕路。經過一條乾涸的山澗，澗底白沙皚皚，為硝一類的東西，往前又看到崖壁上金丸累累，即劇毒的「顛茄」。再往前到「黔府官莊」。在一處山坪吃飯，往上路更陡峻，接連登上岡頭，以為已越過山嶺，卻不知仍是東邊的嶺脊，嶺脊兩旁都是深壑，懷疑是一條險路。因顧僕體弱跟不上，心中更加覺得不安。終於登上作為元謀、大姚分界的山巔，往下到峽谷中，再越過山坡，進入山塢，到爐頭留宿。

【注　釋】❶懨懨　因患病而精神不振。❷枯澗　疑即今白沙乾河。雲南土林分布甚廣，其中以元謀縣的班果、小雷山土林最為著名。班果土林在龍川江西岸班果附近已乾涸的白沙河兩岸，是砂、土、礫石堆積物在乾熱條件下，經過自然作用逐步形成的。沙堆林立，形狀各異，擬人狀物，維妙維肖。據考察，土林中有許多動植物化石，如中國犀、劍齒象、劍齒虎等。土柱雜有石英、瑪瑙等物質，在陽光照耀下，放出奇異的光彩。沙石多呈黃色，另有粉紅、玫瑰紅、淺綠等色澤，隨光照角度不同而發生變化。❸雲母　礦石名，古人以為此石為雲之根，故名。可析為片，薄者透光，可為鏡屏。也可入藥。《本草經》列為上品。以質地色澤之異分為雲英、雲珠、雲母、雲沙、雲液、雲膽等。❹金粟　喻燈花、燭花。❺其　木名，此指樹幹。❻硝　礦石名，古代用作製造火藥的原料。可入藥。❼是為元謀東界二句　據地理位置，當為「元謀西界，大姚東界」。

【語　譯】初六　這天早晨，空中稍許有點陰雲。那些蜀地僧人起先想去逛集市，等下午渡過西溪住宿，明天早晨隨趕集回去的人一起翻越山嶺。吃過早飯，有人說應該當天就出發。悟空因為我有了同伴，便告辭不再一起走了，而顧僕又因病精神不振，不能快速緊跟眾僧的後面，雖然上路，但心中感到憂慮不安。離開茶房往西走了一里半，渡過西溪，溪水從這裡往西彎曲，從溪的南岸隨著水流走。又過了一里多，到西山下，溪流轉向北，又從它的西崖靠著山麓隨著溪水走。再往北一里多，有村莊在路的北邊，便從村南往西進入峽谷。走了半里，越過一條乾涸的山澗，就踏上山坡往上走。這山坡突起的岩石，都是金光閃閃發亮的沙石，如同雲母堆積重疊，映照出黃色的光。這時天色漸漸晴朗，登臨坡上，如同置身在吉祥的雲彩、燦爛的燈花之中。一口氣往上走了二里，越過坡頂，望見山坡的西邊又開出一個新的境界，有座尖山獨自聳立，其間有路，於是朝著尖山趕去。往西漸漸走下，過了三里，到達塢中，有水從南面的峽谷中流來，到這裡繞著山塢往東北流去，這水不深但很寬闊。路的北邊有幾十戶人家，靠著河的東岸居住，從村南渡過河水往西走。這裡的木棉樹有一丈多高的，據說花開兩三年都不凋謝。有條乾涸的山澗從西面延伸過來，澗中全是流沙，陷沒雙腳，兩旁都是環繞延伸的崖壁，夾著山澗而來，澗底沒有滴水，而白皚皚的沙質，如同嚴霜凍結而成的白沫，不是鹽卻從地下湧出，懷疑是雪但又不從天上落下，那是硝一類的東西。路應當從澗底一直往裡走，眾僧中走在前面的人，誤從南坡登上山嶺。往上走了一里，看到這路更加往南，而西邊的尖山還在西面，知道走錯了路，於是和眾僧朝西北望著澗底，攀著崖壁落下。過了一里，又沿著澗底往西走，只見壁崖上懸掛著許多金丸，如同彈丸串在一叢叢的枝葉上，一枝墜下數百個，攀崖細看，就是在廣西省所見到的「顛茄」。志書記載：「枝中有白漿，很毒，當地人煉成藥塗在箭上，動物一碰上立即倒斃。」在澗底走了二里，這澗底轉從西北伸來，路就從西南登上山嶺。走了一里半，繞著嶺頭往西走出。又走了一里半，往西南下坡。這裡開出的山壑向北彎轉，越過壑底往西，看不到有水的地方。過了半里，沿著西坑進去，看到石峽中有潺潺的流水，這峽十分狹窄，水也很小。走了一里，峽中有從南面到這裡流出的水，下去渡過這條水。這水的旁邊，有個坑穴形狀就像半爿葫蘆，向上仰靠在東邊的崖石下，裡面蓄著一盂水，既不流動，也不枯竭，也是靜止不變的積水，不和峽中的水一起汩汩流去。渡過細流往西上去，翻越山坡走了半里，有豎立的木牌坊，上面寫著「黔府官莊」。往西走下半里，有幾戶人家住在山坡北面，這裡的山壑也彎轉向北，中間有數十畦田地，想來就在石峽水的上游，因有細小如線的水源，於是開墾出這些畦田，這就是所謂的黔府莊田了。這時眾僧因沒攜帶午餐，叫他們的徒弟朝北去彝人家找火。我們隨大路繞過彝人家的南面向西走了一里，又有木牌坊豎立在西邊的山坡上，上面也寫著和前相同的字，那麼是「黔府官莊」的西界了。從這裡往西下去，又越過一條乾涸的山澗，於是便往西登上山嶺，嶺上十分陡峻。先前去討火的僧人帶著火種來到，但沒有泉水，不能煮飯。上嶺走了二里，盤繞峽谷往西，又走了半里，轉向南走半里，有塊朝北的平地，環繞的窪地中也沒有水，我於是拿出所帶的飯分著吃。

隨著平地稍許往南走了半里，又往西上去，上面更加陡峻。走了二里，登上岡頭，以為越過山嶺了，卻不知道上面是東陲的嶺脊。望見西邊的尖山還在岡頭的北面，隔著一個深坑很遠，西邊的尖山還有南北兩座山橫亙它的兩頭，又各自形成一界。從嶺脊往西走二里半，又向南轉從峽中上去，沿峽谷繞著走，再往西北上去，攀登陡峻的山嶺。走了二里，登上岡頭，又以為越過山嶺了，而上面仍然是東陲的嶺脊。又從嶺脊往西走，到這裡嶺脊兩旁都深深地落下形成南北的山壑。山壑在下面盤空繚繞，嶺脊上端在外面突起，往西和橫亙的山脈相接，樹木叢生，岩石交錯，風聲颯颯，樹影搖動，令人心驚，懷疑它是一條險路。這時挑夫因為山路陡峻，難以向前，顧僕因為病體虛弱不能前進，我跟在眾僧後面，多次請求他們等候挑夫、顧僕一起走。每到一座山嶺，就坐下等候很久，等挑夫、顧僕到了，眾僧又往前走，他們二人又是落在後面。我心中惴惴不安，既怕二人長久落在後面，又怕眾僧在前面快步離去，多次在前面挽留僧人，又到後面催促二人，不勝驚恐焦急，更加覺得往上走不到盡頭。從嶺脊走了三里，又從山嶺西邊往上走一里，便登上橫亙的南山的北巔。這山巔和中部突起的尖山南北相對，上面有砌起的石牆橫隔，這是元謀縣的西界，大姚縣的東界，就是武定府、姚安府的分界處。路從它的中間走，登上山巔的最高處，就有盤石在山頂部。於是從南邊橫亙的山巔，往南登上山脊，向東俯視元謀縣，向西俯視爐頭，元謀西界和大姚東界都在腳下分成山塢。往南在山脊上走了二里，往西走下二里，路邊漸漸落成峽谷，石坎接連不斷，還是沒有滴水。沿石坡直往下走了一里，到達峽谷中。峽谷西面又有兩重迴繞的山岡，從東北向西南彎曲。從這裡穿越峽谷盤繞山岡，再翻過兩重山坡，共走了七里，就往西南下嶺。走了一里，才到達山麓。這裡的山塢南北走向，十分開闊，中間有溪水分隔，望見溪水西面有個大村落，這就是爐頭。這時眾僧已餓得厲害，而且天色晚了，急著尋找住處，於是走入東麓下的草屋投宿。

初七日　土人言自爐頭往獨木橋，路止四十里，不及官莊來三之一。余信之。時顧僕奄奄，諸僧先飯而去，余候顧僕同行。是早陰翳如昨，西望爐頭大村❶行。半里，渡一北流溪。又西一里餘，直抵西界山麓。又有一溪頗大，自南峽中來，渡之，北上崖，即爐頭大村也。其溪環村之前，轉而北去。爐頭村聚頗盛，皆瓦屋樓居，與元謀來諸村迥別。其西復有山斜倚，循其東麓西南溯流行，三里，逾一東突之坡，乃南下。半里，涉塢，一里，又南涉坡而上。其坡自西而東突，與北坡東向，環成中塢，溪流北注於前，田塍環錯於內。陟南坡一里，見溪東又盤曲成田，倚東山為塢。由坡西南行一里，下坡，溪自北而南，乃橫涉之。登其西崖，則見所涉之北，其溪復自北來，有支流自北峽來者，小水也。從崖西行，已復逾溪之南岸，溯溪上。溪在北峽，有數家倚其南岡。從其中西行二里，北峽兩崖對竦❷，石突如門。其北崖石半，有流環其腰，土人架木度流，引之南崖，沸流懸度於上，亦奇境也。路循南崖之腰，盤崖西下又半里，則其溪又自南而北，南北俱削崖峙門，東西又危坡夾塹，境奇道險。

渡溪，又西上坡半里，躡坡南，則復逾溪之北崖，溯溪上。西二里，一峰危突溪西，溪身自其南環峽而出，支溪自其北塹壑而下。有岐西渡支溪，直躡西峰者，小路也。自支溪之東崖，陟坡循峽而北入者，大道也。余乃從大道北上坡。半里，由坡峽平行，一里，隨峽折而北，路緣塹，木叢路旁，幽箐深崖，令人有鳥道❸羊腸❹之想。一里餘，峽漸從下而高，路稍由高而下，兩遇之。遂西陟❺峽中細流，復從峽西躡峻西上，即盤而北，乃知是為中懸之岡。其西復有峽流自北來，與所涉之峽流，即會於岡前。緣岡北上一里，左右顧瞰，其下皆峽而流貫其中，斯岡又貫二流之中，始覺西尖之嶺，峰隆泉縮，不若此之隨地逢源也。從岡脊北向，以漸上躋，亦以漸轉西。二里，登岡之首，望其岡，猶自西峰東突而下者。蓋山脊自西南來，至此既穹南山一重，即從其北峽中度而北，再起中峰，又亙為此山一重，即從其北嶺環支而東，又亙為北山一重，恰如「川」字，條支東南走而上者，是其中支也。從岡首又西向平行二里，直抵其西中峰最高之下，乃循其峰之東崖西南上，一里半，是為亂石岡。遂凌其峰之崖，下瞰南峽之底，即其中度處也，峽中之水遂東西分焉。由嶺崖最高處西轉而下，逶迤曲折，下四里，復從岡上西北行，忽見岡左右復成溪而兩夾之，其溪流分大小。

平行岡上二里，即從其端下，西渡大溪。由溪西上坡，稍轉而北，半里，從北峽轉西，遂向西塢入，於是溯西來大溪之北，循北山西行矣。二里半，有村在溪南，倚南山之坡，北山亦至是南突，路遂從所突峽中上，乃踞峽石而飯。又一里，盤其南崖，從崖轉西。又一里，逾其西坳，乃西下坡。半里，抵坡之西麓，其西復開成塢。半里，路循溪北之山，又有村倚溪南之麓，與前倚溪南之坡者，皆所謂「夷村」❻也。西行三里，一溪自南峽來，路亦隨之南轉。稍下，渡西來小水，從南坡西上。二里，逾其坳，西北下一里，下至壑中。其壑南向，而大山環其北，又有小水東南流，當亦下大溪者，而大溪盤其東南峽中，不見也。渡小水，又西上一里，透西坳出，始見西塢大開，大溪貫其中，自西而東，抵所透坳南，破其峽壁東去，其峽逼束甚隘，迴顧不能見。

西下坡，半里，抵塢中。遵溪北塢西行，半里，過一小村。又西一里，忽塢塍間甃甎為衢，半里，繞大村之前，又西半里，抵村側新橋而止，是為大舌甸村❼。其塢夾溪為田，塢環而田甚闢。其村倚山為衢，村巨而家甚古，蓋李氏之世居也。村後一山橫擁於北，又一山三峰遞下，斜突於西南。有小流自其峽中出，由村西而南入大溪，架橋其上，西逾之，遂循斜突南峰下西南行。二里，抵其西垂，則大溪自南直搗其麓，乃逾堰東向。其麓為水所嚙，石崖逼削，幾無置足處。歷堰之西，上流停洄，自南而北，路從其西轉而南入峽。又行南峽一里餘，則有石梁一鞏❽，東西跨溪上，是為獨木橋。路從橋西直南上坡，其逾橋而東者，乃往省大道。是橋昔以獨木為之，今易以石，有碑名之曰「躡雲」，而人呼猶仍其舊焉。橋側有梅一株，枝叢而幹甚古，瓣細而花甚密，綠蒂朱蕾，冰魂❾粉眼❿，恍見吾鄉故人，不若滇省所見，皆帶葉紅花，盡失其「雪滿山中、月明林下」⓫之意也。乃折梅一枝，少憩橋端。仍由其西上南坡，隨坡西轉。蓋是溪又從西塢來，至是北轉而逾石堰，是坡當其轉處，其南又開東西大塢，溪流貫之。路溯溪北崖，循北山西行一里，有聚落倚北山下，是為獨木橋村。有寺當村之中，其門南向。其處村無旅店，有北京僧接眾於中，余乃入宿。

【章　旨】本章記載了第一百八十四天在姚安府的行跡。經過爐頭大村，都是瓦屋樓房。一路翻山涉水，望見在前面石崖半腰，當地人架木引水，崖上流水喧騰，也是一處奇境。再往前從大路上坡，隨峽谷轉去，山路十分曲折險要。登上一座在峽中懸立的山岡，看到這裡到處都是水源，在岡頭望見三重山如同一個「川」字。往前經過亂石岡，峽谷中的水便向東西分流。接著渡過一條大溪，經過「夷村」，往下到山壑中，從坳地穿過，到開闊的山塢，再經過既大又古老的大舌甸村，到獨木橋頭休息。橋頭有一株梅樹，清純潔白，和在雲南其他地方所見的梅樹不同。隨後登上山坡，到獨木橋村的寺廟投宿。

【注　釋】❶爐頭大村　今名新華，又稱爐頭壩，在元謀西境。❷竦　聳立。❸鳥道　言山路險絕，僅通飛鳥。❹羊腸　指崎嶇曲折的山間小路。❺陟　當作「涉」。❻夷村　指少數民族居住的村寨。❼大舌甸村　今名設甸，在大姚東南隅。❽鞏　用同「栱」。建築物立柱與橫梁之間成弓形的承重結構。❾冰魂　以冰為魂。形容梅、蓮等花清白純淨的品質，也借指梅花。❿粉眼　以粉描眼，形容花色潔白。⓫雪滿山中月明林下　明高啟〈梅花〉詩：「雪滿山中高士臥，月明林下美人來。」林下，樹林之下，指幽靜之地。

【語　譯】初七　當地人說，從爐頭去獨木橋，只有四十里路，不到從官莊過來的路程的三分之一。我相信這話。這時顧僕氣息微弱，眾僧先吃了飯就離開，我等候顧僕一起走。這天早晨和昨天一樣陰雲遮蔽空中，向西望著爐頭大村走。過了半里，渡過一條往北流的溪水，又往西走一里多，直到西界的山麓。又有一條很大的溪水，從南面的峽谷中流來，渡過它往北登上山崖，就是爐頭大村。溪水繞過村前，轉向北流去。爐頭村居民很多，都是瓦屋樓房，和從元謀縣一路過來所見的眾多村莊全然不同。村西又斜靠著山，順著山的東麓往西南沿水流上行，走了三里，越過一座向東突起的山坡，便往南下去。走了半里，越過山塢，再走一里，又往南登上山坡。這山坡自西往東突起，向東和北坡相對，中間繞成山塢，溪水往北流到塢前，田埂在塢內環繞交錯。在南坡攀登一里，看見溪水東邊又盤繞成田，靠著東山形成山塢。從山坡往西南走一里，下坡，溪水從北流向南，便橫渡溪水。登上西邊的山崖，就看見所渡過的溪水北面，這溪水又從北面流來，有條從北邊峽谷流來的支流，是小水。從山崖往西走，不久又越過溪水到南岸，沿著水流上行。溪水在北邊的峽谷，有幾戶人家靠著峽谷南邊的山岡居住。從峽谷中往西走二里，北邊峽谷兩旁的山崖對峙高聳，崖石突起如同門戶。北崖的半腰，有水流環繞，當地人架起木槽，將水引到南崖，喧騰的水流在上面懸空過渡，也是一處奇景。路沿著南崖的半腰，盤繞往西又走下半里，只見這條溪水又從南往北流去，南北都是陡峭的山崖對峙如門，東西又是高峻的山坡夾著深溝，環境奇特，道路險要。

渡過溪水，又往西上坡走了半里，踏上山坡南面，就又翻越到溪水北邊的山崖，沿著溪水上行。往西走二里，一座山峰在溪水西邊高高突起，溪水從山峰南面環繞峽谷流出，有一支從山峰北面的溝壑流下。有條岔路往西渡過支流，直登西邊的山峰，是條小路。從溪水支流東邊的山崖，登上山坡，沿著峽谷往北進去的，是條大路。我就從大路往北上坡。走了半里，從山坡峽谷中平步行走，過了一里，隨峽谷轉向北，道路沿著溝壑，路旁樹木叢生，竹林清幽，山谷深遠，令人產生山路險絕，僅能飛鳥可通，崎嶇曲折，如同羊腸的想法。走了一里多，峽谷漸漸從下面向高處延伸，路稍稍從高處往下走，兩相碰到一處。於是往西涉過峽谷中的細流，又從峽谷西邊攀登高峻山路往西走上，隨即盤繞向北，才知道這是峽中懸立的山岡。山岡西面又有峽谷中的水從北面流來，和我所涉過的峽谷中細流，就在山岡前會合。沿著山岡往北走上一里，往下左右觀望，下面都是峽谷，水流貫穿其中，這山岡又橫貫兩條水流中間，方才覺得西邊尖山的山嶺，山峰高聳泉水稀少，不像這裡到處都有水源。從岡脊往北，漸漸向上攀登，也漸漸向西轉。走了二里，登上岡頭，望見這山岡，還是從西面的山峰向東突出往下延伸的部分。原來這山脊從西南延伸過來，到這裡隆起一重南山後，就從它北面的峽谷往北延伸，再聳起中峰，又橫亙成為這一重山，就從它北面的山嶺環繞支脈往東延伸，又橫亙成為一重北山，三重山恰如一個「川」字形，我所攀登的往東南延伸那支山脈，是三重山中間的一支。從岡頭又向西平步行走二里，直到西邊中峰最高處的下方，便沿著中峰東面的山崖往西南上去，走了一里半，這裡是亂石岡。於是登上它的峰崖，往下俯視南邊峽谷的底部，就是山岡從中越過的地方，峽谷中的水便往東西分流。從嶺崖的最高處轉向西走下，山路曲折不斷，走下四里，又從岡上往西北走，忽然看到山岡左右又形成溪流從兩邊夾著山岡，這溪流分成一大一小。

在山岡上平步行走二里，就從山岡的上面走下，往西渡過大溪。從溪水的西邊登上山坡，稍許向北轉，走了半里，從北邊的峽谷轉向西，就向西邊的山塢走進，從這裡沿著從西邊流來的大溪往北上行，沿著北山往西走。過了二里半，有村莊在溪水的南岸，靠著南山的山坡，北山到這裡也向南突出，路就從突出的峽谷中向上，於是坐在峽谷中的岩石上吃飯。又走了一里，盤繞南邊的山崖，從山崖向西轉。又走了一里，越過西邊的山坳，便往西下坡。走了半里，到達山坡的西麓，西面又開出山塢。過了半里，路沿著溪水北邊的山走，又有村莊靠在溪水南邊的山麓，和前面靠在溪水南邊山坡的村莊一樣，都是所謂的「夷村」。往西走了三里，一條溪水從南面的峽谷流來，路也隨它往南轉。稍許往下走，渡過從西面流來的小水，從南邊的山坡往西走上。過了二里，越過山坳，往西北走下一里，往下到山壑中。這壑朝南，大山在它的北面環繞，又有小水往東南流去，應該也是流入大溪的水，但大溪在東南的峽谷盤繞已看不見了。渡過小水，又往西走上一里，穿出西邊的山坳，才看見西面的山塢十分開闊，大溪從山塢中穿過，從西向東流，到所穿過的山坳南邊，沖破峽壁向東流去，這峽谷被山夾束得十分狹窄，回頭望去看不到溪水。

往西下坡，走了半里，到達塢中。沿著溪水北面的山塢往西走了半里，經過一個小村。又往西走一里，忽然山塢的田間有磚砌的街道，過了半里，繞過大村前面，再往西走半里，到村邊的新橋為止，這就是大舌甸村。這山塢在溪水兩岸開墾田地，環繞山塢的田地很多。這村莊靠著山築成街道，村莊很大，家族古老，是李氏世代居住的地方。村後有一座山在北面橫向簇擁，又有一座山三個山峰依次往下延伸，在西南斜向突起。有條小水從這裡的峽谷中流出，從村莊的西邊往南流入大溪，溪上架著橋，往西過橋，就沿著斜向突起的南峰下面往西南走。過了二里，到達南峰的西陲，只見大溪從南面流來，直搗峰麓，於是越過堤壩往東走。峰麓被水流沖刷，石崖狹窄陡峭，幾乎沒有落腳的地方。經過堤壩的西面，上游的水停蓄迴旋，從南往北流，路從水流西邊轉向南進入峽谷。又往南在峽谷中走了一里多，就有一座石橋，東西向架在溪水之上，這是獨木橋。路從橋的西邊直往南登上山坡，過橋而往東的，是去省城的大路。這座橋過去用一棵樹木架起，如今改為石橋，有碑稱橋名為「躡雲」，但人們還是沿用舊名稱呼。橋旁有一株梅樹，枝條成叢，樹幹古老，花瓣細小，花朵密集，綠蒂紅蕾，清純潔白，彷彿見到了我家鄉的舊友，不像在雲南省城所見到的梅樹，都是帶葉的紅花，完全失去了梅花「雪滿山中、月明林下」的意境。於是折下一枝梅花，在橋頭休息片刻。仍然從橋的西邊登上南坡，隨著山坡往西轉。原來這條溪流又從西面的山塢中流來，到這裡往北轉越過石壩，這山坡正當溪流轉折處，在山坡南面又開出東西向的大塢，溪流從中穿過。路從北邊的山崖沿溪水上行，隨著北山往西走了一里，有村莊靠在北山下面，這是獨木橋村。村中有寺廟，寺門朝南，這裡的村莊沒有旅店，有個北京僧人在寺中接待眾人，我便進寺投宿。

初八日　晨起寒甚。顧僕復病，余亦苦於行，止行一里，遂憩水井屯❶寺中。

初九日　出寺，一里半，過□家莊。半里，轉南。半里，倉屯橋。二里半，泗峽口。轉西五里，王家橋。有小水北來。五里，孚眾橋。有西北、西南二小水。西上山，十里至脊。轉南半里，廟山營❷。西下半里，廟前打哨。西下二里，有岐轉北坳。

一里，復西隨平峽北。二里，又西下，二里，至峽底。西平行一里半，復於峽北上。一里，轉北坳而西。又北半里，過一峽脊。又北下半里，又北度一峽底。又西上坡一里，轉而北，又一里，轉而西下，一里，至脊間。又西二里餘，乃下脊。一里餘，抵其北，曰小仡老村。始有田有池。又西四里，抵西山下，有村。轉南一里，西過一小坳。又半里，西南過新壩屯，又西半里，過新壩橋。又西一里，轉而南，二里，盤西山嘴，轉而西北，一里餘，入大姚❸東門。半里，過縣前，又西南至旅肆歇。

【章旨】本章記載了第一百八十五天、第一百八十六天在姚安府的行跡。經過水井屯、泗峽口、廟山營，到峽谷底部，再越過一道峽脊，經過小仡佬村，通過新壩橋，進入大姚城東門。

【注釋】❶水井屯　在大姚東南隅。❷廟山營　在大姚城東南山腰上，以原有關帝廟得名。❸大姚　明代為縣，隸姚安府，即今大姚縣。

【語譯】初八　早晨起身很冷。顧僕又病了，我也苦於趕路，只走了一里，就在水井屯寺中休息。

初九　離開寺廟，走了一里半，經過□家莊。又走了半里，向南轉。再走半里，到倉屯橋。再走二里半，到泗峽口。轉向西走五里，到王家橋。有條小水從北面流來。再走五里，到孚眾橋。有從西北、西南流來的兩條小水。往西上山，走了十里，到達山脊。轉向南走半里，到廟山營。往西走下半里，到廟前打哨。再往西走下二里，有岔路轉向北面的山坳。再走一里，又往西隨著平坦的峽谷往北。再走二里，又往西下去，走了二里，到峽谷底部。往西平步行走一里半，又從峽谷往北上去。走了一里，轉入北邊的山坳往西走。再往北走半里，經過一道峽脊。又往北走下半里，又往北越過一道峽谷底部。再往西上坡一里，轉向北，又走了一里，轉向西下去，走了一里，到峽脊中，再往西走二里多便下脊。走了一里多，到峽脊北面，地名小仡佬村。開始有田，有水池。再往西走四里，到達西山下，有村莊。轉向南走一里，往西穿過一個小山坳。再走半里，往西南經過新壩屯。再往西走半里，通過新壩橋。再往西走一里，轉向南走了二里，繞過西山口，轉向西北，走了一里多，進入大姚縣東門。過了半里，經過縣衙門前。又往西南到旅店留宿。

初十日　早寒甚。出北門，半里，經南門，轉而西南上坡。一里，有橋跨溪上，曰南門橋。志曰承恩。過橋，南上坡，一里，登坡，倚西山南行。三里，其塢自南來，有塔❶在塢東北山上，乃沿西山南下，半里，抵塢底。又半里，見有水貫塢中，石梁跨其上，是名土橋。即姚安水，從西南峽中來，向東北峽去。橋北為大姚，橋南為定遠，蓋以是水為界也。從橋南上坡，有村為定遠屯。入峽漸上，一里，東轉。半里，上坡。半里，由坡南轉，一里，是為賴山哨。於是南下，一里，抵東南坡頭，有岐南行者，為姚安府路，有海子在其東；東行者，為赤草峰路。逾坡東下，一里，為赤草峰北村。由村轉南，溯溪行一里，度橋而南，半里，隨赤草峰街子南行，一里，乃東上山。一里半，逾嶺東南下，其東又有塢自西而北，甚遙。下坡半里，由西山東麓南行。二里，村落傍溪左右，皆為仡老村❷。

此定遠所屬。又東一里半，始傍西水岸南行。半里，東度小橋，遂由東麓南行。二里，至鹿家村❸後，遂東上山。山半有岐，路從岐入峽，半里，渡溪東北上。一里，至妙峰山❹德雲寺❺。寺門西向，南望煙蘿❻，後有夢庵亭，後五里，碧峰庵。

十一日 待師未歸，看藏❼。宗杲慧大師《西方合論》❽。

【章 旨】本章記載了第一百八十七天、第一百八十八天在姚安府的行跡。經過南門，登上山坡，看到山上的白塔。再通過土橋，橋下的水為大姚縣和定遠縣的分界。接著經過定遠屯、賴山哨、赤草峰北村、仡佬村、鹿家村，到妙峰山德雲寺住下，看《西方合論》。

【注 釋】❶有塔 即大姚白塔，因塔身粉白，故名。在大姚城西文筆峰上。此塔屬藏式喇嘛塔，為佛教密宗流傳滇西的遺物，相傳唐天寶年間吐蕃所造。塔高十八公尺，為實心磚塔，分塔座及上、中、下三部分。基座寬闊，腰部秀麗，頂部雄渾，造型特殊，形如磬錘，俗稱磬錘塔。雖經弘治十七年和崇禎九年等幾次大地震，依然巋然峙立。❷仡老村 仡佬人居住的村寨。仡老，即仡佬族，與古代僚人有淵源關係，散居在貴州、廣西、雲南地區。❸鹿家村 今名鹿家屯，在妙峰山麓。❹妙峰山 在大姚南隅，姚安東北境。霞客有〈宿妙峰山〉詩：「路織千山積翠連，窮邊欲盡到天邊。峰留古德雲遠在，界闢諸天月正懸。獅窟吼風隨法鼓，龍泉噴玉護金蓮。我來萬里瞻慈筏，一榻三生豈偶然。」❺德雲寺 在妙峰山，旁有龍湫。明天啟間建，以收藏佛經著稱。❻煙蘿 山名，又名東山，在姚安城東。山西面有武侯塔，相傳諸葛亮曾駐兵於此。山上有東山寺，祀諸葛亮。❼藏 梵語「藏」的原意為盛放東西的竹篋，佛教用以概括全部典籍，義近「全書」，分經、律、論三部分，合稱三藏。明永樂間曾刻印《南藏》和《北藏》。前者收佛典一千六百二十五部，六千三百三十一卷；後者收佛典一千六百五十七部，六千三百六十一卷。❽西方合論 淨土宗「十要」之一，十卷。明袁宏道初從李贄學禪，後覺空談無益，遂歸淨土宗，於萬曆二十七年（一五九九），著《西方合論》，闡述淨土宗教義。此書實際上是彙編佛教諸經和名僧關於淨土宗的語錄。分為十門，構成一個完整的體系，概述西方淨土的要義。關於此書的要旨，序中已有說明：「其論以不思議第一義為宗，以悟為導，以十二時中持佛名號一心不亂、念念相續為行，以六度萬行為助因，以深信因果為入門。」唯此書署名「荷葉庵石頭道人袁宏道」，不知和霞客所閱是否同一種書。杲，疑為「杲」字，同「袓」。

【語譯】初十　早晨很冷，走出北門，過了半里，經過南門，轉向西南上坡。走了一里，有橋架在溪上，名南門橋。志書稱承恩橋。過了橋，往南上坡，走了一里，登上山坡，靠著西山往南走。過了三里，山塢從南面延伸過來，有塔在山塢東北的山上，於是沿著西山往南走下，過了半里，到達塢底。又走了半里，看見有水穿過塢中，石橋橫架水上，名土橋。就是姚安府的水，從西南的峽谷中流來，向東北的峽谷流去。橋北為大姚縣，橋南為定遠縣，以這條水來分界。從橋南上坡，有個村莊名定遠屯。進入峽谷漸漸往上走了一里，往東轉。又走了半里，登上山坡。再走半里，從坡往南轉，走了一里，到賴山哨。從這裡往南走下一里，到達東南坡頭。有往南走的岔路，是去姚安府的路。有湖泊在路的東邊；往東走的岔路，是去赤草峰的路。翻過山坡往東下去，走了一里，到赤草峰北村。從村往南轉，沿著溪水上行一里，過橋往南再走半里，順著赤草峰集市往南走，過了一里，就往東上山。再走一里半，翻過山嶺往東南走下，山嶺東面又有山塢從西往北伸到很遠處。下坡走了半里，從西山的東麓往南，再走二里，有村落靠在溪水的左右兩邊，都是仡佬村。這裡屬定遠縣。又往東走一里半，開始沿著溪水西岸往南走，過了半里，往東通過小橋，就從東麓往南走。再過二里，到鹿家村的背後，便往東上山。半山腰有岔路，從岔路進入峽谷，走了半里，渡過溪水往東北上去。再走一里，到達妙峰山德雲寺。寺門朝西，往南望見煙蘿山，背後有夢庵亭，往後五里，為碧峰庵。

十一日　等候法師，沒有回來，在寺中看佛經。是宗杲慧大師的《西方合論》。

十二日　飯，仍西下山。二里，南行。二里，隨塢西轉。二里，有橋跨溪上，曰梁橋。度其北，即仡老村盡處也，其水自南來入，路從村西上嶺。一里半，逾坳西，行嶺上。半里，有岐從西南下。誤從坡上直西，半里，乃改從岐西南行。半里，漸下轉南，又一里，乃南下，半里，抵峽中。隨峽南去半里，有大路隨東峽來，小水隨之。西半里，入南峽。一里，有池在峽中。又一里半，峽分兩岐，從西南者，倚東嶺平上。一里，南逾坳，由坳轉而西，始見西塢大開。西南有海子頗大，其南有塔倚西山下，是即所謂白塔❶也。乃西南下坡，二里，有村在坡下，曰破寺屯。於是從岐直西小路，一里，渡溪。稍西南半里，有一屯當溪中，山繞其北，其前有止水。由其西坡上南行一里，是為海子北堤。由堤西小路行半里，抵西坡下，是為海口村。轉南隨西山東麓行，名息夷村海子。三里，海子西南盡，有路直抵大山下。半里，為高土官家❷。由其西南入峽中，上坡，一里半，有神廟當坡峽間。又上半里，活佛寺❸臨其後。其西大山名龍鳳山，又名廣木山。寺號龍華，僧號寂空。是日下午，寂空留止後軒東廂。其後有深峽下懸，峽外即危峰高峙。庭中藥欄花砌甚幽。墻外古梅一株，花甚盛，下臨深箐，外映重巒。是夜先訂寂空，明晨欲早行，求為早膳。

白塔尚在寺東南後支岡上。岡東有白塔海子❹，其南西山下，又有陽片海子❺，其東又有子鳩海子❻，府城南又有大壩雙海子❼，與息夷村❽共五海子。

【章　旨】本章記載了第一百八十九天在姚安府的行跡。通過梁橋，到仡佬村的盡頭處。往前看到一個很大的湖泊，湖南西山下有白塔。再經過破寺屯、海口村，到活佛寺住下。庭院中芍藥清幽，牆外有古梅一株。這裡共有五個湖泊。

【注　釋】❶白塔　在姚安城北二十里高陀山，又名高陀山塔。高十五級，相傳為五代後晉天福間建。清乾隆中，因改建觀音閣，發現塔磚，考知建於大理段正興大寶甲戌年（一一五四），現已毀。❷高土官家　在姚安光祿鎮，為滇東高氏世居之地。大理國時，高氏以鎮壓叛亂有功，擴張勢力，實際掌握了大理政權。西元一〇九四年（北宋紹聖元年），高昇泰廢大理國王段正明登王位，改國號為「大中國」，在位二年病死，遺囑「必以國仍還段氏」。段氏雖重登王位，但政權仍掌握在高氏手中，人稱高昇泰之子高泰明為「高國主」。蒙古兵滅大理國後，段氏世襲大理總管，高氏為姚安路土官。明洪武間，沐英奏以土官高保為姚安府同知、高惠為姚安州同知，世襲其職。❸活佛寺　原名臥佛庵，唐天祐間建，在姚安縣光祿鎮西的龍華山，因又名龍華寺。蒙古兵滅大理，相國高泰祥殉國，其女菩提在此出家，不知兄弟所在，於是在寺後手植九粒菩提樹籽，以卜存亡，後樹皆茁壯成長，兄弟九人俱得無恙。其兄高長壽為姚安路總管，改建此寺，更名為活佛寺，僧建菩提像奉之。❹白塔海子　即塔鏡淜。以池水清澈如鏡，姚安白塔倒映其中得名。在姚安城北二十里。❺陽片海子　即陽派河淜、洋派淜。在姚安城西十五里，源出金秀山，會於蜻蛉河。❻子鳩海子　相傳為土官自久所開，又稱自久海子，即烏魯淜，在姚安城東十里。❼大壩雙海子　即大石淜。姚安城西南四十里有蜻蛉河淜，源出三窠山，流至姚安城南，瀦為大石淜，分為東洶溪、西洶溪，引溉郊外田地，又北趨大姚河，匯入金沙江。❽息夷村　息夷村海子，似即小邑淜，在姚安城北二十五里。以上五海子均為古代水利工程。雲南方言稱堰堤為淜。

【語　譯】十二日　吃罷飯，仍然往西下山。走了二里，往南又走二里，沿著山塢往西轉。再走二里，有橋架在溪上，名梁橋。過橋到北邊，就是仡佬村的盡頭處，溪水從南面流來匯入，路從村的西邊上嶺。又走了一里半，越過山坳到西邊，在嶺上行走。再過半里，有條岔路從西南下去。誤從坡上一直往西走，過了半里，才改從岔路往西南走。再過半里，漸漸往下轉向南，又走了一里，才往南走下，過了半里，到達峽谷中。隨峽谷往南走半里，有條大路隨東邊的峽谷過來，路旁伴隨著小水。往西走半里，進入南邊的峽谷。又走了一里，峽谷中有水池。再走一里半，峽谷分出兩條岔路，從西南走的，靠著東嶺平步上去。走了一里，往南越過山坳，從山坳轉向西，才看見西邊的山塢十分開闊。西南有個很大的湖泊，湖的南面有塔靠在西山下，這就是所說的白塔。於是往西南下坡，走了二里，有村莊在山坡下，名破寺屯。到這裡從岔出一直向西的小路走，過了一里，渡過溪水。稍許往西南走半里，有村莊在溪流中間，山在村北環繞，村前有靜止不動的水。從村的西坡上往南走一里，便是湖泊的北堤。從堤西邊的小路走半里，到達西坡下，這就是海口村。轉向南隨著西山的東麓走，到息夷村海子。再走三里，到湖泊的西南盡頭，有路直到大山下。往前半里，到高土官家。從這裡往西南進入峽谷中，登上山坡，走了一里半，有座神廟在山坡峽谷中。又往上走半里，只見活佛寺正對著神廟背後。西邊的大山名龍鳳山，又名廣木山。寺名龍華寺，僧人號寂空。這天下午，寂空留我住在後軒東廂房。屋後有深峽下懸，峽谷外便是高高峙立的陡峰，庭中有芍藥花欄，用磚砌成，十分幽雅。牆外有一株古梅，開花茂盛，下面對著幽深的竹林，外面映襯重重山巒。這天晚上先和寂空約定，明天早晨想一早就動身，請他為我做早飯。

白塔還在寺院東南後面的分支山岡上。山岡東面有白塔海子，它南面的西山下，又有陽片海子，它東面又有子鳩海子，姚安府城南面又有大壩雙海子，和息夷村海子共有五個湖泊。

十三日　昧爽起，飯已久待，遂飯而下山❶。二里，仍出土官家後，遂轉南行。一里，過格香橋，有小水自活佛寺後峽中來者，此峽正與白塔之岡中格❷而對峙。又南二里，有岡自西界東突而出，路盤其東垂，則又一海子匯其東南。從海子北堤東向行，半里，隨堤南轉，一里半，抵海子東南盡處，遂東南行。四里，有岡自西而東突，是為龍岡衛❸。盤岡東皆大聚。半里，過聚東行。一里，復南，二里，曲度乾底。復南二里，則西山一峰復突其南，遂漸抵東山，則南北成兩界焉。又南五里，而入姚安府北門，歇青蓮庵❹。

青蓮碑記曰：「東煙蘿、西金秀❺、南青蛉❻、北曲折❼。」

姚安府南隨峽上一百四十里，鎮南州❽；東逾大山一百四十里，定遠縣；西逾小坡一百二十里，北隨大塢下一百二十里，白鹽井❾。

姚安東西兩界，皆大山夾抱，郡城當其南，西界最闊，直北二十五里，兩界以漸而東，各有支中錯如門戶焉。中有小水，西自鎮南州界北來，至郡北屢堰為湖，下流繞北峽之門而出，所謂青蛉川也。

【章　旨】本章記載了第一百九十天在姚安府的行跡。沿著湖堤走，經過龍岡衛，進入姚安府城北門，到青蓮庵歇腳。府城東西兩邊都是大山，青蛉川流到城北，多次被隔成湖泊。

【注　釋】❶飯已久待二句　上五字原脫，據徐本補。❷格　阻止；限制。❸龍岡衛　今名龍衛，在姚安北境。❹青蓮庵　今名青蓮寺，在姚安東郊。明景泰間建，寺中有愛蓮亭，為名流宴集之所。❺金秀　山名，在姚安城西。山下有泉，流為陽派河。❻青蛉　即蜻蛉河，源出三窠山，流經姚安往北，合大姚河匯入金沙江。❼曲折　似為地名，不詳所指。❽鎮南州　明代隸楚雄府，治所在今雲南南華。❾白鹽井　在大姚西北。相傳南詔時有女在此牧羊，一羝舐土，不肯離開。人掘地得滷泉，因名白羊井，後訛為白鹽井。明代置白鹽井提舉司，轄鹽井九。近代曾設鹽豐縣，今仍稱鹽豐。

【語譯】十三日　拂曉起身，飯已做好，等候了很久，就吃了飯下山。走了二里，仍然從高土官家後面走出，便轉向南行。走了一里，通過格香橋，有小水從活佛寺後的峽谷中流來，這峽谷正好和白塔所在的山岡中間隔開相對峙立。再往南走二里，有山岡從西界往東突出，路盤繞它的東陲，又有一個湖泊匯聚在它的東南。從湖泊的北堤向東，走了半里，隨著湖堤往南轉，走了一里半，到達湖泊東南的盡頭處，便往東南走。過了四里，有山岡從西向東突起，這是龍岡衛。在龍岡東邊環繞的都是大村落。走了半里，經過村落往東，又走了一里，再向南走，又過了二里，繞過乾涸的湖底。再往南走二里，只見西山的一座山峰，又在南面突起，於是漸漸延伸到東山，就形成南北兩界。再往南走五里，進入姚安府城的北門，在青蓮庵歇腳。

青蓮庵中的碑文說：「這裡東邊為煙蘿山，西邊為金秀山，南邊為青蛉川，北邊為曲折□。」在姚安府往南隨著峽谷向上走一百四十里，到鎮南州；往東越過大山走一百四十里，到定遠縣；往西越過小坡走一百二十里，往北隨著大塢走下一百二十里，到白鹽井。

姚安府東西兩邊，都是大山夾抱，府城位於山的南面，西界最為開闊，直往北二十五里，兩界漸漸收束，各有分支山脈錯列如同門戶。中間有條小水，從西面的鎮南州界往北流來，到府城北面，多處被堤隔成湖泊，下游繞過北面的峽口流出，就是所說的青蛉川。

十四日　飯於青蓮。日色已高❶，循城南一里半，為觀音寺。轉北，過西門，共一里，抵舊西門。二里半，抵西麓，是為古寺山❷，以有古寺在山之東半也，即志所稱祥龜寺也。二里，逾頂下，其西環塢北口，則羊片湖❸在焉。西下一里半，行塢中。一里半，有坊當塢中，曰羊片屯❹。西過半里，轉南半里，又西南半里，抵小山之麓。從其南塢，西入一里半，又西上一里半，有岐焉：西北者，入山樵牧者所經；西南盤嶺者，大道也。盤嶺上一里半，逾其頂，是為當波院❺，而實無寺宇，乃南來之脊，北度而東，為古佛寺大山及大姚西界諸山也。於是西南下二里，有小水南流，隨之南入箐。又東一里半，轉而西一里半，峽始開。稍北盤坳一里，復西南下坡。三里，峽中溪自南而北注，有橋跨之。度橋，遂循西山南向溯水行。二里，飯於村家。又南向行二里餘，其峽自西來轉，水亦從之，於是折而入，是名觀音箐❻。箐中止容一水，西溯之入二里，有觀音堂，其前堰水甚泓澈，其側石亦峆岈。又西三里，乃南上山，甚峻。二里，陟其脊，乃東南下。一里，抵峽中，遂循坡西南下，二里，抵聚景橋。橋上有亭，橋下水乃西來小流也。過橋三里，是為彌興❼，居集甚盛。又南半里，轉西，一里餘，有公館神廟在岡上。由其前西南半里，轉而西，於是連逾三坡，下陟三峽，共九里，有村懸西坡上，是為孫家灣，宿。

【章旨】本章記載了第一百九十一天在姚安府的行跡。經過觀音寺、古寺山、羊片屯、當波院，轉入觀音箐，再經過觀音堂、彌興，到孫家灣留宿。

【注釋】❶日色已高　四字原脫，據徐本補。❷古寺山　即祥龜山，又名赤石山，以山形如龜，石皆赤色得名。在姚安城西三里。❸羊片湖　十二日日記作「陽片海子」。❹羊片屯　又名官屯街，因建洋派水庫，原址已淹沒。❺當波院　在姚安西境，以正當洋派溯風波，得名。❻觀音箐　在姚安城西南三十里處，舊有哨所。❼彌興　即今彌興街，在姚安西南境。

【語　譯】十四日　在青蓮庵吃飯。太陽已高高升起，沿著府城往南走一里半，到觀音寺。轉向北，經過西門，共走了一里，到達老西門。又走了二里半，到西邊的山麓，這就是古寺山，因有座古寺在山的東山腰，就是志書所說的祥龜寺。走了二里，翻過山頂下去，在西邊環繞的山塢北口，是羊片湖所在的地方。往西走下一里半，在塢中行走。過了一里半，有牌坊在山塢中，名羊片屯。往西經過屯走半里，轉向南走半里，又往西南走半里，到達一座小山的腳下。從山腳南面的山塢往西走進一里半，再往西走上一里半，有岔路：往西北走的，是進山砍柴放牧的路；往西南盤繞山嶺的，是大路。盤繞山嶺往上走一里半，越過嶺頂，便是當波院，而實際上並沒有寺廟。從南面延伸過來的山脊，到此往北轉向東，便是古佛寺所在的大山和大姚縣西界的眾山。從這裡往西南走下二里，有條小水往南流去，隨著小水往南進入箐谷。又往東走一里半，轉向西走一里半，峽谷才開豁起來。稍許往北盤繞山坳走一里，再往西南下坡。走了三里，峽谷中的溪水從南向北流去，有橋架在溪上。過了橋，便隨著西山往南沿溪水上行。再走二里，在村民的家中吃飯。再往南走二里多，峽谷從西面轉來，水也跟著它轉，從這裡折而進入峽中，地名觀音箐。箐谷中只能容納一條水，往西逆水走進二里，有座觀音堂，堂前堤壩攔住的水，十分清澈，旁邊的岩石也很幽深。再往西走三里，便往南上山，很是陡峻。走了二里，登上山脊，就往東南下山。走了一里，到達峽谷中，便沿著山坡往西南下去，走了二里，到聚景橋。橋上有亭，橋下的水是從西面流來的小溪。過橋走三里，便是彌興，聚居著很多人家。又往南走半里，轉向西再走一里多，有公館和神廟在山岡上。從山岡前面往西南走半里，轉而向西，從這裡起接連翻過三道山坡，往下穿過三座峽谷，共走了九里，有個村莊座落在西邊的山坡上，這就是孫家灣，便在這裡留宿。

十五日　昧爽，飯而行，霜寒殊甚。南上坡，溯小流入五里，盤一坡，坡下有洞甚東，其東北人家，曰尾苴村。稍西轉南，是為龍馬箐。三里，有哨當澗東坡上，是為龍馬哨，有哨無人。山壑幽阻，溪環石隘，樹木深密，一路梅花，幽香時度。又南一里，隨峽轉西一里，有一峽自南來，甚深隘，一峽自西來。仍循北山行西來峽上，一里，出峽，乃成塢焉。西向平下一里，有村當其西，是為大大苴村❶。西行二里，抵西山下，遂西上坡。半里，逾坳，北下陟塢，西北半里，是為小大苴村❷。由其南半里，轉而北上坡，循西峽行二里，下渡澗中小水，即西上嶺，甚峻。三里半，逾嶺頭，西行脊上，或南峽上，又臨北峽，再平再上，三里餘，則盤西嶺之東，北轉二里，逾其脊，此最高處也。東望煙蘿東界尖山在錢章關❸者，隱隱連妙峰，而西界南突之山亦見，惟北望活佛寺大山，反為孫家灣後山所隔，不可見。又西二里，當西突之處，有人守哨焉，是為老虎關哨。稍西下半里，行坡間一里半，是為打金莊牌界。又西一里半，逾坡，又西上一里半，是為絕頂，有公館，東南之峽，至是始窮。其脈自南天中堂❹後，直北分支來，東度老虎關而北。於是西向稍下，半里，度一坡，半里，逾其巔。從巔西行一里，遂西望四十里外，層山一重西繞，又高峰一帶南環者，皆大脊也。其東有小脊二重內隔，外有遠峰二抹西浮，不知為點蒼❺、為雞足也？於是西下，頗坦，五里，下至峽中，是為五里坡。有水自南而北，小石梁跨之。度而西，盤西山南峽入，一里，又躡坡而上，一里，凌其巔。一里半，稍下，平行嶺上。二里餘，西向下。有溪自西南來，北向去，亦石梁跨之，是為普昌河。西上坡半里，為巡司❻。半里，復上一山脊。由脊西行四里，乃下，一里，而抵普淜。

【章　旨】本章記載了第一百九十二天在姚安府的行跡。經過龍馬哨、大小大苴村，越過一道最高的山脊，望見錢章關的尖峰和妙峰山隱約相連。再經過老虎關哨，越過坡頂，遠望二抹山影，不知是點蒼山還是雞足山。接著渡過普昌河，到普淜留宿。

【注　釋】❶大大苴村　今名大苴，又稱上莊房，在姚安西南隅。❷小大苴村　今名小苴，又稱代苴街。和大大苴村隔水相對。❸錢章關　似為箐場關，在姚安城東四十里，舊設巡檢司。❹天申堂　在今南華縣西隅。❺點蒼　山名，見〈滇遊日記八〉三月初九日日記注。❻巡司　指普昌巡檢司。明初於姚州設四巡檢司，東有箐場，西有普昌，南有三窠，西南有普淜。普昌和普淜均在今祥雲縣東隅。

【語　譯】十五日　拂曉，吃了飯出發，霜凍十分寒冷。往南上坡，沿著小溪上行，走進五里，盤繞一道山坡，山坡下面有個很窄的洞，山坡東北有人家居住，名尾苴村。稍許往西又轉向南，便是龍馬箐。走了三里，有哨所在山澗東邊的山坡上，這就是龍馬哨，但有哨所而沒有人。山壑幽深險要，溪流環繞，崖石狹隘，樹木叢生，一路上都是梅花，幽香時時飄來。再往南走一里，隨峽谷轉向西走一里，有一道峽谷從南面過來，十分幽深狹窄，又有一道峽谷從西面過來。仍然沿著北山在從西面過來的峽谷中行走，過了一里，走出峽谷，便是山塢。往西平步走下一里，有村莊在山塢西邊，這就是大大苴村。往西走二里，到達西山下，便往西上坡。走了半里，越過山坳，往北下去穿越山塢，向西北走半里，是小大苴村。從村南走半里，轉向北上坡。沿著西邊的峽谷走二里，往下渡過山澗中的小水，隨即往西登上山嶺，嶺很高峻。走了三里半，越過嶺頭，往西在脊上走，有時從南邊峽谷上去，又到北邊的峽谷，再次平步行走，再次登上山坡，走了三里多，就繞到西嶺的東面，轉向北走二里，越過嶺脊，這是最高的地方。向東望見煙蘿山東界，在錢章關的尖山，隱隱約約和妙峰山相連，而西界向南突起的山也能看到，唯有朝北望去，活佛寺所在的大山，反而被孫家灣背後的山所遮隔，不能看到。又往西走二里，在西界突起山的地方，有人在那裡守哨，這是老虎關哨。稍許往西走下半里，在山坡間走了一里半，便是打金莊牌界。再往西走一里半，越過山坡，再往西走上一里半，便到絕頂，上面有公館，從東南過來的峽谷，到這裡為止。這山脈從南面的天申堂背後，分出支脈直往北延伸，往東越過老虎關向北。從這裡往西稍許走下，過了半里，越過一道山坡，再走半里，越過坡頂。從頂上往西走一里，就向西望見四十里外，一重重層疊的山巒往西繞去，又有一帶高聳山峰往南環繞，都是大山脊。大山脊的東邊，裡面有二重小山脊分隔，外面有兩抹遠峰的青影在西邊浮空，不知道它是點蒼山，還是雞足山？從這裡往西走下，路比較平坦，過了五里，往下到峽谷中，這是五里坡。有水從南往北流，上面架著小石橋。過橋往西走，盤繞西山南面的峽谷進去，過了一里，又登上山坡，走了一里，登臨坡頂。再走一里半，稍許往下，在嶺上平步行走。過了二里多，往西下去，有條溪水從西南流來，向北流去，上面也架著石橋，這是普昌河。往西登上山坡走半里，到巡檢司。再走半里，又登上一道山脊。從山脊往西走四里，於是下山，走了一里，到達普淜。

十六日　由普淜西北行。二里，渡一水，一里，又渡一水，乃西上坡。二里，逾坡上，一里，脊上平行。三里，為金雞廟。又西二里，為界坊，乃姚州、小雲南❶界。又西行嶺上五里，至水盆哨。乃西北稍下，即見南界水亦西流，出鼻窗廠而下元江❷矣。乃隨北山臨南峽西行。二里，山坑南墜峽，路隨西脊過，有村當脊間，是為水盆鋪❸。蓋老龍自西南來，從此脊北度，峙為一峰，其東南又折而南，為水盆鋪，惟中央一綫，南流下元江云。鋪西北上有關帝廟，就而作記，聽顧僕同行李先去。久之，乃隨大道西二里，則嶺北山下，亦下墜成西向之峽。於是循南峽之頂西徑峽北所起尖山❹，是為青山，至是其西橫拖而去。於是循南峽之頂西行。二里，忽見路北墜峽西去，路由其峽南嶺脊行，於是與峽北之尖山，又對峽分流，西注雲南，而北下金沙矣。始知大脊自九鼎❺南下，至洱海衛城南青華洞東度❻，又聳而南為水目山❼；其南又東轉為天華山❽，即雲南川❾南兜❿之山也；從天華東北轉，數起而為沫滂東嶺，又東過公館而度水盆鋪，北聳為青山，其形東突而西垂川中，故自打金莊嶺望之，僅為北尖峰，而至此又橫夾而西。然是山西北二支，皆非大脊也，大脊即從東南水盆哨過脈，遂東南迤邐於天申宮⓫南，又東至沙橋站⓬分脊焉。所過水盆哨、鋪之南間，相去不過二里，忽度其脊南，又度其脊北，至由峽南嶺稍上稍下，西南二里，公館當其頂。又西下西上，再從嶺脊西行八里，脊自西南來，至此稍突而北，乃轉而北緣之。二里，又西南下，始追及前行行李。於是遂出山之西崖，見其西塢大開。於是直下，五里及麓，為沫滂鋪。西截塢八里，有二石梁東西跨，其下皆涸，而川水實由之北注。又西二里，過大水堰塘，堰稍北。復西十里，抵西山下，為小雲南驛⑬，宿。

【章旨】本章記載了第一百九十三天在洱海衛的行跡。經過界坊，便從姚州進入雲南縣地界。又經過水盆哨、水盆鋪，看到有水流入元江。到關帝廟寫日記，隨後沿著南峽的頂部往西走，又見峽谷相對，河水流到雲南川，往北匯入金沙江。方才知道大山脊從九鼎山南下，聳起水目山、天華山、沫滂東嶺和青山。大山脊從水盆哨延伸到天申宮南面，再到沙橋站分出山脊。最後經過沫滂鋪、大水堰塘，到小雲南驛留宿。

【注釋】❶小雲南　明代置雲南縣，隸大理府趙州，治所在今雲南祥雲。❷元江　有兩源：東源名白崖江，出祥雲西北的梁王山；西源名陽江，出巍山西北的花判山。入楚雄境為禮社江。東南流入新平、元江境稱元江。下游入越南稱紅河。❸水盆鋪　在祥雲東境。❹於是循南峽之頂西徑峽北所起尖山　原作「□□□□□□□□□峽北所起尖山」，空九字，據徐本補。❺九鼎　山名，在祥雲城西北二十里。九峰並峙，簇若青蓮。石徑懸空，盤旋上山，香臺古閣，如蜂房聯綴不斷。❻至洱海衛城南青華洞東度　東度，原作「度東」，據徐本改。❼水目山　在祥雲城南二十五里。山上有古剎，山巔有深泉。❽天華山　又名南華山，在祥雲城南四十里。山上有石洞古祠。明嘉靖間修祠，掘得雷斧，大如扇。❾雲南川　川即平川，現通稱為壩子，雲南川即雲南壩子。❿兜　包圍；環繞。⓫天申宮　當為「天申堂」之誤。⓬沙橋站　在南華西境。⓭小雲南驛　今名雲南驛，在祥雲東南四十五里，為交通要道。

【語譯】十六日　從普淜往西北走。過了二里，渡過一條溪水，再走一里，又渡過一條溪水，於是往西登上山坡。走了二里，越過山坡往上，再走一里，在山脊上平步行走。過了三里，到金雞廟。再往西走二里，到界坊，是姚州和小雲南的分界。再往西在嶺上走五里，到水盆哨。於是往西北稍許走下，就看見南界的水也向西流，從鼻窗廠流出而後注入元江。於是隨北山對著南峽往西走。過了二里，山坑往南墜入峽谷，路沿著西脊穿過，山脊中有個村莊，這是水盆鋪。原來山的主脈從西南延伸過來，從這道山脊往北延伸，聳起一座山峰，從它的東南又轉而向南，結成為水盆鋪所在的山，只有中間一條細小的水，往南流到元江。從水盆鋪西北往上走，有座關帝廟，到廟裡寫日記，聽任顧僕和行李先往前走。過了很久，才隨大路往西走二里，只見嶺北的山下，也往下墜成向西延伸的峽谷。從這裡沿著南峽的頂部往西穿過峽谷北面所聳起的尖山，這是青山，到這裡它的西部橫拖過去。從這裡沿著南峽的頂部往西走。過了二里，忽然看見路北下墜的峽谷向西延伸，路從這峽谷南邊的嶺脊走，到這裡和峽谷北邊的尖山，又是峽谷相對，溪水分流，往西注入雲南川，再往北匯入金沙江。方才知道大脊從九鼎山南下，到洱海衛城南面的青華洞向東延伸，又往南聳起水目山；在它南面又往東轉為天華山，便是雲南川南部環繞的山；從天華山往東北轉，多處聳起形成沫滂東嶺，又往東經過公館越過水盆鋪，往北聳起青山，山的形狀東面突出而西面直垂川中，所以從打金莊嶺遠望青山，只是一座北面的尖峰，到這裡又橫夾往西延伸。但這座山西、北兩支，都不是大脊，大脊就是從東南水盆哨過渡的山脈，便往東南曲折連綿地延伸到天中堂的南面，又往東到沙橋站分出支脊。剛才所經過的水盆哨、水盆鋪的南面，其間相隔不過二里，卻一會兒越過山脊的南面，一會兒又越過山脊的北面，直到從峽谷南邊的山嶺，稍上稍下，往西南走了二里，有公館座落在嶺頂。又往西走下又走上，再從嶺脊往西走八里，嶺脊從西南延伸過來，到這裡稍許向北突出，便轉向北沿著它走。再過二里，又往西南走下，才追上走在前面的挑行李的人。於是就從山的西崖走出，望見西面的山塢十分開闊。從這裡直往下走，過了五里，到達山麓，為沫滂鋪。往西橫穿山塢走八里，有兩座東西向的石橋，橋下的水都已乾涸，而雲南川的水實際上就是從橋下往北流去的。又往西走二里，經過大水堰塘，堤在稍北處。再往西走十里，到達西山下，是小雲南驛，便在這裡留宿。

十七日　昧爽飯。詢水目寺在其南，遂由岐隨山之東麓南行，盤入其西南塢中。共五里，有水自山後破峽南出，即洱海衛青海子❶之流也，是為練場村，村在水西。渡橋西，復沿山而南，一里半，為溫泉，其穴西向。待浴婦，經兩時乃浴。仍南沿西麓半里，又盤其山之南塢入，有溪自塢東出，即水目之流也，始見水目山高峙於西。溯水西入，見其西又大開南北之塢，橫截其間。五里，抵西山麓，有村甚大，曰冉家屯。由其後西向上山，於是有溪流夾村矣。西上逾一嶺，二里，稍下，涉一澗。其澗自南而北，溯之南上。山間茶花盛開。又二里餘，為水目寺❷。余誤從其南大路，幾逾嶺，遇樵者，轉而東北下，半里，入玉皇閣。又下，觀倒影。又下，過普賢寺。又下，遇行李於靈光寺，遂置於寺中樓上。慧然。乃西至舊寺訪無住，方在上新建住靜處，不值。舊寺有井，有大香樟，有木犬，有風井，有塔。由其後上無影庵，飯於妙忍老僧靜室。暮過觀音閣，觀〈淵公碑〉，乃天開十六年❸楚州趙祐撰者。

十八日　往無住處。午過❹徽僧戒月靜室飯。下午，觀慧然新樓花卉。

【章旨】本章記載了第一百九十四天、第一百九十五天在洱海衛的行跡。經過練場村，到溫泉沐浴。繞進山塢，才看到水目山高高聳立。再經過冉家屯、水目寺、玉皇閣、普賢寺，到靈光寺住宿，在觀音閣看〈淵公碑〉。

【注釋】❶青海子　今名青海，在祥雲與雲南驛之間。❷水目寺　又名善集寺，在水目山東麓。大理國楊普濟始建，至明洪武間，僧智圓建成。舊有虎窩、風井、黃龍、木犬之異。現存水目塔及塔林等。❸天開十六年　西元一二二〇年。天開，大理國段智祥年號。❹過　探望；拜訪。

【語　譯】十七日　拂曉吃飯。打聽到水目寺在小雲南驛的南面，便從岔路隨著山的東麓往南走，繞進在它西南的山塢中。共走了五里，有水從山後穿過峽谷往南流出，就是洱海衛青海子的水流，這裡是練場村，村在水的西岸。過橋往西走，又沿著山往南，走了一里半，到溫泉，出水的洞口朝西。等沐浴完畢的婦女出來，過了兩個時辰才進去沐浴。仍然往南沿著西邊的山腳走半里，又繞進這山南面的山塢，有條溪水從山塢東邊流出，就是水目山的水流，這才看見水目山在西面高高聳立。沿著溪水往西上行，望見西面又開出南北向的山塢，從塢中橫穿過去，走了五里，到西邊的山麓，有個很大的村莊，名冉家屯。從村的後面往西上山，到這裡有溪水從村的兩旁流過。往西上去，翻過一座山嶺，走了二里，稍許往下，涉過一條澗水。這澗水從南往北流去，沿著它往南上行。山中茶花盛開。又走了二里多，到水目寺。我誤從寺南的大路走，將要越過山嶺，碰到一個砍柴的人，得到指點，才轉向東北下去，走了半里，進入玉皇閣。再往下，觀賞倒影。再往下，經過普賢寺。再往下，在靈光寺看到行李，就放在寺中的樓上。僧名慧然。於是往西到舊寺拜訪無住，他正在上面新修的住靜處，沒碰到。舊寺中有井，有大香樟，有木犬，有風井，有塔。從舊寺後面往上到無影庵，在妙忍老僧的靜室吃飯。傍晚走訪觀音閣，觀看〈淵公碑〉，是天開十六年楚州人趙祐撰寫的。

十八日　去無住那裡，中午拜訪徽州僧人戒月，在他的靜室吃飯。下午，觀賞慧然新樓的花卉。

十九日　早雨雪，無住苦留，因就火偃臥。上午，雨雪倏開，再飯，由山前東北下。五里，下山過一村，北向二里，逾一坡。又二里，過一小海子，其北岡上有數家，曰酒藥村。一里，越之，乃陟塢循東山北向行。五里，即青海子之西南涯也，遂與小雲南來之大道遇。於是由青海子西涯西北行，八里，則南山再突而北，瀕於海，路或盤之，或逾之。又五里，為狗村鋪。坊名瑞禾，館名清華。其處北向洱海衛城八里，西向白崖城站❶四十里。余從西路四里，觀清華洞❷。洞北有路西過嶺，此白崖道；洞南有塢南過脊，此滅渡❸道。余出洞，循西山仍北行。六里，入衛城❹南門，顧僕亦至。出西門，宿。

【章旨】本章記載了第一百九十六天在洱海衛的行跡。經過酒藥村，從青海子的西岸走。又經過狗村鋪，觀看清華洞。出洞往北，進入洱海衛城。

【注釋】❶白崖城站　又作白崖城、白崖堡，在大理東南隅。以石崖嶄絕，其色如雪得名。相傳諸葛亮曾在此建建寧縣。❷清華洞　又作青華洞，在祥雲城西南四里。懸岩滴乳，石穴玲瓏，洞內有光照，可深入十餘里。❸滅渡　當為「迷渡」之誤。明代設迷渡市巡檢司，即今彌渡縣治。❹衛城　即洱海衛城，明代設洱海衛，與雲南縣同治。

【語譯】十九日　早晨下起雨雪，無住苦苦挽留，於是靠近火塘仰臥不起。上午，雨雪忽然停止，天色放晴，吃了中飯，從山前往東北下去。走了五里，下山經過一個村莊。往北走二里，翻過一道山坡，又走了二里，經過一個小湖泊，湖北面的山岡上有幾戶人家，名酒藥村。走了一里，翻過山岡，便穿過山塢沿著東山往北走。過了五里，就是青海子的西南岸了。於是和從小雲南驛過來的大路相遇。到這裡從青海子的西岸往西北走，過了八里，只見南山又向北突起，臨近青海子，路有時盤繞南山，有時越過南山。再走五里，到狗村鋪，牌坊名瑞禾，公館名清華。這裡往北離洱海衛城八里，往西離白崖城站四十里。我從往西的路走四里，觀看清華洞。洞的北邊有路往西越過山嶺，是去白崖的路；洞的南邊有個山塢往南越過山脊，是去迷渡的路。我走出洞，沿著西山仍然往北走，過了六里，進入洱海衛城南門，顧僕也來到。走出西門，在那裡留宿。

二十日　飯而行，猶寒甚，而天復霽。由西門北向，循西山行五里，抵一村，其北有水自西峽出，遂隨之入。一里餘，稍陟坡。一里餘，有村在澗西，曰四平坡。北轉五里，渡溪橋，又北上三里，為九鼎山寺❶。又二里，陟其巔，飯。下午，從東北下，三里，過北溪橋，仍合大路，循幕山❷西麓西北溯流入。五里，梁王村❸。北八里，松子哨。行半里，溪西去，路北上，半里，逾嶺。又東北下者五里，則溪復自西來，又有一小溪自幕山北麓來與之合。乃涉其交會處，是為雲、賓之界。又東二里，為自北關，已暮。又東二里半，渡澗橋之北。又東半里，轉北一里半，為山岡鋪❹，宿。

【章　旨】本章記載了第一百九十七天從洱海衛到大理府的行跡。經過四平坡、九鼎山寺，沿著幕山西麓走。又經過梁王村、松子哨，進入賓川州界。再經過自北關，到山岡鋪留宿。

【注　釋】❶九鼎山寺　又作九鼎寺，在九鼎山，原有層樓飛閣，堪稱勝地。❷幕山　似為帽山，在祥雲北境，與九鼎山相望。❸梁王村　今名梁王山，在祥雲西北隅。❹山岡鋪　在賓川縣南隅。

【語　譯】二十日　吃了飯出發，天氣仍十分寒冷，但天色又開始放晴。從西門朝北，沿著西山走五里，到一個村莊，村的北邊有水從西面的峽谷流出，就隨著它進入峽谷。走了一里多，稍許登上山坡。又走了一里多，有村莊在澗水西邊，名四平坡。轉向北走五里，通過溪橋，再往北走上三里，到九鼎山寺。再走二里，登上山頂，吃飯。下午，從東北下山，走了三里，通過北溪橋，仍然和大路會合，順著幕山西麓往西北沿水上行進去。走了五里，到梁王村。往北走八里，到松子哨。再走半里，溪水向西流去，路往北走上，過了半里，越過山嶺。再往東北走下五里，只見溪水又從西面流來，還有一條小溪從幕山北麓流來和它匯合，於是涉過兩條溪水的交會處，這是雲南縣和賓川州的分界。再往東走二里，到自北關，已是傍晚。再往東走二里半，通過澗橋到北岸。再往東走半里，轉向北走一里半，到山岡鋪，便在這裡留宿。

二十一日　平明，行大塢中。北向十里，其西為賓居❶。又北五里，有小水出田間。又北三里，有澗自西峽出，隨之北二里，為火頭基。西北連渡二溪，又北五里，總府莊。又北三里，賓川州❷在東坡上，東倚大山，西臨溪流，然去溪尚里許。其濱溪東岸者，曰大羅城❸。今行李先去，余草記西崖上。望州北有岡自東界突而西，其北又有岡自西界突而東，交錯於塢中，為州下流之鑰，溪至是始曲折瀠之，始得見其形焉。又北三里半，逾東突之岡，則見有村當其北麓，是名紅帽村。溪自東南瀠東突之岡，西轉而瀠於村之前，其前又開大塢北去。仍循西山北行，五里，漸轉而西，於是岐分為二：東北隨流遵大塢直去者，由牛井街通浪滄衛❹道；西北從小塢逾嶺者，由江果往雞足道。余初由山岡鋪北望，以為東界大山之北嶺即雞足，而川中之水，當西轉出瀾滄江。至是始知賓川之流❺，乃北出金沙江，所云浪滄衛而非瀾滄江也。其東界大山，乃自梁王山❻北轉，夾賓川之東，而北抵金沙，非大脊也。從小塢西二里，逾西界之脊，始見雞足在西，其高與東界並，然東界尤屏亙，與雷應同橫穹半壁云。從脊上南望，其南五德山❼橫亙天南，即前洱海衛所望九鼎西高擁之山，其上有雪處也，至是又東西橫峙。其東又聳幕山，所謂梁王山也。二山中坳稍低，即松子哨度脊而北處也。從嶺西行三里，稍北下，有溪自西而東，注於賓川大溪，架梁其上，覆以亭，是為江果村❽，在溪北岸，其流與火頭基等。時日甫下午，前向東洞尚三十五里，中無託宿，遂止。

【章　旨】本章記載了第一百九十八天在大理府的行跡。經過賓居、火頭基，到總府莊。賓川州城在東面的山坡上，大羅城在溪水東岸。接著經過紅帽村，往前方知賓川的水流，向北流出金沙江。東界的大山從梁王山往北轉。翻過西界的山脊，才看到雞足山和雷應山同樣橫向隆起，南面五德山上有積雪，東面聳起幕山。下午到江果村留宿。

【注　釋】❶賓居　明代設賓居巡檢司，在賓川南境。❷賓川州　明代隸大理府，治所在今賓川州城。❸大羅城　明代有大羅衛，在賓川州城東鍾英山下，弘治六年與賓川州同置。❹浪滄衛　當為「瀾滄衛」，下同。明代設瀾滄衛，與北勝州同治，在今永勝縣。❺賓川之流 即桑園河，又稱賓居河。北流經州城，匯入金沙江。❻梁王山 又名寶泉山，在祥雲北境。山上有元梁王行宮遺址。❼五德山 似為「五福山」之誤。五福山，又名烏龍山，在賓川西南境。山上多奇石，有觀音古洞。明代巡撫鄒應龍曾在山上建塔。❽江果村 今名江股，分大、小二村，在牛井街稍南，在溪北岸的為小江股。

【語　譯】二十一日　天剛亮，在大山塢中行走。朝北走了十里，路的西面為賓居。又往北走了五里，有條小水從田間流出。再北走了三里，有澗水從西邊的峽谷流出，隨著澗水往北走二里，到火頭基。往西北接連渡過兩條溪水，又往北走五里，到總府莊。再往北走三里，賓川州城在東邊的山坡上，東面靠著大山，西面對著溪流，但離溪水還有一里左右。臨近溪水東岸的是大羅城。叫挑行李的人先走，我在西崖上寫日記草稿。望見州城北面有山岡從東邊往西突起，山岡北面又有山岡從西邊向東突起，在山塢中交錯，為賓川州溪水下游的關口，溪水流到這裡才曲折迴繞山岡，才能看到它的形狀。又往北走三里半，越過向東突起的山岡，就看到有村莊在山岡的北麓，地名紅帽村。溪流從東南迴繞向東突起的山岡，轉向西在村前迴繞，前面又開出向北延伸的大山塢。仍然沿著西山往北走，過了五里，漸漸轉向西走，從這裡分出兩條岔路：往東北隨水流沿著大山塢直往前走的，是從牛井街通向瀾滄衛的路；往西北從小山塢翻過山嶺的，是從江果村去雞足山的路。我原先從山岡鋪朝北望去，以為東界大山的北嶺就是雞足山，而川中的水，應當轉向西流出瀾滄江。到這裡才知道賓川州的水流，是往北流出金沙江，所說的是瀾滄衛並不是瀾滄江。東界的大山，是從梁王山往北轉，夾住賓川州的東面，往北延伸到金沙江，並不是大山脊。從小山塢往西走了二里，越過西界的山脊，才看到雞足山在西面，高度和東界的大山相等，但東界大山更像屏障那樣橫亙，和雷應山同樣橫向隆起半壁。從山脊上朝南望去，南面五德山橫亙南方天際，這就是先前在洱海衛所望見的九鼎山西面高高簇擁的山，山上有積雪的地方，到這裡又自東往西橫亙峙立。在它東面又聳起幕山，就是所說的梁王山。兩山中間稍低的山坳，就是從松子哨越過山脊往北的地方。從嶺上往西走三里，稍許往北走下，有條溪水從西往東流，注入賓川大溪，溪上架著橋，橋上蓋著亭子，這裡就是江果村，村在溪水北岸，水流和火頭基的水相仿。這時才過下午，往前去東洞還有三十五里，途中沒有投宿的地方，於是在這裡止步。

二十二日　昧爽，由江果村飯，溯溪北岸西行。其溪從西峽中來，乃出於雞山南支之外，五福之北者，洱海❶東山之流也。四里，登嶺而北，寒風刺骨，幸旭日將升，惟恐其遲。盤嶺而北一里半，見嶺北又開東西塢，有水從其中自西而東，注於賓川大溪，即從牛井街❷出者。此塢名牛井，有上下諸村，其水自雞足峽中來，所謂盒子孔之下流也。於是西向漸下，一里半而抵塢中。又西一里，過塢中村後，有坊曰「金牛溢井」❸，標勝也。土人指溪北岡頭，有井在石穴間，云是昔年牛從井出處也。又西二里，復逾岡陟峽。蓋其山皆自南突北，溯溪而止，溪東流縈之，一開而為煉洞❹，再開而為牛井，此其中突而界之者。盤峽而上，迤邐西北，再平再上，五里，越嶺而復得塢。稍下一里半，有坊在坡，曰「廣甸❺流芳」。又一里半，復過一村後，此亦煉洞最東南村也。又北二里，有村夾道，有公館在村頭，東北俯溪，是為煉洞之中村。其北二里，復上嶺。二里，越之而北，有坊曰「煉法龍潭」，始知其地有蟄龍，有煉師，此煉洞所由名也。又北二里，村聚高懸，中有水一池，池西有亭覆井，即所謂龍潭也，深四、五丈，大亦如之，不溢不涸，前瀕於塘。土人浣於塘而汲於井。此雞山外壑也，登山者至是，以為入山之始焉。其村有親迎者，鼓吹填街，余不顧而過。

遂西北登嶺，五里，有庵當嶺，是為茶庵。又西北上一里半，路分為二：一由嶺直西，為海東道；一循峽直北，為雞山道。遂北循之，稍下三里而問飯，發筐中無有，蓋為居停❻所留也。又北下一里，有溪自西南峽中出，其峽迴合甚窅，蓋雞足南峽之山所洩餘波也。有橋亭跨兩崖間，越其西。又北上逾嶺，一里，有哨兵守嶺間。又北一里，中壑稍開，是為拈花寺，寺東北向。余餒甚，入索飯於僧。隨寺北西轉，三里，逾岡之脊，是為見佛臺。由此西北下一里，又涉一北下之峽，又西逾一北下之脊，始見脊西有塢北墜，塢北始逼雞山之麓。蓋雞山自西北突而東南，塢界其中，至此塢轉東北峽，路盤其東南支，乃谷之綰會處也。西一里，見有坊當道左，跨南山側，知其內有奧異。訊之牧者，曰：「其上有白石崖，須東南逾坡一里乃得。」余乃令行李從大道先向雞山，獨返步尋之。曲折東南上，果一里得危崖於松箐之間。崖間有洞，洞前有佛宇，門北向，鑰不得入。乃從其西逾塹徑之棘以入，遍游洞閣中。又攀其西崖，探閣外之洞，見其前可以透植木而出，乃從之下，一里，仍至大路。又西北二里，下至塢中，渡溪，是為洗心橋。雞山南峽之水，西自桃花箐，南自盒子孔出者，皆由此而東出峽，東南由煉洞、牛井而合於賓川者也。溪北雞山之麓，有村頗盛，北倚於山，是為沙址村❼，此雞山之南麓也。於是始迫雞山❽，有上無下矣。

從村後西循山麓，轉而北入峽中，緣中條而上一里，大坊跨路，為「靈山一會坊❾」，乃按君宋所建者。於是岡兩旁皆澗水泠泠❿，喬松落落⓫。北上盤岡二里，有岐，東北者隨峽，西北者逾嶺。逾嶺者，西峽上二里有瀑布；隨峽者，東峽上二里有龍潭；瀑之北即為大覺⓬，潭之北即為悉檀。余先皆不知之，見東峽有龍潭坊，遂從之。盤磴數十折而上，覺深窅險峻，然不見所謂龍潭也。逾一板橋，見塢北有寺，詢之，知其內為悉檀，前即龍潭，今為壑矣。時余期行李往大覺，遂西三里，過西竺、龍華，而入宿於大覺。

【章　旨】本章記載了第一百九十九天從大理府前往雞足山的行跡。經過牛井街，山塢中有牌坊名「金牛溢井」。接著到煉洞，也是一處山塢，有牌坊名「廣甸流芳」、「煉法龍潭」。龍潭為村中的一個水池，在雞足山外面的山壑，是開始進入雞足山的地方。又經過茶庵，沿峽谷往北去雞足山。再經過拈花寺、見佛臺，發現白石崖，崖間有洞，洞前有佛寺。回到大路上，通過洗心橋，經過沙址村，開始逼近雞足山，路便有上無下了。往前看到「靈山一會坊」、龍潭坊，地勢幽深險峻，再經過悉檀寺、西竺寺、龍華寺，到大覺寺留宿。

【注　釋】❶洱海　見〈滇遊日記八〉三月十一日日記注。❷牛井街　現為賓川縣治。❸金牛溢井　即金牛井，在賓川西北境，深不可測，舊稱水通洱河。❹煉洞　在賓川西北境，為通往雞足山的必經之地。❺甸　元代雲南的地方行政單位名，後常為地名用字。❻居停　居留、歇足處。❼沙址村　在賓川西北隅，雞足山南麓入山處。❽雞山　即雞足山，在賓川城西北六十里。山背西北面東南，中聳平頂，前伸三支（峰），後出一趾（嶺），形如雞足，因而得名。又因峰巒聚簇，盤曲九折，稱九曲巖。山勢雄偉，氣勢磅礴，全山南北十五里，東西三十里，左靠金沙江，右臨洱海，與點蒼山遙遙相望，千巖競起，百澗爭流。山上多奇花異草，古木參天，如悉檀寺有已過六百年的空心樹，華嚴寺有雲南最高的柳杉、明代所栽的茶花等。雞足山為佛教名山，廟宇始建於蜀漢，盛於明、清，康熙年間有寺庵百餘座，僧人五千餘，前人有詩云：「琳宮紺宇不知數，浮屠寶劍淩蒼蒼。」近時遭到嚴重破壞，現存清代建築祝聖寺、金頂寺及一九二七年重建的楞嚴塔。祝聖寺為雞足山佛教建築中心，大殿前原立有三千多斤重的古銅大鼎。❾靈山一會坊　為入雞足山門戶，左書「雲路初登」，右書「靈山一會」。過坊沿溪行走，經過九品石，通過石梁橋，再過大士閣，便到山上現存最完好的祝聖寺。途中叢林中飛瀑奔瀉，聲如雷鳴，甚為壯觀。❿泠泠　形容清涼。⓫落落　形容高超不凡。⓬大覺　寺名，萬曆間用周禪師建。時長安無心禪師奉密旨，攜華嚴寺《大藏經》至此，用周因請無心住持此寺。寺周圍松柏成蔭，環境極為清幽。方丈前原有小池，篆煙泉從地噴出，如煙一縷，高達丈餘，裊裊拂松枝，隨即如雨落下，故又名雨花，清人王昶謂此泉勝過濟南趵突泉。

【語　譯】二十二日　拂曉，在江果村吃飯，沿著溪水北岸往西上行。溪水從西面的峽谷中流來，便從雞足山南支外流出，在五福山北面的，是洱海東山的水流。走了四里，登上山嶺往北，寒風刺骨，幸虧太陽即將升起，唯恐它遲遲不出。盤繞山嶺往北走一里半，看到山嶺北面又開出東西向的山塢，有水在塢中從西向東流去，注入賓川大溪，就是從牛井街流出的水。這山塢名牛井，有上下各村，塢中的水從雞足山峽谷中流來，是所說的盒子孔的下游。從這裡往西漸漸走下，過了一里半，到達塢中。又往西走一里，經過塢中的村莊背後，有塊牌坊寫著「金牛溢井」，標明是處名勝。當地人指著溪北的岡頭，說石穴中有井，據說是當年牛從井中走出的地方。再往西走二里，又翻過山岡，穿過峽谷。原來這裡的山都是從南往北突出，到臨近溪邊為止，溪水往東迴繞著山流，先開出的山塢為煉洞，再開出的山塢為牛井，這山岡是在山塢中間突起成為分界的。盤繞峽谷往上，曲折連綿向西北而去，再次平步行走，再次登上山坡，走了五里，越過山嶺就又到了山塢。稍許往下走一里半，坡上有塊牌坊，名「廣甸流芳」。又走了一里半，再從一個村莊後面經過，這也是煉洞最東南的村莊。再往北走二里，有村莊在路的兩旁，有公館在村頭，向東北俯對溪流，這是煉洞的中村。往村北走二里，又登上山嶺。走了二里，越過山嶺往北，有塊牌坊名「煉法龍潭」，才知道這裡有潛伏的蛟龍，有修煉的法師，這是煉洞得名的由來。再往北走二里，村莊座落在高處，中間有一池水，池西有亭覆蓋著井，就是所說的龍潭，有四、五丈深，寬也如此，既不溢出，也不乾涸，前面臨近水塘。當地人在塘中洗滌而從井中汲水。這是雞足山外面的山壑，登山人到這裡，作為進山的開始。這時村內有迎親的，滿街都是擊鼓奏樂的人，我不去觀看走了過去。

於是往西北登上山嶺，走了五里，有庵在嶺上，這是茶庵。又往西北走上一里半，路分兩條：一條從嶺上直往西走，是去洱海東部的路；一條沿著峽谷直往北走，是去雞足山的路。於是往北沿著峽谷走，稍許走下三里去找飯吃，打開筐中什麼也沒有，大概被寄宿家的主人拿去了。再往北走下一里，有溪水從西南的峽谷中流出，這峽谷環抱十分深遠，是雞足山南面峽中的山所洩出的水的餘波。有橋亭架在兩座山崖之間。過橋到西崖，又北上翻過山嶺，走了一里，有哨兵在嶺間守衛。再往北走一里，中壑稍許開闊，是拈花寺所在的地方，寺面向東北。我餓得厲害，進入寺內向僧人要飯吃。沿著寺的北邊往西轉，走了三里，越過岡脊，便是見佛臺。從這裡往西北走下一里，又穿過一道往北延伸的峽谷，再往西越過一道往北延伸的山脊，才看見山脊西面有往北下墜的山塢，山塢北邊開始靠近雞足山的山麓。原來雞足山從西北向東南突起，山塢隔在中間，到這裡山塢轉向東北的峽谷，路繞著它東南的支脈，是山谷貫聯交會的地方。往西走一里，看到路的左邊有牌坊，跨在南山的側面，知道裡面深奧有奇境。向放牧的人打聽，答道：「牌坊的上面有白石崖，必須往東南翻過山坡走一里才能看到。」我就叫挑行李的人從大路先去雞足山，獨自返回尋找。曲曲折折往東南上去，走了一里，果然看到一座懸崖在松樹竹林之間。崖中有洞，洞前有佛寺，寺門朝北，鎖著不能進去。於是從它西邊越過堵塞道路的荊棘進去，在山洞樓閣中到處遊覽。又攀登西邊的山崖，探訪樓閣外面的洞，看到前面可以從栽植的樹木中穿出，便從那裡下去，走了一里，仍然來到大路。又往西北走了二里，往下到山塢中，渡過溪水，便是洗心橋，雞足山南邊峽谷中的水，從西面的桃花箐、南面的盒子孔流出的，都從這裡向東流出峽谷，往東南經過煉洞、牛井而後匯入賓川。在溪水北邊雞足山的山麓，有個很大的村莊，北面背靠著山，名沙址村，這裡是雞足山的南麓。從這裡開始逼近雞足山，路便有上無下了。

從村後沿著山麓往西，轉向北進入峽谷，隨著中間的一支山脈往上走一里，有大牌坊橫跨路旁，名「靈山一會坊」，是巡按宋君所建立的。從這裡開始山岡兩旁都是清涼的澗水、高大的松樹。往北盤繞山岡走上二里，有岔路，往東北的隨峽谷走，往西北的越過山嶺。越過山嶺的路，往西邊的峽谷走上二里有瀑布；隨峽谷走的路，往東邊的峽谷走上二里有龍潭；瀑布的北面就是大覺寺，龍潭的北面就是悉檀寺。我先前都不知道這些情況，看到東邊的峽谷有龍潭的牌坊，就從這條路走。盤繞石階曲折往上數十級，覺得地勢幽深險峻，但沒看到所謂的龍潭。走過一座板橋，看見山塢北邊有寺廟，打聽後知道裡面是悉檀寺，寺的前面就是龍潭，如今已成溝壑了。當時我已和挑行李的人約好去大覺寺，便往西走三里，經過西竺寺、龍華寺，而後走入大覺寺留宿。

二十三日　飯於大覺，即東過悉檀❶。悉檀為雞山最東叢林❷，後倚九重崖❸，前臨黑龍潭，而前則迴龍兩層環之。先是，省中諸君或稱息潭，或稱雪潭，至是而後知其皆非也。弘辨、安仁❹二師迎飯於方丈，即請移館。余以大覺遍周❺以足疾期晤，於是欲少須之，乃還過大覺。西上一里，入寂光寺❻。住持者❼留點。此中諸大剎，惟此七佛殿左右兩旁俱闢禪堂方丈，與大覺、悉檀並麗。又稍西半里，為水月、積行二庵，皆其師用周所遺也。

二十四日　入晤遍周。方留款❽而弘辨、安仁來顧，即懇移寓。遂同過其寺，以靜聞骨懸之寺中古梅間而入。問仙陀、純白何在，則方監建塔基在其上也。先是余在唐大來處遇二僧，即殷然❾以瘞骨事相訂。及入山，見兩山排闥，東為水口，而獨無一塔，為山中欠事。至是知仙陀督塔工，而未知建於何所。弘辨指其處，正在迴龍環顧間，與余意合。飯後，遂東南二里，登塔基，晤仙陀。

【章　旨】本章記載了第二百天、第二百零一天在雞足山的行跡。先到雞足山最東邊的悉檀寺，見到弘辨、安仁兩位法師。接著去寂光寺，和大覺寺、悉檀寺同樣華麗。附近有水月、積行二庵。次日進大覺寺和遍周法師會面。隨後帶著靜聞的遺骨去悉檀寺，得知仙陀、純白正在監督建造塔基。

【注　釋】❶悉檀　寺名，明萬曆間本無禪師建，在祝聖寺東面三里的滿月山下、大龍潭上，為雞足山最東的叢林。天啟間敕頒「祝國悉檀禪寺」，在祝聖寺未建之前，為一山之冠。大殿上所供佛像及羅漢像，全用黃金鑄造，大殿後的崇階上，也用黃銅鑄南海普陀山全景。寺中原藏有萬曆御賜〈西方極樂圖〉等字畫，現已不知去向。原法雲閣中藏有天啟間御賜《大藏經》。徐霞客修《雞足山志》，就住在這寺中。❷叢林　佛教多數僧徒聚居的場所，如樹叢相聚成林，後用以泛稱寺院。❸九重崖　在雞足山東端，因峰巒攢簇，狀如蓮花，九折而上，故名。❹弘辨安仁　悉檀寺本無禪師後嗣，徐霞客離開江陰，開始西遊時，陳繼儒曾為他寫信給這二位僧人。❺遍周　大覺寺住持。❻寂光寺　明嘉靖間高僧定堂禪師建。❼住持者　指克心禪師。❽款　款待。❾殷然　形容懇切。

【語　譯】二十三日　在大覺寺吃了飯，就往東去悉檀寺。悉檀寺是雞足山最東的寺院，背靠九重崖，前臨黑龍潭，而前面則有兩層山嶺環繞著它。在此之前，省城的各位朋友有的稱它為息潭，有的稱它為雪潭，到了這裡之後，才知道都說錯了。弘辨、安仁兩位法師把我接到方丈吃飯，隨即請我遷移住處。我因為大覺寺的遍周禪師腳有疾病約我去見面，於是想稍許等待一下，就返回大覺寺。往西走上一里，進入寂光寺。住持留我吃點心。這裡的各大寺廟，只有這寺的七佛殿左右兩旁都開闢禪堂方丈，和大覺寺、悉檀寺同樣華麗。又稍許往西走半里，到水月、積行二庵，都是他們的師傅用周法師所遺留下來的。

二十四日　進入大覺寺和遍周會面，遍周正殷勤接待我，而弘辨、安仁來訪，就懇請我遷移住處。於是和他們一起去悉檀寺，把靜聞的遺骨懸掛在寺中的古梅間後進去。打聽仙陀、純白在哪裡，得知他們正在上面監督建造塔基。先前我在唐大來處曾遇見這兩位僧人，當時就懇切地和他們約好埋葬靜聞遺骨的事。等進入雞足山，看到兩邊的山相對像推開的門戶，東邊是水口，卻唯獨沒有一座塔，成為山中的欠缺。到這裡知道仙陀監督建塔的事，但不知道塔建在哪裡。弘辨指示建塔處，正在山嶺環繞指顧之間，和我的心意相合。吃過飯，就往東南走二里，登上塔基，和仙陀會面。

二十五日　自悉檀北上，經無息、無我二庵。一里，過大乘庵，有小水二派：一自幻住東，一自蘭陀東，俱南向而會於此，為悉檀西派者也。從二水之中躡坡上二里餘，東為幻住❶，今為福寧寺❷，西岡為蘭陀❸。幻住東水，即野愚師靜室東峽所下，與九重崖為界者。幻住西水，即與艮一❹蘭陀寺夾塢之水，上自莘野靜室，發源於念佛堂，而為獅子林中峽之水也。循東岡幻住旁北向，一里，而得一靜室，即天香❺者。時中無人，入訊莘野廬。小沙彌❻指在盤崖杳藹間，當危崖之西。乃從其後躡崖上，穿林轉磴，俱在深翠中，蓋其地無喬松，惟雜木繽紛，而疊路其間，又一景矣。數十曲，幾一里，東躡岡，即野愚廬；西緣崖度峽，即莘野盧道。於是西向傍崖，橫陟半里，有一靜室高懸峽中，戶扃莫入，是為悉檀寺庫頭所結。由其前西下蘭陀寺，躡其後而上，又半里，而得莘野靜室。時知莘野在牟尼山，而其父沈翁在室。及至，而其門又扃，知翁別有所過，莫可問。遂從其左上，又得一靜室。主僧亦出，有徒在，詢之，則其師為蘭宗也。又問：「沈翁何在？」曰：「在伊室。」問：「室何扃？」曰：「偶出，當亦不遠。」余欲還，以省中所寄書畀之。其徒曰：「恐再下無覓處，不若留此代致也。」從之。又從左峽過珠簾、翠壁⑦，躡臺入一室，則影空所棲也。影空不在，乃從其左橫轉而東，一里，入野愚靜室，所謂大靜室也。有堂三楹橫其前，下臨絕壁。其堂窗櫺疎朗，如浮坐雲端，可稱幽爽。室中諸老宿⑧具在，野愚⑨出迎。余入詢，則蘭宗⑩、影空及羅漢壁慧心諸靜侶⑪也。是日野愚設供招諸靜侶，遂留余飯。飯後，見余攜書篋，因取篋中書各傳觀之。蘭宗獨津津不置，蓋曾雲游過吾地，而潛心文教⑫者。

既乃取道由林中西向羅漢壁⑬，從念佛堂下過，林翳不知，竟平行而西。共一里半，有龕在磐石上，入問道。從其西南半里，逾一突嘴，即所謂望臺也。此支下墜，即結為大覺寺者。望臺之西，山勢內遜，下圍成峽，而旃檀林之靜室⑭

倚之。峽西又有脈一支，自山尖前拖而下，是為旃檀嶺，即西與羅漢壁分界者。是脈下墜，即為中支，而寂光、首傳寺倚之，前度息陰軒，東轉而盡於大士閣者也。由望臺平行而西，又二里半而過此嶺。嶺之西石崖漸出，高擁於後。乃折而北上，半里，得碧雲寺。寺乃北京師諸徒所建，香火雜沓，以慕師而來者眾也。師所栖真武閣，尚在後崖懸嵌處。乃從寺後取道，宛轉上之，半里，入閣，參叩男女滿閣中而不見師。余見閣東有臺頗幽，獨探之。一老僧方濯足其上，余心知為師也，拱而待之。師即躍而起，把臂呼：「同聲相應，同氣相求[15]。」且詮解之。手持二襪未穿，且指其胸曰：「余為此中忙甚，襪垢二十年未滌。」方持襪示余，而男婦聞聲湧至，膜拜[16]不休，臺小莫容，則分番迭換。師與語，言人人殊，及念佛修果，娓娓不竭。時以道遠，余先辭出。見崖後有路可躡，復攀援其上，轉而東，得一峽上緣，有龕可坐，梯險登之。復下碧雲庵。適慧心在，以返悉檀路遙，留余宿，主寺者以無被難之，蓋其地高寒也。余乃亟下，南向二里，過白雲寺，已暮色欲合。從其北傍中支腋行，路漸平而闊。二里，過首傳寺，暗中不能物色。又東南一里餘，過寂光。一里，過大覺。又東一里，過西竺[17]，與大道別，行松林間，茫不可見。又二里，過悉檀前，幾從龍潭外下，回見燈影，乃轉覓。抵其門。則前十方堂已早閉不肯啟，叩左側門，乃得入宿焉。

【章　旨】本章記載了第二百零二天在雞足山的行跡。自悉檀寺出發，經過無息庵、無我庵、大乘庵，從幻住庵旁沿著山岡走，先後到天香的靜室、悉檀寺庫頭的靜室、蘭陀寺、沈莘野的靜室、蘭宗的靜室，主人都不在。又經過珠簾、翠壁，到野愚的靜室，蘭宗、影空等高僧都在那裡。隨後經過念佛堂，越過望臺，到碧雲寺，香火很盛，北京法師所住的真武閣，擠滿了頂禮膜拜的男女。再往下到碧雲庵，經過白雲寺、首傳寺、寂光寺、大覺寺、西竺寺，天色昏暗，已什麼也看不清。夜晚回到悉檀寺住宿。

【注　釋】❶幻住　庵名，嘉靖間寂安禪師建。❷福寧寺　原作「寧福寺」，據〈雞山志略〉改。❸蘭陀　即那蘭陀寺，萬曆間高僧所建。❹艮一　那蘭陀寺住持。❺天香　幻住庵禪師，時年九十。❻沙彌　梵語的音譯，意譯「息慈」、「息惡」、「勤策男」等，指七歲以上二十歲以下受過十戒的出家男子。中國俗稱小和尚。❼珠簾翠壁　位於雞足山東北部的山崖。珠簾崖前有瀑布似珠簾，翠壁崖如壁陡立，林木蒼翠，故以為名。❽老宿　高僧。❾野愚　寂光寺用周禪師後嗣。❿蘭宗　那蘭陀寺靜主。⓫靜侶　退居林下的伴侶，此指在山中習靜的僧侶。⓬文教　古時指禮樂法度、文章教化。⓭羅漢壁　在雞足山北部。峭壁九層，橫空聳起，崩雲疊翠，綿延數里，如展旗列屏，雄峻壯美。雞足山有崖壁三十四座，其中以羅漢壁、舍身崖最著名。「羅漢絕壁」為雞山十景之一。霞客有〈羅漢絕壁〉詩：「列錦標霞景色酣，莫將枯寂覷雲嵐。面來絕壁雲常定，放出重巒石共參。枝借翠微棲各一，水供香積獻分三。藏頭換骨形何幻？崖靄層層露法曇。」⓮旃檀林之靜室　在雞足山北部旃檀嶺，靜室主人為克心禪師。⓯同聲相應二句　語出《易・乾》，謂樂聲相和，同類事物互相感應。後用以喻志趣相同的人互相呼應，自然結合在一起。⓰膜拜　包括佛教在內的宗教頂禮儀式，以手加額，長跪而拜。⓱西竺　寺名，萬曆間飲光禪師建。

【語　譯】二十五日　從悉檀寺往北上去，經過無息庵、無我庵。走了一里，到大乘庵，有兩條小水：一條從幻住庵東面流來，一條從蘭陀寺東面流來，都向南流到這裡會合，成為悉檀寺西邊的水流。從兩條小水中間登上山坡，走了二里多，東邊為幻住庵，如今名福寧寺，西邊的山岡上為蘭陀寺。幻住庵東邊的水，就是從野愚禪師靜室東面的峽谷流下，成為和九重崖分界的水。幻住庵西邊的水，就是和艮一禪師的蘭陀寺隔著山塢的水，從上面苹野的靜室流來，發源於念佛堂，而成為獅子林中部峽谷的水。沿著東邊的山岡從幻住庵旁往北，走了一里，來到一處靜室，是天香的住處。當時裡面沒有人，進去打聽苹野的住所，小沙彌指向盤繞的山崖深遠處，正當懸崖的西面。於是從靜室的背後登上山崖，穿過樹林，繞著石級，都在幽深綠蔭之中，因為這裡沒有高大的松樹，只有雜亂的樹木，而路在其間重疊交錯，又成一種景觀。轉了幾十次彎，走了將近一里，往東登上山岡，就是野愚的住所；往西沿著山崖穿過峽谷，就是去苹野住所的路。從這裡往西靠著山崖，橫穿半里，有一處靜室高高座落在峽谷中，門鎖著不能進去，這是悉檀寺庫頭所建造的。從它的前面往西走下，到蘭陀寺，從寺背後往上攀登，又走了半里，來到苹野的靜室。這時得知苹野在牟尼山，而他的父親沈老先生在靜室。等到達那裡，靜室的門又鎖著，得知沈老先生去了別處，沒人可問。於是從靜室的左邊往上，又來到一處靜室。主持僧也外出了，有徒弟在，向他詢問，知道他的師傅是蘭宗。又問：「沈老先生在哪裡？」答道：「在他的室內。」再問：「室為什麼鎖著？」答道：「偶然外出，應當不會太遠。」我想返回，把省城朋友所寫的信交給他。那徒弟說：「恐怕再下去也沒地方可找，不如把信留在這裡，讓我代交給他。」我聽從他的話。又從左邊的峽谷經過珠簾、翠壁，登臺走進一室，是影空居住的地方。影空不在，就從室的左邊橫轉往東，走了一里，進入野愚的靜室，這就是所說的大靜室。有三間堂屋橫列在前面，下面對著絕壁。這堂屋窗戶寬敞明亮，人在裡面，如同飄浮雲端，可稱幽靜爽朗。眾位高僧都在室中，野愚出來迎接。我進去詢問，得知是蘭宗、影空以及羅漢壁的慧心等靜侶。這天野愚設宴招待眾位靜侶，便留我一起吃飯。飯後，看到我帶著的書篋，於是取出篋中的書各自傳閱。唯獨蘭宗看得津津有味，愛不釋手，因為他曾經雲遊到過我的家鄉，是專心致志研究文教的人。

隨後就取道林中往西去羅漢壁，從念佛堂下走過，因被樹林遮蔽而不知，竟平步向西走去。共一里半，有石龕在大石上，進去問路。從石龕往西南走半里，越過一處突出的山口，就是所說的望臺。這支山脈往下墜落，就是建造大覺寺的地方。望臺的西面，山勢往裡收縮，下面圍成峽谷，旃檀林的靜室靠著它。峽谷西邊又有一支山脈，從山尖前延伸下去，這是旃檀嶺，就是西邊和羅漢壁分界的山。這山脈往下落，就成為中間的一支，寂光寺、首傳寺靠著它，是往前越過息陰軒，轉向東到大士閣為止的山脈。從望臺往西平步行走，又過了二里半，而後到這座山嶺。山嶺的西面，石崖漸漸出現，在後面高高簇擁。於是轉而向北上去，走了半里，到碧雲寺。寺是北京法師的眾徒弟建造，香火紛雜，因為仰慕法師而來的人眾多。法師所住的真武閣，還在寺後懸崖凹入的地方。於是從寺後取道，曲折往上，走了半里，進入閣中，滿閣都是參拜的男女，卻不見法師。我看到閣東有臺十分清幽，獨自前去探視。一個老僧正在臺上洗腳，我心中明白他就是法師了，便在旁邊拱手等待。法師立即一躍而起，握著我的手臂呼道：「同聲相應，同氣相求。」並且對兩句話作了解釋。手裡拿著兩隻襪子沒穿，而且指著他的胸口說：「我因為心中忙得厲害，已二十年沒有洗過髒襪子。」正要把襪子拿給我看，那些男女聽到聲音一起擁來，不停地頂禮膜拜，臺小容納不下，就分批替換。法師和他們說話，對每個人說的都不一樣，講到念佛修果，娓娓而談，滔滔不絕。當時因為路遠，我先告辭出寺。看到崖後有路可走，又攀援上去。轉向東，到達一道峽谷的邊緣，有石龕可坐，從險道登臨上去。再往下到碧雲庵。恰巧慧心在那裡，因為返回悉檀寺的路較遠，留我在這裡住宿。主持因為沒有被子感到為難，因為這裡地勢高氣候冷。我就趕緊下山，往南走了二里，經過白雲寺，暮色已經籠罩。從寺的北面靠著中間一支山腋行走，路漸漸變得平坦寬闊。走了二里，經過首傳寺，在黑暗中看不清景色。又往東南走一里多，經過寂光寺。再走一里，經過大覺寺。再往東走一里，經過西竺寺，離開大路，在松林中行走，眼前一片模糊看不清楚。再走二里，經過悉檀寺前也沒察覺，幾乎要從龍潭外下去，回頭看見燈火，才返身尋找。走到寺門，前面的十方堂早已關閉，不肯開門，敲開左邊的門，才得進去住宿。

二十六日　晨起飯。弘辨言：「今日暨塔心，為吉日，可同往一看。幸❶定地一處，即可為靜聞師入塔。」余喜甚。弘辨引路前，由龍潭東二里，過龍砂❷

內支。其腋間一穴，在塔基北半里，其脈自塔基分派處中懸而下。先有三塔，皆本無高弟也。最南一塔，即仙陀、純白之師。師本嵩明❸籍，仙陀、純白向亦中表❹，皆師之甥，後隨披薙，又為師弟。師歸西方，在本無之前。本公為擇地於此，而又自為之記。余謂辨公乞其南為靜聞穴。辨公請廣擇之，又有本公塔在嶺北，亦惟所命。余以其穴近仙陀之師為便。議遂定，靜聞是日入窆❺。

【章　旨】本章記載了第二百零三天在雞足山的行跡。這天豎立塔心，和弘辨一起觀看。同時決定將靜聞的墓穴建在仙陀、純白師傅的旁邊，並把靜聞遺骨安葬。

【注　釋】❶幸　希望。❷龍砂　道教以青龍、朱雀、白虎、玄武合稱為四方四神。青龍在左，代表東方，東邊的左砂稱為龍砂。白虎在右，代表西方，西邊的右砂稱為虎砂。朱雀在前，代表南方，玄武在後，代表北方。❸嵩明　州名，見〈滇遊日記三〉九月二十六日日記注。❹中表　舊時稱父親姊妹（姑母）的兒女為外表，母親兄弟（舅父）姊妹（姨母）的兒女為內表，互稱中表。❺窆　葬時穿土下棺。

【語　譯】二十六日　早晨起身吃飯。弘辨說：「今天豎立塔心，是吉日，可同去看一下。希望你能確定一處地方，即可為靜聞法師的遺骨入塔安葬。」我很高興。弘辨在前面引路，從龍潭往東走二里，經過龍砂裡面一支山脈，山脈間有一個洞穴，在塔基北面半里，山脈從塔基分派處居中懸空落下。先有三座塔，都安葬本無禪師的高徒。最南一座塔，便是安葬仙陀、純白的師傅。師傅原籍嵩明州，仙陀、純白從前也是表兄弟，都是師傅的外甥，後跟師傅披袈、剃髮出家，又成為師徒。師傅在本無之前去世上西天。本無公為他在這裡選擇墓地，而且還親自作記。我對弘辨公說，請在他的南面建靜聞墓穴。弘辨公請我多加選擇，嶺北還有本無公墓塔，那裡也由我決定。我認為靜聞的墓穴，以靠近仙陀的師傅為好，商議定下後，靜聞的遺骨就在這天入葬。

二十七日　有缺文。余見前路漸翳，而支間有跡，可躡石而上，遂北上攀陟之。屢懸峻梯空，從崖石間作猿猴升❶。一里半，則兩崖前突，皆純石撐霄，拔壑而起。自下望之，若建標空中，自上凌之，復有一線連脊，又如瓊臺中懸，雙闕並倚也。後即為橫亙大脊。披叢莽而上，有大道東西橫山脊，即東自雞坪關❷山西上而達於絕頂者。因昔年運甎造城絕頂，開此以通驢馬。余乃反從其東半里，凌重崖而上。然其處上平下嵌，俯瞰莫可見，不若點頭峰之突聳而出，可以一覽全收也。

其脊兩旁皆古木深翳，通道於中，有開處下瞰山後，其東北又峙山一圍，如箕南向，所謂摩尼山❸也，即此山餘脈所結者；其西北橫拖之支，所謂「後趾」也，即南聳而起為絕頂者。故絕頂自南壑望之，如展旂西立；羅漢九層之脊，則如展旂東立。自北脊望之，則如展旂南立；「後趾」之脊，則如展旂北立。此一山大勢也。若桃花箐過脊，又在絕頂西南峽中，南起為香木坪之嶺，東亙為禾字孔❹之脊，與羅漢壁、點頭峰南北峙為兩界。此在三距西南支之外，乃對山而非雞足矣。若南條老脊，自香木而南走烏龍壩、羅漢壁、點頭峰，又其東出之支，非老幹矣。山後即為羅川地，北至南衙，皆鄧川⑤屬，與賓川以此山脊為界，故絕頂即屬鄧川，而曹溪華首，猶隸賓川焉。若東北之摩尼，則北勝⑥浪滄之所轄。此又以山之東麓雞坪山為界者也。從脊直北眺，雪山⑦一指豎立天外，若隱若現。此在麗江境內，尚隔一鶴慶府於其中，而雪山之東，金沙江實透腋南注，但其處逼夾僅丈餘，不可得而望也。

由脊道西行，再降再起，五里，有路自南而上者，此羅漢壁東旃檀嶺道也；交脊而西北去者，此循後趾北下鶴慶道也；交脊而東北下者，此羅川道也；隨脊而西者，絕頂道也。於是再上，再紆而北，又二里餘而抵絕頂⑧之下。其北崖雪痕皚皚，不知何日所積也。又南上半里，入其南門。門外墜壑而下者，猢猻梯出銅佛殿道。由北門出，陟後脊轉而西南下者，東身峽出禮佛臺，從華首門會銅佛殿道。而猢猻梯在東南，由脊上；東身峽在西北，由霤⑨中。此登頂二險，而從脊來者獨無之。

入門即迦葉殿⑩，此舊土主廟⑪基也，舊迦葉殿在山半。歲丁丑⑫，張按君⑬謂絕頂不可不奉迦葉，遂捐貲建此，而移土主於殿左。其前之天長閣，則天啟七年⑭海鹽⑮朱按君⑯所建。後有觀風臺，亦閣也，為天啟初年⑰廣東潘按君⑱所建，今易名多寶樓。後又有善雨亭，亦張按君所建，今貌其像於中，後西川⑲倪按君⑳易名西腳蘧廬㉑，語意大含譏諷。殿亭四圍，築城環之，復四面架樓為門㉒：南曰雲觀㉓，指雲南縣昔有彩雲之異㉔也；東曰日觀㉕，則泰山日觀㉖之義；北曰雪觀㉗，指麗江府雪山也；西曰海觀㉘，則蒼山洱海所在也。張君於萬山絕頂興此巨役，而沐府亦伺其意，移中和山銅殿㉙運致之。蓋以和在省城東，而銅乃西方之屬㉚，能尅木㉛，故去彼移此。有造流言以阻之者，謂雞山為麗府之脈，麗江公亦姓木，忌金尅，將移師雞山，今先殺其首事僧矣。余在黔聞之，謂其說甚謬。麗北雞南，聞雞之脈自麗來，不聞麗自雞來；姓與地各不相涉，何尅之有！及至此，而見銅殿具堆積迦葉殿中，止無地以豎，尚候沐府相度，非有阻也。但一城之內，天長以後，為河南僧所主，前新建之迦葉殿，又陝西僧所主，以張按君同鄉故，沐府亦以銅殿屬之，惜兩僧無道氣，不免事事參商㉜，非山門之福也。余一入山，即聞河南、陝西二僧名，及抵絕頂，將暮，見陝西僧之叔在迦葉殿，遂以行李置之，其姪明空尚在羅漢壁西來寺。由殿側入天長閣，蓋陝僧以銅殿具支絕迦葉殿後正門，毋令從中出入也。河南僧居多寶樓下，留余晚供。觀其意殊憤憒。余於是皆腹誹之。還至土主廟中，寒甚。陝僧爇㉝火供果，為余談其姪明空前募銅殿事甚悉，今現在西來，可一顧也。余唯唯。

【章　旨】本章記載了第二百零四天在雞足山的行跡。在崖石間跳躍而上，有兩座石崖從山壑拔地而起。登上重重山崖，山脊兩旁都被古樹遮蔽，望見山後的摩尼山如同簸箕。從南面的山壑和北面的山脊，分別遠望頂峰、羅漢壁的九重山脊、「後趾」的山脊，都像在不同方位展開的旗幟，這是整座山勢的大致情況。此外還考察了南北對峙的越過桃花箐的山脊，和羅漢壁、點頭峰所在的山脊。雞足山東麓的雞坪山，是鄧川州、賓川州、北勝州的分界處。朝正北望去，遠處麗江府的雪山如同一指豎立在天外，金沙江從雪山東面穿過。隨山脊往西，登上頂峰，北崖白雪皚皚。進入南門，走出北門。從山脊上猢猻梯，從水溝中去束身峽，是攀登頂峰的兩處險境。進門就是迦葉殿，另外還有土主廟、天長閣、觀風臺、善雨亭等建築。殿亭四周築牆，四面的門樓為日觀、雲觀、海觀、雪觀。沐府還將中和山的銅殿拆下搬運到這裡。只是二個住持僧事事不合，為銅殿搬遷事十分不快。

【注　釋】❶從崖石間作猿猴升　原脫「猿」字，據徐本補。❷雞坪關　在雞足山東麓，煉洞正北。❸摩尼山　今作牟尼山，在永勝南隅。❹禾字孔　二十二日日記作「盒子孔」。❺鄧川　州名，明代隸大理府，治所在今洱源西南的鄧川。❻北勝　州名，明代直隸雲南布政使司，治所在今永勝。❼雪山　見〈滇遊日記六〉正月二十五日日記注。❽絕頂　即天柱峰，又名四觀峰，為雞足山十三峰中的最高峰，海拔三千二百二十公尺。登臨其上，可東看日出，南觀祥雲，西望蒼山洱海，北眺玉龍雪山，五百里山川，盡收眼底。峰頂原有金頂寺，前為金殿，後為佛殿，現寺已不存。峰頂還有楞嚴寶塔，為空心方塔，上裝二千多斤重的葫蘆寶頂，直刺雲霄。❾霤　本屋簷下接水的長槽。此指水溝。❿迦葉殿　在頂峰，供奉迦葉。崇禎十年，黔國公沐天波將原在昆明鳴鳳山太和宮的銅殿移至雞足山迦葉殿，在霞客離開雞山之後，裝成金殿。大殿全用黃金鑄成，旭日漾光，金碧輝煌。壁上鑄有花草樹木鳥獸，俱生動精巧。寺因而又稱為金頂寺，天柱峰也被稱作金頂峰。⓫土主廟　祭祀土地神的廟，亦稱土地廟。⑫丁丑　崇禎十年（一六三七）。⑬張按君　張鳳翮，陝西人，進士出身，崇禎間任雲南巡按。⑭天啟七年　西元一六二七年。⑮海鹽　明代為縣，隸嘉興府，今屬浙江。⑯朱按君　朱泰正，或說廣東南海人，進士出身。⑰天啟初年　天啟元年為西元一六二一年。⑱潘按君　潘璿，廣東南海人，進士出身。⑲西川　指今以成都為中心的四川西部地區。⑳倪按君　倪于義，四川人，進士出身。㉑蘧廬　旅館。㉒復四面架樓為門　「絕頂四觀」，為雞山十景之首。徐霞客以為四觀之奇，冠絕海內，有〈絕頂四觀〉詩：「芙蓉萬仞削中天，摶捥乾坤面面懸。勢壓東溟日半夜，天連北極雪千年。晴光西洱搖金鏡，瑞色南雲列綵筵。奇觀盡收今古勝，帝庭呼吸獨為偏。」㉓南日雲觀　每當夏秋之間，天氣爽朗，雲滿山谷，宛若銀海。有時雲中呈現大圓光圈，外暈五、六重，每重五色，中虛明如鏡，觀者舉手投足，常映現「鏡」中。霞客有〈雲觀〉詩：「白雲本是山中物，南極祥光五色偏。驀地兜羅成世界，一身卻在玉毫巔。」㉔彩雲之異　相傳漢武元狩間，彩雲見於南中，遣使迹之，遂置雲南縣。㉕東日日觀　天柱峰頂為觀賞日出佳處。霞客有〈日觀〉詩：「天門遙與海門通，夜半車輪透影紅。不信下方猶夢寐，反疑忘打五更鐘。」㉖泰山日觀　山東泰山玉皇頂東南有日觀峰，為岱頂觀日出處。峰北側一巨石懸空探出，長約二丈，名拱北石，又名探海石，「旭日東升」為岱頂四大奇觀之一。㉗北日雪觀　在絕頂遙望麗江雪山，如玉龍排空，萬里光寒。霞客有〈雪觀〉詩：「北辰咫尺玉龍眠，粉碎虛空雪萬年。華表不驚遼海鶴，崆峒只對藐姑仙。」㉘西日海觀　西望洱海，瑩若碧玉，蒼山翠色，倒影鏡中，山水相映，令人陶醉。霞客有〈海觀〉詩：「萬壑歸同一壑漚，銀河遙點九天秋。滄桑下界何須問？直已乘槎到斗牛。」㉙中和山銅殿　中和山，疑為「太和山」之誤。明萬曆三十年（一六〇二），雲南巡撫陳用賓仿湖北武當山金殿，在昆明東北十四里的鳴鳳山（又名鸚鵡山）建金殿，主殿包括楹柱簷瓦，都用青銅鑄成，地面鋪大理石，光彩奪目，極其瑰麗。周圍建磚牆保護，有城樓、宮門等建築，稱太和宮。崇禎十年移至雞足山。現存鳴鳳金殿為清康熙十年（一六七一）吳三桂重建，又稱銅瓦寺。殿方形，寬十八尺，高二十尺，殿內神像、匾聯、梁柱、牆屏、裝飾等均用銅鑄，總重量約二百五十噸。石級、地面、欄杆均用大理石鑲砌。殿後有一株明代的山茶，花紅似火，分外豔麗。㉚銅乃西方之屬　古人以五行與中央四方相配，東木、西金、南火、北水、中土。㉛能剋木　古時有五行相生相剋之說，即木生火，火生土，土生金，金生水，水生木；及水勝火，火勝金，金勝木，木勝土，土勝水。㉜參商　參、商是二十八宿之一，兩者在不同的時間出現。此出彼沒，兩不相見。這裡比喻不和睦。㉝爇　點燃。

【語　譯】二十七日　有缺文。我看到前邊的路漸漸被遮蔽，而岔開的地方有人走過的痕跡，可以踩著石塊上去，就往北攀登。多次從險峻山崖懸空往上，在崖石中像猿猴那樣攀升。爬了一里半，只見兩邊的山崖向前突起，都是純粹的石崖直撐雲霄，從山罅中拔地而起。從下面向上望去，像在空中豎起標誌，從上面登臨，還有一線連接山脊，又像懸在空中的瓊臺，兩座宮闕並排相靠。後面就是橫亙的大山脊。撥開叢生的草木往上，有條大路從東往西橫穿山脊，就是從東面的雞坪關所在的山往西上去到達絕頂的路。因往年運磚到絕頂築牆，開出這條路來讓驢馬通行。我於是返回從它東邊走了半里，攀升重重山崖往上。但這裡地勢上面平坦下面凹陷，俯身往下看什麼都不見，不像點頭峰高聳突出，可以一覽盡收眼底。

這山脊兩旁都被古老的樹木深深遮蔽，路從其中通過，從露出的地方，往下看山的背後，在它東北又峙立著一圍山脈，如同簸箕朝南，便是所說的摩尼山，就是從這山延伸下去的餘脈所結聚而成的；在它西北橫拖的支脈，即所謂「後趾」，就是往南聳起成為絕頂的山脈。所以從南面的山罅望絕頂，像展開的旗幟樹立在西邊；羅漢壁的九層山脊，像展開的旗幟樹立在東邊。從北面的山脊望去，絕頂像展開旗幟樹立在南邊，「後趾」的山脊，像展開的旗幟樹立在北邊。這是整座山勢的大致情況。至於越過桃花箐的山脊，又在絕頂西南的峽谷中，南邊聳起成香木坪的山嶺，往東延伸為禾字孔的山脊，和羅漢壁、點頭峰南北對峙，分成兩界。這是在雞足山三支山的西南支外面，是對面的山而不是雞足山。至於南邊那條大山脊，從香木坪往南延伸到烏龍壩、羅漢壁、點頭峰，又是雞足山東邊分出的支脈，而不是主脈了。山後就是羅川州地界，往北到南衙，都屬鄧川州，和賓川州以這條山脊為分界，所以絕頂就屬於鄧川州，而曹溪寺、華首門仍隸屬於賓川州。至於東北的摩尼山，則是北勝州、瀾滄衛的轄地，這又是以雞足山東麓的雞坪山為分界。從山脊向正北眺望，雪山像一手指豎立在天外，若隱若現。它是在麗江府境內，中間還隔著一個鶴慶府，而在雪山的東面，金沙江穿過山腋往南流去，但那裡江流十分狹窄，只有一丈多些，沒法望見。

從山脊的路往西走，兩下兩上，走了五里，有條路從南面往上走，這是去羅漢壁東面旃檀嶺的路；和山脊交會往西北走的，是沿後趾往北去鶴慶府的路；和山脊交會往東北走下的，是去羅川州的路；隨著山脊往西的，是上絕頂的路。於是再往上走，再曲折向北，又走了二里多，到達絕頂的下面。它北面的山崖白雪皚皚，不知是什麼時候積起來的。又往南走上半里，進入圍牆的南門。門外向著山壑往下落的，是從猢猻梯走出到銅佛殿的路。從北門出去，登上後面山脊轉而往西南下去的，是從束身峽走出到禮佛臺，再從華首門去銅佛殿的路。而猢猻梯在東南，是從山脊往上走；束身峽在西北，是從水溝中上去。這是攀登絕頂的兩處險境，而唯獨從山脊過來的路沒有危險。

進入圍牆的門，就是迦葉殿。這裡是舊土主廟的地基，舊迦葉殿在半山腰。崇禎十年，巡按張君說絕頂上不能不供奉迦葉，於是捐資在這裡修建迦葉殿，而將土主廟遷到殿的左邊。殿前的天長閣，則是天啟七年海鹽人巡按朱君建造的。後面有觀風臺，也是閣，是天啟初年廣東人巡按潘君建造的，如今改名為多寶樓。後面還有善雨亭，也是巡按張君所建造，如今亭中有他的畫像，後來西川人巡按倪君把它改名為西腳薘廬，大有譏諷的意思。殿亭四周，築牆環繞，又在四面蓋樓為門：南面名雲觀，指雲南縣古時有彩雲的異景出現；東面名日觀，則借用泰山日觀峰的含義；北面名雪觀，指麗江府的雪山；西面名海觀，則是蒼山、洱海所在的地方。張君在萬山叢中的絕頂興建這一巨大工程，而沐府也迎合他的心意，把太和山銅殿遷運到這裡。大概是因為太和山在省城東面，而銅為金屬配西方，金能剋木，所以從那裡移到這裡。有人製造流言出來阻撓這事，說雞足山是麗江府的山脈，麗江知府也姓木，忌諱金剋，他將出兵到雞足山，如今先來殺了那首先倡議的僧人。我在貴州聽到後，認為這種說法十分荒謬。麗江府在北、雞足山在南，只聽說雞足山的山脈從麗江府延伸過來，沒有聽說麗江府的山脈從雞足山延伸過來；姓氏和地名各不相干，有什麼相剋的？等到了這裡，看到銅殿器材堆積在迦葉殿中，只是沒有地方豎立起來，還得等候沐府前來選擇地方，並沒有受到阻撓。只是在一道圍牆的裡面，天長閣在後面，主持為河南僧人，前面新建的迦葉殿，主持又為陝西僧人，陝西僧人因和巡按張君同鄉的緣故，沐府也把銅殿交給他，可惜兩個僧人沒有得道的氣質，不免事事矛盾，不是佛門的幸福。我一進山，就聽到河南、陝西兩個僧人的名字，等到了絕頂，天色將晚，看到陝西僧人的叔父在迦葉殿，就將行李放在那裡，他的姪子明空還在羅漢壁的西來寺。從殿旁進入天長閣，陝西僧人把銅殿器材堵塞了迦葉殿後的正門，不讓人從中出入。河南僧人住在多寶樓的下面，留我吃晚飯。看他的表情，對此忿忿不平。我口裡不說，心中都不以為然。回到土主廟中，十分寒冷。陝西僧人生了火，拿出水果招待，對我詳細地談起他姪子明空先前為銅殿募化的事，說明空現在西來寺，可去會晤，我一口答應。

二十八日　晨起，寒甚，亟披衣從南樓觀日出，已皎然上升矣。晨餐後，即錄碑文於天長、善雨之間。指僵，有張憲副❶二碑最長，獨不及錄。還飯迦葉殿。乃從北門出，門外岡脊之上，多賣漿淪粉者。脊之西皆削崖下覆，豈即向所謂捨身崖者耶？北由脊上行者一里，乃折而西下，過一敞閣，乃南下束身峽❷。巨石雙迸，中霤❸成坑，路由中下，兩崖逼束，而下墜甚峻，宛轉峽中，旁無餘地，所謂「束身」也。下半里，得小坪，伏虎庵倚之。庵南向，從其前，多賣香草者，其草生於山脊。

循捨身崖東南轉，為曹溪、華首之道；繞庵西轉，盤絕壁之上，是為禮佛臺、太子過玄關❹。余乃先過禮佛臺。有亭在臺東，亦中圮，臺峙其前石叢起中，懸絕壑之上。北眺危崖倒插於深壑中，乃絕頂北盡處也。其下即為桃花箐，但突不能俯窺耳。其東南壑中，則放光寺在焉。其西隔塢相對者，香木坪也。是臺當絕頂西北隅懸絕處，凌虛倒影，若浮舟之駕壑，為一山勝處，而亭既傾敝，不容無慨。臺之北，崖壁倒懸，磴道斬絕，而西崖之瞰壑中者，萼❺瓣上迸，若蒂斯啟。遙向無路，乃棧木橫崖端，飛虬接翼於層巒之上，遂分蒂而蹈，如入藥房，中空外透，欲合欲分。穿其奧窟，正當佛臺之下，乃外石之附內石而成者，上連下迸，裂透兩頭。側身而進，披隙而出，復登南臺之上。仍東過伏虎，循巖傍壁，盤其壑頂。仰視矗崖，忽忽欲墮，而孰知即向所振衣躡履於其上者耶？

東南傍崖者一里餘，有室倚崖，曰曹溪寺。以其側有水一泓，在矗崖之下，引流墜壑，為眾派之源，有似宗門法脈也。稍下，路分為二，正道東南循崖平去，小徑西下危坡。余睇放光在西南壑，便疑從此小徑為是，西循之。一里餘，轉而北逾一嘴，已盤禮佛臺之下。其西北乃桃花箐路，而東南壑底，終無下處，乃從舊路返。二里，出循崖正道，過八功德水❻，於是崖路愈逼仄，綫底緣嵌絕壁上，仰眺祇覺崇崇隆隆而不見其頂，下瞰祇覺窅窅冥冥而莫晰其根，如懸一幅萬仞蒼崖圖，而綴身其間，不辨身在何際也。

東一里，崖勢上飛，高穹如簷，覆環其下，如戶閾形，其內壁立如掩扉，蓋其石齒齒，皆墮而不盡墮之餘，所謂華首門❼也。其高二十丈，其上穹覆者，又不知凡幾，蓋即絕頂觀海門下危崖也。門之下，倚壁為亭，兩旁建小甎塔裏之，即經所稱迦葉受衣入定處❽，待六十百千歲，以付彌勒者也。天台王十岳士性❾憲副詩偈鐫壁間，而倪按院大書「石狀奇絕」四字，橫鐫而朱丹之。其效顰❿耶？黥面⓫耶？在東身書「石狀大奇」，在袈裟書「石狀又奇」，在兜率峽口書「石狀始奇」。凡四處，各換一字。山靈何罪而受此耶？

又半里，矗崖東盡，石脊下垂，有寺倚其東，是為銅佛殿⓬，今扁其門曰傳燈寺。蓋即絕頂東突，由猢猻梯⓭下墜為此，再下即迦葉寺，而為西南支發脈者。寺東向，大路自下而來，抵寺前分兩岐：由其北峽登寺後猢猻梯，為絕頂前門道，余昨從上所瞰者；由寺前循崖西轉，過華首門，上東身峽，為絕頂後門道，余茲下所從來者。蓋寺北為峽，寺西為崖，寺後猢猻梯，由絕頂垂脊而下，乃崖之所東盡，而峽之所南環者也。寺北有石峰突踞峽中，有庵倚其上，是為袈裟石⓮。余初不知其為袈裟石也，望之有異，遂不入銅佛殿而登此石。至則庵僧迎余坐石上。石紋離披作兩疊痕，而上有圓孔。僧指其紋為迦葉袈裟，指其孔為迦葉卓錫之跡。即無遺跡，然其處迴崖外繞，墜壑中盤，此石綴崖瞰壑，固自奇也。僧瀹米花為獻，甚潤枯腸。

余時欲下放光、聖峰諸寺，而不能忘情⓯於猢猻梯，遂循石右上，半里升梯。

梯乃自然石級，有疊磴痕可以御趾，而痕間石芒齒齒，著足甚難。脊左瞰，即華首矗崖之上，右瞰即袈裟墜壑之端。其齒齒之石，華首門乃垂而下，此梯乃錯而上者，然質則同也。上半里，數折而梯盡，仍從峽上。問去頂迥絕，乃返步下梯，由銅佛殿北東下峽中。一里，橫盤峽底，有庵當其中，所謂兜率庵也，已半傾。其後即絕頂與羅漢壁分支前突處。庵前峽復深墜。循庵橫度，循左崖下半里，崖根有窪內嵌，前有巨樹流蔭，並鶴峋居士詩碑。其前峽遂深蟠，路從其上，又分為兩：循右峽中西南下者，為迦葉寺、聖峰寺西支大道；循左崖下東向行者，為西來寺、碧雲寺、羅漢壁間道。余時身隨西峽下，而一步一回眺，未嘗不神飛羅漢壁間也。

下半里，為仰高亭，在懸峽中，因圮未入。既下，又半里，出峽，為迦葉寺⑯，其門東向，中亦高敞。此古迦葉殿，近因頂有新構，遂稱此為寺云。入謁尊者⑰。從其前南向循岐而下，其路峻而大。兩丐者覆松為棚。曲折夾道數十折，一里餘而至會燈寺⑱。寺南向，入謁而出。東下半里，有岐西去者，放光寺道也。恐日昃不及行，遂不西向而東趨。其路坦而大，一里，為聖峰寺⑲。寺東向，踞分支之上，前有巨坊，後有傑閣，其勢甚雄拓；閣祀玉皇，今皆以玉皇閣稱之。從此北瞻，西來寺高綴層崖之上，屏霞亙壁，飄渺[20]天半，其景甚異。出寺，東隨隴行，二里，過白雲寺。又從其右東行一里半，過慧林庵，則左右兩溪合於前而隴盡。遂渡其左峽，東過大覺寺蔬園，一里，從息陰後逾中支之脊，從千佛閣前觀街子。街子者，惟臘[21]底集山中，為朝山[22]之節。昔在石鐘寺前，今移此，以近大覺，為諸寺之中也。由街子東半里，過西竺寺，又二里餘，入悉檀。

具餐后，知沈公莘野乃翁。來叩，尚留待寺間，亟下樓而沈公至，各道傾慕之意。時已暮，寺中具池湯候浴，遂與四長老及沈公就浴池中。池以磚甃，長丈五，闊八尺，湯深四尺，炊從隔壁釜中，竟日乃溫。浴者先從池外挽水滌體，然後入池，坐水中浸一時，復出池外，擦而滌之，再浸再擦。浸時不一動，恐垢落池中也。余自三里盤浴後，入滇祇澡於溫泉，如此番之浴，遇亦罕矣。

【章　旨】本章記載了第二百零五天在雞足山的行跡。早飯後去抄錄碑文。午飯後經過捨身崖，往下到束身峽。又經過伏虎庵，到禮佛臺，臺懸立在山壑的絕壁上，凌空倒影，就像船在深壑中飄浮，是山中勝景。西崖俯視深壑的地方，石瓣裂開，如花開放。在崖上橫架木作為通道，踩著石瓣走進，正好從禮佛臺下穿出。仍然經過伏虎庵，仰望所攀登的矗立的山崖，搖搖欲墜。再經過曹溪寺，寺傍的水為各條水流的源頭。往前到八功德水，山路更加狹窄，人如置身萬仞蒼崖圖中。繼續往前，到華首門，崖勢凌空飛起，崖石呈齒狀排列。門下為迦葉受衣入定處，壁上有王士性的詩偈，還有倪巡按的效顰題字。接著到銅佛殿（又名傳燈寺），寺前有二條岔路，一條去絕頂前門，一條去絕頂後門。寺北有袈裟石，點綴山崖，俯視深壑，十分奇特。再登上猢猻梯，這裡也有石尖呈齒狀排列，很難落腳。往下到峽谷中，沿兜率庵橫穿峽谷。隨後經過仰高寺、迦葉寺、會燈寺，到聖峰寺，遙望西來寺，景色奇麗。再經過白雲寺、慧林庵、大覺寺菜園，到千佛觀前逛集市。隨後經過西竺寺，進入悉檀寺，和沈莘野的父親及四位長老在寺中沐浴。

【注釋】❶憲副　副都御史。❷東身峽　在天柱峰頂西側。❸霤　疑為「窗」之誤。窗，穴。❹太子過玄關　在天柱峰西側，高踞雲端，出沒煙霞之上，令人有「群玉峰頭，瑤池月下」之感。「太子玄關」為雞山八景之一，霞客有〈太子玄關〉詩：「菡萏亭亭影倒摩，淩空忽透枕中符。崆峒無跡潛翻島，閬苑有天常在壺。影入循環雙竅迴，座通呼吸一身孤。從茲脫盡人間滓，兩腋風生骨欲蘇。」❺葶　石葶；石芽。❻八功德水　佛經中西方極樂世界池沼具有八種殊勝功德之水。此處指在華首門西，曹溪水東。水從崖下流，僅容一瓢，四時不竭，相傳原為羅漢修行處。上面有石竅，傳說有奇人以咒術將蛇都收在其中，故一山無蛇。❼華首門　在天柱峰南側，是一片高約二、三十丈，寬約四、五丈的石壁，在平整的崖壁上，內剜如門狀，自上而下有一道裂縫，將「門」分成兩扇，形似城闕。相傳這裡是迦葉入定處。門左有眼藥泉，因這裡的岩石為火山岩，含有硼酸，可治眼疾。門前西邊有朝天石，是由朝山者帶來的數萬塊核桃大小的石子堆積而成。岩壁半腰有金雞泉，僅滿一碗，日日有鳥飛來飲水，鳥必成雙而來，至二十對為止，終年如此。「華首重門」為雞山十景之一，霞客有〈華首重門〉詩：「巍崖高聳白雲端，翠壁蒼屏路幾盤。重闕春藏天地老，雙扉晝扃日星寒。金襴浩劫還依定，錦砌當空孰為攢？何必拈花問迦葉？巖巖直作破顏看。」❽迦葉受衣入定處　迦葉，全稱「摩訶迦葉波」，即大迦葉，意譯飲光。釋迦牟尼十大弟子之一，稱「頭陀第一」。傳說他手持金縷僧衣，入雞足山等待慈佛（即彌勒佛）再生，後於華首門圓寂。❾王十岳士性　王士性，字恆叔，號太初，浙江臨海人。萬曆進士。性喜遊，足跡遍五嶽，遠及峨眉、點蒼、雞足山。為徐霞客之外明代又一個著名的地理學家。有《五嶽遊草》、《廣志繹》、《廣遊志》等。❿效顰　即「東施效顰」。顰，皺眉。據《莊子・天運》，有醜婦人效西施捧心而顰，變得更加難看。意為不配仿效而仿效，適足以見其醜。⓫黥面　古代一種肉刑，在臉上刺字，再塗上墨，使痕跡永遠存在。⓬銅佛殿　又作銅瓦殿、銅瓦寺，在華首門東，鳳頭峰西，猢猻梯下。⓭猢猻梯　在天柱峰東側，銅瓦殿上方，鑿壁出徑，勢極險峻。明人李元陽云：「上猢猻梯，時覺石動，而未嘗落足。其攀躋而上也，膝嘗點胸，後人之帽觸前人之履。」王士性的描述尤為具體：「(猢猻)梯無路，僅崖石礌垂。俯深箐絕處，架木杭長一丈接之，猶非梯也。梯乃石齒齮齕，其芒上出，廉利侔劍戟。承足石芒，內嚙其半，半踵懸外，惟瞰深箐，故可上而不可下。上有牽挽，蟲縮而升。里許，方至土主廟，則山之巔也。」⑭袈裟石　在天柱峰東，銅瓦殿後，青石白紋，彷彿袈裟。在此五更可見日出，與衡山日觀峰相似。⑮忘情　不動情；無動於衷。⑯迦葉寺　即古迦葉殿，又名袈裟寺，在銅瓦殿東，插屏峰前，殿北有楊黻修行的巖龕。⑰尊者　梵語的意譯，音譯「阿梨夷」。指德、智兼備的僧人。⑱會燈寺　朗耀禪師建，時師尚在。⑲聖峰寺　寶山禪師建，時師尚在。⑳飄渺　同「縹緲」。隱隱約約；若有若無。㉑臘　臘月。農曆十二月。㉒朝山　佛教徒到名山大寺進香拜佛。

【語　譯】二十八日　早晨起身，十分寒冷，急忙披衣到南樓觀看日出，明亮的陽光已經上升了。早飯後，就在天長閣、善雨亭之間抄錄碑文。手指凍僵，只有張副都御史的兩篇碑文最長，來不及錄下。回到迦葉殿吃飯。於是從北門走出，門外的岡脊上，有很多賣漿煮粉的人。岡脊的西邊都是往下覆蓋的懸崖，難道就是以前所說的捨身崖嗎？往北從脊上走了一里，便轉向西走下，經過一個破閣，就往南走下束身峽。有大石裂成兩塊，中間形成坑洞，路從其間下去，兩旁石崖緊迫，往下墜落十分陡峻，在峽谷中曲折行走，身旁沒有一點餘地，這就是所謂的「束身」了。走下半里，到一塊小平地，伏虎庵就靠在這裡。庵朝南，從它的前面走過，有很多賣香草的人，這種香草生長在山脊上。

沿著捨身崖往東南轉，是去曹溪寺、華首門的路；繞過伏虎庵往西轉，在絕壁上盤繞，到禮佛臺、太子過玄關。我於是先入禮佛臺。臺的東邊有亭，中間也已塌毀，禮佛臺峙立在前面的亂石叢中，懸於深壑絕壁之上。向北眺望，見懸崖倒插在深壑中，是絕頂北面的盡頭處。它的下面就是桃花箐，只是石崖突出不能俯視罷了。它東南的山壑中，是放光寺所在的地方；它西面隔著山塢相對的地方，是香木坪。這臺位於絕頂西北角的懸絕處，淩空倒影，就像船在深壑中飄浮，是山中的勝景，只是亭子已經倒塌毀壞，使人不能不生感慨。臺的北面，崖壁倒懸，石級斷絕，而從西崖俯視深壑的地方，石瓣向上裂開，就像花蒂開放一般。遠遠望去，無路可通，就用樹木橫架崖端，像飛龍在層層山巒的上面相連，於是踩著一瓣瓣石蒂，如同進入芍藥花房之中，中空外透，又合又分。穿過它的幽深洞窟，正好在禮佛臺下面，是外面的崖石貼近裡面的崖石而形成的。上面相連，下面裂開，裂縫穿通兩頭。側著身子進去，穿過裂縫出來，又登上南臺。仍然往東經過伏虎庵，靠著岩壁，盤上壑頂。仰望矗立的山崖，似乎搖搖欲墜，而誰知這是剛才在上面振衣攀登的地方呢？

往東南沿著崖壁走了一里多，有房屋靠著山崖，名曹溪寺。因為寺旁有一泓水，在矗立的山崖下面，引導水流落到山壑，成為各條水的源頭，好像宗門法脈。稍許往下，路分成兩條，大路往東南沿崖壁平步走去，小路往西從陡坡下去。我遙望放光寺在西南的山壑中，便猜想從這小路走是對的，即往西沿著小路走。過了一里多，轉向北，越過一道山口，已繞到禮佛臺的下面。在它西北是去桃花箐的路，而東南的山壑底部，最後沒有可往下走的地方，於是從原路返回。走了二里，出來到沿著山崖的大路，經過八功德水，這裡崖上的路越來越窄，像線那樣嵌在絕壁上面，抬頭眺望，只覺得高大而看不到山頂，往下俯視，只覺得深遠而看不清底部，如懸掛著一幅萬仞蒼崖圖，置身圖中，不知自己在什麼地方。

往東走一里，崖勢凌空飛起，如同屋簷高高隆起，環繞覆蓋著它的下方，形如門檻，裡面崖壁聳立，如同關閉的門，原來崖石像牙齒排列，都是要落而沒有落完的剩餘部分，這就是所謂的華首門。門高二十丈，上面隆起覆蓋的部分，還不知有多少高，大概就是絕頂觀海門下面的懸崖。華首門的下面，有亭靠著崖壁，兩旁建有小磚塔相護，就是經書所說的迦葉受衣入定處，等到六十百千歲交給彌勒佛。天台人王十岳士性副都御史題寫的詩偈刻在崖壁上，而倪巡按書寫的「石狀奇絕」四個大字，橫刻在上面並塗上紅色。是效顰呢？還是黥面呢？在束身崖寫「石狀大奇」，在袈裟石寫「石狀又奇」，在兜率峽口寫「石狀始奇」。一共四處，各處換一個字。山靈有什麼罪過要受這種懲罰呢？

又過了半里，到矗立的山崖東邊盡頭處，石脊下垂，有佛寺靠在東面，這就是銅佛殿，如今門匾上寫著「傳燈寺」。大概就是絕頂向東突起，從猢猻梯落下的地方，再往下就是迦葉寺，成為雞足山西南支脈的發端。寺朝東，大路從下面過來，到寺前分成兩條岔路：從它北邊的山峽攀登寺後的猢猻梯，是去絕頂前門的路，我昨天從上面往下所看到的路；從寺前沿著山崖往西轉，經過華首門，登上束身峽，是去絕頂後門的路，我現在往下所走來的路。原來寺的北邊是峽谷，寺的西邊為崖壁，寺的後面為猢猻梯，從絕頂沿山脊走下，是山崖東邊的盡頭，而峽谷向南繞轉的地方。寺的北邊有石峰在峽谷中突起，有庵靠在峰上，這就是袈裟石。我起初不知道它是袈裟石，看著它覺得有些奇怪，就沒進銅佛殿而登上這座石峰。到了那裡，庵中的僧人迎我坐在石上。石紋分散出現兩層痕跡，上有圓孔。僧人指著說，石紋是迦葉的袈裟，圓孔是迦葉植立錫杖的遺跡。即使沒有迦葉的遺跡，這裡外面曲折的山崖環繞，裡面下落的山壑盤旋，這石連結山崖，俯視深壑，本來就自成奇景。僧人泡米花給我吃，飢腸十分舒服。

我當時想往下去放光、聖峰等寺，但不能對猢猻梯無動於衷，於是沿著袈裟石往右上去，走了半里，登上石梯。這梯是自然形成的石級，有層疊的階痕能夠接住腳趾，但階痕之間的石尖呈齒狀排列，很難落腳。往脊左邊俯視，就是華首門矗立的山崖上方，往右邊俯視，就是袈裟石墜落的山壑上端。這種呈齒狀排列的石級，在華首門是往下垂落，這猢猻梯是轉為向上，而石質則相同。走上半里，經過幾次轉折，石梯到了盡頭，仍然從峽谷往上。打聽到距離絕頂很遠，於是返回走下石梯，從銅佛殿的北面往東下去到峽谷中。走了一里，橫繞峽谷底部，有庵正當其中，就是所說的兜率庵，一半已經倒塌。庵後就是絕頂和羅漢壁分支向前突出的地方。庵前峽谷又深深落下。沿庵橫穿峽谷，隨著左邊的山崖走下半里，崖腳有窪地往裡陷入，前面有大樹飄拂成蔭，並有鶴峋居士的詩碑。在它前面的峽谷便往深處蟠曲，路從峽谷往上，又分成兩條：從右邊的峽谷中間往西南走下的，是去迦葉寺、聖峰寺西支山脈的大路；沿左邊的山崖下往東走的，是去西來寺、碧雲寺、羅漢壁的小路。我當時雖身隨西邊的峽谷下去，但一步一回頭眺望，未嘗不神思飛往羅漢壁之間。

往下走半里，到仰高亭，在陡峭的山峽中，因已倒塌沒有進去。走下峽谷過了半里出來，到迦葉寺，寺門朝東，裡面也高大寬敞。這是古迦葉殿，近來因在絕頂新建了迦葉殿，就稱這裡為寺。進去拜謁迦葉尊者神像。從寺前往南沿岔路下去，這路既峻又大，兩個乞丐用松樹搭棚。在曲折的夾道上轉了幾十次彎，走了一里多，到達會燈寺。寺朝南，進去拜佛後出來，往東走下半里，有岔路向西，是去放光寺的路。這時太陽已偏西恐怕來不及到那裡，就不向西走而往東趕路。路平坦寬大，走了一里，到聖峰寺。寺朝東，座落在山的分支上，前面有巨大的牌坊，後面有高聳的樓閣，氣勢十分雄偉開闊。閣中祭祀玉皇，如今都稱它為玉皇閣。從這裡向北望去，西來寺高高點綴在層層崖壁上，屏風般雲霞，橫亙崖壁，在半空中隱約浮現，景色十分奇特。走出聖峰寺，往東隨著山隴走，過了二里，經過白雲寺。又從它的右邊往東走一里半，經過慧林庵，只見左右兩條溪水在前面會合，山隴到了盡頭。於是穿過庵左邊的峽谷，往東經過大覺寺菜園，走了一里，從息陰軒後越過中支山脊，到千佛閣前逛集市。這集市只有年底在山中聚集，是朝山的節日，過去在石鐘寺前面，如今移到這裡，以便靠近大覺寺，處在各寺的中間。從集市往東走半里，經過西竺寺，又走了二里多，進入悉檀寺。

吃過晚飯，得知沈公莘野的父親。來拜訪，還留在寺中等待，急忙下樓而沈公也到，各自表達傾慕的心意。這時天色已晚，寺中準備了熱水等我沐浴，於是和四位長老及沈公一起在池中洗澡。浴池用磚砌成，一丈五尺長，八尺寬，熱水有四尺深，在隔壁大鍋中燒水，一整天才熱。沐浴的人先在池外舀水洗身子，然後入池，坐在熱水中浸一段時間，又到池外，擦洗身子，再浸再擦，浸的時候一動不動，怕污垢落在池中。我自在三里盤沐浴後，進入雲南省只在溫泉洗澡過，像這樣的沐浴，也是難得遇上了。

二十九日　飯於悉檀，同沈公及體極之姪同遊街子。余市鞋，顧僕市帽，遇大覺遍周亦出遊，欲拉與俱。余辭歲朝❶往祝，蓋以其居七旬也。既午，沈公先別去，余食市麪一甌。一里餘，從大乘庵上幻住。一里，入幻住，見其額為福寧寺，問道而出，猶不知為幻住也。由其右過峽西北行，一里而入蘭陀寺，寺南向。由正殿入其東樓，艮一師出迎。問殿前所臥石碑。曰：「此先師所撰〈迦葉事跡記〉也。」昔豎華首門亭中，潘按君建絕頂觀風臺，當事者曳之頂，將摩鐫新記，艮一師聞而往止之，得免。以華首路峻不得下，因紆道置此。余欲錄之，其碑兩面鐫字，而前半篇在下。艮一指壁間掛軸云：「此即其文，從碑謄寫而出者。」余因低懸其軸，以案就錄之。艮一供齋，沈公亦至。齋後，余度文長不能竟，令顧僕下取臥具，令沈公先上其廬，當明日往叩也。迨暮，錄猶未竟，顧僕以臥具至，遂臥蘭陀禪榻。顧僕傳弘辨、安仁語曰：「明日是除夕，幸爾主早返寺，毋令人懸望也。」余聞之，為悽然者久之。

【章旨】本章記載了第二百零六天在雞足山的行跡。離開悉檀寺，從大乘庵經過幻住庵，進入蘭陀寺，抄錄艮一先師所寫的〈迦葉事跡記〉碑文，晚上睡在寺內的禪榻上。

【注釋】❶歲朝　一歲之始。即農曆正月初一。

【語譯】二十九日　在悉檀寺吃飯，和沈公以及體極的姪子一起逛集市。我買鞋，顧僕買帽，遇見大覺寺的遍周也出來遊覽，想拉我和他一起走。我推辭說年初一準備前往祝壽，因為到時他年滿七十歲了。過了中午，沈公先告別離去，我買了一盆麵吃。走了一里多，從大乘庵往上去幻住庵。又走了一里，進入幻住庵，看見門匾為福寧寺，問路後就走出，還不知道這就是幻住庵。從庵的右邊穿過峽谷往西北走，過了一里，進入蘭陀寺，寺朝南。從正殿走進它的東樓，艮一法師出來迎接。詢問殿前臥倒的石碑，艮一回答道：「這是先師所撰寫的〈迦葉事跡記〉。」過去碑豎立在華首門的亭中，巡按潘君在絕頂建觀風臺，辦事的人把它拖到頂上，準備磨掉後刻新碑記，艮一法師聽到後前去制止，才得倖免毀壞。因為華首門道路陡險，難以搬下，便繞道放在這裡。我想抄錄碑文，這碑兩面刻字，而且前半篇反在背面。艮一指著壁上的掛軸說：「這就是碑文，從碑上謄寫下來的。」我於是把卷軸掛低些，將書案移近來抄錄。艮一供應素食，沈公也來到。飯後，我估計碑文太長不能錄完，叫顧僕下去取臥具，叫沈公先回他的住所，我明天當去拜訪。到傍晚，碑文還沒錄完，顧僕把臥具拿來，於是睡在蘭陀寺的禪榻上。顧僕把弘辨、安仁對他說的話轉告我：「明天是除夕，希望你的主人早些回寺，不要讓人掛念盼望。」我聽了後，為此感傷了好長時間。

三十日　早起，盥櫛而莘野至，相見甚慰。同飯於蘭陀。余仍錄碑，完而莘野已去。遂由寺循脊北上，其道較坦。一里，轉而東，一里，出莘野廬前小靜室。又半里，而入莘野樓，則沈公在而莘野未還。沈公為具食，莘野適至，遂燕其樓。父子躬執爨，煨芋煮蔬，甚樂也。莘野懇令顧僕取臥具於蘭陀曰：「同是天涯，何必以常住❶靜室為分？」余從之，遂停寢其樓之北楹。其樓東南向，前瞰重壑，左右抱兩峰，甚舒而稱。樓前以杪松連皮為欄，製樸而雅，樓窗疎櫺潔淨，度除夕於萬峰深處，此一宵勝人間千百宵！薄暮，凭窗前，瞰星辰燁燁下垂，塢底火光遠近紛拏❷，皆朝山者，徹夜熒然不絕，與瑤池月下，又一觀矣。

【章旨】本章記載了第二百零七天在雞足山的行跡。去沈莘野的樓房，環境十分幽雅。莘野父子親自煮飯招待。聽從他的話，將臥具搬到這裡居住，在萬山深處度過一個難忘的除夕。窗前星光閃爍，塢底朝山者火光紛亂，又成一種美景。

【注 釋】❶常住 佛教語，永存。僧道稱寺舍、田地、什物等為常住物，簡稱常住。這裡指蘭陀寺的僧房，和沈莘野私人建造的靜室有別。❷紛拏 同「紛挐」。紛亂。

【語 譯】三十日 早晨起身，正在梳洗而莘野來了，相見十分欣慰。一起在蘭陀寺吃飯。我仍然抄錄碑文，錄完後莘野已經離去。於是從蘭陀寺沿著山脊往北上去，這路比較平坦。走了一里，轉向東，又走了一里，到莘野住屋前的小靜室。再走半里，進入莘野的樓房，沈公在那裡但莘野還沒回來。沈公為我備飯，莘野恰好也到，於是在他的樓中吃飯。父子倆親自燒火做飯，煨芋煮菜，十分歡樂。莘野懇請我叫顧僕去蘭陀寺取臥具，說：「同樣是在天涯，何必再來分別什麼寺院、靜室？」我聽從他的話，就在他樓的北屋睡覺。樓朝東南，前面俯對重重山壑，左右兩峰環抱，展望良好，景物對稱。樓前用連皮的杪松為欄杆，製作簡樸古雅，樓窗疏朗潔淨。在萬山深處過除夕，這一夜要勝過世間千百夜！傍晚，靠在窗前，望見明亮的星光下垂，塢底的火光遠近紛亂，都是朝山的人，通宵光亮不斷，可和月下瑤池相比，又成一種景觀了。

【研 析】徐霞客並不是佛教徒，但他的煙霞之癖，他對自然的摯愛，他遠離濁世、幻泡此身的襟懷，都使他同佛教、同佛寺、同占盡天下大半名山的僧人結下了不解之緣。現存遊記最早的一篇是〈遊天台山日記〉，那次他就是和江陰迎福寺僧人蓮舟同遊的。當徐霞客年逾五十，決定萬里西遊時，甚至連他的一些摯友都不能理解，力加勸阻，唯有蓮舟的弟子靜聞，自願和他結伴同行，將自己刺血寫成的《法華經》，供在雞足山。在西行途中，佛寺常成了他的投宿之所，並得到不少僧人無私的幫助，如在黃山遇見的遊僧澄源、浙江杭州昭慶寺的湛融、江西弋陽龜巖的貫心、湖南衡陽花藥寺的竺震、廣西崇善壺關映霞庵的菜齋、雲南曲靖翠峰山護國舊寺和朝陽庵的大乘與總持、昆明筇竹寺的體空等，並在不知不覺之中受到感染和影響。他相信「佛無誑語」，在陷入困境時也會求助於佛的神靈，如從師宗進入羅平後，就用佛教的懺法，來解除腳的疼痛。雞足山是佛教名山，有「鷲山」（印度佛教聖地）之稱，也是徐霞客西遊預定的一個重要目的地。離開昆明後，他歷時七十餘天，終於帶著靜聞的遺骨來到雞足山，僅隔四天，就在悉檀寺僧人的幫助下，葬在龍潭附近的高僧塔旁邊，銘曰：「孰驅之來，遷此皮囊。孰負之去，歷此大荒。志在名山，此骨不死。既葬既塔，乃終厥志。藏之名山，傳之其人。霞客靜聞，山水為馨。」靜聞墓至今尚存，霞客真可謂不負死友了。

徐霞客第一次上雞足山，即連住一個月。當時正是雞足山的興盛時期，其間他廣交僧侶，遍遊山水，對雞足山的山川地貌、自然景觀、寺院建築、僧侶生活、風俗特產，都作了真實、全面、生動的記載，近代史學家陳垣在《明季黔滇佛教考》中說：「今欲考滇、黔靜室及僧徒生活，《霞客遊記》為最佳史料。」在昆明時，徐霞客曾寫過一個歌妓出面在筇竹寺備酒邀客，「諸酒肉漢混聒寺中」，「飛斝徵歌」，「庖膾喧雜，腥羶交陳」，連住持僧也無可奈何的情景。相比之下，無論是社會動盪之風，還是世俗污濁之氣，當時對雞足山的影響，都比較少，故寺廟還能保持清靜、祥和的氣氛，但又不像那些處於荒山野嶺中的廟宇，清燈破屋，淒涼不堪。王士性說雞足山的僧人，「皆持齋苦行，不犯戒律者也。」（〈遊雞足山記〉）這在徐霞客的筆下也表現出來。不過即使在這種祥和的氛圍中，也仍有一些因「無道氣」，而「不免事事參商」的僧人，如絕頂的兩個住持僧，就為重建銅殿之事，「意殊忿忿」，名望雖重，識見實淺。從《遊記》中可見，當時雞足山僧人的生活比較優閒、穩定，待人熱情，對徐霞客也比較照顧。在除夕前一晚，顧僕傳達了弘辨、安仁的話：「明日是除夕，幸爾主早返寺，毋令人懸望也。」徐霞客聽了，「為悽然者久之」。這幾句話，乍看平淡，細味纏綿，語雖簡明，意實深厚。「一年將盡夜，萬里未歸人。」這是徐霞客當時的處境。「獨在異鄉為異客，每逢佳節倍思親。」這又是一個久客他鄉的遊子永遠無法擺脫的鄉愁。撫跡傷懷，能不感慨！當此之時，能得到旁人的同情和幫助，必然會產生一種「今夕復何夕」的驚喜，一種雪中得炭的感激，若能進而遇上理解自己的人，更會產生一種「莫愁前路無知己，天下誰人不識君」的慰藉。但徐霞客並沒有因此皈依佛門，他在雞足山住了一個月，除隨眾僧祭掃本無墓外，從未有過誦經求佛之事，相反，對山中「香火雜沓」，一些僧人「惟知款接朝山男婦」，而那些慕名而來進香的男女又惟知「膜拜不休」的情景，頗有微詞。前人說「山不在高，有仙則名」，徐霞客正相反，在他眼中，「山不在仙（佛），有景則靈。」雞足山的價值，主要在其本身的自然環境，而非佛寺之多。他進入寺廟，常常只是將那裡作為訪友歇腳之處，其意並不在寺。他總是謝絕一些僧人的善意挽留，就是為了能擠出時間多看山，多觀景。他提出寺院的建築不應遮掩景觀，正是視自然景觀高於宗教建築的心跡的流露。徐霞客和僧侶的親近友誼，無法改變他們在本質上的區別。一般說，僧人都是消極退讓的避世者，而他則是積極進取的入世者；僧人的生活往往是封閉式的，而他的思想和行為都是開放的；僧人因對虛幻的來世的期望而心滿意足，而他則為實現現實的價值而不懈追求；僧人平和恬淡，心如止水，而他好奇好動，情同奔流；僧人甘之如飴地成為宗教的附庸，而他則永遠保持著獨立不羈的人格；對僧人來說，雞足山就是整個世界，而寺院則是這山的中心和靈魂，而對他來說，雞足山只是南龍的一支，寺院又只是山上的點綴而已。《遊記》中還寫了雞足山的除夕，朝山者的篝火通宵不絕的景象：「星辰熚熚下垂，塢底火光遠近紛拏，皆朝山者，徹夜熒然不絕，與瑤池月下，又一觀矣。」元宵之夜，徐霞客應長老邀請，去西樓觀燈品茶，回想起去年此時在廣西三里城觀賞龍燈，一靜一鬧，全然不同，感觸良多。在這些特定的情景中，既有自然景物美，更多的是風俗人情美，從中又始終凸現出一個人的身影，及其在這種特定境遇中感情的流動。

史夏隆說徐霞客「遇名勝，必披奇抉奧；一山川，必尋源探脈」。這幾句話，可用作他在雞足山遊歷的概括。在靜聞遺骨入墓的第二天，他就去攀登雞足山頂峰，途中考察了「一山大勢」，其範圍擴展到南自香木坪嶺，東至禾字孔脊，西北至鄧川南衙，東北至北勝浪滄摩尼的廣大地區。正月初二，他到旃檀嶺考察了雞足山各處靜室和寺庵的分布狀況，得出「一山之脈絡，皆以茲為綰轂」的結論。初八，他在去祭掃本無墓塔時，對雞足山的中支、西支、東支以及虎砂、龍砂的山勢水文狀況，作了詳明的敘述。初十，他在去放光寺的路中，為了「析其分支之原」，臨時改變走向，進入「叢箐橫柯，遂成幽閴」的深峽之中。就在離開雞足山的前二天，他又登上頂峰，從雞山之「首」、之「後距」、之「門戶」、之「脛足」，對山的大勢及山北山西的水流狀況，進行更為具體的考察，並就位於雲南、四川、西藏接界地區的「南龍大脈」，作了對常人來說匪夷所思的鳥瞰式的概述。徐霞客所謂的「南龍」，和現在所說的橫斷山脈相近。橫斷山區橫跨包括迪慶、怒江、麗江、大理在內的整個滇西北地區，範圍極大，山高路險，其中包括玉龍雪山、中甸雪山在內的眾多山峰，終年積雪覆蓋，難以通行。在當時的條件下，徐霞客根本不可能手攀足躡，進行實地考察，其中絕大部分地區，他尚未去過。但他憑著長期在野外考察養成的特殊的感悟和推理能力，居然看到這裡的山脈和一般山脈不同的偏近南北走向的特點，成了研究橫斷山脈彌足珍貴的歷史資料。

雞足山沒有拔地而起的險峰，前人遊雞足山，也少見有奇險的經歷，但這不等於說雞足山沒有險境，只是一般遊人都不會去尚未開發的地方探險罷了。如攀登絕頂，就有兩條險道，一條從「猢猻梯出銅佛殿道」，一條從「束身峽出禮佛臺」，但通常遊人都從大路走，而不會像徐霞客那樣，「屢懸峻梯空，從崖石間作猿猴升」。他第二次攀登絕頂，換了一個方向，從捨身崖往上，「時罡風橫厲，欲捲人擲向空中」，他竭力「手粘足踞」，才幸免在這裡捨身。而正是這種從心靈深處發出的對險境的追求與渴望，才使他契會通神，涉人所不涉之險，履人所不履之危，獨享那種從奇險中產生的充滿刺激和抗爭、交織著痛感和快感的美感。如禮佛臺，「當絕頂西北隅懸絕處，凌虛倒影，若浮舟之駕壑，為一山勝處」，但這裡「崖壁倒懸，磴道斬絕，而西崖之瞰壑中者，萼瓣上迸，若蒂斯啟。遙向無路」，只能「棧木橫崖端，飛虬接翼於層巒之上」，徐霞客就這樣「分蒂而蹈，如入藥房，中空外透，欲合欲分。穿其奧窟……盤其壑頂。仰視矗崖，忽忽欲墮，而孰知即向所振衣躡履於其上者耶？」但由於交通不便，更由於世人缺乏冒險的精神和勇氣，這樣的美景，總是孤獨地深藏在巖壑之中。即使在正月初一那天，他依然出遊，因發現有條路以前不曾走過，「乃攀險陟之」，到達深峽之中，看到「東峰石壁峻絕，峽下隤壑崩懸」的壯觀。在曹溪寺附近，「崖前抱處，忽離立成峰，圓若卓錐，而北並崖頂，若即若離，移步他轉，即為崖頂所掩，不可辨，惟此處則可盡其離合之妙。」只因這裡荊棘成叢，常人無法攀登，因此也就只能徐霞客獨賞這「真如閃影」一現的勝景了。這些描述，既是寫景，也是寫人，自然之景和探險之人，已成一體，渾然莫辨了。於此可見，無論是目標明確的科學考察，還是乘興而往的審美觀照，都有決於人的個性，故自然現象及其奧祕被發現的過程，也是人的本質力量展現的過程。

回到昆明後，徐霞客結束了對南、北盤江的考察，將注意力轉到長江上游金沙江，他萬里西征，「探江、河發源，尋三大龍脈」，是最重要的目的。他原計劃到雞足山後，即沿金沙江東行，前往雅州（治所在今四川雅安），上峨眉山。據顧僕後來對季夢良說，徐霞客在元謀停留時，曾北上考察過金沙江。《遊記》中特別提到金沙江在元謀城北九十五里，江北十五里為江驛，「由其後北逾坡五里，有古石碑，大書『蜀、滇交會』四大字。」所記和實際情況完全符合。在以後的旅程中，他一直十分注意溪流匯入金沙江的情況，如「又對峽分流，西注雲南，而北下金沙矣」；「賓川之流，乃北出金沙江」；「（雞足山）山北之水，……山西之水，……與賓川之流，共北下金沙大江焉」；「其水南奔峽底，與楓密之水合，……下金沙大江」。這些考察，為他以後撰寫〈溯江紀源〉提供了第一手的感性材料。

一九一四年，時任中國地質調查所所長的丁文江，獨自去雲南作西南地質礦產的調查，在元謀谷地，他發現一片露出的雲母岩層，還以為是一個新發現。在讀了《徐霞客遊記》後，才知道早在崇禎十一年十二月初六，徐霞客就已注意到這片奇異的岩層：「其坡突石，皆金沙燁燁，如雲母堆疊，而黃映有光。時日色漸開，躡其上，如身在祥雲金粟中也。」雲母，又稱「千層紙」，呈晶體狀，依顏色分類，這是一種金雲母。就在附近，他還發現「沙間白質皚皚，如嚴霜結沫，非鹽而從地出，疑雪而非天降，則硝之類也。」繼續往前，他又看到「壁崖上懸金丸累累，如彈貫叢枝，一墜數百，攀視之，即廣右所見『顛茄』也。」據說這種植物枝中有白漿，很毒，當地人煉成藥塗在箭上，動物被射中後立即死亡。雞足山是奇花異樹聚生之地，在獅子林蘭宗的靜室旁，徐霞客看到一株古木，「自根橫臥丈餘，始直聳而起，橫臥處不圓而扁，若側石偃路旁，高三尺，而厚不及尺。余初疑以為石也，至是循視其端，乃信以為樹。蓋石借草為色，木借石為形，皆非故質矣。」這棵樹由於長在石縫之中，下部變形，於是成了一棵罕見的扁樹。山間大松都為五鬣松，而傳衣寺的門坊前有棵古松，「本大三圍，乃龍鱗，非五鬣也。」這棵松樹「幹丈五以上，輒四面橫枝而出，枝大侔於幹，其端又倒垂斜攫，尾大不掉，幹幾分裂。」幸虧僧人知道愛惜，築臺保護樹幹，又豎起樹木支撐那些橫枝，才免於分裂。「由梯登臺，四面橫枝倒懸於外，或自中躍起，或自巔垂颺，其紛糾翔舞之態，不一而足，與天台翥鳳，其一類耶？」《遊記》中還有一篇日記，專門介紹了雞足山的物產。

「片時脫盡塵凡夢，鶴骨森寒對玉壺。」「春隨香草千年豔，人與梅花一樣清。」「冰雪長盟物外契，烟霞幻出人間世。」(〈題小香山梅花堂詩〉) 這是徐霞客的詠梅詩，也是他自身人格的寫照。梅為「歲寒三友」之一，是典型的經過「人化」的自然物，裡面包含著特定的文化意蘊，成了一種「有意味的形式」。俗稱「老梅花，少牡丹」。梅以老為勝，陸游甚至說：「梅花吐幽香，百卉皆可棄。一朝見古梅，梅亦墮凡境。」(〈古梅〉)《遊記》中寫梅之處不多，而在途中能牽惹徐霞客情懷的，卻正是古梅。在廣西佶倫州，他看到一株古梅，「花蕊明密，幽香襲人，徘徊其下不能去。」於是折下兩枝，都像「虬幹珠葩」，回到旅店，找火烤炙梅枝，「微雨飄揚，拈村醪對之，忘其為天涯歲暮也。」當時他在廣西西部跋涉，迢遞天涯路，羈危歲暮身，思鄉之心尤切。一株孤標傲世、暗香浮動的古梅，固然能給淒涼的境況帶來一些生趣，給落寞的心帶來某種慰藉，但並不能改變這種狀況。他決不是陶醉在賞梅之中渾然忘卻自身為天涯歲暮客，相反，正是因為難以忘卻而故作忘卻之詞，從中流露的是無可奈何的苦澀之情。聯繫他對紅梅、白梅的態度，就更清楚了。雲南多紅梅，徐霞客在昆明阮仁吾和馬雲客處，都看到紅梅盛開，當時就已有「全非吾鄉本色」的感慨。後來到雲南大姚的獨木橋，看到「橋側有梅一株，枝叢而幹甚古，瓣細而花甚密，綠蒂朱蕾，冰魂粉眼，恍見吾鄉故人，不若滇省所見，皆帶葉紅花，盡失其『雪滿山中、月明林下』之意也。」他貶紅褒白，主要是因為比起紅梅，白梅具有更多的象徵意義，能引起更豐富的聯想，與自身感情有更多的交流和融合。《遊記》中寫蘭花，一比較具體的有兩處，一處在昆明筇竹寺，一處在雞足山悉檀寺。徐霞客在筇竹寺所見的兩叢合抱的蘭花，一叢為春蘭，一叢為秋蘭。春蘭在春分前後開放，當時尚為冬季，故「止透二挺」，即只抽出二枝花穗，冬蘭在這時正是開花季節，故「花大如萱」。蘭花中以素心蘭為上品，素潔淡雅，綠白相間。雞足山的雪蘭、玉蘭，當屬素心蘭一類。根據瓣型的不同，蘭花又可分為梅瓣、荷瓣、水仙瓣、蝴蝶瓣等品種。古人說：「荷瓣真難得，八分長兮四分闊。」悉檀寺的蘭花，「花朵大二、三寸，瓣闊共五、六分」，又當屬荷瓣一類。和寫梅不同，徐霞客寫蘭，絲毫沒有發掘其形式中的意味(如世人讚不絕口的「澹雅幽貞」)，更沒有著眼其「人化」的一面(如「花中君子」、「空谷佳人」)，倒像一個植物學家的調查報告，從中可以了解當時雲南蘭花生長的狀況。

滇遊日記六

【題解】 崇禎十二年（一六三九）正月，徐霞客在雞足山過年後，繼續留在山中，時間達一個月。他廣交僧侶，遍遊名勝，考察山勢，從各個方面對雞足山作了前所未有的詳盡的記述。他遊覽了玉龍瀑布、珠簾翠壁、太子過玄關等勝景，走訪了西來寺、石鐘寺、傳衣寺、放光寺等寺院，並再上頂峰，經歷諸險境，險些在捨身崖捨身。徐霞客最喜遊洞，可是他這次在雞足山，似乎從未涉及。正月下旬，他應麗江知府木增之邀北上，途中考察了南、北衙的銀礦，又經過鶴慶府，探訪龍珠山石穴，遊覽了腰龍洞，最後通過邱塘關，到達麗江府，寓居解脫林。

己卯❶正月初一日　在雞山獅子林❷莘野靜室。是早天氣澄澈，旭日當前。

余平明起，禮佛而飯。乃上隱空、蘭宗二靜室，又過野愚靜室，野愚已下蘭宗處。遂從上徑平行而西，入念佛堂，是為白雲師禪棲之所，獅林開創首處也。先是有大力師者，苦行❸清修，與蘭宗先結靜其下，後白雲結此廬與之同棲，乃獅林最中，亦最高處。其地初無泉，以地高不能刳木以引。二師積行通神，忽一日，白雲從龕後龍脊中垂間，劖❹石得泉。其事甚異，而莫之傳。余入龕，見石脊中峙為崖，崖左有穴一龕，高二尺，深廣亦如之。穴外石倒垂如簷，泉從簷內循簷下

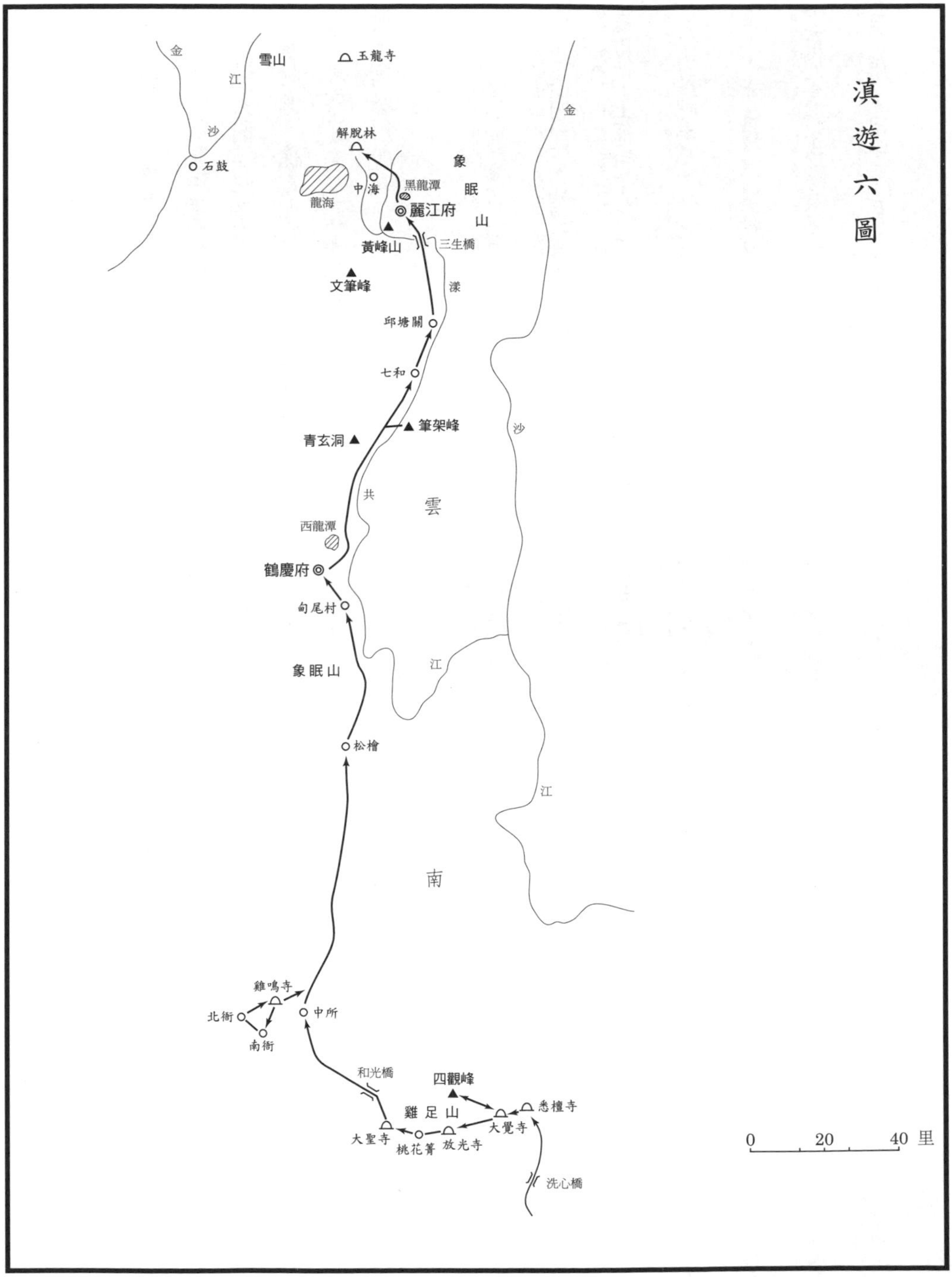
滇遊六圖
金
雪山
玉龍寺
江
沙
解脫林
石鼓
象
中海
黑龍潭
眠
龍海
麗江府
山
黃峰山
三生橋
文筆峰
漾
邱塘關
七和
筆架峰
青玄洞
沙
共
雲
西龍潭
鶴慶府
甸尾村
江
象眠山
松檜
江
南
雞鳴寺
北衙
中所
南衙
和光橋
四觀峰
雞足山
悉檀寺
大聖寺
大覺寺
桃花箐
放光寺
洗心橋
0 20 40 里

注，簷內穴頂中空，而水不從空處溢，簷外崖石峭削，而水不從削處墜，倒注於簷，如貫珠垂玉。穴底匯方池一函，旁皆菖蒲茸茸，白雲折梅花浸其間，清泠映人心目。余攀崖得之，以為奇，因詢此龍脊中垂，非比❺兩腋，何以泉從其隆起處破石而出？白雲言：「昔年剜石得之，至今不絕。」余益奇之。後遇蘭宗，始徵其詳。乃知天神供養之事，佛無誑❻語，而昔之所稱「卓錫虎跑❼」，於此得其徵矣。龕前編柏為欄，茸翠環繞，若短屏迴合。階前綉墩❽草，高圓如疊，跏趺其上，蒲團❾錦茵，皆不如也。龕甚隘，前結松棚，方供佛禮懺❿。白雲迎余茶點，且指余曰：「此西尚有二靜室可娛，乞少延憩，當瀹山蔬以待也。」余從之。西過竹間，見二僧坐木根曝背，一引余西入一室。其室三楹，乃新闢者，前甃石為臺，勢甚開整，室之軒几，無不精潔⓫，佛龕花供，皆極精嚴，而不見靜主。詢之，曰：「白雲龕禮懺司鼓者是。」余謂此僧甚樸，何以有此？乃從其側，又上一龕，額曰「標月」，而門亦扃。乃返過白雲而飯。始知其西之精廬，即悉檀體極師所結，而司鼓僧乃其守者。

飯後，又從念佛堂東上，躡二龕，其一最高，幾及嶺脊，但其後純崖無路，其前則旋崖層疊，路宛轉循之，就崖成臺，倚樹為磴，山光懸繞，真如躡鷲嶺⓬

而上也。龕前一突石當中，亦環倚為臺，其龕額曰「雪屋」，為程還筆，號二游，昆明人，有才藝。而門亦扃。蓋皆白雲禮懺諸靜侶也。又東稍下，再入野愚室，猶未返。因循其東攀東峽，其峽自頂下墜，若與九重崖為分塹者。頂上危巖疊疊，峽東亙巖一支，南向而下，即悉檀寺所倚之支也。其東即九重崖靜室，而隔此峰峽，障不可見。余昔自一衲軒登頂，從其東攀巖隙直上，惟此未及經行，乃攀險陟之。路漸窮，抵峽中，則東峰石壁峻絕，峽下隤壑崩懸，計其路尚在其下，甚深。

乃返，從來徑過簾泉翠壁下，再入蘭宗廬，知蘭宗與野愚俱在玄明精舍，往從之。玄明者，寂光之裔孫也。其廬新結，與蘭宗靜室東西相望，在念佛堂之下，莘野山樓之上。余先屢過其旁，翠條罨映，俱不能覺，今從蘭宗之徒指點得之，則小閣疏櫺，雲明雪朗，致極清雅。閣名雨花，為野愚筆。諸靜侶方坐嘯⑬其中，余至，共為清談瀹茗。日既昃，野愚輩乃上探白雲，余乃下憩莘野樓。薄暮，蘭宗復來，與談山中諸蘭若⑭緣起，並古德⑮遺跡，日暮不能竟。

【章　旨】本章記載了第二百零八天在大理府雞足山的行跡。這天是正月初一。從沈莘野的靜室到白雲禪師居住的念佛堂，堂位於獅子林最高處，原來沒有泉水，一天白雲忽然鑿石得泉。泉水從山脊隆起的地方穿石流出，十分神奇。西面有體極禪師所蓋的標月靜室，精緻整潔。吃過午飯，從念佛堂向東往上走，路上山色懸繞，就像在鷲嶺攀登。再往下經過野愚靜室，冒險攀登，到峽谷中，石壁險峻，山巒崩塌。隨後經過蘭宗靜室，到景致十分清雅的玄明精舍，和眾僧侶煮茶清談。傍晚回莘野山樓休息。

【注　釋】❶己卯　崇禎十二年（一六三九）。❷獅子林　在旃檀林東，念佛堂西，附近有靈泉。「獅林靈泉」為雞足山十景之一。霞客有〈獅林靈泉〉詩二首：「千繸明珠孰為探？靈源絕頂瀉靈龕。湛搖松影雪千尺，冷浸梅花月一潭。碧玉眼中丹透液，青蓮石上露成甘。滿林不乏人天供，灑作天花潤法曇。」「靜裏泉流石忽穿，峰頭明月鬭娟娟。竅通骨節涼生髓，源自頭顱玉作涎。祇道醍醐天上落，直將沆瀣掌中懸。青衣丹鳳尋常事，誰解靈源此更偏？」❸苦行　梵語的意譯。原意為「熱」，因為印度天氣炎熱，佛教印度教教徒都將受熱作為苦行的主要手段。後引申為宗教實踐的苦行，以期達到解脫的境界。❹劖　鑿斷。❺比　相連接。❻誑　梵語的意譯，佛教名詞，指為貪圖財利等欺騙別人的思想和活動。❼卓錫虎跑　據明初宋濂〈大慈山虎跑泉銘〉記，唐元和十四年（八一九），性空大師禪居錢塘虎跑，不久因此地無水，準備遷居，忽然有神人前來，說：「自從大師駐錫，我等得益不少，怎能就這樣離去？南岳有童子泉，我會派二個童子移來。」次日，見二虎跑地作穴，泉水湧出。性空大師於是留下建寺。卓，植立。錫，錫杖。因稱僧人居止為卓錫。虎跑，在杭州西湖西南隅大慈山下。虎跑泉有天下第三泉之稱，「龍井茶葉虎跑泉」號稱雙絕。❽墩　土堆。❾蒲團　僧人坐禪和跪拜所用的一種圓形墊子，用蒲草編成，故稱蒲團。❿禮懺　即「拜懺」。依照懺法禮佛誦經，懺悔罪業。⓫室之軒几二句　原脫，據徐本補。⓬鷲嶺　又名鷲山、鷲峰、靈山，即靈鷲山，梵語耆闍崛山。因山頂似鷲，且山中多鷲，故名。在中印度摩揭陀國王舍城東北部，相傳釋迦牟尼曾在此居住和說法多年。東晉法顯遊古印度，曾登此山。中國五臺山曾擬稱鷲山。明代也有將雞足山稱為鷲嶺的說法。⓭坐嘯　閒坐吟嘯。東漢成瑨為南陽太守，將公事都交付功曹岑晊（公孝）辦理，民間傳言：「南陽太守岑公孝，弘農成瑨但坐嘯。」⓮蘭若　梵語音譯，全稱「阿蘭若」、「阿蘭若迦」，原意為樹林，意譯為「寂靜處」、「空閒處」、「無淨聲」等。原為比丘習靜修行處所，後用以指佛寺。⓯古德　佛教徒對其先輩的尊稱。

【語　譯】崇禎十二年正月初一　在雞足山獅子林莘野的靜室。這天早晨天氣晴朗，旭日當空。我在天亮時起身，拜佛後吃飯。於是上隱空、蘭宗兩處靜室，又拜訪野愚的靜室，野愚已往下到蘭宗那裡去了。就從上面的小路往西平步走，進入念佛堂，這是白雲禪師坐禪居住的地方，為獅子林首先開創的靜室。在先有個大力禪師苦心修行，和蘭宗先在下面蓋了靜室，後來白雲禪師蓋了這屋和他們一起居住，是在獅子林最正中，也是最高的地方。這裡原先沒有泉水，因為地勢高不能架木槽引水。兩位禪師積德修行感通神靈，忽然有一天，白雲禪師從石龕後面山脊中間下垂的地方，鑿石得到泉水。這事很神奇，但沒有傳到外面。我進入石龕中，見石脊居中峙立形成崖壁，崖壁左面有個石洞，高二尺，深和寬也相同。洞外岩石倒垂，如同屋簷，泉水從簷內沿著簷流下，簷內洞頂中空，但水沒從空處溢出，簷外崖石陡峭，但水也沒從陡處落下，而是倒流在簷內，如同成串的珠玉垂下。洞底匯成一方池水，旁邊都是茸茸的菖蒲，白雲禪師折了梅花浸在水中，清心高潔，深入人心。我攀登崖壁看到這些景象，覺得奇怪，便問這山脊中間垂下，和山兩腋並不相連，為什麼泉水能從隆起的地方穿石流出？白雲說：「以前鑿石找到水，至今不斷。」我更加覺得奇怪。後來遇見蘭宗，才聽到詳細情況。從而知道天神供養的事，佛門沒有騙人的話，過去所傳說的關於「卓錫虎跑」得泉的故事，在這裡得到了證驗。石龕前面，用柏樹枝條編成欄杆，綠茸茸地環繞，就像矮屏風圍合。石階前面草堆，又高又圓，如同疊成，在它上面打坐，蒲團、錦墊都比不上。石龕很窄小，前面搭起松棚，正在供佛禮懺。白雲禪師接我去吃茶點，並指著對我說：「這裡西面還有兩處靜室可以遊覽，請稍許休息一會，我將煮山裡的蔬菜來招待。」我聽從了他。往西從竹林中穿過，看見兩個僧人坐在樹根上曬背，一個僧人起來帶我往西走進一處靜室。這靜室有三間，是新建的，前面用石砌成臺，地勢十分開闊平整，室內的窗戶桌子，都是精緻整潔，佛龕和供花的地方，極為精緻整齊，但不見靜室主人。問那僧人，答道：「在白雲禪師龕中進行禮懺的司鼓者就是。」我心想這僧人十分樸實，怎會有這樣的靜室？於是從旁邊又登上一石龕，門額為「標月」，但門也鎖著。便返回到白雲禪師處吃飯。方才知道西邊精緻的靜室，是悉檀寺體極禪師所建，而司鼓的僧人是守屋的人。

飯後，又從念佛堂往東上去，登上兩處石龕。其中一處位置最高，幾乎到嶺脊，只是它背後純是石崖無路可走，前面則為層層疊疊的山崖盤繞，路曲折沿著山崖，傍著山崖建臺，靠著樹木築路，山色懸空盤繞，真像踏著鷲嶺向上攀登。石龕前有塊岩石在中間突起，也環靠山崖成臺，這石龕的匾額為「雪屋」，是程還的手筆，號二游，昆明人，有才藝。但門也鎖著。大概都是去白雲禪師那裡參加禮懺的僧侶。又往東稍許走下，再進入野愚的靜室，他還沒回來。於是沿著靜室的東面攀登東邊的峽谷，這峽谷從頂端往下墜落，好像和九重崖隔成溝塹。頂上高峻的岩石層層疊疊，峽谷東面伸出一支山峰，向南延伸下去，就是悉檀寺所靠的支脈。在它東面就是九重崖靜室，被這座山峰和峽谷阻隔，不能看到。我先前從一衲軒去登頂峰，從軒的東面攀援岩石隙縫直上，只有這裡沒有經過，於是冒險攀登。路漸漸走到盡頭，到達峽中，只見東峰的石壁極其險峻，峽谷下面山壑崩塌，估計路還在下面很深的地方。

於是返回，從原過來的路走，經過如簾的泉水蒼翠的石壁下面，再進入蘭宗的居室，得知蘭宗和野愚都在玄明的精舍，便前往那裡找他們。玄明是寂光寺的第三代弟子。他的居室是新蓋成的，和蘭宗的靜室東西相望，在念佛堂的下面，莘野的山樓上方。我先前多次從它旁邊經過，因為四周綠樹掩映，都沒有發現，如今根據蘭宗的徒弟指點到了那裡，只見小閣疏窗，雲明雪朗，景致極為清靜幽雅。閣名雨花，是野愚的手筆。眾僧侶正坐在閣中歌詠，我到後一起煮茶清談。太陽偏西以後，野愚等人才上去探望白雲禪師，我就下去到莘野的山樓休息。傍晚時，蘭宗又來到，和我談論山中眾寺廟的由來，以及前輩高僧的遺跡，到天黑還沒說完。

初二日　飯於莘野，即再過蘭宗，欲竟所徵❶，而蘭宗不在。愛玄明雨花閣精潔，再過之，仍瀹茗劇談。遂扶筇西一里，過望臺嶺。此嶺在獅林之西，蓋與旃檀嶺為界者，亦自嶺脊南向而下，即大覺寺所倚之岡也。自獅林西陟其嶺，即可望見絕頂西懸，故以「望」名。與其西一嶺，又夾壑為塢，諸靜室緣之，層累而下，是為旃檀嶺。先是雞山靜室，祗分三處，中為獅子林，西為羅漢壁，東為九重崖。而是嶺在獅林、羅漢壁之間，下近於寂光，故寂光諸裔，又開建諸廬，遂繼三而為四焉。蓋其諸廬在峽間，東為望臺嶺，西為旃檀嶺，此嶺又與羅漢壁為界者。又自嶺脊南向而下，即寂光寺所倚之支也，是為中支。蓋羅漢壁之東，迴崖自嶺脊分隤南下，既結寂光；由其前又南度東轉，為觀音閣、息陰軒，峙為瀑布東嶺；於是又度脊而南，為牟尼庵；又前突為中嶺，若建標於中；而大士閣倚其端，龍潭、瀑布二水口交其下。一山之脈絡，皆以茲為綰轂❷云。

逾望臺嶺西三里，由諸廬上盤壑而西，三里，又盤嶺而南，北轉一里，北崖皆插天盤雲，如列霞綃，而西皆所謂羅漢壁也，東自旃檀嶺，西至仰高亭峽，倒插於眾壑之上。當其東垂之褶❸者，幻空師結廬處也。真武閣倚壁足，其下曲徑縱橫，石級層疊，師因分箐為籬，點❹石為臺，就閣而憩焉。其下諸徒闢為叢林，今名碧雲者也。余前已訪幻空，返憶閣間有陳郡侯天工詩未錄，因再過錄之。師復款談甚久，出果餉之榻間。閣兩旁俱有靜室旁通，皆其徒所棲，而無路達西來寺，必仍下碧雲。

由山門西盤崖坡，又一里半，北上半里，抵壁足，則陝西僧明空所結庵也，今名西來寺。北京、陝西、河南三僧，俱以地名，今京、陝之名幾並重。以余品之，明空猶俗僧也。其名之重，以張代巡鳳翮同鄉，命其住持絕頂迦葉殿，而沐府又以中和山銅殿移而畀之，故聲譽赫然。然在頂而與河南僧不協，在西來而惟知款接朝山男婦，其識見猶是碧雲諸徒流等，不可望幻空後塵也。然其寺後倚絕壁，雲幪霞標，屏擁❺天際，巍峭大觀，此為第一。寺西有萬佛閣，石壁下有泉一方，嵌崖倚壁，深四、五尺，闊如之，瀦水中涵，不盈不涸。萬峰之上，純石之間，匯此一脈，固奇，但不能如白雲龕之有感而出，垂空而下，為神異耳。觀其水色，不甚澄澈，寺中所餐，俱遙引之西峽之上，固知其益不如白雲也。寺東有三空靜室，亦倚絕壁。三空與明空俱陝人，為師兄弟，然三空頗超脫，有道氣，留余飯其廬，已下午矣。自西來寺東至此，石壁尤竦峭，寺旁崖迸成洞，其中崆峒，僧悉以遊騎填駐其中，不可攔入，深為悵恨。又有峽自頂剖窪而下，若雲門❻劍壁❼，嵌隙於中，亦為偉觀。僧取薪於頂，俱自此隙投崖下，留為捷徑，不能藉為勝概也。

既飯，復自寺西循崖而去，二里，崖盡而為峽，即仰高亭之上也。先是余由絕頂經此下，遂從大道入迦葉寺，不及從旁岐東趨羅漢壁。然自迦葉寺迴眺崖端，一徑如線痕，眾竇如雲蓋❽，心甚異之，故不憚其晚，以補所未竟。然其上崖石雖飛嵌空懸，皆如華首之類，無可深入者。乃返，從西來、碧雲二寺前，東過旃檀，仍入獅林，至白雲龕下，尋玄明精舍，誤入其旁，又得一龕，則翠月師之廬也。悉檀法眷❾。前環疏竹，右結松蓋為亭，亦蕭雅有致，乃少憩之。遂還宿莘野樓，已暮矣。

【章旨】本章記載了第二百零九天在雞足山的行跡。經過獅子林西面的望臺嶺，峽谷對面為旃檀嶺。雞足山原有獅子林、羅漢壁、九重崖三處靜室，後加上旃檀嶺成為四處。羅漢壁的東面，山崖往南延伸，前後建起寂光寺、觀音閣、息陰軒、牟尼庵、大士閣，龍潭、瀑布二水口在閣下交會，一山的脈絡，以這裡為湊集點。接著到羅漢壁東邊幻空禪師的靜室，往下經過碧雲閣，到西來寺，地勢巍峨陡峭，堪稱這裡第一。寺西萬佛閣有一方泉水，但不如白雲龕的泉水神奇。返回時仍然進入獅子林，到翠月禪師的靜室，回到莘野山樓，已是傍晚。

【注釋】❶徵　尋求；證驗。❷綰轂　言控扼路口。綰，專管；控制。轂，車輪中心插軸的部分。比喻許多道路湊集之點。❸褶　折疊。❹點　選派；指定。❺擁　遮蓋。❻雲門　雲中谷口。❼劍壁　峭壁。❽雲蓋　有雲紋彩繪的頂蓋。❾法眷　法中眷屬，指一起修道的人。

【語譯】初二　在莘野處吃飯，隨即又去拜訪蘭宗，想聽完他所搜集的掌故，但蘭宗不在。因喜愛玄明的雨花閣精緻潔淨，又去拜訪，仍然煮茶暢敘。於是拄著筇杖往西走一里，經過望臺嶺。這嶺在獅子林的西邊，是和旃檀嶺分界的山，也從嶺脊向南延伸下去，就是大覺寺所靠的山岡。從獅子林的西面登上望臺嶺，就可以望見絕頂在西面聳立，所以用「望」為名。望臺嶺和它西邊的一座山嶺，又夾著山壑形成山塢，眾靜室沿著山塢，層層疊疊往下，這就是旃檀嶺。先前雞足山的靜室，只分布在三處，中間為獅子林，西邊為羅漢壁，東邊為九重崖。而這旃檀嶺在獅子林、羅漢壁之間，下面靠近寂光寺，所以寂光寺的眾多後代弟子又在旃檀嶺上建屋，於是繼前三處成為四處了。這些眾多靜室在峽谷中，東邊為望臺嶺，西邊為旃檀嶺，這嶺又和羅漢壁分界。再從嶺脊往南延伸下去，就是寂光寺所靠的支脈，這是中間的一支。羅漢壁的東面，環繞的山崖從嶺脊分裂塌下往南延伸，已成為建造寂光寺的地方；從寺前又往南，再向東轉，是觀音閣、息陰軒所在處，峙立為瀑布東嶺；從這裡又越過山脊往南，為牟尼庵，再往前突起為中嶺，就像在中間樹立的標誌；而大士閣靠在它的頂端，龍潭、瀑布兩處水口在它的下面交會。一座山的脈絡，都以這裡為湊集點。

越過望臺嶺往西走三里，從眾靜室的上面盤繞山壑往西，走了三里，又盤繞山嶺往南，再轉向北走一里，北面的山崖都高聳天際，白雲繚繞，就像羅列彩色的輕紗，而西面都是所說的羅漢壁，東邊起自旃檀嶺，西邊直到仰高亭峽谷，倒插在眾壑上面。羅漢壁東邊的折疊處，是幻空禪師蓋屋的地方。真武閣靠在壁腳，閣下曲折的小路縱橫交錯，石級層層疊疊，禪師憑藉隔開竹林作為籬笆，選擇岩石作為臺階，就在閣中居住。閣的下方眾弟子開出寺院，如今稱為碧雲寺。我先前已經拜訪過幻空，返回之後，想起閣中有陳郡侯名天工的詩沒有抄錄，於是再去拜訪，抄錄陳詩。禪師又和我懇談了很久，拿出果子放在榻上招待。閣兩旁都有靜室相通，都是禪師弟子的居室，但沒有路通往西來寺，必須仍然往下從碧雲寺走。

從山門往西繞著崖坡，又走了一里半，往北走上半里，到達壁腳，便是陝西僧人明空所建的庵，如今名西來寺。北京、陝西、河南三位僧人，都是以地方為名，現在北京僧、陝西僧的名聲幾乎並重。根據我的品評，明空還是一個俗僧。他的名聲大，是因為他是代理巡按張鳳翮的同鄉，張命他為絕頂迦葉殿的住持，而沐府又把中和山銅殿搬來交給他，所以聲譽顯赫。但在絕頂和河南僧不和睦相處，在西來寺只知道接待朝山的男女，他的見識還只是碧雲寺的眾徒弟一類的水準，與幻空相比則望塵莫及。然而這寺背靠絕壁，白雲為幕，彩霞為標，如同屏風遮掩天際，巍峨陡峭，十分壯觀，在這裡堪稱第一。寺西有萬佛閣，石壁下面有一方泉水，靠著石壁嵌入崖中，深四、五尺，寬也相同，其中包涵的積水，既不溢出，也不乾涸，在萬峰之上，純粹的崖石之中，匯聚這一脈水，固然十分奇特，但不能像白雲龕的泉水那樣因感通神靈流出，垂空而下，顯得神奇罷了。觀看它的水色，不太清澈，寺中所飲的水，都是從遠處西峽上面引來的，從而知道這泉水更比不上白雲龕的泉水了。寺東有三空的靜室，也靠著絕壁。三空和明空都是陝西人，為師兄弟，但三空人很超脫，有得道氣質，留我在他屋裡吃飯，已是下午了。從西來寺往東到這裡，石壁尤其高聳陡峭，寺旁的崖石迸裂成洞，裡面的空洞，僧人都用來散放遊客的馬匹，不能進去，深感遺憾。又有峽谷從頂部劈開窪地落下，如同雲門劍壁，中間有條隙縫嵌著，也很壯觀。僧人到頂上取柴，都從這條隙縫扔到崖下，留作捷徑，而不能憑藉這裡的地勢形成一處勝境。

吃過飯，又從寺的西邊沿著山崖走去，過了二里，山崖到盡頭成為峽谷，就是仰高亭的上方。在此之前，我從絕頂經過這裡下去，就從大路進入迦葉寺，來不及從旁邊的岔路往東去羅漢壁。但從迦葉寺回頭眺望崖端，一條小路如同線痕，眾多洞穴如同雲蓋，心中覺得奇怪，所以不怕天晚，去補上以前沒有遊完的地方。但上面崖石雖然淩空懸嵌，卻都和華首門類似，沒有可以深入的地方。於是返回，從西來、碧雲二寺的前面，往東經過旃檀嶺，仍然進入獅子林，到白雲的石龕下，尋找玄明的精舍。誤從它的旁邊進去，又看到一間石龕，是翠月禪師的居室。悉檀寺的弟子。室前稀疏的竹子環繞，右邊用松樹蓋建亭子，也清幽雅靜，頗有情致，便在此稍作休息。然後返回莘野山樓住宿，已是傍晚了。

初三日　晨起，飯。荷行李將下悉檀，蘭宗來邀，欲竟山中未竟之旨。余乃過其廬，為具盒具餐，遍徵山中故跡。既午，有念誠[1]師造其廬，亦欲邀過一飯，蘭宗乃輟所炊，同余過念誠。路經珠簾、翠壁下，復從倚久之。蓋蘭宗所結廬之東，有石崖傍峽而起，高數十丈，其下嵌壁而入，水自崖外飛懸，垂空灑壁，歷亂縱橫，皆如明珠貫索。余因排簾入嵌壁中，外望蘭宗諸人，如隔霧牽綃，其前樹影花枝，俱飛魂濯魄，極罨映之妙。崖之西畔，有綠苔上翳，若絢綵鋪絨，翠色欲滴，此又化工❷之點染，非石非嵐，另成幻相❸者也。崖旁山木合沓，瓊枝瑤幹，連幄❹成陰，雜花成彩。蘭宗指一木曰：「此扁樹，曾他見乎？」蓋古木一株，自根橫臥丈餘，始直聳而起，橫臥處不圓而扁，若側石偃路旁，高三尺，而厚不及尺。余初疑以為石也，至是循視其端，乃信以為樹。蓋石借草為色，木借石為形，皆非故質矣。

東半里，飯於念誠廬。別蘭宗，南向下「之」字曲，半里，又入義軒廬。義軒，大覺之派，新構靜室於此，乃獅林之東南極處也。其上為念誠廬，最上為大靜室，即野愚所棲，是為東支。莘野樓為西南極處，其上為玄明精舍，最上為體極所構新廬，是為西支。而珠簾之崖，當峽之中，傍峽者為蘭宗廬，其上為隱空廬，最上為念佛堂，即白雲師之廬也，是為中支。其間徑轉崖分，綴一室，即有一室之妙，其盤旋迴結，各各成境，正如巨蓮一朵，瓣分千片，而片片自成一界，各無欠缺也。

從義軒廬又南向「之」字下，一里餘，過天香靜室。天香，幻住庵僧也，其年九十，余初上覓莘野廬，首過此問道者。又南一里，過幻住庵，其西即蘭陀寺也，分隴對衡，獅林之水，界於左右，而合於其下焉。又南下一里餘，二水始合，渡之即為大乘庵。由澗南東向循之，半里，水折而南，復逾澗東南下。一里，過無我、無息二庵，其下即為小龍潭、五花庵，已在悉檀寺右廓❺之外，而岡隴間隔。復逾澗，南過迎祥寺，乃東向隨澗行，一里，抵寺西虎砂，即前暗中摸索處也。其支自蘭陀南來，至迎祥轉而東，橫亙於悉檀寺之前，東接內突龍砂，兜黑龍潭於內，為悉檀第一重案。其內則障獅林之水，東向龍潭；其外則界旃檀之水，合於龍潭下流，而脈遂止於此焉。

於是又北逾澗，半里，入悉檀寺，與弘辨諸上人❻相見，若并州故鄉❼焉。前同莘野乃翁，由寺入獅林時，寺前杏花初放，各折一枝，攜之上；既下，則寺前桃亦繽紛。前之杏色，愈淺而繁，後之桃靨❽，更新而艷，五日之間，芳菲乃爾。睹春色之來天地，益感浮雲之變古今也❾。

【章　旨】本章記載了第二百十天在雞足山的行跡。到蘭宗靜室拜訪，為我講遍山中的掌故。靜室東邊有石崖，崖外流水飛掛，穿過水簾進入凹嵌的壁中，向外望去，極掩映之妙。山崖西側，上面蓋著綠苔，翠色欲滴，形成幻景。有一棵扁樹，從根部橫臥一丈多，再直立而起，形似石塊。這裡的靜室分東、西、中三支，每一處靜室都自有它的妙處，在山中旋繞建造，如同一朵巨大的蓮花，片片花瓣自成一境。再經過天香的靜室、幻住庵，到迎祥寺，寺西的山脈為悉檀寺第一重案山。隨後進入悉檀寺，五天前杏花初放，如今已桃花盛開。目睹春色來臨，更覺世事無常。

【注釋】❶念誠　雞足山補處庵住持。❷化工　造化之工。即大自然的力量。❸幻相　幻化之相。即幻景。❹連幄　樹林連成一片，如同帳幕。❺廓　外部；外圍。❻上人　佛教稱具備德知善行的人，後來作為對僧人的敬稱。❼并州故鄉　唐賈島〈渡桑乾〉詩：「客舍并州已十霜，歸心日夜憶咸陽。無端更渡桑乾水，卻望并州是故鄉。」言長久客居某地，已將此地當作家鄉。并州，漢武帝所置「十三刺史部」之一，後轄境漸小，唐開元中升為太原府，治所在今山西太原。❽桃靨　形容開放的桃花如女子的笑靨。靨，酒渦。❾睹春色之來天地二句　杜甫〈登樓〉詩：「花近高樓傷客心，萬方多難此登臨。錦江春色來天地，玉壘浮雲變古今。」言錦江的春色從天涯地角湧來，玉壘山的浮雲從古到今變幻不定。從眼前所見，向宇宙時空擴展，從中流露出對國事的關切，而不僅是個人客居的傷感。霞客這二句，即從杜詩化出，以描寫山中景物之美，和世事變化之速。

【語譯】初三　早晨起身，吃飯。挑著行李準備往下去悉檀寺，蘭宗來邀請，想講完上次未了的山中事跡。我於是到他的住屋拜訪，他為我準備了點心和飯食，遍講山中的掌故。午後，念誠禪師來到蘭宗住屋，也想請去吃飯，蘭宗於是停止做飯，和我一同去念誠處。路從珠簾、翠壁下經過，又在這裡留連徘徊了很長時間。原來蘭宗所建的住屋東邊，有石崖靠著峽谷聳起，高幾十丈，下面崖壁嵌入，水在崖外飛掛，凌空落下，灑向崖壁，縱橫紛亂，都像用繩貫穿的明珠。我就分開水簾進入凹嵌的壁中，向外看蘭宗等人，如雲霧遮隔，輕紗飄拂，前面的樹影花枝，都令人神魂飛揚，心胸滌蕩，極掩映之妙。崖壁的西側，有青苔蓋在上面，就像鋪著絢麗多彩的絨毯，翠色欲滴，這又出自大自然的點染，不是石崖，不是霧氣，而是另外變化形成的幻景。山崖旁邊樹木眾多，如同美玉的枝幹，連成一片帳幕似的樹蔭，雜亂的花朵，組成絢麗的雲彩。蘭宗指著一棵樹說：「這是扁樹，其他地方曾見過嗎？」原來是一棵古樹，從根部橫臥一丈多，才直立起來，橫臥的樹幹不是圓形而是扁形，像石塊傾側倒臥路旁，高三尺，厚度不到一尺。我起先懷疑是石塊，到這時沿著樹身看它的上端，才相信是樹。這是因為石壁的顏色借草形成，樹木的形狀借石形成，都不是原有的形態了。

往東走半里，到念誠的住屋吃飯。隨後告別蘭宗，往南沿「之」字形的路走下，過了半里，又進入義軒的住屋。義軒屬大覺寺一派，新近在這裡蓋了靜室，在獅子林的東南盡頭處。在它上面是念誠的住屋，最上面是大靜室，即野愚居住的地方，這是東邊的一支。莘野的山樓在西南盡頭處，在它上面是玄明的精舍，最上面是體極新蓋的住屋，這是西邊的一支。而珠簾的山崖位於峽谷中間，靠著峽谷的是蘭宗的住屋，在它上面是隱空的住屋，最上面是念佛堂，即白雲禪師的住所，這是中間一支。其間路轉崖分，點綴一室，便有一室的妙處，它們盤旋迴繞，各自形成一境，正像一朵巨大的蓮花，花瓣分成千片，而片片都自成一個境界，各無欠缺。

從義軒的住屋又往南沿「之」字形的路下去，走了一里多，經過天香的靜室，天香是幻住庵的僧人，年已九十，我最初上去尋找莘野的住屋，首先經過這裡問路。又往南走一里，經過幻住庵，在它西面就是蘭陀寺，兩座寺廟隔著山隴相對，獅子林的水，在左右兩邊分流，而在下面匯合。再往南走下一里多，二條水才匯合，渡過水就到大乘庵。從澗水南岸往東沿著水走，過了半里，水轉向南流，又越過澗水往東南下去。走了一里，經過無我、無息二庵。庵的下面就是小龍潭、五花庵，已在悉檀寺右邊圍牆的外面，而隔著山岡丘隴。再越過山澗，往南經過迎祥寺，便向東隨著澗水走，過了一里，到達寺西邊的虎砂，就是先前在黑暗中摸索的地方。這支山脈從蘭陀寺往南延伸過來，到迎祥寺轉向東，橫亙在悉檀寺前面，東邊和裡面突出的龍砂相接，將黑龍潭繞在裡面，是悉檀寺第一重案山。山內則擋住獅子林的水，往東流入龍潭；山外則和旃檀嶺的水毗連，在龍潭下游匯合，而這支山脈就延伸到這裡為止。

從這裡又往北越過山澗走半里，進入悉檀寺，和弘辨等高僧相見，像見到故鄉的人那樣親切。先前同莘野的父親，從悉檀寺走進獅子林時，寺前的杏花剛才開放，各人折下一枝帶了上去；現在走下，只見寺前的桃花也已盛開，先前的杏花顏色，愈淺淡愈繁多，現在後開的桃花，顏色更新鮮更豔麗，在五天之內，花竟如此芬芳。目睹天地間春色來臨之速，更加感到世事如浮雲變幻無常。

初四日　飯於悉檀，即攜杖西過迎祥、石鐘❶二寺。共二里，於石鐘、西竺之前，逾澗而南，即前山所來大道也。余前自報恩寺後渡溪，分道誤循龍潭溪而上，不及過大士閣❷出此，而行李從此來。顧僕言大士閣後有瀑甚奇，從此下不遠。從之，即逾脊。脊甚狹而平，脊南即瀑布所下之峽，脊北即石橋所下之澗，脊西自息陰軒來，過此南突而為牟尼庵，盡於大士閣者也。脊南大路從東南循嶺，觀瀑亭❸倚之。瀑布從西南透峽，玉龍閣跨之。由觀瀑亭對崖瞰瀑布從玉龍閣下隤，墜崖懸練，深百餘丈，直注峽底，峽逼箐深，俯視不能及其麓。然踞亭俯仰，絕頂浮嵐，中懸九天，絕崖隤雪，下嵌九地，兼之霽色澄映，花光浮動，覺此身非復人間。天台石梁❹，庶幾又向曇花亭❺上來也。時余神飛玉龍閣，遂不及南下問大士閣之勝，於是仍返脊，南循峽端，共一里，陟瀑布之上，登玉龍。其閣跨瀑布上流，當兩山峽口，乃西支與中支二大距❻湊拍❼處，水自羅漢、華嚴來，至此隤空下擣。此一閣正如石梁之橫翠，鵲橋之飛空，惜無居人，但覺杳然有花落水流之想。閣為楊冷然師孔所題，與觀瀑亭俱為蔣賓川爾弟所建。有一碑臥樓板，偃踞而錄之。

遂沿中支一里，西上息陰軒❽。從其左北逾澗，又北半里，入大覺寺，叩遍周老師。師為無心法嗣⑨，今年屆七十，齒德兩高，為山中之耆宿⑩。余前與之期以新旦⑪往祝，而獅林遲下，又空手而前，殊覺怏怏。師留餐於東軒，軒中水由亭沼中射空而上，沼不大，中置一石盆，盆中植一錫管，水自管倒騰空中，其高將三丈，玉痕一縷，自下上噴，隨風飛灑，散作空花。前觀之，甚奇，即疑雖管植沼中，必與沼水無涉，況既能倒射三丈，何以不出三丈外？此必別有一水，其高與此並，彼之下，從此墜，故此上，從此止，其伏機當在沼底，非沼之所能為也。至此問之，果軒左有崖高三丈餘，水從崖墜，以錫管承之，承處高三丈，故倒射而出亦如之，管從地中伏行數十丈，始向沼心豎起，其管氣一絲不旁洩，故激發如此耳。雁宕小龍湫⑫下，昔有雙劍泉，其高三尺，但彼則自然石竅，後為人斫竅而水不湧起，是氣洩之驗也。余昔候黃石齋于秣陵⑬，見洪武門⑭一肆盆中，亦有水上射，中有一圓物如丸，跳伏其上，其高止三尺，以物色⑮黃君急，不及細勘，當亦此類也。既飯，錄碑於西軒。軒中山茶盛開，余前已見之，至是折一枝。

別遍周，西半里，過一橋，又北上坡，一里，入寂光寺。寺住持先從遍周東軒同餐，至此未返。余錄碑未竟，暝色將合，攜紙已罄，乃返悉檀。又從大覺東一探龍華⑯、西竺二寺，日暮不能詳也。

【章　旨】本章記載了第二百十一天在雞足山的行跡。經過迎祥寺、石鐘寺，越過一道山脊，到大士閣下的觀瀑亭，瀑布從對面山崖的玉龍閣往下傾瀉，深達一百多丈，上下觀望，如入仙境，天台石梁，又在眼前。登上位於兩山峽口的玉龍閣，覺意境深遠，令人有「花落水流」之想。隨後登上息陰軒，又去大覺寺拜見遍周禪師。寺內東軒有水從池中向上噴射，高達三丈，池中有石盆，盆中豎一錫管。原來東軒旁邊有三丈多高的崖壁，水從那裡落下，通過埋在地中的錫管，到池中噴出同樣高的水。接著去寂光寺抄錄碑文。傍晚回到悉檀寺，又去探遊了龍華寺和西竺寺。

【注　釋】❶石鐘　寺名，原在雞足山東南部，為一山總會處。傳說附近有懸岩，叩之如鐘，故名。始建於唐代，為雞足山最古老的寺院之一，歷代都有修繕。寺前宋柏、元梅，古拙蒼勁。大殿後簷原有一尊巨大的臥佛。據說古時西藏有個活佛，跋涉千里前來朝山，在了卻宿願後，睡在殿後簷下入定，後人根據他當時的姿態，塑造成這尊臥佛，故又稱睡佛寺。寺東面有大龍潭，北面有小龍潭，西面有觀瀑亭。❷大士閣　在石鐘寺東南，閣下為龍潭、瀑布二水口交會處。萬曆間巡按沈正隆建。❸觀瀑亭　在石鐘寺西北，牟尼庵後，玉龍瀑前。「瀑布騰空」為雞足山十景之一。霞客有〈瀑布騰空〉詩：「三支東向誰為鑰？足練中懸萬壑前。鼎足共瞻雞在後，濤頭忽見馬爭先。珠璣錯落九天影，冰雪翻成雙壁喧。我欲倒騎玉龍背，峰巔群鶴共翩翩。」❹天台石梁　見〈遊天台山日記〉注。❺曇花亭　在天台山石梁瀑布右邊。❻距　指雞足山「三距」。❼湊拍　聚合。❽息陰軒　在大覺寺西南。❾法嗣　禪宗稱繼承衣鉢的弟子為法嗣。❿耆宿　年高而有道德學問的人。⓫新旦　新年正月初一。⓬雁宕小龍湫　見〈遊雁宕山日記〉注。⓭秣陵　古縣名，秦時置，治所在今江蘇江寧秣陵關，後用作南京的別稱。⓮洪武門　明洪武初在南京建新城，宮城有六道門，另有六道宮城外門，正南名洪武門。⓯物色　訪求。⓰龍華　寺名，明隆慶年間僧人元慶建，因寺左邊山峰高聳，有聲如鼓，故有「石鼓名區」之稱。明代寺旁有庵院十多所。

【語　譯】初四　在悉檀寺吃飯，隨即拿著竹杖往西經過迎祥、石鐘二寺。共走了二里，在石鐘寺、西竺寺的前面，越過澗水往南，就是從前山延伸過來的大路。我先前從報恩寺後渡過溪水，在分路時誤沿龍潭溪往上走，來不及經過大士閣到了這裡，而行李卻從這裡過來。顧僕說大士閣後面有瀑布十分奇妙，從這裡下去不遠。聽從他的話，就翻越山脊。山脊很狹窄而平坦，脊南就是瀑布所流下的峽谷，脊北就是石橋下的水所流下的山澗，山脊從西面的息陰軒延伸過來，經過這裡往南突起成為牟尼庵所在的山，到大士閣為止。山脊南面的大路從東南沿著山嶺延伸，觀瀑亭靠著路。瀑布從西南穿過峽谷，玉龍閣架在瀑布上面。從觀瀑亭對面的山崖俯視瀑布從玉龍閣往下傾瀉，如同白練從崖上懸空落下，深一百多丈，直落到峽谷底部，峽谷狹窄，竹林幽深，俯視看不到崖腳。然而坐在亭中上下觀望，絕頂雲氣飄浮，高聳九天之中，懸崖積雪崩落，嵌入九地之下，加上雨後天色澄清，花影浮動，覺得自身如入仙境。天台山的石梁飛瀑，似乎又來到曇花亭上。這時我的思緒已飛到玉龍閣，就來不及南下探訪大士閣的勝境，從這裡仍然返回山脊，往南沿著峽口，共走了一里，到瀑布的上面，登上玉龍閣。這閣架在瀑布的上游，位於兩山之間的峽口，是雞足山西支和中支這二大距會合的地方，水從羅漢壁、華嚴寺流來，到這裡懸空墜落，往下沖撞。這玉龍閣正像石橋橫架青山、鵲橋飛度天空，可惜沒人居住，只覺得意境深遠，令人產生「花落水流」的想法。閣名是楊冷然師孔所題寫，和觀瀑亭都是賓川州知州蔣爾弟所建。有塊石碑倒臥在樓板上，便蹲著抄錄碑文。

於是沿著中支走一里，往西登上息陰軒。從軒的左邊往北越過山澗，又往北走半里，進入大覺寺，拜見遍周老禪師。禪師是無心的法嗣，今年已滿七十，年長德高，是山中的前輩大師。我先前和他約好到新年初一前去祝壽，但從獅子林下來遲了，又空手前往，很感不安。禪師留我在東軒吃飯，軒中有水從亭邊池中向上空噴射，池不大，中間放著一個石盆，盆中插入一根錫管，水從錫管向上倒射空中，高度將近三丈，一縷潔白如玉的水痕，從下向上噴射，隨風飛灑，散落成空中之花。以前觀賞它，覺得很奇異，就懷疑錫管雖插在池中，必定和池水無關，況且既然能夠倒射三丈高，為何不超過三丈以外？這裡一定另有一處水，高度和這噴水相同，那邊水流下，往這裡落，所以再從這裡往上噴，就只能到這樣的高度為止，它暗藏的機關在池底，不是池水能夠從下往上噴射。到這時詢問，果然在軒的左邊有三丈多高的崖壁，水從崖上落下，用錫管接住，接水處有三丈高，所以倒射出來也同樣高，錫管埋在地下橫向幾十丈，才從池正中豎起，管中一絲氣都不漏，所以能這樣噴發。雁蕩山小龍湫的下面，過去有雙劍泉，泉水高三尺，但那是自然的石洞，後來被人鑿洞，水不再湧起，是漏氣的驗證。我以前在秣陵探望黃石齋，看見洪武門一家店鋪的盆中，也有水往上噴射，盆中有一個球丸似的圓物，在上面跳伏，水高只有三尺，因為急於尋找黃君，來不及仔細觀察，應當也和這裡類似。吃過飯，在西軒抄錄碑文。軒中山茶盛開，我以前已見到過，這時折了一枝。

告別遍周，往西走半里，通過一座橋，又往北上坡，走了一里，進入寂光寺。寺的住持剛才在遍周的東軒一起吃飯，到這時還沒回來。我抄錄碑文未完，夜色即將籠罩，所帶的紙張已經用盡，便返回悉檀寺。又從大覺寺往東探遊了一下龍華寺和西竺寺，因天黑不能細看了。

初五日　暫憩悉檀寺。莘野乃翁沈君，具柬邀余同悉檀諸禪侶，以初六日供齋獅林。是日遂不及出。

初六日　悉檀四長老飯後約赴沈君齋。沈君亦以獻歲❶週花甲❷，余乃錄除夕下榻四詩為祝。仍五里，至天香廬側，又躡峻二里，而登莘野樓，則白雲、翠月、玄明諸靜侶皆在。進餐後，遂同四長老遍探林中諸靜室，宛轉翠微間，天氣清媚，茶花鮮嬌，雲關翠隙，無所不到。先過隱空，為留盒茗。過蘭宗、野愚，俱下山。過玄明，啜茗傳松實。過白雲，啜茗傳茶實。茶實大如芡實，中有肉白如榛，分兩片而長，入口有一陣涼味甚異，即吾地之茗實，而此獨可食。聞感通寺者最佳，不易得也。間有油者棘口。過體極靜廬，預備茶盒以待。下午，仍飯於莘野樓。四長老強余騎，從西垂下二里，過蘭陀寺西，從其前東轉，乃由幻住前下坡，四里，歸悉檀。

初七日　晨起，大覺寺遍周令其徒折柬來招，余將赴之，適艮一、蘭宗至，又有本寺復吾師自摩尼寺至，復吾鶴慶人，以庠士❸為本無高徒，今主摩尼，間歸本剎，乃四長老之兄行也。有子，現在鶴庠。野愚師又至，遂共齋本剎。下午，野愚、蘭宗由塔盤往大士閣，余赴大覺之招。小食後，腹果甚，遂乘間往寂光，錄前所未竟碑。仍飯於大覺，而還悉檀宿。

【章旨】本章記載了第二百十二天至第二百十四天在雞足山的行跡。應邀赴沈君的齋席，同時遍遊獅子林各靜室，唯獨這裡的茶實可吃。又在悉檀寺和眾僧侶用齋，並應邀去大覺寺。

【注釋】❶獻歲　一年之始。❷花甲　古代以干支紀年，即以十天干、十二地支錯綜搭配，六十年為輪，因稱年滿六十歲為一花甲。❸庠士　即庠生。科舉制度中府、州縣學生員的別稱。

【語譯】初五　暫且在悉檀寺休息。莘野的父親沈君，備了柬帖邀請我和悉檀寺眾僧侶，初六在獅子林供齋飯。這天就來不及外出。

初六　悉檀寺四位長老在飯後相約去赴沈君的齋席。沈君也在年初年滿六十歲，我於是錄下除夕下榻所作的四首詩去祝壽。仍然走了五里，到天香的住屋旁，又在陡峻的山坡攀登二里，登上莘野的山樓，見白雲、翠月、玄明各位靜侶都在座。進餐後，便同四位長老遍遊林中各靜室，在青山綠樹中繞轉，天空明媚，茶花鮮豔，無論是雲霧籠罩的關隘，還是樹林中的空隙處，全都走到。先拜訪隱空，他用盒茶招待我們。去拜訪蘭宗、野愚，都下山了。再去拜訪玄明，喝茶吃松子，再去拜訪白雲，喝茶吃茶實。茶實像芡實那樣大，中間有肉像榛子肉那樣白，分成兩片但較長，入口有一陣很奇特的涼味，就是我鄉的茗實，但只有這裡的可吃。聽說感通寺的茶實最佳，不容易得到。偶爾有含油的就澀嘴了。再去拜訪體極的靜室，他備了茶盒招待。下午，仍然在莘野山樓吃飯。

四位長老硬要我騎馬走，從西陲往下走了二里，經過蘭陀寺西，再從寺前往東轉，便從幻住庵前下坡，走了四里，回到悉檀寺。

初七　早晨起身，大覺寺的遍周叫他的徒弟持柬帖來邀請，我將要去時，恰巧艮一、蘭宗來到，還有本寺的復吾禪師從摩尼寺回來，復吾是鶴慶府人，以庠生出家，為本無的高徒。如今為摩尼寺住持，有時回到本寺，是四位長老的師兄。有兒子，現在鶴慶府學校。野愚禪師又來到，於是一起在本寺吃齋。下午，野愚、蘭宗從塔盤往大士閣，我應邀去大覺寺。小吃後，腹中很飽，於是抽空去寂光寺，抄錄先前未完的碑文。仍然在大覺寺吃飯，然後返回悉檀寺過夜。

初八日　飯後，四長老候往本無塔院，蓋先期以是日祭掃也，余從之。由寺左龍潭東下，一里，又過一東腋水，南行半里，則龍砂內支，自東而西突，與中支大士閣之峰，夾持於悉檀之前，其勢甚緊。悉檀左右前後諸水，俱由此出。路由嶺坳南度，余同弘辨、莘野特西探其嶺，隔峽西眺，中支南突，至此而盡，大士閣倚其下，乃天然鎖鑰，為悉檀而設者也。仍還，由大路循東嶺而南，半里，為靜聞瘞骨處，乃登拜之。又南一里，則龍砂外支，又自東嶺分突而西，與西支傳衣之峰對，亦夾持於悉檀之前，其勢甚雄。大士閣東龍潭諸水，閣西瀑布諸水，悉由此而出。此嶺為一山之龍砂，而在悉檀為尤近，即雞足前三距中之東南支也。其脈自絕頂東亙，屏立空中，為羅漢壁、獅子林、點頭峰、九重崖後脊。中支由羅漢壁下墜，而止於大士閣。東支由九重崖東南環為此嶺，若臂之內抱，先分一層為內砂，與中支大士閣對，又紆此層為外砂，與西支傳衣後峰對。其勢自東而西突，其度脊少坳如馬鞍，故昔以馬鞍嶺名之。

余初入雞山，抵大覺，四顧山勢，重重迴合，叢林淨室❶，處處中懸，無不恰稱，獨此處欠一塔，為山中缺陷。及至悉檀，遙顧此峰尤奇，以為焉得阿育王❷大現神通，於八萬四千中分一靈光於此。既晤弘辨，問：「仙陀何在？」曰：「在塔盤。」問：「塔盤何在？」則正指此山也。時尚未豎塔心，不能遙矚，自後則瞻顧如對矣。人謂雞山前伸三距，惟西支長，而中、東二支俱短，非也。中支不短，不能獨懸於中，令外支環拱。西支固長，然其勢較低，蓋虎砂正欲其低也。若東支之所謂短者，自其環抱下墜處言之則短，自其橫脊後擁處言之，則甚長而崇，非西支之可並也。蓋西支繚繞而卑，虎砂也，而即以為前案；東支夭矯而尊，龍砂也，而兼以為後屏。皆天造地設，自然之奇，擬議❸所不及者也。塔盤當峰頭，在馬鞍中坳之西，有大路在馬鞍之間，則東南下雞坪關者，有岐路在馬鞍之東，則東北向本無塔院者。時塔盤工作百餘人，而峰頭無水，其東峰有水甚高，以中坳不能西達，乃豎木柱數排於坳中，架橋其上以接之。柱高四丈餘，刳木為溝，橫接松杪。昔聞霄漢鵲橋，以渡水也，今反為水渡，抑更奇矣。大覺則抑之地中以倒射，此則浮之空中使交通，皆所謂顛倒造化也。由坳東向循峰，則雞山大脊之南盡處也。其前復開大洋，分支環抱，又成一向，可謂靈山面面奇矣。

共二里，登謁本無塔。塔甚偉，三塔並峙，中奉本公舍利，左右則諸弟子普、同二塔也。左為塔院❹，有亭有廡，而無守者。可憩可棲。諸靜侶及三番❺僧皆助祭，余則享餕❻焉。時同祭者，四長老外，則白雲、復吾、沈公及莘野諸後裔俱集。若蘭宗、艮一，則本公雁行❼，故不至云。祭後，仙陀、純白，又攜祭品往祭馬鞍嶺北三塔，遂及靜聞。下午，還過塔盤，叩仙陀，謝其祭靜聞也。

【章旨】本章記載了第二百十五天在雞足山的行跡。隨四位長老去本無塔院。龍砂內支和中支大士閣所在的山峰，在悉檀寺前夾持，地勢緊逼；龍砂外支和西支傳衣寺所在的山峰，也在悉檀寺前夾持，氣勢雄偉。這座山嶺即雞足山的東南支，為整座山的龍砂。山脈從頂峰向東橫貫，中支到大士閣為止，東支先分出內砂，再繞成外砂（即這層山嶺），過去名馬鞍嶺。剛到雞足山，就覺得這裡少一座塔，成了山中的欠缺，現正在這山上建塔。人們說雞足山西支長，中、東二支短，並非如此。西支是虎砂，地勢低下，為前面的案山；東支是龍砂，很有氣勢，為背後的屏障，都是天造地設的自然景觀。在塔盤工作的有一百多人，因峰頭無水，於是豎起木柱，在空中架橋引水，和大覺寺池水的倒射，都是所謂顛倒自然的現象。上山拜謁本無塔，塔很雄偉，本無的後輩都到了。仙陀連帶祭祀了靜聞。

【注　釋】❶淨室　即靜室。❷阿育王　又譯「阿輸迦」，意譯「無憂王」。印度摩揭陀國孔雀王朝國王。即位後四處征伐，除半島南端外，統一全印度。後改信佛教，立佛教為國教。傳說他在位時曾建八萬四千寺塔，並派使者去四方傳布佛教。❸擬議　《易．繫辭上》：「擬之而後言，議之而後動。」本指事前的揣度議論，後稱設計、籌劃為擬議。❹塔院　古時高僧死後，建塔收藏舍利子。塔院即僧人較集中的葬地。❺番　舊指中國西部及西南部的少數民族。❻餕　剩餘的食物。❼雁行　《禮記．王制》：「父之齒隨行，兄之齒雁行。」言兄弟出行，弟在兄後，如雁飛行有次序。後用作兄弟之稱。

【語　譯】初八　飯後，四位長老等著去本無塔院，因為事先約定今天祭掃，我跟著他們一起去。從寺左邊的龍潭往東下去，走了一里，又經過山東腋的一條水，往南走了半里，只見龍砂內支，從東向西突起，和中支大士閣所在的山峰，在悉檀寺的前面夾峙，地勢十分緊逼。悉檀寺前後左右的各條水，都從這裡流出。路從嶺坳往南穿過，我和弘辨、莘野一起特地往西探遊山嶺，隔著峽谷向西眺望，中支向南突起，延伸到這裡為止，大士閣靠在山下，是天然的關口，似為悉檀寺而設置的。仍然返回從大路沿著東邊的山嶺往南，走了半里，到埋葬靜聞遺骨的地方，於是上去祭拜。又往南走一里，只見龍砂外支，又從東邊的山嶺分出突起，往西延伸，和西支傳衣寺所在的山峰相對，也在悉檀寺的前面夾峙，形勢十分雄偉。大士閣東邊龍潭等水流，西邊瀑布等水流，都從這裡流出。這山嶺為整座山的龍砂，而和悉檀寺最為靠近，就是雞足山前面三距中的東南支。這山脈從絕頂往東橫貫，像屏障一般聳立空中，為羅漢壁、獅子林、點頭峰、九重崖的後脊。中支從羅漢壁往下落，延伸到大士閣為止。東支從九重崖往東南環繞成這山嶺，就像手臂向內合抱，先分出一層為內砂，和中支大士閣所在的山峰相對，又繞成這層外砂，和西支傳衣寺後面的山峰相對。山勢從東往西突起，延伸的山脊稍稍凹下，如同馬鞍，所以過去以馬鞍嶺為名。

我剛進雞足山，到達大覺寺，環顧四周山勢，重重迴合，寺院靜室，處處座落在中間，無不恰當相稱，唯獨這裡缺少一座塔，成為山中的缺陷。等到了悉檀寺，遠望這座山峰更加奇特，心想哪裡能得阿育王大顯神通，在八萬四千中分出一座寶塔到這裡。和弘辨見面後，詢問：「仙陀在哪裡？」答道：「在塔盤。」又問：「塔盤在哪裡？」他所指的正是這座山。當時還沒豎起塔心，不能遠望，後來塔心豎起就像面對面觀看一樣。人們說雞足山前面伸出的三距，只有西支長，而中、東二支都短，實際並非如此。中支不短的話，就不可能獨自高懸在中間，讓外支環繞拱衛。西支固然長，但其地勢較低，因為作為虎砂正要它低下。至於東支的所謂短，從它環抱下墜處說是短，從它橫貫山脊、居後簇擁處說，那就很長而且很高，不是西支所能相比了。原來西支環繞，地勢低下，是虎砂，因而就作為前面的案山；東支屈伸自如很有氣勢，是龍砂，因而兼作為後面的屏障。都是天造地設的自然奇觀，決不是人工設計所能企及的。塔盤位於峰頭，在馬鞍嶺中間坳地的西邊，有大路在馬鞍嶺的中間，是往東南通向雞坪關的，有岔路在馬鞍嶺的東邊，是往東北通向本無塔院的。當時在塔盤工作的人有一百多個，但峰頭沒水，馬鞍嶺東峰很高處有水，因中間有坳地不能流到西峰，於是在坳地中豎起幾排木柱，在它上面架橋接水。木柱高四丈多，破開樹木挖空成槽，橫接在松樹的枝頭間。以前聽說天河上的鵲橋，是為了渡水，如今這橋反而讓水過來，或許更為奇妙了。大覺寺是將水壓入地中使它倒射出來，這裡則是使水浮在空中讓它流通，都是所謂顛倒自然的反常現象。從坳地向東沿著山峰走，便是雞足山主脊的南面盡頭處。前面又開出一大片平地，有山脈的分支環抱，又成一處去向，真可說是靈山面面都奇了。

共走了二里，上去謁拜本無塔。塔十分雄偉，三塔並立，中間供奉本公的舍利，左右是弟子普、同的二塔。左面是塔院，有亭有廊，但沒人看守。可以休息居住。眾靜侶以及三個番僧都來助祭，我享用了祭剩的食物。當時一起參加祭祀的，除四位長老外，白雲、復吾、沈公以及莘野等後輩都來會聚。至於蘭宗、艮一，是本公的同輩，所以沒到。祭祀後，仙陀、純白又帶著祭品去祭馬鞍嶺北的三塔，便連帶祭了靜聞。下午，返回經過塔盤，拜見仙陀，對他祭祀靜聞，表示感謝。

初九日　晨餐後，余即攜杖西行。三里，過息陰軒，軒在中支之脊，大覺寺之前案也，為本無師靜攝處。額為僉憲❶馮元成❷時可所書。筇竹軒，亦曰息陰，以本無從箬竹披剃也。其前有三岐：從左渡澗，趨大覺、寂光；從右渡澗，趨傳衣，下接待；從後直上，則分渡右澗，或由慧林而上聖峰，或陟西支而抵華嚴焉。余乃先半里從右渡，轉而東上南嶺，半里，盤其東崖之上，即瀑布之西峰也。於是循之南行，東矚中支之大士閣在其下，東支之塔盤嶺對其上。

平行三里，乃東轉隨坡下，一里，則傳衣寺❸東向倚山之半。其北先有止止庵，嘿庵真語所建，傳衣大機禪師之友也。又南為淨雲，徹空真炳所建。又南有彌陀、圓通、八角三庵，皆連附於傳衣寺者，而八角之名最著，以昔有八角亭，今改創矣。八角開創於嘉靖間，為吉空上人所建。其南即為傳衣寺。寺基開爽，規模宏拓，前有大坊，題曰「竹林清隱」，乃直指❹毛堪❺蘇州毛具茨也。所命，頗不稱。上又一直指大標所題古松詩，上署曰「白岳」。古松當坊前，本❻大三圍❼，乃龍鱗❽，非五鬣❾也。山間巨松皆五鬣，聳幹參天，而老龍鱗頗無大者，遂以糾拏見奇。幹丈五以上，輒四面橫枝而出，枝大侔於幹，其端又倒垂斜攫，尾大不掉❿，幹幾分裂。今築臺擁幹，高六、七尺，又植木支其橫枝，僅免於裂，亦幸矣。由梯登臺，四面橫枝倒懸於外，或自中躍起，或自巔垂颺，其紛糾翔舞之態，不一而足，與天台翥鳳，其一類耶？坊聯曰：「花為傳心開錦繡，松知護法作虬龍。」為王元翰聚洲[11]筆。門聯曰：「峰影遙看雲蓋結，松濤靜聽海潮生。」為羅汝芳近溪[12]筆，差可人意。然羅聯「濤」、「潮」二字連用，不免疊牀之病，何不以「聲」字易「濤」字乎？寺昔為圓信庵，嘉靖間，李中谿元陽[13]為大機禪師宏創成寺，其徒印光、孫法界，戒律[14]一如大機。萬曆辛丑[15]元日[16]，燬於火，法界復鼎建[17]之，視昔有加。先是余過止止庵，一病僧留飯，坐久之，見其方淅米[18]，乃去，飯於淨雲僧覺心處，遂入參寺中，入其西藏經閣。閣前山茶樹小而花甚盛，為折兩枝而出。乃東北下峽中，一里，有垣圍一區，濬山為池，畜金魚於中，結茅龕於上者，亦傳衣之裔僧也。雲影山光，以一泓印之，不覺潭影空心。又東北下半里，抵峽底，則瀑布之下流也，去瀑布已一曲。昔從瀑上瞰，不見其底，今從峽底涉，亦不見其瀑。峽西有草廬菜畦，則猶傳衣之蔬圃也。峽中水至是如引絲，反不如懸瀑之勢巨矣。

渡澗，乃東上坡，一里而至大道，則大士閣之側也。閣倚中支南突之半，其前有坊有樓，歷級甚峻，後為閣，飛甍[19]疊棟，上供大士，左右各有樓，其製亦敞。乃萬曆丙午[20]，直指沈公所建，選老僧拙愚者居之，命曰三摩寺。余錄碑閣下，忽一僧慇懃款曲，問之，乃拙公之徒虛宇也。虛宇又為蘭宗之派，今拙公沒，虛宇當事。昨野愚、蘭宗宿此，想先道余，故虛宇一見惓惓㉑，且留宿。余以日暮碑長，許之。今顧僕返悉檀，乃下榻於西樓之奧室。

【章　旨】本章記載了第二百十六天在雞足山的行跡。經過息陰軒，前面有三條岔路。渡過澗水，繞到瀑布西面的山峰上，這裡北面有止止庵，往南有淨雲庵，再往南有彌陀、圓通、八角三庵。傳衣寺在八角庵南面，規模宏大。坊前有古松，為龍鱗松，樹枝橫生，和樹幹一般粗大，尾大不掉，幸虧有臺衛護樹幹，才免於分裂。寺原為圓信庵，嘉靖間擴建，萬曆間重建。在淨雲庵吃飯，折了二枝山茶花離開。接著峽谷中有一池水，印著雲影山光，令人萬念俱消。峽谷底部即瀑布下游的水，水細如同絲線一般。接著到大士閣，規模也很寬敞，又名三摩寺。為抄錄碑文，留在閣中過夜。

【注　釋】❶僉憲　僉都御史，地位次於副都御史。❷馮元成　見〈滇遊日記二〉八月二十四日日記注。❸傳衣寺　在接待寺東北，息陰軒西南。原為圓信庵，嘉靖間大機禪師創建。相傳為飲光迦葉守佛衣以待彌勒處，故以「傳衣」名寺。過去有一株山茶，花朵重疊，數以萬計。附近寺庵甚多。「傳衣古松」為雞足山十景之一，霞客有〈傳衣古松〉詩：「碧樹千尋雲影重，凌風老幹獨蒙茸。直將秦帝登封物，常作僧伽護法龍。鱗甲半天猿臂舞，幢幡千隊鳳毛縫。餐冰飽雪千年煉，還共拈花一笑供。」❹直指　繡衣直指。漢武時派赴各地興兵鎮壓民間起事的使者。這裡借指巡按。❺毛堪　江蘇吳縣人。進士出身。萬曆末任雲南巡按。❻本　樹幹。❼三圍　古時有一抱為一圍的說法，三圍即有三人合抱的圓周。❽龍鱗　指松檜，因其皮似龍鱗，故稱。❾五鬣　又名五鬚松、五粒松。因葉每簇五針，故名。❿尾大不掉　言本末倒置，難以控制。⓫聚洲　王元翰，字伯舉，號聚洲，雲南寧州（治所在今華亭）人。萬曆進士，任諫官四年，力持清議，以敢言著稱。後為忌者所誣，離朝而去。⓬近溪　羅汝芳，字惟德，號近溪，江西南城人。嘉靖進士，官雲南左參政。為泰州學派代表人物，與禪宗相近。有《近溪子文集》。⓭元陽　李元陽，字仁甫，號中溪，雲南大理人，白族。嘉靖進士，為御史遇事敢言，官吏懾服。中年去官還鄉，隱居四十年，雞足山有其遺跡。為學折衷儒、佛、道。有《大理府志》、《雲南通志》、《中溪文集》等。⓮戒律　佛教為僧徒所制定的戒規。⓯萬曆辛丑　萬曆二十九年（一六〇一）。⓰元日　農曆正月初一。⓱鼎建　改建。鼎，《易》卦名。

取新；更新。⑱淅米　淘米。⑲甍　屋脊。⑳萬曆丙午　萬曆三十四年（一六〇六）。㉑惓惓　猶拳拳。形容忠謹懇切。

【語譯】初九　早飯後，我就拿著手杖往西走。過了三里，經過息陰軒，軒在中支的山脊上，為大覺寺前面的案山，本無禪師靜養的地方。匾額為僉都御史馮元成時可所寫。篛竹軒，又名息陰軒，因為本無在篛竹寺出家。軒前有三條岔路：從左邊渡過澗水，到大覺寺、寂光寺；從右邊渡過澗水，到傳衣寺，往下為接待寺；從後面徑直往上，則分別渡過右邊的澗水後，或是從慧林庵往上到聖峰寺，或是登上西支再到華嚴寺。我就先走半里往右邊渡過澗水，轉往東登上南嶺，走了半里，繞到南嶺東崖之上，就是瀑布西邊的山峰。從這裡沿著山峰往南走，向東望見中支的大士閣就在下面，東支的塔盤嶺正對著閣的上方。

平步行走三里，便轉向東隨山坡下去，走了一里，只見傳衣寺朝東靠在山腰上。這裡北面原先有止止庵，嘿庵真語所建，他是傳衣寺大機禪師的朋友。再往南為淨雲庵，徹空真炳所建。再往南有彌陀、圓通、八角三庵，都連接附屬於傳衣寺，而以八角庵最為著名，因為過去有八角亭，如今改建為庵。八角亭開創於嘉靖年間，為吉空上人所建。它的南面就是傳衣寺，寺基開爽，規模宏大，前面有大牌坊，題字為「竹林清隱」，是巡按毛堪蘇州毛具茨。所命名，很不相稱。上面又有一首巡按用大字題寫的古松詩，署名「白岳」。古松長在坊前，樹幹有三人合抱那麼粗，是龍鱗松，不是五鬣松。山中的巨松都是五鬣松，樹幹高聳雲天，而老龍鱗松很少有高大的，便以曲折纏繞見奇。這棵古松，樹幹粗一丈五尺以上，總是向四面橫向生出樹枝，枝和幹同樣粗，枝頭又倒垂斜伸，尾大不掉，樹幹幾被分裂。如今築臺衛護樹幹，高六、七尺，又豎起木棍支撐那些橫枝，才免於分裂，也算幸運了。由梯登上臺，四面橫枝倒掛在臺外，有的從中躍起，有的從頂上下垂飄揚，那紛亂飛舞的姿態，不一而足，和天台山的翥鳳松大概是同一種類吧？坊聯為：「花為傳心開錦繡，松知護法作虬龍。」是王元翰聚洲的手筆。門聯為：「峰影遙看雲蓋結，松濤靜聽海潮生。」是羅汝芳近溪的手筆，尚能令人滿意。但羅聯「濤」、「潮」二字連用，不免有重複累贅的毛病，為何不用「聲」字替換「濤」字呢？傳衣寺過去為圓信庵，嘉靖年間，李中谿元陽為大機禪師擴建成寺，大機的徒弟印光、徒孫法界，所遵守的戒規，和大機完全一樣。萬曆二十九年元日，寺毀於火災，法界又重新修建，規模比原來更大。在此之前，我拜訪止止庵，一位生病的僧人留我吃飯，坐了很久，看見他正在淘米，於是離去，到淨雲庵僧人覺心那裡吃飯，於是入寺參拜，走進寺西的藏經閣。閣前山茶樹小，但花很繁盛，因此折了兩枝出來。於是往東北走下峽谷中，過了一里，有牆圍著一片地，開山建池，池中養金魚，在上面蓋著草房的，也是傳衣寺的後代僧人。雲影山光，印在一泓水上，令人不覺對著潭影，萬念俱消。又往東北走下半里，到達峽谷底部，是瀑布水流的下游，離開瀑布已轉了一道彎。先前從瀑布上面俯視，看不見峽谷的底部；如今從峽谷底部涉水過去，也看不見瀑布。峽谷西邊有草房菜地，仍是傳衣寺的菜園。峽谷中的水流到這裡，細如抽出的絲線，反而不如飛懸的瀑布氣勢磅礴了。

渡過澗水，就往東上坡，走了一里，來到大路上，已在大士閣的旁邊。閣靠著中支往南突起的半山腰上，閣前有牌坊有樓房，走過陡峻的石級，後面是閣，屋脊凌空而起，棟梁重疊，閣上供奉觀音菩薩，左右各有樓房，規模也很寬敞。是萬曆三十四年巡按沈公建造，選派老僧拙愚住在這裡，名為三摩寺。我在閣下抄錄碑文，忽然有個僧人慇懃招呼，問他，是拙公的徒弟虛宇。虛宇又屬蘭宗一派，如今拙公去世，虛宇當事。昨天野愚、蘭宗住在這裡，想已先說起了我，所以虛宇一見面就很懇切，並且留我住宿。我因為天色已晚，而碑文又長，便答應留下，叫顧僕回悉檀寺，我就在西樓的內室過夜。

初十日　晨起盥櫛，而顧僕至，言弘辨師遣僧往麗江已行，蓋為余前茅者。余乃候飯，即從寺右大道北上，二里，陟中支之脊，有庵踞其上，曰牟尼庵。其前松影桃花，恍有異致。庵後即觀瀑亭，迴瞰瀑布，真有觀不足之意。仍溯中支二里，過息陰軒，從其後直西一里，又南下渡澗西行，已在大覺寺蔬圃之南矣。

蓋大覺蔬圃當中支之後，中支至是自北轉東，其西有二流交會，即瀑布之上流也。一自羅漢壁東南下，一自華嚴東北流，二水之交，中夾一支，其上為慧林庵，乃西南支東出之旁派，聖峰、白雲寺所倚者也。華嚴之路，又從圃東渡其下流。乃從澗南溯之西上，一里半，漸逾支脊。其南復有一澗，與西支東走之脊隔。又從其澗北溯之西上，一里餘，見脊上有塚三、四，後有軒樓遺構，與塚俱頹。此脊乃西支餘派，直送而出，無有環護，宜其然也。由塚西復下峽，其峽復有二：在南者，自西支法照寺南發源，東下經華嚴寺北，至此而與北澗合。在北者，自西支法照寺北發源，東下經毘盧寺北，至此而與南澗合。二水之交，中夾一支，為華嚴寺北向之案，亦西南支東出之旁派，毘盧、祝國二寺所倚者也。涉北澗，有二岐：隨澗西行者，為祝國、毘盧道；由支端登脊而上，溯南澗之北西行者，為華嚴道。

余乃登脊，瞰南澗行。一里，有亭橋橫跨澗上，乃華嚴藉為下流之鑰也。度橋，始為西南本支，又西半里，而得華嚴寺❶。寺當西南支之脊，東北向九層崖而峙，地迥向巽，又山中一勝也。蓋雞山中、東二支，及絕頂諸刹，皆東南二向，曾無北拱者，惟此寺迴首返照，北大山諸林刹，歷歷倒湧，亦覺改觀。規模亦整，與傳衣伯仲。嘉靖間，南都古德月堂開建。其徒月輪，以講演名。萬曆初，聖母❷賜藏。後遭回祿❸。今雖重建，紺宇❹依然，而法範❺寂寥矣。寺東有路，東行山脊，乃直達傳衣者。由寺前峽上西行，半里，復有亭橋橫跨澗上，即東橋上流也。寺左右各有橋有亭，山中之所僅見。

過橋，又陟其北向餘支，躡岡半里，旋岡脊，過毘盧寺，寺前為祝國寺，俱東向踞岡。寺北有澗東下，即前所涉之北澗也。又由其南崖溯之西上，一里半，有寺踞岡脊，是為法照寺。蓋西南支自銅佛殿下南墜，至此東轉，當轉摺處又東抽一支，以為毘盧、祝國之脈，而橫亙於華嚴之前者也。是為西南餘支之第一。法照之北，又分一岡相夾，無住庵倚之，即下為頹塚之支，是為西南餘支之第二。屢有路直北逾岡度峽而橫去，皆向聖峰、會燈之大道。余欲析其分支之原，遂從峽中溯之而上，於是南捨法照，北繞無住之後，峽路漸翳，叢箐橫柯，遂成幽閴，然已漸逼絕頂之下矣。時路無行人，隨一桃花箐村氓行。一里，北循峽中，又一里，北躡墜脊，又一里，遂逾脊而西。乃西見香木坪之前山外擁，華首門之絕壁高懸，桃花箐之過脈西環，而此脊上自銅佛殿，下抵法照寺，轉而東去，界此脊西一壑，另成一境，則放光寺所倚也。逾脊，更西北盤壑上行，又一里半，而得大路，已直逼華首門下崖矣。其路東自聖峰來，西由放光出桃花箐，抵鄧川州，為大道。余西隨之，半里而放光寺❻在焉。

其寺南向，後倚絕壁，前臨盤壑，以桃花箐為右關，以西南首支為左護，其地雖在三距之外，而實當絕頂之下，發光鍾異，良有以也。余初自曹溪華首門下瞰之，見其寺沉沉直墜壑底，以為光從窅闃中上騰，乃鼯❼栖虺伏之窟，及至而猶然在萬壑盤拱之上，而上眺華首，則一削萬仞，橫拓甚闊，其間雖有翠紋烟縷，若綉痕然，疑無可披陟，孰知其上乃西自曹溪，東連銅佛殿，固自有凌雲之路，橫緣於華首之前也？然當身歷華首時，止仰上崖之穹崇，不覺下壁之峻拔，至是而上下又合為一幅，其巍廓又何如也？然則雞山雖不乏層崖，如華首、羅漢、九重諸處，其境界固高，而雄傑之觀，莫以逾此矣。寺前以大坊為門，門下石金剛❽二座，鏤刻甚異，猙獰之狀，恍與烟雲同活。其內為前樓，樓之前有巨石峙於左，高丈五，而大如之，上擎下削，構亭於上，蔣賓川題曰「四壁無然」。其北面正可仰瞻華首，而獨為樓脊所障，四壁之中，獨翳此絕勝一面，不為無憾。寺建於嘉靖間，陝西僧圓惺所構❾。萬曆初，燬而復輿。李元陽有碑，範銅❿而鑄之，然鑄字不能無訛。其後嗣歸空更建毘盧閣⓫，閣成而神廟⓬賜藏。余錄銅碑，殿中甚暗，而腹亦餒。時主僧俱出，止一小沙彌在，余畀之青蚨⑬，乃爇竹為炬，煮蔬為供。

既飯，東遵大道一里，逾垂支之脊，又一里餘，盤墜峽之上，得分岐焉：一過峽直東者，為聖峰路；一躡嶺北上者，為會燈路，始為登頂正道。余乃北躡上嶺，數曲而至會燈寺。寺南向，昔為廓然師靜室，今其嗣⑭創為寺。由寺西更轉而北上，復數曲一里餘，而過迦葉寺。寺東向，此古迦葉殿也。今張按君建迦葉殿於絕頂，因改此為寺。由其前北向入峽，其峽乃西自絕頂，東自羅漢壁，兩崖相夾而成，中垂磴道。少上有坊，為羅、李二先生游處。羅為近溪先生汝芳。李為見羅先生材⑮。皆江西人，同為司道游此。又上有亭，為仰高亭，中有碑，為萬曆間按君周懋相⑯所立，紀登山及景仰二先生意。周亦江西人也。余前過此，見亭中頹，不及錄其文而去，故此來先錄之。風撼兩崖間，寒凜倍於他處，文長字冗，手屢為風所僵。

錄竟，日色西傾。望其上兜率庵，即前所從下，而其東橫緣之路出羅漢壁者，前又曾抵此而返，頂頭未了之事，未可以餘晷盡也。乃返步下，仍過迦葉寺前，見有岐東下壑中，其壑底一庵在聖峰北者，必補處庵⑰也。乃取道峽中隨壑下。蓋緣脊下經會燈者為正道，隨壑東下趨補處者為間道。下二里，過補處庵，亦稍荒落，恐日暮不入。由其前渡澗峽南，遂上坡，過聖峰寺。寺東向，前有大坊。由坊外東行里餘，岡脊甚狹，南北俱深坑逼之。度脊又東里餘，有寺新構，當坡之中垂，是為白雲寺。余欲窮此支盡處，遂東下行南澗之上，二里，則慧林庵踞坡盡處。緣庵前轉下北澗，渡之，始陟中支行，北澗與南澗乃合於路南，其東即大覺蔬圃矣。東半里，過蔬圃北，又東一里，過息陰軒南，又東一里，過瀑布北，遂去中支，北涉西竺寺澗，而行中東二支盤壑中矣。又二里，薄暮，入悉檀寺。

【章　旨】 本章記載了第二百十七天在雞足山的行跡。經過牟尼庵，庵後有觀瀑亭，令人有看不夠的感覺。又經過息陰軒，往前越過一道支脊，是西支的餘脈，脊上有已毀的墳墓樓臺。再走下峽谷，渡過澗水，到華嚴寺。這裡地處僻遠，朝向與眾不同，是山中又一處勝景。寺為嘉靖間高僧月堂創建，有太后所賜的經藏，後遭火災重建。繼續往前，經過毘盧寺，寺前為祝國寺。再到法照寺，這裡是西南支的第一道餘脈，法照寺北面無住庵所在處，是西南支的第二道餘脈。為了弄清分支的根源，從峽谷中沿水流上行，到幽寂的境地，已漸漸逼近絕頂的下面。隨桃花箐的村民走，越過山脊，已直逼華首門下面的山崖。沿大路到放光寺，這裡雖在雞足山三距之外，而實際上在絕頂下面，所以能夠發光，匯集奇景。先前以為光從幽深的壑底往上騰起，到這裡才知仍在萬壑環抱的上方。這裡上下崖壁連成一體，不像在華首門只能看到上面隆起的山崖，就景觀的雄偉而言，沒有一處崖壁超過這裡。寺前有石金剛，雕刻十分奇特。寺為嘉靖間圓惺所建，後毀於火災重建。有銅碑，碑文為李元陽所寫。寺內毘盧閣有神宗所賜經藏。飯後登上山嶺，經過會燈寺、迦葉寺、羅汝芳和李材遊覽處，到仰高亭，在亭中頂著寒風抄錄碑文。

因天色已晚，只得返回。經過迦葉寺前，到山塹底部的補處庵，再經過聖峰寺、白雲寺、慧林庵、息陰軒南面、瀑布北面，回到悉檀寺。

【注釋】❶華嚴寺　在羅漢壁南，嘉靖間南京僧人月堂建。萬曆間太后賜經藏。明代與石鐘、悉檀、大覺、傳衣等寺，合稱雞足山五大寺。❷聖母　指明神宗生母孝定李太后。❸回祿　傳說中的火神，後因稱火災為回祿。❹紺宇　也稱「紺園」。佛寺。❺法範　疑為「法籍」之誤。法籍，佛教經書。❻放光寺　在華首門下。在此可見佛光。每當夏秋之季，天氣明爽，白雲滿山，如銀海晃耀，有時雲中呈現大圓光圈，外暈五、六重，每重五色，中虛明如鏡，觀者舉手投足，常畢現鏡中，俗稱「攝身光」。這實際上是因大氣層密度不同而形成的海市蜃樓般的放光幻景。馮時可〈遊雞足山記〉稱：「有老僧居此見放光四十五度」。「放光瑞影」為雞足山十景之一，霞客有〈放光瑞影〉詩：「靈區迴合轉祥輪，五色氤氳法界新。透卻塵關空即色，翻成寶相影皆真。蜃樓非海誰噓氣？玉鏡中天獨攝身。轉覺一山凡草木，含輝濯影遍精神。」❼鼯　俗稱飛鼠，形似蝙蝠，前後肢之間有寬而多毛的飛膜，棲於熱帶森林，常在夜間飛出。❽金剛　梵語「縛日羅」的意譯，「金剛力士」的略稱，佛教護法神名，以手執金剛杵得名。舊時寺門常置二金剛，拱手而立，又寺院山門兩側的四大天王，也稱為四大金剛。❾陝西僧圓惺所構　據〈雞山志略〉，放光寺為河南僧無窮創建。❿範銅　將銅溶液澆注範模中鑄成器物。⓫毘盧閣　〈雞山志略〉作「藏經閣」。⓬神廟　萬曆帝朱翊鈞死後廟號神宗，此即指神宗。⓭青蚨　傳說中的蟲名，因古有「青蚨還錢」的故事，後因稱錢為青蚨。⓮其嗣　指僧人朗耀。⓯李為見羅先生材　李材，字孟誠，江西豐城人。嘉靖進士，萬曆間官雲南按察使。材所至聚徒講學，人稱見羅先生。有《李見羅書》等。⓰周懋相　字弼甫，江西安福人。萬曆末為雲南巡按，頗有政績。⓱補處庵　嘉靖間廣西僧人如正創建。

【語譯】初十　早晨起身梳洗，顧僕來了，說弘辨禪師派往麗江府的僧人已經出發，是為我先行的人。我就等著吃飯，隨即從寺右的大路往北上去，走了二里，登上中支的山脊，有庵座落在上面，名牟尼庵。庵前松影桃花，彷彿有不同尋常的景致。庵後就是觀瀑亭，回頭俯視瀑布，真有看不夠的感覺。仍然沿著中支上行二里，經過息陰軒，從軒後直往西走一里，又南下渡過澗水往西走，已到大覺寺菜園的南面了。原來大覺寺菜園位於中支背後，中支延伸到這裡從北轉向東，菜園的西面有兩條水會合，即是瀑布的上游。一條水從羅漢壁往東南流下，一條水從華嚴寺往東北流去，兩條水的交界，中間夾著一支山，上面為慧林庵所在，是西南支往東伸出的支脈，聖峰寺、白雲寺所靠的山。去華嚴寺的路，又從菜園往東渡過瀑布下游。於是從澗水南岸沿水流往西上行，走了一里半，漸漸越過支脈的山脊。山脊南面，又有一條澗水，和西支往東延伸的山脊相隔。又從這條澗水的北岸沿水流往西上行，走了一里多，看到山脊上有三、四處墓地，墓後有遺留的長廊樓臺建築，和墓一樣都已毀壞。這山脊是西支的餘脈，直送出去，四周沒有護衛，也難怪會如此。從墓地西面又走下峽谷，這峽谷的水，又有二條：在南的一條，從西支法照寺南面發源，往東流經華嚴寺北面，到這裡和北面的澗水會合；在北的一條，從西支法照寺北面發源，往東流經毘盧寺北面，到這裡和南面的澗水會合。兩條水的交界，中間夾著一支山，是華嚴寺向北的案山，也是西南支往東伸出的支脈，毘盧、祝國二寺所靠的山。渡過北面的澗水，有兩條岔路：隨澗水往西走的，是去祝國寺、毘盧寺的路；從支脈一頭登上山脊，沿著南面的澗水北岸往西上行，是去華嚴寺的路。

我於是登上山脊，俯視南面的澗水走，過了一里，有亭橋架在澗水上，華嚴寺以此作為下游的關口。過了橋，才是西南支本身，又往西走半里，到華嚴寺。寺位於西南支的山脊上，東北面向九層崖峙立，地處僻遠，朝向與眾不同，是山中又一處勝地。因為雞足山中、東二支，以及絕頂的眾多寺廟，都是朝東或朝南兩種方向，從來沒有朝北的，唯獨這寺背後對著夕陽，北面大山的眾多寺廟，一處處倒過來出現，眼前也有異樣的感覺。華嚴寺的規模也較整齊，和傳衣寺不相上下。嘉靖年間，南京高僧月堂所創建，他的徒弟月輪，以演講經論出名，萬曆初年，皇太后特賜經藏。後遭火災，如今雖然重建，佛寺和原來一樣，但經書很少了。寺的東面有路，往東在山脊上行走，是直達傳衣寺的路。從寺前峽谷上往西走，過了半里，又有亭橋橫架在澗水上，就是東邊亭橋下水流的上游。一座寺左右兩邊各有亭橋，在雞足山中只看到這一處。

過了橋，又登上往北延伸的餘支，在山岡上走了半里，繞過岡脊，經過毘盧寺，寺前為祝國寺，都朝東座落在山岡上。寺的北邊有澗水往東流下，就是先前所踹過的北面的澗水。又從它的南面山崖沿著澗水往西上行，走了一里半，有寺座落在岡脊上，這就是法照寺。原來西南支從銅佛殿下往南墜落，到這裡向東轉，在轉折地方又往東伸出一支，成為毘盧寺、祝國寺所在的山脈，而橫亙在華嚴寺的前面，這是西南支的第一道餘脈。法照寺的北面，又分出一道山岡相夾，無住庵靠在山岡上，就是下面有毀壞墳墓的支脈，這是西南支的第二道餘脈。多處有路直往北越過山岡穿過峽谷橫伸出去，都是通往聖峰寺、會燈寺的大路。我想弄清分支的根源，就從峽谷中沿水流上行，到這裡離開南面的法照寺，往北繞到無住庵的背後，峽谷中的路漸漸被遮沒，竹木叢生，枝幹橫伸，就成了幽深寂靜的境地，但已經漸漸逼近絕頂的下面了。這時路上沒有行人，跟著一個桃花箐的村民走。過了一里，往北沿著峽谷走，又過了一里，往北登上墜落的山脊，再走一里，就越過山脊往西。於是向西望見香木坪的前山在外圍簇擁，華首門的絕壁高高懸立，從桃花箐伸過的山腋向西環繞，而這道山脊上面起自銅佛殿，下面到達法照寺，又轉而向東延伸，在這道山脊的西邊分隔的一座山壑，另外形成一境，是放光寺所靠的地方。越過山脊，再向西北盤繞山壑往上走，又過了一里半，來到大路上，已直逼華首門下面的山崖了。這路從東面的聖峰寺過來，往西經過放光寺到桃花箐，到達鄧川州，是大路。我往西隨著大路走，過了半里，就到了放光寺。

放光寺朝南，背靠絕壁，前面對著盤繞的山壑，以桃花箐作為右面的關口，以西南支的第一道餘脈作為左面的護衛，這裡雖然在雞足山三距之外，而實際上正處在絕頂的下面，能發光集異彩，實有原因。我最初從曹溪寺華首門向下看，只見這寺深深地落在壑底，以為光從幽深沉寂中往上升起，是鼯鼠棲息、毒蛇潛伏的洞穴，等到了這裡，寺仍然在萬壑環抱之上，而向上眺望華首門，則為如同削成萬仞峭壁，橫向拓展，十分寬闊，其間雖然有翠紋煙縷，像繡上去的印痕，仍懷疑沒法穿越攀登，誰知壁上西面起自曹溪寺，東面連接銅佛殿，原來就自有凌雲之路，橫貫華首門的前面。然而當親自經過華首門時，只是仰望上面高高隆起的崖壁，沒有發現下面陡峻的崖壁，到這裡上下崖壁又為一體，這又是多麼巍峨壯闊的景象！那麼雞足山雖然不缺乏層層崖壁，如華首門、羅漢壁、九重崖等處，它的境界固然崇高，但雄壯傑出的景觀，沒有能超過這裡的。寺前以大牌坊為門，門下有兩座石金剛，雕刻得十分奇特，猙獰的形狀，彷彿和山水景物一樣活靈活現。門內為前樓，樓前有巨石峙立在左邊，高一丈五尺，寬也相同，上面高聳，下面陡削，石上建有亭子，蔣賓川題字為「四壁無然」。北面正好可以仰望華首門，但被樓頂遮隔，四壁之中，唯獨遮掩了這一面無與倫比的勝景，不能不感到遺憾。寺建於嘉靖年間，是陝西僧人圓惺所造。萬曆初年，毀於火災後重建。有李元陽寫的碑，用銅模鑄碑鐫刻，但所刻有錯字。圓惺後嗣歸空又建了毘盧閣，閣成之後，神宗賜給經藏。我抄錄銅碑上的文字，殿中光線很暗，肚子又餓。這時主持的僧人都出去了，只有一個小和尚在，我給他銅錢，才用竹子燒火，煮蔬菜給我吃。

飯後，往東沿著大路走一里，越過下垂的支脈的山脊，又走了一里多，在下落的峽谷中盤繞來到岔路口：一條穿過峽谷直往東，是去聖峰寺的路；一條登上山嶺往北上去，是去會燈寺的路，才是攀登絕頂的正道。我就往北登上山嶺，轉了幾個彎到達會燈寺。寺朝南，過去是廓然禪師的靜室，如今他的弟子創建為寺。從寺的西邊再轉向北走上，又轉了幾次彎，走了一里多，經過迦葉寺。寺朝東，這是古時的迦葉殿。如今張巡按在絕頂建起迦葉殿，因而將這裡改為寺。從寺前往北進入峽谷，峽谷是西面起自絕頂，東面起自羅漢壁，由兩邊的山崖相夾而成，峽谷中懸掛著石級路。稍許往上有牌坊，是羅、李二先生遊覽的地方。羅為近溪先生羅汝芳，李為見羅先生李材，都是江西人，同為司道官到這裡遊覽。再上去有亭，為仰高亭，亭中有碑，是萬曆年間巡按周懋相所立，記載登山經過及景仰羅、李二先生的敬意。周也是江西人。我以前經過這裡，見亭中毀壞，來不及抄錄碑文離開了，所以這次來首先抄錄碑文。狂風在兩邊山崖間撼動，比其他地方加倍寒冷，碑上文字冗長，手多次被寒風凍僵。

抄錄完畢，太陽西斜。望見亭上面的兜率庵，就是先前走下的地方，而庵東面橫向延伸到羅漢壁的路，先前又曾走到這裡返回，從這裡登上絕頂的一段路程，不可能在今天剩餘的時間內走完。於是返回往下走，仍然經過迦葉寺前，看到有岔路往東下去到山壑中，山壑底部有一座庵在聖峰寺北面，一定是補處庵。於是取道峽中的山壑下去。原來沿山脊下去經過會燈寺的是正路，隨山壑下去到補處庵的是小路。往下走二里，經過補處庵，也比較荒涼冷落，擔心天色已晚沒有進去。從庵前渡過峽中的澗水往南，便登上山坡，經過聖峰寺。寺朝東，前面有大牌坊。從坊外往東走一里多，岡脊很狹窄，南北都有深坑逼近，越過山脊，又向東走一里多，有座新建的寺廟，位於山坡的中間，這就是白雲寺。我想窮究這支山脈的盡頭處，便往東下去，在南面澗水之上行走，過了二里，只見慧林庵座落在山坡盡頭處。沿庵前轉下北面的澗水，渡過水，才登上中支行走，北面的澗水和南面的澗水，就在路南會合，東面就是大覺寺的菜園。往東走半里，經過菜園北面，又往東走一里，經過息陰軒南面，再往東走一里，經過瀑布北面，便離開中支，往北渡過西竺寺旁澗水，便在中、東二支盤繞的山壑中行走了。又過了二里，將近傍晚，進入悉檀寺。

十一日　飯後，覺左足拇指不良，為皮鞋所窘也。而復吾亦訂余莫出，姑停憩一日，余從之。弘辨、安仁出其師❶所著書見示，《禪宗讚頌》、《老子玄覽》、《碧雲山房稿》。弘辨更以紙帖墨刻本公所勒相畀，且言遍周師以青蚨相贐，余作柬謝之。甫令顧僕持去，而大覺僧復路遇持來，余姑納之笥。上午，赴復吾招，出茶果，皆異品。有本山參，以蜜炙為脯❷，又有孩兒參❸，頗具人形，皆山中產。又有桂子，又有海棠子，皆所未見者。大抵迤西果品，吾地所有者皆有，惟栗差小，而棗無肉。松子、胡桃、花椒，皆其所出，惟龍眼、荔枝市中亦無。菌之類，雞葼之外，有白生香蕈❹。白生生於木，如半蕈，形不圓而薄，脆而不堅。黔中謂之八擔柴，味不及此。此間石蜜❺最佳，白若凝脂，視之有肥膩之色，而一種香氣甚異。因過安仁齋中觀蘭。蘭品最多：有所謂雪蘭花白、玉蘭花綠，最上，虎頭蘭最大，紅舌、白舌以心中一點，如舌外吐也。最易開，其葉皆闊寸五分，長二尺而柔，花一穗有二十餘朵，長二尺五者，花朵大二、三寸，瓣闊共五、六分，此家蘭也。其野生者，一穗一花，與吾地無異，而葉更細，香亦清遠。其地亦重牡丹，悉檀無山茶而多牡丹，元宵前，蕊已大如雞卵矣。

【章　旨】本章記載了第二百十八天在雞足山的行跡。留在悉檀寺看本無禪師所寫的書，遍周禪師送錢給我作路費。復吾以茶果招待，都是珍品，有本山參、孩兒參、桂子、海棠子等。大致滇西果品，除龍眼、荔枝外，應有盡有。菌類有雞葼、白生香蕈。這裡石蜜最佳。蘭花品種最多，有雪蘭、玉蘭、虎頭蘭等。也看重牡丹，元宵前花蕊已有雞蛋那麼大。

【注　釋】❶其師　指本無禪師。❷有本山參二句　今雞足山南面巍山縣，有沙參蜜餞，用蜂蜜浸漬沙參密封製成，與霞客所述相似，為雲南名特食品。❸孩兒參　又名太子參，可入藥。一般產於中國北部和東北部，南方很少見。❹白生香蕈　又名香菇、冬菇，味鮮而香，為食用佳品。❺石蜜　又名崖蜜，在高山崖穴間的野蜂所釀的蜜。

【語　譯】十一日　飯後，覺得左腳拇指不舒服，是被皮鞋擠壓的緣故。而復吾也約我別出去，姑且休息一天，我聽從了他。弘辨、安仁拿出他們師傅所寫的書給我看，《禪宗讚頌》、《老子玄覽》、《碧雲山房稿》。弘辨還送我紙帖墨刻本公所刻的，並且說遍周禪師要送錢給我作路費，我寫了帖子答謝。剛叫顧僕去送帖子，大覺寺僧人又和顧僕在路上相遇，也把錢帶來了，我暫且收下放在竹箱內。上午，應復吾的邀請到他那裡。他拿出招待的茶果，都是珍品。有本山參，用蜂蜜浸漬烤乾成脯，還有孩兒參，很像人形，都是山中特產。還有桂子、海棠子，都是從未見過的。大致滇西的果品，凡我家鄉有的，這裡都有，只是栗子比較小，而棗子沒有肉。松子、胡桃、花椒，都是這裡出產，唯有龍眼、荔枝市上也沒有供應。菌之類，除雞葼外，有白生香蕈。白生長在樹上，形狀像半朵香蕈，薄而不圓，脆而不硬。貴州省稱為八擔柴，味道不及這裡產品。這裡石蜜最佳，白如凝脂，看上去有肥膩之色，但發出一種香氣十分奇異。於是到安仁的齋中去觀賞蘭花。蘭花品種最多：有所謂的雪蘭花白、玉蘭花綠為最上品種，虎頭蘭最大，紅舌、白舌因為花心中有一點，像舌頭往外吐。最容易開花，葉子都一寸五分寬，二尺長，而且柔軟，一穗花有二十多朵，長二尺五寸，花朵有二、三寸大，花瓣寬五、六分，這是家蘭。那些野外的蘭花，一穗一朵花，和我家鄉的一樣，但葉更細，香氣也清遠。這裡也很看重牡丹，悉檀寺沒有山茶，但牡丹很多，元宵節前，花蕊已經像雞蛋那麼大了。

十二日　四長老期上九重崖，赴一衲軒供。一衲軒為木公所建，守僧歲支寺中粟百石，故每歲首具供一次。以雨不能行。飯後，坐齋頭，抵午而霽，乃相拉上崖。始由寺左半里，上弘辨靜室基旁。又西半里，過天柱靜室旁。又北躋一里半，橫陟峽箐，始與一西來路合。遂東盤峽上，半里，其北又下墜一峽，大路陟峽而逾東北嶺，乃北下後川向羅川之道；小路攀脊西北上，乃九重崖之東道，其路甚峻，即余前所上者。第此時陰晴未定，西南望香木坪一帶，積雪崢嶸❶，照耀山谷，使人心目融徹，與前之麗日澄空，又轉一光明法界❷矣。一里餘，抵河南師靜室。路過其外，問而知之。雨色復來，余令眾靜侶先上一衲軒，而獨往探之。師為河南人，至山即棲此廬，而曾無旁出。余前從九重崖登頂，不知而過其上，後從獅林欲橫過野愚東點頭峰下，又不得路，躊躇至今，恰得所懷。比入廬見師，人言其獨栖，而見其一室三侶；人言其不語，而見其條答有敘；人言其不出，而見其把臂入林❸，亦非塊然❹者。九重崖靜室得師，可與獅林、羅漢鼎足矣。坐少定，一衲軒僧來邀，雨陣大至，既而雪霏，師挽留，稍霽乃別。躡磴半里，有大道自西上，橫陟之，遂入一衲軒。崖中靜主大定、拙明輩，皆供餐絡繹，迨暮不休。雨雪時作，四長老以騎送余，自大道西下。其道從點頭峰下，橫盤脊峽，時嵐霧在下，深崖峭壑，茫不可辨。二里，與獅林道合，已在幻住庵之後，西與大覺塔院隔峽相對矣。至此始勝騎，從幻住前下山，又四里而入悉檀。篝燈作楊趙州書。

【章　旨】本章記載了第二百十九天在雞足山的行跡。隨四位長老登上九重崖，去一衲軒吃供飯。途中望見香木坪一帶，積雪崢嶸，照耀山谷，使人心目通明。路過河南禪師的靜室，獨自前去探望，禪師和人們所說的情況並不相同。隨後進入一衲軒，直吃到晚上。騎馬返回，從幻住庵前下山，進入悉檀寺。

【注　釋】❶崢嶸　形容高峻的山上積雪之多。❷法界　梵語意譯，音譯「達摩馱多」，說法甚多。通常指感官和思維直接感受的對象，即宇宙現象界。也用以泛指各種事物。❸把臂入林　《世說新語·賞譽》：「豫章（謝鯤）若遇七賢，必自把臂入林。」後因稱與友偕隱為把臂入林。❹塊然　孤獨；孤高。

【語　譯】十二日　四位長老約好上九重崖，去一衲軒吃供飯，一衲軒是木公建造，守護的僧人每年從寺中領取一百石穀子，所以每年年初準備一次供飯。因為下雨不能動身。飯後，坐在齋頭，到中午天才放晴，於是互相拉著手攀登九重崖。開始從寺的左邊走了半里，登上弘辨靜室的地基旁。又往西走了半里，經過天柱靜室旁。再往北攀登一里半，橫穿峽谷，才和一條從西面延伸過來的路會合。於是往東盤繞峽谷上去，走了半里，北面又往下落成一道峽谷，大路登上峽谷然後越過東北的山嶺，是往北走下後川通向羅川的路；小路攀登山脊往西北上去，是去九重崖的東路，這條路很陡峻，就是我先前往上所走的路。只是這時陰晴未定，向西南眺望，見香木坪一帶，積雪深厚，照耀山谷，使人心目通明透徹，和以前的麗日晴朗無雲的天空相比，又變成另一光明境界。走了一里多，到河南禪師的靜室。從它外面路過，問後方才知道。這時又下起雨來，我叫眾靜侶先上一衲軒，獨自去探望禪師。禪師是河南人，到雞足山後就住在這裡，從不曾外出。我先前從九重崖登絕頂，不知道有靜室而從上面走過，後來從獅子林想橫穿野愚靜室東面的點頭峰下，又找不到路，徘徊不定，直到今天，正好得到實現原來的心願。等到走進住屋，見到禪師，人們說他一人獨居，卻見他一室之中有三個僧侶；人們說他不和人講話，卻見他對答很有條理；人們說他不走出屋，卻見他和友人一起隱居，十分親密，也不是孤僻傲慢的人。九重崖靜室有了河南禪師，就可和獅子林、羅漢壁鼎足而立了。稍許坐定，一衲軒的僧人便來邀請，大陣雨下了起來，過了一會，雨雪紛飛，禪師挽留，到雨雪稍許停下，才起身告別。登上石級，走了半里，有大路從西面往上伸出，橫穿過去，便進入一衲軒。九重崖靜室的主人大定、拙明等人，都絡繹不斷地供餐，直到傍晚還沒停止。雨雪有時還在下著，四位長老用馬送我，從大路往西下去。這路從點頭峰往下，橫繞山脊峽谷，這時霧氣在下面迷漫，深崖峭壑，茫然一片，無法分辨。走了二里，和去獅子林的路會合，已在幻住庵的背後，西面和大覺寺塔院隔著峽谷相對了。到這裡才能騎馬，從幻住庵前下山，又走了四里，進入悉檀寺。點燈寫作給楊趙州的信。

十三日　晨起飯，即以楊趙州書畀顧僕，令往致楊君。余追憶日記於東樓。下午，雲淨天皎。

十四日　早寒，以東樓背日，余移硯於藏經閣前桃花下，就暄❶為記。上午，妙宗師以雞葼茶果餉，師亦檢藏其處也。是日，晴霽如故。迨晚，余忽病嗽。

十五日　余以嗽故，臥遲遲，午方起。日中雲集，迨晚而翳。余欲索燈臥，弘辨諸長老邀過西樓觀燈。燈乃閩中紗圍者，佐以柑皮小燈，或掛樹間，或浮水面，皆有熒熒❷明星意，惟走馬紙燈，則闇而不章也❸。樓下採青松毛，鋪藉為茵席，去桌❹趺坐，前各設盒果注茶為玩，初清茶，中鹽茶，次蜜茶，本堂諸靜侶，環坐滿室，而外客與十方❺諸僧不與焉。余因憶昔年三里❻龍燈，一靜一鬧，粵西、滇南，方之異也，梵宇官衙，寓之異也，惟佳節與旅魂無異，為黯然而起，則殿角明蟾❼，忽破雲露魄❽矣。

十六日　晨餐後，復移硯就暄於藏經閣前桃花下，日色時翳。下午返東樓，嗽猶未已。抵暮，復雲開得月。

十七日　作記東樓，雨色時作。

十八日　濃雲密布，既而開霽。薄暮，顧僕返自趙州❾。

【章　旨】本章記載了第二百二十天至第二百二十五天在雞足山的行跡。寫信給趙州楊知州。因天冷，到藏經閣前桃花樹下靠近陽光寫日記。忽然生病咳嗽。元宵節應邀去西樓賞燈，坐在青松毛墊上品茶，和去年在三里城官衙看燈，一靜一鬧，全然不同。這幾天一直留在悉檀寺。

【注釋】❶暄　太陽溫暖。❷熒熒　微光閃爍。❸惟走馬紙燈二句　原脫，據徐本補。走馬紙燈，舊俗在元宵節，用彩紙剪成各種人騎著馬的形像，黏在燈內特製的輪子上，輪子因蠟燭的火焰所造成的空氣對流而轉動，紙剪的人馬也就隨著轉圈子。唐人稱之為影燈。❹卓　同「桌」。❺十方　指東、南、西、北、東南、西南、西北、東北、上、下十方。❻三里　三里城，見〈粵西遊日記四〉十二月二十二日日記注。❼蟾　傳說月中有蟾蜍，故用作月亮的代稱。❽魄　月魄，月初生或始缺時不明亮的部分。也泛指月亮。❾趙州　明代隸大理府，治所在今大理鳳儀。

【語　譯】十三日　早晨起身吃飯，就將給楊趙州的信交付顧僕，叫他去送給楊君。我在東樓補寫日記。下午，雲霧散盡，天空皎潔。

十四日　早晨天氣很冷，因為東樓背著陽光，我將硯臺搬到藏經閣前的桃花樹下，靠近陽光寫日記。上午，妙宗禪師拿雞葼、茶果來款待，禪師也在這裡查閱經藏。這天天氣依然晴朗。到晚上，我忽然生病咳嗽。

十五日　我因為咳嗽的緣故，天亮以後還一直睡著，到中午才起身。正午雲霧聚集，到晚上遮蔽天空。我想要了燈睡下，弘辨和眾長老邀請我去西樓賞燈。燈是用福建產的紗圍成，配上柑皮小燈，有的掛在樹間，有的浮在水面，都像閃爍的星光，只有走馬紙燈，則昏暗而不顯眼。樓下採了青松毛鋪成墊蓆，不用桌子，盤腿坐下，各人面前放著果盒，沏茶賞玩，第一道清茶，中間一道鹽茶，後面一道蜜茶，本寺眾靜侶，圍成一圈，坐滿室內，而外來的客人和各地的僧人不得參加其中。我於是想起去年在三里城觀看龍燈，與今相比，一靜一鬧，廣西、雲南，地區不同，廟宇官衙，住處不同，只有元宵佳節和旅客遊魂並無不同，為此神情沮喪，站起身來，只見殿角的明月，忽然穿破雲層，露出了微光。

十六日　早飯後，又將硯臺移到藏經閣前桃花樹下，靠近陽光寫日記。太陽時常被遮蔽。下午返回東樓，咳嗽還沒停止。到晚上，雲又散開可看到月亮。

十七日　在東樓寫日記，時時出現下雨的跡象。

十八日　濃雲密布，不久放晴。傍晚，顧僕從趙州返回。

十九日　飯後，晴霽殊甚。遂移臥具，由悉檀而東，越大乘東澗，一里，上脊，即迎祥寺。從其南上，寺後半里為石鐘寺，又後為圓通、極樂二庵。極樂之右即西竺，西竺之後即龍華。從龍華前西過大路，已在西竺之上，去石鐘又一里矣。龍華之北坡上即大覺寺。龍華西，臨澗又有一寺，前與石鐘同東南向。從其後渡澗，即彼岸橋，下流即息陰軒，已為中支之脊矣。從軒左北向上，過觀音閣，為千佛寺❶，其前即昔之街子，正當中脊，今為墟矣。復北渡澗，從大覺側西北上。寺僧留余入，謝之。仍過澗橋，上有屋，額曰「彼岸同登」，其水從望臺嶺東下，界於寂光、大覺之間者，龍華至此，又一里矣。過橋，復躡中支上，半里，中脊為水月庵，脊之東腋為寂光，脊之西腋為首傳❷。僧淨方年九十矣，留余，未入。由寺右盤一嘴，東覷一庵，桃花嫣然，松影歷亂，趨之，即積行庵也。其庵在水月之西，首傳之北。僧覺融留飯。後乃從庵左東上，轉而西北登脊，從中支脊上二里，有靜室當脊，是曰烟霞室，克心之徒本和所居。由其西分岐上羅漢壁，由其東盤峽上旃檀嶺。嶺從峽西下，路北向作「之」字上，一里，得克心靜室。克心者，用周之徒，昔住持寂光，今新構此退休。其地當垂脊之左，東向稍帶南，又以西支外禾字孔大山為虎砂，以點頭峰為龍砂。龍近而虎遠，又與獅林之砂異。其東有中和靜室，亦其徒也，為鬱攸❸所焚，今中和往省矣。克心留余，點茶稠疊，久之別，已下午。遂從右上，小徑峻極，今其徒偕。

上半里，得西來大道，隨之東上。又半里，陟旃檀嶺脊而西南行，經烟霞室，漸轉東南，為水月、寂光。由其前又西南一里，盤一嘴，有廬在嘴上，余三過皆鑰門不得入，其下即白雲寺所託也。又西半里，再盤突嘴而上，即慧心靜室。慧心為幻空徒，始從野愚處會之，前曾過悉檀來叩，故入叩之，方禪誦會燈庵，其徒供茶而去。後即碧雲寺，不入。從其側又盤嘴兩重，二里，北上西來寺，西經印雪樓前，又西循諸絕壁行。一里，為一真蘭若，其上覆石平飛。又西半里，崖盡而成峽，其峽即峰頂與羅漢壁夾峙而成者，上自兜率宮，下抵羅、李二先生坊，兩壁夾成中溜❹，路當其中。溜之半，崖腳內嵌，前聳巨木，有舊碑，刻峋鶴詩，乃題羅漢壁者。中橫一岐，由其上涉溜半里，過玄武廟。又半里，過兜率宮❺，已暮，而宮圮無居人。又上一里，叩銅佛殿，入而栖焉，即所謂傳燈寺也。前過時，朝山之履相錯，余不及入，茲寂然。久之，得一老僧啟戶，宿。

【章旨】本章記載了第二百二十六天在雞足山的行跡。離開悉檀寺，走到迎祥寺，寺後為石鐘寺，再往後為龍華寺。從寺後過彼岸橋，下游已在中支的山脊。再經過千佛寺，過一座澗橋，攀登中支。山脊中間有水月庵，東腋有寂光寺，西腋有首傳寺，僧人淨方年已九十。在積行庵吃飯，隨後經過烟霞室，到克心靜室，這裡以禾字孔大山為虎砂，點頭峰為龍砂。下午登上旃檀嶺，經過水月庵、寂光寺，到慧心靜室，後面就是碧雲寺。再北上西來寺，沿著絕壁走到一真蘭若，往西山崖盡頭形成峽谷，即由峰頂和羅漢壁夾峙而成。從岔路涉過急流，經過玄武廟、兜率宮，到銅佛殿過夜。

【注　釋】❶千佛寺　在大覺寺西南，寂光寺東南。❷首傳　寺名，在寂光寺西南，聖峰寺東南。❸鬱攸　火。❹溜　急流。❺兜率宮　在銅佛殿下，迦葉寺西。

【語　譯】十九日　飯後，天氣特別晴朗。於是遷移臥具，從悉檀寺往東，越過大乘庵東邊的澗水，走了一里，登上山脊，便是迎祥寺。從寺南往上走，寺後半里處為石鐘寺，再往後為圓通、極樂二庵。極樂庵的右邊即西竺寺，西竺寺的後面為龍華寺。從龍華寺前往西過大路，已在西竺寺的上方，離石鐘寺又有一里了。龍華寺的北坡上即大覺寺。龍華寺的西邊，對著澗水又有一寺，和前面的石鐘寺同樣面向東南。從寺後渡過澗水，就是彼岸橋，下游即息陰軒，已是中支的山脊了。從軒的左邊往北上去，經過觀音閣，便是千佛寺，寺前就是過去的集市，正好位於中支的山脊上，如今已成為廢墟了。再往北渡過澗水，從大覺寺旁往西北上去。寺中僧人挽留我進去，向他們辭謝了。仍然走過澗水上面的橋，橋上有屋，匾額為「彼岸同登」，橋下的水從望臺嶺向東流下，在寂光寺、大覺寺之間作為分界，從龍華寺到這裡，又有一里了。過橋後，又攀登中支往上，走了半里，山脊中間有水月庵，山脊的東腋有寂光寺，山脊的西腋有首傳寺。僧人淨方年已九十了，挽留我，沒進去。從寺的右邊繞過一道山口，向東望見一座庵，桃花嬌豔，松影紛亂，趕到那裡，就是積行庵。這庵在水月庵的西面，首傳寺的北面。僧人覺融留我吃飯。飯後便從庵的左邊往東上去，轉向西北登上山脊，從中支的山脊往上走二里，有靜室在山脊上，名烟霞室，是克心的徒弟本和居住的地方。從室西邊分出的岔路，可上羅漢壁，從室東邊盤繞峽谷，可上旃檀嶺。嶺從峽谷西邊延伸下去，路往北作「之」字形上去，走了一里，到克心的靜室。克心是用周的徒弟，以前是寂光寺的住持，如今新建了這靜室退休。這裡地處下垂的山脊左邊，朝東稍許偏南，又以西支外禾字孔大山作為虎砂，以點頭峰作為龍砂。龍砂近而虎砂遠，又和獅子林的龍砂、虎砂不同。室的東面有中和的靜室，也是他的徒弟，室已被火燒毀，如今中和去省城了。克心留我，點心茶水接連不斷供上，過了好久才告別，已是下午。於是從右邊上去，小路極其險峻，克心叫他的徒弟陪我一起走。

往上走了半里，來到從西邊延伸過來的大路上，隨它往東上去，又走了半里，登上旃檀嶺脊往西南走，經過烟霞室，漸漸轉向東南，到水月庵、寂光寺，從它們的前面再往西南走一里，繞過一處山口，山口上有房屋，我三次經過門都鎖著不能進去，它下面就是白雲寺所在的地方。再往西走半里，再盤繞突起的山口往上，就是慧心的靜室。慧心是幻空的徒弟，最早在野愚那裡見過面，先前曾來悉檀寺拜訪我，所以我進去回拜他。這時慧心正在會燈庵坐禪誦經，他的徒弟上茶後離去。後面就是碧雲寺，沒進去。從寺旁又繞過二重山口，走了二里，往北上去到西來寺，往西經過印雪樓前，再往西沿著絕壁走。過了一里，到一真蘭若，上面覆蓋的岩石橫向凌空突起。再往西走半里，崖壁盡頭便成峽谷。這峽谷就是由峰頂和羅漢壁夾峙形成的，上面起自兜率宮，下面到達羅、李二先生坊，兩邊崖壁相夾中間形成急流，路就在其中。急流的中段，崖腳往裡嵌入，前面聳起大樹，有舊碑，上面刻著峋鶴的詩，是題羅漢壁的。中間橫著一條岔路，從它上面涉過急流走半里，經過玄武廟。再走半里，經過兜率宮，已是傍晚，而宮已塌毀，無人居住。再往上走一里，敲銅佛殿門，進去居住，就是所說的傳燈寺。先前經過時，朝山的人來往不絕，我來不及進去，現在十分靜寂。過了很久，有一個老僧人出來開門，便在這裡留宿。

二十日 晨起，欲錄寺中古碑，寒甚，留俟下山錄，遂置行具寺中。寺中地俱大理石所鋪。蓋以登絕頂二道，俱從寺而分，還必從之也。出寺，將北由袈裟石上，念猢猻梯前已躡之，登其崖端，而下東身峽。向雖從之下，猶未及仰升，茲不若由南上北下，庶交❶覽無偏。乃從寺右循崖西行，遂過華首門而西，崖石上下俱峭甚，路緣其間，止通一綫，下瞰則放光寺正在其底，上眺則峰頂之捨身崖即其端，而莫能竟也。共西一里，有岐懸崖側，余以為下放光道，又念層崖間何能垂隙下。少下，有水出崖側樹根間，刳木盛之，是為八功德水。刳木之外無餘地，水即飛洒重崖，細不能見也。路盡仍上，即前西來入大道處，有草龕倚崖間，一河南僧習靜❷其中，就此水也。又西半里，稍上，又半里，為曹溪寺。寺止三楹，倚崖，門扃無人。其水較八功德稍大，其後危崖，稍前抱如玦。余攀石直躋崖下，東望左崖前抱處，忽離立成峰，圓若卓錐，而北並崖頂，若即若離，移步他轉，即為崖頂所掩，不可辨，惟此處則可盡其離合之妙。而惜乎舊曾累址，今已成棘，人莫能登。蓋雞山無拔地之峰，此一見，真如閃影也。

又西半里餘，過東身峽下，轉而南，過伏虎庵，又南過禮佛庵，共一里，再登禮佛臺。臺南懸桃花箐過脈之上，正與香木坪夾箐相對，西俯桃花箐，東俯放光寺，如在重淵之下。余從臺端墜石穴而入，西透窟而出，復有聳石攢❸隙成臺，其下皆危崖萬仞，棧木以通，即所謂太子過玄關也。過棧即臺後禮佛龕。昔由棧以入穴，今由窟以出棧，其憑眺雖同，然前則香客駢趾，今則諸庵俱扃，寂無一人，覺身與灝靈同其游衍而已❹。棧西沿崖端北轉，有路可循，因披之而西，遂過桃花箐之上。共一里，路窮，乃樵徑也。仍返過伏虎庵，由東身峽上，峽勢逼束。半里，透其上，是為文殊堂，始聞有老僧持誦聲。路由其前躡脊，乃余前東自頂來者，見其後有小徑，亦躡脊西去，余從之。蓋文殊堂脊處，乃脊之坳，從東復聳而起者，即絕頂之造而為城者也；從西復聳而起者，桃花箐之度而首峙者也。西一里，叢木蒙茸，雪痕連亙，遂造其極。

蓋其山自桃花箐北度，即凌空高峙，此其首也。其脊北垂而下，二十里而盡於大石頭，所謂「後距」也。其橫亙而東者，至文殊堂後，少遜而中伏，又東而後起為絕頂，又東而稍下，遂為羅漢壁、旃檀嶺、獅子林以後之脊，又東而突為點頭峰，環為九重崖之脊，皆迤邐如屏。於是掉尾而南轉，墜為塔基馬鞍嶺，則雞山之門戶矣。垂脊而東，直下為雞坪關，則雞山之脛足矣。故山北之水，北向而出於大石東。山西之水，其南發於西洱海❺之北者，由和光橋；西發於河底橋者，由南、北衙；皆會於大石之下，東環牟尼山之北，與賓川之流，共北下金沙大江焉。始知南龍❻大脈，自麗江之西界，東走為文筆峰，是為劍川、麗江界。

抵麗東南邱塘關，南轉為朝霞洞，是為劍川、鶴慶界。又直南而抵腰龍洞山，是為鶴慶、鄧川州界。又南過西山灣，抵西洱海之北，轉而東，是為鄧川、太和界。抵海東隅，於是正支則遵海而南，為青山，太和、賓川州界；又東南峙為烏龍壩山，為趙州、小雲南界；遂東度為九鼎，又南抵於清華洞，又東度而達於水目焉。分支由海東隅，北峙為香木坪之山，從桃花塢北度，是為賓川、鄧川界。是雞足雖附於大支，而猶正脊也。登此直北望雪山，茫不可見。惟西北有山一帶，自北而南者，雪痕皚皚，即腰龍洞，南、北銜西倚之山也。其下麥畦浮翠，直逼雞山之麓，是為羅川，若一琵琶蟠地，雖在三十里下，而黛色欲襲人衣。四顧他麓，皆平楚蒼蒼❼也。西南洱海，是日獨潏❽蕩如浮盃在掌。蓋前日見雪山而不見海，今見海而不見雪山，所謂「陰晴眾壑殊❾」，出沒之不可定如此。此峰之西盡處也。

東還一里，過文殊堂後脊，於是脊南皆危崖凌空，所謂捨身崖❿也。愈東愈甚，余凌其端瞰之，其下即東身峽，東抵曹溪後東峰，向躋其下，今臨其上。東峰一片，自崖底並立而上，相距丈餘，而中有一脈聯屬，若拇指然，可墜坳上其巔也。余攀躋從之，顧僕不能至。時罡風⓫橫厲，欲捲人擲向空中，余手粘足距，幸不為捨身者，幾希矣。又共一里，入頂城門，實西門也。入多寶樓，河南僧不在，其徒以菉豆粥芝麻鹽為餉。余再錄善雨亭中未竟之碑。下午，其徒復引余觀其師退休靜室，其室在城北二里，即前所登西峰之北坳也。路由文殊堂脊，北向稍下，循西行，當北垂之腋。室三楹，北向，環拱亦稱。蓋雞山迴合之妙，俱在其南，當山北者僅有此，亦幽峻之奧區也。其左稍下，有池二方，上下連匯，水不多，亦不竭，頂城所供，皆取給焉。還抵城北，竟⑫從城外趨南門，不及入迦葉前殿，由門前東向懸石隙下，一里，有殿三楹，東向，額曰「萬山拱勝」，而戶亦扃。由其前下墜，級甚峻。

將抵猢猻梯，遇一人，乃悉檀僧令來候余者，以麗江有使來邀也。遂同下，共一里，而至銅佛殿。余初擬宿此，以候者至，乃取行李，五里，過碧雲寺前。直下五里，過白雲寺。由寺北渡一小澗，又東五里，過首傳寺後，時已昏黑。又三里，過寂光寺西，候者腰間出一石如栗，擊火附艾，拾枯枝燃之。遵中支三里，叩息陰軒門，出火炬為導。又一里餘，逾瀑布東脊而北，又三里而至悉檀。弘辨師引麗府通事⑬見，以生白公招柬來致，相與期遲一日行。

二十一日　余約東行李為行計。通事由九重崖為山頂游。將午，復吾邀題七松冊子。弘辨又磨石令其徒雞仙書靜聞碑。

【章　旨】本章記載了第二百二十七天、第二百二十八天在雞足山的行跡。離開銅佛殿，去攀登絕頂，準備走和上次相反的路。經過華首門往西，到八功德水，是將樹木挖空盛水。往上到曹溪寺，忽然望見有座山峰，形狀如同直立的圓錐，和崖頂並立，若即若離，雞足山沒有拔地而起的山峰，唯見這座山峰一閃而過。往前經過束身峽下、伏虎庵、禮佛庵，登上禮佛臺。在臺上向西俯視桃花箐，向東俯視放光寺，下面都是萬仞懸崖，有棧道相通，這就是太子過玄關，登臨遠望，令人有與灝氣神靈同遊之感。再從束身峽上去，到文殊堂，穿過樹叢，登上絕頂。雞足山從桃花箐往北延伸，這裡是頭部，山脊往北垂下到大石頭為止，便是「後距」。向東橫貫的山脈，前後為絕頂、羅漢壁、旃檀嶺、獅子林、點頭峰、九重崖。馬鞍嶺為雞足山的門戶。山脊延伸到雞坪關便是雞足山的脛足。山北的水都從大石頭東流出，山西的水都在大石頭下會合，注入金沙江。南面的大山脈，從麗江府西部延伸，前後聳起文筆峰、朝霞洞、腰龍洞山、青山、烏龍壩山、九鼎山、水目山、香木坪山，成為麗江府、劍川州、鶴慶府、鄧川州、太和縣、賓川州、小雲南縣各地的分界。雞足山雖然附於大山支脈，仍是正脊。這天在絕頂望不見北面的雪山，白雪皚皚處是腰龍洞山，但卻看到洱海碧波蕩漾，景物就這樣出沒不定。隨後登上捨身崖，下面就是束身峽，這時高空狂風凌厲，差一點在這裡捨身。進入絕頂的西門，走進多寶樓，再抄善雨亭中的碑文。下午到河南僧人的靜室，在幽深險峻的腹地，絕頂城牆內的用水，都取自這裡的池水。即將抵達猢猻梯，遇見悉檀寺派來的僧人，得知有麗江府使者來邀請。於是到銅佛殿取行李，再經過碧雲寺、白雲寺、首傳寺、寂光寺、息陰軒，回到悉檀寺。因麗江知府木公派人送來請帖，於是打理好行李準備前往。

【注 釋】❶交 都；俱。❷習靜 排除雜念，靜養修性。也用以指過幽靜的生活。❸攢 通「鑽」。❹覺身與灝靈同其遊衍而已 柳宗元〈始得西山宴遊記〉：「悠悠乎與浩氣俱而莫得其涯，洋洋乎與造物者遊而不知其所窮。」❺西洱海 洱海水源出洱源城北罷谷山，流入大理境內稱西洱河。❻南龍 古時堪輿家因山脈曲折起伏形狀如龍，故稱山勢為龍，稱其曲折綿延的脈絡為龍脈。古時有「三龍」說，指從崑崙山發端的北龍、中龍、南龍三大山系。將從長江源頭開始南下東轉的山脈稱為南龍。❼平楚蒼蒼 謝朓〈郡內登望〉：「寒城一以眺，平楚正蒼然。」楚，叢木。登高望遠，見樹梢齊平，故稱「平楚」。❽滃 水湧出。❾陰晴眾壑殊 唐王維〈終南山〉：「分野中峰變，陰晴眾壑殊。」言千巖萬壑或明或暗各不相同。❿捨身崖 在金殿西邊，自八功德水往上，經太子過玄關、捨身崖，便登上絕頂。⓫罡風 高空的風。⓬竟 徑直；直接。⓭通事 翻譯官吏，五代契丹置。此借指通報傳達的人。

【語 譯】二十日 早晨起身，想抄錄寺中的古碑，天氣十分寒冷，留待下山時抄錄。便將行李放在寺中。寺中地面都鋪上大理石。因為攀登絕頂的兩條路，都從寺前分出，返回時必定經過這裡。走出寺準備往北從袈裟石上去，想起先前已到過猢猻梯，登上崖端，往下去束身峽。先前雖然從那裡下去，但還沒來得及向上攀登，這次不如從南面上去，北面下來，這樣就能都可遊到，而不偏於一處。於是從寺的右邊沿山崖往西走，經過華首門往西，上下崖石都很陡峭，路在崖石間延伸，只有一線可通，向下俯視，只見放光寺正位於崖底，向上遠望，只見峰頂的捨身崖就是這崖的頂端，但不能窮究。往西走了一里，有岔路懸在崖邊，我以為是往下去放光寺的路，又想如何能從層層山崖間的縫隙中直落下去。稍許往下，有水從崖邊的樹根中流出，把樹木破開挖空成槽用來接受這水，這就是八功德水，除安放槽木外，沒有一點空地，水就向重重山崖飛灑，細得都看不見。到路的盡頭仍往上走去，就是先前從西面過來走上大路的地方，有草屋靠在山崖間，一個河南僧人在裡面靜心修行，他便靠近這八功德水生活。又往西走半里，稍許往上，再走半里，到曹溪寺。寺只有三間屋，靠著山崖，門鎖著沒人。這裡的水比八功德水稍大些，背後的懸崖，稍許向前環抱，形狀如玦。我攀著岩石直登崖下，向東望見左邊山崖向前環抱的地方，忽然有山峰並立，高聳直上，像圓形的錐子，而北面和崖頂並立，好似相連接，又像分離著，移步轉向，山峰就被崖頂遮蔽，沒法辨認，唯有在這裡，才可窮盡它的離合妙處。可惜以前曾有重重建築的遺址，如今都已變成荊棘之地，人們不能上去。原來雞足山沒有拔地而起的山峰，在這裡見到一眼，真像影子一閃而過。

再往西走半里多，經過束身峽下面，轉而向南，經過伏虎庵，再往南經過禮佛庵，共走了一里，第二次登上禮佛臺。臺懸立在從南面桃花箐延伸過來的山脈上，正好和香木坪隔著箐谷相對，向西俯視桃花箐，向東俯視放光寺，如在重重深淵之下。我從臺的一頭往下落進入石洞中，往西穿過石洞走出，又有聳立的岩石透過縫隙形成石臺，下面都是萬仞懸崖，用木料架起棧道通行，這就是所謂的「太子過玄關」。通過棧道就是臺後的禮佛龕。過去從棧道入洞，如今從洞走出到棧道，登臨眺望雖然相同，但以前香客接踵而至，現在各庵都鎖著門空無一人，只覺自身到此如與灝氣神靈一同縱情遊樂罷了。從棧道西邊沿崖往北轉，有路可隨著崖走，於是上路往西，便越過桃花箐的上方。共走了一里，路到盡頭，那是一條砍柴的小路。返回仍然經過伏虎庵，從束身峽上去，峽勢狹窄，走了半里，從它的上面穿出，便到文殊堂，才聽到有老僧誦經的聲音。路從堂前登上山脊，是我先前從東面絕頂過來的路，看到堂後有條小路，也是登上山脊往西去的，我便從小路走。原來文殊堂所在的山脊，是脊上的坳地，從東面又聳起的，就是絕頂建造圍牆的地方；從西面又聳起的，是從桃花箐延伸過來峙立的第一座山峰。往西走一里，樹叢雜亂，雪痕連綿，於是登上雞足山的絕頂。

原來雞足山從桃花箐往北延伸，就淩空高聳，這裡是它的頭部。山脊往北垂下，延伸二十里到大石頭為止，就是所謂的「後距」。向東橫亙的山脈，到文殊堂背後，稍許退後而中間低伏，又往東延伸而後聳起成為絕頂，再往東稍下，就成為羅漢壁、旃檀嶺、獅子林以後的山脊，再往東突起成為點頭峰，環繞成為九重崖的山脊，都連綿不斷如同屏障。從這裡掉轉尾部向南，往下落成塔基所在的馬鞍嶺，便是雞足山的門戶。下垂的山脊向東延伸，直往下到雞坪關，便是雞足山的脛足。所以山北的水，往北從大石的東邊流出。山西的水，在南面發源於西洱海北的，從和光橋流出；在西面發源於河底橋的，從南、北衙流出；都在大石的下面會合，往東環繞牟尼山的北面，和賓川州的水，一起往北流入金沙大江中。方才知道南面的大山脈，從麗江府的西界往東延伸為文筆峰，這是劍川州和麗江府的分界。延伸到麗江府東南的邱塘關，往南轉為朝霞洞所在的山脈，這是劍川州和鶴慶府的分界。再一直往南延伸到腰龍洞山，這是鶴慶府和鄧川州的分界。再往南越過西山灣，到西洱海的北面，轉向東延伸，這是鄧川州和太和縣的分界。到西洱海的東隅，從這裡起正支則沿著洱海往南延伸為青山，是太和縣和賓川州的分界。又往東南峙立為烏龍壩山，是趙州和小雲南縣的分界。於是往東延伸為九鼎山，再往南到清華洞，再往東延伸到水目山。分支從洱海東隅，往北峙立為香木坪所在的山，從桃花塢往北延伸，這是賓川州和鄧川州的分界。可見雞足山雖然依附於大山支脈，但仍然是正脊。登上這座山正北望雪山，一片迷茫無法看見。只獨西北有一帶山，自北往南，雪痕皚皚，就是腰龍洞，南、北衙西邊所靠的山，山下麥田，一片翠綠，直逼雞足山腳，這是羅川，就像一把琵琶盤伏在地上，雖然在山下三十里外，但青黑的顏色仍像要薰染人的衣裳。環顧四周其他山麓，都是蒼翠的叢木，西南的洱海，這天特別是水波蕩漾，如同掌上浮動的杯酒。前些日子能看到雪山但看不見洱海，今天看到洱海卻看不見雪山，真所謂「陰晴眾壑殊」，景物就這樣變幻不定。這是山峰西邊的盡頭處。

往東返回一里，經過文殊堂背後的山脊，到這裡山脊南面都是淩空的懸崖，就是所謂的捨身崖。越往東越陡峻，我登上崖頂俯視，下面就是東身峽。往東到曹溪寺後的東峰，先前在崖下攀登，如今已登臨崖上。東峰那一帶，從崖底並立向上，相隔一丈多，而其中有一道山脈連接，就像拇指一樣，可以落到山坳中再登上山頂。我從這道山脈攀登，顧僕不能到此，這時狂風橫吹十分厲害，像要把人捲起投向空中，我手掌緊貼著崖壁，兩腳蹲下，僥倖沒有成為這裡捨身的人，但也很危險了。共走了一里，進入絕頂城門，其實是西門。走進多寶樓，河南僧人不在，他的徒弟用綠豆粥、芝麻鹽款待。我再抄錄善雨亭中沒抄完的碑文。下午，這徒弟又帶我去參觀他師傅退休的靜室，這室在城牆北面二里，就是先前所攀登的西峰北面坳地。路從文殊堂所在的山脊，向北稍許走下，沿著西邊走，在北陲的山腋間。靜室有三間，朝北，外圍環拱也相稱。雞足山環抱的妙處，都在山南，位於山北的只有這一處，也是幽深險峻的腹地。從靜室左邊稍許往下，有兩方池水，上下匯通，水不多，也不乾涸，絕頂城牆以內的用水，都在這裡汲起供給。返回到達城北，直接從城外走到南門，來不及進入迦葉前殿。從門前往東沿石隙懸空落下，走了一里，有三間殿堂，面向東，匾額為「萬山拱勝」，但門也鎖著。從殿前往下落，石級十分陡峻。

將近到達猢猻梯時，遇見一個人，是悉檀寺僧人派來等候我的，因為有麗江府的使者來邀請。於是一同下山，共走了一里，到銅佛殿。我原先打算在這裡住宿，因為等候我的人來到，於是取出行李，走了五里，經過碧雲寺前。直往下走了五里，經過白雲寺。從寺的北面渡過一條小澗，又往東走了五里，經過首傳寺後，這時天色已經昏黑。再走三里，經過寂光寺西邊，等候我的人從腰間拿出一塊如栗子的石頭，附著艾草打火，拾起枯枝點燃。沿著中支走三里，敲開息陰軒的門，取出火把引路。又走了一里多，越過瀑布東邊的山脊往北，再走三里，到達悉檀寺。弘辨禪師帶著麗江府的通事來見面，把生白公的請帖給我，互相約定推遲一天啟程。

二十一日　我捆束行李，作好出發的準備。通事從九重崖去絕頂遊覽。將近中午，復吾請我題寫七松冊子，弘辨又磨石叫他徒弟雞仙書寫靜聞的碑文。

二十二日　晨餐後，弘辨具騎候行，余力辭之。遂同通事就道，以一人擔輕裝從，而重者姑寄寺中，擬復從此返也。十里，過聖峰寺。越西支之脊而西，共四里，過放光寺，入錄其藏經、聖諭。僧留茶，不暇啜而出。問所謂盤陀石靜室者，僧指在西北危崖之半，仰視寺後層崖，並華首上下，合而為一。所謂九重崖[1]者，必指此而名。開山[2]後，人但知為華首，覓九重故迹而不得，始以點頭峰左者當之，誰謂陵谷[3]無易位哉？由寺西一里餘，始躡坳而上，又一里餘，其上甚峻，乃逾脊。脊南北相屬，東西分坑下墜，所謂桃花箐也。脊有兩坊，俱標為「賓、鄧分界」。其處陟歷已高，向自禮佛臺眺之，直❹似重淵之底云。

由箐西隨箐下，二里，有茅舍夾道，為前歲底朝山、賣漿者所託處，今則寂然為畏途。其前分岐，西南者為鄧川州道，直西者為羅川道，乃通麗江者。遵之迤邐下，二里，有庵當路北北山下，曰金花庵。又西下三里，連有二澗，俱自東而西注，即桃花箐之下流也，各有板橋跨之。連越橋南，始循南山西向行，一里，有寺踞南山之脊，曰大聖寺，寺西向。乃從其前逾脊南下，又值一澗，亦西流。隨之半里，澗與前度二橋之流，俱轉峽北去。路乃西半里，逾南山北突之坳，坳西，其坡始西懸而下，路遵之。四里，有村在南山塢間，是為白沙嘴❺。隨嘴又西下二里，忽見深壑自南而北，溪流貫之，有梁東西跨其上。乃墜壑而下，二里，始及梁端，所謂和光橋也。雞山西麓，至是而止。其水❻南自洱海東青山北谷來，至此頗巨，北向合桃花箐水，注於大石頭者也。麗府生白公建悉檀之餘，復建此梁，置屋數楹跨其上。遂就而飯焉。

橋之西有小徑，自北而南，溯流循峽者，乃浪滄衛通大理道，與大道「十」字交之。大道隨流少北，即西上嶺，盤旋而上，或峻或夷。五里，越其坳，西北下，四里始夷。又一里，為羅武城❼，其處塢始大開。自此山之西，開東西大塢，直至千戶營，塢分為二，始轉為南北塢，皆所謂羅川也。向自山頂西望翠色襲人者即此，皆麥與蠶豆也。羅武無城，一小村耳。村北有溪❽，西自千戶營來，即北衙河底之水，至此而東北墜峽，合和光橋下流，而東北經大石頭者也。於是循南山行溪之南，二里，有村在溪北山下，曰百戶營。又西五里，有村在溪北懸岡上，曰千戶營。營之西，有山西自大山分支東南下，突於塢中，塢遂中分。當山之西南者，其塢迴盤，其水小，為西山灣，新廠在其東南，而路出其西北；當山之東北者，其塢遙達，其水大，為中所屯，南、北二衙又在其西北，而路則由山之西南逾坳以入。於是從千戶營溪南，轉入南塢，一里餘，至新廠。皆淘沙煎銀者。乃北一里餘，抵分界山之陽，渡一小流，循山陽西北行三里，北逾過坳。於是稍下，循西大山之麓北向行，其東又成南北大塢，即千戶營之上流也。北一里，有村倚西山之坡，是為中所屯❾，乃鄧川、鶴慶分界處，悉檀寺莊房在焉，乃入宿。悉檀僧已先傳諭之，故守僧不拒云。

【章　旨】本章記載了第二百二十九天離開雞足山進入大理府鄧川州的行跡。離開悉檀寺，經過聖峰寺、放光寺，仰望寺後層層崖壁與華首門上下合為一體，以為這就是所謂的九重崖。又越過作為賓川、鄧川分界的山脊，經過金花庵、大聖寺，到和光橋，雞足山西麓到此為止。在橋上吃飯，接著盤繞山嶺往上，到羅武城，山塢才開闊起來。再經過百戶營、千戶營，到新廠，都是淘沙煉銀的人。隨後到鄧川、鶴慶分界處的中所屯，在悉檀寺莊房住宿。

【注　釋】❶九重崖　雞足山原稱九曲山、九曲巖、九重巖。以峰嶽攢簇，狀若蓮花，盤曲九折得名。❷開山　佛教多擇名山創建寺院，謂之開山。❸陵谷　《詩・小雅・十月之交》：「高岸為谷，深谷為陵。」漢劉向上封事：「海水沸出，陵谷易處。」指地勢高低的變動。後也用以喻世事的變遷。❹直　竟然。❺白沙嘴　在洱源東南隅，金玉橋河南岸。❻其水　即今金玉橋河，發源於洱海北岸，從南往北流入落漏河。❼羅武城　在鶴慶東南，枯水河畔。❽村北有溪　即今落漏河，與金玉橋河合流後，從南往北流入金沙江。❾中所屯　今名小中所，在鶴慶南隅。

【語　譯】二十二日　早飯後，弘辨備好馬等我啟程，我極力推辭。於是和通事上路，雇一人挑著輕便的行李隨行，而把重的行李暫時寄存悉檀寺中，打算還從這裡返回。走了十里，經過聖峰寺，越過西支的山脊往西，共走了四里，經過放光寺，進去抄錄它的藏經、聖諭。僧人留我用茶，來不及喝就走了出來。打聽所謂的盤陀石靜室，僧人指在西北懸崖的半山腰上。仰望寺後層層崖壁，和華首門上下相連，合為一體。所謂的九重崖，必定是指這裡而取名。在山上創建寺院後，人們只知道是華首門，卻找不到九重崖的故跡，才將點頭峰左邊的山峰當作九重崖，誰說陵谷不會變易位置呢？從寺的西邊走了一里多，才踏著山坳往上，又走了一里多，上面十分陡峻，便越過山脊。山脊南北相連，東西分別有坑下墜的，就是所說的桃花箐。山脊上有兩座牌坊，都寫著「賓、鄧分界」。這裡已登上很高處，先前從禮佛臺眺望它，竟然像在重重深淵的底部。

從桃花箐西邊隨著下去，走了二里，路兩旁有茅屋，是去年年底朝山、賣漿的人居住的地方，現在則一片沉寂，成為畏途。在它前面分出岔路，往西南的是去鄧川州的路，往正西的是去羅川的路，並通往麗江府。沿著路曲折不斷往下走了二里，有庵在路北的北山下，名金花庵。又往西走下三里，接連有二條澗水，都是從東往西流去，即桃花箐水流的下游，各有板橋架在上面。接連過橋到南面，才沿著南山往西走，過了一里，有寺座落在南山的山脊上，名大聖寺，寺朝西。於是從寺前越過山脊往南走下，又遇到一條澗水，也是往西流的。隨著它走半里，澗水和先前走過的兩座橋下的水，都轉入峽谷向北流去。路便往西走了半里，越過南山向北突起的山坳。山坳的西面，山坡開始往西直落，路沿著山坡下去。走了四里，有村莊在南邊的山塢中，這是白沙嘴。隨著它又往西走下二里，忽然看見從南往北的深壑，溪水從它中間流過，有橋東西向架在溪上。於是落到壑中往下走，過了二里，才到橋頭，是所說的和光橋。雞足山西麓，到這裡為止。橋下的水從南面洱海東邊的青山的北谷流來，到這裡水勢很大，往北和桃花箐的水會合，流入大石頭。麗江府生白公在建悉檀寺之後，又造了這座橋，並在橋上蓋了幾間屋。便在屋內吃飯。

橋的西面有小路，從北往南，沿著峽谷水流上行，是浪滄衛通往大理府的路，和大路交叉成「十」字形。大路隨水流稍許往北，就往西登上山嶺，盤繞上去，有時陡峻，有時平坦。走了五里，越過山坳，往西北走下，過了四里，路才平坦。又走了一里，到羅武城，這裡山塢十分開闊。從這山的西面，開出東西向的大塢，直到千戶營，山塢分為二，才轉為南塢、北塢，都是所謂的羅川。先前從雞足山頂向西望見翠色薰染人的地方就是這裡，種的都是麥子和蠶豆。羅武沒有城，只是一個小村罷了。村北有溪水，從西面的千戶營流來，就是北衙河底的水，流到這裡往東北墜入峽谷，與和光橋下游的水會合，而後往東北流經大石頭。從這裡沿著南山在溪水的南岸行走，過了二里，有村莊在溪水北岸的山下，名百戶營。再往西走五里，有村莊在溪水北岸高峻的山岡上，名千戶營。營的西面，有山從西面大山分出支脈往東南延伸，在山塢中突起，山塢便從中分開。位於山西南的山塢，曲折盤繞，塢中的水流小，為西山灣，新廠在山塢東南，而路從山塢西北走；位於山東北的山塢，通往遠處，塢中水流大，為中所屯，南、北二衙又在山塢西北，而路則從山的西南越過山坳進去。到這裡從千戶營溪流的南岸轉入南面的山塢，走了一里多，到新廠。都是淘沙煉銀的人。於是往北走一里多，到作為分界山的南面，渡過一條小水，沿著山的南面往西北走三里，往北越過山坳。到這裡稍許往下，沿著西邊大山的山麓往北走，東邊又形成南北向的大山塢，即千戶營的水流上游。往北走一里，有村莊靠在西山的山坡上，這是中所屯，是鄧川州和鶴慶府的分界處，悉檀寺的莊房在這裡，於是走進住宿。悉檀寺僧人已事先通知他們，所以看守的僧人沒有拒絕。

二十三日　晨飯於悉檀莊，天色作陰。乃東下塢中，隨西山麓北行，二里，有支岡自西山又橫突而東，乃躡其上。有岐：西向登山者，為南衙道，腰龍洞在焉；北向逾坳者，為北衙道，鶴慶之大道隨之。余先是聞腰龍洞名，乃令行李同通事從大道行，期會於松檜。地名，大道托宿處。余同顧僕策杖攜傘，遂分道從岐，由山脊西上。一里，稍轉而南，復有岐緣南箐而去，余惑之。候驅驢者至，問之，曰：「余亦往南衙者，大路從此西逾嶺下，約十里。」余問南岐何路，曰：「此往雞鳴寺❶者。」問寺何在，其人指：「南箐夾崖間者是，然此岐隘不可行。」忽一人後至，曰：「此亦奇勝，即從此夾逾南坳，亦達南衙，與此路由中坳者同也。」余聞之喜甚，曰：「此可兼收也。」謝其人。

遂由岐南行，里許，轉入夾崖下，攀崖隙，透一石隙而入。其石自崖端垂下，外插崖底，若象鼻然，中透一穴如門，穿門即由峽中上躋，亦猶雞山之束身焉。登峽上，則上崖岈然橫列，若洞、若龕、若門、若樓、若棧者，駢峙焉。洞皆不甚深，僧依之為殿，左為真武閣，又左為觀音龕，皆東北向，下危壁。殿閣之間，又垂崖兩重，俱若象鼻，下插崖底，而中通若門。有僧兩人，皆各踞一龕，見客至，胡麻❷方熟，輒邀同飯，余為再啜兩盂。見龕後有石脊，若垂梯而上，跣而躡之，復有洞懸其上層，中空而旁透小穴。崖之左右，由夾中升嶺，即南坳道，而崖懸不通。復下，由穴門出，即轉崖左西南上，仰見上崖復懸亙而中岈然，有岐細若蟲跡，攀條從之，又得一大穴，其門亦東北向，前甃石為臺，樹坊為門，曰青蓮界。其左藥竈碑板俱存，而無字無人，棘蘿旁翳，無可問為何人未竟之業。其右復有象鼻外垂之門，透而南，復有懸納高捲之幛。幛之右，上崖有洞巍張，下崖即二僧結庵之處，然磴絕俱莫可通。

乃仍由青蓮界出東夾，再上半里，而崖窮夾盡，山半坪開，又有泉自南坳東出，由坪而墜於崖之右，又分而交潆坪塍，墜於崖之左。崖當其中，濯靈滌竅，遂成異幻。由坪上溯流半里，北向入峽，峽中之流，傾湧南向。溯之一里，澗形不改，而有巨石當其中，石之下，則湧水成流，而石之上，惟礫石❸堆澗，絕無水痕。又溯枯澗北行半里，路窮茅翳，蓋其澗自西峽來，路當北去也。乃東向躡嶺，攀崖躋棘，又半里，得南來路，遂隨之北。半里，西涉一塢，復升隴而西，有岐，入西南峽中者頗小，其直北下隴者頗大。余心知直北者為南衙道，疑腰龍洞在西南峽中，遂望峽行。半里，不得路，遙聽西北山巔有人語聲，乃竭蹶攀嶺上。一里，得東來道。又一里，得驅犢者，問之，則此路乃西向逾脊抵焦石峒❹

者。問腰龍洞何在，曰：「即在此支嶺之北。然嶺北無路，須隨路仍東下山，折而北，至南衙，乃可往。」蓋是山大脊，自北而南，脊之西為焦石峒，脊之東，一支東突，其北腋中，則腰龍洞所在，南腋中即此路也。余乃悵然。遂隨路返，東下一里，乃轉而東北下，又一里，抵山麓。循之北行，又一里，而至南衙❺。南衙之村不甚大，倚西山而東臨大塢。其塢北自北衙，南抵中坳，其中甚寬，蓋此中大塢，凡三曲三闢。最北者為北塢，塢南北亙，以北坳東隘為峽口；其南即中所屯塢，塢亦南北亙，以江陰村為峽口；其南即千戶營、百戶營塢，塢東西亙，以羅武村為峽口。總一溪所貫，皆謂之羅川云。

由南衙之後，西南上山，磴道甚闢。一里半，有亭有室，當山之半，其旁桃李燁然。亭後躡級而上，有寺，門榜❻曰金龍寺。門內有樓當洞門❼，其樓前臨平川，後瞰洞底，甚勝也。樓後即為洞門，洞與樓俱東向，其門懸嵌而下，極似江右之石城洞❽。西壁上穹覆而下崆峒，南與北漸環而轉，惟東面可累級下。下五丈，一石突起，當洞之中，西聳而東削，甃以為臺，亭其上，供白衣大士。其亭東對層級，架木橋以登，西瞰洞底，瀦水環其下，沉紺❾映碧，光怪甚異。亟由橋返級，穿橋下，緣臺左西降，十餘丈而後及水。水嵌西崖足，西面闊約三丈，南北二面，漸抱而縮，然三面皆絕壁環之，無有旁竇，水渟涵其間，儼若月牙之抱魄也。水中深淺不一，而澄澈之極，煥然映彩，極似安寧溫泉⑩，淺者浮綠，深者沉碧，掬而嘗之，甘冷異常。其洞以在山之半，名為腰龍，而文之者額其寺為「金龍」，洵神龍之宮也。洞口如仰盂，下圓如石城，水瀦三面如玦，石脊中盤如垂舌，其異於石城者，石城旁通無極，而此則一水中涵。若其光瑩之異，又非他水可及也。久之，仍上洞口，始登前樓，則前楹後軒，位置俱備，而僧人他出，扃鑰不施。

仍一里餘，下至南衙，問松檜道，俱云行不能及。乃竭蹶而趨，由南衙後傍西山而北，二里，是為北衙⑪。有神廟當北衙之南，門東向，其後大脊之上，駢崖矗夾，有小水出其中。廟之北有公館，市舍夾道，甚盛。折而東，共半里，而市舍始盡。蓋與南衙迥隔矣。二衙俱銀礦之廠，獨以「衙」稱者，想其地為盛也。東與南來大道合，復北行一里餘，市舍復夾道，蓋烹煉開爐之處也。過市舍，遂北下坡，又一里餘，而及其底。始知南、北兩衙，猶山半之塢也。其峽既深，有巨澗流其間，自北而南，是為河底，蓋即羅川之上流。有支流自西峽來入，其派頗小，置木橋於上。越之又北，見石梁跨巨澗，澗中有巨石，梁東西兩跨之，就其中為閣，以供白衣大士。越橋之東，溯澗北向上，危崖倚道，盤級而登，右崖左澗，下嵌深淵，上削危壁。五里，登坪脊，有枯澗塹山頭，亦跨石梁。度梁北，有殿新構，有池溢水，有亭施茶。余入亭飯，一僧以新瀹茶獻，曰：「適通事與擔者久待於此，前途路遙，託言速去。」蓋此殿亦麗江所構以施茶者，故其僧以通事命，候余而致之耳。余亟飯行，竟忘其地為熱水橋⑫，而殿前所流即熱水也。

既從其側，又過一石梁，梁跨山頭，與前梁同，而下有小水，西墜巨澗。過梁，從中脊北向而行，東西俱有巨山夾之。蓋西界大山，自鶴慶南來，至七坪⑬老脊，直南高亙於河底之西者，為魯攏。由七坪東度，分支南下，即此中脊與東界之山，故此中脊之北，又名西邑。蓋西邑與魯攏皆地名，二山各近之界，坊遂以為名焉。中脊與魯攏老脊，夾成西峽，此河底之流所自出者，蓋源於七坪之南云。行中脊十里，脊東亦盤為中窪之宕，脊懸西峽東窪之間，狂風西來，欲捲人去。又三里，乃西北上嶺，一里，又躡嶺而西，半里，乃西北下。一里，抵塢中，是為七坪，即中界所度之脊，與西界大山夾成此坪，為河底之最高處也。由坪中北行二里，始為度脊隘口。脊南有兩三家當道，脊西有村落倚山，桃李燦然。

時日已下舂，尚去松檜二十里，亟逾隘北行。五里，少出西界，巨山如故，而東界亦漸夾而成窪，窪中石穴下陷，每⑭若坑若阱。路循東脊行，又數里，有數家當北峽之口，曰金井村⑮，始悟前之下阱累累者，皆所稱金井者耶？隘口桃花夾村，嫣然若笑。由村北東向下坡，一里漸夷，乃東行嶺脊，脊左右漸夾而成塢。由脊行三里，復由脊北墜坑東下，一里，抵其麓，於是塢乃大開。有三楹當麓之東，亦梵龕也。由其前東向徑平塢而馳，望東峰南北高聳者，日光倒映其尖，丹葩一點，若菡萏之擎空也。蓋西山屏亙甚高，東峰雜沓而起，日銜西山，反射東山，其低者，日已去而成碧，其高者，日尚映而流丹，丹者得碧者環簇其下，愈覺鮮妍。世傳鶴慶有「石寶之異⑯，西映為朝霞，東映為晚照」，即此意也。東馳二里，過數家之舍。又東一里，漸墜壑成澗向東南去。乃折而北度一隴，又一里，有公館在西山之麓，其左右始有村落。知其為松檜⑰矣，而猶未知居停何處也。又北半里，擔者倚閭門⑱而呼，乃入之，已就晦矣。是家何姓，江右人，其先為監廠委官，遂留居此。

【章　旨】本章記載了第二百三十天在鶴慶府的行跡。從岔路去南衙，想途中遊覽腰龍洞。經過兩處如同象鼻的崖石，到一個大洞，地名青蓮界，旁邊還有像象鼻外垂的洞門。走進峽谷，登上山嶺，穿過山塢，到達南衙，東面對著大山塢。這塢北面為北塢，往南為中所屯塢，再往南為千戶營、百戶營塢，有一條溪水貫穿三塢，都稱為羅川。從南衙背後上山，山腰有金龍寺，門內有樓，樓後即腰龍洞，很像江西的石城洞。洞底有積水環繞，光怪陸離；三面都是絕壁，水匯積在裡面，就像暗淡的月牙；水面深淺不一，照出光彩，很像安寧溫泉；水味甘甜清涼；至於光亮晶瑩，更非其他水可比，真是神龍的宮殿。返回南衙，再到北衙，二衙都是銀礦廠，很興盛。這裡峽谷很深，有大澗水從中流過，這就是河底，即羅川的上游。再登上坪脊，山頭有新建的殿，有供應茶水的亭，這裡就是熱水橋，殿前所流的就是熱水。繼續往前，兩邊都有大山相夾，西部大山從鶴慶延伸到魯擺。中脊和魯擺主脊夾成的西峽，是河底水流出的地方。在中脊行走，狂風西來，幾乎要把人捲走。往前到山塢中，就是七坪，為河底的最高處。這時太陽已經下山，急忙越過隘口趕路，經過坑井累累的金井村，村邊桃花媚人。途中望見陽光倒映在東峰山尖上，如同高舉空中的荷花，這是因為西山很高，東峰雜亂，太陽落在西山上，陽光反照著東山而形成的。世傳鶴慶府有「石寶之異」，就是指這種情況。最後趕到松檜住宿。

【注　釋】❶雞鳴寺　在鶴慶南隅，黃坪、北衙間。❷胡麻　又名芝麻、油麻。相傳西漢張騫在西域得其種，故名。❸礫石　小石。❹焦石峒　在洱源東隅。❺南衙　原為村落，後遷併至北衙。❻榜　同「牓」。匾額。❼門內有樓當洞門　即指腰龍洞，在北衙西南六里，從南衙緣坡而上最近。傳說玉湖龍王的第九子居此，因名幺龍洞。洞口圓形，洞壁呈各種顏色的紋彩，似太極圖案，又名太極洞。洞內有潭形似半月，泉水從岩縫滴落，聲如音樂。❽江右之石城洞　見〈江右遊日記〉正月初五日日記注。❾紺　天青色，深青透紅的顏色。❿安寧溫泉　見〈滇遊日記四〉十二月二十六日日記注。⓫北衙　在鶴慶城南一百三十里。⓬熱水橋　似為觀音山橋，在鶴慶城南一百二十五里，觀音山山上山下都有溫泉。⓭七坪　又名大營，在鶴慶南境，松桂與北衙之間。⓮每　常常；往往。⓯金井村　今名金井壩，有沙井，傳說過去人們在井中淘金，故名。⓰石寶之異　鶴慶城東十里，有石寶山，又名峰頂山，峰巒高峻，遠瞰洱海。山頂時有五彩光芒。舊時鶴慶府人於三月望日，在此投弓矢祈子。⓱松檜　今作松桂，在鶴慶南境。⓲閭門　里巷的門。

【語　譯】二十三日　早晨在悉檀寺莊房吃飯，天氣轉陰。於是往東走下山塢中，隨著西山山麓往北走，過了二里，有分支山岡又從西山往東橫向突起，便登上山岡。有岔路：往西登山的，是去南衙的路，腰龍洞便在那裡；往北越過山坳的，是去北衙的路，去鶴慶府的大路，也隨著它走。在此之前，我已聽到腰龍洞的名字，便叫挑行李的人和通事從大路走，約好在松檜碰頭。松檜是地名，是大路行人寄宿的地方。我和顧僕拄杖帶傘，就分道從岔路走，隨山脊往西上去。走了一里，稍許向南轉，又有岔路沿南箐伸出，我感到疑惑。等候趕驢的人來到，向他問路，答道：「我也去南衙，大路從這裡往西越過山嶺下去，大約有十里。」我問沿南箐的岔路去哪裡？答道：「這是去雞鳴寺的路。」又問寺在哪裡？那人指著說：「南箐的夾崖間就是。但這條岔路很狹窄難走。」忽然有一個人從後面來到，說：「這也是奇境，就從這夾崖越過南坳，也可到達南衙，和這條路從中坳走一樣。」我聽了十分高興，說：「這樣可以一舉兩得了。」向那人道謝。

於是從岔路往南走，過了一里光景，轉入夾崖下面，從崖縫攀登，穿過一條石縫進去。這石壁從崖頂垂下，往外插入崖底，就像大象的鼻子一樣，中間開出一個洞穴如門，穿過門就從峽中往上攀登，也好像在雞足山的東身崖中。登峽上去，只見上面的山崖岩石深邃橫列，如洞、如龕、如門、如樓、如棧道，並排峙立在那裡。洞都不太深，僧人靠著洞為殿，左邊為真武閣，再往左為觀音龕，都面向東北，下臨峭壁。殿和閣的中間，又垂下兩重崖壁，都像象鼻，往下插入崖底，而中間相通如門。有兩個僧人，都各自坐在一間石龕中，見客人來到，芝麻剛好煮熟，便邀請一起吃飯，我因此又吃了兩碗。看見石龕後面有石脊，像垂下的梯子可以上去，赤腳爬上去，又有洞高高座落在上層，中間是空的，旁邊和小洞相通。崖的左右兩邊，從夾縫中登上山嶺，就是去南坳的路，但崖壁陡峭，沒法通過。再走下來，從洞門出去，就轉到崖的左邊往西南上去，抬頭望見上面的山崖又懸空橫亙，中間深邃，有條極細的岔路，就像蟲子爬出的痕跡，從這條小路拉著枝條走，又到一個大洞，洞門也朝東北，前面砌石為臺，樹立牌坊為門，名青蓮界。洞的左邊，藥竈碑板都在，但沒有字，沒有人。旁邊荊棘藤蘿遮掩，無處可去詢問這是什麼人沒有做完的事。右邊還有像象鼻外垂的洞門，穿過門往南，又有如同輕紗懸空高捲的屏幛，屏幛的右邊，上面的崖壁有高大張開的洞，下面的崖壁就是那兩個僧人居住的地方，但石級斷絕，上下都無路可通。

於是仍然從青蓮界走出東邊的夾縫，再往上半里，就到崖壁夾縫的盡頭，山腰開出平地。又有泉水從南面的坳地往東流出，從平地流過，在崖壁的右邊落下，又分出水在平地土埂間瀠繞，落在崖壁的左邊。崖壁位於其中，水流沖洗著山洞，便形成奇異的幻景。從山坪沿水流上行半里，往北進入峽谷，峽谷中的水流，向南傾瀉。沿水流上行一里，澗水的流向沒有變，但有巨石正當其中，巨石的下面，則水湧成流，而巨石上面，只是小石子堆在澗中，沒有一點水痕。又沿著乾涸的山澗北行半里，道路中斷，茅草遮蔽，原來這條山澗從西邊的峽谷流來，路應當往北去了。於是往東登上山嶺，攀崖踩棘，又走了半里，到從南面延伸過來的路上，便隨著路往北走了半里，往西穿過一處山塢，又登上山隴往西走，有岔路，進入西南峽谷中的很小，往正北走下山隴的很大。我心裡明白往正北的是去南衙的路，懷疑腰龍洞在西南的峽谷中，就朝著峽谷走。過了半里，找不到路，遠遠聽到西北的山頂上有人講話的聲音，於是竭盡全力在山嶺往上攀登。走了一里，到從東面延伸過來的路上。又走了一里，碰到一個趕牛的人，向他問路，原來這條是往西越過山脊到達焦石峒的路。問腰龍洞在哪裡，答道：「就在這支嶺的北面。但嶺北沒有路，必須隨路仍然往東下山，轉向北，到南衙，才能前去。」原來這座山的主脊，從北往南，山脊的西面為焦石峒，山脊的東面，一支山脈向東突起，它的北腋中，就是腰龍洞所在地方，南腋中就是這條路。我因此十分不快，便隨路返回，往東走下一里，轉向東北下去，再走了一里，到達山麓。沿山麓往北，再走了一里，到達南衙。南衙這個村莊不太大，背靠西山，東面對著大山塢。這塢北邊起自北衙，南邊到達中坳，裡面十分寬闊，是這裡的大山塢，共有三處轉折，三處拓展。最北的是北塢，南北縱貫，以北坳東邊的險要處為峽口；北塢南面就是中所屯塢，也是南北縱貫，以江陰村作為峽口；中所屯塢南面就是千戶營、百戶營塢，東西橫亙，以羅武村作為峽口。有一條溪水貫穿三塢，都稱為羅川。

從南衙的背後往西南上山，石級很寬闊。走了一里半，有亭有屋，在半山腰上，旁邊桃花、李花盛開，鮮豔奪目。從亭後踏著石級往上，有寺，門上匾額為「金龍寺」。門內有樓座落在洞門口，這樓前面對著平野，後面俯視洞底，環境十分美好。樓後就是洞門，洞和樓都朝東，洞門懸空嵌下，極像江西的石城洞。西面的石壁，上面拱起覆蓋，下面是空洞，南面和北面漸漸環轉，只有東面可以逐級走下。往下五丈，有一岩石突起，位於洞的中間，岩石西邊聳起，東邊削下，砌成平臺，建亭在上面，供奉觀音菩薩。這亭東面對著層層石級，架了木橋讓人登臨，往西俯視洞底，下面積水環繞，沉紺映碧，光怪陸離。急忙從橋上返回石級，穿過橋下，沿著臺的左邊往西落下，十多丈後到達水邊。水嵌在西崖腳下，西面闊約三丈，南北兩面，漸漸合抱縮小，但三面都有絕壁環繞，旁邊沒有孔洞，水匯聚在裡面，很像暗淡的月牙。水中深淺不一，但極其清澈，映照出光彩，極像安寧的溫泉，水淺處呈淺綠色，水深處呈深綠色，用手捧起品嘗，非常甘甜清涼。因為這洞在半山腰，故名腰龍，而文飾這洞的人給寺題額為「金龍」，確實是神龍的宮殿。洞口像仰盂，下圓像石城洞，水繞三面像開缺口的玉環，石脊盤在中間像吐出的舌頭，和石城洞不同的是，石城洞和旁邊穿通不受限制，而這洞則在中間匯聚一汪水。至於水的異常光亮晶瑩，又不是其他的水所能企及。過了好久，仍然往上到洞口，才登上前樓，只見前面楹柱後面軒廊，格局完備，但僧人外出，門還開著。

仍然向前走了一里多，往下到南衙，打聽去松檜的路，都說時間已來不及走到。於是竭盡全力趕路，從南衙後面靠著西山往北走了二里，就到北衙。有神廟在北衙的南面，門朝東，廟後的大山脊上，並列的山崖相夾矗立，有小水從中間流出。廟的北面有公館，路兩旁住房很多。轉向東，共走了半里，到街市盡頭，和南衙相隔很遠了。南、北二衙都是銀礦廠，卻獨稱它為「衙」，想來是由於這裡興盛的緣故。往東走，和從南面延伸過來的大路會合，又往北走一里多，路兩旁又有住房，是冶煉開爐的地方。過了住房，便往北下坡，又走了一里多，到達坡底，才知道南、北兩衙，還在半山腰的山塢中。這峽谷很深，有大澗水從中流過，從北往南，這就是河底，大概是羅川的上游。有支流從西面的峽谷流來匯入，水流很小，上面架著木橋。過了橋又往北走，看到石橋架在大澗水上，澗水中有巨石，橋從東西兩邊架在巨石上，在中間的巨石上建閣，供奉觀音菩薩。過橋到東邊，沿著澗水往北上行，路靠著懸崖，盤繞石級攀登，右邊是懸崖，左邊是澗水，下面嵌入深淵中，上面削成高峻的崖壁。走了五里，登上坪脊，山頭有乾涸的澗成了壕溝，也架著石橋。過橋到北邊，有新建的殿，有池溢出水，有亭供應茶水。我進亭吃飯，有個僧人獻上剛煮的茶水，說：「剛才通事和挑夫在這裡等了很久，前面的路程很遠，託我轉告請你速去。」原來這殿也是麗江府所建造用來供應過路人茶水的，所以僧人奉通事的命令，等候我到傳達這些話。我趕緊吃了飯就走，竟忘了這裡是熱水橋，而殿前所流的就是熱水。

從熱水橋旁走過，又過一座石橋，橋架在山頭上，和前面的石橋相同，橋下有小水，往西落到大澗水中。過了橋從中脊向北走，東西兩邊都有大山相夾。原來西界的大山，從鶴慶府南延伸過來，到七坪主脊，往正南高高縱貫於河底的西面的，地名魯擺。從七坪往東延伸，分出支脈南下，就是這道中脊和東界的山，所以這中脊的北面，又名西邑。因為西邑和魯擺都是地名，兩界山各自靠近的地方，界坊便用地名命名了。中脊和魯擺主脊，夾成西面的峽谷，這是河底的水所流出的地方，大概發源於七坪的南面。在中脊上走了十里，脊東面也盤繞成為中間窪下的礦洞，中脊懸立在西面峽谷和東面窪地之間，狂風從西面吹來，像要把人捲去。又走了三里，便往西北登上山嶺，過了一里，再踏上山嶺往西走了半里，才往西北下去。走了一里，到山塢中，這是七坪，就是在中界伸過的山脊，和西界的大山夾成的平地，是河底的最高處。從山坪中往北走二里，才是伸過的山脊的隘口。山脊南面有兩三戶人家住在路旁，山脊西面有村莊靠著山，桃花李花盛開，鮮豔奪目。

這時太陽已經下山，離松檜還有二十里，趕緊越過隘口往北走。過了五里，稍許走出西界，大山和前一樣，而東界山脈也漸漸夾成窪地，窪地中石穴下陷，往往既像坑洞，又像陷阱。路沿著東邊的山脊走，又過了幾里，有幾戶人家在北面的峽口，名金井村，方才明白先前接連不斷陷下的坑阱，都是所稱的金井吧？隘口村旁都是桃花，如笑臉相迎，嬌豔迷人。從村北往東下坡，走了一里，路漸漸平坦，於是往東在嶺脊上走，嶺脊左右兩邊漸漸夾成山塢。從嶺脊走了三里，再從脊的北邊落到坑中往東下去，走了一里，到達山麓。這裡山塢十分開闊，有三間房屋在山麓東邊，也是佛龕。從它前面往東穿過平坦的山塢趕路，望見從南到北高聳的東峰，日光倒映在它的尖頂，丹葩一點，如同高舉空中的荷花。因為西邊的山脈像屏風高高橫亙，東邊的山峰雜亂地聳起，太陽落在西山上，反照著東山，低的地方，因陽光已經消失而一片蒼翠，高的地方，太陽還在映照而紅光流轉，紅色的夕陽因有蒼翠的山在下面簇擁，從而更加覺得鮮豔美麗，世傳鶴慶府有「石寶山的奇景，西面朝霞映照，東面夕陽映照」，就是指這種情況。往東奔走二里，經過幾家房屋。再往東走一里，山壑漸漸落成澗溝向東南伸去。於是轉向北越過一道山隴，再走了一里，有公館在西山的腳下，左右兩邊才有村莊。知道這裡已是松檜了，但還不知道到哪裡居住。再往北走半里，挑夫靠著里巷的門向我呼喊，於是走進裡面，天已昏暗了。這家主人姓何，是江西人，他的祖先為監廠官員，便定居在這裡。

二十四日　昧爽，飯於松檜，北向入山峽。松檜之南，山盤大壑而無水，溝澗之形，似亦望東南去。松檜之北，山復漸夾為塢，小水猶南行。五里，登坂，為波羅莊，山從此自西大山度脊而東。脊不甚高，而水分南北。又北五里，望北塢村落高下，多傍西大山，是為山莊。於是北下，隨小溪北行，五里間，聚廬錯出，桃杏繽紛。已而直抵北山下，有倚南山居者，是為三莊河底村。村北溪自西而東，其水一自三莊西谷來，一自河底村南谷來，皆細流，一自西北大山夾中來，俱合於河底村北，東流而去。亭橋❶跨之，橋北即龍珠山❷之南麓矣。龍珠山者，今名象眠山❸，自西大山之東，分支東亙，直接東大山之西麓。其北之西大山，即老龍之脊，皆自北而南；其北之東大山，即峰頂山，亦皆自北而南；中夾成南北大塢，漾共之江❹，亦自麗江南下，縈鶴城之東，而南至此為龍珠所截，水無從出，於是自峰頂之麓，隨龍珠西轉，搜得龍珠骨節❺之穴，遂搗入其中，寸寸而入，凡百零八穴而止。土人云：昔有神僧倔多❻尊者，修道東山峰頂，以鶴川一帶，俱水匯成海，無所通洩，乃發願❼攜錫杖、念珠❽下山，意欲通之。路遇一婦人，手持瓢，問：「師何往？」師對以故。婦人曰：「汝願雖宏，恐功力猶未。試以此瓢擲水中，瓢還，乃可得；不然，須更努力也。」師未信，攜瓢棄水中，瓢泛泛而去。已而果不獲通。復還峰潛修二十年，以瓢擲水，隨擲隨回。乃以念珠撒水中，隨珠所止，用杖戳之，無不應手通者，適得穴一百零八，隨珠數也。今土人感師神力，立寺眾穴之上，以報德焉。《一統志》作倔哆，土人作摩伽陀。眾水於山腹合而為一，同泄於龍珠之東南麓。大路過河底橋，即逾龍珠而北，與出入諸水洞皆不相值，以俱在其東也。

余乃欲從橋北，隨流東下，就小徑窮所出洞，今通事及擔者從大路往。擔者曰：「小徑難覓，不若同行。」蓋其家在入水洞北，亦便於此也。余益喜，遂同東向隨溪行龍珠山之南。一里，反越溪南，半里，又渡溪北。其路隘甚，而夾溪皆有居者。又東半里，楓密河❾東南瀉峽去，路東北逾龍珠支嶺。兩下兩上，東北盤嶺，共四里，其路漸上。俯瞰東南深峽中，有水破峽奔決，即合併出穴之水也。其水南奔峽底，與楓密之水合，而東南經峰頂山之南峽以出，下金沙大江。然行處甚高，水穴在重崖下出，俯視不見其穴。今通事及擔者坐待道旁，余與顧僕墜壑東南下。下半里，不得路，躑躅草石間，轉向東箐半里，又南迂半里，始下至磵[10]底。乃西向溯流披棘入，共半里，則巨石磊落，堆疊磵中，水從石隙泛溢交湧。余坐巨石上，止見水與石爭隙，不見有餘穴，雪躍雷轟，交於四旁，而不知其所從來也。

久之，復迂從舊道，一里餘，迂上既近，復攀石亂躍，又半里，登大道。遂東北上，半里，轉一峽，見後有呼者，乃通事與擔夫也。於是北半里，上攢石間，北過脊，始北望兩山排闥，一塢中盤，漾共江絡其東，又一小水緯其西北，皆抵脊下而不可見。其兩山之北夾而遙接於東北隅者，是為麗府邱塘關所踞，漾共水所從出也。乃北下山，一里餘而及其麓，有寺懸麓間，寺門北向，其下即入水之穴也。不及入寺，急問水。先見一穴，乃西來小流所入，其東又有平土丈餘隔之，東來之漾共江，屢經穴而屢分墜，至是亦遂窮，然則所謂一百八穴者，俱在東也。余因越水北東向溯流，見其從崖下遇一穴，輒旋穴下灌，如墜甕口，其聲嗚嗚，每穴遠者丈餘，近者咫尺而已。既而復上寺前，乃北下渡西來小流，有小石梁跨之。北一里，有村當平岡間，是曰甸尾村，擔者之家在焉，入而飯於桃花下。既乃西北行，三里餘，而入南來大道，即河底橋北上踰嶺者。於是循西山，又北五里，為長康鋪坊。有河流自西南峽來，巨石橋跨之，有碑在橋南，稱為鶴川橋[11]。蓋鶴川者，一川之通名，而此橋獨擅之，亦以其冠一川也。橋北有岐，溯流西南為大理府大道，故於此設鋪焉。過橋不半里，為長康關[12]，廬舍夾道。是日街子，市者交集。自甸尾至此，村落散布，廬舍甚整，桃花流水，環錯其間，其西即為朝霞寺[13]峰，正東與石寶山對。

於是路轉東北，又八里餘而入鶴慶[14]南門。城不甚高[15]，門內文廟宏整。土人言其廟甲于滇中，亦麗江木公以千金助成。由其東北行半里，稍東為郡治。由其西又北行半里，出一鼓樓，即新城之北門也。其北為舊城，守禦所在焉。又北半里，而出舊城北門。稍西曲而北一里，復東曲而北四里，為演武場，在路東。從其西，又北五里，過一村，又五里，為大板橋。橋下水頗大而瀦[16]，乃自西而東下漾共江者。時所行路，當甸塢之中，東山下，江隨沿之，西山下，村廬倚之。自此橋之北，甃路石皆齒齒如編，仰管之半，礫趾難措。又北六里，為小板橋。橋小於前，而流亦次之，然其勢似急。又北七里，為甸頭村之新屯[17]，居落頗盛。稍轉而東，有王貢士家，遂入而託宿。王貢士今為四川訓導[18]。其孫為余言：「其西北山半，有青玄洞甚妙。下有出水龍潭，又北有黑龍潭。若沿西山行，即可盡觀。」是日欲抵馮密宿，以日暮遂止此云。

【章 旨】本章記載了第二百三十一天在鶴慶府的行跡。經過波羅莊、山莊，到三莊河底村。村北為龍珠山的南麓，山北西部為主峰山脊，東部為峰頂山。漾共江從麗江府南下，被龍珠山攔截，沖入洞中，共流經一百零八個洞穴，各處水在山腹合成一條。據當地人說，這些洞穴是神僧倔多用錫杖戳出。為窮究出水洞，從小路沿著溪水走。途中看到合併後流出洞穴的水，和楓密河會合，經過峰頂山的南峽流入金沙江。為了摸清水洞，從山壑中落下，到達澗底，只見水從石縫中迸湧，卻不知從哪裡流來。從原路返回到大路上，經過一座寺廟，因急於問水的情況來不及進去。接著到甸尾村吃飯。飯後經過長康鋪坊，通過鶴川橋，到長康關。自甸尾村到這裡，桃花流水，景物美麗。隨即走進鶴慶府南門，門內文廟宏偉整潔。新城北門外為舊城，守禦所在那裡。走出舊城北門，通過大板橋、小板橋，到甸頭村新屯的王貢士家投宿。

【注 釋】❶亭橋　上面蓋著亭的橋。❷龍珠山　在鶴慶城南三十里，前聳後平，下有石穴，漾共江流過。霞客在此所寫的是象眠山，與龍珠山並非同一座山。❸象眠山　在鶴慶城東南二十五里，下有石竅百餘，潛通漾共江。❹漾共之江　又名鶴川，今名漾弓江。自麗江象山發源，入鶴慶境內，眾流趨赴。南流經象眠山麓，群峰環抱，水無從流出，匯聚成湖，名漾共湖。入石穴中，伏流三里而出，名腰江。下游今中江，會合鶴慶眾川，東流入金沙江。❺骨節　骨節眼。比喻事物發展過程中起關鍵作用的環節。❻倔多　即贊陀倔哆，西域僧人，唐時自摩伽國來，又稱摩伽陀。在鶴慶峰頂結茅修行。❼發願　佛教名詞，又作發心，謂發願求無上菩提之心，即發起要求解脫苦難、往生淨土或成佛的願望。❽念珠　又稱佛珠，念佛號或經咒時用以計數的工具，通常用香木車成小圓粒，貫穿成串。❾楓密河　今名楓木河，匯入漾弓江。❿磵　水澗。⓫鶴川橋　在鶴慶城南十里，建於明代。⓬長康關　今名長康，又稱康福，分南、北兩村，在鶴慶城南。⓭朝霞寺　在鶴慶城西南，建於明成化年間。又鶴慶城西南有朝霞山，常有彩霞籠罩山頂。山腰有風洞，每年夏至日，當地人去洞中吹風，可治眼病。⓮鶴慶　明置鶴慶軍民府，治所在今鶴慶。⓯城不甚高　鶴慶舊有土城，大理國段氏建。明永樂間改用磚石，但十分狹小，為守禦所城。嘉靖間在舊城南拓地新築磚城，周圍五里餘，高二丈二尺。⓰橋下水頗大而瀦　此水今名草海，大一千六百畝，分北海和南海兩部分。⓱新屯　亦作辛屯，在鶴慶北境。⓲訓導　明、清各府、州、縣學皆設訓導，地位次於教諭，協助同級學官教育生員。

【語譯】二十四日　拂曉，在松檜吃飯，往北走進山峽。松檜的南面，山盤繞成大壑但沒有水，溝澗的形狀，似乎也是往東南伸去。松檜的北面，山又漸漸夾成山塢，小水仍然往南流。走了五里，登上山坡，到波羅莊，山從這裡自西部的大山越過山脊往東延伸，山脊不太高，但水往南北分流。再往北走五里，望見北面山塢中村落高低錯落，大多靠著西部的大山，這是山莊。從這裡往北下去，隨小溪往北走，在五里路之間，村舍錯落出現，桃花杏花五彩繽紛。隨即直到北山下，有靠著南山居住的人家，這是三莊河底村。村北溪水從西往東流去，這水一條從三莊西面峽谷流來，一條從河底村南面峽谷流來，都是小水，一條從西北的大山峽谷流來，三條水都在河底村北會合後向東流去。亭橋架在溪上，橋北就是龍珠山的南麓了。龍珠山現名象眠山，從西部大山的東面，分出支脈往東延伸，一直到東部大山的西麓相連。它北面的西部大山，就是主峰的山脊，都是從北往南延伸；它北面的東部大山，就是峰頂山，也都是從北往南延伸；中間夾成南北向的大山塢。漾共江也從麗江府往南流下，繞過鶴慶府城的東面，而後往南流到這裡，被龍珠山攔截，水無從流出，於是從峰頂山的山麓，隨龍珠山往西轉，找到龍珠山的關鍵洞穴，就沖入其中，一寸一寸流入，共經過一百零八個洞穴，才流到盡頭。當地人說：從前有個名倔多的神僧，在東山峰頂修道，因為鶴川一帶，都是水匯聚成湖，沒有出口，於是發願，帶著錫杖、念珠下山，想要疏通水道。途中碰到一個婦人，手裡拿著瓢，問道：「師傅去哪裡？」法師把這事的起因告訴她。婦人說：「你的心願雖大，怕功力還不夠。試把這瓢投入水中，如果瓢能返回，便會成功，否則必須更加努力。」法師不信，把瓢扔進水中，瓢漂流而去。後來果然沒能疏通湖水。又回到峰頂專心修行二十年，再把瓢投入水中，隨手扔出，隨手又回。於是把念珠撒到水中，隨念珠所停下的地方，用錫杖去戳，無不隨手疏通，正好得到一百零八個洞穴，和念珠的個數相同。如今當地人感謝法師的神力，在眾洞穴上面，建立寺廟，以報功德。《一統志》稱為「倔哆」，當地人稱為「摩伽陀」。眾多水流在山腹中合成一條，一起從龍珠山的東南麓流出。大路通過河底橋，就越過龍珠山往北，和水出入的各個洞都不相遇，因為洞都在山的東面。

我於是想從橋的北邊隨著水流往東下去，走小路窮究水所流出的洞，叫通事和挑夫從大路走。挑夫說：「小路難找，不如一起走。」因為他家住在入水洞的北面，走小路對他也便利。我更加高興，就一起往東隨著溪水在龍珠山南面行走。過了一里，反越過溪水到南岸，再走半里，又渡過溪水到北岸，這路十分狹窄，但溪水兩岸都有人居住。再往東走半里，楓密河往東南瀉入峽谷流去，路往東北越過龍珠山支嶺。兩下兩上，往東北盤繞支嶺共走了四里，路漸漸往上。俯視東南的深峽中，有水沖出峽谷奔流，就是會合各洞流出來的水。這水往南奔流到峽谷底部，和楓密河會合，往東南經過峰頂山南面的峽谷流出，往下匯入金沙大江。只是所走的地方很高，水洞在重重山崖下面，俯視看不到洞穴。叫通事和挑夫坐在路旁等候，我和顧僕落下到山壑中往東南走，下去半里，找不到路，在草石間徘徊，轉向東面的箐谷走半里，又繞路向南走半里，才往下到澗底。於是往西沿著水流上行撥開荊棘進去，共走了半里，只見高大的石塊，堆積在澗水中，水從石縫中泛泛溢起，交流湧出。我坐在大石上，只見水競相流入石縫中，不見有其他洞穴，水流如雪花跳躍、雷聲轟鳴，在四周交流，卻不知道從哪裡流出。

過了很久，又從原路繞出，走了一里多，已經靠近上面，再攀石亂跳，又走了半里，登上大路。於是往東北上去，走了半里，轉過一處峽谷，聽到背後有人呼喊，是通事和挑夫。從這裡往北走半里，往上到聚集的岩石中，往北越過山脊，才朝北望見兩邊的山如門戶推開，中間盤繞一個山塢，漾共江在山塢東邊繞過，又有一條小水在山塢西北橫向流去，都流到山脊下面消失了。這兩邊的山在北面相夾，遠遠延伸到東北隅相連，就是麗江府邱塘關所在的地方，漾共江水從那裡流出。於是往北下山，走了一里多到達山麓，有寺座落在山麓中，寺門朝北，下面就是進水的洞穴。來不及進寺，急忙去查看水流的情況。先看到一個洞，是從西面流來的小水所進入，洞的東邊又有一丈多平地相隔，從東面流來的漾共江，多次流過洞穴又多次分流落下，到這裡也已流盡，那麼所說的一百零八個洞，都在東面。我於是渡過水到北岸向東沿水流上行，看見水在崖下遇到一個洞，便盤繞洞穴往下流，就像落到甕口中，發出嗚嗚的聲音，每個洞穴之間遠的相隔一丈多，近的只有咫尺而已。隨即又往上到寺前，便北下渡過從西面流來的小水，有小石橋架在水上。往北走一里，有個村莊在平坦的山岡中，這是甸尾村，挑夫的家就在這裡，進去坐在桃花樹下吃飯。飯後往西北走了三里多，到從南面伸來的大路上，就是河底橋往北上去越過山嶺的路。從這裡沿著西山又往北走五里，到長康鋪坊。有河水從西南的峽谷流來，河上架著大石橋，橋南有碑，稱為鶴川橋。鶴川是一條河的通名，而這座橋獨享其名，也是因為它是這條河上最好的橋梁的緣故。橋北有岔路，沿著水流往西南上行，是去大理府的大路，所以在這裡設置驛站。過橋不到半里，是長康關，路兩旁都是房屋。這天是集市，趕集的人聚在一起。從甸尾村到這裡，村落散布，房屋十分整齊，桃花流水，在其間環繞交錯，西邊就是朝霞寺所在的山峰，正東和石寶山相對。

到這裡路轉向東北，又走了八里多，進入鶴慶府城南門。城牆不太高，城門內的文廟宏偉整潔。當地人說這廟在雲南省為第一，也是麗江府木公出千金贊助修成。從文廟往東北走半里，稍許偏東是府衙門。從府衙門的西面又往北半里，走出一座鼓樓，就是新城的北門。北面到舊城，守禦所就在那裡。再往北走半里，出舊城北門，稍許往西轉，再朝北走一里，又往東轉，再朝北走四里，是演武場，在路的東邊。從演武場西面再往北走五里，經過一個村莊，再走五里，到大板橋。橋下匯聚了很大的水，從西向東流入漾共江。這時所走的路，在郊外的山塢中，東邊山下，江水沿著山流，西邊山下，村莊的房屋靠著山。從這座橋往北，砌路的石塊，都像牙齒排列，又像朝上高出地面的半枝筆，碎石尖銳，難於落腳。再往北走了六里，到小板橋。比前面的橋較小，水流也小些，但水勢似乎很急。再往北走了七里，到甸頭村的新屯，村落很興盛。稍許轉向東，有王貢士家，便進去投宿。王貢士現任四川的訓導。他的孫子對我說：「這裡西北的山腰，有青玄洞，很是奇妙。山下有出水龍潭，山北還有黑龍潭。如果沿著西山走，就可以全都看到。」這天本想去馮密住宿，因為天晚就住在這裡。

二十五日　味爽，飯而行。北二里，為馮密村[1]，村廬亦盛。甸頭之村止此矣。蓋西北有高岡一支，垂而東南下，直逼東山文筆峰下，江流亦曲而東。高岡分支處，其腋中有黑龍潭之水，亦自西大山出，南流而抵馮密，乃沿高岡之南而東注漾共江，鶴慶、麗江，以此為界云。馮密之西，有佛宇高擁崖畔，即青玄洞也。余望之欲入，而通事苦請俟回日，且云：「明日逢六❷，主出視事，過此又靜攝不即出。」余乃隨之行，即北上岡。四里，有路橫斜而成又字交，是為三岔黃泥岡。其西南腋中，松連箐墜，即黑龍所託也。於是西北之山，皆荒石濯濯❸，而東北之山，漸有一、二小村倚其下，其岡脊則一望皆茅云。

又北一里，為哨房，四、五家當岡而踞，已為麗江所轄矣。又北行岡上八里而下，其東北塢盤水曲，田疇環❹焉。下一里，有數家倚西山，路當其前，是為七和南村。又北二里，有房如官舍而整，是為七和❺之查稅所。商貨出入者，俱稅於此。七和者，麗江之地名。有九和、十和諸稱。其北又有大宅新構者，乃木公次子所居也。由其前北向行，又盤一支嶺而北，七里，乃漸轉西北，始望見邱塘關❻在北山上，而漾共之水已嵌深壑中，不得見矣。於是路北有石山橫起，其崖累累，雖不高，與大山夾而成峽。遂從峽間西北上，一里，逾其東度之脊。又西北二里餘，乃北下枯壑，橫陟之，半里，復北上岡。西北行岡上半里，又北半里，度一小橋，半里，乃北上山。其山當西大支自西東來，至此又橫疊一峰，其正支轉而南下，其餘支東下而橫亙，直逼東山，扼麗江南北山之流，破東山之峽，而出為漾共江，此山真麗之鎖鑰也。麗江設關於嶺脊，以嚴出入，又置塔於東垂，以鎮水口❼。山下有大道稍曲而東，由塔側上，小道則躡崖直北登。余從其小者，皆峻石累垂，鋒稜峭削，空懸屈曲。一上者二里，始與東來大道合，則山之脊矣。有室三楹，東南向而踞之，中闢為門，前列二獅，守者數家居其內。出入者非奉木公命不得擅行，遠方來者必止，閽者❽入白，命之入，乃得入。故通安❾諸州守，從天朝選至，皆駐省中，無有入此門者。即詔命至，亦俱出迎於此，無得竟達。巡方使與查盤之委，俱不及焉。余以其使奉迎，故得直入。

入關隨西山北行，二里，下一坑。度坑底，復登坡而北，一里，稍東北下山。又東北橫度坡間者二里，始轉而北。二里，過木家院東，又北二里，度一小橋，則土岡一支，西南自大山之脊，分岡環而東北，直抵東山之麓，以扼漾共江上流。由岡南陟其上，是為東圓里❿。北行嶺頭，西南瞻大脊，東南瞰溪流，皆在數里之外。六里乃下。隴北平疇大開，夾塢縱橫，岡下即有一水，西自文筆峰環塢南而至，有石梁跨其上，曰三生橋。過橋有坊二，在其北，旁有守者一、二家，於是西北行平疇間矣。北瞻雪山⓫，在重塢之外，雪幕⓬其頂，雲氣鬱勃，未睹晶瑩。西瞻烏龍，在大壑之南，尖峭獨拔，為大脊之宗，郡中取以為文筆者也。路北一塢，窈窕東北入，是為東塢。中有水南下，萬字橋水西北來會之，與三生橋下水同出邱塘東者也。共五里，有柳徑抱聳立田間，為土人折柳送行之所。路北即萬字橋水，瀠流而東。水北即象眠山，至此南盡。又西二里，歷象眠山之西南垂，居廬駢集，縈坡帶谷，是為麗江郡⑬所託矣。於是半里，度石梁而北，又西半里，稅駕於通事者之家。其家和姓，蓋麗江土著。官姓為木，民姓為和，更無別姓者。其子即迎余之人，其父乃曾奉差入都，今以居積⑭番貨為業。坐余樓上，獻酪為醴，余不便沾唇也。時纔過午，通事即往復命，余處其家待之。

東橋之西，共一里為西橋，即萬字橋⑮也，俗又謂之玉河橋。象鼻水從橋南下，合中海之水而東泄於東橋。蓋象鼻之水，土人名為玉河云。河之西有小山兀立，與象眠南盡處，夾溪中峙。其後即闢為北塢，小山當塢，若中門之標，前臨橫壑，象鼻之水夾其東，中海之流經其西，後倚雪山，前拱文筆，而是山中處獨小，郡署踞其南，東向臨玉河，麗江諸宅多東向，以受木氣也。後幕山頂而上，所謂黃峰⑯也，俗又稱為天生寨。木氏居此二千載，宮室之麗，擬於王者。蓋大兵臨，則俯首受紲⑰，師返則夜郎自雄，故世代無大兵燹⑱，且產礦獨盛，宜其富冠諸土郡云。

【章　旨】本章記載了第二百三十二天從鶴慶府前往麗江府的行跡。往前到馮密村，西北有一支高岡，在山岡分支處有黑龍潭水，為鶴慶府、麗江府的分界。又經過三岔黃泥岡、七和、邱塘關，登上一座山，為麗江府的軍事要地。山脊設有關卡，沒有知府木增之命，不能擅自通行，甚至連巡按都沒進去過。入關後經過木家院、東圓里，通過三生橋，在平地行走，向北瞻望雪山，向西瞻望烏龍山。再往前經過象眠山，到麗江府城，在通事家休息。這裡只有兩姓，當官的姓木，百姓姓和。象鼻水從萬字橋南流下，俗稱玉河。木氏在這裡住了二千年，宮室可和帝王比美。麗江府因未遭大的戰亂破壞，又多礦產，從而成為各土府的首富。

【注　釋】❶馮密村　今名逢密，在鶴慶北隅，和麗江接界。❷逢六　每逢農曆初六、十六、二十六日。❸濯濯　形容山的光禿。❹環　遍及。❺七和　今名七河，在麗江南境。和，即寨。❻邱塘關　今名關坡，在麗江南境，古時為麗江門戶。❼以鎮水口　古時在水口建塔或祠廟，用以鎮壓水神，免遭水災。水口，水流橫切岩石組成的深狹河谷。❽閽者　守門人。❾通安　州名，明代為麗江府的附郭州，與府同治。麗江府知府為土官，通安州知州為流官，知州由朝廷委派，以監視土官。但因知府木氏勢力強大，不讓通安知州上任，故只能留在省城。❿東圓里　在麗江府城東南東圓岡上。⓫雪山　在麗江城西北二十餘里，麗江壩子北端。東西寬約二十六里，南北長約七十里，全山十三峰，常年懸掛現代冰川，宛如一條玉龍，橫臥雲表，有一躍而入金沙江之勢，故又名玉龍山。主峰扇子陡峰，海拔五千六百公尺，為雲南第二高峰。雪山氣勢磅礡，有雄奇壯麗之美，南詔國主異牟尋封為北岳。雪山不僅是雲南西北橫斷山脈植物區的縮影，而且也是冬蟲夏草、麻黃、雪茶、雪蓮、貝母、茯苓、雲木香、三分三等名貴藥材以及被稱為世界名花的「絲絨蒿」的故鄉。山頂有典型的古代冰川遺跡，在雪山石灰岩層中還有豐富的古生物化石。⓬幕　覆蓋；籠罩。⓭麗江郡　明代置麗江軍民府，治所在今麗江市。為雲南納西族主要居住區。⓮居積　囤積財貨，待時出售。⓯萬字橋　在原麗江城西門外，架玉河之上。⓰黃峰　今名獅子山，在麗江縣治大研鎮中心四方街西。⓱紲　拘繫犯人的繩索。⓲兵燹　兵亂中縱火焚燒。

【語　譯】二十五日　拂曉，吃了飯出發。往北走二里到馮密村，村舍也很多。甸頭的村落到這裡為止了。西北有一支高岡，往東南垂下，直逼東山文筆峰下，江水也曲折向東流。高岡分支處，山腋中有黑龍潭水，也從西邊的大山流出，往南流到馮密，便沿著高岡的南面往東注入漾共江，鶴慶府和麗江府就以這條水為分界。馮密村的西面，有佛寺在崖旁高聳，就是青玄洞的所在地。我望著它想進去，但通事苦苦請求等到返回時再去，並且說：「明天逢六，主人出來理事，過了這天又在家靜養不出來了。」我於是隨他走，就往北登上山岡。走了四里，有路橫斜成「乂」字形交會，這是三岔黃泥岡。岡西南的山腋中，松樹相連，箐谷下墜，就是黑龍潭所在的地方。到這裡西北的山，都是光禿的荒石，而東北的山，漸漸有一、二個小村靠在山下，岡脊上則一眼望去都是茅草。

再往北走一里，到哨房，有四、五戶人家住在山岡上，已經是麗江府的轄地了。再往北在岡上走了八里下去，東北面山塢盤繞，水流曲折，田地遍布。往下走一里，有幾戶人家，靠著西山居住，路就在屋前，這是七和南村。再往北走二里，有像官舍那樣整齊的房屋，這是七和的查稅所。買賣貨物進出，都在這裡納稅。七和是麗江府的地名。另有九和、十和等名稱。查稅所的北面還有新建的大宅，是木公次子居住的地方。從宅前往北走，再盤繞一支山嶺往北，走了七里，便漸漸轉向西北，才望見邱塘關在北邊的山上，而漾共江已嵌入深壑中，看不見了。到這裡路的北邊有石山橫起，石崖層層疊疊，雖然不高，但和大山夾成峽谷。於是從峽谷中往西北上去，走了一里，越過往東延伸的山脊。再往西北走二里多，便往北走下沒有水的山壑，橫穿過去，走了半里，再往北登上山岡。在岡上往西北走了半里，再往北走了半里，通過一座小橋，再走半里，就往北上山。這山正當西部大山支脈從西往東延伸，到這裡又橫疊一座山峰，大山的主脈轉向南延伸，支脈往東延伸橫亙，直逼東山，扼住麗江府南北山中的水流，水沖破東山的峽谷，流出後成為漾共江，這座山真是麗江府的要地。麗江府設置關卡在嶺脊上，來嚴格控制出入的人，又在東陲建塔，以鎮壓水口。山下有大路，稍許轉向東，從塔邊上去，小路則踏上山崖一直往北攀登。我從小路走，都是險峻岩石接連下垂，棱角鋒利，陡峭如削，路屈曲懸空，一口氣往上走了二里，才和從東面延伸過來的大路會合，已是大山脊了。有三間房屋，面向東南座落在這裡，中間開出門，門前放著兩隻石獅子，有幾戶守衛的人家住在裡面。進出的人不是奉木公之命，就不得擅自通行，遠方來的人必須停下，守門人進去稟報，下令允許，才能進去。所以通安等州的知州，是由朝廷選派到這裡任職，也都留駐省城，沒有走進這門的人。即使詔命來到，也都在這裡出迎，不能直接進去。巡按使和盤查官員，都沒有到過裡面。我因為有木公使者奉命迎接，所以能夠直接進入。

進入關卡後隨著西山往北走，過了二里，往下到一個坑中。越過坑底，又登上山坡往北，走了一里，稍許偏向東北下山。又往東北在山坡間橫穿二里，才向北轉。走了二里，經過木家院的東面。再往北走二里，過一座小橋，則有一支土岡，從西南的大山脊分出繞向東北，直到東山的山麓，扼住漾共江的上游。從山岡南面往上升，便是東圓里。往北在嶺頭行走，向西南瞻望大山脊，向東南俯視溪流，都在幾里之外。走了六里才下去。山隴北面平坦的田地十分開闊，相夾的山塢縱橫交錯，山岡下面就有一條水，從西面的文筆峰環繞山塢南邊流來，上面架著石橋，名三生橋。過橋有兩座牌坊在北面，旁邊有一、二戶人家在此守衛，從這裡往西北便在平坦的田間行走了。向北瞻望雪山，在重重山塢之外，白雪覆蓋山頂，雲氣濃重，看不到晶瑩的雪光。向西瞻望烏龍山，在大壑的南面，尖峰陡峭，獨立挺拔，是大山脊的發端，郡中取名為文筆峰。路北有個山塢，向東北深入進去，這是東塢。塢中有水往南流下，萬字橋下的水從西北流來會合，和三生橋下的水都發源於邱塘關東。共走了五里，有棵合抱的柳樹聳立在田間，是當地人折柳送行的地方。路北就是萬字橋下的水往東縈繞流去。水北就是象眠山，延伸到這裡是它南端盡頭處。再往西走二里，經過象眠山的西南陲，住房密集，縈繞山坡，連綿峽谷，這就是麗江府治所在的地方了。從這裡向前走半里，通過石橋往北，再往西走半里，到通事家休息。他家姓和，原來是麗江府長住的本地居民。這裡當官的都姓木，平民都姓和，再沒有別的姓。這戶人家的兒子，就是迎接我的通事。通事的父親曾因公務奉命進京城，現在以囤積販賣外國的貨物為業。我坐在樓上，通事獻上奶酪代酒，我一點也喝不下。這時剛過中午，通事立即去覆命，我在他家等候。

東橋的西邊，相隔一里為西橋，就是萬字橋，又俗稱玉河橋。象鼻水從橋下往南流，和中海的水匯合流到東橋排出。因為象鼻水，當地人稱為玉河。河的西邊有座小山突起，和象眠山南端盡頭處，隔著溪水峙立，小山後面就開出北塢，小山位於山塢中，就像正門的標記，前面對著橫貫的山壑，象鼻的水在山塢東邊，中海的水流經過山塢西邊，山塢背靠雪山，前繞文筆峰，而這山位於中間獨小，府衙門在山塢南部，向東對著玉河，麗江府的住宅大多向東，以便接受木氣。後面籠蓋的山頂上方，是所謂的黃峰，又俗稱天生寨。木氏世代在這裡居住兩千年，宮室的華麗，可與帝王相比。因為在朝廷大兵來臨時，能俯首稱臣，軍隊返回，又夜郎自大，所以世世代代沒有遭到兵火大破壞，加上這裡礦產特別興盛，怪不得在各土府中稱為首富了。

二十六日　晨，飯於小樓。通事父言，木公聞余至，甚喜，即命以明晨往解脫林候見。諭諸從者，備七日糧以從，蓋將為七日款也。

二十七日　微雨，坐通事小樓，追錄前記。其地杏花始殘，桃猶初放，蓋愈北而寒也。

二十八日　通事言木公命駕，下午向解脫林。解脫林在北塢西山之半，蓋雪山南下之支，本郡諸剎之冠也。

二十九日　晨起，具飯甚早。通事備馬，候往解脫林。始過西橋，由郡署前北上，挾黃峰東麓而北，中北塢而行❶，五里，東瞻象眠山，始與玉河上流別。又五里，過一枯澗石橋，西瞻中海❷，柳岸波瀠，有大聚落臨其上，是為十和院❸。其後即十和山，自雪山南下之脈也。又北十里，有大道北去者，為白沙院❹路；西北度橋者，為解脫林路。橋下澗頗深而無滴瀝。既度橋，循西山而行，五里，為崖腳院❺。其處居廬交集，屋角俱插小雙旗，乃把事之家也。院北半里，有澗自西山峽中下，有木梁跨其上。度橋，西北陟嶺，為忠甸大道；由橋南溯溪西上嶺者，即解脫林道。乃由橋南西向躡嶺，嶺甚峻，二里，稍夷，折入南峽。半里，則寺倚西山上，其門東向，前分一支為案，即解脫林❻也。寺南岡上，有別墅一區，近附寺後，木公憩止其間。通事引余至其門，有大把事二人來揖，俱姓和，一主文，嘗入都上疏，曾見陳芝臺者；一主武，其體幹甚長，壯而面黑，真猛士也。介余入。木公❼出二門，迎入其內室，交揖而致慇懃焉。布席地平板上，主人坐在平板下，其中極重禮也。敘談久之，茶三易，余乃起，送出外廳事❽門，令通事引入解脫林，寓藏經閣之右廂。寺僧之住持者為滇人，頗能體主人意款客焉。

【章　旨】本章記載了第二百三十三天至第二百三十六天在麗江府的行跡。聽說知府木增準備款待七天。這裡因為偏北天冷，杏花開始凋謝，桃花還剛開放。騎馬出發，沿著黃峰東麓走，經過十和院（院後即十和山）、崖腳院，到解脫林，在山岡上的別墅中，和木增會面。就留在解脫林藏經閣的廂房住宿。

【注　釋】❶中北塢而行　中，疑為「由」之誤。❷中海　在白沙南面。❸十和院　今名續和，又作東和，在中海附近。❹白沙院　今名白沙，在麗江北境，雪山附近，以白沙大寶積宮為中心，包括白沙琉璃殿大定閣、福國寺（解脫林）、護法堂、龍泉大覺宮、大研鎮皈歸堂等處殘存壁畫，為滇西藝術瑰寶。大寶積宮有《觀音普門品圖》、《蓮花生祖師圖》、《如來會佛圖》

等。這些壁畫，題材都取自宗教傳說。由於麗江位於滇藏要衝，民族雜居，故常有在同一幅圖中，佛、喇嘛、道三教神像並存的現象。這些壁畫大多在明代陸續繪成，融會了漢、藏、白、納西等民族的藝術風格，傳說白沙壁畫大部分是江南人馬嘯仙的作品。❺崖腳院　在白沙西鄰的山腳下。❻解脫林　為明代土司木氏的別墅，在麗江城西北二十里的芝山上，位於雪山西南麓，始建於明萬曆二十九年（一六〇一），廣袤數里。內有佛寺，原名安樂寺，天啟年間，木增派使者赴京面聖，為其母求御賜佛經，賜名「福國寺」。寺在清同治年間毀於兵火，光緒間仿明制重建。❼木公　本名阿宅阿寺，官諱木增，字長卿，號生白。世襲麗江土知府，以助餉征蠻功，後加左布政使銜。著有《雲薖淡墨集》、《嘯月函》、《山中逸趣集》、《芝山集》、《光碧樓選草》等。❽廳事　古作「聽事」。官府辦公的地方。

【語　譯】二十六日　早晨，在小樓吃飯。通事的父親說，木公聽到我來了，十分高興，立即下令在明天早晨去解脫林等候見面。同時吩咐各隨從的人，準備七天糧食帶去，大概要款待七天。

二十七日　小雨。坐在通事家的小樓上，追寫前幾天的日記。這裡杏花開始凋謝，桃花還剛開放，因為越往北越寒冷。

二十八日　通事說木公下令備馬，下午去解脫林。解脫林在北塢西邊的山腰上，位於雪山往南延伸的支脈，為本府眾寺廟之冠。

二十九日　早晨起身，很早就已備飯。通事備好馬匹，等候去解脫林。先通過西橋，從府衙門前往北上去，靠著黃峰東麓往北，從北塢中走，過了五里，向東瞻望象眠山，才和玉河上游分開。又走了五里，通過一座架在乾涸的山澗上的石橋，向西瞻望中海，柳拂堤岸，水波瀠迴，湖邊有個大村落，這就是十和院。院後就是十和山，是從雪山往南延伸的支脈。又往北走十里，有大路往北延伸，是去白沙院的路；往西北過橋的，是去解脫林的路。橋下澗底很深，但沒有一滴水。過了橋，沿著西山走，過了五里，到崖腳院。這裡住房聚集，屋角都插著小雙旗，是把事的家。在院北面半里處，有澗水從西山的峽谷中流下，有木橋架在上面。過了橋，往西北登上山嶺，是去忠甸的大路；從橋的南邊沿溪水上行，往西登上山嶺，是去解脫林的路。於是從橋的南邊往西登上山嶺，嶺很陡峻，過了二里，稍許平坦，轉入南面的峽谷。再走半里，只見寺靠在西山上，門朝東，前面分出一支山脈作為案山，就是解脫林了。寺南面的山岡上，有一片別墅，靠近寺後，木公休息居住在裡面。通事帶領我到門口，有二個大把事走來拱手行禮，兩人都姓和，一個主管文事，曾進京城上奏疏，見過陳芝臺；一個主管武事，身材高大魁梧，面孔黝黑，真是猛士。將我帶到裡面。木公走出第二道門，迎接我進入他的內室，互相行禮，表達懇切的情意。在地平板上布置席位，主人坐在平板下，是這裡最隆重的禮節。交談了很久，換了三次茶，我才起身告辭，木公送我走出廳事的門，命通事帶我進入解脫林，住在藏經閣右邊的廂房。寺中住持僧是雲南人，很能體會主人的心意款待客人。

【研　析】人對於美的事物，常常會產生依戀的感情，甚至出現占有的欲望。所謂「名工繹思揮彩筆，驅山走海置眼前。」（李白〈當塗趙炎少府粉圖山水歌〉）「壯哉昆侖方壺圖，掛君高堂之素壁。」（杜甫〈戲題王宰畫山水圖歌〉）便是借助藝術將自然美永遠留在身邊的表白。遊山而不留景，總是一件憾事。而在攝影技術尚未發明的古代，留景的方式，除了付諸丹青，便是形諸文字。徐霞客在雞足山考察山貌水文的同時，也留下了不少留連美景的文字。《遊記》中寫第一次攀登華首門所見：「於是崖路愈逼仄，綫底緣嵌絕壁上，仰眺祇覺崇崇隆隆而不見其頂，下瞰祇覺窅窅冥冥而莫晰其根，如懸一幅萬仞蒼崖圖，而綴身其間，不辨身在何際也。東一里，崖勢上飛，高穹如簷，覆環其下，如戶閾形，其內壁立如掩扉，蓋其石齒齒，皆墮而不盡墮之餘，所謂華首門也。」前面幾句寫遠望，後面幾句為近觀，而在作者眼前呈現（在文中展現）的，則都是雄深之景。由於作者在活動的過程中不斷改變觀賞的位置，導致景觀在視覺中的移動，從而產生動態感和立體感，如「崇崇隆隆」、「窅窅冥冥」、「崖勢上飛」、「墮而未盡墮」諸語，字裡行間，透出一股逼人的威勢。而寫珠簾翠壁的景狀則全然不同：「有石崖傍峽而起，高數十丈，其下嵌壁而入，水自崖外飛懸，垂空灑壁，歷亂縱橫，皆如明珠貫索。余因排簾入嵌壁中，外望蘭宗諸人，如隔霧牽綃，其前樹影花枝，俱飛魂濯魄，極罨映之妙。崖之西畔，有綠苔上翳，若絢綵鋪絨，翠色欲滴，此又化工之點染，非石非嵐，另成幻相者也。崖旁山木合沓，瓊枝瑤幹，連幄成陰，雜花成彩。」華首門蒼勁突兀，珠簾翠壁明妍諧和；華首門以高深而雄，珠簾翠壁以秀婉而媚；華首門使人感受自然強硬的一面，珠簾翠壁使人體味自然柔和的一面；眼望華首門讓人心動，面對珠簾翠壁令人情移；寫華首門潑墨淋漓，寫珠簾翠壁細筆點染；前者以活動的人寫靜態的景，後者以靜觀的人賞動態的景。「垂空灑壁，歷亂縱橫」，是景物本身的活動，而「外望蘭宗」以下五句，則又寫出因這種活動而造成的周圍景物的迷離瑩潔之美。「綠苔上翳」、「翠色欲滴」、「連幄成陰，雜花成彩」諸句，不僅形象鮮明，且充滿欣欣向榮之意，美景溢目，秀色可餐。

遊雞足山，放光寺是必到之處。嘉靖二十六年（一五四七）六月，放光寺護法檀越李元陽到此見到佛光，留下了一段絢麗的描述：「俄頃見兜羅綿雲，緬平如掌。漸次大地作碧琉璃狀，浮大圓光，外暈七重，每重五色環，中虛明如鏡。觀者於鏡中各見自身，毛髮可數，故作舞蹈，而影亦如之。及詢其何以各不相見，則僧云『攝身光』也。有頃，光沒，風起壑中，雲氣散盡，林巒改色，鮮妍奪目。復出一光，其影如虹，其圓如暈。僧謂此光乃佛現也，極難得遇，須臾即收。同遊有老者云，昨平雲上現二銀船，檣柁皆具，往來江村沙浦中，如人棹之，但不見人。然則光非一狀也。」（〈遊雞足山記〉）也許因時令關係，徐霞客遊覽時並未見到佛光，也許他見前人所寫已多，不願再作疊牀架屋式的贅述，《遊記》中對佛光未作任何描寫，而一如既往，根據這裡的地理位置，來探討「放光」形成的自然原因：「其寺南向，後倚絕壁，前臨盤壑，以桃花箐為右關，以西南首支為左護，其地雖在三距之外，而實當絕頂之下，發光鍾異，良有以也。」對地貌的重視，也大大拓寬了徐霞客的審美視野，發現同一景物在不同的觀賞位置所呈現的不同景觀。在攀登華首門時，他已描述了「一幅萬仞蒼崖圖」，這種景觀，也為其他遊客所矚目。而在放光寺，他又看到了一般人並不注意但實際上更為壯觀的一面：「余初自曹溪華首門下瞰之，見其寺沉沉直墜壑底，以為光從窅闃中上騰，乃鼯栖虺伏之窟，及至而猶然在萬壑盤拱之上，而上眺華首，則一削萬仞，橫拓甚闊，其間雖有翠紋烟縷，若綉痕然，疑無可披陟，孰知其上乃西自曹溪，東連銅佛殿，固自有凌雲之路，橫緣於華首之前也？然當身歷華首時，止仰上崖之穹崇，不覺下壁之峻拔，至是而上下又合為一幅，其巍廓又何如也？」前面遊華首門，作者置身其中，雖也仰視俯瞰，總不免局於一隅，既「不見其頂」，也「莫晰其根」。而在放光寺，因與華首門保持一段距離，且純為仰望，故視野更為開闊，所見景觀也就更加雄傑。

瀑布以其激烈和不懈的運動狀態，既有氣勢磅礴的雄奇美，也有景象迷離的飄逸美，既能使人心悸，也能令人神搖，故無論在哪裡，都是一道引人矚目的風景線。雞足山玉龍閣前的瀑布，以居高直落、漾蕩眾壑取勝：「由觀瀑亭對崖瞰瀑布從玉龍閣下隤，墜崖懸練，深百餘丈，直注峽底，峽逼箐深，俯視不能及其麓。然踞亭俯仰，絕頂浮嵐，中懸九天，絕崖隤雪，下嵌九地，兼之霽色澄映，花光浮動，覺此身非復人間。天台石梁，庶幾又向曇花亭上來也。」作者面對瀑布，以俯視知其深，以仰望見其高，以四顧得其秀麗。前人寫瀑布，無不在如何表現其動態美上競下功夫。這裡沒有直接描寫瀑布的動態，而是通過「懸練」、「浮嵐」、「隤雪」等意象來表現，不僅生動形象，而且富於變化。文中也沒有一個關於顏色的字，但以「練」、「雪」可知瀑布的潔白，從「箐深」可知竹林的蒼翠，從「浮嵐」、「霽色」可知雲彩的絢麗，從「花光」可知花朵的鮮豔，從而處處流溢出色彩美。使人奇怪也令人遺憾的是，作者竟沒有一句寫到瀑布的聲響美。「霽色澄映，花光浮動」，不僅寫出天色的晴朗，也隱寓心境的喜悅、神思的遠揚，於是泛起留在記憶中的美，天台石梁彷佛又呈現在眼前。

光線被看作是色彩的搖籃，事物在不同的條件下承受不同的光照而呈現不同的色彩。《遊記》中有一段描寫鶴慶金井村晚照的文字：「望東峰南北高聳者，日光倒映其尖，丹葩一點，若菡萏之擎空也。蓋西山屏亙甚高，東峰雜沓而起，日啣西山，反射東山，其低者，日已去而成碧，其高者，日尚映而流丹，丹者得碧者環簇其下，愈覺鮮妍。世傳鶴慶有『石寶之異，西映為朝霞，東映為晚照』，即此意也。」秀色在目，人所共讚。文中寫夕陽映照山尖，如同高舉空中的荷花，設喻新穎，但真正能顯示作者審美敏感和觀照功力的，是文中所表現的那種流動的美。這是時光的流動、景觀的流動、感覺的流動，因流動而引起色彩的轉換和對比，進而產生一種能引起人豐富聯想的縹緲奇異的美景。

《遊記》中描述了雞足山二處「顛倒造化」的奇景（反常的自然現象），一處「抑之地中以倒射」，一處「浮之空中使交通」。前者在大覺寺的東軒，有水從旁邊池中向空中噴射，池不大，中間放著一個石盆，盆中插著一根錫管，「水自管倒騰空中，其高將三丈，玉痕一縷，自下上噴，隨風飛灑，散作空花。」徐霞客一看到這種情況，就感到奇怪：「疑雖管植沼中，必與沼水無涉，況既能倒射三丈，何以不出三丈外？」認為「此必別有一水，其高與此並，彼之下，從此墜，故此上，從此止，其伏機當在沼底，非沼之所能為也。」於是詢問得知：「果軒左有崖高三丈餘，水從崖墜，以錫管承之，承處高三丈，故倒射而出亦如之，管從地中伏行數十丈，始向沼心豎起，其管氣一絲不旁洩，故激發如此耳。」由此聯想起在雁蕩山小龍湫下面，過去有雙劍泉，「其高三尺，但彼則自然石竅，後為人斫竅而水不湧起，是氣洩之驗也。」又想起過去在南京時，看到洪武門一家店鋪的盆中，「亦有水上射，中有一圓物如丸，跳伏其上，其高止三尺……當亦此類也。」徐霞客不是物理學家，但他洞察入微的觀察、思逐無形的推理，使他能正確認識到流體壓強相通的原理，明白噴泉能夠噴水是由於裡面有氣，而噴射的高度則由水源的高度所決定。他所說的「管氣」，即管中的水壓，而所謂「氣洩」，就是因水流泄而降低了水壓。後者在馬鞍嶺中坳的塔盤，當時在塔盤工作的有一百多人，但峰頭無水，而馬鞍嶺東峰很高處有水，因中間的坳地不能流來，於是「豎木柱數排於坳中，架橋其上以接之。柱高四丈餘，刳木為溝，橫接松杪。昔聞霄漢鵲橋，以渡水也，今反為水渡，抑更奇矣。」在大姚的爐頭大村，徐霞客已經看到「北崖石半，有流環其腰，土人架木度流，引之南崖，沸流懸度於上」的奇景，而塔盤的規模更大，景象更奇。《遊記》中還寫了在獅子林最高處白雲靜室旁，「石脊中峙為崖，崖左有穴一龕，高二尺，深廣亦如之。穴外石倒垂如簷，泉從簷內循簷下注，簷內穴頂中空，而水不從空處溢，簷外崖石峭削，而水不從削處墜，倒注於簷，如貫珠垂玉。穴外匯方池一函，旁皆菖蒲茸茸，白雲折梅花浸其間，清泠映人心目。」這石脊中間垂下，和山兩腋並不相連，而泉水居然能從隆起處穿石而出，懸空而下，確是一處令人既覺新奇又感費解的景觀。由於徐霞客無法作出科學的合理的解釋，只能姑信僧人之言，視之為「天神供養」之事了。

在對自然景物進行觀賞的同時，徐霞客始終注意如何開發自然，特別是人工的建築如何與自然協調，相得益彰，形成勝景。他一進雞足山，見「兩山排闥，東為水口，而獨無一塔」，便覺得這是「山中欠事」。雞足山中、東兩支以及頂峰的各座寺廟，都朝東、南兩種方向，從無向北的，唯獨華嚴寺反轉對著夕陽，北面大山上的眾多寺廟，一一倒轉出現，令人有耳目一新之感，因「地迴向異」，而成為「山中一勝」。徐霞客還稱讚獅子林的靜室，在「徑轉崖分」的山峽中，「綴一室，即有一室之妙，其盤旋迴結，各各成境，正如巨蓮一朵，瓣分千片，而片片自成一界，各無欠缺也。」反之，放光寺內有塊巨石，「上擎下削」，上面造了亭子，往北正好可以仰望華首門，只是被前面的樓頂遮擋，「獨翳此絕勝一面，不為無憾。」從西來寺往東到三空靜室，「石崖尤竦峭，寺旁崖迸成洞」，可是僧人卻用來放遊客的馬匹，使人無法入洞；另外，這裡「有峽自頂剖窪而下，若雲門劍壁，嵌隙於中，亦為偉觀」，但僧人到山頂取柴，為了少走些路，將柴從這縫隙中扔下，致使這裡「不能藉為勝概」，對此，徐霞客都「深為悵恨」。

在除夕前一天，徐霞客從悉檀寺去獅子林，「寺前杏花初放」，於是折下一枝，帶著上山。待下山回到悉檀寺，只見「寺前桃亦繽紛。前之杏色，愈淺而繁，後之桃靨，更新而艷。」想不到在短短的五天時間內，花竟開得如此芬芳，「睹春色之來天地，益感浮雲之變古今也」。他兩次登上頂峰，前一次在頂上只看到雪山而沒見到洱海，後一次又只見到洱海而沒看到雪山，真「所謂『陰晴眾壑殊』，出沒之不可定如此」。世事變幻，景物無常，引起他對滄桑變遷更深切的思考。在遊桂林隱山時，徐霞客就因西江的變遷，引起「滄桑」之感，看到任何事物都在生生不息的變化之中。在雞足山，他又提出「誰謂陵谷無易位哉」的看法。由此他才能用動態的、發展的眼光，在正確考察、分析的基礎上，進行推理分析，在不少問題上獲得超前的科學的認識。而許多飽學的古代學者，之所以缺乏推理的能力，從根本上說，與其腦中根深蒂固的「天不變，道亦不變」的觀念有關。

抄錄碑文，是徐霞客在西遊途中不懈的樂事，這和詢問山中掌故、寺院緣起，成了他在雞足山活動的重要內容，甚至在除夕那天，依然在蘭陀寺抄錄〈迦葉事跡記〉。他第一次登上頂峰，在土主廟過夜，翌日吃罷早飯，就立即去天長閣、善雨亭抄錄碑文，其中有二篇很長，因天氣極為寒冷，手指都凍僵了，沒能錄完，在第二次登上頂峰後，又念念不忘去錄完未了的碑文。迦葉寺的仰高亭中有碑，是萬曆間巡按周懋相所立的，徐霞客第一次經過這裡，見亭已毀圮，來不及抄錄就離開了，後來又經過這裡，就迫不及待地首先去抄錄碑文，當時「風撼兩崖間，寒凜倍於他處，文長字冗，手屢為風所僵。」但他對那些因好名而石壁上亂加鐫刻的殺風景的作法極為反感，如華首門的石壁間，有「倪按院大書『石狀奇絕』四字，橫鐫而朱丹之。其效顰耶？黥面耶？在東身書『石狀大奇』，在袈裟書『石狀又奇』，在兜率峽口書『石狀始奇』。凡四處，各換一字。山靈何罪而受此耶？」

鶴慶古為澤國，至今仍稱「龍潭之鄉」。漾共江（今名漾弓河）縱貫南北，條條清溪匯入其中，在長達六十多里的西山腳下，排列著十多個大龍潭，另外還有許多無名小龍潭。在南方岩溶地區，由於水的溶蝕作用，特別是由於機械侵蝕和重力塌陷作用，形成了在地表開口而通往地下深處的落水洞。徐霞客在廣西、貴州、雲南探遊時，考察並記載了許多形態不一的落水洞，而最奇特的便是由一百零八個落水洞組成的鶴慶落水洞群，漾共江水到這裡注入石穴之中，伏流三里而出。「漾共之江，亦自麗江南下，瀠鶴城之東，而南至此為龍珠所截，水無從出，於是自峰頂之麓，隨龍珠西轉，搜得龍珠骨節之穴，遂搗入其中，寸寸而入，凡百零八穴而止。眾水於山腹合而為一，同泄於龍珠之東南麓。」限於當時的認識水平，徐霞客無法對這種奇特的現象作合理的解釋，於是借用當地的傳說，歸之於神靈的力量。《遊記》中記載了神僧倔多在一個婦人的指點下，潛修二十年，以念珠撒水，以錫杖戳地，得一百零八穴的故事，內容之詳，僅次於記湖南郴州蘇仙那一段。這個神話，讚美精神和意志的力量，能激發人的想像，滿足人的心理要求，雖屬虛幻，但不乏美感。

滇遊日記七

【題解】麗江位於雲南西北的橫斷山區，是一片神奇而瑰麗的土地。這裡有氣勢磅礴的玉龍雪山、明潔如鏡的黑龍潭水、桃李絢爛的川甸、驚心動魄的峽谷，這裡還有中國緯度最南的現代冰川、蔚為大觀的「長江第一灣」。徐霞客西行之初，就已請陳繼儒修書介紹，準備去那裡考察長江上源。麗江是納西族聚居區，民族風情頗多奇趣。保存完好的麗江壁畫，是滇西藝術的奇葩；而多達五百卷、計七百萬字的《東巴經》，無愧為內容豐富、語言生動的納西族歷史典籍。崇禎十二年（一六三九）一月底，徐霞客到達麗江，受到最隆重的禮遇，在著名的解脫林居住，前後共十五天。《遊記》中對麗江的地貌、景觀、氣候、交通、建築、物產、風情、習俗，及其與中原和鄰境的政治、地理關係，都作了生動、具體的描述。二月，他離開麗江南下，再經鶴慶府，觀覽筆架峰，探遊青玄洞，考察漾共江。隨後往西到劍川州，遍遊金華山、莽歌嶺、崖場、石寶山諸勝景。再往東經過熱水塘，抵達浪穹（今洱源），泛舟茈碧湖，考察九炁臺，遊覽佛光寨、一女關等景觀。

己卯二月初一日　木公命大把事以家集黑香、白鏹❶十兩來餽。下午，設宴解脫林東堂，下藉以松毛，以楚雄❷諸生許姓者陪宴，仍侑❸以盃緞、銀盃兩隻，綠縐紗一疋。大餚八十品，羅列甚遙，不能辨其孰為異味❹也。抵暮乃散。復以卓席餽許生。為分犒諸役❺。

初二日　入其所棲林南淨室，相迎設座如前。既別，仍還解脫林。昨陪宴許

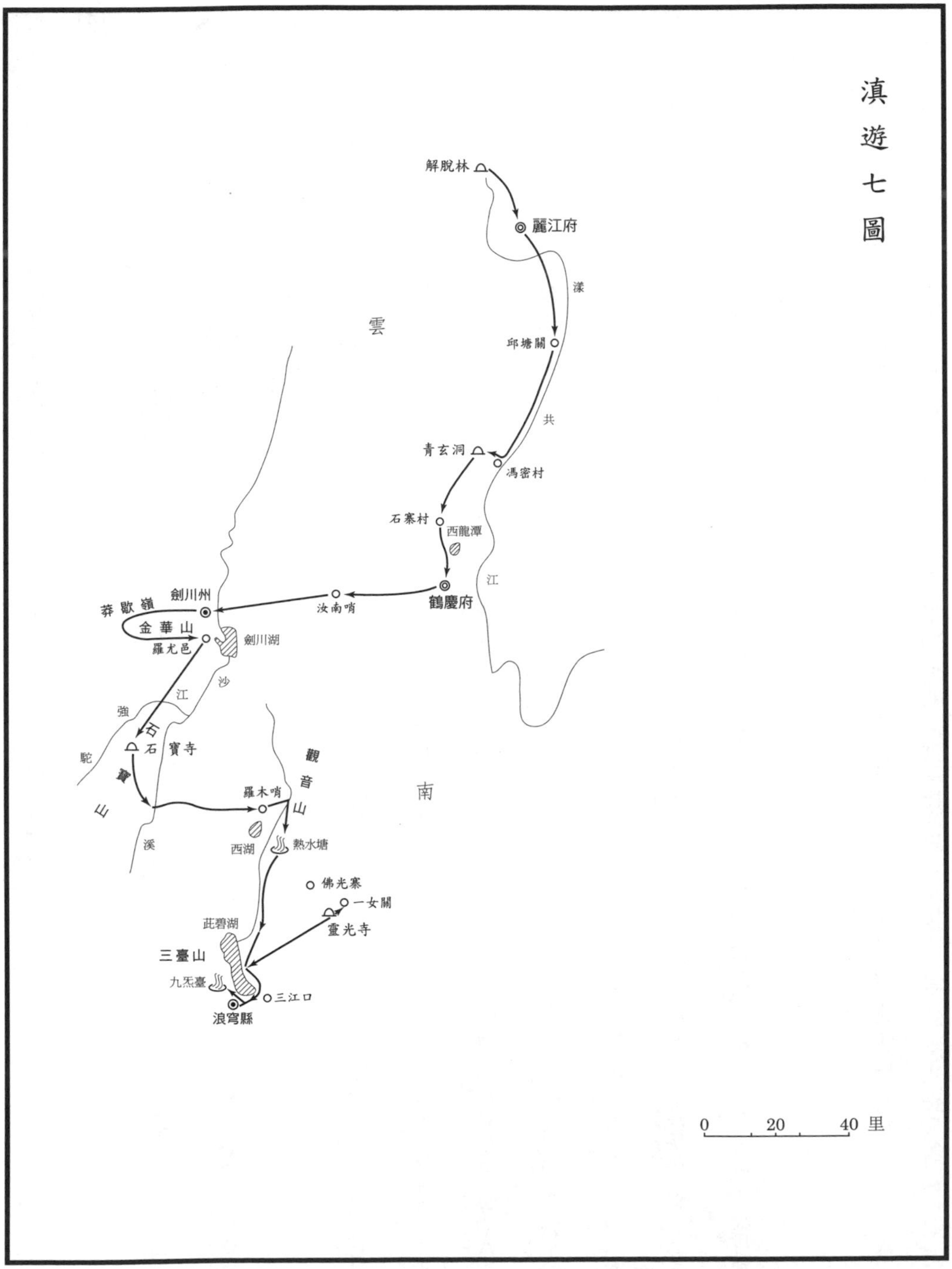
滇遊七圖
解脫林
麗江府
漾
共
江
雲
南
邱塘關
青玄洞
馮密村
石寨村
西龍潭
鶴慶府
汝南哨
劍川州
莽歇嶺
金華山
羅尤邑
劍川湖
沙
江
強
駝
石
寶
山
石寶寺
溪
觀
音
山
羅木哨
西湖
熱水塘
佛光寨
一女關
靈光寺
茈碧湖
三臺山
九炁臺
三江口
浪穹縣
0 20 40 里

君來，以白鏹易所侑綠綯紗去。下午，又命大把事來，求作所輯《雲薖淡墨》❻序。

初三日　余以敘稿送進，復令大把事來謝。所饋酒果，有白葡萄、龍眼、荔枝諸貴品，酥餅油線、細若髮絲，中纏松子肉為片，甚鬆脆。髮糖白糖為絲，細過於髮，千條萬縷，合揉為一，以細麪拌之，合而不膩。諸奇點。

初四日　有雞足僧以省中錄就《雲薖淡墨》繳納木公。木公即令大把事傳示，求為較政❼。其所書洪武體雖甚整，而訛字極多，既舛落無序，而重疊顛倒者亦甚。余略為標正，且言是書宜分門編類，庶❽無錯出之病。晚乃以其書繳入。

初五日　復令大把事來致謝。言明日有祭丁❾之舉，不得留此盤桓，特令大把事一人聽候。求再停數日，煩將《淡墨》分門標類，如余前所言。余從之。以書入謝，且求往忠甸❿，觀所鑄三丈六銅像⓫。既午，木公去，以書答余，言忠甸皆古宗⓬，路多盜，不可行。蓋大把事從中沮之，恐覘其境也。是日，傳致油酥麪餅，甚巨而多，一日不能盡一枚也。

【章　旨】本章記載了徐霞客進入雲南後第二百三十七天至第二百四十一天在麗江府的行跡。木增在解脫林設盛宴款待，並饋贈豐厚禮品，請霞客為他編撰的《雲薖淡墨》作序，同時將此書分門標類。想去忠甸觀看大銅佛像，未獲允許。

【注　釋】❶白鏹　銀的別稱。❷楚雄　明代為府，治所在今雲南楚雄。❸侑　侑幣。古時主人宴客，認為未盡殷勤之意，又贈客以財物，稱侑幣。❹異味　奇特的美味。❺復以卓席餽許生二句　原脫，據徐本補。❻雲薖淡墨　書名，六卷，木增撰。《四庫全書總目》子部雜家類有存目，提要云：「增好讀書，多與文士往還，是書蓋其隨筆摘抄之本，大抵直錄諸書原文，無所闡發，又多參以釋典道藏之語，未免糅雜失倫，特以其出自蠻陬，故當時頗傳之云。」今雲南省圖書館有藏本，僅存卷三至卷六，共四冊。❼較政　即校正。時避熹宗朱由校諱，改「校」為「較」。政，通「正」。❽庶　庶幾；相近；差不多。❾祭丁　舊時於每年仲春（農曆二月）、仲秋（農曆八月）上旬丁日祭奠先聖孔子，稱為祭丁。❿忠甸　即今雲南中甸，為藏民比較集中的居住區，但靠近麗江打鼓一帶的地方，都是納西族「東巴文化」的發源地。⓫三丈六銅像　在忠甸歸化寺。寺位於雪山攢簇交錯的迪慶高原上，仿效西藏拉薩布達拉宮的形式和規模建造，如同一座山城，為滇、川、藏邊區的一大寺院。中心大寺坐北朝南，下層大經堂能容納一千六百名喇嘛同時趺坐念經。後進供三世銅佛像，高二丈六尺餘。寺內藏有各種精美的鎏金佛像、達賴五世贈送的五彩金汁精畫唐卡十六軸、手抄精印的世界著名佛教叢書《甘珠爾・丹珠爾》一套共四百餘函等稀有珍品。可惜近年幾乎被毀。⓬古宗　明代稱雲南境內的藏族為古宗。

【語　譯】崇禎十二年二月初一　木公命大把事將家中收集的黑香及白銀十兩拿來贈送給我。下午，在解脫林東堂設宴，地上鋪著松毛，讓楚雄府姓許的秀才陪宴，又贈給銀杯、綢緞，銀杯兩隻，綠綢紗一匹。有八十種大菜，直擺到很遠處，分不清其中哪道菜是異味。到傍晚才散席。又把一桌剩菜饋贈許生。作為犒勞分給眾差役。

初二　走進木公所居住的解脫林南的淨室，木公和上次一樣迎接入席。告別後仍然回到解脫林。昨天陪宴的許君來，用白銀把贈我的綠綢紗換去。下午，木公又命大把事來，請我為他編撰的《雲薖淡墨》作序。

初三　我將敘稿送進去，木公又叫大把事來致謝。所贈的酒果有白葡萄、龍眼、荔枝等珍品，另有酥餅油線、細得像髮絲，中間纏著松子果肉片，很鬆脆。髮糖白糖製成絲，比頭髮還細，千條萬縷，揉合在一起，用細麵拌合，不膩。等奇特的點心。

初四　有個雞足山僧人將在省城抄錄好的《雲薖淡墨》交給木公。木公就叫大把事拿給我看，請我校正。

僧人寫的洪武體字雖然很工整，但錯字極多，既錯亂脫落沒有次序，又重複顛倒得很厲害。我略微作些更正，並說這書應當分門編類，方才可以不出現錯亂重複的毛病。晚上就把書交進去。

初五　木公又叫大把事來致謝。說明天有祭奠先聖的活動，不能在這裡逗留，特地叫大把事一人前來聽候使喚。並請我再停留幾天，麻煩將《雲薖淡墨》分門標類，像我先前所說的那樣。我答應了他的託付。寫信向木公致謝，並請允許前往忠甸，觀看那裡所鑄的三丈六尺高的銅佛像。午後，木公離去，寫信答覆我，說忠甸都是藏族，路上強盜很多，不能前去。大概是大把事從中阻撓，怕我窺探他們的境地。這天，送來油酥麵餅，又大又多，一天吃不完一個。

初六日　余留解脫林校書。木公雖去，猶時遣人餽酒果，有生雞大如鵝，通體皆油，色黃而體圓，蓋肥之極也。余愛之，命顧僕醎為臘雞。

解脫林倚白沙塢西界之山。其山乃雪山之南，十和後山之北，連擁與東界翠屏、象眠諸山，夾白沙為黃峰後塢者也。寺當山半，東向，以翠屏為案，乃麗江之首剎，即玉龍寺❶之在雪山者，不及也。寺門廡階級皆極整，而中殿不宏，佛像亦不高巨，然崇❷飾莊嚴，壁宇❸清潔，皆他處所無。正殿之後，層臺高拱，上建法雲閣❹，八角層甍，極其宏麗，內置萬曆時❺所賜《藏經》焉。閣前有兩廡，余寓南廡中。兩廡之外，南有圓殿，以茅為頂，而中實磚盤。佛像乃白石刻成者，甚古而精緻。中止一像，而無旁列，甚得清淨之意。其前即齋堂❻、香積也。北亦有圓閣一座，而上啟層窗。閣前有樓三楹，雕窗文槅⑦，俱飾以金碧，乃木公燕憩之處，扃而不開，其前即設宴之所也。其淨室在寺右上坡，門亦東向，有堂三重，皆不甚宏敞，四面環垣僅及肩，然喬松連幄，頗饒煙霞之氣⑧。聞由此而上，有拱壽臺、獅子崖，以迫於校讎⑨，俱不及登。

初六、初七日　連校類分標，分其門為八。以大把事候久，余心不安，乃連宵篝燈，丙夜⑩始寢。是晚既畢，仍作書付大把事，言校覈已完，聞有古岡⑪之勝，不識導使一遊否？古岡者，一名儠儸⑫，在郡東北十餘日程，其山有數洞中透，內貯四池，池水各占一色，皆澄澈異常，自生光彩。池上有三峰中峙⑬，獨凝雪瑩白，此間雪山所不及也。木公屢欲一至其地，諸大把事言不可至，力尼⑭之，數年乃得至，圖其形以歸，今在解脫林後軒之壁，北與法雲閣相對。余按圖知之，且詢之主僧純一，言其處真修⑮者甚多，各住一洞，能絕粒休糧，其為首者有神異，手能握石成粉，足能頓坡成窪，年甚少而前知，木公未至時，皆先與諸土人言，有貴人至，土人愈信而敬之。故余神往而思一至也。

【章　旨】本章記載了第二百四十二天、第二百四十三天在麗江府的行跡。解脫林為麗江府第一寺，修飾莊嚴，寺內建有法雲閣，飛簷八角，極其宏麗。閣前有樓，金碧輝煌。在寺中連夜挑燈校對《雲薖淡墨》，並將此書分為八類。聽說麗江東北的古岡，山中有池，池上有三峰峙立，景色之美，連雪山也有所不及。那裡真修的人很多，其中為首的有神異，所以很想去一遊。

【注釋】❶玉龍寺　今名玉峰寺，在麗江城北玉龍山下。寺雖小，卻以一株古山茶名揚海內。此樹主幹雖粗，但僅三公尺高，經培育，已組成三坊一蓋、二丈見方的花棚，人在花樹旁，花在人群中。仔細觀賞，就會發現樹若一棵，花開兩樣，一是「九蕊十八瓣」，酥嫩豔麗，一是「單蕊大山茶」，噴雪吐焰，令人稱奇。此樹從立春至立夏一百多天，先後開放二十來批，每批千餘朵，總共二萬多朵，花期之長，花開之盛，是很少見，被譽為「山茶之王」。❷崇　修飾。❸宇　屋簷。❹法雲閣　今名五鳳樓，為解脫林中重要建築。樓為三層木結構，飛簷高挑，高約二十公尺，氣度軒昂。樓基正方，有三十二柱，飛簷八角，三疊共二十四角，遠近映襯，相互交錯，從四面看，都像五隻展翅欲飛的鳳凰。中國古代建築素來追求曲線之美，但像這樣飄灑飛揚，也不多見。現已遷至麗江黑龍潭公園，與「得月樓」相媲美。❺萬曆時　木增為其母求御賜《藏經》，在天啟年間。❻齋堂　僧人的食堂。❼槅　窗上用木條作成的格子。❽煙霞之氣　指山水清潤的氣息。❾校讎　又作「讎校」，謂核對書籍，糾正錯誤。一人獨校為校，二人對校為讎。劉向《別錄》謂一人持本，一人讀書，若怨家相對為讎。後人嫌讎字不雅，改稱校對。❿丙夜　三更時。⓫古岡　〈麗江紀略〉作「牯岡」，山名，在麗江東北。⓬儸儸　〈麗江紀略〉作「臘羅」，與牯岡相近。⓭池上有三峰中峙　疑即「瀘沽三島」。瀘沽湖位於雲南寧蒗和四川鹽源之間，在滇西高原的萬山叢中。湖內有五個海島，在寧蒗境內的有三個，山青水秀，景色迷人，是中國境內受人為破壞最少的地區之一。環湖居住的盧梭（納西族支系）人，依然保留著一些母系氏族公社特點的民族風情，特別引人注意的是具有早期對偶婚特點的「阿注」婚，即一妻多夫的比較鬆散的婚姻家庭形態。⓮尼　阻止。⓯真修　《妙法蓮華經玄義》一上：「先藉緣修，生後真修。」緣修為真如而協於理，有心有作之修行，如地前之菩薩。真修為證如無修之行法，自合於理無心無作之修行，如地上之菩薩。

【語　譯】初六　我留在解脫林校書。木公雖然離開這裡，還常派人送來酒果。有像鵝那麼大的生雞，全身都是油，色黃體圓，肥到極點。我十分喜愛，讓顧僕醃作臘雞。

解脫林靠著白沙塢西界的山。這山在雪山的南面，十和後山的北面，和東界的翠屏、象眼等山相連聚集，夾著白沙塢成為黃峰背後的山塢。寺院座落在半山腰，朝東，以翠屏山作為案山，是麗江府的第一寺，即使雪山的玉龍寺，也不及它。寺的門廊臺階都極整齊，可是正中的殿不宏偉，佛像也不高大，但修飾莊嚴，牆壁屋簷清潔，都是其他地方所看不到的。正殿的後面，多層樓臺高高拱起，臺上建有法雲閣，飛簷八角，屋脊層疊，極其宏偉壯麗，裡面安放著萬曆年間所賜的《大藏經》。閣前有兩排廂房，我住在南廂房中。兩排廂房之外，南面有圓殿，用茅草蓋頂，但中間實際上用磚圍成。佛像是用白石刻成的，很古樸精緻。殿中只供一座佛像，沒有其他塑像在旁排列，很有清淨之意。殿前就是食堂、廚房。北面也有一座圓閣，上面開著一層窗子。閣前有三間樓房，雕刻花紋的窗和窗格，都塗上金碧輝煌的油漆，是木公休息的地方，門鎖著不開，它的前面就是設宴的場所。木公的淨室在寺右邊的山坡上，門也朝東，有三重堂屋，都不太高大寬敞，四周的圍牆只有並肩高，但高大的松樹連成一片，充滿山林清潤的氣息。聽說從這裡上去，還有拱壽臺、獅子崖，因為忙於校書，都來不及登臨。

初六、初七　連日校對，分門標類，把全書分成八個門類。因為大把事久等了，我心中感到不安，於是連夜挑燈工作，到三更時才睡。這天晚上完成後，就寫信交給大把事，說書已經校核完畢，聽說有古岡勝景，不知能否派個嚮導帶我去遊覽一次？古岡又名儸儸，在府城東北，有十多天的路程，山上有幾個中間相通的洞，裡面蓄有四個水池，池水顏色各不相同，都非常清澈，自生光彩。池上有三座山峰居中峙立，峰上有積雪特別瑩白，連這裡的雪山都及不上它。木公多次想去那裡一遊，眾大把事都說不能去，竭力阻止，過了好幾年才得去成，畫了古岡景物返回。圖畫如今掛在解脫林後樓的牆壁上，朝北和法雲閣相對。我根據畫圖知道了這個地方，並且向住持僧純一打聽情況，純一說那裡真修的人很多，各住一個洞，能夠絕食斷糧，其中為首的有神異，手能把石捏成粉，腳能將山坡踏成窪地，年紀很輕卻能預測未來，木公還沒到那裡，就事先和當地人說，有貴人來到，因此當地人更加相信崇敬他。所以我神往那裡也想去一次。

初八日　昧爽，大把事齎冊書馳去。余遲遲起，飯而天雨霏霏。純一饋以古磁盃、薄銅鼎、併芽茶，為烹瀹之具。備馬，別而下山。稍北遂折而東下，甚峻，二里，至其麓。路北有澗，自雪山東南下，隨之東半里，有木橋。渡澗西北逾山為忠甸道，余從橋南東行。半里轉而東，是為崖腳院，倚山東向。其處居廬連絡，中多板屋茅房，有瓦室者皆頭目之居，屋角俱標小旗二面，風吹翩翩，搖漾於夭桃❶素李之間。宿雨含紅，朝煙帶綠，獨騎穿林，風雨淒然，反成其勝。院東南有窪地在村廬間，中涸無水，尚有亭臺堤柳之形，乃舊之海子環為園亭者，今成廢壑矣。又南二里，有枯澗嵌地甚深，乃雪山東南之溪，南注中海者。今引其水東行塢脊，無涓滴下流澗中，僅石梁跨其上。度梁之東，即南隨引水行，四里，望十和村落在西，甚盛。其南為中海，望之東南行，其大道直北而去者，白沙道也。南四里，有枯澗東西橫塢中，小石梁南跨之。

又東五里，東瞻象眠山❷已近。通事向許導觀象鼻水❸，至是乃東南行田間，二里，抵山下。水從坎下穴中西出，穴小而不一，遂溢為大溪，折而南去，二里，析為二道，一沿象眠而南，一由塢中倒峽，過小石橋，又析為二，夾路東西行。五里，至黃峰山北，所引之水，一道分流山後而去，一道東隨黃峰而南。始知黃峰之脈，自象鼻水北坡垂塢中南下，至此結為小峰，當塢之口，東界象眠山亦至此南盡，西界山自中海西南環繞而北，接十和後山，南復橫開東西大塢，南龍大脊，自西而東，列案於前，其上烏龍峰，獨聳文筆於西南，木家院南峰，迴峙雄關於巽位❹。眾大之中，以小者為主，所以黃峰為木氏開千代之緒也。從黃峰左腋南上西轉，又一里，出其南，則府治東向臨溪而峙，象鼻之水環其前，黃峰擁其後。聞其內樓閣極盛，多僭制❺，故不於此見客云。

先是，未及黃峰三里，有把事持書，挈一人荷酒獻胙❻，衝雨而至，以余尚未離解脫也。與之同過府治前，度玉河橋，又東半里，仍稅駕於通事小樓。讀木公書，乃求余乞黃石齋❼敘文，併索余書，將令人往省邀吳方生❽者。先是，木公與余面論天下人物，余謂：「至人❾惟一石齋。其字畫為館閣❿第一，文章為國朝第一，人品為海宇⓫第一，其學問直接周、孔，為古今第一。然其人不易見，亦不易求。」因問：「可以親炙者，如陳⓬、董⓭之後，尚有人乎？」余謂：「人品甚難。陳、董芳躅⓮，後來亦未見其繼，即有之，豈羅致所及？然遠則萬里莫儔，而近則三生⓯自遇。有吳方生者，余同鄉人，今以戍僑寓省中。其人天子不能殺，死生不能動，有文有武，學行俱備，此亦不可失者。」木公慮不能要致⓰，余許以書為介，故有是請，然尚未知余至府治也。使者以復東返。前繳冊大把事至，以木公命致謝，且言古岡亦艱於行，萬萬毋以不貲蹈不測[17]。蓋亦其託辭也。然聞去冬亦曾用兵吐蕃[18]不利，傷頭目數人，至今未復，僰儸、古宗皆與其北境相接，中途多恐，外鐵橋亦為焚斷。是日雨陣時作，從樓北眺雪山，隱現不定，南窺川甸[19]，桃柳繽紛，為之引滿。

是方極畏出豆[20]。每十二年逢寅[21]，出豆一番，互相牽染，死者相繼。然多避而免者。故每遇寅年，未出之人，多避之深山窮谷，不令人知。都鄙[22]間一有染豆者，即徙之九和[23]，絕其往來，道路為斷，其禁甚嚴。九和者，乃其南鄙，在文筆峰南山大脊之外，與劍川接壤之地。以避而免於出者居半，然五、六十歲，猶惴惴奔避。木公長子之襲郡職者[24]，與第三子俱未出，以舊歲戊寅，尚各避山中，越歲未歸。惟第二、第四名宿，新入泮[25]鶴慶。者，俱出過。公今第四者啟來候，求肄文木家院焉。

【章　旨】本章記載了第二百四十四天在麗江府的行跡。離開解脫林，到崖腳院，宿雨含紅，朝煙帶綠，風雨淒涼，反成勝景。院東南過去有湖，現已乾涸荒廢，有條從雪山流下的溪水也已成了枯澗。往前到象眠山下，觀看象鼻水。再到黃峰山北，考察山勢地形。麗江府署前面有象鼻水環繞，背後有黃峰山簇擁，聽說裡面樓閣極盛，很多地方僭越法制。先前曾對木增談論天下人物，說完人唯有一個黃石齋，省城吳方生堪稱豪傑。這時有把事送來木增的信，想請吳方生來麗江。聽說去年冬天對吐蕃用兵不利，北上的路很可怕。這裡很怕出水痘，每逢寅年出一次，死人很多，所以將感染的人都遷到九和隔離，禁令甚嚴，未出的人都到深山中躲避。

【注　釋】❶天桃　《詩・周南・桃夭》：「桃之夭夭，灼灼其華。」言桃花盛開，鮮豔美麗。❷象眠山　又名象山，以山蹲伏如象得名，在麗江城北。山下有泉，為漾弓江源頭。❸象鼻水　今名玉泉，俗稱黑龍潭。泉水從象山腳下不斷湧出，匯聚成潭，約三十畝，色碧如玉。流入麗江城內，稱玉河，縱橫交錯，遍繞全城，形成「家家泉水，戶戶垂楊」的獨特美景。現有五鳳樓、得月樓等名勝，泉邊圖書館藏有《東巴經》等納西族文化珍品。❹巽位　巽，《易》八卦之一，象風。以八卦定方位，巽位為東南方。❺僭制　超越法制。僭，超越自己的身分。這裡指冒用在上者的禮儀。❻胙　祭祀用的肉。❼黃石齋　黃道周，字幼平，號石齋，明福建漳浦人，天啟進士。崇禎時，廷爭不屈，以上疏刺大學士周延儒、溫體仁，斥為民。南明弘光帝任為禮部尚書，南都亡，與鄭芝龍等在福建擁立唐王，率師出衢州，在婺源與清兵遇，戰敗被俘至南京，不屈死。道周學問宏博，工書畫。著有《易象正》、《石齋集》等。❽吳方生　徐霞客的朋友。徐霞客在昆明時就住在他家中，得到很多幫助。❾至人　道德修養達到最高境界的人。❿館閣　宋代有昭文館、史館、集賢院，稱為三館，分掌圖書、經籍、修史等事。又有祕閣、龍圖閣、天章閣，主要是藏經籍、圖書及歷代御製典籍，統稱館閣。明、清時併入翰林院，故翰林院亦稱館閣。流行於館閣及科舉試場文字的書體，稱「館閣體」，其特點為字形勻正，墨色烏亮。⓫海宇　海內；宇內；國內。⓬陳　陳繼儒，字仲醇，號眉公，松江華亭人。工詩文，善書畫，與董其昌齊名。黃道周自稱「志尚高雅，博學多通，不如繼儒」。⓭董　董其昌，字玄宰，號香光，松江華亭人。萬曆進士，官至南京禮部尚書。工詩文，尤長書畫。⓮芳躅　指前代賢哲的行跡。⓯三生　佛教名詞，又稱「三世」、「三際」。即過去（前生、前世、前際）、現在（現生、現世、中際）、未來（來生、來世、後際）的總稱。⓰要致　邀請前來。要，通「邀」。⓱以不貲蹈不測　西漢王生〈與蓋寬饒書〉：「用不訾之軀，臨不測之險。」不貲，貴重之極。訾，通「貲」。⓲吐蕃　西元七至九世紀在青藏高原所建立的藏族軍事政權。至松贊干布時，定都邏些（今拉薩），與唐文成公主聯姻。吐蕃崩潰後，史籍仍沿稱青藏高原及當地土著部族為吐蕃。明置朵甘都司及烏思藏都司進行管轄。⓳川甸　郊外平野。川，平野。甸，郊外。⓴豆　水痘；天花。㉑每十二年逢寅　古代用天干、地支紀年。十二地支為子、丑、寅、卯、辰、巳、午、未、申、酉、戌、亥。故每十二年有一個寅年。㉒都鄙　城郊。都，城市。鄙，郊外。㉓九和　今名九河，在麗江西境，石鼓南面。㉔木公長子之襲郡職者　明代土司世襲，木增告老後將由長子木懿繼任麗江土知府之職。㉕入泮　科舉時代，學童考進縣學為生員，叫入泮。因學宮前有泮池，故云。

【語　譯】初八　拂曉，大把事帶著書冊急馳而去。我遲遲起身，飯後天空陰雨紛飛。純一贈我古磁杯、薄銅鼎以及芽茶，作為煮茶的用具。準備了馬，告別純一下山。稍許往北，就轉向東下去，路很陡峻，走了二里，到達山麓。路的北邊有澗水，從雪山東南流下，隨著澗水往東走半里，有木橋。渡過澗水往西北越過山是去忠甸的路，我從橋南往東走。過了半里，轉向東，這是崖腳院，靠山朝東。這裡住房接連不斷，其中大多是木板屋和草房，瓦房都是頭目的住家，屋角都插著兩面小旗作標誌，風吹小旗翩翩飛舞，在豔麗的桃花和素雅的李花中間飄揚。鮮紅的桃花瓣帶著隔夜的雨滴，蒼翠的樹林籠罩在清晨的雲煙之中，獨自騎馬穿過樹林，風雨淒涼，反而成了這樣的美景。在院東南的村舍間有窪地，乾涸無水，但還有亭臺堤柳遺跡，是從前在湖泊周圍建造的園林亭臺，如今已成了荒廢的丘壑。又往南走二里，有條乾涸的澗嵌入地下很深處，是雪山東南的溪水，往南流入中海。如今這條水被引向東沿著塢脊流，沒有一滴水往下流入澗中，只有石橋仍架在澗上。過橋到東邊，就往南隨著引水走，過了四里，望見十和村落在西面，十分興盛。村南為中海，朝著它往東南走，直向北延伸的大路，是去白沙的路。往南走四里，有條乾涸的澗東西橫貫山塢中，小石橋向南架在澗上。

再向東走五里，向東眺望象眠山已經靠近了。通事原先答應帶我觀看象鼻水，到這裡就往東南從田間走，過了二里，到達山下。水從坑下的洞中往西流出，洞穴雖小但不止一個，於是溢出的水匯成大溪，轉向南流去，過了二里，分為兩條水，一條沿象眠山往南流，一條從山塢中倒流進入峽谷，流過小石橋，又分成兩條，在路的東西兩邊流。走了五里，到黃峰山的北面，所引的水，一條從山後分流而去，一條往東隨黃峰山向南流。方才知道黃峰山脈，自象鼻水北面的山坡下垂塢中往南延伸，到這裡盤結成為小峰，正當塢口，東界的象眠山也往南延伸到這裡為止，西界的山從中海西南向北環繞，與十和後山連接，南面又橫開東西向的大山塢，南龍的大山脊，從西向東在前面橫列為案山，上面的烏龍峰，單獨在西南聳立為文筆峰，木家院南面的山峰，在東南環峙成為雄關。眾多的大山之中，以小山為主，所以木氏在黃峰開創了千代的功業。從黃峰的左腋往南上去再向西轉，又走了一里，到山的南面，只見麗江府署向東靠近溪水峙立，象鼻水在前面環繞，黃峰山在背後簇擁。聽說府署裡面樓閣極盛，很多處建築規模，超越規定制度，所以不在這裡接見客人。

在此之前，離黃峰還有三里路時，有個把事拿著信，帶一人挑著酒和祭肉，冒雨趕來，以為我還沒離開解脫林。於是和他們一起走，經過府署前，通過玉河橋，又往東走半里，仍然到通事家的小樓休息。讀木公的信，是請我向黃石齋求寫敘文，並且要我寫信，準備派人去省城邀請吳方生。在此之前，木公和我面談天下人物，我說：「當今完人只有一個黃石齋。他的字畫為翰林院第一，文章為本朝第一，人品為天下第一，學問直接繼承周公、孔子，為古今第一。但這人不容易見到，也不容易請求。」木公便問：「可以親受教益的，像陳、董等人之後，還有人嗎？」我說：「人品很難。陳、董賢哲的行跡，後來也沒看到繼承者，即使有，又哪能招致而得？但有時遠到萬里之外也找不到知己，有時就在鄰近三生有緣自然相遇。有個吳方生，是我的同鄉，如今因謫戍而客居省城。這人天子不能殺其身，死生不能奪其志，有文有武，學問德行並備，也是不可錯失的賢者。」木公擔心不能請來，我答應寫信介紹，因此有現在的請求，但他還不知道我已到府城了。使者拿著回信返回。先前去交書的大把事來到，受木公之命致謝，並且說去古岡也很難走，萬萬不能用生命去冒險。大概也是他的託辭。但聽說去年冬天也曾經對吐蕃用兵不利，傷了好幾個頭目，至今沒有恢復，儸儸、古宗都和麗江府北部邊境相接，途中多處危險可怕，外鐵橋也已燒斷。這天時時下起陣雨，從樓上向北眺望雪山，或隱或現，變幻不定，向南探視郊野，桃紅柳綠，繽紛多姿，因此斟滿杯酒，暢懷歡飲。

這一帶人極怕出天花。每十二年中遇到寅年時，就出一次天花，互相傳染，死亡的人接連不斷。但也有很多人能避開沒被傳染。所以逢到寅年，沒有出過天花的人，大多躲進深山窮谷中，不讓人知道。府城和郊外一發現有染上天花的人，立即把他遷到九和，斷絕往來，道路封鎖，禁令很嚴。九和是麗江府南部邊境的小鎮，在文筆峰南山大脊的外面，和劍川州接壤的地區。因躲避而免出天花的人占了一半，但年屆五、六十歲，仍然惴惴不安地逃避。木公長子繼承府職者，和第三子都未出過天花，因為去歲是戊寅年，各自還在山中躲避，過了年還沒回來。只有第二、第四子名宿，最近考進鶴慶府學為生員。都已出過天花。木公叫第四子寫信來問候，請我去木家院教他寫文章。

初九日　大把事復捧禮儀來致謝，酬校書之役也。鐵皮褥一、黃金四兩。再以書求修《雞山志》。並懇明日為其四子藝文木家院，然後出關❶。院有山茶甚巨，以此當折柳也。余許之。是日仍未霽，復憩通事樓。

其俗新正❷重祭天之禮。自元旦至元宵後二十日，數舉方止。每一處祭後，大把事設燕燕木公。每輪一番，其家好事者，費千餘金，以有金壺八寶之獻也。

其地田畝，三年種禾一番。本年種禾，次年即種豆菜之類，第三年則停而不種。又次年，乃復種禾。

其地土人皆為麼些❸。國初，漢人之戍此者，今皆從其俗矣。蓋國初亦為軍民府，而今則不復知有軍也。止分官民二姓：官姓木，初俱姓麥，自漢至國初，太祖乃易為木。民姓和，無他姓者。其北即為古宗，古宗之北即為吐蕃，其習俗各異云。

古宗北境，雨少而止有雪，絕無雷聲。其人南來者，至麗郡乃聞雷，以為異。

麗郡北忠甸之路，有北巖，高闊皆三丈，崖石白色而東向，當初日東升，人穿彩服至其下，則滿崖浮彩騰躍，煥然奪目，而紅色尤為鮮麗，若鏡之流光，霞之幻影。日高則不復然矣。

【章　旨】本章記載了第二百四十五天在麗江府的行跡。木增送來鐵皮褥和黃金酬謝為他校書，並懇請去木家院給他第四子講解文章。這裡的風俗，正月重視祭天，好事的人家要花費上千兩銀子。這裡的田地三年輪種一次稻穀。當地土著居民為麼些人，官姓木，民姓和。北面為古宗和吐蕃。古宗北境，從無雷聲。往北去忠甸的路上有北巖，每當旭日東升，滿崖光彩騰躍，鮮豔奪目。

【注　釋】❶關　指邱塘關。❷新正　新年正月。❸麼些　晉、唐史籍稱為「摩沙夷」、「磨些蠻」，自稱「納西」，西南少數民族，主要分布在雲南麗江市及其附近的中甸、寧蒗等地區。

【語　譯】初九　大把事又捧著禮物來致謝，酬勞校書這件事。鐵皮褥一套，黃金四兩。木公又寫信請我修撰《雞山志》，並懇請明天到木家院給他第四子講解文章，然後出關。木家院有很大的山茶，用山茶送別代替折柳。我答應所請。這天仍未放晴，還在通事家的小樓休息。

這裡的風俗新年正月重視祭天的禮儀。從元旦到元宵後的二十天內，舉行幾次才告結束。每次祭天後，大把事設宴宴請木公。每輪流一遍，那些好事的人家，要花費一千多兩銀子，因為要獻上金壺八寶。

這裡田地，三年輪種一次稻穀。當年種了稻穀，次年就換種豆菜之類，第三年則停止耕種。又到下一年，便再種稻穀。

這裡的土著居民都是麼些。本朝初年，到這裡戍守的漢人後代，如今都隨從他們的習俗了。原來本朝初年這裡也是軍民府，如今則不再知道還有軍人了。只分官、民二姓，官姓木，最初都姓麥，從漢代直到本朝初年。太祖時才改姓木。民姓和，沒有其他的姓。麗江府北面就是古宗，古宗的北面就是吐蕃，他們的習俗各不相同。

古宗的北境，雨少而只有雪，絕無雷聲。古宗人往南來的，到麗江府才聽到雷聲，認為是奇怪的事。

麗江城北去忠甸的路上，有北巖，高和寬都是三丈，崖石白色，面向東方。每當旭日東升，人們穿著彩色衣服來到北巖下，只見滿崖光彩流動，煥然奪目，而紅色尤其鮮豔美麗，如同鏡子的流光、彩霞的幻影。太陽升高後，這種景象就消失了。

初十日　晨餐後，大把事復來候往木家院。通事具騎，而大把事忽去，久待不至，乃行。東向半里，街轉南北，北去乃象眠山南垂，通安州治所托。南去乃大道。半里，過東橋，於是循溪南岸東南行。三里，有柳兩、三株，在路右塍間，是為土人送行之地。其北有塢，東北闢甚遙。蓋雪山之支，東垂南下者兩重：初為翠屏、象眠，與解脫、十和一夾而成白沙塢；再為吳烈東山❶，與翠屏、象眠再夾而成此塢，其北入與白沙等❷。其北度脊處，即金沙江逼雪山之麓而東者。東山❸之外，則江流南轉矣。脊南即此塢，中有溪自東山出，灌溉田疇更廣。由此塢東北逾脊渡江，即香羅❹之道也。塢中溪東南與玉河會於三生橋之東，又有水西南自文筆山，沿南山而東轉，隨東圓岡❺之下，經三生橋而東與二水會，於是三水合而成漾共江之源焉。東圓岡者，為麗郡東南第一重鎖鑰。蓋南大脊自西來，穹為木家院後高峰大脊，從此南趨鶴慶。其東下者為邱塘關。其東北下者，環轉而為此岡，直逼東山之麓，束三水為一，沿東山南下而出邱塘東峽，自七和、馮密而達鶴慶。岡首迴環向郡，南山之溪經其下，甃橋度之，曰三生橋。橋北有二坊，兩、三家為守者。自柳塘至此，又五里矣。其北皆良疇，而南則登坡焉。一里，升坡之巔，平行其上。右俯其坡內抱，下闢平塢，直北接郡治，眺其坡，斜削東下，與東山夾溪南流。坡間每有村廬，就窪傍坎，桃花柳色，罨映高下。三里，稍下就窪，有水成痕，自西而東下於溪。又南逾一坡，度板橋而南，則木家院❻在是矣。

先是，途中屢有飛騎南行，蓋木公先使其子至院待余，而又屢令人來，示其款接之禮也。途中與通事者輒唧唧❼語，余不之省。比余至，而大把事已先至矣，迎入門。其門南向，甚敞，前有大石獅，四面墻垣之外，俱巨木參霄。甫入，四君出迎，入門兩重，廳事亦敞。從其右又入內廳，乃拜座進茶。即揖入西側門，搭松棚於西廡之前，下藉以松毛，迤西重禮也。大把事設二桌，坐定，即獻紙筆，袖中出一小封，曰：「家主以郎君新進諸生，雖事筆硯，而此中無名師，未窺中原❽文脈❾，求為賜教一篇，使知所法程，以為終身佩服❿。」余領之。拆其封，乃木公求余作文，並為其子斧正⓫。書後寫一題，曰「雅頌各得其所⓬」。余與四君，即就座拈毫，二把事退候堦下。下午，文各就。余閱其作，頗清亮。二把事復以主命求細為批閱，余將為舉筆，二把事曰：「餒久矣，請少遲之。後有茶花，為南中之冠，請往一觀而就席。」蓋其主命也。余乃從之，由其右轉過一廳，左有巨樓，樓前茶樹，盤蔭數畝，高與樓齊，其本徑尺者三、四株叢起，四旁萎蕤，下覆甚密，不能中窺，其花尚未全舒，止數十朵高綴叢葉中，雖大而不能近覷。且花少葉盛，未見燦爛之妙，若待月終，便成火樹霞林⑬，惜此間地寒，花較遲也。把事言：「此樹植與老把事年相似，屈指六十餘。」余初疑為數百年物，而豈知氣機⑭發旺，其妙如此。

已還松棚，則設席已就。四君獻款，復有紅氈麗鎖之惠。二把事亦設席坐堦下，每獻酒則趨而上焉。四君年二十餘，修皙清俊，不似邊陲之產，而語言清辨可聽，威儀動盪，悉不失其節。為余言北崖紅映之異。時余欲由九和趨劍川，四君言：「此道雖險而實近，但此時徙諸出豆者在此，死穢之氣相聞，而路亦絕行人，不若從鶴慶便。」餚味中有柔豬、犛牛⑮舌，俱為余言之，縷縷⑯可聽。柔豬乃五、六觔小豬，以米飯喂成者，其骨俱柔脆，全體炙之，乃切片以食。犛牛舌似豬舌而大，甘脆有異味。惜余時已醉飽，不能多嘗也。因為余言：「其地多犛牛，尾大而有力，亦能負重，北地山中人，無田可耕，惟納犛牛銀為稅。」蓋鶴慶以北多犛牛，順寧⑰以南多象，南北各有一異獸，惟中隔大理一郡，西抵永昌⑱騰越⑲，其西漸狹，中皆人民，而異獸各不一產。騰越之西，則有紅毛野人⑳，是亦人中之氂、象也。抵暮乃散。二把事領余文去，以四君文畀余，曰：「燈下乞細為削抹，明晨欲早呈主人也。」余領之。四君送余出大門，亦馳還郡治，仍以騎令通事送余。東南二里，宿村氓家。余挑燈評文，就臥其西廡。

【章　旨】本章記載了第二百四十六天在麗江府的行跡。騎馬前往木家院，途中考察雪山的支脈，東陲往南延伸的有兩重，金沙江逼近雪山山麓向東流去。有水從文筆山流過三生橋，和玉河及山塢中的水合成漾共江的源頭。東圓岡為麗江東南第一道要衝。越過山坡，到達木家院，四公子出來迎接，用滇西隆重的禮節接待。根據木增所出的題目，和四公子各作一篇文章。完成後去觀賞園後的山茶樹，據稱為南方之冠，此時只有六十多年，因生機旺盛，長得格外奇妙。四公子設宴接待，他容貌清秀，舉止得體，不像在邊疆長大的人。席間得知鶴慶以北多氂牛，順慶以南多大象，騰越西面有紅毛野人。根據木增要求，晚上為四公子仔細批改他寫的文章。

【注　釋】❶吳烈東山　指吳烈山，在麗江城東十五里，山麓原有神祠。❷等　相同。❸東山　在麗江城東二十里，與吳烈山峰巒起伏，環拱麗江城。❹香羅　明代設香羅甸長官司，隸雲南永寧府，治所在今四川木里西北。❺東圓岡　在麗江城東南，岡北有東圓橋，架在從雪山流下的溪水上。❻木家院　又名萬德宮，在麗江城南十六里的漾西村。❼唧唧　象聲詞，此指說話聲。❽中原　即中土、中州，以別於邊境地區而言。❾文脈　文章的章法。❿佩服　古人把飾物結在身上，成為衣服的一部分，因以「佩服」表示在身不忘之意。⓫斧正　又作「斧政」、「郢政」。請人修改文字的謙詞。用《莊子・徐无鬼》郢人善斧斤斲削的故事。⓬雅頌各得其所　語出《論語・子罕》。明、清科舉考試八股文，常摘取《四書》的語句命題。⓭火樹

霞林　言茶花密集，一片通紅，如同滿樹紅果、彩霞映林一般美麗。⑭氣機　指植物的生機。⑮犛牛　又作「氂牛」、「牦牛」。主要分布於西藏、青海及其鄰近的高寒地區。體矮毛長，毛色多黑，耐寒，叫聲如豬，善馱運，有「高原之舟」的美稱。⑯縷縷　詳盡細緻。⑰順寧　見〈滇遊日記十二〉八月初七日記注。⑱永昌　見〈滇遊日記十〉五月二十四日日記注。⑲騰越　見〈滇遊日記九〉四月十三日日記注。⑳紅毛野人　指景頗族人，又稱茶山彝人，主要居住在緬甸北部和雲南德宏的山林中。古代史書言景頗族「以樹皮為衣，毛布掩其臍下，首戴骨圈，插雞尾，纏紅藤」，稱之為「野人」。

【語譯】初十　早飯後，大把事又來接我前往木家院。通事備好馬，而大把事忽然離去，等了很久仍沒回來，於是出發。往東走了半里，街道轉向南北，往北去是象眼山南陲，通安州治所在地，往南去是大路。走了半里，過東橋，從這裡起沿著溪水南岸往東南走，過了三里，有兩、三棵柳樹，在路右邊的田間，是當地人送行的地方。北面有山塢，向東北拓展直到很遠處。原來雪山的支脈，東陲往南延伸的有兩重：第一重為翠屏山、象眼山，和解脫林、十和院所在的山先夾成白沙塢；第二重為吳烈東山，和翠屏山、象眼山再夾成這個山塢，它往北深入和白沙塢同樣遠。在它北面延伸的山脊處，就是金沙江逼近雪山山麓向東流的地方。東山之外，江流向南轉了。山脊南面就是這個山塢，塢中有條溪水從東山流出，灌溉田地更廣。從這塢往東北越過山脊過江，就是去香羅甸長官司的路。塢中的溪水往東南流到三生橋的東面和玉河會合，又有水從西南的文筆山流來，沿著南山向東轉，隨著東圓岡的下方，經過三生橋往東和兩條水會合，在這裡三條水合成漾共江的源頭。東圓岡是麗江府東南第一道要衝，大致南面的大山脊從西面延伸過來，隆起成為木家院背後的高峰大脊，從這裡往南伸到鶴慶府。南大脊往東延伸的山是邱塘關所在，往東北延伸的，環繞成這道東圓岡，直逼東山山麓，約東三條水合成一條水，沿著東山往南從邱塘關東邊的峽谷流出，經過七和、馮密到達鶴慶府。岡頭迴繞對著府城，南山的溪水從下面流過，有拱橋架在溪上過渡，名三生橋。橋北有二座牌坊，兩、三戶人家擔任守衛。從柳塘到這裡，又過五里了。北面都是良田，而南面則登上山坡。走了一里，升到坡頂，在頂上平步行走，向右俯視，見這山坡往裡環抱，下面開出平坦的山塢，正北和府城相接，眺望那裡的山坡，往東傾斜削下，和東山夾住溪水往南流。山坡間常有村舍靠近窪坑，桃紅柳綠，高低掩映。走了三里，稍許往下到窪地中，有水流的痕跡，從西往東流下溪中。又往南越過一道山坡，過了板橋往南，木家院就在這裡了。

在此之前，途中常常有飛奔的馬匹往南走，原來是木公先派他的兒子到木家院去等候我，而且又多次派人來，表示他接待的禮貌。在途中來人和通事總是唧唧而語，我都聽不懂。等我到木家院時，大把事已先到了，迎接我進門。門朝南，十分寬敞，門前有大石獅，四周圍牆外面，都是參天的大樹。剛進門，四公子出來迎接，進了兩道門，裡面的廳堂也很高敞。從它右邊又進入內廳，才行禮入座上茶。隨後便請我進西側門，在西廂房前搭了松棚，地上用松毛鋪墊，是滇西隆重的接待禮節。大把事擺了兩張桌子，坐定後，就獻上紙筆，從袖中取出一個小信封，說：「我家主人因為郎君剛考中秀才，雖然學習文章寫作，但這裡沒有名師指點，沒有見過中原作文的章法，請先生賜教一篇，讓他知道章法程式，作為終身不忘的楷模。」我點頭同意。拆開信封，是木公請我寫文章，並為他的兒子修改文章。信後寫著一個題目：「雅頌各得其所」。我和四公子立即就座執筆，二把事退到階下等候。下午，我和四公子各自寫好文章。我閱讀他的文章，很清晰通順。二把事又根據主人的吩咐，請我仔細批閱，我正要提筆修改，二把事說：「餓久了，請稍等一下再改。後面有茶花，為南方第一，請去觀賞一下然後入席。」大概是他主人的命令。我便聽從他的話，從松棚往右轉過一廳，左邊有大樓，樓前的茶樹，盤繞遮蓋了幾畝地，高和大樓一樣，有三、四株直徑一尺樹幹聚在一起，四周枝葉下垂，十分茂盛，往下覆蓋叢密，不能窺視其中，茶花還沒完全開放，只有幾十朵，高高地點綴在叢葉中，雖然很大卻不能近看。而且花少葉多，看不到燦爛的美景，如果等到月底，便成為火樹霞林，可惜這裡氣候寒冷，花開得較晚。把事說：「這棵茶樹，和老把事的年紀相仿，屈指算來已有六十多年了。」我最初懷疑它是幾百年的老物，哪裡知道它生機正在旺盛時期，故長得這樣的美妙。

過了一會回到松棚，宴席已經擺好。四公子表示誠敬，更以紅氈、麗鎖贈我。二把事也設席坐在階下，每次敬酒就快步上前。四公子二十多歲，身材修長，皮膚白淨，清秀英俊，不像在邊疆長大的人，而且說話清晰動聽，儀容舉止，莊重得體。他對我說起北巖崖壁紅光映照的奇異景色。當時我想從九和去劍川州，四公子說：「這條路雖險實際較近，但現在正把那些出天花的人遷到那裡，到處可聞到死人的污穢之氣，路也隔絕沒有行人，不如從鶴慶府走方便。」席上佳肴中有柔豬、犛牛舌，都一一向我介紹，詳盡細緻，很是動聽。柔豬是五、六斤重的小豬，用米飯餵養長成的，牠的骨頭都柔軟脆嫩，整隻烘烤，切片後吃。犛牛舌和豬舌相似，但比較大，甜而鬆脆有奇特的味道。可惜我當時已經喝醉吃飽，不能多嘗了。並對我說：「這裡犛牛很多，尾巴大而有力，也能馱運重物，北部山裡的人，沒有田地可以耕種，只有繳納犛牛折錢抵稅。」原來鶴慶府以北犛牛多，順寧府以南大象多，南北兩地各有一種異獸，只是中間隔著大理府，往西到永昌府、騰越州，西部漸漸狹窄，裡面都有人住，而異獸就都不再有了。騰越州的西面，則有紅毛野人，這也像犛牛、大象一樣，是人類中的異物。到傍晚才散席，二把事把我的文章帶走，把四公子的文章交給我，說：「請在燈下仔細修改，明天早晨想一早呈報主人。」我點頭答應。四公子送我走出大門，也騎馬趕回府署，仍然叫通事送我騎馬回去。往東南走二里，住在村民家。我點燈評改文章，就在西廂房睡覺。

十一日　昧爽，通事取所評文送木家院，就院中取飯至，已近午矣。覓負擔者，久之得一人，遂南行。二里，抵南山下。循山東南一里。下越一坑底，仍東南上二里，出邱塘關。關內數家居之❶，有把事迎余獻茶。其關橫屋三楹，南向踞嶺上，第南下頗削，而關門則無甚險隘也。其嶺自西大脊分支東突，與東山對夾，漾共江於下，關門東脊臨江之嘴，豎塔於上，為麗東南第二重鎖鑰。隔江之東山，至是亦雄奮而起，若與西大峰共為犄角❷者。關人指其東麓，即金沙江南下，轉而東南趨浪滄、順州❸之間者。此地有路，半日逾此嶺，又一日半而東南抵浪滄衛。

出關，辭通事以騎返，余遂同擔夫仍南向就小道下山。其道皆純石嵯峨，踐隙攀峰而下，二里，乃抵其麓。遂西南陟橋，橋西有坡，南向隨之。半里，復下坡，西有塢南開，而中無水。又半里，橫陟之，由西坡上半里，依西大山之麓，轉而東南行。一里餘，路左復起石山，與西山對夾，路行其中。二里，逾脊南下，脊右有石崖下嵌，而東半石峰，尤為巀嶪。南一里，東峰始降，復隨西坡盤而西南，二里，其支復東突，再南逾之。下半里，還顧東突峰南，有崖嵌空成門，返步探之，雖有兩門，而洞俱不深。又循西山而南，一里餘，三、四家倚西山下。於是復見漾共江出峽而下盤其麓，峽中始環疊為田。村之前已引水為渠，循山而南，抵七和矣。隨渠盤西山東突之嘴，又三里而抵七和。七和者，麗郡之外郛❹也，聚落倚西山頗盛，其下塢中，水田夾江，木公之次子居此。其宅亦東向。由其前又南半里，為稅局，收稅者居之。又南漸下一里，復過一村，乃西南上坡。一里，陟坡頂，其上甚平。由其上平行而南，二里，有數家居坡脊，是為七和哨，則麗江南盡之鄙❺也，故設哨焉。

哨南又半里，有路自東南橫過西北者，為三岔黃泥岡。蓋是坡自西大山下垂，由此亙而東南，橫路隨其脊斜去，脊西遂下陷成峽，黑龍潭❻當其下焉。大道由峽東直南，鶴慶、麗江之界，隨此坡脊而分。故脊西下陷處，自西盤而南至馮密，其下已屬鶴慶；脊東盤亙處，南下馮密東，其內猶屬麗江，此東西兩界大山內之橫界也。於是西瞰峽內，松箐遙連，路依東脊南向漸下，六里而至馮密。日纔過午，覓宿店，漫投一樓上，乃陳生某家也，向曾於悉檀相晤者。擔人卸擔去。余炊飯其家，欲往青玄洞。陳生止余曰：「明日登程，可即從此往。今日晚，可一探東山之麓乎？」遂同東陟塢塍。蓋此塢即自黑龍潭南下，至此東向而出者，塢北則黃泥岡之坡，直垂而逼東山之麓，江亦東遜，若逗❼而出於門者。故塢東之界，直以此門而分。由塢東行一里，即與漾共江遇。溯之東北半里，有木橋橫江上。從橋東度，木凡四接。循東岸溯之而北，半里，登東隴，其上復盤隴成畦，闢田甚廣。又北一里，直對黃泥之嘴，東界小大峰最聳，是為筆架峰❽，正西與馮密後堆穀峰相對焉。陳生父塚正在其隴之上，時將議遷，故來相度。余勸其勿遷，惟來脈處引水開渠，橫截其後，若引從墓右，環流於前，是即旋轉之法。陳生是之。仍從木橋度江，共三里，還寓。陳生取酒獻酌。余囑其覓遠行擔夫，陳言明日可得，不必囑也。

【章　旨】本章記載了第二百四十七天從麗江府進入鶴慶府的行跡。往南到邱塘關，關門並無險要的隘口。關門東邊的山脊，為麗江府第二道要衝，金沙江從東山山麓往南流下。出關後從小路下山，一路翻山越嶺，到達七和，這裡可說是麗江府的外城，木增次子在此居住。再到七和哨，是麗江南部的邊地。接著到三岔黃泥岡，黑龍潭就在下面，麗江、鶴慶的邊界，隨這裡的坡脊劃分。剛過中午到達馮密，去陳生家投宿，根據他的建議，去東山山麓一遊。在山塢中沿著漾共江上行，東部的尖峰為筆架峰，與堆穀峰相對。陳生父親的墳墓在山隴上，勸他不要遷墳。

【注　釋】❶關內數家居之　數家，徐本作「數十家」。❷犄角　對峙；並立。❸順州　明代隸鶴慶府，治所在永勝西南的順州。❹外郛　郛，郛郭，即外城。七和距麗江三十餘里，此言七和為麗江外城，指其地理位置重要。❺鄙　邊邑；邊遠地區。❻黑龍潭　在鶴慶北隅，今建為大龍潭水庫。❼逗　停留。❽筆架峰　在鶴慶東北境，漾弓江東岸，三峰並峙。

【語　譯】十一日　拂曉，通事拿了我所評改的文章送往木家院，從院中取飯回來時，已將近中午了。尋找挑行李的人，過了好久才找到一人，於是往南走。過了二里，到南山下。沿著山往東南走一里，往下越過一個坑底，仍然往東南走上二里，出邱塘關。關內有幾戶人家居住，有把事迎接我，獻上茶水。這關橫列著三間房屋，朝南座落在山嶺上，只是往南下去很陡峭，但關門則沒什麼險要的隘口。這山嶺是西面的大山脊往東突起的分支，和東山相對，下面夾著漾共江，關門東邊的山脊對著江口，有塔豎立在上面，是麗江府東南的第二道要衝。江對岸的東山，延伸到這裡也雄偉奮起，好像和西面的大峰並立。守關的人指著東山山麓，說那裡是金沙江往南流，然後轉向東南到浪滄衛、順州之間的地方。這裡有路，走半天翻過這山嶺，再走一天半就往東南到浪滄衛。

走出邱塘關，和通事告別，讓他騎馬返回，我就和挑夫仍然往南從小路下山。路上全是高峻的岩石，踩著縫隙，攀援石峰下去，走了二里，才到山麓。於是往西南上橋，橋的西邊有山坡，往南隨著山坡走，過了半里，再下坡，西面有個朝南開出的山塢，但塢中沒有水。再走了半里，橫穿山塢，從西坡走上半里，靠著西邊大山的山麓，轉向東南走，過了一里多，路左邊又聳起石山，和西邊的山相對夾立，路從中間通過。走了二里，越過山脊往南下去，山脊右邊有下陷的石崖，而東半邊的石峰，更為高峻。往南走了一里，東峰才低了下來，又隨著西坡繞向西南，走了二里，山的支脈又向東突出，再往南越過支脈。走下半里，回頭望見向東突出的山峰南面，有石崖穿空形成門洞，便返回走去探看，雖然有兩處洞門，但洞都不深。再沿著西山往南走了一里多，有三、四戶人家靠在西山下，到這裡又看到漾共江流出峽谷往下繞著西山山麓，峽谷中開始層疊環繞成田。村前已經引水為渠，沿著山往南流到七和了。隨著渠水盤繞西山往東突起的山口，再走三里到達七和，七和是麗江府的外城，靠著西山的村落很興盛。下面的山塢中，水田夾江，木公的次子住在這裡，宅也朝東。從宅前再往南走半里，是稅局，收稅的人住在裡面。再往南漸漸走下一里，又經過一個村莊，便往西南登上山坡。走了一里，升上坡頂，頂很平坦。從頂上往南平步行走，過了二里，有幾戶人家住在坡脊，這是七和哨，為麗江府南部的邊地，所以設置哨所在這裡。

往哨南又走了半里，有路從東南橫過西北，這裡是三岔黃泥岡。原來這山坡從西面的大山下垂，從這裡橫貫東南，橫路隨坡脊斜下，坡脊西面便往下陷落成為峽谷，黑龍潭就在它的下面。大路從坡脊東面直往南延伸，鶴慶府、麗江府的邊界，隨著這坡脊劃分。所以坡脊西面陷下的地方，從西往南繞到馮密，其下已經屬於鶴慶府；坡脊東面盤繞橫亙的地方，往南延伸到馮密東面，其內還屬於麗江府，這坡脊是東西兩邊大山裡面的橫向分界。到這裡向西俯視峽谷中，松竹遙遙相連，路沿東脊往南漸漸下去，走了六里到達馮密。這時才過中午，找店住宿，隨意走進一家樓上，是陳生的家，以前曾在悉檀寺見過面。挑夫放下行李離去。我在他家裡做飯，想去青玄洞。陳生勸止我，說：「明天啟程，可以從這裡去。今天已晚了，可去東山山麓一遊嗎？」於是一起往東穿過塢中田埂。原來這山塢從黑龍潭往南伸下，到這裡轉向東伸出，山塢北面是黃泥岡坡，一直垂下逼近東山山麓。江水也往東退，好像停留後流出山口。所以山塢東部的邊界，直接以這山口來分。從山塢往東走一里，就和漾共江相遇。沿江水往東北上行半里，有木橋架在江上。從橋上往東過去，木橋共接了四段。沿東岸往北上行，走了半里，登上東隴，隴上又盤繞成田，開出很廣的耕地。又往北走一里，正對黃泥岡口，東界的尖峰最為高聳，這是筆架峰，正西和馮密後面的堆穀峰相對。陳生父親的墳墓正在隴上，這時將要商議遷墳，所以前來測量。我勸他不要遷，只是在山脈延伸過來地方開渠引水，便在墳後橫截，如果把水引到墳右，便可繞到墳前流出，這就是迴旋之法。陳生同意我的設想。仍然從木橋過江，共走了三里，返回住所。陳生拿出酒來勸飲。我託他找能走遠路的挑夫，陳說明天可找到，不必囑託。

十二日　陳為余覓夫，皆下種翻田，不便遠去，已領銀，復來辭。既飯，展轉久之，得一人曰趙貴，遂行。余以純一所餽甌二鼎一，酬陳生之貰❶酒。從其居之西，涉一澗，既截塢而西北，一里餘，登西坡，已逼堆穀峰下。坡上引水為渠南注，架木而度，即南循東下之脊而上。半里，得平岡，由岡上西行半里，直逼西山下，有廟臨岡而峙。廟南東下腋底，有廟祀龍王，南臨一池，甚廣而澄澈，乃香米龍潭也。廟南西上層崖，有洞東向闢門，其上迴崖突兀，即青玄洞❷也。二廟俱不入，西躡山直上，半里，抵崖下，則洞門有垂石中懸，門闢為二，左大而右小。有僧倚中垂之石，結廬其外，又環石於左門之下，以為外門。由環石竇間入，登左門，其門大開，西向直入，置佛座當其中。佛座前稍左，其頂上透，引天光一縷下墜，高蓋數十丈也。其右則外懸之壁當其前，中旁達而南，即豁為右門，門稍東南向，下懸石壁，可眺而不可行也。蓋佛座之前，懸石外屏，既覺迴環，而旁達兩門，上通一竅，更為明徹，此其前勝也。佛座以後，有巨碑中立，刻詩於上。由此而內，便須秉炬。乃令擔人秉炬前，見內洞亦分兩門，則右大而左小。先循左壁攀左隙上躋，既登一崖，其上夾而成隙。披隙入，轉而南向，有穴下墜甚深，先投炬燭其底，以為穽也，乃撐隙支空而下。三丈，至其底，稍南見有光遙透，以為通別竇矣，再前諦視，光自東入，始悟即右門所入之大竇也。復轉而西入，內有小門，漸下，乃伏而窮之，數丈，愈隘不能進，乃倒退而出。循右崖之壁，從其西南復得一門，初亦小，其內稍開，數丈後，亦愈隘而漸伏，亦不能進，復倒退而出，即前之有光遙透處也。向明東蹈，左右審顧，石雖蜿蜒而崖無別竅。遂至大碑後錄其詩，並出前洞，以梯懸垂石內後崖，亦錄其詩。僧瀹茶就，引滿❸而出下洞前，則有桃當門，猶未全放也。是洞前後分岐窈窱❹，前之罨映透漏，後之層疊崆岈，擅斯二美，而外有迴崖上擁，碧浸下涵，亦勝絕之地。

既下，至平岡，余欲北探黑龍潭，擔者言：「黑龍潭路，當從黃泥岡西下，不然，亦須從馮密後溯流入。此山之麓，無通道可行。蓋此中有二龍潭：北峽為黑龍潭，此下為香米龍潭，皆有洞自西山出，前匯為潭，其勝如一軌，不煩兩探。」

余然之，遂南向趨香米，其潭大數十畝，淵然澄碧。蓋即平岡之脊，東向南環，與西山挾潭於中，止西南通一峽容水去。路從潭西，循西山而南，山崖忽迸，水從中溢於潭，乃橫石度崖口。崖前巨石支門，水分瀠巨石之隙，橫石亦分度之，其石高下不一，東瞰澄波，西懸倒壁，洞流漱其下，崖樹絡其上，幽趣縈人，不暇他顧。已乃披隙入洞，洞中巨石斜騫，分流衍派，曲折交旋，一洞而水石錯落，上如懸幕，下若分蓮，蹈其瓣中，方疑片隔，仰其頂上，又覺玄同❺。入數丈，後壁猶有餘光，而水自下穴出，無容捫入矣。

出洞，依西山南行二里，有數家倚山而居。由其前又南一里，轉而西行一里，又逼西山之麓。復南行二里，則西山中斷，兩崖對夾如門，上下逼湊，其中亦有路，緣之上。蓋此崖乃麗江南盡之界，川❻內平疇，鶴慶獨下透而北，兩界高山，麗江俱前踞而南，以兩山之後，猶麼些之俗耳。自此而南，東西界後亦俱儸儸，屬鶴慶土官高千戶❼矣。又南二里，一溪自西山下出，余溯而窮之。稍轉北半里，其水分兩穴東向出，皆溢自石下，無大竅也。乃逾出水石上，由水之西循山南行半里，有洞連裂三門，倚崖東向，洞深丈餘，高亦如之，三門各峙，中不相通，而石色殷紅，前則桃花點綴，頗有霞痕錦幅❽之意，但其洞不中透為可惜耳。崖右其支峰自上東向，環臂而下，腋中衝砂墜礫，北轉而傾於崖前。腋底亦有一洞，南登環臂之脊，始迴眺見之，似亦不深，乃舍之。南逾臂脊，東南下半里，有村廬十數家，倚西山之嘴，是為四莊❾。其南腋中，有龍潭一圍，大百餘畝，直逼西山，西山石崖，插潭而下。路盤崖上凌其南，又一里，循潭東岸南繞之，泄水之堰，在其東南，懸坑下墜，即東出而注於小板橋者也。其西北腋崖迴轉，石腳倒插，復東起一崖，突潭中如拇指，結檻其上，不知中祀何神，其下即潭水所自出也，亦不知水穴之大小。然其境水石瀠迴，峰崖倒突，而水尤晶瑩晃漾，更勝香米之景，惜已從潭東一里，抵泄水之堰，不便從西崖逾險而上矣。

由其南循西山又二里，有石山一支，自西山東向突川中，其西南轉腋處，有古廟當其間，前多巨石嶙峋，如芙蓉簇萼，其色青殷而質廉利，不似北來之石，色赭而質厲也。入叩無人，就廡而飯。既乃循東突之峰東行，半里，轉而南盤其嘴。其嘴東臨平川，後聳石峰，嘴下石骨稜稜，如側刃列鍔，水流一線，穿於其間，汩汩南行，心異之。仰眺其後聳石峰，萬萼雲叢，千葩蜃結，以為必有靈境。擔者曰：「近搆一寺，曰鶴鳴，不識有人栖否？」余乃令擔僕前行，獨返而躡其上，披綃蹈瓣半里，陟峰頭而庵在焉。其門東北向，中有堂三楹，供西方大士，左有樓祀文昌⑩，俱不大，而飾至未完。有一道者棲其間。蓋二年前，居人見山頭有鳴鶴之異，而道者適至，募建此庵，故鄉人感而名之。道者留余遲一宿，余以擔僕已前，力辭之，不待其炊茶而別。其庵之南，村廬倚西山下者甚盛。三里餘，又有危峰自西山東突，與鶴鳴之峰南北如雙臂前舒，但鶴鳴嶙峋而繚繞，此峰聳拔而拱立為異耳。是峰名石寨，前有村名石寨村⑪。有一龍泉，自峰下出，匯水為潭，小於四莊，東乃環堤為堰，水從堰東注壑去，即東出於大板橋者也。半里，越堤之南，復循西山南行，其地漸莽，無田塍村廬之託，想無水源故也。八里，始有溪東注，路東轉而南渡之，於是東望為演武場北村，西望為西龍潭⑫大村，蓋此水即西龍潭所分注者也。西龍潭亦當西山東突之腋，匯水頗大，東北流者為此水，中為城北大路口水，東南引者為城中之水，其利為一郡之冠云。

又南二里，出大路。正當大路所向之處，其東有竹叢村廬，即來時所遵道也。從大路南四里餘而抵鶴慶北關，托宿於關外，乃入北門，是為舊城。南半里，轉而西，為禦前守禦所在焉。摩尼山復吾師之子張生家北向而居，入叩之，往摩尼未返也。又轉南，再入城門，是為新城。始知鶴慶城二重，南新北舊，南拓而北束。入新城，即從府治東南向行，半里，東轉郡學前，南向有大街，市舍頗盛。

已乃仍出兩北門，入寓而餐始熟，遂啜而臥。

鶴慶西倚大山，為南龍老脊，東向大山，為石寶高峰，石寶山高穹獨聳，頂為倔多尊者道場⑬。此山自麗江東山南向下，南盡於金沙江。中夾平川，自七和南下。但七和之南，又有三岔黃泥岡，自西而橫逼東山。故其川以馮密南新屯為甸頭，直下而南，共五十里，有象眠山，西自西大脊東屬於石寶山。石寶山西與劍川同名，《一統志》稱為峰頂山，從《志》為是。象眠山與麗江同名，《一統志》稱為龍珠山，亦當從《志》為是。漾共江貫於中川，南抵象眠，分注眾竅，合於山腹，南泄為一派，合楓木之水，東南入金沙江。兩旁東有五泉，出石寶之下，西有黑龍、西龍諸潭，出西大山下。故川中田禾豐美，甲於諸郡。馮密之麥，亦甲諸郡，稱為瑞麥，其粒長倍於常麥。

【章旨】本章記載了第二百四十八天在鶴慶府的行跡。離開馮密，往前走近堆穀峰下，越過水渠，直逼西山下，青玄洞就在層崖上。洞門被下垂的岩石分成兩半，左邊的門很開闊。進入洞中，正中有佛座，洞頂向上透空，引入一縷陽光，佛座前面懸立的石壁如同屏障，旁邊通往兩道門，後面有刻著詩的巨碑。從這裡往裡必須拿著火把走。內洞也分出兩道門，穿過崖縫進去，落到一個很深的洞的底部，往裡還有兩道小洞門，便在地上趴行，都很狹隘，不能深入，只得退出。到巨碑後抄錄了詩走出前洞，到下洞前，洞門口的桃花還沒完全開放。這洞前面掩映透漏，後面層疊深遠，是一處極美的境地。聽挑夫說有二個龍潭，一為黑龍潭，一為香米龍潭，景色相同，不必兩處都去探遊。於是去香米龍潭，潭水很深，又清又綠。往前看到山崖忽然迸裂，水從巨石縫隙中分流，幽趣迷人。穿過縫隙進入洞中，裡面水石錯落，洞頂如帷幕高懸，底部石塊如同蓮花分瓣。出洞後又逼近西山山麓，南面兩邊山崖對夾如門，這山崖是麗江府南部盡頭的邊界，山後還有麼些的風俗。前面有洞接連裂出三道門，石色殷紅，可惜中間並不相通。越過如同手臂伸出的山脊，到達四莊，山腋中有龍潭。這裡水石瀠迴，峰崖倒聳，景色比香米龍潭更美。走進一座古廟吃飯，隨後繞過山口，下面岩石鋒利如同刀刃，仰望山峰如同萬花結成的蜃樓。獨自登上峰頭，到新建的鶴鳴庵，這庵所在的山峰和石寨峰如同雙臂向前舒展。沿著西山往南，因無水源而無田地村舍。西龍潭匯集著很大的水，往各處分流，水利為鶴慶府之冠。走到大路上，到鶴慶府北關投宿，然後進入舊城和新城。鶴慶西面靠著南龍的主脊，東面對著石寶山，中間夾著平川，再往南延伸有象眠山。漾共江從平川中穿過，分別流入各洞穴，在山腹匯合，往南流出，最後匯入金沙江。平川中土地肥沃，莊稼茂盛，為各府第一。

【注　釋】❶貰　賒欠。❷青玄洞　在鶴慶北境西山山腰，西懸倒壁，東瞰香米龍潭。洞口由三根石柱分成四道石門，北壁上有天生石盆，名通天洞。大洞旁又有十多個小岔洞。❸引滿　注茶（酒）滿杯。❹窅窱　幽遠深邃貌。❺玄同　《老子》：「和其光，同其塵，是謂玄同。」言與天地萬物混同為一。❻川　平野。❼高千戶　元時高惠直為總管，子賜為土千戶，傳至高海歸明，以征佛光寨有功，授千夫長。❽錦幅　鑲錦加飾的邊幅。❾四莊　今名士莊，在鶴慶北境。❿文昌　文昌帝君，道教神名，相傳姓張，名亞子，居蜀七曲山，仕晉戰死。元仁宗時曾封「輔文開化文昌司祿宏仁帝君」。道家謂玉帝命梓潼掌文昌府及人間功名、祿位事，因此又稱梓潼帝君。⓫石寨村　今名新華，在鶴慶北境。⓬西龍潭　在鶴慶城北，今建為西龍潭水庫。⓭道場　佛、道教徒誦經禮拜的場所。

【語　譯】十二日　陳生替我尋找挑夫，因都要去下種翻田，不能遠行，已經領了銀錢的人，又來辭退。吃過飯，託了很多人去找，才得到一個名趙貴的人，於是出發。我把純一所贈的二甌一鼎，酬謝陳生為我賒酒。從他住所的西面渡過一條澗水，橫穿山塢後往西北走，過了一里多，登上西坡，已逼近堆穀峰下。山坡上挖渠引水往南流，從架上的木條越過水渠，就往南沿著向東延伸的山脊上去。走了半里，到平坦的山岡，從岡上往西走半里，直逼西山下，有座廟對著山岡峙立。從廟的南面往東走下到山腋底部，有祭祀龍王的廟，南面對著一池水，十分寬廣清澈，是香米龍潭。從廟的南面往西登上層崖，有洞門朝東開著，洞上崖石迴繞高聳，就是青玄洞。兩座廟都沒進去，往西一直向上登山，走了半里，到達崖下，只見洞門有下垂的石塊懸在正中，將門分成兩半，左邊大右邊小。有僧人靠著下垂中懸的石塊，在洞外蓋了房屋，又在左門下面環繞石塊作為外門。從環繞的石塊的孔洞中進去，登上左門，門很開闊，往西直入，正中安置著佛座。在佛座前稍許偏向左邊，洞頂向上穿透，引入一線陽光照下，大約有幾十丈高。在佛座前右邊，前面是在外懸立的石壁，中間從旁邊通向南面，就開出右門。門稍許偏向東南，下面石壁懸立，可以眺望而不能通行。原來佛座的前面，懸立的石壁在外如同屏風，既有曲折環繞之感，而旁邊通著兩道門，上面通著一個孔洞，更覺明亮透徹，這是佛座前面的勝境。佛座後面，中間豎立巨碑，碑上刻著詩。從這裡往內，就必須拿著火把走。於是叫挑夫拿著火把前導，看到內洞也分出兩道門，是右邊大左邊小。先沿著左邊的石壁攀援左邊的縫隙往上，登上一層石崖後，上面夾成縫隙。穿過縫隙進去，轉而向南，有個洞穴往下陷落很深，先把火把投下照它底部，以為是阱，便撐著縫隙騰空而下。往下三丈深，到達洞底，稍許往南看見有光從遠處透進，以為和另外的洞相通了，再往前仔細看，光從東面透進，才明白就是從右門進來的大洞。又轉向西進去，裡面有小洞門，漸漸低下，於是伏地爬行窮究它，過了數丈，更加狹隘不能進去，便倒退出來。沿著右邊的崖壁走，從它的西南又找到一處洞門，起先也較小，裡面稍稍開闊，往下幾丈後，也變得更加狹隘而且漸漸低伏，也不能進入，再倒退出來，就是先前有光從遠處透入的地方。朝著明亮處往東走，向左右觀望，岩石雖然屈曲但崖上沒有其他洞穴。於是到大碑後抄錄碑上的詩，並從前洞走出，用梯子懸靠在垂石內的後崖上，也抄錄崖上的詩。僧人烹茶送上，喝了一大杯出去到下洞前，只見洞門口的桃花，還沒有完全開放。這洞前後分開，幽遠深邃，前面掩映透漏，後面層疊深遠，一個洞擁有這兩種美景，而且洞外有迴繞的石崖向上簇擁，山下有碧綠的湖水，也是一處極美的境地。

下去後，到平坦的山岡，我想往北去探遊黑龍潭，挑夫說：「去黑龍潭的路，應當從黃泥岡往西走下，否則也必須從馮密後面沿流上行進去。這山的山麓，沒有可以通行的路。這裡有兩個龍潭，在北邊峽谷的為黑龍潭，從這裡下去的為香米龍潭，都有洞水從西山流出，往前匯聚成潭，那些景色如出一轍，不必兩處都去探遊。」我同意他的話，於是往南去香米龍潭。這潭有幾十畝大，水深又清又綠。原來就是平坦的岡脊，向東再往南繞，和西山將龍潭夾在中間，只有西南開出一道峽谷讓水流去。路從龍潭的西邊沿著西山往南，山崖忽然開裂，水從中溢出，流入潭中，有石塊橫架在裂開的崖口上可以渡過。崖前有大石支撐著門，水從大石縫隙中分流瀠迴，也從橫架的石塊下分流過去。這些石塊高低不一，向東俯視清澈的水波，向西見崖壁倒懸，洞中的水流在壁下沖刷，崖上樹木纏繞，幽趣迷人，無暇他顧。隨後就穿過縫隙入洞，洞中大石斜立，水流分出各支，曲折旋繞，一個洞內而水石錯落，上面頂部如帷幕高懸，下面洞底岩石錯落如蓮花分瓣，踏在這些花瓣中，正懷疑怎麼會片片相隔，仰望頂上，又覺洞中景物混為一體。走進幾丈，後面的崖壁上尚有餘光，而水從下洞流出，不能再摸索著進去了。

出洞後，沿著西山往南走了二里，有幾戶人家靠著山居住。從屋前又往南走了一里，轉而向西走一里，又逼近西山的山麓。再往南走二里，只見西山中間隔斷，兩邊山崖相對夾立，如同門戶，上下離得很近，其間也有路，沿著它往上走去。原來這山崖是麗江府南部盡頭的邊界，平野內一片田地，鶴慶府的轄地獨在下面往北穿出，兩邊是高山，麗江府的轄地都往南座落在前面，因為兩山的背後，還有麼些的風俗。從這裡往南，東西兩邊的山後也都是儸儸，屬鶴慶府的土官高千戶管轄了。又往南走二里，一條溪水從西山下流出，我沿著水流上行，想尋找它的源頭。稍許轉向北走半里，溪水分別從兩個洞穴向東流出，都從石下溢出，沒有大洞。於是從水石上越出，從水的西邊沿山往南走半里，有洞接連裂開三道門，朝東靠著山崖，洞有一丈多深，高也相同，三道門各自峙立，中間不相穿通，石色深紅，洞前有桃花點綴，感到很像霞痕錦幅那樣美麗，只是洞中互不相通使人覺得可惜。山崖的右邊支峰從上面往東延伸，如臂環抱而下，山腋中沖落下來的砂礫，轉向北傾倒在崖前。山腋底部也有一個洞，往南登上如臂環抱的支峰峰脊，才回頭眺望看到這洞，似乎也不太深，便放棄沒去那裡。往南越過峰脊向東南走下半里，有十幾戶人家的村舍靠著西山山口，這是四莊。在山的南腋中，有龍潭一圍，大一百多畝，直向西山逼近，西山的石崖，往下插入潭中。路盤繞石崖往南登上，再走一里，沿龍潭東岸往南繞行，洩水的堤壩，在龍潭的東南，水直落下坑中，就往東流出注入小板橋下的溪水。山的西北腋崖壁環轉，石腳倒插，又往東聳起一座崖壁，在潭中突起形如拇指，上面連結欄杆，不知裡面祭祀什麼神，下面就是潭水流出的地方，也不知水洞的大小。然而這裡水石迴旋，峰崖倒聳，水波晶瑩蕩漾，比香米龍潭的景色更為優美，可惜已經從潭的東面走了一里，到達洩水的堤壩，不便再從西崖越過險阻往上了。

從堤壩的南邊沿著西山又走了二里，有一支石山，從西山往東在平野中突起，在它西南山腋轉折處，裡面有古廟，前面有很多大石層疊不平，如同荷花簇擁的花瓣，顏色青紅，石質鋒利，不像從北邊過來所見的岩石，都是紅褐顏色，石質平整。進去敲廟門，裡面沒有人，就在廊屋中吃飯。隨後沿著向東突起的山峰往東走，過了半里，轉向南繞過峰口。峰口東面對著平野，背後聳起石峰，峰口下面岩石棱角尖利，如同側放的刀刃，有一條細流從石間穿過，汩汩地往南流，看了心中感到奇怪。抬頭眺望峰口背後聳起的石峰，如千萬朵花萼在雲際凝結而成幻景，以為其中一定有奇境。挑夫說：「最近那邊建了一座寺廟，名鶴鳴庵，不知有人居住否？」我於是叫挑夫、顧僕往前走，獨自返回攀登石峰，撥開如同輕紗的草樹，踏著如同花瓣的石叢，走了半里，登上峰頭，庵就在那裡。庵門朝東北，中有三間堂屋，供奉觀音菩薩，左邊有樓祭祀文昌帝君，都不高大，而且粉刷還沒完畢。有個道士住在裡面。原來二年以前，這裡居民看到山頭有鳴鶴覺得奇怪，而道士恰巧來到，便募錢建了這座庵，鄉人認為是感應故以「鶴鳴」作為庵名。道士留我住一夜，我因為挑夫、顧僕已經往前走了，竭力推辭，沒等他煮茶就告別了。鶴鳴庵的南面，靠在西山下的村舍很多。走了三里多，又有高峰從西山往東突起，和鶴鳴庵所在的石峰一南一北如同雙臂向前舒展，只是鶴鳴庵所在的石峰突兀繚繞，這座高峰聳拔拱立，有所不同罷了。這峰名石寨峰，前面有村莊，名石寨村。有一道龍泉從峰下流出，匯成水潭，比四莊的龍潭小，東邊環繞水潭築起堤壩，水從堤壩往東注入壑中流去，就是往東到大板橋流出的水。走了半里，越過堤壩到南邊，又沿著西山往南走，這裡漸漸荒蕪，沒有田地、村舍，想來是沒有水源的緣故。走了八里，才有溪水往東流去，路轉向東而往南渡過溪水，從這裡向東望去為演武場北村，向西望去為西龍潭大村，原來這條溪水就是從西龍潭分流出來的。西龍潭也位於西山向東突起的山腋中，匯集的水很大，往東北流的是這條溪水，在中間流的是鶴慶城北大路口的水，往東南引出的是城內的水，水利資源為鶴慶府之冠。

再往南走了二里，到大路上。正當大路所面對的地方，東邊有竹林村舍，就是來時所沿著走的路。從大路往南走四里多，到達鶴慶府北關，便在關外投宿，於是進入北門，這是舊城。往南走半里，轉向西，是御前守禦所所在地。摩尼山復吾法師的兒子張生的家朝北居住，進去敲門，主人去摩尼山還沒回來。又轉向南，再進入城門，這是新城。才知道鶴慶府有兩座城，南面是新城，北面是舊城，南城寬闊，北城狹窄。進入新城，就從府衙往東南走，過了半里，往東轉到府學前，朝南有大街，集市房屋十分興盛。隨即仍然走出兩座城的北門，進入寓所，飯剛煮熟，便吃了睡覺。

鶴慶府西面所靠的大山，為南部大山的主脊，東面所對的大山，為石寶高峰，石寶山高高隆起獨自聳立，山頂是倔多尊者的道場。這山從麗江府東山往南延伸，到金沙江為止。中間夾著平野，從七和往南延伸下來。但七和的南面，又有三岔黃泥岡，從西向東，橫逼東山。所以這平野以馮密南面的新屯作為甸頭，一直往南延伸下去，共五十里，西面有象眠山，從西部的大脊往東延伸和石寶山相連。石寶山和西面劍川州的石寶山同名。《一統志》稱為峰頂山，從《志》所記為對。象眠山和麗江府的象眠山同名，《一統志》稱為龍珠山，也應從《志》所記為對。漾共江從平野中穿過，往南到象眠山，分別流入各個洞穴，在山腹中匯合，往南流出一支水和楓木的水會合，往東南注入金沙江。平野兩旁東邊有五條泉水，從石寶山下流出，西邊有黑龍、西龍等潭，從西部大山下流出。所以平野中土地肥沃，莊稼茂盛，在各府中為第一。馮密的麥子，也為各府第一，稱為瑞麥，麥粒比普通麥子長一倍。

十三日　早飯，平明抵北門。從門外循舊城而西，一里，轉而南，半里，其南則新城復拓而西出。隨之又西半里，又循城南轉半里，過西門，乃折而西向行。度一橋，西三里，乃躡坡，二里，逾坡西稍下。其坡自西山東下，至此伏而再起，其南北俱有峰舒臂前抱，土人稱為旗鼓山，而坡上塚纍纍，蓋即郡城之來脈也。土人言：「昔土官高氏之塚當此岡，國初謂其有王氣❶，以大師挖斷其後脈，即今之伏處也。」不知起伏乃龍脈之妙，果挖之，適成其勝耳，宜郡城之日盛也。

由伏處即上躡坡行，一里，至坡脊，南北俱墜坑成峽。又一里，南度西峽之上，從南坡躡峻西登，二里稍平。再緣南坡折而上，一里，復隨峽西入，一里，抵西嶺下，轉而北向躡峽中。其峽乃墜水枯澗，巨石磊磊❷，而疊磴因之，中無滴瀝，東西兩崖，壁夾駢湊，石骨稜稜，密翳蒙蔽，路緣其中，白日為冷。二里餘，有巨石突澗道中，若鷁首之浮空，又若蹲獅之當戶。由其右崖橫陟其上，遂循左崖上，其峻束愈甚，二里始平。西行峽中，一里稍上，北崖峭壁聳起，如奮翅劈霄，而南崖亦嶄削相逼，中湊如門，平行其中，仰天一線，余以為此南度之大脊也。透其西，峰環壑轉，分為二岐：一由脊門西下，循北山而西北；一由脊門直出，循南山而西南。莫定所適。得牧者，遙呼而問之，知西北乃樵道也，遂從其西南行。半里，有峰中懸壑中，兩、三茅舍當其上，亦哨守者之居也。從其南平行峽中，西望尖峰聳立，高出眾頂，余疑路將出其西北。及西二里，稍下窪中，半里，抵尖峰東麓。其處窪而無水，西北、西南之峽，似俱中墜，始悟脊門西來平壑，至此皆中窪，而非外泄之峽矣。從窪西南上，遂披尖峰東南峽而登，密樹蒙茸③，高峰倒影。二里，循峰西轉，遂逾其東度之脊。西半里，盤尖峰之南，西北半里，又逾其南度之脊。此脊高於東度者，然大脊所經，又似從東度者南轉，而脊門猶非其度處也。逾脊，遂北向而下，一里，已出尖峰之西，至此蓋三面挾尖峰而行矣。

乃西向隨峽下墜，一里，峽始開。一里，轉而西南，乃循南山之坡，曲折西下，三里，抵盤壑中。其處東、北、西三面皆崇峰，西北、東南二面皆墜峽，惟西南一脊堵垣。平陟其上，共二里，逾前岡，有廢舍踞岡頭，是為汝南哨④。其東南塢中，有村倚東山，乃土官所居，土人又名為虞蠟播箕。由哨南下，行塢中一里餘，遂南入峽，東西皆土峰逼夾，其下頗峻。二里，出峽，乃飯。復見東南有墜壑，乃盤西峰之南，復西陟其塢。一里餘，復陟其西峰而南盤之。遂西向循坡下，北峰南壑，路從深樹疊石間下，甚峻。四里，轉峽度脊，其下稍平。西南半里，有茅棚賣漿岡頭，乃沽以潤枯腸❺。又西南半里，下至壑底，有水自南峽來，竟壑中，北透峽去，是為清水江❻。始知壑西之山，反自大脊南度而北，其水猶濫觴細流，不足名溪，而乃以江名耶？其下流北出，當西轉南下，而合於劍川之上流。然則劍川❼之源，不第始於七和也❽。清水江東岸，有數家居壑中，上有公館，為中道。涉水西，從西坡南向上，迤邐循西山而南，三里餘，乃折而西南上，甚峻。一里，又折而西，半里，西逾嶺脊，即南從東大脊西度北轉者，當北盡於清水江西透之處者也。

越脊西下峽中，二里，峽始豁而下愈峻。又一里餘，始就夷，行圍壑間。又一里餘，乃循南峰之西，而南盤之。一里，出其口，始見其西群峰下伏，有峽下嵌甚深，南去稍闢；而東南峽中，似有水光掩映者，則劍川湖❾也；西南層峰高峙，雪色彌瑩者，則老君山❿也。南盤二里，又見所盤之崖，其西石峰倒湧，突兀嵯峨，駢錯趾下，其下深壑中，始見居廬環倚，似有樓閣瞻依⓫之狀，不辨其為公館、為廟宇也。從其上南向，依東崖下，二里，西度峽脊，已出居廬之南，遂循西峰南下，一里，則東峽已南向，直趨劍湖矣。於是南望湖光杳渺，當東山之麓，湖北帶壑連青，環畦甚富，意州治已在其間，而隨峽無路。路反從峰頭透坳西去，一里稍下，又轉西峰而盤其南。又一里，於是南面豁然，其前無障，俯見南湖北塢，而州治倚西山，當其交接處，去此尚遙。路盤坡西行，一里餘，乃從坡西峽中南下。又一里，抵山麓，乃循崖西轉。半里，則村居倚山臨塢，環堵甚盛，是為山塍塘。問距州尚十里，而擔者倦於行，遂止。

【章　旨】本章記載了第二百四十九天在鶴慶府的行跡。離開鶴慶府城，經過旗鼓山，據說過去土官高氏的墳墓在這山岡上，因有王氣，被大軍挖斷後脈，結果正好形成勝景。往前進入一道峽谷，峽中巨石磊磊，兩旁崖壁相夾，連白天都覺得冷。又進入一道峽谷，抬頭只見一線天空。再進入一道峽谷行走，不知不覺已從三面繞著尖峰走了。繼續往前，經過汝南哨，到一處山壑的底部，看到清水江流過整個山壑，水很小，不知為何以江為名，這水的下游和劍川上游會合。越過一道南北向的大山脊，峽谷開始開闊，路更陡峻。走出山壑口，看到東南峽谷中水光掩映的劍川湖、西南雪色更加晶瑩的老君山。繞著山崖走，望見石峰倒湧，住房環靠，劍湖波光杳渺，湖北畦田甚多。因挑夫疲倦，就在山塍塘留宿。

【注　釋】❶王氣　古時指象徵帝王運數的祥瑞之氣。❷磊磊　形容石眾多。❸蒙茸　雜亂貌。❹汝南哨　又名新峰，在鶴慶城西三十五里。❺枯腸　空腸；腸中無物。❻清水江　在劍川西境。❼劍川　在劍川城南。水從劍湖尾部流出，曲流三折，形同「川」字，故名。下游即沙溪，又名湖尾河，與彌沙浪河會合，流入浪穹境內漾濞江。❽不第始於七和也　七和在麗江南境，與劍川無涉，據〈滇遊日記八〉三月二十三日日記，「七和」似為「九和」之誤。❾劍川湖　即劍湖，又名東湖，在劍川城東南十里。海拔二千多公尺，為高原斷層所形成的淡水湖泊。上有格美江、金龍河、永豐河、回龍河四條水流注入，湖內還有自湧泉，水源充沛。劍湖至今尚未受到污染，風景秀麗，水產豐富。過去每年農曆六月十五日，當地白族居民以自己村莊作為起點和終點，成群結隊繞湖一周，稱作「繞海會」。❿老君山　即羅均山，海拔四千三百公尺，為劍川、麗江、蘭坪的界山。金沙江環其東，瀾滄江繞其西。山綿亙百里，層巒疊嶂，插漢摩霄，林木蒙茸，倏忽萬狀，上多靈泉，人跡罕至。相傳老君在此煉丹，山頂有丹竈，巖上有梓橦遺筆。⑪瞻依 《詩‧小雅‧小弁》：「靡瞻匪父，靡依匪母。」言尊仰而親近之。

【語 譯】十三日 一早吃飯，天亮時到達北門。從門外沿舊城往西，走了一里，轉向南走半里，南面便是新城又往西拓展的地方。隨新城又往西走半里，再沿城向南走半里，經過西門，就轉向西走。過了一座橋，往西走三里，便登上山坡，走了二里，越過山坡的西面稍許往下。這山坡從西山向東延伸下去，到這裡低伏後再聳起，山坡南北都有山峰如雙臂伸出向前合抱，當地人稱為旗鼓山，坡上墳墓接連不斷，大概就是從府城過來的山脈。當地人說：「從前土官高氏的墳墓就在這座岡上，本朝初年認為這裡有王氣，派大軍挖斷山岡的後脈，就是現在低伏的地方。」不知地勢起伏正是山脈的妙處，果真挖了它，恰好形成它的美妙而已，難怪府城一天天興盛起來。

從低伏處登上山坡，走了一里，到坡脊，南北兩邊都下陷為坑，形成峽谷。再走一里，往南越過西峽的上面，從南坡踏著險峻的山路往西攀登，過了二里，稍許平坦。再沿南坡轉而往上，走了一里，再隨峽谷往西進入，走了一里，到達西邊的山嶺下，轉向北從峽谷中走。這峽谷是落水的枯澗，裡面巨石磊磊，而層層石階就利用它築成，澗中沒有一滴水，東西兩邊的山崖，崖壁夾峙，並立湊合，岩石棱角鋒利，密密遮掩，路從其中走，白天都覺得陰冷。走了二里多，有巨石在澗道中突起，像船頭浮在空中，又像獅子蹲在門口。從巨石右邊的崖壁橫穿到它上面，便沿著左邊的崖壁上去，路更加陡峻狹窄，過了二里才平坦起來。往西在峽谷中行走，過了一里稍許往上，北崖峭壁聳起，像鳥張開翅膀直衝雲霄，而南崖也陡峻相逼，中間聚合如門，在裡面平步行走，抬頭望見一線天空，我以為這是往南延伸的大山脊。穿到峽谷的西面，山峰環繞，山塹迴旋，分出兩條岔路：一條從脊口往西下去，沿北山往西北走；一條從脊口直出，沿南山往西南走。不能確定該走哪條路。看到有個放牧的人，遠遠地向他呼叫問路，得知往西北去的是砍柴的路，就從往西南去的路走。過了半里，有山峰居中懸立在山塹中，峰上有兩、三間茅屋，也是哨所守衛者的住房。從山峰南面在峽谷中平步行走，向西望見尖峰聳立，高出眾山之頂，我懷疑路將從尖峰的西北走出。等往西走了二里，稍許往下到窪地中，走了半里，到達尖峰東麓。這裡低窪沒水，西北、西南的峽谷，似乎都從中落下，這才明白從脊口往西過來的平坦山壑，到這裡都中間窪下，不是往外洩水的峽谷了。從窪地往西南上去，便穿過尖峰東南的峽谷往上攀登，樹木密集蓬鬆，高峰倒影。走了二里，沿山峰往西轉，就越過往東延伸的山脊。往西走半里，繞到尖峰的南面，往西北走半里，又越過往南延伸的山脊。這山脊比往東延伸的山脊高，但大山脊的走向，又似乎從往東延伸的山脊向南轉，而脊口還不是大山脊穿越的地方。越過山脊，便向北下去。走了一里，已從尖峰的西面走出，到這裡原來已從三面繞著尖峰走了。

於是向西隨峽谷往下落，走了一里，峽谷才開闊起來。再走了一里，轉向西南，便沿著南山的山坡，往西曲折走下，過了三里，到盤繞的山壑中。這裡東、北、西三面都是高峰，西北、東南兩面都是墜落的峽谷，唯有西南一道山脊如同牆垣。平步登上山脊，共走了二里，越過前面的山岡，有廢棄的房屋座落在岡頭，這是汝南哨。哨東南的山塢中，有村莊靠著東山，是土官居住的地方，當地人稱為虞蠟播箕。從哨南下去，在山塢中走了一里多，就往南進入峽谷。東西兩邊都是土峰緊緊相夾，下面十分陡峻。過了二里，走出峽谷，於是吃飯。又看到東南有下落的山壑，便繞到西峰的南面，再往西進入山塢。走了一里多，又登上西峰往南盤繞。於是向西沿山坡下去，北面是山峰，南面是山壑，路從深密的樹林層疊的岩石中間往下延伸，十分陡峻。走了四里，轉過峽谷，越過山脊，往下路稍平坦。往西南走半里，岡頭有賣漿的草棚，於是買來滋潤枯腸。再向西南走半里，往下到山壑底部，有水從南邊峽谷流來，通過整個壑中，往北穿過峽谷流去，這是清水江。方才知道山壑西面的山，反而從大山脊由南往北延伸，這水還是開始流出的細流，不足以稱溪，怎麼反而以江命名呢？水的下游往北流出，應當轉向西往南流，和劍川上游會合，那麼劍川的源頭，不僅從七和開始了。清水江的東岸，有幾戶人家居住在山壑中，上面有公館，座落在道路的中段。涉過江水到西岸，從西坡往南上去，沿西山往南曲折不斷地走，過了三里多，才轉向西南上去，路十分陡峻。走了一里，又轉向西，再走半里，往西越過嶺脊，就是南面從東大脊往西延伸再向北轉的山脊，北面的盡頭應當在清水江往西穿出的地方。

越過嶺脊往西走下峽谷中，過了二里，峽谷開始開闊起來，但往下路更加陡峻，再走了一里多，才踏上平坦的路，從環抱的山壑中走。再走一里多，便沿著南峰的西面，往南盤繞。過了一里，走出山壑口，才看見西邊群峰低伏，有峽谷往下嵌入很深，往南則稍許開闊；而東南的峽谷中，似乎有水光掩映，則為劍川湖；西南層層山峰高高聳峙，雪色更加晶瑩，則為老君山。往南盤繞二里，又看到所盤繞的山崖，西面石峰倒湧，突兀高峻，在腳下並立錯落，山崖的下面深壑中，才見有房屋環繞靠著，似有樓閣瞻依的形狀，分不清是公館還是廟宇。從它上面往南，靠著東崖下去，走了二里，往西越過峽脊，已走到房屋的南面，便沿著西峰往南走下，過了一里，只見東面的峽谷已經向南，直通劍湖了。從這裡南望，湖光杳渺，在東山的山麓，湖的北面連著山壑，一片蒼翠，環繞著很多畦田，估計劍川州治已在其中，但沒有路隨峽谷下去。路反而從峰頂穿過山坳往西走去，過了一里，稍許往下，又轉到西峰繞著它南面走。再過了一里，到這裡南面豁然開曠，前面沒有障礙，俯視南面的湖泊、北面的山塢，而州治靠著西山，位於它們的交接處，離開這裡還很遙遠。路繞著山坡往西走，過了一里多，就從山坡西邊的峽谷中往南下去，又走了一里，到達山麓，便沿著山崖往西轉。走了半里，只見村舍靠著山麓對著山塢，圍牆很大，這是山塍塘。問後得知離開州治還有十里，但挑夫疲倦不能再走，便在這裡留宿。

十四日　昧爽，飯於山塍塘，平明乃行。於是俱西南向平疇中行矣。二里餘，有一小山南突平川，路從其北西轉而掠之。復西南行平疇中，雨霏霏至。二里，有大溪自北而南，平流淺沙，湯湯南注湖中，然湖自下山塍，已不可見矣。隨溪南行，又半里，大石梁西跨之，其溪流蓋北自甸頭❶來。按志：州西北七十里，山頂有山頂泉，廣可半畝，為劍川之源。此山不知何名，今麗江南界七和❷後大脊，實此川發源之所，則此山即在大脊之南可知。更有東山清水江之流，亦合併之，其盤曲至此，亦不下七十里，則清水江亦其源可知。從橋北望，乃知水依西山南下，其東則山塍塘北之山盤夾之。山塍塘之東，山南墜而為川，又東，則東山乃南下而屏其東，與西界金華山為對。是山塍塘者，實川之北盡處，其東南闢而為川以瀦湖，其西北夾而為峽以出水者也。過橋，風雨大至。隨溪南行半里，避於坊下，久之稍止。

乃西南復行塍間，一里餘，有一小流西來，乃溯之西一里，抵劍川州❸。州治無城，入其東街，抵州前，乃北行，稅行李於北街楊貢士家，乃買魚於市。見街北有祠，入謁之，乃祀死節❹段公❺者。段名高選，州人，萬曆末，以進士為重慶巴縣令❻，闔家死奢酋之難❼，故奉詔立祠。今其長子暄蔭❽錦衣❾在都。祠中有一生授蒙童。植盆中花頗盛，山茶小僅尺許，而花大如碗。出祠，東還寓，以魚畀顧僕，令守行囊，而余同主人之子，令擔者挈飯一包，為金華之遊。

出西郊，天色大霽，先眺川中形勢。蓋東界即大脊南下，分為湖東之山者，是為東山。西界則金華山最高，北與崖場諸山，南與羅尤後嶺，頡頏西峙，是為西山。其金華之脈，實西南從老君山來。老君山者，在州西南六十里楊村之北，其山最高，為麗江、蘭州⑩之界，出鑛極盛，倍於他山者。土人言：「昔亦劍川屬，二十年前，土千戶某姓者，受麗江賄，以其山獨畀麗江。麗江以其為眾山之脈，禁鑛不採。」然余按《一統志》，金華山脈自西番⑪羅均山來，蓋老君即羅均之訛，然謂之西番者，則《統志》之訛也。其山猶在蘭州之東，西番在蘭州西瀾滄江外，其山即非劍川屬，亦麗江、蘭州界內，胡以有西番之稱？然即此亦可知此山原不屬劍川，土人賄畀之言，不足信也。其北則山塍後嶺，自東山北轉，西亙而掉其尾。其南則印鶴山⑫，自東山南下，西顧而迴其嶺。中圍平川，東西闊十里，南北長三十里，而湖匯其半。湖源自西北來，向西南破峽去，而湖獨衍於東南。此川中之概也。其地在鶴慶之西，而稍偏於南；在麗江之南，而稍偏於西⑬；在蘭州之東，而稍偏於北；在浪穹⑭之北，而稍偏於西。此四境之準也。

州脈自金華北嶺東環而下，由州治西行，一里餘，及其麓。有二寺，並列而東向，俱不宏敞。寺後有亭、有軒，在層崖盤磴之上，水泉飛洒，竹影桃花，罨映有致，為鄉紳楊君之館。由其北躡崖西上，有關帝廟，亦東向，而其處漸高，東俯一川，甸色湖光，及東山最高處雪痕層叠，甚為明媚。由廟後循大路，又西上半里，北循坡而下，為桃花塢；南分岐而上，為萬松庵；而直西大道，則西逾嶺而抵莽歇嶺[15]者也。乃隨楊君導，遂從北坡下，數百步，而桃花千樹，深紅淺暈[16]，倏入錦綉叢中。穿其中，復西上大道，橫過其南，其上即萬松庵，其下為段君墓，皆東向。段墓中懸塢中，萬松高踞嶺上，並桃花塢，其初皆為土官家山，墓為段氏所葬，而桃花、萬松猶其家者。萬松昔為庵，聞今亦營為馬鬣[17]，門扃莫由入。遂仍從關廟側，約一里下山，山之北有峽甚深，自後山環夾而出，澗流嵌其下，是為崖場。兩崖駢立，其口甚逼，自外遙望，不知山之中斷也。

余欲溯其流入，以急於金華[18]，遂循山南行。一里餘，有岡如堵牆，自西山而東亙州南，乃引水之岡也。逾岡，又南一里餘，有道宮倚西山下，亦東向。其內左偏有何氏書館，何鄉紳之子讀書其中。宮中焚修[19]者，非黃冠[20]，乃瞿曇[21]也。引余游館中，觀茶花，呼何公子出晤，而何不在，留余少憩。余急於登山，乃出，從宮右折而西上坡，一里，有神廟當石坡上，為土主之宮[22]。其廟東向而前有閣，閣後兩古柏夾立，虬藤夭矯，連絡上下，流泉突石，錯落左右，亦幽閴名區也。與何公子遇，欲拉余返館，且曰：「家大人亦祈一見。」蓋其父好延異人，故其子欲邀余相晤。余約以下山來叩。後詢何以進士起家，乃名可及者，憶其以魏黨[23]削奪，後乃不往。

遂從廟右西上，於是崇攀仰陟，遵垂坡以登，三里，轉突崖之上。其崖突兀坡右，下臨深峽，峽自其上石門下墜甚深。從此上眺，雙崖駢門，高倚峰頭，其內環立罨翠，彷彿有雲旌㉔羽裳㉕出沒。益鼓勇直上，路曲折懸陡，又一里，而登門之左崖。其上有小石塔，循崖西入，兩崖中闢，上插雲霄，而下甚平。有佛宇三楹當其中，楹左右恰支兩崖，而峽從其前下墜，路由左崖入，由右崖棧石壁而盤其前以登玉皇閣。佛宇之後，有池一方，引小水從後峽滴入，池上有飛巖嵌右崖間，一僧藉巖而棲。當兩崖夾立之底，停午㉖不見日色，惟有空翠㉗冷雲，綢繆㉘牖戶而已。由崖底坡坳而登內塢，有三清閣；由崖右歷棧而躋前崖，有玉虛亭，咫尺有幽曠之異。余乃先其曠者，遂躋棧盤右崖之前。棧高懸數丈，上下皆絕壁，端聳雲外，腳插峽底，棧架空而橫倚之。東度前崖，乃盤南崖西轉，北上而凌其端，即峽門右崖之絕頂也。東向高懸，三面峭削，凌空無倚。前俯平川，煙波㉙村樹，歷歷如畫幅倒鋪；後眺內峽，環碧中迴，如蓉城㉚蕊闕㉛，互相掩映，窈藹㉜莫測。峰頭止容一閣，奉玉宸㉝於上。

余憑攬㉞久之，四顧無路，將由前道下棧，忽有一僧至，曰：「此間有小徑，可入內峽，不必下行。」余隨之，從閣左危崖之端，挨空翻側㉟，踐崖紋一線，盤之西入，下瞰即飛棧之上也，半里而抵內峽之中。峽中危峰內簇，瓣分蒂綰，合於中空如蓮房[36]。有圓峰獨穹於後，當峽中峙，兩旁俱有峰攢合，界為兩峽，合於中峰前。旁峰外綴連岡，自後脊臂抱而前，合成崖門，對距止成線。峽外圍中簇，此亦洞天之絕勝矣。岡上小峰，其有五頂，土人謂上按五行，有金木水火土之辨，此亦過求[37]之論，即不藉五行，亦豈輸三島哉？中峰前結閣，奉三清[38]，前有古柏一株頗巨，當兩峽中合之上。余欲上躋中峰，見閣後路甚仄，陟左峽而上，有路前蹈峽門左崖之頂，乃陟峽而北躡之。東出西轉，有塔峙坡間，路至此絕。余猶攀巉踐削，久之不得路，而楊氏之子與擔夫俱在下遙呼，乃返。從內峽三清閣前下墜峽底，共一里而至峽門內方池上，就巖穴僧棲，敲火沸泉，以所攜飯投而共啖之。乃與僧同出峽門，循左崖東行。僧指右峽壁間突崖之下，石裂而成門，下臨絕壑，中嵌巉崖，其內直逼山後莽歇，峽中從來皆虎豹盤踞，無敢入者。余欲南向懸崖下，僧曰：「既無路而有虎，君何苦必欲以身試也？且外阻危崖，內無火炬，即不遇虎，亦不能入。」楊氏子謂：「急下山，猶可覓羅尤溫泉，此不測區，必不能從也。」乃隨之東北下山。

一里，路分兩岐：一循山北下，為入州便道；一直東隨坡下，即來時道。僧乃別從北去，余仍東下。一里，路左有一巨石，當坡東向而峙，下瞰土主廟後，石高三丈，東面平削，鐫三大天王像於上，中像更大，上齊石頂，下踏崖腳，手托一塔，左右二像少殺之，土人言，土司出兵，必宰豬羊夜祭之，祭後牲俱烏有，戰必有功。是為天王石[39]。又下一里，至土主廟南，乃逾澗南上坡，循西山之東，逾坡陟塢，南向而行。村之倚坡臨川者，籬舍屈曲，竹樹扶疏，綴以夭桃素李，光景甚異。三里餘而得一巨村，則金華之峰至是南盡。又下為盤嶺，迴亙南去，蘭州之道，由是而西踰之，從楊村而達焉。

由村南東盤東突之嘴，共里餘，南轉而得羅尤[40]邑，亦百家之聚也。其處有溫泉，在村窪中出，每冬月則沸流如注，人爭浴之，而春至則涸成污池焉，水止而不流，亦不熱矣。有二池，一在路旁，一在環堵之內，今觀之，與行潦無異。土人言其水與蘭州溫泉[41]彼此互出，溢於此則彼涸，溢於彼則此涸。大意東出者在秋冬，西出者在春夏，其中間隔重巒絕箐，相距八十里，而往來有時，更代不爽，此又一異矣。村中有流泉自西峽出，人爭引以灌，與溫泉不相涉，其上有石龍寺[42]，以晚不及探。遂由大道北返，四里，北越一橋，橋北有居廬，為水寨村。從村北折而西，望金華山石門之峽，高懸雙闕，如天門夐峙。又二里，北抵州治，入南街，又里餘而返寓。

【章　旨】本章記載了第二百五十天在鶴慶府的行跡。在平坦的田地行走，看到有大溪從北面的甸頭流來，注入湖中。麗江南界七和背後的大山脊是劍川的發源地，另外清水江也是劍川的上源。山塍塘為平川北邊的盡頭處。到達劍川州治，沒有城牆，街北有祭祀段高選的祠堂。和楊貢士的兒子走出西郊，先眺望平川中的形勢。東部是東山，西部是西山，北面是山塍塘後嶺，南面是印鶴山。西部金華山最高，實際上從老君山延伸過來。老君山是麗江府、蘭州的分界，礦產極為豐富。平川中一半匯聚著湖水。往西到達金華山麓，有鄉紳楊君的寓所。崖上有關帝廟，可眺望明媚的湖光山色。進入桃花塢，只見千樹桃花，如入錦繡叢中，嶺上有萬松庵，塢中有段君墓。下山到崖場，兩邊石崖並立，裂口十分逼近。沿著金華山往南，有道宮靠在西山下，裡面有何氏書館，在道宮中修行的不是道士而是和尚。山坡上有土主廟，周圍古柏夾立，泉石錯落，也是一處幽寂的勝地。和何公子相遇，其父何可及喜歡接納奇人，因想起他是魏忠賢黨羽，沒去見面。抬頭往高處攀登，轉到突起的山崖上，上面雙崖並立，裡面翠色掩映，彷彿仙境。更加鼓足勇氣往上，崖壁中有三間寺廟，左右的柱子恰好支撐在兩邊崖壁上。寺廟後面有凌空而起的岩石，一個僧人靠著岩石居住。內塢有三清閣，前崖有玉虛亭，咫尺之間便有幽曠之異。通過高懸空中、橫靠絕壁的棧道，登臨峽口崖壁的絕頂，這裡三面陡削，無所依傍，前望平川，煙波村樹，景色如畫；後眺內峽，如同仙宮，深不可測。登高賞景，過了很久，忽然有僧人來到，跟隨他靠著崖壁騰空翻越，從小路進入內峽。峽中又分成兩道峽谷，在中峰前合攏。這峽谷外圍環繞中間簇擁，也是無與倫比的洞天佳境。山岡上有五座小峰，當地人依照五行，分別用金、木、水、火、土命名。中峰前的閣內供奉三清天尊，前面有很大的古柏。走到路的盡頭，仍在懸崖峭壁上攀登，因一起來的人在下面呼喊，於是返回。和僧人走出峽口，僧人指著峽壁間突起的山崖下，說那裡從來都是虎豹盤踞的地方，沒有人敢進去，於是想從懸崖下去，僧人和楊氏的兒子極力勸阻。下山後經過巨大的天王石，上面刻著三大天王像。又往下到一個村莊，竹樹茂密，桃李繽紛，景色奇特。再往下，金華山便到南面的盡頭處。往前轉到羅尤邑，這裡有溫泉，每年冬月泉水沸騰如注，到春天便乾涸成污水池。據說這裡的溫泉和蘭州溫泉彼此相通，一邊溢出另一邊就乾涸。大致秋冬季在東邊溢出，春夏季在西邊溢出，雖相隔八十里，泉水按時往來，無從差錯。接著經過水寨村，到達州治，返回寓所。

【注　釋】❶甸頭　在麗江西南隅的九和。❷七和　似為「九和」之誤。❸劍川州　明代隸鶴慶府，今屬雲南。❹死節　為保全節操而死。❺段公　段高選，字讓予，劍川人。萬曆進士，知巴縣（明代為重慶府附郭縣）。天啟間，渝州作亂，知高選廉明，下令勿殺。高選罵不絕口，遂死於亂斧之下。父母子女相繼死於官署。崇禎初賜祭葬，謚恭節，敕建昭忠祠以祀之。❻段名高選四句　本作「段名某，州人，萬曆末，以進士為重慶某縣令」，據《四庫》本、葉本補。❼奢酋之難　明天啟年間，朝廷向四方征兵援遼。永寧宣慰使司（在今四川敘永）土官奢崇明及其子奢寅久蓄異志，圖謀叛亂，上書請提兵三萬赴援，其部將樊龍乘機占據重慶，奢崇明自號「大梁」，先後攻占遵義、瀘州等地，進逼成都，為布政使朱燮元所破。❽蔭　封建時代子孫因先世有功勳而推恩得賜官爵曰「蔭」。❾錦衣　錦衣衛。這裡指錦衣衛官員。❿蘭州　明代隸麗江府，治所在蘭坪東南金頂鎮。⓫西番　即西蕃，又稱巴苴，即今普米族，主要分布在雲南蘭坪、寧蒗、麗江等地，舊時與納西族雜居，並由納西族土司管轄。⓬印鶴山　在劍川東南。⓭而稍偏於西　西，本作「東」，據徐本改。⓮浪穹　舊縣名。元置，清屬雲南大理府。民國成立，改為洱源縣。⓯莽歇嶺　今名滿賢林，即賢士滿林之意。在劍川城西，金華山西北，海拔二千五百公尺。⓰暈　日月周圍的光圈，也指光影、色澤四圍模糊的部分。⓱馬鬣　馬頸上的長毛，此借指馬房。⓲金華　山名，在劍川城西一里，前臨劍湖，由羅均山盤曲而來，綿延四十餘里，以山頂常有紫氣如金得名。山上有石將軍像、臥佛、白塔、望海樓等勝景，臥佛體寬約二公尺，長約四公尺，含笑睡在金顆、銀顆上。臥佛的手腳衣裳，運用線雕和浮雕相結合的手法，和劍川石鐘山的石窟造像群相似。⓳焚修　焚香修行。⓴黃冠　道士所戴束髮之冠，色尚黃，因轉為道士的別稱。㉑瞿曇　又譯喬答摩，釋迦牟尼的姓氏，故後稱佛為瞿曇，此用以稱和尚。㉒土主之宮　即金華山土主廟。㉓魏黨　天啟間太監魏忠賢專權，內外官僚，奔走門下，結黨營私，自稱兒孫，為之建造生祠。崇禎帝即位，窮查黨羽，定為逆案，又稱閹黨。㉔雲旌　雲旗，言旗旒似雲。㉕羽裳　用羽毛編織而成的衣裳。㉖停午　正午。㉗空翠　指青色潮濕的霧氣。㉘綢繆　繚繞。㉙煙波指煙霧蒼茫的水面。㉚蓉城　芙蓉城，古代傳說中的仙境。㉛蕊闕　蕊珠宮，道教經籍中所說的仙宮。㉜窈藹　幽深迷茫。㉝玉宸　天上宮闕，此指玉皇大帝。㉞攬　攬秀；挹取美景。㉟挨空翻側　據文意，當作「挨側翻空」。㊱蓮房　蓮蓬，即蓮子的外苞，以其分隔如房，故名。㊲過求　過度推究。㊳三清　道教所尊的三位天神。即玉清元始天尊（亦稱天寶君）、上清靈寶天尊（亦稱太上道君）、太清道德天尊（亦稱太上老君）。三神所居的天外仙境，亦稱玉清、上清、太清，合稱三清。㊴天王石　即石將軍像，在金華山腰一塊獨立突兀的石壁上，為劍川石刻中最大的一座造像，刻於南詔時。石座共有三具石像，總高近五公尺，寬約六公尺。居中的為多聞天王像，全身戎裝，右手持戟，左手擎塔，上身微向後仰，左右為兩力士像，雙手合掌侍立。古人巧妙地利用岩石居高臨下之勢，採用浮雕的手法，突出人體下部，從下向上，越往高處，浮雕越淺，刻劃出石將軍如山屹立的雄姿。㊵羅尤　在劍川城南。㊶蘭州溫泉　在蘭坪七坪，水中無硫磺氣味，可治風濕。㊷石龍寺　在劍川城南鍾賢嶺，石岩延亙如龍壁，有天然觀音像。

【語　譯】十四日　拂曉，在山塍塘吃飯，天亮便出發。從這裡起都往西南在平坦的田地中走了。過了二里多，有座小山在平川中往南突起，路從小山北面往西轉貼著山走。再往西南在平坦的田地中走，雨紛飛而來。走了二里，有條大溪從北往南平緩地流過淺沙，浩浩蕩蕩往南注入湖中，但湖水自往下流到山塍已看不見了。隨溪水往南走，又過了半里，大石橋往西架在溪上，溪水大概是從北面的甸頭流來。據志書記載，在劍川州西北七十里，山頂上有山頂泉，約有半畝大，為劍川的源頭。這座山不知叫什麼名字，如今麗江府南界七和背後的大脊，實際上是劍川的發源地，那麼可知這座山就在大脊的南面。還有東山的清水江，也和劍川會合，江水曲折流到這裡，也不下七十里，那麼可知清水江也是劍川的源頭。從橋上向北望去，才知道溪水沿著西山往南流下，東邊則有山塍塘北的山環繞相夾。山塍塘的東面，山南下落成為平川，再往東去，則東山往南延伸在東邊屏立，和西界的金華山相對。這山塍塘其實是平川北邊的盡頭處，東南開出平川以聚水成湖，西北夾成峽谷讓水流出。過了大石橋，狂風暴雨來臨。隨溪水往南走半里，在牌坊下躲雨，過了好久，雨才稍稍停下。

於是往西南又在田間行走，過了一里多，有條小溪從西面流來，就沿著它上行，往西走一里，到達劍川州。州治沒有城牆，走進東街，到州衙門前，就往北走，將行李放在北街楊貢士家中，便到市上買魚。看到街北有祠堂，進去拜謁，是祭祀為節義而死的段公。段公名高選，本州人，萬曆末年，以進士出任重慶府巴縣知縣，全家死於奢酋之難，所以奉詔命建立祠堂。如今他的長子段暄因父親的功勳推恩賜官，在京城錦衣衛任職。祠堂中有個人教幼童讀書。栽在盆中的花很茂盛，山茶只有一尺左右高，但花有碗口那麼大。走出祠堂，往東回到寓所，將魚交給顧僕，吩咐他守著行李，而我和主人的兒子，叫挑夫提著一包飯，去遊金華山。

走出西郊，天氣十分晴朗。先眺望平川中的形勢。原來東界就是大山脊往南延伸，分為劍湖東面的山，這是東山。西界則金華山最高，北面和崖場的各座山，南面和羅尤背後的山嶺，不相上下，在西面峙立，這是西山。金華山脈，實際上從西南的老君山延伸過來。老君山在劍川州西南六十里的楊村北面，這山最高，為麗江府和蘭州的交界，礦產極為豐富，比其他山加倍。當地人說：「這山以前也屬劍川州，二十年前，土千戶某姓，接受麗江府的賄賂，獨自將這座山送給麗江府。麗江府因為它是眾山之脈，禁止採礦。」但我查閱《一統志》，金華山脈從西番的羅均山延伸過來，原來老君就是羅均音近誤傳，但說它出自西番，則是《一統志》的錯誤。金華山仍在蘭州的東面，西番則在蘭州西面的瀾滄江之外，這山即使不屬劍川州，也在麗江府、蘭州界內，怎麼會有出自西番的說法呢？但由此也可知道金華山原本不屬劍川州，當地人關於行賄、贈送的說法，也不足為信。平川北部是山塍塘後嶺，從東山向北轉，又掉尾往西延伸。南部是印鶴山，從東山往南下，又掉頭往西延伸。中間圍成平川，東西寬十里，南北長三十里，一半匯聚著湖水。湖源頭的水從西北流來，向西南穿破峽谷流去，而湖水獨在東南擴展。這是平川的大概情況。這裡地處鶴慶府的西面，而稍許偏向南；在麗江府的南面，而稍許偏向西；在蘭州的東面，而稍許偏向北；在浪穹縣的北面，而稍許偏向西。這是平川四周的界線。

州治的山脈從金華山北嶺往東繞下，從州治往西走，過了一里多，到金華山麓。有兩座寺廟，並列向東，都不高大寬敞。寺後有亭、有廊，建在石階盤繞的層崖上，泉水飛灑，竹影桃花，掩映有致，是鄉紳楊君的寓所。從寓所的北面踏上山崖往西攀登，上有關帝廟，也朝東，但位置較高，向東俯視整個平川，郊地的景色，湖面的波光，以及東山最高處的層層雪跡，十分明媚。從廟後沿著大路，又往西走上半里，往北沿著山坡下去，便是桃花塢；從南面岔路上去，為萬松庵；而正西的大路，則是往西越過山嶺到達莽歇嶺的路。於是跟著引路的楊君，就從北坡下去，走了幾百步，只見有上千棵桃樹，開放鮮花，顏色深紅，光暈淺淡，就像突然進入錦繡叢中。從桃林中穿過，再往西踏上大路，橫穿到它的南邊，上面就是萬松庵，下面為段氏墓，都朝東。段氏墓在山塢正中，萬松庵高高座落在嶺上，並有桃花塢，最初都是土官的家山，墓中葬的是段氏，而桃花塢、萬松庵仍為土官家所有。萬松庵過去是庵，聽說現在建成馬房，門關著無從進入。於是仍然從關帝廟旁走，大約過了一里下山。山的北面有很深的峽谷，從後山環夾而出，澗流嵌在下面，這就是崖場。兩邊石崖並立，裂口十分逼近，從外面遠望，不知它是山的中斷處。

我想沿著澗流上行進入，因為急於上金華山，便沿著山往南走。過了一里多，有山岡像一堵牆，從西山往東延伸到州治南面，是引水的山岡。越過山岡，再往南走一里多，有道宮靠在西山下面，也朝東。宮內左邊有何氏書館，何鄉紳的兒子在裡面讀書。宮中焚香修行的，不是道士，而是僧人。那僧人帶我去遊書館，觀賞茶花，叫何公子出來見面，但何公子不在，便留我休息片刻，我急於登山，便從宮中走出，從道宮右邊轉向西上坡，走了一里，有神廟座落在石坡上，是土主廟。這廟朝東，前面有閣，閣後有兩棵古柏在兩旁夾立，虬龍般的藤條捲曲而有氣勢，上下連絡，泉水流淌，山石突兀，在左右兩邊交錯紛雜，也是一處幽寂的勝地。和何公子相遇，想拉我返回書館，並且說：「家父也希望見一面。」原來他的父親喜歡接納奇人，所以他的兒子要請我去相見。我約好下山時去拜訪。過後打聽到何以進士起家，就是名可及的人，想起他因為是魏忠賢的黨羽而被削職奪官，後來就沒去見面。

於是從土主廟右邊往西上去，從這裡向上往高處攀登，沿著陡直的山坡上去，過了三里，轉到突起的山崖上面。這崖突立在山坡右邊，下面對著很深的峽谷，峽谷從突崖上面的石門往下落到很深處。從這裡向上眺望，兩邊的崖壁並立如門，高高靠著峰頂，裡面岩石環立，翠色掩映，彷彿有雲旗仙人出沒。更加鼓足勇氣直往上走，路曲折陡懸，又過了一里，就登上如門的左邊的崖壁。崖上有小石塔，沿著崖壁往西進去，兩邊崖壁從中闢開，上面直插雲霄，下面十分平坦。有三間佛寺在崖壁中，左右的柱子恰好支撐兩崖，而峽谷從寺前落下，路從左邊的崖壁走進，從右邊崖壁上的棧道繞向前登上玉皇閣。佛寺的後面，有一方池塘，從後面的峽谷引入小水，池邊有淩空而起的岩石嵌入右邊的崖壁中，一個僧人憑藉岩石居住。在兩邊崖壁夾立的底部，中午都看不到陽光，唯有青色潮濕的霧氣和清冷的浮雲繚繞門窗罷了。從崖底坡坳登上內塢，有三清閣；從崖壁右邊通過棧道踏上前崖，有玉虛亭，咫尺之間便有或幽深或曠遠的區別。我就先登曠遠處，便踏著棧道繞到右崖的前面。棧道高掛在數丈高的空中，上下都是絕壁，頂部聳入雲天，底部插入峽底，棧道架在空中，橫向靠著絕壁。往東越過前崖，於是盤繞南崖往西轉，再往北登上崖頂，就是峽口右邊的崖壁絕頂。崖頂向東高懸，三面陡峭如削，淩空而起無所依傍。向前俯視平川，湖面煙霧迷茫，村舍樹影，歷歷在目，如同倒鋪的畫卷；向後眺望內峽，裡面翠色環繞，如芙蓉城和蕊珠宮仙境一般，互相掩映，幽深不可測。峰頭只能建一座小閣，閣中供奉玉皇大帝的塑像。

我登高賞景，過了很久，環顧四周，無路可走，準備仍從先前來的路往下去棧道，忽然有個僧人來到，說：「這裡有小路，可以進入內峽，不必往下走。」我跟著他走，從玉皇閣左邊懸崖的頂端，靠著崖側騰空翻越，踩著崖壁一條裂紋，繞著崖壁往西進去，向下俯視，就是淩空飛架棧道的上方，過了半里就到內峽之中。峽中高峰往裡簇擁，如花瓣分開，花蒂連結，中間空如蓮房。有座圓峰獨自在後面高高隆起，在峽谷居中峙立，兩旁都有山峰聚合，分成兩道峽谷，在中峰前合攏。旁邊的山峰往外和連綿不斷的山岡相接，從後脊如手臂向前合抱，成為崖門，兩者相隔的距離僅成一線。峽谷外圍環繞中間簇擁，這也是洞天中無與倫比的佳境。山岡上的小峰共有五座，當地人說依照五行，分別用金、木、水、火、土來命名。這也是一種過度推究的論調，即使不憑藉五行，難道會比神仙三島差嗎？中峰前面建閣，供奉三清天尊，閣前有一棵很大的古柏，長在兩道峽谷中間合攏的上方，我想往上攀登中峰，看見閣後的路很窄，到左邊的峽谷往上，有路往前通到峽谷口左邊的崖頂，便踏上峽谷往北攀登。從東走出再往西轉，有塔峙立在山坡間，路到這裡斷絕。我仍然攀升懸崖峭壁，很久找不到路，而楊貢士的兒子和挑夫都在下面遠遠呼喊，於是返回。從內峽三清閣前往下落到峽谷底部，共走了一里，到峽門內的方池上，在僧人住的巖洞，用石擊火燒泉水，將所帶的飯放入水中，煮沸後一起吃。於是和僧人一同走出峽口，沿著左邊的崖壁往東。僧人指著右邊峽壁間突起的山崖下面，岩石裂成門戶，下面對著深不可測的山壑，中間嵌有險峻的石崖，往裡直逼山後的莽歇嶺，峽谷中從來都是虎豹盤踞，沒有人敢進去。我想往南從懸崖下去，僧人說：「既然沒有路而又有虎，你何苦一定要親自去冒險呢？況且外面有懸崖阻隔，裡面沒有火把，即使不遇上虎，也無法進去。」楊貢士的兒子說：「趕緊下山，還可以去找羅尤溫泉，這種不安全的地方，絕不能去。」於是隨著他們往東北下山。

走了一里，路分成兩條岔道：一條沿著山往北下去，是進入州治的便道；一條直往東沿山坡下去，就是來時所走的路。僧人便告別往北走，我仍然往東下去。走了一里，路的左邊有塊大石，在坡上向東峙立，往下俯視土主廟後，石高三丈，東面平削，上面刻著三大天王像，中間的像最大，上面和石頂齊平，下面踏著崖腳，手中托著一塔，左右兩邊的像稍稍低些。當地人說，土司出兵，一定要殺了豬羊，在夜晚祭石，祭祀後祭品都沒有了，作戰一定取勝有功。這是天王石。再往下一里，到土主廟南，便越過山澗往南上坡，沿著西山的東側，越過山坡，穿過山塢往南走。有村莊靠著山坡面對平川，竹籬茅舍曲折排列，竹樹枝葉分披繁茂，另有豔麗的桃花、素雅的李花點綴其間，風光景色十分奇特。走了三里多，到一個大村莊，金華山延伸到這裡是南邊的盡頭處。再下去是盤繞的山嶺，曲折綿延往南而去。前往蘭州的路，從這裡往西越過山嶺，從楊村走就可到達。

從村莊南面往東盤繞著向東突起的山口走，共一里多，往南轉，到達羅尤邑，也是有上百戶人家的聚落。這裡有溫泉，從村內的窪地中湧出，每年冬月則沸騰的水流如注，人們爭著去洗澡，但到了春天，則乾涸成為污水池，水靜止不流，也不熱了。溫泉有兩個池，一個在路邊，一個在圍牆內，現在看上去，和溝中積水沒什麼兩樣。當地人說，這水和蘭州溫泉彼此相通，水從這裡溢出則那邊就乾涸，從那邊溢出則這裡便乾涸。大致秋冬季往東邊溢出，春夏季往西邊溢出，兩地中間隔著重重山巒陡峭箐谷，相距八十里，而泉水按時往來，交替流出，從不差失，這又是一件奇事了。村中有泉水從西面的峽谷流出，人們爭著引水灌溉，和溫泉不相關，上面有石龍寺，因天晚來不及探遊。於是沿大路往北返回，走了四里，往北通過一座橋，橋的北邊有住房，名水寨村。從村北轉向西，望見金華山石門的峽谷，雙闕高懸，如同天門遠峙。又走了二里，往北到達州治，進入南街，又走一里多回到寓所。

十五日　余欲啟行，聞楊君喬梓❶言，莽歇嶺為一州勝處，乃復為一日停。命擔者裹飯從游，先從崖塲❷入。崖塲者，在金華北峰之下，有澗破重壁而東出，剖層峰為二，其內皆雲舂水碓❸，極幽寂之致。莽歇正道，當從南崖上，余意披峽而西，由峽底覓道上，更可兼盡，遂溯流入。始緣澗北，不得入，仍❹渡澗南西入，南崖之上，即昨桃花迷塢處，而此當其下嵌。矯首兩崖逼霄，但謂澗底流泉，別有天地，不復知峰頭春色，更占人間也。曲折三里，祇容一溪宛轉，亂舂互答。既而峰迴峽轉，前嶺西亙，夾澗北來，中壑稍開，環崖愈嵌，路亦轉北，而回眺西南嶺頭，當是莽歇所在，不應北入。適有樵者至，執而問之，曰：「此澗西北從後山來，莽歇之道，當從西亙之嶺，南向躡其脊，可得正道。」余從之。遂緣西亙嶺西南躋之，雖無路徑，方位已不出吾目中。

一里餘，遂南躡其北突之脊，東來之路，亦逾此轉南矣，遂從之。此峰自金華山北向橫突，從此下墜，前盡於崖塲峽口，後盡於所逾之脊。其西又有山一支，亦自南北向橫突金華山之後，而為北下之峽。蓋二山俱從西南老君山來，分支並馳，中夾成箐❺，石崖盤錯，即所謂莽歇嶺也。於是循金華山之西南向二里，又漸下者半里，而抵箐中。其箐南來，東崖即金華北嶺之後，西崖是為莽歇，皆純石危亙，駢峽相對，而路當其下。先有一崖，北向橫障箐中，下嵌成屋，懸覆二丈餘，而東北一石下垂，如象鼻拄地，路南向無隙。從象鼻卷中，傍東崖上透，遂歷覆崖之上，望東西兩崖，俱有石庋壁覆雲，而西崖尤為突兀，上露兩亭，因西向躡危登之。其亭皆東向，倚崖綴壁，浮嵌欹仄，而南列者較大，位佛像於中。左壁有泉自石罅出，下涵小池而不溢。北亭就嵌崖通路，摭虛而過，得片石冒❻亭其上，三面懸削，其路遂絕。此反北凌箐口，高出象鼻覆崖之上矣。

憑眺久之，聞木魚❼聲甚亮，而崖迴石障，不知其處。復東下箐底，溯細流北入，則西崖轉嘴削骨，霞崩嶂壓，其勢彌異。半里，矯首上眺，或下嵌上突，或中剜旁裂，或層堆，或直劈，各極騫騰。有書其上為「天作高山」者，其字甚大，而懸穹❽亦甚高。或云以篾籮縢索，從峰頂倒挂而書者。西崖有白衣大士，東崖有胡僧達摩，皆摩空粘壁而成，似非人跡所到也。更南半里，有玉皇閣當箐中。由此攀西崖，捱石磴，有僧嵌一閣於崖隙。其閣亦東向，其崖上下陡絕，中嵌橫紋，而閣倚之。挨橫紋而北，又覆一亭，中供巨佛，倚壁而立，以崖逼不容青蓮座⑨也。其北橫紋迸絕矣。前聞鯨聲⑩遙遞，即此閣僧。其師為南都人，茹淡闢幽，栖此有年，昨以禪誦赴崖場，而守廬者乃其徒也，留余待之。余愛其幽險，為憩閣中，作記者半日。

僧為具餐。下午而師不至。余問僧：「此處有路通金華山否？」僧言：「金華尚在東南，隔大脊一重，箐中無路上，東向直躡東崖，乃南趨逾頂而東下之。蓋東崖至是匪石而土，但峭削之極，直列如屏，其上為難。」余時已神往，即仍下玉皇閣，遂東向攀嶺上，時有遊人在玉皇閣者，交呼：「此處險，極難階。」余不顧，愈上愈峻。二里，有路緣峰腰自南而北，擔者欲從北去，余強之南。半里，此路乃南通後嶺，非東南逾頂者，乃復東向躡峻。擔者屢後，呼之不至，余不復待，竭蹶上躋，一里餘，而東逾其脊。從脊上俯視，見州治在川東北矣，乃即從脊南趨，半里，又東南躡峻上，一里，始凌金華山頂。於是北眺麗江，西眺蘭州，東眺鶴慶，南眺大理，雖嵌重峰之下，不能辨其城郭人民，而西之老君，北之大脊，東之大脊分支處，南之印鶴橫環處，雪痕雲派，無不歷歷獻形，正如天際真人⑪，下辨九州⑫，俱如一黍也。

復從頂脊南行，脊上已有路，直前一里，漸西轉向老君，余知乃楊莊道，乃轉而北，瞰東向之路，得一線垂箐下，遂從之。下里餘，路窮箐密，傾崖倒坎，欹仄蒙翳，下嵌莫測。乃攀枝橫跌，跌一重復更一枝，幸枝稠箐密，不知倒空之險，如是一里，如蹈碧海，茫無涯際。既而審視，忽見一塔下湧，雖隔懸重箐，而方隅⑬在目，知去石門不在弱水⑭外矣。益用攀墜之法，又一里，有線徑伏箐間，隨之亟行。半里，得中窪之峽，又半里，出三清閣之後，即昨來審視而難從者。於是下峽門，過昨所飯處，皆闃無一人。乃前趨過昨所望虎穴之上，此直康衢⑮，非險道矣。乃從北道循西山北向下，五里而返寓，則擔夫猶未歸也。

【章 旨】本章記載了第二百五十一天在鶴慶府的行跡。從崖場進去，裡面景致極其幽靜。渡過澗水到桃花迷亂的山塢下面，抬頭望去，想不到峰頭春色，更占人間美景。隨後峰迴峽轉，登上一道山脊，有兩支山脈都從老君山延伸過來，中間夾成箐谷，這就是莽歇嶺。往下到箐谷中，看到有塊岩石垂下，如同象鼻拄地，從象鼻卷中穿過，望見東西兩崖都有岩石架壁遮雲。走到路的盡頭，三面懸空陡削，反而凌駕箐口之上了。憑高眺望很久，聽到敲木魚的聲音。往下到箐谷底，只見西崖形勢更加奇特。抬頭遠望，崖壁各極飛騰之勢。壁上有「天作高山」幾個大字，據說是用繩索將人從峰頂倒掛下去書寫的。崖上還有觀音菩薩、達摩像，似乎都不是人所能到的地方。有個僧人在西崖崖縫中嵌入一閣，上下極其陡削，守屋的就是敲木魚的僧人。因愛這裡幽險，在閣中寫了半天日記。下午向僧人問路去金華山。往下到玉皇閣，不顧遊人的勸阻，攀登險峻的山嶺，越過山脊，登上金華山頂。在這裡向四面眺望，大山一一呈現在眼前，就像仙人分辨下面的九州，都渺如粟米。從頂脊走，漸漸轉向老君山，從一條小路下去，拉著樹枝一段段跌下，竟沒感到在空中翻下的危險，就像投入碧海之中，茫無邊際。忽然看到一座塔出現，知道離石門已經不遠，益發鼓勁用攀墜之法下去，從三清閣後走出。再經過昨天所望見的虎穴的上方，從北路回到寓所。

【注　釋】❶喬梓　喬、梓為二木名，喬樹果實向上，古人視作父道；梓樹果實俯下，古人視作子道。後因以比喻父子。❷崖場　今名巖場，在劍川西北，永豐河出山口。❸雲舂水碓　舂，用杵臼搗米穀等。碓，舂米穀的設備。這裡借喻雲水沖激。❹仍　乃。❺箐　竹木叢生的山谷。❻冒　覆蓋。❼木魚　佛教法器名，以木雕成魚形，中鑿空，扣之作聲，僧人念經時敲擊伴誦，以調音節。❽懸穹　指崖壁高高隆起。❾青蓮座　即「蓮座」，佛像的座位。佛座作蓮花形，故名。❿鯨聲　又作「鯨音」，鐘聲。古時刻杵作鯨魚形以撞鐘，故名。此指前面所聽到的木魚聲。⓫真人　道家、道教稱修真得道或成仙的人，男為真人，女為元君。⓬九州　古代中國設置九個州，後以九州泛指中國。⓭方隅　邊境四隘。⓮弱水　《尚書》、《山海經》、《史記》等古籍都有弱水的記載，其地不一，但均指西方極遠之地。⓯康衢　四通八達的大道。《爾雅·釋宮》：「四達謂之衢，五達謂之康。」

【語　譯】十五日　我想啟程，聽到楊君父子說，莽歇嶺為劍川州的名勝，於是又停留一天。吩咐挑夫帶著飯隨從遊覽，先從崖場進去。崖場在金華山北峰下面，有條澗水穿破兩重崖壁往東流出，將層層山峰一分為二，裡面全是雲水沖激，景致極其幽靜。去莽歇嶺的正路，應當從南崖上去，我想往西穿過峽谷，從峽谷底部找路上去，更能將景觀全部遊遍，於是沿水流上行進去。開始沿著澗水北邊走，不能進入，便渡過澗水到南邊往西進去，南崖的上面，就是昨天看到的桃花迷亂的山塢，而這裡正是山塢凹陷的地方。抬頭望見兩邊山崖直逼雲霄，原來只認為澗底流泉，另有一番天地，不知道峰頂春色爛漫，更占人間美景。曲曲折折走了三里，峽底只容一條溪水流轉，橫沖直撞，水聲前後呼應。隨即峰迴峽轉，前面的山嶺向西綿延，被夾的山澗從北流來，山壑中部稍為開闊，環繞的崖壁更加凹入，路也轉向北走，但回頭眺望西南的嶺頭，應是莽歇嶺所在的地方，不該往北走。剛巧有個砍柴的人來到，拉著他問路，回答說：「這山澗從西北的後山流來。去莽歇嶺的路，應當從往西綿延的山嶺走，往南登上嶺脊，便可走上正路。」我聽從他的話。於是沿著往西綿延的山嶺向西南攀登，雖然沒有路，但方位已盡在我的眼中了。

走了一里多，就往南登上那向北突起的嶺脊，從東面延伸過來的路，也越過這脊轉向南去了，就隨這條路走。這山峰從金華山朝北橫向突起，從這裡落下，前面到崖場峽谷口為止，後面到所越過的嶺脊為止。在它西面又有一支山脈，也從南往北在金華山後橫向突起，形成往北延伸的峽谷。原來兩座山都從西南的老君山延伸過來，作為分出的支脈，一起往前伸展，中間夾成箐谷，石崖盤繞錯落，就是所謂的莽歇嶺。到這裡沿著金華山的西面朝南走二里，又漸漸往下走半里，到達箐谷中。這箐谷從南面延伸過來，東崖就是金華山北嶺的後面，西崖就是莽歇嶺，都是高峻橫亙的石崖，在峽旁並列相對，而路在崖下。先有一座山崖，向北橫擋在箐谷中，下面嵌成石屋，懸空覆蓋二丈多，而在東北有塊岩石垂下，如同象鼻拄地，往南沒有縫隙通路。從象鼻卷中，靠著東崖往上穿越，便到覆蓋石屋的山崖上面，眺望東西兩崖，都有岩石架壁遮雲，而西崖尤為突兀，上面露出兩座亭子，於是向西踏著危崖登上亭子。這兩座亭子都朝東，靠著山崖連接石壁，傾斜伸入空中，南邊的亭子較大，裡面安放著佛像。左邊崖壁有泉水從石縫中流出，往下流入小池中積而不溢。北邊的亭子靠在浮嵌的崖壁通路上，凌空穿過，看到一片岩石覆蓋在亭上，三面懸空陡削，這路便中斷了。到這裡反在北邊凌駕箐口，高出象鼻、覆崖之上了。

登高眺望了很久，聽到敲木魚的聲音，十分響亮，但崖壁迴繞、山石阻擋，不知道聲音來自何處。又往東下去到箐谷底部，沿著細流上行，往北進去，只見西崖崖口轉向，岩石陡削，如雲霞崩塌，屏障壓下，形勢更加奇特。走了半里，抬頭向上眺望，崖壁或下嵌上突，或中剖旁裂，或層層堆積，或陡直如劈，各自極盡飛騰之勢。崖壁上寫著「天作高山」很大的字，而崖壁也高懸隆起。有人說是用篾籮藤索把人從峰頂倒掛下去書寫的。西崖有觀音菩薩像，東崖有西域僧人達摩像，都是凌空黏壁鑿成，似乎不是人們所能走到的地方。再往南走半里，玉皇閣位於箐谷中。從這裡攀登西崖，緊靠石階，有個僧人在崖縫中嵌入一閣。這閣也朝東。山崖上下都極陡峻，中部嵌有橫縫，閣就靠在上面。緊靠橫縫往北，又蓋著一座亭子，亭中供奉巨佛，靠壁站立，因為崖間狹窄，容不下青蓮座位。往北橫縫斷絕了。先前聽到從遠處傳送來的木魚聲，就是這閣中僧人在敲擊。僧人的師傅是南京人，吃素開闢幽境，住在這裡已有多年，昨天因禪誦去崖場，守屋的是他的徒弟，徒弟留我等候他的師傅。我喜愛這裡幽靜險要，就在閣中休息，寫了半天日記。

僧人為我準備午餐。下午他的師傅還沒回來。我問僧人：「這裡有沒有路通往金華山？」僧人說：「金華山還在東南，隔著一道大山脊，箐谷中沒路上去，往東直上東崖，就往南越過崖頂後向東下去。東崖到這裡已不是石峰而是土山，但極為陡峭，直列如同屏障，上去十分困難。」這時我已神往，立即仍然往下到玉皇閣，就向東攀登山嶺，當時有遊人在玉皇閣，交相呼叫：「這裡危險，極難升上。」我不去理會，路越往上越險峻，走了二里，有路沿峰腰從南往北延伸，挑夫想往北去，我強逼他往南走。過了半里，這條路往南通向後嶺，不是往東南翻越崖頂的，於是又向東登上峻嶺，挑夫多次落在後面，喊他也趕不上來，我不再等待，竭盡全力往上升，過了一里多，就往東越過嶺脊。從脊上俯視，看到州治在平川東北了，就立即從脊上往南趕路，走了半里，再往東南登上峻嶺，又過一里，才登上金華山頂。在這裡向北眺望麗江府，向西眺望蘭州，向東眺望鶴慶府，向南眺望大理府，雖然都嵌在重重峰巒之下，分不清城郭居民，但西面的老君山，北面的大山脊，東面的大山脊分支處，南面的印鶴山橫繞處，雪痕雲氣，無不一一呈現，正像天上的仙人，分辨下界的九州，都像一粒粟米。

再從頂脊往南走，脊上已經有路，直往前走了一里，漸漸往西轉向老君山，我知道是去楊莊的路，便轉向北，俯視往東的路，看到一條小路垂下箐谷中，就從這小路走。往下一里多，路到盡頭，竹林密集，崖石崩塌，坎洞倒伏，傾側遮蔽，往下嵌入，深不可測。於是拉著枝條橫向跌落，跌下一層，又換一枝條，幸虧枝條密集，沒感到在空中翻下的危險。這樣過了一里，就像投入碧海之中，茫無邊際。隨後仔細察看，忽見下面湧現一座塔，雖然懸隔重重箐谷，但邊境四隘歷歷在目，知道離石門不會太遠了。益發鼓勁用攀墜的方法，往下一里，有條線一樣的小路隱伏箐谷中，趕緊沿著它走。過了半里，到中間低窪的峽谷，再走半里，從三清閣後走出，就是昨天仔細觀察仍找不到路的地方。從這裡往下到峽口，經過昨天吃飯的地方，都空無一人。就往前快步走過昨天所觀望的虎穴上方，這裡簡直是康莊大道，而不是險路了。於是從北路沿著西山往北下去，走了五里回到寓所，而挑夫還沒歸來。

十六日　平明，炊飯而行。遵南街出，七里至羅尤邑。余以為將濱湖❶而行，而大道俱西南循坡，竟不見波光渚影。途中屢陟岡越澗，皆自西向東，而岡澗俱不巨，皆有村廬。八里，一聚落頗盛。從其南又一里，大路將東轉而趨海門橋❷，有岐西南入，乃石寶山道也。從此始與大道別。南瞻印鶴山，尖聳而當湖之南，為一川之南屏。其脈自湖東南下伏，而西度復聳，故榆城大道，過海門橋，繞湖南而東，由其東伏處南逾而出觀音山❸。湖流所注，由海門橋繞山北而西，由其西盡處，南揭而下沙溪。石寶山又在印鶴西南，東隔此溪南下，又西隔駝強江北流，故其路始從此溪北峽入，又從駝強江東峽渡，然後及石寶之麓焉。

由岐路循西坡南下，一里，度一峽，從峽南上，轉而西行，二里餘，已遙望石寶山❹尖穹西大峰之南矣。於是復西南下一里，涉澗，乃南向升層岡，峽中曲折三里，始南逾其脊。南下二里，有水自西南峽來，至此折而東去，是為駝強江❺。有大石梁南跨之，橋南環塍連阡。南陟之，半里，有村廬倚南坡下，頗盛，是為駝強村。從村南復隨箐南上，一里餘，登嶺脊。從脊上西望，老君山雪色崢嶸，在重峰夾澗之西，始知石寶之脈，猶從金華南下，而盡於駝強北轉之處；若老君之脈，則南從橫嶺而盡於黑會❻、瀾滄❼之交矣。平行脊上，一里餘，稍南下，度峽坳，半里，東望海門橋之溪，已破峽嵌底而南，有路隨箐直下而就之，此沙溪道也；有岐南上盤西峰之南，此石寶道。乃南上盤峰，一里餘，凌峰之南，遂西轉而飯。從嶺頭西向行二里，稍下而逾脊西，隨之南轉西向，一里，又西南逾其北突之崖，始平望石寶之尖，與西峰並峙，而白塔高懸其間。南一里，遂墜壑直下，一里，抵崖麓，則駝強江自南而北，奔流石峽中，而兩崖東西夾峙，巉石飛騫，古木盤聳，懸藤密箐，蒙蔽山谷。祗覺綠雲❽上幕，而仰不見天日，玉龍❾下馳，而旁不露津涯。蓋西即石寶之麓，東乃北繞之峰，駢夾止容一水，而下嵌上逼，極幽異之勢。循東崖南行，三里，夾壁稍開，有石梁西度，立梁上四眺，尚不見寺托何處。梁南兩崖，溯水而上，已無纖徑，而橋東有路，南逾東峰，則沙溪之道也。度橋西半里，西壁稍開，中墜一坑，甚峻，有巨閣當其口，已傾圮不蔽風雨，而坑中亦無入路，惟仰見其上，盤崖層疊，雲迴幛擁，如芙蓉十二樓❿，令人目眩心駭。

路循坑右盤崖磴曲折上，一里餘而入石寶寺⓫山門。門殿三、四層，俱東向，荒落不整，僧道亦寂寥，然石階殿址，固自雄也。余停行李於後殿之右，一老僧栖其後，初不延納。余不顧，即從殿北盤左腋，窮北巖二重，復下，從殿南盤右腋，窮北巖一重⓬，再下，則老僧已炊黃粱相待。時已下午，復從右腋上玉皇閣，窮塔頂，既暮始下。蓋後殿正嵌崖腳，其層亙之崖，重重上盤，而路各從兩旁腋間，分道橫披而入，其前既懸削，不能直上，而上亦中斷，不能交通，故殿後第一層分嵌三竅，北竅二重，路從北腋轉，南竅一重，路從南腋轉，俱迴臨殿上，而中間不通。其上又環為第二層，殿後仰瞻不見也。路又從玉皇閣北轉，即凭臨第一層之上，從突崖北陟，躡北支西上三里餘，凌後峰之頂，頂頗平。西半里，有白塔當坪間，又中窪為土塘者二而無水。窪之南，皆石坡外突，平庋如塘堰，而石面有紋如龍鱗，有小窪嵌其上，皆淺而有水。其頂即西並大峰，其峰橫列上聳，西擁如屏，欲躡其上，路絕日暮而止。僧言其上有天成石像，並不竭石池。余所覩頗不一，亦少就雕刻，不辨孰為天成也。

【章 旨】本章記載了第二百五十二天在鶴慶府的行跡。到達羅尤邑，隨後離開大路，遙望印鶴山在劍川湖南面尖峰聳起。從岔路穿過峽谷，遠遠望見石寶山。又越過駝強江，經過駝強村，登上山脊，望見老君山雪色峥嵘，方才知道石寶山延伸到駝強江北轉處為止，老君山延伸到黑會江、瀾滄江交會處為止。登上山峰，越過山脊，平視石寶山尖峰與西峰並立，並望見白塔懸立在山中。沿山壑直往下落到石峽中，只覺綠蔭濃密，抬頭不見天日，駝強江奔流，兩旁不露邊岸，地勢極其幽深奇特。往前到一處險峻的深坑，抬頭望見山崖層疊盤繞，如芙蓉十二樓，令人目眩心驚。進入石寶寺，寺內荒涼雜亂，僧道稀少，但石階殿址足以稱雄。下午登上玉皇閣，窮究塔頂。殿後第一層分別嵌入三個洞，中間不相通。上面又繞成第二層。登上後峰峰頂，有白塔在山坪中。據僧人說，西邊的大峰上有天然的石像和永不枯竭的石池。

【注　釋】❶湖　指劍川湖。❷海門橋　今名海門口，在劍湖出口處。本世紀五〇年代，曾在此發現銅石並用的遺址，清理出石器骨器，並發現十四件紅銅器。❸觀音山　又名方丈山，在鶴慶西南約一百二十里處，巍然峻絕，為南詔十七名山之一。山上有洞，洞內有泉，水滴岩下，若金石聲。石壁上刻觀音像。洞內土石平分，如陰陽判別，故又稱太極洞。❹石寶山　在劍川城南五十里，沙溪境內，奇峰怪石，滿山遍布，層巖疊嶂，洞窟天開，山頂有石坪，占地數十畝。白族有句歌謠：「大理有名三塔寺，劍川有名石寶山。」將石寶山與崇聖寺三塔並提。❺駝強江　今名羊嶺河、桃源河，在劍川西南，沙溪支流。❻黑會　今名黑惠江，自劍川湖流出，往南匯入瀾滄江。❼瀾滄　江名，見〈滇遊日記八〉三月二十八日日記注。❽綠雲　形容樹木蒼翠濃密。❾玉龍　形容江水潔白奔騰。❿十二樓　傳說崑崙山玄圃有五城十二樓，為神仙居住處。⓫石寶寺　即寶相寺，始建於元代，原名「祝延」，後毀。清康熙間重建，因寺周圍「靈泉結乳，怪石磊磊，作仙佛相、鳥獸相、鐘鼓琳瑯相，種種天成」，改名「寶相」。在石寶山北，與石鐘寺相距十二里，與海雲居（回龍寺）、寶頂寺（慈雲寺）構成一片遊覽區。寺附崖窟建造，嵌在懸崖峭壁間，高峻幽險。寺所在的整座山岩，層層疊疊，號稱九十九臺，攀援而上，路極陡險。⓬窮北巖一重　依文意，「北」字當為「南」之誤。

【語　譯】十六日　天剛亮，煮好飯就出發，沿著南街出去，走了七里到羅尤邑。我以為將要沿著劍川湖走，但大路都是往西南沿山坡走，竟看不到波光島影。途中多次登上山岡越過澗水，都是從西向東，而且山岡、澗水都不大，都有村舍。走了八里，有個村落很大。從它的南面又走了一里，大路將往東轉通往海門橋，有岔路往西南進去，是往石寶山的路。從這裡起和大路分開。向南眺望印鶴山，在湖的南面聳起尖峰，為一川南面的屏障。印鶴山脈從湖東南向下低伏，而往西延伸後又聳起，所以去榆城的大路，通過海門橋，繞著湖的南岸往東，從湖東岸山脈低伏處往南越過，而後走出觀音山。湖水的流向，從海門橋繞到山北往西流，從山西邊的盡頭處，往南沖入沙溪。石寶山又在印鶴山西南，東面隔著往南流的沙溪，西面又隔著往北流的駝強江，所以路才從沙溪北面的峽谷進去，又從駝強江東面的峽谷越過，然後到達石寶山麓。

從岔路沿著西坡往南下去，走了一里，穿過一道峽谷，從峽谷南面上去，轉向西走，過了二里多，已遠遠望見石寶山尖聳西大峰的南面了。從這裡再往西南走下一里，涉過澗水，就往南登上層層山岡，在峽谷中曲曲折折走了三里，才往南越過岡脊。向南走下二里，有水從西南的峽谷流來，到這裡轉向東流去，這是駝強江，有大石橋往南架在江上，橋南田埂環繞相連。往南上橋，走了半里，有村舍靠在南坡下，很大，這是駝強村。從村南再隨箐谷往南上去，走了一里多，登上嶺脊。從脊上向西眺望，老君山雪色崢嶸，位於重峰夾澗的西面，才知道石寶山脈仍然從金華山往南延伸，到駝強江轉向北流的地方為止；至於老君山脈，則起自南面的橫嶺，延伸到黑會、瀾滄江匯合的地方為止。在嶺脊上平步行走，過了一里多，稍許往南走下，越過峽中的坳地，再走半里，向東望見海門橋下的溪流，已沖破峽谷，嵌入峽底往南流去，有路隨箐谷直往下沿著溪水走，這是去沙溪的路；有岔路往南上去，繞到西峰的南面，這是去石寶山的路。於是往南上去，盤繞山峰，走了一里多，登上峰頂南面，就往西轉吃飯。從嶺頭往西走了二里，稍許往下，越過嶺脊到西面，隨嶺脊往南轉，再向西走，過了一里，再往西南越過往北突起的山崖，才平望石寶山尖峰，和西峰並峙，而白塔高高立在中間。往南走一里，就沿山壑直往下落，過了一里，到達崖腳，只見駝強江從南向北，在石峽中奔流，兩邊山崖東西夾峙，險峻的山石淩空飛起，古樹盤曲高聳，藤蔓懸掛，竹林密集，遮蔽山谷。只覺上面綠色的樹蔭如帷幕籠罩，抬頭不見天日；下面江水奔馳，兩旁不露邊岸。原來西邊就是石寶山麓，東邊是往北盤繞的山峰，並列相夾，中間只容得下一條水流，而且下面深入，上面逼近，地勢極其幽深奇特。沿著東崖往南走了三里，相夾的崖壁稍許開闊，有石橋往西架在江上，站在橋上向四周眺望，還看不見寺廟位於何處。橋南兩邊是山崖，沿著江水上行，已沒有小路，而橋東有路，往南越過東峰，就是去沙溪的路。過橋往西走了半里，西邊的崖壁稍為開闊，中間落下一個坑洞，很陡，坑口有大閣，已經塌倒，不能遮蔽風雨，而坑中也無路可以進入，抬頭只見坑的上方，盤繞的山崖層層疊疊，白雲繚繞，屏障簇擁，如同芙蓉十二樓，令人目眩心驚。

路沿著坑的右邊盤繞崖上的石級曲折向上，走了一里多，進入石寶寺山門。有三、四層門殿，都朝東，荒涼冷落，雜亂不整，僧道也很少，但石階殿址，本身確實雄偉。我將行李安放在後殿的右邊，一個老年僧人住在殿後，起先不肯接納，我不理會他，隨即從殿的北面盤繞山的左腋，窮究北面二重巖洞，又走下來，從殿的南面盤繞山的右腋，窮究南面一重巖洞，再走下來，那老年僧人已經煮熟黃米飯等候了。這時已是下午，又從山的右腋登上玉皇閣，窮究塔頂，到傍晚才下來。原來後殿端正地嵌在崖腳，那層層相連的山崖，一重重往上盤繞，而路各從兩旁腋間分別橫穿進去，往前已是懸空陡峭，不能直上，而往上路也中斷，不能通過，故殿後第一層分別嵌入三個洞，北洞有二重，路從北腋轉入；南洞有一重，路從南腋轉入，都繞到殿上，但中間互不相通。在它上面又繞成第二層，在殿後仰望看不到。路又從玉皇閣往北轉，就登臨第一層上面，從突起的山崖往北走，踏著北支往西上去三里多，登上後峰的頂部，峰頂很平坦。往西走半里，有白塔座落在山坪中，中間低窪處又形成兩個池塘，但沒有水。窪地的南面，都是往外突出的石坡，平放著如池塘的堤壩，而石面上有龍鱗一般的紋路，有小窪坑嵌在上面，都淺而有水。峰頂和西邊的大峰並立，這大峰橫列高聳，如屏風在西邊簇擁，想登上大峰，因沒路天色又晚而止步。僧人說上面有天然的石像，還有不會枯竭的石池。我所見到的不止一處，也有稍加人工雕刻的，分辨不出哪處是天成的。

十七日　由石寶飯而下山。二里，度橋東上，即轉東南，二里，東逾其脊，乃轉而南行。漸下，轉而西南，三里，又轉而東，一里，循山南轉。其地馬纓❶盛開，十餘小朶，簇成一叢，殷紅奪目，與山茶同豔。二里，過一南度之脊，里餘，越嶺而南，始望見沙溪之塢，闢於東麓。所陟之峰，與東界大山相持而南，中夾大塢，而劍川湖之流，合駝強江出峽，貫於川中，所謂沙溪也。其塢東西闊五、六里，南北不下五十里，所出米穀甚盛，劍川州皆來取足焉。從嶺南行又二里，峰頭石忽湧起，如獅如象，高者成崖，卑者為級，穿門蹈瓣，覺其有異，而不知其即鐘山❷也。去而後知之，欲再返觀，已無及矣。又一里，遂東南下，三里及其麓。從田塍間東南行，二里得一大村，曰沙腿❸。遇一僧，即石寶山之主僧也，欲留余還觀鐘山，且言：「從此西四十里，過蕨食坪，即通楊村、蘭州，由蘭州出五鹽井❹，徑從雲龍州❺抵永昌❻，甚便。」余將從之，以浪穹何巢阿未晤，且欲一觀大理，更聞此地東去即觀音山，為鶴慶、大理通道，若舍此而西，即多未了之願，乃別僧，東南行塍間。

三里，至四屯❼，村廬甚盛，沙溪之水流其東，有木梁東西駕其上，甚長。度橋，又東南望峽坡而趨，二里，由峽躡坡東向上者五里，得一坡頂，踞而飯。又東一里餘，見路右有峽西墜如劃塹，其南有崖北向，一洞亦北向闢門，艱於墜峽，惟隔崖眺望，不及攀也。又東里餘，抵東脊之下，有澗自北來，小水流其中，南注西墜峽間。大路涉澗而東逾脊，已乃知其為三營道，如欲趨觀音山，當溯澗而北入塢。余乃復返澗西，北向溯之入，行夾中，徑甚微，兩旁石樹漸合。二里出夾，乃東北躡坡而上。坡間萬松森列，馬纓花映日燒林，而不聞人聲。五里，轉而東，又上五里，始躡其脊，脊南北俱峰，中反窪而成坳，穿坳一里，始東北向而下。望見東界遙山屏列，上干雲漢，而其下支撐隴盤，猶不見下闢之塢也。

墜峽而下二里，又見東麓海子一圍，水光如黛，浮映山谷，然其徑蕪塞，第望之東下。又二里，始有路自北頂而下，隨之東北降，又五里餘，始及山麓。麓之東，平壑內環，小山外繞，自西大山北麓分支，迴環東抱，又轉而西，夾於南麓，四週如城，中闢如規，北半衍為平疇，南半瀦為海子。海子之水，反西南逼大山之麓，破峽墜去，其中蓋另一天也。當壑之中，有居廬駢集，是為羅木哨❽。其北岡峰，如負扆獨擁於後，而前有廬室倚其陽，是為李氏之居。李名某，以進士任吏部郎。今其家居❾。地靈人傑❿，信有徵哉。東行塍疇間二里，過羅木哨村。又東一里餘，有大道自西北向東南交過之。又東半里，抵東岡下，循之而北，半里，乃東向逾坳而上，又半里乃下，及其東麓，數家瀕東溪而居。其溪自三岔路澗峽發源，經觀音山過此，而西南繞出洞鼻，合浪穹海子及鳳羽悶江，而同入普陀崆⓫，南經中所，下洱海者也。其時將暮，擔者欲止，問村人不得，乃誤從村南度小橋，由溪東大道北行。二里，得觀音鋪村，已日暮矣，遂宿。

【章　旨】本章記載了第二百五十三天在鶴慶府的行跡。在山上行走，看到馬纓花盛開，與山茶花同樣豔麗。劍川湖的水流，會合駝強江流出峽谷，就是沙溪，沙溪塢中盛產米穀。忽然看到峰頭湧起奇石，卻不知這就是鐘山。經過沙腿、四屯，往前看到山坡中萬棵松樹森然羅列，馬纓花映紅山林。落到峽谷中往下走，看到一圍湖泊，浮映山谷。羅木哨在山塹中，山岡南面有李氏的住宅。又經過羅木哨村，沿著東溪東邊的大路走，到觀音鋪村留宿。

【注　釋】❶馬纓　合歡花的俗稱，葉似槐葉，至晚則合，故也稱合昏、夜合花。夏季開花，花團如繡，紅的映日燒林，白的清新淡雅。古代常以合歡贈人，以消怨和好。在點蒼山的花卉中，獨占魁首。❷鐘山　即石鐘山，在石寶山南，為石寶山支峰，因山上有巨石如鐘而得名。這裡奇石較石寶寺更多，有石龕、石佛、石獅、石虎等。山中懸崖峭壁上有十六個雕刻精細、形象生動、內容獨特、地方民族色彩濃厚的石窟，為西南邊疆規模最大的石窟群，其中石鐘寺八窟、獅子關三窟、沙登箐五窟。石鐘寺在石寶寺南二十里，其第一、第二窟為南詔王室造像為全窟重點，第一窟有異牟尋座像，第二窟有「閣羅鳳議政圖」像，第三至第七窟為佛像。大理地區關於觀音的傳說特別多，第七窟的甘露觀音像，以及沙登箐第二窟的細腰觀音像，雕刻細膩，造型十分優美，處處流溢女性的青春光彩；第五窟的愁面觀音像，更如鬼斧神工，令人讚歎不已；第八窟蓮座上雕一椎狀女性生殖器，白族語言稱為「阿盎白」，十分罕見。獅子關石窟，一處為南詔王全家造像（俗稱「全家福」），一處為「酒醉鬼觀音」雕像，一處為「波斯國人」（實為印度僧人）造像。沙登箐有多聞天王像等。石窟在南詔至大理三百餘年間陸續刻成，還保留了南詔、大理以來的大量題記。❸沙腿　南詔、大理時稱沙退，今名沙登村，在石鐘山東南麓，甸頭村南。❹五鹽井　指雲龍井，主要分布在沘江沿岸，明代曾設五井鹽課提舉司進行管理。❺雲龍州　明代隸大理府，民國改作為縣，今屬雲南。❻永昌　見〈滇遊日記十〉六月十六日日記注。❼四屯　今名仕登，為沙溪鄉所在地。❽羅木哨　今名龍門哨，在洱源北隅。❾今其家居　此句原脫，據徐本補。❿地靈人傑　即人傑地靈。原指地因人而著名，後多用以指傑出人物，生於靈秀之地。⓫普陀崆　又作「蒲陀崆」，或名蒲萄江，在浪穹城南十五里，即大營河、鳳羽河、寧河三江合流的尾部。兩山夾立，一水倒流，南出鄧州，匯入洱河。

【語　譯】十七日　在石寶寺吃過飯下山。走了二里，過橋往東上去，隨即轉向東南，走了二里，往東越過山脊，便轉向南走。漸漸往下，轉向西南，走了三里，再轉向東，走了一里，沿著山往南轉。這裡馬纓花盛開，十多朵小花，簇成一叢，鮮紅奪目，和山茶花同樣豔麗。走了二里，越過一道往南延伸的山脊，再走一里多，越過山嶺往南，才望見沙溪的山塢，在東麓開出。所攀登的山峰，和東界的大山相對往南延伸，中間夾著大山塢，劍川湖的水流，會合駝強江從峽谷流出，縱貫平川之中，即所謂的沙溪。這山塢東西寬五、六里，南北長不下五十里，盛產米穀，劍川州都到這裡來取糧滿足需要。從嶺上往南又走了二里，峰頭忽然湧起岩石，如獅如象，高的形成崖石，低的成為石級，穿過石門，踩著石瓣，覺得這裡有奇景，卻不知道它就是鐘山。離開後才知道，想再返回去觀賞，已來不及了。再走一里，就往東南下去，過了三里，到達山麓。從田埂間往東南走，過了二里，來到一個大村莊，地名沙腿。遇見一個僧人，就是石寶山的主持僧，想留我返回去觀賞鐘山，並且說：「從這裡往西四十里，經過蕨食坪，就通往楊村、蘭州，從蘭州出五鹽井，直接從雲龍州到永昌府，十分方便。」我想聽從他的話，只因還沒見到浪穹的何巢阿，而且想去大理府一遊，另外聽說這裡往東就是觀音山，是去鶴慶府、大理府的通道，如果放棄這裡的通道而往西走，就有許多心願未能了卻，於是和僧人告別，往東南從田埂間走。

過了三里，到四屯，村舍很多，沙溪水從村東流過，有木橋東西向架在溪上，很長。過了橋，再往東南朝著峽坡趕路，走了二里，從峽中登上山坡往東上去五里，到一處坡頂，蹲著吃飯。再往東走一里多，看見路的右邊有峽谷往西落下，如同劃開的溝塹，峽谷南面有朝北的山崖，有個洞也朝北開門，因很難落到峽谷中，唯有隔著山崖眺望，來不及去攀登了。再往東走一里多，到東脊下面，有澗水從北面流來，小水流在裡面，往南注入往西下墜的峽谷中。大路通過澗水往東越過山脊，過後知道這是去三營的路，如果想去觀音山，應當沿著澗水上行，往北進入山塢。我便再返回澗水西邊，往北沿著水流上行而入，在夾縫中行走，路很窄小，兩旁崖石和樹木漸漸合攏。過了二里，走出夾縫，就往東北登上山坡。山坡中萬棵松樹森然羅列，馬纓花在陽光下映紅松林，如同烈火燃燒，但聽不到人聲。走了五里，轉向東，再往上走五里，才登上坡脊，坡脊南北都是山峰，中間反窪下形成坳地，穿越坳地走了一里，才往東北下去。望見東界遠山如同屏風一樣聳列，往上直沖雲霄，往下支撐著山隴盤繞，還看不見下面開出的山塢。

落到峽中往下走了二里，又看見東麓有一圍湖泊，水色如黛，浮映山谷，但道路荒蕪阻塞，只能望著湖泊往東下去。再走了二里，才有路從北面的山頂伸下，隨著這條路往東北下去，再走五里多，才到山麓。山麓的東面，平坦的山壑在裡面環繞，小山在外面環繞，從西面大山北麓分出的支脈，向東環抱，又轉向西，在南麓相夾，四周如城牆圍繞，中間圈出一片地，北半部擴展為平野，南半部積水成為湖泊。湖中的水反而往西南逼近大山麓，沖破峽谷流下，裡面另有一番天地。在山壑中間，有住房並列聚集，這是羅木哨。在它北面的岡峰，如同背靠的屏風，南面而立，獨在哨後簇擁。而前面的房屋靠著岡峰南面，這是李氏的住宅。李某以進士出任吏部郎，如今他在家居住。地靈人傑，真有應驗。往東在田埂間走了二里，經過羅木哨村。再往東走一里多，大路從西北向東南交叉而過。再往東走半里，到東岡下面，沿東岡往北，走了半里，便向東越過坳地上去，再走半里下去，到達東麓，有幾戶人家靠近東溪居住。這溪水從三岔路澗峽發源，經觀音山流過這裡，而後往西南繞過出洞鼻，和浪穹湖及鳳羽悶江會合，一起流入普陀崆，往南經過中所，流下洱海。這時天色將晚，挑夫想停下，找不到村民問路，誤從村南過小橋，從溪東的大路往北走，過了二里，到觀音鋪村，已經天黑了，便留下過夜。

十八日　昧爽促飯，而擔夫逃矣。久之，店人厚索余貲，為送浪穹。遂南行二里，過一石橋，循東山之麓而南，七里，至牛街子❶。循山南去，為三營大道；

由岐西南，過熱水塘❷，行塢中，為浪穹間道。蓋此地已為浪穹、鶴慶犬牙錯壤矣。於是西南從支坡下，一里，過熱水塘，有居廬繞之。余南行塍間，其塢擴然大開。西南八里，有小溪自東而西注，越溪又南，東眺三營❸，居廬甚盛，倚東山之麓，其峰更崇；西望溪流，逼西山之麓，其疇更沃；過此中橫之溪，已全為浪穹境矣。三營亦浪穹境內，余始從雞山聞其名，以為山陰也，而何以當山之西南？至是而知沐西平再定佛光寨，以其地險要，特立三營以控扼之。土人呼「營」為「陰」，遂不免與會稽之鄰縣❹同一稱謂莫辨矣。

又南十里，則大溪自西而東向曲。由其西，有木橋南北跨之，橋左右俱有村廬。南度之，行溪之西三里，溪復自東而西向曲。又度橋而行溪之東三里，於是其溪西逼西山南突之嘴，路東南陟隴而行。四里，則大溪又自西而東向曲，有石梁南跨之，而梁已中圮，陟之頗危。梁之南居廬亦盛，有關帝廟東南向，是為大屯。屯之西，一山北自西大山分支南突，其東南又有一山，南逼東大山分支北突，若持衡之針，東西交對，而中不接。大溪之水北搗出洞鼻之東垂，又曲而南，環東橫山之西麓，若梭之穿其隙者。兩山既分懸塢中，塢亦若界而為二。

於是又西南行塍間，三里，轉而西，三里，過一小石梁，其西則平湖浩然，北接海子，南映山光，而西浮雉堞，有堤界其中，直西而達於城。乃遵堤西行，極似明聖[5]蘇堤，雖無六橋[6]花柳，而四山環翠，中阜[7]弄珠[8]，又西子[9]之所不能及也。湖中魚舠[10]泛泛，茸草[11]新蒲，點瓊飛翠，有不盡蒼茫，無邊瀲灩[12]之意。湖名「茈碧」[13]，有以[14]也。西二里，湖中有阜中懸，百家居其上[15]。南有一突石，高六尺，大三丈，其形如龜；北有一迴岡，高四尺，長十餘丈，東突而昂其首，則蛇石也。龜與蛇交盤於一阜之間，四旁沸泉[16]騰溢者九穴，而龜之口向東南，蛇之口向東北，皆張吻吐沸，交流環溢於重湖[17]之內。龜之上建玄武閣，以九穴環其下，今名九炁臺[18]。余循龜之南，見其腭[19]中沸水，其上唇覆出，為人擊缺，其水熱不可以濯。有僧見余遠至，遂留飯，且及夫僕焉。其北蛇岡之下，亦新建一庵，余以入城急，不暇遍歷。

由臺西復行堤間，一里，度一平橋，又二里，入浪穹[20]東門。一里，抵西山之下，乃南轉入護明寺[21]，憩行李於方丈。寺東向，其殿已久敝，僧方修飾之。寺之南為文昌閣，又南為文廟，皆東向，而溫泉即洋溢於其北。既憩行李，時甫過午，入叩何公巢阿，一見即把臂入林[22]，欣然恨晚，遂留酌及更，仍命其長君[23]送至寺，宿焉。何名鳴鳳[24]，以經魁[25]初授四川郫縣[26]令，陞浙江鹽運判官。嘗與眉公[27]道余素履[28]，欲候見不得。其與陳木叔[29]詩，有「死愧王紫芝，生愧徐霞客」之句，余心愧之，亦不能忘。後公轉六安州[30]

知州，余即西游出門。至滇省，得仕籍㉛，而六安已易人而治，訊東來者，又知六安已為流寇所破，心益忡忡。至晉寧㉜，會教諭趙君，為陸涼㉝人，初自杭州轉任至晉寧，問之，知其為杭州故交也，言來時從隔江問訊，知公已丁艱先歸。後晤雞足大覺寺一僧，乃君之戚，始知果歸，以憂離任，即城破，抵家亦未久也。

【章　旨】本章記載了第二百五十四天從鶴慶府至大理府的行跡。拂曉挑夫已經逃走。走到牛街子，已是浪穹縣和鶴慶府犬牙交錯的接壤地帶。經過熱水塘，山塢豁然大開，渡過塢中橫穿的溪水，就全屬浪穹縣境了。往前渡過一條大溪，到大屯，屯東西兩邊有大山交錯相對，如同保持平衡的指針，山塢也像被分成兩部分。接著通過一座小石橋，便看到浩浩蕩蕩的平湖。沿著湖中的堤岸走，極似西湖蘇堤。湖中景色，有不盡蒼茫、無邊瀲灩的意境，取名「茈碧」，確有道理。湖中有個小島，島南邊有龜石，北邊有蛇石，四周有九個沸泉騰溢的洞穴。龜石上建有九炁臺，龜顎中泉水沸騰，因太熱不能洗濯。走進浪穹城東門，轉入護明寺，溫泉就在寺的北面流溢。午後進城拜訪何鳴鳳，一見如故，只恨相見太晚。

【注　釋】❶牛街子　與下「三營」俱在洱源北境。❷熱水塘　雲南俗稱溫泉為熱水塘，此指牛街溫泉。❸三營　在洱源北境。❹會稽之鄰縣　明代浙江紹興府以山陰、會稽兩縣同為附郭縣，治所都在今浙江紹興。此指山陰縣。❺明聖　杭州西湖的舊稱。相傳漢代有金牛出湖中，人以為明聖之瑞，因稱西湖為明聖湖。❻六橋　指蘇堤上的映波、鎖瀾、望山、壓堤、東浦、跨虹六橋。蘇堤沿堤遍植桃柳，桃紅柳綠，映照一湖碧水，分外妖嬈，後以「六橋煙柳」喻蘇堤勝景。❼阜　土岡，此指湖中的小島。❽弄珠　指下文所說的湖中有阜，四周沸泉騰溢。❾西子　原指春秋越國美女西施。因蘇軾〈飲湖上初晴後雨〉詩云：「水光瀲灩晴方好，山色空濛雨亦奇。欲把西湖比西子，淡妝濃抹總相宜。」後因稱西湖為西子湖。❿舠　小船，以形狀如刀得名。⓫茸草　初生的細軟的草。⓬瀲灩　水波相連貌。⓭茈碧　又名寧湖、明河，在洱源城東北的罷谷山下，為洱海源流之一，風景清幽，一碧如玉。傳說建文帝曾泛舟湖上，聽白族少女在漁船歌唱，以手中扇子柄上的碧玉墜相贈，不料失落水中，頓時濁水變清，色如碧玉，故湖又名碧玉池。茈碧，花名，屬睡蓮科，日本稱作「子午蓮」，為珍稀植物。《雲南通志》載：「茈碧花，產浪穹縣寧湖中，似白蓮而小，葉如荷錢，根生水底，莖長六、七丈，氣清芬，采而烹之，味美於蓴。八月開花滿湖，湖名茈碧以此。」⓮有以　即有緣由、有道理。⓯百家居其上　即今九臺村，在洱源城東門外，茈碧湖畔，為有數百戶人家的大村落。四周荷紅柳綠，景色甚美。村中有一塊形狀如同烏龜殼的空心巨岩，名龜石，另有形狀如蛇的蛇石。⓰沸泉　高溫溫泉。洱源南北為地震的震央帶，在十六世紀中葉以後四百年間，地震多達三十二次，尤以洱源城附近最多，由此產生眾多溫泉。從洱海之源的彌苴河出山口八里箐開始，幾乎五里一湯，十里一池，水溫可高達攝氏七十至八十度，洱源城被稱為「熱水城」，氤氳之氣縷縷升騰，田野、村舍彷彿飄浮在雲霓霧靄之中。每年春天，當地白族婦女都紛紛出門，去溫泉裸體沐浴遊耍，稱為沐浴節。⓱重湖　茈碧湖有南、北兩部分，中間相通，故稱重湖。⓲九炁臺　炁，同「氣」。今名九氣臺溫泉。九臺村龜石下，沸泉滾滾，轟鳴之聲震耳，巖上依稀可辨有九個孔隙，九股熱氣由此沖天而化為雲霧。每年春沐浴節，來此沐浴的婦女遍及附近幾縣，為聚會規模最大的地方。九氣臺溫泉水溫高達攝氏八十度，所謂水沸如蒸，可將雞煮熟。自古以來，這裡就以出產天生磺（又名氣磺）和芒硝著稱。氣磺為雲南名貴藥材，可治「脾胃虛寒，婦女宮虛冷絕孕、十年無子等症」。九氣臺溫泉東北，有「火焰山」（死火山）遺址。⓳腭　同「顎」。組成口腔的頂壁，分為兩部分，前部為硬顎，後部為軟顎。⓴浪穹　舊縣名。明代為縣，隸大理府鄧川州，民國成立，改為洱源縣。即今雲南洱源。㉑護明寺　在洱源西山山麓，建於明洪武間。㉒把臂入林　見〈滇遊日記六〉正月十二日日記注。這裡是說親密地握著對方的手，一起進屋。㉓長君　對友人長子的尊稱。㉔鳴鳳　姓何，洱源人，萬曆舉人，官六安知州。長於詩，陳繼儒評其詩才在王思任之上，有《半留亭稿》。㉕經魁　明、清科舉考試分五經取士，每科鄉試及會試前五名，即於五經中各取其第一名，稱為經魁，共五經魁。㉖郫縣　明代隸成都府，今屬四川。㉗眉公　陳繼儒號。㉘素履　《易・履》：「初九，素履往，无咎。」尚秉和注：「安常蹈素，循分自守也。」即安心於平素所居的地位，循規蹈矩不離格，故能無咎。此言平素行為。㉙陳木叔　陳函輝，字木叔。㉚六安州　明代隸廬州府，治所在今安徽六安。㉛仕籍　舊時記載官吏名籍的簿冊。㉜晉寧　見〈滇遊日記四〉十月初四日日記注。㉝陸涼　見〈滇遊日記二〉八月十六日日記注。

【語　譯】十八日　拂曉催促吃飯，但挑夫逃走了。過了好久，店主人多收了我的錢，為我送行李到浪穹。於是往南走二里，通過一座石橋，沿著東山山麓往南，走了七里，到牛街子。沿著山往南走，是去三營的大路；從岔路往西南走，經過熱水塘，在山塢中走，是去浪穹的小路。原來這裡已經是浪穹縣、鶴慶府犬牙交錯的接壤地帶了。從這裡往西南沿著一支山坡下去，走了一里，經過熱水塘，有住房環繞。我往南在田埂中走，山塢豁然大開。往西南走八里，有條小溪從東向西流去，越過小溪再往南走，向東眺望三營，住房很多，靠著東山山麓，那裡山峰更加高大；向西眺望溪流，逼近西山山麓，那裡土地更加肥沃；越過這條橫穿山塢的小溪，已全屬浪穹縣的轄境了。三營也在浪穹境內，我起先在雞足山聽到這個地名，以為是「山陰」，但為什麼位於山的西面呢？到了這裡，才知道沐西平第二次平定佛光寨，因為這裡地勢險要，特地設立三營來控制。當地人將「營」叫作「陰」，於是不免和會稽相鄰山陰縣同一名稱不能分辨了。

再往南走十里，只見大溪從西向東繞轉，從溪水的西邊走，有木橋南北向架在溪上，橋左右兩邊都有村舍。往南過橋，在溪水西岸走了三里，溪水又從東向西繞轉。再過橋在溪水東岸走了三里，這裡溪水向西逼近西山南邊突出的山口，路向東南，登上山隴。走了四里，只見大溪又從西往東繞轉，有石橋往南架在溪上，但橋中間已經毀壞，上橋十分危險。橋南住房也很多，有座面向東南的關帝廟，這裡是大屯。大屯的西面，有座山北邊起自西部大山分出往南突起的支脈，在它東南又有一座山，南邊逼近東部大山分出往北突起的支脈，像保持平衡的指針，東西交錯相對，但中間不相連接。大溪的水流往北沖向出洞鼻的東陲，又轉向南，環繞東部橫山的西麓，就像梭子那樣穿過裂縫。兩座山既已分別懸立在塢中，山塢也就像被分為兩部分。

從這裡再往西南在田埂間行走，過了三里，轉向西，又走了三里，通過一座小石橋，橋的西面便是浩蕩的湖面，北面和浪穹的湖泊相連，南面山色映襯，西面城牆浮現，湖中有堤為界，直往西通向縣城。於是沿著堤岸往西走，和杭州西湖的蘇堤極其相似，雖然沒有六橋花柳，但四周青山環繞，湖中小島噴泉如珠，又是西湖所不及的。湖中漁舟飄浮，蒲草新生，如美玉點綴，翠色流轉，有不盡蒼茫、無邊瀲灩的意境。湖名「茈碧」，是有道理的。往西走二里，湖中有小島位於水中央，島上有上百戶人家居住。島的南面有一塊突起的岩石，高六尺，長三丈，形如烏龜；北面有一座盤繞的山岡，高四尺，長十多丈，東端突起如昂首，則是蛇石。龜石和蛇石交錯盤踞在一島之間，四周有九個沸泉騰溢的洞穴，而龜石的洞口向東南，蛇石的洞口向東北，都張開著噴吐沸泉，在重湖之內交流環溢。龜石上建有玄武閣，因為下面環繞著九個洞穴，今名九炁臺。我沿著龜石的南面望去，見龜顎中泉水沸騰，上唇覆蓋突出，已被人敲缺，泉水太熱不可洗滌。有個僧人見我遠道而來，就留我吃飯，而且把挑夫、顧僕一起請來。在它的北面蛇岡的下面，也新建了一座庵，我因為急於進城，沒有時間遍遊。

從九炁臺西面再到堤岸上走，過了一里，通過一座平橋，再走了二里，進入浪穹城東門。再走了一里，到達西山下面，便往南轉進入護明寺，將行李放在方丈內。寺朝東，大殿早已破敗，僧人正在修理。寺的南面為文昌閣，再往南為文廟，都朝東，而溫泉就在寺的北面流溢。放下行李後，時間剛過中午，進城拜訪何公巢阿，一見面就親暱地握著手臂請我進屋，滿心喜悅，只恨相見太晚，於是留我飲酒直到深夜，叫他的長子送我到寺中住宿。何公名鳴鳳，最初以經魁被任命為四川省郫縣知縣，後提升為浙江省鹽運判官。曾經和眉公說起我平時的行義，想見我沒有機會。他寫給陳木叔的詩，有句云：「死愧王紫芝，生愧徐霞客。」我心中感到慚愧，也不能忘懷。後來何公轉任六安州知州，我就離家西遊。到雲南省後，看到官吏的名冊，知道六安知州已經換人，問從東面過來的人，又知道六安州已被流寇攻破，更加憂心忡忡。到晉寧州，見到教諭趙君，他是陸涼州人，剛從杭州轉到晉寧州任職，問後知道他是何公在杭州的老友，他說來雲南時在六安州隔江相對的地方打聽，得知何公因親喪已經先回鄉了。後來我在雞足山大覺寺見到一個僧人，是何公的親戚，才知道何公果真已回家，因親喪而離任，隨即六安城被攻破，何公到家也沒多久。

十九日　何君復具餐於家，攜行李入文廟西廡，乃其姻劉君匏石讀書處也。

上午，何君具舟東關外，拉余同諸郎四人登舟。舟小僅容四人，兩舟受八人，遂泛湖而北。舟不用楫，以竹篙刺水而已。渡湖東北三里，湖心見漁舍兩、三家，有斷埂垂楊環之。何君將就其處結樓綴亭，綰納❶湖山之勝，命余豫❷題聯額，余唯唯。眺覽久之，仍泛舟西北二里，遂由湖而入海子。南湖北海，形如葫蘆，而中束如葫蘆之頸焉。湖大而淺，海小而深，湖名茈碧，海名洱源。東為出洞鼻，西為剮頭村，北為龍王廟。三面山環成窩，而海子中溢，南出而為湖。海子中央，底深數丈，水色澄瑩，有琉璃光，穴從水底噴起❸，如貫珠聯璧，結為柱幃，上躍水面者尺許，從旁遙覷，水中之影，千花萬蕊，噴成珠樹，粒粒分明，絲絲不亂，所謂「靈海耀珠」也。《山海經》❹謂洱源出罷谷山❺，即此。楊太史❻有〈泛湖窮洱源〉遺碑，沒山間，何君近購得之，將為立亭以志❼其勝焉。從海子西南涯登陸，西行田間，入一庵，即護明寺之下院也。何君之戚已具餐庵中，為之醉飽。下午，仍下舟泛湖，西南二里，再入小港。何君為姻家拉去，兩幼郎留侍，令兩長君同余還。晚餐而宿文廟西廡。

【章　旨】本章記載了第二百五十五天在大理府的行跡。上午，和何君以及他的四個兒子在湖上泛舟。湖心有兩三家漁舍，何君準備在這裡建樓蓋亭，收攬湖山美景。從湖進入海子，南湖北海，形狀如同葫蘆。湖名「茈碧」，海名「洱源」。海的中央閃發出琉璃般的光芒，水從洞底噴出，如同貫聯的珠玉。從旁邊觀賞水中的影像，就是所說的「靈海耀珠」。下午仍然在湖上泛遊。

【注　釋】❶縮納　延納；統攬。❷豫　或作「預」。❸穴從水底噴起　據文意，當為「水從穴底噴起」。❹山海經　書名，最初見於《史記・大宛列傳》，未言何人所作。今本十八篇，卷首有漢劉秀（即劉歆）校上奏，大約成書於戰國，經秦、漢有所增刪。內容包括各地山川、道里、部族、物產、祭祀、醫巫、原始風俗等，往往參雜怪異，保存遠古的神話傳說和史地文獻材料甚多。其中的礦物記載，為世界上最早的有關文獻。清代畢沅有《山海經新校正》，依晉郭璞注而博採書傳多有考訂。❺罷谷山　在洱源城北二十里。《山海經．西山經》：「西五十里，曰罷父之山。洱水出焉，而西南流注於谷，其中多茈碧。」罷父之山，畢沅、郝懿行等並校作「罷谷山」。❻楊太史　楊慎，見〈滇遊日記一．遊太華山記〉注。❼志　通「識」、「誌」。標記事物。

【語　譯】十九日　何君又在家中備了飯菜招待，我帶著行李進入文廟的西廂房，是他的姻戚劉鉋石君讀書的地方。上午，何君在東關外備了船，拉我和他的四個兒子一起上船。船小只能容納四個人，兩條船共坐八個人，便往北在湖上泛遊。船不用槳，只用竹篙撐水罷了。在湖上往東北行駛三里，看到湖心有兩、三家漁舍，有斷埂垂楊環繞著它。何君準備在這裡建造樓房亭閣，以便統攬湖光山色的美景，叫我預先題寫對聯匾額，我連連答應。眺望遊覽了很久，仍泛舟往西北二里，就從湖進海子。南面是湖，北面是海，形狀如葫蘆，中間收束的地方如葫蘆的頸部。湖大而水淺，海小而水深，湖名「茈碧」，海名「洱源」。東面為出洞鼻，西面為劚頭村，北面為龍王廟。三面環山成窩，海子的水從中溢出，往南流出成為湖。海子的中央底部，有幾丈深，水色清澈晶瑩，閃發琉璃般的光芒，水從洞底噴出，如一串串聯貫的珠玉，結成水柱水幕，往上躍出水面一尺多，從旁邊遠望，水中的影象，如千花萬蕊，噴成珠樹，粒粒分明，絲絲不亂，這就是所謂「靈海耀珠」了。《山海經》說洱源出自罷谷山，就是指這裡。楊太史的〈泛湖窮洱源〉遺碑，埋沒在山中，何君最近收購得到，準備為碑立亭來標記這處名勝。從海子西南岸登陸，往西從田間走，進入一座庵，即是護明寺的下院。何君的親戚，已在庵中準備了午餐，因此得以醉飽。下午，仍然下船在湖上泛遊，往西南行駛二里，再進入小港。何君被親家拉去，兩個小兒子留在身邊侍候，叫兩個大兒子和我一起返回。晚飯後住宿在文廟的西廂房。

二十日　何君未歸，兩長君清晨候飯，乃攜盒抱琴，竟堤而東，再為九炁臺之游。擬浴於池，而浴池無覆室，是日以街子，浴者雜沓，乃已。遂由新庵掬蛇口溫泉，憩弄久之，仍至九炁臺，撫琴命酌。何長君不特文章擅藻，而絲竹❶俱精。就龜口泉瀹雞卵為餐，味勝於湯煮者。已而寺僧更出盒佐觴，下午乃返。西風甚急，何長君抱琴向風而行，以風韻絃，其聲泠泠❷，山水之調，更出自然也。

二十一日　何君歸，飯余於前樓，以其集示余。中有為余咏者，余亦作二詩以酬之。

二十二日　何君特設宴宴余。余以小疾欲暫臥，懇辭不獲，強起赴酌。何君出所藏山谷真蹟、楊升庵手卷示余。

【章　旨】本章記載了第二百五十六天至第二百五十八天在大理府的行跡。和何君的長子再去九炁臺遊賞。因趕街人多，沒能到溫泉沐浴。何君回家後，特地設宴款待，並拿出他的文集給霞客看。

【注　釋】❶絲竹　弦樂器（琴瑟等）和竹管樂器（笛簫等）。也泛指音樂。❷泠泠　形容聲音清脆。

【語　譯】二十日　何君沒回來，他的兩個大兒子清晨就等候我吃飯，然後帶了飯盒，抱著琴，往東走完湖堤，再去賞遊九炁臺。打算到池裡沐浴，但浴池沒有房屋覆蓋，這天因為逢上趕街子，沐浴的人很多，於是作罷。就去新庵，用手掬取蛇口溫泉，邊休息邊玩弄了很久，仍然到九炁臺，彈琴飲酒。何君的長子不但文章富於文采，而且精通樂器。到龜口溫泉煮雞蛋作為午餐，味道比用水煮的好。隨後寺內的僧人又拿出菜盒佐酒。

下午才返回，西風很急，何君的長子抱著琴迎風行走，以風弄弦，聲音清脆，山水之調，更加來得自然。

二十一日　何君回來了，在前樓請我吃飯，將他的文集給我看。其中有為我而詠的詩，我也寫了二首詩酬答。

二十二日　何君特地設宴請我。我因小病想暫且睡一會，懇切推辭不成，勉強起身赴宴。何君拿出他所收藏的黃山谷真蹟、楊升庵手卷給我看。

二十三日　何長君聯騎同為佛光寨❶之遊。佛光寨者，浪穹東山之最高險處，東山北自觀音山南下，一穹而為三營後山，再穹而為佛光寨，三穹而為靈應山❷。其勢皆崇雄如屏，連障天半，遙望雖支隴，其中實多崩崖疊壁，不易攀躋，故佛光寨夙稱天險。《名勝志》謂為孟獲❸首寨，然載於鄧川，而不載於浪穹，誤矣。國初既平滇西，有普顏篤❹者，復據此以叛，久征不下，數年而後克之。今以其地建靈光寺。從寺後而上，有一女關❺最險，言一女當關，莫之能越也。顏篤據寨，以諸女子分守峰頭，遙望山下，無所不見。從關而上，即通後山之道，北出七坪，南下北牙者也。余聞其勝，故與長君先及之。仍從九炁臺，共十里，過大屯石梁，其梁已折而重建，橫木橋以度。遂從東北行，五里，轉而東，從徑路又三里，直抵東山下。乃沿山東北上，又二里，而及靈光寺。寺門東向，下臨遙川，其前坡雖峻，而石不多，惟寺前一石，高突如屋。前樓後殿，兩廡為炊臥之所，乃何君之伯某府別駕所建，今且就圮矣。余至，先有三客在，皆呂姓，一少而麻衣者，為呂揮使子，其二長者，即其叔也。具餐相餉，為余言一女關之勝，欲即登之，諸君謂日晚不及。迨下午，諸呂別去，何長君亦往三營戚家，余獨留寺中，為明晨遍歷之計。諸呂留蔬果于僧，令供余，且導余遊。

二十四日　晨起索飯，即同寺僧從寺後躋危坡而上。二里餘，有岐：北盤入峽者，向寨址道也；歷級直上而南越峰頭者，向一女關道也。余從其上者，一里餘，凌坡之脊，隨之南轉，俯瞰脊東盤夾中，有遺址圍牆，即普顏篤之舊寨也，反在其下矣。南一里，峰頭始有石纍纍；從其下東轉，南突危崖，北臨寨底，線徑橫腰。

二十五日至月終俱缺。

【章　旨】本章記載了第二百五十九天、第二百六十天在大理府的行跡。和何君長子騎馬去遊佛光寨，山勢雄峻，歷來稱為天險。明朝建國初年曾在此平定普顏篤之亂。寺後一女關最為險要。仍然從九炁臺走，通過大屯石橋，到靈光寺，就留在寺中過夜。次日登山到普顏篤舊寨的遺址。

【注　釋】❶佛光寨　此指佛光山，在洱源東北，海拔三千餘公尺，山崖峻峭，道路陡險。山腰有洞，可容萬人。因普顏篤在此立過旗杆，今名旗杆山。❷靈應山　在洱源東北，旗杆山南，隔溪相望。山勢高峻，海拔約三千公尺。❸孟獲　三國蜀漢建寧（治所在今雲南曲靖）人，彝族酋長。與建寧豪強雍闓起兵叛蜀。諸葛亮南征，七擒七縱孟獲，始信服。孟獲在豪豬洞被擒後，又被諸葛亮放走，到佛光寨據險固守，漢兵從漾別江北出寨後，再破孟獲。❹普顏篤　明初傅友德等人率兵平定大理，元將普顏篤又據佛光寨叛亂，傅友德自七里關回軍大理，攻破元軍。❺一女關　在佛光山北，地勢尤為險要。

【語　譯】二十三日　和何長君一起騎馬去遊佛光寨。佛光寨是浪穹東山最高險的地方。東山從北面的觀音山往南延伸，首先隆起為三營後山，又隆起為佛光寨，再隆起為靈應山，山勢都高峻雄偉，如同屏障，連成一片，遮擋了半邊天，遠望雖然是山隴的分支，其實中間有很多崩坍的山崖層疊的石壁，不容易攀登，所以佛光寨從來就被稱為天險。《名勝志》稱為孟獲首寨，但載在鄧川州，而不在浪穹縣，記載錯誤了。本朝建國初年平定滇西後，有個名普顏篤的人，又占據佛光寨進行叛亂，朝廷久攻不下，過了幾年才攻克。如今在此地建造靈光寺。從寺後上去，有一女關最為險要，說是只要有一女當關，就沒有誰能越過。普顏篤占據佛光寨村，以眾女子分立峰頭，遙望山下，無所不見。從一女關往上，即通往後山的路，往北到七坪，往南下去到北牙。我聽說過這處名勝，所以和何長君先去那裡。仍然從九炁臺走，共十里，過大屯石橋，這橋已斷了又重建，橫架木橋過水。於是往東北走，過了五里，轉向東，從小路又走了三里，直到東山下。就沿山往東北上去，再走二里，到達靈光寺。寺門朝東，往下對著遠方的平野，前面山坡雖然陡峻，但岩石不多，只是寺前有一塊大石，像房屋那樣高高突起。前面是樓後面是殿，兩邊廂房是做飯睡覺的地方，這是何君的伯父某府別駕所建造的，如今就要倒塌了。我到達時，已有三個客人先在這裡，都姓呂，一個穿麻衣的少年，是呂指揮使的兒子，二個年長的人，是他的叔父。呂氏準備了午飯請我吃，對我描述一女關勝景，正想立刻去攀登，他們說天晚來不及了。到下午，呂氏三人告別離去，何長君也去三營親戚家，我獨自留在寺中，為明天早晨遍遊各處勝景作打算。呂氏把蔬菜水果留給僧人，叫僧人供給我吃，而且為我導遊。

二十四日　早晨起身要了飯吃，隨即同寺裡的僧人從寺後登高坡往上，走了二里多，有岔路：往北盤繞進入峽谷的，是去佛光寨遺址的路；沿石級直上，往南翻越峰頭的，是去一女關的路。我從往上的路走，過了一里多，登臨坡脊，隨坡脊往南轉，俯視坡脊東邊盤繞的峽谷中，有佛光寨遺址的圍牆，即普顏篤原先的山寨，已反在坡脊下面了。往南走一里，峰頭才有很多石塊，從下面往東轉，南邊突起懸崖，北邊對著寨底，狹窄的小路橫穿山腰。

從二十五日到月底的日記都缺。

【研　析】 霞客西遊，一個重要的目的就是考察長江上源。金沙江從青海玉樹奔騰南下，經過四川巴塘，進入雲南，與瀾滄江、怒江在橫斷山脈並肩奔流。至麗江石鼓，直撲海羅山，因崖石阻擋，突然來個急轉彎，獨自掉頭轉向東北，形成罕見的「V」字形大灣，「江流到此成逆轉，奔入中原壯大觀」，這就是著名的「長江第一灣」。江水在流經石鼓後，又北上切穿玉龍雪山和哈巴雪山，形成山高水長、蔚為壯觀的大峽谷。峽谷全長三十里，自谷底到江岸的山頂，高差達三千多公尺，為世界上最深的峽谷之一。兩岸懸崖如同削成，谷底極為狹窄，江面寬僅六十至八十公尺，進入峽谷中，「走天一條縫，看江一條龍」，相傳有猛虎在此一躍而過，故名虎跳峽。江中的沙金，也以石鼓以下為佳。如此壯美的景觀，對好奇好險的徐霞客來說，無疑具有極大的誘惑力。無論從探源、還是探奇著眼，麗江都是他神往已久的必到之處。由於麗江府大把事的阻攔，說中甸一帶為藏民（古宗）居住區，有強盜出沒，不能去，使他未能足涉目睹長江第一灣的險境奇觀。但他還是利用一切機會，留意考察金沙江的流向，指出「金沙江逼雪山之麓而東」；「(東山) 東麓，即金沙江南下，轉而東南趨浪滄、順州之間者」；「漾共江貫於中川，南抵象眠，分注眾竅，合於山腹，南泄為一派，合楓木之水，東南入金沙江」。

麗江位於高寒之地，當初春時節，「杏花始殘，桃猶初放」。作為麗江象徵的玉龍雪山，海拔五千六百公尺，峰峰冰懸雪掩，宛如一條玉龍在空中騰躍，令人不禁想起杜詩名句「玉壘浮雲變古今」。當徐霞客進入邱塘關，通過三生橋，走在平坦的田野上，第一次望見雪山，「在重塢之外，雪幕其頂，雲氣鬱勃，未睹晶瑩。」由於玉龍雪山名聞遐邇，前人讚詞已多，如果泛泛稱譽，無異牀上架牀；更由於徐霞客未能前往一遊，親臨其境，搜奇抉奧，故他在麗江住了十多天，卻未能對雪山作具體的描述。倒是他根據傳聞所寫的一些位於麗江北境的景觀，充滿奇趣。如古岡（今名牯岡）山中，「有數洞中透，內貯四池，池水各占一色，皆澄澈異常，自生光彩。池上有三峰中峙，獨凝雪瑩白，此間雪山所不及也。」又如去忠甸（今名中甸）的路上，「有北嶺，高闊皆三丈，崖石白色而東向，當初日東升，人穿彩服至其下，則滿崖浮彩騰躍，煥然奪目，而紅色尤為鮮麗，若鏡之流光，霞之幻影。日高則不復然矣。」形成這種景象，一是由於地勢高、日照強，因光與影的流動而產生色彩絢麗的奇觀；二是由於環境尚未被污染，故景物清新純美，保留著洪荒未改的自然風貌。

由於交通不便，徐霞客在麗江所遊的不少地方，都處在封閉或半封閉的狀態中，景物因遠而深，因僻而幽，因迂而曲，因靜而清，並因深遠而顯得神奇，因幽僻而別有情趣，因清靜而暢神怡情。在前面的遊記中，徐霞客對那些桂芬菊豔、清香飄溢、泉石幽倩、洞壑玲瓏的清幽之境，竟無人居住，一再表示惋惜，並多次借用李白「桃花流水窅然去」的詩意，來寄寓自己對「別有天地非人間」的神往。鶴慶的青玄洞下洞，「有桃當門，猶未全放也。是洞前後分岐窗窱，前之罨映透漏，後之層疊崯岈，擅斯二美，而外有迴崖上擁，碧浸下涵，亦勝絕之地。」這是勝絕之地，也是幽絕之地。「層疊崯岈」，呈深遠之境；「罨映透漏」，含幽寂之趣；「碧浸下涵」，見清明之象。惟其如此，故洞門外未全放的桃花，便成了最先透露山間春色的使者，牽人情思。在劍川金華山一帶遊覽時，他登上玉皇閣，見「兩崖夾立之底，停午不見日色，惟有空翠冷雲，綢繆牖戶而已」。幽寂淒清，讀之有深山白雲、遠隔塵世之感。登臨崖頂，「前俯平川，煙波村樹，歷歷如畫幅倒鋪；後眺內峽，環碧中迴，如蓉城蕊闕，互相掩映，窈藹莫測。」往前看是一片曠遠之景，故能指點平川歷歷，煙波杳杳，景色如畫；往後看是一片深遠之景，故能想像瓊樓玉宇，似隱似現，如同幻境。在劍川石寶山，徐霞客描述了一處更深更幽的景觀：「駝強江自南而北，奔流石峽中，而兩崖東西夾峙，巉石飛騫，古木盤聳，懸藤密箐，蒙蔽山谷。祇覺綠雲上幕，而仰不見天日，玉龍下馳，而旁不露津涯。」古木盤聳，地勢是何等幽僻；綠雲上幕，環境是何等清寂；仰不見天日，旁不露津涯，又是何等深遠。有此二句，人的視線、人的想像，便被引向更加深邃窅遠的地方，從中包含著令人神往的在無限的時空中延伸的境地。

和以往一樣，徐霞客到達麗江後，在出郊遊賞景物時，必先考察山勢地形，或憑高遠眺，或步幽探賾，或隨流溯源。在麗江西郊，他「先眺川中形勢」，觀察「川中之概」和「四境之準」，發現金華山從麗江、蘭州交界的老君山延伸過來，最為高峻。當他登上金華山頂，放眼四望，「北眺麗江，西眺蘭州，東眺鶴慶，南眺大理，雖嵌重峰之下，不能辨其城郭人民，而西之老君，北之大脊，東之大脊分支處，南之印鶴橫環處，雪痕雲派，無不歷歷獻形，正如天際真人，下辨九州，俱如一黍也。」登高壯觀天地間。在此展現的，是一種蒼茫不盡、遼闊無際的景象，是一種「一覽眾山小」的浩蕩不羈的氣概，既是對天地之形作披襟開懷的觀賞，也是對天地之心作凝神默照的領悟。

在徐霞客的筆下，這裡的山村，又是那麼秀美，別有一番情趣。如麗江崖腳院頭目的住房，「屋角俱標小旗二面，風吹翩翩，搖漾於夭桃素李之間。宿雨含紅，朝煙帶綠，獨騎穿林，風雨淒然，反成其勝。」金華山土主廟南，「村之倚坡臨川者，籬舍屈曲，竹樹扶疏，綴以夭桃素李，光景甚異。」這裡沒有險峰，沒有激流，沒有怪石，沒有奇樹，有的只是竹籬茅舍、桃芬李芳，是淡淡的煙、輕輕的雲，這一切是那麼平常，但又是那麼輕盈、那麼安謐、那麼明麗、那麼富有生氣，從而組成了一幅秀麗諧婉的圖畫，儘管未用一個「春」字，但整個畫面，卻洋溢著濃濃的春天的氣息。

浪穹（洱源）的茈碧湖和洱源海，是兩個南北相通的湖泊，「形如葫蘆，而中束如葫蘆之頸焉。」「海子中央，底深數丈，水色澄瑩，有琉璃光，穴從水底噴起，如貫珠聯璧，結為柱幃，上躍水面者尺許，從旁遙覷，水中之影，千花萬蕊，噴成珠樹，粒粒分明，絲絲不亂，所謂『靈海耀珠』也。」此景之妙，在水從湖底躍起，「噴成珠樹」，熠熠閃耀。「粒粒分明」原是極平常的詞語，但在這裡用以形容水珠的晶瑩玲瓏，則再貼切不過了；而「千花萬蕊」、「結為柱幃」等語，雖極力形容，反有模糊隔膜之感。茈碧湖「北接海子，南映山光」，「湖中魚舠泛泛，茸草新蒲，點瓊飛翠，有不盡蒼茫，無邊瀲灩之意」，「極似明聖蘇堤，雖無六橋花柳，而四山環翠，中阜弄珠，又西子之所不能及也。」霞客寫茈碧湖，不像寫洱源海那麼用力，但清新自然，更有詩情畫意。霞客畢竟是江南人，在他心中有始終不解的江南情結。「江南憶，最憶是杭州。」特別是在面對明鏡般的湖泊時，就會很自然地聯想到杭州西湖，並進行比較。在鄧州西湖遊賞時，他又讚道：「湖中菱蒲汎汎。多有連蕪為畦，植柳為岸，而結廬於中者。汀港相間，曲折成趣，深處則曠然展鏡，夾處則窅然罨畫，倏倏有江南風景，而外有四山環翠，覺西子湖又反出其下也。」杭州西湖使他難忘，這裡的景物更使他陶醉，無論茈碧湖，還是鄧川西湖，在徐霞客眼中，都比杭州西湖更美。杭州西湖雖然天生麗質，但經過歷代人工的妝點，已如一個身上戴著無數珠寶的貴婦人，露出富貴相、矜持相，而這裡仍像一個涉世未深的少女，素面朝天，生氣勃勃。固然，這裡不像杭州那麼繁榮，有「煙柳畫橋，風簾翠幕，參差十萬人家」，但也因此更有天真爛漫的野趣，更有清純自然的本色美。

在這些地方遊覽時，徐霞客基本上是以比較平和的心態進行觀賞，其心靈活動的節奏和景物變化的節奏處在比較和諧的狀態中，從而能從容不迫地觀賞景物的形式美，聆聽自然的音響美，從或遠或近的位置，描寫了或濃或淡、或明或暗的景觀，以及在幽寂寧靜的氛圍中格外顯得分明的動靜和聲響，字裡行間洋溢著一種「萬物靜觀皆自得」的韻味，怡然自適，心跡雙清，一筆一境，引人入勝，恰到好處地將幽寂之地清雋秀逸的特色表現出來。

雲南溫泉甚多，徐霞客每到一處，都仔細觀察，詳細記載了泉水的源頭、位置、地勢，特別是水溫和水量，以及當地有關溫泉的傳說，故在他的筆下，每一處溫泉，又都顯示出各自的特色。在麗江羅尤，他看到一處奇特的溫泉，從村中的窪地中流出，水量和水溫有明顯的季節性差異，每年冬月沸流如注，人們爭著去沐浴，到春天則乾涸成污池，水不動也不熱。更奇的是據當地人說：「其水與蘭州溫泉彼此互出，溢於此則彼涸，溢於彼則此涸。大意東出者在秋冬，西出者在春夏，其中間隔重巒絕箐，相距八十里，而往來有時，更代不爽。」另外村中還有冷泉從西邊的峽谷中流出，用於灌溉，和溫泉毫不相干。四天後，徐霞客到茈碧湖，考察了位於湖畔的九炁臺。這裡的溫泉在當時就已遠近聞名，除了因為水溫高、水中含有大量天生磺（氣磺），能治各種疾病外，還在它本身又是一處奇麗的景觀：「湖中有阜中懸，百家居其上。南有一突石，高六尺，大三丈，其形如龜；北有一迴岡，高四尺，長十餘丈，東突而昂其首，則蛇石也。龜與蛇交盤於一阜之間，四旁沸泉騰溢者九穴，而龜之口向東南，蛇之口向東北，皆張吻吐沸，交流環溢於重湖之內。龜之上建玄武閣，以九穴環其下，今名九炁臺。余循龜之南，見其腭中沸水，其上唇覆出，為人擊缺，其水熱不可以濯。」他甚至注意到石龜的上唇已被敲缺，這不僅反映了觀察的細緻，也可見這處景觀的迷人。在浪穹普陀崆遊覽時，徐霞客聽到當地人說，這裡有熱水洞，泉水從洞底湧出，如同沸騰的開水，水溫比九炁臺還高，九炁臺的沸泉只能煮熟雞蛋，這裡的水溫甚至能將肉煮爛，「人入洞門，為熱氣所蒸，無不浹汗，有疾者輒愈。」後來他到永平，又在「不熱而溫，不停而流，不深而淺」的石洞溫泉洗了澡。

在金華山探遊時，徐霞客看到「西崖轉嘴削骨，霞崩嶂壓，其勢彌異。半里，矯首上眺，或下嵌上突，或中剖旁裂，或層堆，或直劈，各極騫騰。有書其上為『天作高山』者，其字甚大，而懸穹亦甚高。或云以篾籮籐索，從峰頂倒挂而書者。西崖有白衣大士，東崖有胡僧達摩，皆摩空粘壁而成，似非人跡所到也。」在此，他選用「崩」、「壓」等顯示力度的詞語，用接連幾個「或」字的排比句式，加強行文的氣勢，突出地勢的險峻，引出「似非人跡所到」的感歎。但這又確確實實是人所為，是在常人無法想像、更不能面對的險境中刻鑿而成的。這些石工的偉大，這些石刻的價值，已不言而喻了。「大理有名三塔寺，劍川有名石窟山。」成於南詔、大理國時的劍川石窟造像，是滇西佛教藝術的傑作，可惜徐霞客去石寶山遊覽時，不知何故，竟將那裡錯過了。

麗江是少數民族居住的邊遠地區，故徐霞客對當地的土風民俗尤為注意。《遊記》中說從麗江往東北走十多天，可到古岡，「其處真修者甚多，各住一洞，能絕粒休糧，其為首者有神異，手能握石成粉，足能頓坡成窪，年甚少而前知。」記載了當地人最怕出天花，據說每十二年遇上寅年，就會出一次天花，「互相牽染，死者相繼」，所以沒有出過天花的人，包括已襲知府之職的木增長子，都到深山窮谷中去躲避，「都鄙間一有染豆者，即徙之九和，絕其往來，道路為斷，其禁甚嚴。以避而免於出者居半。然五、六十歲，猶惴惴奔避。」記載了當地風俗在新年正月十分重視祭天的禮儀，從元旦到元宵後的二十天，要舉行多次才結束，「每輪一番，其家好事者，費千餘金，以有金壺八寶之獻也。」記載了明朝初年到這裡戍守的漢人的後代，這時「皆從其俗矣」，即都已被當地習俗所同化。還記載了滇藏接界處高寒地區特有的氣候：「古宗北境，雨少而止有雪，絕無雷聲。其人南來者，至麗郡乃聞雷，以為異。」

雖然麗江當時富甲雲南諸土府，但從《遊記》可知，其生產狀況實際上還很落後，仍行「三年種禾一番」的休耕制。徐霞客從沿途所見的耕作狀況，清楚地看到水對當時農業生產所起的關鍵作用。鶴慶府古稱「澤國」，水利條件優越，平川中「田禾豐美，甲於諸郡」。但就在府城北面不遠處，因沒有水源，「其地漸莽，無田塍村廬之託」。此外，如嵩明州「中環海子，田澤沃美」，而永昌大寨，百姓雖「勤苦墾山」，因「所墾皆磽瘠之地，僅種燕麥、蕎麥而已」。由此，他對沿途的水源、水量、流向和水利建設，都十分關注。

在《遊記》中，徐霞客提到「鶴慶以北多犛牛，順寧以南多象，南北各有一異獸。」後來他到順寧（今鳳慶），曾路過象莊，即未改土歸流時「土酋猛廷瑞畜象之所」。麗江地接西藏高原，犛牛用處更大。由於犛牛力大，故可負重，也可耕地，有時還被山裡人用來抵稅。只是命運十分悲慘，雖然刻苦耐勞，卻擺脫不了被宰割的命運，在麗江木家院聚宴時，主人就用犛牛舌和柔豬（烤乳豬）作為當地佳肴款待客人。在路過鄧川臥牛山、象山時，徐霞客說起當地人因「象小而牛大」，故稱大峰為臥牛山、小峰為象山。這和實際情況正相反，不知是何緣故。或許當地人所說的「象」，只是豬的代稱？在木家院，徐霞客看到巨樓前有棵山茶樹，「盤蔭數畝，高與樓齊，其本徑尺者三、四株叢起，四旁萎蕤，下覆甚密，不能中窺，其花尚未全舒，止數十朵高綴叢葉中，雖大而不能近覷。且花少葉盛，未見燦爛之妙，若待月終，便成火樹霞林，惜此間地寒，花較遲也。」他原以為這是已有好幾百年的古樹，誰知聽大把事說，此樹屈指計算才六十多年，不禁歎道：「豈知氣機發旺，其妙如此。」由於寺內喇嘛的精心護育，這棵山茶樹至今仍在，每年自立春開放到立夏，持續一百多天，開花二十多批，年開放二、三萬朵，被譽為「萬朵山茶」。在劍川石寶山，徐霞客還看到了獨占點蒼山花卉魁首的馬纓花：「坡間萬松森列，馬纓花映日燒林」；「十餘小朵，簇成一叢，殷紅奪目，與山茶同豔。」

一九三三年，詹姆斯·希爾頓在西方出版了一部名為《失去的地平線》的作品。書中記載了作者以一次偶然的機會，意外地闖入一處名「香格里拉」(Shangri-La) 的世外桃源。那裡有茫茫的林海、雄偉的雪山、醉人的湖泊、珍稀的動植物，有與世隔絕的居民、純真古樸的風俗、從未被污染的生態環境。但無論作者，還是其他人，以後卻一直找不到這處神祕的地方。直到一九九七年，經過幾十位中外人士在滇西北地區的考察，認為「香格里拉」就是如今雲南藏民的居住區迪慶中甸，而這正是徐霞客在麗江時一心想去但卻未能成行的地方（《遊記》中稱為「忠甸」）。

在雲南眾多土司中，麗江土知府木增是個值得注意的人物，他的性格十分複雜，行為具有多面性。由於木氏世代都頗有政治手腕，麗江一直沒有遭到大的兵禍，加上這裡礦產獨盛，故能以富冠眾土府。木增表面上對朝廷恭敬有加，多次出銀助遼餉，得到嘉獎，但又割據一方，防範甚深，不允許任何外界勢力介入，連朝廷派來的官吏，也只能遙駐省城，不得入境，甚至遇上使者帶皇命到來，也只在邱塘關外接旨，不許使者進關，儼然一國之主。他名義上只是一個土知府，但附近永寧、蒙化等地的土知府，都事之如君，每逢元旦、生辰，不敢不前去晉謁。他權勢炙手，但不到四十，就告退休，由其子繼任，只是名退而實不退，依然大權在握。木增信奉佛教，是雞足山悉檀寺的護法檀越，並請徐霞客編寫《雞足山志》，但並不清心寡欲，平時生活奢侈，「宮室之麗，擬於王者」，府治內「樓閣極盛，多僭制」，以致不能在那裡接客，就連手下頭目的住房，也「雕窗文槅，俱飾以金碧」，但境內百姓「所居皆茅」，貧富懸殊，形成鮮明對照。雖然他的政治立場、民族情緒，具有極強的排外性，但又崇尚喜愛漢文化，和中原名士陳繼儒等人都有交往，有「知詩書，好禮義」之稱，被譽為「衰然賢者」。雖然作文實非其所長，如他自己十分看重的《雲薖淡墨》，「訛字極多，既舛落無序，而重疊顛倒者亦甚」，但又好作文，乃至浪得了「奧典賾義，罔弗洞悟」的美名，並希望後代能青出於藍。徐霞客到麗江後，木增尊為師友，第一次見面，就將霞客迎入內室，用這裡最隆重的禮節接客，並多次設宴款待，「大餚八十品」，還贈送了不少金銀財物，但又尋找藉口，拒絕霞客想深入府境內地，去忠甸遊覽考察的要求，實際上仍有防範之心，「恐覘其境也」。從《遊記》中還可看到，當時麗江表面上地靖民安，一片歌舞昇平的景象，實際上並不安寧，如在前一年冬天，對吐蕃用兵不利，傷了幾個頭目，仍未恢復，因「儸儸、古宗皆與其北境相接，中途多恐，外鐵橋亦為焚斷」。在徐霞客西遊途中，木增是最尊重他的一個地方官，也是在經濟上對他幫助最大的人，對這種知己之誼，霞客感激不已，在《遊記》中頗多讚美之詞，但撇開個人情誼，從國家的利益著眼，他對這種地方割據勢力，又深為不安，在《遊記》中隱隱約約地流露出來。霞客並沒有著意描寫木增，但他多方面的記敘（或正面、或側面），已凸顯了一個具有多面性的人物形象，因其性格複雜，更顯得形象鮮明，是《遊記》中除靜聞外描寫最成功的人物。從木增身上還可看到，雖然當時中原和邊陲地區，在民族、地域、經濟等多方面存在著很多、很大的差別和隔閡，但文化的交流傳播仍不可阻擋，所謂「東魯西羌，聲氣固自旁通」，乃至出現了「一時崇尚，窮徼薄海，萬里同風」的狀況。

對徐霞客同樣表示欽佩的還有浪穹的何鳴鳳，他也是透過陳繼儒了解霞客心跡行事的，並寫有「死愧王紫芝，生愧徐霞客」這樣的詩句。霞客和何的長子在九炁臺飲酒遊賞時，「西風甚急，何長君抱琴向風而行，以風韻絃，其聲泠泠，山水之調，更出自然也。」寥寥數語，寫出一個風神瀟灑的才子形象，尺水興波，搖曳生情。

在中國歷史上，出現過不少肝膽相照的朋友，其中徐霞客和黃道周便是一對難得的知己，雖然兩人的抱負、事跡都全然不同。據史載，黃道周「嚴冷方剛，不諧俗流」，「文章風節高天下」。徐霞客對黃道周的道德學問，都十分欽敬，在和木增面論天下人物時，極口讚道：「至人惟一石齋。其字畫為館閣第一，文章為國朝第一，人品為海宇第一，其學問直接周、孔，為古今第一。」同樣，黃道周也十分珍視同霞客的友情，他很欽佩霞客「乃欲搜剔窮真靈，不畏巉巖不避死」的精神，自慚如「雞鶩之在庖俎」，發出「當時諸公歎唳鶴，悔不從君煨蹲鴟」的感歎。霞客死後，他在給霞客的長子信中說：「縉紳傾蓋白頭者多矣，要於皭然物表，死生不易，割肝相示者，獨有尊公。」並寫了「十州五嶽齊揮淚，屐齒無因共數峰」的詩句。反過來，徐霞客對那些奸邪之徒，則極為鄙視，在金華山遊覽時，當地有個名何可及的進士，想邀他一見，徐想起那人「以魏黨削奪」，就不願相見。雖然他超然高舉，遠離政治漩渦，但從交友之道看，他的政治立場和態度異常分明。

滇遊日記八

【題解】崇禎十二年（一六三九）三月，徐霞客離開浪穹（今洱源）城，南行經古鳳羽縣，遊覽了鳥吊山、清源洞，考察了鐵甲場。又回到浪穹，沿天馬山麓到三江口，進入普陀崆，路過熱水洞沸泉，沿彌苴佉江南行，到鄧川州（在今洱源南部）的西湖泛舟遊賞，考察了湖邊的德源古城。再經過臥牛山，往南遊覽了洱海北端的油魚洞，到上關觀賞「十里香」，考察了蝴蝶泉，探遊了古佛洞。接著沿洱海西岸南行，途中遊覽了清碧溪、宕山感通寺，經過楊升庵寫韻樓，再沿著點蒼山中的澗谷，尋找波羅巖，然後進入大理城，寓居三塔寺，祭拜了李中谿墓。大理為歷史文化名城，早在唐開元年間，南詔即在此建國；如今的大理城，始建於明洪武間，在城內城外，留下了許多名勝古蹟。大理又是一座風景秀麗的城市，家家院中有花，戶戶門外有泉，下關風、上關花、蒼山雪、洱海月，為大理四景。「百二河山雲水外，三千世界鏡中天。」蒼山臥雪，氣象磅礴，洱海漾波，風情萬千。銀蒼玉珥，相映交輝，既是白族文化的搖籃，也是大理自然景觀的象徵。據說十三世紀義大利旅行家馬可波羅到中國後，曾以元朝欽使的身分，出使雲南，到大理考察，在其《遊記》中描述了當時大理的社會風貌。今天，擁有銀蒼玉洱的大理，還獲得了「東方瑞士」的美稱。徐霞客在大理共住了十天，其間觀遊了三月街，去了清真寺。當時他一心想去緬甸，擔心天氣已經漸熱，南方地濕多瘴，拖延時日難以成行，於是決定先西行去騰衝，待返回時，再盡蒼、洱之勝，可惜這個願望後來未能實現。離開大理後，他南下經過下關，進入趙州（今鳳儀）的潭子鋪，往東通過架在漾、濞、蒼山三水交流處的亨水橋，遊覽了藥師寺、石門、筆架峰，再經過漾濞街，渡過漾濞江、勝備江，遊覽萬松仙景寺，登上天頂鋪，到達永平縣。然後沿銀龍江往南，到爐塘銅礦，再往東到寶臺山，遊覽慧光寺和寶臺大寺。繼續往西，渡過沙木河，通過瀾滄江鐵索橋，進入永昌境內，遊覽了「入滇第一勝」的水寨，隨後進入永昌府城（今保山市）。由於缺了十天日記，徐霞客第一次在永昌的行跡已難考。

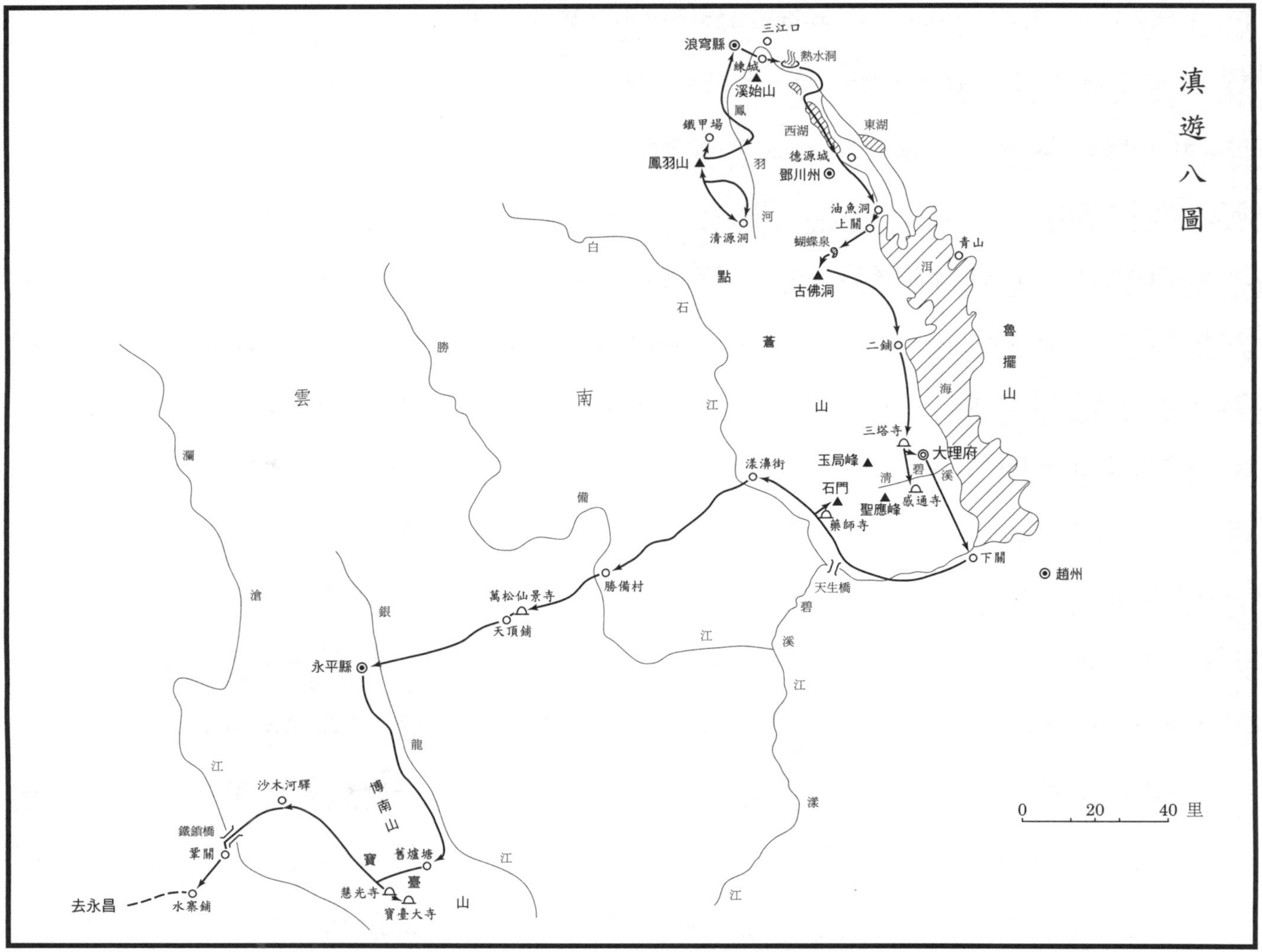
浪穹縣
三江口
熱水洞
練城
溪始山
鳳
羽
河
鐵甲場
鳳羽山
清源洞
西湖
東湖
德源城
鄧川州
油魚洞
上關
蝴蝶泉
古佛洞
青山
洱
海
鲁
攊
山
白
石
江
點
蒼
山
二鋪
三塔寺
大理府
玉局峰
碧
溪
清
石門
藥師寺
聖應峰
感通寺
下關
趙州
漾濞街
天生橋
碧
溪
江
漾
江
勝
備
南
雲
瀾
滄
江
勝備村
萬松仙景寺
天頂鋪
銀
龍
江
永平縣
博南山
寶
臺
山
舊爐塘
慧光寺
寶臺大寺
沙木河驛
鐵鎖橋
葦關
水寨鋪
去永昌
0
20
40 里

滇遊八圖

己卯三月初一日　何長君❶以騎至文廟前，再饋餐為包。乃出南門，一里，過演武場，大道東南去，乃由岐西南循西山行。四里，西山南盡，有水自西峽出，即鳳羽之流❷也。其水頗大，南即天馬山橫夾之，與西山南盡處相峙若門，水出其中，東注茈碧湖南坡塍間，抵練城而南入普陀崆。路循西山南盡處，溯水而入，五里，北崖忽石峰壁立，聳首西顧，其內塢稍開，有村當聳首下塢中，是名山關。聳首之上，有神宇踞石巔，望之突兀甚，蓋即縣後山，自三台❸分支南下，此其西南盡處也，其內大脊稍西曲，南與天馬夾成東西塢。循溪北崖間又三里餘，西抵大脊之下，於是折而南，一里，渡澗，東循東山南行。一里，為悶江門哨，有守哨者在路旁。又南二里，有小山當峽而踞，扼水之吭，鳳羽之水南來，鐵甲場之澗西出，合而搗東崖下。路乃緣崖襲❹其上，二里，出扼吭之南，村居當坡東，若綰其口者。由是村南山塢大開，西為鳳羽，東為啟始❺後山，夾成南北大塢，其勢甚開。三流貫其中，南自上駟，北抵於此，約二十里，皆良田接塍，綰谷成村。曲峽通幽入，靈皋❻夾水居，古之朱陳村❼、桃花源，寥落已盡，而猶留此一奧，亦大奇事也。循東山而南，為新生邑❽，共五里，折而西度塢中。截塢五里，抵西山鳳羽之下，是為舍上盤，古之鳳羽縣❾也。今有巡司，一流一土，土尹姓。名忠，號懋亭，為呂揮使夢熊之壻。呂夢熊先馳使導為居停，而尹以捕緝往後山，其內人出飯待客，甚豐。薄暮尹返，更具酌，設鼓吹❿焉。是夜大雨，迨曉而雪滿西山。

【章　旨】本章記載了第二百六十六天在大理府的行跡。走出浪穹南門，往前看到水流很大的鳳羽河，河水往東經過練城注入普陀崆。經過山關、閎江門哨，到一個村莊，村南鳳羽山和啟始後山夾成南北向的大山塢，古代的桃花源已經消失，而這裡竟仍留下一處幽境，令人稱奇。再經過新生邑，到舍上盤住下，當地土巡官尹忠設宴招待。

【注　釋】❶何長君　君，原作「公」，據徐本改。❷鳳羽之流　即鳳羽河，在洱源南境，流至三江口與寧湖、大營河會合。❸三台　山名，在洱源北境，茈碧湖西。❹襲　及於；到達。❺啟始　山名，在洱源南境。山如城郭，匯水一池，村民環居。❻臯　水邊高地。❼朱陳村　在江蘇豐縣東南，唐白居易有〈朱陳村〉詩：「徐州古豐縣，有村曰朱陳。去縣百餘里，桑麻青氛氳？……縣遠官事小，山深人俗淳？……一村惟兩姓，世世為婚姻。」❽新生邑　今名大新生，在洱源南境。❾鳳羽縣　明承元制，設鳳羽縣，治所在今洱源城南的鳳羽。隸鄧川州，後併入浪穹縣。❿鼓吹　本為北方民族的軍中之樂。漢有〈朱鷺〉等十八曲，列於殿庭，用於宴群臣之時，此僅指吃飯時奏樂。

【語　譯】崇禎十二年三月初一　何長君騎馬送到文廟前，再次饋贈包好的食品。於是出南門，走了一里，經過演武場，大路往東南延伸，便從岔路往西南沿著西山走。過了四里，到西山南部的盡頭處，有水從西面的峽谷中流出，就是鳳羽河。河水很大，南邊即是天馬山橫夾著它，和西山南部盡頭處的山峰相對峙立，如同門戶，水從其中流出，向東注入茈碧湖南面山坡的田地中，流到練城後往南匯入普陀崆。路沿著西山南部盡頭處的水流上行，走了五里，北面山崖忽然石峰如壁峙立，山頭向西高聳，裡面山塢稍許開闊，有村莊在山頭高聳處下面的山塢中，地名山關。山頭高聳處的上面，有座神廟在石峰頂部，望去十分高峻，大概就是浪穹縣城的後山，從三台山分出支脈往南延伸，這裡是它西南的盡頭處，裡面大山脊稍許往西轉去，和南面的天馬山夾成東西向的山塢。沿著溪水北邊的山崖間又走了三里多，往西到達大山脊的下面，從這裡轉向南走了一里，渡過澗水，往東沿著東山朝南走，過了一里，到悶江門哨，路旁有守衛的哨兵。再往南走二里，有小山座落在峽谷中，扼住流水的出口，鳳羽河水從南面流來，鐵甲場的澗水往西流出，合流後直沖東面的山崖下。路就沿著山崖到它的上面，過了二里，從扼住流水出口小山南邊走出，有村舍在山坡東面，就像控制山口似的。從此村南山塢十分開闊，西面為鳳羽山，東面為啟始後山，相夾而成南北向的大山塢，地勢極為開闊，有三條水流橫向穿過其中，南面起自上驅村，北面到達這裡，大約有二十里，都是良田，連成一片，村落盤結在山谷之中。通過曲折的峽谷進入幽境，美好的水邊高地住著人家。古代的朱陳村、桃花源，都已冷落消失，而在這裡卻還保留著一處幽境，也是一大奇事。沿著東山往南，到新生邑，共走了五里，轉向西穿過塢中。橫穿山塢走了五里，到西面鳳羽山下，這就是舍上盤，為古代的鳳羽縣治所在地。現在這裡設有巡檢司，一個流官，一個土官，土官姓尹。名忠，號懋亭，是指揮使呂夢熊的女婿。呂夢熊已先派使者騎馬來作嚮導安排住宿，而尹土官因為緝捕罪犯去了後山，他的妻子拿出飯菜招待客人，十分豐盛。傍晚，尹土官返回，重新備了酒宴，奏樂助興。這天夜裡下起大雨，到天亮時白雪滿蓋西山。

初二日　晨餐後，尹具數騎，邀余游西山。蓋西山即鳳羽之東垂也，條岡數十支，俱東向蜿蜒而下，北為土主坪，南為白王寨。是日飯於白王寨北支帝釋寺中。其支連疊三寺，而俱無僧居，言亦以避寇去也。從土主廟更西上十五里，即關坪，為鳳羽絕頂。其南白王廟後，其山更高，望之雪光皚皚而不及登。鳳羽，一名鳥弔山❶。每歲九月❷，鳥千萬為群來集坪間，皆此地所無者。土人舉火，鳥輒投之。

初三日　尹備騎，命四人導游清源洞，晨餐後即行。循西山南行五里，過一村，有山橫亙塢南，大塢至是南盡而分為二峽：西峽路由馬子哨❸通漾濞，有一水出其中；東峽路由花甸哨❹出洪珪山，有二水出其中，其山蓋南自馬子哨分支北突者。由其北麓二里，東降而涉塢，過上駟村，渡三澗。三里，東抵一村，復上坡循東山南行。一里餘，渡東澗之西，乃南躡坡岡，則東之蠟坪廠❺山其廠出鑛。山之東即鄧川州。與西之橫亙山，又夾成小塢。南行里餘，乃折而東，逾一坳。共一里，東向下，忽見一水自壑底出，即東澗之上流，出自洞下者也。亟下壑底，睹其水自南穴出，涌而北流成溪。其上崖間一穴，大僅二、三尺，亦北向，上書「清源洞」❻三字，為鄧川縉紳❼楊南金筆。水不從上洞出，由洞口下降而入，亦不見水；或曰：「行數里後乃聞水聲。」其入處逼仄深墜，恰如茶陵❽之後洞。導者二，一人負松明一筐，一人然❾松明為炬以入。南入數丈，路分為二，下穿者為穴，上躋者為樓，樓之上復分二穴。穿右穴而進，其下甚削，陷峽頗深，即下穿所入之峽也，以壁削路阻不得達。乃返穿左穴而進，其內曲折駢夾，高不及丈，闊亦如之，而中多直豎之柱，或連枝剖楹，或中盤旁叢，分合間錯，披隙透竅❿，頗覺靈異。但石質甚瑩白，而為松炬所薰，皆黑若煙煤，著手即膩不可脫。蓋其洞既不高曠，煙霧莫散，而土人又慣用松明，便⑪於傴僂，而益增其煤膩。蓋先是有識者謂余曰：「是洞須歲首即遊為妙，過二月輒為煙所黑。」余問其故，曰：「洞內經年，人莫之入，煙之舊染者，既漸退而白，乳之新生者，亦漸垂而長，故一當新歲，人競遊之，光景甚異。從此至二月，遊者已多，新生之乳，既被採折，再染之垢，愈益薰蒸，但能點染衣服，無復領其光華矣。」余不以其言為然。至是而知洞以低故，其乳易採，遂折取無餘，其煙易染，遂薰蒸有積，其言誠不誣也。透柱隙南入，漸有水貯柱底盤中。其盤皆石底迴環，大如盆盎，頗似粵西洞中仙田之類，但不能如其多也。約進半里，又墜穴西下，其深四、五尺，復夾而南北，下平上湊，高與闊亦不及丈，南入三丈而止，北入十餘丈，亦窘縮不能進。乃復出，升墜穴之上，尋其南隙，更披隘以入。入數丈，洞漸低，乳柱漸逼，俯膝透隙，匍匐愈難。復返而出，由樓下坑內，批隙東轉，又入數十丈，其內高闊與南入者同，而乳柱不能比勝。既窮，乃西從下坑透穴出。由坑仰眺，其上稍覺崆峒，即入時由樓上俯瞰處。既下穴出，漸見天光，乃升崖出口，滿身皆染淄⑫蒙垢矣。乃下濯足水穴之口，踞石而浣。水從亂穴中汩汩出，遂成大溪北去，清冷澈⑬骨。所留二人，炊黃粱於洞外者亦熟，以所攜酒脯，箕踞啖洞前。仰見天光如洗，四山如城，甚愜幽興。飯後，仍逾西坳，稍南，遵花甸路，遂橫涉中溪，西上橫亙山之東坂。沿山陟隴，五里下，出上駟村之西，仍循西山北行。一里，過一村，遂由小徑遵西山隴半，搜剔幽奧。上下岡坂十餘里，抵暮，還宿於尹宅。

【章旨】本章記載了第二百六十七天、第二百六十八天在大理府的行跡。前一天騎馬去遊西山，即鳳羽山的東陲，在帝釋寺吃飯，寺內僧人因躲避強盜都離開了。關坪為鳳羽山頂峰，南面白王廟後的山上白雪皚皚，更加高峻。鳳羽山又名鳥弔山，每年九月，成千上萬隻鳥飛來聚集。後一天騎馬去遊清源洞。經過上駟村，渡過澗水，越過山坳，往下走到壑底，看到澗水從南洞湧出，上面山崖間有個朝北的洞，即清源洞，很像湖南茶陵的後洞。洞內有許多豎直的石柱，十分神奇。在遊洞前曾聽人說，這洞在新年遊覽最妙，因為已有一年沒人進去，原來的污染已消退，新生的石鐘乳也變長，景物十分奇特；到了二月，由於來遊覽的人已很多，新生的石鐘乳被摘走，污染十分厲害，就不能再領略原來的美景了。果真如此。洞內有水貯積在石盤中，很像粵西洞中的仙田。繼續探遊，因裡面過於狹窄而退出。出洞後渾身上下都是煙黑污垢，到清冷徹骨的溪水中洗滌，乘興探幽，感到十分滿意。傍晚回到尹宅住宿。

【注釋】❶鳥弔山　又名羅坪山，在洱源城西南約四十里處。山有十六峰，東為鳳羽街，西為黑漗江，為洱源至雲龍的必經之地。當地傳說，古時有金鳳凰，因在風雨中拔下自己羽毛來救眾鳥，因而凍死在山頂上，故百鳥每歲來弔，山因此得名。每年農曆八、九月間，有成千上萬隻不同種類的鳥從各處飛來，翱翔於羅坪山靈鷲峰頂。當地居民中好事者便於此時趁機獵鳥，遍山燃起火堆，五光十色。此時群鳥便破霧衝向火光，捕鳥者張網以待，所捕獲的鳥類品種之多之奇驚人，大多為本地所罕見的。對這種奇異的現象，酈道元《水經注》有詳細的記載。❷每歲九月　原作「每禁□月」，據葉本改補。❸馬子哨在洱源城南約五十里處。❹花甸哨　在洱源城西南約四十里處。❺蠟坪廠　今名臘坪，在洱源南境。❻清源洞　在洱源鳳羽壩子東南部，洞中有水，上承巖溜，清韻如琴。每年農曆六月十三日，舉行傳統的清源洞會，遊者甚多。❼縉紳　插笏於紳，古代士大夫的裝束。用以稱有官職或做過官的人。縉，同「搢」。插。紳，束腰的大帶。❽茶陵　見〈楚遊日記〉正月十二日日記注。❾然　「燃」的本字。❿窾　空；空處。⓫便　熟習；擅長。⓬淄　黑色。⓭澈　用同「徹」，透。

【語譯】初二　早飯後，尹忠備了幾匹馬，邀請我去遊西山。原來西山就是鳳羽山的東陲，分出幾十條山岡，都向東曲折延伸下去，北面為土主坪，南面為白王寨。這天在白王寨的北支山岡上的帝釋寺中吃飯。在這支山岡上面，接連建有三座寺廟，可是都沒有僧人居住，據說也是因為躲避強盜離開了。從土主廟再向西上去十五里，就到關坪，為鳳羽山的頂峰。在它南面白王廟背後，山勢更是高峻，望去山上白雪皚皚，但來不及攀登了。鳳羽山，又名鳥弔山。每年九月間，成千上萬隻鳥合群飛來聚集於山坪中，都是此地所沒有的品種。當地人燃起火來，鳥便投入火中。

初三　尹忠備了馬匹，叫四個人引路去遊清源洞，早飯後立即出發。沿著西山往南走五里，經過一個村莊，有座山橫亙山塢南部，大山塢到此已是南邊的盡頭處，分成兩道峽谷。西邊峽谷中的路從馬子哨通往漾濞，有一條水從峽谷中流出；東邊峽谷中的路從花甸哨通往洪珪山，有兩條水從峽谷中流出。這座山大概是從南面馬子哨分出的支脈向北突起的。從山的北麓走二里，往東下去穿越山塢，經過上駟村，渡過三條澗水，走了三里，往東到達一個村莊，又登上山坡沿著東山往南走。過了一里多，渡過東邊的澗水到西岸，就往南登上坡岡，只見東面的蠟坪廠山這廠出產礦石，山的東面就是鄧川州。和西面橫亙的山又相夾而成小山塢。往南走一里多，便轉向東，越過一個山坳，共走了一里，向東下去，忽然看見一條水從壑底流出，就是東邊澗水的上游，從清源洞下流出的水。趕緊往下到壑底，看到這水從南邊的洞穴中流出，湧向北流成為溪水。溪水上方的山崖間有個洞穴，僅有二、三尺大，洞口也朝北，上面刻著「清源洞」三個字，是鄧川州鄉紳楊南金的手筆。水不從上洞流出，從洞口往下進入洞中，也不見水。有人說：「走了幾里路後，才能聽到水聲。」入洞的地方狹窄，深深下落，正像茶陵的後洞。兩個導遊人，一個背著一筐松明，一個點燃松明作火把用以入洞。往南進去幾丈，路分成兩條，往下穿越的是洞，往上攀登的是「樓」，「樓」的上方又分出兩個洞穴。穿過右邊的洞穴進去，下面十分陡削，陷下的峽谷很深，就是往下穿越所進入的峽谷。因為石壁陡峭道路險阻，不能到達。於是返回穿過左邊的洞穴進去，洞內石壁曲折並列相夾，高不到一丈，寬也如此，裡面有很多豎直的石柱，有的像連結的樹枝，分立的堂柱；有的居中盤踞，四旁叢聚，或分或合，間隔交錯，在空穴隙縫中穿越，所見都覺十分神奇。只是石質十分晶瑩潔白，因被松明火把煙熏，都變得像煤炭那麼黑，手一接觸，就膩得沒法去掉。因為這洞既不高大寬廣，煙霧不能消散，而當地人又習慣使用松明照路，擅長彎腰曲背行走，從而更加增多了洞內的煙垢。在此之前，曾有個了解這洞的人對我說：「這洞應在年頭即去遊覽為妙，過了二月就被煙火熏黑了。」我問他為了什麼緣故，那人說：「洞內經過一年時間，沒人進去，舊有的污染，既漸漸消退變白，新生的石鐘乳，也漸漸下垂變長，所以一到新年，人們爭著去遊，洞中光景十分奇異。從這時到二月，遊洞的人已經很多，新生的石鐘乳既被採折，煙垢又熏染上去，越來越是厲害，只會弄髒衣服，不能再領略洞中景物的光彩了。」當時我對他所說的話不以為然。到這時才知道這洞因為低矮，石鐘乳容易採摘，就被折下拿走，沒有剩餘，而煙火又容易熏染，於是污垢日積月累，他的話確實不錯。穿過石柱間的縫隙往南進去，漸漸有水貯積在石柱底部的石盤中。石盤都在石柱底部環繞，大小如同盆盎，很像粵西洞中的仙田一類，但不及那裡多。大約走進半里，再落到洞中往西走下，洞深四、五尺，又有石壁相夾分為南北兩路，洞底平坦，頂部緊湊，高和寬也都不到一丈，往南走進三丈為止，往北走進十多丈，也因過於狹窄，不能進去。於是又退出，升到原落下的洞穴上方，尋找它南面的縫隙，再穿過狹縫進去。走進幾丈，洞漸漸低下，鐘乳石柱漸漸緊逼，彎腰曲膝穿過縫隙，伏地爬行也越來越難，再返回出走，從「樓」下的坑中，穿過縫隙往東轉，又走進幾十丈，裡面高、寬和從南邊進去的地方相同，而鐘乳石柱則不能和那裡比美。走到盡頭後，就在西面從下邊坑中穿過洞穴出來。從坑中抬頭眺望，上面稍許感到有空洞，就是進洞時從「樓」上俯視的地方。從下面的洞穴走出後，漸漸看見陽光，便登上石崖走出洞口，渾身上下都染成黑色蒙上污垢了。於是下去到水洞口，坐在石上浣洗。水從散亂的洞穴汨汨流出，便匯成一條大溪向北流去，清冷徹骨。

所留下的兩個人，在洞外也已把黃粱米飯煮熟了，便拿出所帶的酒肉伸腿坐在洞前吃起來。抬頭望見碧空如洗，四周群山如同城牆圍繞，乘興探幽，感到十分滿意。飯後，仍然越過西邊的山坳，稍許轉向南沿著去花甸壩的路走，便涉水橫渡中間的溪水，往西登上橫亙的山的東坡。沿著山從隴上走，過了五里下去，到上駟村的西邊，仍然沿著西山往北，走了一里，經過一個村莊，便從小路沿西山丘隴的半腰走，尋找幽深奧祕之處。在岡坡間上上下下走了十里多，到傍晚返回尹宅住宿。

初四日　尹備數騎，循西山而北，三里，盤西山東出之嘴。又北半里，忽見山麓有數樹撐空，出馬足下，其下水聲淙淙出樹間，則泉穴自山底東透隙而出也。又北半里，有坑自北山陷墜成峽，涉之，稍東，又盤一嘴，又三里，而至波大邑❶，倚西山而聚廬，亦此間大聚落也。由村北墜坑而下，橫涉一澗，又北上逾岡，三里而下，是為鐵甲場，有溪自西山東注，村廬夾之。前悶江門南當峽扼水，小山又東踞，為此中水口，南北環山兩支，復交於前，又若別成一洞天者。過溪，上北山。此山自西山橫拖而來，為鐵甲場龍砂，實鳳羽第三重砂也，東東溪流，最為緊固，其西南之麓即鐵甲，東北之麓即悶江門，鳳羽一川，全以此為鎖鑰焉。騎登其上，還飯於鐵甲場居民家。置二樽於架上，下煨以火，插藤於中而遞吸之❷，屢添而味不減。其村氓慣走緬甸，皆多彝貨，以孩兒茶❸點水饗客，茶色若胭脂❹

而無味。下午，仍從波大邑盤泉穴山嘴，復西上，探其腋中小圓山。風雨大至，沾濡而返。

【章　旨】本章記載了第二百六十九天在大理府的行跡。和尹忠騎馬沿西山出遊，經過波大邑、鐵甲場，登上北山，為鳳羽山的第三重山，地勢最為緊固，鳳羽山下一片平野，都以這裡作為要衝。在鐵甲場居民家吃飯，喝酒方式十分別致。這裡的村民經常去緬甸，用孩兒茶待客。返回時被大風雨打得渾身濕透。

【注　釋】❶波大邑　今名包大邑，和下鐵甲場均在鳳羽壩子北端。❷置二樽於架上三句　《滇略・產略》載：「鈎藤，藤也，可以釀酒，土人漬米麥於罌，熟而著藤其中，內注沸湯，下燃微火，主客執藤以吸。按鈎藤即千金藤，主治霍亂及天行瘴氣，善解諸毒，其功似與檳榔同也。」❸孩兒茶　即兒茶，又稱黑兒茶，傣語稱「西謝」。主要生長在雲南西雙版納及臨滄地區。兒茶樹的心材黑褐色，含兒茶鞣及兒茶素，可製取兒茶膏，能清熱生津，收斂止血。❹胭脂　也作「燕支」、「燕脂」，一種紅色顏料，作化妝用。

【語　譯】初四　尹忠備了幾匹馬，沿西山往北走了三里，繞過西山向東伸出的山口。又往北走半里，忽然看見山腳有幾棵樹高撐空中，出現在馬足下，下面淙淙的流水聲從樹叢中傳出，則知洞穴中的泉水是從山的底部向東穿過縫隙流出的。再往北走半里，有坑從北山陷落成為峽谷，穿過峽谷，稍許轉向東，又繞過一個山口，再走三里，到波大邑，這裡房屋背靠西山聚集，也是這一帶的大村落。從村北落到坑中往下走，橫渡一條澗水，再向北翻越山岡，走了三里下去，便是鐵甲場，有溪水從西山往東流注，兩邊是村舍。前面閦江門南臨峽口，扼住水流，又有小山座落在東面，是這裡的水口，南北有兩支山脈環繞，又在前面交錯，好像另成一個天地。渡過溪水，登上北山。這山從西山橫向延伸過來，是鐵甲場外圍的山，實際上是鳳羽山的第三重山，東面約束溪流，最為緊固，山的西南麓即鐵甲場，東北麓即閦江門，鳳羽山下的一片平野，全以這裡作為要衝。騎馬登上北山，返回在鐵甲場的居民家裡吃飯。在架上放著兩隻酒樽，下面用微火蒸煮，把鈎藤插入樽中，輪流吸飲裡面的酒，屢次加酒而味不減。這個村莊的居民，經常去緬甸，家中都有許多彝人的貨物，用水泡孩兒茶招待客人，茶水的顏色像胭脂那樣鮮紅，但沒有什麼味道。下午，仍從波大邑繞過泉水流出的洞穴上面的山口，再往西上山，探遊山腋中的小圓山。途中風雨大作，返回時渾身都被沾濕。

初五日　晨起欲別，尹君以是日清明，留宴於塋山，即土主廟北新塋也。坐廟前觀祭掃者紛紛，奢❶者攜一豬，就塋間火炕之而祭；貧者攜一雞，就塋間弔殺之，亦烹以祭。迴憶先塋，已三違春露❷，不覺憮然。亟返而臥。

初六日　余欲別，而尹君謂前邀其岳呂夢熊，期今日至，必再暫停。適村有諸生許姓者，邀登鳳羽南高嶺，隨之。下午返而呂君果至，相見甚歡。

初七日　尹君仍備騎，同夢熊再為清源洞之遊。先從白米村截川而東五里，遵東山南行。山麓有騎龍景帝廟❸，廟北有泉一穴，自崖下湧出，崖石嵌磊，巨木盤糾，清泉漱其下，古藤絡其上，境甚清幽。土人之耕者，見數騎至，以為追捕者，俱釋耜❹而趨山走險，呼之，趨益急。又南五里而抵清源洞。不復深入，攬❺洞前形勢。仍西渡中溪，遍觀西山形勝而返。下午，余苦索別，呂君代為尹留甚篤。是日宴張氏兩公子。客去，猶與呂君洗盞更酌，陳樂為胡舞❻，曰「緊急鼓」。

【章　旨】本章記載了第二百七十天至第二百七十二天在大理府的行跡。清明節那天，尹忠在墳山設宴留客，坐在廟前觀看祭掃的人，不禁茫然自失。在遊鳳羽山南高嶺返回後，看到尹忠的岳父呂夢熊來了，十分歡喜。和呂夢熊騎馬再去遊清源洞。東山腳下有騎龍景帝廟。當地人見有幾匹馬來，以為是追捕的差役，都逃入山中險要處。沒有深入清源洞中，在看遍西山的形勝後返回。這天還在宴席中觀賞了胡舞「緊急鼓」。

【注　釋】❶奢　多；富饒。❷三違春露　即三年未行祭掃祖墳之禮。舊時於春日祭祖，清明掃墓。❸騎龍景帝廟　祭南詔第十二代王世隆。唐以其名犯太宗（世民）、玄宗（隆基）諱，稱為酋龍。世隆自稱驃信（王），號大禮國，多次與唐發生戰爭，謚景莊皇帝。❹耜　原始農具，耒的下端。裝在犁上，用以翻地，形狀似鍬。後以耒耜為耕地農具的總稱。❺攬　挹取。❻胡舞　指由西域傳入的舞蹈。

【語　譯】初五　早晨起身想告別，尹君因為這天是清明節，在墳山設宴留客，就是土主廟北面新建的墓地。坐在廟前觀看祭祀掃墓的人紛紛不斷，富裕的人帶來一頭豬，在墳地用火將豬烤熟了祭祀；貧窮的人帶來一隻雞，在墳地殺了弔祭，也有煮熟了祭祀。回想起祖先的墳墓，已有三年沒有祭掃，不禁茫然自失！急忙回去睡下。

初六　我想告別，但尹君說先前已邀請他岳父呂夢熊，約定今天來到，一定要我再暫且留下。恰巧村中有個姓許的秀才，約我去登鳳羽山南的高峻山嶺，就隨他前往。下午返回後呂君果然到了，相見十分歡樂。

初七　尹君仍然備了馬，我同呂夢熊再去遊清源洞。先從白米村橫穿平野往東走五里，沿著東山往南走。山麓有騎龍景帝廟，廟的北邊有一眼泉水，從山崖下湧出，崖石深嵌堆積，大樹盤曲糾纏，下面清泉沖激，上面古藤纏繞，環境十分清靜幽雅。當地種田的人，見有幾匹馬來，以為是追捕的差役，全都放下農具逃向山中的險要處，呼喊他們，反逃得更快。又往南走五里，到達清源洞。不再深入洞中，只是收覽洞前地理形勢。仍然往西渡過中間的溪水，看遍了西山地勢勝景而後返回。下午，我苦苦告別，呂君代尹忠挽留十分懇切。這天宴請張家的兩位公子。客人離開後，仍與呂君洗杯再飲，陳列樂器表演西域歌舞，稱為「緊急鼓」。

初八日　同夢熊早飯後別尹君。三十五里，抵浪穹南門。夢熊別去，期中旬晤榆城。余入文廟，命顧僕借炊於護明寺，而後往候何六安。何公待余不至，已先一日趨榆城矣。余乃促何長君定夫，為明日行計。何長君留酌書館，復汲湯泉為浴而臥。

初九日　早飯於何處。比行，陰雲四合，大有雨意，何長君、次君仍以盒餞於南郊。南行三里，則鳳羽溪自西而東注，架木橋度之。又南里餘，抵天馬山❶麓，乃循而東行，風雨漸至。東里餘，有小阜踞峽口之北，曰練城❷，置浮屠於上，為縣學之案。此縣普陀崆水口，既極逼束，而又天生此一阜，中懸以鎖鑰之。茈碧湖、洱源海及觀音山之水，出於阜東，鳳羽山之水，出於阜西，俱合於阜南，是為三江口❸。由其西望之而行，又二里，將南入峽，先有木橋跨其上流，度橋而東，應山鋪之路自東北逾橫山來會，遂南入峽口。是峽東山即靈應山❹西下之支，西山即天馬山東盡之處，兩山逼湊，急流搗其中，為浪穹諸水所由出。路從橋東即隨流南入峽口。有數家當峽而居，是為巡檢司❺。時風雨交橫，少避於跨橋樓上。樓圮不能蔽，寒甚，南望峽中，風陣如舞，北眺凌雲諸峰，出沒閃鑠。

坐久之，雨不止，乃強擔夫行。初從東崖南向行普陀崆中，一里，峽轉而西曲，路亦西隨之。一里，復轉而南，一里，有一家倚東崖而居。按《郡志》：有龍馬洞在峽中，疑即其處，而雨甚，不及問。又南，江流❻搗崆中愈驟，崆中石聳突而激湍，或為橫檻以扼之，或為夾門以束之，或為齟齬，或為劍戟，或為犀象，或為鷙鳥，百態以極其搏截之勢。而水終不為所阻，或跨而出之，或穿而過之，或挾而瀠之，百狀以盡超越之觀。時沸流傾足下，大雨注頭上，兩崖夾身，一線透腋，轉覺神王❼。二里，顧西崖之底，有小穴當危崖下，東向與波流吞吐，心以為異。過而問熱水洞何在，始知即此穴也。先是土人言普陀崆中有熱水洞，門甚隘，而中頗寬，其水自洞底湧出如沸湯。人入洞門，為熱氣所蒸，無不浹汗，有疾者輒愈。九炁臺止可煮卵，而此可糜肉。余時寒甚，然穴在崆底甚深；且已過，不及下也。

又南一里，峽乃盡，前散為塢，水乃出崆，而路乃下坡。半里抵塢，是為下山口❽。蓋崆東之山，即靈應南垂，至是南盡，餘脈遜而東，乃南衍為西山灣之脊；崆西之山，南自鄧川西逆流而上；中開為南北大塢，而彌苴佉江貫其中焉。

峽口之南，有村當塢，是為鄧川州境。於是江兩岸垂楊夾堤，路從東岸行，六里餘而抵中所。時衣已濕透，風雨不止，乃覓逆旅，沸湯為飯。入叩劉陶石。名一金，父以鄉荐為涿州❾守，卒於任。前宿其來鳳莊者。劉君出酒慰寒，遂宿其前樓。出楊太史〈二十四氣歌〉相示，書法帶趙吳興❿，而有媚逸之致。

【章　旨】本章記載了第二百七十三天、第二百七十四天在大理府的行跡。告別尹忠，回到浪穹，和呂夢熊約好在大理城會面。次日何長君兄弟在南郊餞行，然後渡過鳳羽溪，沿天馬山麓往東，到一座小土山，地名練城，茈碧湖、洱源海、觀音山的水、鳳羽山的水分別從這小土山東西旁流出，到它南面匯合，就是三江口。往前進入一處峽谷，是浪穹縣各條水流出的地方。在跨橋樓上避雨，感到十分寒冷。冒雨在普陀崆中行走，江流在崆中更加迅猛地沖撞，崆中高聳的岩石激起急流，千姿百態，極盡其搏擊攔截江水的氣勢；而水流始終未被岩石擋住，千形百狀，盡顯其超越岩石的壯觀。在此之前，聽當地人說，普陀崆中有熱水洞，水從洞底湧出，如同沸騰的開水，人被熱氣熏蒸，有病立即痊癒，水溫可將肉煮爛，因為已走過頭，來不及下去了。接著到下山口，普陀崆中間開出南北向的大山塢，彌苴佉江從中穿過。到中所，衣服已經濕透，進去拜訪劉一金，在他家的前樓住宿，觀賞楊慎所寫的〈二十四氣歌〉。

【注　釋】❶天馬山　在洱源城南，山上原有鎮蝗塔。❷練城　今名煉城，在洱源東南，鳳羽河南岸。❸三江口　在洱源城東約十里處，鳳羽河、寧河、大營河從這裡流出。❹靈應山　在洱源城東約二十里處，山高千仞。因古時石室中有像，禱雨頗為靈驗，故名。❺巡檢司　指普陀崆巡檢司，位於普陀崆峽口，在今巡檢村附近。❻江流　指彌苴佉江，又名普陀江，今名彌苴河，源出洱源罷谷山，自南往北流入洱海。❼王　通「旺」。❽下山口　與下「中所」均在洱源南境，鄧川壩子北部。❾涿州　明代隸順天府，治所在今河北涿州。❿趙吳興　趙孟頫。宋太祖子秦王德芳之後，因賜第湖州（唐代曾改湖州為吳興郡），故為湖州人。入元，累官至翰林學士承旨，書法稱「趙體」，篆籀分隸、真、行、草書，無不冠絕一時。畫變南宋畫院格調，開元代畫風。有《松雪齋集》。妻管道昇亦工書畫，人稱管夫人。

【語　譯】初八　早飯後同呂夢熊告別尹君。走了三十五里，到達浪穹城南門。夢熊告別離開，約定中旬在大理城會面。我進入文廟，吩咐顧僕在護明寺借火煮飯，然後前去問候何六安。何公等我不見來到，已在前一天去大理城了。我就催促何長君定下挑夫，為明天出發作準備。何長君留我在書館飲酒，又取來溫泉水沐浴後睡下。

初九　在何長君那裡吃早飯。將近上路時，陰雲從四面聚合，大有下雨的樣子，何長君、次君仍然帶了食品盒子在南郊餞行。往南走了三里，只見鳳羽溪自西往東流去，從架起的木橋過溪。又往南走了一里多，到達天馬山麓，就沿著山麓往東走，風雨漸漸來臨。往東走一里多，有座小土山座落在峽口的北邊，地名練城，上面建有佛塔，是縣學的案山。這縣的普陀崆水口，既已極其狹窄，而這裡又天生一座土山，居中懸立控制水流。茈碧湖、洱源海及觀音山的水，從土山東邊流出，鳳羽山的水，從土山西邊流出，都在土山南面匯合，這就是三江口。由三江口的西面朝著它往前走，又過了二里，即將往南進入峽谷，先有一座木橋架在溪水上游，過橋往東，由應山鋪過來的路從東北越過橫山前來會合，於是往南進入峽口。這峽谷東邊的山就是靈應山往西延伸的支脈，西邊的山就是天馬山東邊的盡頭處，兩面的山緊逼聚攏，急流在其中沖擊，是浪穹縣各條水所流出的地方。路從橋東邊就立即隨著溪流往南進入峽口。有幾戶人家在峽口居住，這就是巡檢司。此時風雨交加，暫且在跨橋樓上避雨。樓已倒塌，遮不住風雨，十分寒冷。向南眺望峽谷中，陣陣狂風，如飛舞一般；向北眺望淩雲等山峰，忽隱忽現。

坐了很久，雨仍下個不停，便強迫挑夫上路。起先從東面的山崖往南在普陀崆中行走，過了一里，峽谷轉向西彎曲，路也隨著向西延伸。走了一里，再轉向南，又走了一里，有戶人家靠著東面的山崖居住。據《郡志》記載：有龍馬洞在峽谷中，懷疑就是在這裡，但雨下得很大，來不及打聽。再往南走，江流在普陀崆中更加迅猛地沖撞，崆中岩石高聳突出激起急流，有的像橫臥的門檻扼阻水流，有的像相夾的門戶約束水流，有的像參差不齊的牙齒，有的像刀槍劍戟，有的像犀牛大象，有的像凶猛的鷙鳥，千姿百態，極盡其盤旋攔截激流的氣勢。但水流始終不被擋住，有時跨過岩石流出，有時穿過岩石流出，有時從岩石旁邊繞過，千形百狀，極盡超越障礙的壯觀。這時腳下激流傾瀉，頭上大雨澆灑，兩旁山崖夾著身體，僅有一條狹窄的小路穿過山腋，反而覺得遊興更濃。走了二里，回頭望見西邊山崖的底部，有個小洞在懸崖下面，洞口朝東，吞吐波濤起伏的水流，心裡感到奇怪。走過後打聽熱水洞在哪裡，才知道就是這個洞穴。在此之前，當地人說普陀崆中有個熱水洞，洞口十分狹窄，但洞內很寬敞，水從洞底湧出如同沸騰的開水。人們進入洞門，被熱氣熏蒸，無不汗流浹背，有病的馬上痊癒。九炁臺的溫泉，只能煮熟雞蛋，而這裡水溫可把肉煮爛。我當時冷得厲害，但洞穴在普陀崆底部很深的地方，並且已經走過頭，就來不及下去了。

又往南走了一里，峽谷才到盡頭，前面散開成為山塢，水才流出普陀崆，而路就走下山坡。過了半里，到達山塢，這是下山口。原來普陀崆東面的山，就是靈應山的南陲，到這裡是南面的盡頭，餘脈退向東，便往南延伸為西山灣的山脊；普陀崆西面的山，南邊從鄧川州西面逆流往上延伸，中間開出南北向的大山塢，而彌苴佉江從山塢中穿過。峽口的南面，有村莊在山塢中，已是鄧川州的境地，從這裡起江水兩邊飄垂的楊柳夾著堤岸，路從東岸走，過了六里多，到達中所。這時衣服已經濕透，風雨仍在下著，就找了旅店，燒水做飯。進村拜訪劉陶石。名一金。他的父親以舉人出任涿州知州，死在任上。我先前就在他的來鳳莊住宿。劉君拿出酒來給我驅寒，於是在他家的前樓住宿。劉君又拿出楊太史的〈二十四氣歌〉給我觀看，書法帶有趙孟頫的筆意，有嫵媚飄逸的情趣。

初十日　雨止而餘寒猶在，四山雪色照人。迨飯而擔夫逸去。劉君乃令人覓小舟於江岸之西覆鐘山❶下，另覓夫肩行李從陸行，言西山下有湖可遊，欲與余同泛也。蓋中所當彌苴佉江出峽之始，其地平沃，居屯甚盛，築堤導江❷，為中流所；東山之下，有水自焦石洞❸下，沿東山經龍王廟前，匯為東湖，流為閟地江❹，是為東流所；西山之下，有水自鐘山石穴中，東出為綠玉池❺，南流為羅蒔江❻，是為西流所。故其地亦有「三江」之名。然練城之三江合流，此所之三江分流，雖同南行注洱海，而未嘗相入也。

余與劉君先西過大石梁，乃跨彌苴佉江上者。西行塍中一里，有橋跨小溪上，即羅蒔江也。橋之北，水塘瀲灩，青蒲蒙茸；橋之南，溪流如線，蛇行兩畦間。因踞橋待舟，北望梅花村綠玉池在里外，而隔浦路濕，舟至便行，竟不及北探也。此地名中所，東山之東，羅川之上，亦有中所❼，乃即此地之分屯也，余昔自雞山西下所託宿處。大約此地正東與雞鳴寺❽，西與鳳羽舍上盤相對，但各間一山脊耳。橋西諸山皆土，而峭削殊甚，時多崩圮。鐘山峙橋西北，溪始❾峙橋正西，蓋鐘山突而東，溪始環而西。溪始之上，有水一圍，匯絕頂間，東南墜峽而下，高挈眾流之祖，故以「溪始」名。

下舟，隨溪遵其東麓南行。兩旁塍低於溪，壅岸行水於中，其流雖小而急。此處小舟如葉，止受三人。其中彌苴佉江似可通大舟，而流急莫從。二里，則兩岸漸平，而走沙中壅，舟膠不前。劉君與余乃登岸行隴，舟人乃凌波曳舟。五里，乃復下舟。少曲而西，半里，遂南挺而下湖⑩。湖中菱蒲汎汎。多有連蕪為畦，植柳為岸，而結廬於中者。汀港相間，曲折成趣，深處則曠然展鏡，夾處則窅然罨畫⑪，翛翛有江南風景，而外有四山環翠，覺西子湖又反出其下也。湖中渚田甚沃，種蒜大如拳而味異，鶯粟花連疇接隴於黛柳鏡波之間，景趣殊勝。三里湖盡，西南瞻鄧川州⑫治，當山腋曲間，居廬不甚盛而無城，其右有崩峽倒衝之，昔年遷於德源城，以艱於水，復還故處。大路在湖之東，彌苴佉江西岸。若由陸路行，不復知此中有湖，併湖中有此景也。

又南行港間一里餘，有路自東橫亙於西山，即達州治之通道也。堤之下，連架三橋以洩水。舟由堤北東行，一里，穿橋而南，又半里，有小橋曰三條橋，即北從中所來之大道也。水穿橋東，路度橋南，俱南向行。初約顧僕以行李待此而不在，劉君臨岐踟躕⑬。時已過午，腹餒，余揮手別劉君，令速返。余遵大道南行，始見路東有小山橫亙塢中，若當門之檻，截塢而出者，是為德源城⑭，蓋古跡也。按志，昔六詔⑮未一，南詔延五詔長為星回會，鄧睒詔⑯之妻勸夫莫往，曰：「此詐也，必有變。」以鐵環約夫臂而行。後五詔俱焚死，遺屍莫辨，獨鄧睒以臂約認之還。後有欲強妻之，復以計詒之，得自盡，不為所污。故後人以德源旌之。山橫塢中，不甚高，而東西兩端，各不屬於大山。山之西，與臥牛相夾，則羅蒔江與鄧川驛路從之；山之東，與西山灣山相夾，則彌苴佉、悶地二江從之。南三里，從其西峽傍臥牛山東突之嘴行。臥牛山者，鄧川東下南砂之臂也，一大峰，一小峰，相屬而下，大者名臥牛，小者名象山，土人以象小而牛大，今俱呼為象山云。湊峽之間，有數十家當道，是為鄧川驛⑰。過驛一里，上盤西山之嘴，始追及僕擔。遂南望洱海直上關而北，而德源橫亙之南，尚有平疇南接海濱。德源山之東，大山南下之脊，至是亦低伏東轉，而直接海東大山。蓋萬里之脈，至洱海之北而始低渡云。

由嘴南仍依西山南下，二里，下度一峽口，其峽自西山出，橫涉之而南上坡間。又二里，有坊當道，逾坡南行，始與洱海近。共五里，西山之坡，東向而突海中，是為龍王廟。南崖之下，有油魚洞，西山腋中，有「十里香」奇樹，皆為此中奇勝。而南瞻沙坪，去坡一里而遙，急令僕擔先覓寓具餐，余并探此而後中食。乃從大路東半里，下至海崖。其廟東臨大海，有漁戶數家居廟中，廟前一坑下墜，架石度其上如橋。從石南墜坑下丈餘，其坑南北橫二丈，東西闊八尺，其下再嵌而下，則水貫峽底，小魚千萬頭，雜沓於內。漁人見余至，取飯一掌撒，則群叢而嘬之。蓋其下亦有細穴潛通洱海，但無大魚，不過如指者耳。油魚洞[18]在廟崖曲之間，水石交薄，崖內遜而抱水，東向如玦，崖下插水中，崆峒透漏。每年八月十五，有小魚出其中，大亦如指，而周身俱油，為此中第一味，過十月，復烏有矣。崖之後，石聳片如芙蓉裂瓣，從其隙下窺之，多有水漱其底，蓋其下皆潛通也。稍西上，有中窪之宕當路左，其東崖漱根，亦有水外通，與海波同為消長焉。

從其側交大路而西逾坡，不得路，望所謂三家村者，尚隔一箐踞西峽間。乃西半里，越坡而下，又西半里，涉箐而上，乃沿西山南向而趨，一里，漸得路，轉入西腋，半里，抵三家村。問老嫗，指奇樹在村後田間。又半里，至其下。其樹高臨深岸，而南榦半空，直然挺立，大不及省城土主廟奇樹之半，而葉亦差小。其花黃白色，大如蓮，亦有十二瓣，按月而閏增一瓣，與省會之說同，但開時香聞遠甚，土人謂之「十里香」，則省中所未聞也。榆城[19]有風、花、雪、月四大景，下關風[20]、上關花[21]、蒼山雪[22]、洱海月[23]。上關以此花著。按志，榆城異產有木蓮花[24]，而不注何地，然他處亦不聞，豈即此耶？花自正月抵二月終乃謝，時已無餘瓣，不能聞香見色，惟撫其本辨其葉而已。乃從村南下坡，共東南二里而至沙坪[25]，聚落夾衢。入邸舍，晚餐已熟。而劉君所倩擔夫已去，乃別倩為早行計。

【章旨】本章記載了第二百七十五天在大理府的行跡。吃飯時挑夫逃走，劉一金找了一條小船，想和我一起在西山下的湖中泛舟遊賞。這裡中流所有彌苴佉江，東流所有悶地江，西流所有羅蒔江，因此也有「三江」的名稱，只是練城三江合流，這裡三江分流，都往南注入洱海。先通過架在彌苴佉江上的大石橋，然後在羅蒔江上的小橋等船，向北望見梅花村、綠玉池，但來不及探遊。這裡地名中所，橋的西面都是土山，鐘山向東突起，溪始山往西環繞。溪始山的上面，有水在絕頂匯聚，為高高提攜各條水流的源頭。坐船直下湖中，湖中有多處連在一起的荒地已開墾成農田，蓋起房屋。湖中景物，很有江南的情調，覺得杭州的西湖反而不及它。湖中種的蒜大如拳頭，鶯粟花連田接壠，景物情趣格外優美。到湖的盡頭，遠望鄧川州治，房屋不多，沒有城牆。再在港灣間行走，看到堤岸下接連架起三座橋排水，到三條橋和劉一金分別，沿大路到德源城，是六詔時的一處古蹟。靠著德源山西邊臥牛山（象山）的山口走，經過鄧川驛，望見洱海直到上關的北面，延伸萬里的山脈，到洱海北面才開始低伏下去。又越過一處峽谷，才開始和洱海接近。往下到海邊的山崖，看到龍王廟向東面臨洱海，廟前有個深坑，落到坑中深入下去，看見峽底有成千上萬條小魚在水中游動，原來底下有小洞暗通洱海。油魚洞在龍王廟所在山崖的彎曲處，水石交逼，每年八月十五，有渾身是油的小魚在裡面出沒，為這裡第一美味。接著穿過大路越過山坡，到三家村，村後的田間有奇樹，名「十里香」，每月開一瓣花，香氣能傳到很遠的地方。大理城有風、花、雪、月四大景，上關以這花著稱。這時花已凋謝，聞不到花香看不到花色。下坡到沙坪的旅店住宿。

【注釋】❶覆鐘山　又名鐘山，在洱源南境，鄧川北面，山勢如覆鐘。❷築堤導江　鶴慶、劍川、洱源的眾多水流，自下山口流入瀰苴河，綿亙四十餘里，注入洱海。明代在河兩岸築堤，高二丈，寬四丈，堤東開涵洞十二，堤西開涵洞十六，引水入溝，灌溉農田。❸焦石洞　〈滇遊日記六〉正月二十三日日記作「焦石峒」。❹閟地江　今名永安江，源出東湖，自南往北流入洱海。❺綠玉池　在覆鐘山下，以水映山光，色如綠玉得名。❻羅蒔江　即羅時江，在鄧川西面。唐時羅時兄弟疏導綠玉池及西湖之水，南歸洱海。❼中所　見〈滇遊日記六〉正月二十二日日記注。❽雞鳴寺　見〈滇遊日記六〉正月二十三日日記。❾溪始　又名啟始山。❿遂南挺而下湖　此湖指西湖，在洱源東南，鄧川北面，流入羅時江。⓫罨畫　雜色的彩畫。⓬鄧川州　明代隸大理府，當時治所在今洱源東南的舊州。⓭跼蹐　疑為「跼躅」之誤，跼躅，徘徊不前。⓮德源城　為唐時六詔之一邆睒詔的中心，在今洱源鄧川東北的小山上，形勢險峻，如天然城堡。內有一古廟，供奉慈善夫人（邆睒詔長之妻，當地傳說中又稱白潔夫人）木雕像。山頂平坦，今尚可見土牆遺跡，為保存較為完整的六詔城池遺址。⓯六詔　唐西南夷中烏蠻六個部分的總稱。「詔」意為王或首領。其中越析詔在今賓川，浪穹詔在今洱源，邆睒詔在今洱源東南的鄧川，施浪詔在今洱源東，蒙嶲詔與蒙舍詔在今巍山北境。蒙舍詔因地居其他五詔之南，又名南詔。開元年間，南詔王皮邏閣在唐朝支持下統一六詔，遷治太和城（今雲南大理南太和村西），後遷陽苴咩城（今大理古城）。⓰鄧睒詔　現據《新唐書》作「邆睒詔」。⓱鄧川驛　後稱新州，即今洱海南境的鄧川。⓲油魚洞　在洱海北端，羅時江入洱海口南面。⓳榆城　漢武帝在雲南設置益州郡，所轄楪榆縣即今大理洱源地，當時稱洱海為楪榆澤，故後以榆城為大理城的別稱。位於蒼山東麓，洱海西岸。唐、宋時的南詔國和大理國，都以大理為都城。這裡家家養花，戶戶有泉，四季如春，芳氣襲人，尤以茶花著稱。⓴下關風　每年冬春，為大理的風季，有時風力達八級以上。因蒼山屏峙，擋住了西南吹來的季風，而蒼山南端的西洱河口，是一個天然的「缺口」，當季風沿河谷往東北吹入，愈行愈狹，風速也愈來愈快。位於西洱河出口處的下關，正處在「風口」上，每當風季，幾乎天天狂風呼嘯，穿街掃巷，下關也就獲得「風城」之稱。㉑上關花　上關以花著稱，尤以傳說中的「朝珠花」《遊記》中稱為「十里香」，又名木蓮花）最為神奇。每朵花十二瓣，每月開一瓣，遇閏年加開一瓣。相傳為仙家所栽，白族有該花的大本曲流傳。㉒蒼山雪　蒼山古稱「點蒼山」，意為「白頭之山」。蒼山積雪，為大理四景之最。尤其在陽春三月，風和日麗，蒼山更顯得晶瑩潔靜。李元陽有詩讚道：「日麗蒼山雪，瑤臺十九峰。」每當夏季，白族人從山頂取下這「陰崖古雪」，調上蜜汁黑梅，做成飲料，有「五月賣雪」的趣事。㉓洱海月　每到夜晚，月光灑在洱海水面上，風吹波動，猶如萬點星光，歌聲起伏，燈火微茫，聚成一個光圈，圍在湖心，此時洱海，呈現出一種夢幻般的美景。前人曾有詩詠榆城四景：「下關風，上關花，下關風吹上關花；蒼山雪，洱海月，洱海月照蒼山雪。」㉔木蓮花　木蘭科，常綠喬木，花白色，似玉蘭而花瓣較狹。滇藏木蘭，在大理稱木蓮花，漾濞稱紅花厚樸，龍陵稱山丹花，花大，呈淡紅或粉紅色，有香味。㉕沙坪　在洱源南隅，上關北面。

【語　譯】初十　雨停了但餘寒還在，四周群山雪光照人。到吃飯時挑夫逃走了，劉君便叫人去江岸西邊的覆鐘山下找來小船，另外找了挑夫肩負行李從陸路走，他說西山下有湖泊值得一遊，想和我一起去泛舟遊賞。原來中所正當彌苴佉江剛流出峽谷處，這裡土地平坦肥沃，聚落十分興盛，修築了堤壩疏導江水，是中流所；東山的下面，有水從焦石洞流下，沿東山經過龍王廟前，匯成東湖，往下流成悶地江，這是東流所；西山的下面，有水從鐘山的石洞中，往東流出成為綠玉池，往南流成為羅蒔江，這是西流所。所以這裡也有「三江」的名稱。但練城的三江是合流，這裡三所的三江是分流，雖然往南流同入洱海，但不曾相互流通。

我和劉君先往西通過大石橋，是架在彌苴佉江上的橋。往西在田埂中走了一里，有橋架在小溪上，就是羅蒔江。橋的北邊，池塘中水波流動，青青的蒲草一片蔥蘢；橋的南邊，溪流細小如線，像蛇行那樣在兩邊田畦間曲折流淌。於是坐在橋上等船，向北望見梅花村、綠玉池在一里以外，但在隔江水邊的路都被浸濕，船一到立即出發，竟來不及往北探遊。這裡地名中所，東山的東面，羅川的岸上，也有中所，就是這裡分兵屯守的地方，我以前從雞足山往西下山投宿之處。大約這裡的正東和雞鳴寺、西面和鳳羽山的舍上盤相對，但各自隔著一道山脊罷了。橋西邊的眾山全是土山，但格外陡峭，常有很多地方崩塌。鐘山在橋的西北峙立，溪始山在橋的正西峙立，原來鐘山向東突起，溪始山向西環繞。溪始山的上面，有一圍水，匯聚在絕頂間，往東南流從峽谷落下，是高高提挈眾多水流的源頭，所以用「溪始」為名。

下船後隨溪流沿著山的東麓往南走。兩旁田地低於溪流，培土築岸讓水在中間流行，水流雖小但很急。這裡的小船如一片樹葉，只能容納三人。其中彌苴佉江似可通航大船，但水流太急不能行駛。走了二里，只見兩岸漸漸平坦起來，而流沙堵塞在江中，船便擱淺不能再往前。劉君和我就上岸在丘壠中行走，船夫便踩著水拖船。過了五里，才又下船。稍許向西彎曲行駛半里，便向南筆直駛下湖中。湖中菱角蒲草飄浮。有多處連片荒地開墾成為農田，堤岸上種植柳樹，而在其間蓋起房屋。小洲港灣相間疊出，曲曲折折，自有情趣。水深處空闊如明鏡展現在眼前，水窄處幽深如雜色的彩畫，超脫自然有江南風景的情調，而外圍四面青山環繞，又覺得杭州西湖反而不及它了。湖中小洲上田地十分肥沃，種植的大蒜，像拳頭那麼大，味道奇特；鶯粟花連疇接壠在翠綠的楊柳和明鏡似的水波間開著，景色情趣格外優美。行駛三里到湖的盡頭，向西南眺望鄧川州治，在山腋的彎曲處，房屋不多，而且沒有城牆，在它右邊有崩塌的峽谷倒衝向它；往年州治曾遷到德源城，因為用水困難，又遷回原處。大路在湖的東邊、彌苴佉江的西岸，如果從陸路走，就不會再知道這裡有湖，以及湖中有這樣的美景。

再往南在港灣間走了一里多，有條路從東面橫向延伸到西山，就是去鄧川州治的通道。堤岸的下面，接連架了三座橋用以排水。船從堤岸北邊往東走，過了一里，穿過橋往南走，又過了半里，有座小橋名三條橋，就是從北面中所過來的大路。水流過橋到東邊，路越過橋到南邊，都是向南走。原先和顧僕約好將行李帶到這裡等候，但他卻不在，劉君對著岔路徘徊不前。這時已過中午，肚子餓得厲害，我揮手告別劉君，叫他迅速返回。我沿著大路往南走，才看到路的東邊有座小山橫亙在山塢中，就像當門的檻，攔截山塢伸出，這就是德源城，原來是一處古蹟。據志書記載，過去六詔未統一時，南詔邀請五詔首領開星回會，鄧賧詔首領的妻子勸丈夫不要去，說：「這是欺詐，一定會發生變故。」用鐵環套在丈夫手臂上才放行。後來五詔首領都被燒死，遺體無法辨認，唯獨鄧賧詔首領因手臂有鐵環套著才認出將屍體運回。後來有人想強行娶她為妻，她又設計騙了那人，自殺而死，不被玷污。因此後人用「德源」來表彰她。山橫亙在山塢中，不太高，但東西兩端，各自不和大山連接。山的西邊，和臥牛山相夾，去羅蒔江和鄧川驛的路從這裡走；山的東邊和西山灣山相夾，彌苴佉江、悶地江兩條水從這裡流過。往南走三里，從它西邊的峽谷靠著臥牛山向東突出的山口行走。臥牛山是從鄧川州往東延伸南下的一支，一座大山峰，一座小山峰，相連而下，大的名臥牛山，小的名象山，當地人認為象小牛大，如今都稱為象山。緊湊的峽谷中，路邊有幾十戶人家居住，這就是鄧川驛。經過驛站走了一里，往上繞過西山的山口，才追上顧僕和挑夫。於是向南望見洱海直到上關北面，而德源山橫亙的南面，還有平坦的田野南和洱海岸相接。德源山的東面，大山往南伸延的山脊，到這裡也低伏下去往東轉，直接洱海東面的大山。原來延伸萬里的山脈，到洱海的北面開始低伏下去。

從山口南面仍然沿著西山往南下去，走了二里，往下越過一處峽谷，這峽谷從西山伸出，橫越峽谷而後往南登上山坡。再走了二里，有座牌坊豎立在路上，越過山坡往南走，才和洱海接近。共走了五里，西山的山坡，向東突入海中，這便是龍王廟所在處。南邊山崖的下面，有油魚洞，西山的山腋中，有棵名「十里香」的奇樹，都是這裡奇特的勝景。向南遠望沙坪，離山坡有一里遠，急忙叫顧僕挑夫先去找寓所備飯，我將這兩處勝景一併探遊後再吃中飯。於是從大路往東走半里，往下到海邊的山崖。龍王廟向東面臨洱海，有幾戶漁民住在廟中，廟前有一個坑洞陷下，坑上架著石塊通行如同橋梁。從石塊南邊往下一丈多落到坑中，這坑南北長二丈，東西寬八尺，從它下面再深入下去，看到水穿峽底，千萬條小魚在水中雜亂地游動。漁夫見我來到，拿了一把飯撒入水中，只見魚群聚在一起爭食。原來水下也有小洞暗通洱海，但沒有大魚，不過都是些像手指那樣的小魚罷了。油魚洞在龍王廟所在的山崖彎曲處，水石交逼，山崖向內退縮而環抱著水，向東好像玉玦，山崖下部插入水中，崖壁上有穿透的空洞。每年八月十五，有小魚在空洞中出沒，也只有手指大，渾身都是油，是這裡第一美味，過了十月，便沒有了。山崖的後面，石片高聳如芙蓉裂開花瓣，從石縫中往下探看，多處有水沖激石底，因為它的下面都暗中通向洱海。稍許往西向上走，有個中間窪下的石礦在路的左邊，水流沖激著石礦東邊的崖腳，也有水和外面相通，和洱海的水一起漲落。

從它旁邊和大路相交後往西越過山坡，找不到路，遠望所謂三家村的地方，還隔著一道箐谷座落在西面的峽谷中。於是往西走半里，越過山坡下去，再往西走半里，越過箐谷往上，便沿著西山往南趕路，走了一里，漸漸找到了路，轉入山的西腋，走了半里，到達三家村。向一個老婦人打聽，她指著說奇樹在村後的田間。再走半里，到了樹下。這棵樹高高面對著深深的堤岸，向南的樹幹一半是光禿禿的，筆直挺立，不到省城土主廟中的奇樹一半大，而且葉片也比較小。開的花為黃白色，大如蓮花，也有十二瓣，每月開一瓣，閏月增加一瓣，也和省城的說法相同，但花開時香氣在很遠的地方也能聞到，當地人稱它為「十里香」，則在省城不曾聽說過。大理城有風、花、雪、月四大景色，下關風、上關花、蒼山雪、洱海月。上關以這花著稱。據志書記載，大理城奇異的物產有木蓮花，但未注明在哪裡，但在其他地方也沒聽說過，難道就是這花嗎？花從正月開到二月底才凋謝，這時已沒有剩餘花瓣，不能聞到香氣見到花色了，唯有撫摸著樹幹辨別它的葉片罷了。於是從村南下坡，往東南共走了二里，到沙坪，村落在大路兩旁。進入旅店，晚飯已經煮熟。而劉君所請的挑夫已離去，於是另外請人為明天一早上路作準備。

十二日　早炊，平明，夫至乃行。由沙坪而南一里餘，西山之支，又橫突而東，是為龍首關，蓋點蒼山❶北界之第一峰也。鳳羽南行，度花甸哨南嶺而東北轉者，為龍王廟後諸山，迤邐從鄧川之臥牛、溪始，而北盡於天馬，南峙者為點蒼，而東垂北顧，實始於此，所以謂之「龍首」。《一統志》列點蒼十九峰❷次第，自南而北，則是反以龍尾為首也。當山垂海錯之處，鞏城❸當道，為榆城北門鎖鑰，俗謂之上關❹，以據洱海❺上流也。入城北門，半里，出南門，乃依點蒼東麓南行。高眺西峰，多墜坑而下，蓋後如列屏，前如連袂，所謂十九峰者，皆如五老❻比肩，而中墜為坑者也。

南二里，過第二峽之南，有村當大道之右，曰波羅村。其西山麓有蛺蝶泉❼之異，余聞之已久，至是得土人西指，乃令僕擔先趨三塔寺，投何巢阿所棲僧舍，而余獨從村南西向望山麓而馳。半里，有流泉淙淙，溯之，又西半里，抵山麓。

有樹大合抱，倚崖而聳立，下有泉，東向漱根竅而出，清冽可鑒。稍東，其下又有一小樹，仍有一小泉，亦漱根而出。二泉匯為方丈之沼，即所溯之上流也。泉上大樹，當四月初，即發花如蛺蝶，鬚翅栩然，與生蝶無異❽。又有真蝶千萬，連鬚鉤足，自樹巔倒懸而下，及於泉面，繽紛絡繹，五色煥然。遊人俱從此月，群而觀之，過五月乃已。余在粵西三里城❾，陸參戎❿即為余言其異。至此又以時早未花，詢土人，或言蛺蝶即其花所變，或言以花形相似，故引類而來，未知孰是。然龍首南北相距不出數里，有此二奇葩，一恨於已落，一恨於未蕊，皆不過一月，而各不相遇。乃折其枝，圖⓫其葉而後行。

已望見山北第二峽，其口對逼如門，相去不遠，乃北上躡之。始無路，二里，近峽南，乃得東來之道，緣之西向上躋，其坡甚峻。路有樵者，問何往，余以尋山對。一人曰：「此路從峽南直上，乃樵道，無他奇。南峽中有古佛洞⓬甚異，但懸崖絕隔，恐不能行，無引者亦不能識。」又一老人欣然曰：「君既萬里而來，不為險阻，余何難前導？」余乃解長衣，併所折蛺蝶枝，負之行。共西上者三里，乃折而南，又平上者三里，復西向懸躋。又二里，竟凌南峽之上，乃第三峽也。於是緣峽上西行，上下皆危崖絕壁，積雪皚皚，當石崖間，旭日映之，光豔奪目。

下瞰南峰，與崖又駢峙成峽，其內墜壑深杳，其外東臨大道，有居廬當其平豁之口，甚盛。以此崖南下俱削石，故必由北坡上，而南轉西入也。又西上二里，崖石愈巀嶪，對崖亦穹環駢繞，蓋前猶下崖相對，而至此則上峰俱迴合矣。又上一里，盤崖漸北，一石橫庋足下，而上崖飛騫刺空，下崖倒影無底。導者言：「上崖腋間，有洞曰大水；下崖腋間，有洞曰古佛。」而四睇皆無路。導者曰：「此庋石昔從上崖墜下，橫壓下洞之上，路為之塞。」遂由庋石之西，攀枝直墜，其下果有門南向，而上不能見也。門若裂罅，高而不闊，中分三層。下層墜若眢井⑬，俯窺杳黑而不見其底，昔曾置級以下，冓⑭磴而入甚深，今級廢磴無，不能下矣。中層分瓣排欞，內深三丈，石潤而潔⑮，洞狹而朗，如披帷踐榭，坐其內，隨峽引眺⑯，正遙對海光；而洞門之上，有中垂之石，儼如龍首倒懸，寶絡⑰中掛。上層在中洞右崖之後，盤空上透，望頗窈窱⑱，而中洞兩崖中削，內無從上。其前門夾處，兩崖中湊，左崖前削，石痕如猴，少刓其端，首大如卵，可踐猴首飛度右崖以入上洞。但右崖欹側，與左崖雖中懸二尺餘，手無他援，而猴首之足，亦僅黏半趾，躍陟甚難，昔亦有橫板之度，而今無從覓。余宛轉久之，不得度而下。導者言：「數年前，有一僧棲此崖間，多置佛，故以古佛名。自僧去佛移，其疊級架梯，亦久廢無存，今遂不覺閉塞。」余謂不閉塞不奇也。乃復上庋石，從其門捫崖直上。崖亦迸隙成門，門亦南向，高而不闊，與下洞同，但無其層疊之異。峽左石片下垂，擊之作鐘鼓聲。北向入三丈，峽窮而躡之上，有窪當後壁之半，外聳石片，中刓如甕臼[19]，以手摸之，內圓而底平，乃天成貯泉之器也。其上有白痕自洞頂下垂其中，如玉龍倒影，乃滴水之痕。臼側有白磁一，乃昔人置以飲水者。

觀玩既久，乃復下庋石。導者乃取樵後峽去，余乃仍循崖東下。三里，當南崖之口，路將轉北，見其側亦有小歧，東向草石間，可免北行之迂，乃隨之下，其下甚峻，路屢斷屢續。東下三里，乃折而南，又平下三里，乃及麓，渡東出之澗。澗南有巨石高穹，牧者多踞其上，見余自北崖下，爭覘眺之，不知為何許人也。又南一里半，及周城村[20]後，乃東出半里，入夾路之衢，則龍首關來大道也。時腹已餒，問去榆城道，尚六十里，亟竭蹶而趨。遙望洱海東灣，蒼山西列，十九峰雖比肩連袂，而大勢又中分兩重。北重自龍首而南至洪圭，其支東拖而出，又從洪圭後再起為南重，自無為而南至龍尾關，其支乃盡。洪圭之後，即有峽西北通花甸[21]；洪圭之前，其支東出者為某村，又東錯而直瞰洱海中，為鵝鼻嘴，即羅剎石[22]也。不特山從此疊兩重，而海亦界為兩重焉。十三里，過某村之西，西瞻有路登山，為花甸道；東瞻某村，居廬甚富。又南逾東拖之岡，四里過二鋪，又十五里而過頭鋪，又十三里而至三塔寺[23]。入大空山房，則何巢阿同其幼子相望於門。僧覺宗出酒沃飢而後飯。夜同巢阿出寺，徘徊塔下，踞橋而坐，松陰塔影，隱現於雪痕月色之間，令人神思悄然。

【章　旨】本章記載了第二百七十六天在大理府的行跡。從沙坪往南到龍首關，為點蒼山北部的第一峰。進入位於洱海上游的上關城，沿著點蒼山東麓走。點蒼山十九峰都像廬山五老峰那樣並肩排列，中間往下陷成坑谷。經過第二道峽谷的南面，到波羅村。村西邊的山麓有大樹，樹下有泉水，每年四月初，樹上開花如同蝴蝶，並將真蝴蝶引來，相互鉤連，從樹杪往下垂到水面，五彩煥發，十分奇麗，到五月結束。這就是聞名已久的蝴蝶泉，可惜這時因季節還早尚未開花，只能摘取樹葉離去。隨即登上山北的第二道峽谷，遇上一個砍柴老人，自願引路去遊古佛洞。登臨山南峽谷（即第三道峽谷）的上方，上下都是懸崖絕壁，積雪皚皚。繼續往上攀登，崖石更加險峻，有石塊橫架在腳下，據說這石塊過去從上面石崖落下，壓在下面的古佛洞上，將路阻塞。拉著樹枝落到下面，果然有個朝南的洞，洞中分為三層，上層陷落如同枯井，中層如展開的花瓣，洞門上方有垂下的石塊，很像倒懸的龍頭，上層看上去十分深遠。洞前門左邊的石崖上有石痕形如猴子，因地勢險峻，不能越到右邊的石崖進入上洞。據嚮導說，幾年前有個僧人在這裡居住，安放許多佛像，所以用「古佛」名洞，如今僧人已離開，洞也就閉塞了。回到橫架的石塊上，摸著石崖攀登，到一處窪地，裡面有石臼，是天然的貯水器具。和嚮導分手後，沿山崖往下，從一條岔路走，路屢斷屢續。到達山麓，放牧的人爭相觀望，覺得十分稀罕。到周城村的後面，離大理城還有六十里，在這裡遙望蒼山洱海。十九峰雖然並排相連，但山勢大體上又從中分成兩重，北面一重從龍首關到洪圭山，南面一重從無為山到龍尾關，而且洱海也被隔成兩部分。最後經過二鋪、頭鋪，到三塔寺，和何巢阿相會。

【注釋】❶點蒼山　簡稱蒼山，據《水經注》載，古時又稱作靈鷲山。為橫斷山脈中雲嶺的一個分支。山北起鄧川，南抵下關，東達洱海之濱，西至漾濞江畔，南北長約八十四里，東西寬約四十八里。主峰馬龍峰，海拔四千一百二十二公尺。山頂現仍保留著古代冰川地貌：金字塔形尖頂、冰蝕冰磧湖、冰坎及「U」字形峽谷等。南詔王異牟尋將境內名山大川敕封為五嶽四瀆，點蒼山被封為中嶽。山中多深谷陡壁，飛瀑清流，雲景變幻多姿，其中「玉帶雲」、「望夫雲」、「海蓋雲」，傳頌久遠。點蒼山還是黨參、貝母、秦歸、人參等名貴藥材的產地。❷點蒼十九峰　點蒼山共有十九座山峰，從北到南，依次為：雲弄、滄浪、五台、蓮花、白雲、鶴雲、三陽、蘭峰、雪人、應樂、觀音、中和、龍泉、玉局、馬龍、聖應、佛頂、馬耳、斜陽。十九座山峰之間夾著十八條溪水，向東注入洱海，從北往南，依次為：霞移、萬花、陽溪、芒湧、錦溪、靈泉、白石、雙鴛、隱仙、梅溪、桃溪、中溪、綠玉、龍溪、清碧、莫殘、葶蓂、陽南。❸鞏城　堅城。鞏，堅固。❹上關　南詔四世主皮邏閣建。位於點蒼山雲弄峰和洱海源頭，昂然突起，如游龍翹首，故又名龍首關。與南面洱海出水口的下關（龍尾關）構成蒼山洱海的「珠聯璧合」，如兩把鎖將大理鎖住。明代白族人楊黼曾有「南北金鎖把天關」詩句。上關為南詔、大理國都城北面的防戍要塞，也是發兵必經的關隘，至今仍為雲南通往西藏、四川的要道。❺洱海　古稱葉榆澤、西洱河、西洱海、昆瀰川等。洱河，也作濔河，即瀰河，因早期在此居住的昆彌族而得名。或說因其平面形狀似「耳」，水面浪大似海，故稱「洱海」。漢代稱洱海為昆明池，近代人趙藩在昆明大觀樓有一副對聯，已指出元人將滇池作為昆明池的錯誤。洱海北起洱源江尾，南至下關西洱河流出，在和漾濞江匯合後，注入瀾滄江。前人將洱海風光勝景概括為三島、四洲、五湖、九曲。東部的金梭島是洱海最大的島嶼。洱海魚類豐富，其中弓魚最著名，號稱「魚魁」，惜現已少見。❻五老　指廬山五老峰。❼蛺蝶泉　原名無底潭，今名蝴蝶泉，在大理城北八十里點蒼山雲弄峰麓的神摩山下。沿曲徑行走，只見一棵枝葉如同巨傘、主幹酷似盤龍的合歡樹當空俯伸。樹下一泓噴珠吐玉的泉水在斑駁的樹影中流淌。每年農曆四月中旬，有成千上萬隻彩蝶飛到這裡，順著倒垂水面的樹枝，一隻咬著一隻的尾部，形成千百個蝶串，如花團錦簇，令人歎為奇觀。據植物學家研究，蝴蝶聚合主要是由於春末夏初，古老的蝴蝶樹分泌出一種物質，散發出特殊的氣味，吸引了四周的蝴蝶。當地白族人將每年四月十五，定為蝴蝶會。但近些年來，蝴蝶數量減少，已看不到那種連鬚鉤足懸於泉石的奇觀。其原因一是由於蒼山氣候變得乾燥，導致蝴蝶遷徙，二是由於大量使用農藥，誤傷了不少蝴蝶。❽與生蝶無異　生蝶，原作「蛺蝶」，據《四庫》本、葉本改。❾三里城　見〈粵西遊日記四〉十二月二十二日日記注。❿陸參戎　見〈粵西遊日記四〉十二月二十三日日記。⓫圖　謀取。⓬古佛洞　在大理北境，點蒼山雲弄峰神魔澗內，朝東，內有鐘乳石雕成大小不等的四十餘尊佛像。⓭眢井　枯井。⓮[illegible]　舉火。⓯石潤而潔　北宋蘇洵〈辨姦論〉：「月暈而風，礎潤而雨。」謂柱下石出現濕潤現象，是將下雨的徵兆。此言洞中石壁因濕潤而細潔。⓰引眺　引領眺望；伸頸遠望。⓱寶絡　即瓔珞，用珠玉串成的頸飾。⓲窅窱　同「窈窕」。⓳虀臼　搗菜用的石臼。虀，同「齏」。細切的醬菜或醃菜。⓴周城村　在蝴蝶泉附近的霞移溪邊。當地世世代代傳著一個神話故事，說過去有獵手杜朝選及兩個姑娘殉情跳入深潭，化作彩蝶，每年四月，各地蝴蝶前來憑弔，無底潭因名蝴蝶泉。㉑花甸　在點蒼山最北端的雲弄、滄浪兩峰之後，海拔二千九百公尺。為一南北長二十里、東西寬二里的壩子。西面也有十九座山峰，峰頂積雪皚皚。四十條溪水瀉於群峰之間，匯成點蒼山十八溪之一的萬花溪。這裡的每一座山峰都為天然的花山藥山，名花異卉，鬥妍爭豔。當地有句俗語：「花甸壩聚寶盆，插根鋤把會開花，一屁股坐下就有三根中藥草。」㉒羅剎石　在大理城北。傳說觀世音降伏羅剎後，以此石鎮之。後人在石上建觀音閣。㉓三塔寺　在點蒼山應樂峰下，建於南詔王豐祐在位時（唐開成間），名崇聖寺。明代李元陽重修，有「三閣、七樓、九殿、百廈」。當時寺中有五寶、三塔、巨鐘、兩銅觀音、證道歌碑、佛都匾。明人云：「南中梵剎之勝，在蒼山洱水。蒼洱之勝，在崇聖一寺。雪巒萬仞，鏤銀灑翠，峙於其後；碧波千頃，蓄黛渟膏，瀦於其前。」經歷代兵燹和地震的破壞，如今唯有三塔峙立。

【語　譯】十二日　早起煮飯，黎明時分，挑夫一到就出發。從沙坪往南走一里多，西山的支脈，又往東橫向突起，這就是龍首關，為點蒼山北部的第一峰。鳳羽山往南延伸，越過花甸哨南嶺後往東北轉去的，是龍王廟後的眾山，從鄧川州的臥牛山、溪始山曲折延伸，往北到天馬山為止，在南面峙立的是點蒼山，而山往東垂下再向北轉，實際上從這裡開始，所以稱它為「龍首」。《一統志》排列點蒼山十九峰的次序，由南往北，則是反而以龍尾為首了。在山垂下和海交錯的地方，有堅固的城關座落在路上，成為大理城北門的要塞，因為位據洱海的上游，世俗稱它為上關。進入城關北門，過了半里，走出南門，便靠著點蒼山的東麓往南走。眺望西面高高的山峰，大多向坑谷落下，大致上後面如屏風排列，前面如衣袖相連，所謂的十九峰，都像五老峰那樣並肩而立，中間陷成坑谷。

往南走了二里，經過第二道峽谷的南面，有個村莊在大路的右邊，名波羅村。在村西面的山麓有蛺蝶泉奇景，我已久聞其名，到這裡後得到當地人的指點就在西邊，便吩咐顧僕、挑夫先趕往三塔寺，到何巢阿所居住的僧房投宿，而我獨自從村南往西朝著山麓快步走去。過了半里，見有淙淙流淌的泉水，沿水上行，又往西走了半里，到達山麓。有棵兩臂合抱那麼大的樹靠著山崖聳立，下面有泉水，向東沖激樹根下的孔洞流出，清澈涼爽可以照見人影。稍許偏東，下面又有一棵小樹，仍有一條小泉，也是沖激著樹根流出。兩條泉水匯成一丈見方的池水，就是前面上行時初沿泉水的上游。泉水上面的大樹，在四月初就開放像蛺蝶那樣的花朵，觸鬚翅膀栩栩如生，和活蝴蝶沒有什麼不同。另外還有千萬隻真蝴蝶，鬚連著鬚、腳鉤著腳，從樹梢倒掛下來，直到水面，繽紛多姿，絡繹不絕，五彩煥發。遊客都從這個月開始，成群結隊前來觀賞，過了五月才結束。我在粵西三里城時，陸參將就對我說過這一奇景，到了這裡又因為季節還早尚未開花，詢問當地人，有的說蝴蝶就是樹上的花所變，有的說因為花的形狀和蝴蝶相似，所以引來同類，不知哪種說法才對。不過龍首關南北相距不超過幾里，就有這兩種奇花，遺憾的是，一種花已經凋謝，而另一種花還沒開放，都不過一個月的花期，卻各不相遇，於是折下樹枝，摘取枝上樹葉而後離去。

隨即望見山北的第二道峽谷，峽口兩邊石壁對立逼近如同門戶，相隔不遠，便往北走，登上峽口。開始無路可走，過了二里，靠近峽谷南邊，才找到從東面延伸過來的路，沿著它往西攀登，山坡十分陡峻。路上有砍柴的人，問我去哪裡，我回答說去探遊山中景色。其中一個人說：「這條路從峽谷南邊一直上去，是砍柴所走的路，沒有什麼奇景。南面峽谷中有個古佛洞十分奇特，但有懸崖隔絕，恐怕沒法走去，沒有嚮導也找不到。」又有一位老人笑道：「你既然從萬里之外來到這裡，不被險難阻擋，我來給你引路有什麼疑難呢？」我於是脫下長衣，連同所折的蝴蝶樹枝，肩負著上路。往西共走上三里，才轉向南，又平步走上三里，再向西懸空上升。再走二里，終於登臨山南峽谷的上方，便是第三道峽谷。從這裡沿峽谷上方往西走，上下都是懸崖絕壁，積雪皚皚，在石崖之間，旭日映照積雪，光彩豔麗，耀人眼目。往下俯視南面山峰，和石崖又並排峙立形成峽谷，裡面陷下的溝壑幽深杳渺，外面東邊對著大路，有住屋在平敞的峽口，十分興盛。由於這座山崖往南下去都是陡峭的岩石，所以必須從北面的山坡上去，而後轉向南再往西進入峽谷。再往西走上二里，崖石更加險峻，對面的山崖也隆起並排環繞，原來前邊還只是下面的崖壁相互對立，而到這裡上面的山峰全都環繞聚合起來了。再往上走一里，繞著山崖漸漸往北走，有石塊橫架在腳下，而上面的石崖飛舉直刺空中，下面的石崖倒影深不見底。嚮導說：「上面崖腋中，有洞名大水洞，下面崖腋中，有洞名古佛洞。」但向四面望去，都沒有路。嚮導說：「這橫架的石塊，過去是從上面的石崖落下，橫壓在下面的洞上，路被它堵塞了。」於是從橫架的石塊西邊，拉著樹枝直往下落，石下果然有朝南的洞門，但在上面看不見。洞門如裂縫，高而不寬，洞中分成三層。下層陷落如同枯井，俯視幽深黑暗看不到底部，過去曾築石級以便下去，點燃燈火能進入很深處，如今石級廢棄，又無燈火，不能下去了。中層如花瓣展開、窗格排列，裡面深三丈，石壁因濕潤而十分細潔，洞雖狹小卻又明亮，就像分開帷幕登臨臺榭，坐在裡面，隨著峽谷的走向引領眺望，正好遠遠對著洱海的波光；而洞門的上方，有塊居中下垂的岩石，很像倒懸的龍頭，中間掛著的瓔珞。上層在中洞右邊石崖的後面，在空中盤繞向上透光，看起來很深遠，但中洞兩邊的石崖中間劈開，從裡面無法上去。在洞前門夾立的地方，兩邊石崖往中間湊攏，左邊石崖前面陡削，有石痕形如猴子，少許刻削它的頂端，頭部大如雞蛋，可踩著猴頭飛越到右邊石崖來進入上洞。但右邊的石崖傾斜不平，和左邊的石崖雖然中間只懸隔二尺多些，但手無其他攀援，而且落腳在猴頭上也只能踏上半腳，躍登極為困難，過去也有橫放木板讓人過渡，現在無從去找。我在周圍轉了很久，不能過去便下來了。嚮導說：「幾年前有個僧人住在這石崖中，洞裡安放了許多佛像，因以『古佛』為名。自從僧人離開把佛像移走後，這些疊起的石級、架著的梯子，也就久已廢棄不再存在，不知不覺現在便閉塞不通。」我說不閉塞也就不奇特了。於是再往上到平架的石塊上，從洞門摸著石崖直往上攀登。石崖上也有迸裂的縫隙形成洞門，洞門也朝南，高而不寬，和下洞相同，只是沒有下洞層層疊疊的奇觀。峽谷左邊有石片下垂，敲擊石片，發出鐘鼓般的聲音。往北走進三丈，峽谷到了盡頭，踩著石片往上攀登，有窪地在後壁的半腰上，外面聳起石片，中間如鑿成的石臼，用手摸它，裡面圓形，底部平整，是天然的貯存泉水的器具。在它上面有白色印痕從洞頂往下垂到石臼中，像玉龍的倒影，是由滴水形成的痕跡。石臼旁有一白磁碗，是過去的人放在這裡用它喝水的。

觀賞了很久，於是再往下到平架的石塊上。嚮導便去後面峽中取柴，我就仍舊沿著山崖向東下去。走了三里，在南面的山崖口，路將轉向北去，看到旁邊也有一條岔開小路，往東通向草石中，可免去往北走的彎路，就隨著這條小路下去，下面路十分陡峻，屢斷屢續。往東走下三里，便轉向南，又平步走下三里，才到達山麓，渡過從東面流出的澗水。澗水南邊有巨石高高隆起，許多放牧的人坐在石上，見我從北面山崖下來，爭著觀看我，不知我是什麼樣的人。又往南走了一里半，到周城村的後面，就往東走出半里，進入房屋夾路的大道，這就是從龍首關過來的大道。這時肚子已經餓了，打聽到去大理城的路還有六十里，立即竭盡全力趕路。遠望洱海向東彎去，蒼山在西排列，十九峰雖然並排相連，但山勢大體上又從中分為兩重。北面一重從龍首關往南到洪圭山，它的支脈往東拖出，又從洪圭山後再聳起成為南面一重，自無為山往南到龍尾關，這支脈才到盡頭。洪圭山的後面，就有峽谷往西北通向花甸哨；洪圭山的前面，支脈往東拖出的地方是某一村莊，再往東錯出直向洱海中俯視，為鵝鼻嘴，即是羅剎石了。不但山從這裡疊成兩重，而且海也被隔成兩部分。走了十三里，經過某一村莊的西邊，向西望見有路上山，是去花甸哨的路；向東望見某一村莊，住房很多。再往南越過往東拖出的山岡，走了四里經過二鋪，再走十五里經過頭鋪，再走十三里到三塔寺。進入大空的山房，只見何巢阿同他的小兒子已在門口相望。僧人覺宗拿出酒來灌入飢腸而後吃飯。夜間和何巢阿一起走出寺門，徘徊塔下，坐在橋上，松陰塔影，在雪痕月光中隱約出現，使人情緒漸漸安靜下來。

十二日　覺宗具騎挈餐，候何君同為清碧溪遊。出寺即南向行，三里，過小紙房，又南過大紙房，其東即郡城之西門，其西山下即演武場。又南一里半，過石馬泉❶。泉一方在坡坳間，水從此溢出，馮元成❷謂其清冽不減慧山❸，甃為方池，其上有廢址，皆其遺也。志云：「泉中落日照見有石馬，故名。」又南半里，為一塔寺❹，前有諸葛祠❺並書院。又南過中和、玉局二峰。六里，渡一溪，頗大。又南，有峰東環而下。又二里，盤峰岡之南，乃西向覓小徑入峽。峽中西望，重峰罨映，最高一峰當其後，有雪痕一派，獨高垂如疋練界青山，有溪從峽中東注，即清碧❻之下流也。從溪北躡岡西上，二里，有馬鬣❼在左岡之上，為阮尚賓之墓。從其後西二里，躡峻凌崖。其崖高穹溪上，與對崖駢突如門，上聳下削，溪流破其中出。從此以內，溪嵌於下，崖夾於上，俱逼仄深窅。路緣崖端，挨北峰西入，一里餘，馬不可行，乃令從者守馬溪側，顧僕亦止焉。

余與巢阿父子同兩僧溯溪入，屢涉其南北。一里，有巨石蹲澗旁，兩崖巉石，俱堆削如夾。西眺內門雙聳，中劈僅如一線，後峰垂雪，正當其中，掩映層疊，如掛幅中垂，幽異殊甚。覺宗輒解筐酌酒，凡三勸酬。復西半里，其水搗峽瀉石間，石色光膩，文理燦然，頗饒煙雲之致。於是盤崖而上，一里餘，北峰稍開，得高穹之坪。又西半里，自坪西下，復與澗遇。循澗西向半里，直逼夾門下，則水從門中突崖下墜，其高丈餘，而下為澄潭❽。潭廣❾二丈餘，波光瑩映，不覺其深，而突崖之槽，為水所汩，高雖丈餘，膩滑不可著足。時余狎之，不覺見二僧已逾上崖，而何父子欲從澗北上，余獨在潭上覓路不得。遂躡峰槽，與水爭道，為石滑足，與水俱下，傾注潭中，水及其項。亟躍而出，踞石絞衣，攀北崖登其上，下瞰余失足之槽，雖高丈餘，其上槽道，曲折如削，膩滑尤甚，即上其初層，其中升降，更無可階⑩也。再踰西崖，下覷其內有潭，方廣各二丈餘⑪，其色純綠，漾光浮黛，照耀崖谷，午日射其中，金碧交蕩，光怪得未曾有。潭三面石壁環窩，南北二面，石門之壁，其高參天，後面即峽底之石，高亦二、三丈，而腳嵌顙突，下與兩旁聯為一石，若剖半盎，並無纖隙透水潭中，而突顙之上，如簷覆潭者，亦無滴瀝拋崖下墜，而水自潭中輒東面而溢，轟倒槽道，如龍破峽。余從崖端俯而見之，亟攀崖下墜，踞石坐潭上，不特影空人心，覺一毫一孔，無不瑩澈⑫。亟解溼衣曝石上，就流濯足，就日曝背，冷堪滌煩，暖若挾纊⑬。何君父子亦百計援險至，相叫奇絕。

久之，崖日西映，衣亦漸乾，乃披衣復登崖端，從其上復西逼峽門，即潭左環崖之上。其北有覆崖庋空，可當亭榭之憩，前有地如掌，平甃若臺，可下瞰澄潭，而險逼不能全見。既前，余欲從其內再窮門內二潭，以登懸雪之峰。何君輩不能從，亦不能阻，但云：「余輩當出待於休馬處。」余遂轉北崖中垂處，西向直上。一里，得東來之道，自高穹之坪來，遵之曲折西上，甚峻。一里餘，逾峽門北頂，復平行而西半里，其內兩崖石壁，復高駢夾起，門內上流之澗，仍下嵌深底。路傍北崖，削壁無痕，不能前度，乃以石條緣崖架空，度為棧道者四、五丈，是名陽橋，亦曰仙橋。橋之下正門內之第二潭所匯，為石所虧蔽，不及見。度橋北，有疊石貼壁間。稍北，疊石復北斷，乃趁⑭其級南墜澗底。底有小水，蛇行塊石間，乃西自第一潭注第二潭者。時第二潭已過而不知，祇望澗中西去，兩崖又駢對如門，門下又兩巨石夾峙，上有石平覆如屋而塞其後，覆屋之下，又水瀦其中⑮，亦澄碧淵渟⑯，而大不及外潭之半。其後塞壁之上，水從上澗垂下，其聲潺潺不絕，而前從塊石間東注二潭矣。余急於西上，遂從澗中歷塊石而上。澗中於是無纖流，然塊石經沖滌之餘，不特無污染，而更光膩，小者踐之，巨者攀之，更巨者則轉夾而梯之。上矚兩崖，危矗直夾，彌極雄厲。漸上二里，磵石高穹，滑不能上，乃從北崖轉陟箐中。崖根有小路，為密箐所翳，披之而行。又二里，聞人聲在絕壁下，乃樵者拾枯枝於此，捆縛將返，見余，言前已無路，不復可逾。余不信，更從叢篁中披陟而西上。其處竹形漸大，亦漸密，路斷無痕。

余莽披之，去巾解服，攀竹為絚，復逾里餘。其下壑底之澗，又環轉而北，與垂雪後峰，又界為兩重，無從竟升。聞清碧澗有路，可逾後嶺通漾濞，豈尚當從澗中歷塊耶？

時已下午，腹餒甚，乃亟下，則負芻之樵，猶匍匐箐中。遂從舊道五里，過第一潭，隨水而前，觀第二潭。其潭當夾門逼束之內，左崖即陽橋高橫於上，乃從潭左攀磴隙上陽橋，逾東嶺而下。四里，至高穹之坪，望西澗之潭，已無人跡，亟東下沿溪出，三里，至休馬處。何君輩已去，獨留顧僕守飯於此，遂啜之東出。三里半，過阮墓，從墓右下渡澗，由澗南東向上嶺。路當南逾高嶺，乃為感通間道，余東逾其餘支，三里，下至東麓之半，牧者指感通道，須西南逾高脊乃得，復折而西南上躋，望崖而登，竟無路可循也。二里，登嶺頭，乃循嶺南西行。三里，乃稍下，度一峽，轉而南，松檜[17]翳依，淨宇高下，是為宕山[18]，而感通寺[19]在其中焉。

蓋三塔、感通，各有僧廬三十六房，而三塔列於兩旁，總以寺前山門為出入，感通隨崖逐林，各為一院，無山門總攝，而正殿所在，與諸房等；正殿之方丈有大雲堂，眾俱以大雲堂呼之而已。時何君輩不知止於何所，方逐房探問，中一房曰斑山，乃楊升菴寫韻樓⑳故址，初聞何君欲止此，過其門，方建醮設法於前，知必不在，乃不問而去。後有人追至，留還其房。余告以欲覓同行者，其人曰：「余知其所止，必款齋而後行。」余視其貌，似曾半面㉑，而忘從何處，諦審之，知為王賡虞，乃衛侯之子，為大理庠生，向曾於大覺寺㉒會於遍周師處者也。今以其祖母忌辰，隨其父來修薦㉓於此，見余過，故父子相諗㉔而挽留余飯焉。飯間，何君亦令僧來招。既飯而暮，遂同招者過大雲堂前北上，得何君所止靜室，復與之席地而飲。夜月不如前日之皎。

【章　旨】本章記載了第二百七十七天在大理府的行跡。和何君、覺宗一起去遊清碧溪。經過大小紙房、石馬泉、一塔寺（寺前有諸葛祠）、中和峰、玉局峰，進入峽谷中，望見西面最高的山峰有一派雪痕，清碧溪的下游從峽谷中往東流去。又經過阮尚賓的墓，登上陡峻的山崖，往裡下面溪水嵌流，上面山崖夾立，是狹窄幽深的境地。沿著溪流走進，看到有塊巨石蹲在澗水旁，環境極其幽雅奇特。水在石間沖瀉。頗有煙雲瀰漫的意態。往前看到一個清澈的水潭，石崖上的水槽十分滑膩，沒法落腳，掉入水潭中。越過西邊的山崖，裡面也有個純綠的水潭，在陽光照耀下，光怪陸離，過去從未見過，坐在潭邊的石上觀賞，不但洗盡一切雜念，而且覺得渾身無不晶瑩透澈，同遊的人也都呼叫奇絕。過了好久，又登上崖頂，想再去遊峽門內的兩個水潭，便獨自沿著險峻的山路曲折攀登，通過用石條沿崖壁架在空中的陽橋，到山澗的底部，從澗中踏著石塊往上走，抬頭注視兩旁山崖，更加雄峻之極。走進一條被茂密的竹叢所遮蔽的小路，往前卻無路可走，只得從原路返回，經過兩個水潭，登上陽橋，翻越嶺頭，穿過峽谷，到達位於宕山的感通寺。在寺內打聽何巢阿等人的住處，路過斑山（是楊慎寫韻樓的故址），被王賡虞及其父親認出，留下吃齋飯。夜晚經過大雲堂，到何巢阿所住的靜室，又和他席地而坐喝酒。

【注釋】❶石馬泉　在大理城西，三塔南。❷馮元成　馮時可，見〈滇遊日記二〉八月二十四日日記「馮文所」注。❸慧山　在江蘇無錫西郊，古稱華山、歷山，今名惠山，為江南名山，以泉水著稱，有天下第二泉（即惠山泉，又稱陸子泉）。❹一塔寺　即弘聖寺，在大理城西南蒼山山麓。有弘聖寺塔（又名一塔），與北面崇聖寺三塔，南面蛇骨塔遙相對峙。寺已無存，塔高四十公尺，為十六級密簷形空心磚塔。傳說附會為印度阿育王所建，從塔的造型看，有唐塔風格，明李元陽重修。❺諸葛祠　即武侯祠，祭祀諸葛亮。❻清碧　清碧溪，又名翠盆水，當地人稱為德溪，在蒼山馬龍峰與聖應峰之間，為蒼山十八溪中風景最美的一溪。山泉從岩根湧出，噴珠濺玉，沿溪匯池，狀若大盆，分三疊，水清石麗，翠碧交加。沿溪邊小路往上攀登，兩旁峭壁逐漸逼近，泉水也越來越湍急，落英繽紛，涼氣襲人。當代畫家徐悲鴻稱讚這裡「峰壑林泉無一不可入畫」。❼馬鬣　馬鬣封，墳墓上封土的一種形狀。也泛指墳墓。❽而下為澄潭　此為清碧溪第二潭（中潭），此潭圓如巨盆，上端溪水徐徐注入，下端盈盈流出。兩旁懸崖環合無縫，溜滑如冰。潭中細石粼粼，青碧璀璨，如水晶寶石，熠熠生輝。❾廣　寬度。❿階　憑藉。⓫下覷其內有潭二句　此為清碧溪第一潭（下潭），前有山溪飛瀑迭下，匯積成半圓形的小潭，方圓近十餘尺。池水深碧，色如翡翠，漾光浮翠，照耀山谷。⓬踞石坐潭上四句　明李元陽言：「予每至一溪上，縠紋壁影，印心染神，出溪雖涉塵事，而幽光在目，累月不能忘。」徐悲鴻到這裡曾題聯：「乞食妙香國，消魂清碧溪。」可參看。影空人心，唐常建〈題破山寺後禪院〉：「山光悅鳥性，潭影空人心。」言潭水空明澄澈，臨潭照影，令人俗念頓消。⓭挾纊　披著棉衣。纊，絲棉絮。⓮趁　乘勢。⓯又水瀦其中　此為清碧溪第三潭（上潭）。至中潭，山路斷絕，欲去上潭，須轉從馬龍峰攀登。泉水匯成一圓池，水深丈許，明瑩見底，周圍石壁環窩，潔淨如拭。⓰淵渟　如淵深靜不流動。⓱檜　也叫刺柏，常綠喬木，葉如針。⓲宕山　又名蕩山、上山，在點蒼山聖應峰下。滿坡茶園，清香撲鼻。⓳感通寺　大理古稱「妙香國」，自南詔以來，佛教盛行，前人說點蒼山「環山九百六十寺，寺寺夜半皆聞鐘。」其中感通寺（又名蕩山寺）尤擅盛名。寺始建於唐，擴建於元，極盛於明。明初敕令在蕩山建「大雲殿」，增至三十六院，規模宏麗。明末詩僧擔當（唐大來）有聯云：「寺古松森，西南攬勝無雙地；馬嘶花放，蒼洱馳名第一山。」寺後佛頂峰下，有擔當墓塔。後毀於兵燹，現僅存一座大殿、一片斷垣。⑳寫韻樓　嘉靖年間，楊慎和李元陽遊點蒼山，夜宿感通寺，聽眾僧誦經，字音多有舛訛。楊慎於是提筆纂述古音轉注之例千餘字，題名《轉注古音略》。臨走，李元陽將他倆的住所題為「寫韻樓」。樓前原有白茶花樹一株，「高數十丈，大數十圍，花如玉蘭，心殷紅。」後毀於兵燹。清康熙間，擔當自雞足山來此，慕楊慎為人，重修寫韻樓作為自己住所。寺內有楹聯云：「奇花龍女傳千古，名士高僧共一樓。」㉑半面　瞥見一次。後用作初相識或相識不深之詞。㉒大覺寺　見〈滇遊日記五〉十二月二十二日日記注。㉓修薦　修醮薦福。修醮，設壇作法事禳災。薦福，祭神以求福。㉔諗　也作「讅」，義同「審」，知悉。

【語　譯】十二日　覺宗備了馬帶上飯，等候何君一起去遊清碧溪。出寺後即往南走，過了三里，經過小紙房，再往南經過大紙房，它的東面就是府城的西門，西面的山下就是演武場。再往南走一里半，經過石馬泉。泉水一方在坡坳間，水從這裡溢出，馮元成以為這水清洌，不下於無錫惠山的泉水，砌成方池，池上有廢址，都是他的遺跡。志書說：「落日下照泉水可看到石馬，所以這樣命名。」再往南走半里，到一塔寺，寺前有諸葛祠和書院。再往南經過中和、玉局兩座山峰。走了六里，渡過一條溪水，很大。再往南，有山峰往東環繞延伸。再走二里，繞過山岡的南面，便向西找到小路進入峽谷。從峽谷中向西望去，重重山峰互相掩映，最高的一座山峰在峽谷的後面，有一派積雪的痕跡，獨自高高垂下，如同一匹白絹隔在青山之中，有溪水從峽谷中往東流去，這就是清碧溪的下游。從溪的北邊踏著山岡往西上去，走了二里，有墳墓在左邊的山岡上，是阮尚賓的墓。從墓後往西走二里，登上陡峻的山崖。這山崖在溪邊高高隆起，和對面的山崖並立突起如同門戶，上面高聳，下面陡削，溪流從中穿出。從這裡往裡，下面溪水嵌流，上面山崖夾立，全都狹窄深遠。路沿著山崖頂端，緊貼著北邊的山峰往西進去，走了一里多，馬不能再走，便叫隨行的人在溪邊守馬，顧僕也留在這裡。

　　我和何巢阿父子以及兩個僧人沿溪水上行進去，多次渡過溪水到它的南北兩岸。走了一里，有巨石蹲在澗水旁，兩面山崖上高峻的岩石，都堆積陡削，如從兩邊相夾。向西眺望裡面峽門，山崖雙雙聳起，中間劈開，只有一線間隔，後面山峰積雪下垂正好位於中間，層層疊疊，互相掩映，像一幅圖畫掛在中間，特別幽雅奇異。覺宗就解下竹筐斟酒，共勸飲了三次。再向西走半里，溪水沖刷峽谷在岩石間奔瀉，岩石色澤光潔細膩，紋理鮮明奪目，很有煙雲瀰漫的意態。從這裡繞著山崖往上，走了一里多，北面的山峰稍許開豁，來到一塊高高隆起的平地。再往西走半里，從山坪往西下去，又和澗水相遇。沿著澗水往西走半里，直逼夾立的峽門下，只見水從峽門中突起的石崖落下，石崖高一丈多，下面是清澈的水潭。水潭寬二丈多，波光晶瑩映照，不覺其深，而突起的石崖上的水槽因急流沖刷，雖然只有一丈多高，但膩滑得沒法落腳。這時我正在玩水，不覺見兩個僧人已經越過上面的石崖，而何氏父子想從澗水北面上去，我獨自在水潭邊找不到路。便踩著石崖上的水槽走，與水爭路，腳滑跌倒，和水一起掉下，落到水潭中，水深淹到脖子。急忙跳出水潭，坐在石上絞乾衣服，登上北邊的山崖，向下俯視失足跌倒的水槽，雖然只有一丈多高，但它上面的槽道，曲曲折折，如同刀削而成，更加膩滑，即使登上它的第一層，中間上上下下，再也沒有可以憑藉的地方了。再越過西邊的山崖，往下看裡面有水潭，長和寬各有二丈多，水色純綠，波光蕩漾，青黛浮動，照耀崖谷，中午的陽光照射到水中，金碧交輝，光怪陸離，從未見過。水潭三面石壁環繞，形成窩狀，南北兩面，石門的崖壁，高聳雲天，後面就是峽底的岩石，也有兩、三丈高，石腳下嵌，上端前突，下面和兩旁聯結成一塊岩石，像剖開的半個瓦罐，並無絲毫縫隙滲水流到潭中，而前突的岩石上面，如屋簷覆蓋水潭的地方，也沒有水滴向崖下灑落，但水從潭中總是向東面溢出，轟然倒入槽道，如同蒼龍衝破峽谷。我從山崖頂端向下看到這種景觀，急忙攀著山崖落下，坐在潭邊的岩石上，不僅潭影空明，令人俗念頓消，而且覺得身上每一個毛孔，無不晶瑩透澈。趕緊脫下濕衣曬在石上，在水流中洗腳，對著陽光曬背，清冷的流水，足以洗滌煩惱，溫暖的陽光，照射身體，好像披上棉襖。何君父子也千方百計攀援險阻來到，相互呼叫奇絕。

過了很久，山崖上面陽光西射，衣服漸漸乾了，便披上衣服又登上山崖頂端，從上面再往西逼近峽門，即水潭左邊環繞的山崖上方。在它北邊有向下覆蓋的崖石平架空中，可以作為亭臺來休息，前面有塊手掌般大的地，砌得就像平臺，可向下俯視清澈的潭水，但因地勢險峻狹窄，不能完全看到。走到前面以後，我想從它的裡面再去窮究峽門內的兩個水潭，來登上積雪高懸的山峰。何君等人不能跟隨，也不能阻攔我，只是說：「我們該出去在歇馬的地方等候。」我便轉過北邊山崖中間垂下的地方，向西直往上走。過了一里，來到從東面過來的路上，是從高高隆起的山坪延伸過來的，沿著這條路往西曲折上去，十分險峻。走了一里多，越過峽門北邊的崖頂，又平步往西走半里，它裡面兩邊山崖的石壁，又並排相夾高高聳起，峽門裡上游的澗水，仍然往下嵌入深深的峽底。路靠著北面的山崖，陡峭的石壁上沒有裂痕，不能向前越過，就用石條沿著崖壁架在空中，作為通過的棧道，有四、五丈長，它名叫陽橋，也稱為仙橋。橋的下方，正是峽門內匯積的第二個水潭，被岩石遮蔽，不能看到。過橋到北邊，有重疊的石級緊貼石壁間。稍許往北走，重疊石級又在北邊中斷了，就隨石級順勢往南落到澗底。澗底有小水，像蛇行那樣曲折流淌石塊間，它是從西面第一個水潭流入第二個水潭的。這時第二個水潭已經走過但不知道，只是望著澗中向西走去，兩邊山崖又並排相對如門，門下又有兩塊巨石相夾峙立，上面有塊岩石平覆如屋將它的後面堵塞，覆屋似的岩石下面，又有水積在其中，也清澈碧綠深靜不流，但不到外面水潭的一半大。在它後面堵塞的石壁上方，水從上面的山澗落下，水聲潺潺不斷，往前從石塊間向東流入第二個水潭了。我急於往西上去，便從澗中踏著石塊往上走。從這裡開始，澗中沒有細小的水流，而石塊經過沖洗之後，不但沒有污泥沾染，而且更加光滑細膩，小的石塊，踏著它走，大的石塊，攀著它上升，更大的石塊，就轉到它相夾處攀登。向上注視兩邊的山崖，高高矗立，筆直相夾，更是雄偉之極。漸漸往上走了二里，澗中岩石高高隆起，因太光滑不能上去，便從北邊的山崖轉入箐谷中。崖腳有條小路，被濃密的竹叢遮蔽，撥開竹叢走進。又過了二里，聽見絕壁下面有人聲，是砍柴的人在這裡拾枯枝，捆紮後準備返回，看到我來，說前面已經無路，不能再翻越過去。我不信，再撥開竹叢往西攀登。這裡的竹形漸漸變大，也漸漸密集起來，路也中斷，沒有痕跡。我莽撞地撥開竹叢，去掉頭巾脫下衣服，抓住竹枝作為繩索，又穿越了一里多。下面山壑底部澗水，又向北繞轉，和後面積雪下垂的山峰又隔成兩重，沒法攀登到底了。聽說清碧澗有路，可越過後嶺通往漾濞，難道還得從山澗中踏著石塊往前嗎？

這時已是下午，肚子餓得厲害，於是急忙下山，只見揹柴的樵夫，仍在箐谷中爬行。就從原路走了五里，經過第一個水潭，隨著水流往前，觀看第二個水潭。這個水潭在夾立的峽門緊緊聚攏的裡面，陽橋就高高橫架在左邊的石崖上，於是從水潭左邊縫隙中的石級登上陽橋，越過東嶺下去。走了四里，到高高隆起的山坪，望見西澗的水潭，已沒有人的蹤影，連忙往東下去沿著溪水走出，過了三里，到歇馬的地方。何君等人已經離開，單獨留下顧僕在這裡守著飯，便吃了飯往東走出。過了三里半，經過阮尚賓的墓，從墓右邊往下渡過澗水，再從澗水的南邊向東登上山嶺。路應該往南翻越高聳的山嶺，是去感通寺的小路，我卻往東翻越它的餘脈，走了三里，往下到山東麓的半路上，放牧的人指著說，去感通寺的路必須往西南越過高聳的山脊才能找到，於是又轉向西南往上走，望著山崖攀登，竟然沒路可走了。過了二里，登上嶺頭，就沿著山嶺南面往西走。過了三里，才稍稍往下，越過一道峽谷，轉而向南，松柏遮掩相依，佛寺高低錯落，這就是宕山，而感通寺就在山中。

原來三塔寺、感通寺，各有三十六間僧房，三塔寺的僧房，排列在兩旁，都以寺前的山門作為出入口，感通寺的僧房，隨著山崖建在林中，各為一院，沒有山門統攝，而且正殿所在的地勢，和各處僧房相同；正殿的方丈有大雲堂，眾人就都用「大雲堂」來稱呼方丈了。這時不知何君等人住在什麼地方，正在一間間去探問，看到其中一房名「斑山」，是楊升庵寫韻樓的故址，起先聽說何君要想住在這裡，經過門口，門前正在設壇作法事，知道他一定不在，便不問而離開了。後面有人追上來，挽留我回到他的房中。我告訴他想要找一起來的人，那人說：「我知道他們的住處，但一定要招待齋飯後讓你走。」我看他的容貌，似乎曾經見過一次，但忘了在什麼地方，仔細審視，才知道他名王賡虞，是衛侯的兒子，大理府學的生員，過去曾在大覺寺遍周禪師處見過面。今天因為是他祖母的忌辰，隨他父親來這裡禳災求福，見我路過，父子倆認出了我，便挽留我吃飯。吃飯時，何君也叫僧人來招喚。飯後天已晚了，於是同前來招喚的僧人經過大雲堂前向北走上，到何君居住的靜室，又和他席地而坐喝起酒來。這夜月光不如前晚皎潔。

十三日　與何君同赴齋別房，因遍探諸院。時山鵑花盛開，各院無不燦然。

中庭院外，喬松修竹，間以茶樹❶。樹皆高三、四丈，絕與桂相似，時方採摘，無不架梯升樹者。茶味頗佳，炒而復曝，不免黝黑。已入正殿，山門亦宏敞。殿前有石亭，中立我太祖高皇帝賜僧無極❷〈歸雲南詩〉十八章❸，前後有御跋。此僧自雲南入朝，以白馬茶樹獻，高皇帝臨軒見之，而馬嘶花開，遂蒙厚眷。後從大江❹還故土，帝親灑天葩，以江行所過，各賦一詩送之，又令諸翰林大臣，皆作詩送歸。今宸翰❺已不存，而詩碑猶當時所鐫者。李中谿《大理郡志》以奎章❻不可與文獻同輯，竟不之錄。然其文獻門中，亦有御製文，何獨詩而不可同輯耶？殿東向，大雲堂在其北。僧為瀹茗設齋。

已乃由寺後西向登嶺，覓波羅巖。寺後有登山大道二：一直上西北，由清碧溪南峰上，十五里而至小佛光寨，疑與昨清碧溪中所望雪痕中懸處相近，即後山所謂筆架山之東峰矣；一分岐向西南，溯寺南第十九澗之峽，北行六里而至波羅巖。波羅巖者，昔有趙波羅棲此，朝夕禮佛，印二足跡於方石上，故後人即以「波羅」名。「波羅」者，乃此方有家道人之稱。其石今移大殿中為拜臺。時余與何君喬梓騎而行，離寺即無樹，其山童然。一里，由岐向西南登。四里，逾嶺而西，其嶺亦南與對山夾澗為門者。澗底水細，不及清碧，而內峽稍開，亦循北山西入。又一里，北山有石橫疊成巖，南臨深壑，壑之西南，大山前抱，如屏插天，而尖峰齒齒列其上，遙數之，亦得十九，又蒼山之具體而微者。巖之西，有僧構室三楹，庭前疊石明淨，引水一龕，貯巖石下，亦饒幽人之致。僧瀹茗炙麵為餌以啖客，久之乃別。

從舊路六里，過大雲堂，時覺宗相待於斑山，乃復入而觀寫韻樓。樓已非故物，今山門有一樓，差可以存跡。問升菴遺墨，尚有二匾⑦，寺僧恐損剝，藏而不揭也。僧復具齋，強吞一盂而別。其前有龍女樹⑧，樹從根分挺三、四大株，各高三、四丈，葉長二寸半，闊半之，而綠潤有光，花白，大於玉蘭，亦木蓮之類，而異其名。時花亦已謝，止存數朵在樹杪，而高不可折，余僅折其空枝以行。

於是東下坡，五里，東出大道，有二小塔峙而夾道，所出大道，即龍尾關達郡城者也。其南有小村曰上睦，去郡尚十里。乃遵道北行，過七里、五里二橋⑨，而入大理⑩郡城南門。經大街而北，過鼓樓，遇呂夢熊使者，知夢熊不來，而乃郎已至，以暮不及往。乃出北門，過吊橋而北，折而西北二里，入大空山房而宿。

【章　旨】本章記載了第二百七十八天在大理府的行跡。這時正值杜鵑花盛開，寺內各院無不鮮豔奪目。寺中茶樹，和桂樹極其相似，這時正是採茶季節。正殿石亭中有明太祖贈僧人無極詩的石碑。從寺後登上山嶺，去遊波羅巖。一離開感通寺，山上就光禿禿沒有樹木。途中遠遠望見十九座尖峰，也是一處具體而微的蒼山。從原路返回，又去參觀寫韻樓，樓前有龍女樹，屬木蘭一類，這時花朵已凋謝。下山走上大路，經過七里、五里兩座橋，走進大理府城南門，再從北門走出，到大空山房住宿。

【注釋】❶茶樹　自南詔時起，感通寺即已栽植茶樹，感通茶為雲南名茶，其味不下滇池太華茶。❷無極　原作「某」，據《四庫》本、葉本改補。無極，名法天，感通寺僧人，洪武十六年（一三八三），入京朝見，獻山茶一株、白駒一匹及詩賦。明太祖朱元璋臨軒接見，忽馬嘶花放，群臣以為是祥瑞吉兆。朱元璋大喜，賞賜優厚，並敕令讓無極主持大理佛教，感通寺因此顯赫一時。❸歸雲南詩十八章　原作「十二章」，據《四庫》本、葉本改。無極辭歸，朱元璋作詩十八首，擬其師徒途中跋涉之狀，並命翰林院諸學士和詩送行。感通寺前刻有十八塊御製詩碑。❹大江　指長江。❺宸翰　帝王的書跡。宸，北極星所在為宸，後借用為帝王所居，又引申為王位、帝王的代稱。❻奎章　帝王的手筆。奎，二十八星宿之一，因其屈曲相鉤，形似文字，故後來言文章、文運，多用「奎」字。俗訛作「魁」。❼扁　同「匾」。❽龍女樹　又名大理木蘭，花潔白馨香，特徵與木蓮較接近。《滇海虞衡志》載：「龍女花，止一株，在大理之感通寺。……昔趙加羅修道於此，龍女化美人以相試，趙起以劍擲之，美人入地生此花。」❾七里五里二橋　在大理城南，下關至大理的公路旁。❿大理　明代置大理府，治所在太和，即今雲南大理古城。

【語譯】十三日　和何君一起去別的僧房吃齋飯，從而探訪了全部院落。這時杜鵑花盛開，各個院內無不鮮豔奪目。中庭院的外面，在高大的青松、修長的翠竹之間，栽著茶樹。茶樹都有三、四丈高，和桂樹極其相似，此時正在採摘，沒有一處不是架起梯子讓人爬到樹上。茶的味道很好，炒後再曬，色澤不免黝黑。隨後進入正殿，山門也高大寬敞。殿前有座石亭，亭中豎立著本朝太祖高皇帝賜給僧人無極的十八首〈歸雲南詩〉的石碑，前後有御跋。這個僧人從雲南入朝，進貢白馬、茶樹，高皇帝到軒廊接見他，因白馬嘶鳴茶花開放，以為瑞應，從而得到厚愛。後來從長江返回原地，高皇帝親自灑水澆灌鮮花，根據僧歸沿江所過的地方，各寫了一首詩賜給他，又下令翰林院的各大臣，都作詩為他送行。如今高皇帝的親筆文字已不存在，但詩碑還是當時所刻的。李中谿的《大理郡志》認為帝王的詩不能和一般文獻一同輯錄，竟不收錄。不過他編的文獻類目中，也有帝王所寫的文章，為何惟獨詩就不可以一同輯錄呢？正殿朝東，大雲堂在它的北邊。僧人為我烹茶並準備齋飯。

隨後就從寺的後面往西登上山嶺，去找波羅巖。寺後有兩條登山的大路：一條直往西北延伸，從清碧溪的南峰上去，走十五里到小佛光寨，懷疑和昨天在清碧溪中所望見的中間懸著雪痕的地方相近，就是後山，所謂筆架山的東峰了；一條是分開岔路向西南，沿著寺南第十九條山澗的峽谷上行，往北走六里到波羅巖。波羅巖這地方，過去有個叫趙波羅的人在這裡居住，朝夕拜佛，在方石上留下兩個腳印，所以後人就用「波羅」為巖名。「波羅」，是這地方對有家室的僧人的稱呼。那塊方石如今移到大殿中作為拜臺。這時我和何君父子騎著馬上路，離開寺就沒有樹，山都光禿禿的。走了一里，從岔路往西南攀登。過了四里，越過山嶺往西，這山嶺也向南，和對面的山夾住山澗成為門戶。澗底的水流很小，不及清碧溪，但裡面的峽谷稍許開闊，也沿著北邊的山往西進去。又走了一里，北邊的山上有石塊橫疊成巖洞，南面對著深壑，深壑的西南，大山向前環抱，如同屏風插入天空，而尖峰像牙齒那樣在山上排列，遠遠數著它，也有十九座，又是一處具體而微的蒼山。巖洞的西邊，有僧人建了三間屋，庭前疊起明淨的石塊，引了一坑水貯藏在巖石下面，也很有幽人的意趣。僧人烹茶煎麵餅給客人吃，過了好久才起身告別。

從原路返回，走了六里，經過大雲堂，這時覺宗在斑山僧房等候，就再進去參觀寫韻樓。樓已不是原來的建築物，如今山門有一座樓，尚可作為遺跡。打聽楊升庵留下的墨跡，尚有兩塊匾在，寺中的僧人害怕損壞剝落，藏了起來不肯出示。僧人又準備了齋飯，勉強吞下一盂後告別。樓前有棵龍女樹，樹從根部分枝生出三、四根大枝，各有三、四丈高，樹葉長二寸半，寬是長的一半，而碧綠柔潤有光澤，花為白色，比玉蘭花大，也屬木蓮一類，但名稱不同。這時花已凋謝，只留下幾朵在樹梢，但太高不能折下，我只折了樹上的空枝帶走。

從這裡往東下坡，走了五里，往東到大路上，有兩座小塔在路的兩旁峙立，所走上的大路，就是從龍尾關去府城的路。塔南面有個叫上睦的小村，離府城還有十里。於是沿著大路往北走，經過七里、五里兩座橋，進入大理府城南門。經過大街往北走，路過鼓樓，遇見呂夢熊派來的使者，得知呂夢熊不來府城，而他的兒子已到，因為天晚來不及前往。於是走出北門，通過吊橋往北，轉向西北走了二里，進入大空山房住宿。

十四日　觀石❶於寺南石工家，何君與余各以百錢市一小方。何君所取者，有峰巒點綴之妙；余取其黑白明辨而已。因與何君遍遊寺殿。是寺在第十峰之下，唐開元❷中建，名崇聖寺。前三塔❸鼎立，而中塔❹最高，形方，累十二層，故今名為「三塔」。塔四旁皆高松參天。其西由山門而入，有鐘樓❺與三塔對，勢極雄壯，而四壁已頹，簷瓦半脫，已岌岌矣。樓中有鐘極大，徑可丈餘，而厚及尺，為蒙氏時❻鑄，其聲聞可八十里。樓後為正殿，殿後羅列諸碑，而中谿所勒黃華老人書四碑俱在焉。其後為雨珠觀音殿❼，乃立像，鑄銅而成者，高三丈。鑄時分三節為範，肩以下先鑄就而銅已完，忽天雨銅如珠，眾共掬而鎔之，恰成其首，故有此名。其左右迴廊諸像亦甚整，而廊傾不能蔽焉。自後歷級上，為淨土庵，即方丈也。前殿三楹，佛座後有巨石二方嵌中楹間，各方七尺，厚寸許。北一方為遠山闊水之勢，其波流瀠折，極變化之妙，有半舟庋尾煙汀間。南一方為高峰疊障之觀，其氤氳淺深，各臻神化。此二石與清真寺碑趺❽枯梅，為蒼石之最古者。清真寺在南門內，二門有碑屏一座，其北趺有梅一株，倒撇❾垂趺間。石色黯淡，而枝痕飛白❿，雖無花而有筆意⓫。新石之妙，莫如張順寧⓬所寄大空山樓間諸石，中有極其神妙更逾於舊者。故知造物之愈出愈奇，從此丹青一家，皆為俗筆，而畫苑可廢矣⓭。張石大徑二尺，約五十塊，塊塊皆奇，俱絕妙著色山水，危峰斷壑，飛瀑隨雲，雪崖映水，層疊遠近，筆筆靈異，雲皆能活，水如有聲，不特五色燦然而已。其後又有正殿，庭中有白山茶一株，花大如紅茶，而瓣簇如之，花尚未盡也。淨土庵之北，又有一庵，其殿內外庭除，俱以蒼石鋪地，方塊大如方磚，此亦舊製也，而清真寺則新製以為欄壁之用焉。其庵前為玉皇閣道院，而路由前殿東鞏門⓮入，紺宮⓯三重，後乃為閣，而竟無一黃冠居守，中空戶圮，令人悵然。

【章　旨】本章記載了第二百七十九天在大理府的行跡。在三塔寺南的石工家觀賞大理石，並買了一塊紋理黑白分明的石塊。與何君遊遍寺內各殿。這寺名崇聖寺，寺前三塔鼎立，中間的塔有十二層。有鐘樓和三塔相對，氣勢極為雄壯。樓中有口極大的鐘，為南詔時鑄造，鐘聲遠達八十里外。後面有雨珠觀音殿，裡面有銅鑄的立像。沿石級走上淨土庵，前殿佛座後嵌著二方巨石，石上的紋理有遠山闊水的氣勢，高峰疊嶂的景觀，達到出神入化的境地。這兩塊巨石和清真寺中有枯梅紋理的石碑底座，為最古老的蒼山石。最妙的新石，應為順寧張知府寄存在大空山樓的五十塊石頭，其中有的還比舊石更加奇妙。過去用蒼山石鋪地，現在清真寺用來作欄杆牆壁。淨土庵前有玉皇閣道院，裡面竟沒有一個道士留守。

【注　釋】❶觀石　石，指大理石，即下文所說的蒼山石，又名點蒼石、文石、礎石，宋代稱為「碧玕山」，盛產於蒼山之腹。石質細膩，色彩豐富，有水墨、彩花、銀灰、雪白（即漢白玉）等品種，其中水墨最為稀有。明王士性〈點蒼山歌〉云：「我聞點蒼有奇石，胡事山蒼石還白。豈是陰崖太古雪，化作瑤華點空碧。」大理石的生產，相傳始於唐代。❷開元　唐玄宗年號。❸三塔　位於大理城北二里的應樂峰下，背後蒼山雪巒聳峙，前面洱海碧波瀲灩。三塔鼎立，撐天拄地，雄偉壯麗，為大理名勝。大理古為澤國，多水災，為鎮風水，過去蒼山十九峰，峰峰有塔。據《南詔野史》，三塔建於南詔第十主豐祐保和至天啟年間，費工七十萬八千餘，耗金銀布帛等價值金四萬三千五百十四斤。❹中塔　三塔主塔，名千尋塔，高六十九公尺多，為方形十六層密簷式塔，與西安大、小雁塔同為唐代的典型建築。塔頂高八公尺，挺拔高聳的塔剎，使人有超塵出世之想。主塔西面，等距約七十公尺遠的地方，有南北兩座小塔，為八角形十級密簷磚塔，各高四十二公尺多。三塔布局統一，造型和諧，渾然一體，氣勢雄偉。❺鐘樓　原為崇聖寺五寶之一，據說建於南詔十一主世隆建極年間。「萬古雲霄三塔影，諸天風雨一樓鐘。」歷來為人樂道，已毀於清。❻蒙氏時　唐貞觀年間，蒙舍詔首領細奴邏（南詔一世主）建大蒙政權。開元年間，皮邏閣（南詔四世主）統一六詔，入朝於唐，受封為雲南王。自元以後，常以「蒙氏時」稱南詔統治時期。❼雨珠觀音殿　即雨銅觀音殿。殿內有一座高二丈四尺的銅觀音像，細腰跣足，莊嚴靜美，相傳為南詔時董善明所鑄，為崇聖寺五寶之一。近時毀。❽趺　碑下石座。❾撇　漢字向左斜掠的筆劃。❿飛白　漢字的一種書體，筆劃露白，似枯筆所寫。相傳東漢靈帝時，蔡邕至鴻都門，見正在修飾的工匠用刷白粉的帚寫字，十分喜歡，回去後創飛白體。⓫筆意　指書畫的意態、風格。⓬張順寧　當為順寧知府張某。順寧，明代置順寧府，治所在今雲南鳳慶。⓭從此丹青一家三句　大理石色彩豐富美麗，經過石工精心打磨拋光，紋采畢現，便成了一塊塊妙趣橫生的石面。再憑製作者的巧取妙裁，既可製成氣勢宏渾的畫卷，也可成玲瓏剔透的小品，識之以題款，更覺栩栩如生。清代林則徐見後，也曾發出「欲盡廢宋元之畫」的感慨。丹青，丹砂和青雘，兩種可製顏料的礦石，用以泛指繪畫用的顏色，後也借稱繪畫藝術。⓮鞏門　拱形的門。鞏，用同「拱」。⓯紺宮　又作紺園、紺宇、紺坊。因佛國土色紺青，故用作佛寺的別稱。紺，天青色；深青透紅之色。

【語譯】十四日　在寺南的石匠家觀賞石塊，何君和我各用百文錢買了一小方。何君選取的石塊，面上紋理有峰巒點綴的妙處；我則看中石塊表面黑白分明罷了。於是和何君遊遍寺內各殿。這座寺院在點蒼山第十座山峰下面，唐開元年間建造，名崇聖寺。寺前三塔鼎立，中間一座塔最高，方形十二層，所以現在稱為「三塔」。塔的四周都是高大的松樹聳入雲天。在塔的西邊從山門進去，有鐘樓和三塔相對，氣勢極為雄壯，但四面的牆壁已經倒塌，簷上瓦片有一半脫落，已岌岌可危了。樓中有口極大的鐘，直徑大約一丈多，壁厚達到一尺，是南詔時鑄造的，鐘聲遠揚，在八十里外都可聽到。鐘樓後面為正殿，殿後排列著各種石碑，而李中谿所刻黃華老人書寫的四塊碑都在其中。碑後為雨珠觀音殿，內供是觀音立像，用銅鑄成，高三丈。鑄造時分三段製模型，肩以下的體部先鑄成而銅已用完，忽然天上落下銅雨如珠，眾人共同捧起熔化，恰好鑄成頭部，所以有這名稱。觀音殿左右迴廊中的眾多佛像也很完整，但迴廊倒塌已不能遮蔽風雨了。從後面沿著石級往上，到淨土庵，即方丈。前殿有三間屋子，佛座後面有兩塊巨石嵌在居中的楹柱之間的牆上，各有七尺見方，厚一寸左右。靠北的一塊石上的紋理，有遠山闊水的氣勢，它的波流瀠繞，極盡變化的妙趣，露出半條船停靠在煙霧籠罩的汀洲中。靠南的一塊石上的紋理，呈現高峰疊嶂的景觀，雲煙彌漫深淺不一，各自達到出神入化的境界。這兩塊巨石和清真寺中有枯梅形紋理的碑座，是最古老的點蒼山石。清真寺在南門內，第二道寺門內有一座屏風般的石碑，石碑底座朝北的一面有紋理如一株梅花，如同在底座倒劃的一撇。石色黯淡，但枝痕露白，雖然無花，但有書畫的意態。新石中美妙的，沒有比得上順寧張知府寄放在大空山樓中的那些石塊了，其中有極其神妙更加超過舊石的。由此可知造物主的創造越來越奇，人間的繪畫，顯得盡是俗筆，而畫壇也可以廢除了。張氏的石塊，直徑有二尺長，約五十塊，塊塊都很奇特，石上紋理全是絕妙的彩色山水畫，高峻的山峰下臨絕壑，飛流的瀑布，隨雲霧而去，積雪的山崖映入水中，層層疊疊，遠遠近近，筆筆神奇，雲都像在飄動，水似乎能聽到聲響，不僅是五彩絢麗而已。前殿後面，還有正殿，庭院中有一棵白山茶，花的大小如紅山茶，而且花瓣聚簇也相似，花還沒有開完。淨土庵的北面，又有一座庵，殿內外的庭院臺階，都用點蒼山石鋪地，方形的石塊像方磚那麼大，這也是過去建成的，但清真寺則是新建成的，用這種石來作欄杆牆壁。這庵前面為玉皇閣道院，而路要從前殿東邊的拱門進去，有三重佛宇，後面才是樓閣，而竟然沒有一個道士留守，裡面空空，門戶倒塌，令人惆悵不快。

十五日　是日為街子之始。蓋榆城有觀音街子❶之聚，設於城西演武場❷中，其來甚久❸。自此日始，抵十九日而散，十三省物無不至，滇中諸彝物亦無不至，聞數年來道路多阻，亦減大半矣。晨餐後，何君以騎同余從寺左登其祖塋。過寺東石戶村，止餘環堵數十圍，而人戶俱流徙已盡，以取石之役，不堪其累也。寺南北俱有石工數十家，今惟南戶尚存。取石之處，由無為寺❹而上，乃點蒼之第八峰❺也，鑿去上層，乃得佳者。又西上二里半，乃登其塋。脈自峰頂連珠下墜，前以三塔為案，頗有結聚環護之勝。還二里，至寺後，轉而南過李中谿墓❻，乃下馬拜之。中谿無子，年七十餘，自營此穴，傍寺以為皈依，而孰知佛宇之亦為滄桑耶！由西石戶村入寺飯。同巢阿趨街子，且欲入城訪呂郎，而中途雨霰大作，街子人俱奔還，余輩亦隨之還寺。

十六日　巢阿同乃郎往街子，余由西門入叩呂夢熊乃郎。訊其寓，得於關帝廟前，蓋西城內之南隅也，時已同劉陶石往街相馬矣。余乃仍由西門西向一里半，入演武場，俱結棚為市，環錯紛紜。其北為馬場，千騎交集，數人騎而馳於中，更隊以覘高下焉。時男女雜沓，交臂不辨，乃遍行場市。巢阿買文已返，劉、呂物色無從，遇覺宗，為飲於市，且覓麵為飯。觀場中諸物，多藥、多氈布及銅器木具而已，無足觀者。書乃吾鄉所刻村塾中物及時文❼數種，無舊書也。既暮，返寺中。

【章　旨】本章記載了第二百八十天、第二百八十一天在大理府的行跡。前一天是觀音街子的第一天，設在城西演武場中，十三個省和雲南各民族的貨物無所不至。經過石戶村，村裡的人因無法承受採石的勞役，都流亡遷走了。回到寺後，拜祭了李元陽墓。進城時因途中下起大雨雪只得返回。次日進入演武場，北邊為馬場，市場中男女紛雜，藥物為多，並沒有什麼值得看的東西。

【注　釋】❶觀音街子　今通稱「大理三月街」。每年農曆三月十五日至二十日，滇西各族人在大理城匯集，進行大規模的物資交流，上市藥材幾乎包括雲南名貴藥材的大部分，同時舉行賽馬、歌舞等活動。據清末撰修的《大理縣志稿》載：「盛時百貨交易頗大，四方商賈如蜀、贛、粵、浙、桂、秦、黔、藏、緬等地及本省各州縣之雲集者殆十萬計，馬騾、藥材、茶市、絲棉、毛料、木植、磁、銅、錫器諸大宗生意交易之，至少者值亦數萬。」❷演武場　在大理城西，三塔附近，為一大廣場。自明至今，三月街市都在這裡舉行。場中有元大德年間所立的〈元世祖平雲南碑〉。❸其來甚久　三月街起於何時，史無確載。據清康熙間聖源寺僧寂裕刊印的《白國因由記》，唐貞觀間，觀音由西天至大理，制服惡魔羅剎，使百姓各安其業，從此「年年三月十五，眾皆聚集，以蔬食祭之，名曰祭觀音處。後人於此交易，傳為祭觀音街，即今之三月街也。」此說固不足為據，但從中可見三月街的產生與佛教在大理的傳播有一定關係。明李元陽在《雲南通志》中記：「觀音節，三月十五日在蒼山下貿易各省之貨，自唐永徽間至今，朝代累更，此市不變。」❹無為寺　在大理城西北蘭峰半腰，明永樂間建。寺內有明汝南王碑，扣之聲如玉磬，名玉磬碑。寺上有曬經坡，不長草木。❺點蒼之第八峰　即蘭峰。點蒼山十九峰，峰峰有大理石，但至今已開採的仍只有鶴雲峰、三陽峰、蘭峰、雪人峰等處。❻李中谿墓　李元陽墓，在崇聖寺右側。❼時文　科舉應試之文，相對「古文」而言。明、清時稱八股文為時文。

【語　譯】十五日　這天是趕街的第一天。原來大理城有觀音街的集市。設在城西的演武場中，歷史已很長久。

從這天開始，到十九日才散，十三省的貨物無不運到這裡，雲南各民族的產物也無不到這裡來交易，聽說近幾年來因為道路多處受阻，街市貨物也就減了大半。早飯後，何君和我騎馬從三塔寺左邊去上他的祖墳。經過寺東邊的石戶村，只剩下幾十處的圍牆，而居民都已流亡遷徙了，因為採石的勞役的苦累，使人無法忍受，只好走避。寺南北兩邊都有幾十家石匠，如今只有南邊的人家還在。採石的地方，由無為寺上去，是點蒼山的第八座山峰，鑿去上層，才能得到好的石料。再往西走上二里半，才登上何君的祖墳。山脈從峰頂如串連的珠子一樣落下，前面以三塔寺所在山為案山，很有結聚環護的勝景。返回走了二里，到寺的背後，轉向南經過李中谿墓，便下馬祭拜他。中谿沒有兒子，在七十多歲時，自己營造了這個墓穴，靠著寺廟作為皈依之處，而誰知佛寺也有滄桑之變呢！從石戶村往西進入寺內吃飯。同何巢阿去趕街，並且想進城拜訪呂郎，但到半路上大雨雪珠紛飛，街中的人都往回奔跑，我們也隨著回到寺中。

十六日　何巢阿同他兒子去趕街子，我從西門進城拜訪呂夢熊的兒子。打聽他的寓所，在關帝廟前找到，位於西城內的南隅，這時他已和劉陶石一起去街子相馬了。我就仍從西門往西走一里半，進入演武場，都是搭著棚作為市場，環繞交錯，紛紜雜亂。街子北邊為賽馬場，上千匹馬集中在這裡，有幾個人騎馬在場中奔馳，分隊輪番出賽以見高下。這時男女紛雜，交臂而過，不能分辨，就在市場內走遍各處。何巢阿已買了文集返回，劉、呂兩人沒法找到，遇見覺宗，為此一起在集市上喝酒，並且找了麵當飯吃。觀看市場上的各種貨物，藥材和氈居多，以及銅器木具罷了，沒有什麼值得一看的東西。書籍是我家鄉所刻印的鄉村私塾用物，另有幾種八股文冊籍，沒有舊書。天晚以後，返回寺中。

十七日　巢阿別而歸，約余自金騰東返，仍同盡點蒼之勝，目下恐漸熱，先為西行可也。送至寺前，余即南入城。遇劉陶石及沙坪徐孝廉[1]，知呂郎已先往馬場，遂與同出。已遇呂，知買馬未就。既而辭呂，觀永昌❷賈人寶石、琥珀及翠生石諸物，亦無佳者。仍覓麵為飯。飯後覓顧僕不得，乃返寺，而顧僕已先在矣。

十八日　由東門入城，定巾，買竹箱，修舊篋。再過呂寓，叩劉、呂二君，呂命其僕為覓擔夫，余乃返。

十九日　早過呂寓，二君留余飯。同劉君往叩王賡虞父子，蓋王亦劉戚也，家西南城隅內。其前即清真寺❸，寺門東向南門內大街。寺乃教門沙氏所建，即所謂回回❹堂也。殿前檻陛窗櫺之下，俱以蒼石代板，如列畫滿堂，俱新製，而獨不得所謂古梅之石。還寺，所定夫來索金加添，余不許。有寺內僧欲行，余索其定錢，仍掯❺不即還。今顧僕往追，抵暮返，曰：「彼已願行矣。」

【章　旨】本章記載了第二百八十二天至第二百八十四天在大理府的行跡。何巢阿告別回家，我進城遇見劉陶石和呂郎。隨後觀看永昌商人所賣的寶石等物，也沒有好東西。最後一天去清真寺，即回回堂，到處是點蒼山石，卻找不到所說的有古梅紋理的石座。

【注　釋】❶孝廉　明、清時對舉人的稱呼。❷永昌　見〈滇遊日記十〉五月十八日日記注。❸清真寺　阿拉伯文的意譯，音譯「麥斯吉德」，又稱「禮拜寺」，伊斯蘭教寺院。❹回回　中國舊稱伊斯蘭教為回教，伊斯蘭教徒為「回回」。❺掯　卡；扣；留難。

【語譯】十七日　何巢阿告別回家，約我從金騰往東返回時，仍然一起去遊完點蒼山的勝景，眼下恐怕氣候漸漸熱起來，可先往西走。送他到寺前，我隨即往南進城。遇見劉陶石和沙坪的徐孝廉，得知呂郎先去馬場了，就和他們一起出城。不久遇見呂郎，得知他沒有買到馬。隨即辭別呂郎，去觀看永昌商人所賣的寶石、琥珀及翡翠等物，也沒有好東西。仍舊找麵當飯吃。飯後找不到顧僕，便返回寺中，顧僕已先在那裡了。

十八日　從東門進城，定購頭巾，買竹箱，修理舊箱子。再去呂家寓所，拜訪劉、呂兩君。呂郎叫他的僕人替我找挑夫，我便返回。

十九日　早上去呂家寓所，兩君留我吃飯。和劉君去拜訪王賡虞父子，原來王家也是劉的親戚，家在城內西南隅。門前就是清真寺，寺門朝東對著南門內的大街。寺是教門中沙氏建造的，就是所說的回回堂了。大殿前面的門檻臺階窗戶之下，都用蒼山石代替木板，就像滿堂陳列著畫幅，都是新建成的，唯獨找不到所謂有古梅紋理的碑座。回到寺中，已講定的挑夫來要求加價，我不同意。寺內有僧人想隨行，我向挑夫討回定金，仍然扣留不肯立即退還。叫顧僕去追索，到傍晚返回，說：「他已願意走了。」

二十日　晨起候夫，余以其谿壑無厭，另覓寺僧為負。及飯，夫至，辭之。索所畀，彼展轉不還❶。余乃以重物寄覺宗，令顧僕與寺僧先行。余乃入西門，自索不得，乃往索于呂揮使乃郎，呂乃應還❷。余仍入清真寺，觀石碑上梅痕，乃枯槎而無花，白紋黑質，尚未能如張順寧所寄者之奇也。

出南門，遂與僧僕同行。遵西山而南，過五里、七里二橋，又三里，過感通寺前入道。其南有三、四家夾道，曰上睦。又南則西山巍峩之勢少降，東海彎環之形漸合。十里，過陽和鋪❸。又十里，則南山自東橫亙而西，海南盡於其麓，穿西峽而去。西峽者，南即橫亙之山，至此愈峻，北即蒼山，至此南盡，中穿一峽，西去甚逼，而峽口稍曠，乃就所穿之溪，城其兩崖，而跨石梁於中，以通往來，所謂下關❹也，又名龍尾關。關之南則大道，東自趙州，西向漾濞焉。

既度橋出關南，遂從溪南西向行。三里，南北兩山俱逼湊，水搗其中如線，遙睇其內，崇峰北繞蒼山之背，壁立彎環，掩映殊異。破峽而入，又二里，南峰俱成石壁，倒壓溪上，北峰一支，如渴兕❺下赴，兩崖相粘，中止通一線，剖石倒崖，始行峽中，繼穿石下。峽相距不盈四尺，石梁❻橫架其西，長丈五尺，而狹僅尺餘，正如天台之石梁。南崖亦峻，不能通路，出南崖上，俯而瞰之，毛骨俱悚。又西里餘，折而北，其溪下嵌甚微。又北，風雨大至。北三里餘，數家倚西山下，是為潭子鋪❼，其地為趙州❽屬。北五里，轉而西，又北十五里，有溪自西峽來入，是為核桃箐。渡箐溪，又北五里，有三、四家倚西山下，是為茅草房。溪兩旁至此始容斸崖之塍，然猶桮棬❾之綴於箐底也。是日榆道❿自漾濞下省，趙州、大理、蒙化⓫諸迎者，蹀躞⓬雨中。其地去四十里橋尚五里，計時纔下午，恐橋邊旅肆為諸迎者所據，遂問舍而託焉，亦以避雨也。

【章　旨】本章記載了第二百八十五天在大理府的行跡。因挑夫貪得無厭，將他辭退。再進清真寺，觀看石碑上的梅痕。走出大理府城南門，經過陽和鋪，到下關（又名龍尾關），建在點蒼山南邊盡頭的峽口。走到關南，穿入峽谷，途中看到有石梁很像天台山的石梁。往前到潭子鋪，已是趙州地界。再經過核桃箐，到茅草房投宿。

【注　釋】❶余以其谿壑無厭七句　原作「晨起候夫不至」，據徐本改補。谿壑，本謂溪谷溝壑，後以溪壑之心喻貪得無厭的欲望。❷余乃入西門四句　原脫，據徐本補。❸陽和鋪　今名陽和村，在大理東南七里橋鎮東北。❹下關　南詔五世主閣邏鳳建。西靠蒼山斜陽峰，東臨洱海之尾，南環水流湍急的洱河，山勢如游龍掉尾，故又名龍尾關。下關負山阻水，形勢險要，古時為大理古城南面的屏障，兵家必爭之地。現存的「大唐天寶戰士冢」（即萬人塚）、將軍廟，相傳即唐朝和南詔激戰之處。至清末，下關已為滇中著名市場。現為新建大理市的中心。❺兕　雌性的犀牛。❻石梁　即天生橋，在西洱河谷的第一道山口。危岩突兀的兩山之間，有三塊巨大的青石搭成一座人字橋，橫跨激流之上，將哀牢山脈和點蒼山脈相連。北岸有城塞遺址，為古代軍事要衝。❼潭子鋪　今名塘子鋪。從下關至漾濞，有一段峽谷，即西洱河谷，為蒼山南端的一個天然缺口，洱海的唯一出口。塘子鋪和下面的核桃箐、茅草房都在這峽谷中。塘子鋪離下關約六里，附近有溫泉，四周林木蔥蘢，鳥語花香，水色清澈，四時可浴，據稱不在「天下第一湯」安寧溫泉之下。❽趙州　見〈滇遊日記六〉正月十八日日記注。❾桮棬　也作「杯棬」，先用枝條編成杯盤形狀，再用漆加工製成杯盤。❿榆道　指金滄分巡道，駐大理府。⓫蒙化　見〈滇遊日記十二〉八月十七日日記注。⓬蹀躞　小步慢走的樣子。

【語　譯】二十日　早晨起身等候挑夫，我因為他貪得不會滿足，另外找了寺內的僧人給我挑行李。到吃飯時，挑夫來到，就把他辭了，討還已給的定金，他東躲西避不肯歸還。我就將重的東西寄放在覺宗處，叫顧僕和寺內僧人先走。我便進入西門，因為自己討不回定金，就去向呂指揮的兒子託他索回，呂郎答應退還。我仍然走進清真寺，觀賞石碑上的梅花形紋理，原來是枯枝而沒花，白色紋理，黑色質地，還不及順寧張知府寄存的那些石塊奇異。

走出南門，就和僧人、顧僕一起走。沿著西山往南，過了五里、七里兩座橋，再走了三里，經過感通寺前進入大路。寺南有三、四戶人家在路旁居住，地名上睦。再往南只見西山巍峨的山勢稍許下降，東面洱海彎曲環繞的地形漸漸合攏。走了十里，經過陽和鋪。再走了十里，只見南山從東向西橫亙，洱海南邊的盡頭處就在南山山麓，海水穿過西面的峽谷流去。西面的峽谷，南邊就是橫亙的山，到這裡更加高峻，北面就是點蒼山，到這裡已是南邊的盡頭，中間有條峽谷穿通，往西延伸十分狹窄，而峽口稍許開闊，就順著穿過峽谷的溪流，在水兩旁的山崖上築城，中間架起石橋讓人來往通行，這就是所說的下關，又名龍尾關。關的南面便是大路，東面起自趙州，往西通到漾濞。

過了橋後走出關的南面，便從溪水南岸往西走。過了三里，南北兩邊的山都緊迫聚攏，水在裡面沖撞像線那麼細小，遠望它的裡面，高峻的山峰往北繞到點蒼山的背後，如壁矗立，彎環曲折，互相掩映，十分奇特。穿入峽谷，再走了二里，南邊的山峰都成石壁，倒壓溪上，北邊的一支山峰，如乾渴的犀牛對著溪水，兩旁山崖像黏在一起，中間只有一條線那麼細小的通道，岩石劈開，山崖倒立，起先在峽谷中行走，繼而在岩石下面穿越。峽谷兩面相隔不滿四尺，石橋橫架在它的西端，長一丈五尺，寬只有一尺多，正像天台山的石梁。南邊的山崖也很險峻，不能通路，走到南邊的山崖上面，俯視峽底，令人毛骨悚然。再往西走一里多，轉而向北，這條溪水嵌在下面，十分細小。再往北走，大風雨來臨。往北走了三里多，有幾戶人家靠在西邊的山下，這是潭子鋪，為趙州的屬地。往北走五里，轉而向西，再往北走十五里，有溪水從西邊的峽谷流來注入，這是核桃箐。渡過箐谷中的溪水，再往北走五里，有三、四戶人家靠在西邊的山下，這是茅草房。溪水流到這裡才能在兩旁山崖上開闢田地，但仍只是像杯盤那樣點綴在箐谷的底部。這天大理道員從漾濞去省城，趙州、大理府、蒙化府眾多迎接的官員，在雨中小步慢走。這裡離四十里橋還有五里，估計時間才到下午，恐怕橋邊的旅店被眾多迎候的人占據，便找了一戶人家投宿，也是為了避雨。

二十一日　雞再鳴，促主者炊，起而候飯。天明乃行，雲氣猶勃勃也。北向仍行溪西，三里餘，有亭橋跨溪上，亭已半圮，水沸橋下甚急，是為四十里橋❶。橋東有數家倚東崖下，皆居停之店。此地反為蒙化屬，蓋橋西為趙州，其山之西為蒙化，橋東亦為蒙化，其山之東為太和，犬牙之錯如此。至是始行溪東，傍點蒼後麓行。七里餘，有數十家倚東山而廬，夾路成巷，是為合江鋪❷。至是始望西北峽山橫裂，有山中披為隙，其南者，余所從來峽也；其北來者，下江嘴所來漾濞峽也；其西南下而去者，二水合流而下順寧❸之峽也。峽形雖遙分，而溪流之會合，尚深嵌西北峽中，此鋪所見，猶止南來一溪而已。出鋪北，東山餘支垂而西突，路北逾之，遂併南來溪亦不可見，蓋餘支西盡之下，即兩江會合處，而路不由之也。西北行坡嶺者四里，始有二小流自東北兩峽出。既而盤曲西下，一澗自東北峽來者差大，有亭橋跨之，亭已半圮，是為亭水橋。蓋蒼山西下之水，此為最大，亦西南合於南北二水交會處。然則「合江」之稱，實三流，不止漾水、濞水而已也❹。從橋西復西北逾一小嶺，共一里，始與漾水遇。其水自漾濞來經此，即南與天生橋之水❺合，破西南山峽去，經順寧泮山❻而下瀾滄江。路溯其東岸行。其東山亦蒼山之北支也，其西山乃羅均南下之脈，至此而迤邐西南，盡於順寧之泮山。

北行五里，有村居夾而成巷，為金牛屯❼。出屯北，有小溪自東山出，架石梁其上，側有石碑，拭而讀之，乃羅近溪❽所題〈石門橋〉詩也。題言石門近在橋左，因矯首東望，忽雲氣迸坼，露出青芙蓉❾兩片，插天拔地，駢立對峙，其內崇巒疊映，雲影出沒，令人神躍。亟呼顧僕與負僧，而二人已前，遙追之，二里乃及。方欲強其還，而一僧旁伺，問之，即石門旁藥師寺僧也。言門上有玉皇閣，又有二洞明敞可居，欣然願為居停主。乃東向從小路導余，五里，抵山下，過一村，即藥師寺也，遂停杖其中。其僧名性嚴，坐余小閣上，摘蠶豆為餉。時猶上午，余欲登山，性嚴言玉皇閣躡峰而上十里餘，且有二洞之勝，須明晨為竟日遊，今無及也。蓋性嚴山中事未完，既送余返寺，遂復去，且以匙鑰置余側。

余時慕石門奇勝，餐飯，即扃其閣，東南望石門而趨，皆荒翳斷塍，竟不擇道也。二里，見大溪自石門出，溪北無路入，乃下就溪中。溪中多巨石，多奔流，亦無路入，惟望石門❿近在咫尺，上下逼湊，駢削萬仞，相距不逾二丈，其頂兩端如一，其根止容一水。蓋本一山外屏，直從其脊一刀中剖而成者，故既難為陸陟，復無從溯溪。徘徊久之，乃渡溪南，反隨路西出。久之，得一徑東向，復從以入，將及門下，復渡溪北。溪中縛木架巨石以渡，知此道乃不乏行人，甚喜過望。益東逼門下，叢篁覆道，道分為二，一東躡坡磴，一南下溪口。乃先降而就溪，則溪水正從門中躍出，有巨石當門扼流，分為二道。襲之而下，北則漫石騰空，作珠簾狀而勢甚雄；南則嵌槽倒隙，為懸霤形而勢甚束；皆高二丈餘，兩旁石皆逼削，無能上也。乃復上就東岐躡磴，已又分為二，一北上躡坡，一南凌溪石。乃先就溪凌石，其石大若萬斛⑪之舟，高泛溪中，其根四面俱湍波瀠激，獨西北一徑懸磴而上，下瞰即珠簾所從躍出之處，上眺則石門兩崖，劈雲削翠，高駢逼湊，真奇觀也。但門以內則石崩水湧，路絕不通，乃復上就北岐躡磴。始猶藤箐蒙茸，既乃石崖聳突，半里路窮，循崖南轉，飛崖倒影，上逼雙闕，下臨絕壑，即石門之根也，雖猿攀鳥翥，不能度而入矣。久之，從舊路返藥師寺。窮日之力，可併至玉皇閣，姑憩而草記，留為明日遊。

【章　旨】本章記載了第二百八十六天從大理府進入蒙化府的行跡。到四十里橋，已入蒙化府境。沿著點蒼山後的山麓走，到合江浦，望見西北峽山橫裂，分出幾處峽谷。再到亨水橋，從點蒼山往西流下的水，這裡最大。「合江」實際上是三條水合流，而不僅是漾水、濞水。往前和漾水相遇，水從漾濞流經這裡，再往南經過順寧府泮山匯入瀾滄江。往北經過金牛屯，屯北有石碑，上面刻著羅汝芳的〈石門橋〉詩。抬頭向東望去，只見雲中露出兩片青芙蓉，插天拔地，令人神往。途中遇見僧人性嚴，自願引路帶往藥師寺。飯後便朝石門趕路，看到一條從石門流出的大溪，卻無路可走，只是望見石門近在咫尺之間，高達萬仞，而兩邊相距不超過二丈，簡直像從山脊上一刀劈成。過了好久，找到一條小路，逼近石門下方，路分成兩條。先向南到溪水邊，只見溪水從石門中躍出，有巨石在門口扼住水流，兩旁石壁緊逼陡峭，沒法上去。然後向東登上溪中的巨石，岩石底部盡是瀠洄激蕩的水波，往上眺望石門兩崖，真是奇觀。再踏上石級，到石門的底部，形勢險要，即使猿猴飛鳥，也不能越過。從原路返回藥師寺，起草日記。

【注　釋】❶四十里橋　又名天威逕，在巍山西北隅。舊時架木為橋，上面蓋有瓦屋。❷合江鋪　今名合江村，在漾濞東隅，西洱河北岸。❸順寧　見〈滇遊日記十二〉八月初六日記注。❹然則合江之稱三句　指漾濞江。有三個源頭：一出洱源罷谷山，從鄧川洱海流入大理境內，為漾水；一出劍川，繞過點蒼山流入大理境內，為濞水；一出蘭坪，從雲龍流入大理境內。下游稱黑惠江，流到雲縣北境，匯入瀾滄江。❺天生橋之水　指今西洱河。❻泮山　在鳳慶東境，山下為瀾滄江、黑惠江合流處。❼金牛屯　在漾濞城東南，漾濞江東岸。❽羅近溪　即羅汝芳。❾青芙蓉　即青蓮花，葉長而大，青白分明。❿石門　在漾濞東南境，為點蒼山馬龍峰下的一處斷層峽谷，兩壁陡峭，似洞開的大門，水從中間奔流，十分壯觀。山上多蘭花和杜鵑，山頂有玉皇閣，前人有「石門奇秀甲滇西」的詩句。⓫斛　古代以十斗為一斛，南宋末年改為五斗一斛，二斛一石。

【語　譯】二十一日　雞啼兩遍，催促主人做飯，起身等候飯吃。天亮才出發，依然濃雲密布。向北仍在溪水西岸行走，過了三里多，有座亭橋架在溪流上面，亭一半已經倒塌，橋下水流奔騰，十分迅急，這就是四十里橋。橋的東邊，有幾戶人家靠在東面的山崖下，都是路人留宿的客店。這裡反而是蒙化府的屬地，因為橋的西邊為趙州，這山的西邊為蒙化，橋的東邊也是蒙化，這山的東面為太和縣，就這樣犬牙交錯著。到這裡後才在溪水的東岸，靠著點蒼山後的山麓行走。過了七里多，有幾十戶人家靠著東山蓋房，在路的兩旁形成小巷，這就是合江鋪。到這裡才望見西北峽山橫裂，有山中間分開形成裂縫，在南面的，是我從那裡過來的峽谷；從北面過來的，是從下江口過來的漾濞峽谷；往西南伸下的，是兩條水會合後流下順寧府的峽谷。峽谷的形狀雖能在遠處分辨，但溪流的會合，還深嵌在西北的峽谷中，在這鋪所見到的，還只是從南面流來的一條溪水而已。走出鋪北，東山的餘脈下垂又向西突起，路往北越過它，於是連同從南面流來的溪水也看不見了，原來餘脈在西邊的盡頭處下方，就是兩條江水的會合處，但路不從那裡走。往西北在山坡山嶺之間走了四里，才有兩條小水從東面和北面兩道峽谷中流出。隨即曲折盤繞往西下去，一條從東北峽谷中流來的水稍大些，有座亭橋架在水上，亭一半已經倒塌，這是亨水橋。從蒼山往西流下的水，這條最大，也流向西南，在南、北兩條江水交流處會合，那麼「合江」這個名稱，實際上是三條水合流，不僅是漾水、濞水罷了。從橋的西邊再往西北越過一小嶺，共走了一里，才和漾水相遇。這水從漾濞流來經過這裡，就往南和天生橋下的水合流，穿過西南的峽谷流去，經過順寧府的泮山而後流下瀾滄江。路沿著漾水的東岸上行，水東邊的山也是蒼山往北延伸的支脈，水西邊的山是羅均山往南下去的山脈，到這裡又往西南曲折延伸，到順寧府的泮山為止。

往北走了五里，有村莊的住房夾路成巷，這是金牛屯。走出屯的北邊，有小溪從東山流出，溪上架著石橋，旁邊有塊石碑，擦拭後讀上面所刻文字，是羅近溪所寫的〈石門橋〉詩。題辭說石門近在橋的左邊，因此抬頭向東望去，忽見雲氣散開，露出兩片青色荷花似的山峰，直插雲天，拔地而起，並排矗立，相對聳峙，裡面高大的山巒層疊掩映，雲影出沒，令人神往。急忙喊顧僕和挑擔的僧人，但二人已走到前面去了，遠遠追趕他們，過了二里才趕上。正想強迫他們折返回去，有個僧人在旁邊等候，問他才知他就是石門旁藥師寺的僧人。他說石門上有玉皇閣，還有兩個明亮寬敞的洞，可以居住，欣然同意作為主人讓我們留宿。於是往東從小路走給我引導，走了五里，到達山下，經過一個村莊，便到藥師寺了，就在寺中停宿。這僧人的法名叫性嚴，請我坐在小閣上，摘了蠶豆做飯吃。這時還在上午，我想登山，性嚴說去玉皇閣要登山往上走十多里路，而且有兩個山洞的勝景，必須明天早晨去遊一整天，今天已來不及了。原來性嚴山中的事還沒辦完，送我返回寺院後，就又離去，並且將門鎖鑰匙放在我的身旁。

我這時嚮往石門的奇景，吃完飯立即鎖了他的小閣，向東南朝著石門趕去，遍地野草，田野荒蕪，竟然不用找路了。走了二里，看到有條大溪從石門流出，溪的北岸沒路可入，便往下到溪中。溪水中巨石多，奔瀉的急流多，也沒路可入。只望見石門近在咫尺，上下緊逼聚攏，兩邊崖壁並立陡削，高達萬仞，相距不超過二丈，石門頂上兩端如合為一體，底部只能容納一條溪水。大概本是一座山像屏風那樣在外面峙立，簡直像從山脊中間一刀劈成的，所以既難從陸路攀登，也無法從溪中逆流而上。徘徊了很久，於是渡過溪水到南岸，反而順著路往西走出。過了很久，找到一條往東去的小路，再從這條路進去，將到石門下，又渡過溪水到北岸。溪中捆紮樹木架在巨石上面以便過渡，心知這條通道必有不少行人，真喜出望外。繼續往東逼近石門下，叢生的竹子覆蓋著道路，路分為兩條，一條往東登上山坡石級，一條往南下去到溪口。於是先往下走到溪邊，只見溪水正從石門中躍出，有塊巨石在門口扼住水流，分成兩條水道。溪水沿著水道流下，北邊的水則漫過巨石騰空而起，呈現出珠簾的形狀，氣勢很是雄壯；南邊的水則嵌入槽中從縫隙倒瀉，呈現出如簷水下垂的形狀，但水勢很集中；南北二水都有兩丈多高，兩旁石崖都是狹窄陡峭，不能上去。於是再往上到東邊的岔路登上石級，不久路又分成兩條，一條往北踏上山坡，一條往南登上溪邊的巨石，於是先到溪邊登上巨石，這石就像能裝萬石穀物的大船，高高浮在溪中，它的底部四面盡是湍急的水波瀠洄激盪，唯獨西北有條小路懸著石級可以上去，向下俯視就是珠簾形的水所躍出的地方，向上眺望則見石門兩邊的崖壁，劈開雲霧，顯出蒼翠的山色，高高並立，緊迫聚攏，真是奇觀。但見石門裡面則是岩石崩裂，水流洶湧，路斷不通，便再上去到北邊的岔路登上石級。起先還是雜亂蓬鬆的藤條竹叢，過後石崖高聳突出，走了半里，路到盡頭，沿著石崖往南轉，崖石淩空，倒影水中，上面緊逼雙闕，下面對著深壑，這就是石門的底部，即使善於攀援的猿猴、會飛的鳥兒，也不能穿越進去。過了很久，從原路返回藥師寺。如果整天盡力而遊，可一併到達玉皇閣，暫且停下休息，起草日記，留到明天再去遊覽。

二十二日　晨起候飯，性嚴束火負鐺，摘豆裹米，令僧僕分攜，乃從寺後東向登山。二里，轉而南向，循山腰上，二里，復隨峽轉東一里，從峽盡處南轉逾嶺。一里，路分二岐，一東上者，為花椒庵石洞道；一南上者，一里而逾石門之上。此石門之北崖也。所登處已在門之內，對瞰南崖崩削之狀，門底轟沸之形，種種❶神旺，獨所踞崖端危險，不能返觀，猶覺未能兩盡也。東眺門以內，峽仍逼東，水自東南嵌底而來。其正東有山一支，巍然中懸，恰對峽門，而玉皇閣即踞其上，尚不能遙望得之，蓋其內木石茸密，非如外峰可以一覽盡耳。於是緣岡脊東上，一里，南與峽別，折而東北上。半里，坳間有頹垣遺構，為玉峰寺廢址。玉峰者，萬曆初僧石光所建，藥師乃其下院，而性嚴即其後嗣也。其後又有一廢址，曰極樂庵。從其後復轉向東南上，半里，再與東峽遇，乃緣支峽東向行，古木益深。半里，支峽東盡，乃南渡其上，復北轉，共二里而得玉皇閣。閣南向石門而遙，東臨峽壁而逼，初創於朱、史二道人，有僧三賢，擴而大之，今前樓之四壁俱頹，後閣之西角將仆，蓋岌岌矣。閣東有臺，下臨絕壑，其下有洞，為二道靜修處。

時二僧及僕，俱然火覓泉將為炊，余不及覓洞，先從閣援石獨上。蓋遙望峽後大山，上聳三峰者，眾皆指為筆架峰，謂即東南清碧溪後主峰，余前由四潭而上，曾探其陽，茲更欲一窮其陰，以盡石門澗水之源，竟不暇招同行者，而同行僧僕亦不能從。余遂賈勇直前。二里，山石既窮而土峰峻甚，乃攀樹。三里，山樹亦盡，漸陟其頂，層纍[2]而上，登一頂，復起一頂。頂皆燒茅流土，無復棘翳，惟頂坳間，時叢木一區，棘翳隨之。余從嶺脊燒痕處行，虎跡齒齒，印沙土間。連上數頂，始造其極，則猶然外峰也。始知蒼山前後，共峰兩重，東峙者為正峰，而形如筆架者最高；西環者南從筆架、北從三塔後正峰，分支西夾，臂合而前，湊為石門。但其中俱崩崖墜派，不復開洋，俱下盤夾箐，水嵌其底，木叢其上。余從峰頭東瞰筆架山之下，有水懸搗澗底，其聲沸騰，其形夭矯，而上下俱為叢木遙罨，不能得其全，此即石門之源矣。又從外嶺北行，見其北又分支西下，即漾濞驛北之嶺，西盡於漾濞橋者也。時日色正午，開霽特甚。北瞻則鳳羽之西，有橫山一抹，自西北斜亙而來者，向從沙溪南望，斜亙其西南，為橋後[3]水口者也，劍川之路，溯之北入；南眺則潭子鋪西之山，南截漾、濞二水之口為合江鋪者，大理之路，隨之北來；西覽則橫嶺鋪之脊，排闥西界，北接斜亙之嶺，南隨合江西下，永昌之路，逾之西向；惟東面內峰巀嶪，榆城即在東麓，而間隔莫逾，一以峰高崖陡，攀躋既難，一以山劃兩重，中箐深陷，降陟不易。聞此山北坳中，有大堡白雲寺，可躋內峰絕頂，又南逾筆架，乃東下清碧溪。大堡之路，當即從分支西下之嶺，循度脊而上，無此中塹之箐；沐西平征大理，出點蒼後，立旗幟以亂之，即由此道上也。

憑眺久之，乃循舊跡下。三里，忽誤而墜西北支，路絕崖欹，無從懸墜，且空山杳隔，莫辨真形，竟不知玉皇閣所倚之支在南在北也。疑尚瀕南澗箐中❹，而澗中多岐，且峻崖絕坂，橫度更難，有棘則蒙翳，無棘則流圮。方徘徊間，雨復乘之，忽聞南箐中有呼噪聲，知玉皇閣在其下，余亦漫呼之，已遙相應，而尚隔一箐，樹叢不可見，路絕不可行。盤箐之上腋二里，始得石崖，於是攀隙墜空，始無流墜之恐，而雨傾如注。又一里而出玉皇閣之右，炊飯已寒，重沸湯而食之。閣左少下，懸崖之間，有洞南向，下臨深澗，乃兩巨石合掌而成者。洞高一丈，下闊丈五，而上合尖，其深入約及數丈，而底甚平，其石質粗糲，洞形亦無曲折之致，取其通明而已。洞前石崖上下危削，古木倒盤，霏煙攬翠，俯掬轟流，令人有「杳然別天」之想。

時雨已❺復霽，由舊路轉北而下，三里，至玉峰寺舊址。由岐下北壑，轉峽度塢，一里餘而得花椒庵石洞。洞亦巨石所覆，其下半疊石盤，半庋空中，空處浮出二、三丈，上下亦離丈餘，而平皆如砥，惟北粘下盤之上，而東、西、南三面，俱虛簷❻如浮舫，今以碎石隨其簷而窒之，祇留門西向，而置佛於中。其前架樓三楹，而反無壁，若以窒洞者窒樓，則洞與樓兩全其勝矣。其北又一巨石隆起，下有泉出其隙間，若為之供者。此地境幽塢繞，水石錯落，亦棲真之地。龕中器用皆備，而寂無居人，戶亦設而不關。余愧行腳❼不能留此，為悵然而去。乃西向平下一里，即石門北頂北來之道，向所由上者。又北六里，而返藥師。途中遇一老人，負桶數枚下山，即石洞所棲之人，每日登山箍桶，晚負下山，鬻以為餐，亦不能夜宿洞間也。

【章　旨】本章記載了第二百八十七天在蒙化府的行跡。和性嚴登上石門北邊的石崖，俯視南邊的石崖崩裂陡峭，石門底部激流轟鳴，令人神旺。玉皇閣就座落在石門正東的山上，因裡面樹木密集，不能遠遠望見。到玉峰寺廢址，寺後還有極樂庵廢址。轉到玉皇閣，閣朝南和石門遙遙相對，如今已岌岌可危。從閣後抓住岩石獨自上去，想窮究石門澗水的源頭。鼓足勇氣往前，登上一座山頂，頂上都是燒過的茅草、容易流失的泥土，沙土中有老虎的腳印。登上頂峰，才知道蒼山前後有兩重山峰，在東面峙立的是正峰，在西面環繞的往前聚攏成為石門。從峰頭俯視筆架山下，澗底有水聲沸騰，水流很有氣勢，就是石門的源頭。中午天氣特別晴朗，向北瞻望鳳羽山西面的山，向南眺望潭子鋪西面的山，向西觀望橫鋪嶺的山脊，而大理城就在東面山峰的東麓，但中間隔斷，無法穿越。聽說這山的坳地中有大堡白雲寺，沐英征伐大理，就從去大堡的路走。居高眺望很久，才沿原路下山，忽然錯落到西北的支峰中，空山深遠，無路可走，分不清玉皇閣在哪裡，而雨又來了。到一處石崖抓住石縫懸空落下，到玉皇閣的右側，吃了飯遊覽旁邊一個崖洞，這洞是兩塊巨石如手掌合攏形成的，洞前景色，令人有「杳然別有天地」的想法。從原路轉到玉峰寺舊址，到花椒庵石洞，這洞也是巨石覆蓋而成。這裡環境幽雅，水石錯落，是隱居修身的好地方，可惜沒人居住。下山返回藥師寺，途中遇見一個老人，每天上山箍桶，晚上背著桶下山換取飯錢。

【注釋】❶種種 件件；事事。❷層纍 層層積累。❸橋後 今名喬後，在洱源城西，漾濞江東岸，產鹽。❹疑尚瀕南澗箐中 尚，原作「南」，據徐本改。❺已 停止。❻虛簷 同「虛檐」。凌空的屋簷。❼行腳 在此霞客以行腳僧雲遊四方自喻。

【語譯】二十二日 早晨起身等候吃飯，性嚴捆了柴火揹著鐵鍋，摘了豆包好米，叫和尚僕人分拿著，就從寺後往東登山。走了二里，轉而向南，沿著山腰上去，又走了二里，再隨著峽谷轉向東走一里，從峽谷的盡頭處轉向南越過山嶺。再走一里，分成兩條岔路，一條往東上去，是去花椒庵石洞的路；一條往南上去，再走一里越過石門的上方，這是石門北邊的石崖。所登臨的地方已在石門的裡面，俯視南邊石崖崩裂陡峭的形狀，石門底部水流轟鳴沸騰的情形，種種奇景，令人精神振奮。只是所坐的石崖頂端很危險，不能轉身觀望，仍覺得沒有對兩邊景物都盡情觀賞。向東眺望石門裡面，峽谷依然狹窄，水嵌在峽底從東南流來。在它正東有一支山脈高高聳立在中間，恰好對著峽口，而玉皇閣就座落在它的上面，還不能從遠處望見它，因為裡面樹木岩石密集，不像外邊的山峰可以一覽無遺。從這裡沿著岡脊往東上去，走了一里，離開南邊的峽谷，轉向東北上去。走了半里，山坳中有倒塌的牆壁殘餘建築，是玉峰寺的廢址。玉峰寺是萬曆初年僧人石光所創建，藥師寺是它的下院，而性嚴就是石光的傳人。寺後又有一處廢址，名極樂庵。從庵後又轉向東南上去，走了半里，再和東邊的峽谷相遇，便沿著分支的峽谷向東走，古老的樹木更加深密。過了半里，分支峽谷到了東邊的盡頭，就往南穿過峽谷，到它的上面，再往北轉，共走了二里，來到玉皇閣。閣朝南和石門遙遙相對，東邊對著峽壁，十分逼近，最初由朱、史二個道士創建，有名三賢的僧人將閣擴建，如今前樓的四周牆壁全已倒塌，後閣的西角即將倒下，已經岌岌可危了。閣的東邊有臺，下面對著深壑，臺下有個洞，是二個道士靜修的地方。

這時兩個僧人和僕人，都在生火找泉水準備做飯，我來不及找洞，先從玉皇閣抓著岩石獨自上去。因為遙望峽谷背後的大山，上面聳起三座山峰的地方，眾人都指著說是筆架峰，認為就是東南清碧溪後的主峰，我先前從四個潭水往上，曾經探遊了它的南面，這時更想遊遍它的北面，來窮究石門澗水的源頭，竟來不及招呼同行的人，而且同行的僧人、僕人也跟不上。我就鼓足勇氣直往前走，過了二里，山石已到盡頭，土峰十分陡峻，就抓著樹枝向上攀登。又過了三里，山上的樹木也沒有了，漸漸登上山頂，一層接一層上去，登上一座山頂，前面又突起一座山頂。山頂上面都是已被燒過的茅草和容易流失的沙土，不再有荊棘遮蔽，只有山頂的坳地中，有時出現一片樹叢，荊棘也隨著生長遮蔽。我從嶺脊上有火燒痕跡的地方走，留在沙土中的老虎腳印，像牙齒那樣排列著。接連上了幾座山頂，才到它的最高峰，但仍然是外圍的山峰。方才知道點蒼山前後，共有兩重山峰，在東面峙立的是正峰，形狀像筆架的最高；在西面環繞的，南邊起自筆架峰，北邊起自三塔後面的正峰，分成支脈往西相夾，如同手臂向前合抱，湊聚成為石門。但裡面都是崩裂山崖墜落的水流，不再有開闊的平地，下面都盤繞著狹窄的箐谷，水流嵌在谷底，樹木叢生在上面。我從峰頭向東俯視筆架山的下方，有水垂下直沖到澗底，水聲沸騰，水流屈曲而有氣勢，但上下都被樹叢遠遠遮住，不能看到它的全貌，這就是石門水流的源頭了。再從外圍的山嶺往北走，看到它的北邊又分出支脈往西延伸，就是漾濞驛北面的山嶺，往西到漾濞橋為止。這時已是正午，雲開霧散，天氣特別晴朗。向北遠望，則見鳳羽山的西面，有一抹山影橫列，從西北斜伸過來，就是先前從沙溪向南望去，斜伸到它的西南，成為橋後水口的山，去劍川的路，沿著它上行往北進去；向南眺望，則見潭子鋪西面的山，在南面攔截漾、濞兩江的水口，成為合江鋪，去大理的路，隨著它往北而來；向西觀看，則見橫嶺鋪所在的山脊，如同推開的門戶在西界排列，北邊連接著斜伸的山嶺，南邊隨著合江鋪往西延伸，去永昌府的路，越過它往西走；唯有東面往裡的山峰十分高峻，大理城就在山的東麓，但中間隔斷無法穿越，一方面因為山峰高峻山崖陡峭，攀登已很困難，另一方面因為山劃分為兩重，中間的箐谷深陷，上下也不容易。聽說這山北面的坳地中，有大堡白雲寺，可登上裡面山峰的絕頂，再往南越過筆架山，就往東走下清碧溪。去大堡的路，應當就從分支向西伸下的山嶺，沿著延伸的山脊往上，沒有這種中間出現壕溝般的箐谷；沐西平征伐大理國時，兵出點蒼山後，豎立旗幟來迷惑敵軍，就是從這條路上去的。

居高遠望過了很久，便沿著舊有足跡下山。走了三里，忽然錯落到西北的支脈，道路斷絕，山崖傾側，沒地方可懸空落下，而且空曠的山中，深遠阻隔，分不清真實的形狀，竟然不知道玉皇閣所靠的支峰在南還是在北了。懷疑這時還身在靠近南邊山澗的箐谷中，但澗中有許多岔路，而且山崖高峻山坡陡峭，橫向越過更加困難，有荊棘的地方則被遮沒，沒荊棘的地方則水土流失。正在徘徊之中，雨又接著來臨，忽然聽到南邊的箐谷中有嘈雜的呼喊聲，知道玉皇閣在它的下方，我也胡亂地呼叫他們，不久雙方遠遠互相應和，但還隔著一道箐谷，樹木叢密，沒法看到，道路斷絕又不能走。在箐谷的上側繞轉走了二里，才到一處石崖，從這裡攀著石縫從空落下，才沒有滑落下去的憂慮，但大雨傾盆而下。再走了一里，從玉皇閣的右邊出來，煮好的飯已經冷了，重新燒了熱湯來吃飯。從閣的左邊稍許往下，在懸崖中間，有個朝南的洞，下面對著幽深的山澗，是由兩塊巨石像手掌合攏而成。洞高一丈，下面寬一丈五尺，但上面呈尖形合攏，洞深約有幾丈，但底部十分平坦。洞內岩石的質地粗糙，洞的形狀也沒有曲折的景致，只是看中它能透進亮光罷了。洞前的石崖上下高峻陡峭，古老樹木倒掛盤繞，煙雲瀰漫，遠引翠色，俯身捧取轟鳴的流水，令人產生「桃花流水杳然去，別有天地非人間」的想法。

這時雨已停止天再放晴，從原路轉向北下山，走了三里，到玉峰寺舊址。從岔路往下到北邊的山壑中，轉過峽谷越過山塢，走了一里多到花椒庵石洞。洞也是巨石覆蓋所成，它的下面一半疊成石盤，一半架在空中，空處浮出地面二、三丈，上下間隔也有一丈多，都像磨刀石那麼平滑。只有北面黏在下面的石盤之上，但東、西、南三面都成淩空屋簷如同漂浮船隻，如今用碎石隨著簷邊把空處堵塞，只留下朝西的門，把佛像安放在裡面。洞前架起三間樓房，但反而沒有牆壁，如果用堵洞的碎石來堵樓，那麼洞和樓就兩全其美了。

在洞北邊又隆起一塊巨石，下面有泉水從石縫中流出，好像專為這裡提供應用的。這裡環境幽雅，山塢環繞，水石錯落，也是隱居修行的好地方。佛龕中用具一應齊全，但空寂無人居住，門也已安裝但沒關。我慚愧因雲遊四方不能留在這裡，為此惆悵地離去。於是往西平步走下一里，就是從北面石門北邊的山頂延伸過來的路，先前上山所走的。再往北走六里，返回藥師寺。途中遇上一位老人，揹著幾隻桶下山，就是住在石洞中的人，每天登山箍桶，晚上揹著下山，賣了作為飯錢，但夜裡也不能宿在洞中。

二十三日　晨起，為性嚴作〈玉皇閣募緣疏〉❶。因出紙請書，余書而後朝食。山雨忽作，因停屐待之。近午，雨少殺，余換草履，性嚴披氈送之。出藥師殿門，即北行。二里，涉一枯澗。其澗自東北山麓出。下嵌甚深，蒼山之後至此，又西北一里矣。既渡，西北上西紆之坡，一里，逾其上，始見其西開一東西塢，漾濞之水，從其中東注之。西向平下，共二里，山南有數十家當大路，是為漾濞驛。別送僧，西行溪北田塍中，三里餘，北界山環而稍南，扼水直逼南山下，是為磯頭村，亦有數十家當磯之腋。路南向盤之，遂躡磯嘴而西。半里，雨止，路轉北，復開南北塢，於是倚東山西麓北行。三里餘，抵漾濞街❷。居廬夾街臨水，甚盛；有鐵鎖橋在街北上流一里，而木架長橋，即當街西跨下流，皆度漾濞之水，而木橋小路較近。按志：劍川水為漾，洱海水為濞，二水合流故名。今此橋去合江鋪北三十里，驛去其北亦十五里，止當漾水，與濞水無涉，何以兼而名之耶？豈濞水非洱海，即點蒼後出之別流耶？然余按水出麗江府南者，皆謂之漾，如漾共發源於十和之中海❸，經七和下鶴慶，合東西諸泉而入穴，故曰漾共；此水發源於九和，經劍川別而南流，故曰漾別。則「別」乃分別之「別」，非口鼻之「鼻」也。然《一統志》又稱為「漾備」，此又與勝備同名，亦非「濞」字之一徵矣。

余乃就木橋東買蔬米，即由此度，不及北向鐵橋度，其中始覺湯湯，倍於洱水。西向又有一峽自西來，是為永平道；望大塢北去，亦數里，而分為二，而永昌大道，則從此而西，始行塢中。二里，漸上，又二里，有數家夾道，大坊跨之，曰「綉嶺❹連雲」，言登嶺之始也，是為白木鋪❺。由是循南坡而西向上，二里，由坡間轉向南一里餘，復轉向西，於是迴眺東之點蒼，東北之鳳羽，反愈近，然所臨之峽則在南。更西躡坡，迤邐而上，又四里，有寺東向，當坡嘴中懸，是為捨茶寺。就而飯。由其後又西上，路稍平，其南臨東出之澗猶故也。又二里，有村當嶺脊，是為橫嶺鋪。鋪之西，遂西躡夾坑中。又上三里，而透嶺坳之脊，其坳夾隘如門。透其西，即有坑北墜，又有坑西流。路隨西流者下，二里，路轉向南峽，而水乃由北峽去，始知猶北流而東入漾濞上流者。又南二里，其峽中平，而水忽分南北，始知其脈由此峽中自西而東度，其上所逾夾隘，乃既度而北突之峰，非南來之脊也。蓋此脊西北自羅均山分支，東南至此，降度峽底，乃東突崇峰，由其北而東下者為橫嶺，而東盡於白木鋪，由其南逶迤南去者，東挾碧溪江❻，西挾勝備水，而盡於兩水交會處，是其脈亦不甚長也。從峽中南行半里轉西，有小水自東南墜峽來，始成流西去。又一里，隨流南轉，始循水東崖下。既渡其西，復涉其東，四里餘，有水自東峽出，西與南下之澗合，其流始大，而峽愈逼。東崖直瞰水而西，路乃渡而循西崖下，南出隘，已昏黑。稍上坡，共二里，有一、二家倚西坡上，投宿不得。又南，兩崖愈湊，三里及之，復渡溪東，則數家倚東崖下，是為太平鋪，乃宿其敝樓。按志：是水為九渡河❼，沿山繞流，上跨九橋者是，其下流與雙橋河合於黃連堡東南，入勝備江。

【章旨】本章記載了第二百八十八天在蒙化府的行跡。離開藥師寺，經過漾濞驛、磯頭村，到漾濞街。街北有鐵鎖橋，街西有長木橋，都架在漾濞江上。據志書載，漾水出自劍川湖，濞水出自洱海，兩水合流，故名「漾濞」。但據考察，從麗江府南邊流出的水，都稱為「漾」，「漾濞」當為「漾別」。走到木橋上，發現水勢浩浩蕩蕩，比洱水大一倍。進入山塢中，到白木鋪開始登嶺，在捨茶寺吃飯。再經過橫嶺鋪，穿越峽谷，夜晚到太平鋪的破樓住宿，這裡的水流名九渡河，河上架著九座橋。

【注　釋】❶募緣疏　僧尼募化財物的文字，一般都用駢體文字。❷漾濞街　明代在此設巡檢司，隸蒙化府，即今漾濞縣治。❸中海　在麗江城西北，解脫林東南。❹綉嶺　又名橫嶺山，在永平城東北三十里，以山花如繡得名。❺白木鋪　今名柏木鋪，與下橫嶺鋪、太平鋪俱在漾濞西境。❻碧溪江　又名備溪江，即今漾濞江和勝備河合流後的黑惠江。❼九渡河　今名太平鋪河，源出橫嶺，西南流入勝備河。

【語　譯】二十三日　早晨起身，替性嚴寫〈玉皇閣募緣疏〉。因性嚴拿出紙請我寫，我寫好後吃早飯。山雨忽然來臨，因此留下等待雨停。將近中午，雨稍許減小，我換上草鞋，性嚴披上氈蓑送我。走出藥師寺殿門，就往北走。過了二里，渡過一條乾涸的山澗。這條山澗從東北的山麓伸出，往下嵌得很深，從蒼山背後到這裡，又往西北延伸了一里。渡過山澗，往西北登上向西曲折綿延的山坡，過了一里，越過山坡，才看到山坡西邊開出一個東西向的山塢，漾濞水從山塢中往東流去。往西平步走下，共過了二里，山的南面有幾十戶人家住在大路兩旁，這是漾濞驛。和送行的僧人告別，往西在溪北的田埂中走，過了三里多，北界的山稍稍向南環抱，扼住水流直逼南山下面，這是磯頭村，也有幾十戶人家住在石磯的內側。路向南繞過石磯，便踏上磯口往西走。過了半里，雨停了，路轉向北，又開出南北向的山塢，從這裡起緊靠東山的西麓往北走。過了三里多，到達漾濞街。住房夾街臨水，十分興盛，有座鐵鎖橋架在街北水的上游一里處，而架起的長木橋，就在街西橫跨水的下游，都是渡過漾濞江水，但從小路過木橋較近。據志書記載：出自劍川湖的是漾水，出自洱海的是濞水，兩條水合流，因此稱為漾濞江。如今這橋離合江鋪北邊三十里，從漾濞驛到它的北邊也有十五里，只應當稱漾水，和濞水無關，為何要兼用兩者來取名呢？難道濞水並非出自洱海，而是從點蒼山背後另外流出的水嗎？但根據我的考察，出自麗江府南境的水，都稱之為「漾」，如漾共江發源於十和的中海，經過七和流下鶴慶府，匯合東西兩邊各處泉水而後流入洞中，所以稱為漾共；這條水發源於九和，經過劍川州分向南流，所以稱為漾別。那麼「別」是分別之「別」，不是口鼻之「鼻」了。但《一統志》又稱為「漾備」，這又和勝備江同名，也不是「濞」字，這又是一個證明了。

我便到木橋的東邊買蔬菜和米，就從這裡過橋，來不及往北過鐵鎖橋，走到橋的中間才發覺江水浩浩蕩蕩，超過洱水一倍。往西又有一道峽谷從西面延伸過來，這是去永平的路；朝著大山塢往北走去，也過了幾里，路便分成兩條，而去永昌的大路，就從這裡往西，開始在山塢中行走。過了二里，漸漸往上，又走了二里，有幾戶人家住在路的兩旁，有大牌坊跨在道上，題為「綉嶺連雲」，說是登嶺從這裡開始，這是白木鋪。從這裡沿著南坡向西上去，走了二里，從坡中轉向南走一里多，再轉向西，到這裡回頭眺望東面的點蒼山，東北的鳳羽山，反而覺得更近，而所面對的峽谷則在南面。再往西登上山坡，道路曲折綿延，再走了四里，有個朝東的寺院，居中懸立在坡口，這是捨茶寺。到寺中吃飯。從寺後再往西上去，路稍許平坦，路的南邊仍然對著往東流出的澗水。再走了二里，有個村莊在嶺脊上，這是橫嶺鋪。到鋪的西邊，就往西走進夾坑中，再往上走三里，穿過嶺坳中的山脊，這嶺坳隘口夾立如同門戶。穿到它的西面，就有坑往北陷下，又有坑水往西流。路隨著往西流的坑水走下，過了二里，轉向南邊的峽谷，而水便從北邊峽谷流去，方才知道這仍是往北流後向東注入漾濞江上游的水。再往南走了二里，這裡峽谷中間平坦，但水忽然南北分流，才知道這峽谷中的山脈從西往東延伸，在它上方我所越過的夾立隘口，是它延伸後在北邊突起的山峰，不是從南面延伸過來的山脊。原來這山脊從西北的羅均山分支，往東南延伸到這裡，降下越過峽底，便向東突起高峰，從它北邊往東伸下的為橫嶺，到東邊的白木鋪為止，從它南邊曲折往南延伸的一支，東面緊靠著碧溪江，西面緊靠著勝備水，到兩條江水會合處為止，可見這山脈也不是很長的。從峽谷中往南走半里轉向西，有小水從東南落下峽谷流來，才形成水流往西流去。再走一里，隨著水流往南轉，才沿著水流東邊的山崖下走。先渡過水流的西岸，又渡過水流的東岸，走了四里多，有水從東邊的峽谷中流出，往西和向南流下的澗水會合，水流開始變大，而峽谷愈加狹隘。東邊的山崖筆直向西俯對著水流，路便渡過水流沿著西邊的山崖走下，往南走出隘口，天色已經昏黑。稍稍走上山坡，共過了二里，有一、二戶人家靠在西面的山坡上，走去投宿，沒人接受。再往南去，兩邊山崖更加聚攏，走了三里到那裡，再渡過溪水到東岸，只見有幾戶人家靠在東邊的山崖下，這是太平鋪，就在這裡的破樓上住宿。據志書，這條水流為九渡河，沿著山繞流，上面架著九座橋的就是這水。它的下游和雙橋河在黃連堡的東南會合，流入勝備江。

二十四日　雞鳴具飯，昧爽即行。越澗，傍西山而南，其峽仍逼。五里，遵西山之崖漸上，五里，盤其南突之嘴，遂挾北峰西行，路轉於上，溪轉於下。又西十里，有村倚北山坡峽間，廬舍最盛，是為打牛坪❶，相傳諸葛丞相過此，值立春，打牛以示民者也。又遵北坡隨峽流西下，十里，有山橫截其西，乃稍降而逼其下。忽見有溪自北而南，漱橫截山之東麓，太平鋪九渡河自東注之，有數家當其交會之夾，是為勝備村。此北來之水，即勝備江❷也。盤村坡溯江而北，半里，乃涉亭橋，渡江西崖。江流差大於洱水，而不及漾濞，其源發於羅武山，下流達於蒙化，入碧溪江。

由其西轉而隨流南下，循西山之麓行，崖峭甚。半里，又隔江與勝備村對。又南一里餘，有小峽自西來，截之，漸南上，盤其東突之坡。共七里，又上而盤其南突之嘴，水從其下西轉南折而破峽去，路從其上挾北坡西下。蓋其西有峽，自西坳下墜而來，又有山❸從峽南挾之俱東，當突嘴之下，與勝備合而破其南峽。突嘴之路，不能超峽而度其南挾之東垂，故西折一里餘，而下循其西坳，又東折一里，而上盤其東垂，東垂即勝備所破峽之西崖也。半里，轉其南，又有一小水自東垂南西峽來入，乃捨其南去大流，而溯其西來小流，循東垂南崖西向入之。

一里餘，有村踞小流之北坡，夾路成聚，是為黃連堡❹，始知此小流即雙橋河❺也。飯於其處，山雨驟至，稍待復行。漸轉西北，行岡上二里，其下峽直自北來，乃下渡峽中小橋而西。此橋即雙橋之一也，其河源尚在北塢中。

從橋西即躡西坡而上，二里稍平，西向塢倚南峰。復上坡二里，西逾岡脊，是為觀音山❻脊，南北俱有寺。南峰當脊而起，其巔頗聳。有閣罩其上，以遠不及登。拂脊間碑讀之，言昔武侯❼過此，方覓道，聞犬吠聲，而左右報觀音現，故俗又呼為娘娘叫狗山，按《郡志》，即地寶藏山也。從脊西遙望，其南壑雜沓而下，高山無與為匹者，當遙通阿祿司新牛街❽之境也，其西壑亦雜沓而來。其外遠山，自北亙脊南去，北支分而東向，逶迤與此山屬，南抱為壑，頗寬豁，而坡陀層伏，不成平塢。西山亙脊之半，有寺中懸，縹渺雲嵐間，即所謂「萬松仙景」也。於是從嶺頭盤旋西北，二里，轉過西下之峽，由其北，乃陟西來之脊。其脊南北俱有峽，路從其中。共二里，西向稍下，樹木深翳。再下，再過脊，又八里，有數十家倚北坡，夾道而廬，是為白土鋪。又西入峽，七里漸上，漸逼西山，山脊東垂，南北墜壑甚深，松翳愈密，上下虧蔽，有哨房在坡間，曰松坡民哨，而無居人。此處松株獨茂，瀰山蔽谷，更無他木，聞其地茯苓甚多，鮮食如山藥。

坡名以「松」，宜也。其脊蓋自西嶺分支，東度觀音山者，第不知南北之水何下耳。於是西上躡磴，甚峻，數十盤而登。共五里，有寺踞東懸之脊，東向憑臨於松雲翠濤之間，是為萬松仙景寺⑨。後有閣曰松梵，朱按君泰禎⑩所題。登之，東眺甚豁，蒼山雪色，與松壑濤聲，遠近交映也。

由其後再曲折上躋，二里餘，登嶺頭。又一里餘，西過一脊，以為絕頂矣；頂脊南北分墜之峽，似猶東出者。又西上一里，躡南突之巔，榜曰「日升天頂」。又西一里，穿峽而入，有數家散處峽窪間，俱以木皮為屋，木枝為壁，是為天頂鋪。先是土人俱稱為天井，余以為在深壑中，而不意反在萬山絕頂也，問所謂「井」者，亦竟無有。嶺頭之廬，以非常站所歇，強之後可。既止，風雨交作，寒氣逼人，且無從市米，得麵為巴⑪而啖之，臥。

【章　旨】本章記載了第二百八十九天自蒙化府進入永昌府的行跡。經過打牛坪（相傳諸葛亮曾路過這裡）到勝備村，村邊就是勝備江，水發源於羅武山，注入碧溪江。接著穿過峽谷，盤繞山坡，沿著水流，走到黃連堡。飯後通過雙橋河上的一橋，翻過觀音山脊，登上山頂，據碑文說諸葛亮曾到這裡。這山即地寶藏山，周圍沒有能和它匹敵的高山。西邊的山脊半腰有寺廟，就是所謂的「萬松仙景」。再越過一道道山脊，經過白土鋪，到松坡民哨，這裡滿山遍野都是松樹，而沒有其他樹木。隨後登上萬松仙景寺，在寺後的松梵閣眺望，蒼山雪景，山壑松濤，遠近相映。再登上向南突起的山頂，匾額為「日升天頂」。

穿入峽谷，到天頂鋪，住房都用樹皮、樹枝蓋成，當地人稱為「天井」，想不到反在萬山頂峰。就在這裡住宿。

【注釋】❶打牛坪　在漾濞西境，勝備河東岸。❷勝備江　今名勝備河，發源於漾濞西北的羅武山，往東南流先後和九渡河、雙橋河、漾濞江會合。❸又有山　據文意，「山」當作「水」字。❹黃連堡　今名黃連鋪，在永平東北隅，勝備河西岸。❺雙橋河　今名雙卡河，流經黃連鋪，匯入勝備河。❻觀音山　又名寶藏山，在永平城東七十里，高出天際，俯視群峰。相傳諸葛亮南征，到這裡迷路，遇見一個老婦，呼犬從絕徑中找到路，為此建廟祭祀這老婦，俗稱娘娘叫狗山。❼武侯　諸葛亮曾被封為武鄉侯，世稱武侯。❽阿祿司新牛街　在鳳慶東北黑惠江南。❾萬松仙景寺　今名萬松庵，在永平東境，雙橋河南。❿朱按君泰禎　即朱泰禎，又作「朱泰正」，廣東南海人，進士。天啟間任雲南巡按。⓫巴　即粑粑。用米、麵、包穀等做成的餅類食物。

【語譯】二十四日　雞啼時備飯，拂曉就出發。越過山澗靠著西山往南走，這裡的峽谷仍很狹窄。走了五里，沿著西山的山崖漸漸向上，過了五里，繞過在南邊突起的山口，就緊貼著北邊的山峰往西走，路在上方盤繞，溪水在下方流轉。再往西走十里，有村莊靠在北山的山坡峽谷之間，住房很多，這是打牛坪，相傳諸葛亮丞相路過這裡，正逢立春，鞭牛犁田，示範百姓，就是這地方。再沿著北面的山坡隨峽谷中的水流往西下去，走了十里，有座山橫攔在它的西面，於是稍許往下逼近山的下方。忽然看到有條溪水自北流向南，沖激著橫攔的山東麓，太平鋪的九渡河從東面流來注入溪中，有幾戶人家住在水的交會處，這就是勝備村。這條從北面流來的水，就是勝備江。繞過村莊所在的山坡，沿江水往北上行，走了半里，越過亭橋，渡過江水到西岸的山崖。江流比洱水稍大些，但比不上漾濞江，它發源於羅武山，下游到達蒙化府，匯入碧溪江。

從這裡向西轉再順流往南下去，沿西山的山麓走，山崖十分陡峭。過了半里，又和勝備村隔著江水相對。再往南走一里多，有道小峽谷從西面過來，橫穿峽谷，漸漸往南上去，盤繞向東突起的山坡。共走了七里，再往上盤繞向南突起的山口，江水從山下轉向西再往南沖出峽谷流去，路從山上緊靠著北面的山坡往西下去，原來路的西邊有道峽谷，從西面的山坳落下延伸過來，又有水從峽谷的南邊緊靠著峽谷一起往東，在突起的山口下面，和勝備江合流後沖出山口南面的峽谷流去。向南突起的山口上的路，不能越過峽谷到南邊緊靠著它的東陲，所以轉向西去一里多，而後往下沿著它西邊的山坳走，又轉向東走一里，而後往上繞到它的東陲，東陲就是勝備江所穿過的峽谷西邊的山崖。走了半里，轉到它南邊，又有一條小水從東陲南邊的西峽中流來匯入，於是離開往南流去的大江，而沿著從西面流來的小水上行，沿著東陲南邊的山崖往西走進峽谷。過了一里多，有個村莊座落在小水北面的山坡上，在路的兩旁形成村落，這是黃連堡，方才知道這條小水就是雙橋河。在這裡吃飯，山雨忽然來臨，稍許等了一會再走。漸漸轉向西北，在山岡上走了二里，山岡下的峽谷從北邊徑直延伸過來，便下去通過峽谷中小橋往西走。這橋就是雙橋之一，橋下的河水源頭還在北面的山塢中。

從橋的西邊隨即踏著西面的山坡往上，走了二里，路稍許平坦，西向的山塢靠著南面山峰。又上坡走了二里，往西越過岡脊，這是觀音山脊，南北兩面都有寺院。南峰在山脊上隆起，峰頂十分高聳，有樓閣罩在峰頂上，因為太遠來不及登上。擦拭山脊中的石碑讀上面刻的文字，說從前諸葛武侯路過這裡，正在找路，聽見狗叫聲，在身邊隨行的人報告是觀音菩薩現身，所以民間又稱呼這脊為娘娘叫狗山，據《郡志》，就是地寶藏山。從山脊向西遙望，在它南面的山壑雜亂地下落，沒有能和它匹敵的高山，應當遠遠通往阿祿司新牛街的境內，它西面的山壑也是雜亂地過來。外面的遠山，山脊從北往南延伸過去，北邊分出支脈向東，曲折綿延和這座山相連，南邊環抱成山壑，很是寬闊，但山坡層層起伏，不能形成平坦的山塢。西邊延伸的山脊半腰，有座寺廟居中懸立，在山間的雲氣中隱約出現，這就是所謂的「萬松仙景」了。到這裡從嶺頭往西北盤繞，走了二里，轉過往西下墜的峽谷，從峽谷的北邊，便登上從西面延伸過來的山脊。這道山脊南北兩面都是峽谷，路從其間通過。共走了二里，往西稍許走下，樹木深深遮掩。再往下走，再越山脊，又過了八里，有幾十戶人家靠著北面的山坡，在路兩旁居住，這是白土鋪。再往西進入峽谷，走了七里，漸漸往上，漸漸逼近西山，山脊向東垂下，南北兩邊下墜的山壑很深，松樹更加密集遮掩，上下遮蔽，有哨房在山坡上，名「松坡民哨」，但沒人居住。這裡唯獨松樹茂盛，滿山遍野遮蔽山谷，再沒有別的樹木，聽說這裡茯苓很多，像山藥那樣新鮮時吃。山坡用「松」來命名，十分合適。這道山脊大概從西嶺分出支脈，往東越過觀音山，只是不知南北兩面的水往下流到哪裡罷了。從這裡往西登上石級，十分陡峻，盤繞了幾十回才登上。共走了五里，有寺廟座落在東懸的山脊上，朝東居高俯視下面的松雲翠濤，這就是萬松仙景寺。寺後有閣名「松梵」，是巡按朱泰禎題寫。登上松梵閣，向東眺望十分開豁，點蒼山的雪景，和山壑中的松濤聲，遠近相映。

從寺後再曲折往上攀登，走了二里多，登上嶺頭。再走了一里多，往西越過一道山脊，以為已到絕頂了；頂上山脊南北兩邊分別下墜的峽谷，似乎仍是往東伸出的。再往西走上一里，踏上向南突起的山頂，匾額上寫著「日升天頂」。再往西走一里，穿入峽谷中，有幾戶人家分散居住在峽谷窪地中，都用樹皮蓋屋，用樹枝連結為壁，這是天頂鋪。起先當地人都稱為「天井」，我以為在深壑中，想不到反而在萬山的絕頂上，打聽所謂的「井」，也竟然沒有。嶺頭的住房，因為不是常設讓人停歇的驛站，強求他們後才同意留宿。住下後，風雨交作，寒氣逼人，而且沒地方買米，得到一些麵粉，做成粑粑吃了，就睡下。

二十五日　昧爽，啖所存巴，平明即行。霧蔽山頂，茫無可見。西向稍下一里，山峰簇立成窪，窪中有小路北去，有小水南流，大道隨之南行峽中。一里，折而隨峽西下，峽南已墜壑盤空，窈然西出矣。西下三里餘，有哨房當坡而西向，亦虛而無人。其北又有一峽自東下，與南峽會於坡前。路盤坡而北，渡坡北澗，即隨北澗西下。共四里餘，過梅花哨[1]，於是南北兩界山漸開。循北山又西，四里，度西垂之脊，始全見其南北兩崖下墜之坑，盤壑西出，而西有巨壑焉。沿支西下，又八里，抵西麓，有寺當路北。渡峽中小水，從其西轉西北，行田塍中，二里，有一塘積水東坡下。挾其西而北，又三里，抵永平縣❷之東街。其處東西兩界山，相距八里，北即其迴環之兜，南為其夾門之峽，相距一十五里，而銀龍江❸界其中。其水發源上甸里阿荒山❹，一名太平河。每歲孟冬❺近曉，有白氣橫江，恍若銀龍，故名；下流經打坪❻諸寨，入瀾滄江。當縣治東，有橋跨其上，其處即為市而無城。其北有城堞略具，乃守禦所，而縣不在其中也。

銀龍橋之西，又有橋名普濟，橋下小水東南入銀龍江。大道由縣治西，沿西山而南，至石洞村西，西南入山。余欲從石洞浴溫泉❼，當不沿西山而由中塢，蓋溫泉當塢而出也。乃從銀龍橋市蔬米，即從橋東小路，隨江而渡其下流，由稅司前西行，過一小澮❽，即隨之南行塢中，與大道之在西坡者，相望而南也。八里，則溫泉當平疇之中，前門後閣，西廂為官房，東廂則浴池在焉。池二方，各為一舍，南客北女。門有賣漿者，不比他池在荒野也。乃就其前買豌豆，煮豆炊飯。余先酌而入浴，其湯不熱而溫，不停而流，不深而淺，可臥浴也。舍乃一參戎所構而成者。然求所謂石洞，則無有矣。

既浴，飯而出眺。由其西向入峽，不二里，即花橋大道；由其南向逾嶺，為爐塘道。余時聞有清淨寶臺山在爐塘之西，西由花橋抵沙木河大道入，其路迂，南由爐塘間道行，其路捷，余乃即從塢中南向行。二里餘，抵南山之麓，有水自西峽來，東注而入銀龍江峽口，即花橋之水⑨也。度橋而南，半里，有寺倚南山而北向，曰清真寺。回回所造。由其前東轉半里，為後屯，有小塢自南來。又東截塢半里，逾橋上坡，東南躋，一里餘，轉而東陟其嶺。一里，從嶺上誤折而南，二里，逾山南下，路絕。二里，由坑西轉，又二里，復轉而北，仍出後屯小塢，乃復上東坡。二里，仍過嶺上誤處，乃竟嶺峽而東。半里，有峽直東者，為銅礦廠道；東南逾岡坳者，為門檻、爐塘道。乃折而從東南，稍上，逾岡半里，東向隨峽而下者二里，及峽底，則深峽自北而南，銀龍江搗壑而隨之，路隨其西岸南行谿崖間，幽深窈窕，水木陰閟，一奇境也。雷雨大作，行雨中十里而雨止。有小溪自西峽來，架木橋渡之。依南山東轉，二里，轉而南，一里，有數家踞西山之半，東向臨江，是為門檻村⑩。下跨江之橋，為門檻橋，言江流至此，破峽搗空，若門閾之當其前也。宿於村家，買米甚艱，祇得半升。以存米為粥，留所買者為明日飯。

【章　旨】本章記載了第二百九十天在永昌府的行跡。經過梅花哨，到達永平縣，有街市但沒有城牆。銀龍江隔在東西兩邊的山中，江水發源於阿荒山，每年冬天第一個月的凌晨，有白氣橫漫江上。縣治東邊有銀龍橋，銀龍橋西邊有普濟橋。想去石洞村溫泉洗澡，就走進山塢中。溫泉在平野中，有兩個浴池，分別在男用女用兩間房中，泉水溫而不熱。飯後走進峽谷，看到從花橋流來的水。又經過清真寺、後屯，到峽谷底部，在溪崖間行走，環境幽邃深遠，真是一處奇境。在大雷雨中走了十里，最後到門檻村住宿，只買到半升米。村莊的下面是門檻橋。

【注　釋】❶梅花哨　今名梅花鋪，在永平城東。❷永平縣　明代隸永昌府，今屬雲南。❸銀龍江　又名太平河，今名銀江大河。上源一出阿荒山，一出羅木山，合流後往南，穿過永平城，經過順寧府匯入瀾滄江。❹阿荒山　今名阿黃山，在永寧城東北一百七十里處。❺孟冬　冬季第一個月，即農曆十月。❻打坪　今名打平，在昌寧東北隅。❼石洞浴溫泉　永平城南十里有曲洞河，源出和邱山西麓，河南岸有溫泉。❽澮　田間的水溝。❾花橋之水　即花橋河，在永平西南境，源出博南山下，匯入銀江河。❿門檻村　今名門坎橋，在永平南境，銀江河西岸。

【語　譯】二十五日　拂曉，吃了剩下的粑粑，天亮就上路。濃霧遮蔽山頂，一片茫茫，什麼也看不見。往西稍許走下一里，山峰聚簇圍成窪地，窪地中有小路往北延伸，有小水往南流去，大路隨著水流往南在峽谷中行走。過了一里，轉而隨峽谷往西下去，峽谷南邊已或落下深壑，或橫空盤繞，往西向深遠處伸出。往西走下三里多，有哨房朝西位於山坡上，也空無一人。在它北邊又有一道峽谷從東面延伸下來，和南邊的峽谷在山坡前會合。路盤繞山坡往北，渡過山坡北面的澗水，就隨著北面的澗水往西下去，共走了四里多，經過梅花哨，到這裡南北兩界的山漸漸開闊起來。沿著北邊的山又往西走，過了四里，越過西陲的山脊，才看到山脊南北兩面山崖陷下坑谷的全貌，盤繞山壑往西伸出，而西邊有個巨大的山壑。沿著支脈往西下山，再走了八里，到達山的西麓，有座寺廟在路的北邊。渡過峽谷中的小水，從它西邊轉向西北，在田埂中行走，過了二里，東邊的山坡下有一塘積水。緊靠著水塘西岸往北，再走了三里，到達永平縣城的東街。這裡東西兩界的山，相隔八里，北邊就是山環繞成兜狀的地方，南邊是山相夾成門的峽谷，相距十五里，而銀龍江隔在中間。江水發源於上甸里的阿荒山，又名太平河。每年冬季第一月在天將亮時，有白氣橫在江上，彷彿像銀色的飛龍，由此得名；下游流經打坪等寨，匯入瀾滄江。在縣治的東邊，有座橋架在江上，這裡就是街市但沒有城牆。在它北邊有稍許像樣的城牆，是守禦所，但縣衙門不在裡面。

銀龍橋的西面，又有一座橋名「普濟」，橋下的小水向東南流入銀龍江。大路從縣治西面，沿著西山往南走，到石洞村的西邊，往西南進山。我想去石洞的溫泉洗澡，應該不沿西山而當從中間的山塢走，因為溫泉是在山塢中流出的。於是在銀龍橋買了蔬菜和米，就從橋東邊的小路，隨著江水走，渡過它的下游，從稅司前往西走，越過一條小水溝，就隨著它往南在山塢中行走，和在西面山坡上的大路，相對著往南走。過了八里，只見溫泉在平坦的田野之中，前面有門，後面有樓閣，西廂房是官府專用的房間，東廂房便是浴池所在的地方。浴池有兩個，各為一間，南邊男用，北邊女用。門前有賣漿的，不像其他地方的浴池露在荒野中。於是到門前買了豌豆，煮豆燒飯。我先喝了酒才進去洗澡。泉水溫而不熱，流動而不停滯，水淺而不深，可以躺下洗濯。房屋是由一個參將所建成的。但尋找所謂的石洞，已沒有了。

洗完澡，吃了飯出去眺望。從這裡往西進入峽谷不到二里，就是去花橋的大路；從這裡往南越過山嶺，是去爐塘的路。我當時聽說有清淨寶臺山在爐塘的西面，往西從花橋到沙木河的大路進去，要繞遠路，往南從去爐塘的小路走，這路便捷，我於是立即從山塢中往南走。過了二里多，到達南山的腳下，有水從西邊的峽谷流來，往東注入銀龍江的峽口，就是從花橋流來的水了。過了橋往南，走了半里，有座寺廟背靠南山，面向著北，名清真寺。是回族人建造的。從它前面轉向東走半里，到後屯，有個小山塢從南面延伸過來。再往東橫穿山塢走半里，過橋上坡，往東南攀登，走了一里多，轉向東登上山嶺。走了一里，從嶺上誤向南轉，走了二里，越過山往南下去，道路斷絕。走了二里，從坑邊往西轉，再走了二里，又轉向北，仍然到後屯的小山塢，便又登上東面的山坡。走了二里，仍然經過嶺上走錯的地方，就一直往東沿著山嶺峽谷走。過了半里，有道直往東延伸的峽谷，是去銅礦廠的路；往東南越過山岡坳地的，是去門檻村、爐塘的路。於是轉身從往東南的路走。稍許往上，越過山岡走半里，往東隨峽谷走下二里，到峽谷底部，只見幽深的峽谷從北往南延伸，銀龍江順著峽谷沖擊著山壑，路隨江水的西岸往南在溪谷山崖中行走，幽邃深遠，水流和樹木陰森隱蔽，真是一處奇境。這時下起大雷雨來，在雨中走了十里雨才停下。有條小溪從西邊的峽谷中流來，上面架著木橋讓人過渡。靠著南山向東轉，走了二里，又轉向南，走了一里，有幾戶人家住在西山的半腰，朝東對著江水，這是門檻村。下面架在江水上的橋，為門檻橋，說是江水流到這裡，穿破峽谷，沖向天空，它就像門檻一樣擋在前面。在村民的家中住宿，買米十分困難，只買到半升。用原來剩下的米煮粥，所買的米留到明天做飯。

二十六日　雞再鳴，具飯。平明，隨江西岸行。四里餘，南至岔路，有溪自西峽來，東與銀龍江合，數十家下綰溪口。乃下涉其溪，緣南山之北，於是江東折於下，路東折於上。東向上者一里餘，盤北突之坡而東，於是江南折於下，路亦南折於上。南折處，又有峽自東來入，正與東折之江對，或以為永平之界，今僅止此，其南折之峽，已屬順寧❶矣。循江西嶺南向漸下，四里，稍折西南，下緣江岸。已復南折，二里餘出峽，峽乃稍開，始見田塍。有兩、三家倚西坡，是為稻場❷，山行至是，始有稻畦，故以為名。其江之東南坡間，亦有居廬，其下亦環畦塍，亦稻場之屬。江流其間直南去，與瀾滄江合。路由西坡村右，即西南緣坡上。一里，至嶺頭，正隔江與東坡之廬對，於是緣峽西入，遂與江別。其峽自西脊東下，循北崖平坡入之。四里，降度峽南，循南崖懸躋而上。乃西南盤折二里餘，逾北突之岡，循南坡而西，二里，有坑北下，橫陟之。又西二里，乃凌其東南度脊。此脊之東，水下稻場南峽中，西南水下爐塘而南。從脊上即西望崇山高穹，上聳圓頂者，為寶臺山❸，其北崖複突而平墜者，為登山間道；其南垂紆繞而拖峽者，為爐塘所依。余初擬從間道行，至是屢詢樵牧，皆言間道稍捷而多岐，中無行人，莫可詢問，不若從爐塘道，稍迂而路闢，以炭駝相接，不乏行人也。其岐即從脊間分，脊西近峽南下，其中居廬甚殷，是為舊爐塘❹；由其北度峽上，即間道也；由其東隨峽南下，爐塘❺道也。余乃南下坡，一里，至峽底。半里，度小橋，隨澗西岸南行。其澗甚狹，中止通水道一縷，兩旁時環畦如栝棬。四里，稍上，陟西崖而下，半里，始有一旁峽自西北來，南涉之。又沿西崖漸上，五里，盤西崖而逾其南嘴，乃見其峽甚深。峽底爐煙板屋，擾擾於內，東南嵌於峽口者，下廠；西北綴於峽坳者，上廠也。緣峽口之外，南向隨流下者，往順寧之大道也。余從嶺上西轉，見左崖有竅，卑口豎喉，其墜深黑，即挖礦之舊穴也。從其上西行二里，越下廠，抵上廠，而坑又中間之，分兩岐來，一自東北，一自西北，而爐舍踞其中。所出皆紅銅，客商來販者四集。肆多賣漿市肉者，余以將登寶臺，仍齋食於肆。

由西峽溯流入，一里，居廬乃盡。隨峽北轉，峽甚深仄，而止通一水，得無他迷，然山雨傾注，如納大麓⑥，不免淋漓。三里，漸上，又二里，上愈峻。見路有挑大根如三斗盎者，以杖貫其中，執而問之，曰：「芭蕉根也，以餉豬。」峻上二里，果見芭蕉蔽崖，有掘而偃者，即挖根處也。其處樹箐深窅，山高路僻，幸有炭駝俱從此赴廠。為指迷。又上二里，乃登其脊。有路自東北逕脊而來者，乃隨脊向西南去。從之行脊上二里，乃西南下。見路左有峽西北出，路遂分為兩歧，而所望寶臺圓頂，似在西南隔峰，乃誤下從峽西南。一里餘，渡峽中支澗，緣之西北轉。一里，盤北突之嘴，復西南入峽中。溯澗二里，路漸湮，見澗北有燒山者，遙呼而問之，始知為誤，然不知山在何所，路當何從，惟聞隨水一語，即奉為指南。復東北還盤嘴處，澗乃北轉，遂緣坡北向下。二里，有一岐自東南來合，即前分岐西北之正道也。蓋寶臺正在西南所誤之峽，其南即度脊之自東西突者，此寶臺東隅之來脈也，而其路未開，皆深崖峭壑，為燒炭之窟，以供爐塘所用。峽中之流，從其西北向流，繞北崖而西出，至西北隅，始與竹瀝砦南來之路合，故登山之道，必自西北向東南，而其東不能竟達也。

循東崖又北一里，復隨澗西轉，循北崖西行二里，始望見前峽稍開，有村聚倚南山之坡，乃西下一里，度澗橋，緣其南崖西上。又一里餘而抵其村，是為阿牯寨❼，乃寶臺門戶也。由寨後南向登山，三里，至慧光寺。其寺西向，前臨一峽，隔峽又有山環之而北，而終不見寶臺。蓋寶臺之頂，高穹於此寺東南，而其正寺又在臺頂之南，尚當從西南峽中盤入也。寶臺大寺為立禪師所建，三年前立師東遊請藏，久離此山。余至省，即聞此山之盛，比自兀謀❽至姚安❾途中，乃聞其燼於火，又聞其再建再燬，余以為被災久矣，至是始知其災於臘月也，計其時余已過姚安矣，不知何以傳聞之在先也。自大寺災後，名流多棲托慧光。余至，日猶下午，僧固留，遂止寺中。

【章　旨】本章記載了第二百九十一天在永昌府的行跡。隨銀龍江走，在山中走到稻場，才有稻田。江水流過這裡往南，和瀾滄江會合。登上嶺頭，和銀龍江分開。又登上山脊，望見寶臺山高高隆起，上面聳起圓頂。往下經過舊爐塘，越過一處山口，望見峽谷很深，峽底有爐煙板屋，就是下廠、上廠所在處。進入一處幽深狹窄的峽谷，途中看到芭蕉遮蔽山崖，當地人挖了芭蕉根餵豬。因走錯路，繞了一段彎路。寶臺山就在所誤入的峽谷中，只是路未開通，都是深崖陡壑，為燒炭的場所，所以不能直接到那裡。隨後經過寶臺山的門戶阿牯寨，到慧光寺住下。寶臺大寺在臘月遭到火災，現在名僧都住在慧光寺。

【注　釋】❶順寧　見〈滇遊日記十二〉八月初七日記注。❷稻場　今名稻田，在永平南境，銀江河東岸。❸寶臺山　在永平西南隅，瀾滄江東北岸，海拔二千九百多公尺，為倒流河、洗身河的發源地。因山上遍布木蓮花樹，故俗稱木蓮花山。現有森林面積一萬五千公頃左右，保持原始狀態，為稀有的植被寶庫。近年發現一棵樹齡達五百年的山茶樹，高七公尺，花開萬朵，為所知雲南最大的山茶樹。山上景色優美，有歷時四百年的金光寺、慧光寺等古蹟。❹舊爐塘　今名爐塘，在爐塘河南岸。❺爐塘　指上廠、下廠。今名廠街，在永平南境。❻如納大麓　《尚書·舜典》：「納於大麓，烈風雷雨不迷。」言堯使舜入林麓之中，遭大風雨而不迷失。❼阿牯寨　在永平南隅，寶臺山麓。❽元謀　見〈滇遊日記四〉十一月十一日日記注。❾姚安　見〈滇遊日記五〉十二月十三日日記注。

【語　譯】二十六日　雞啼二遍時備飯。天亮後沿著銀龍江西岸走。過了四里多，往南到岔路口，有溪水從西邊的峽谷流來，往東和銀龍江會合，有幾十戶人家住在下面控扼溪口。於是往下渡過溪水，沿著南山的北面走，到這裡江水在下面向東轉，路在上面向東轉。向東走上一里多，盤繞向北突起的山坡往東走，到這裡江水在下面向南轉，路也在上面向南轉。向南轉折的地方，又有峽谷從東邊延伸過來，正好和向東轉的江流相對，有的人認為永平縣的地界如今僅到這裡為止，這向南轉的峽谷，已屬順寧府了。沿著江水西岸的山嶺往南漸漸下去，走了四里，稍許向西南轉，往下沿著江岸走。隨後再向南轉，過了二里多，走出峽谷，峽谷才稍許開闊，開始看到田地。有兩、三戶人家靠著西邊的山坡居住，這是稻場。在山中走路到這裡，開始有田，所以用作地名。銀龍江東南的山坡上，也有住房，坡下也有田地環繞，也屬稻場一類的地區。江水從中間流過直往南去，和瀾滄江會合。路從西邊山坡上的村莊右面，隨即往西南沿著山坡往上。走了一里，到達嶺頭，正好隔江和東邊山坡上的住房相對，到這裡沿著峽谷往西進去，便和江水分開。

這道峽谷從西面的山脊往東伸下，沿著北邊山崖上平坡進入峽谷。走了四里，往下越過峽谷到它的南邊，沿南邊的山崖懸空往上攀登。於是往西南曲折走了二里多，越過向北突起的山岡，沿著南邊的山坡往西走，過了二里，有坑往北陷下，橫向越過它。再往西走二里，就登上往東南延伸的山脊。這道山脊的東面，水往下流入稻場南邊的峽谷中，西南的水往下流到爐塘再往南流。從脊上就向西望見有山高高隆起，上面聳起圓頂的，是寶臺山；它北邊山崖重複突起而後平緩落下的地方，是登山的小路；它的南陲曲折環繞而連帶峽谷的地方，是爐塘所在之處。我起先打算從小路走，到了這裡，多次詢問樵夫牧人，都說小路稍近但多岔路，途中沒有行人，無可詢問，不如從去爐塘的路走，稍許迂繞但路寬闊，因為途中運炭的馬幫前後相接，行人不少。那條岔路就從山脊中分開，從山脊西邊靠近的峽谷往南去，峽谷中住房很多，這是舊爐塘；從它北面越過峽谷上去，就是小路；從它東面隨著峽谷往南下去，是去爐塘的路。我就往南下坡，走了一里，到達峽谷底部。走了半里，通過小橋，隨澗水的西岸往南走。這條澗水很窄，中間只通細如一線的水道，兩旁常環成如杯盤的稻田。走了四里，稍許往上，越過西崖往下，走了半里，旁邊才有一道峽谷從西北伸來，便往南越過峽谷。又沿著西崖漸漸走上，過了五里，盤繞西崖越過它南面的山口，才看到這峽谷很深。峽谷底部有爐煙板屋，在裡面紛紛擾擾，嵌在東南峽口的，是下廠；連綴在西北峽坳的，是上廠。沿著峽口的外圍，向南隨著水流往下的，是去順寧府的大路。我從嶺上向西轉，看到左邊的山崖上有個洞穴，洞口地勢低下，形狀如豎直的喉管，裡面深陷漆黑，這就是挖礦的舊洞。從它的上方往西走二里，越過下廠，到達上廠，而坑道又在中間把它們隔開，分出兩條岔路，一條從東北來，一條從西北來，爐子房座落在其中。出產的都是紅銅，販賣的客商從四方來此聚集。有很多賣漿賣肉的店鋪，我因為即將去登寶臺山，仍在店裡吃素食。

從西邊的峽谷逆流進去，走了一里，已到住房盡頭。隨峽谷往北轉，峽谷十分深邃狹窄，只通一條水流，不致於迷路，但山中大雨傾注，如舜入大麓遇上狂風暴雨，不免渾身濕透。走了三里，漸漸往上，再走了二里，上面更加陡峻，看到路上有人挑著大根，根的形狀如同可裝三斗糧食的瓦盆，用手杖穿在根中，拉著他詢問，說：「這是芭蕉根，用來餵豬。」在陡峻的山路走上二里，果然看到芭蕉遮蔽山崖，有掘而倒伏的，就是挖根的地方。這裡竹樹深密，山高路僻，幸虧有運炭的馬幫都從這裡去廠中。在迷路時給我指點。再往上走了二里，就登上山脊。有條路從東北穿過山脊過來，便隨著山脊往西南走去。從這條路在山脊上走了二里，就往西南下山。看見路的左邊有峽谷從西北伸出，路便分為兩條岔路，而所望見的寶臺山的圓頂，好似在西南隔著山峰，於是錯誤地往下從峽谷中往西南走。過了一里多，渡過峽谷中分出的澗水，沿著它往西北轉。走了一里，繞過向北突起的山口，再往西南進入峽谷中。沿著澗水上行二里，路漸漸湮沒，看見澗水北邊有燒山的人，遠遠呼喊向他問路，才知道走錯了路，但不知寶臺山在什麼地方，路應當從哪裡走，只聽到跟著水走這麼一句話，便作為指南。再往東北返回到繞過山口的地方，澗水於是向北轉，便沿著山坡往北下去。走了二里，有條岔路從東南過來會合，就是先前分出岔向西北走的正路。原來寶臺山正是在西南所誤入的峽谷中，它的南邊就是延伸過來的山脊從東向西突起的地方，這是從寶臺山東隅延伸過來的山脈，可是路還未開通，都是幽深的山崖，陡峭的山壑，為燒炭的場所，用來供給爐塘所用。峽谷中的水流，從它西邊往北流，繞過北邊的山崖往西流出，到西北角才和從竹瀝砦往南過來的路會合，所以登山的路，一定要從西北往東南走，而從它的東邊是不能直接到達的。

沿著東邊的山崖再往北走一里，又隨澗水往西轉，沿著北邊的山崖往西走，過了二里，才望見前面的峽谷稍為開闊，有村落靠在南邊的山坡上。於是往西走下一里，通過澗水上的橋，沿著它南面的山崖往西上去，再過了一里多，到達村莊，這是阿牯寨，是寶臺山的門戶。從寨後往南登山，走了三里，到慧光寺。這座寺朝西，前面對著一道峽谷，隔著峽谷又有山繞著它往北延伸，但始終看不到寶臺山。原來寶臺山的山頂，在這寺的東南高高隆起，而正寺又在臺頂的南面，還應當從西南的峽谷中盤繞進去。寶臺大寺是立禪法師所建，三年前立禪法師東遊去請經藏，離開這山已經很久。我到省城時，就已聽說這山的盛況，等到從元謀往姚安的途中，才聽說它毀於火災，又聽說它再次建起又再次被毀，我以為它遭火災是很久以前的事了，到這裡後才知道那場火災發生在臘月中，計算時間我已過了姚安府，不知為何事先已經傳聞這消息呢？從大寺發生火災後，有名望的僧人多居住在慧光寺。我到時，時間還是下午，僧人堅決挽留，便在寺中住下。

二十七日　飯於慧光寺，即南上。五里，登其西度之坳。此坳乃寶臺之西支，下而度此者，其坳西餘支，即北轉而環於慧光之前。逾坳南，見南山前矗，與坳東橫亙之頂，排闥兩重，復成東西深峽。南山之高，與北頂並，皆自東而西，夾重峽於中而下不見底，距瀾滄於外而南為之塹。蓋南山自爐塘西南，轉而西向，溯瀾滄北岸而西行，為寶臺南郛❶，於是西距瀾滄之水，東包沙木河之流，渡江坡頂而北盡於沙木河入瀾滄處，此南山外郛之形也。寶臺自爐塘西南，亦轉而西向，大脊中懸，南面與南山對夾而為寶臺，西面與西度北轉之支對夾而為慧光，此寶臺中踞之勢也。其內水兩重，皆西轉而北出，其外大水逆兜❷，獨南流而東繞，此諸流包絡❸之分也。至是始得其真面目，其山如環鉤，其水如交臂。山脈自羅均為鉤之根把，博南❹丁當關為鉤幹之中，正外與鉤端相對，而江坡頂即鉤端將盡處，寶臺山乃鉤曲之轉折處也。瀾滄江來自雲龍州，為右臂，東南抱而循山之外麓，抵山東垂盡處而後去。沙木河❺源從南山東峽，為左臂，西北抱而循山之內塢，抵山西垂盡處而後出。兩水一內一外，一去一來，一順一逆，環於山麓，而山之南支又中界之，自北自南，自東自西❻，復自南而北，為寶臺之護，此又山水交縈之概也。

從坳南，於是東轉，下臨南峽，上倚北崖，東向行山脊之南，兩降兩上，三里，東至萬佛堂。此即大寺之前院也，踞寶臺南突之端。其門西向，而堂陛俱南闢，前臨深峽之南，則南山如屏，高穹如面牆。其上多木蓮花，樹極高大，花開如蓮，有黃、白、藍、紫諸色，瓣凡二十片；每二月則未葉而花，三月則花落而葉生矣。絕頂有湧石塔，高二丈，云自地涌出，乃石笋也。其南坳間，又有一陜西老僧，結茅二十年，其地當南山奧阻，曾無至者，自萬佛堂望之，平眺可達，而下陟深峽，上躋層崖，竟日而後能往返焉。由萬佛堂後北上不半里，即大寺故址。寺創於崇禎初元⑦，其先亦叢蔽之區，立禪師尋山見之，為焚兩指，募開叢林，規模宏敞。正殿亦南向，八角層甍高十餘丈，址盤數畝。其脈自東北圓穹之頂，層跌而下，狀若連珠，而殿緊倚之；第其前橫深峽，既不開洋，而殿址已崇，西支下伏，右乏護砂，水復從泄，覺地雖幽閟而實鮮關鎖，此其所未盡善者。或謂病在前山崇逼，余謂不然，山外大江雖來繞，而無此障之則曠，山內深峽雖近環，而無此夾之則泄，雖前壓如面墻，而宇內大剎，如少林之面少室⑧，靈巖⑨之面岱宗⑩，皆突兀當前，而開拓彌遠，此吾所謂病不在前之太逼而在右之少疏也。

初余自慧光寺來，其僧翠峰謂余曰：「僧少待一同衣，當即追隨後塵。」比至萬佛堂，翠峰果同一僧至，乃川僧一葦，自京師參訪至此，能講演宗旨。聞此有了凡師，亦川僧，淹貫內典⑪，自立師行後，住靜東峽，為此山名宿，故同翠峰來訪之。時了凡因殿燬，募閃太史約庵，先鑄銅佛於舊基，以為興復之倡，暫從靜室中移棲萬佛前樓，余遂與一葦同謁之。了凡即曳杖前引，至大寺基，觀所模佛胎。遂從基左，循北崖復東向行，盤磴陟坡，路極幽峭。兩過小靜室，兩升降，南下小峽，深木古柯，藤交竹叢，五里而得了凡靜室。室南向，與大殿基東西並列，第此處東入已深，其前南山，並夾如故，而右砂層疊，不比大殿基之西曠矣。其脈自直北圓穹之頂中垂而下，至室前稍坳，前復小起圓阜，下臨深峽之北。而室則正臨其坳處，橫結三楹，幽敞兩備，此寶臺奧境也。一葦與了凡以同鄉故，欲住靜山中，了凡與之為禪語。余旁參之，覺凡公禪學宏貫，而心境未融，葦公參悟精勤，而宗旨未徹，然山窮水盡中亦不易得也。了凡命其徒具齋，始進麵餅，繼設蔬飯。飯後雨大至，半晌方止。下午乃行，仍過寺基，共十五里，還宿慧光寺。

【章　旨】本章記載了第二百九十二天在永昌府的行跡。越過山坳，考察了南山外圍的地形、寶臺山在中間盤踞的地勢、各條水環流的分布狀況。到這裡才看到山如環鉤、水如交臂的真面貌。寶臺山就在彎鉤的轉折處。瀾滄江為右臂，沙木河為左臂，兩條水在山麓環抱，成為寶臺山的護衛，這是山水交錯瀠繞的大致情況。接著到萬佛堂，位於寶臺山向南突起的頂端，門前南山如同屏風高高隆起。山上有許多極為高大的木蘭樹。頂峰有湧石塔，其實是石筍。有個陝西老僧在山坳中住了二十年，地處幽險，必須走一整天才能往返。寶臺大寺是立禪法師燒了兩個手指募化創建的，規模很大，只是覺得這裡雖然地勢幽僻，但很少封閉，因此未能完美。而問題並不在某些人所說的前面的山過於高大逼近，而是右邊稍嫌疏漏。在萬佛堂遇見慧光寺的僧人翠峰和四川僧人一葦，一起去拜訪這山的高僧了凡法師。到了凡的靜室，幽雅寬敞兼備。一葦和了凡參禪，兩人各有所長，也各有不足。下午回到慧光寺住宿。

【注　釋】❶郛　外城。❷兜　包圍；環繞。❸包絡　包圍環繞。❹博南　山名，在永平西南四十五里。又名金浪巔山，俗訛為丁當丁山。山高大，極險峻，為雲南西部要衝。南詔時曾派將軍征伐緬甸，回來時帶了不少金銀珍寶，經過這山，被盜殺死，後立祠名「金浪巔山神祠」。山上設關，名丁當關。❺沙木河　今名倒流河，在永平西南境，源出博南山，從東往西注入瀾滄江。❻自北自南二句　「自南」、「自西」二「自」字，似當作「而」字。❼崇禎初元　崇禎元年（一六二八）。❽如少林之面少室　少林，寺名。少室，山名。見〈遊嵩山日記〉注。❾靈巖　寺名，在泰山西北麓，山東長清方山的南面。相傳前秦永興年間，竺僧朗來此說法，「猛獸歸伏，亂石點頭」，故名「靈巖」。寺興於北魏，盛於唐、宋，與天台國清寺、江陵玉泉寺、南京棲霞寺同稱天下寺院「四絕」。清人王士禎言：「靈巖為泰山最幽絕處，遊泰山不遊靈巖不成其遊。」❿岱宗　舊稱泰山為四嶽所宗，泰山別稱「岱」，故又名岱宗。今岱廟正北有岱宗坊，為泰山東路登山的門戶。⓫內典　佛教稱自己的典籍為內典，又作內經、內教。

【語　譯】二十七日　在慧光寺吃飯，隨即往南上山，走了五里，登上往西延伸的山坳。這山坳是寶臺山的西面支脈，往下延伸到這裡形成的，這山坳西面的支脈，便向北轉在慧光寺的前面環繞。越過山坳到它的南邊，就看到南山在前方矗立，和山坳東邊橫亙的山頂，像兩重推開的門，又形成東西向的深峽。南山的高度，和北面的山頂相等，都從東往西延伸，中間夾著重重峽谷，但下面深不見底，將瀾滄江擋在外面成為南面的天塹。原來南山從爐塘的西南，轉而向西，沿著瀾滄江的北岸往西上伸，成為寶臺山南面的外圍，在這裡西面擋住瀾滄江水，東面圍住沙木河水，越過江坡頂，到北面沙木河流入瀾滄江的地方為止，這是南山外圍的地形。寶臺山從爐塘的西南也轉向西，大山脊居中懸立，南面和南山相對夾成寶臺山，西面和往西延伸再向北轉的支脈相對夾成慧光寺所在處，這是寶臺山在中間盤踞的地勢。山內有兩重水，都向西轉再往北流出，山外大江逆向圍繞，獨自往南流再向東環繞，這是各條水流圍繞的分布情況。到這裡才看到它們的真面目：山如環形的鉤子，水如交叉的手臂。山脈從羅均山起為鉤子根部的把柄，博南山丁當關為鉤子主體的中段，正好和外面鉤子的尖端相對，而江坡頂就是鉤子尖端將結束的地方，寶臺山是鉤子彎曲的轉折處。瀾滄江來自雲龍州，為右臂，向東南環抱，沿著山外圍的山麓，到山東陲的盡頭處而後流出。沙木河源從南山東面的峽谷流出，為左臂，向西北環抱，沿著山的內塢，到山西陲的盡頭處而後流出。兩條水流一條在內一條在外，一條流去一條流來，一條順流一條逆流，環繞山麓，而山南邊的支脈又在中間將它們隔開，從北往南，從東往西，再從南往北，成為寶臺山的護衛，這又是山水交錯縈繞的大致情況。

從山坳的南邊向東轉，下面對著南邊的峽谷，上面靠著北邊的山崖，向東在山脊的南面行走，兩次下去，兩次往上，走了三里，往東到萬佛堂。這就是寶臺大寺的前院，座落在寶臺山向南突起的頂端。寺門朝西，但殿堂都朝南開門，前面對著深峽的南面，只見南山如同屏風高高隆起，就像面對著牆壁。山上有許多木蓮花，樹極高大，開的花像蓮花，有黃、白、藍、紫各種顏色，花瓣共二十片，每年二月末長葉便開花，三月花落以後長出葉來。頂峰有座湧石塔，高二丈，說是從地下湧出的，其實是石筍。在它南邊的山坳中，又有一個陝西來的老僧，蓋了茅屋居住長達二十年，那裡正當南山幽深險阻的地方，從來沒有人到，從萬佛堂望去，可在同一高度遠遠望見，但往下要穿過幽深的峽谷，往上要攀登層層的山崖，一整天才能往返其中。從萬佛堂後面往北上去，不到半里，就到寶臺大寺的舊址。寺創建於崇禎元年，原先也是樹木叢生掩蔽的地方，立禪法師訪山見到這裡，為此燒了兩個手指，募化創建了寺院，規模宏大寬敞，正殿也朝南，一層層八角形的屋脊，高十多丈，基址盤地有好幾畝。這裡的山脈從東北圓形隆起山頂，層層跌下，形狀如同連接成串的珠子，而殿宇緊靠著山；只是寺前橫著深峽，既不開闊，而殿址又高，西面的支脈低伏在下面，右邊缺少環護的外山，水又從這裡漏出，覺得地方雖然幽僻隱祕，但實際上很少封閉，這是它未能完善的地方。有人說問題在於前面的山高逼近，我認為並非如此，山外的大江雖然流來圍繞，但沒有這山遮擋則太空曠，山內的深峽雖在近處環繞，但沒有這山夾住水就會流洩，雖然山壓在前方如同面對牆壁，但天下的名山大寺，如少林寺面對少室山，靈巖寺面對泰山，都是突兀的高山擋在前面，但開拓更遠，這就是我認為問題不在於前面山太逼近，而在於右邊稍為疏漏的緣故。

原先我從慧光寺來時，寺中僧人翠峰對我說：「貧僧要稍等一位同伴，馬上會追上先生。」等到了萬佛堂，翠峰果然和一位僧人來到，是四川僧人一葦，他從京城一路上參拜訪問到這裡，能演講佛法宗旨。聽到這裡有位了凡法師，也是四川人，精通佛經，自從立禪法師走後，便在東面峽中住靜，是這山的著名高僧，所以同翠峰前來拜訪他。這時了凡因為殿宇被火燒毀，請閃太史約庵捐助。先在原來的基址上鑄造銅佛，作為興復的倡舉，暫時從靜室中搬到萬佛堂的前樓居住，我就和一葦一起去拜見他。了凡立即拖著手杖在前面引路，到大寺的舊基，觀看所鑄銅佛的模型。於是從舊基的左側，沿著北邊的山崖再往東走，盤繞石級登上山坡，路極幽靜陡峭，兩次經過小靜室，兩次上下，往南走下小峽谷，峽谷中古木幽深，藤條糾纏，翠竹叢生。走了五里，到了凡的靜室。靜室朝南，和大殿的基址在東西兩邊並列，只是這裡已往東進入很深處，在它前面的南山，和先前一樣並排相夾，而且右邊外圍的山層層疊疊，不像大殿基址在西邊那樣空曠了。這裡的山脈從正北圓形隆起的山頂居中垂下，到靜室前稍許低伏，在前面又突起圓形的小土丘，下面對著深峽的北邊。而靜室則正對著那低伏的地方，橫列建了三間房屋，幽靜寬敞兩者兼備，這是寶臺山上的幽深之地。一葦和了凡因為是同鄉的緣故，想在山中住靜，了凡和他參禪。我在旁比較，覺得了凡公博通禪理，但心境未能圓融，一葦公參悟精切勤懇，但宗旨未能透徹領悟，不過在山窮水盡之處，也是很難得了。了凡叫他徒弟準備齋飯，先上麵餅，接著擺上蔬菜米飯。飯後大雨來臨，過了好一會才停。下午便動身，仍舊經過大寺舊基，共走了十五里，回到慧光寺住宿。

二十八日　平明，飯而行。三里，北下至阿牯寨。由其西下又二里，越東來澗，緣北山之南崖，西北上一里餘，盤其西垂而北，其下即阿牯北、西二澗合而北流之峽也。二里，越西突之坡，仍循東坡西北行。六里，墜懸坡而下，一里及澗，仍隨澗東岸北行。望見峽北有山橫亙於前，路直望之而趨。五里，有一、二家倚東山下，其前始傍水為田。又北二里，直抵北山下，有峽自東而西，中有一水沿北山而西注。此即舊爐塘西來之道，阿牯寨之澗南來，此與之合，是為三汊溪；舊爐塘指答者謂間道捷而難詢，正指此也。

於是其峽轉為東、西，夾水合而西去，路北涉之，循北崖西行。三里，西降而出峽口，其西乃開南、北大夾。蓋南自寶臺南峽來，從南山北轉，而界瀾滄於外者，為此塢西山；從西坳北轉，而挾慧光寺於內者，為此塢東山。東山為三汊溪西出而界斷寶臺中脈止。至其北，又舊爐塘北脊之支，分派西突，與西山對峽，而北峽中塢大開，陂陀雜沓，底不甚平，南峽與三汊溪水合流北去，是為沙木河上流。峽中田塍，高下盤錯，居廬東西對峙，是名竹瀝砦❶。路挾東山北轉，行東村之上而北，三里，塢中水直齧東山之麓。路緣崖躡其上，又北二里，逾馬鞍嶺。此嶺乃東山西突之嘴，水曲而西環其麓，路直而北逾其坳，此竹瀝砦之門戶也。北下二里，始為平川，水與路俱去險就夷。

北行溪東三里，有村倚東山下，曰狗街子；倚西山曰阿夷村。東山乃博南大脊西盤，西山乃寶臺南山北轉者也。其山平展而北。又四里，而沙木河驛❷之西坡，自丁當關西突於川之北，與西界山湊，川中水自沙潭亦逼西山之麓而北。路乃涉水，緣西崖之上行。又三里，北下及溪，有橋跨溪東來者，是為沙木河驛大道。其橋有亭上覆，曰鳳鳴橋。余南來，路經橋西，不逾橋也。飯於橋西。隨西山大路北行三里，盤西山北突之嘴，於是北塢稍開，田塍交布，其下溪流貫直北去，透北峽入瀾滄。路盤嘴西行，又一里，為灣子村。數家倚南山北麓，當北突之腋，故曰灣子。由其西循峽南入，一里，峽窮。復遵峽西之山，曲折西向上躋，三里，陟嶺脊，此即寶臺南山北轉至此者。踞嶺東望，東界即博南山所從南環而至者。北望峽口中伏，即沙木河北注瀾滄，而此支所北盡於此者；其外有崇峰另起，橫峙於五十里外者，曰瓦窯山，為永平北與雲龍州❸分界、昔王磐踞而為亂處。按《騰永圖說》：崇禎戊辰❹，王磐據險為叛，燒斷瀾滄橋。又按：馬元康曾領兵追搗王磐、何某巢穴於曹澗❺。馬亦言：先是王、何構叛，來襲攻永昌，幸從瀾滄燒橋而來，故得為備。按曹澗在雲龍州西界，瓦窯山在雲龍州南界，曹澗當永昌北鄙。王、何二賊不直南下，而東由瀾滄橋，固欲截其東援大路，亦以與瓦窯❻相近也。蓋瓦窯、曹澗，皆二賊之窟矣。西望則重崖層峽，其下逼簇，不知瀾滄之流已嵌其底也。由脊而南，有庵橫跨坳中，題曰普濟庵，有僧施茶於此，是即所謂江坡頂也。出其南，西瞰峽底，濁流一線，繞東南而去，下嵌甚深；隔流危崖崒嵂⑦，上截雲嵐，而下嚙江流者，即羅岷山⑧也。

瀾滄江⑨自吐蕃嵯和哥甸南流，經麗江蘭州⑩之西，大理雲龍州之東，至此山下，又東南經順寧雲州⑪之東，南下威遠⑫、車里⑬，為撾龍江，入交趾⑭至海。《一統志》謂趙州⑮白厓瞼⑯禮社江⑰至楚雄定邊縣⑱，合瀾滄入元江府⑲，為元江⑳。余按瀾滄至定邊縣西所合者，乃蒙化漾濞、陽江㉑二水，非禮社也；禮社至定邊縣東所合者，乃楚雄馬龍㉒、祿豐㉓二水，非瀾滄也。然則瀾滄、禮社雖同經定邊，已有東西之分，同下至景東㉔，東西鄙分流愈遠。李中谿著《大理志》㉕，定瀾滄為黑水㉖，另具圖說，於順寧以下，即不能詳。今按鐵鎖橋東有碑，亦鄉紳所著，止云自順寧、車里入南海，其未嘗東入元江可知也。

由嶺南行一里，即曲折下，其勢甚陡。迴望鐵橋㉗，嵌北崖下甚近，而或迎之，或背之，為「之」字下者，三里而及江岸。即挨東崖下溯江北行，又一里而至鐵鎖橋之東。先臨流設關，甃石為門，內倚東崖，建武侯祠㉘及稅局。橋之西，甃關亦如之，內倚西崖，建樓臺並祀創橋者㉙。甃關俱在橋南，其北皆崖石巉削，無路可援。蓋東西兩界山，在橋北者皆夾石，倒壓江面，在橋南者皆削土，駢立江旁，故取道俱南就土崖，作「之」字上下，而橋則架於其北土石相接處。其橋闊於北盤江上鐵鎖橋㉚，而長則殺之。橋下流皆渾濁，但北盤有奔沸之形、洶湃㉛之勢，似淺；此則渾然逝、淵然寂㉜，其深莫測，不可以其狹束而與北盤共擬也。北盤橫經之練，俱在板下；此則下既有承，上復高綳，兩崖中架兩端之楹間，至橋中又斜墜而下綳之，交絡如機之織、綜㉝之提焉。此橋始於武侯南征，故首祀之，然其時猶架木以渡，而後有用竹索用鐵柱維舟者，柱猶尚存。或以為胡敬德，或以為國初鎮撫華岳。而胡未之至，華為是。然蘭津之歌㉞，漢明帝㉟時已著聞，而不始於武侯也。萬曆丙午㊱，順寧土酋猛廷瑞㊲叛，阻兵燒燬。崇禎戊辰，雲龍叛賊王磐又燒燬，四十年間，二次被燬，今己巳㊳復建，委千戶㊴一員守衛。固知迤西咽喉，千百載不能改也㊵。余時過橋急，不及入叩橋東武侯祠，猶登橋西臺間之閣，以西崖尤峻，為羅岷之麓也。

於是出鞏關，循羅岷之崖，南向隨江而上。按志：羅岷山高千餘丈。蒙氏時有僧自天竺㊶來，名羅岷，嘗作戲舞，山石亦隨而舞。後沒於此，人立祠巖下，時墜飛石，過者驚趨，名曰「催行石」㊷。按石本崖上野獸抛踏而下。昔有人於將曉時過此，見霧影中石自江飛上甚多，此又一異也。五里，至平坡鋪㊸，數十家夾羅岷東麓而居，下臨瀾滄。其處所上猶平，故以平坡名，從此則躡峻矣。時日色尚可行，而負僧苦於前，遂止。按永昌重時魚㊹，其魚似鯖魚狀而甚肥，出此江，亦出此時。謂之「時」者，惟三月盡四月初一時耳，然是時江漲後，已不能得。

【章　旨】本章記載了第二百九十三天在永昌府的行跡。經過阿牯寨，到達北山下，看到三汊溪，來到峽口，考察了塢中的西山、東山、沙木河上游。接著經過竹瀝砦，越過馬鞍嶺，來到平野，水流和道路都離開險阻到達平地了。又經過狗街子、阿夷村，在鳳鳴橋西吃了飯，繞過山口，望見北邊山塢下溪水穿過峽谷流入瀾滄江。再經過灣子村，登上嶺脊，向東望見博南山；向北望見沙木河注入瀾滄江的地方，外面有瓦窰山橫亙峙立，為永平縣和雲龍州的分界，也是過去王磐盤踞作亂的地方；向西望見重重山崖層層峽谷，不知瀾滄江就嵌在底下。往南經過普濟庵，就在所謂的江坡頂，俯視峽底有流水細如一線，隔江便是高峻的羅岷山。瀾滄江從吐蕃嵯和哥甸往南流，經過蘭州、雲龍州、雲州，往下到車里，稱為撾龍江，進入交趾流到南海。瀾滄江到定邊縣和漾濞江、陽江合流，而不是《一統志》所說的禮社江。作「之」字形曲折往下，走到瀾滄江邊、鐵鎖橋東頭。這裡靠近江流設置了關口，有拱形的石門，裡面建有武侯祠。橋的西頭也有拱門的關口，裡面祭祀建橋的人。橋的北邊都是夾立的石崖，橋的南邊都是陡峭的土山，橋架在土石相接的地方。這橋比北盤江上的鐵鎖橋寬，但稍短些，橋下鋪板有鐵鏈承托，上面有鐵鏈繃緊，中間還有斜垂的鐵鏈繃緊橋身，就像織布機上的提綜經緯交錯。據說這橋始建於諸葛武侯南征之時，但據「蘭津歌」，應該還要早些。現在的橋是新建的。走出拱形的關口，沿著羅岷山崖走，到平坡鋪，便在這裡留宿。從這裡開始，就要登上陡峻的山路了。

【注　釋】❶竹瀝砦　今名竹林祠，在永平西隅，倒流河東岸。❷沙木河驛　今名杉陽街，在永平西隅。❸雲龍州　明代隸大理府，治所在今雲龍西部、瀾滄江西岸的舊州，崇禎間遷治於雒馬井（今泚江西岸的寶豐）。❹崇禎戊辰　崇禎元年（一六二八）。❺曹澗　今名漕澗，在雲龍城西南，瀾滄江和怒江間的峽谷地帶，四周蒼山中有三處溫泉，其中外澡塘又稱「跌水崖」，水桶般粗的熱水從懸崖縫隙中噴湧而出，懸空落下，宛若蛟龍，聲響如雷，遠處即可聞到一股濃郁的清香。水溫高達攝氏八、九十度，能煮熟雞蛋。「洗澡樂」為「漕澗三樂」之一。❻瓦窰　在保山東北隅，瀾滄江西岸。❼崒嵂　形容山勢高峻。❽羅岷山　在保山城東北八十里，瀾滄江西岸。山高一千八百多公尺，綿延四十多里，與博南山隔江相對。❾瀾滄江　源出青藏高原的唐古拉山，自北往南，夾入橫斷山脈中，順著山勢奔騰直下，流經雲南近二十個縣。江流兩岸，大多是高山深谷、懸崖陡壁，山頂與谷地高差多達二千五百公尺。江中水流湍急，礁石密布，多險灘，其中「紅底子灘」長三百多公尺，江水落差三公尺多，「虎跳灘」歷來被視為水上禁區，有「隔河如隔天，渡河如渡險」的說法。瀾滄江流域水量充沛，落差一千多公尺，水能蘊藏量在雲南僅次於金沙江。出境後稱湄公河，先後流經緬甸、老撾、泰國、柬埔寨、越南入海，全長約九千里，在中國境內約四千里。❿蘭州　明代隸麗江府，治所在今蘭坪東南金頂鎮。⓫雲州　明萬曆間置，隸順寧府，治所在大栗樹（今雲縣）。⓬威遠　明代置威遠御夷州，直隸雲南布政使司，治所在景谷。⓭車里　土司名，明初置車里軍民府，以刀坎為土知府，後改為宣慰使司，治所在今景洪。轄境大部分相當今西雙版納，但更大。⓮交趾　舊時對安南、越南的別稱。⓯趙州　見〈滇遊日記六〉正月十八日日記注。⓰白厓瞼　即白崖城。相傳西元三世紀時龍祐那所築，本名彩雲城，以石崖嶄絕，顏色如雪，改名白崖城。八世紀時，南詔王閣羅鳳在舊城東北擴建新城，故址在今雲南彌渡西北的紅巖。《新唐書・南蠻傳上》：蒙氏立國「有十瞼，夷語瞼若州。」「白厓瞼亦曰勃弄瞼。」「鮮于仲通薄白崖城，大敗引還。」⓱禮社江　指白崖瞼江，在大理鳳儀東南六十里，源出祥雲梁王山，南流經白崖城入南澗，為禮社江上游。⓲定邊縣　明代隸楚雄府，治所在今南澗。⓳元江府　明代置元江軍民府，治所在今元江。⓴元江　有兩源，東源為白崖（瞼）江，西源為陽江；在巍山東南境合流，稱禮社江；流經元江城北，稱元江；入越南境內，稱紅河。㉑陽江　又名蒙化水，源出巍山城西北的花判山。㉒馬龍　河名，源自南華西境，從北往南流，匯入禮社江。㉓祿豐　明代為縣，隸雲南府，今屬雲南。㉔景東　明代置景東府，治所在今景東。㉕大理志　李元陽曾兩次編過《大理郡志》，為人稱頌，今已不存。他所編的《雲南通志》，至今仍為學界所重。㉖定瀾滄為黑水　李元陽〈黑水辨〉：「〈禹貢〉導黑水，至於三危，入於南海。……禹之所導，於以分別梁州界者，惟瀾滄之水，足以當之。」明末顧祖禹《讀史方輿紀要》持同樣看法。但清初胡渭《禹貢錐指》以為「瀾滄非雍州黑水之下游甚明」。㉗鐵橋　即瀾滄江鐵索橋，橫跨保山水寨和永平杉陽交界處的瀾滄江上，為中國（或說世界）最早的鐵索橋。橋西為絕壁，橋東為險峰，橋就架在兩岸峭壁之間。這裡原為古渡口，唐代已建竹索橋。元貞元年間改為木橋，始稱霽虹橋。明成化間改建為鐵索橋，長三十六丈，寬二丈，後毀。現存鐵橋為清康熙間重建。橋東岸原有御書樓，懸掛著康熙皇帝手書「飛虹彼岸」的金匾。橋總長一百十多公尺，用十八根鐵鏈作為承重索，其中底索十六根，上面鋪著木板，扶手兩根，淨跨近六十公尺，寬近四公尺。兩邊橋臺上各建有關樓兩座、橋亭一座。橋與樓亭連成一體，十分壯觀。橋旁摩崖石刻甚多，有的字竟高達一公尺八十公分。二十世紀八十年代中，因上游大面積滑坡截流，橋被洪水沖斷，已殘破不堪。㉘武侯祠　祭祀諸葛亮的祠堂。原有諸葛亮鎏金銅像，現和旁邊御書樓中康熙手書金匾均蕩然無存。㉙創橋者　明代霽虹橋，一說為成化間江頂寺僧人了然募建，一說為弘治間王槐所建。㉚北盤江上鐵鎖橋　見〈黔遊日記二〉四月二十五日日記注。㉛溯湃　同「澎湃」。㉜此則渾然逝淵然寂　霽虹橋所在處為一個水流平緩、風浪絕少的渡口，站在橋頭，看上游百公尺之外，江中波浪洶湧，近前卻水流悠緩，十分平靜。㉝綜　織布機上使經線上下交錯以受緯線的一種裝置。㉞蘭津之歌　漢明帝永平年間，修築蜀身毒道，其中有一段為博南古道，瀾滄江的渡口稱為蘭津渡，當時流傳著「漢德廣，開不賓；渡博南，越蘭津；渡瀾滄，為他人」的歌謠。楊慎在《南詔野史》中，甚至說漢明帝時，在瀾滄江上就已有了「以鐵索繫南北的蘭津橋」。㉟漢明帝　名劉莊，漢光武帝劉秀子，東漢第二代皇帝，相傳他在位時，為佛教傳入中國之始。㊱萬曆丙午　萬曆三十四年（一六〇六）。㊲猛廷瑞　元時蒲蠻長孟祐之後歸附，賜姓猛氏，授順寧土知府。明初仍授世職，六傳至猛廷瑞。據史載，猛廷瑞並非有謀反之意，只因當時參將吳顯忠貪圖他的財富，勒索不成，便誣告猛廷瑞助婿作亂。吳顯忠又奉命率兵入猛氏寨，將猛氏十八代所積累的價值數百萬兩銀子的財貨全都掠走，並誘捕猛廷瑞，向朝廷請功。於是猛氏所部十三寨群情激憤，聚眾反叛，被官軍盡數剿滅，猛廷瑞子被殺，順寧府改土歸流。㊳己巳　崇禎二年（一六二九）。㊴千戶　官名，明代衛所兵制設千戶所，駐重要府州，統兵一千一百二十人。㊵固知迤西咽喉二句　博南古道為西南地區溝通內地和邊疆，通往緬甸、泰國、印度諸國的重要通道，霽虹橋為這條通道的咽喉。直到二十世紀三〇年代，滇緬公路通車，才逐漸衰落。㊶天竺　古印度別稱。玄奘《大唐西域記》：「詳夫天竺之稱，異議糾紛，舊云身毒，或曰賢豆，今從正音，宜云印度。」㊷催行石　在霽虹橋附近，有一石券洞，名緊三步，古稱飛石口。因上面山陡石多，故遇刮風下雨，岩石常會飛墮而下。人遇此險況，便急奔入洞躲避，待石滾過，再繼續前進。㊸平坡鋪　今名平鋪，在保山東隅，緊貼羅岷山腹，為博南古道上的重要驛道。在通往水寨的路上，有數百個古老的馬蹄印跡。㊹時魚　即象時魚，瀾滄江產，雷鳴始出，味道鮮美。

【語　譯】二十八日　天亮時，吃了飯出發，走了三里，往北下去到阿牯寨。從它的西面又往下走了二里，越過從東面流來的澗水，沿著北山南面的山崖，往西北走上一里多，繞著北山的西陲往北，山下就是阿牯寨北邊、西邊兩條澗水會合後往北流入的峽谷。走了二里，越過向西突起的山坡，仍然沿著東邊的山坡往西北走。過了六里，從陡懸的山坡落下，走了一里，到澗水邊，仍沿著澗水的東岸往北走。望見峽谷北面有山橫亙在前方，路直望著山走。過了五里，有一、兩戶人家靠在東山下，屋前才靠近水邊種田。又往北走二里，直達北山下，有峽谷從東往西延伸，裡面有條水沿著北山往西流去。這就是從舊爐塘往西過來的路，阿牯寨的澗水往南流來，這條水和它會合，這就是三汊溪；先前在舊爐塘為我指路的人，說走小路近便，但是路上沒有行人難於詢問，他所指的正是這裡。

到這裡，峽谷轉為東、西兩道，相夾的水會合後向西流去，路往北渡過這水，沿著北邊的山崖往西走。過了三里，往西下去走出峽谷，峽谷西邊就開出南北兩道大峽谷，原來從南面寶臺山南邊的峽谷延伸過來，從南山往北轉，將瀾滄山隔在外面的，是這山塢的西山；從西面的山坳往北轉，將慧光寺夾在裡面的，是這山塢的東山。東山被向西流出的三汊溪隔斷了寶臺山的中脈，就到此為止。到它的北面，還有舊爐塘北面山脊的支脈，分脈向西突起，和西山相對夾成峽谷，而北邊峽谷中山塢十分開闊，山坡雜沓，塢底不太平坦，南面的峽谷的水和三汊溪水會合往北流去，這就是沙木河的上游。峽谷中的田地，高高低低，盤繞交錯，住房東西對峙，地名竹瀝砦。路緊靠著東山往北轉，到東面山村的上方往北走，過了三里，山塢中的水徑直沖刷著東山的山麓。路沿著山崖升到它的上面，又往北走二里，越過馬鞍嶺。這山嶺是東山向西突起的山口，水流曲折往西環繞著山麓，路直往北越過山坳，這是竹瀝砦的門戶。往北走二里，才是平野，水流和道路都離開了險阻到達平地。

在溪水東岸往北走三里，有個村莊靠在東山下，名狗街子；靠著西山的名阿夷村。東山便是博南山的大脊向西盤繞的地方，西山是寶臺山的南山往北轉折的地方。這裡的山平緩地往北伸展。再走了四里，沙木河驛西邊的山坡，從丁當關往西在平野的北面突起，和西邊的山脈聚攏，平野中的水從沙潭也逼近西山的山麓往北流。路便穿過水流，沿著西邊的山崖上方走。又過了三里，往北下去到溪邊，有橋架在溪水上，從東來的，是去沙木河驛的大路。這橋上面蓋著亭子，名鳳鳴橋。我從南面過來，經過橋西，沒有通過橋。便在橋西吃飯。隨著西山的大路往北走三里，繞過西山往北突起的山口，到這裡北邊的山塢稍許開闊，田埂交錯分布，山塢下面溪流徑直往北流去，穿過北邊的峽谷注入瀾滄江。路繞著山口往西走，過了一里，到灣子村。有幾戶人家靠著南山的北麓，位於往北突起的山口內側，所以叫做「灣子」。從村的西邊沿著峽谷往南進去，走了一里，峽谷到了盡頭。再沿著峽谷西邊的山，曲折往西攀登，走了三里，登上嶺脊，這就是寶臺山的南山往北轉到這裡的山脊。坐在嶺上向東望去，東界就是博南山從南面繞過來的山。向北望去，見峽口中間低伏，就是沙木河往北注入瀾滄江，而這道支脈往北到此為止的地方，在它外面另有高峰聳起，橫亙峙立在五十里外的地方，名瓦窰山，是永平縣北邊和雲龍州分界、從前王磐占據著作亂的地方。據《騰永圖說》載，崇禎元年，王磐占據險要叛亂，燒斷瀾滄橋。又查考：馬元康曾領兵追剿，在曹澗搗毀王磐、何某的巢穴。馬元康也說：在先王磐、何某叛亂，來襲擊永昌府，幸虧是從瀾滄江燒橋過來，所以得有時間做好準備。查考曹澗在雲龍州的西境，瓦窰山在雲龍州的南境，曹澗當在永昌府北部邊區。王、何兩個盜賊不直接南下，而卻往東經過瀾滄橋，固然是想切斷官軍東援的大路，也是因為和瓦窰山相近的緣故。原來瓦窰山和曹澗，都是這兩個盜賊的巢穴。向西望去，只見重重山崖層層峽谷，下面狹窄簇擁，不知瀾滄江水已嵌在它的底部了。從山脊往南走，有座寺庵橫跨在山坳中，匾額題名「普濟庵」，有僧人在這裡施送茶水，這就是所說的江坡頂。到它的南邊，向西俯視峽谷的底部，只見渾濁的流水細如一線，繞向東南流去，在峽底嵌得很深；隔著江水，懸崖高聳，上面截斷雲霧，下面江流沖刷的地方，就是羅岷山。

瀾滄江從吐蕃的嵯和哥甸往南流，經過麗江府蘭州的西面，大理府雲龍州的東面，流到羅岷山下，又往東南流，經過順寧府雲州的東面，往南流下威遠、車里，稱為撾龍江，進入交趾流到南海。《一統志》說，趙州白厓瞼的禮社江，流到楚雄府的定邊縣，會合瀾滄江流入元江府，稱為元江。我查考瀾滄江流到定邊縣西境所合流的江，是蒙化府的漾濞江、陽江這兩條水，不是禮社江；禮社江流到定邊縣東境所合流的水，是楚雄府馬龍、祿豐這兩條水，不是瀾滄江。那麼瀾滄江、禮社江雖然同樣流經定邊縣，已有東、西之分，一起往下流到景東，在東西邊區分流，相隔就更加遙遠了。李中谿《大理府志》認定瀾滄江為黑水，另外備有圖形說明，但在順寧府以下地區，就不清楚了。現在查考鐵鎖橋東頭有碑，上面刻文，也是鄉紳所寫的，只說瀾滄江從順寧、車里流入南海，可知它未曾往東流入元江了。

從嶺上往南走一里，隨即曲折往下，山勢十分陡峻。回頭望見鐵鎖橋，深嵌在北邊的山崖下，離得很近，有時面對著它，有時背對它，作「之」字形往下走，過了三里到達瀾滄江岸。就緊靠東邊的山崖下沿江水往北上行，又走了一里，到鐵鎖橋的東頭。首先靠近江岸設置關口，用石塊築成拱門，裡面靠著東邊的山崖，建有武侯祠和稅局。橋的西頭，也有同樣的拱門關口，裡面靠著西邊的山崖，建有樓臺並祭祀建橋的人。拱門的關口都在橋的南邊，橋的北邊全是高峻陡峭的崖石，無路可以攀援。原來東西兩邊的山，在橋北邊的都是夾立的石崖，倒壓在江面上，在橋南邊的都是陡峭的土山，並立在江旁，所以走路都往南邊靠近山崖，作「之」字形上下，而橋就架在路北土石相接的地方。這座橋比北盤江上的鐵鎖橋寬闊，但長度不及它。橋下的水流都很渾濁，但北盤江雖有奔騰的形態、澎湃的氣勢，江水似乎較淺；這條江水卻渾渾流去，淵然平靜，但水深不可測，不能僅以江水的寬窄來和北盤江比較。北盤江橋縱橫的鐵鏈，都在所鋪的木板下；這座橋下面既有鐵鏈承托，上面又有鐵鏈高高繃緊，處在兩邊山崖中和兩端的石柱連接，還有斜垂的鐵鏈繃緊橋身，就像織布機上的提綜那樣經緯交錯。這座橋始建於諸葛武侯南征的時期，所以首先祭祀他，但當時還只是架起木橋來過渡，後來有用竹繩用鐵柱繫船渡江的，石柱至今還保存著。建橋者，有人認為是胡敬德，有人認為是國朝初年在此鎮撫的華岳。但胡敬德沒到過這裡，當為華岳。不過蘭津的歌謠，漢明帝時已經傳開，而不是始於武侯之時。萬曆三十四年，順寧府土司猛廷瑞叛亂，為阻擋官兵燒毀了橋。崇禎元年，雲龍州的叛賊王磐又將橋燒毀。四十年間，兩次被燬，如今的橋是崇禎二年重建的，委派一個千戶官員守衛。早就知道這裡是作為滇西的咽喉，千百年來不會改變。我這時急於過橋，來不及走進橋東的武侯祠叩拜，但仍然登上了橋西臺中的樓閣，因為西邊的山崖更為高峻，是羅岷山的山麓。

到這裡從拱門關口走出，沿著羅岷山的山崖，往南隨著江水走上。據志書載，羅岷山高一千多丈。南詔蒙氏時，有個僧人從天竺過來，名羅岷，曾經演戲跳舞，山石也跟他一起舞。後來死在這裡，人們在巖下建了祠堂，時常落下飛石，過路的人慌忙奔跑，名「催行石」。據考飛石本是崖上的野獸踩踏掉下來的。過去有人在天將亮時路過這裡，看到霧影中有很多石塊從江中飛上山，這又是一件奇事了。過了五里，到平坡鋪，有幾十戶人家夾著羅岷山的東麓居住，下面對著瀾滄江。到這裡所走上的路還比較平坦，所以用「平坡」作為地名，從這裡開始便要登上陡峻的山路了。這時看天色還可趕路，但挑擔僧人再往前走感到太勞苦，便在這裡停留。據說永昌府人看重時魚。這種魚形狀似鯖魚但很肥，在這江中出產，也在這個時節出產。稱牠為「時魚」，只是指在三月底四月初這一段時間生產的魚罷了。但這時江水已經上漲，所以不能捕到了。

二十九日　雞再鳴，具餐。平明行，即曲折南上。二里餘，轉而西，其山復土盡而石，於是滄江東南從大峽去，路隨小峽西向入。西一里，石崖矗夾，有水自夾中墜，先從左崖棧木橫空度，即北向疊磴夾縫間，或西或北，曲折上躋，甚峻。兩崖夾石如劈，中垂一霤，水搗石而下，磴倚壁而上，人若破壁捫天，水若爭道躍顙，兩不相遜者。夾中古木參霄，虬枝懸磴，水聲石色，冷人心骨，不復知有攀陟之苦，亦不知為驅馳之道也。上二里，有庵夾道，有道者居之，即所謂山達關❶也。由其後又西上，路分為二，一渡水循南崖，一直上循北崖，共一里餘而合，遂淩石峽上。余以為山脊矣，其內猶然平峽，水淙淙由峽中來，至是墜峽石東下，其外甚峻，其內甚平。登其峻處，回望東山之上，露出層峰，直東而近者，乃狗街子、沙木河驛後諸脊，所謂博南丁當也；東南而遠者，寶臺圓穹之頂也。內平處亦有兩、三家當峽而居。循之西入，塢底成畦，路隨澗北。二里，涉澗而南，盤南峰之腋而西。一里，透峽西出，則其內平窪一圍，下墜如城，四山迴合於其上，底圓整如鏡，得良疇數千畝，村廬錯落，雞犬桑麻俱有靈氣。不意危崖絕磴之上，芙蓉蒂裡，又現此世界也，是為水寨❷。先是聞其名，余以為將越山而下，至是而知平窪中環，山頂之水，交注窪中，惟山達關一線墜空為水口，武陵桃源、王官盤谷❸，皆所不及矣。此當為入滇第一勝，以在路旁，人反不覺也。循窪東稍南上，有廬夾道，是為水寨鋪。按志有阿章寨，豈即此耶？又南隨峽坡東行，二里，逾一東坡之脊，脊兩旁有兩、三家，脊南水猶東南下瀾滄，仍非大脊也。過脊南，東、南二面，山皆下伏，於是東望寶臺，知瀾滄挾其南去，南瞻瀾滄西岸，群峰雜沓，下缺

自此至四月初九，共缺十日。其時當是在永昌府入叩閃人望，諱仲儼，乙丑庶吉士，與徐石城同年，霞客年家也。并晤其弟知愿，諱仲侗，丙子科解元也。即此時。業師季會明誌。

【章　旨】本章記載了第二百九十四天在永昌府的行跡。走完土山便是石山，進入一道小峽谷，往上攀登，路極陡峻。西邊石崖如刀劈成，中間垂下一股水流，人像穿過石壁手摸青天，水像與人爭路躍過額角，兩不相讓。夾谷中古木參天，水聲石色，使人心骨俱冷。往上經過山達關，登上石峽，眺望四周的山峰。往下穿過峽谷，到一圍平坦的窪地，有幾千畝良田，充滿靈氣。這就是水寨。想不到在懸崖險道的上方，出現這樣的世界，連傳說的桃源、盤谷，也有所不及，應當是進入雲南後所見的第一勝景，只是因為就在路旁，人們反而不能察覺。接著經過水寨鋪，越過一道山脊……

【注　釋】❶山達關　今名山大鋪，在保山東北七十里處。❷水寨　在山達關西北，四周都是高山，谷底有一小片平地。從水寨至平地，是一條東西向的峽谷，兩山夾峙，一徑陡峭，崎嶇迴環，古稱「梯雲路」。下坡的第一段，稱為「倒馬坎」，據說因山路陡險得名。❸王官盤谷　即王官谷，在山西虞鄉縣東南十里中條山中石樓峪西。晚唐司空圖曾避亂隱居於此，作休休亭。當時寇盜橫行，唯獨不入王官谷，當地百姓多依以避難。

【語　譯】二十九日　雞啼二遍，備好飯。天亮時出發，就曲折往南上山。走了二里多，轉向西，到這裡已走完土山又踏上石山，在這裡瀾滄江往東南從大峽谷流去，路隨著小峽谷往西進入。往西走了一里，石崖高聳夾立，有水從夾谷中落下，先從左邊石崖上的棧道橫空越過，就朝北走上夾縫間重疊的石級，有時往西有時往北，曲曲折折往上攀登，十分陡峻。兩邊夾立的石崖，陡削如刀劈而成，中間垂下一股水流，沖擊著岩石流下，石級靠著崖壁往上，人像穿過石壁手摸青天，水像和人爭路躍過額頭，兩者互不退讓。夾谷中古木參天，屈曲的枝幹懸掛在石級上，水聲石色，使人心骨俱冷，不再知道攀登跋涉的辛苦，也不知在險路上奔跑了。往上走了二里，路旁有一座庵，有道士住在裡面，這就是山達關了。從庵後再往西上去，路分成兩條，一條渡過溪水沿著南邊的山崖走，一條直往上沿著北邊的山崖走，共過了一里多然後會合，便登上石峽。我以為是山脊了，而石峽裡面仍然是平坦的峽谷，水從峽谷中淙淙流來，到這裡向東從石峽落下，石峽外面十分險峻，石峽裡面十分平坦。登上它的險峻處，回頭望見東山的上方，露出層層山峰，正東靠近這裡的，是狗街子、沙木河驛後面各道山脊，就是所說的博南山和丁當關；在東南偏遠處的，是寶臺山隆起的圓形山頂。石峽裡面平坦的地方也有兩、三戶人家在峽谷中居住。沿著峽谷往西進去，山塢底部開出田地，路隨著澗水北邊走。過了二里，渡過澗水往南，繞著南面山峰的腋下往西。走了一里，穿過峽谷往西走出，就看到一圈平坦的窪地，往下垂落如同城池，四周的山在它上面環抱，底部圓整如同鏡子，內有幾千畝良田，村莊房屋錯落，雞犬桑麻，都有靈氣。想不到在這懸崖險道之上，芙蓉花蒂般的山谷中，又呈現出這樣的世界，這就是水寨。先前聽說它的名字，我以為將要越過山下去，到這裡後才知道是被圍在山中的平坦的窪地，山頂的水交相流入其中，只有在山達關一線寬的地方從空中落下成為水口，武陵的桃源，王官的盤谷，都有所不及了。這裡應當是進入雲南之後所見到的第一勝景，因為在路旁，人們反而不能察覺。沿著窪地的東邊稍許往南上去，有住房在路兩旁，這是水寨鋪。據志書記載，有阿章寨，難道就是這地方嗎？再往南隨著峽谷旁的山坡往東走，過了二里，越過一道東邊的山坡上的山脊，山脊兩旁有兩、三戶人家，山脊南面的水，還是往東南流下瀾滄江，仍然不是大山脊。越過山脊到它的南面，東、南兩面，山都低伏，在這裡向東眺望寶臺山，知道瀾滄江緊靠著它的南麓流去，向南瞻望瀾滄江的西岸，群峰紛雜，下缺

【研　析】金沙江、瀾滄江、怒江，合稱「滇西三江」。三江同源於青藏高原的東部，並肩南下，流經雲南西部的橫斷山區，形成舉世罕見的山高流急、縱向延伸的大峽谷。舊時有「隔河如隔天，渡河如渡險」的慨歎。對此，徐霞客在《遊記》中曾作過這樣的描述：「西瞰峽底，濁流一線，繞東南而去，下嵌甚深；隔流危崖崒嵂，上截雲嵐，而下嚙江流。」因為交通閉塞，直到近世，這一地區依然處在無人問津的狀態中，由此對地貌水文，也一直缺乏正確的認識。包括《大明一統志》和一些方志在內，對這些江河源流的記載，都存在不少錯誤。通過實際考察，探明源流，澄清疑惑，糾正錯誤，正是徐霞客當仁不讓的使命。從永平到永昌，他在沿途十分注意瀾滄江的流向，及其和各條支流的匯合狀況。還在劍川時，他就已注意到老君山脈「南從橫嶺而盡於黑會、瀾滄之交矣」。在寶臺山考察地貌時，瀾滄江一直是他十分關注的對象，並將瀾滄江說成是

「東南抱而循山之外麓」的「右臂」。在渡江那一天的日記中，徐霞客對瀾滄江的源流作了一番總結性的論述。他明確提出瀾滄江從吐蕃發源南流，下游「入交趾至海」。指出《一統志》中所記載禮社江「合瀾滄入元江府，為元江」是個誤說，作為元江上游的禮社江與瀾滄江「雖同經定邊，已有東西之分，同下至景東，東西鄙分流愈遠」。但他說瀾滄江至定邊縣西和陽江會合則是個錯誤，其實陽江所匯入的不是瀾滄江，而是禮社江。他還通過瀾滄江鐵索橋雖「闊於北盤江上鐵鎖橋」，但「長則殺之」，以示瀾滄江面沒有北盤江寬，並將這兩條江水作了比較：「橋下流皆渾濁，但北盤有奔沸之形、淜湃之勢，似淺；此則渾然逝、淵然寂，其深莫測，不可以其狹束而與北盤共擬也。」

霞客西遊，一路不知渡過多少水流，但他每過一座橋，必有記載，特別是對那些比較特殊的橋梁，描寫更為具體。繼貴州北盤江鐵索橋後，他還先後通過了漾濞江鐵索橋、瀾滄江鐵索橋、龍川江鐵索橋、枯柯河鐵索橋。在貴州時，他誤以為雲南「鐵橋故址在麗江」，從而斷言「瀾滄亦無鐵橋」。但當他走出永平西南隅的江坡頂，沿瀾滄江水往北上行時，一座雄偉的鐵索橋出現在眼前。《遊記》中寫了這座鐵橋所處的地形：「（橋）北皆崖石巉削，無路可援。蓋東西兩界山，在橋北者皆夾石，倒壓江面，在橋南者皆削土，駢立江旁，故取道俱南就土崖，作『之』字上下，而橋則架於其北土石相接處。」橋的造型和結構：「北盤橫經之練，俱在板下；此則下既有承，上復高綳，兩崖中架兩端之楹間，至橋中又斜墜而下綳之，交絡如機之織、綜之提焉。」橋旁附設的建築：「（橋東）先臨流設關，鞏石為門，內倚東崖，建武侯祠及稅局。橋之西，鞏關亦如之，內倚西崖，建樓臺並祀創橋者。」以及建橋以來的歷史變化、有關此橋的傳說。在廣西鬱林笠帽山附近，徐霞客曾看到將巨木橫架在江邊大樹的樹梢上的橫江橋；還聽說在黔江的大藤峽，過去江面上架有巨藤作為橋梁。後來他到騰越北部龍川江上源東江，又看到一處十分奇特的繫藤為橋的景觀：「橋闊十四、五丈，以藤三、四枝高絡於兩崖，從樹杪中懸而反下，編竹於藤上，略可置足，兩旁亦橫竹為欄以夾之。蓋凡橋鞏而中高，此橋反掛而中垂，一舉足輒搖蕩不已。」

在永平寶臺山遊覽時，徐霞客特別注意這裡的山勢和地形特徵，描述了「南山外郛之形」、「寶臺中踞之勢」，著重描寫了山脈近似環形的「真面目」：「其山如環鈎，其水如交臂。山脈自羅均為鈎之根把，博南丁當關為鈎幹之中，正外與鈎端相對，而江坡頂即鈎端將盡處，寶臺山乃鈎曲之轉折處也。」由於寶臺山雄踞瀾滄江邊，故他也著重描述了這裡「山水交瀠之概」：「(瀾滄江、沙木河)兩水一內一外，一去一來，一順一逆，環於山麓，而山之南支又中界之，自北自南，自東自西，復自南而北，為寶臺之護。」以及「諸流包絡之分」。這些描述，對研究地形與水文的關係，都頗有價值。在鄧川，徐霞客還考察了從滇西北南下，綿亙萬里，「至洱海之北而始低渡」的大山脈；蒼山十九峰「比肩連袂」的大勢，從中又分出的南北兩重支脈，以及因這兩重山脈而使洱海「亦界為兩重」的狀況。《遊記》中還寫了位於點蒼山南北兩端的龍首關（上關）和龍尾關（下關）倚山傍水，即「山為城郭海為池」，如同「南北金鎖把天關」的險要的地理位置。

和麗江不同，大理在南詔、大理國時期，長期為雲南的政治中心，是歷史文化名城，且交通相對說比較便利，故遊者甚眾。蒼山雪、上關花、蛺蝶泉、鳥吊山、三塔寺、寫韻樓……一處處勝景，無不在霞客的筆下留下逼真、奇麗、充滿獨特情趣的寫照。「日出蒼山雪，瑤臺十九峰。」點蒼山北起上關，南至下關，東臨洱海，西接漾濞江，雄峙十九峰，夾流十八溪，縱貫上百里，更是古來遊人讚不絕口的對象。明代楊慎到此遊覽，面對眼前美景，不覺神思飛越，讚道：「山則蒼龍疊翠，海則半月拖藍，城郭奠山海之間，樓閣出煙雲之上，香風滿道，芳氣襲人。余時如醉而醒，如夢而覺，如久臥而起作，然後知吾向者之未嘗見山水，而見自今始。」（〈遊點蒼山記〉）如果泛泛而讚，無異拾人牙慧，既不能顯示蒼山與他山的區別，也看不到其自身的季節變化，而這正是世人描寫蒼山的通病。霞客則不同，他寫蒼山雪：「重峰罨映，最高一峰當其後，有雪痕一派，獨高垂如疋練界青山。」蒼山之雪，主要覆蓋在峰頂，故遠望有「雪痕一派，獨（自）高垂」之感；山上雲霧繚繞，林木茂盛，與高寒之地的雪山一片白茫茫的景象不同，故有「如疋練界青山」之意。徐霞客描寫景物，大多潑墨淋漓，以期窮形盡相，但有時又惜墨如金。如這裡寫雪，僅用十餘字，寫在山下遠距離仰望山上的雪景，極為貼切。在探遊古佛洞的途中，他「凌南峽之上」，此時在近距離觀望蒼山雪景，所見便全然不同：「積雪皚皚，當石崖間，旭日映之，光豔奪目。」

清碧溪在大理城西南，是點蒼山中的一處深谷幽泉，溪邊山崖高穹，駢突如門，上聳下削，逼仄深遠，甚至連馬也無法通過，但景色甚美。「其水搗峽瀉石間，石色光膩，文理燦然，頗饒煙雲之致。」清碧溪勝景，主要在三潭，澗水從突起的山崖落下，匯成清潭，「波光瑩映，不覺其深」，景物極為清幽。徐霞客陶醉在青山綠水之中，連同遊的人早已離開都未察覺。他踏上峰槽，與水爭道，誰知槽道「膩滑不可著足」，於是「為石滑足，與水俱下，傾注潭中，水及其項」。他趕緊躍出潭水，絞乾衣服，但遊興仍濃，再越過西崖，俯視潭水，只覺「其色純綠，漾光浮黛，照耀崖谷，午日射其中，金碧交蕩，光怪得未曾有」。此時的霞客，沒有畏懼，沒有遺憾，唯有對美的發現的喜悅、對美的欣賞的滿足，充滿心頭。李元陽每到這裡遊賞，都有「穀紋壁影，印心染神」之感，回去後「雖涉塵事，而幽光在目，累月不能忘」。霞客遊畢三潭，脫下濕衣，「就流濯足，就日曝背，冷堪滌煩，暖若挾纊」，「踞石坐潭上，不特影空人心，覺一毫一孔，無不瑩澈」。在他的旅途中，這是一次較小的歷險，但竟寫得那麼輕快、那麼歡暢，文字雋而麗，情境清而幽，沒有絲毫因掉入險境而產生的驚懼、沉重感，文中所表現的，是充滿活力的自然山水，是沉浸在這山水中一往情深的人。他用移步換形的手法，根據自身的活動過程，展現出多姿多采的自然景象，行文如行雲流水，舒卷自如。

東晉袁崧（又稱山松）在考察長江三峽後，留下了一段發人深省的話：「常聞峽中水疾，書記及口傳，悉以臨懼相戒，曾無稱有山水之美也。及余來踐躋此境，既至欣然，始信耳聞之不如親見矣。其疊崿秀峰，奇構異形，固難以辭敘，林木蕭森，離離蔚蔚，乃在霞氣之表。仰矚俯映，彌習彌佳，流連信宿，不覺忘返，目所履歷，未嘗有也。既自欣得此奇觀，山水有靈，亦當驚知己於千古矣。」（《水經注．江水二》引《宜都記》）而千古山水知己，必首推徐霞客。他的難能可貴處，《遊記》的不朽價值，不僅在對那些人所熟知的景觀作他人所不及的獨到的描述，更在他能為人所難，不避艱險，探訪並記載了許多人跡罕至的地方，發現並向世人介紹那些一直深藏不露的自然景觀。遊罷清碧溪，他轉入箐谷之中，在絕壁下遇見樵夫，說前面已無路可走，但他仍不甘心，「更從叢篁中披陟而西上」，直到「路斷無痕」，「與垂雪後峰，又界為兩重，無從竟升」後，方才返回。從古佛洞下山時，由於這一帶遊人罕至，故當地放牧的人都「爭覘眺之，不知為何許人也」。

大理西南藥師寺旁的石門，同樣有溪水從峽谷中流出，但環境遠比清碧溪幽險。徐霞客一入石門，就見兩崖在眼前突兀聳起，「上下逼湊，駢削萬仞，相距不逾二丈。」「既難為陸陟，復無從溯溪。」至於從石門中騰躍而出的水流，比石崖更令人心驚，「有巨石當門扼流，分為二道。襲之而下，北則漫石騰空，作珠簾狀而勢甚雄；南則嵌槽倒隙，為懸霤形而勢甚束。」在清碧溪他還能和溪水狎戲，而石門的水流甚至不能容忍岩石擋道；清碧溪多的是漱滌塵俗的情致，而石門澗水展示的則是蕩滌一切的氣概。由於石門外「兩旁石皆逼削，無能上也」，石門內「石崩水湧，路絕不通」，石門底部「雖猿攀鳥翥，不能度而入矣」，似乎已無路可走。對於普通遊客來說，又有幾人能走到路的盡頭？偶爾遊到如此谷深崖險之處，在一陣驚奇之後，便沾沾自喜，雖知難而返，仍足以驕人。但對一心窮極幽遐的徐霞客來說，未能暢遊，終是憾事。第二天他翻越到石門上方的北崖，「對瞰南崖崩削之狀，門底轟沸之形，種種神旺。」又一次從高峻的山勢、喧騰的激流中，獲得驚心動魄的快感，引起必窮其源的衝動。這種衝動是如此強烈，使他非實現「曾探其陽，茲更欲一窮其陰，以盡石門澗水之源」的願望難以釋懷，於是「賈勇直前」，在「山石既窮而土峰峻甚」之時，就從樹上攀登，終於在經過「虎跡齒齒，印沙土間」的嶺脊，接連越過幾座山峰，登上一座峰頭，看到「有水懸搗澗底，其聲沸騰，其形夭矯，而上下俱為叢木遙罨，不能得其全，此即石門之源矣。」這是一段搜奇的路程，也是一段探險的過程。由於這些境因險而少有人涉足，因此這些景也就因幽而顯得奇特。由於這些景非常景可比，因此也就成了使一般文人斂手的難寫之景。徐霞客之所以善寫這些「難寫之景」，就在於他不畏艱險，身履其境，不僅用耳目來賞會景物的形態美，更用心靈來領悟自然的妙諦。

當徐霞客走進浪穹的普陀崆，正值大雨傾注，巨浪翻騰，「江流搗崆中愈驟，崆中石聳突而激湍，或為橫檻以扼之，或為夾門以束之，或為齟齬，或為劍戟，或為犀象，或為鷙鳥，百態以極其搏截之勢。而水終不為所阻，或跨而出之，或穿而過之，或挾而瀠之，百狀以盡超越之觀。」文中用了多種比喻，來形容水石相搏時呈現的千態百狀；並連用九個「或」字，以動態的、富於氣勢的對仗排比句式來渲染氣勢，文勢也如江水奔騰，浩浩蕩蕩。讀這段文字，似覺有激昂的旋律，在字裡行間迴蕩，和澎湃的水聲相應，可謂文中有樂，聲情並茂。雖然秀美和險峻同樣使人獲得感官的愉悅，但後者能予人更強烈的刺激、更多精神上的滿足。眼前的自然壯觀，在他心中化為一種力與力的搏擊、一場金鼓齊鳴的戰鬥。雖然頭上大雨傾盆，腳下激流沸湧，「兩崖夾身，一線透腋」，但身處這樣的險境之中，使他自然而然地湧起一股去征服的力量，感到亢奮，轉覺神旺，並將這種感情灌注筆底，故能寫得如此壯觀。

古佛洞在大理上關附近的蒼山峽谷中，由於懸崖阻隔，路極難走。有個當地老人，被徐霞客的探險精神所感動，欣然說：「君既萬里而來，不為險阻，余何難前導？」一路「墜壑深杳」，「崖石巀嶪」，「穹環駢繞」。有「一石橫度足下，而上崖飛騫刺空，下崖倒影無底」，古佛洞就在下崖的山腋間，地勢十分幽險。據說這裡過去有個僧人居住，安放了許多佛像，後來僧人離去，這裡也就閉塞不通。對此，引路的老人感到十分遺憾，但徐霞客的看法卻正相反，他認為「不閉塞不奇」，正是由於這裡沒人來到，從而保持著沒有人為破壞的自然面貌，產生一種因閉塞帶來的神祕感。「奇」字往往與「稀」與「異」連用，因稀而奇，因異而奇，這種原始的、神祕的、罕見的景物，最能在人的審美心理活動中產生驚奇的效果，成為或偶露崢嶸、或偶撩面紗的奇觀。

神州大地，雖不乏名山秀水，但像陶淵明筆下的世外桃源，又在何處？只是世上的種種感歎者，雖然明知在喧譁的鬧市、在紙醉金迷的軟紅塵、在爾虞我詐的名利場、在所有已被世俗污染的地方，決不會有桃源存在，但仍不肯邁開腳步，走出鎖住自己的圍城，走向自然，從而只能讓少數像徐霞客那樣的超然不群者，享受發現桃源的樂趣。在浪穹新生邑，他看到四周「皆良田接塍，綰谷成村。曲峽通幽入，靈皐夾水居」，驚歎「古之朱陳村、桃花源，寥落已盡，而猶留此一奧，亦大奇事也」。在永昌（今保山）水寨，他又看到「平窪一圍，下墜如城，四山迴合於其上，底圓整如鏡，得良疇數千畝，村廬錯落，雞犬桑麻俱有靈氣」，慨歎「不意危崖絕磴之上，芙蓉蒂裡，又現此世界也……武陵桃源、王官盤谷，皆所不及矣」。令人不解的是，被徐霞客譽為「入滇第一勝」的水寨，雖然近在路旁，卻一直被人漠視，這又怎能僅用熟視無睹、見怪不怪來解釋？

也許，被名韁利鎖緊縛的世俗之人，對桃源的讚美，本來就只是出於一種葉公好龍式的心態。

大理蝴蝶泉在明代已聲名遠揚，在廣西三里城時，徐霞客就聽參將陸萬里談起這處奇觀。據《遊記》所載，在上關波羅村的西山麓，有泉水從樹根的孔洞中流出，匯成一方池水，「泉上大樹，當四月初，即發花如蛺蝶，鬚翅栩然，與生蝶無異。又有真蝶千萬，連鬚鉤足，自樹巔倒懸而下，及於泉面，繽紛絡繹，五色煥然。遊人俱從此月，群而觀之，過五月乃已。」徐霞客向當地人打聽產生這種奇觀的自然原因，有的說「蛺蝶即其花所變」，有的說「以花形相似，故引類而來」。在一時無法判斷哪種說法正確的前提下，他「折其枝，圖其葉而後行」。可惜的是，由於近年來周圍的自然環境不斷遭到破壞，農藥的大量使用殺死了許多蝴蝶，《遊記》中所描述的那種繽紛多采的景觀，已不可復見了。在上關南北相距不過幾里之間，有兩種奇花，除了蝴蝶花，還有三里村後的「十里香」，「其花黃白色，大如蓮，亦有十二瓣，按月而閏增一瓣，與省會之說同，但開時香聞遠甚……則省中所未聞也。」徐霞客懷疑這就是志書上所載的木蓮花樹。僅隔三天，他在點蒼山感通寺寫韻樓前，看到「有龍女樹，樹從根分挺三、四大株，各高三、四丈，葉長二寸半，闊半之，而綠潤有光，花白，大於玉蘭，亦木蓮之類，而異其名」。因當時花已凋謝，只有樹梢上還殘存幾朵，但太高沒有折取，「僅折其空枝以行」。半個月後，他在寶臺山慧光寺，看到許多木蓮花樹，「樹極高大，花開如蓮，有黃、白、藍、紫諸色，瓣凡二十片；每二月則未葉而花，三月則花落而葉生矣。」這花的形狀、顏色都和「十里香」一樣，只是花期晚了二個月，開花的時間也少了一個月。《遊記》中還記載了在潞江南岸山崖上，有棵巨大的奇樹，樹幹有二丈高，十人圍抱那麼粗大，「鬱葱如盤」，最奇的是「有方石塔甃其間，高與幹等，幹跨而絡之，西北則幹密而石不露，東南臨江，則幹疏而石出，幹與石已連絡為一，不可解矣」，堪稱「窮崖一奇」。在一個月內，徐霞客就看到如此多的奇花異木，也許只有在「植物王國」的雲南才有可能。雲南茶花甲天下，而在大理就有四十多個品種。在大理三塔寺，徐霞客看到了著名的大理白山茶。據英人羅·蘭開斯特說：「在英國有一百多萬人知道中國雲南的大理蒼山，因為他們都種有許多美麗的大理蒼山杜鵑花。」在鄧川西湖泛舟遊賞時，徐霞客看到「鶯粟花連疇接隴於黛柳鏡波之間，景趣殊勝」。後來到永昌西境的石子哨，再次看到這裡「所種俱紅花成畦，已可採矣」，可見當時雲貴地區對種植罌粟花尚未加控制。

據統計，中國共有鳥類一千一百七十多種，雲南有七百七十多種。《遊記》中寫鳥之奇，莫過於洱源的鳥弔山（鳳羽山）：「每歲九月，鳥千萬為群來集坪間，皆此地所無者。土人舉火，鳥輒投之。」《水經注》對此已有記載，可見這奇觀由來已久。酈道元引用了當地所謂眾鳥來弔鳳凰的傳說，徐霞客似乎並不相信這種說法，但也無法從正面來回答造成這種奇觀的自然原因。他畢竟不是鳥類學家，不明白這是候鳥在遷徙過程中，路過此地，在陰雲多雨的夜晚，因迷失方向，產生錯覺，而向火光撲去。這種奇觀，至今仍能看到。《遊記》中也記載了一些關於魚類的奇觀，如鄧川的油魚洞，便是當地和「十里香」齊名的奇勝，「每年八月十五，有小魚出其中，大亦如指，而周身俱油，為此中第一味。」除了滇池金線魚、洱海油魚外，永昌瀾滄江中的時魚，也是一種十分珍貴的魚：「其魚似鯖魚狀而甚肥，出此江，亦出此時。謂之『時』者，惟三月盡四月初一時耳。」

大理古稱妙香國，自南詔以來，佛教盛行，此中三塔尤負盛名。三塔為始建於唐代的古塔，雖經多次地震兵燹，竟巋然不動，永鎮山川。《遊記》中寫三塔，主要寫其極為珍貴的歷史文物價值，如「勢極雄壯」的鐘樓，裡面有蒙詔時所鑄的大鐘，「其聲聞可八十里」。鐘樓後面為正殿，殿後陳列著許多碑刻，「而中豁（李元陽）所勒黃華老人書四碑俱在焉。」正殿後面便是著名的雨珠觀音殿，裡面有高三丈的銅鑄立像，據說「鑄時分三節為範，肩以下先鑄就而銅已完，忽然天雨銅如珠，眾共掬而鎔之，恰成其首，故有此名」。但是，鐘樓「四壁已頹，簷瓦半脫，已岌岌矣」，雨珠殿「左右迴廊諸像亦甚整，而廊傾不能蔽焉」。徐霞客特意表出殿閣的頹敗之狀，從中明確表現出他對這些歷史文物的關注，以及亟需加以保護的願望。

在寶臺山，徐霞客得知大寺所在處原來是被樹叢遮蔽的地方，崇禎初年，僧人立禪訪山來到這裡，燒了兩個手指，募化創建了這座規模宏大的寺院。後來到騰越的打鷹山，他又看到曾任騰越參將府旗牌的四川僧人徑空，隨其師寶藏找山，也用香燒了一個手指開創山寺。在感通寺寫韻樓，他還看到僧人為保護楊慎的遺墨，「藏而不揭」。十指連心，燃指之舉近乎自殘，姑且不論，但就開發、保護自然景觀和歷史文物而言，舊時僧人確實起了遠非俗人所能企及的作用。覺浪禪師說得不錯：「世語天下名山僧佔多，非僧佔也，世人自有所繫，不能到耳。即今五岳群巒，窮海絕島，不是龍蛇之所蟄，即鬼怪之所棲；不為逃亡之所依，即奸盜之所伏。自非離塵拔俗，不求聲色貨利之人，忘形死心，弗戀恩愛名位之士，安能孤踪隻影，入無煙火之鄉，涉險躋危，造不耕織之地乎？」（陳垣《明季滇黔佛教攷》卷四引《覺浪盛全錄》二四）由此在中國的土地上，外來的佛教遠盛於本地的道教，佛寺的數目和規模也遠勝道教，故徐霞客在騰越寶峰山看到那裡道教盛於佛教、道觀取代佛寺「得一山之正」，反倒覺得奇怪了。從《遊記》中還可看到，當時大理地區，還有回民和清真寺。十二世紀，伊斯蘭教入侵印度，至十四世紀，全印度已成伊斯蘭教的統治地區，伊斯蘭教被定為國教。雲南回教也應從印度傳入。古代中國和印度等西域國家的交往，有兩條通道：北路即從長安經河西走廊越過葱嶺西行的絲綢之路；南路即從雲南下關過瀾滄江霽虹橋由騰越入緬甸的博南道。徐霞客在浪穹土官尹忠及其岳父呂夢熊所設宴席上，欣賞到胡舞「緊急鼓」，這種西域歌舞，也可能是通過當時的商人、僧侶，在經商、傳教時從南路傳入中國的。

在昆明棋盤山，徐霞客發現「其西南皆石崖矗突，其性平直而中實，可劈為板。省中取石，皆於此遙負之。」這可能就是大理石。蒼山十九峰，峰峰都有大理石，石質細膩，石紋精美，如同天成的畫面。《遊記》中對在當地所見的一些大理石精品，作了富於詩情畫意的描述，如大理崇聖寺內有二方巨石：「一方為遠山闊水之勢，其波流瀠折，極變化之妙，有半舟庋尾煙汀間」；「一方為高峰叠障之觀，其氤氳淺深，各臻神化」。這二方巨石和清真寺內枯梅紋理的碑座，是最古老的大理石。至於新石，則順寧知府張氏寄放在大空山樓的諸石，「塊塊皆奇，俱絕妙著色山水，危峰斷壑，飛瀑隨雲，雪崖映水，層叠遠近，筆筆靈異，雲皆能活，水如有聲，不特五色燦然而已。」清真寺「殿前檻陛窗櫺之下，俱以蒼石代板，如列畫滿堂」。徐霞客在觀賞之後，不禁讚道：「故知造物之愈出愈奇，從此丹青一家，皆為俗筆，而畫苑可廢矣。」雖然囊中羞澀，但他還是花一百錢選購了一方「黑白明辨」的大理石留作紀念。他在永昌時，得到一塊「白多而間有翠點」的玉石，一般人都因這種石翠色太少而不取，但他「反喜其翠以白質而顯」，而嫌人們所貴重的純翠的玉石「黯然無光」。從徐霞客對大理石的讚美、從他選石的標準，也可看到他崇尚自然、崇尚本色的審美趣味。這塊玉石，後來被帶回江陰家中，據《梧塍徐氏宗譜》載：「先生病足息遊，憩榻上，日陳滇中所攜大理石、奇樹虬根等於前。」

大理石雖然能讓用它裝飾的豪宅滿壁生輝，卻不能讓開採它的石工脫貧。據《遊記》載，當時開採大理石的地方，主要在點蒼山第八峰，過去崇聖寺的南北，都有幾十戶石工，這時只有南面的石戶還在。霞客曾去寺東的石戶村，見村中「止餘環堵數十圍，而人戶俱流徙已盡，以取石之役，不堪其累也」。西行途中，徐霞客在探遊山水景物的同時，也始終留意民生疾苦，對沿途百姓的苦難，作了充滿同情的記載。從石門返回藥師寺時，他在山路上遇見一個住在石洞中的老人，每天上山箍桶，到晚上背著桶下山換米糊口。大理西境的萬松仙景寺，座落在松雲翠濤之中，登閣眺望，「蒼山雪色，與松壑濤聲，遠近交映」，山頂有「日升天頂」的匾額，但在這宛如仙境的地方，居民卻「俱以木皮為屋，木枝為壁」，「且無從市米」。《遊記》中將極為平靜美麗的自然環境，和極為簡陋困苦的居民生活對照描寫，雖不作一句判語，但自有怵目驚心之效。

徐霞客到大理，正趕上白族的傳統節日和盛會三月街。他本是個逢集必趕的人，對這白族的傳統節日和盛會，更不會錯過，連續遊了二天街市，在《遊記》中記載了「十三省物無不至，滇中諸彝物亦無不至」的交易盛況；「結棚為市，環錯紛紜」、「男女雜沓，交臂不辨」的熱鬧場面；「千騎交集，數人騎而馳於中，更隊以覘高下」的賽馬情景。從《遊記》所載看，當時三月街交易的貨物，主要是日常生活用品和工具，「多藥、多氈布及銅器木具而已」，並沒有珍貴、稀罕的東西，即使永昌商人所帶來的「寶石、琥珀及翠生石諸物，亦無佳者」。《遊記》中還提到，由於社會動盪，當時三月街的規模，已「減大半」。

滇遊日記九

【題　解】崇禎十二年（一六三九）四月，徐霞客離開永昌（今保山市）西行，渡過蒲縹河，遊覽了險冠滇南的古盤蛇谷，又渡過潞江（怒江），穿越高黎工山，通過分水關，進入騰越界內。再通過龍川江橋，經過赤土山，走進騰越（今騰衝）城。他在騰越共留了四十天，三次出入騰越城，進行考察。其中最遠的一次從州城渡過大盈江上的新橋，遊覽跌水河瀑布、擂鼓山、寶峰山，考察州城附近的山川形勢和交通關隘；又往北考察打鷹山火山遺跡，到騰越北境的固棟；繼續往北，沿龍川江支流東、西二江上行，經過尖山（雲峰山）仙洞，直到滇灘關外、姊妹山下的阿幸廠；再回到熱水塘，考察溫泉，越過雅烏山，遊覽了石房洞山，經歷了生平第一險境；然後從南香甸往東到界頭村，依高黎工雪山西麓，沿龍川江南行，經過上干峨海子，回到騰越城。騰越是徐霞客西行所到的最遠處，這裡地近緬甸，明代在州西邊境險隘處設置八關，另有「三宣」、「六慰」諸土司，以分「華、夷之界」。他在周遊期間，除考察地貌水文，對邊防形勢十分關注。《遊記》中對著名的騰越火山群的分布、現狀，也作了具體的記載。在滇西探遊時，他對金沙江、瀾滄江、怒江及大金沙江（伊洛瓦底江）的支流龍川江、大盈江，都作了前所未有的考察研究。

己卯四月初十日　閃知愿早令徐使來問夫，而昨所定者竟不至。徐復趨南關覓一夫來，余飯已久矣。乃以衣四件，書四本，並襪包等寄陶道，遂同至夫寓。候其飯，上午乃行，徐使始去。出南門[1]，門外有小水自西而東，弔橋跨其上，即太保山[2]南峽所出者。南行五里，有巨石梁跨深溪上，其下水斷而不成流，想

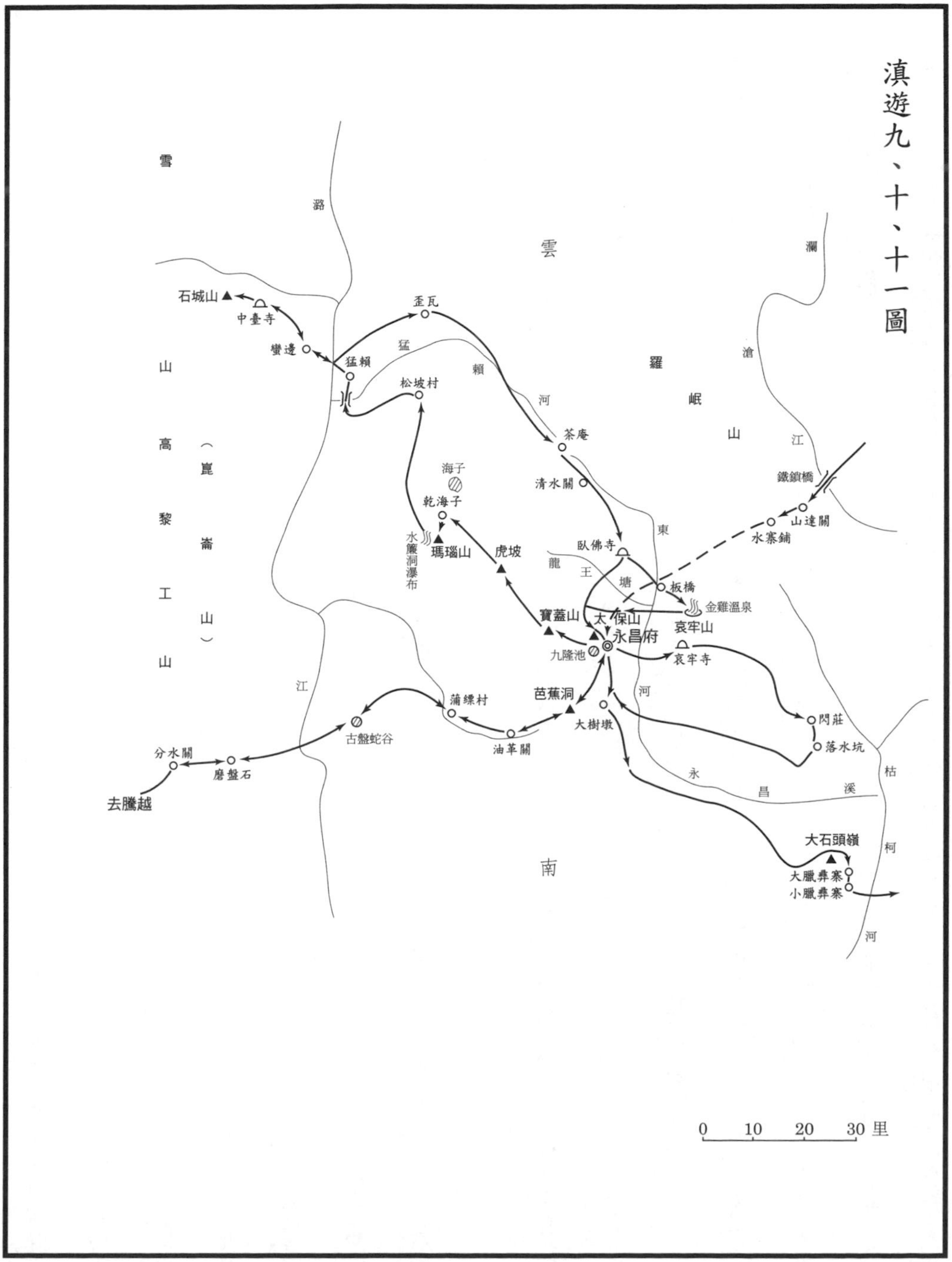
滇遊九、十、十一圖
雪山高黎工山
（崑崙山）
潞江
雲羅岷山
南
瀾滄江
石城山
中臺寺
蠻邊
猛賴
歪瓦
猛賴河
松坡村
茶庵
清水關
海子
乾海子
水簾洞瀑布
瑪瑙山
虎坡
臥佛寺
龍王塘
東河
板橋
金雞溫泉
鐵鎖橋
山達關
水寨鋪
寶蓋山
太保山
永昌府
哀牢山
九隆池
哀牢寺
芭蕉洞
大樹墩
蒲縹村
古盤蛇谷
油革關
分水關
磨盤石
去騰越
悶莊
落水坑
永昌溪
枯柯河
大石頭嶺
大臘彝寨
小臘彝寨
0 10 20 30 里

即沙河❸之水也。又南半里，坡間樹色依然，頗似余鄉櫻珠❹，而不見火齊❺映樹，一、二家結棚樹下，油碧輿五、六肩，乃婦人之遊於林間者，不能近辨其為何樹也。又南半里，有堤如城垣，自西山環繞來，登其上，則堤內堰水成塘，西浸山麓，東築堰高丈餘❻。隨東堰西南行，二里，堰盡，山從堰西南環而下，有數家當曲中。南轉行其前，又二里，有數十家倚西山下，山復環其南，是為臥獅窩❼。蓋其西大山將南盡，支乃東轉，其北先有近支，東向屢下，如太保、九隆❽皆是也；又南為臥獅❾，在西南坳中，山形再跌而下，其上峰石崖盤突，儼然一狻猊❿之首，其下峰頗長，則臥形也。

余先望見大路在南坡之上，初不知小路之西折而當獅崖盤突間，但遙見其崖突兀，與前峰湊峽甚促，心異之。候土人而問，初，一人曰：「此石花洞也。」再問一人，曰：「此芭蕉洞也。」小路正從其下過，石花即其後來之名耳。蓋大路上南坡，而小路西折而由此。余時欲從小路上，而僕擔俱在後，坐待久之。俟其至，從村南過小橋，有碑稱臥佛橋。過橋，即西折從小路上坡。一里餘，從坡坳間渡小水，即仰見芭蕉洞在突崖之下，蓋突崖乃獅首，而洞則當其臥臍之間。涉澗，又西上而探洞。洞門東向，高穹二丈，正與筆架山遙對。洞內丈餘，即西北折而下。其洞下雖峻而路頗夷，下三丈漸暗；聞秉炬入，深里餘，姑俟歸途攜炬以窮也。

出洞，循崖西上，一里，過突崖下峽，透脊而西，半里，渡一窪。脊以內乃中窪之峽，水東挨突崖脊，下搗其崖麓，無穴以洩，水沫淤濁，然前所渡芭蕉洞前小水，即其透崖瀝峽而出者。從水上循嶺南轉，一里，逾南坡之脊，始見脊南亦下墜成大窪，而中無水。南坡大道，從右窪中西南上，而余所從小道，則循西大山南行嶺間。五里，連逾二坡脊。共二里，則西界大山南向墜為低脊，此其東轉之最長者也，南坡涉窪之路，至此而合。乃共轉西向，循低脊而進，脊北亦中窪瀦水焉。西一里，降而下坡，半里而得窪底鋪，五、六家在坑峽間。其峽雖縱橫而實中窪，中無滴水。隨窪西下一里，直抵大山下，復南行窪峽中。二里，又得東墜之脊，脊南塢稍開，於是小圓峰離立矣，然其水猶東行。一里，又南上坡，盤坡南離立圓峰，取道峰隙而南，一里，轉峰腋，始東南上盤而西南。共里餘，則南北兩支，俱自北大山之西，分支東繞，中夾成峽甚深。路逾北支，從其上西向入峽；其南支則木叢其上，箐墜其下，雖甚深而不聞水聲焉。西行二里，乃西下箐中。又一里，有數家當箐底，是為冷水箐[11]，乃飯於鬻腐者家。

於是西南隨箐上，一里，過一脊，其脊乃從西而東度之脈也。脊南始見群山俱伏，有遠山橫其西南。路又逾岡西上，一里，登其南突之崖，是為油革關舊址，乃舊之設關而榷稅[12]處，今已無之。其西即墜崖西下，甚峻，下二里，漸平。又二里，西峽漸開，有僧新結樓倚北山下施茶，曰孔雀寺。由寺西循山嘴南轉，共一里，逾嘴而西，乃西北盤其餘支，三里而得一亭橋。橋跨兩峽間，下有小澗，自北而南，已中涸無滴。橋西逾坡西北下，路旁多黃果，即覆盆子[13]也，色黃，酸甘可以解渴。其西塢大開，塢西大山，一橫於西，一橫於南，而蒲縹之村[14]，當西大山下。其山南自南橫大山，又東自油革關南下之支，橫度為低脊而復起者，其中水反自南而北，抵羅岷而西入潞江焉。共西下二里，乃得引水之塍，其中俱已插秧遍綠。又西北行二里餘，過蒲縹之東村。村之西，有亭橋跨北注之溪，曰吳氏輿梁。又西半里，宿於蒲縹之西村。其地米價頗賤，二十文可飽三、四人。蒲縹東西村俱夾道成街，而西村更長，有驛在焉。

【章　旨】本章記載了進入雲南後第三百零五天在永昌府的行跡。走出府城南門，到一座大石橋，橋下可能就是沙河水，但已枯竭。往南看見山坡上的樹很像家鄉的櫻桃樹，再往南登上如同城牆的堤壩。接著到臥獅窩，山的形狀很像一頭臥倒的雄獅。從小路登上山坡，探遊芭蕉洞，因沒有火把，不能深入。

出洞後越過窪地，翻過山脊，到窪底鋪，這裡的窪地和峽谷中沒有一滴水。取道山峰中的裂口，往下到箐谷底部的冷水箐。飯後登上山崖，到油革關舊址，前面有僧人在孔雀寺施捨茶水。越過山口到一座亭橋，橋下的澗水也已乾涸，路旁有許多覆盆子，可以解渴。西面的山塢十分開闊，蒲縹村就在西邊的大山下，山中的水流到羅岷山後往西注入怒江。再經過蒲縹東村，到蒲縹西村住宿，這裡米價十分便宜。

【注　釋】❶南門　指永昌府城南門。❷太保山　古名松山，在保山城西端，山頂平坦開闊，形似葫蘆，能夠在上騎馬。山麓有玉皇閣，建於明嘉靖間。閣下地基為三個卷洞形，經過多次地震不垮，閣為三層斗拱建築。殿宇由三十六根高大的圓柱支撐，漸次往上收攏成八卦形，至屋頂為太極圖，具有獨特的民族風格。玉皇閣和附近的太清仙境、玄帝觀等連成一片，為保山勝景之一。❸沙河　在保山城南七里，九隆、法寶兩山的山崖間。發源於北面的交椅山及大雪山，兩條水合流，注入諸葛堰，流入東江，舊稱水勢盈涸無常。❹櫻珠　小顆櫻桃。❺火齊　火齊珠，寶珠名，據《梁書·諸夷傳》，此珠出自中印度，「狀如雲母，色如紫金，有光耀。」也用作琉璃的別名。❻東築堰高丈餘　指大諸葛堰。保山古有三諸葛堰，都在城南十里法寶山下，相傳為諸葛亮所築。明成化間，御史陳築大堰，砌石為堤，高一丈，寬一丈二尺，周長九百八十餘丈，可灌溉田數千畝。❼臥獅窩　又名雲瑞街，在保山壩子西端。❽九隆　山名，又名九坡嶺，在保山城西南，綿延數里，如群龍並立。傳說這裡為古代哀牢夷祖先九隆的出生地。山上有梨花塢慈雲閣，清幽別致。山下有龍泉池，又名九隆池，池水如鏡，泉湧如珠，池周圍古木森森，雁塔倒影、龍池夜月為保山勝景。❾臥獅　山名，在保山城南十五里，高百丈。山下有芭蕉洞，石乳垂掛，絢麗如花。❿狻猊　即獅子。⓫冷水箐　在保山城西南，蒲縹河北岸。⓬榷稅　徵稅。⓭覆盆子　落葉灌木，夏季開花，果實為球形的小核果，供藥用。⓮蒲縹之村　在保山城西南，蒲縹河東岸。

【語　譯】崇禎十二年四月初十　閃知愿一早就叫姓徐的使者來詢問找挑夫的情況，而昨天雇定的挑夫終於沒有來。姓徐的又趕到南關找了一個挑夫，這時我已吃過飯很久了。於是將四件衣服、四本書，以及襪子包裹等物寄放陶道士處，便一同到挑夫家。等他吃好飯，上午才動身，姓徐的使者方才回去。走出南門，門外有小水從西向東流，有吊橋架在水上，就是從太保山南面峽谷流出的水流。往南走五里，有座大石橋架在深溪上，橋下的水已枯竭不成溪流。想來就是沙河的水。再往南走半里，山坡間樹色依舊，很像我家鄉的櫻桃，但看不到「火齊珠」般的果實在樹上映照。有一、兩戶人家在樹下搭了棚子，旁邊有五、六乘蓋著綠色油幕的轎子，是婦女遊玩林間所坐的，所以不能走近去分辨這是什麼樹。再往南走半里，有堤壩如同城牆，從西面的山坡環繞過來，登臨堤上，只見堤內攔水成塘，西邊下浸山麓。東邊築起一丈多高的堤壩。隨著東邊的堤壩往西南走，過了二里，到堤壩盡頭，山從堤壩西南繞下，有幾戶人家住在山灣中。轉向南從屋前走過，又是二里，有幾十戶人家靠在西邊的山下，山又從村莊的南面繞過，這是臥獅窩。原來它的西面，大山將到南邊的盡頭處，支脈便向東轉，它的北面，先有附近的支脈，多處向東延伸，如太保山、九隆山都是；再往南為臥獅山，在西南的坳地中，山勢再向下跌落，上面的山峰石崖盤結突兀，很像一個雄獅的頭部，下面的山峰綿延很長，便是獅子臥倒的形狀。

我先望見大路在南面的山坡上，起初並不知道有小路轉向西進入盤結突兀的獅崖中，只是遠遠望見那裡石崖突兀，和前面的山峰湊合而成的峽谷十分靠近，心裡覺得奇怪。等候當地人來打聽，起初有個人說：「這是石花洞。」再問另一個人，他說：「這是芭蕉洞。」小路正從它的下面經過，石花洞是它後來的名字罷了。原來大路往上到南面的山坡，小路轉向西經過這裡。我這時想從小路上去，但顧僕、挑夫都在後頭，便坐下等了很久。等他們來到後，從村莊的南面走過小橋，有碑稱它為「臥佛橋」。過橋後就轉向西從小路上坡。走了一里多，從山坡的坳地中渡過小水，抬頭就望見芭蕉洞在突兀的石崖下方，原來突兀的石崖是獅首，而洞正在它臥倒的肚臍之間。渡過澗水，再往西上山探洞。洞門朝東，高高隆起二丈，正好和筆架山遙遙相對。進入洞內一丈多，就轉向西北下去。這洞下面雖然陡峻，但路很平坦，往下三丈漸漸昏暗；聽說舉著火把進去，深有一里多，姑且等到返回路過時帶著火把來窮究了。

走出洞，沿著石崖往西上去，走了一里，經過突兀的石崖下面峽谷，穿過山脊往西走了半里，越過一處窪地。山脊裡面是中間窪下的峽谷，水流往東緊靠著突兀的石崖的山脊，向下沖擊石崖的山麓，沒有洞穴排水，水沫淤泥渾濁，但前面所渡過的芭蕉洞前的小水，就是從這裡的水滲透石崖滴到峽中流出來的。從水上沿著山嶺往南轉，走了一里，越過南面山坡的山脊，才看到山脊南面也往下落成大窪地，但其中沒水。南面山坡上的大路，從右邊的窪地中往西南上去，而我所走的小路，則沿著西面的大山往南在山嶺中行走。過了五里，接連越過兩道山坡上的山脊。共走了二里，只見西邊的大山朝南下落成低矮的山脊，這是它往東轉的最長的山脊，南面山坡穿過窪地的路，到這裡會合。於是一起轉向西，沿著低矮的山脊前進，山脊北面也中間窪下積著水。往西走一里，落下下坡，走了半里到窪底鋪，有五、六戶人家住在坑峽中。這峽雖縱橫拓展但實際上中間窪下，裡面沒有一滴水。隨窪地往西走下一里，直到大山下，再往南在窪峽中行走。過了二里，再來到向東落下的山脊，山脊南面的山塢稍許開闊起來，到這裡已有小圓峰並立了，但水仍然往東流去。走了一里，再往南登上山坡，繞著在山坡南面並立的圓峰，取道山峰中的裂縫往南，走了一里，轉到峰腋，才往東南上去繞向西南。共走了一里多，只見南北兩道支脈，都從北面大山的西邊，分出支脈向東環繞，中間夾成很深的峽谷。路越過北邊的支脈，從它上面向西進入峽谷；它南邊的支脈，山上樹木叢生，山下落成箐谷，雖然很深但聽不到水聲。往西走二里，就向西下去到箐谷中。又走了一里，有幾戶人家在箐谷底部，這是冷水箐，就在一戶賣豆腐的人家吃飯。

從這裡往西南隨箐谷向上走了一里，越過一道山脊，這山脊是從西向東延伸的山脈。在山脊南面才看到群山都低伏著，遠處有山橫列在它的西南面。路又越過山岡往西上去，走了一里，登上向南突起的山崖，這裡是油革關的舊址，是過去設關徵稅的地方，如今已沒有關了。在它西面的山崖就往西下落，十分高峻，走下二里，漸漸平坦。再走二里，西邊的峽谷漸漸開闊，有僧人新蓋了樓房靠在北山下面施送茶水，名孔雀寺。從寺的西邊沿著山口往南轉，共走了一里，越過山口往西走，便向西北盤繞它的支脈，走了三里，到一座亭橋。橋架在兩邊的山峽中間，橋下有小澗，從北往南伸出，澗中已乾涸沒有一滴水。從橋的西邊越過山坡往西北下去，路旁有許多黃果，就是覆盆子，黃色，味酸甜可以解渴。在它西面的山塢十分開闊，山塢西邊的大山，一座橫在西面，一座橫在南面，而蒲縹村就在西邊的大山下。這山南面起自在南部橫列的大山，東面又起自油革關往南延伸的支脈，橫向延伸成為低矮的山脊再往上突起，其中水流反而從南往北，到羅岷山後往西注入潞江。共往西走下二里，就來到引水灌溉的田地中，田中都已插了秧，一片碧綠。再往西北走了二里多，經過蒲縹的東村。村的西面，有亭橋架在往北流去的溪水上，名吳氏輿梁。再往西走半里，到蒲縹的西村住宿。這裡米價很便宜，花二十文錢可吃飽三、四個人。蒲縹東、西村都在道路兩旁形成街市，而西村更長，有驛站設在這裡。

十一日　雞鳴起具飯。昧爽，從村西即北向循西大山行，隨溪而北，漸高而陟崖。共八里，為石子哨，有數家倚西山之東北隅。又北二里，乃盤山西轉，有峽自西而東，合於枯飄北注之峽。溯之，依南山之北西入，二里，下陟南來峽口。峽口所種俱紅花成畦，已可採矣。西一里，陟西來峽口，其上不多，水亦無幾，有十餘家當峽而居，是為落馬廠❶。度峽北，復依北山之南西入，一里，平上逾脊。其脊自南而北度，起為峽北之山，而北盡於羅岷者也。逾脊西行峽中，甚平，路南漸有澗形依南崖西下，路行其北。三里，數家倚北山而居，有公館在焉，是為大坂鋪。從其西下陟一里，有亭橋跨澗，於是涉澗南，依南山之北西下。二里，有數家當南峽，是為灣子橋。有賣漿者，連糟而啜之，即余地之酒釀❷也。山至是環聳雜沓，一澗自東來者，即大坂之水；一澗自南峽來者，墜峽倒崖，勢甚逼仄，北下與東來之澗合而北去，小木橋橫架其上。度橋，即依西山之東北行，東山至是亦有水從此峽西下，三水合而北向破峽去。東西兩崖夾成一線，俱摩雲夾日；溪嵌於下，蒙箐沸石；路緣於上，鑿壁摭崖。排石齒而北，三里，轉向西下，石勢愈峻愈合。又西二里，峽曲而南，澗亦隨峽而曲，路亦隨澗而曲。半里，復西盤北轉，路皆鑿崖棧木。半里，復西向緣崖行。一里，有碑倚南山之崖，題曰「此古盤蛇谷❸」，乃諸葛武侯燒藤甲兵處❹，然後信此險之真冠滇南也。水寨高出眾險之上，此峽深盤眾壑之下，滇南二絕，於此乃見。

碑南漸下，峽亦漸開。又西二里，乃北轉下坡。復轉而西一里，有木橋橫澗而北，乃度，循北崖西行。一里，逾南突之脊，於是西谷大開，水盤南壑，路循北山。又西平下三里，北山西斷，路乃隨坡南轉。西望坡西有峽自北而南，俱崇山夾立，知潞江❺當在其下而不能見。南行二里餘，則江流已從西北嵌腳下，逼東山南峽之山，轉而南去矣。乃南向下坡，一里，有兩、三家倚江岸而棲，其前有公館焉，乃就淪水以飯。時渡舟在江南岸，待久之乃至。登舟後，舟子還崖岸而飯，久之不至，下午始放渡而南。江流頗闊，似倍於瀾滄，然瀾滄淵深不測，而此當肆流❻之衝，雖急而深不及之，則二江正在伯仲間也。其江從北峽來，按《一統志》云：「其源出雍望。」不知雍望是何彝地名。據土人言：「出狗頭國。」言水漲時每有狗頭浮下也。注南峽去，或言東與瀾滄合，或言從中直下交南，故蒙氏封為四瀆❼之一。以余度之，亦以為獨流不合者是。土人言瘴癘甚毒，必飲酒乃渡，夏秋不可行。余正當孟夏，亦但飯而不酒，坐舟中擢流甚久❽，亦烏覩所云瘴母❾哉。渡南崖，暴雨急來，見崖西有樹甚巨❿，而鬱葱如盤，急趨其下。樹甚異，本高二丈，大十圍，有方石塔嵌其間，高與幹等，幹跨而絡之，西北則幹密而石不露，東南臨江，則幹疏而石出，幹與石已連絡為一，不可解矣，亦窮崖一奇也。

已大風揚厲，雨散，復西向平行上坡。望西北穹峰峻極，西南駢崖東突，其南崖有居廬當峰而踞，即磨盤石⓫也。望之西行，十里，逼西山，雨陣復來；已虹見東山盤蛇谷上，雨遂止。從來言暴雨多瘴，亦未見有異也。稍折而南，二里，有村當山下，曰八灣，數家皆茅舍。一行人言此地熱不可栖，當上山乃涼。從村西隨山南轉，一里，過一峽口。循峽西入，南涉而逾一崖，約一里，遂從南崖西上。其上甚峻，曲折盤崖，八里而上凌峰頭，則所謂磨盤石也。百家倚峰頭而居，東臨絕壑，下嵌甚深，而其壑東南為大田，禾芃芃焉。其夜倚峰而栖，月色當空。此即高黎工山⓬之東峰。憶諸葛武侯、王威寧驥⓭之前後開疆，方威遠政⓮之獨戰身死，往事如看鏡，浮生獨倚巖，慨然者久之！

【章　旨】本章記載了第三百零六天在永昌府的行跡。經過石子哨，沿著峽谷上行，峽口種著成片的紅花。又經過落馬廠、大坂鋪，到灣子橋吃酒釀。山到這裡環繞聳立，有三條澗水會合後沖破峽谷流去。往前澗水隨峽谷彎曲，路也隨澗水轉折，到達古盤蛇谷，是諸葛武侯火燒藤甲兵的地方，方才相信這裡的天險真是滇南之最了。水寨和盤蛇谷，為「滇南二絕」。漸漸往下，西邊的峽谷變得十分開闊，接著看到潞江從西北流來，嵌在腳下。下山後上船渡江，江面有瀾滄江一倍寬，水勢迅急，但不及瀾滄江深。這條江水從北面的峽谷流來，直往下流到交趾南部，被蒙氏封為「四瀆」之一。當地人說江上瘴氣很毒，實際上並非如此。渡江到南岸的山崖，暴雨來臨，看到有一棵大樹，得十人合抱，有方形的石塔砌在中間，樹枝和石塔連成一體，不可分開，也是荒遠山崖中的一個奇觀。雨散後登上山坡，朝著磨盤石趕路，歷來說暴雨時多瘴氣，也不見有什麼異樣情況。再經過八灣，登上峰頭（即磨盤石）住下。月色當空，想起諸葛亮、王驥等人開拓疆土，往事歷歷，浮生如夢，感慨不已。

【注　釋】❶落馬廠　今名馬廠，又稱馬街，與下「大坂鋪」、「灣子橋」均在保山西境，怒江東岸。❷酒釀　雲南稱為甜白酒。❸古盤蛇谷　在保山西境，怒江東岸。❹諸葛武侯燒藤甲兵處　相傳諸葛亮南征，六擒六縱南中酋長孟獲。孟獲依然不服，求援烏戈國，烏戈國派三萬藤甲兵（士兵以藤甲裹身，刀槍不入）來與蜀兵交戰。諸葛亮設計將藤甲兵引入盤蛇谷，放火焚燒，藤甲兵全軍覆沒。❺潞江　發源於西藏唐古拉山南麓，因江水深黑，〈禹貢〉稱為「黑水」，上游仍稱黑水河，藏名「拉曲卡」。流入他念他翁山和伯舒拉嶺間的峽谷，因山高谷深，江水咆哮，稱為怒江。因自潞江司流入雲南，又稱潞江。進入緬甸境內改稱薩爾溫江。怒江奔流於怒山和高黎工山之間，和瀾滄江、金沙江共同形成橫斷山脈的三大峽谷。兩岸山高谷深，水流落差大，多急流險灘，有「水無不怒石，山有欲飛峰」、「一灘接一灘，一灘高十丈」之勢。❻肆流　急流。❼四瀆　《爾雅・釋水》：「江、河、淮、濟為四瀆。四瀆者，發源注海者也。」即古人對四條獨流入海的大川（長江、黃河、淮河、濟水）的總稱。古代帝王祭祀天下名山大川，即指五嶽和四瀆。❽坐舟中擢流甚久　《四庫》本「擢」作「櫂」。❾瘴母　瘴氣。唐鄭熊《番禺雜記》稱其形如彈丸，人中之即病。❿崖西有樹甚巨　清初劉昆《南中雜說》記此樹：「潞江之濱一石塔，累巨石而成之，四面各闊二丈，高亦二丈有奇，一大樹冠其上，亭亭如蓋，嚴冬不凋，根分十餘股，籠罩石塔，下垂入地，南人不識此木……余成騰日，就而察之，蓋閩廣之榕樹云。」⓫磨盤石　在騰衝西隅分水嶺古關之北，明季李定國曾在此樹柵欄扼險。⓬高黎工山　即高黎貢山，東臨怒江，西臨龍川江，綿延數百里，和碧羅雪山在怒江兩岸夾峙，分別成為西邊的恩梅開江和東邊的怒江的分水嶺。主峰在騰衝東北境，一名磨盤山，又名崑崙山，蒙氏封為西嶽。山中徑險谷深，僅容單騎，古時為戰守要地。多原始森林，礦藏豐富，又有蟲草山、百藥山、萬寶山之稱。⓭王威寧驥　「威寧」當作「靖遠」。王驥，字尚德，明東鹿人。身材高大，有膽略，永樂進士，累官兵部尚書。正統三年，麓川平緬宣慰使司土官思任發叛亂，王驥率軍三伐麓川，功成而返。卒諡忠毅，贈靖遠侯。⓮方威遠政　即方政，全椒人。正統間累官右都督，稱良將。助沐晟征麓川，戰死，贈威遠伯。

【語　譯】十一日　雞啼時起身備飯。拂曉，從村的西邊就往北沿著西面的大山走，隨溪水往北，地勢漸漸高了起來，登上山崖。共走了八里，到石子哨，有幾戶人家靠在西邊山的東北角。再往北走二里，便繞著山向西轉，有峽谷自西向東延伸，和枯飄往北去的峽谷會合。沿著峽谷上行，靠著南邊山的北面往西進去，走了二里，往下到從南面延伸過來的峽口。峽口種植的都是成片的紅花，已經可以採摘了。往西走一里，登上從西面延伸過來的峽口，往上走的路不多，水也沒多少，有十多戶人家在峽口居住，這是落馬廠。越過峽谷到它北邊，又靠著北邊山的南面往西進去，走了一里，平步上山越過山脊。這山脊從南往北延伸，突起成為峽谷北邊的山，而後往北到羅岷山為止。越過山脊往西在峽谷中行走，路很平坦，路的南邊漸漸有澗水靠著南邊的山崖往西流下，路在澗水的北邊走。過了三里，有幾戶人家靠著北邊的山居住，有公館在那裡，這是大坂鋪。從它的西邊往下走一里，有座亭橋架在澗水上，在這裡渡過澗水到它的南邊，靠著南邊山的北面往西下去。走了二里，有幾戶人家在南邊的峽谷中，這是灣子橋。有賣漿的人，連糟一起喝了，就是我們那裡的酒釀。山到這裡雜亂地環繞聳立，一條澗水從東面流來，就是大坂的水；一條澗水從南面的峽谷流來，墜入峽谷倒瀉山崖，水勢十分狹小，往北流下和從東面流來的澗水會合後往北流去，有小木橋架在它的上面。過了橋就靠著西邊山的東面往北走，東邊的山到這裡也有水從這峽谷往西流下，三條水會合後向北沖破峽谷流去。東西兩邊的山崖夾成一線，都高聳入雲，夾住日頭；溪流嵌在下面，竹叢遮蔽，激流轉石，路在上面環繞，從崖壁間開鑿通道。在齒狀般的石路中往北，走了三里，轉向西下去，山勢更加險峻，更加聚攏。再往西走了二里，峽谷彎向南，澗水也隨峽谷彎曲，路又隨澗水彎曲。走了半里，再往西繞然後向北轉，一路都是在山崖上鑿石架木。走了半里，再往西沿著山崖走。過了一里，有塊石碑靠在南邊的山崖下，上面寫著「此古盤蛇谷」，是諸葛武侯當年火燒藤甲兵的地方，方才相信這裡的天險真是滇南之最了。水寨在眾多險峰上面高高突出，這峽谷在眾多山壑下面深深盤繞，滇南兩處奇絕的勝景，到這裡才看到。

從石碑的南邊漸漸往下，峽谷也漸漸開闊起來。再往西走了二里，便轉向北下坡。再轉向西走一里，有木橋往北橫架在澗水上，便過橋沿著北邊的山崖往西走。過了一里，越過向南突起的山脊，到這裡西面的山谷變得十分開闊，澗水繞著南邊的山壑流，路沿著北邊的山走。再往西平步走下三里，北邊的山在西面截斷，路便隨山坡往南轉。向西望見山坡西面有峽谷從北往南延伸，兩旁都是高山夾立，知道怒江應當就在峽谷的下面，但不能看到。往南走了二里多，只見江流已從西北流來嵌在腳下，緊靠東山南面峽谷的山，轉向南流去。於是向南下坡，走了一里，有兩、三戶人家靠著江岸居住，它的前面有公館，於是到那裡燒水做飯。這時渡船在怒江南岸，等了很久才來到。上船後，船夫回崖岸吃飯，過了好久還不來，到下午才放船渡江到南岸。江面很寬，似乎是瀾滄江的一倍，但瀾滄江深不可測，而這裡正當急流的衝要處，水勢雖急但不及瀾滄江深，那麼這兩條江相比正不相上下了。這條江從北面的峽谷中流來，據《一統志》說：「它的源頭出自雍望。」不知道雍望是什麼彝族地名。據當地人說：「出自狗頭國。」說在漲水時常有狗頭漂下來。注入南面的峽谷流去，有的說向東流和瀾滄江會合，有的說從中間直往下流到交趾南部，所以蒙氏把它封為「四瀆」之一。以我看來，也認為它是獨流，不和瀾滄會合的說法為是。當地人說江上瘴氣很毒，必須喝了酒才能渡江，夏秋兩季不能過江。我到時正在初夏，也只吃了飯而沒喝酒，坐在船中，在江上划槳很久，也何嘗看到所說的瘴氣呀！渡過江到南岸的山崖上，暴雨驟然來臨，看到山崖的西面，有棵樹很高大，枝葉鬱鬱蔥蔥就像一個大圓盤在上面覆蓋，急忙趕到樹下。這樹很奇異，樹幹高二丈，有十人合抱那麼粗，有個方形的石塔砌在中間，高度和樹幹相等，樹幹高跨籠罩著石塔，西北的一面，枝幹密集沒露出石塔，東南的一面，對著江水，枝幹稀疏，石塔露了出來，樹幹和石塔已連成一體，不可分割了。這也是荒遠的山崖間一處奇觀。

不久大風飛揚，雨滴消散，再向西平步行走登上山坡。望見西北隆起的山峰極為高峻，西南並立的山崖向東突出，南面的山崖有住房座落在山峰上，就是磨盤石。朝著它往西走，過了十里，逼近西邊的山時，陣雨又來了，過了一會，在東山盤蛇谷的上空出現彩虹，雨便停止。歷來都說暴雨時瘴氣多，此時也未見有什麼異樣的情況。稍許轉向南，走了二里，有村莊在山腳下，名八灣，幾戶人家都是草屋。同行的人說這裡太熱不能住，應當上山才會涼快。從村的西邊隨山勢向南轉，走了一里，通過一處峽口，沿著峽谷往西進去，往南渡水後越過一座山崖，約走了一里，便從南邊的山崖往西上去。上面十分陡峻，曲曲折折繞著山崖走，過了八里，登上峰頭，就是所說的磨盤石了。有上百戶人家靠著峰頭居住，東面對著絕壑，往下陷得很深，而這山壑東南為一大片農田，禾苗長得茂盛。這夜靠著峰頭住下，月色當空。這裡就是高黎貢山的東峰。想起諸葛武侯、靖遠侯王驥前後開拓邊疆，威遠伯方政孤身獨戰而死，往事歷歷如看鏡中之影，浮生如夢，獨自一人倚巖而臥，為之感慨不已！

十二日　雞再鳴飯，昧爽出門。其處雖當峻峰之上，而居廬甚盛，有公館在村北，潞江驛在其上。山下東南成大川，已插秧盈綠，潞江沿東山東南去，安撫司❶依西南川塢而居。遂由磨盤石西南上，仍峻甚。二里，逾其南峽之上，其峽下嵌甚深，自西而東向，出安撫司下。峽底無餘隙，惟聞水聲潺潺在深箐中。峽深山亦甚峻，藤木蒙蔽，猿鼯晝號不絕。峽北則路緣崖上，隨峽西進，上去山頂不一、二里，緣峽平行。西四里，有石洞南臨路崖，深闊丈餘，土人鑿石置山神碑於中。又四里，稍折而北上崖。旋西，而登臨峽之坡。北峽之上，至是始南垂一坡，而南峽之下，則有峽自南山夾底而出，與東出之峽會成「丁」字，而北向垂坡焉。

又西二里，或陟山脊，或緣峰南，又三里，有數家當東行分脊間，是為蒲滿哨❷。蓋山脊至是，分支東行，又突起稍高，其北又墜峽北下，其南即安撫司後峽之上流也。由此西望，一尖峰當西復起，其西北高脊排穹，始為南渡大脊，所謂高黎工山，土人譌為高良工山❸，蒙氏僭封為西岳者也。其山又稱為崑崙岡，以其高大而言，然正崑崙❹南下正支，則方言亦非無謂也。由蒲滿哨西下一里，抵所望尖峰，即躡級數轉而上，兩旁削崖夾起，中墜成路。路由夾崖中曲折上升，兩岸高木蟠空❺，根糾垂崖外，其上竹樹茸密，覆陰排幰，從其上行，不復知在萬山之頂，但如唐人所咏「兩邊山木合，終日子規啼」❻，情與境合也。一里餘，登其脊。平行脊上，又二里餘，有數家倚北脊，是為分水關❼。村西有水沿北坡南下，此為潞江安撫司後峽發源處矣。南轉，西逾嶺脊，磚砌罩門，跨度脊上。其關甚古，頂已中頹，此即關之分水者。關東水下潞江，關西水下龍川江。於是西下峽，稍轉而南，即西上穿峽逾脊，共五里，度南橫之脊，有村廬，是為新安哨。由哨南復西轉，或過山脊，或蹈嶺夾，屢上屢下，十里，為太平哨❽。於是屢下屢平，始無上陟之脊。五里，為小歇廠。五里，為竹笆鋪。自過分水關，雨陣時至，至竹笆鋪始晴。數家夾路成衢，有賣鹿肉者❾，余買而炙脯。於是直下三里，為茶庵。又西下五里，及山麓，坡間始盤塍為田。其下即龍川江❿，自北而南，水不及潞江三分之一，而奔墜甚沸。西崖削壁插江，東則平坡環塍。行塍間半里，抵龍川江東岸。溯江北行。又半里，有鐵鎖橋⓫架江上，其製兩頭懸練，中穿板如織，法一如瀾滄之鐵鎖橋，而狹止得其半。由橋西即躡級南上。半里，為龍關⓬，數十家當坡而居，有稅司以榷負販者。又西向平上，四里餘而宿於橄欖坡⓭。其坡自西山之脊，東向層突，百家當坡而居，夾路成街，踞山之半。其處米價甚賤，每二十文宿一宵，飯兩餐，又有夾包。

龍川江發源於群山北峽峨昌蠻⓮七藏甸，經此東為高黎工，西為赤土山。下流，至緬甸太公城⓯，合大盈江。

【章　旨】本章記載了第三百零七天在永昌府的行跡。從磨盤石往西南上去，峽谷幽深，山峰陡峻，猿猴鼯鼠，白天啼號不停。經過蒲滿哨，向西望見高高隆起的高黎貢山，是崑崙山往南延伸的正支，當地人稱為崑崙岡。走到一座尖峰，從相夾的山崖中曲折往上，情景交融，不再感到身在萬山頂端。往前到古老的分水關，為潞江安撫司背後峽谷的發源處。再經過新安哨、太平哨、竹笆鋪、茶庵，山坡間才有田地。山下龍川江水勢洶湧，但水面只有潞江的三分一寬。沿著江水上行，到鐵鎖橋，結構和瀾滄江鐵鎖橋相同。接著經過龍關，到橄欖坡住宿，這裡米價也很便宜。

【注　釋】❶安撫司　指潞江安撫司，當時隸永昌軍民府，在今潞江壩。❷蒲滿哨　今名同，在高黎貢山上。❸高良工山　在騰衝西北扒拉大山南面，為雲南和緬甸的分界。過去常和高黎貢山混淆，清末和英人會勘滇緬邊界，英人即強指高黎貢山為滇緬分界。❹崑崙　指喜馬拉雅山。古時喜馬拉雅山又稱崑崙山。❺兩岸高木蟠空　依文意，「岸」當作「崖」字。❻兩邊山木合二句　杜甫寓居雲安縣，聽聞子規鳥終日鳴叫，喚起對故國的懷想。語出杜甫〈子規〉詩。❼分水關　今名城門洞，為高黎貢山山脊，保山、騰衝的分界。❽太平哨　今名太平鋪，和下竹笆鋪都在騰衝東隅，高黎貢山西坡上。❾有賣鹿肉者　騰衝歷來以產鹿著稱，所出鹿茸稱南茸。❿龍川江　又名麓川江，簡稱龍江，因江水沿高黎貢山曲折延伸數百里，如龍騰驤，故名。發源於騰衝北隅明光區內的河頭山，主源頭即稱明光河；經固東流至曲石兩江口與小江會合後稱龍川江；流經城東，繞過高黎貢山，向西南流至畹町附近和芒市河匯合後稱瑞麗江；流入緬甸境內注入伊洛瓦底江。⓫鐵鎖橋　即龍江鐵索橋，在騰衝東境龍川江葫瓶口上。明弘治八年（一四九五）即瀾滄江蘭津渡上的霽虹橋建成二十年後建造，後屢毀屢建。橋身全長五十二公尺，橋面寬二點六公尺，江面至橋高十三公尺，橫穿兩岸鐵索十五根，鐵索拉桿每側十三根，至今仍是龍川江兩岸來往的重要通道。⓬龍關　即龍川江關。⓭橄欖坡　今名橄欖寨，在騰衝東南上營鎮南，龍川江西岸。⓮峨昌蠻　今稱阿昌族，現有二萬餘人，主要分布在隴川、潞西（芒市）、梁河等地。在隴川的自稱「蒙撒」、「襯撒」，在梁河的自稱「漢撒」、「峨昌」。隴川等地位於騰衝西南，與緬甸接界，為龍川江往下流經之地，並非發源地。⓯太公城　相傳為緬甸最古都城，或以為即悉利移城，據《新元史・外國列傳》，此城與江頭城、馬來城、安正國城、蒲甘緬王城並稱為緬中五城。即今緬甸北部伊洛瓦底江東岸的達岡。

【語　譯】十二日　雞再啼時吃飯，拂曉出門。這裡雖在高峻的山峰上面，但住房很多，有公館在村的北邊，潞江驛在它的上面。山下東南面成為大平野，已插秧一片綠色，怒江沿著東山往東南流去，安撫司靠著西南平野的山塢居住。於是從磨盤石往西南上去，仍然十分陡峻。走了二里，越過南面峽谷的上方，這峽谷往下陷得很深，從西往東延伸，直到安撫司下。峽谷底部沒有空隙，只聽到幽深的箐谷中有潺潺的水聲。峽谷深邃，山也十分高峻，藤條樹枝密集遮蔽，猿猴鼯鼠在白天不停啼號。峽谷北邊路沿著山崖往上，隨峽谷往西進去，往上離山頂不到一、二里，沿著峽谷平步行走。過了四里，有個石洞朝南，座落在路邊的山崖上，深和寬各有一丈多，當地人用石塊鑿成山神碑放在洞中。再走了四里，稍許轉向北登上山崖，隨即往西，登上靠近峽谷的山坡。北邊峽谷的上方，到這裡才往南垂下一道山坡，而南邊峽谷的下方，則有峽谷從南山的夾谷底部伸出，和往東伸出的峽谷會合成一個「丁」字形，而後朝北垂下山坡。

再往西走二里，有時登上山脊，有時沿著山峰南面，再走了三里，有幾戶人家居住在向東延伸的分支山脊中，這是蒲滿哨。原來山脊到這裡，分出支脈往東延伸，又稍高突起，在北面又往北落下成峽谷，在它南面就是安撫司背後峽谷的上游了。從這裡向西望去，一座尖峰又在西面聳起，在它西北高大的山脊排列隆起，開始成為往南延伸的大山脊，這就是所說的高黎貢山，當地人誤傳為高良工山，是蒙氏僭封為西嶽的山。這山又稱為崑崙岡，是因它的高大而說的，然而它是崑崙山向南延伸的支脈中的正支，那麼當地的說法不是沒有道理。從蒲滿哨往西走下一里，到達前所見的尖峰，就踏著石級轉了幾道彎上去，兩旁陡峭的山崖夾立聳起，中間落下形成道路。路從相夾的山崖中曲折往上，兩邊崖上的高大樹木在空中盤繞，樹根糾纏下垂露在崖外，崖上竹樹茂密，樹蔭遮蓋，如幃幕排列，從它上面走，不再覺得身在萬山的頂端，只是像唐人詩句所詠「兩邊山木合，終日子規啼」，情景交融了。走了一里多，登上山脊。在山脊上平步行走，又過了二里多，有幾戶人家靠著北邊的山脊，這是分水關。在村的西邊有水沿著北面的山坡往南流下，這是潞江安撫司背後峽谷的發源處了。轉向南，往西越過嶺脊，有磚砌的拱門，橫跨在延伸過來的山脊上。這關十分古老，頂部中間已經墜落，這就是分水的關隘。關東的水流下怒江，關西的水流下龍川江。

從這裡往西走下峽谷，稍許向南轉，就往西上去穿過峽谷越過山脊，共走了五里，越過橫亙在南面的山脊，有村莊住房，這是新安哨。從哨的南邊再向西轉，有時越過山脊，有時進入嶺峽，屢上屢下，走了十里，到太平哨。從這裡起幾次往下走，都是平地，才沒有往上攀登的山脊。走了五里，到小歇廠。再走了五里，到竹笆鋪。自從過了分水關，陣雨時時來臨，到竹笆鋪後才放晴。有幾戶人家住在路的兩旁形成街市，有賣鹿肉的人，我買了些烤成肉乾。從這裡直往下走三里，到茶庵。再往西走下五里，到達山麓，山坡間才有田埂環繞的農田。山下就是龍川江，從北往南流，水面不到怒江的三分之一寬，但水勢奔騰傾瀉十分洶湧。西岸山崖陡峭的石壁插入江中，東岸則為平坦的山坡田埂環繞，在田埂中走了半里，到龍川江東岸。沿著江水往北上行，又過了半里，有鐵鎖橋架在江上，它的結構是兩頭懸吊著鐵鏈，中間像織布穿線那樣鋪上木板，方法和瀾滄江的鐵鎖橋完全一樣，但比較狹窄，只有瀾滄江的一半寬。從橋的西頭隨即踏上石級往南上去，走了半里到龍關，有幾十戶人家在山坡上居住，設置稅司向擔貨販賣的人徵稅。再往西平步上去，走了四里多，到橄欖坡住宿。這坡從西山的山脊向東層層突起，有上百戶人家在山坡上居住，在路兩邊夾成街市，座落在山的半腰。這裡米價很便宜，每次用二十文錢可住宿一夜，供兩餐飯，另給路上攜帶的食物。

龍川江發源於群山北面峽谷中的峨昌蠻七藏甸，經過這裡東面是高黎貢山，西面是赤土山。往下流，到緬甸的太公城，匯合大盈江。

十三日　平明而飯。由坡西登嶺西北上，八里，稍北，逾北峽西上，二里，從嶺上平行。望西北有層峰排簇嶺上，初以為將由其南垂行，一里，忽從嶺頭轉北，三里，乃西南下峽中。一里，有四、五家當峽而居，竹籬茅舍，頗覺清幽，是為赤土鋪。其村當西面排簇層峰之麓，東與橄欖坡夾而為坳。村西有亭橋架小澗上，其水自南峽來，搗北峽去，橋名建安。按志：大盈江❶之水，一出自東北赤土山，而此鋪名赤土，水猶似東北下龍川者，豈其西排簇層峰為赤土山❷，而此猶其東麓之水，以其在麓，即以名鋪耶？由橋西即南向上坡。二里，西南登脊，即自排簇峰東南分支下者。又轉而西，一里餘，有庵施茶，當脊北向而踞，是為甘露寺。又西一里，坡間水北向墜崖，路越之西向下峽。峽中有水自北而南，又與坡上水分南北流，以余意度之，猶俱東下龍川者。半里，乃從峽底溯水北入。其峽東西兩崖，俱從排簇層峰分支南下者，西崖即其本支，東崖乃分支，東南由甘露寺脊而下者也，第峽水南出東轉，不知其北合於建安橋，抑直東而下龍川否也？北行峽底，一里餘，水分二道來，皆細甚。遂從坡西躡峻上，一里，北穿嶺夾，半里，透脊。其脊自東北度西南，脊以北即墜峽西下。路從峽端北轉而西，有數家倚北山之上，是為亂箭哨，至是始出排簇層峰嶺脊之西。按志：赤土山在州城東三十里，水至是始分；則前之赤土鋪猶東岸之麓，非分流之正脊可知也。

飯於嶺哨。西向行稍下，共二里，有塢自南而北，細流注其中。按志：大盈江有三源，一出赤土山，當即此矣，從此而西，出馬邑河，繞州城北而西合龍縱、羅生二水，同為大盈之源者也。又北上坡，二里餘，有一、二家當坡之南，環堵圍南峽之坳，甚遙，雜植果樹於其中，是為板廠。由其西二里，又西下半里，有十餘家當峽坳而居，是為芹菜塘❸。其前小水，東北與大盈之源合。村廬不多，而皆有杜鵑燦爛，血豔奪目。若以為家植者，豈深山野人，有此異趣？若以為山土所宜，何他岡別隴，杳然無遺也？由村西復西上坡，一里餘，轉峽而平行嶺上三里餘，乃出西嶺之端，下望其塢甚深，而中平如砥，良疇遠村，交映其間。其塢大而圓，乃四面小山環圍而成者，不比他川之沿溪成峽而已。西向峻下者五里，循峽東北折，又折而西三里，乃循東山北行，其下稍平。又二里，有村當東山之麓，是為坡腳村。有賣漿者，出酒甚旨，以醋芹為案。與同行崔姓者，連啜二壺乃行。於是西行平疇中，一里，有小水自南而北，即志所云羅生山之水，亦大盈三源之一，分流塍中者也。又西北二里餘，有村曰雷打田；其東亦有小溪自南而北，則羅生山之正流也，與前過小流，共為大盈之一源云。是溪之東田窪間，土皆黑墳❹，土人芟其上層，曝乾供爨，蓋煤堅而深入土下，此柔而浮出土上，而色則同也。由村北又西三里，有廬舍當坡塍間，曰土鍋村❺，村皆燒土為鍋者。於是其西廬舍聯絡，一里為東街，又半里，西交大街，則「十」字為衢者也。騰越州❻城之南門，即當大街之北。城南居市甚盛，城中所無，而此城又迤西所無。乃稅駕於大街東黔府❼官舍，時適過午也。時黔府委官王仰泉者，已返省，阮玉灣❽導書，姑與店中。

【章　旨】本章記載了第三百零八天在永昌府的行跡。經過赤土鋪，西面有成排簇擁的層層山峰，並有橋架在澗水上，據志書，這山峰可能就是赤土山，是大盈江的源頭之一。又經過甘露寺，在亂箐哨吃飯。據志書，大盈江有三個源頭，分別出自赤土山、巃嵸山和羅生山。再經過板廠，到芹菜塘，杜鵑花鮮豔奪目，但別的山岡丘壟，卻不見花的影痕。在嶺頭往下望見一個由小山環抱而成的深塢，經過坡腳村，到雷打田，田野的窪地中都是黑土堆，當地人將土曬乾後供燒火用。接著經過土鍋村，到騰越州城南門，城南十分興盛，滇西沒有這樣的城。於是在黔府官舍住宿。

【注　釋】❶大盈江　又名大車江，由大盈江及支流緬箐河、南箐河、綺羅河、勐連河等組成。大盈江發源於打苴何家寨。流至盈江虎跳石出境，在緬甸八莫匯入伊洛瓦底江。沿岸風光秀麗，勝景頗多。❷赤土山　在騰衝城東四十里處，大盈江的發源地。❸芹菜塘　在騰衝東境，保山至騰衝的公路邊。❹土皆黑墳　俗稱草煤，當地人稱為海糞，至今仍用於燒火。❺土鍋村　今名滿金邑，在騰衝東郊。❻騰越州　明代隸永昌府，治所在今騰衝。明清城為石城，周長七里多，開四門，作正方形，城牆、街道及房屋基址至今尚存。❼黔府　即黔國公府，見〈滇遊日記一・隨筆二則〉注。❽阮玉灣　徐霞客在昆明所交的朋友。

【語　譯】十三日　天亮時吃飯。從山坡西面登上山嶺，往西北上去，走了八里，稍許往北，越過北面的峽谷往西上去，走了二里，從嶺上平步行走。望見西北有層層山峰在嶺上成排簇擁，起先以為將要從它的南陲走，過了一里，路忽然從嶺頭轉向北，走了三里，便向西南走下峽谷中。過了一里，有四、五戶人家在峽谷中居住，竹籬茅舍，覺得很清靜幽雅，這是赤土鋪。這村在西面成排簇擁的層層山峰腳下，東面和橄欖坡相夾成為山坳。村的西面有亭橋架在小澗上，澗水從南面的峽谷流來，沖往北面的峽谷流去，橋名「建安」。據志書記載，大盈江的水流，一條出自東北的赤土山，而這鋪名赤土，水似乎還是往東北流下龍川江的，難道村的西面成排簇擁的層層山峰便是赤土山，而這水還是它東麓的水流，因為它在山麓，就用來作為鋪名嗎？從橋的西邊隨即向南登上山坡，走了二里，往西南登上山脊，就是從成排簇擁的山峰往東南分出支脈延伸的山脊。

又轉向西走了一里多，有庵在施捨茶水，朝北座落在山脊上，這是甘露寺。再往西走一里，山坡間的水往北落下山崖，路越過水流向西走下峽谷。峽谷中有條水從北往南流，又和山坡上的水分向南北流去，據我估計，仍然都是往東流下龍川江的。走了半里，就從峽谷底部沿水流上行，往北進去。這峽谷東西兩邊的山崖，都是從成排簇擁的層層山峰分出支脈往南延伸過來的，西邊的山崖就是它的本支，東邊的山崖是分支，往東南從甘露寺所在的山脊往下延伸，只是峽谷中的水從南邊流出又向東轉，不知它往北在建安橋合流，還是一直往東流下龍川江呢？往北在峽谷底部走了一里多，水分兩條流來，都很細小。於是從山坡西面踏著險峻的山路往上，走了一里，往北穿過山嶺的夾谷，又走了半里，穿過山脊。這脊從東北往西南延伸，山脊以北就往西落下峽谷。路從峽谷的北端向西轉，有幾戶人家靠在北山上面，這是亂箭哨，到這裡才從成排簇擁層層山峰的嶺脊西面走出。據志書，赤土山在州城東面三十里，水到這裡開始分流，那麼前面的赤土鋪還在東岸的山麓，可知不是分流的正脊。

在嶺上的哨所吃飯。向西稍許往下，共走二里，有山塢從南向北延伸，有細流注入塢中。據志書，大盈江有三個源頭，一個出自赤土山，應當就是這裡了，從這裡往西，流出馬邑河，繞過州城北面往西會合龍嵷山、羅生山的兩條水，一起成為大盈江的源頭。又往北登上山坡，走了二里多，有一、二戶人家在山坡的南面，圍牆環繞南邊峽谷中坳地，很長，裡面種著各類果樹，這是板廠。從它西面走二里，又往西走下半里，有十多戶人家在峽坳中居住，這是芹菜塘。村前有小水，往東北流和大盈江的源頭會合。村中房屋不多，但都有燦爛的杜鵑花，血紅的顏色，鮮豔奪目。如果認為是農家種植的，難道深山中的野人，有這樣奇特的興趣？如果以為是山上的土地適宜杜鵑花的生長，為什麼其他的山岡丘隴，毫無花的影痕呢？從村的西邊再往西登上山坡，走了一里多，轉出峽谷在山嶺上平步行走，過了三里多，便到西嶺的頂端。向下望見山塢很深，中間平坦像磨石，良田遠村，在塢中交相掩映。這塢既大又圓，是由四面的小山環抱而成，不像其他平野只是沿著溪流形成峽谷罷了。往西在陡峻的山路上走下五里，沿著峽谷往東北轉，又轉向西走三里，便沿著東山往北，下面的路稍許平坦。再走二里，有個村莊在東山的腳下，這是坡腳村。有賣漿的人，拿出的酒味道很美，用醋漬的芹菜作下酒菜。和同行姓崔的人，一連喝了兩壺才上路。從這裡往西在平坦的田野中行走，過了一里，有小水從南往北流，就是志書所說的羅生山的水，也是大盈江的三個源頭之一，分流在田野中的。再往西北走二里多，有個村莊名雷打田。村的東邊也有小溪從南往北流，是羅生山的主流，和前面流過的小水，共同成為大盈江的一個源頭。這溪東邊的田間窪地中，都是黑土堆，當地人鏟了它的表層，曬乾之後供燒火用，原來煤炭都很堅硬深埋在地下，這土柔軟浮出地面，但顏色則是相同的。從村的北邊又往西走三里，有房屋在山坡的田地中，名土鍋村，村中都是燒製土鍋的人家。從這裡起，村的西邊房屋連接，走了一里到東街，又走了半里，往西和大街相交，形成「十」字形的街道。騰越州城的南門，就在大街的北邊。城南居民街市十分興盛，城中沒有這樣的景象，而滇西又沒有這樣的城。於是在大街東邊黔府官邸的客舍住宿，這時剛好過正午。當時黔府委派的官員王仰泉，已返回省城，將阮玉灣的引薦信暫且交給店中。

十四日　早雨。命顧僕覓潘秀才❶家，投吳方生書。上午雨止，潘來顧。下午，余往顧而潘出，乃返，作記寓中。薄暮，同行崔君挾余酌於市，以竹實為供，竹實大如松子，肉圓如蓮肉，土人煑熟以賣。投壺❷暢飲。月上而返，冰輪❸皎然。

十五日　晨往晤潘。潘勸無出關❹。上午，潘饋酒餚。下午，店中老人亦來勸余無行。先是，余以阮玉灣書畀楊主人，託其覓同行者，主人唯唯。至暮，以潘酒招之共酌，兄弟俱勸余毋即行，謂炎瘴正毒，奈何以不貲輕擲也。屈指八月王君將復來，且入內，同之入關最便，余姑諾之。是夜月甚皎，而邸舍不便憑眺，竟鬱鬱臥。

【章　旨】本章記載了第三百零九天、第三百十天在永昌府的行跡。留在騰越州城。潘秀才和楊姓店主都力勸不要出關去緬甸。

【注　釋】❶潘秀才　名一桂。❷投壺　古人宴會時的遊戲。設特製之壺，賓主以次投矢其中，中多者為勝，負者飲。❸冰輪　明月，以月清冷如冰，形圓似輪見稱。❹潘勸無出關　徐霞客在昆明時，阮玉灣對他說：「緬甸不可不一遊。」並為他找了導遊緬甸的書。原打算經騰衝西入緬甸。明代在騰衝外圍出境的險隘處設有八關。

【語　譯】十四日　早晨下雨。吩咐顧僕去找潘秀才的家，投遞了吳方生的信。上午雨停了，潘秀才來拜訪。下午，我前往拜訪他，但潘秀才出門不在家，於是返回，在寓所中寫日記。傍晚，同行的崔君拉我到市中飲酒，用竹實下酒，竹實大如松子，肉圓如蓮肉，當地人煮熟了出售。投壺暢飲。直到月亮升起才返回，明月皎潔。

十五日　早晨前往會晤潘秀才。潘秀才勸我不要出關。上午，潘秀才送來酒菜。下午，店裡的老人也來勸我不要前往。在此之前，我把阮玉灣的信交給姓楊的店主，託他找同行的人，店主一口答應。到晚上，拿出潘秀才送給的酒菜招呼他一起喝酒，店主兄弟兩人都勸我不要馬上出發，說是氣候炎熱瘴氣正毒，怎能將無價的身體輕易拋棄不顧呢！屈指估算，到八月裡王君將再返回，而且要去內地，和他一同入關最為方便。我暫且答應了他們。這天夜裡月光十分明亮，但在官邸的客舍中不便憑欄眺望，終於鬱鬱不歡睡下。

十六日　晨起，候主人飯，欲為尖山之行。其山在州城西北百里。先是主人言其靈異，慫慂余行，故謀先及之。乃以竹箱衫氈寄楊主家，挈輕囊與顧僕行。從南門外循城西行，半里，過新橋，巨石梁也。橋下水自北合三流，襟❶城西而南，過此南流去，即所謂大盈江矣。

余既過橋，四望山勢迴環，先按方而定之：當城之正東而頂平者為球玶山❷，亂箭哨之來道逾其南脊；當城之正西而尖聳者，為擂鼓山❸；南為龍光臺，為緬箐❹道，為水口西夾；直北者為上干峨山❺，亂箭哨之脈，從之東度南起，去城北二十里；直南者為來鳳山❻，州治之脈，從之北度，又西突保祿閣，為水口東夾；城西南為水口，東峽極緊，墜空而下，為跌水崖；城東南、東北俱有迴塢，乃來鳳山自北環度之脈，而東北獨伏，有高山穹其外，即龍川江東高黎工山北來之脈也；城西北一峰獨聳，高出眾峰，為龍嵸山❼，乃北來分脈之統會。從此直南，為筆峰❽，為寶峰，為擂鼓，而盡於龍光臺；從此西度南轉，為猛蚌；從此東度為上干峨；低伏而東度南起，為赤土山亂箭嶺；南下西轉為羅生山❾；支分直北者為球玶，峙州東而北盡馬邑村；支分由西而南者，為來鳳，峙州南而西夾水口，北與龍光對。此州四面之山也。

其水：一東南出羅生山，北流經雷打田，至城東北；一東出亂箭哨，北流西出馬邑村西南，至城東北；一出龍嵸山，滀❿為海子，流為高河，南至城東北。三水合為一，是為大盈江，由城西而南，過二橋，墜峽下搗，其深十丈，闊三丈餘，下為深潭，破峽西南去，經和尚屯⑪，又名大車江。此州四面之水也。

其北二日抵界頭⑫，與上江對；其南一日抵南甸⑬，與隴川⑭、緬甸⑮對；其西一日半至古勇⑯，與茶山⑰對；其東一日半至分水關，與永昌對。八關⑱自其西北斜抵東南，西四關屬蠻哈守備⑲，自西北而東南，一曰神護⑳，二曰萬仞㉑，三曰巨石㉒，四曰銅壁㉓。東四關屬隴把守備㉔，自西北而東南：一曰鐵壁㉕，二曰虎踞㉖，三曰天馬㉗，四曰漢隴㉘。八關之外，自神護而出為西路，通迤西㉙，出琥珀碧玉；自天馬而出為南路，通猛密㉚，有寶井㉛；自漢隴而出，為東南路，通木邦㉜，出邦洋布；自鐵壁而出亦為南路，通蠻莫㉝，為緬甸阿瓦㉞正道。昔蠻莫猛密俱中國地，自萬曆三十三年㉟金騰戚道㊱立此八關，於是關外諸彝，俱為阿瓦所有矣。由州南抵南甸分路：西向干崖㊲，至蠻哈諸關；南向隴川，至隴把諸關。由州西抵緬箐分路：西出神護，通迤西；西北逾嶺，至古勇。大概「三宣」㊳猶屬關內，而「六慰」㊴所屬，俱置關外矣。遂分華、彝之界。此其四鄙之望㊵也。

大盈江過河上屯合緬箐之水，南入南甸為小梁河，經南牙山㊶，又稱為南牙江㊷；西南入干崖雲籠山下，名雲籠江，沿至干崖北，為安樂河，折而西一百五十里為檳榔江㊸，至比蘇蠻㊹界注金沙江㊺入於緬。一曰合於太公城，此城乃緬甸界。按緬甸金沙江，不注源流，志但稱其闊五里，然言孟養之界者，東至金沙江，南至緬甸，北至干崖，則其江在干崖南、緬甸北、孟養東矣。又按芒市長官司㊻西南有青石山[47]，志言金沙江源出之，而流入大盈江，又言大車江自騰衝流經青石山下。豈大盈經青石之北，金沙經青石之南耶？其言源出者，當亦流經而非發軔，豈能即此大耶？又按芒市西有麓川江，源出峨昌蠻地，流過緬地，合大盈江；南甸東南一百七十里有孟乃河，源出龍川江。而龍川江在騰越東，實出峨昌蠻地，南流至緬太公城，合大盈江。是麓川江與龍川江，同出峨昌，同流南甸南干崖西，同入緬地，同合大盈。然二地實無二水，豈麓川即龍川，龍川即金沙，一江而三名耶？蓋麓川又名隴川，「龍」與「隴」實相近，必即其一無疑。蓋峨昌蠻之水，流至騰越東為龍川江，至芒市西為麓川江，以與麓川[48]為界也；其在司境，實出青石山下，以其下流為金沙江，遂指為金沙之源，而非源於山下可知；又至干崖西南，緬甸之北，大盈江自北來合，同而南流，其勢始闊，於是獨名金沙江，而至太公城。孟養之界，實當其南流之西，故指以為界，非孟養之東，又有一金沙南流，干崖之西，又有一金沙出青石山西流；亦非大盈江既合金沙而入緬，龍川江又入緬而合大盈。大盈所入之金沙，即龍川下流，龍川所合之大盈，即其名金沙者也。分而歧之名愈紊，會而貫之脈自見矣。此其二水所經也。於是益知高黎工之脈，南下芒市、木邦而盡於海，潞江之獨下海西可知矣。按志又有大車湖在州南，甚廣，中有山，如瓊浪中一點青。今惟城北上干峨、龍嵸山下有二海子，城南並無潴水，豈洪流盡揚塵耶？

過新橋，西行半里，有岐：西北行者，為烏沙[49]、尖山道；南下者，為跌水河[50]道。余聞其勝甚，乃先南趨。出竹塢中一里，涉一東流小澗，南上坡，折而東約半里，有大石梁架大盈江上，其橋東西跨新橋下流。從橋西稍南上坡，不半里，其水從左峽中透空平墜而下，崖深十餘丈，三面環壁。水分三派飛騰，中闊丈五，左駢崖齊涌者，闊四尺，右嵌崖分趨者，闊尺五。蓋中如簾，左如布，右如柱，勢極雄壯，與安莊白水河[51]齊觀，但此崖更近而逼。從西崖繞南崖，平對而立，飛沫倒捲，屑玉騰珠，遙洒人衣面，白日間真如雨花雪片。土人所稱久雨不晴者以此[52]，但「雨」字當易「旱」為是，用「雨」字則疊牀架屋[53]矣。其水下墜成潭，嵌流峽底甚深，因下蹈之。有屋兩重在夾壑中，乃王氏水舂也。復上西崖，其南一峰高聳，憑空揖瀑，是為龍光臺[54]，上建關帝殿。迴盼久之，復下西崖。其崖甚狹，東即瀑流墜空，西亦夾坑環屋。俯視屋下坑底，有流泉疊碓，亦水舂也，而當環坡間，其西即南下緬箐大道，不知水所從出。細瞰之，水從腳下透穴出，南分為二，一隨大道南注，一復入巨石下，入夾坑之屋為舂。迴眺崖北，有峽一線，深下五、六丈，駢峙北來，闊僅一尺，而高不啻三丈餘，水從其底透入前崖之腹而出其南。計崖穴之上，高亦三丈餘，南至出水之穴，上連三、四丈，不識其下透之穴與上駢之峽，從何而成，天巧人工，兩疑不能至此矣。

從崖上躡西峰，一里，有寺踞峰之東，門東向，為毘盧寺。由其西二里，直抵擂鼓尖峰下，見有路直躡峰西上，而路有二生，指寶峰[55]大道尚在北，乃橫涉田間。半里，得大道，隨而西上坡。二里，西抵擂鼓之北，當西北從岐上，而余誤從西南。一里，躡峻，一里，漸轉南陟，復向擂鼓行。又一里，心知其誤，遂西逾嶺脊，則望見寶峰殿閣，在西北嶺半，與此脊齊等，而隔箐兩重，其下甚深，皆從西南嶺脊墜下。計隨坡東下，就大道復上，與躡坡西上，從峰脊轉下，其路相比[56]，不若上之得以兼陟其頂也，遂西南上，甚峻。一里，直出擂鼓尖之西，有路自尖南向來合，同之西北度脊。脊北路分為二，一西北沿峰去，一東北攀嶺行。一里，再逾嶺陟脊，其脊兩旁皆東西下，乃飯於脊。過北，路復分為二如前，然東北者猶非寶峰路，尚隔一箐也。乃復西北上頂，一里，躡其最高處，東俯州城東塢，西俯峨隴[57]南塢，皆近夾此脊下。而峨隴之西，又有高峰一重，自北而南，夾峨隴之塢，南出緬箐，而與大盈之江合而南去焉。頂東南深樹密翳，乃從西北下，甚峻，半里就夷。隨東箐北行嶺脊，又半里，路交「十」字，一從南直北者，俱行其脊；一從東箐中上，橫過西北者，出山腰。知寶峰之寺在箐翳矣，乃折而東下，木葉覆叢條間，甚峻而滑，非攀枝，足無粘步。

下一里，轉殿角之右，則三清殿也。前有虛亭三楹，東攬一川之勝，而其下亭閣綴懸崖間，隔箐迴坡，咫尺縹緲。殿西廡為二黃冠所棲，余置行囊，令顧僕守其處，乃由亭前東下。道分為二，一從右下危坡，一從左轉深箐。余先隨箐下，半里，右顧崖間，一亭飛綴，八角重櫺，高倚懸崖之上，乃參府吳君蜀人，名蓋臣。新建以祀純陽58者。由亭左再下，緣箐半里南轉，仰見亭下之石，一削千仞，如蓮一瓣，高穹向空，其南又豎一瓣駢附之，皆純石無纖紋，惟交附處中垂一線，闊僅尺餘，鑿級其中，仰之直若天梯倒掛也。北瓣之上，大書「奠高山大川」五字，亦吳參府筆；其下新構一軒跨路，貌靈官59於中。南瓣側有尖特聳，夾級為門，其下玉皇閣倚之。環騰多土山，獨是崖純石，危穹夾箐之間，覺耳目頓異。玉皇閣南亦懸箐無路，靈官軒北又鑿崖為梯，嵌夾石間。北下數丈，有石坊當其前，大書曰「太極懸崖」。從上北度東下之箐，再上北坡，共里餘，則寶峰寺60當峰而踞，高與玉皇閣等。而玉皇閣東向，此寺南向，寺東龍砂最微，固不若玉皇閣當環箐中央，得一山之正也。寺頗寥落，有尼居之，此昔之摩伽陀[61]修道處。他處皆釋盛於道，而此獨反之。已復下箐中，躡太極崖，過北辦下，從一線之級上。其級峻甚，幾不能留趾，幸兩崖逼束，手撐之以登。一上者八十級，當純陽亭之南，峽始曲折為梯，又三十餘級而抵虛亭間。余擬眺月於此，以擴未舒之觀，因拭卓[62]作記。今顧奴汲水太極下箐東以爨，二黃冠止之，以飯飯余。仍坐虛亭，忽狂飈布雲，迨暮而月色全翳。邵道謂虛亭風急，邀余臥其榻。

【章　旨】本章記載了第三百十一天在永昌府的行跡。聽主人說州城南面的尖山十分神奇，所以先考慮去那裡。走過南門外的大石橋，橋下的水就是大盈江。向四面望去，山勢迴繞，州城正東為球琫山，正西為擂鼓山，南面為龍光臺，正北為上干峨山，正南為來鳳山，西南為跌水崖，東北有高黎貢山從北部延伸過來的山脈，西北有巃嵸山。這裡的水一條出自東南的羅生山，一條出自東面的亂箐哨，一條出自巃嵸山，三條水合成大盈江，往下流經和尚屯又名大車江。從州城往北走兩天到界頭，往南走一天到南甸，往西走一天半到古勇，往東走一天半到分水關。關從西北斜伸到東南，西面四關屬蠻哈守備，東面四關屬隴把守備。八關的外面，西路出琥珀碧玉，南路有寶井，東南路出邦洋布，另有南路通緬甸。關外的少數民族地區，原為中國領土，現歸緬甸所有。八關成為華夏和少數民族的分界。大盈江會合緬箐的水，往南流稱為小梁河、南牙江，往西南流稱為雲籠江、安樂河，轉向西稱為檳榔江，到比蘇蠻注入金沙江流入緬甸，地處千崖南面、緬甸北面、孟養東面。根據志書所載江水的流向進行分析，麓川江、龍川江、金沙江莫非是一條江的三個名稱。大概峨昌蠻的水，流到騰越稱為龍川江，到芒市稱為麓川江，下游為金沙江，流入緬甸太公城。對於地名和地形，「分而岐之名愈紊，會而貫之脈自見」。高黎貢山的山脈，往南延伸經芒市、木邦，而到大海為止，可知怒江獨自流下大海。通過新橋，先往南去跌水河，有大石橋架在大盈江上，瀑布從峽谷中穿過空中落下，分三股飛騰，和安莊的白水河瀑布同樣壯觀。水沫遠遠灑在人們身上，如雨花雪片，當地人因此說這裡久雨不晴。水流嵌在峽谷底部很深。西崖南面有龍光臺，上建關帝殿。仔細觀察，水從底下穿過洞穴流出，只不知下面穿透的洞穴和上面並峙的峽谷，是怎樣形成的，無論天巧還是人工，懷疑都不能達到如此神奇的地步。登上西峰，經過毘盧寺，到擂鼓峰下，因走錯路，便越過嶺脊，登上山頂的最高處，再走到半山腰，轉往三清殿，安置行李後，隨箐谷走下，望見一座祭祀呂純陽的亭子，亭下的石崖就像一刀削成千仞峭壁，如同一瓣蓮花，向空中高高隆起。環繞騰越州的大多是土山，唯獨這座石崖純是岩石，令人有耳目一新之感。旁邊有石牌坊寫著「太極懸崖」四個大字。再登上北邊的山坡，只見寶峰寺座落在峰頭，地勢和玉皇閣同樣高，有尼姑居住。其他地方都是佛教比道教興盛，唯獨這裡相反。接著踏上太極崖，用手撐著兩旁的崖壁，一口氣直上八十級陡峻的石階，再走三十多級到三清殿前的空亭寫日記。兩個道士供飯吃。忽然狂風四起，到晚上月光全被雲霧遮住。當晚睡在邵道士的牀上。

【注　釋】❶襟　襟帶，古時形容山川屏障環繞，如襟如帶。❷球琫山　在騰衝城東五里，下面陡峻，頂上平坦。明正統間征伐麓川土司叛亂，即在此立寨。❸擂鼓山　在騰衝城西十里，相傳諸葛亮曾在山上駐兵擊鼓進軍，故名。又名寶峰山，山上原有寶峰寺，相傳為摩伽陀禪定處所。❹緬箐　山名，又為街名，在騰衝西境，臨河遍地有溫泉，鑿地即可沐浴。❺上干峨山　在騰衝城北二十五里，山上有金塔坡，傳說從前有異人在此修道，故山上無蚊蠅。❻來鳳山　古名龍鳳山，在騰衝城南四里，是由兩個火山口組成的馬鞍形火山錐，騰衝城即座落在來鳳山火山流出的熔岩上。山不高，但明秀甲眾山。山前為滇緬古道，山北側為大盈江出水口，疊水飛瀑，轟鳴不息。每當春和秋爽，山腰雲氣繚繞，碧峰素裹，「來鳳晴嵐」為騰衝八景之一。前人曾作詩讚道：「流水似龍曾化去，遠山呈鳳欲歸來。」相傳南詔清平官杜光庭之子在此積極開發，死葬來鳳山，後人立廟祭祀，明代改建成來鳳寺。❼龍嵸山　在騰衝城北三十里。山極高峻，雲合則雨。山的南麓有兩個火山口形成的湖泊（青海、北海），北麓有兩排十多個呈南北向的新月形火山錐。「龍嵸朝雲」和「筆峰霽雪」均為騰衝八景之一。❽筆峰　山名，在騰衝城北，龍嵸山西南。❾羅生山　在騰衝城東南二十里綺羅村寨，峰巒千丈，條岡百里，樹林茂密，為騰衝名山。❿滀　水聚積。⓫和尚屯　今名河順，在騰衝城西南八里。古名陽溫暾村，因有河順屯流過，改名「和（河）順」。《遊記》下文又作「河上屯」。為雲南著名僑鄉，僑居國外的人口超過在國內居住的人。近人李根源曾作詩讚道：「十人八九緬經商，握算持籌最擅長。富庶更能知禮義，南州冠冕古名鄉。」村中有圖書館，建於一九二八年，藏書四萬餘冊，為世矚目。⓬界頭　在騰衝東北境，龍川江東。⓭南甸　即南甸宣撫司。正統九年（一四四四）由州改置，直隸布政使司。明末治所在蠻干（即今雲南梁河縣東北的九保街）。⓮隴川　即隴川宣撫司。本麓川平緬軍民宣慰使司，正統九年改置，治所在隴把（即今雲南隴川縣城西南的弄把）。⓯緬甸　即緬甸軍民宣慰使司，明洪武二十七年（一三九四）置，旋廢，永曆元年（一四〇三）復置。治所在阿瓦，即今曼德勒（瓦城）西南、伊洛瓦底江東岸的阿瓦。⓰古勇　今名古永，明代為關，在騰衝西北膽紮山，路出緬甸。清代為騰衝九隘之一。⓱茶山　即茶山長官司，明代隸永昌軍民府。在今雲南瀘水縣西境外與緬甸交界處，地極高寒。舊時不種五穀，民風強悍好鬥。⓲八關　萬曆二十二年（一五九四），雲南巡撫陳用賓為安定邊疆，奏請朝廷在邊境門戶要道上設八關，分上四關（西四關）和下四關（東四關）。關址全在山上，據險而立，易守難攻。至清乾隆間，失天馬、漢龍兩關。清末中英劃分中緬邊界，虎踞、鐵壁兩關又入緬甸境。現存神護關還保留部分城樓。⓳蠻哈守備　明代在邊地和軍事要地置守備。蠻哈守備駐銅壁關。⓴神護　在今雲南盈江縣北境的孔家灣。控制茶山、古勇、迤西等要路。㉑萬仞　在今盈江西北的猛弄山。控制迤西、港得、港勒等要路。㉒巨石　在今盈江西北的昔馬。控制迤西、戶岡要路。㉓銅壁　在今盈江西南的戛濆山。㉔隴把守備　駐隴川西南，與隴川宣撫司治同城。㉕鐵壁　在今隴川西境外洗帕河內的瓦蘭嶺下。控制蠻莫要路。㉖虎踞　在今隴川西境外那潞班附近。控制孟密、蠻棍等路。㉗天馬　在今瑞麗西南境外的勐卯三角地。控制孟密、孟廣、孟曲等路。㉘漢隴　應作「漢龍」。在今瑞麗南境外南坡河上游北岸。控制孟尾、孟廣、孟密、錫波等要路。㉙迤西　據黃貞元〈黑水考〉，舊時騰衝人稱孟養為迤西，在大金沙江邊。此指孟養長官司，萬曆十三年（一五八五）改置，治所在今緬甸孟養。㉚猛密　即猛密宣慰使司。《明史》「猛」作「孟」。明成化間分木邦西部地置安撫司，萬曆十三年升宣撫司。治所在今緬甸撣邦西北部的蒙米特（亦作孟密）。㉛寶井　在今緬甸蒙米特西南、曼德勒區東部的抹谷一帶。㉜木邦　又作「孟邦」、「孟都」。即木邦軍民宣慰使司，永樂二年（一四〇四）改置，治所在今緬甸的新維。㉝蠻莫　即蠻莫安撫司，萬曆十三年分孟密地置。治所在今盈江西南境外緬甸克欽邦東南、太平江北岸的蠻冒。㉞阿瓦　明代緬甸軍民宣慰使司治在阿瓦，故又稱緬甸為阿瓦。㉟萬曆三十三年　西元一六〇五年。㊱金騰戚道　明弘治二年（一四八九）置，駐金齒司（今雲南保山市）。㊲干崖　即干崖宣撫司，明正統九年（一四四四）改置。治所在今雲南盈江縣東北的干崖鎮。㊳三宣　指明代雲南邊地三個較大的土司，即南甸宣撫司、干崖宣撫司、隴川宣撫司。㊴六慰　指明代雲南邊地六個較大的土司，即車里宣慰使司（治所在今雲南景洪）、孟養宣慰使司（治所在今緬甸孟養）、木邦宣慰使司、緬甸宣慰使司、八百大甸宣慰使司（治所在今泰國北部的清邁）及老撾宣慰使司（治所在今老撾琅勃拉邦）。㊵望　地望。㊶南牙山　在梁河西境，綿延一百餘里，有公路通過。明王驥第二次征伐麓川，派部將開此山，截斷叛軍去路。㊷南牙江　《明史·地理志七》：「（南甸宣撫司）西有大盈江，東北有小梁河，西南經南牙山下，曰南牙江，入干崖境內。」則大盈江和小梁河、南牙江並非同一條水，與霞客所記不同。㊸西南入干崖雲籠山下五句　《明史·地理志七》：「（干崖宣撫司）東有雲籠山，西有大盈江，又南有檳榔江，自吐蕃界流合焉。東有安東河，即小梁河，下流經雲籠山下，曰雲籠江，經司治北，折而西，合於檳榔江。」與霞客所記亦有不同。㊹比蘇蠻　原誤作「北蘇」，即傈僳族。以怒江流域為聚居中心。這裡山勢陡峻，由於山巔到河谷高差達兩三千公尺，從而形成寒、溫、熱三種不同氣候，成為中國動植物交匯的十字路口。㊺金沙江　指大金沙江，與長江上游的金沙江有別，即今伊洛瓦底江。上游為恩梅開江與邁立開江，合流後在孟養東邊從北往南流的一段稱大金沙江，另有大盈江和龍川江匯入。㊻芒市長官司　明正統八年（一四四三）改置芒市禦夷長官司，後直隸布政使司，今潞西縣治仍稱芒市。㊼青石山　在潞西西南。㊽麓川　明洪武間置麓川軍民宣慰使司，治所在今雲南瑞麗，正統間廢。㊾烏沙　似即本月二十三日日記所記的「烏索」。㊿跌水河　即疊水河。大盈江流經騰衝城西約二里處，遇到一個巨大的斷層崖，崖旁三峰突起，比肩聳立。水從左峽中奪路而出，由四十六公尺高的崖頭跌落深潭，然後繼續向前奔湧。河水在此彷彿被疊成二折，故稱疊水河瀑布。瀑布頂端有一巨石，狀如怪獸，巋然蟠伏在激流之中。距水口數十步，有石橋橫跨其上，名太極橋。(51)安莊白水河　即貴州黃果樹瀑布，見〈黔遊日記一〉四月二十三日日記注。(52)土人所稱久雨不晴者以此　瀑布從高空倒瀉，破青崖，披白練，如雪噴雲飛，綿絮紛披，水聲轟鳴，山和谷應，浪花飛濺，水氣蒸騰，煙霧迷茫，在陽光照射下常現五色斑斕的彩虹。水珠飛濺，灑向四周，常年不停，當地人都用「龍洞垂簾」、「久雨不停」來概括它的特點。(53)疊牀架屋　牀上疊牀，屋下架屋，比喻重複累贅。(54)龍光臺　在疊水河西岸，雄踞三峰中峰之巔。明嘉靖間，知府嚴時泰到此觀瀑，愛此景美，建亭山上，題曰「龍光」。萬曆年間名將鄧子龍擴建。現存建築為民國時重建。觀瀑臺為半圓形，前有石欄憑藉。(55)寶峰　山名，在騰衝城西南十里，東向屏立，分成二箐谷，中間石崖懸隔，石崖中有石梯，名猢猻梯。相傳山頂古剎內有鐘重千斤，一夜風雨，鐘忽陷入溪中。56比　相近。57峨隴　又作鵝籠。在騰越城西。58純陽　呂洞賓，名巖（一作喦），號純陽，相傳為唐京兆人，咸通中及第，兩調縣令，後修道終南山，不知所終。道家正陽派號為純陽祖師，故俗稱呂祖。為傳說中的八仙之一。59靈官　仙官。60寶峰寺　在騰衝城西十里寶峰山的山谷中，有南天門、佛殿，皇殿、清殿、天梯及明代胡璇兄弟讀書處等。61摩伽陀　又作「摩揭陀」。古印度大國，在今比哈爾邦南部。國勢強盛，曾統一除半島南端外的印度全境。為早期佛教中心，中國僧人法顯、玄奘均曾到此。此摩伽陀指印度僧人。62卓　同「桌」。

【語　譯】十六日　早晨起身，等候主人開飯，想去尖山一遊。這山在州城西北百里處。在先主人說它神奇，慫恿我去，所以打算先到那裡。於是把竹箱、衣衫、氈毯寄放在姓楊的店主家中，帶上輕裝和顧僕出發。從南門外沿著城牆往西走，過了半里，通過新橋，是一座大石橋。橋下的水從北邊會合三條水流，繞過城西往南，經過這裡向南流去，就是所說的大盈江了。

我過了橋，向四面望去，山勢迴繞，先按方位來認定它們：在州城正東而山頂較平的，為球玶山，從亂箭哨而來的路越過它南邊的山脊；在州城正西而尖聳的，為擂鼓山；南面為龍光臺，是去緬箐的路，為水口西面相夾的山；正北的為上干峨山，亂箭哨的山脈，隨它往東延伸，再向南突起，距州城北有二十里；正南的為來鳳山，州城所在的山脈，隨著它往北延伸，再向西突起保祿閣，為水口東面相夾的山；州城西南為水口，峽谷極為緊束，水凌空而下，形成跌水崖；州城東南、東北都有迴繞的山塢，是來鳳山從北面環繞延伸的山脈，而唯獨東北地勢低伏，有高山在山塢外面隆起，就是龍川江東邊高黎貢山從北面延伸過來的山脈；州城西北一座山峰獨自聳立，高出眾峰之上，為巃嵷山，它是從北面延伸過來的支脈的會總處。從這裡一直往南，為筆峰，為寶峰，為擂鼓山，到龍光臺為止；從這裡往西延伸再向南轉，為猛蚌；從這裡往東延伸為上干峨山；山勢低伏往東延伸再向南突起，為赤土山亂箭嶺；往南延伸再向西轉的，為羅生山；分出支脈往正北延伸的，為球玶山，峙立在州城東面而到北邊的馬邑村為止；分出支脈從西往南延伸的，為來鳳山，峙立在州城南面而往西夾住水口，北面和龍光臺相對。這是州城四面的山。

這裡的水流：一條出自東南的羅生山，往北流經雷打田，到州城東北；一條出自東面的亂箭哨，往北流再向西轉，從馬邑村西南流出，到州城東北；一條出自籠樅山，匯聚成湖泊，流下為高河，往南到州城東北。三條水合而為一，這就是大盈江，從州城西邊往南流，通過兩座橋，落下峽谷沖擊，峽谷深十丈，寬三丈多，下面為深潭，江水沖破峽谷往西南流去，經過和尚屯，又名大車江。這是州城四面的水流。

從州城往北走兩天到達界頭，和上江相對；往南走一天到達南甸，和隴川、緬甸相對；往西走一天半到達古勇，和茶山相對；往東走一天半到達分水關，和永昌相對。八關從它的西北斜向到達東南，西面的四關隸屬蠻哈守備，從西北到東南：第一關名神護，第二關名萬仞，第三關名巨石，第四關名銅壁。東面的四關隸屬隴把守備，從西北到東南：第一關名鐵壁，第二關名虎踞，第三關名天馬，第四關名漢隴。八關的外面，從神護關出去為西路，通往滇西，出產琥珀、碧玉；從天馬關出去為南路，通往猛密，有寶井；從漢隴關出去為東南路，通往木邦，出產邦洋布；從鐵壁關出去也是南路，通往蠻莫，是去緬甸阿瓦的大路。過去蠻莫、猛密都是中國的領土，自從萬曆三十三年金騰戚道設立這八關後，於是關外各少數民族，都被阿瓦占有了。從州城往南到達南甸後分路為二：一往西通向干崖，到蠻哈諸關；一往南通向隴川，到隴把諸關。從州城往西到達緬箐後分路為二：一往西走神護關，通往滇西；一往西北越過山嶺，到古勇。大概「三個宣撫司」還屬於關內，而「六個宣慰使司」的屬地，都設在關外了。便成了華夏和少數民族的分界。這是它四周邊遠地區的形勢。

大盈江流過河上屯會合緬箐的水流，往南流入南甸為小梁河，流經南牙山，又稱為南牙江，往西南流入干崖的雲籠山下，名雲籠江，沿山流到干崖北面，為安樂河，轉向西流一百五十里，為檳榔江，到比蘇蠻境內注入金沙江流到緬甸。一說是在太公城合流，這城是在緬甸境內。查考緬甸的金沙江，沒有注明源流，志書只說它寬有五里，但講到孟養的邊界，東到金沙江，南到緬甸，北到干崖，那麼這條江在干崖南面、緬甸北面、孟養東面了。又查考芒市長官司西南有座青石山，志書說金沙江的源頭出自這山，而後流入大盈江，又說大車江自騰衝流經青石山下。難道大盈江流經青石山的北面、金沙江流經青石山的南面嗎？志書所說的發源地，應當也是流經的地方而不是源頭，如果是源頭，哪能水流馬上就這樣大呢？又查考芒市西面有麓川江，源出於峨昌蠻地區，流過緬甸的屬地，會合大盈江；南甸東南一百七十里處有孟乃河，源出龍川江。而龍川江在騰越州東面，實際上出自峨昌蠻的地區，往南流到緬甸太公城，會合大盈江。這樣麓川江和龍川江，同樣源出峨昌蠻的地區，同樣流到南甸南面干崖西面，同樣流入緬甸的屬地，同樣會合大盈江。但這兩地實際上並沒有兩條水流，難道麓川江就是龍川江、龍川江就是金沙江，一條江水而有三個名稱嗎？原來麓川又名隴川，「龍」與「隴」音實相近，必定就是其中之一可以無疑。大概是峨昌蠻的水，流到騰越州東面稱為龍川江，到芒市西面稱為麓川江，是因為和麓川司交界的緣故；它在麓川司境內，實際上出青石山下，因為它的下游是金沙江，便被指為金沙江的源頭，而不是源出於山下可知了；又流到干崖西南、緬甸北面，大盈江從北面流來會合，一起往南流，水勢才變得寬闊，到這裡單獨稱為金沙江，而流到太公城。孟養的邊界，實際上在它往南流的江水西岸，所以指為交界，不是孟養的東面又有一條金沙江往南流，干崖的西面又有一條金沙江源出青石山往西流；也不是大盈江會合金沙江後流入緬甸、龍川江又流入緬甸後會合大盈江。大盈江流入的金沙江，就是龍川江的下游，龍川江會合的大盈江，就是這名為金沙江的水流了。若將支流分開講會因名稱繁多而變得更加紊亂，只要統一名稱，貫通源流，脈絡就自然顯現出來了。這是這兩條江水所流經的地方。到這時更加明白高黎貢山的山脈，往南延伸經芒市、木邦，而到大海為止，可知怒江單獨往下流到大海西邊了。查考志書還有個大車湖在州城南面，十分寬廣，湖中有山，如瓊玉般的水波中的一點青色。如今只有城北上干峨山、龍摐山下有兩個湖泊，城南並沒有積水，難道洪流全都飛揚塵土了嗎？

通過新橋，往西走半里，有岔路：往西北走的，是去烏沙、尖山的路；往南走下的，是去跌水河的路。我聽說那裡景色很美，就先往南趕去。到長滿竹子的山塢中走了一里，徒步渡過一條往東流的小澗，往南登上山坡，轉向東約走了半里，有大石橋架在大盈江上，這橋東西向架在新橋的下游。從橋的西邊稍許往南登上山坡，不到半里，見瀑布從左邊峽谷中穿空平落下來，崖深十多丈，三面石壁環繞。瀑布分三股飛騰，中間一條寬一丈五，左邊一條和山崖並排齊湧，寬四尺，右邊一條嵌入山崖分流，寬一尺五。大致中間一條如同簾幕，左邊一條如同一匹布，右邊一條如圓柱，氣勢極其雄壯，和安莊的白水河瀑布同樣壯觀，但這裡的山崖更加逼近。從西邊的山崖繞到南邊山崖，平對著瀑布站立，水沫飛濺倒捲，似玉屑飛揚珍珠跳躍，遠遠灑在人的衣服和臉上，白天真像雨花雪片。當地人所說的久雨不晴就是指這種情況，但「雨」字應該改為「旱」字才對，用「雨」字那就重複累贅了。這水往下落成深潭，水流嵌在峽底很深，於是往下到水邊。有兩重房屋在相夾的山壑中，是姓王人家的水碓。又登上西邊的山崖，在它南面有座山峰高高聳起，憑空面向瀑布，這是龍光臺，上面建有關帝殿。回頭看了好久，再走下西邊的山崖。這崖十分狹窄，東邊就是飛流的瀑布從空中落下處，西邊也是相夾的坑谷環繞著房屋。俯視房屋下面的坑底，有流動的泉水重疊水碓，也是個水碓的地方，而在環繞的山坡中，它的西邊就是南下去緬箐的大路，不知水從哪裡流出。仔細俯視地形，水從山腳下穿過洞穴流出，往南分成兩條，一條隨大路往南流去，一條又流入巨石下，流進相夾的坑谷上的屋中成為水碓。回頭眺望山崖北邊有條很細的峽谷，往下深五、六丈，並排峙立從北邊延伸過來，寬僅一尺，但高不止三丈多，水從峽谷底部穿入前邊山崖的腹部後從它的南面流出。估計崖洞的上方，高也有三丈多，往南到出水的洞穴，連接上面有三、四丈長，不知它下面穿透的洞穴和上面並峙的峽谷，是怎樣形成的，無論天巧還是人工，懷疑都不能達到如此神奇的地步。

從山崖上攀登西邊的山峰，走了一里，有寺院座落在山峰的東面，門朝東，為毘盧寺。從寺的西邊走二里，直到擂鼓尖峰下，看到有路往西直上山峰，但路上有兩個書生，指著說去寶峰的大路還在北面，便從田間橫穿過去。走了半里，來到大路上，隨著大路往西上坡。走了二里，往西到達擂鼓尖峰的北面，應當往西北從岔路上山，但我卻誤從西南走。過了一里，踏上險峻的山路，又走了一里，漸漸轉向南攀登，再向擂鼓尖峰走。又過了一里，心裡明白已走錯路了，便往西越過嶺脊，就望見寶峰的殿堂樓閣，在西北山嶺的半腰，和這嶺脊同樣高，但隔著兩道箐谷，下面很深，都從西南嶺脊落下。估計隨山坡往東下去，到大路後再往上，和登坡往西上去，從峰脊轉下去，走的路相近，不如往上走還能登上峰頂，於是往西南上山，路很陡峻。過了一里，徑直從擂鼓尖峰的西面走出，有路自尖峰向南過來會合，一起往西北越過山脊。山脊北面路分成兩條，一條往西北沿著山峰走，一條往東北攀登山嶺走。過了一里，再越過山嶺登上山脊，這山脊兩旁都是向東、西陷下，就在山脊上吃飯。走過北面，路又和先前一樣分成兩條，但往東北的仍然不是去寶峰的路，還隔著一道箐谷。於是再往西北登上山頂，走了一里，踏上山頂最高處，向東俯視州城東面的山塢，向西俯視峨隴南面的山塢，都靠近夾在這道山脊下面。峨隴的西面，又有一重高峰，從北往南，夾住峨隴的山塢，往南到緬箐，而後和大盈江會合往南延伸。山頂東南幽深的樹木密集遮蔽，便從西北下山，路很陡峻，過了半里，才走上平坦的路。隨著東邊的箐谷往北，便在嶺脊上行走，又過了半里，路相交成「十」字形，一條從南直往北走的，都在這脊上；一條從東邊箐谷中上去，橫過西北的，通往山腰。知道寶峰的寺廟在箐谷的隱蔽處，便轉向東下去。樹葉覆蓋在成叢的枝條間，路十分陡峻滑溜，不抓住枝條，腳就站不住。

往下走一里，轉到殿角的右邊，就是三清殿。前面有三間空亭，向東收攬整個平野的勝景，而它下面的亭子樓閣連結在懸崖之間，箐谷相隔山坡環繞，近在咫尺，卻隱隱約約看不分明。殿的西廂房是兩個道士的居住地方。我安置了行李，吩咐顧僕守在這裡，就從亭前往東下去。路分兩條，一條從右邊走下高坡，一條從左邊轉入深谷。我先隨箐谷下去，走了半里，看到右邊山崖間，一座亭子淩空點綴在上面，八個亭角重重窗櫺，高高靠在懸崖的上面，是參將吳君四川人，名藎臣。新近建成來祭祀呂純陽的。從亭子的左邊再往下，沿著箐谷走半里後往南轉，抬頭望見亭子下方的石崖，就像一刀削成千仞峭壁，如同一瓣蓮花，向空中高高隆起，在它南邊又豎起一瓣蓮花似的石崖並排依附著它，都是純粹的岩石沒有絲毫裂紋，只有兩崖互相依附的地方，中間垂著一線的空隙，寬僅一尺多，在裡面鑿了石級，抬頭望它簡直像倒掛的天梯。北邊蓮瓣似的崖壁上，寫著「奠高山大川」五個大字，也是吳參將的手筆；在它下方新建了一個軒廊跨在路中，裡面畫著靈官像。南邊蓮瓣似的石崖一旁有尖石特立，夾住石級成為門戶，玉皇閣靠在下面。環繞騰越州的大多是土山，唯獨這座山崖純是岩石，在相夾的箐谷間高高隆起，令人頓覺耳目一新。玉皇閣的南面也是陡懸的箐谷，沒有通道，靈官軒的北面又在山崖上鑿石成梯，嵌在夾立的岩石中間。往北走下幾丈，有石牌坊峙立在路前，寫著「太極懸崖」幾個大字。從這裡往北越過往東延伸的箐谷，再登上北邊的山坡，共走了一里多，只見寶峰寺座落在峰頭，地勢和玉皇閣同樣高。但玉皇閣朝東，這寺朝南，寺東邊的外山最小，固然不如玉皇閣在環繞的箐谷中央，位於一山的正中。寺很冷落，有尼姑居住在寺中，這裡是從前摩伽陀的修道處。其他地方都是佛教比道教興盛，而唯獨這裡相反。隨即又走下箐谷中，登上太極崖，經過北邊的蓮瓣似的石崖下方，從一線寬空隙中的石級往上走。這石級十分陡峻，幾乎不能停步，幸虧兩旁石崖緊逼束攏，用手撐著往上攀登。一口氣登上八十級，到純陽亭的南面，峽谷才轉為曲折的石梯，又走了三十多級到達空亭中。我打算在這裡眺望明月，來擴展以前未能盡情觀賞的景觀。於是留下擦拭桌子寫日記。吩咐顧僕到太極崖下的箐谷東邊去取水來煮飯，兩個道士阻止他，拿出飯給我吃。仍然坐在空亭中，忽然狂風四起，烏雲密布，到晚上月光全被遮住。邵道士說亭中風大，邀請我睡在他的牀上。

十七日　余起，見日麗山幽，擬暫停憩其間，以囊中存米作粥，令顧奴入州寓取貴州所買藍紗，將鬻以供杖頭❶。而此地離州僅八里，顧奴去不返。抵下午，餒甚，胡道飯余。既而顧奴至，紗仍不攜來也。

十八日　錄記於虛亭。先夜有虎❷從山下齧參戎馬，參戎命軍士搜山覓虎。四峰瞭視者，吶聲相應，兩箐搜覓者，上下不一，竟不得虎。

巔塘關南越大山，西南繞古勇關北，分支東突者為尖山，東南突者為馬鞍山，又分支南下者為寶峰，又南為打鼓尖，又南盡於龍光臺。其馬鞍山正支東度者，一起為筆峰，又起為蘢嵸，於是南環為赤土，為亂箐哨過脊，又南為半箇山，而西北環來鳳而結州治。此所謂迴龍顧祖也。從古勇關北分支南下者，為鬼甸西山，又南為鵝籠西山，又南抵於緬箐；正支西南下者為古勇西關，而南接於神護焉。八關之外，其北又有此古勇、巔塘二關，乃古關也。巔塘之外為茶山長官司，舊屬中國，今屬阿瓦。巔塘東北、阿幸廠北為姊妹山，出斑竹，其外即野人。寶峰山東向屏立其前，下分為二箐，中垂石崖高穹，兩旁倒插箐底。北箐之上，環岡一支，前繞如堵牆，石崖中裂，鑿級懸其間，名猢猻梯。梯南玉皇閣倚其下，梯北純陽閣踞其上，舊有額名為「太極懸崖」，而吳參戎又大書鐫其上，曰「莫高山大川」。純陽閣之上，則開軒三楹，左右當懸箐之中，而下臨絕壑。向東北，近則環岡前伏，平川繞其下；遠則東山之外，高黎工北尖峰特出眾山之頂，正對其中，此峰土人又名為小雪山，遙峰橫亙天半，而其上特聳一尖如拱圭，蓋在分水關之北二十里。關間無路能上，亦不能見，至此乃東見之。馬鞍山寶藏之徒徑空，昔在戎行時，曾從赤土鋪北度龍川至其下，為高簡槽，有居人段姓者，導之登其頂。其高蓋四十里云。目界甚爽。其後為三清殿，則邵道所栖也。三清殿去西頂不遙，余前從之下。蓋是山之最高者為三清殿，東北向；當石壁而居一山之中者為玉皇閣，東向；居北箐之北，倚環岡腋間者為寶峰寺，南向。玉皇閣當石壁下，兩箐夾之，得地脈之正；而純陽閣孤懸崖間，從蓮花尖上現神奇，是奇、正相生之妙也。蓋騰陽多土山，而此山又以土山獨裹石崖於中，如穎躍於囊，且兩箐中怪樹奇株，鬱蓊蒙密。竹之大者，如吾地之貓竹，中者如吾地之筋竹，小者如吾地之淡竹，無所不有，又非迤東、西所有也。

【章　旨】本章記載了第三百十二天、第三百十三天在永昌府的行跡。早晨起身，見陽光明媚，山林幽靜，打算暫時在這裡停歇。仍由道士供飯，在空亭寫日記。因昨夜老虎咬了參將的馬，四處搜尋，卻沒發現。在此考察了巔塘關南面的大山走向。以及馬鞍山正支往東走向、從古勇關北面分出的支脈往南走向，八關的北面還有古勇、巔塘兩處古關。寶峰山的下面分成兩個箐谷，北邊箐谷的上方有猢猻梯，梯南有玉皇閣，梯北有純陽洞。高黎貢山北邊的尖峰高出群山之頂，當地人稱為小雪山。山後為三清殿。玉皇閣位於山的中央，純陽閣獨懸石崖之間，兩者有奇正相生之妙。

【注　釋】❶杖頭　杖頭錢。西晉阮修常步行，在杖頭掛一百錢，到酒店獨自暢飲。後因稱買酒錢為杖頭錢。❷先夜有虎　騰衝一帶從來多虎，特產虎骨酒，遠銷各地。

【語　譯】十七日　我起身後，看見陽光明媚，山林幽靜，打算暫時在山中停歇，用袋中存米煮粥，吩咐顧僕進州城到寓所去取在貴州買的藍紗，將它賣了作買酒錢。這裡離州城僅八里，但顧僕一去不返。到下午，餓得厲害，胡道士給我飯吃。隨即顧僕回來，藍紗仍沒帶回。

十八日　在空亭中寫日記。昨夜有老虎在山下咬了參將的馬，參將命軍士搜山找虎，在四面山峰上瞭望的人，吶喊的聲音相應，到兩邊箐谷中搜尋的人，上上下下到處尋找，終於沒找到虎。

從巔塘關南面越過的大山，往西南繞到古勇關的北面，分出支脈向東突起的為尖山，向東南突起的為馬鞍山，又分支脈往南延伸的為寶峰，再往南為打鼓尖峰，再往南到龍光臺為止。馬鞍山正支往東延伸的山，先聳起為筆峰，再聳起為巃嵸山，到這裡往南環繞為赤土山，是亂箐哨延伸過來的山脊，再往南為半箇山，而往西北環繞過來鳳山盤結成為州城所在的山。這就是所謂轉過來迴繞大山正脈了。從古勇關北面分出支脈往南延伸的，為鬼甸的西山，再往南為鵝籠的西山，再往南到達緬箐；正脈往西南延伸的，為古勇西關，和南面的神護關相接。八關以外，在它北面還有這古勇、巔塘二關，是古關口。巔塘關的外面為茶山長官司，過去屬於中國，如今屬於阿瓦。巔塘關的東北、阿幸廠的北邊為姊妹山，出產斑竹，那山外就是野人居住的地方。寶峰山面向東如屏風一樣峙立在它的前面，下面分成兩個箐谷，中間垂立著高高隆起的石崖，兩旁倒插箐谷的底部。北邊的箐谷上方，環繞著一支山岡，向前迴繞如同堵牆，石崖中間裂開，鑿了石級懸掛其中，名猢猻梯。梯的南邊玉皇閣靠在它下方，梯的北邊純陽閣座落在它的上方，舊有匾額題名為「太極懸崖」，吳參將又寫了大字刻在它上面，叫「奠高山大川」。純陽閣的上方，則有三間軒廊，正當左右兩邊陡懸的箐谷之中，而下面對著絕壑。面向東北，近處則見環繞的山岡在前面低伏，平川在山岡下圍繞；遠處則見東山的外面，高黎貢山北邊的尖峰高出群山之頂，正對著它的中央，這山峰當地人又稱為小雪山，遠峰橫亙在半空中，而山上高聳一座尖峰，形狀像兩手合抱的大圭，大概在分水關北面二十里。關中沒路能上去，也看不見，到此地才向東望見它。馬鞍山寶藏的徒弟徑空，過去從軍時，曾從赤土鋪往北渡過龍川江到山下，為高簡槽，有個姓段的居民，領他登上山頂。山高大約有四十里路。眼界十分開闊。它的後面為三清殿，是邵道士居住的地方。三清殿離西邊的山頂不遠，我先前便從那裡下來。大致這山最高的地方為三清殿，面向東北；正當石壁下位於全山正中的，為玉皇閣，面向東；位於北邊箐谷的北面，靠著環繞的山岡腋間的為寶峰寺，面向南。玉皇閣正當石壁之下，兩邊箐谷夾住它，位於地脈正中；而純陽閣孤獨地懸在山崖間，從蓮花尖上呈現神奇，這是兩閣奇、正相生的妙處。大致騰越州的南面以土山居多，而這座山又是以土山獨自將石崖圍在中間，如錐處囊中躍出，而且兩邊箐谷中怪樹奇株，蒼翠茂密。竹子大的，像我鄉的貓竹，中等的像我鄉的筋竹，小的像我鄉的淡竹，無所不有，這又是滇東、滇西所沒有的。

二十一日　飯後別邵道，下純陽閣，東經太極崖。其處若橫北箐而上，半里而達寶峰寺。余以南箐懸峭，昨所未經，乃從大路循玉皇閣下懸崖，曲折下半里，又度北箐之下峽，從環岡大道復半里，北上寶峰寺。問道於尼。尼引出殿左峰頭，指山下核桃園，直北為尖山道，西北登嶺為打鷹山道。聞打鷹山❶有北直❷僧新開其地，頗異，乃先趨打鷹。於是東北下坡，一里，抵坡北。又北一里餘，有數家倚西山麓，是為核桃園❸。其西北有坳頗低，乃寶峰之從北度脊者，有大道西向之，有小溪東注。逾之，直北一里餘，乃西北登坡。四里，逾坡脊而西，是名長坡。又西半里，乃轉而北，挾西峰而循其北，仍西行脊上。其脊北下，即酒店嶺之東度為筆峰、巃嵸者；南下，即野豬坡之南出為鵝籠、緬箐者，蓋俱從分支之脊行也。西五里，嶺坳間路交「十」字，乃西北橫陟之。當從北躡坡，誤從西行嶺之南。二里，遇樵者，知為鬼甸❹道，打鷹開寺處已在直北雙峰下。然此時已不見雙峰，亦不見路影，乃躡棘披礫❺，直上者三里，霧氣襲峰，或合或開，又上二里，乃得亂坪，小峰環合之，中多迴壑，竹叢離布❻。見有撐架數柱於北峰下者，從壑中趨之，仍無路。柱左有篷一龕，僧寶藏見余，迎入其中，始知即開山之人也。因與余遍觀形勢。

飯後，霧稍開，余欲行，寶藏固留止一宵。余乃從其後山中垂處上，其山乃中起之泡也，其後復下，大山自後迴環之，上起兩峰而中坳，遙望之，狀如馬鞍，故又名馬鞍山⑦。據土人言，其上多鷹，舊志名為集鷹山，而土音又譌為打鷹云。其山脈北自冠子坪南聳，從頂上分二岐：一峙西南，一峙東北。二峰之支，如抱臂前環，西南下者，當壑右而伏，過中復起小阜而為中案，南墜而下，復起一峰為前案；東北下者，當壑左而伏，結為東窪之鑰。兩峰坳處，正其環窩處，前蹲一峰當窩中，其脈復自東北峰降而中度，宛如一珠之托盤中。其前復起兩小阜，如二乳之列於胸，其脈即自中蹲之峰，從左度右，又從右前度，而復起一阜於中，與雙乳又成鼎足，前列為中峰近案，即南與中案並峙。稍度而東，又起一阜，即北與東窪之鑰對夾。故兩乳之前，左右俱有窪中坳，中峰之後，左右亦有峽中扃，其脈若甚平，而一起一伏，隱然可尋。其兩峰之高者，左右皆環而止，惟中之伏而起者，一線前度，其東為筆峰、龍嵸，南為寶峰、龍光者，皆是脈也。

土人言：「三十年前⑧，其上皆大木巨竹，蒙蔽無隙。中有龍潭⑨四，深莫能測，足聲至則湧波而起，人莫敢近。後有牧羊者，一雷而震斃羊五、六百及牧者數人，連日夜火，大樹深篁，燎無孑遺，而潭亦成陸。今山下有出水之穴，俱從山根分逗云。」山頂之石，色赭赤而質輕浮，狀如蜂房，為浮沫結成者，雖大至合抱，而兩指可攜，然其質仍堅，真劫灰之餘也⑩。寶藏架廬在中峰之下，前臨兩乳，日後有擴而大者，後可累峰而上，前可跨乳為鐘鼓之樓云。今諸窪雖中坳，而不受滴水，東窪之上，依石為窞，有瀦水一方，豈龍去而滄桑倏易，獨留此一勺，以為開山之供者耶？

寶藏本北直人，自雞足寶臺來，見尖山雖中懸而無重裹，與其徒徑空覓山至此，遂龕坐篷處者二年。今州人皆為感動，爭負木運竹，先為結此一楹，而尚未大就云。徑空，四川人，向從戎為選鋒，復重慶，援遼援黔，所向有功，後為騰越參府旗牌⑪，薙髮於甘露寺，從師覓山。師獨坐空山，徑空募化山下，為然一指⑫，開創此山，俱異人也。是晚宿龕中。有一行腳僧，亦留為僧薙地者，乃余鄉張涇橋⑬人，蕭姓，號無念，名道明。見之如見故人焉。

【章旨】本章記載了第三百十六天在永昌府的行跡。經過太極崖，登上寶峰寺，下山到核桃園。又越過長坡，到一塊雜亂的平地，遇見僧人寶藏，就是新近在打鷹山創建寺院的人，和他遍觀地形。飯後上山，打鷹山是中間凸起的泡沫山，因遠望形狀似馬鞍，又名馬鞍山，山上多鷹。當地人說，三十年前打鷹山上都是大樹巨竹，並有四個深不可測的龍潭，後因震雷引起連日大火，樹竹燒盡，深潭變成陸地。如今山頂岩石由漂浮的泡沫凝結而成，石質輕浮但又堅硬，真是劫火的餘灰。寶藏是北直隸人，和徒弟找山到這裡創建寺院，師徒都是奇人，州裡的人都被他們的精神所感動。

【注釋】❶打鷹山　又作打鶯山，在騰衝往北至固東的公路邊。騰衝壩子的北邊有四十多座火山，大致呈南北方向作線狀排列。現有十多座山峰外貌還保持著截頂狀圓錐形的這樣典型的火山形體，為中國保存最完好的新生代火山群之一。其中打鷹山最典型，海拔二千六百一十四公尺，相對高度六百四十五公尺，底面直徑二十四里，頂部火山口直徑三百公尺，深一百多公尺，為中國少有的幾處多次噴發的活火山之一。❷北直　北直隸的簡稱。明初建都應天府（治所在今江蘇南京），永樂初建北京於順天府（治所在今北京），稱行在，後改都北京。京師和南京所統府、州，直隸六部，前者稱北直隸，後者稱南直隸。北直隸所轄地區，相當於今北京、天津及河北大部、河南、山東小部。❸核桃園　在騰衝城西八里寶峰山下。一九三八年在此園荒冢中發現漢五銖錢千枚。❹鬼甸　今名奎甸，在騰衝西北，打鷹山西。❺躡棘披礫　據文意當為「躡礫披棘」。❻離布　分布；散布。❼馬鞍山　在騰衝城西十二里，由葫蘆狀的三個破火山口組成，在它西南還有三個寄生火山口組成花邊狀的陵岡和火山繩。山頂有峰中間凹下，從北面望去，不見雙峰，只覺兩旁隆起如冠，故又名冠子坪山。❽三十年前　據方志記載，萬曆三十六年（一六〇八）十二月，萬曆三十七年正月，保山、騰衝發生大地震。❾龍潭　指火口湖，由死火山口積水形成，一般多呈圓形，面積較小，但較深。❿山頂之石八句　火山頂上，有圓形的窪地，即過去的火山口。從火山口噴出的熔岩冷卻、凝結成灰褐色的玄武岩，俗稱蜂窩石、江沫石、水浮石，地質學中稱為浮石。由於噴發出來的岩漿、碎屑等物在冷卻過程中，氣體不斷從堆積物中外溢，形成一個個大小不一的空洞，空洞越多，體積越大，體重越輕，桌面大的石頭，一人就能舉起，扔進水中，也不會下沉。由於它質輕，有隔音、隔熱的作用，故被稱為天然的「泡沫混凝土」。⓫旗牌　明、清時朝廷以上面寫有令字的藍旗和圓牌，頒給地方大員，用以代表王命。掌王命旗牌的官稱為旗牌官，簡稱旗牌。⓬為然一指　舊時僧人有捨身煉指法，即將香繞在指上燃燒。然，同「燃」。⓭張涇橋　在江蘇江陰東南。

【語譯】二十一日　飯後告別邵道士，走下純陽閣，往東經過太極崖。從這裡如果橫越北邊的箐谷往上，走半里就到寶峰寺。我因為南邊的箐谷高懸陡峭，昨天沒有經過，就從大路沿玉皇閣走下懸崖，曲曲折折走了半里，又越過北邊的箐谷下的峽谷，從環繞的山岡上的大路再走半里，往北登上寶峰寺。向尼姑問路。尼姑帶路走出大殿左邊的峰頭，指著山下的核桃園，說往正北是去尖山的路，往西北登上山嶺是去打鷹山的路。聽說打鷹山有北直隸來的僧人最近在那裡創建寺院，十分神奇，於是先去打鷹山。從這裡往東北下坡，走了一里，到達山坡北邊。再往北走一里多，有幾戶人家靠著西山山麓，這是核桃園。在它的西北有坳地很低，是寶峰山的山脊從北面延伸的地方，有大路向西通往那裡，有小溪往東流去。渡過小溪，直往北走一里多，就往西北登上山坡。走了四里，越過坡上的山脊往西，地名長坡。再往西走半里，才轉向北，緊貼著西邊的山峰而沿著它的北面走，仍然往西在山脊上行走。這山脊往北下去，就是酒店嶺往東延伸為筆峰山、龍從山的地方；往南下去，就是從野豬坡往南走出到鵝籠、緬箐的地方，大概都從分支的山脊上走。往西走五里，在嶺坳間路交叉成「十」字形，便往西北橫越路口。本該從北邊登上山坡，卻誤從西邊在山嶺南面行走，過了二里，遇上一個樵夫，得知這是去鬼甸的路，打鷹山新建寺廟處已在正北的雙峰下面。但這時已看不見雙峰，也看不見路的痕跡。就踩著碎石分開荊棘，直往上走三里，霧氣侵襲山峰，時合時開。再往上走二里，才來到一塊山間雜亂的平地，小山峰環抱著它，中間有許多迴繞的山壑，竹叢分布。看到北面山峰的下方有幾根支撐房屋的柱子，便從山壑中趕往那裡，仍然沒路。柱子左邊有一處用竹篷搭建的佛龕，僧人寶藏見到我，迎入龕中，才知道他就是創建寺院的人了。於是和我一起遍觀地基形勢。

飯後霧氣稍許散開，我想要走，寶藏堅決留我住一夜。我就從這裡後山中間垂下的地方往上走，這山是居中凸起的泡沫山，山後又低下去，大山從後面環繞著它，上面突起兩座山峰而中間坳下，遠遠望去形狀如同馬鞍，所以又名馬鞍山。據當地人說，山上有很多鷹，舊時志書稱為集鷹山，但土音錯讀為打鷹山。它的山脈起自北面的冠子坪往南聳起，從山頂上分出兩峰，一座峙立在西南，一座峙立在東北，兩座山峰的支脈，如手臂合抱往前環繞，往西南延伸的，在山壑右邊低伏，經過山壑中又突起小土丘成為居中的案山，往南落下的，又突起一座山峰成為前面的案山；往東北延伸的，在山壑左邊低伏，盤結為東面窪地的關口。兩座山峰間的坳地，正好是繞成山窩的地方。前面一座山峰正座落在窩中，它的山脈又從東北的山峰下降往窩中延伸，很像一顆明珠托在盤中。在它前面又突起兩座小土丘，如同兩個乳頭在胸部排列，它的山脈就起自座落在山窩中的山峰，從左往右延伸，又從右往前延伸，而後又在山窩突起一座土丘，和雙乳般土丘形成鼎足，排列在前面成為中峰附近的案山，就在南面和居中的案山並峙。稍許往東延伸，又突起一座土丘，就在北面和東面窪地的關口相對夾立。所以雙乳般小土丘的前面，左右都有中間窪下的坳地，中峰的後面，左右兩邊也有峽谷在中間鎖閉，山脈好像平坦，但一起一伏的形勢，隱約可探尋。這兩座高的山峰，左右都環抱到頭，只有中間低伏而又突起的山脈，像一條線那樣往前延伸，在它東面的為筆峰山、寵嵸山，在它南面的為寶峰山、龍光臺，都是這道山脈。

當地人說：「三十年前，山上都是大樹巨竹，密集遮蔽沒有空隙。山中有四個龍潭，深不可測，有腳步聲傳來，就湧起波浪，人不敢走近。後有牧羊的人到此，一聲驚雷，震死五、六百隻羊和幾個牧羊的人，連續幾夜大火，大樹深竹全被燒毀沒有一點剩餘，龍潭也變成陸地。如今山下有出水的洞穴，都是從山腳分別引出的。」山頂的岩石，顏色赭紅，質地輕浮，形狀如同蜂房，是漂浮的泡沫凝結而成的，即使大到合抱，用兩個手指就可提起，但石質仍很堅硬，真是劫火之後的餘灰。寶藏在中峰的下方蓋了房屋，前面對著雙乳般的小土丘，以後有人來擴大寺廟，後面可依山峰層累而上，前面可橫跨雙乳般的小土丘建造鐘鼓樓。現在各窪地雖然中間凹下，但沒有一滴水，東面窪地的上方，靠著岩石形成深坑，有一方積水，難道是神龍離去後滄海桑田倏忽變換，唯獨留下這一勺水來供應創立寺廟的人飲用嗎？

寶藏本是北直隸人，從雞足山、寶臺山一路過來，見尖山雖然居中高懸，但無重重圍裹的山，和他徒弟徑空尋山來到這裡，便用竹篷搭建佛龕在其中坐禪二年。如今州裡的人都被他感動，爭相背木運竹，先為他蓋了一間屋，但還沒完全建成。徑空，四川人，以前從軍在先鋒部隊，收復重慶，救援遼東，救援貴州，所到之處都建立功勳，後來擔任騰越州參將府的旗牌官，在甘露寺落髮出家，跟隨師傅尋山。師傅獨自坐在空山中，徑空到山下化緣，用香燒了一個手指，開創這寺院，都是奇人。這天晚上住在佛龕中。有個行腳僧也留下為寶藏鏟除地面雜草，他是我家鄉張涇橋人，姓蕭，法號無念，名道明。見到他如同見到了老朋友。

二十二日　晨起，宿霧淨盡。寶藏先以點餉余，與余周歷峰前。憑臨而南為南甸，其外有橫山前列，則龍川後之界也；近嵌麓西為鬼甸，其外有重峰西擁，則古勇前南下之支也；下伏而東度為筆峰，其外有高嶺東穹，則高黎工後聳之脈也；惟北向則本山後屏焉。然昨已登嶺北眺，知東北之豁處，為龍川所合，西北之叢處，為尖山所懸，而直北明光六廠之外，皆野人之栖矣。久之，乃飯而別。

寶藏命其徒徑空前導，從東北行，皆未開之徑也。始逾東環之臂，即東北下，雖無徑而頗坦。三里餘，有路循嶺北西去，往鬼甸道，蓋是山前後皆向鬼甸道也。於是交之，仍東下，甚峻。一里，又有路自東南來，西北逾嶺去，此即州中趨冠子坪道。蓋冠子坪從北南度，穹起打鷹之頂，自北望之，不見雙峰如鞍，祗覺層起如冠。逾脊西下，是為坪村所托，有龍潭西湧，乃鬼甸上流，經鵝籠而南下者也。余交其路，仍東北下，行莽棘中。一里餘，北向下，傍西小峽漸有微徑，徑右峽中亦有叢竹深藤。東轉，再逾一峽，一里，乃北行環岡上。岡之西，大山始有峽中盤；岡之東，始隨坡東下。共二里，抵坡麓，則響水溝之峽在其東矣。有溪自西峽出，北涉之，隨西山北行。西山至是稍開，有路西入之。交其路而北，一里餘，稍下，又有小水從西塢出，是為王家壩。以此水為界，南俱沐府莊。又北半里，遂與南來大路合。又北一里，有村在西山下，至是中塢始開。其塢南從酒店脊來，北至此東、西乃闢，溪沿東麓北下，村倚西山東向，而路出其中。又北里許，有岐東北往界頭。余循西山西北下，渡一小峽，半里，西轉，其南谷為灣腰樹，蓋王家壩之後山也；其北塢為左所屯，乃龍嵸北又起一峰，其餘支西北而環者。塢中始有田疇下闢，響水溝之流，亦西北貫之，而路從南山西向行。一里餘，有小水北流。又西一里餘，有結茅賣漿在南山下。於是巨松錯立，高影深陰，午日俱碧。又西二里，為馬站，其北坡下頗有隔林之廬，而當路左者止一家，州來者皆飯焉，其西始田塍環坡。從田中西北行一里餘，抵北山下。稍西復北，一里，逾其坳，有墟場，為馬站街房。其北山坡雜沓，石齒高下，東岡與西山，遂夾溪北注。共三里，有山橫於前，乃西隨之。半里，北透其坳，其北則山開而下盤環壑，溪從西山透峽南來，繞壑北去。固知透坳之山，乃自南而西轉，坳西一峰，即西盡於溪者也。盤壑而西北，一里餘，遂循溪東岸行，其西岡松檜稠密，有大寺基在焉。乃飯於溪旁。又北半里為邱坡，有兩、三家倚西山下。其西則群山中迸為峽，有岐西入之，為古勇道；其東則谷口橫拓，南北之水，俱由之出焉。於是北行田塍間，二里，屢逾其分流之水。又北一里餘，為順江村，古之順江州❶治也。西山至是，中斷復起，其特聳頗厲，是為三清山。村多環石為垣，連竹成陰者。又北半里，有水自西峽來，東向而注，是為順江❷，有木梁跨其上。順江村之東，山塢東闢。過橋，復北上坡，行竹徑中。半里，北下，過乾海子。一里餘，北上坡。有虛茅❸在坡北，是為順江街子。復西北行坡坂間。其坂西倚三清山，東臨夾壑；壑之東，則江東山❹南下而橫止焉。從此三清西亙，江東東屏，又成南北之塢。行坂間三里，北向稍下，忽聞水聲，則路東有溪反自南而北，至是乃東轉去，想順江之分流而至者。蓋江東山之西，已有兩江自北而來，此流何以反北耶？流既東，路遂北盤東垂之坡，二里，是為雞茨坪❺。逾坪北下，一里餘，復得平疇，有賣漿者當路右。於是東北行田塍間，一里餘，有江自西北注東南，長木橋橫跨之，是為西江❻。其東又有一江，自東北注東南，沿東山與西江並南行塢中，是為東江❼。既度西江橋，遂北行江夾中，一里而至固棟❽，宿於新街。

固棟一名谷棟，聚落當大塢中，東、西二江夾之。其北則雅烏山南垂，橫亙兩山間，至此而止；其南則兩江交合於三里外，合流東南去，至曲尺❾入龍川江；東則江東山北自石洞東南向而下；西則三清山北，又起一峰，南與三清雁行❿而峙，其中有峽如門，而小甸⓫之路從之。是峰即雲峰尖山東下北轉之脈，雲峰正在其西，為彼所掩，故固棟止西見此山，而不見雲峰也。其地直東與瓦甸對，直西與雲峰對，直北與熱水塘對，直南與馬站對。有新、舊二街，南為新，北為舊。

【章旨】本章記載了第三百十七天在永昌府的行跡。和寶藏從峰前一一走過，居高眺望四周的山勢。飯後告別寶藏，從未開闢的小路走。經過冠子坪，從北面望打鷹山頂，只覺層層聳起如冠。往前看到響水溝的峽谷，隨西山往北，經過王家壩，山塢中下面才有開墾的田地。又經過馬站，到順江村，是古時順江州的州治。西山到這裡又聳起三清山，順江從村北往東流去。再經過順江街子，在山坡中行走，西邊靠著三清山，東面有江東山，又形成南北向的山塢。江東山的西邊有兩條江水從北面流來，但途中卻看到一條溪水反往北流去。最後經過雞茨坪，通過架在西江上的大木橋，到固棟住宿。西江的東邊還有東江。固棟在大山塢中間，北面為雅烏山南陲，南面東、西兩江合流，東面有江東山，西面又聳起一座山峰和三清山對稱峙立，這裡東、南、西、北分別和瓦甸、馬站、雲峰、熱水塘相對。

【注釋】❶順江州　元至元十一年（一二七四）置，不久廢。至正七年（一三四七），有酋長求內附，立宣撫司，不久又廢。今仍名順江，又名順利、和平。在騰衝北境，固棟南面。順江街子頗大，分上順江、中順江、下順江。❷順江　龍川江主源支流，發源於固棟、古永交界的冀地，流經順江村，轉向東北流，匯入明光河。❸虛茅　集市的草棚。虛，同「墟」。❹江東山　在騰衝北境，固棟之東。❺雞茨坪　今名基剌平，在順江稍北。❻西江　今名瑞滇河。龍川江的主源支流，發源於大姊妹山，從北往南流入固棟。❼東江　今名明光河。龍川江的主源流，發源於位於明光區的高黎貢山脈的河頭山。❽固棟　今名固東。在騰衝北境，東、西兩江相夾的大山塢中。❾曲尺　本月二十九日記作「曲石」。❿雁行　言山在兩邊排列，如飛雁行列。⓫小甸　在騰衝北境，固棟之西。

【語譯】二十二日　早晨起身，昨夜之霧散盡。寶藏先拿出點心給我吃，和我從峰前一一走過。居高俯視，南面為南甸，它外面有橫亙的山嶺在前方排列，是龍川江後面的地界；嵌在附近山麓西面的為鬼甸，它外面有重重山峰在西方簇擁，是古勇關前往南延伸的支脈；低伏又往東延伸的為筆峰山，外面有高大的山嶺在東方隆起，是高黎貢山後面聳起的山脈；只有北面是本山背後的屏障。但昨天登上山嶺向北眺望，知道東北開豁的地方，是龍川江會合處，西北叢集的地方，是尖山懸立處，而正北除明光六廠之外，都是野人居住的地方了。過了好久，便吃飯而後告別。

寶藏叫他徒弟徑空在前引路，從東北方向走，都是未經開闢的小路。起先越過向東環抱似臂的山嶺，隨即往東北下山，雖然無路但很平坦。走了三里多，有條路沿著山嶺北面往西延伸，是去鬼甸的路，原來這山的前後都有通向鬼甸的路。在這裡穿過這條路，仍往東下去，路十分陡峻。走了一里，又有路自東南過來，往西北越過山嶺而去，這就是從州裡通往冠子坪的路。原來冠子坪從北往南延伸，隆起打鷹山的頂部，從北面望它，看不見雙峰形如馬鞍，只覺得層層聳起如冠。越過山脊往西下去，是冠子坪村所在的地方，有龍潭水向西湧流，是鬼甸水的上游，經過鵝籠往南流下。我穿過這條路，仍然往東北下去，在草叢荊棘中行走。過了一里多，往北走下，靠著西邊的小峽谷漸漸有了小路，小路右邊的峽谷中也有叢竹密藤。轉向東，再越過一道峽谷，走了一里，就往北在環繞的山岡上行走。山岡的西面，大山才有峽谷在山中盤繞；山岡的東面，路才隨山坡往東下去。共走了二里，到達坡腳，只見響水溝的峽谷在它東邊了。有條溪水從西邊的峽谷中流出，往北蹚過溪水，隨著西山往北走。西山到這裡稍許開闊，有路往西進入山中。穿過這條路往北，走了一里多，稍許往下，又有小水從西面的山塢流出，這是王家壩。以這條水為分界，南邊都是沐府的莊田。再往北走半里，便和從南面過來的大路會合。再往北走一里，有村莊在西山下，到這裡中間的山塢才開闊起來。這山塢從南面酒店所在的山脊延伸過來，往北到這裡後東西兩邊才開闊起來，溪水沿著東邊的山麓往北流下，村莊靠著西山向東，道路從它們中間穿出。再往北走一里左右，有岔路向東北通往界頭。我沿著西山往西北下去，度過一道小峽谷，走了半里，向西轉，南面的峽谷為灣腰樹，大概是王家壩的後山；它北面的山塢為左所屯，是巃嵸山北面又聳起的一座山峰，它的餘支往西北環繞而成的。山塢中底部才開始有開墾的田地，響水溝的水流也往西北穿過山塢，而路從南山往西走。過了一里多，有小水往北流。再向西走了一里多，有人在南山下蓋了草屋賣酒漿。這裡巨松錯落豎立，高大的樹影，形成幽深的綠蔭，中午的陽光都成一片綠色。再往西走二里到馬站，在它北邊的山坡下，隔著樹林有不少房屋，但在路的左邊只有一戶人家，從州裡來的人都在那裡吃飯，在它西面才有田地環繞山坡。從田中往西北走一里多，到達北山下。稍許往西再向北走，過了一里，越過山坳，有墟場，是馬站的街房。在它北面山坡紛雜，齒狀的岩石高低不一，東岡和西山，就夾住溪水往北流去。共走了三里，有山橫亙在前面，就往西隨著山走。過了半里，往北穿過山坳，山坳北面山勢開闊，下面盤繞成環形的山壑，溪水從西山穿過峽谷往南流來，繞過山壑往北流去。因此而知道穿過山坳的山，是從南往西轉，山坳西面的一座山峰，就是往西到溪邊為止的山。盤繞山壑往西北走，過了一里多，就沿著溪水東岸走，溪水西邊的山岡上松檜稠密，有大寺的基址在那裡。於是在溪邊吃飯。再往北走半里到邱坡，有兩、三戶人家靠在西山下。它的西面群山中間迸裂成峽谷，有岔路往西進入峽谷，是去古勇關的路；它的東面谷口橫向拓展，南北的水流都從這裡流出。從這裡往北在田埂中行走，過了二里，多次越過田間分流的溪水。再往北走一里多，到順江村，是古時順江州的治所。西山延伸到這裡，中間斷裂又再聳起，它上聳的山勢特別險峻，這是三清山。村裡大多人家用石塊築成圍牆，連片的竹林形成綠蔭。再往北走半里，有水從西邊的峽谷流來，向東注入，這是順江，有木橋架在江上。順江村的東面，山塢向東拓展。過了橋，再往北登上山坡，在竹林小路中行走。過了半里，往北下去，經過已經枯竭的湖泊。再走了一里多，往北登上山坡，有市集的茅柵在山坡北面，這是順江街子。再往西北在山坡中行走。這山坡西面靠著三清山，東面對著相夾的山壑，山壑的東面，便是江東山往南延伸橫向到頭的地方。從這裡起三清山在西面橫亙，江東山在東面屏立，又形成南北向的山塢。在山坡中走了三里，向北稍許走下，忽然聽到流水聲，只見路東有溪水反而從南往北流，到這裡便轉向東流去，猜想是順江的分支流到這裡的。原來江東山的西面，已有兩條江水從北面流來，這條溪水為什麼反而往北流呢？溪水向東流後，路便往北盤繞東陲的山坡，走了二里，到雞茨坪。越過雞茨坪往北下去，走了一里多，又來到平坦的田野，有賣漿的人在路的右邊。從這裡往東北在田埂中行走，過了一里多，有江水從西北流向東南，江上架著長木橋，這是西江。在它東面還有一條江水從東北流向東南，沿著東山和西江並排往南流到山塢中，這是東江。走過西江橋後，就往北在江水相夾中行走，過了一里到固棟，在新街住宿。

固棟又名谷棟，村落在大山塢中，東、西兩江夾著它流。村北就是雅烏山的南陲，橫亙在兩山之間，到這裡為止；村南三里之外兩江會合，合流後往東南流去，到曲尺匯入龍川江；村東則江東山從北面的石洞東邊往南延伸；村西則三清山的北邊又聳起一座山峰，和南邊的三清山呈雁飛的行列相對峙立，兩山中間有峽谷如門戶，去小甸的路從這裡面走。這座山峰就是雲峰尖山往東延伸再向北轉的山脈，雲峰正在它的西邊，被它遮掩，所以在固棟向西望去只看到這座山，而看不見雲峰。這裡正東和瓦甸相對，正西和雲峰相對，正北和熱水塘相對，正南和馬站相對。有新、舊兩條街子，南邊為新街，北邊為舊街。

二十三日　命主人取園筍為晨供，味與吾鄉同。八、九月間有香筍，薰乾瓶貯，味有香氣。北一里，過舊街，買飛松一梆❶於劉姓者家。飛松者，一名狐實，亦作梧實，正如梧桐子而大倍之，色味亦如梧桐，而殼薄易剝，生密樹中，一見輒伐樹，乃可得，遲則樹即存，而子俱飛去成空株矣，故曰飛松，惟巔塘關外野人境有之。野人時以茶、蠟、黑魚、飛松四種，入關易鹽布。其人無衣與裳，惟以布一幅束其陰，上體以被一方幃❷而裹之，不復知有衿袖之屬也。此野人即茶山之彝，昔亦內屬，今非王化所及矣，然謂之「紅毛」，則不然也。

又北二里餘，橫岡後亙，望之若東西交屬於兩界崇山，不復知其內有兩江之嵌於兩旁也。此岡即雅烏山南垂盡處，東、西二江皆從其兩腋南出，疑即挨河，而土人譌❸為雅烏耳。陟岡而北，又二里，岡左漸突而成峰，岡右漸嵌而為坑，路漸逾坑傍峰而上，於是坑兩旁皆峰，復漸成峽。循峽西峰行，二里，陟其北坳，遂挾西峰之北而西向下。二里，路右有大栗樹一株，頗巨而火空其中；路左則西江自西壑盤曲東來，破峽而東南去，於是出固棟西山之西北矣。始下見盤壑西開，江盤壑底，而尖山❹兀然立其西南矣。又西下一里，隨江北岸西行二里，始有村廬倚岡頭，是為烏索。其江反北向折而來，路乃南下岡就之，半里，則長木橋橫架江上，反自西而東度之。橋東復有竹有廬，從其側轉而西南，則固棟西山與尖峰後大山圍環其南，而江曲其北者也。又西半里，有村連竹甚盛。半里，從其村南西轉，復行岡坂者二里，岡頭巨松錯落，居廬倚之。半里，西向下，涉一坑，又西南一里餘，連過兩村，又西向下，涉一坑，始及山麓。遂西向上，半里，有小水注坡坂間，就而滌體。時日色亭午，解衣浣濯久之，乃西南循小徑上。一里，轉而西，始與東來路合。時雷雨大至，行草徑間一里，稍西下，涉一峽底，於是巨木參霄，緯藤蒙塢，遂極幽峭之勢。盤峽嘴而西，一里，又涉一峽底。二峽皆在深木中，有小水淙淙自北而南，下注西來之溪，合而東行北出者也。涉峽之西崖，有巨石突立崖右。路由巨石之東北向上，曲折躋樹蔭中，高崖滴翠，深木篩金，始知雨霽日來，陰晴弄影，不礙凌空之屐也。上三里，遂陟岡脊，脊兩崖皆墜深涵碧，聞水聲潺潺在其底，而不辨其底也。脊狹不及七尺，而當其中復有鋪木以度者，蓋脊兩旁皆削，中復有窞下陷，故以木填之。行脊上一里，北復稍下，又涉一南墜之峽，半里，乃西北上，其上甚峻。一里餘而飯。稍夷，轉西南盤而北，半里，復曲折上，峻愈甚。一里，又稍夷，循峰崖而轉其腰，始望見尖峰在隔箐隴樹間，而不知所循者亦一尖峰也。北半里，抵其峰西腋，稍西下度一脊，遂西上，上皆懸崖削磴。迴顧前所盤脊東峰，亦一峰復聳，山頭尖削，亦堪與尖山伯仲，但尖山純石中懸，而彼乃土峰前出耳。兩峰之北，復與西大山夾成深壑，支條盤突，箐樹蒙蔽，如翠濤沉霧，深深在下，而莫窮端倪，惟聞猿聲千百，唱和其間，而人莫至也。

崖頭就豎石鑿級為梯，似太華之蒼龍[5]脊，兩旁皆危崖，而石脊中垂，闊僅尺許，若龍之垂尾以度，而級隨之，仰望但見層累不盡，而亦不能竟其端倪也。梯凡三轉，一里而至其頂。頂東西長五丈，南北闊半之，中蓋玉皇閣，前三楹奉白衣大士，後三楹奉三教聖人，頂平者，如是而止。其向皆東臨前峰之尖，南北夾閣為側樓，半懸空中，北祠真武，下臨北峽，而兩頭懸榻以待客；南祠山神，下臨南峽，而中敞為齋堂。皆川僧法界所營構。蓋其上向雖有道，而未開闢，莫可栖托。法界成之，不及五年，今復欲闢山麓為下殿，故往州未返。余愛其幽峻，遂止東側樓。守寺二僧，一下山負米，一供樵炊而已。

【章　旨】本章記載了第三百十八天在永昌府的行跡。經過舊街，買了一筒飛松，這東西唯獨巔塘關外野人境內才有。野人沒有衣服，是茶山的少數民族。往北望見橫亙的山岡，即雅烏山南陲的盡頭處，懷疑「雅烏」為「挨河」的誤傳。走到固棟西山的西北，望見尖山高聳在山壑的西南。沿江岸走，經過烏索，渡過一處峽底，地勢極其幽靜陡峭。繼續往前，渡過峽底，登上岡脊，攀登山崖，望見一座尖峰和尖山不相上下，只是尖山是純粹石山，而這是土峰。兩座山峰的北面有深壑，只聽到猿啼聲，但人無法到那裡。崖頭鑿出石梯，和華山的蒼龍脊相似，也不能窮究它的邊際。登上山頂，中間蓋了玉皇閣，供奉三教聖人，另有真武祠和山神祠，都是四川僧人法界營建的。因愛這裡幽靜高峻，便留下過夜。

【注　釋】❶梆　量詞，用以計算竹筒之類數目的單位。❷幃　用幕布遮擋。❸譌　同「訛」。❹尖山　即雲峰山，在騰衝城北一百二十里。海拔二千四百多公尺，遠望如玉筍挺立，因峰腰常有雲遮霧繞而得名。山上有「三折雲梯」，寬不到一尺的有七百多級石梯，蜿蜒三折直通雲峰寺，為騰衝勝景。近峰頂的一處巉岩上鑿有四十三級近乎垂直的石梯，遊人需扶兩旁鐵索方能登上。雲峰寺兩側為萬丈深壑，和天門玉皇殿、老君殿、觀音殿等建築，遠望隱現雲中。其中玉皇殿為騰衝第一幽棲之境。站在天門前極目遠眺，高黎貢山雪峰、平川河流綠野，均歷歷在目，騰衝靈山，以此為首。❺太華之蒼龍　華山蒼龍嶺，見〈遊太華山日記〉注。

【語　譯】二十三日　吩咐主人從園中取來竹筍作早餐，味道和我家鄉的一樣。八、九月中有香筍，烘乾後用瓶子貯藏起來，筍味有香氣。往北走一里，經過舊街，在姓劉的人家買了一竹筒飛松。飛松這物，又稱狐實，也叫梧實，正像梧桐子但比它大一倍，顏色和味道也像梧桐子，但殼較薄容易剝開，長在密樹中，一看到就砍樹，才能得到，慢一點樹即使存在，而子都飛去成為空株了，所以稱為「飛松」，唯有巔塘關外野人境內有這種東西。野人時常拿茶葉、黃蠟、黑魚、飛松四種東西進關交換食鹽、布匹。他們沒有衣裳，只用一幅布束在陰部，上身披一塊布裹著，不再知道有衣襟袖子之類的東西。這些野人就是茶山長官司治下的少數民族，從前也隸屬內地，如今已不是朝廷教化所能到達的地方了，然而把他們叫作「紅毛」，那是不對的。

再往北走二里多，後面山岡橫亙，遠望它就像東西兩面和高山相連接，不再知道裡面有兩條江水嵌在兩旁了。這山岡就是雅烏山南陲盡頭處，東、西二江都是從它的兩腋往南流出，懷疑就是挨河，而當地人誤傳為「雅烏」罷了。登上山岡往北，再走了二里，山岡左邊漸漸突起成為山峰，山岡右邊漸漸陷下成為坑谷，路漸漸越過坑谷靠著山峰上去，到這裡坑谷兩旁都是山峰，又漸漸變成峽谷。沿著峽谷西邊的山峰走，過了二里，登上它北面的坳地，便緊靠西峰的北面往西下去。走了二里，路右邊有一棵大栗樹，樹幹很大但火已把它燒了空洞；路左邊則西江從西面的山壑曲曲折折往東流來，沖破峽谷往東南流去，到這裡已出固棟西山的西北了。這才看到下面盤繞的山壑在西邊開著，江流在壑底環繞，而尖山高高聳立在山壑的西南了。再往西走一里，隨著江的北岸往西走二里，才有村莊的住房靠在岡頭，這是烏索。這江水反而轉向北流來，路就往南下岡靠近江水，走了半里，只見長木橋橫架在江上，反而從西往東過江。橋的東頭又有竹林房屋，從它的旁邊轉向西南走，只見固棟西山和尖峰後面的大山圍繞在它的南面，而江水彎曲流過它的北面。再往西走半里，有村莊竹林連成一片，十分興盛。走了半里，從這村的南邊往西轉，再在岡坡上走了二里，岡頭巨松錯落，住房靠著山岡。走了半里，往西下去，渡過一個坑谷，再向西南走一里多，接連經過兩個村莊，再往西下去，渡過一個坑谷，才到達山麓。於是往西上山，走了半里，有小水流入山坡中，到那裡擦洗身體。這時陽光正是中午，脫下衣服洗滌了很久，才往西南沿著小路上去。走了一里，轉向西，才和從東面延伸過來的路會合。這時大雷雨來臨，在草叢中的小路上走了一里，稍許向西下去，渡過一處峽底，到這裡高大的樹木聳入雲天，橫生的藤條遮掩山塢，極其幽深陡峭。繞過峽口往西走了一里，再渡過一處峽底。兩道峽谷都在深樹裡面，有小水從北往南淙淙流過，往下注入從西面流來的溪中，會合後往東流再向北流出。渡過峽谷到西邊的山崖，有大石突立在山崖右邊。路從大石的東邊往北上山，曲曲折折在樹蔭中攀登，高峻的山崖上翠色欲滴，深密的樹木中透下陽光，這才知道已經雨停日出，或陰或晴，光影流動，不再妨礙兩足淩空攀登了。往上走三里，就登上岡脊，岡脊兩邊的山崖都下墜碧色的深淵，只聽見崖底水聲潺潺，卻認不出崖底。岡脊狹窄不到七尺，但在它的中間還有鋪上樹木讓人過渡的。因為岡脊兩旁都很陡峭，中間又有深坑陷下，所以用樹木來填沒它。在岡脊上走了一里，再往北稍許下去，再渡過一處往南落下的峽谷，走了半里，就往西北上山，它上面的路十分陡峻。走了一里多吃飯。路稍許平坦，轉向西南再往北盤繞，走了半里，再曲折往上，路更加陡峻。走了一里，又稍許平坦，沿峰崖轉到山腰，才望見尖峰在箐谷對面的山隴樹叢中，但不知所沿著走的地方也是一座尖峰。往北走半里，到達這尖峰的西脥，稍許往西下去，越過一道山脊，便往西上去，上面都是懸崖和巉削的石級。回頭看前面所盤繞的岡脊東峰，也有一座山峰又聳起，山頭尖削，也能稱得上和尖山不相上下，只是尖山是純粹的石山居中懸立，而它是土峰往前突出罷了。兩座山峰的北面，又和西面的大山夾成深壑，支脈盤繞突起，箐谷中樹木密集遮蔽，如翠綠的波濤陰沉的雲霧，落在下面很深的地方，而不能窮究它的邊際，只聽到千百聲猿啼，在這裡面相應，但人沒法走到那裡。

崖頭依豎立的岩石鑿級作為石梯，和太華山的蒼龍脊相似，兩旁都是懸崖，而石脊垂在中間，寬僅一尺左右，就像龍尾垂下讓人過渡，石級隨著它開鑿，抬頭望去，只見層層疊疊綿延不盡，但也不能窮究它的邊際。石梯共轉了三個彎，走了一里到達山頂。山頂東西長五丈，南北寬是長的一半，中間蓋了玉皇閣，前面三間供奉白衣觀音，後面三間供奉儒、佛、道三教的聖人，山頂平坦處就這樣利用完了。閣的朝向都是東面對著前方山峰的尖端，南北夾閣是側樓，樓有一半懸在空中，北樓為真武祠，下面對著北邊的峽谷，而在兩頭懸空架牀招待客人；南樓為山神祠，下面對著南邊峽谷，中間敞開作為齋堂。都是四川僧人法界所經營建造的。原來山上以前雖然有路，但未經開闢，沒有地方居住。法界建樓完成後，不到五年，如今又想開闢山麓建造下殿，所以前往州城還沒返回。我愛這裡幽靜高峻，便留在東側的樓中。留在寺中守候的兩個僧人，一個下山去揹米，一個作砍柴煮飯用罷了。

二十四日　晨起，天色上霽，四山咸露其翠微，而山下甸中，則平白氤氳，如鋪絮，又如濤波，無分遠近，皆若浮翠無根，嵌銀連疊，不知其下復有坡淵村塍之異也。至如山外之山，甸外之甸，稍遠輒為嵐翠掩映，無能拈出，獨此時層層襯白，一片內，一片外，搜根剔奧，雖掩其下，而愈疏其上。乃呼山僧，與之指質遠近諸山，一一表出。因與懸南崖而下。有崖前臨絕壑，後倚峭壁，中刓橫罅，下平上覆，恰如匡牀❶，雖小而可憩可臥，是名仙牀。俯層峭之下，巉覆累累，無可攀循，僧指其下有仙洞，須從梯級下至第二層，轉崖下墜，乃可得之，遂導而行。其洞乃大石疊綴所成，亂崖顛磴，欲墜未墜，迸處為罅，覆處為洞，穿處為門；門不一竅，洞不一層，中欠寬平，外支幽險，若疊級架板，亦可幽棲處也。洞門東向腋中者為大，入而南穿，一峽排空而下，南出峽門。其門南臨絕壑，上夾重崖，有二木毬❷倒懸其前；仰睇之，其上垂藤自崖端懸空下丈餘，即結為癭❸，如瓠匏❹之綴於蔓者。癭之端，綴旁芽細枝，上迎雨露，茸茁夭矯，花葉不一狀，亦有結細子圓綴枝間者，即山僧亦不能名之，但曰寄生，或曰木膽而已。一絲下垂，結體空中，馭風吸露，形似膽懸，命隨空寄，其取意亦不誣也。余心識其異，欲取之，而高懸數丈，前即崩崖直墜，計無可得。但其前有高樹自崖隙上聳，若得梯橫度樹間，緣柯而上，以長竹為殳❺，可鉤藤而截取之。余乃識而行。復隨導僧由梯級北下懸空之臺，乃石脊一枝，下瞰北壑，三面盤空，矯若龍首，條岡迴壑，紆鬱其下，與仙洞各綴梯級之旁，若左右垂珥。洞倚南崖，以幽峭見奇，臺踞北壑，以憑臨為勝，此峰前兩概❻也。由峰後西南越脊而下，更多幽境。近法界新開小路，下十里至小甸，乃固棟西向入峽，經此而趨古勇之道。其坡有熱水塘，亦法界新開者，由此東可出固棟，西可窮古勇；而余時有北探滇灘、阿幸之興，遂不及兼收云。

是午返寺，同顧僕取斧縛竿負梯而往，得以前法升木取癭。而崖高峽墜，木杪難於著力，久而後得之。一癭圓若葫蘆倒垂，上大下小，中環的頸❼；一癭環若巨玦，兩端圓湊而中空，皆藤懸於上，而枝發於下。如玦者輕而鬆，如葫蘆者堅而重，余不能兼收，後行時置輕負堅者而走。

【章　旨】本章記載了第三百十九天在永昌府的行跡。早晨起身，望見山下雲氣瀰漫，如鋪棉絮、如湧波浪。向僧人詢問遠近眾山，一一指點出來。懸空落下，看到石崖上有道裂縫，名仙牀。又往下到仙洞，是用大石塊堆疊而成的。走出峽門，看到前面倒掛著兩個大球，抬頭注視，上面有藤條從崖頂懸空垂下，結成這樣的瘤子，形狀如同葫蘆，僧人稱它為「寄生」或「木膽」。再隨僧人走到一處懸空的石臺，就像龍頭抬起，和仙洞分別連結在梯級兩旁，如同耳環，下面幽境更多。中午返回寺中，和顧僕去摘取瘤子般的木膽，一個硬重圓如葫蘆，一個輕鬆形如玉玦，在出發時扔下輕的揹著硬的上路。

【注　釋】❶匡牀　又作「筐牀」，方正安適的牀。❷毬　同「球」。❸癭　動植物體上長的囊狀瘤子。❹瓠匏　即瓠瓜，俗稱葫蘆。❺殳　古代兵器名，用竹木做成，長一丈二尺，一端有尖稜。❻概　景象；狀況。❼的頸　白色的脖頸。的，白色。

【語　譯】二十四日　早晨起身，天色放晴，四面山峰都露出青蔥的山色，但山下的郊野中，只見一片白茫茫的雲氣瀰漫著，如鋪上一層棉絮，又像翻騰的波浪，不分遠近，都好似無根漂浮的翠玉，連結重疊鑲嵌的白銀，不知它的下面還有山坡深淵村落田野的區別。至於山外的山，郊野外的田野，稍遠的地方，就被青翠的山霧遮掩，不能指點出來，唯獨這時有層層白雲襯托，一片在內，一片在外，搜尋底部除去隱密的所在，雖然下面被遮掩，但上面更加疏朗。便呼喚山中的僧人，和他指點質詢遠近眾山，一一分辨出來。於是和他從南面的山崖懸空落下。有個石崖前面對著絕壑，後面靠著峭壁，中間挖成橫向的裂縫，下面平整上面覆蓋，恰如方正的臥牀，雖然窄小，但可以休息，可以睡下，便名為仙牀。俯視層層峭壁之下，巉巖累累覆蓋，沒有地方可以沿著攀登，僧人指著它的下面說有仙洞，必須從梯級走下到第二層，轉過山崖落下，才能到達那裡，便引路前往。這洞是由大石塊堆疊連結而成，石崖雜亂，石級傾倒，似乎要墜落又沒有落下，迸裂的地方成為隙縫，覆蓋的地方成為洞穴，穿通的地方成為洞門，洞門不止一個出口，洞中不止一層，裡面不夠寬敞平整，外面支路幽深險峻，如果疊起石級架上木板，也可作為隱居的處所。向東對著山腋中的洞門比較大，進去後往南穿出，一道峽谷淩空落下，往南走出峽門。峽門南面對著絕壑，上面重重山崖相夾，有兩個木球倒掛在前面；抬頭注視它，上面藤條從石崖頂端懸空垂下一丈多長，就在藤上結著囊狀的瘤子，形狀和葫蘆一樣。瘤子的頂端，和旁邊的嫩芽細枝連結，向上迎受雨露，綠茸茸的茁壯生長，屈曲伸展，花葉形狀不一，也有結出圓圓的細小瘤子連綴在枝條之間，就是住在山中的僧人也不能說出它的名稱，只說是寄生，或者稱為木膽罷了。只有一絲垂下，在空中結體，駕馭山風，吸吮雨露，形狀像懸掛的膽囊，寄生在空中，取其意而為名，也不算毫無根據。我心知它的奇特，想採摘下來，但懸掛在幾丈高處，前面就是崩裂的山崖直往下落，估計沒法得到。但它前面有高大的樹木從崖縫中向上聳起，如果找到梯子橫架在樹間，沿樹枝往上爬，用長竹竿作殳，可以鉤住藤條截取它。我就作了標記然後走開。又跟著引路的僧人從梯級往北走下懸空的石臺，其實它是一支石脊，向下俯視北面的山壑，三面在高空盤繞，屈曲就像龍頭，長條的山岡迴繞山壑，在下面曲折盤結，和仙洞各自連綴在梯級的兩旁，如同垂在左右的耳環。仙洞靠著南邊的山崖，以幽深陡峭稱奇，石臺座落在北邊的山壑，以居高俯視為勝，這是峰前兩處景觀。從峰後往西南越過山脊下去，幽境更多。近來法界新開了小路，往下走十里到小甸，是固棟往西進入峽谷，經過這裡去古勇關的通道。這裡山坡上有熱水塘，也是法界新開闢的，從這裡往東可到固棟，往西可直達古勇關，但這時我有往北探遊滇灘關、阿幸廠的興趣，就來不及同時遊覽了。

　　這天中午返回寺中，和顧僕拿了斧子綁在竹竿上扛著梯子前往，得以用前面所說的方法爬上樹去摘取瘤子。但山崖高峻峽谷深墜，在樹梢難於用力，費了很長時間才得到它。一個瘤子像倒掛的葫蘆那麼圓，上部大下部小，中間環繞白色的頸；一個瘤子像巨大的玉玦那樣環轉，兩端圓形湊合而裡面是空的，都是上面掛著藤條下面開出枝芽。像玉玦的瘤子輕而鬆，像葫蘆的瘤子硬而重，我不能都留下，後來上路時扔下輕的揹著硬的走路。

二十五日　余留二詩於山，負木膽於肩，從東大道下梯級。一里餘，東度過坳，遂東南循前峰之腰。又半里，東度脊項，於是俱深木夾道。曲折峻下者二里，涉一南盤峽，復東北上。半里凌脊，乃東行脊間，左右皆夾壑甚深，而重木翳之。又半里，度脊間鋪木。脊兩旁甚狹，而中復空墜，故以木填而度之[1]。又東南半里，復盤壑東北下。二里，至前巨石之左，遂涉南下之溪。半里，復東逾一岡。又半里，再涉一南下之溪，東向稍上，遂出箐東北行。一里，至下院分岐之路，仍從向來之小路，一里餘，至前浴流之所。又半里，越塢而得一村，入問熱水塘道。仍東北三里，過烏索橋，從橋西逾岡而北，一里與大道合。隨之西北，循東山之麓行。六里，有岡自東山直對西峰而下，驅江流❷漱西峰之麓，而路亦因之與江遇。已復逾岡北下，北塢稍開，有小水交流西注，蒸氣雜沓而起，即熱水塘❸也。半里，抵塘上，有池而無屋，雨霏霏撲人。乃令顧僕守行囊於塘側，北半里上坡，觀其街子，已散而無他物。望南岡有村廬在坳脊間，街子人指其上有川人李翁家可歇。復南半里，迴覓之。有閩人洪姓者，向曾寓余鄉，為導入同寓。余乃出就塘畔招顧僕入，出攜餐啖之。問阿幸路，須仍從此出。此中東至明光，雖止隔一山，險峻不可行也。見日色尚早而雨止，乃留熱水待出時浴，並木膽寄李翁家菜園中，遂仍西北行。

五里，北上坡，為左所，蓋其分屯處也。其處居廬甚盛，行者俱勸余宿此，謂前皆僰彝❹家，不可棲，且多茶山彝出入，不可晚行。余不顧。又北二里，逾一坡，又三里，過後所屯，漸折而從西北三里，直逼西大山東北垂，復與江遇。

迴顧尖山與前峰並峙，中坳如馬鞍，而左所之南，復有峰一支自西山突出，橫亙其北，故路必東北從烏索橋抵熱水塘，又西北至此也。此地正當尖山之北，其北則西大山漸伏，中遜而西，為滇灘過脈處；東大山直亙而南，分墜西窟，下突小山，橫界於北，為松山坡。坡之北，即阿幸北進之峽；其西北高峰，浮出於橫坡之上，則阿幸、滇灘之間，又中界之一峰，所謂土瓜山⑤也。行江東岸一里，復折而東北，一里，抵東山腋下。山峰叢立處，有兩、三家倚東坡而棲，是為松山。從其前又北一里，上北山西亙之坡，一里，躡坡脊。其脊正西與巔塘⑥相對，有塢西盤，而江水自北橫界脊下，脊若堵墻。溯水北上，從脊間行二里，乃西北下。半里，有石屏西向立峰頭，是為土主碑，乃神之所托也。從石西隨坡下，涉江西上，乃滇灘關⑦道，已茅塞不通，只茶山野人，間⑧從此出入，負茶、臘、紅藤、飛松、黑魚，與松山、固棟諸土人交易鹽布。中國亦間有出者，以多為所掠，不甚往也。其關昔有守者，以不能安居，多遁去不處；今關廢而田蕪，寂為狐兔之穴矣。其隘亦紆坦，不甚崇險，去此三里，已望而知之。遂北下坡，一道從塢間溯江東岸北行，為度橋捷徑；一道沿東坡北上，為托宿之所。

乃下半里，渡東來小澗，復上東坡，北隨之行。二里，有四、五家倚東山而居，即托宿之所也。其主人王姓者，夫婦俱伐木山中未歸。余將西度橋，望西山下投栖，聞其地江岸西廬，乃土舍❾所託，皆不納客，納客者惟東岸王店。方躊躇間，一鋤於田者，乃王之鄰，謂其婦亦入山未歸，不識可徐待之否？余乃還待於其門。久之婦歸，為汲水而炊。此地名土瓜山，西乃滇灘東北高峰南下之支；東乃雅烏直北崇亙之嶺，中夾成塢，江流貫其間；南則土主碑之橫岡，自東而西突；北則土瓜山之東嶺，自西而東突；中界此塢，南別松山坡，北別阿幸廠，而自成函蓋於中。蓋滇灘土巡檢，昔為某姓，已絕，今為土居之雄者，曰龍氏，與此隔江相向，雖未授職，而儼然以土舍自居矣。

【章　旨】本章記載了第三百二十天在永昌府的行跡。一路攀山涉水，通過烏索橋，到達熱水塘，下起雨來。將木膽寄放在李翁家，往北到左所，不顧行人勸阻，繼續往前，經過後所屯，沿著西江東岸走，再經過和巔塘關相對的松山，到土主碑峙立的峰頭。去滇灘關的路已堵塞不通，只有茶山野人偶爾從這裡進出。這裡的關口以前有人守衛，現已廢棄，成為野獸的窟穴。往下到土瓜山投宿。這裡四面都是山嶺，中間隔成山塢。

【注　釋】❶脊兩旁甚狹三句　原脫，據徐本補。❷江流　指西江。❸熱水塘　火山爆發，造成大量溫泉，騰衝一帶，尤為突出。騰衝現有溫泉、氣泉八十餘處，其中十一處水溫高達九十度以上。騰衝北境的熱水塘，即其中的一處溫泉。塘的街子即臘街。❹僰彝　即傣族。漢代稱滇越，唐、宋時稱金齒、白衣，明、清時稱白夷、百夷、擺夷等，主要居住在雲南西雙版納、德宏地區。❺土瓜山　在騰衝北隅。既是山名，又是村名。❻巔塘　關名，在騰衝北隅滇鎮西北。❼滇灘關　在騰衝北隅瑞滇鎮。❽間　間或；偶爾。❾土舍　土司的屬官。

【語　譯】二十五日　我寫了兩首詩留在山上，將木膽扛在肩上，從東面的大路走下梯級。過了一里多，往東越過山坳，就向東南沿著前峰的山腰走。再走了半里，往東越過山脊的頸部，到這裡路的兩邊都是深密的樹木。曲曲折折從陡峻的山路走下二里，渡過一道往南盤曲的峽谷，再往東北上去。走了半里登上山脊，便往東在山脊上行走，左右都是相夾的山壑，很深，被重重樹木遮蔽。再走了半里，越過鋪在山脊間的樹木。山脊兩旁十分狹窄，而中間又懸空落下，所以用樹木填塞缺口讓人過去。再往東南走半里，又繞著山壑往東北下去。走了二里，到前面大石的左邊，就徒步渡過往南流下的溪水。過了半里，再往東越過一座山岡。再走半里，又渡過一條往南流下的溪水，向東稍許上去，便到箐谷東邊往北走。過了一里，到下院分出的岔路，仍然從先前過來的小路走，過了一里多，到先前在溪流沐浴的地方。再走半里，越過山塢到一個村莊，進村打聽去熱水塘的路。仍然往東北走了三里，通過烏索橋，從橋的西邊越過山岡往北走，過了一里，和大路會合。隨著大路往西北，沿著東山的山麓走。過了六里，有山岡從東山直對著西峰往下延伸，迫使西江沖刷著西峰的山麓，而路也隨著山岡和江水相遇。隨即又越過山岡往北下去，北面的山塢稍許開闊，有小水往西交互流去，蒸氣紛亂上升，這就是熱水塘。走了半里，到達塘上，有水池但沒房屋，雨紛飛向人撲來。於是吩咐顧僕在塘邊守著行李，往北走半里登上山坡，觀看這裡的街子，集市已散沒有其他東西。望見南面山岡上有村落房屋在坳脊中間，街子中的人指著岡上說，有個四川人李翁家中可以住宿。再往南走半里，轉身尋找他家。有個姓洪的福建人，以前曾在我家鄉寓居，給我領路進去，一起住下。我便走出來到塘邊招呼顧僕進入李家，拿出所帶的飯吃了。打聽去阿幸廠的路，必須仍從這裡走出。從這裡往東到明光，雖然只隔一座山，但道路險峻，沒法行走。看到天色還早雨又停了，便留下熱水塘等出發時再沐浴，並把木膽寄放李翁家的菜園中，就仍然往西北走。

過了五里，往北登上山坡，到左所，是分兵屯墾的地方。這裡住房很多，過路的人都勸我住在這裡，說前面都是傣族人家，不可住宿，而且有許多茶山彝人出入，不能在晚上走路。我置之不顧，再往北走了二里，越過一道山坡，再走三里，經過後所屯，漸漸轉向從西北走了三里，直逼西邊大山的東北陲，再和西江相遇。回頭看到尖山和前峰並峙，中間凹下如馬鞍，而左所的南邊，又有一支山峰從西山突出，橫亙在它的北面，所以路必須往東北從烏索橋到達熱水塘，再往西北到這裡。這裡正當尖山的北面，在它北面只見西大山漸漸低伏，中部後退向西，是滇灘關的山脈延伸經過的地方；東大山一直往南綿延，分支落下往西伸出，下面突起小山，橫隔在北邊，為松山坡。坡的北面，就是往北進入阿幸廠的峽谷。在它西北的高峰，在橫亙的山坡上浮現，就是在阿幸廠、滇灘關的中間，又隔著的一座山峰，即所謂的土瓜山。在江的東岸走了一里，再轉向東北，走了一里，到達東山山腋下。山峰聚立的地方，有兩、三戶人家靠著東面的山坡居住，這是松山。從它的前面再往北走一里，登上北山向西綿延的山坡，走了一里，登上坡脊。這脊正西和巔塘關相對，有山塢往西盤繞，而江水從北面流下，橫隔在坡脊下，坡脊好似一堵牆。沿江水往北上行，從坡脊中走了二里，便往西北下去。走了半里，有屏風般的岩石向西峙立在峰頭，這是土主碑，是山神依託的地方。從岩石西邊隨山坡走下，渡過江水往西上去，是去滇灘關的路，已被荒草阻塞不通，只有茶山的野人偶爾從這裡出入，揹著茶葉、黃蠟、紅藤、飛松、黑魚等物，和松山、固棟各地的人交換食鹽布匹。中國也間或有出去的人，因為多次被搶劫，去的人不多。這裡的關口，以前有人守衛，因為不能安居，大多逃走不肯住下，如今關已廢棄，田地荒蕪，一片荒涼，成為狐兔的巢穴了。那隘口也曲折平坦，不太險峻，離此三里，已可望見。便往北下坡，有一條路從山塢中沿著江水東岸往北上行，是過橋的捷徑；另一條路沿著東面的山坡往北上去，是投宿的地方。

於是下坡走了半里，渡過從東面流來的小澗，再登上東面的山坡，往北隨著山坡走。過了二里，有四、五戶人家靠著東山居住，就是投宿的地方。房主人姓王，夫婦都到山中砍樹還沒回來。我將往西過橋，望著西山往下投宿，聽說這裡江的西岸房屋，是土官居住的地方，都不接納客人，接納客人的只有東岸的王家客店。正在猶豫不決中，田中有個鋤地的人，是王家的鄰居，說他家婦人也進山未回，問我能否耐心等待？我便回去在他家門口等待。過了好久，婦人回來，為我汲水做飯。這地名土瓜山，西面是滇灘關東北的高峰往南延伸的支脈；東面是雅烏山正北高大綿延的山嶺，中間夾成山塢，江水從中流過；南面是土主碑所在的橫亙的山岡，從東向西突起；北面是土瓜山的東嶺，從西向東突起；中央隔成這個山塢，南邊和松山坡分開，北邊和阿幸廠分開，而自身包容在裡面。原來滇灘關的土巡檢，過去為某姓人，已經絕嗣，如今在土著居民中稱雄的，為龍氏，和這裡隔江相對，雖未授官職，但儼然以土官自居了。

二十六日　凌晨起飯，西下行田間，半里，抵江岸。溯江北行，有木橋跨江而西，度之，復溯江西岸北行。一里，北上坡。半里，折而東，盤其東突之嘴。半里，復轉而北，從坡上行。西循峰腰，東瞰江流，塢底至此，遂東而為峽。隔峽瞻東山之崖，崩石凌空，巖巖❶上擁。峽中之水，北自阿幸廠北姊妹山發源南下，南趨烏索而為固棟西江者也。東西兩界山，自姊妹山分支：西下穹為滇灘東北峰，而下為土瓜山；東下穹為阿幸東山，而南接雅烏。東山之東，北為明光，南為南香甸，第此山峻隔，路仄難逾，故行者避之。北行西坡五里，稍下，有小澗自西而東，涉之北上，於是屢陟東突之坡，再渡東流之澗。八里，西坪稍開，然北瞻姊妹，反茫不可見。又北二里，盤西山之嘴，始復見姊妹山北倚，而前壑之下，爐烟氤氳，廠廬在焉。遂五里而至廠❷。廠皆茅舍，有大爐小爐。其礦為紫色巨塊，如辰砂❸之狀。有一某姓者，方將開爐，見余而留飯於龕中。言其北姊妹山後，即為野人出沒之地，荒漠無人居，而此中時為野人所擾，每凌晨逾箐至，雖不滿四、五十人，而藥箭甚毒，中之無不斃者。其妻與子，俱沒於此，現葬山前。姊妹山❹出斑竹❺，北去此三十里，可望而盡，不必登。明光逾峻而過，東去此四十里，然徑仄無行者，恐箐深蔓翳，亦不可行。

乃遂出，仍二十里下土瓜山。又一里，過江橋而東，乃沿江南，隨塢中捷徑。二里，抵西南坡下。江漱坡而南，路稍東，逾東峽來小澗。其澗西注於江，即前涉土主碑坡北之流。江之西亦有小澗自滇灘南來，東注於江，其處乃正流之會也。復東南上坡，半里，至石屏土主碑下，與前來之道合。又南越岡而下，過松山及諸所，二十里而入熱水李老家。時猶下午，遍觀熱水所洩，其出甚異。蓋塢中有小水自東峽中注而西者，冷泉也；小水之左右，泉孔隨地而出，其大如管，噴竅而上，作鼓沸狀，滔滔有聲，躍起水面者二、三寸，其熱如沸，有數孔突出一處者，有從石窞中斜噴者，其熱尤甚。土人就其下流，作一圓池而露浴之。余畏其熱，不能下體，僅踞池中石上拂拭之而已。外即冷泉交流，若導入侵之，即可浴。此冷泉南坡之熱水也。其北倚東坡之下，復有數處，或出於砂孔，或出於石窞，其前亦作圓池，而熱亦如之。兩池相望，而溢孔不啻百也。

【章　旨】本章記載了第三百二十一天在永昌府的行跡。從木橋渡過西江，沿西岸上行，登上山坡。峽谷中有水從姊妹山發源往南流下，東西兩邊的山，是從姊妹山分出的支脈。往北到阿幸廠，礦石為巨大的紫色石塊，形狀如辰砂。廠內有人說姊妹山背後是野人出沒的地方，這裡常被騷擾，他的妻子和兒子就死在這裡。出廠後仍然往下經過土瓜山、土主碑、松山，走進熱水塘李老家中。山塢中有冷泉，冷泉的兩邊有許多泉眼噴出沸騰的熱水，當地人在泉水下游造了圓池沐浴，因水太熱不敢下去。南北兩面的山坡上各有一個圓池，但泉眼上百。

【注　釋】❶巖巖　形容山勢高峻。❷廠　指阿幸廠，在今騰衝北隅瑞滇北端的棋盤石附近。❸辰砂　產於辰州的朱砂。常見於火山岩或砂岩的裂縫中，為提煉水銀的主要礦物，也可入藥，主治心悸失眠。辰州，明代為府，治所在沅陵（今屬湖南）。❹姊妹山　在滇灘關西北三十里，海拔三千餘公尺。有雙峰插天，亭亭卓立，宛如巫峽神女峰。❺斑竹　又名湘妃竹，即紫竹。傳說舜南巡不返，葬於蒼梧，舜妃娥皇、女英淚下沾竹，竹悉成斑。

【語　譯】二十六日　清早起身吃飯，往西下去在田野中行走，過了半里，到達江岸。沿江水往北上行，有木橋架在江上通往西岸，過了橋，再沿江水西岸往北上行。走了一里，往北上坡。再走了半里，轉向東，繞過向東突出的山口。再走半里，又轉向北，從山坡上走。往西沿著山腰，向東俯視江流，塢底到了這裡，便東攏成為峽谷。隔著峽谷瞻望東山的崖壁，崩裂的岩石凌空而起，高高向上簇擁，峽谷中的水，從北面阿幸廠北的姊妹山發源，往南流下，向南流到烏索後成為固棟的西江。東西兩界的山，從姊妹山分出支脈：往西延伸的隆起成為滇灘關東北的山峰，而後往下延伸為土瓜山；往東延伸的隆起成為阿幸廠東邊的山，而後往南和雅烏山連接。東山的東面，北邊為明光，南邊為南香甸，只是這山險峻隔絕，道路狹窄，難於翻越，所以行人都避開它。往北在西邊的山坡上走了五里，稍許下去，有小澗從西往東流，渡過小澗往北上去，從這裡起多次登上向東突起的山坡，兩次渡過往東流的澗水。走了八里，西面的山中平地稍許開闊，但向北瞻望姊妹山，反而茫然看不見了。再往北走二里，繞過西山的山口，才又看到姊妹山靠在北邊，而前面山壑的下面，爐煙瀰漫，廠房就在那裡。便走了五里到阿幸廠。廠房都是茅屋，有大爐、小爐。礦石為巨大紫色石塊，形狀如同朱砂。有個某姓的人，正要開爐，看到我後就留我在龕中吃飯。說這裡北面的姊妹山背後，就是野人出沒的地方，荒涼沒人居住，而這裡時常受到野人騷擾，每到清早野人越過箐谷來到，雖然不滿四、五十人，但藥箭很毒，中箭的人沒有不死的。他的妻子和兒子，都死在這裡，現在葬於山前。姊妹山出產斑竹，往北離這裡有三十里，可以一眼望到頭，不必登臨。去明光須越過峻嶺，往東離這裡有四十里，但小路狹窄，沒人行走，恐怕箐谷幽深藤蔓遮掩，也不能走。

於是出阿幸廠，仍然走了二十里往下到土瓜山。再走了一里，通過江上的橋往東，便沿著江水南岸隨山塢中的捷徑走。過了二里，到達西南的山坡下。江水沖激著山坡往南流去，路稍許偏向東，越過從東面峽谷中流來的小澗。這小澗往西注入西江，就是先前徒步渡過的土主碑所在山坡北邊的水流。江的西岸也有小澗從滇灘關往南流來，往東注入西江，這裡正是水合流的地方。再往東南登上山坡，走了半里，到石屏般的土主碑下，和從前面延伸過來的道路會合。再往南越過山岡下去，經過松山和各處哨所，過了二十里走進熱水塘李老的家中。這時還是下午，到處觀看熱水流洩的地方，水流出的情況十分奇異。原來山塢中有小水從東面峽谷中往西流注的，是冷泉；小水的左右兩邊，泉眼隨地而出，口大如管，泉水從孔洞中向上噴出，形狀如同沸騰的開水，滔滔不絕發出聲響。躍出水面二、三寸，水熱如同開水，有幾個孔洞在一處突出的，有從石坑中斜噴出來的，水熱得更加厲害。當地人就在泉水下游，造了一個圓池露天沐浴。我害怕水溫太熱，不能浸下身體，只蹲在池中的岩石上擦洗罷了。池外就有冷泉交流，如果把它引進池中，攙入熱水，就可沐浴。這是冷泉南面山坡的熱水。它的北面靠在東面的山坡下，還有幾處泉眼，有的從砂孔中流出，有的從石坑中流出，泉孔前面也造了圓池，水也同樣很熱。兩個圓池相對，但出水的泉眼有上百個。

二十七日　晨起，飯而行，仍取木膽肩負之。由岡東南下峽，一里餘，復有烟氣鬱勃，則熱水復溢塢中，與冷水交流而西出峽。其塢皆東大山之環壑也。由其南復上坡，里餘，有坑自東山橫截而西，若塹界之者，其下亦水流淙淙。隨坑東向上，一里，從坑墜處南渡其上。蓋其東未渡處，亦盤壑成坪，有村倚東峰下，路當其西南。半里，有岐，一南行坡上，一東向村間。余意向東者乃村中路，遂循東峰南行，前望尖山甚近。三里，稍下，見一塢橫前，其西下即烏索之旁村，其南逾即雅烏之西坳矣，乃悟此為固棟道，亟轉而東，莽行坡坂間。一里，得南來大路，乃知此為固棟向南香甸道，從之。漸東北上，一里，稍平。東向半里，復上坡。平上者一里，行峰頭，稍轉而南，半里，即南雅烏之脊也。從其上可南眺蘢嵸山，而北來之嶺，從其北下墜為坳，復起此坡。東隨塢脊平行，半里，乃東北下。抵坳東，則有路西自坳中來者，乃熱水塘正道，當從墜坑東村之岐上，今誤迂而南也。

於是又東下一里餘，其下盤而為坪，當北山之東，山界頗開，中無阡塍，但豐草芃芃。東北一峰東突，巀嶪❶前標，即石房洞❷山也，其後乃西北而屬於西山。西山則自北而南，如屏之列，即自熱水塘之東而南度雅烏者也。於是循西山又北下，半里，見有兩、三家倚南坡而廬，下頗有小流東向而墜；而路出其西北，莫可問為何所。已而遇一人，執而詢之。其人曰：「雅烏山❸村也。」亟馳去。後乃知此為畏途，行者俱不敢停趾，而余貿貿焉自適❹也。又北一里，再逾一東突之坡，一里，登其坳中，始覺東江之形，自其南破雅烏東峽而去，而猶不見江也。北向東轉而下，一里，有峽自西北來，即巀嵲❺後西北之山，與西界夾而成者，中有小水隨峽東出，有小木橋度其上。過而東，遂循北山之麓，始見南壑中，東江盤曲，向西南而破峽。蓋此地北山東突而巀嵲；南山自石洞廠南，盤旋西轉，高聳為江東山北嶺，與北對夾，截江西下，中拓為塢，曲折其間。路從其北東行，一里，有岐東南下塢中，截流渡舟，乃東趨石洞之道；有路東北挾巀嵲之峰而轉，乃北趨南香甸道。於是東北一里餘，轉巀嵲峰東。遙眺其塢大開，自北而南，東西分兩界夾之，西山多東突之尖，東山有亙屏之勢。塢北豁然遙達，塢東則江東北嶂，矗峙當夾。惟東南一峽，窈窕而入，為楊橋、石洞之徑，西南一塢，宛轉而注，為東江穿峽之所。

先是余望此巀嵲之峰，已覺其奇；及環其麓，仰見其盤亙之崖，層聳疊上；既東轉北向，忽見層崖之上，有洞東向，欲一登而不見其徑，欲捨之又不能竟去，遂令顧僕停行李，守木膽於路側，余竟仰攀而上。其上甚削，半里之後，土削不能受足，以指攀草根而登。已而草根亦不能受指，幸而及石，然石亦不堅，踐之輒隕，攀之亦隕。間得一少粘者，繃足挂指，如平帖於壁，不容移一步，欲上既無援，欲下亦無地，生平所歷危境，無逾於此。蓋峭壁有之，無此蘇土❻；流土有之，無此蘇石。久之，先試得其兩手兩足四處不摧之石，然後懸空移一手，隨懸空移一足，一手足牢，然後懸空又移一手足，幸石不墜，又手足無力欲自墜。久之，幸攀而上，又橫帖而南過，共半里，乃抵其北崖，稍循而下墜，始南轉入洞。洞門穹然，如半月上覆，上多倒垂之乳，中不甚深；五丈之內，後壁環擁，下裂小門，批隙而入，丈餘即止，無他奇也。出洞，仍循北崖西上，難於橫帖之陟，即隨峽上躋，冀有路北迂而下，久之不得。半里，逾坡之西，復仰其上崖高穹，有洞當其下，洞門南向，益竭蹶從之。半里，入洞。洞前有巨石當門，門分為二。先從其西者入，門以內輒隨巨石之後東轉，其中夾成曲房；透其東，其中又旋為後室，然亦丈餘而止，不深入也。旋從其東者出，還眺巨石之上，與洞頂之覆者，尚餘丈餘。門之東，又環一石對之，其石中懸如臺，若置梯躡之，所攬更奇也。出洞，循崖而北，半里，其下亦俱懸崖無路，然皆草根懸綴，遂坐而下墜，以雙足向前，兩手反而後揣草根，略逗❼其投空之勢，順之一里下，乃及其麓。與顧僕見，若更生也。

日將過午，食攜飯於路隅，即循西山北行。三里，而西山中遜。又一里，有村倚西山塢中。又半里，繞村之前而北，遂與江遇，蓋江之西曲處也。其村西山後抱，東江前揖，而南北兩尖峰，左右夾峙如旗鼓，配合甚稱。有小溪從後山流出，傍村就水，皆環塍為田，是名喇哈寨❽，亦山居之勝處也。溯江而北，半里，度小溪東注之橋，復北上坡。二里，東北循北尖峰之東麓，一里餘，仰見尖峰之半，有洞東向高穹，其門甚峻，上及峰頂，如簷覆飛空，乳垂於外，檻橫於內，而其下甚削，似無陟境，蓋其路從北坡橫陟也。余時亦以負荷未釋，遂先趨廠。又北一里餘，渡一西來之澗，有村廬接叢於江之西岸，而礦爐滿布之，是為南香甸❾。乃投寓於李老家，時甫過午也。

先是，余止存青蚨三十文，攜之袖中，計不能為界頭返城之用，然猶可糴米為一日供。迨石房洞扒❿山，手足無主，竟不知拋墮何所，至是手無一文，乃以褶襪裙三事懸於寓外，冀售其一，以為行資。久之，一人以二百餘文買紬⓫裙去。余欣然沽酒市肉，令顧僕烹於寓。余亟索飯，乘晚探尖峰之洞。乃從村西溯西來之溪，半里，涉其南，從僰彝盧後南躡坡。迤邐⑫南上一里，遂造洞下。洞內架廬三層，皆五楹，額其上曰「雲巖寺」。始從其下層折而北，升中層，折而南，升上層。其中神像雜出，然其前甚敞。石乳自洞簷下垂於外，長條短縷，繽紛飄颺，或中透而空明，或交垂而反捲，其狀甚異。復極其北，頂更穹盤而起，乃因其勢上架一臺；而臺之上，又有龕西迸，復因其勢上架一閣。又從臺北循崖置坡，盤空而升，洞頂氤氳之狀，洞前飄灑之形，收覽殆盡。臺之北，復迸一小龕南向，更因其勢而架梯通之，前列一小坊，題曰「水月」，中供白衣大士。余從來嫌洞中置閣，每掩洞勝，惟此點綴得宜，不惟無碍，而更覺靈通，不意殊方⑬反得此神構也。時洞中道人尚在廠未歸，雲磴不封，乳房無扃，凭憩久之，恨不攜囊托宿其內也。洞之南復有一門駢啟，其上亦有乳垂，而其內高廣俱不及三之一；石色赭黃如新鑿者。攀其上級，復透小穴西入，二丈後曲而南，其中漸黑，而有水中貯，上有滴瀝聲，而下無旁泄竇，亦神瀵⑭也。洞中所酌惟此。其中穴更深迥，但為水隔而黑，不復涉而窮之。乃下，仍從北巖下循舊路，二里返寓。遂啜酒而臥，不覺陶然⑮。

南香甸，余疑為「蘭香」之訛，蓋其甸在北，不應以「南」稱也。山自明光⑯

分脈來，西即阿幸東南下之山，東乃斜環而南，至甸東乃西突而南下，夾江流於中，其流亦發於明光；北即姊妹山東行之脈也，是為固棟東江之源。此中有明光六廠[17]之名，而明光在甸北三十里，實無廠也，惟燒炭運磚，以供此廠之鼓煉；此廠在甸中，而出礦之穴，在東峰最高處，過雅烏北嶺，即望而見之，皆採挖之廠，而非鼓煉之廠也。東峰之東北有石洞廠，與西北之阿幸，東南之灰窰，共為六廠云。諸廠中惟此廠居廬最盛。然阿幸之礦，紫塊如丹砂；此中諸廠之礦，皆黃散如沙泥，似不若阿幸者之重也。

【章旨】本章記載了第三百二十二天在永昌府的行跡。離開熱水塘，繞了一個彎，踏上從固棟去南香甸的路。登上南雅烏的山脊，可眺望巃嵸山。往前看到東北有座高峻的山峰，即石房洞山。沿西山走下，到雅烏山村，後來才知道這裡是險途，行人都不敢停步。再往北發現東江沖破雅烏東邊的峽谷流去。在石房洞山麓繞轉，忽然看見層層山崖上有個朝東的洞，便往上攀登。到危險的地方，雙腳繃緊，手指抓住岩石，身體就像平貼在石壁上，既不能上，又無法下，這地方無論岩石還是泥土，都十分鬆動，生平所經歷的險境，沒有超過這裡的。好不容易進入洞中，頂上有許多倒懸的鐘乳石，裡面不太深。這洞上面的山崖下還有洞，便到那裡，見洞前有巨石將洞門一分為二，洞內也不深邃。出洞後發現下面都是懸崖，無路可走，於是坐下，雙手向後拉著草根往下滑，到達山麓，就像再生一樣。沿西山往北，經過喇哈寨，也稱得上是山村的勝境。剛過中午到達南香甸，在東江西岸。這時已身無分文，便賣了一條綢裙作路費。趕緊吃了飯，趁著晚照去探遊位於尖峰半山腰的洞。從僰彝的屋後登上山坡。洞中架起三層房屋，匾額題為「雲巖寺」。洞簷垂下的鐘乳石繽紛飄揚，形狀奇異。洞內根據地勢建了平臺，臺上又根據地勢建了一閣，一向討厭在洞中建閣，唯獨這裡點綴得十分合宜，想不到在邊遠地區反有這樣神奇的構造，只恨不能在洞內住宿。返回住所後，喝了酒睡下。懷疑南香甸是「蘭香」的誤傳。南香甸的廠在甸中，而礦洞則在東峰最高處，都是開採礦石的廠，而不是冶煉的廠。這裡有「明光六廠」的名稱，但明光其實沒有廠。

【注釋】❶巀嶪 高聳。❷石房洞 在騰衝北隅，老花寨南。❸雅烏山 今名鴉烏山，在騰衝城北約一百二十里處，固棟至明光的公路旁。東、西兩江均從這山的兩腋往南流去。❹自適 悠然閒適而自得其樂。❺巀嵲 高聳。❻蘇土 與下蘇石之「蘇」，用同「酥」，言物體疏鬆。❼逗 止住；停留。❽喇哈寨 今名老花寨。寨南、北兩尖峰，海拔均為二千一百多公尺，稱大尖山。❾南香甸 在今騰衝北隅小辛街。❿扒 用同「爬」。⓫紬 同「綢」。⓬迤運 同「迤邐」。曲折連綿的樣子。⓭殊方 邊遠偏僻地區。⓮神瀵 據《列子・湯問》，古代終北國有壺領山，山頂有磁穴，水從穴中湧出，比蘭花更香，比甜酒更美，名神瀵。瀵，從地底湧出的泉水。⓯陶然 形容喝醉後歡樂的神態。⓰明光 山名，又為地名，約在騰衝城北二百二十里處。清代於龍川江上游支流明光河邊設明光隘，為騰越九隘之一。⓱明光六廠 包括明光、南香甸、石洞、阿幸、灰窰、雅烏六廠，為明代在騰衝北境的著名銀礦區。明光廠在南香甸北三十里，則應位於今東營以北。

【語譯】二十七日 早晨起身，吃了飯出發，仍然將木膽扛在肩上走路。從山岡東南走下峽谷，過了一里多，還有濃鬱的煙氣，只見熱水又從山塢中溢出，和冷水交流往西流出峽谷。這裡的山塢都是東邊大山環繞中的山壑。從熱水泉的南面再登上山坡，走了一里多，有坑谷從東山往西橫向攔截，就像壕溝隔在這裡，坑下也有水淙淙流去。隨坑谷往東上去，走了一里，從坑谷墜落處往南越過它的上方。坑谷東面未越過的地方，也有山壑盤繞形成平地，有村莊靠在東邊的山峰下面，路在村莊的西南。走了半里，有岔路，一條往南向山坡上走，一條往東去村中。我想往東的是去村中的路，便沿著東邊的山峰往南走，向前望見尖山很近。走了三里，稍許往下，看到一個山塢橫在前面，山塢西邊往下就是烏索旁邊的村莊，越過山塢南邊就是雅烏山西邊的坳地了，才明白這是去固棟的路，急忙轉身向東，在山坡中莽然行走。過了一里，看到從南面延伸過來的大路，才知道這是固棟通往南香甸的路，就隨著這條路走。漸漸往東北上去，走了一里，路稍許平坦。往東走半里，又登上山坡。平步往上走一里，在峰頭行走，稍許轉向南走半里，就是南雅烏的山脊。從山脊上可向南眺望巃嵸山，而從北面延伸過來的山嶺，從它的北邊往下陷落成山坳，再突起為這裡的山坡。往東隨著塢中的山脊平步行走，過了半里，就往東北下去。到達山坳東邊，只見有路從西邊的山坳中延伸過來，是去熱水塘的正路，本該從墜落的坑谷東邊村莊的岔路上去，如今誤繞向南去了。

從這裡又往東走下一里多，下面盤繞成為平地，在北山的東面，山界很開闊，中間沒有田地，但草長得十分茂盛。東北有座山峰向東突起，山勢高聳，標示在前面，就是石房洞山，它的後山就往西北和西山連接。西山則從北往南延伸，如同排列的屏風，就是從熱水塘的東面往南越過雅烏的山。從這裡沿著西山又往北下去，走了半里，看到有兩、三戶人家靠著南面的山坡蓋屋，下面有很多小水往東落下；而路通往它的西北，沒有人，無從打聽這是什麼地方。過了一會遇上一個人，拉住他詢問。那人說：「這是雅烏山村。」趕緊快步走去。後來才知道這裡是險途，行人都不敢停步，而我還是貿貿然自得其樂。又往北走一里，再越過一道往東突起的山坡，走了一里，登臨山坳中，才發現東江的水流，從它南面沖破雅烏東邊的峽谷流去，但仍看不到江水。往北再轉向東下去，走了一里，有峽谷從西北延伸過來，就是在高聳的山背後西北的山，和西邊的山相夾形成的，峽谷中有小水隨著它往東流出，有小木橋跨在水上。過橋往東，便沿北山的山麓走，才看到南面的山壑中，東江曲折盤繞，往西南沖破峽谷流去。原來這裡北山向東突起而高聳，南山從石洞廠南面，盤繞著往西轉，高聳為江東山的北嶺，和北山相對夾立，攔截往西流下的江水，中間開拓成為山塢，江水在塢中曲折奔流。路從它的北邊往東走，過了一里，有岔路往東南走下塢中，坐船橫渡江水，是往東去石洞廠的路；有路往東北緊貼著高聳的山峰轉去，是往北去南香甸的路。從這裡往東北走一里多，轉到高聳的山峰東面。遠望山塢十分開闊，從北往南延伸，山分東西兩邊夾著它，西山大多是向東突起的尖峰，東山有屏風橫亙之勢。山塢北面豁然開闊通向遠方，山塢東面是江東山北面屏障般的山峰，矗峙相夾。只有東南一道峽谷，通往幽深遠處，是去楊橋、石洞的路，西南一處山塢，水流曲折流入，是東江穿流峽谷的地方。

在此之前，我望見這座高聳的山峰，已覺得它很奇特；等到在它的山麓繞轉，抬頭望見它盤曲綿亙的山崖，層層疊疊向上聳起；從它東面轉向北後，忽然看見層層山崖之上，有個朝東的洞，想登上一遊，但不見上去的路，想放棄它又不忍離去，於是吩咐顧僕放下行李，在路旁守護木膽，我終於往上攀登。崖上十分陡峭，走了半里之後，土山陡峭不能落腳，用手指拉著草根攀登。不久草根也拉不住，幸好已到石山，但岩石也不堅固，腳踏上去岩石總是墜落，用手攀援也會墜落。偶爾找到一處稍許牢固的岩石，便雙腳繃緊手指抓住，身體就像平貼在石壁上，不能移動一步，想上去既無處可攀援，要下來也無地能落腳，生平所經歷的險境，沒有超過這裡的。因為有這樣的峭壁，便沒有這樣的鬆動的泥土；有這樣的流土，便沒有這樣鬆動的岩石。過了好久，先試探找到兩手兩腳都可著力而四處不會摧落的岩石，然後懸空移動一隻手，隨即懸空移動一隻腳，一手一腳穩固，然後懸空又移動另外一手一腳，岩石雖然僥倖沒有墜落，手腳卻又無力，身體好像要掉下似的。過了好久，僥倖攀登上去，身體又橫貼崖壁往南過去，共走了半里，才到達北面的山崖。沿著山崖稍許落下，才往南轉入洞中。洞口高高隆起，形如半月在上面覆蓋，頂上有許多倒掛的鐘乳石，裡面並不太深；五丈之內，後面洞壁迴環擁立，下面裂開小洞，從縫隙中進去，一丈多就已到頭，沒有其他的奇異景觀。走出洞，仍然沿著北面的山崖往西上去，比前面身體貼崖橫過更加艱難，就隨峽谷往上攀登，希望有路往北繞下，過了好久仍找不到。走了半里，越過山坡的西面，再抬頭望見上面的山崖高高隆起，有洞在山崖下，洞門朝南，更加竭盡全力往那裡走去。過了半里，進入洞中。洞前有巨石在門口，把洞門一分為二。先從洞門的西邊進去，到洞門內就沿巨石的背後往東轉，裡面夾成內室；穿過內室到它的東面，裡面又繞成後室，但也只有一丈多便到頭，沒有深入進去。很快從洞門的東邊走出，轉身眺望巨石的上方，和洞頂覆蓋的部位，還有一丈多距離。洞門的東邊，又有一塊環立的岩石對著它，這岩石懸在中間如同平臺，如果安放了梯子登上去，所能看到的景色會更加奇異。出洞後，沿著山崖往北，走了半里，下面也都是懸崖沒有通道，然而上面都是懸掛連結的草根，於是坐著往下落，用雙腳向前，兩手反向後拉著草根，略為停留控制懸空落下的速度，順勢往下一里，才到山麓。和顧僕相見，就像再生一樣。

看天色快過中午，在路旁吃帶來的飯，隨即沿著西山往北走。過了三里，西山中間向後退縮。再走了一里，有村莊靠在西山的山塢中，再走半里，繞到村前往北，便和江水相遇，大概是江水往西彎曲的地方。這村莊後面西山環抱，前面東江相對，而南北兩座尖峰，在左右夾峙如旗鼓，配合十分得當。有小溪從後山流出，靠近村莊和水邊，都是土埂環繞的田地，地名喇哈寨，也是山村中的勝境。沿著江水往北上行，走了半里，通過一座橋，橋下小溪水往東流去，再往北登上山坡。走了二里，往東北沿著北邊尖峰的東麓走，過了一里多，抬頭望見尖峰的山腰上，有洞朝東高高隆起，洞門很高，上面直到峰頂，如屋簷凌空覆蓋，鐘乳石垂在洞外，門檻橫在洞內，洞的下面十分陡削，似乎沒有可登上的地方，原來登洞的路是從北面的山坡橫越過去的。我這時也因為所背負的東西不能放下，就先去廠區。再往北走了一里多，渡過一條從西面流來的澗水，有村舍聚集在江的西岸，而礦爐滿布其中，這是南香甸。便到李老家中投宿，這時剛過中午。

在前，我只留下三十文錢，放在袖中帶著，估計不夠從界頭返回州城的費用，但還可買米供應一天食糧。等到在石房洞爬山時，手腳無主，竟不知拋失在哪裡，這時手中沒有一文錢。就把夾衣、襪子、裙子三件東西掛在寓所外，希望能賣出一件，作為路費。過了好久，有個人用二百多文錢買了綢裙。我十分高興，去買了酒肉，叫顧僕在寓所烹煮。我趕緊找了飯吃，乘著夕陽去探遊尖峰上的洞。於是從村的西邊沿西來的溪水上行，走了半里，渡過溪水到南岸，從傣族人家的屋後往南登上山坡。曲曲折折往南走上一里，便到洞下。洞內架起三層房屋，都有五間，上面的匾額為「雲巖寺」。起先從它的下層轉向北，登上中層，再轉向南，登上上層。裡面神像雜亂出現，但屋前十分寬敞。鐘乳石從洞簷垂下伸到外面，或為長條，或為短縷，繽紛飄揚，有的中間穿通虛空明亮，有的交相垂下倒捲，形狀十分奇異。再窮究它的北邊，洞頂更加高拱盤起，根據地勢在上面建了一座平臺；平臺上方又有石龕往西迸裂，再根據地勢在上面建了一個小閣。又從平臺北邊沿石崖設置斜坡，在空中盤繞上升，洞頂煙雲瀰漫的狀況，洞前鐘乳石飄揚瀟灑的形態，都盡收眼底。平臺的北邊，又迸裂出一個向南的小龕，再根據地勢架了梯子通向那裡，前面有一座小牌坊，題名「水月」，龕中供奉觀音大士。我一向討厭在洞中建閣，往往遮掩了洞中的勝景，只有這裡點綴得十分合宜，不僅沒有妨礙，而且更覺得靈通，想不到在邊遠地區反而見到如此神奇的構造。這時洞中的道士還在礦廠未回，穿入雲中的石級沒有堵塞，鐘乳石的房屋也未上鎖，靠著歇息了很久，只恨沒帶來行李可在洞中住宿。洞的南邊還有一處洞門，並排開著，上面也有鐘乳石垂下，但洞內高和寬都不到前洞的三分之一，石色赭黃，像新近開鑿的。攀登它往上的石級，再穿過小穴往西進去，走了二丈曲而往南，裡面漸漸昏黑，但洞內有積水，上面有滴水聲，而下面沒有洩水的旁洞，也是一處神奇的泉水。洞中所飲用的水只有這裡。中洞更加深遠，但被水隔著而又黑暗，不再渡水進去窮究它。於是下山，仍然從北邊的山岩沿原路往下，走了二里，返回寓所。於是喝酒睡下，不覺陶然而樂。

南香甸，我懷疑是「蘭香」的誤傳，因為這甸在北邊，不應用「南」來稱呼。山從明光分出支脈延伸過來，西邊就是從阿幸廠往東南延伸的山，往東後就向南斜繞，到甸的東邊就往西突起又往南延伸，將江流夾在中間，這條江流也發源於明光；北邊就是從姊妹山往東延伸的山脈，這是固棟東江的發源地。這裡有「明光六廠」的名稱，但明光在甸北三十里，實際上沒有廠，只是燒炭運磚，以供這廠的鼓風冶煉；這廠在甸中，但出礦的坑洞在東峰的最高處，過了雅烏山的北嶺，就能望見它，都是開採礦石的廠，不是鼓風冶煉的廠。東峰的東北有石洞廠，和西北的阿幸廠，東南的灰窰廠，一共是六個廠。各廠中只有這廠的住屋最多。不過阿幸廠的礦石，為紫色石塊，如同丹砂；這裡各廠的礦石，都是黃色鬆散如泥沙，似乎不及阿幸廠的礦石那樣貴重。

二十八日　晨起，霧甚。平明，飯而為界頭之行。其地在南香甸東南，隔大山、大江各一重。由南香東北大廠[1]逾山，則高巒重疊，路小而近；由南香東南陽橋礦逾東嶺，則深峽平夷，路大而遙。時因霾黑，小路莫行，遂從土人趨陽橋道，且可并攬所云石洞也。從村東度江橋，其橋東西橫架於東江之上，覆亭數楹。由橋東即隨江東岸，循東山南向行。東山者，即固棟江東山之脈，北自明光來，至大廠稍曲而東南，至是復西突而南下，屏立南香甸之東。其上有礦穴當峰之頂，茅舍緣之；自雅烏北嶺遙望，以為南香甸也，至而後知為朝陽出礦之洞。然今為霧障，即咫尺東山，一無所睹，而此洞直以意想定之而已。南行八里，則有峽自東山出，遂東轉而蹈之。其峽北即東山至此南盡；南即東嶺之轉西，西矗於南香甸南，為江東山北嶺者也。開峽頗深，有泉西出而注於東江，即昨所從巀嵲山前分岐渡江而東入之峽也。峽徑雖深，而兩崖逼仄。循北山東行二里，望見峽內亂峰參差，扼流躍穎，亟趨之。一里，至其下，忽見北崖中迸，夾峙如門。路乃不溯澗東上，竟北轉入門，蓋門左之崖，石脚直插澗底，路難外瀠，故入而內繞耳。由門以內，仍東躡左崖之後，一里，遂逾亂峰之上，蓋石峰三、四，逐隊分行，與流相鏖，獨存其骨耳。循北峰攬澗南亂峰，又東一里，路復北轉，蹈北峰之隙北下。半里，則峰北又開一峽，自北而南，與東來之峽，會於北峰東突之下，同穿亂峰之隙而西。所謂北峰者，從大廠分支西南下，即南香甸東突之峰。余今所行路，循其南垂向東者也，其東南垂亦至是而盡。是山之西北，有礦西臨南香甸者，曰朝陽洞；是山之東南，有礦東臨是峽者，曰陽橋❷。陽橋之礦，亦多挑運就煎煉於南香，則知南香乃眾礦所聚也。隨峽北望，其內山迴壑闢，有廠亦爐烟勃勃，是為石洞廠❸。所云石洞者，大廠之脈，至是分環，西下者自南香東界而南至陽橋，下從峽中又東度一峰，突為虎砂而包其內；東下者亦南走而東環之，至東嶺而西轉，穹為江東山北境，繞為龍砂而包其外。其水自石洞東南出，合東嶺北下之水，西注於亂峰，與陽橋度峽水合流，西注東江。是石洞者，眾山層裹中之一壑也，從陽橋峽北望而見之，峽中度脈而東，雖無中界之脊，而水則兩分焉。

余時欲從峽趨石洞，慮界頭前路難辨，不若隨同行者去，遂捨石洞，從東峽溯流入。三里，則路東有峰前屏，北界陽橋，東度之峰，至是東盡。石洞之水，隨東屏之山，南出而西轉，則陽橋南峽之上流也。路抵東屏前山下，亦分岐為二，東北溯石洞水逾嶺者，為橋頭路；東南溯東嶺北下之水逾嶺者，為界頭路。然則西下峽中之水，以石洞者為首，以東嶺者為次也。於是東南上坡，二里餘，陟嶺巔，是即所謂陽橋東嶺矣。逾嶺即南下，一里，復陟峽而上，從嶺上南行。二里，就其東南坡而下。二里，越東流之壑，復稍上，二里，越其南坡，再下。有岐下東大峽，為同行者誤而南，一里餘，始知其誤。乃莽陟坡而東北，一里，遇西來道，偕之東陟塍。一里餘，則龍川東江④之源，滔滔南逝，繫藤為橋於上以渡。橋闊十四、五丈，以藤三、四枝高絡於兩崖，從樹杪中懸而反下，編竹於藤上，略可置足，兩旁亦橫竹為欄以夾之。蓋凡橋鞏而中高⑤，此橋反掛而中垂，一舉足輒搖蕩不已，必手揣旁枝，然後可移，止可度人，不可度馬也。從橋東遵塍上，始有村廬夾路。二里，復東上坡，由坡脊東行；其坡甚平，自東界雪山橫垂而西下者。行其上三里，直抵東山下，是為界頭村⑥。其村倚東山而北，夾廬成街，而不見市集。詢之，知以旱故，今日移街於西北江坡之間，北與橋頭合街矣。蓋此地旱即移街，乃習俗也。乃令顧僕買米而炊。余又西北下抵街子，視其擾擾而已，不睹有奇貨也。既乃還飯於界頭。其地已在龍川江之東，當高黎工雪山⑦西麓，山勢正當穹窿⑧處。蓋高黎工俗名崑崙岡，故又稱為高崙山。其發脈自崑崙，南下至姊妹山，西南行者滇灘關南高山，東南行者繞小田、大塘⑨，東至馬面關⑩，乃穹然南聳，橫架天半，為雪山，為山心，為分水關，又南而抵芒市，始降而稍散。其南北之高穹者，幾五百里云。由芒市達木邦，下為平坡，直達緬甸而盡於海。則信為崑崙正南之支也。

由界頭即從雪山西麓南行，屢逾西突之坡。十五里，遙望羅古城⑪，倚東山坡間，有寺臨之。此城乃土蠻所築之遺址。其寺頗大。有路從此逾雪山，過上江。又南二里，過磨石河⑫，又南二里，越一山，又逾一西突之坳，又南二里，過一小木橋，又南一里，越一坡，乃循坡東轉。二里，抵東南峽口，有山自東大山南環而峙於門。大路逾坡而南上，小徑就峽而西南。乃就峽口出，則前所過藤橋江，亦自塢北來，遂循其東岸而南，三里，始有村倚江岸，乃傍村南行。又一里，宿瓦甸⑬，瀕江東岸，亦南北大塢也，村塍連絡。東向大山，即雪山，漸南與山心近矣。

【章旨】本章記載了第三百二十三天在永昌府的行跡。通過橫架在東江上的橋，沿著東山往南走，山上有礦井位於峰頂。轉入一道峽谷，沿著北山往東，望見峽內亂峰參差不一。走到峰下，忽然看見北邊的山崖迸裂成門戶，從門內翻到亂峰的上方，再沿著北峰的南陲往東下去。這山的西北有礦井名朝陽洞，東南有礦井名陽橋，而南香甸則為各處礦石聚集的地方。向北望見峽內有廠冒著濃煙，即石洞廠。大廠的山脈，到這裡分支環繞，往西延伸的突起成虎砂圍在裡面，往東延伸的繞成龍砂圍在外面。石洞是群山層層圍裹中的一道山壑。離開石洞，從東邊的峽谷進去，往下流到峽中的水，以石洞為首。翻過陽橋東嶺，往前看到龍川東江的源頭，往南滔滔流逝。江上有藤橋，中間反而垂下，一抬腿就不停晃動，只能過人，不能過馬。從橋的東頭上坡，到東山下的界頭村，集市中沒有奇貨。這裡正當高黎貢雪山的西麓。高黎貢山起自崑崙山，往南到姊妹山，再往東南延伸到馬面關，橫架在半空中成雪山、山心，再往南到芒市，降下成為平坦的山坡，直達緬甸到海邊為止，真可說是為崑崙山正南的支脈。由界頭村從雪山的西麓往南走，途中遙望羅古城，經過磨石河，走出峽口，到瓦甸留宿，東面的大山就是雪山。

【注　釋】❶大廠　今名大洞鉛廠。❷陽橋　二十七日日記作「楊橋」。❸石洞廠　今名石洞壩，在明光南面。❹龍川東江　南流入騰越境，至曲石和曲石河合流為龍川江。❺凡橋聳而中高　中國古代橋梁大多為拱形橋，中部高起，拱洞呈弧形。聳，同「拱」。❻界頭村　在騰衝東北境。❼雪山　為騰衝、保山界上高黎貢山的最高處，海拔三千八百二十二公尺。❽嶐　高；隆起。❾大塘　在界頭北面，與馬面關均為騰越九隘之一。❿馬面關　原名馬回關，言山勢險峻，馬至此而回。「馬面」即「馬回」之訛。在騰衝橋頭、大塘及保山勐古間的高黎貢山脊，海拔三千一百九十四公尺。⓫羅古城　今名羅哥城，在瓦甸北，有寺廟及城遺址。⓬磨石河　龍川江支流，在羅古城北。⓭瓦甸　明正統五年（一四四〇）置瓦甸安撫司，隸永昌府。今仍名瓦甸，又名永安，在騰衝東北境，界頭和曲石之間的龍川江東岸。

【語　譯】二十八日　早晨起身，霧很大。天亮時，吃了飯去界頭。這地方在南香甸的東南，隔著一重大山、一重大江。從南香甸東北的大廠翻過山走，則高深的山巒重重疊疊，路小而近；從南香甸東南的陽橋礦翻過東嶺走，則幽深的峽谷比較平坦，路大而遠。這時因為天色陰沉黑暗，小路無法走，便跟著當地人從陽橋路走，而且可以一併遊覽所說的石洞廠了。從村的東邊通過江上的橋，這橋東西向橫架在東江上，橋上覆蓋著幾間亭子。從橋的東頭就沿著江的東岸隨東山往南走。東山就是固棟江東山的山脈，從北面的明光延伸過來，到大廠稍許彎向東南，到這裡又往西突起再向南延伸，屏風般峙立在南香甸的東面。山上有礦井位於峰頂，沿著礦井蓋起茅屋；從雅烏山北嶺遠遠望去，以為是南香甸，走到那裡後才知道是朝陽出礦的井洞。但如今被濃霧遮掩，即使近在咫尺的東山，也一無所見，而這個洞只是憑主觀想像來測定位置罷了。往南走了八里，只見有峽谷從東山伸出，便轉向東進入峽谷。這峽谷的北邊就是東山到了這裡的南邊盡頭處；峽谷的南邊就是東嶺往西轉，矗立在西面南香甸的南邊，成為江東山北嶺的地方。開出的峽谷很深，有泉水往西流出注入東江，就是昨天所經過的高聳的山前分出岔路渡江往東進入的峽谷。峽谷中的路雖然深遠，但兩邊的山崖緊逼狹窄。沿著北邊的山往東走二里，望見峽谷中亂峰參差不齊，扼制水流，躍上峰尖，急忙趕往那裡。走了一里，到達峰下，忽然看見北邊的山崖中間迸裂，兩側夾立如門。路卻不沿山澗向東上行，竟然往北轉入裂口，因為裂口左邊的石崖，石腳直插到澗底，路難於從外邊繞過去，所以進入裂口從裡面繞過罷了。從裂口裡面仍然往東登上左邊石崖的後面，走了一里，就從亂峰之上越過，原來是三、四座石峰，分行逐隊，和流水相搏，僅存岩石罷了。沿著北峰觀看山澗南面的亂峰，再往東走一里，路又向北轉，進入北峰的隙縫往北下去。走了半里，只見北峰的北邊又開出一道峽谷，從北往南和從東面延伸過來的峽谷，在北峰往東突起的下方會合，一起穿過亂峰的隙縫往西。所謂北峰，是從大廠分出的支脈往西南延伸，即南香甸往東突起的山峰。我現在所走的路，沿著它的南陲往東走，它的東南陲也到這為止。這山的西北面，有礦井在西邊對著南香甸，名朝陽洞；這山的東南面，有礦井在東邊對著這峽谷，名陽橋。陽橋的礦石，也大多挑運到南香甸冶煉，方才知道南香甸是各處礦石的聚集場所。隨峽谷向北望去，峽谷裡面山峰迴繞山壑開闢，有礦廠也是爐煙濃重，這是石洞廠。所說的石洞，那是大廠的山脈，到這裡分支環繞，往西延伸的，從南香甸東界往南到陽橋，從下面的峽谷中又往東伸過一座山峰，突起成為虎砂而圍在裡面；往東延伸的，也向南再往東環繞著，到東嶺向西轉，隆起成為江東山的北境，環繞成為龍砂而圍在外面。這裡的水從石洞的東邊往南流出，會合東嶺往北流下的水，向西注入亂峰中，和從陽橋流過峽谷的水合流，往西注入東江。這石洞，是群山層層圍裹中的一道山壑，從陽橋所在的峽谷向北望去就能見到它，峽谷中的山脈往東延伸，雖然沒有隔在中間的山脊，但水卻分向兩邊流了。

我這時想從峽谷中去石洞，考慮到界頭前面的路難以辨認，不如跟隨同行的人前去，便捨棄石洞，從東邊的峽谷中沿著水流上行。走了三里，只見路東邊有山峰像屏風那樣峙立在前方，北面隔著陽橋，往東延伸的山峰，到這裡是東邊的盡頭。石洞的水流，隨東面屏風般的山，往南流出再向西轉，便是陽橋南邊峽谷中的水流上游。路到東邊屏風般的山前下方，也分出兩條岔路，往東北沿石洞水上行，越過山嶺的，是去橋頭的路；向東南沿東嶺往北流下的水上行，越過山嶺的，是去界頭的路。那麼往西流下峽谷的水，以石洞的水為首，以東嶺的水為次。到這裡往東南上坡，走了二里多，登上嶺頭，這就是所說的陽橋東嶺了。越過嶺就往南下去，走了一里，再登峽谷往上，從嶺上往南走。過了二里，從山嶺東南的山坡下去。再走了二里，越過往東流水的山壑。再稍許往上，走了二里，越過它南面的山坡，再往下走。有岔路往下到東邊的大峽谷中，被同行的人引錯路往南走，過了一里多，才發覺走錯了。於是莽撞地登上山坡而往東北走，過了一里，遇上從西面延伸過來的道路，隨這條路往東登上土埂。走了一里多，只見龍川東江的源頭，向南滔滔流去，在江上繫著藤條作為橋來過渡。橋長十四、五丈，用三、四根藤條高高連接在兩岸山崖上，從樹梢中懸垂彎下。藤上編著竹條，略微可以落腳，兩旁也橫編竹條作為護欄相夾。大致凡是橋都是中間高拱，這橋反因懸掛而中間垂下，一抬腿就晃動不止，必須用手抓住兩旁的護欄竹條，然後才可移步，只可過人，不能過馬。從橋的東頭沿土埂上去，開始在路旁有村莊房屋。走了二里，再往東登上山坡，從坡脊上往東走。這山坡十分平坦，是從東界雪山往西橫向垂下形成的。在山坡上走了三里，直到東山下面，這是界頭村。這村朝北靠著東山，房屋相夾成為街道，但看不到集市。打聽原因，得知因為天旱的緣故，今天街子移到西北江邊的山坡間，和北邊橋頭的街子合在一起了。原來這裡天旱就遷移街子，是一種習俗。於是吩咐顧僕買米煮飯。我又往西北走下街子，只見市上亂哄哄罷了，看不到有奇特的貨物。隨後回到界頭吃飯。這裡已在龍川江的東邊，位於高黎貢雪山的西麓，山勢正當高高隆起的地方。因為高黎貢山俗名崑崙岡，所以又稱為高崙山。它的山脈起於崑崙山，往南延伸到姊妹山，往西南延伸的是滇灘關南面的高山，往東南延伸的，繞過小田、大塘，往東到馬面關，就向南高高拱起，橫架在半空中，成為雪山，成為山心，成為分水關，再向南到達芒市，才降下稍稍散開。它從南往北高高隆起的山脈，幾乎長達五百里。從芒市到木邦，山勢降下成為平坦的山坡，直往緬甸而到海邊為止。真可說是崑崙山正南的支脈。

由界頭隨即從雪山的西麓往南走，幾次越過往西突起的山坡，走了十五里，遠望羅古城，靠在東山的山坡間，有寺廟對著它。這城是當地蠻族所築的城的遺址。這寺很大。有路從這裡翻過雪山到上江。再往南走二里，渡過磨石河。再往南走二里，越過一座山，再越過一道向西突起的山坳，再往南走二里，通過一座小木橋，再往南走一里，越過一道山坡，才隨著山坡往東轉。走了二里，到達東南的峽口，有山從東邊的大山向南環繞峙立在峽口，大路越過山坡往南上去，小路在峽谷中往西南走。於是從峽口走出，只見先前走過的藤橋下的江水，也從山塢北邊流來，便沿著江的東岸往南走。過了三里，才有村莊靠在江岸上，就靠著村莊往南走。再過了一里，到瓦甸留宿，靠近江的東岸，也是個南北向的大山塢，村莊田野連成一片。向東的大山，就是雪山，漸漸往南和山心接近了。

二十九日　飯而平明，隨江東岸行。二里餘，兩岸石峰交合，水流峽間，人踰崖上。江為崖所束，奔流若線，而中甚淵深。峽中多沸水之石，激流盪波，而漁者夾流置罾於石影間，攬瑤曳翠，無問得魚與魚之肥否❶，固自勝也。半里，越崖南下。江亦出峽，有石浮波面，儼然一鼋鼍❷隨水出也。又南二里，過上莊，有山西突，中夾塢成田。村倚突峰之東，江曲突峰之西，而路循塢中。逾脊而西南，又一里餘，復與江遇，而兩崖復成峽，石之突峽迎流，與罾之夾流曳翠，亦復如前也。一里，江曲而西，路從江之南亦曲而西截向北之塢。於是北望隔江南下之山，至是中分，其東支已盡，橫突而東，即西峽之繞而下者；其西支猶橫突西南，即固棟兩江❸所合而南盤者。兩支之中，北遜成塢，而灰窰廠❹臨其上焉。是廠亦六廠之一，所出礦重於他處，昔封之而今復開，則不及他處矣。

西一里，復上一北突小岡，有竹環坡，結廬其中者，是為苦竹岡。越而南下，共一里，又越塢南上，遂從坡上南行。二里，江隨西峰之嘴，曲而東南，始艤舟而渡其西岸，隨西山南行。一里，坡尾東掉，路亦隨而東。南逾之，一里，有一、二家倚坡北向而居，由其東更南上一里，遂逾其東下之脊，南行脊間。二里，復稍下，有小峽自西而東。其峽甚逼，中有小水，搗坑東出。乃下，半里，稍西轉，迎流行峽中，有數家倚峽北，是為曲石❺。而峽之西，其內反闢而成塢，亦有村廬倚之，則峽水之所從來也。於是南截峽流，又上坡行坡間。二里，有村當路左，亦曲石之村廬也。又南三里，乃隨坡西轉，始見坡南塢大開，水東貫之，則固棟兩江合而與順江、響水溝諸流，一併東出者也；循此坡稍北，即與界頭、瓦甸之江合，是為龍川江之上流，蓋交會於曲除者也。固棟之江東山，自石洞南度脊，亦中盡於曲除者也。余先自固棟歷其西，又從陽橋東嶺逾其北，又從瓦甸瞻其東，又從灰窰、曲石轉其南，蓋江流夾其三方，而余行周其四隅矣。西行一里，又南向峻下者一里，及塢底，有橋跨江，亦鐵鎖交絡而覆亭於上者，是為曲石橋。按《一統志》：龍川江上有藤橋二，其一在回石。按江之上下，無回石之名，其即曲石之誤耶？豈其橋昔乃藤懸，而後易鐵鎖耶？

於是從江南岸上坡，西向由峽上。二里餘，復南向陟嶺，二里餘，登嶺頭。有三、四家當嶺而居，是為酒店❻，以賣漿得名也。飯而行，循嶺東南向，二里下，稍西轉，復南行坡上。又二里，稍下，陟一塢而上。又南二里，過陳揮使莊。又南隨峽中行，二里，有隴環前峽，折而自西來，有岐直南躡其隴，余乃隨眾從峽中西行。半里，漸西上，又半里，折而南上，又半里，南登隴脊，始逾東度之脈。於是南望，前壑大開，直南與羅生山相對，其中成塢甚遙，州城隱隱在三十里外，東之球[王牟]，亦可全見，惟西之寶峰，又西北之集鷹，皆為巃嵸南下之支所掩，不得而見焉。余先賈勇獨上，踞草而坐，久之，後行者至，謂其地前有盜自東山峽中來，截路而劫，促余並馳南下。東望層峽重巒，似有尋幽之徑，而行者惟恐不去之速也。

下二里，望見澄波匯山麓，余以為即上干峨清海子矣。又峻下二里，有村廬當海子北岸，竹徑扶疏，層巒環其後，澄潭映其前。路轉其東北隅，有小水自峽間下注，有賣漿之廬當其下，入而少憩。以所負木膽浸注峽泉間，且問此海子即上干峨澄鏡池否？其人漫應之，但謂海子中有魚，有泛舟而捕者，以時插秧，止以供餐，不遑出賣。然余憶志言下海子魚可捕，上海子魚不可捕，豈其言今不驗耶？循海東峻麓行二里，及海子南濱，遇耕者再問之，始知此乃下海子⑦，上海子⑧所云澄鏡池者，尚在村東北重山之上，由此而上五里乃及之。余不能從。南二里，越一澗，有村連竹甚深，是為中干峨村。由村南又南下三里，其村竹廬交映更遙，是為下干峨村。至是，東坡之下，闢為深塢，而溪流南貫。由是從村南稍西，即轉南向，隨坡上行。一里，漸南下，俯瞰塢中溪流，已有刺小舟而浮者。既而南行二里，有一、二家倚坡灣而居，與下干峨南北遙對。

從此東向隨坡上半里，乃躡坡之東嘴。從其上南轉，則東嘴之下，其崖甚峻，又數十家倚其麓而居，竹樹蒙茸，俯瞰若不可得而窺也。南半里，稍西，復轉而南，半里，崖下居廬既盡，忽見一大溪東向而橫於前，乃透崖而出石穴者。崖峻無路下墜，沿崖端南行，半里稍下，見有徑下沿坡麓，乃令顧僕守木膽於路隅，余策杖墜麓，循崖北轉。又半里，投叢木中，則其下石穴交流，土人以石堤堰水北注。堤之上迴流成潭，深及四、五尺⑨，堤之下噴壑成溪，闊幾盈四、五丈。泉之溢處，俱從樹根石眼糾繆中出，陰森沁骨。掬而飲之，腑臟透徹，悔不攜木膽來，一投而浸之也。既乃仍南沿崖麓，半里，至顧奴候處，取木膽負而行。

又南二里下坡，有數家當坡之東，指余東向逾梁。其梁東西跨干峨下流之溪，志所謂馬場河⑩也。逾梁東，即東南逾田塍間。三里，抵東山下，又有溪自東而西，有梁南北跨之，是為迎鳳橋，以其西有飛鳳山⑪也。橋下水即東南出於赤土坡者，北流至羅武塘，出馬邑村⑫，西向經此而與馬場河合。過橋遂直趨而南。二里，再南逾一梁，梁下水如綫將絕，則黃坡泉⑬之向北而西轉者。又南一里，又南逾一梁，其水亦將絕，則飲馬河⑭之向北而西轉者。又南一里，入騰越北門。行城中二里，出南門。城中無市肆，不若南關外之喧闐也。抵寓已下午矣。

以下缺。

【章　旨】本章記載了第三百二十四天在永昌府的行跡。隨龍川江東岸走。峽谷中激流掀起洶湧的波浪，漁夫將網放在石影間，在綠波中收放，自得其樂。經過上莊，往前遠望灰窰廠在一處山塢中，這廠原先所出的礦石比其他廠貴重。翻過苦竹岡，經過曲石，望見一處山塢十分開闊，固棟的東、西兩江合流後和順江、響水溝一起往東流出，和界頭、瓦甸的江水在曲除會合，成為龍川江的上游。到達塢底，有鐵索橋架在江上，名曲石橋。登上山坡，經過酒店，從峽中走。再登上隴脊，向南望見羅生山。同行的人說這裡有強盜攔路搶劫，趕緊離開。下山望見山麓有清澈的水波，問後知道是下海子，人們所說的上海子澄鏡池，還在村東北的層層高山上。隨後經過中干峨村、下干峨村，登上一處險峻的山崖，獨自轉入樹叢之中，有泉水從樹根石眼中溢出，陰涼沁人心骨。繼續往南，渡過馬場河，通過迎鳳橋，橋的西邊有飛鳳山。再接連通過兩座橋，橋下的黃坡泉、飲馬河即將斷流。進入騰越州城，城中反不如南關外熱鬧。回到寓所已是下午。

【注　釋】❶無問得魚與魚之肥否　原作「無問得魚與否」，據徐本補。❷黿鼉　黿，大鼈，龜屬，腹背皆披甲，肉富營養，俗稱甲魚或腳魚。鼉，一名鼉龍，又名豬婆龍，或稱揚子鱷。體大四足，背尾鱗甲。❸固棟兩江　指在固棟合流的東江、西江。❹灰窰廠　今名灰窰，又名江南，在曲石西北的西沙河畔。❺曲石　《遊記》中又作「曲尺」或「曲除」。在騰衝東北境，位於西沙河（又稱大江）和龍川江（又稱小江）的合流處。❻酒店　在騰衝與曲石之間，分上、中、下三村。❼下海子　即下干峨池，又名半月池，今名北海，在騰衝城北三十里的下干峨山。❽上海子　即上干峨池，又名澄鏡池、清海子，今名青海，在騰衝城北三十六里的上干峨山下，下海子東北五里處。❾深及四五尺　原缺「深及四五」四字，據寧抄本補。❿馬場河　今名沙河，大盈江支流，發源於赤土山，因馬場得名。因河旁有馬邑村，又名馬邑河。⓫飛鳳山　在騰衝城北七里，矯若飛翔而來，為來鳳山前的案山。⓬馬邑村　今名螞蟻村，在騰衝城東北沙河西岸。⓭黃坡泉　在騰衝東南境。⓮飲馬河　今名運馬水河，在騰衝城邊。

【語　譯】二十九日　吃過飯才天亮，隨著龍川江東岸走。過了二里多，兩岸石峰交相聚合，水在峽谷中流，人在山崖上翻越。江水被山崖束住，奔騰的水流像一條細線但中間很深。峽谷中有很多造成水流激盪的岩石，激流掀起洶湧的波浪，打魚的人把魚網放在石影之間的水流中，在翠玉般的江水中收放拖拉，不管能不能捕得魚，也不管魚肥不肥，這本來就是自得其樂的事。走了半里，越過山崖往南下去。江水也流出峽谷，有岩石浮出水面，極像一條鱷魚隨水出現。又往南走二里，經過上莊，有山向西突起，中間夾著的山塢開墾成田。村莊靠在突起的山峰的東面，江水繞過突起的山峰的西面，路沿著塢中走。越過山脊往西南，又走了一里多，再次和江水相遇，而兩岸的山崖相夾又成峽谷，岩石在峽谷中突起迎著水流，以及魚網在水流綠波中收取，又和前面一樣。走了一里，江水彎向西面流，路從江水南面也彎向西橫穿往北延伸的山塢。在這裡向北望見江對岸往南延伸的山，到這裡從中間分開，東邊的支脈已到盡頭，向東橫突，就是從西峽環繞延伸的山；西邊的支脈仍往西南橫向突起，就是在固棟兩江會合處往南盤繞的山。兩支山脈的中間，往北退縮成為山塢，灰窰廠就在山塢的上面。這個廠也是六廠之一，出產的礦石比其他地方貴重，過去被封閉，如今重新開採，就不及其他地方了。

往西走一里，再登上一座向北突起的小山岡，有竹叢環繞山坡，裡面有房屋，這是苦竹岡。越過山岡往南下去，共走了一里，再穿過山塢往南上去，便從山坡上往南走。過了二里，江水隨西峰的山口，彎向東南，才坐船渡江到西岸，隨西山往南走。過了一里，山坡末端向東轉去，路也隨著向東走。往南越過山坡，走了一里，有一、兩戶人家朝北靠著山坡居住，從屋的東邊再向南走上一里，便越過從這裡往東延伸的山脊，向南在山脊上行走。過了二里，再稍許往下，有道小峽谷從西往東延伸。這峽谷十分狹窄，裡面有小水，沖刷著坑谷往東流出。於是下去，走了半里，稍許向西轉，迎著水流在峽谷中行走，有幾戶人家靠在峽谷北邊，這是曲石。而峽谷的西邊，裡面反而開出山塢，也有村莊房屋靠著山塢，就是峽谷中的水所從流來的地方。在這裡往南橫渡峽中的水流，再登上山坡行走。過了二里，有村莊在路的左邊，也是曲石村的房屋。再往南走三里，便隨山坡往西轉，才見坡南的山塢十分開闊，水向東穿過山塢，是固棟的兩條江水合流後和順江、響水溝各條水流一起向東流出的水；沿著山坡稍許往北流，就和界頭、瓦甸的江水會合，這是龍川江的上游，是在曲除交會的水。固棟的江東山，山脊從石洞往南延伸，中部也到曲除為止。我先從固棟經過它的西邊，又從陽橋的東嶺越過它的北面，再從瓦甸遠望它的東面，再從灰窰廠、曲石轉過它的南面，因為江水夾住它的三面，而我走的路遍及它的四隅了。往西走一里，再往南在陡峻的山路往下走一里，到達塢底，有橋架在江上，也是鐵索交相連接上面蓋有亭子的橋，這是曲石橋。據《一統志》載，龍川江上有兩座藤橋，其中一座在回石。考察沿江上下，沒有回石的地名，它就是曲石的誤傳嗎？難道這橋過去由藤條懸掛而成，後來改用了鐵索嗎？

在這裡從江的南岸登上山坡，往西在峽上走。過了二里多，再往南登上山嶺，走了二里多，到嶺頭。有三、四戶人家在上面居住，這是酒店，以賣漿得名。吃了飯上路，沿著山嶺向東南走，往下二里，稍許轉向西，再往南在山坡上行走。又過了二里，稍許往下，越過一處山塢往上走。再往南走二里，經過陳指揮使的莊園。再往南沿峽谷中走，過了二里，有條山隴環繞前面的峽谷，從西邊轉來，有岔路直往南登上這條山隴，我便跟著眾人從峽谷中往西走。過了半里，漸漸往西上去，再走了半里，轉向南上去，再走半里，往南登上隴脊，才越過往東延伸的山脈。在這裡向南望去，前面山壑十分開闊，正南和羅生山相對，其中形成的山塢很是遙遠，州城隱隱約約在三十里外，東面的球琫山，也可全部看到，只有西面的寶峰山，還有西北的集鷹山，皆被巃嵸山往南延伸的支脈遮掩，不能看到。我先鼓起勇氣獨自上去，踞坐在草地上，過了好久，後面的人才到，說這裡前面有強盜，從東山的峽谷中過來，攔路搶劫，催促我一起趕快往南下山。向東望見層層峽谷重重山巒中，似乎有探幽的小路，但路上行人唯恐不迅速離去。

往下走了二里，望見山麓匯積著澄澈的水波，我以為這就是上干峨的清海子了。再從陡峻的山路往下二里，有村莊房屋在海子的北岸，竹林小路，枝葉分披繁茂，村後層層山巒環繞，村前清澈的潭水映照。路轉到村莊的東北隅，有小水自峽谷中往下流注，有賣漿人的住屋在它的下面。進屋稍作休息，將所負的木牘浸在峽谷的泉水裡，並且詢問這海子是否即上干峨的澄鏡池？那人漫不經心地答應著，只說海子中有魚，有人泛舟捕魚，因為這時正是插秧季節，只把捕得的魚用來做菜，沒有空拿去出賣。不過我想起志書所說，下海子的魚可以捕，上海子的魚不能捕，難道這話如今不對了嗎？沿著海子東邊陡峻的山麓走了二里，到達海子的南岸，遇見種田的人，再向他打聽，才知道這裡是下海子，所說的上海子澄鏡池還在村東北的重重山嶺之上，從這裡往上走五里才能到達。我不能去那裡。往南走二里，越過一條澗水，有村莊竹林連片十分幽深，這是中干峨村。從村的南邊再往南走下三里，這裡村莊竹林房屋交相掩映，更加深遠，這是下干峨村。到這裡，東邊的山坡下面，開闢成深塢，有溪水往南從中流過。從這裡的村南稍許往西，隨即轉向南沿著山坡往上走。過了一里，漸漸往南走下，俯視塢中的溪流，已有人撐著小船在溪中漂浮。隨即往南走二里，有一、兩戶人家靠著坡灣居住，和下干峨村南北遙遙相對。

從這裡往東隨山坡走上半里，便登上山坡的東面出口。從它上面往南轉，只見山坡東面出口的下方，山崖很高，又有幾十戶人家靠著山麓居住，竹樹茂密，俯視好像不可窺測似的。往南走半里，稍許向西，再轉向南，走了半里，山崖下面的住房已到盡頭，忽然看見一條大溪往東橫流在前面，是穿過山崖從石穴中流出的水。山崖高峻沒路往下，沿著崖端往南走，過了半里，稍許下去，看到有條小路沿坡麓往下，便吩咐顧僕在路旁守著木牘，我拄著手杖落下山麓，沿著山崖往北轉。再走了半里，進入叢林中，只見下面石穴中水流交錯，當地人用石堤攔水往北流注。石堤上面，水流瀠洄成潭，深達四、五尺；石堤下面，水噴入山壑形成溪流，寬處幾乎滿四、五丈。泉水溢出的地方，都是從樹根石眼纏繞中滲出，陰涼幽森沁人心骨。用手捧水喝下，透徹肺腑，後悔沒帶木膽來投入浸泡一下。隨後仍然往南沿著崖麓走，過了半里，到顧僕等候的地方，取了木膽扛著走路。

又往南走二里下坡，有幾戶人家在山坡的東面，他們指點我往東過橋走。這橋東西向跨在干峨下游的溪水上，是志書所說的馬場河。過橋到東邊，就往東南從田野中穿過。走了三里，到達東山下，又有溪水從東往西流，有橋南北向架在溪上，這是迎鳳橋，因為它的西邊有飛鳳山。橋下的水就是從東南赤土坡流出的，往北流到羅武塘，流出馬邑村，往西經過這裡和馬場河會合。過橋後就直向南趕路。走了二里，再往南通過一座橋，橋下的水細如一線，即將斷流，這是黃坡泉往北流後再向西轉的水。再往南走一里，再往南通過一座橋，橋下的水也將斷流，這是飲馬河往北流後再向西轉的水。再往南走一里，進入騰越州城北門。在城中走了二里，出南門。城中沒有集市店鋪，不及南關外熱鬧。到達寓所已是下午了。下缺。

【研　析】中國最早的地理著作〈禹貢〉載：「(禹)導黑水，至於三危，入於南海。」黑水或說即今怒江上游，在西藏東北境，因江水深黑，藏語稱作「哈喇烏蘇」，即黑河之意。又因兩岸山高谷深，灘險流急，江水奔騰怒吼，稱作怒江（又作潞江）。徐霞客西遊，在過了金沙江、瀾滄江之後，來到「水無不怒石，山有欲飛峰」、「一灘接一灘，一灘高十丈」的怒江。怒江江面自古無橋，全靠溜索、獨木船、竹筏過江。他在坐船過江時，將怒江和瀾滄江作了比較：「江流頗闊，似倍於瀾滄，然瀾滄淵深不測，而此當肆流之衝，雖急而深不及之，則二江正在伯仲間也。」依照霞客的標準，要全面、合理地比較江水的大小，不僅要看江面的寬度，還應看水的深度，同時比較水的流速。後來他到順寧（今鳳慶）瀾滄江的渡口，又對兩江作了比較：「其(瀾滄江)形之闊，止半於潞江，而水勢正濁而急。」元代朱思本的《輿地圖》，已指出怒江和瀾滄江分道入海，但明代有種說法，以為怒江東流與瀾滄江會合。徐霞客雖未能窮流溯源，但仍作出「以為獨流不合者是」的正確判斷。由於怒江地處僻遠，形勢險峻，林中遮天蔽日，江面霧氣瀰漫，故被說成「瘴癘甚毒」之地，「必飲酒乃渡，夏秋不可行」。霞客到時正值孟夏，他根據自身的經歷，否定了這種說法，「烏覩所云瘴母哉？」過江時正遇上大雨來臨，「從來言暴雨多瘴，亦未見有異也」。在此，他破除了世人由於不了解和恐懼而產生的一些偏見和誤傳，以還依然「養在深閨人不識」的怒江的真貌。

雲南有六大水系，除怒江、瀾滄江、金沙江、南盤江外，還有伊洛瓦底江（即大金沙江）和元江。徐霞客到騰越後，先後考察了大金沙江的兩條支流龍川江和大盈江。在過龍川江鐵索橋前，他將龍川江和怒江作了比較，發現「水不及潞江三分之一，而奔墜甚沸」。並大致正確地指出：龍川江發源於西藏高原，流經騰越，下游至緬甸太公城，和大盈江（應為大金沙江）會合。他還根據前人的記載，考察了大盈江的上源和流向。在通過架在大盈江上的騰越新橋後，徐霞客對龍川江和大盈江的源流，作了十分詳盡且大致正確的考辨。他根據地名考證，指出麓川江就是龍川江，龍川江即大金沙江，「一江而三名」。並說：「大盈所入之金沙，即龍川下流，龍川所合之大盈，即其名金沙者也。」龍川江雖不能等同於大金沙江，但它畢竟是大金沙江的主要源頭之一。徐霞客在遠離大金沙江的主流，無法到那裡進行實地考察的情況下，作出如此判斷，實屬不易。還在昆明遊覽時，他就已作好去緬甸考察的準備，到騰越後，因社會動亂，交通不便，遭到潘一桂等友人的極力反對，未能成行。

在騰越北境的固棟，徐霞客忽然聽到水聲，只見「路東有溪反自南而北，至是乃東轉去，想順江之分流而至者」。隨即又提出疑問：「蓋江東山之西，已有兩江自北而來，此流何以反北耶？」正是由於他時時處處關注一溪一水的流向，敏銳地發現其間一些異常的情況，找出問題，進行探討，故能對滇西眾多複雜的、從未有人進行實地考察，以至變得十分紊亂的水文狀況，有一個比較清晰且大致正確的了解。徐霞客還根據自身的經歷，總結出兩句如何考察江河脈絡的經驗之談：「分而岐之名愈紊，會而貫之脈自見。」即不要將各條支流一一分開講，這樣會因名稱繁多而變得更加紊亂，只要統一名稱，循其源流，融會貫通，江河的脈絡就自然顯現出來，丁文江稱這兩句話，「乃地理學者之名言」。

在永昌西隅的蒲滿哨，徐霞客看到「西北高脊排穹，始為南渡大脊」，這就是高黎貢山，在分水關北二十里。「其山又稱為崑崙岡，以其高大而言，然正崑崙南下正支，則方言亦非無謂也」。他在高黎貢雪山西麓的界頭村時，說得更加詳明：「其發脈自崑崙，南下至姊妹山，西南行者滇灘關南高山，東南行者繞小田、大塘，東至馬面關，乃穹然南聳，橫架天半，為雪山，為山心，為分水關，又南而抵芒市，始降而稍散。其南北之高穹者，幾五百里云。由芒市達木邦，下為平坡，直達緬甸而盡於海。則信為崑崙正南之支也。」古代喜馬拉雅山又稱崑崙山。高黎貢山山脈從西藏高原往南，轉入雲南境內，主脈沿中緬邊界繼續往南伸展。徐霞客從高黎工山上接雪山這一地理條件，展開旁人不會有的思考和想像，揭示了橫斷山脈同喜馬拉雅山的關係，提出在當時無法證實、常人難以想像、但現在看來又相當正確的看法。在《遊記》中，這幾句話或許不會太引人注意，但在地學研究中，卻是一道令人眼界頓開的亮光。

《山海經·西山經》：「南望昆侖，其光熊熊，其氣魂魂。」可見有關火山的記載，由來已久。騰越位於橫斷山塊斷帶與喜馬拉雅山褶皺帶的交接處，是滇西主要斷裂破碎帶之一。據不完全的統計，自明正德間（十六世紀初）至今，已共發生五級以上的地震三十多次，其中六級以上的破壞性地震也有十餘次。據志書載，萬曆年間，騰越地震不斷，在徐霞客到達騰越前不久，即萬曆十九年（一五九一），騰越發生大地震，城牆倒坍，軍民的住房全部被毀。這些地震，大多由岩溶上升地表引起，屬於火山地震，故地震頻繁的時期，也是火山爆發的時期。如在明成化至萬曆年間，這一帶就多次火山爆發。現今騰衝境內，依然保留著大致呈南北向排列的完好的新生代火山群，已發現火山口六十多個，和臺灣的大屯火山群同為最著名的火山群。騰衝城就座落在來鳳山火山的熔岩上，其中以徐霞客在《遊記》中著重描寫的打鷹山火山最為典型。他聽當地人說，三十年前（即萬曆三十七年，一六〇九年，這年永昌一帶發生大地震，持續二十六天），山上「皆大木巨竹，蒙蔽無隙。中有龍潭四，深莫能測，足聲至則湧波而起，人莫敢近。後有牧羊者，一雷而震斃羊五、六百及牧者數人，連日夜火，大樹深篁，燎無孑遺，而潭亦成陸」。這裡所說的「龍潭」，就是火山口湖，由於火山活動的影響，湖面水波激盪湧起，在火山噴發後，湖水變成了陸地。《遊記》中還寫了由火山噴發出來的灰燼凝結而成的浮石：「山頂之石，色赭赤而質輕浮，狀如蜂房，為浮沫結成者，雖大至合抱，而兩指可擕，然其質仍堅，真劫灰之餘也。」對其顏色、形狀、比重、質地，都作了既具體又形象的描述。由於這種浮石中間含有大量微細的氣孔，所以很輕，看似巨大的石塊，一人就可舉起，且有隔音隔熱的作用，是一種十分理想的建築材料。這種浮石，現在仍能在打鷹山看到。後來徐霞客返回江陰故鄉，臥病在牀，不能見客，「惟置怪石於榻前，摩挲相對，不問家事。」（陳函輝《霞客徐先生墓志銘》）這塊怪石，就是從騰越打鷹山帶回的浮石，至今完好地保存在他十一世孫徐宏偉處，視作傳家之寶，顏色和形狀都和《遊記》中所寫的「赭紅色、質地輕軟、狀如蜂房」相同。

通過新橋後，徐霞客「四望山勢迴環」，先按方位，對州城四面的山水作了宏觀的提綱挈領式的概述，而這正是騰越火山群的分布狀況。《遊記》中還記載了當地火山的形態特徵，如打鷹山，「其山乃中起之泡也，其後復下，大山自後迴環之，上起兩峰而中坳，遥望之，狀如馬鞍，故又名馬鞍山」；「兩峰坳處，正其環窩處……其前復起兩小阜，如二乳之列於胸」。打鷹山為一處環火山錐熔岩臺地，火山口呈已破缺的漏斗狀，故遠望似馬鞍形。在一些主要的火山附近，常有附生的火山口，形成新月形的火山錐，《遊記》中所寫的如雙乳列於胸前的小山丘，正是這樣兩座小火山。在硫磺塘附近，徐霞客登上半箇山，只見「其崖皆堆雲駢瓣，峆岈嵌空，或下陷上連，或旁通側裂，人從其上行，熱氣從下出，皆迸削之餘骨，崩墜之剝膚也」。半箇山的石質為近乎水平的層狀流紋岩，局部為安山質凝灰岩，在外力的作用下，經過長期的侵蝕剝落，山體遭到破壞，無論岩表還是岩性都發生巨大變化，從而形成如此奇特的形態。《遊記》中指出：「今惟城北上干峨、龍嵸山下有二海子，城南並無瀦水，豈洪流盡揚塵耶？」確實，由於山火活動的影響，引起滄桑之變，使不少水流乾涸成為陸地。現騰衝尚存的兩個火口湖（北海、青海），就是徐霞客所說的上干峨山（今名小馬山）和龍嵸山（今名龍聳山）下的火口湖。他還注意到騰越城旁大多是土山，這大概同火山噴出的熔岩，經過風化作用而變成土壤有關。在騰越雷打田，他看到當地人取田間的泥土（即泥炭），曬乾後作燃料，這或許又和火山的活動，使地熱增高有關。《遊記》中關於騰越火山群的記載，觀察細緻，描述具體，解釋合理，和當今的科學考察記錄大致相同，具有十分珍貴的科學研究價值。

在騰越北境烏索的山林穿行時，徐霞客的眼前，出現了原始森林特有的幽峭、深邃、靜穆的景象：「曲折躋樹蔭中，高崖滴翠，深木篩金，始知雨霽日來，陰晴弄影，不礙凌空之屐也。」遠望「兩峰之北，復與西大山夾成深壑，支條盤突，箐樹蒙蔽，如翠濤沉霧，深深在下，而莫窮端倪，惟聞猿聲千百，唱和其間，而人莫至也」。這時大雨剛過，濃綠的樹葉都被雨水打濕，故有「滴翠」之感；陽光透過深密的樹林，留下一圈圈斑駁的光影，故有「篩金」之意。正是在這陰晴轉換之際，因光影的流動，產生如此奇麗的景觀。「翠濤沉霧」四字，既寫出山坡上綠林隨風搖曳如波濤滾滾，也寫出沉寂的山谷濃霧瀰漫，深不見底。因為沒人能到，從而避免了原始的生態環境遭到破壞，保護了大量的野生動物，竟然有成千上百隻猿猴，在其間啼唱，自得其樂。霞客以洞察入微的觀照，抓住事物在蒼莽的背景中細微的活動特徵，選用極其精緻但又毫不俗豔的文字，描寫出既樸茂又奇麗的情境。因愛這裡幽峻，他當晚就住在山頂。第二天清晨起身，放眼望去，「四山咸露其翠微，而山下甸中，則平白氤氳，如鋪絮，又如潏波，無分遠近，皆若浮翠無根，嵌銀連疊，不知其下復有坡淵村塍之異也」。「鋪絮」形容嵐氣瀰漫，「潏波」形容雲濤滾滾，因為天晴，故能看到「翠微」之色。這些是清晨山中最常見景象，也是前人遊記中最常見的描寫。「浮翠無根，嵌銀連疊」，寫的是同樣的景象，雖設喻奇特，但似乎隔了一層，形象反欠鮮明。「不知其下」句，用暗示的手法，引起對山下鄉村美景的神往。「此時層層襯白，一片內，一片外，搜根剔奧，雖掩其下，而愈疏其上」數句，寫在浮雲中或隱或現的山景，非親歷其境者不能道。而整個畫面，隨著一片片白雲的浮動，向前方伸展，因下界景物的隱沒，給人以深曠的感覺。《遊記》中還寫了附近有懸空之臺，與仙洞各綴梯級之旁，「若左右垂珥」，設想新穎，令人難忘。

在騰越城西大盈江上，有一處可與貴州白水河瀑布（即黃果樹瀑布）媲美的跌水河（今名疊水河）瀑布。「其水從左峽中透空平墜而下，崖深十餘丈，三面環壁。水分三派飛騰，中闊丈五，左駢崖齊湧者，闊四尺，右嵌崖分趨者，闊尺五。蓋中如簾，左如布，右如柱，勢極雄壯」。在此，徐霞客接連用了許多數詞，來顯示而不僅僅是形容這道瀑布的壯觀，給人留下一個具體、明確的印象，而不是其他瀑布的模糊的翻版。不過和

「闊數丈」的白水河瀑布相比，這道瀑布畢竟要小多了。由於這裡終年「飛沫倒捲，屑玉騰珠，遙洒人衣面」，故當地有「久雨不晴」之說。徐霞客認為，「雨」字應改成「旱」字，即「久旱不晴」。確實，「久雨」和「不晴」是兩個同義詞，連用有重複之感，而改成「旱」字就不同了。即使「久旱」，天仍「不晴」，文氣便多了一層轉折，含意也隨著深化。霞客雖不會以刻劃點綴自任，與古人爭文字之工，但這一字之改，仍頗能顯示他遣詞造句的功力。

在永昌西境、怒江東邊，有一道峽谷，「三水合而北向破峽去。東西兩崖夾成一線，俱摩雲夾日；溪嵌於下，蒙箐沸石；路緣於上，鑿壁摭崖」，「石勢愈峻愈合」，「路皆鑿崖棧木」。這就是古盤蛇谷，是諸葛亮火燒烏戈藤甲兵的地方，險要為滇南之冠。「水寨高出眾險之上，此峽深盤眾壑之下」，徐霞客譽為「滇南二絕」。文中「摩」字寫山崖高峻，「夾」字寫峽谷幽深，「蒙」字寫竹林密蔽，「沸」字寫溪流急轉，「鑿」「摭」二字寫穿行山石之難。霞客作文，以揮灑自如見長，不喜咬文嚼字，但這幾個動態的詞性，顯然都是刻意求工的結果。

在騰越北境龍川江上源東江東岸行走時，徐霞客看到「江為崖所束，奔流若線，而中甚淵深。峽中多沸水之石，激流盪波，而漁者夾流置罾於石影間，攬瑤曳翠，無問得魚與魚之肥否，固自勝也」。真是一處桃源般優閒美麗的境地。雖然同是峽谷，同在山崖上行走，同樣有水石相激的景象，但在盤蛇谷看到是一處險境，這裡則是一處幽境；盤蛇谷令人心驚，這裡讓人心醉；盤蛇谷激起驚心動魄的崇高感，這裡逗起秀色可餐的美感；寫盤蛇谷用詞十分峻潔，而這段文字異常明麗。一「瑤」一「翠」，寫江水清純似玉；一「攬」一「曳」，寫漁者行動舒緩。「無問得魚與魚之肥否」，看似漫不經心，卻是點睛之筆，有此一句，行文也就搖曳生情，一種優閒自得之意，躍然紙上。

大理是佛教比較興盛的地方，如三塔寺和感通寺，在山中「各有僧盧三十六房」，因這裡「隨崖就林，各為一院」，「松檜翳依，淨宇高下」，仍成佳境。在永平寶臺山，徐霞客看到一座屋脊呈八角形、高十多丈、占地好幾畝、規模宏敞的大寺。大寺所在的山脈，「自東北圓穹之頂，層跌而下，狀若連珠，而殿緊倚之；第其前橫深峽，既不開洋，而殿址已崇，西支下伏，右乏護砂，水復從泄，覺地雖幽閟而實鮮關鎖，此其所未盡善者」。有人說這裡「病在前山崇逼」，他不同意這種看法，說：「山外大江雖來繞，而無此障之則曠，山內深峽雖近環，而無此夾之則泄，雖前壓如面墻，而宇內大剎，如少林之面少室，靈巖之面岱宗，皆突兀當前，而開拓彌遠，此吾所謂病不在前之太逼而在右之少疏也。」在徐霞客看來，寶臺大寺雖然環境幽峭，但病在不夠開曠。他最讚賞的寺院建築，是像貴州長順白雲山啟本禪室那樣，所處環境「曠而不離，幽而不閟，峻而不逼」；像曲靖翠峰山的金龍庵那樣，「有護國之幽而無其逼，有朝陽之塏而無其孤」；像昆明華峰寺那樣，「高而不覺其亢，幽而不覺其閴」。同在寶臺山的了凡靜室，雖然只「橫結三楹」小屋，但「幽敞兩備」，故被徐霞客讚為「寶臺奧境」。另一方面，他又反對因人工建築遮擋人的視線，遮掩自然美，令「空明頓失」，大傷雅趣，認為建築應根據地勢，因地制宜。他十分讚賞騰越寶峰山的寺觀不強求一致，錯落有致，如「玉皇閣當石壁下，兩箐夾之，得地脈之正；而純陽閣孤懸崖間，從蓮花瓣現神奇，是奇、正相生之妙也」。在探遊騰越北境的石房洞時，他看到有一處題為「雲巖寺」的洞室，「洞內架廬三層，皆五楹」，「頂更穹盤而起，乃因其勢上架一臺；而臺之上，又有龕西迸，復因其勢上架一閣。」如此臺上架閣，層層疊疊，很容易產生累贅之感，但由於靈巖寺洞內高穹寬敞，洞室甚多，通過架設一些臺閣梯級，不僅有點綴之用，兼有曲徑通幽之妙，「盤空而升，洞頂氤氳之狀，洞前飄灑之形，收覽殆盡」。故徐霞客遊後，不禁歎道：「余從來嫌洞中置閣，每掩洞勝，惟此點綴得宜，不惟無碍，而更覺靈通，不意殊方反得此神構也。」又如永昌的臥佛寺，也是個「一洞而分內外兩重，又分上下二重，又分南北二重」的重重疊疊的洞，寺內高高的屋脊靠著山岩，有三道不用柱子而用磚砌的拱門，像橋那樣橫向拱起，徐霞客因「洞與翬（門）連為一室，翬高而洞低，翬不掩洞」，歎為「此中之奇也」。洞內有石像，「曲肱臥臺上，長三丈，頭北而足南」，「其像乃昔自天成者，自鎮守內官翬其前軒，又加斧琢而貼之金，今則宛然塑像，失其真也」。他一直認為：「及失真也，則真之害也。」為此十分惋惜。徐霞客不是建築家，但他無疑是個天才的建築美學家，他對景觀美所具有的異乎尋常的感悟，他對人工建築如何與自然景觀協調，如何襯托景觀美所提出的一些獨到的見解，至今仍有借鑑和啟示的作用。

滇西「怪樹奇株，鬱葱蒙密」，《遊記》中寫了不少珍稀的植物，如據說只有巔塘關外野人境內才有的「飛松」：「正如梧桐子而大倍之，色味亦如梧桐，而殼薄易剝，生密樹中。」永昌九龍池旁山上，「有花一樹甚紅，即飛松之桐花也，色與刺桐相似，花狀如凌霄而小甚，然花而不實，土人謂之雄樹」。《遊記》中記述最詳的是在騰越北境雅烏山中所見的一種名為「木膽」的木球：「其上垂藤自崖端懸空下丈餘，即結為瘿，如瓠匏之綴於蔓者。瘿之端，綴旁芽細枝，上迎雨露，茸茁夭矯，花葉不一狀，亦有結細子圓綴枝間者。」徐霞客心知這是一種奇物，只是這木球，「高懸數丈，前即崩崖直墜，計無可得」。但他仍不甘心，想方設法，費了很多精力，終於將兩個木球鈎取下來，把一個形如葫蘆「堅而重」者帶走。以後他走到哪裡，身上總揹著這個木球。他回到永昌後，住在太保山麓書館，乘雨折取了庭院中的「花上花」。這花色紅似福建的扶桑，枝葉似江南的木槿。奇怪的是此花「植庭左則活，右則槁」。徐霞客做了一個實驗，將這花「插木毬（球）腰孔間輒活，蕊亦吐花」。他還看到書館中的花紅，「生青熟紅」，不像家鄉的花紅果實一熟變黃，從而得出『花紅』之名，俱從此地」的結論。

騰越自古為華南虎出沒之地，嘉靖三年（一五二四），騰越發生饑荒，更以多虎為患。徐霞客在寶峰山寶峰寺住宿的那天晚上，竟有老虎下山咬了參將所騎的馬。這老虎不僅膽大，而且狡猾，參將命軍士搜山覓虎，到處找遍，竟沒發現。在從馬鹿塘去鳳田總府莊的途中，他「俯見潔沙之上，虎跡甚明，纍纍如初印」，令人膽寒。此外，像劍川莽歇嶺，「峽中從來皆虎豹盤踞，無敢入者」。大理石門的嶺脊，「虎跡齒齒，印沙土間」。可見當時雲南老虎出入頻繁，活動範圍甚廣。徐霞客決不會想到，三百多年後，華南虎竟成了已瀕臨滅絕的珍稀動物，需要人們加以保護了。

雲南是礦藏相對比較豐富的地區，《遊記》中曾提到東川的銅礦，鶴慶南、北衙的銀礦，永平上、下廠的紅銅礦等。騰越為當時重要產礦區，《遊記》中對其北境的各廠礦記載尤多，描寫了廠內「爐烟氤氳」的狀況。其中南香甸廠「乃眾礦所聚」，「礦爐滿布之」。而阿幸廠的礦石為紫色巨塊，如「辰砂（水銀與硫的化合物）之狀」，礦石質量優於其他各礦。當地雖有「明光六廠」之名，其實明光無廠。《遊記》中還記載了當時礦工的悲慘處境，他們工作繁重，且生活極為艱苦。據阿幸廠有個礦工說，他的妻子和兒子「俱沒於此，現葬山前」，但他還得在這充滿辛酸、危險的地方，繼續勞動、生活下去。

騰越位於邊隅，在「華夷分界」處。由於民族的偏見、風俗習慣的不同、經濟文化發展的不平衡，更由於當時西南地區的某些少數民族，確實還生活在十分原始、落後的狀態中，故在當時被稱為「野人」。如《遊記》中就提到在騰越西面的茶山長官司有「紅毛野人」（又稱「茶山彝人」），徐霞客對這些「野人」艱苦的生活環境和落後的生活方式，都有所反映。「其人無衣與裳，惟以布一幅束其陰，上體以被一方幛而裹之，不復知有衿袖之屬也」。他們生活在「非王化所及」之地，有時從已被荒草阻塞不通的巔塘關道出入，「負茶、臘、紅藤、飛松、黑魚，與松山、固棟諸土人交易鹽布」。也許是因為遭受太多的歧視和不平，激起了他們的報復心理，因此也會幹出一些劫掠傷人的事。如阿幸廠就常遭「野人」的騷擾，「每凌晨逾箐至，雖不滿四、五十人，而藥箭甚毒，中之無不斃者」。從《遊記》中還可知，由於地處僻遠，生活過於艱苦，原來在巔塘關戍守的人不能安居其地，都已逃去，至明末，已「關廢而田蕪，寂為狐兔之穴矣」。

滇遊日記十

【題解】由於近代火山活動的作用，騰越（今騰衝）出現了沸泉等奇特的地熱景觀。徐霞客在結束北遊回到州城後，又出城沿來鳳山麓南下，經過綺羅，考察了最著名的硫磺塘熱海沸泉，同時遊覽了半箇山和長洞山。返回州城後再東遊大洞村溫泉。他原打算由騰越去緬甸，因當地一些朋友勸阻，才作罷。於是沿原路東歸，途中遊覽了芭蕉洞。返回永昌後，仍住在法明寺的會真樓。在永昌期間，遊覽了太保山麓的九隆池、太保山頂的寨子城和諸葛營，並到城東的哀牢山，遊覽哀牢寺和金井、玉泉，再去閃莊，考察東河下游的大、小落水坑。隨後返回永昌城，遊覽了龍泉門外的馬園、龍王塘邊的龍王祠、臥佛寺，以及金雞村溫泉。以後便一直住在太保山麓的書館抄書。

己卯五月初一日　平明起，店主人言：「自往尖山後，參府吳公屢令把總來候，且命店中一至即入報。」余不知其因，令姑緩之，且遊於市，而主人不聽。已而吳君令把總持名帖來，言：「欲躬叩，旅肆不便，乞即枉顧為幸。」余頷之，因出觀街子。此處五日一大街，在南門外大街來鳳山麓。是日因旱，斷屠祈雨，移街子於城中。旱即移街，諸鄉村皆然。遂往晤潘捷余。捷余宴貢寶舍人❶，留余同事。余辭之，入城謁參府。一見輒把臂入林，款禮頗至。是日其子將返故鄉，內簡拾行囊；余辭之出。吳四川松潘❷人。為余談大江❸自彼處分水嶺發源，分繞省城❹而復合。且言昔為貴州都閫❺，與陳學憲平人

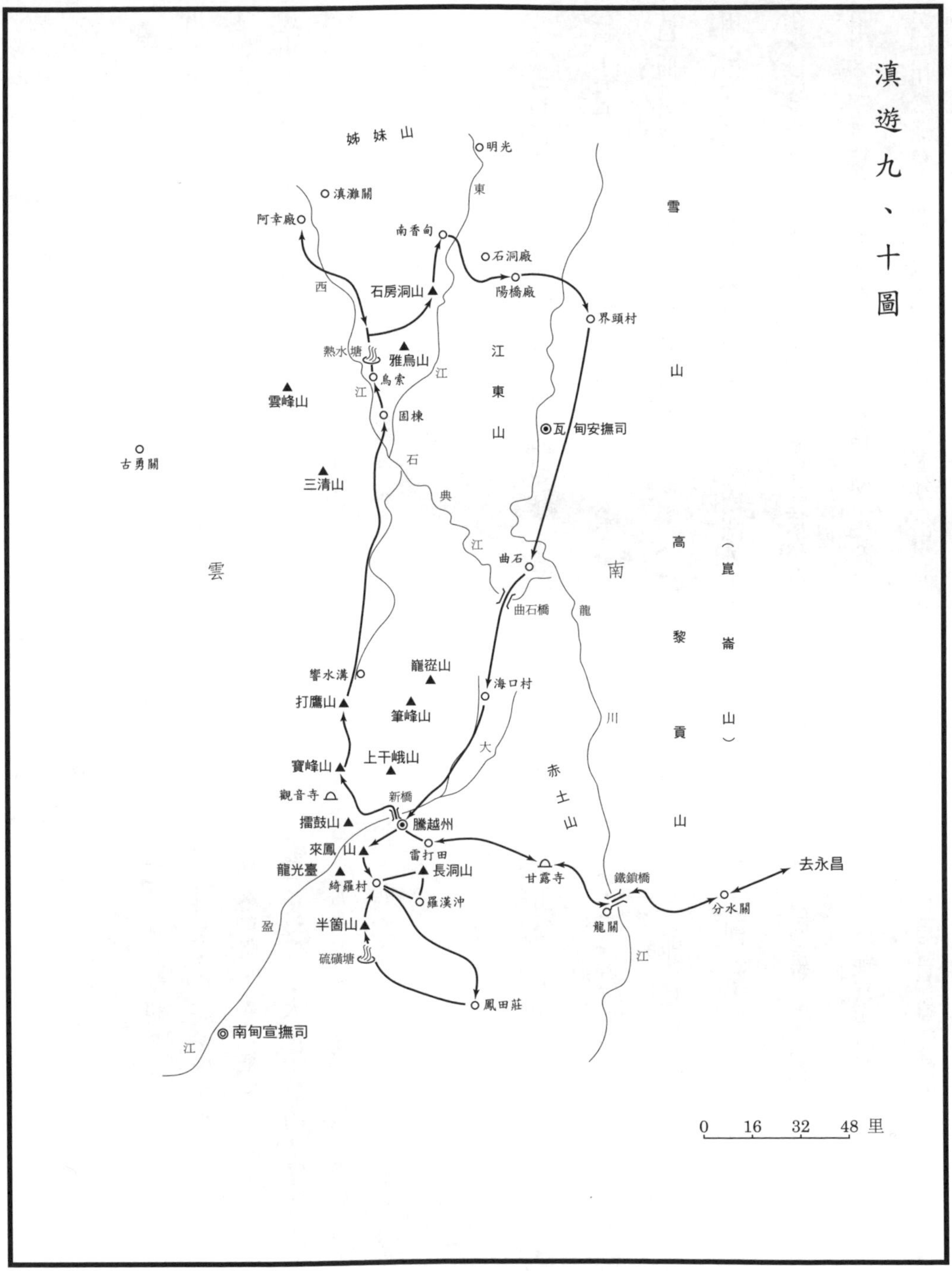
滇遊九、十圖
姊妹山
明光
滇灘關
阿幸廠
南香甸
石洞廠
陽橋廠
界頭村
石房洞山
熱水塘
雅烏山
烏索
固棟
雲峰山
古勇關
三清山
瓦甸安撫司
曲石
曲石橋
雲
南
響水溝
龍從山
打鷹山
筆峰山
海口村
寶峰山
上干峨山
觀音寺
新橋
擂鼓山
騰越州
來鳳山
雷打田
甘露寺
鐵鎖橋
龍關
分水關
去永昌
龍光臺
綺羅村
長洞山
羅漢沖
半箇山
硫磺塘
鳳田莊
南甸宣撫司
赤土山
雪山
高黎貢山
（崑崙山）
江東山
東江
西江
石典江
大盈江
龍川江
0 16 32 48 里

士奇同事❻，知黃石齋之異。下午還寓。集鷹山寶藏徒徑空來顧，抵暮別去。

初二日 余止寓中。雲峰山即尖山。老師法界來顧。州庠彥李虎變昆玉❼來顧。李居綺羅。

初三日 參府來候宴。已又觀音寺天衣師令其徒來候，余以參府有前期，辭之。上午赴參府招。所陳多臘味，以斷屠故也。臘味中始食竹鼬❽。下午別之出。醉後過萬壽寺拜法界，不在。出西門，半里，過凌雲橋❾，又西半里，由玉泉池南堰，上西山之麓，則觀音寺❿在焉。寺東向臨玉泉池，寺南有古剎並列，即玉泉寺矣。天衣師拜經⓫觀音寺，三年不出，一見喜甚，留余宿。余辭以他日，啜其豆漿粥而返，已昏黑矣。

【章旨】本章記載了徐霞客遊雲南第三百二十五天至第三百二十七天在永昌府的行跡。參將吳君命把總拿著名帖前來邀請。進城謁見吳君，一見如故。兩天後，吳君設宴款待，上的菜大多是臘味，第一次吃到竹鼬。飯後又去萬壽寺、觀音寺、玉泉寺，拜訪法界禪師、天衣禪師。

【注釋】❶舍人 明制公侯都督及衛指揮嫡長次子才可試用者，為散騎參侍舍人，隸都督府，充宿衛，或署各衛所司，聽候差遣。❷松潘 明代置松潘衛，隸四川都司，在今四川松潘。❸大江 指岷江，長江上游支流。源出岷山南麓，南流經四川松潘、汶川等地，到灌縣出峽。在灌縣有著名的都江堰水利工程。❹省城 指四川省城成都。❺貴州都閫 這裡指在貴州都指揮司任職。閫，指郭門、國門，後引申指統兵在外的將帥。❻與陳學憲平人句 學憲，一省最高學官。士奇，陳士奇，字平人，福建漳浦人。好學有文名。崇禎年間巡撫四川。張獻忠攻陷夔州，士奇留守重慶，因援兵不至，城破被殺。❼昆玉　對他人兄弟的美稱。❽竹鼯　即竹鼠，肉細嫩鮮美，為上乘野味。❾凌雲橋　俗稱觀音塘橋，近年改建後稱新橋。❿觀音寺　在騰衝北郊觀音塘。⓫拜經　拜佛誦經。

【語譯】崇禎十二年五月初一　黎明起身，店主人說：「自從你去尖山後，參將吳公多次命把總來等候，並且命令店中見你一到就進府報告。」我不知其中的原因，叫他暫緩報告，姑且去街市一遊，但店主人不聽。不久吳君命令把總拿著名帖前來，說：「想親自拜見，但旅店中不方便，請求屈駕去見，深感榮幸。」我點頭同意，於是出門觀看街子。這裡每隔五天有一次大街市，在南門外大街來鳳山麓。這天因為乾旱，停止屠宰牲口一面祈雨，將街子移到城中。天旱移街子，各處鄉村都是這樣。就去會晤潘捷余。捷余設宴招待來買寶的舍人，挽留我同宴。我辭謝了他，進城拜謁參將。一見面就挽著手臂進門，十分親熱，款待的禮節很是周到。這天他的兒子將回故鄉，在內室收拾行李，我告辭走出。吳君是四川松潘衛人。向我談起大江從家鄉的分水嶺發源，分流繞過省城後再合流。並且說他以前任貴州都司時，和學憲陳平人士奇同事，知道黃石齋為人不同尋常。下午回到寓所。集鷹山寶藏的徒弟徑空來拜訪，到傍晚告別回去。

初二　我留在寓所中。雲峰山即尖山。老禪師法界來拜訪。州學高材生員李虎變兄弟來拜訪。李氏居住在綺羅。

初三　參將派人來等我赴宴。不久又有觀音寺的天衣禪師叫他的徒弟前來迎候，我因為參將事前已約好，辭謝了他。上午應參將的招請赴宴。席上所陳的菜大多是臘味，因為天旱停止屠宰牲口的緣故。在臘味中第一次吃到竹鼯。下午告別走出。酒醉後到萬壽寺拜訪法界，人不在。出西門，走了半里，通過凌雲橋，再往西走半里，從玉泉池南面的堤壩登上西山的山麓，只見觀音寺就在那裡。寺朝東面對玉泉池，寺南有古廟和它並列，就是玉泉寺。天衣禪師在觀音寺拜經，三年不出門，一見面十分高興，留我住宿。我向他辭謝改日再來，喝了他的豆漿粥返回，天已昏黑了。

初四日　參府令門役以《州志》至。方展卷而李君來候。時微雨，遂與之聯騎，由來鳳山東麓循之南，六里，抵綺羅❶，入叩李君家。綺羅，志作矣羅，其村頗盛，西倚來鳳山，南瞰水尾山，當兩山夾湊間。蓋羅漢沖之水，流經大洞、長洞二小阜間，北曲而注於平塢，乃分為二流，北為飲馬河，而抵城東，南為綺羅水，而逼南山下，又西逼來鳳東南麓，乃南搗兩山夾間。是村綰其谷口，竹樹扶疏，田壑紆錯，亦一幽境云。是夜宿李君家。

余初望騰越中塢，東為球⿰王牟、矣比，西為寶峰、毘盧，南為來鳳、羅生，北為干峨、飛鳳。西北則巃嵸最聳，而龍潭、清海之水溢焉；東南則羅漢沖最深，而羅生、黃坡之流發焉；東北則赤土山最遠，而羅武、馬邑之源始焉。大盈江惟西南破龍光臺來鳳西麓而去。則是州之脈，蓋西北由集鷹山分脈：南下者，為寶峰、毘盧，而盡於龍光臺；東曲者，一峙為筆峰，再聳為巃嵸，遂東下而度干峨之嶺，又東南而紆為永安、亂箐之哨。其曲而西也，余初疑南自羅生、水尾，而北轉為來鳳，至是始知羅漢沖水又南下於羅苴沖，則來鳳之脈，不南自羅生、水尾，而實東自黃坡、矣比二坡也。但二坡之西皆平塢，而南抵羅生，脈從田塍中西度。郡人陳懿典❷進士〈文星閣記〉云：「嘉靖壬子❸，城外週鑿城隍❹。至正南迤❺東，竄❻地丈許，有絡石，工役塹截之。其石纍纍如脊骨，穿地而來，乃秀峰❼之元龍❽正脈也。」其說可與余相印證。土人不知，乃分濬羅漢沖水一枝，北流為飲馬河而抵於城東。是此脈一傷於分流，再鑿於疏隍，兩受其病矣。土人之為之解者曰，脈由龍光臺潛度於跌水河之下。不知跌水河雖石骨下亙，乃大水所趨，一壑之流交注焉，飲馬河本無一水兩分之理，乃人工所為，欲以此掩彼，不可得也。

【章　旨】本章記載了第三百二十八天在永昌府的行跡。吳君命門衛將《州志》送來。和李虎變騎馬去來鳳山麓的綺羅，在他家中住宿。這村莊控扼谷口，也是一處幽境。原先眺望騰越的中塢，西北巃嵸山最高，東南羅漢沖最深，東北赤土山最遠，西南唯有大盈江沖破龍光臺流去。州城的山脈，從西北的集鷹山分出支脈延伸。據本州陳懿典的文章記載，嘉靖間挖護城濠，掘到絡石，是秀峰大山的正脈，被工匠役夫鑿斷；當地人又分濬羅漢沖的一股水往北流，這樣山脈就兩次受到損傷。

【注　釋】❶綺羅　在騰衝城南，分上、中、下三村。❷陳懿典　或作陳彝典，騰越人，隆慶五年（一五七一）進士。❸嘉靖壬子　嘉靖三十一年（一五五二）。❹城隍　城外的護城濠，有水稱池，無水稱隍。❺迤　往；向。❻竄　穿地。❼秀峰　山名，為騰衝古城中心的最高點。❽元龍　大山。

【語　譯】初四　參將命門衛把《州志》送來。剛打開書本而李君前來拜訪。這時下著細雨，便和他並排騎馬，從來鳳山東麓沿著山往南走了六里，到達綺羅，進去拜訪李君的家。綺羅，志書上作「矣羅」，這個村莊很大，西邊靠著來鳳山，向南俯視水尾山，在這兩座山相夾湊攏中間。羅漢沖的水，流經大洞、長洞二座小土丘間，往北彎曲流入平坦的山塢，便分成兩條水流，北邊為飲馬河，流到城東，南邊為綺羅水，逼近南山下，又往西逼近來鳳山的東南麓，便往南沖入兩山相夾之間。這村莊控扼兩山的谷口，竹樹分披茂密，田野山巒迂迴錯雜，也是一處幽境。這天夜裡住在李君家中。

我原先眺望騰越的中塢，東面為球玶山、矣比坡，西面為寶峰山、毘盧山，南面為來鳳山、羅生山，北面為干峨山、飛鳳山。西北則龍蹤山最高，而龍潭、清海子的水從那裡溢出；東南則羅漢沖最深，而羅生山、黃坡的水流從那裡發源；東北則赤土山最遠，而羅武塘、馬邑村的水源從那裡開始；西南唯有大盈江沖破龍光臺、來鳳山西麓流去。那麼這州的山脈，大致從西北的集鷹山分出支脈：往南延伸的，為寶峰山、毘盧山，而到龍光臺為止；往東彎曲的，先峙立為筆峰山，再聳起為龍蹤山，然後往東延伸為干峨的山嶺，再往東南繞成永安哨、亂箭哨所在的山。那彎曲向西的山脈，我起先懷疑起自南面的羅生山、水尾山，而後轉向北成為來鳳山，到這時才知道羅漢沖的水又往南流下羅苴沖，那麼來鳳山的山脈，不是起自南面的羅生山、水尾山，而實際上起自東面的黃坡、矣比坡這兩處山坡。但這兩處山坡的西面都是平坦的山塢，而往南到達羅生山後，山脈從田野中往西延伸。本府人陳懿典進士的〈文星閣記〉說：「嘉靖三十一年，在城外四周挖掘護城濠，到正南往東，在地下挖了一丈左右深，有脈絡的岩石，被工匠役夫鑿斷。這層層岩石如脊梁骨，從地下出，就是秀峰大山的正脈。」此說可和我的看法互相印證。當地人不了解，就從羅漢沖分出疏浚一條水，往北流為飲馬河到達城東。這樣這地脈第一次傷於分流，再在挖掘護城濠時被鑿斷，兩度受到傷害了。當地人為此解釋說，山脈從龍光臺潛伏在地中延伸到跌水河下。卻不知跌水河道雖然有岩石向下延伸，卻是大水流向的地方，一道山壑中的水流都交相流入到裡面，而飲馬河本來就沒有將一條水分為兩條的道理，是人工建成的，想以此來掩飾過失，是不可能的。

初五日　晨餐後，即從李君循南山之麓東向行。先半里，過水應寺❶。又東二里，兩逾南山北下之支，有寺在南峽中，北向峙，即天應寺❷也。其後即羅生主峰，仰之甚峻，志稱其條岡分布，不誣也。又東半里，上一北下之支，隨之北下。共一里，岡東盡處，竹樹深密，綠陰襲人，披映心目。其前復起一圓阜，立平疇中，是為團山❸，與此岡斷而復續。岡東村廬連絡。余從竹中下，一老人迎入其廬，具臘肉、火酒❹獻。蓋是日端午，而老人與李君有故，遂入而哺之。既午，復東向循南山行。半里，其北復起一長阜，如半月橫於前，是為長洞山❺。又東二里，遂入山峽。有溪中貫而出，是為羅漢沖❻，溪南北皆有村夾峙峽口。由南村溯溪而東，又二里，越溪之北，有大路倚北山下，乃東逾嶺趨猛連❼者。從其北塢中覓溫泉。其泉不熱而溫，流不急而平，一大石突畦間，水匯其旁，淺不成浴。東山下有「大洞溫泉」，為八景之一，即在其北嶺峽中，與此隔一支嶺，逾而北頗近，而李君急於還家，即導余從大路西出。二里，過溪南村，出峽口，隨溪西行。一里，過一橋，從溪南又西一里，過長洞北麓。北望大洞之阜，夾溪而峙，余欲趨之，浴其溫泉。李君謂泉在東峽中，其入尚遠，遂強余還。又西一里，過團山北麓，又西三里而還李君家。

【章　旨】本章記載了第三百二十九天在永昌府的行跡。和李君經過水應寺、天應寺，寺後就是羅生山主峰，到團山旁的一個老人家吃飯。午後又經過長洞山、羅漢沖，到山塢中尋找溫泉，水不熱而溫和，不急而平緩。再經過溪南村，走出峽口，想去大洞溫泉沐浴，李君說去那裡路還很遠，便回到他家中。

【注　釋】❶水應寺　今名水映寺。在騰衝南境。❷天應寺　在騰衝東南羅生山。相傳雨則乾旱，晴反潮潤，屢驗不爽，故名。與水應寺至今仍存。❸團山　在騰衝縣南，形如龜，林巒相接，多產名材。今已為村落。❹火酒　即燒酒。❺長洞山　在騰越州南，又名馬峰山。今已為村落。❻羅漢沖　在騰衝城南，有溫泉。❼猛連　今作「勐連」。在騰衝東南境。

【語　譯】初五　早飯後，就跟著李君沿南山山麓往東走。先走半里，經過水應寺。再往東走二里，兩次越過南山往北延伸的支脈，有寺在南邊的峽谷中，朝北峙立，就是天應寺。寺後就是羅生山的主峰，仰望它十分高峻，志書稱它的山岡呈條狀分布，沒有說錯。再往東走半里，登上一道往北延伸的支脈，隨它往北下去。共走了一里，山岡東面的盡頭處，竹樹深密，綠蔭襲人，掩映心目。在它前面又隆起一座圓形土丘，峙立在平坦的田野中，這是團山，和這座山岡中斷後又再接續。山岡東邊的村莊房屋接連不斷。我從竹林中下去，一位老人迎接我們進入他的屋中，準備了臘肉、火酒獻上。原來這天是端午節，而老人和李君有交情，於是我們進去吃飯。午後，再向東沿著南山走。過了半里，在它北邊又隆起一座長土丘，形如半月橫亙在前面，這是長洞山。再往東走二里，便進入山峽，有溪水從峽谷中穿過流出，這是羅漢沖，溪水南北都有村莊在峽口夾峙。從南邊的村莊沿著溪流往東上行，再走二里，渡過溪水到北岸，有大路靠在北山下，是往東越過山嶺去猛連的路。從路北邊的山塢中尋找溫泉，泉水不熱而溫和，水流不急而平緩，一塊大石在田間突起，水匯積在石旁，很淺不能洗澡。東山下寫著「大洞溫泉」這幾個字，是騰越八景之一，就在它北邊山嶺的峽谷中，和這裡只隔著一條支嶺，往北越過支嶺很近，但李君急於回家，就帶我從大路往西走出。過了二里，經過溪南村，走出峽口，隨溪水往西。走了一里，過一座橋，從溪水南岸又往西走一里，經過長洞山北麓。向北望見大洞所在的土丘，在溪畔峙立，我想去那裡溫泉沐浴。李君說這泉水在東邊的峽谷中，進去的路還很遠，就強逼我回去。又往西走了一里，經過團山北麓，再往西走三里，回到李君家中。

初六日　晨飯，令顧僕攜臥具，為楊廣哨之遊。先是李君為余言，此地東南由羅漢沖入二百里，有滃呂山，東南由羅生四十里，有馬鹿塘，皆有峰巒可觀。余乃先其近者，討可從硫磺塘、半箇山而轉也。東三里，從水應、天應二寺之間，南向上山，愈上愈峻。七里，登絕頂，北瞰即天應寺懸其坑麓，由州塢而北，惟巃嵸山與之對峙焉；西瞰則旁峽分趨，勢若贅旒❶，皆下墜於綺羅南向之峽，有龍井出其下焉；惟東眺則本峰頡頏自掩；而南眺則濃霧瀰淪，若以山脊為界，咫尺不可見。於是南從嶺上盤峽，俱行氤氳中，茫若蹈海。半里，南下。下二里餘，山半復環一壑，其脊自東南圍抱而西，中藏圓塢，有小水西去。其內霧影稍開，而雨色漸逼，雖近睹其田塍，而不免遠罹其沾溼矣。復上南坡，躡坡脊而南，五里，一岐隨脊而西南，一岐墜坡而東向。余漫從脊上直南，已而路漸東下而窮。二里，有村倚東坡下，披霧就訊之，乃清水屯❷也。按志，城南三十里為清水朗，此其地矣。然馬鹿塘❸之徑，當從北歧分向而東，此已逾而過南。

屯人指余從坡北東下，當得大路。從之，半里，東北涉一坑甚深，霧影中窺其東南旋壑下盤，當時不知其所出何向，後乃知其南界高峰，反西自竹家屯而東突，為陳播箕哨也。復東北上坡，半里，見有路東向下，輒隨之行，不意馬鹿塘正道尚在其北。霧漫不辨，踉蹌東下，一里餘，有峽自北而南，溪流貫之，有田塍嵌其底，而絕無人居；塍中插禾已遍，亦無一人。抵塍而路絕，塍狹如線，以杖拄畦中，東行抵溪，而溪兩岸蒙翳不可渡，復還依西坡南向，一里，得小徑，渡溪東上。一里，路伏草間，復若斷若續，然其上甚峻。三里，東向登嶺頭，復從嶺上東南再陟一嶺。半里，始見嶺北有坳，自北南度，中伏再起，其東則崩崖下墜，其勢甚拓，其墜甚峭，若中剖其脊，並左右兩幃而平墜焉。坳北有路，自崩崖北嶺東行；南亦有微路，自崩崖南嶺東上，而坳中獨無北交之路。余遂循崖南路上。東一里，路為崩崖所墜，復歧而南，再陟南嶺。半里，復東行嶺脊。二里，始有南來之路。循之東，北瞰崩崖下陷，東向成坑，箐木深翳。又東半里，再陟嶺，嶺乃南去，微徑始東北下坡。曲折連下三里，余以為將及北坑之底，隨之出，即馬鹿塘矣，孰知一坡中環，路歧而東西繞之，未幾遂絕，皆深茅叢棘，坑嵌其下甚深。余始從其南，不得道，轉而東，復不得道，往返躑躅，茅深棘翳，遍索不前。久之，復從南坡下得微徑，下一里餘而東抵坑底。則坑中有水潺潺，自崩崖東南流，坑兩旁俱峭崖密翳，全無路影，而坑底甚平，水流亂礫間，時有平沙瀠之，遂隨之行，或東或南，仰眺甚逼，而終絕路影。三里，稍開，俯見瀠沙之上，虎跡甚明，纍纍如初印。隨之，又東南一里餘，有小溪自西南來注，有路影南緣之，始舍坑而南陟坡，一里，越其上。余意將逾坡東下，而路反從坡脊南行，余心知其誤，然其路漸大，時亦漸暮，以為從大道，即不得馬鹿塘，庶可得棲宿之所。

乃躡脊西馳二里，見西峰頂有峰特倚如覆鐘，大道從此分歧，一自東南坡下而上，一向西北峰頂而趨，一從西南盤壑而行。未審❹所從，姑解所攜飯啖之。余計上下二徑，其去人必遠，不若從盤壑者中行。於是又東南三里，遂墜坡而下，漸聞人聲。下里餘，得茅二龕在峽間，投之，隘鄙不堪宿。望南坡上有數龕，乃下陟深坑，攀峻而上，共一里而入其龕，則架竹為巢，下畜牛豕，而上託爨臥，儼然與粵西無異❺。屈指自南丹❻去此，至今已閱十五月，乃復遇之西陲，其中數千里所不見也。自登崩崖之脊，即望見高黎工南亙之支，屏列於東，下有深峽，而莫見龍川，意嵌其下也。又西南二十餘里，至所宿之坡，下瞰南峽甚深，即與高黎工遙夾者，意龍江從此去。西塢甚豁，遠見重山外亙，巨壑中盤，意即南甸所託也。時霧黑莫辨方隅❼，而村人不通漢語，不能分晰微奧。即徵其地名，據云為鳳田總府莊❽，南至羅卜思莊❾一日餘，東北至馬鹿塘在二十里外，然無確據也。夜以所攜米煮粥，啜之而臥。

【章　旨】本章記載了第三百三十天在永昌府的行跡。聽了李君的介紹，去遊馬鹿塘。登上峰頂，眺望四面的山勢。下山到清水屯，方知去馬鹿塘的路已走過頭了。根據屯裡人的指點，渡過一個很深的坑谷。山中濃霧瀰漫，分不清方向，急忙走進一道峽谷，田中已插遍禾苗，但絕無人煙。渡過溪水，越過山嶺，望見有崩裂的山崖陷落，山脊就像被從中劈開。繼續翻山越嶺，走到茅草深密荊棘叢生的地方，已無路可走。往下到坑谷底部，沿著一條溪流往前，看到沙灘上有很明顯的老虎腳印。離開坑谷走上一條大路，往前又分成三條岔路，便從盤繞在山壑中的路走，到山坡上的人家投宿，住房和粵西的竹樓沒什麼不同，從離開南丹州到這裡，經過十五個月，走了幾千里路，直到這裡才又看到。自從登上崩落山崖的山脊，就望見高黎貢山往南延伸的支脈，下面有深峽，但看不到龍川江。因村裡的人不懂漢語，無法精細深入地弄清地形。

【注　釋】❶贅旒　連綴在旗上的飄帶。❷清水屯　今名清水，在綺羅正南，與清水朗無關。❸馬鹿塘　在雲南梁河縣東北，曩宋河之北。❹審　知道。❺則架竹為巢四句　指傣族竹樓，文獻中又稱作「干欄」。宋周去非《嶺外代答》云：「深廣之民，結柵以居，上設茅屋，下豢牛豕……考其所以然，蓋地多虎狼，不如是則人畜不得安。」❻南丹　見〈粵西遊日記四〉三月二十日日記注。❼方隅　四方；四隅。❽鳳田總府莊　在騰越州東南，楊廣哨東。❾羅卜思莊　又作「羅必絲莊」，今名「羅卜壩」，在梁河南境。

【語　譯】初六　早晨吃飯，吩咐顧僕帶上鋪蓋，去楊廣哨遊覽。先前李君對我說，這裡往東南從羅漢沖走進二百里，有滃呂山，往東南從羅生山走四十里，有馬鹿塘，都有峰巒值得觀賞。我便先去較近的地方，預計可從硫磺塘、半箇山轉回。往東走三里，從水應寺、天應寺兩座寺院中間，向南上山，越往上路越陡峻。走了七里，登上絕頂，向北俯視就見天應寺懸立在山下的坑麓，從州城所在的山塢往北，只有龍樅山和它對峙；

向西俯視只見兩旁的峽谷分向延伸，勢如連綴在旗幟上的飄帶，都往下落到綺羅向南的峽谷中，有個龍井在峽谷下方出現；只有向東眺望則見本山的山峰相互抗衡，彼此遮掩；而向南眺望則見濃霧瀰漫湮沒，好像是以山脊為界，咫尺之間什麼也不能看見。由這裡往南從嶺上盤繞峽谷，都在瀰漫的濃霧中行走，茫茫一片如進入大海之中。走了半里，往南下去。往下走了二里多，半山腰又繞成一處山壑，山脊從東南往西圍抱，中間藏著圓形的山塢，有小水往西流去。塢內霧氣稍稍散開，而雨色漸漸逼來，雖然看到附近的田野，但遠處不免被雨打濕了。再登上南面的山坡，踏上坡脊往南走了五里，一條岔路隨山脊往西南，一條岔路沿山坡往東落下。我隨意從脊上直往南走，不久路漸漸往東下去走到盡頭。過了二里，有村莊靠在東邊的山坡下，從濃霧中走去村莊問路，是清水屯。據志書，城南三十里為清水朗，就是這地方了。但去馬鹿塘的路，應當從北邊的岔路分向往東走，這時已走過頭往南了。

清水屯中的人指點我從山坡北面往東下去，就有大路。聽從他的話，走了半里，往東北渡過一處很深的坑谷，霧氣中窺見坑谷東南的山壑往下盤繞，當時不知它通向哪裡，後來才知它南邊的高峰，反而從西邊的竹家屯向東突起，為陳播箕哨。再往東北登上山坡，走了半里，見有路往東下去，就隨著它走，想不到去馬鹿塘的正道還在它的北邊。濃霧瀰漫，分不清方向，急急忙忙往東下去，走了一里多，有峽谷從北往南延伸，溪流穿過峽谷中，有田地嵌在峽谷底部，但絕無人居；田中已遍插禾苗，也沒有一個人。走到田邊路就斷了，田埂像一線那樣狹窄，拄著手杖在田埂行走，往東走到溪邊，但溪水兩岸樹叢密密遮掩，不能過去，再返回靠著西邊的山坡往南，走了一里，遇上一條小路，渡過溪水往東上去。走了一里，路隱伏在草叢中，又若斷若續，但上去的地方十分陡峻。走了三里，往東登上嶺頭，再從嶺上往東南又登上一座山嶺。走了半里，才看到嶺北有山坳，從北往南延伸，中間低伏後又隆起，山坳東邊便是崩裂的山崖陷落處，山勢十分寬闊，陷落很是陡峭，好像山脊從中被劈開，左右崖壁如兩幅幃幕平行落下。山坳北邊有路，從崩裂的山崖北面山嶺往東走；南邊也有小路，從崩裂的山崖南面山嶺往東上去，唯獨山坳中沒有和北面相交的路。我便沿著山崖南面的路上去。往東走了一里，路被崩裂的山崖所陷，又岔向南，再登上南邊的山嶺。走了半里，再往東在嶺脊上行走。又過了二里，才有從南面延伸過來的路。沿著這條路往東，向北俯視崩裂的山崖陷落，向東形成坑谷，谷中竹林樹木深密遮蔽。再往東走半里，又登上山嶺，山嶺才往南上去，小路才往東北下坡。曲曲折折接連往下走了三里，我以為將要走到北面深坑的底部，隨它走出，就到馬鹿塘了，哪裡知道一道山坡在中間環繞，路岔向東西兩邊繞過山坡，不久就斷了，都是深密的茅草叢生的荊棘，坑谷嵌在下面很深。我起先從它南邊走，找不到路，轉向東，又找不到路，來回踏步，茅草深密，荊棘遮蔽，到處尋找不能往前。過了很久，再從南面的山坡下找到小路，從下走一里多便到達東面坑底。只見坑中有潺潺的流水，從崩落的山崖往東南流去，坑谷兩旁全被陡峭的山崖密密遮住，全無路的痕跡，但坑底很是平坦，水流在雜亂的碎石中，不時繞過平坦的沙灘，就隨著水流走，時而往東時而往南，抬頭望去十分狹窄，而始終不見路跡。走了三里，稍許開闊，俯身望見流水縈繞的沙灘上面，有十分明顯的老虎腳印，連接成串像剛印上去的。隨著流水又往東南走一里多，有小溪從西南流來注入，有路跡在南邊沿著小溪延伸，才離開坑谷往南上坡，走了一里，越到坡上。我以為將越過山坡向東走下，可是路反而從坡脊往南走，我心裡知道已走錯路了，但這條路漸漸變得寬大，這時天色也漸漸暗了下來，以為從大路走，即使不到馬鹿塘，或許還能夠找到住宿的地方。

於是登上坡脊往西快步走了二里，看見西峰頂上有山峰獨依如同倒扣的鐘，大路從這裡岔開，一條從東南的山坡下往上，一條向西北的峰頂上去，一條從西南繞著山麓走。我不知該從哪條路走，姑且打開所帶的飯吃了。我估計上下兩條路，離開人煙一定很遠，不如從盤繞在山麓中的路走。從這裡又往東南走三里，便從山坡上落下，漸漸聽到人聲。往下走了一里多，在峽谷中看到兩間茅屋，到那裡去投宿，屋裡又破又小沒法住宿。望見南面的山坡上有幾間房屋，便往下渡過深坑，攀登陡峻的山坡上去，共走了一里多，進入那邊的房屋，只見竹子架成窩棚，下邊養著牛豬，而上層是吃飯睡覺的地方，很像粵西的竹樓，沒什麼兩樣。屈指計算，自從離開南丹到這裡，至今已經過了十五個月，才又在西部邊陲遇見這種竹樓，其中經幾千里路沒有看到過。自從登上崩裂山崖的山脊，就望見高黎貢山往南延伸的支脈，如屏風般排列在東部，下邊有幽深的峽谷，但看不到龍川江，心想這江嵌伏在山下。再往西南走二十多里，到住宿的山坡，往下俯視南面的峽谷很深，就是和高黎貢山遠遠相夾之處，心想龍川江從這裡流去。西面的山塢十分開闊，遠遠望見重重山嶺在外綿延，巨大的山壑在中間盤繞，心想這就是南甸所在的地方。這時霧重天黑分不清方位，而村裡的人不通漢語，不能精細深入地弄清地形。就問這裡的地名，據說是鳳田總府莊，往南到羅卜思莊有一天多路程，往東北到馬鹿塘在二十里外，但沒有確鑿的依據。夜間用帶來的米煮粥，喝了就睡覺。

初七日　陰雨霏霏❶。飯後余姑止不行。已而村人言天且大霽，余乃謀所行。念馬鹿塘在東北，硫磺塘在西北，北山之脊，昨已逾而來，西山之脊，尚未之陟，不若舍馬鹿而逾西脊，以趨硫磺塘，且其地抵州之徑，以硫磺塘為正道，遂從之。土人指余從村後西北向大山行，余誤由直北，一里餘，下涉一澗，溯之北上坡，一里餘，又下涉澗。其處一澗自西峽崩崖來，一澗自北峽崇山來，涉其西來者。又北上坡，半里，路復分岐，一向北峽，一向西峽，皆盤其上坡。余從其北峽者，二里，路漸湮。已北下，則其澗亦自西來，橫塹於前，雖小而頗深，藤箐蒙塞，雨霧淋漓，遂不能入。乃復出，至岐口，轉向西峽。一里，路亦漸湮，其南崩崖下嵌，即下流之所從出，而莫能逾焉。復出，從岐口南涉其澗，從澗南又得一岐西上，其路甚微。一里，北逾一坡，又北一里，即崩崖西對之坡也，其上皆墾崖，而仍非通道。躡之行，一里，上西頂。頂高雲黑，莫知所從，計返下山，乃轉南，行莽棘中。溼茅壅箐，躑躅東南向，二里，漸有徑，下眺鳳田所宿處，相距止二三里間。更南半里，得大道西去，遂從之西循北山行。

一里，得耕者在坡下，問之，始知其上有小寨，名擺圖❷，即從楊廣哨入州正道矣。乃亟西北上躡坡，一里，有二茅當峽坪間，是為擺圖寨。由寨後更躡峻而北，半里，登岡。西望盤壑下開，水田漠漠，有溪流貫其中，壑西復有崇山外峙，其南又起一崇山，橫接而南，交接之中，似有水中貫而去。又北上一里半，遂凌大脊。北下迴峽中，半里，一村廬倚南坡，是為楊廣哨❸。從此西北下峽底，一里餘，有小溪自東北墜西南，其嵌甚深，乃從昨所度崩崖南嶺分墜而成者。涉之，西北上，復一里餘而躋其脊，余以為即從此緣脊上北大峰矣，而孰意猶中界之支也。半里，越脊，又即北下峽底。一里餘，有大溪自北南墜，皆從石崖中破壁而去，此即清水朗❹東溪也。水嵌峽底甚逼，橫獨木渡其上。余寧木下涉水，即西北上坡。始循崖石，繼躡隴脊，一里餘，轉而東北上，一里，躋峰頭。由峰頭西盤半里，復隨峽北行。其峽頗平，行其中，一里餘，當其東西分峽處，有村廬倚其中，是為陳播箕哨。從哨北即西北下，二里，循南山而西，一里，有村廬當坡，是為竹家寨❺。由寨東向北行，寨後復起一峰，有峽橫其中，路分為二，循北峰直去，為騰越、南甸大道；穿北峰南峽而西，為硫磺塘道。余乃舍大道從橫峽西行。半里，忽墜峽西下，其峽甚逼，而下甚峻，墜級歷坎，與水爭隘。一里餘，望見西峽自北而南，一溪貫其中，即矣羅村之水，挾水尾山❻西峽而南者。溪西之山，㟮屼南踞，是為半箇山❼。按《一統志》，有羅苴沖，硫磺塘在焉，疑即此山。然《州志》又兩書之，豈羅苴沖即溪東所下之山耶？

又西下半里，直抵溪上，有二塘在東崖之下，乃溫水之小者。其北崖之下，有數家居焉，是為硫磺塘❽村；有橋架溪上。余訊大塘之出硫磺處，土人指在南峽中。乃從橋南下流涉溪而西，隨西山南行。時風雨大至，田塍滑隘，余躑躅南行，半里得徑。又南一里，則西山南迸，有峽東注大溪，遙望峽中蒸騰之氣❾，東西數處，鬱然勃發，如濃煙捲霧，東瀕大溪，西貫山峽。先趨其近溪煙勢獨大者，則一池大四、五畝，中窪如釜，水貯於中，止及其半，其色渾白，從下沸騰，作滾湧之狀，而勢更厲，沸泡大如彈丸，百枚齊躍而有聲，其中高且尺餘，亦異觀也。時雨勢亦甚大，持傘觀其上，不敢以身試也。其東大溪，從南下環山南而西，合於大盈；西峽小溪，從熱池南，東注大溪。小溪流水中亦有氣勃勃，而池中之水，則止而不流，與溪無與也。溯小溪西上，半里，坡間煙勢更大❿，見石坡平突，東北開一穴⑪，如仰口而張其上齶，其中下綰如喉，水與氣從中噴出，如有爐橐⑫鼓風煽焰於下，水一沸躍，一停伏，作呼吸狀⑬；躍出之勢，風水交迫，噴若發機⑭，聲如吼虎，其高數尺，墜澗下流，猶熱若探湯⑮；或躍時，風從中捲，水輒旁射，攬人於數尺外，飛沫猶爍人面也。余欲俯窺喉中，為水所射，不得近。其齦齶⑯之上，則硫磺環染之。其東數步，鑿池引水，上覆一小茅，中置桶養硝，想有磺之地，即有硝也。又北上坡百步，坡間煙勢復大⑰，環崖之下，平沙一圍，中有孔數百，沸水叢躍，亦如數十人鼓煽於下者，似有人力引水。環沙四圍，其水雖小而熱，四旁之沙亦熱，久立不能停足也。其上煙湧處雖多，而勢皆不及此三者。有人將沙圓堆如覆釜，亦引小水四週之，雖有小氣而沙不熱，以傘柄戳入，深一、二尺，其中沙有磺色，而亦無熱氣從戳孔出，此皆人之釀磺⑱者。時雨勢不止，見其上有路，直逾西嶺，知此為半箇山道，遂凌雨躡崖。其崖皆堆雲駢瓣，峆岈嵌空，或下陷上連，或旁通側裂，人從其上行，熱氣從下出，皆迸削之餘骨，崩墜之剝膚也，所云「半箇」之稱，豈以此耶？

躡崖半里，從其南循嶺西上一里，漸隨峽南轉；則其峽自南嶺頭墜，中有水懸而為瀑，作兩疊墜北下，即峽水之上流也。又上半里，遂西逾瀑布之上。復從峽西更西南上，一里，漸轉而西，半里，見大道盤西崖墜處，出南坳去，小徑則西上峰頂，漸轉北行，蓋此即半箇山之頂，至此南下為坳。入城之路，當在其東北，不應西去，遂捨大道從小道。西上半里，隨峰東向北行，二里餘，乃西北下，得竹塢村廬。時雨勢甚大，避雨廬中，就火沸湯瀹飯而食之。其處即半箇山村也，昔置鎮彝關⑲於路次，此為屯哨，今關廢而村存云。由其東下坡，隨峽東行里餘，與南來大道合。隨西山北轉而行，於是水尾西溪即從此峽南下硫磺塘矣。北行二里餘，復陟東突之坡，行坡峽中，五里稍下，又一里而綺羅村在東坡下矣。時已薄暮，遂捨入州大道，東里餘，宿李虎變家。虎變以騎候於馬鹿道中，不遇。甫返，煮竹鼯相待。

【章　旨】本章記載了第三百三十一天在永昌府的行跡。登上山坡，進入峽谷，因找不到路，接連掉轉，在被荒草阻塞的箐谷中徘徊，好不容易走到擺圖寨。再登上大山脊，經過楊廣哨，渡過清水朗東溪，登上峰頭，沿峽谷走到陳播箕哨、竹家寨。隨後到硫磺塘村，出產硫磺的大塘，在南面的峽谷中。這時大風雨來臨，遙望峽谷中熱氣蒸騰，如濃煙捲霧。先到附近的一個水池，水從下面往上沸騰，水泡大如彈丸，騰躍有聲，也是一種奇觀。撐著傘在上面觀望，不敢親身接觸水。池中的水靜止不流動，和周圍的溪水沒關係。沿小溪上行，石坡上開出一個洞穴，就像張開的嘴，水和氣從中噴出，時躍時歇，狀如呼吸；水噴發時像有機關發動，聲如猛虎吼叫，水流到山澗下游，還熱得像開水。因水珠迸濺，灼人臉面，沒法走近。洞口有硫磺環繞沾染，旁邊茅屋中，放著桶養硝。環繞的石崖下方，有一圈沙池，裡面有幾百個孔洞，沸水團團騰湧，連四旁的沙地也都發熱。有人將沙堆成圓形，也引了小水在四周圍繞，用來釀製硫磺。接著冒雨登上山崖，岩石有的下陷上連，有的旁通側裂，都是迸裂崩塌後落盡泥土留下的山石，稱為「半箇山」，難道就指這種情況？往前峽谷中有水懸流成瀑布，分兩疊落下。往北登上半箇山頂，再到半箇山村煮飯吃。過去在路旁設置了鎮彝關，現已廢棄。傍晚到綺羅村李虎變家住宿，李家煮了竹鼯款待。

【注釋】❶陰雨霏霏　原脫「霏霏」兩字，據徐本補。❷擺圖　徐本作「擺圖」。❸楊廣哨　今名羊管哨，在騰衝南隅。❹清水朗　今名朗蒲寨，在騰衝南境。❺竹家寨　在騰越州南，陳播箕哨西北。❻水尾山　在騰越州南，半箇山南。❼半箇山　在騰衝南境，以南麓陡峭，北麓平緩，似只有半個而得名。半箇山村亦因山得名。❽硫磺塘　在騰衝南境。騰衝境內有中國已知的第二大熱氣田。黃瓜箐—澡塘河—硫磺塘—熱水塘一帶史稱「熱海」、「熱田」。❾遙望峽中蒸騰之氣　行至黃瓜箐，一股濃烈的硫磺味便撲面而來。這是一段南北走向、狹長如黃瓜的箐谷，熱氣泉穿砂破石不斷噴出，溫度高達攝氏九十四度。當地人以蒸浴和水浴結合，能治多種疾病。❿坡間煙勢更大　由黃瓜箐往前不遠，到達澡塘河。這裡兩條山谷構成丁字形的河谷，河谷兩岸及河中，遍布熱泉、沸泉、氣泉，水溫高達攝氏九十四度至九十七度，從石壁中，從崖頂上，從亂石間，從河牀深處爭相噴出，泉眼岩石形狀奇特。除熱水泉外，還有不少熱氣泉，有的如蛙鳴鼓噪，有的如巨獸喘息。遙望峽谷，一個個泉口吞雲吐霧，熱氣蒸騰，直沖天際；進入箐谷之中，但聞水汽交鳴，響聲震耳，熱瀑飛瀉，沸泉噴湧。在旁久佇，令人毛骨悚然。⓫東北開一穴　指「蛤蟆嘴」噴泉，在澡塘河瀑布左側，水溫高達攝氏九十五度，噴出的水珠達五尺高。在瀑布右側還有一處「獅子頭」熱泉，湧水量更大。⓬橐　冶煉時鼓風裝置，今名風箱。⓭作呼吸狀　「蛤蟆嘴」噴泉有兩個出水孔，均為間歇泉，交互噴停，就像一呼一吸。⓮噴若發機　言噴發有力，好像有機關發動。⓯探湯　將手伸入沸水。⓰齦齶　牙牀。齦，通「齗」。齒根肉。齶，口腔的上膛。⓱坡間煙勢復大　從澡塘河往北，翻過一道緩坡，便到硫磺塘。這裡是騰衝地熱的中心，被稱為「一泓熱海」或「大滾鍋」。這是一個直徑約九尺的盆形沸水塘，塘中有三個大的噴水孔，使熱泉如一鍋終年沸騰的開水，水溫保持在攝氏九十六至九十七度之間。熱泉周圍一片冒氣地面，有幾十個小孔，不斷噴出蒸氣。這些熱氣與池中的水氣混合，形成高大的氣柱，升上天空。奇特的是在黃瓜箐—澡塘河—硫磺塘一帶，有時還會發生「山哼地吼」的現象。每年七、八月，這裡微震頻繁，這都和火山活動息息相關。⑱釀磺　直到現在，當地人仍用簡易的辦法提取硫磺，全縣每年可得硫磺一萬多斤。⑲鎮彝關　今名鎮邑關，在半箇山北面的大盈江畔，關後即南甸，懸崖峭壁，前人稱為「華夷之限」。

【語譯】初七　陰雨飄灑，飯後我暫且留下不走。過了一會，村裡人說天將大晴，我才考慮怎麼走。心想馬鹿塘在東北，硫磺塘在西北，北山的山脊，昨天已從那裡翻越過來，西山的山脊，還沒有登上，不如捨棄馬鹿塘而去翻越西山的山脊，前往硫磺塘，而且這裡到州城的路，以通過硫磺塘為正道，就決定從這條路走。當地人指點我從村後往西北的大山走，我錯從正北走，過了一里多，往下渡過一條澗水，沿澗水往北上行，登上山坡，走了一里多，又往下渡過澗水。這裡一條澗水從西面峽谷崩裂的山崖流來，一條澗水從北面峽谷的大山流來，渡過從西面流來的澗水。再往北登上山坡，走了半里，路又岔開，一條通向北面的峽谷，一條通向西面的峽谷，都盤繞著峽上的山坡。我從通向北面峽谷的路走，過了二里，路漸漸湮沒。隨即往北下去，只見澗水也自西面流來，像一條濠溝橫在前面，水流雖小但很深，藤條竹林遮掩堵塞，雨霧淋漓，因此不能進去。於是再走出，來到岔路口，轉往西面的峽谷。走了一里，路也漸漸湮沒，在它南面崩裂的山崖往下陷落，就是澗水下游的上源，也不能翻越過去。再走出來，從岔路口往南渡過澗水，從澗水南邊又找到一條岔路往西上去，這路很小。走了一里，往北越過一道山坡，再往北走一里，就是崩裂的山崖西面對著的山坡，上面都是已開墾的山崖，但仍不是通路。踏上山坡走，過了一里，登上西邊的山頂。頂高雲黑，不知從哪裡走，打算返回下山，便轉向南，在草莽荊棘中行走。濕淋淋的茅草，堵塞箐谷，向東南徘徊行走，過了二里，漸漸有小路，往下眺望鳳田總府駐住宿處，相距只有二、三里路光景。再往南走半里，來到往西去的大路，就隨著這條路，往西沿著北山走。

過了一里，在山坡下遇見一個種田的人，向他打聽，才知山上有個小寨，名叫擺圖，就是從楊廣哨進州城的正道了。於是急忙往西北登上山坡，走了一里，有兩間茅屋在峽谷中的平地上，這是擺圖寨。從寨後再踏上陡峻的山路往北走，過了半里，登上山岡。向西望見下面開出盤繞的山壑，水田廣布，有溪流從中穿過，山壑西邊還有高山在外面聳峙，山南又聳起一座高山，向南橫接，在兩山的交接中間，似乎有水從中流過。再往北走上一里半，就登上大山脊。往北走下迴繞的峽谷中，過了半里，有個村莊的房屋靠著南面的山坡，這是楊廣哨。從這裡往西北走下峽谷底部，過了一里多，有條小溪從東北向西南傾瀉，水嵌入很深處，是從昨天所越過的崩裂山崖的南嶺分流落下而成的。徒步渡過小溪，往西北上去，再走一里多登上山脊，我以為就從這裡沿山脊登上北面的大山峰了，哪裡想到仍是隔在中間的支脈。走了半里，越過山脊，又立即往北走下峽底。過了一里多，有條大溪從北往南傾瀉，都是從石崖中穿過石壁流去，這就是清水朗的東溪。水嵌在峽底十分狹窄，在溪上橫架了獨木橋以便過渡。我寧可從獨木橋下渡水過去，隨即往西北登上山坡。起先沿著石崖走，隨後登上隴脊，走了一里多，轉向東北上去，再走了一里，登上峰頭。從峰頭往西繞了半里，再隨峽谷往北走。這峽谷很平坦，在裡面行走，過了一里多，在它分成西東兩峽的地方，有村屋靠在峽谷中，這是陳播箕哨。從哨北即往西北下去，走了二里，沿南山往西走了一里，有村屋在山坡上，這是竹家寨。從寨東往北走，寨後又聳起一座山峰，有峽谷橫在中間，路分為兩條，沿北邊山峰直往前走的，是去騰越、南甸的大路；穿過北邊山峰南面的峽谷往西，是去硫磺塘的路。我便捨棄大路從橫向的峽谷往西走。過了半里，峽谷忽然往西落下，這峽谷十分狹窄，而下面很是陡峻，下落的石級經過坑穴，和水流爭奪隘口。走了一里多，望見西面峽谷從北往南延伸，一條溪水從中流過，就是矣羅村的水，緊貼著水尾山西邊的峽谷往南流去。溪水西邊的山，高高座落在南面，這是半箇山。據《一統志》，有羅苴沖，硫磺塘在那裡，懷疑就是這座山。但《州志》又分別記載為兩地，難道羅苴沖就是溪水東邊所下來的山嗎？

再往西走下半里，直到溪邊，有兩個水塘在東邊山崖下，是較小的溫水塘。在它北面的山崖下，有幾戶人家居住，這是硫磺塘村，有橋架在溪水上。我打聽出產硫磺的大塘所在地，當地人指著說，在南面的峽谷中，於是從橋南渡過溪水下游往西，隨著西山往南走。這時大風雨來臨，田埂又滑又窄，我艱難地踏步向前，走了半里找到小路。再往南走一里，只見西山往南迸裂成峽谷，峽谷東邊有大溪注入，遠遠望見峽谷中熱氣蒸騰，在東西幾處地方猛烈噴發，如濃煙捲霧，東邊臨近大溪，西邊貫穿山峽。先去那靠近溪邊煙勢最大的地方，只見一個有四、五畝大的水池，中間像鍋一樣窪下，水積在中間，只到池深的一半，水色渾濁發白，從下往上沸騰，呈現出翻滾騰湧的狀態，氣勢更為厲害，沸騰的水泡大如彈丸，成百個一起跳躍發出聲響，其中高的將近一尺多，也是奇異的景觀。這時雨也下得很大，撐著傘在池上觀看，不敢以身接觸。水池東邊的大溪，從南面流下，繞過山南往西，匯入大盈江；西面峽谷中的小溪，從熱水池的南邊往東注入大溪。小溪的流水中也有勃勃的熱氣，而池中的水卻靜止而不流動，和溪水沒有關係。沿著小溪往西上行，走了半里，山坡中煙勢更大，望見石坡平向突起，東北開出一個洞，像嘴向上張開上顎，洞中下面控扼如同喉嚨，水和氣從洞中噴出，像有個爐灶風箱在下面鼓風煽焰，水沸騰躍起一會，停歇低伏一會，形狀就像呼吸。當水躍出，風水交迫，氣勢甚壯，噴發時像有機關發動，聲音像猛虎吼叫，噴出的水有幾尺高，落入澗水的下游，還熱得像開水；有時水躍出被風從中捲起，水便向四旁噴射，在幾尺之外濺在人身上，飛沫還灼人面目。我想俯身窺視洞穴的喉部，被水噴射沒法走近。那像口腔牙牀部位的上面，就有硫磺環繞沾染。在洞的東邊幾步之外，鑿了水池引水，上面蓋著一間小茅屋，裡面放了桶養硝，想來有硫磺的地方，也就有硝。再往北登上山坡，走了百步，山坡中煙勢又大起來，環繞的山崖下方，有一圈平坦的沙地，裡面有幾百個孔洞，沸水團團騰躍，也像有幾十個人在下面鼓風煽火，似乎有人力在引水。環繞沙地四周，水雖小但很熱，四旁的沙也是熱的，腳不能長時間站立。在它上方煙氣騰湧之處雖然不少，但煙勢都不及這三處。有人把沙堆成圓形如倒扣的鍋，也引來小水在四周圍繞，雖有少量蒸氣但沙不熱。用傘柄插入沙中，深一、二尺，裡面的沙有硫磺的顏色，可也沒有熱氣從所插的孔中冒出，這都是人工釀製硫磺的地方。這時雨仍下著不停，看到它上面有路，直接越過西邊的山嶺，心知這是去半箇山的路，便冒雨登上山崖。這山崖上的岩石，都像堆積的雲朵並列的花瓣，深遠空曠，插入天空，有的下陷上連，有的旁通側裂，人從上面走過，熱氣從下面冒出，都是迸裂崩塌之後，泥土落盡留下的山石，所說的「半箇」名稱，難道就是指這種情況嗎？

登上山崖走了半里，從它南邊沿著山嶺往西走上一里，漸漸隨峽谷往南轉，只見這峽谷從南面的嶺頭落下，峽中有水懸流成為瀑布，分為兩疊往北落下，這就是峽谷中水流的上游。再往上走了半里，就向西越過瀑布的上方。再從峽谷的西邊往西南上去，走了一里，漸漸轉向西，走了半里，望見大路在西邊山崖的墜處盤繞，通往南面的山坳出去，小路則往西直上峰頂，漸漸轉向北去，原來這裡就是半箇山的山頂，到這裡往南下去為山坳。進城的路，應當在它的東北，不應往西去，於是捨棄大路走小路。往西上去半里，隨山峰東面往北走，過了二里多，才往西北下去，到一處長滿竹子的山塢中的村舍。這時雨下得很大，進入村舍避雨，在火灶上燒水煮飯來吃。這裡就是半箇山村，過去在路旁設置了鎮彝關，這裡是屯守的哨所，如今關已廢棄而留下了村莊。從村的東邊走下山坡，隨峽谷往東走一里多，和從南面過來的大路會合。隨西山轉向北走，在這裡水尾山的西溪就從這峽谷往南流下硫磺塘了。往北走二里多，再踏上向東突起的山坡，在山坡峽谷中行走，過了五里稍稍下去，再走了一里，綺羅村便在東邊的山坡下了。這時已近傍晚，就放棄進州城的大路，往東走一里多，到李虎變家中住宿。虎變帶了坐騎在去馬鹿塘的路中等候，沒和我遇上，剛返回家，煮了竹鼴款待我。

初八日　大雨，不成行。坐李君家作〈田署州❶期政四謠〉，以李君命也。

初九日　大雨，復不成行。坐李君家錄《騰志》。

初十日　雨不止。既午稍霽，遂同李君聯騎，由村西半里，橫陟半箇山、南甸大路。經南草場，半里，西上嶺坡，乃來鳳南度半箇山之脊也。來鳳至是南降而下伏，脊間中窪為平塘而不受水。窪之西為金銀堆，即南度之脊。窪北半里，有坪倚來鳳而南矙半箇山，乃昔王尚書驥駐營之處，志稱為尚書營❷。陟坪北半里，有路橫沿來鳳峰南，西越金銀堆，出芭蕉關❸。芭蕉關西通河上屯、緬箐之道，州西跌水河路，不若此之平，昔兵部郎中龔永吉從王公南征，有「狹轉芭蕉關，難於橄欖坡」之句。從此復轉騎，循來鳳東峰而北，八里，乃還官店❹。迨晚復雨。

【章　旨】本章記載了第三百三十二天至第三百三十四天在永昌府的行跡。前二天坐在李君家寫〈田署州期政四謠〉，抄錄《騰越州志》，後一天騎馬經過南草場，登上來鳳山往南延伸到半箇山的山脊。山脊中有窪地，西邊為金銀堆，北邊有尚書營，有路通往芭蕉關。隨後掉頭沿來鳳山東峰返回官店。

【注　釋】❶署州　代理知州。❷昔王尚書驥二句　王驥，字德尚，東鹿（今河北東鹿東南）人。永樂中進士，宣德中兵部尚書。正統中麓川（治所在今雲南隴川縣西南）宣慰使思任發起兵，侵南甸、干崖及騰越諸地，王驥總督軍務，以東南諸道兵十五萬分道討之，中路軍至騰衝，駐兵於此。尚書營，王尚書驥駐營之處。❸芭蕉關　在和順（騰衝西南）稍南的叢山中。❹官店　供行人使用的官營客店。此指黔府官店，在騰越州城內。

【語　譯】初八　下大雨，不能外出。坐在李君家中寫〈田署州期政四謠〉，是奉李君之命寫的。

初九　下大雨，仍不能外出。坐在李君家中抄錄《騰越州志》。

初十　雨仍下著。午後稍許放晴，就同李君並肩騎馬，從村的西邊走半里，橫向踏上去半箇山、南甸的大路。經過南草場，走了半里，往西登上嶺坡，是來鳳山往南延伸到半箇山的山脊。來鳳山到這裡往南落下而低伏，山脊間中部窪下形成平坦的池塘，但不容納水流。窪地的西邊為金銀堆，就是往南延伸的山脊。窪地北邊半里處，有平地靠著來鳳山，往南俯視半箇山，是從前尚書王驥駐紮兵營的地方，志書稱為尚書營。踏上平地往北走半里，有路橫向沿著來鳳峰的南面，往西越過金銀堆，到芭蕉關。芭蕉關往西通向河上屯、緬箐的路，州城西邊去跌水河的路，不及這條路平坦，從前兵部郎中龔永吉隨王公南征，有「狹轉芭蕉關，難於橄欖坡」的詩句。

從這裡再掉轉馬頭，沿來鳳東峰往北走了八里，便返回官店。到晚上又下起雨來。

十一日　雨不止，坐官店。上午，李君來。下午，雨少止，濘甚，踹泥往潘生家，不遇；以書促其為余買物，亦不答。潘生一桂雖青衿❶而走緬甸，家多緬貨。時倪按君❷命承差來覓碧玉，潘苦之，故屢屢避客。

十二日　雨，坐店中。李生以〈期政四謠〉私投署州田二府❸，不答。

十三日　雨時止時作，而泥濘尤甚。李生來，同往蘇玄玉寓觀玉。蘇，滇省人，本青衿，棄文就戎，為吳參府幕客。先是一見顧余，余亦目其有異，非風塵中人也。蘇有碧玉，皆為簪，但色太沉。余擇四枝攜寓中，後為李生強還之。

十四至十八日　連雨不止，坐寓中，不能移一步。潘捷余以倪院承差蘇姓者，索碧玉寶石，窘甚，屢促不過余寓，亦不敢以一物示人，蓋恐為承差所持也。幸吳參府以程儀惠余，更索其「八關」併「三宣」❹、「六慰」❺諸圖，余一一抄錄之，數日無暇刻，遂不知在寓中，並在雨中也。潘生送翠生石❻二塊。蘇玄玉答華茶竹方環。

【章　旨】本章記載了第三百三十五天至第三百四十二天在永昌府的行跡。因倪巡按派公差向潘一桂索取碧玉，潘感到為難，故常避客不見。和李生同往蘇玄玉家觀賞玉石。吳參將惠贈路費，向他借了「八關」、「三宣」、「六慰」各種地圖抄錄。

【注釋】❶青衿 又作「青襟」，古代讀書人所穿的衣服，後用以借指讀書人，明、清專以指秀才。❷倪按君 倪于義，四川人。❸二府 明、清時對同知的別稱。❹三宣 明代在雲南所設的三個宣撫司，即南甸宣撫司、干崖宣撫司、隴川宣撫司。「三宣」均在今雲南西部邊境，和緬甸接壤。❺六慰 明代在雲南所設的六個軍民宣慰使司，即車里宣慰使司、緬甸宣慰使司、木邦宣慰使司、八百大甸宣慰使司、孟養宣慰使司、老撾宣慰使司。其中車里在今雲南南部邊境，和老撾接壤，緬甸、木邦、孟養在今緬甸境內，八百大甸在今泰國境內，老撾在今老撾境內。❻翠生石 即翡翠，又稱「硬玉」，一般為蘋果綠色，半透明，質地堅韌，為名貴玉石。騰衝玉器以翡翠為原料，具有造型美觀、做工精湛、質地細膩的特點，為著名的傳統手工藝產品。

【語譯】十一日 雨下個不停，坐在官店中。上午，李君來訪。下午，雨稍停下，路很泥濘，踏著泥路前往潘生家，沒碰到；寫信催他為我買物，也不回信。潘一桂雖然是個讀書人，但常來往緬甸，家中有許多緬甸的貨物。這時巡按倪君命公差來找碧玉，潘一桂苦於此事難辦，所以常常避客不見。

十二日 下雨，坐在店中。李生把〈期政四謠〉私下投送代理州官田二府，沒有得到回音。

十三日 雨時停時下，路上格外泥濘。李生來訪，一同前往蘇玄玉的寓所觀賞玉石。蘇是雲南省人，本是讀書人，棄文從軍，成為吳參將的幕客。在此之前一見面就回頭看我，我看他也覺得奇特，不是風塵中的俗人。蘇玄玉有碧玉，都做成簪子，但顏色太深。我選擇了四枝帶回寓所中，後來被李生強逼還給他。

十四至十八日 連日下雨不停，坐在寓所中，不能走動一步。潘捷余因為倪巡按所派的姓蘇公差，索取碧玉寶石，十分為難，多次催促他仍不來我的寓所，也不敢拿一件東西給人看，大概是害怕被公差劫持。幸虧吳參將惠贈給我路費，還向他借了「八關」及「三個宣撫司」、「六個宣慰司」的各種地圖，我一一抄錄下來，幾天來沒有片刻空閒，便忘了身在寓所，並且還下著雨。潘生送了兩塊翠生石。蘇玄玉回給我花茶竹方環。

十九日晨，雨少止。覓擔夫，以連日雨濘，貴甚。既而雨復作，上午乃止而行。店人欲掯❶余羅一端❷，不遂，與之鬨而後行。由東街，始濘甚，已而漸燥。二里，居廬始盡，下坡行塍中。半里，連越二小橋，水皆自東南來，即羅漢沖所出分流之水也。又二里餘，為雷打田❸，有數家東向。從其前轉而東行，里餘，又過一小亭橋，其流亦自東南向西北者，乃黃坡泉所溢也。又東里餘，抵東坡下，停擔於酒家。問大洞溫泉❹道，土人指在東南山坳中，此去尚有數里。時天色已霽，令擔夫與顧行待於其家，余即循東山而南。

二里，過土主廟，廟倚山西向，前二柏巨甚。又南二里，路歧為二，一南循山麓，為黃坡道；一東南上坡，為趨溫泉道。乃從上坡者，南一里，登坡嘴，西瞰山麓，有泉西向溢於下，即黃坡之發源處也。於是東轉，有路頗大，橫越之，就其東南小徑。一里，漸上坡，折而東北，睨溫泉之峽，當在其南，中亦有峽南下，第茅塞無徑，遂隨道西北上。一里，其道漸高，心知其誤，有負芻者二人至，問之，曰：「此入山樵道，可通芹菜塘者。溫泉在南，尚隔一峰。」遂與之俱返，一里，下至茅塞之峽，指余南去。余從之，橫蹈峽中，既漸得小徑。半里，忽有峽從足下下墜而西，其上石崖駢突如門。從其東又南半里，逾坡而下，其峽始大，有水淙淙流其中，田塍交縈之，即大洞村❺之後峽也。有大道從峽中東上，又南下半里，從之東。半里，上一坡，大道東北上，亦芹菜塘道。乃從坡東南下，半里，及溪，又東溯溪半里，則溪流奔沸盤石❻中，右一崖突而臨之，崖下則就石為池，而溫泉匯焉。其池與溪同峽，而水不關溪流也。崖石疊覆如纍碁，其下湊環三面，成一小孔，可容一人坐浴。其後倒覆之石，兩片下垂而中劃，如所謂試劍石，水從片石中淙淙下注，此溫泉之源也。池孔之中，水俱不甚熱，正可著體，其上更得一亭覆之，遂免風雨之慮矣。時池上有十餘人共浴，余恐其旁有石洞，姑遍覓之，不得，乃還浴池中。又三里，隨山之西嘴抵黃坡，轉北一里，過麓間溢水之上。又北三里，乃入來時分岐處。又西北四里，至矣比坡❼之麓。促挑夫行，以晚辭，遂止。

【章　旨】本章記載了第三百四十三天在永昌府的行跡。雨停後離開客店，經過雷打田、土主廟，登上山坡口，望見黃坡泉的發源處。途中遇上兩個揹草的人，方知走錯了路。於是返回進入峽中，到大洞村的後峽，再沿溪水上行，山崖下有個石池，溫泉匯積在裡面。池水和溪水雖在同一峽谷中，但兩者無關。泉水從石片中流下，水不太熱。繼續往前，經過黃坡，到矣比坡山麓留宿。

【注　釋】❶揹　扣押；留難。❷端　古時布帛長度名，布帛二丈為端，四丈為匹。或曰六丈為端。❸雷打田　在騰越州東南。❹大洞溫泉　俗稱黃坡澡塘，在騰衝東南黃坡村東峽谷中，水溫略高於人的體溫。❺大洞村　今名大董。在騰衝東南。

❻盤石　巨石。❼矣比坡　今名玉壁村，在騰衝城東。

【語　譯】十九日　早晨，雨稍稍停下。去找挑夫，因為接連幾天下雨道路泥濘，索價很貴。隨後雨又下了起來，上午雨停才出發。店裡人想扣押我的一端綾羅，沒有得逞，和他吵架後離開。從東街走，起先路很泥濘，不久漸漸乾燥。走了二里，住房才到盡頭，下坡在田埂中行走。又過了半里，接連通過兩座小橋，水都從東南流來，就是從羅漢沖流出的分流的水。再走二里多，到雷打田，有幾戶人家朝東居住。從屋前轉向東，走了一里多，再過一座小亭橋，橋下的水也從東南向西北流去，它是從黃坡泉溢出的水。再往東走一里多，到達東邊的山坡下，把擔子停在酒店。打聽去大洞溫泉的路，當地人指在東南的山坳中，從這裡去還有幾里路。這時天色已經放晴，吩咐挑夫和顧僕在酒店等候，我就沿著東山往南走。

過了二里，經過土主廟。廟朝西靠著東山，前面兩棵柏樹十分巨大。再往南走二里，路岔成兩條，一條往南沿山麓走，是去黃坡的路；一條往東南上坡，是去溫泉的路。於是從上坡的路走，往南一里，登上山坡口。向西俯視山麓，有泉水在下面向西溢出，就是黃坡的發源處。從這裡往東轉，有條路很大，橫越過去，走上它東南的小路。過了一里，漸漸上坡，轉向東北，察看溫泉所在的峽谷，應在它的南面，中間也有峽谷往南延伸，只是被茅草堵塞沒有通路，便隨著小路往西北上去。走了一里，這條小路漸漸伸向高處，心裡明白走錯了路。有兩個揹柴草的人來到，向他們問路，回答說：「這是進山打柴的路，可通往芹菜塘。溫泉在南面，還隔著一座山峰。」就和他們一起返回，走了一里，往下到茅草堵塞的峽谷，指點我往南走。我聽從他們的話，橫向進入峽谷中，過後漸漸找到小路，走了半里，忽然有峽谷從腳下往西落下，峽谷上面石崖並排突起，如同門戶。從它的東邊又往南走半里，越過山坡下去，這峽谷才變大，裡面有水淙淙流去，和田埂交互縈繞，就是大洞村的後峽。有大路從峽谷中往東上去，再往南走下半里，沿大路往東。走了半里，登上一道山坡，大路往東北上去，也是去芹菜塘的路。於是從山坡東面往南下去，走了半里，到溪邊，再往東沿溪流上行，走了半里，只見溪流在巨石中奔騰，右邊突起一座石崖對著溪流，崖下靠著石壁成池，而溫泉匯積在裡面。這水池和溪流在同一道峽谷，但泉水和溪流無關。崖石重疊覆蓋如堆起的棋子，崖石下部三面環繞湊合形成一個小孔，可容納一人坐著洗澡。小孔後面倒覆的岩石，兩片下垂中間分開，就像所謂的試劍石，水從石片中淙淙流下，這是溫泉的源頭。小孔的水池中，水都不很熱，浸泡身體正好適合。在它上方還有一座亭子覆蓋，更可避免刮風下雨的顧慮了。這時池上有十多人一起沐浴，我猜想它旁邊可能還有石洞，暫且四處尋找，沒見到，這才回到池中沐浴。再走了三里，隨西面的山口到達黃坡，轉向北走一里，經過山麓間溢水處的上方。再往北走三里，才進入來時岔路處。再往西北走四里，到矣比坡的山麓。催促挑夫上路，他因天色已晚推辭，便留在這裡。

二十日　晨起，飯而登坡，雨色復來。平上二里，峻上八里，抵嶺頭。又平行嶺上四里，又稍下一里，過芹菜塘，復東上坡，半里而下。半里，過木廠，又下二里，過北下之峽，又東上三里，至坡脊。平行脊間，一里，至永安哨，五、六家當坡間而已。又東南半里，逾嶺脊而下。一里，有水自北而南，路從之。半里，乃東陟坡，平行脊上。三里，至甘露寺飯。從寺東下，三里，至赤土鋪橋，其下水自南而北，即大盈江水也。《一統志》謂大盈之源出自赤土，其言不謬。橋東復上半里，有四、五家當坡坳，為赤土鋪❶。鋪東又上半里，遂從嶺脊東南行。一里，有岐南去，為猛柳道。余仍東南三里，乃東下，又十里而止於橄欖坡❷。時纔午，雨時下時止，遂止不前。

【章旨】本章記載了第三百四十四天在永昌府的行跡。經過芹菜塘、木廠、永安哨、甘露寺，到赤土鋪橋，橋下的水就是大盈江上源，中午到橄欖坡留宿。

【注釋】❶赤土鋪　在騰衝東南上營鎮西南。❷橄欖坡　在騰衝東南上營鎮南。

【語譯】二十日　早晨起身，吃了飯登上山坡，雨又來臨。平步走上二里，又在陡峻的山路走上八里，到達嶺頭。在嶺上又平步走四里，再稍許往下走一里，經過芹菜塘，再往東上坡，走了半里下山。再過半里，經過木廠，又往下走二里，經過往北延伸的峽谷，再往東走上三里，到坡脊。在坡脊間平步行走，過了一里，到永安哨，只有五、六戶人家在坡間居住罷了。再往東南走半里，越過嶺脊下去。走了一里，有水從北往南流，路隨著水流走。過了半里，就往東登上山坡，在山脊上平步行走。再走了三里，到甘露寺吃飯。從寺的東邊往下，走了三里，到赤土鋪橋，橋下的水從南往北流，就是大盈江水。《一統志》說大盈江的源頭出自赤土山，這話不錯。從橋東再往上走半里，有四、五戶人家在山坡的坳地中居住，是赤土鋪。從鋪東再往上走半里，便從嶺脊上往東南走。過了一里，有岔路往南延伸，是去猛柳的路。我仍然往東南走三里，才往東下去，再走了十里，在橄欖坡止步。這時才是中午，雨時下時停，便留下不再往前了。

二十一日　平明起飯。自橄欖坡東下，五里，抵龍川江西岸，過巡檢司，即下渡橋❶。西岸峻若堵牆，乃循岸北向疊級，始達橋。橋東有閣，登之可眺江流夭矯之勢。又南向隨東岸行，半里，東向平上者一里餘，始曲折峻上。五里，過茶房，僧舍無一人。又峻上三里，過竹笆鋪，又上七里餘，飯於小歇場。又上五里，過太平鋪，又平行入塢。二里餘，有水自北澗來，涉之，遂東上。其上愈峻，兩旁皆竹石深翳，而風雨西來，一天俱漫，於是行雨浪中。三里，逾一最高之嶺，乃屢上屢下，屢脊屢坳，皆從密箐中行。七里，抵新安哨，兩、三家夾嶺頭，皆以劈藤竹為業。時衣溼透寒甚，就其家燒薪烘之。又二里餘，抵分水關，有五、六家當關之東。余乃就火炙衣，貰燒酒飲四、五杯乃行。天色大霽，路磴俱燥，乃知關名分水，實分陰晴也。於是東向下者八里，始就東行之脊。又二里，過蒲滿哨。又平行嶺上，東十五里，宿於磨盤石之盧姓者。家有小房五、六處，頗潔。

【章旨】本章記載了第三百四十五天在永昌府的行跡。走到龍川江西岸，江岸陡峻如堵牆。通過鐵索橋，再經過小歇場、新安哨，到分水關，這裡天色晴朗，道路乾燥，方才明白關名「分水」，實際上是晴陰之分。再經過蒲滿哨，到磨盤石住宿。

【注釋】❶即下渡橋　此橋即指龍川江鐵索橋。

【語譯】二十一日　黎明起身吃飯。從橄欖坡往東下去，走了五里，到達龍川江西岸，經過巡檢司，隨即走下渡橋。西岸陡峻如同一堵牆，便沿著江岸向北砌起的石級，才到達橋頭。橋的東頭有樓閣，登上樓閣可以眺望江流盤曲的態勢。再往南沿著東岸走，過了半里，向東平步走上一里多，開始在陡峻的山路上曲折攀登。走了五里，經過茶房，僧房中沒有一個人。又在陡峻的山路往上走了三里，經過竹笆鋪，再往上走了七里多，在小歇場吃飯。再往上走五里，經過太平鋪，又平步走進山塢。過了二里多，有水從北邊的山澗中流來，渡過澗水，便往東上去。上面更加陡峻，兩旁都是竹石深深遮蔽，風雨從西面吹來，滿天都是，到這裡便在雨浪中行走。過了三里，越過一座最高的山嶺，於是屢上屢下，多次登上山脊，多次越過山坳，都從茂密的竹林中行走。過了七里，到達新安哨，有兩、三戶人家住在嶺頭，都以劈篾藤竹為業。這時衣服濕透，十分寒冷，到他們家中燒柴烘衣服。再走了二里多，到達分水關，有五、六戶人家住在關的東邊。我便靠近火烘衣服，買了燒酒喝下四、五杯才上路。天色十分晴朗，路上石級也都乾燥，方才知道關名為「分水」，實際是兩邊一陰一晴的分界。從這裡往東走下八里，才走上往東延伸的山脊。再走了二里，經過蒲滿哨。再在嶺上平步行走，往東十五里，在磨盤石姓盧的人家住宿。盧家有五、六間小房，很是整潔。

二十二日　平明，飯而行❶。其下甚峻，曲折下者六里，及嶺北之澗。是嶺自蒲滿哨分支東突，左右俱有深峽夾流，來時從南峽上行，至此墜北峽之口過。涉北澗，又越北嶺東突之嘴，共一里餘而過八灣。八灣亦有數家居坡上，人謂其地暑瘴為甚，無敢置足者。於是東向行平坡間，十二里抵江❷，則怒流奔騰，勢倍於來時矣。乃坐巨樹下待舟，觀洪流洶湧，競渡者之紛紜，不啻❸從壁上觀❹也。俟久之，乃渡而東上坡，三里，抵北山之麓，循坡東行。五里，逾南下之嘴，得一橋跨澗，是為箐口。於是渡澗入峽，循澗南崖東向上，二里，過一碑，即來時所見盤蛇谷碑也。又東三里，過一西來枯澗。又二里，南折而北，乃逾其北突之嘴而東，遂東南漸上，其峽遂曲折掩蔽，始不能西見高黎工峰矣。又南六里，抵楊柳灣而飯。乃逾南來之峽，溯東來之流，二里，有橋跨澗，西渡之。從澗西溯箐上，又一里，為打板箐，有數十家當澗西。又東北四里，過平度之脊。其脊度峽中，乃自北而南，即從冷水箐西度蒲縹，又北過此，夾蒲縹之水北出而入潞江者也。是日熱甚，得一蔭，輒止而延颼，數息樹邊，不復問行之遠近矣。過脊東下，一里，止於落馬廠。時纔下午，以熱甚，擔夫不前也。

【章　旨】本章記載了第三百四十六天在永昌府的行跡。經過八灣，據說當地暑熱瘴氣最為厲害，沒人敢進去。走到怒江，水勢比來時大一倍。過江經過箐口、盤蛇谷、楊柳灣、打板箐，下午到達落馬廠，因天氣太熱而留下。

【注　釋】❶飯而行　原脫「飯而」二字，據徐本補。❷十二里抵江　此江即指潞江（怒江）。❸不啻　無異於。❹壁上觀　據《史記·項羽本紀》載，當項羽率領的楚軍和秦朝軍隊在鉅鹿激戰時，其他各支部隊「皆從壁上觀」。壁，營壘。後謂坐觀雙方成敗，不助任何一方為「作壁上觀」。這裡僅為冷眼旁觀之意。

【語　譯】二十二日　黎明，吃了飯出發。往下的路十分陡峻，曲曲折折走下六里，到嶺北的山澗。這山嶺從蒲滿哨分出支脈向東突起，左右兩邊都有幽深的峽谷夾住溪流，來時從南邊的峽谷往上走，到這裡落到北邊的峽口走過。渡過北邊的澗水，再越過北邊山嶺向東突起的山口，共走了一里多經過八灣。八灣也有幾戶人家居住在山坡上，人們說當地暑熱瘴氣很厲害，沒人敢留下。從這裡往東在平坦的山坡間行走，過了十二里到達江邊，只見江流奔騰咆哮，水勢比來時大上一倍。便坐在大樹下等船，觀看洶湧的洪流及爭著渡江的人紛亂雜亂的景象，真像作壁上觀了。等了很久，才渡江往東上坡，走了三里，到達北山的山麓，沿著山坡往東走。過了五里，越過往南延伸的山口，看到一座橋架在澗水上，這是箐口。從這裡渡過澗水進入峽谷，沿著澗水南邊的山崖往東上去，走了二里，路過一塊石碑，就是來時看到的盤蛇谷碑。再往東走三里，越過一條從西面延伸過來的枯竭的山澗。再走二里，從南轉向北，便越過向北突起的山口往東，就往東南漸漸上去，峽谷便曲折掩蔽，才不能向西看到高黎貢山的山峰了。再往南走六里，到達楊柳灣吃飯。於是越過南來的峽谷，沿著東來水流上行，走了二里，有橋架在澗水上，往西過橋。從澗水西邊沿箐谷上行，再走了一里，到打板箐，有幾十戶人家住在澗水西邊。再往東北走四里，越過平向延伸的山脊。這山脊延伸到峽谷中，便從北往南，即從冷水箐往西延伸到蒲縹，再往北經過這裡，夾住蒲縹的水流往北流出而後注入怒江。這天天氣很熱，看到一處樹蔭，就停下納涼，多次在樹邊休息，不再問路的遠近了。越過山脊往東下去，走了一里，在落馬廠留下。這時才下午，因為太熱，挑夫不肯往前走了。

二十三日　平明，從落馬廠東行。三里，逾東突之山嘴而南，又一里餘，有一庵倚西山之上。又南四里，過石子哨，始南下。二里餘，望溫泉在東山下，乃從岐東南下。二里餘，轉而北涉北流一澗，又半里，東從石山之嘴，得溫泉焉。其水溫而不熱，渾而不澄，然無氣焰，可浴。其山自東山橫突而西，為蒲縹下流之案也。浴久之，從澗東溯流二里餘，抵蒲縹之東村蒲人[1]、縹人乃永昌九蠻中二種。飯。以擔夫不肯前，逗留久之。乃東二里上坡，五里，迤邐上峰頭。又平行嶺夾，一里，稍東下，有亭橋跨峽間。時風雨大至，而擔夫尚後，坐亭橋待久之，過午始行。又東南上坡，逾坡一重，轉而北，又逾坡一重，共六里，過孔雀寺。又東上坡五里，直躡東峰南突之頂。此頂自北而南，從此平墜度為峽，一岡西迤，乃復起為崖，度為蒲縹後山，北去而夾蒲縹之澗，南去而盡於攀枝花❷者也。又東一里稍上，復盤一南突之嘴，於是漸轉而北，二里，有公館踞岡頭。乃北下一里，而止於冷水箐。時方下午，以擔不能前，遂止。見邸榻旁有臥而呻吟者，乃適往前途，為劫盜所傷，還臥於此，被劫之處，去此纔六里。乃日纔過午，而盜即縱橫，可畏也。

【章旨】本章記載了第三百四十七天在永昌府的行跡。經過石子哨，在石山口找到一處溫泉，水溫而不熱，這山為蒲縹河下游的案山。往前經過蒲縹東村、孔雀寺，到冷水箐，因挑夫不肯再走而留下。客店中有躺著呻吟的人，剛才往前途中被強盜所傷。

【注釋】❶蒲人　即今布朗族，舊時史籍常稱為「撲子蠻」、「蒲蠻」。❷攀枝花　在施甸東南，為明軍事要地。

【語譯】二十三日　黎明，從落馬廠往東走。過了三里，越過向東突起的山口往南，再走了一里多，有座庵靠在西山的上面。再往南走四里，經過石子哨，才往南下去。走了二里多，望見溫泉在東山下，就從岔路往東南下去。走了二里多，轉向北渡過一條向北流的澗水，再走了半里，從東邊的石山口找到溫泉。這泉水溫而不熱，渾而不清，不過沒有蒸氣，可以沐浴。這山從東往西橫向突起，是蒲縹河下游的案山。在溫泉沐浴了很久，從澗水東邊沿水流上行，走了二里多，到達蒲縹東村蒲人、縹人，是永昌府九蠻中的兩種。吃飯。因為挑夫不肯往前走，逗留了很久。於是往東走二里登上山坡，再走了五里，曲折連綿登上峰頭。再在山嶺相夾間平步行走。過了一里，稍許往東下去，有座亭橋架在峽谷中。這時大風雨下降，但挑夫還在後面，坐在亭橋中等了很久，過了中午才出發。再往東南登上山坡，越過一重山坡，轉向北，再越過一重山坡，共走了六里，經過孔雀寺。再往東上坡走五里，徑直登上東峰向南突起的山頂。這山頂從北伸向南，從這裡平墜形成為峽谷，一座山岡往西斜伸，便又突起成為山崖，延伸成為蒲縹的後山，往北伸過夾住蒲縹的山澗，往南延伸到攀枝花為止。再往東走一里，稍稍向上，再繞過一處向南突起的山口，從這裡漸漸轉向北，走了二里，有公館座落在岡頭。於是往北走下一里，在冷水箐止步。這時才下午，因為挑夫不能往前走，於是停下。看見客店的牀旁有人躺著呻吟，是剛才往前的途中，被強盜搶劫刺傷，返回來躺在這裡。被劫的地方，離這裡才六里。竟然太陽才剛過中午，而強盜就已橫行肆虐，真是可怕。

二十四日　雨復達旦，但不甚大。平明，飯而行。隨東行之箐，上其北坡，三里，循嘴北轉。二里漸下，一里，下至坳，即昨被劫之商遇難處也。其北叢山夾立，穿其峽行三里，再過一東突之坡，其水始北下。隨之北二里，下至坳窪中，乃東轉而上。一里，過坳子鋪，覓火把為芭蕉洞遊計。又東半里，過岡頭窪地，遂轉北下。三里餘，越一坡脊，過窪中匯水之崖。崖石上插而水畜崖底，四面俱峻，水無從出而甚渾。由其南再越脊而下，一里餘，至芭蕉洞❶，乃候火於洞門。擔夫摘洞口黑果來啖，此真覆盆子❷也，其色紅，熟則黑而可食，比前去時街子所鬻黃果，形同而色異，其熟亦異，其功用當亦不同也。黃者非覆盆。覆盆補腎，變白為黑，則為此果無疑。

火至，燃炬入洞。始向北，即轉東下四丈餘，至向所入昏黑處，即轉北向，其下已平，兩崖愈狹而愈高，六、七丈更寬崇。一柱中懸，大如覆鐘，擊之聲鍧鍧❸，然其處蓋不特此石有聲，即洞底頓足，輒成應響，蓋其下亦空也。又入五、六丈，兩崖石色有垂溜成白者，以火燭之，以手摩之，石不潤而燥，紋甚細而晶。土人言：「二月間石發潤而紋愈皎茁，謂之『開花』，洞名石花以此。」石花名頗佳，而志稱為芭蕉，不如方言之妙也。更北路盡，由西腋透隙入，復小如門，五丈有圓石三疊，如幢蓋下垂，又如大芝菌❹而三級纍之者，從其下復轉而北，其中復穹然宏聳。又五、六丈，西北路盡，洞分兩岐，一南上環為曲室，三丈而止；一北入降為墜道，七丈而止。是洞曲折而旁竇不多，宛轉而底平不汙，故遊者不畏深入，使中有通明之處，則更令人恍然矣。出至向所入昏黑北轉處，今已通明。見直東又一岐，入，有柱中間之，以餘炬入探其中，亦穹然六、七丈而止。出從洞門外以餘炬入探西崖間小竇。其竇北向懸壁間，其門甚隘，而中亦狹而深，穢氣撲人，乃舍之。出洞，下百餘步，抵坑峽，下觀水洞。水洞者，即此洞之下層也，雖懸數丈，實當一所，前中入有聲，已知其下之皆空矣。洞前亦東向，稍入，亦曲而自北來，與上洞同一格，但水溢其中，不能進也。

由此東折而北，共里餘，抵臥獅窩村，飯於村婦家。北三里，過一村，即東上堤，是為大海子。隨海子南堤東行，二里下堤，又東一里，為沙河橋，其橋五鞏，名眾安橋❺。越橋東，即從岐西北循山行。二里，過胡家墳，為正統❻間揮使胡琛墓。墓有穹碑，為王學士英所撰。又一碑，乃其子者，則王翰撰時之文，與吾家梧塍❼之隴❽，文翰規制頗相似，其穎蕪亦相似也。其一時崇尚，窮徼薄海，萬里同風，至荊棘銅駝❾，又曠代❿無異，可慨也！其墓欲迎水作東北向，遂失下手砂，且偏側不依九隆正脈，故胡氏世賞雖僅⓫延，而當時專城⓬之盛遂易。永昌，故郡也。胡氏時適改為司，獨專其地。今復為郡，設流官，胡氏遂微⓭。土人言：「胡氏墓法，宜出帝王，為朝中所知，因掘斷其脈。」余按：鑿脈乃諸葛南征時所為，土人誤耳。更循山而北，一里，上一東盤之嘴。於是循岡盤壠，甃石引槽，分九隆池之水，南環坡畔，以潤東塢之畦。路隨槽堤而北，是堤隆慶二年⓮築，置孔四十一以通水，編號以次而及，名為「號塘」，費八百餘金。遇有峽東出處，則甃石架空渡水，人與水俱行橋上，而橋下之峽反涸也。

自是竹樹扶疏，菓塢聯絡，又三里，抵龍泉門，乃城之西南隅也。城外山環寺出，有澄塘匯其下，是為九隆池⓯。由東堤行，見山城圍繞間，一泓清涵，空人心目。池北有亭閣臨波，迎嵐掬翠，瀲灩⓰生輝。有坐堤垂釣者，得細魚如指，亦有就陰賣漿者。惜有擔夫同行，急於稅駕，遂同入城。半里，北抵法明寺⑰，仍憩會真樓。而崔君亦至。崔，江西人，寓此為染鋪。前去時，從磨盤石同行，抵騰依依，後復同歸，以擔夫行遲，至蒲縹先返。余遲一日至，故復來此看余。遂與同入市，換錢畀夫，市魚烹於酒家，與崔共酌。暮返樓。夜大雨。

【章　旨】本章記載了第三百四十八天在永昌府的行跡。走到昨天商人被劫遭難的地方，經過坳子鋪，去遊芭蕉洞。挑夫摘下洞口的果子吃，是真的覆盆子。洞內有根石柱，像倒扣的鐘那麼粗大，在洞底跺腳，立即產生回響。大概下面是空的。據當地人說，每年二月間，崖石發潤，紋理更加鮮明，稱為「開花」，故洞名「石花」。這洞曲折宛轉，但旁洞不多，底部平坦，所以遊人不怕深入進去。出洞後去探遊西崖間的小洞，裡面穢氣撲人。又去觀看水洞，就是石花洞的下層，和上洞同一格局。離開芭蕉洞，到臥獅窩村吃飯。隨後沿大海子南堤走，通過眾安橋，經過胡家墳。這裡的墓碑和我家鄉梧塍的墓碑文字規格很相似，可見一時崇尚，遠近相同。再隨石槽的堤壩往北走，名「號塘」，這裡每當有峽谷伸出的地方，就砌石槽架在空中引水。從此竹樹繁茂，果林成片，到龍泉門，城外有九隆池，波光瀲灩，滿目生輝。進城回到法明寺，仍然在會真樓住宿。同去騰越又一起返回的崔君前來探望。

【注　釋】❶芭蕉洞　今名石花洞，在保山市西南，大官市鎮東北。❷覆盆子　薔薇科落葉灌木，夏季開白色小花。果實為聚合的小核果，紅色，可食，也供藥用。❸鋐鋐　通「吰吰」。象聲詞。❹芝菌　即靈芝。❺眾安橋　在保山市城南，跨沙河下游，建於明洪武間，為保山市至騰衝的通道。❻正統　明英宗年號。❼梧塍　指徐霞客家鄉江陰梧塍里。❽隴　墳隴；墳墓。❾荊棘銅駝　《晉書・索靖傳》：「靖有先識遠量，知天下將亂，指洛陽宮門銅駝歎曰：『會見汝在荊棘中耳！』」後用以形容變亂殘破的景象。❿曠代　隔世，指歷時長久。⓫僅　勉強。⓬專城　指主宰一城的地方長官。⓭微　衰微。⓮隆

慶二年　西元一五六八年。隆慶，明穆宗年號。⑮九隆池　在保山西南角，九隆山下，以此得名。池關於漢代，名易羅池。因泉有九竇，又名九龍池、九龍泉，池呈硯形，硯角即湧珠泉，泉水如珠成串湧起，故又名龍泉池。水面明澈如鏡，方廣數畝，四周桃柳成蔭，有「綠柳鎮煙波，紅桃翻錦浪」之說。池畔的塔盤山上，曾築有慈雲古塔，「雁塔風霜古，龍池歲月深」，歷來為人稱道。⑯瀲灩　水波晃漾、波光映照的樣子。⑰法明寺　在太保山麓，蒙詔時建，明天順間重建，梵宇古樸。

【語　譯】二十四日　又是通宵達旦下雨，但不太大。黎明，吃了飯出發。隨往東去的箐谷，登上北邊山坡，走了三里，沿山口往北轉。走了二里，漸漸往下，又走了一里，到山坳，就是昨天被搶劫的商人遇難的地方。山坳北面群山夾立，穿越峽谷走了三里，再經過一道向東突起的山坡，水才往北流下。隨著水流往北走二里，往下到山坳的窪地中，便轉向東往上走。過了一里，經過坳子鋪，找火把打算去遊芭蕉洞。再往東走半里，經過岡頭的窪地，便轉向北下去。走了三里多，越過一道坡脊，經過窪地中積水的石崖。崖石向上插天而水匯積崖底，四面都很陡峻，水沒地方流出而變得十分渾濁。從它的南面再越過山脊往下，走了一里多，到了芭蕉洞，就在洞門前等火把。挑夫摘了洞口的黑果子吃，這是真的覆盆子，紅色，熟了就變黑，可以吃，和先前去時在街子所賣的黃果相比，形狀相同但顏色不同，成熟的程度也不同，它們的功用應也不相同了。黃色的不是覆盆子。覆盆子補腎，由白色變為黑色，那必然無疑是這種果實了。

火把送到後，點燃了進洞。起先往北走，隨即轉向東走下四丈多，到先前進入的昏黑處，就轉向北，洞底已平坦，兩旁石崖越來越窄而且又越來越高，過了六、七丈，又變得更寬更高。一根石柱居中懸立，像倒扣的鐘那麼粗大，敲擊它發出吰吰的聲響，原來這裡不但這石柱能發出聲音，就是在洞底跺腳，也立即產生回響，大概它的下邊也是空的。再進入五、六丈，兩旁崖石的顏色有水滴垂成白色的，以火照它，用手摸它，岩石乾燥而不濕潤，紋理十分細膩晶瑩。當地人說：「二月裡岩石發潤，紋理更加鮮明粗大，被稱為『開花』，山洞因此也以『石花』為名。」石花的名字很好，可是志書稱為「芭蕉」，反不如方言美妙了。再往北路到盡頭，從西腋穿過縫隙進去，又變得像門那麼小，五丈外有三層圓石，像石幢的頂蓋垂下，又像三層疊起的大靈芝，從它的下面再轉向北，洞中又隆起顯得宏大高聳。再走五、六丈，往西北的路到了盡頭，洞內分出兩個岔洞，一個往南上去繞成曲室，走進三丈為止；一個往北進入下降為墜落的通道，走進七丈為止。這洞內部曲折但旁洞不多，通道宛轉但底部平坦不積水，所以遊覽的人不怕深入進去，如果洞中有照進亮光的地方，那麼就會更加令人明瞭內情了。出到先前所進入的昏黑且向北轉的地方，如今已照進亮光。看見正東又有個岔洞，進入洞中，有石柱在中間隔開，用剩餘的火把到裡面探看，也穹然隆起深六、七丈為止。出洞後從洞門外拿著剩餘的火把進去探看西邊石崖間的小洞。這洞朝北高懸在石壁間，洞門十分狹隘，洞中也又狹又深，污穢之氣撲人，就離開洞。出洞後，往下走一百多步，到達坑峽中，下去觀看水洞。水洞就是這石花洞的下層，雖然懸隔幾丈，實際上在一個地方，先前進入洞中聽到有聲音，已知它的下面都是空的了。洞前也朝東，稍微走進，也從北曲折伸來，和上洞同一格局，但水溢滿洞中，不能進入。

從這裡往東轉向北，共走了一里多，到達臥獅窩村，在村婦家中吃飯。往北走三里，經過一個村莊，就向東走上堤壩，這是大海子。隨海子的南堤往東走，過了二里下堤，再往東走一里，到沙河橋，這橋有五拱，名眾安橋。到橋的東邊，隨即從岔路往西北沿著山走。過了二里，經過胡家墳，是正統年間指揮使胡琛的墳墓。墓前有高大的石碑，是學士王英撰寫的。還有一塊碑，是他兒子的碑，那是翰林院修撰王時撰寫的文，和我家鄉梧塍里的墳墓，文辭格式很相似，它的頹壞荒蕪也很相似。那種一時間的崇尚，無論是荒遠的邊境，還是沿海地區，雖然遠隔萬里，但風氣相同，到了經過變亂之後，埋沒荒煙，又是世代無異，真可慨歎！這墓地想迎水流面向東北，便失去了下手的龍砂，而且偏在一旁，不靠九隆山的正脈，所以胡氏雖然世代封賞勉強延續，但當時主宰一城的盛況就改變了。永昌，原先為郡，胡氏當時恰好改為軍民指揮使司，獨自主宰這個地區。如今又改為府，設置了流官，胡氏便衰落了。當地人說：「胡氏建墓的規格，應該屬於帝王，被朝廷知道了，於是挖斷它的地脈。」據我查考，鑿斷地脈是諸葛亮南征時做的事，當地人弄錯了。再沿著山往北，走了一里，登上一處向東盤繞的山口。在這裡沿山岡繞著土壠，砌了引水的石槽，分出九隆池的水，往南在山坡邊環繞，用以灌溉東邊山塢中的田地。路隨著石槽的堤壩往北走，這堤是隆慶二年修築的，設置了四十一個孔洞以便通水，依次編號，名「號塘」，花費八百多兩銀子。遇到有峽谷往東伸出的地方，就砌石槽架在空中引水，人和水都在橋上通行，而橋下的峽谷中反而乾涸了。

從這裡起竹林樹木紛披茂密，長滿果樹的山塢相連不斷，再走了三里，到達龍泉門，是永昌府城的西南隅。城外山峰環繞露出寺院，有清澈的池水匯積城下，這是九隆池。從東堤上走，望見山城圍繞之間，一泓清水涵映，使人心目空闊。水池北邊有亭子樓閣對著清波，迎接山嵐，掬取翠色，水波晃漾，波光映照，滿目生輝。有人坐在堤上垂釣，釣到的魚像手指那麼小；也有人在樹蔭下賣漿。可惜和挑夫同行，急於歇腳，便一起進入永昌城。走了半里，往北到達法明寺，仍然住在會真樓。而崔君也到了。崔君是江西人，寓居此地開染鋪。先前去時從磨盤石和他一起走，到達騰越後依依不捨，後又一起回來，因為挑夫走得慢，到蒲縹後他就先返回。我晚一天到，所以他又來這裡看望我。就和他一起進入街市，換了錢交給挑夫，買魚在酒店烹煮，與崔君一起飲酒。傍晚返回樓中。夜間下起大雨。

二十五日　曉霽。崔君來候余餐，與之同入市，買琥珀綠蟲。又有顧生者，崔之友也，導往碾玉者家，欲碾翠生石印池盃子，不遇，期明晨至。

二十六日　崔、顧同碾玉者來，以翠生石畀之。二印池、一盃子，碾價一兩五錢，蓋工作之費，逾於買價矣，以石重不便於行，故強就之。此石乃潘生所送者。先一石白多而間有翠點，而翠色鮮艷，逾於常石。人皆以翠少棄之，間用搪抵上司取索，皆不之用。余反喜其翠以白質而顯，故取之。潘謂此石無用，又取一純翠者送余，以為妙品，余反見其黯然無光也。今命工以白質者為二池，以純翠者為盃子。時囊中已無銀，以麗江銀盃❶一隻，重二兩餘。畀顧生易書刀❷三十柄，餘付花工碾石。是午，工攜酒餚酌於北樓，抵晚乃散。

二十七日　坐會真樓作記。

二十八日　花工以解石來示。

【章　旨】本章記載了第三百四十九天至第三百五十二天在永昌府的行跡。和崔君去街市買琥珀綠蟲。將翠生石交給工匠，碾兩個印池、一個杯子，工價比材料價還貴。

【注　釋】❶麗江銀盃　指同年二月初一在麗江時木增所贈送的銀杯。❷書刀　用以在竹木簡上刻字或削改的刀。

【語　譯】二十五日　拂曉天晴。崔君來等我用餐，和他一起進入街市買琥珀綠蟲。另外還有顧生，是崔君的朋友，帶我去碾玉的人家，想碾翠生石的印池、杯子，沒遇上，約好明天早晨來。

二十六日　崔、顧二人同碾玉的人來到，把翠生石交給那人。兩個印池、一個杯子，工價一兩五錢銀子，加工費用超過買石的價錢了，因為石料重不便帶著走，所以勉強接受他的索價。這石料是潘生送的。原先一塊石白色多而中間夾雜翠綠色點，但翠色鮮豔，超過平常的石料。一般人都因為翠色少而捨棄它，偶爾用來搪塞上司的索取，自己都不用它。我反而喜歡它的翠色，因為有白色的質地而顯著，所以選取它。潘生說這石沒用，又拿出一塊純翠色的送給我，認為這是妙品，我反而覺得它黯然無光。如今叫工匠把白色質地的石做成兩個印池，把純翠色的石做成杯子。這時口袋裡已沒有銀子，把從麗江帶來的一隻銀杯，重二兩多。交給顧生換來三十把書刀，其餘的付給花工碾石錢。這天中午，工匠帶來酒菜在北樓飲酒，到晚才散去。

二十七日　坐在會真樓寫日記。

二十八日　花工將剖開的石料帶來給我看。

二十九日　坐會真樓。上午，往叩閃知愿❶，將取前所留翰札碑帖。閃辭以明日。還過潘蓮華家，將入晤，遇雞足安仁師，麗江公❷差目把延至，求閃序文。與邱生邱，新添❸人，眇一目。以箕仙行術❹，前會於騰，先過此。同行。萬里知己，得之意外，喜甚，遂同過余寓，坐久之。余亦隨訪其寓，下午乃返。

三十日　晨餐後，往拜潘，即造閃知愿，猶不出。人傳先生以腹瀉，延入西亭相晤。余以安仁遠來，其素行不凡，且齎有麗江《雲邁全集》❺來至，並求收覽。閃公領之，余乃出，往安仁寓，促其以集往，而余遂出龍泉門，觀九龍泉。

龍泉門，城之西南門也，在太保山之南麓。門外即有澗自西山北夾而出，新城循之而上。澗之南有山一支，與太保並垂。而易羅池當其東盡處，週迴幾百畝，東築堤匯之；水從其西南隅汎池上溢，有亭跨其上，東流入大池。大池北亦有亭。池之中，則鄧參將子龍❻所建亭❼也，以小舟渡遊焉。池之南，分水循山腰南去，東泄為水竇，以下潤川田，凡四十餘竇❽，五里，近胡墳而止焉。由池西上山，北岡有塔，南岡則寺倚之。寺後有閣甚鉅，閣前南隙地，有花一樹甚紅，即飛松之桐花也，色與刺桐❾相似，花狀如凌霄❿而小甚，然花而不實，土人謂之雄樹。既而入城，即登城北，躡其城側倚而上，一里餘，過西向一門，塞而不開。乃轉而北，又里餘，則山東突之坪也。其西寶蓋山⑪穹立甚高，東下而度一脊，其南北甚狹，度而東，鋪為平頂，即太保之頂也，舊為寨子城。胡淵⑫拓而包此頂於內，西抵度脊處而止，亦設門焉，塞而不開，所謂永定、永安二門也。舊武侯祠在諸葛營，今移於此頂，余入而登其樓，姜按君⑬有詩碑焉。坪之前有亭踞其東。由此墜而下，甚峻，半里，即下臨玉皇閣⑭後，由其西轉閣前，而入會真飯焉。

六月初一日　憩會真樓。

【章　旨】本章記載了第三百五十三天至第三百五十五天在永昌府的行跡。意外遇見雞足山的安仁禪師和邱生，十分高興。去見閃知愿，請他收下麗江木增的《雲薖全集》，看後作序。隨後去觀覽九龍泉。龍泉門在太保山的南麓，城外有易羅池，方圓幾百畝，池中有參將鄧子龍建造的亭子。池的南邊共有四十多個排水的水洞。池西邊的山岡上有寺，寺後有閣，閣前有雄樹，開的花很紅。從城北傾斜的城牆往上走，望見寶蓋山高高隆起，又望見太保山山頂，過去為寨子城，現已被圍在城內。接著經過玉皇閣，回會真樓吃飯。

【注　釋】❶閃知愿　閃仲侗，號知愿，崇禎九年（一六三六）解元。❷麗江公　指麗江土知府木增。❸新添　明代置新添上官司，治所在今貴州貴定東北。❹箕仙行術　舊時的一種占卜術，取飯箕，披之衣服，插箸於口，兩人扶之使書沙盤，或視箕口起落，以卜一年吉凶。❺雲薖全集　指木增所著的《雲薖淡墨》等著作。❻鄧參將子龍　字雲卿，江西豐城人。驍勇絕倫。萬曆年間，緬甸侵犯雲南，為永昌參將，屢破敵軍，進副總兵。倭寇侵陷朝鮮，子龍督水軍為前鋒，力戰而死。善書法，喜吟詠，有《枕戈集》。❼所建亭　即濯纓亭，上懸子龍一聯：「百戰歸來，贏得鬢邊白髮；三軍散去，剩存湖上青山。」

❽池之南五句　古時易羅池口築石堤長達十餘里，分三溝流出，灌溉永昌城郊田地，又名九龍渠。明洪武年間，根據田地分水為四十一號。❾刺桐　落葉喬木。春季開花，有黃紅、紫紅等色。❿淩霄　又名「紫葳」，葉對生，夏秋開花，花冠鐘狀，大而鮮豔。⓫寶蓋山　在太保山後，高出眾山之上，為永昌府鎮山。⓬胡淵　浙江定海人，明初掌金齒軍民指揮使司事。金滄副使林俊建名宦祠，以淵為首。⓭姜按君　姜思睿，浙江慈谿人，崇禎間巡按雲南。⓮玉皇閣　在太保山麓，突兀層起，體勢淩空。建於明洪武年間，殿宇由三十六根高大的圓柱支撐，頂部全是梁架斗拱，漸次往上收攏成八卦形，至屋頂為太極圖。閣下地基，為三個捲洞形。殿宇結構嚴密，雖經多次大地震，至今沒有傾斜。為保山現存最古老的建築。

【語　譯】二十九日　坐在會真樓。上午去拜見閃知愿，將取回先前寄留的信札碑帖。閃推辭說明天見。返回時路過潘蓮華家，將進去見面，遇見雞足山安仁禪師，麗江木公差頭目延請來的，求閃知愿為文集作序。和邱生邱是新添人，瞎了一隻眼，以箕仙來行法術，先前在騰越會過面，先到這裡。同行。離家萬里，遇上知己，出乎意料竟又相見，十分高興，就一起去我的寓所，坐談了很久。我也隨著去訪他的寓所，下午才返回來。

三十日　早飯後，去拜訪潘蓮華，隨即到閃知愿家，仍然不出接見。有人傳話說先生因為腹瀉，延請到西亭相見。我因見安仁遠道而來，他平素品行不凡，而且帶著麗江木公的《雲薖全集》來到，並請求收下閱覽。閃公點頭同意了，我才走出門來，前往安仁的寓所，催促他把集子送去，我就走出龍泉門，觀覽九龍泉。

龍泉門，是永昌府城的西南門，在太保山的南麓。門外就有澗水從西山北邊的夾谷流出，新城沿著澗水往上建造。澗水的南邊有一支山脈，和太保山並排垂下。而易羅池在它東邊的盡頭處，方圓有幾百畝，東邊築堤蓄水，水從它的西南隅漫過池從上面溢出，有亭子架在水上，往東流入大池。大池北邊也有亭子。池的中央，便是參將鄧子龍所建的亭子，用小船渡過去遊覽。池的南邊，分出水沿山腰往南流去，東邊排水的是水洞，用來灌溉下面平野中的田地，共有四十多個洞，長達五里，接近胡家墳地為止。從池西邊上山，北面的山岡上有塔，南面的山岡則有佛寺靠著它。寺後有很大的樓閣，閣前南邊的空地上，有一棵樹開的花很紅，就是飛松的桐花，顏色和刺桐相似，花的形狀如淩霄花但很小，只開花卻不結果，當地人稱它為雄樹。隨後進城，就登上城北的城牆踏著傾斜牆頭向上，走了一里多，經過朝西的一道城門，門已堵塞不開。於是轉向北，再走了一里多，便是山向東突起的平地了。在它西面寶蓋山高高聳立，十分高峻，往東延伸一條山脊，山脊的南北之間很狹窄，延伸到東面，鋪成平頂，就是太保山的山頂，以前是寨子城。胡淵開拓城區將這山頂圍在城內，往西到山脊延伸處為止，在那裡也設置了城門，堵塞不開，就是所謂永定、永安二門。過去武侯祠在諸葛營，如今移到這山頂上，我進去登上祠中的樓，姜巡按有詩碑立在那裡。山坪前有亭子位於祠的東面。從這裡落下，路很陡峻，走了半里，就往下到玉皇閣的後面，從它的西邊轉到閣前，進入會真樓吃飯。

六月初一　在會真樓休息。

初二日　出東門，溪之自龍泉門灌城而東者，亦透城而出。度弔橋，遂隨之東行田塍中。十里，至河中村，有石橋，北來之水❶遂分而為二：一由橋而東南注，一繞村而西南曲。越橋東一里餘，則其地中窪而沮洳❷。又里餘，越岡而東，一里，抵東山之麓。由岐東北，二里，過大官廟❸，上山，曲折甚峻。二里餘，至哀牢寺。寺倚層巖下，西南向，其上崖勢層疊而起，即哀牢山❹也。飯於寺。由寺後沿崖上，一里轉北，行頂崖西；半里，轉東，行頂崖北；一里，轉南，行頂崖東。頂崖者，石屏高插峰頭，南北起兩角而中平。玉泉二孔在平脊上，孔如二大履並列，中隔寸許，水皆滿而不溢，其深尺餘，所謂金井也。今有樹碑其上者，大書為玉泉。按玉泉在山下大官廟前，亦兩孔，而中出比目魚，此金井則在山頂，有上下之別，而碑者顧溷之，何也？又一碑樹北頂，惡哀牢之名，易為安樂焉，益無徵矣❺。南一里，至頂南。一里，東南下。又一里，西南下。其處石崖層疊，蓋西北與哀牢寺平對，俱沿崖而倚者也。

又南下里餘，為西來大道，有茅庵三間倚路旁，是為茶庵。由此東向循峽而入，五里，過一坳，坳中有廟西向。東一里，度中窪之宕，復東過坳，又從嶺上二里餘，盤北突之嘴。其北峽之底，頗見田形。於是東南下，二里，越一峽而東，一里，東上岡。又里餘，逾坳東南行，見其東有南北峽，中乾無水。峽東其山亦南北亙，有一、二家倚之，是為清水溝❻，溝中水不成流，以從峽底東度脈者。隨峽南行一里，復度而東上岡，始望見南壑中窪。其南有峰危聳中立，即筆架山之北峰也。前從水寨西南盤嶺時，所望正南有峰雙突如馬鞍者，即此峰也。其峰在郡城東南三十餘里，即清水西山南下之脈，至此而盡，結為此山，南北橫亙；西自郡城望之，四頂分尖；北自此臨之，祇見北垂一峰如天柱。從岡上東盤北峰，三里降而下窪，始有小水自北峽下，一里，涉之。又東循北山一里餘，過一脊坳。又西稍降一里，始見東山漸豁，山岡向東南下，中路因之。又一岐東北分趨瓦渡❼，又一岐西南下坑，坑中始聞水聲。有三、四家倚西山崖下，是為沈家莊，其下有田塍當坑底焉。已暮，欲投之宿，遂西南下一里餘，及坑底，渡小水，西南半里，投宿村家，暮雨適來。

【章　旨】本章記載了第三百五十六天在永昌府的行跡。走出城東門，經過河中村、大官廟，到哀牢寺，寺上方就是哀牢山。在山頂的石崖上行走，看到有兩個泉眼，就是金井。山下大官廟前有玉泉，出比目魚。從山頂走下，經過茶庵、清水溝，隨峽谷走，望見筆架山的北峰，從府城看它，分成四個尖頂，從這裡望去，如同擎天柱，因天色已晚，便到沈家莊投宿。

【注　釋】❶北來之水　明代稱清水河、永昌溪，今名東河。源出永昌北境甘松坡，往南流經城東匯入沙河。❷沮洳　低溼的泥濘地。此指由腐爛植物埋在地下而形成的泥沼。❸大官廟　在保山壩子東緣。❹哀牢山　在保山城東二十餘里，和太保山相向，孤峰聳秀。山下有石如鼻，出泉兩道，一溫一冷。雲南另有哀牢山脈，北起大理，南至紅河，北高南低，綿延數百里，山勢巍峨，如一道巨大的屏風，隔在元江和瀾滄江之間。❺又一碑樹北頂四句　哀牢山本名安樂山，當地土話訛傳為哀牢。❻清水溝　在保山東境。❼瓦渡　在清水溝東北。

【語　譯】初二　走出東門，從龍泉門流入城中往東流去的溪水，也穿城而出。渡過吊橋，便隨著溪水往東在田野中行走。過了十里，到河中村，有座石橋，從北面流來的河水便分為兩條：一條從橋下往東南流去，一條繞過村子往西南彎曲。過橋往東走了一里多，就見這裡的地勢中間低窪而且形成泥沼。再走了一里多，越過山岡往東走了一里，到達東山的腳下。從岔路往東北走了二里，經過大官廟，上山，路曲曲折折十分陡峻，走了二里多，到哀牢寺。寺靠在層層山岩之下，面向西南，在它上方崖勢層層疊疊聳起，就是哀牢山了。在寺中吃飯。從寺後沿山崖往上，走了一里轉向北，在山頂石崖的西邊行走；過了半里，轉向東，在山頂石崖的北邊行走；又過了一里，轉向南，在山頂石崖的東邊行走。山頂的石崖，如同屏風般的巖石高插峰頭，南北突起兩角而中間平坦。玉泉的兩個泉眼在平坦的石脊上，泉眼像兩隻大草鞋並列著，中間隔開一寸左右，都積滿水但不溢出，水深一尺多，就是所謂的金井。如今有人在泉上樹立石碑，寫了「玉泉」二個大字。按玉泉在山下大官廟前，也有兩個泉眼，水中出比目魚，這金井則在山頂，有上下的區別，而立碑的人卻把它們混淆了，不知為了什麼？還有一塊碑樹立在北邊的山頂，厭惡「哀牢」這個名稱，改為「安樂」，更加沒有依據了。往南走一里，到達山頂南邊。走了一里，往東南下去。再走了一里，往西南下去。這裡石崖層層疊疊，大概和西北的哀牢寺在同一高度相對，都是沿石崖靠著它行走。

再往南走下一里多，到從西面延伸過來的大路，有三間草屋靠在路旁，這是茶庵。從這裡往東沿著峽谷進去，走了五里，經過一處山坳，山坳中有座朝西的廟。往東走一里，越過中間窪下的石坑，再往東走過山坳。再從山嶺上走了二里多，繞過向北突起的山口。在它北邊峽谷的底部，看到不少田地的形狀。從這裡往東南下去，走了二里，越過一道峽谷往東，走了一里，往東登上山岡。再走了一里多，越過山坳往東南走，看到山坳東邊有道南北向的峽谷，裡面乾涸沒有水。峽谷東面的山也是南北向綿亙，有一、兩戶人家靠著山居住，這是清水溝。溝中水不成流，因為是從峽底往東穿過山脈的水。隨峽谷往南走一里，再往東越過峽谷登上山岡，才望見南面的山壑中間窪下。在它南邊有座山峰居中高聳，就是筆架山的北峰。先前從水寨往西南盤繞山嶺時，望見正南方有山峰雙雙突起如同馬鞍的，就是這座山峰。這峰在府城東南三十多里，就是清水溝西山往南延伸的山脈，到這裡為止，盤結成為筆架山，南北橫亙；從西面的府城望它，分成四個尖頂；從北面的這座山岡對著它，只見北陲一座山峰如擎天柱。從山岡上往東繞過北峰，往下三里到窪地，才有小水從北邊的峽谷流下，走了一里，渡過小水。再往東沿北山走了一里多，越過一處脊坳。再往西稍許走下一里，才看到東山漸漸開闊，山岡往東南延伸，中間的路沿著它走。又有一條岔路分出往東北去瓦渡，還有一條岔路往西南走下坑中，坑中開始聽到水聲。有三、四戶人家靠在西邊的山崖下，這是沈家莊，在它的下方有田地在坑底。這時天色已晚，想到村中投宿，便往西南走下一里多，到達坑底，渡過小水，往西南走半里，到一村民家中投宿，夜雨正好來臨。

初三日 雨潺潺不止。飯而登途，稍霽。復南下坑底，半里，渡坑澗，復東南上坡。一里餘，得北來大路，隨之南行岡脊三里。其岡在垂塢中，遂隨之下一里，南行塢中。其中有小水唧唧，乃穿壑西南，逼近筆架東北之麓，合北來沈莊水，同東而繞於閃太史墓前者也。路又南一里，逾一小坳。一里，稍下，遂沿塢東行。其塢始豁而東向去，水從其西南瀨筆架山之北岡，亦隨之東折。一里餘，逾一小岡而下，即閃墓之虎砂也。北望有塋當中坡之嘴，乃涉壑而登之，即閃太史夫人馬氏之塚，太翁❶所擇而窆者，已十餘年矣。其脈西北自昨所度沈家莊東岐之脊東南下，又峙為一巨山下墜。自西而東者為虎砂，即來道所再逾者；自東而南者為龍砂，即莊居外倚者，而穴懸其中，東南向。外堂❷即向東之塢，水流橫其前，而內堂即涉壑而登者，第少促而峻瀉。當橫築一堤，亙兩砂間❸，而中畜池水，方成全局。虎砂上有松一圓獨聳，余意亦當去之。其莊即在龍砂之東坡上，又隔一小塢，亦有細流唧唧，南注外堂東下之水。從墓又東半里，逾小水，抵莊。莊房當村廬之西，其門南向，前三楹即停太翁之柩者，鑰之未啟，後為廬居，西三楹差可憩。時守者他出，止幼童在，余待久之，欲令其啟鑰，入叩太翁靈几，不得。

遂從村東問所謂「落水坑」者，其言或遠或近，不可方物❹。有指在東北隅者，趨之。逾岡脊而北，二里餘，得一中窪之潭，有水嵌其底，四面皆高，週遭大百畝，而水無從出。從窪上循其北而東上坡，又里餘，而得儸儸寨，數十家分踞山頭。其嶺亦從北而亙南，東南接天生橋者，為閃莊東障之山。余時不知其為天生橋，但求落水坑而不得，惟望閃莊正東，其山屏起下陷，如有深穴，意此中必有奇勝，然已隨土人之指而逾其北矣。遍叩寨中儸儸，終無解語者。遂從東嶺西南下，仍抵窪潭之東，得南趨之道，乃隨之循東嶺而南。二里，見有峽東自屏山下陷處出，峽中無水，而水聲甚沸。乃下，見有水西自壑底，反東向騰躍，而不見下流所出，心奇之而不能解。乃先溯旱峽，遵北嶺東入，二里，抵下陷處，見石崖駢列，中夾平底。半里，峽分兩岐：一北向入者，峽壁雙駢而底甚平，中無滴水，如抉塹而入，而竟無路影；一南向入者，東壁甚雄，峽底稍隆起，而水與路影亦俱絕。路則直東躡嶺而上，余意在窮崖，不在陟岵❺，乃先趨北向峽中。底平若嵌，若鴻溝之界❻，而中俱茅塞，一里，未有窮極。復轉，再趨南向峽中，披茅而入。半里，東崖突聳，路輒緣西崖上。俯瞰峽中，其南忽平墜而下，深嵌數丈。東崖特聳之下，有洞岈然，西向而闢於坑底。路亦從西崖陡下坑中，遂伏莽而入洞。洞門高數丈，闊止丈餘，水痕尚溼，乃自外入洞中者。時雨甫過，坑源不長，已涸而無流。入洞二丈，中忽闇然下墜，其深不測。余乃以石塊擲之，久而硿然❼，若數十丈不止，然有聲如止洞底，有聲如投水中，固知其下有水而又不盡水也。出洞南眺，其坑亦南夾，不知窮極，然或高或窪，底亦無有平準❽。

乃從舊路北出，半里，復隨大路行峽底，半里，復隨北嶺小徑。二里，西抵聞水聲處，其坡在閃墓正東。二里，逾橫峽而南，有寨數家，乃西通山窠，南通落水寨總道，大路自山窠走天生橋，出枯柯、順寧，即從此寨沿南嶺而入者。余時尚不知所入嶺即天生橋也，惟亟西下絕壑，視西來騰躍之水。一里，抵壑之懸絕處，則水忽透石穴下墜。其石皆磊落倚伏，故水從西來，搗空披隙而投之，當亦東合天生橋之下者也。其水即沈家莊西北嶺坳諸水，環閃墓閃莊之前，又東盤岡嘴，始北曲而東入於此。此所謂「小落水坑」也，即土人所謂近者，余求之而不得，不意過而遇之。時已過午，遂南越一岡，又西下一里，仍南渡其水曲，復西逾坡，一里，再至閃莊。余令顧奴瀹水餐飯。既畢，而其守者一人歸，覓匙鑰不得，乃開其外門而拜於庭，始詢所謂天生橋、落水洞之道。乃知落水有二洞，小者近，即先所遇者，為本塢之水；大者遠，在東南十里之外，乃山窠南道所經，為合郡近城諸流；又知天生橋非橋也[9]，即大落水洞透穴潛行，而路乃逾山陟之，其山即在正東二里外。

余隨其指，先正東尋天生橋。二里，至橫峽南嶺之寨，將由南嶺大路東入。再執途人問之，始知即前平底峽中東上之坡，是為天生橋，逾之即為枯柯者。余乃不復入，將南趨落水寨。一土人老而解事，知余志在山水，曰：「是將求落水洞，非求落水寨者。此洞非余不能指。若至落水寨而後迴，則迂折多矣。」遂引余從其寨之後東逾嶺，莽蒼無路，姑隨之行。二里，越嶺東下，即見一溪西南自落水寨後，破石門東出，盤曲北來，至此嶺東麓，即搗入峽。峽東即屏山下陷之南峰，與所逾之嶺，夾成南北峽。水從南入峽，懸溜[10]數丈，匯為潭。東崖忽迸而為門，高十餘丈，闊僅數尺，西向峙潭上，水從潭中東搗而入之，其勢甚沸。余從西崖對瞰，其入若飲之入喉，汩汩而進，而不知其中之崆峒作何狀也。余從西崖又緣崖石而北，見峽中水雖東入，而峽猶北通，當即旱峽南或高或窪南出之峽，由此亦可北趨峽底，西向旱壑洞，固知兩洞南北各峙，而同在一峽中，第北無水入，而南吸大川耳，其中當無不通，故前投石有水聲，而上以橋名也。從西崖俯瞰久之，仍轉南出。土老翁欲止余宿，余謂日尚高，遂別之。遵南路可以達郡，惟此處猶不得路。蓋沿大溪而南，抵西山峽門，即落水寨⑪；西越坡，溯小溪而西上嶺，盤筆架山之南，即郡中通枯柯大道。余乃西從之。

沿坡涉塢，八里，抵西坡下，有儸儸寨數家。遂西上坡，層纍而上八里，其山北盤為壑，而南臨下嵌之澗，有四、五家倚北峽而居，上復成田焉。又西盤西峰南嘴而上，三里，其上甚峻。又平行峰頭二里，余以為此筆架南峰矣，而孰知猶東出之支也。其西復下墜為坑，與筆架尚隔一塢，乃下涉坑一里，越坑西上，始為筆架南垂。有數十家即倚南崖而居，是為山窠。當從投宿，而路從樹底行，不辨居址，攀樹叢而上，一里，遂出村居之後。意西路可折而轉，既抵其西，復無還岐，竟遵大路西北馳。二里餘，下涉一澗，復西北上坡。二里餘，越坡，復下而涉澗。共三里，又上逾一坡，乃西向平下。二里，出峽門，已暮，從昏黑中峻下二里，西南渡一溪橋，又西北從岐逾坡，昏黑中竟失路⑫。躑躅二里，得一寨於坡間，是為小寨。叩居人，停行李於其側，與牛圈鄰，出橐中少米為粥以餐而臥。

初四日　其家插秧忙甚，竟不為余炊。余起問知之，即空腹行，以為去城當不及三十里也。及西行，復逾坡兩重，共八里，有廬倚山西向而居，始下見郡南川子⑬。又隨坡西向平行五里，越一西下小峽，復上一西突之岡，始逼近西川。下瞰川中之水，從坡西環坡足，東南抱流而入峽，坡之南有堰障之，此即清水關、沙河諸水，合流而東南至此，將入峽東向而出落水寨者也。於是東北一里餘，下至坡麓。循嘴北轉，半里，始舍山而西北行平陸間。二里，西及大溪，有巨木橋橫其上，西渡之。西北行川間，屢過川中村落，十六里而及城之東南隅。度小橋，由城南西向行，一里而入南門，始入市食餌麵而飽焉。下午，返會真樓。

【章旨】本章記載了第三百五十七天、第三百五十八天在永昌府的行跡。越過一座小山岡，即閃太史墓所在的虎砂。這裡的山岡從西往東的為虎砂，從東往南的為龍砂，應在兩砂間橫築一堤蓄水，才能形成完整的格局。閃莊就在龍砂的東坡上。根據村民的指點，去找落水坑。經過一個儸儸寨，望見有山如屏風聳起陷下，好像有很深的洞穴，不知這就是天生橋。再往前走，看到山壑底部有水向東騰躍，卻不見下游流出的地方，感到十分奇怪。走進一道峽谷，發現一個坑谷底部有個洞，進洞後忽然黑暗落下，底下深不可測，有水但又不都是水。從原路返回，走到山壑懸絕處，在無意中遇上「小落水坑」。中午到閃莊，在庭院中叩拜了閃太翁的靈柩。到這時才知道天生橋不是橋，而是地下有落水洞的水潛流，上面有路可翻越的山嶺。走到一個山寨，當地有個老人自願帶路去遊落水洞。有一道南北向的峽谷，東邊的山崖忽然迸裂成門，水從潭中沖入石門，但不知裡面的空洞是什麼形狀。這洞和前面旱峽中的洞，在同一道峽谷中，一南一北，各自峙立，只是北邊的洞沒有水流，南邊的洞納入大河的水罷了。告別老人，經過一個儸儸寨，本該去山窠投宿，因道路不便，接連翻越山坡，天黑後才走到小寨過夜。主人忙於插秩，第二天空腹趕路，直到進入府城南門，才買了麵食吃飽。下午返回會真樓。

【注釋】❶太翁　祖父。❷外堂　堂，山上寬平之處。❸亙兩砂間　亙，原作「拒」，據徐本改。❹方物　即辨別名分。方，別。物，名。❺陟岵　登山。有草木的山為岵，無草木的山為屺。❻鴻溝之界　鴻溝，古渠名。秦末，項羽、劉邦約中分天下，以鴻溝為界，西為漢，東為楚。❼硿然　水擊石的聲響。❽平準　即平衡。❾又知天生橋非橋也　今仍稱天生橋或落水洞。在保山東南境，東河至此伏流從洞中穿出。❿懸溜　指瀑布。⓫落水寨　在保山東南丙麻鎮西南。⓬昏黑中竟失路　原脫「昏黑中」三字，據徐本補。⓭南川子　指南邊的平野。川，平原；平衍的田野。

【語譯】初三　雨潺潺下個不停。吃了飯上路，天稍稍放晴。再往南走下坑底，過了半里，渡過坑中的澗水。再往東南上坡。走了一里多，遇上從北邊過來的大路，隨著它往南在岡脊上走三里。這山岡在下垂的山塢中，便隨山岡往下走一里，往南在山塢中行走。山塢中有小水輕輕的流淌聲，是往西南穿過山壑，逼近筆架山東北的山麓，匯合從北面沈家莊流來的水，一起往東繞到閃太史墓前的水流。路又往南走一里，越過一處小山坳。走了一里，稍許往下，便沿著山塢往東走。這山塢才變得開闊往東伸展，水從它的西南靠近筆架山北邊的山岡，也隨著它往東轉去。走了一里多，越過一座小山岡往下，就是閃太史墓所在的虎砂了。向北望見有墳墓在中間山坡的山口，就渡過山壑登上墳墓，就是閃太史夫人馬氏的墓穴，是由太翁擇地埋葬的，已經十多年了。這裡的山脈從西北昨天越過的沈家莊向東岔開山脊往東南伸延，又峙立成一座巨大的山峰落下。從西往東延伸的是虎砂，就是來時的路兩次越過的山；從東往南延伸的是龍砂，就是莊園住房外面所靠的山，而墓穴懸在兩山中間，面向東南。外邊寬平之地就是向東的山塢，水流橫在它的前面，而裡邊寬平之地就是渡過山壑所攀登的地方，只是稍為狹窄水流陡直瀉下。應當橫向築一道堤，連在龍、虎兩砂之間，中間匯積一池水，方能形成完整的格局。虎砂上有一棵圓松，獨自聳立，我認為也應該將它除掉。閃莊就在龍砂的東坡上，又隔著一個小山塢，也有小水輕輕的流淌聲，往南注入外邊寬平之地往東流下的水。從墓地又往東走半里，越過小水，到達莊園。莊園的房屋在村舍的西面，門朝南。前面三間就是停放太翁靈柩的地方，門鎖著沒開，後面是住房，西邊三間可讓人稍息。這時守墓的人外出，只有年幼的兒童在家，我等了很久，想叫幼兒開鎖進屋，叩拜太翁的靈柩几案，沒有做到。

於是從村東打聽所謂的「落水坑」，眾人所說有遠有近，弄不清楚。有人指著說在東北隅，就向那裡趕去。越過岡脊往北，走了二里多，看到一個中間窪下的潭，有水嵌在潭底，四面都高，方圓上百畝，但水沒有地方流出。從窪地上沿著它的北邊往東上坡，再走了一里多，來到儸儸寨，有幾十戶人家分散座落在山頭。這山嶺也是從北往南延伸，東南和天生橋相接的，是作為閃莊東面屏障的山。我當時不知它是天生橋，只顧找落水坑卻不見，只是望見閃莊的正東，有山如屏風聳起又下落，好像有很深的洞穴，猜想裡面一定有奇異的勝景，但已按當地人的指點翻越到它的北面了。問遍寨中的儸儸，竟沒有懂漢語的人。便從東嶺往西南下去，仍然到窪下的水潭的東面，找到往南去的路，就隨著沿東嶺往南。走了二里，望見有峽谷從東面屏風般的山下陷處伸出，峽谷中沒水，但水聲喧騰。於是下去，看見有水從西邊山壑的底部，反而向東騰躍，卻不見下游流出的地方，心裡感到奇怪但不明白是什麼原因。便先沿乾旱的峽谷上行，循北嶺往東走進，過了二里，到達陷下的地方，見有石崖並列，中間夾著平坦的峽底，走了半里，峽谷岔成兩條：一條往北進去，峽壁雙雙並列而底部平坦，裡面沒有一滴水，就像挖了濠溝通入，竟然沒有路的痕跡；一條往南進去，東邊的峽壁十分雄偉，峽底稍稍隆起，但也都不見水和路痕。路就往正東登嶺上去，我的興趣在遍遊山崖，不在登山，便先去往北的峽谷中。峽底平坦如嵌成，又如鴻溝分界，但峽中都被茅草堵塞，走了一里，還沒有窮盡。又轉身回來，再去往南的峽谷中，撥開茅草走進。過了半里，東邊的山崖突起聳立，路就沿著西邊的山崖上去。俯視峽中，它的南邊忽然平落下去，嵌入幾丈深。東邊挺立高聳的山崖下，有個十分深邃的洞穴，在坑底朝西張開。路也從西邊的山崖陡直落下坑中，便從草叢中進入洞穴。洞門有幾丈高，寬只有一丈多，水痕還濕，是從外邊流入洞中的。這時雨剛下過，坑中的水源不長，已乾涸沒有水流。進洞二丈深，洞中忽然黑暗落下，深不可測。我就把石塊扔下去，過了好久才發出撞擊水的聲響，好像不止幾十丈深，但有的聲音好像傳入洞底，有的聲音好像投入水中，可以知道洞的下部有水，但又不都是水。出洞後向南眺望，那坑谷也夾在南邊，不知盡頭，不過有的高起，有的窪下，底部也沒有確切的高度。

於是從原路往北走出，過了半里，再隨大路在峽底行走，過了半里，再隨北嶺的小路走。過了二里，往西到達聽到水聲的地方，這山坡在閃太史墓的正東。再走了二里，越過橫向的峽谷往南走，有幾戶人家的寨子，是往西通到山窠，往南通到落水寨的主幹道路，大路從山窠去天生橋，到枯柯、順寧，就是從這寨沿南邊的山嶺進去的。我這時還不知所走進的山嶺就是天生橋，只是急忙向西走下陡絕的山壑，觀看從西邊流來的騰躍的水。過了一里，到達山壑的懸絕處，只見水忽然穿過石穴落下。這裡岩石都是雜亂堆積，或依或伏，所以水從西邊流來，沖擊岩石空隙進入，應當也是往東流和天生橋下的水會合一起的。這些水就是沈家莊西北嶺坳間的各條水，從閃太史墓、閃莊前面繞過，又往東繞過岡口，才往北彎向東流到這裡的。這是所謂的「小落水坑」，就是當地人所說在近處的，我找它卻不見到，不料經過這裡遇上了。這時已過中午，便往南越過一座山岡，再往西走下一里，仍往南渡過那水灣，再往西越過山坡，走了一里，再到閃莊。我吩咐顧僕燒水煮飯。吃完飯，有個守墓的人回來，找不到鑰匙，就開了靈堂的外門在庭院中叩拜，然後才打聽去所謂的天生橋、落水洞的路。方才知道落水洞有兩處，小的近，就是先前所遇見的，是這裡山塢中的水的源頭；大的遠，在東南十里之外，去山窠的南路所經過的地方，是全府靠近府城的各條水流的源頭；又得知天生橋不是橋，而是大落水洞的水穿過洞穴潛流，路從上面翻山過去，這山就在正東二里外。

我根據他的指點，先往正東尋找天生橋。走了二里，到橫向峽谷南邊山嶺上的寨子，將從南嶺的大路往東進去。再拉著過路的人打聽，才知道就是先前去底部平坦的峽谷中往東走上的山坡，這就是天生橋，翻過去就是枯柯。我就不再進去，將往南去落水寨。一個當地的老年人明白事理，知道我的興趣在於山水，說：「這是要找落水洞，而不是要找落水寨的人。這洞除了我沒有人能指路。如果到了落水寨然後往回走，就迂迴曲折路遠多了。」便帶我從他寨子的後面往東越過山嶺，蒼莽的荒野看不到道路，姑且跟著他走。過了二里，越過山嶺往東下去，就看到一條溪水自西南落水寨的後面，沖破石門往東流出，曲折盤繞往北流來，到這山嶺的東麓，就沖入峽谷。峽谷東邊就是屏風般的山陷下的南峰，和我所越的山嶺夾成南北向峽谷。水從南邊流入峽谷中，懸落幾丈長的瀑布，匯成水潭。東邊的山崖忽然迸裂成門，高十多丈，寬僅幾丈，朝西峙立在水潭上，水從潭中往東沖入石門，水勢喧騰。我從西邊的山崖向對面俯視，水流進去，就像飲入喉嚨，汩汩地進去，但不知裡面的空洞是什麼形狀。我從西邊的山崖上又沿著崖石往北走，看見峽谷中的水雖然往東流入，但峽谷仍通向北方，應當就是乾旱的峽谷南面，有的高起有的窪下往南伸出的峽谷，從這裡也可往北通往峽底，往西通往乾旱的山壑中的洞穴。可知這兩個洞在南北各自峙立，但在同一道峽谷中，只是北邊的洞沒水流入，而南邊的洞吸入大河之水罷了，其中應當無不貫通，所以先前投石有水聲，而上面用橋來命名。從西邊的山崖俯視了很久，仍然轉向南走出。當地老人想留我住宿，我說太陽還高照，就和他告別。沿著往南的路可以到達府城，只是這裡還找不到路。大概沿大溪往南，到達西山的峽口，就是落水寨；往西越過山坡，沿小溪往西上行，登上山嶺，繞過筆架山的南面，就是府中通往枯柯的大路。我就從往西的路走。

沿山坡越過山塢，走了八里，到達西面的山坡下，有個幾戶人家的儸儸寨。於是往西上坡，層層疊疊地往上八里，這山北面盤繞成山壑，而南面對著下嵌的澗水，有四、五戶人家靠著北邊的峽谷居住，山上又開墾田地。再往西盤繞西峰南邊的山口往上，走了三里，上面的路很是陡峻。再在峰頭平步走二里，我以為這是筆架山的南峰了，哪裡知道仍是往東伸出的支峰。在它西邊再往下落成坑谷，和筆架山還隔著一個山塢，便往下到坑中走了一里，越過坑谷往西上去，才是筆架山的南陲。有幾十戶人家靠著南邊的山崖居住，這是山窠。應當去那裡投宿，但路從樹底走，分不清住屋的地點，從樹叢往上攀登，走了一里，就到村莊住房的後面，猜想往西的路可以轉向，到達它的西邊後，又沒有返回的岔路，竟沿著大路往西北奔跑。走了二里多，往下渡過一條澗水，再往西北登上山坡。走了二里多，越過山坡，再往下渡過澗水。共走了三里，再往上越過一道山坡，便往西平步走下。過了二里，走出峽口，已經天黑，在昏暗中從陡峻的山路走下二里，往西南過一座架在溪上的橋，再往西北從岔路越過山坡，昏黑中竟迷了路。艱難地踏步向前二里，在山坡間發現一個寨子，這是小寨。敲開居民的家門，把行李停放在屋邊，和牛圈鄰近，拿出袋中的少許米，煮粥吃了睡下。

初四　那戶人家插秧很忙，竟不為我煮飯。我起身問明情況後，就空著肚子上路，以為離城應當不到三十里。等到往西走後，又越過兩重山坡，共走了八里，有房屋靠著山朝西居住，才看到下面府城南邊的平野。

再隨山坡往西平步走五里，越過一道往西伸下的小峽谷，再登上一座向西突起的山岡，才逼近西面的平野。往下俯視平野中的水，從山坡西面環繞坡腳，向東南環抱流入峽谷，山坡的南面有堤壩擋水，這就是清水關、沙河的各條水，合流後往東南流到這裡，將注入峽谷往東流到落水寨。從這裡往東北走一里多，往下到坡麓。沿著山口往北轉，走了半里，才離開山往西北在平地中行走。過了二里，往西到大溪邊，有座巨大的木橋橫架在溪上，過橋到西岸。往西北在平野間行走，多次經過平野中的村落，過了十六里後到達府城的東南隅。通過小橋，從城南往西走，過了一里進入南門，才走進街市買了饅頭和麵條充飢。下午，返回會真樓。

初五初六兩日　憩會真樓。

初七日　閃知愿來顧，謝余往叩靈几，禮也。知愿餽餅二色。

初八日　知愿又餽豬羊肉並酒米，甚腆。

初九日　閃太史招遊馬園。園在龍泉門外，期余晨往。余先從法明寺南，過新建太翁祠。祠尚未落成，倚山東向，與法明同。其南即方忠愍公祠，名政，征麓川，死於江上者。亦東向，正室三楹，俱守者棲止於其中，兩廡祀同難者，俱傾倒，惟像露坐焉。出祠，遂南出龍泉，由池東堤上抵池南，即折而西入峽。半里，園臨峽西坡上，與龍泉寺相並。園之北，即峽底也，西自九隆山後環峽而來。有小水從峽底東出，僅如線不絕，而園中則陂池[1]層匯。其北一池，地更高，水從其底泛珠上溢，其池淺，而水獨澄映有光，從此遂潺潺瀉外池。外池中滿芰荷，東岸舊有菜根亭，乃馬玉麓所建者，併園中諸樹俱頹圮。太史公❷新得而經始之，建一亭於外池南岸，北向臨流。隔池則龍泉寺之殿閣參差，岡上浮屠，倒浸波心。其地較九龍池愈高，而陂池罨映，泉源沸漾，為更奇也。蓋後峽環夾甚深，其水本大，及至峽口，此園當之，峽中之水，遂不由溪而沁入地中，故溪流如線，而從地旁溢，如此池與九龍池；其滔滔不舍者，即後峽溪中之流也。

余至，太史已招其弟知愿相待。先同觀後池溢泉，遂飯於池南新亭，開宴亭中，竟日歡飲，洗盞更酌，抵暮乃散。是日始聞黃石翁❸去年七月召對大廷，與皇上面折廷諍，後遂削江西郡幕。項水心❹以受書帕，亦降幕。劉同升❺、陳之璘❻亦以上疏降幕。翰苑❼中正人一空。東省之破❽，傳言以正月初二，其省中諸寮❾，無不更易者。雖未見的報，而顏同蘭之被難可知矣。

【章　旨】本章記載了第三百五十九天至第三百六十三天在永昌府的行跡。在會真樓休息。應閃太史招喚去遊馬園。經過法明寺、已倒塌的方忠愍公祠，走出龍泉門，進入峽谷，便看到馬園座落在山坡上，園中有層層陂池匯積著水。閃太史新近買了這園開始營建。這地方比九龍池更高，也更奇妙。閃知愿在園內的新亭中設宴招待，整天歡飲。這天才聽到黃道周、項煜等人都已貶為幕僚，另外還傳來山東失守的消息。

【注　釋】❶陂池　蓄水的池塘。❷太史公　指閃仲儼，字人望，保山市人。天啟進士，以忤魏忠賢削職。崇禎時召為翰林院纂修，眷寵有加。❸黃石翁　即黃道周。崇禎十一年，黃道周以彈劾楊嗣昌，貶為江西按察使司照磨。❹項水心　項煜，字水心，江蘇吳縣人，崇禎進士。李自成攻占北京，降。南明時，逃亡至四明，被當地人沉入河中。❺劉同升　字晉卿，江西吉水縣人。崇禎間狀元，授修撰。楊嗣昌奪情入閣，同升抗疏彈劾，謫福建按察使知事。❻陳之璘　據《明史》，當為趙士春。士春，字景之，江蘇常熟人。崇禎間進士，授編修。以彈劾楊嗣昌忤旨，謫廣東布政使司照磨。❼翰苑　文翰薈萃之地，猶言翰林。此指翰林院。❽東省之破　崇禎十二年（一六三九）正月，清軍繞過德州，奔襲濟南，布政使張秉文等人被殺，德王朱由樞被俘，押至盛京。濟南城被焚毀一空。清軍隨即轉攻山東其他州縣，直至兗州，百姓紛紛逃亡。❾寮　通「僚」。同官。

【語　譯】初五初六兩日　在會真樓休息。

初七　閃知愿來探訪，答謝我前去叩拜他太翁的靈柩几案，是回禮。知愿贈送兩種餅食。

初八　知愿又贈送豬、羊肉以及酒、米，很豐厚。

初九　閃太史招我去遊馬園。園在龍泉門外，約我早晨前往。我先從法明寺的南邊，經過新建的太翁祠。祠堂還未落成，朝東靠著山，和法明寺相同。它的南邊就是方忠愍公祠，名政，在征伐麓川時死在江上。也是朝東。有三間正室，都是守祠的人住在裡面，兩側廂房祭祀一起遇難的人，都已倒塌，只有塑像露天坐在那裡。走出祠堂，便往南到龍泉門，從池東的堤上走到池南，就轉向西進入峽谷。過了半里，馬園高臨峽谷西邊的山坡上，和龍泉寺並排。馬園的北邊，就是峽底了，峽谷從西邊九隆山的後面環繞過來。有小水從峽底往東流出，像線那樣不斷流去，但園中卻有層層陂池匯積著水。在它北面有個池，地勢更高，水珠從池底溢出，這池較淺，但水獨清澈映照有光，從這裡就潺潺流瀉到外池。外池中長滿菱角荷花。東岸舊時有菜根亭，是馬玉麓建造的，連同園中各處臺榭都已倒塌了。太史公新近買下來開始營建，在外池的南岸，建了一個亭子，朝北對著水流。水池對岸便是龍泉寺參差不齊的殿閣，和山岡上的佛塔，倒影浸在波心。這地方比九龍池更高，但陂池掩映，泉源沸騰蕩漾，更加奇妙了。原來後峽環繞相夾處很深，峽谷中的水本來就大，待流到峽口，這園擋在前面，峽谷的水，便不從溪中流而滲入地中，所以溪流細如一線，從地上往旁邊溢出，就像這池和九龍池；那滔滔不息的水，就是後峽溪中的水流了。

我到時，閃太史已招來他的弟弟知愿招待。先一起觀賞後池溢出的泉水，隨後在池南新建的亭子中吃飯。又在亭中設宴，整天歡飲，洗了杯盤再喝，到天黑才散席。這天才聽到黃道周於去年七月召見時在朝廷上當面指責皇上過失，直言規諫，後來就被削職為江西幕僚。項水心因為收受書帕，也降職為幕僚。劉同升、陳之璘也因上疏降為幕僚。翰林院中正人君子一掃而空。山東省的失守，傳說是在正月初二，該省中眾多官僚，沒有不被更換的。雖然未曾看到準確的通報，但從顏同蘭的被害可想而知了。

初十日　馬元中、劉北有相繼來拜，皆不遇，余往玉工家故也。返樓知之，隨拜馬元中，並拜俞禹錫。二君襟連也，皆閃太翁之婿，前於知愿席相會而未及拜。且禹錫原籍蘇州，其祖諱彥，中辛丑❶進士，中時猶李時彥，後復俞姓，名彥。移居金陵大功坊後。其祖、父年俱壯，閃太翁寓金陵時，欲移家南來，遂以季女字❷俞。前年太翁沒，俞來就婚，擬明春偕返云。時禹錫不在，遂返會真。閃太史以召對報❸來示。

十一日　禹錫招宴。候馬元中並其內叔閃孩識、孩心等同飲，約同遊臥佛。

十二日　禹錫饋兼金❹。下午，元中移酌會真樓，拉禹錫同至。雷風大作，既暮乃別。

【章　旨】本章記載了第三百六十四天至第三百六十六天在永昌府的行跡。去拜訪馬元中和俞禹錫，兩人是連襟，都是閃太翁的女婿。俞禹錫是蘇州人，設宴款待，並饋贈精金。

【注　釋】❶辛丑　萬曆二十九年（一六〇一）。❷字　舊時稱女子許嫁為字。❸召對報　登載皇帝召見臣下問對的通報。❹兼金　價值倍於尋常的精金。古代金銀銅通稱為金，此指銀。

【語　譯】初十　馬元中、劉北有相繼前來拜訪，都沒遇上，因為我去玉工家的緣故。返回樓中知道這事，隨即去拜訪馬元中，並拜訪了俞禹錫。二位是連襟，都是閃太翁的女婿，以前在閃知愿的宴席上相會，但沒來得及拜訪。而且禹錫原籍蘇州，他的祖父名彥，中萬曆二十九年進士，考中時名字還是李時彥，後來恢復俞姓，改名彥。遷居到金陵大功坊後。他的祖父、父親都是壯年，閃太翁寓居金陵時，打算搬家來南方，便把小女兒許配給俞禹錫。前年太翁去世，俞禹錫前來成婚，打算明年春天和妻子一起返回。這時禹錫不在，便回到會真樓。閃太史把召對報拿來給我看。

十一日　禹錫招我去赴宴。等候馬元中以及他妻子的叔父閃孩識、閃孩心等一起飲酒，約定一起去遊覽臥佛寺。

十二日　禹錫饋贈精金。下午，元中移席會真樓飲酒，拉禹錫同來。雷風大作，天黑後才告別。

十三日　禹錫以他事不及往臥佛，余遂獨行。東循太保山麓，半里，出仁壽門。仁壽西北倚太保山北麓，城隨山西疊而上，與龍泉同。出城，即有深澗從西山懸坑而下，即太保山頂城後度脊所分之水也。逾橋循西山直北半里，有岐東北行平川中，為紙房村間道；其循山直北者，乃逾嶺而西，向青蒿壩通乾海子❶者。余乃由間道二里，北過紙房村❷，又東一里餘，出大道，始為拱北門直向臥佛寺者。又北一里，越一東出小澗，其北有廟踞岡頭，乃離城五里之舍也。大道中川而行，尚在板橋孔道❸之西。又北五里，再過一廟，在路之西。其西又有巨廟倚西山，村落倚之，所謂紅廟村也。又北八里，有一澗自西山東出，逾之而北，是為郎義村❹。村廬聯絡，夾道甚長，直北二里，村始盡。緣村西轉，有水自北堰中來，即龍王塘❺之下流也。

溯流沿坡西北行，三里，有一卷門❻，東向列路旁，其北即深澗緣坡下，乃由卷門西入，緣南坡俯北澗西入。半里，聞壑北水聲甚沸，其中深木叢箐，虧蔽上下，而路乃緣壑北轉。不半里，穿門北上，則龍王祠❼巍然東向列，其前與左，皆盤壑蒙茸，泉聲沸響。乃由殿左投箐而下，不百步，而泓泉由穴中溢。東向墜坑。其北坑中，又有水瀉樹根而出，亦墜壑同去，其下懸墜甚深，而藤蘿密蔓。余披蔓涉壑求之，抵下峽則隔於上，凌上峽則隔於下，蓋叢枝懸空，密蔓疊幙，咫尺不能窺，惟沸聲震耳而已。已乃逾其上，從棘蔓中攀西北崖而上。按《統志》謂龍王巖❽斷崖中劈，兀立萬仞。余望雙巖上倚山頂，謂此有路可達，宛轉上下，終不可得，乃返殿前而飯。

仍出卷門，遂北下度澗橋。見橋北有岐緣澗西入，而山頂雙巖正峙其西，余遂從之。始緣澗北，半里，遂登坡西上。直上者三里，抵雙巖之下，路乃凌北巖之東，逾坳而西北去。余瞰支峰東北垂，意臥佛當在其西北峰下，遂西北逾支峰，下坑盤峽，遵北坡東行。二里，見有路自北坡東來，復西北盤坳上，疑以為此即臥佛路，當從山下行，不登山也，欲東下。土人言東下皆坑崖，莫可行，須仍轉而南，隨路乃下。從之轉南，又二里，隨前東來之路下坡。二里，從坡麓得一村，村之前即沿麓北行之大道。沿之北，又五里，稍西向入谷，則臥佛寺⑨環西谷中，而谷前大路，則西北上坡矣。蓋西山一支，至是東垂而出，北峽為清水關，南抱為臥佛巖⑩，但清水深入，而臥佛前環耳。

入谷，即有池一圍當寺前，其大不及九隆池，而迴合更緊。池東有一亭綰谷口，由池北沿池入，池盡，其西有官房三楹臨其上；北楹之下，泉汩汩從坳石間溢入池中，池甚清淺。官房之西歷砌上，即寺門也，亦東向臨之。其內高甍⑪倚巖，門為三卷，亦東向。卷中不楹而磚，亦橫鞏如橋，卷外為簷，以瓦覆石，連屬於洞門之上壁。洞與鞏連為一室，鞏高而洞低，鞏不掩洞，則此中之奇也。其洞高丈餘，而深入者二丈，橫闊三丈，其上覆之石甚平。西盡處，北有門，下嵌而入；南有臺，高四尺，其上剜而入。臺如胡床⑫橫列，而剜有石像，曲肱臥臺上，長三丈，頭北而足南。蓋此洞橫闊止三丈，北一丈嵌為內洞之門，南二丈猶不足以容之，自膝以下，則南穴洞壁而容其足。其像乃昔自天成者，自鎮守內官⑬甃其前軒，又加斧琢而貼之金，今則宛然塑像，失其真矣。內洞門由西北隅透壁入，門凹而下，其內漸高，以覓炬未入。時甃殿有攜酒三、四生，挾妓呼僧，團飲其中。余姑出殿，從北廡廂樓下覓睡處，且買米而炊焉。北廡之西，亦有洞，高深俱丈五尺，亦卷其門，而南向於正洞之北隅，其中則像山神以為護法者。是夜臥寺中，月頗明，奈洞中有嬲子⑭，寺中無好僧，懨懨而臥。

【章　旨】本章記載了第三百六十七天在永昌府的行跡。獨自沿著太保山麓，出仁壽門。走小路經過紙房村、紅廟村、郎義村，看到龍王塘水的下游。從路旁的拱門進去，來到龍王祠，進入箐谷之中，往下藤蔓密布，既不能上，也不能下，唯有喧騰的水聲震耳罷了。返回龍王祠，沿澗水進去，經過兩座山巖的下面，望見臥佛寺環列在山谷中。進入山谷，就有一圍池水，池水的盡頭有官房，官房的上方即寺門，寺內有三道拱門。山洞和拱門連成一間屋子，是這裡的奇景。洞西盡頭處有臺，臺上有三丈長的臥佛像，原是天然形成的，現已加以雕琢貼金，失去了真趣。這時有幾個書生摟著妓女呼喊僧人在殿中飲酒。這天夜裡就睡在寺中。

【注釋】❶乾海子　在保山城西北，形圓而底平，乾涸無水。現已建成水庫。其南為瑪瑙山，產瑪瑙。❷紙房村　今名紙坊，分兩村，南為黃紙坊，北為白紙坊，在保山北郊，保山壩子西緣。❸孔道　大道；大路。❹郎義村　在保山城北三十里，保山壩子西緣。❺龍王塘　又名龍王潭、龍王泉，在保山城北郎義村。現塘略呈半月形，廣約十餘畝，三面環山，潭嵌其中。過去這裡古木森森，泉水分三溝流入保山壩子，為保山城郊重要的水利資源。近世由於濫砍樹木，致使山禿水小。❻卷門　龍王塘外設有門牆。❼龍王祠　傳說這一帶原為乾旱貧瘠之地，龍王三公主嫁到此地，雖終日勞作，仍不得溫飽。龍母念其勤苦，拔簪刺巖，泉水噴湧而出，故這泉俗稱公主泉。當地人為龍母塑像立廟，即此龍王祠，又稱神龍祠。❽龍王巖　在保山城北二十餘里，一山中斷，兩巖壁立，如斧劈成。❾臥佛寺　在保山城北雲巖山東麓，建於唐代。洞內臥佛造型神妙，似睡猶醒，慈心可見。洞內五百羅漢，均就崖雕刻，栩栩如生。現有從緬甸接回的漢白玉臥佛一尊，長一公尺八十公分。為當地朝聖拜佛之所。❿臥佛巖　又名雲巖山，在永昌城北二十餘里。山高百丈，巖深處有一丈多長的橫石，被鑿成臥佛。⓫甍　屋脊。⓬胡床　一種可以折疊的輕便躺椅。⓭內官　即宦官。明中葉以後，太監權力擴大，擁有出使、監軍、鎮守、偵察臣民等大權，出鎮一方者即稱鎮守內官。⓮嬲子　猥褻之徒。

【語　譯】十三日　禹錫因為其他事來不及去臥佛寺，我便獨自前往。往東沿著太保山麓，走了半里，出仁壽門。仁壽門西北靠著太保山北麓，城牆隨著山勢往西層疊而上，和龍泉門相同。出了城，就有深深的澗水從西山的坑谷中流下，就是從太保山頂城牆後延伸的山脊分出的水流。過橋沿著西山往正北走半里，有岔路往東北在平野中走，是去紙房村的小路；沿著西山正北走的，是越過山嶺往西，朝青蒿壩通往乾海子的路。我就從小路走二里，往北經過紙房村，再往東走一里多，到大路上，這才是從拱北門直往臥佛寺的路。再往北走一里，越過一條往東流出的小澗，澗水北邊有廟座落在岡頭，是離城五里的住宿處。大路從平野中走，還在板橋的大路西邊。再往北走五里，又經過一座廟，在路的西邊。廟的西邊還有大廟靠著西山，有村落傍著它，是所謂的紅廟村。再往北走八里，有一條澗水從西山往東流出，越過澗水往北，便是郎義村。村中房屋相連，在路兩旁很長，往正北走二里，村莊才到盡頭。沿著村莊往西轉，有水自北邊堤壩中流來，就是龍王塘水的下游。

逆水上行，沿山坡往西北走，過了三里，有一道拱門朝東立在路旁，門的北邊就是深深的澗水沿山坡流下，就從拱門往西進去，沿著南邊的山坡向下看著北邊的澗水往西走進。過了半里，聽到山壑北邊水聲喧騰，這裡面樹木深密，翠竹叢生，將上下遮蔽，而路沿著山壑往北轉。不到半里，穿過門往北上去，只見龍王祠巍然向東峙立，祠的前面和左邊，都是盤繞的山壑一片蔥蘢，奔騰的泉水發出聲響。便從殿的左邊進入箐谷往下走，不到一百步，就見一泓泉水從洞穴中溢出，往東落下坑中。在它的北邊坑中，又有水沖瀉樹根流出，也落下山壑一起流去。下面懸墜很深，藤蘿密布蔓生。我撥開藤蔓度過山壑去找泉水，想到下邊的峽谷則被隔在上邊，想登上邊的峽谷則被隔在下邊，原來樹叢枝條懸在空中，密集的藤蔓連成層疊的幃幕，咫尺之間也不能窺探，只有喧騰震耳的水聲罷了。隨即越過它的上方，從荊棘藤蔓中攀登西北的山崖往上走。據《一統志》說，龍王巖的斷崖如從中劈開，高聳萬仞。我望見上面兩座山巖靠著山頂，以為這裡有路可以到達，曲折上下，始終找不到，便返回殿前吃飯。

仍然從拱門走出，就往北下去通過架在澗上的橋。看到橋北有條岔路沿澗水往西伸入，而山頂的兩座山巖正峙立在它的西邊，我便從這條路走。起先沿著澗水的北岸走，過了半里，就登坡往西上去。直上走了三里，到達兩座山巖的下方，路就登上北面山巖的東邊，穿過山坳往西北走。我俯視支峰的東北陲，猜想臥佛寺應當在它西北的山峰下，就往西北越過支峰，走下坑中盤繞的峽谷，沿著北邊的山坡往東走。過了二里，看到有路從北邊的山坡往東過來，再往西北繞著山坳向上，懷疑以為這就是去臥佛寺的路，應當從山下走，不登山，想往東下去。當地人說，往東下去都是坑谷山崖，不能走，必須仍然轉向南，隨著路走才能下去。聽從他的話轉向南，再走了二里，隨先前往東過來的路下坡。走了二里，在坡麓看到一個村莊，村莊前就是沿坡麓往北走的大路。沿大路往北，再走了五里，稍許往西進入山谷，只見臥佛寺環列在西邊的山谷中，而山谷前的大路，就往西北上坡了。原來西山的一條支脈，到這裡往東垂下伸出，北邊的峽谷為清水關，南邊環抱成臥佛巖，但清水關深入進去，而臥佛巖向前環抱罷了。

走進山谷，就有一圈池水位於寺前，它不及九隆池大，但迴環合抱更緊。池的東邊有一個亭子扼住谷口，從池的北邊沿水池進去，水池到盡頭，池的西邊有三間官房在上方。北邊一間的下面，泉水汩汩地從山坳的岩石間溢入池中，池水很清很淺。從官房的西邊沿石級上去，就是寺門，也朝東對著水池。寺內高高的屋脊靠著山岩，門是三道拱門，也都朝東。拱門不用柱子而用磚砌，也像橋那樣橫向拱起，拱門外是屋簷，用瓦片覆蓋在石上，和洞門的上壁連接。山洞和拱門連成一間屋子，拱門高而山洞低，拱門遮不住山洞，是這寺中的奇觀。這山洞高一丈多，深入處有二丈，橫寬三丈，洞上覆蓋的岩石十分平整。往西到盡頭處，北邊有門，往下嵌入；南邊有臺，高四尺，臺的上方挖空進去。臺像交椅橫列，而且鑿有石像，彎著手臂臥在臺上，長三丈，頭朝北腳朝南。因為這洞橫寬只有三丈，北邊一丈嵌為內洞的洞門，南邊二丈還不足以容納石像，自膝部以下就在南邊的洞壁上鑿了洞來容納它的腳。這石像以前是天然形成的，自從鎮守宦官將它前面的軒廊改建成拱門，又加以雕琢塗金後，如今便宛如一尊塑像，失去它的真趣了。內洞的洞門從西北角穿過石壁進去，洞門凹下，裡面漸漸高起，因為要找火把沒有進去。這時拱殿中有三、四個書生帶著酒，摟著妓女呼喚僧人，在殿中團團圍著飲酒。我暫且走出殿來，從北廂房樓下找到睡處，並且買了米煮飯。北廂房的西邊也有一個洞，高和深都一丈五尺，也建起拱門，朝南位於正洞的北隅，裡面則有山神像作為護法神。這天夜裡住在寺中，月光很明亮，無奈洞中有猥褻之徒，寺中也沒有好和尚，只得沒精打彩地睡了。

十四日　早飯於僧舍，覓火炬入內洞。初由洞門西向直入，其中高四、五丈，闊二丈，深數丈，稍分岐輒窮，無甚奇也。仍出，從門內南向，覓旁竇而上，入二丈，亦窮而出，笑此洞之易窮。有童子語於門外曰：「曾入上洞乎？余今早暗中入，幾墜危竇。若穿洞而上，須從南不可從北也。」余異其言，乃益覓炬再入。

從南向旁竇得一小穴，反東向上，其穴圓如甑；既上，其穴豎而起，亦圓如井。從井中攀南崖，則高而滑，不可上，乃出，取板凳為梯以升。既上，其口如井欄，上有隙橫於井口之西。復盤隙而北，再透出一口，則有峽東西橫峙。北向出峽，則淵然下墜，其深不可覩，即前內洞直入之底也，無級可梯，故從其東透層穴而上耳。南向下峽丈餘，有洞仍西向入，其下甚平，其上高三、四丈，闊約丈五，西入亦五、六丈，稍分為岐而止，如北洞之直入者焉。此洞之奇，在南穿甑穴，層上井口，而復得直入之洞。蓋一洞而分內外兩重，又分上下二重，又分南北二重，始覺其奇甚也。

既出，仍從池左至谷口大路。余時欲東訪金雞溫泉，當截大川東南向板橋，姑隨大路北瞰之。半里，稍西北上坡，見其路愈西上，乃折而東，隨旁岐下坡。蓋西北上者為清水關道，乃通北衢者；川中直北五里，為章板村，為雲龍州道；川東躡關坡而上，為天井鋪❶道。從此遙望，皆相對也。下坡一里，其麓有一村。從此由田塍隨小溪東南行，二里，始遇清水關❷大溪，自北而南流川中。隨之南行，半里，渡橫木平橋，由溪東岸又東半里，過一屯，遂從田塍中小徑南行。半里，稍折而西，復南就一小水，隨之東下，遂無路。莽蒼行草畦間，東南一里半，始得北來小路，隨之南，又得西來大路，循之。其東南一里，又有溪自北而南，其大與清水溪相似，有大木橋架其上。度橋東，遂南行。二水俱西曲而合，受龍王塘之水，東折於板橋之南焉。路南行塍中，又二里半而出板橋街❸之中，由街稍南，過一小橋，則沿小溪東上。半里，越溪上梗❹，東南二里半，漸逼東山。過一村，稍南，又東半里，有小溪自東北流西南，涉之。從溪東岸又東南二里，直逼東山下，復有村倚之。從村南東向入，有水舂踞岡上，岡之南，即有澗自木鼓山北峽來，繞岡南西去，有亭橋跨其上，此大道也；小徑即由北脊入峽，盤岡東下。遂溯溪岸東行，一里，有小木橋平跨上流，乃南度之。又東上坡，一里而至金雞村❺，其村居廬連夾甚盛，當木鼓山之東南麓。村東有泉二池❻，出石穴中，一溫一寒。居人引溫者匯於街中為池，上覆以屋。又有正屋三楹，臨池之南，庭中紫薇二大樹甚艷，前有門，若公館然。乃市酒餐於市，而後浴於池。池四旁石甃，水止而不甚流，亦不甚熱，不甚清，尚在永平溫泉❼之下，而有館有門則同也。

從村後東南循峽上嶺數里，自金雞村逾嶺東下，通大寨、瓦渡之路也；從村後直東，上木鼓❽西南峰，二十里，有新建寶頂寺。余不及登，遂從村西南下。

三里，北折，度亭橋北，隨溪西南行塍中。五里，西值大溪，溪之東有村傍之。乃稍溯之北，度大木橋而西行塍中。又四里而至見龍里，其南有報功祠甚巨，門西向❾，而祠樓則南面。入其中，祠空而樓亦空，樓上止文昌一座當其中。寺僧云：「昔有王靖遠諸公神位。」覓之不見也。由此又十里，入拱北門。又二里，而返會真。今人往訊安仁，已西往騰越矣。

【章　旨】本章記載了第三百六十八天在永昌府的行跡。找火把進入內洞，沒有什麼奇異。出洞聽了一個兒童的話，又進入洞中探遊。才發現這洞的奇特處，在於一個洞分內外兩重，又分上下二重，又分南北兩重。出洞後翻過山坡，遇上清水關的大溪，來到板橋街，直逼東山下。再到木鼓山東南麓的金雞村，村後有兩池泉水，一溫一寒，泉水靜止不流動，在永平溫泉之下。從金雞村下山，沿大溪上行，到見龍里，南面有很大的報功祠。最後進入拱北門，返回會真樓。

【注　釋】❶天井鋪　在保山東北境，板橋與水寨之間。❷清水關　今名清水河村，在保山城北清水河源。❸板橋街　在保山城東北，為交通要道。❹梗　即「埂」，指田埂、堤埂。❺金雞村　在保山東北的鳳溪山麓。傳說古時有鳳在此棲息，當地人呼為金雞，寺和村都以此得名。村方圓一平方公里，為保山最大的村莊。西漢時朝廷將呂不韋子孫從四川遷至永昌郡，並設不韋縣。永昌郡治及附郭縣不韋縣治均設在金雞村。《三國志》中稱蜀將呂凱為呂不韋後裔，金雞村人。至今村中還有「呂公祠」及當年呂凱用兵的將臺寺等古蹟。❻有泉二池　指金雞泉。泉水注入兩池中，一溫一涼，四季可浴。❼永平溫泉　指永平石洞溫泉，見〈滇遊日記八〉三月二十五日日記注。❽木鼓　當即鳳溪山，在保山東北二十餘里，與哀牢山並峙。山上有呂公臺。❾門西向　「門」字原脫，據徐本補。

【語　譯】十四日　在僧房吃早飯，找了火把進入內洞。起先從洞門往西徑直進去，洞中高四、五丈，寬二丈，深幾丈，稍稍分出岔洞，便到盡頭，沒有什麼奇特。仍然出來，從門內朝南，找旁洞往上，進去二丈，也到盡頭處才走出，取笑洞淺容易走到底。有個兒童在洞門外說：「曾進入上洞嗎？今天早晨我在黑暗中進去，幾乎跌入險洞。如果穿過洞往上，必須從南邊走，不可從北邊走。」我覺得他的話很奇怪，就又找了些火把再次進洞。從向南的旁洞中找到一個小穴，反過來向東上去，這個洞穴像圓形的釜甑；上去後，這洞穴豎起，也像圓形的水井。從井中攀登南邊的石崖，又高又滑，不能上去，於是出來，拿了板凳作為梯子登上去。上去後，出口就像井欄，上面有裂縫橫在井口的西邊。又繞著裂縫往北，再穿出一個洞口，見有峽谷東西向橫峙。往北走出峽谷，只見峽外深深下墜，看不到底部，就是先前從內洞徑直進入的洞底，因為沒有石級可以登上，所以要從它的東邊穿過層層洞穴往上罷了。往南走下峽谷一丈多，有洞仍向西通入，洞的下面十分平坦，頂高三、四丈，寬約一丈五尺，往西進去也有五、六丈，稍稍分出岔洞為止，和北洞徑直進去的地方一樣。這洞的奇特處，在往南穿過釜甑那樣的洞穴，層層往上到井口，而後又找到徑直進入的洞。因為一個洞分內外兩重，又分上下二層，又分南北二重，才覺得它十分奇特。

出洞後，仍從水池左邊來到谷口的大路上。我這時想往東探訪金雞村的溫泉，應當橫穿大平野往東南去板橋，暫且隨大路走，往北俯視著它。走了半里，稍稍往西北登上山坡，看到這路更往西上去，就轉向東，隨旁邊的岔路下坡。原來往西北向上走的，是去清水關的路，為通往北衝的路；從平野中往正北走五里，到章板村，是去雲龍州的路；從平野東邊踏上關坡往上，是去天井鋪的路。從這裡望去，都遠遠相對。下坡走了一里，坡麓有個村莊。從這裡起在田野中隨小溪往東南走，過了二里，才和清水關的大溪相遇，從北往南在平野中流過。隨大溪往南走，過了半里，通過橫架的木平橋，從溪水東岸又往東走半里，經過一個屯，便從田野中的小路往南走。過了半里，稍許向西轉，再往南到一條小水邊，順著小水往東下去，便無路可走了。在空曠的長滿雜草的田野中行走，往東南一里半，才遇上從北面過來的小路，隨小路往南，又遇上從西面過來的大路，沿著大路走。在大路東南一里處，又有溪水從北往南流，和清水溪差不多大，有座大木橋架在溪上。過橋到東岸，就往南走。兩條溪水都往西彎曲後會合，接納龍王塘的水，往東轉到板橋的南面。路往南在田野中行走，再過了二里半後到板橋街中。從街上稍稍往南，通過一座小橋，便沿小溪往東上去。走了半里，渡過溪水走上田埂，往東南走二里半，漸漸逼近東山。經過一個村莊，稍許往南，再往東走半里，有條小溪從東北流向西南，渡過溪水。從溪水東岸再往東南走二里，直逼東山下，又有個村莊靠著它。從村南向東進去，有水碓座落在山岡上。山岡的南面，就有澗水從木鼓山北邊的峽谷流來，繞過山岡的南面往西流去，有亭橋架在澗水上，這是大道；小路就從北邊的山脊進入峽谷，繞著山岡往東下去。於是沿著溪岸往東上行，走了一里，有座小木橋平架在溪水上游，就往南過橋。再往東登上山坡，走了一里到金雞村。這村住房連片夾道，十分興盛，位於木鼓山的南麓。村的東邊有兩池泉水，從石穴中溢出，一溫一寒。居民引溫水匯積在街中形成水池，上面蓋著房屋。另有三間正屋對著水池的南邊，庭院中兩棵大紫薇樹十分豔麗，前面有門，就像公館。於是在市上買了酒吃飯，然後在池中沐浴。池的四旁用石砌成，水靜止不怎麼流動，也不太熱，不太清，還在永平的溫泉之下，但有館有門則是相同。

從村後往東南沿峽谷上嶺，走了幾里，從金雞村越過山嶺往東下去，是通往大寨、瓦渡的路；從村後一直往東登上木鼓山的西南峰，走二十里，有新建的寶頂寺。我來不及登上，就從村邊往西南下去，走了三里，轉向北，通過亭橋到北岸，隨溪水往西南在田野中行走。過了五里，在西邊遇上大溪，溪的東岸有村莊靠近溪流。便沿著溪水稍稍往北上行，走過大木橋後往西在田野中行走。再過了四里到見龍里。在它的南邊有座很大的報功祠，門朝西，但祠堂樓閣則朝南。走進裡面，祠堂是空的，樓也是空的，樓上只有一尊文昌帝君的坐像在正中。寺內的僧人說：「過去有王靖遠諸公的神位。」尋找這些神位卻看不到。從這裡再走了十里，進入拱北門。再走二里，返回會真樓。叫人去打聽安仁的情況，已往西去騰越州了。

十五日　憩會真樓。

十六日　往晤閃知愿。還拜劉北有，留飯。即同往太保山麓書館。館中花木叢深，頗覺幽閒。坐久之，雨過，適閃知愿送《南園錄》并《永昌志》至，即留館中。北有留余遷寓其內，余屢辭之，至是見其幽雅，即許之，約以明日❶。雨止，劉以鑰匙付余，以劉將赴秋闈❷，不暇再至也。余乃別，還會真。

十七日　閃知愿再候宴，並候其兄太史及其族叔孩識同宴。深夜乃別。

十八日　遷館於山麓西南打索街，即劉北有書館也。其館外有賃居者，以日用器進，亦劉命也。余獨坐館中，為抄《南園漫錄》❸。既而馬元中又覓《續錄》至，余因先抄《續錄》。乘雨折庭中「花上花」❹，插木毬腰孔間輒活，蕊亦吐花。「花上花」者，葉與枝似吾地木槿❺，而花正紅，似閩中扶桑❻，但扶桑六、七朵並攢為一花，此花則一朵四瓣，從心中又抽出疊其上，殷紅而開久，自春至秋猶開。雖插地輒活，如榴然，然植庭左則活，右則槁，亦甚奇也。又以杜鵑、魚子蘭、蘭如真珠蘭而無蔓，莖短，葉圓有光，抽穗細黃，子叢其上如魚子，不開而落，幽韻同蘭。小山茶，分植其孔，無不活者。既午，俞禹錫雨中來看，且攜餐貰酒，贈余詩，有「下喬」❼之句。謂會真樓高爽，可盡收一川陰晴也。余答以〈幽棲解嘲〉五律。謂便於抄書也。

十九日　抄書書館。閃知愿以竹紙❽湖筆❾餽，以此地無紙筆，俱不堪書也。

二十日　抄書麓館。

二十一日　孩識來顧。

二十二日　抄書麓館。

二十三日　晨，大雨。稍霽，還拜孩識，並謝劉北有。下午，赴孩識之招。閃、俞俱同宴。深夜乃別。

二十四日　絕糧。知劉北有將赴省闈，欲設酌招余，余乃作書，謂：「百杯之招，不若一斗之粟，可以飽數日也。」

二十五日　新添邱術士挾一劉姓者至，邱自謂諸生，而以請仙行。招遊九龍池。遂泛池中亭子。候劉攜酌不至，余返寓抄書。北鄰花紅❿正熟，枝壓牆南，紅艷可愛。摘而食之，以當井李⓫。此間花紅結子甚繁，生青熟紅，不似余鄉之熟輒黃也。余鄉無紅色者，「花紅」之名，俱從此地也。下午，北有以牛肉斗米餽，劉、閃、馬俱教門，不食豬而食牛。劉以素餚四品餽。

二十六至二十九日　俱抄書麓館。俱有雨，時止時作，無一日晴也。

【章　旨】本章記載了第三百六十九天至第三百八十三天在永昌府的行跡。應劉北有的邀請，搬到太保山的書館居住，抄寫《南園漫錄》。園中十分幽雅，庭院中有「花上花」，種在庭院左邊就活，種在庭院右邊就枯死。另有杜鵑、魚子蘭等花。鄰居院中有花紅，紅豔可愛。其間有一天斷糧。

【注釋】❶約以明日　「日」原作「晨」，據徐本改。❷秋闈　又作「秋試」，明、清科舉制度，每三年的秋季，在各省城舉行一次考試，即鄉試。❸南園漫錄　明張志淳著，自序稱此書仿洪邁《容齋隨筆》、羅大經《鶴林玉露》二書而作。《四庫全書簡明目錄》稱其「似洪（邁）書者十之一，羅（大經）書者十之九」。❹花上花　扶桑中的重瓣良種。❺木槿　又名木錦，因花晨開夕落，又稱「朝開暮落花」。夏秋開花，花冠鐘形，紫紅或白色，有單瓣、重瓣兩種，後者可供觀賞。❻扶桑　又名佛桑，葉常綠，葉色、葉形均如桑似槿。花有一種獨特的風韻，輕柔明麗，婀娜可愛。花冠呈漏斗狀，有單瓣、複瓣之別。紅色的品種又名朱槿、赤槿，大紅重瓣的則被譽為「朱槿牡丹」。全年開花，為著名觀賞植物之一。❼下喬　即下喬入幽。《孟子・滕文公上》：「吾聞出於幽谷，遷於喬木者，未聞下喬木而入於幽谷者。」❽竹紙　用嫩竹做原料製成的紙。唐以前文獻尚無竹紙記載，北宋時書家始用竹紙，至南宋遂普遍使用。❾湖筆　浙江湖州出產的毛筆。元時湖州人馮應科、陸文寶善製筆，鄉人相習，於是湖筆著稱於世。❿花紅　又名沙果、林檎。春夏之交開紅色花，果實扁圓形，可食。⓫井李　《孟子・滕文公下》：「陳仲子豈不誠廉士哉？居於陵，三日不食，耳無聞，目無見也。井上有李，螬食實者過半矣，匍匐往，將食之，三咽，然後耳有聞，目有見。」當時霞客正斷糧，故以花紅代食，有如陳仲以井李充飢。

【語譯】十五日　在會真樓休息。

十六日　去會晤閃知愿。返回時拜訪劉北有，留我吃飯，隨即一起前往太保山麓的書館。書館中花木叢深，覺得十分幽閒。坐了很久，一陣雨過後，恰好閃知愿送來《南園錄》及《永昌志》，就留在書館中。北有留我搬到書館中住，我多次辭謝他，到這時見這裡幽雅，立即答應了他，約好明天搬來。雨停後，劉北有把鑰匙交給我，因為他將去參加秋試，沒空再來了。我於是告別，返回會真樓。

十七日　閃知愿再次迎候我去赴宴，並等候他的兄長閃太史及堂叔閃孩識一起赴宴。深夜才分別。

十八日　把住所搬到山麓西南的打索街，即劉北有的書館。他的書館外有租房住的人，將日用器具送進來，也是劉北有吩咐做的。我獨自坐在書館中，抄寫《南園漫錄》。隨後馬元中又找來《續錄》，我於是先抄《續錄》。乘雨折下庭院中的「花上花」，插在木球腰部的小孔中就活了，花蕊也吐花。「花上花」，葉子和枝條像我家鄉的木槿，但花色正紅，像福建的扶桑，只是扶桑六、七朵疊攏聚成一團花，這花則一朵四瓣花片，從花心中又抽出重疊在花上，顏色殷紅，開得很久，從春天到秋天還在開。雖然插在地上就會活，如同石榴，但種在庭院左邊就活，種在右邊就會枯死，也很奇怪。又把杜鵑、魚子蘭、這蘭花像真珠蘭但沒有蔓枝，莖短，葉片圓而有光，抽穗又細又黃，上面叢生的籽就像魚子，不開花就脫落，幽雅的韻味和蘭花相同。小山茶，分別栽在木球的小孔中，沒有不活的。午後，俞禹錫雨中前來看望，並帶來飯買了酒，贈送我的詩，中有「下喬」的詩句。說會真樓高曠爽朗，可將一片平野的陰晴美景盡收眼底。我以一首五律詩〈幽棲解嘲〉作答。說這裡便於抄書。

十九日　在書館抄書。閃知愿饋贈竹紙、湖筆，因為這裡無紙筆，都不能書寫。

二十日　在山麓書館抄書。

二十一日　閃孩識來探望。

二十二日　在山麓書館抄書。

二十三日　早晨，下大雨。稍許轉晴，去回拜閃孩識，並向劉北有道謝。下午，赴閃孩識的邀請。閃知愿、俞禹錫都一起赴宴。深夜才分別。

二十四日　斷糧。得知劉北有將赴省城應試，打算設宴邀請我，我於是寫信說：「百杯酒的豐厚招請，不如一斗粟米，可以吃飽幾天。」

二十五日　新添邱術士帶一個姓劉的人到來，姓邱的自稱是儒生，卻以請神為業。招我去遊九龍池。於是泛舟到池中的亭子。等候劉北有帶酒來，沒有到，我返回寓所抄書。北邊鄰居院中的花紅正好熟了，樹枝壓在牆的南邊，紅豔可愛。將它當作「井李」，摘了吃。這裡的花紅結的果子很多，生時青，熟時紅，不像我家鄉熟了就變黃。我家鄉無紅色的果子，「花紅」的名稱，全來自這裡。下午，北有饋贈牛肉和一斗米，劉北有、閃知愿、馬元中都是回教徒，不吃豬肉吃牛肉。劉還饋贈四種素菜。

二十六日至二十九日　都在山麓書館抄書。這幾天都有雨，時停時下，沒有一天放晴。

【研析】雲南地熱資源豐富，現已發現溫泉四百四十多處。徐霞客在探遊途中，經常看到地熱水從地表溢出。

在滇西橫斷山脈的縱谷地帶，尤其是騰衝—瑞麗這一區帶，地熱水的溫度最高，流量很大。騰衝素稱「地熱之鄉」，由於火山對地熱活動的巨大影響，在騰衝火山群周圍出現了溫泉群。據統計，騰衝現有汽泉、溫泉、熱泉、沸泉群八十多處，其中水溫高達九十度以上的熱泉群十一處，是中國已知的第二大熱氣田，其中尤以黃瓜箐—澡塘河—硫磺塘一帶的熱泉群最為壯觀，史稱「熱海」、「熱田」。徐霞客在《遊記》中著重描述的，正是這一帶的地熱狀況。他到黃瓜箐，「遙望峽中蒸騰之氣，東西數處，鬱然勃發，如濃煙捲霧，東瀕大溪，西貫山峽。先趨其近溪煙勢獨大者，則一池大四、五畝，中窪如釜，水貯於中，止及其半，其色渾白，從下沸騰，作滾湧之狀，而勢更厲，沸泡大如彈丸，百枚齊躍而有聲，其中高且尺餘，亦異觀也」。往前到澡塘河，「坡間煙勢更大，見石坡平突，東北開一穴，如仰口而張其上齶，其中下綰如喉，水與氣從中噴出，如有爐橐鼓風煽焰於下，水一沸躍，一停伏，作呼吸狀；躍出之勢，風水交迫，噴若發機，聲如吼虎，其高數尺，墜澗下流，猶熱若探湯；或躍時，風從中捲，水輒旁射，攪人於數尺外，飛沫猶爍人面也」。再往前便是硫磺塘，「坡間煙勢復大，環崖之下，平沙一圍，中有孔數百，沸水叢躍，亦如數十人鼓煽於下者，似有人力引水」。在此，徐霞客描述了騰衝沸泉的幾個特點：一是遠望水氣蒸騰，如同煙霧；二是近看水珠跳躍，如同彈丸；三是顏色渾白；四是沸騰有聲；五是氣勢淩厲，四處噴射；六是熱若探湯，灼人之臉；七是水孔成群，一圍數百。因為當地早先有岩漿噴出，此時餘熱未盡，地下水滲入到地底深處，於是像燒開的鍋爐底部加入冷水那樣，熱氣騰湧而出，當水溫超過沸點，水氣就向高處噴發，形成氣柱，經久不散。「如仰口而張其上齶」數句，即形容這種情景，設想奇特，刻劃工巧，奇思壯采，從筆底迸湧，在紙上騰躍。特別難得的是，徐霞客還明白在沸泉湧出的地下，不僅有熱源，還有壓力，「如有爐橐鼓風煽焰於下」，「如數十人鼓煽於下者，似有人力引水」，故能躍起「高數尺」。至於「水一沸躍，一停伏，作呼吸狀」，則與壓力的強弱有關。這樣的文字，只可能出自徐霞客之手，因為他人往往淺嘗輒止，故所記比較單一，不及他全面、具體；他人也沒有霞客那樣敏銳的觀察力，故描述就較空泛，不能像他那樣抓住景物的特徵；他人更缺乏深入思考和推理的能力，故只能記述一些表象，而不能探究造成這種自然現象的原因。和霞客相比，他人的文字華麗而不生動，比喻誇張而不貼切。他人所寫的只是轉瞬即逝的隨想，而霞客所記的則是永不磨滅的觀察與思考。

在《遊記》中，霞客根據水溫的高低，將地熱水分為溫泉、熱泉、沸泉三類。硫磺塘一帶都是沸泉，水「作滾湧之狀」，「熱若探湯」。據今人的測量，硫磺塘噴泉的水溫在攝氏一百零二度，和當今世界上將沸泉水溫定在攝氏一百度左右的標準相合。地熱水不僅可按水溫的高低分類，也可按水中所含礦物質分類，如或含鹽，或含鹼，或含硝，或含硫磺，或含硫酸，或含碳酸。在硫磺泉和碳酸泉區內，草木茂盛，而在硫酸泉區內，則寸草不生。顧名思義，硫磺塘一帶為硫磺泉。《遊記》中寫了在噴水（氣）口附近，就有「硫磺環染」，並記載了當時人提取硫磺和硝的情況。這種土法提取，至今仍為當地民眾所襲用。

在騰越北境的熱水塘，徐霞客遍觀熱水流洩的情況，景象十分奇特：「蓋塢中有小水自東峽中注而西者，冷泉也；小水之左右，泉孔隨地而出，其大如管，噴竅而上，作鼓沸狀，滔滔有聲，躍起水面者二、三寸，其熱如沸，有數孔突出一處者，有從石窞中斜噴者，其熱尤甚。」可見這裡同樣是一處噴水孔集中成群的沸泉。徐霞客沒有解釋為什麼在沸泉群中，竟有一條冷泉，但他注意到並提出這個問題，對後人研究地熱現象，提供了一個很好的課題。後來他到永昌的金雞村，看到「村東有泉二池，出石穴中，一溫一寒」。在順寧的習謙，又看到在東西兩條溪水會合處，「有溫泉當其交會之北涘……亦一奇也」。此外，《遊記》中還記載了「泉不熱而溫，流不急而平」的騰越猛連溫泉，「水俱不甚熱，正可著體」的大洞村溫泉等。

由於溫泉含有多種化學物質成分和一些微量元素，因此通過蒸浴治病，成了過去地熱水最大的利用價值，如普陀崆熱水洞，「其水自洞底湧出如沸湯。人入洞門，為熱氣所蒸，無不浹汗，有疾者輒愈」。霞客自己也因久涉瘴癘之地，渾身發滿疹塊，雖然明知以風邪濕熱得病，苦於無藥可治。後來到雞足山，在「煎以藥草」的溫泉中，「久浸而薰蒸之，汗出如雨」，大喜道：「此治風妙法，忽幸而值之，知疾有瘳機矣。」

雖然騰衝的火山地熱，早已聞名於世，但像徐霞客那樣，作如此具體、翔實的記載，實不多見。作為較早的實地勘察報告，其資料價值也就彌足珍貴。特別是將當今科學勘察的結論，與霞客的記載相比較，竟基本相似，說明騰衝的地熱資源，在這三百多年間，並沒有多大變化，這對今人有計畫地、可持續地開發利用，提供了科學的保證，而毋須為是否會破壞、耗盡這些資源擔憂。

從《遊記》中可知，當時雲南（特別是滇西）不少地區，還保留著大片原始熱帶森林地帶。如劍川石寶山駝強江邊，「巉石飛騫，古木盤聳，懸藤密箐，蒙蔽山谷」。永昌龍王塘邊，「深木叢箐，虧蔽上下」，「抵下峽則隔於上，凌上峽則隔於下，蓋叢枝懸空，密蔓疊幪，咫尺不能窺，惟沸聲震耳而已」。騰越烏索的峽谷，「巨木參霄，緯藤蒙塢，遂極幽峭之勢」。怒江西岸高黎貢山中，「兩岸高木蟠空，根糾垂崖外，其上竹樹茸密，覆陰排幪，從其上行，不復知在萬山之頂，但如唐人所咏『兩邊山木合，終日子規啼』，情與境合也」。怒江西岸雪山大脊前的石城山，「兩旁皆叢箐糾藤，不可著足，其下坎坷蒙蔽，無路可通」；「南向披叢棘，頭不戴天，足不踐地」；「茅倒者厚尺餘，豎者高丈餘，亦仰不辨天，俯不辨地」。值得注意的是，這些地方都幽峭深邃，無路可通，由於沒人進去，從而避免了砍伐。而在城市附近人口比較集中的地方，情況就完全不同。如昆明棋盤峰，「頂間無高松巨木，即叢草亦不甚深茂」。從大理筆架峰漸漸往上，「山樹亦盡」，「頂皆燒茅流土，無復棘翳，惟頂坳間，時叢木一區，棘翳隨之」。以及先前所路過的貴陽，已「童然無木」了。徐霞客十分重視由於自然條件的改變，對動植物生存環境的影響，並從中探討、總結一些規律，希望世人能從中起保護而不是破壞的作用。遺憾的是，他那些很有遠見的保護生態環境的思想，如空谷足音，並未引起利慾薰心的世人的注意。隨著人類活動範圍的不斷擴展，特別是那種粗暴而又愚蠢的、隨心所欲且又自覺其樂無窮的向自然索取、與天地鬥爭的行為在近世愈演愈烈，霞客所描寫的「綠雲上幕，而仰不見天日，玉龍下馳，而旁不露津涯」的地區，現在也已人煙稠密、滿目荒山了。

當徐霞客離開騰越返回永昌時，途中穿越高黎貢山，「風雨西來，一天俱漫」，人在雨浪中行走，但當他越過一座最高的山嶺，抵達分水關，「天色大霽，路磴俱燥」，方才明白「關名分水，實分陰晴也。」這種咫尺之隔便形成兩種截然不同的氣候的情景，在滇西山地並不罕見。不知有多少人通過此關，同樣經歷一雨一晴的變化，但很少人會以此作為一個問題進行思考，揭示氣流會因地形地勢的不同而發生或雨或晴的變化。霞客回到永昌後，遊覽了城南的芭蕉洞。這洞平時「石不潤而燥，紋甚細而晶」，到每年二月間，「石發潤而紋愈皎茁」，當地人稱為「開花」，故又名石花洞。他對「石花」之名頗為讚賞，因為這比「芭蕉」更能顯示洞的妙處。洞內真正的奇觀，在「一柱中懸，大如覆鐘，擊之聲鋐鋐」。而且不僅這石柱有聲，只要在「洞底頓足，輒成應響」。據他分析，這是由於下面也是空的緣故。隨後他到下面的水洞探遊，發現這水洞就是石花洞的下層，證實了前面認為「其下亦空」的推測。永昌城外的馬園，有龍泉寺，「陂池罨映，泉源沸漾」，景觀比龍隆池更加奇麗。徐霞客透過觀察，認為「蓋後峽環夾甚深，其水本大，及至峽口，此園當之，峽中之水，遂不由溪而沁入地中，故溪流如線，而從地旁溢」。常人面對一處奇景，只是讓眼睛享受，而將大腦擱置不用；只看現象，不究原因；只覺稀奇，從不想到探奇；總是在嘖嘖稱讚之後，戛然而止，而不能通過思考和想像，去發現和展示更廣闊的情境；故只會留下浮光掠影的印象，寫出一些處處可用又字字可移的文字，這真是他們和霞客一個最根本的區別。而《遊記》所以能「奇踪異聞，應接不暇。然未嘗有怪迂侈大之語，欺人以所不知」，也在於此。

進入雲南後，徐霞客的身體已大不如前，但依然聞險色舞，迎難而上。自然的險境，和他趨險的心理，似有感應，互相吸引，使其探險的過程，本身也成為一種壯觀。他曾不顧遊人交呼「此處險，極難階」，獨自「遏蹶上躋」，登臨金華山頂。誰知下山的路更加危險，「路窮箐密，傾崖倒坎，欹仄蒙翳，下嵌莫測」。他只得「攀枝橫跌，跌一重復更一枝，幸枝稠箐密，不知倒空之險，如是一里，如蹈碧海，茫無涯際」。徐霞客生平所遇的第一險境，在騰越的石房洞山。當時他望見一座巀嶪之峰，感到十分奇特，於是仰面往上攀登。走了半里，土山陡削不能落腳，只能用手指抓住草根攀登；不久草根也抓不住了，幸虧已到石山，但岩石也不穩固，一踩上去石塊就會墜落，「間得一少粘者，綳足掛指，如平帖於壁，不容移一步，欲上既無援，欲下亦無地，生平所歷危險，無逾於此」。因為其他地方有這樣的峭壁，便沒有這樣鬆動的泥土；有這樣的泥土，便沒有這樣鬆動的石塊。好不容易貼著石壁，懸空移動手腳，到達石房洞。洞內沒有什麼奇景。出洞後下山仍無路可走，好在懸崖上都是連接的草根，「遂坐而下墜，以雙足向前，兩手反而後揣草根，略逗其投空之勢，順之一里下」。到達山麓，就像重生一般。在爬山前，徐霞客已只剩三十文錢，藏在袖中，可買吃一天的米，爬山時因手腳無主，將錢丟失了。下山後身無分文，只得將夾衣、襪子、裙子掛在外面出賣，幸虧賣掉一件綢裙，才有錢吃飯回到寓所。但他毫無憾意，為了犒勞自己這次探險，於是「啜酒而臥，不覺陶然」。「險哉遮莫千萬山，畢竟不敵遊山骨一把。」（唐泰〈汗漫歌〉）如果說，在探險的過程中，痛感已漸漸轉化為快感，那麼在脫險之後，更進而變為崇高感和自尊自豪感了。

霞客能取得如此矚目的成就，除了他善於思考，勇於探險，能不懈地深入一般文人學士決不會到的地方，進行實地勘察，掌握第一手的真實可信的資料外，還在他同樣不懈地深入學習，向書求教。他不盡信書，但始終好讀書，即使在西遊途中，在身心疲憊、資金匱乏、時勢緊張、環境惡劣這樣十分困難的條件下，依然嗜書成癖，一路買了不少書，在買不到的情況下，就擠出時間抄書。他在騰越和永昌停留的日子裡，有好多天用來抄書，如「八關」、「三宣」、「六慰」諸圖，都「一一抄錄之，數日無暇刻」，因樂在其中，甚至「不知在寓中，並在雨中也」。他在永昌太保山麓的書館連住十七天，不曾出遊，也是在抄寫《南園漫錄》等書。

當然，徐霞客也有他的局限。進入雲南後，或許是由於遭遇的艱難挫折日增、因命運不可捉摸而帶來的困惑日大、對人世桑滄的感觸日深，他對風水之說的興趣也比以前要濃，在《遊記》中出現了一些圍繞這個話題的談論。鶴慶城北的旗鼓山，山坡上墳塚纍纍，據當地人說，從前土官高氏家的墳地就在這座山岡上，明初認為這裡有王者之氣，派大軍挖斷了山的後脈，就是如今低伏的地方。徐霞客聽後說：「不知起伏乃龍脈之妙，果挖之，適成其勝耳，宜郡城之日盛也。」永昌的胡家墳，為明正統間指揮使胡琛的墓，據當地人說，胡氏墓的規模應屬帝王所有，被朝廷知道了，於是挖斷它的地脈，造成胡氏的衰落。徐霞客指出：「鑿脈乃諸葛南征時所為。」但又認為：「其墓欲迎水作東北向，遂失下手砂，且偏側不依九隆正脈，故胡氏世賞雖僅延，而當時專城之盛遂易。」和在鶴慶時一樣，他嘲笑了時人的愚昧，不知自己已落入同樣的迷信之中。

在浪穹（今洱源）鐵甲場，徐霞客已看到當地村民「慣走緬甸，皆多彝貨」。騰越與緬甸接近，兩地民眾間的來往尤多，如潘一桂雖為秀才，也「走緬甸，家多緬貨」。由於名揚在外，遠在省城的巡按派公差前來索取碧玉，潘為此事所苦，以致不敢見客，「亦不敢以一物示人，蓋恐為承差所持也」。同樣出於對暴力的崇拜，對弱者的欺凌，以不勞而獲為才幹，以橫行不法為榮耀，做官的藉權力巧取豪奪，下層暴徒以武力搶奪劫掠。在永昌冷水箐附近，就有強盜在光天化日之下搶劫傷害過路人。社會風氣敗壞，甚至蔓延到一些讀書人和僧人身上，徐霞客在永昌臥佛寺，就看到有三、四個帶酒來的讀書人，「挾妓呼僧，團飲其中」。

當徐霞客從騰越返回永昌時，怒江「怒流奔騰，勢倍於來時矣」。《遊記》中有一段十分簡略的文字：「乃坐巨樹下待舟，觀洪流洶湧，競渡者之紛紜，不啻從壁上觀也。」這段話僅四句，二十餘字，但卻描畫出一幅絕妙的風情畫。一面是紛紜的競渡者，一面是冷眼旁觀者，在洶湧的江濤前形成強烈的對照。競渡者也許不會注意旁觀者，但以冷眼來旁觀急切的競渡者，便別有一番滋味、一層含意了。

霞客西遊，行程數萬里，沿途越過千山萬水，經過千村萬落，並將所路過的地名，不論其地大小，一一記在日記之中。據統計，《遊記》中所錄地名多達上萬個。滇西八關，是明正統年間為抵禦外敵，「威定邊疆」而設的八個重要關口，為「華夷之界」，但《明史·地理志》竟未作記載。《遊記》中對八關的名稱、分布狀況、所屬守備、附近產物、交通、變遷，都作了詳細的記載，還記載了古勇、巔塘這兩處人跡罕至的古關，從中透露了他的傷時憂邊之心，可補正史之不足。《遊記》中還更正了一些以訛傳訛的地名，如武夷山的杜轄巖訛為覲閣巖，桂林天賜田訛為天子田，貴州普安（今盤縣）亦字孔訛為亦資孔，雲南麗江羅均山訛為老君山等。並辨別了一地多名的情況，如九疑山玉琯巖又名書字嶺，漾別江又名勝備江，龍川江又名麓川江等。更難得的是，徐霞客還通過實地考察，對一些地名的由來作了考證，如昆明進耳山是因為山岡「內夾深坑，旋轉而入，若耳內之孔」，即形狀而得名；廣西北流鬼門關，因其地多瘴氣，諺語有「鬼門關，十人去，九不還」，即環境而得名；貴州白水河以水流「翻崖噴雪，滿溪皆如白鷺群飛」，即顏色而得名；江西貴溪龜峰四聲谷，以「從其側一呼，則聲宛轉凡四」，即聲音而得名；貴州不少地名前面加有「安」字，如安順、安莊、安南等，是因為安氏曾長期在此統治，即姓氏而得名；大理的石戶村，以這裡居民原為石工，即職業而得名；普安亦字孔，則以當地「有穴紛駢縱橫如『亦』字」，即洞穴而得名；雲南浪穹三營的得名，是因為「沐西平再定佛光寨，以其地險要，特立三營以控扼之」，只是當地人呼「營」為「陰」，致使徐霞客起先還誤以為是「山陰」；而交趾得名，可能是因為那裡男子所穿木屐，「絆皮二條，交於巨趾間」。晉代寧州府治存在著兩種說法，一說在味縣（今雲南曲靖），一說在滇池（今雲南晉寧東晉城），霞客根據當地歷史古蹟進行考證，以晉寧州陽城堡有祭祀寧州刺史李毅女李秀的明惠夫人廟，認為晉寧州「駐節之地，實在於此」。他還指出了浪穹三江和鄧川三江的區別，前者「三江合流」，後者「三江分流」，名同而實異。並指出了一些名實不符的情況，如鶴慶清水江，「其水猶濫觴細流，不足名溪，而乃以江名耶?」大理合江鋪，實三條水合流，「不止漾水、濞水而已」。漾濞驛「止當漾水，與濞水無涉，何以兼而名之耶?」永平天頂鋪的天井，「在萬山絕頂」，並沒有井。騰越南香甸，「其甸在北，不應以『南』稱也」。徐霞客用以考察水系的名言：「分而岐之名愈紊，會而貫之脈自見。」就是針對因一水多名而產生的紊亂提出的。當然，由於條件的限制，《遊記》中也存在著一些錯誤，如他記載五臺山老僧石堂指點諸山，有「北有塢曰臺灣」之言，這裡「臺灣」係「臺懷」之誤。永昌哀牢山，「一碑樹北頂，惡哀牢之名，易為安樂焉」，徐霞客認為是「無徵」之言，其實此山本名安樂山，因當地土話而訛傳為哀牢山，並非無稽之談。

滇遊日記十一

【題解】永昌西北，地僻人稀，勝景疊出。崇禎十二年（一六三九）七月，徐霞客第三次出城遊覽，經虎坡，考察了乾海子、瑪瑙山，觀賞堪稱「滇中第一」的瑪瑙山瀑布。隨後渡過怒江，深入高黎貢雪山東坡的石城山，探遊當地的原始森林。返回永昌城後又留居十餘日，於月底離永昌南行，到達小臘彝。

己卯七月初一至初三日　抄書麓館，亦無竟日之晴。先是，俞禹錫有僕還鄉，請為余帶家報。余念浮沉之身，恐家人已認為無定河邊物❶；若書至家中，知身猶在，又恐身反不在也，乃作書辭之。至是晚間不眠，仍作一書，擬明日寄之。

初四日　送所寄家書至俞館，而俞往南城吳氏園。余將返，其童子導余同往。過南關而西，一里，從南城北，入其園，有池有橋，有亭在池中。主人年甚少，昆仲二人，一見即留酌亭中。薄暮，與禹錫同別。始知二主人即吳麟徵之子，新從四川父任歸者。麟徵以鄉薦，初作教毗陵❷，陞南部❸，故與俞遇，今任四川建昌道❹矣。

【章旨】本章記載了進入雲南後第三百八十四天至第三百八十七天在永昌府的行跡。俞禹錫有僕人回鄉，要為我帶家信，聽了心中十分矛盾。次日和禹錫在城南吳家花園飲酒。

【注釋】❶無定河邊物　唐末陳陶〈隴西行〉：「可憐無定河邊骨，猶是春閨夢裡人。」無定河在今陝西北部，上源紅柳河，源出白于山北側，繞經內蒙古南端，穿過長城折向東南到清澗河口匯入黃河。❷毗陵　古縣名，西漢置，治所在今江蘇常州。❸南部　南京部郎。明成祖遷都北京後，以舊都南京為留都，保留了一些官職。在南京的官員前加「南京」二字。❹建昌道　明代置建昌兵備道，駐建昌衛（在今四川西昌）。

【語　譯】崇禎十二年七月初一至初三　在山麓書館抄書，也沒有整日的晴天。在此之前，俞禹錫有個僕人回家鄉，要為我帶家信。我考慮自身飄泊不定，怕家裡人已認為成了無定河邊的屍骨，如果信到家中，知道我還在，又怕那時我反倒不在人世了，於是寫了信辭謝他。但這天到了晚上睡不著，仍寫了一封家信，準備明天寄給他。

初四　將所寄的家信送到俞禹錫的書館，而俞禹錫已去南城吳家花園了。我將返回，他的書童領我一起去找他。過了南關往西，走了一里，從南城往北，進入那花園，園中有池有橋，池中有亭。主人年紀很輕，兄弟二人，一見面就留我在亭中飲酒。傍晚，和禹錫一起辭別。這才知道二位主人就是吳麟徵的兒子，最近從四川父親的任所回來。吳麟徵以舉人的身分，最初在毗陵作教諭，升至南部院任職，所以和俞禹錫相遇，如今出任四川建昌道員了。

初五日　又絕糧。余作書寄潘蓮華，復省中吳方生，潘父子以初八日赴公車❶。且與潘索糧。不及待，往拜吳氏昆仲，不遇，即乘霽出龍泉門，為乾海子之遊。由九隆池左循北坡西向上，一里，出寺後，南瞰峽中馬家園，即前日閃太史宴余其中者，昔為馬業，今售閃氏矣。從此益西向上，一里，瞰其北峽，乃太保新城❷所環其上者，乃知其西即寶蓋山之頂，今循其南岡而上也。又迤邐上者三里，始隨南峽盤坡入。二里，路北之樹木，森鬱而上，路南之樹木，又森鬱而下，各有莊舍於其中。其北者為薛莊，其南者為馬莊，其樹皆梨柿諸果。余夙聞馬元中有兄居此，元中囑余往遊，且云：「家兄已相候久矣。」至是問主人，已歸城，莊虛無人。

時日甫上午，遂從其後趨乾海子道。其處峰稍南曲，其下峽中有深澗，自西北環夾東出，水聲驟沸，即馬家園綰九隆南塢之上流也。此處騰湧澗中，外至塢口，遂伏流不見。南溢而下汎者，為馬園內池；北溢而下汎者，為九隆泉池，皆此水之伏而再出者也。於是循澗北崖盤坡而上，一里，北折入峽。二里，稍下就澗行。其處東西崖石夾峙，水騰躍其中，路隨之而上，蓋已披寶蓋山之西麓矣。或涉水西，或涉水東，或涉水中而上。北五里，漸西，其溪分兩道來。由其中躡嶺西北上，始望見由此而北，分峽東下者，為寶蓋之脊，又東下而為太保；由此而南，分峽東下者，為九隆南山之脊，又東下為九隆岡。此其中垂之短支。躡之迤邐上，五里，始西越其脊。下瞰脊西有峽下繞，甚深，水流其中沸甚，此即沙河之上流也。其西又有山一重橫夾之，乃為南下牛角關之脊，而此脊猶東向之旁支也。循北崖西行三里餘，始西南墜壑下。下又三里餘，始抵溪之東岸。兩崖夾溪之石甚突兀，溪流逗❸石底而下，層疊騰湧，而蒙箐籠罩之，如玉龍踴躍於青絲步障❹中，志所謂溜鐘灘，豈即此耶？路緣東崖下，北溯溪，有小洞倚崖，西瞰溪流。入坐其間，水乳滴瀝，如貫珠下。出復北溯溪三里，有木橋跨而西。度其西，上嶺，遂與沙河上流別。

三里，登南度之脊。其脊中低，南北皆高，南即牛角關之脈，北高處為虎坡，乃從西北度脈而來者。路逆溯之，循北嶺東坡而上，又二里，從嶺北西向穿坳，是為虎坡。此坡由北沖東蒲蠻寨❺嶺度脊西南下，繞為北沖南峰，南向逶迤，東墜沙河之源，西環乾海子❻之塢，南過此嶺，稍伏而南聳牛角關。又伏而度脈，分支西北掉尾者，為蒲縹西嶺；正支東峙松子山，繞石甸東而南盡於姚關❼者也。過坳西，即有坑西墜，路循北坡西北行，五里西下，行峽中。溯流躡澗三里，再逾嶺。又三里，出嶺西，始見西南下壑稍開。有西峽自北而南，與南峽合而西去，有茅數龕嵌峽底，曰鑼鼓寨。皆儸儸之居。於是盤東坡北向，而轉溯西峽之上行，蓋西峽有山自北坳分支南亙，環於東界之西，路由其中直披北坳而入。三里，涉北來小水，遂西盤其坳脊。二里，出坳西，其西南盤壑復下開，而路乃北向躡嶺，曲折西北，盤之而升，三里餘，登嶺頭。蓋此嶺從虎坡北乾海子東，分支西突，又西度為大寨❽西峰，南北横亙於大寨、瑪瑙山之間，此其東下之嶺也，其北為崇脊，其南為層壑。遙望數十家倚西亙横峰下，即大寨也。於是西南盤層壑之上，二里，越岡西下。又二里，西南下至塢間，涉北來小峽，又西上半里，是為大寨。所居皆茅，但不架欄❾，亦儸儸之種。俗皆勤苦墾山，五鼓輒起，昏黑乃歸；所墾皆磽瘠之地，僅種燕麥、蕎麥而已，無稻田也。余初買米裝貯，為入山之具❿，而顧僕竟不之攜；至是寨中俱不稻食，煮大麥為飯，強嚼之而臥。

【章　旨】本章記載了第三百八十八天在永昌府的行跡。又斷糧。乘天晴去遊覽乾海子。從九隆池沿北坡往西上山，途中俯視馬家園和太保新城。路南北兩邊的樹木都很茂盛，北邊為薛莊，南邊為馬莊。峽谷有深澗，即在馬家園被束住的九隆池南塢水的上游。隨澗水上行，到寶蓋山西麓，考察太保山、九隆岡的山勢。越過山脊，俯視沙河上游，在深峽中喧騰。往下到溪岸，茂密的竹林罩住騰踴的溪流，懷疑這裡就是溜鐘灘。離開沙河上游，登上山脊，經過虎坡，考察牛角關所在的山脈、蒲縹西嶺、松子山的方位。繼續翻越山嶺，經過鑼鼓寨，到大寨，居民都是儸儸，開墾貧瘠的山地，沒稻米吃。

【注　釋】❶公車　漢代曾以公家車馬接送應舉的人，後因以「公車」為舉人入京應試的代稱。❷太保新城　南詔蒙氏皮羅閣在太保山下建土城。明洪武十八年（一三八五），在太保山頂築子城，二十二年（一三八九）建磚城。二十八年（一三九五），指揮使胡淵將城擴大，仿金陵將鍾山包在城內的規模，羅太保山於城內，使山與城渾然一體，被譽為滇西勝境。嘉靖二十八年（一五四九），再度增築，城周長十三里，共八門，東名昇陽，南名鎮南、龍泉，西名安定、永鎮，北曰仁壽、通華、拱北。門上都有樓，周循有四角樓、一炮樓、一鐘樓、一鼓樓。❸逗　投。❹步障　古時用以遮蔽風塵或障蔽內外的帷幕。❺蒲蠻

寨　蒲人居住的村寨。寨，原作「塞」，據《四庫》本改。❻乾海子　原缺「子」字，據徐本補。❼姚關　即老姚關，在永昌東南一百二十里，舊時為緬人出入路口。❽大寨　在保山西北境，大海壩水庫南面。❾欄　干欄，即竹樓。❿具　備辦。

【語譯】初五　又斷糧。我寫信寄給潘蓮華，回覆省城的吳方生，潘氏父子在初八進京參加會試。並且向潘蓮華要糧。來不及等待，前去拜見吳氏兄弟，沒有碰到，隨即乘天晴走出龍泉門，去乾海子遊覽。從九隆池左邊沿北坡往西上去，走了一里，到寺的後面，向南俯視峽中的馬家園，就是前幾天閃太史在其中宴請我的地方，過去為馬家的產業，如今賣給閃氏了。從這裡再往西向上，走了一里，俯視它的北峽，太保山新城就環繞在它的上方，才知道它的西面就是寶蓋山山頂，今天沿著它南面的山岡往上爬。又曲折綿延往上走了三里，才隨南峽盤繞山坡進入。走了二里，路北的樹木，繁密茂盛地往上生長，路南的樹木，又繁密茂盛地往下生長，林中各有村莊房屋。在北邊的是薛莊，在南邊的是馬莊，那裡都是梨、柿等各種果樹。我以前聽說馬元中有兄長住在這裡，元中囑咐我前往一遊，並說：「家兄已等候很久了。」到這裡後打聽主人的消息，已回城中，莊上空著無人。

這時看日光剛到上午，就從莊後趕往去乾海子的路。這裡山峰稍稍向南彎曲，山下峽谷中有深澗，從西北環繞相夾的峽谷中往東流出，水聲驟然沸騰，這就是在馬家園被束住的九隆池南塢水的上游。這裡騰湧在澗中的水，往外流到山塢口，便潛入地下暗流看不見了。往南溢出向下泛流的，成為馬家園內的池水；往北溢出向下泛流的，成為九隆泉池水，都是這條澗水潛入地下後再流出形成的。從這裡沿著澗水北邊的山崖盤繞山坡往上，走了一里，往北轉入峽谷中。又走了二里。稍稍往下到澗邊走。這裡東西石崖夾峙，水在其中騰躍，路隨著澗水上行，已到寶蓋山的西麓了。時而涉水到西邊，時而涉水到東邊，時而涉水上行。往北走五里，漸漸往西，溪水分兩道流來。從兩條溪水中間登上山嶺往西北上去，才望見從這裡往北，分出峽谷往東延伸的，為寶蓋山的山脊，再往東延伸成太保山；從這裡往南，分出峽谷往東延伸的，為九隆南山的山脊，再往東延伸成九隆岡。這裡是南北兩山中間下垂的短支脈。踩著它曲折往上，走了五里，才往西越過它的山脊。向下俯視山脊西邊有峽谷在下面盤繞，很深，水流其中喧騰，這就是沙河的上游。峽谷西邊還有一重山橫夾著它，是南下牛角關的山脊，而這裡的山脊還是往東延伸的旁支。沿著北邊的山崖往西走三里多，才往西南落下山壑。往下又走了三里多，才到達溪水的東岸。兩邊夾住溪流的石崖十分高峻，溪水投入石底往下流，層層疊疊，奔騰洶湧，而茂密的竹林籠罩著它，如玉龍在青絲帷幕中騰躍，志書所說的溜鐘灘，難道就是這裡嗎？路沿著東邊的山崖下去，往北沿溪水上行，有個小洞靠著山崖，向西俯對溪流。進去坐在洞中，石鐘乳的滴滴水珠，如串串珍珠落下。出洞後再往北沿溪水上行三里，有座木橋向西架在溪上。過橋到西岸，登上山嶺，便和沙河上游分開。

走了三里，登上往南延伸的山脊。這山脊中間低，南北兩邊都高，南邊就是牛角關的山脈，北邊高的地方為虎坡，是從西北的山脈延伸過來的。路逆著山勢走，沿北嶺的東坡往上，又走了二里，從嶺北往西穿過山坳，這是虎坡。這坡從北沖東面的蒲蠻寨嶺延伸山脊往西南下去，回繞成北沖的南峰，向南曲折伸展，東面落到沙河的源頭，西面環繞成乾海子所在的山塢，南面伸過這座山嶺，稍許低伏後在南邊聳起為牛角關所在的山脈。另有低伏延伸的山脈，分支往西北掉轉尾部的，為蒲縹的西嶺；正支往東峙立的為松子山，繞到石甸東面後再往南到姚關為止。穿過山坳到西邊，就有坑谷往西落下，路沿著北面的山坡往西北走，過了五里往西下去，在峽谷中行走。踩著山澗沿水流上行三里，再越過山嶺。又走了三里，到山嶺西面，才望見西南方下面的山壑稍許開闊。西面有峽谷從北往南伸展，和南面峽谷會合後往西伸展，有幾間茅屋嵌在峽底，名鑼鼓寨。都是儸儸居住的地方。從這裡盤繞東邊的山坡往北走，而後轉到西邊的峽谷上方，逆向行走，因為西邊峽谷有山從北面的山坳分出支脈往南延伸，環繞在東界山的西邊，路從中間一直穿過北面的山坳進去。走了三里，渡過從北面流來的小水，便往西盤繞這道坳脊。走了二里，到山坳的西邊，它的西南下方，又開出盤繞的山壑，而路就往北登上山嶺，曲曲折折往西北走，盤繞山嶺向上，走了三里多，登上嶺頭。原來這山嶺從虎坡北面的乾海子東邊，分出支脈往西突起，又往西延伸成為大寨西峰，南北向橫亙在大寨和瑪瑙山之間，這裡就是它往東延伸的山嶺，它北面是高大的山脊，它南面是層層山壑。遠遠望見有幾十戶人家靠在向西橫亙的山峰下，就是大寨了。從這裡往西南在層層山壑上盤繞，走了二里，越過山岡往西下去。又走了二里，往西南走下到山塢中。渡過北來的小峽谷，又往西走上半里，這是大寨。居民住的都是茅屋，但不架竹樓，也是儸儸之類。當地人都勤苦墾山，五更就起身，昏黑才回家，所開墾的都是貧瘠的山地，只能種植燕麥、蕎麥而已，沒有稻田。我原先買了米裝好貯存起來，為進山作準備，但顧僕竟沒帶它來，到這裡寨子中都不吃稻米，煮大麥作飯，勉強嚼了些睡下。

初六日　天色陰沉。飯麥。由大寨後西涉一小峽，即西上坡。半里，循西山北向而升。二里，坡東之峽，駢束如門，門以內水猶南流，而坡峽俱平，遂行峽中。又北一里，有岐逾西山之脊，是為瑪瑙坡道。余時欲窮乾海子，從峽中直北行，徑漸翳，水漸縮。一里，峽中壘壘為環珠小阜，即度脈而為南亙西山，此其平脊也。半里過北，即有坑北下。由坑東循大山西北行，又一里而見西壑下嵌，中圓如圍城而底甚平，即乾海子矣。路從東山西向，環海子之北，一里，乃趁峽下。東山即虎坡大脊之脈，有岐東向，逾脊為新開青江壩❶道，入郡為近。南下半里，抵海子之北，即有泉一圓，在北麓間，水淙淙由此成流出。其東西麓間，俱有茅倚坡臨海而居，而西坡為盛。又半里，循麓而入西麓之茅。其廬俱橫重木於前，出入皆逾之。其人皆不解漢語，見人輒去。廬側小溪之成流者，南流海子中。海子大可千畝，中皆蕪草青青，下乃草土浮結而成者，亦有溪流貫其間，第不可耕藝，以其土不貯水。行者以足撼之，數丈內俱動；牛馬之就水草者，祇可在涯涘間，當其中央，駐久輒陷不能起。故居廬亦俱瀕其四圍，祇墾坡布麥，而竟無就水為稻畦者。其東南有峽，乃兩山環湊而成，水從此洩，路亦從此達瑪瑙山，然不能徑海中央而渡，必由西南沿坡灣而去。

於是倚西崖南行，一里餘，有澄池一圓，在西崖下蕪海中，其大徑丈餘，而圓如鏡，澄瑩甚深，亦謂之龍潭。在平蕪❷中而獨不為蕪翳，又何也？又南一里，過西南隅茅舍，其廬亦多，有路西北逾山，云通後山去，不知何所。其南轉脇間，有水從石崖下出，流為小溪東注。余初狎之，欲從蕪間涉此水，近水而蕪土交陷，四旁搖動，遂復迂陟西灣，盤石崖之上，乃倚南山東向行。一里餘，有岐自東峽上，南逾山脊，為新開道，由此而出爛泥壩者。余乃隨坡而下東峽，半里，則峽中橫木為橋，其下水淙淙，北自海子菰蒲中流出，破峽南墜。峽甚逼仄，故一木航之，此水口之最為瀠結者。其水南下，即為瑪瑙山後夾中瀑布矣。度橫木東，復上坡半里，陟其東岡，由脊上東南行。還顧海子之窩，嵌其西北，出峽之水，墜其西南；其下東南塢中，平墜甚深，中夾為箐，叢木重翳，而轟崖倒峽之聲不絕；其前則東西兩界山，又伸臂交舒，闢峽南去；海子峽橋之水，屢懸崖瀉箐中，南下西轉而出羅明壩❸焉。

於是循東山，瞰西峽。東南行一里餘，轉而南下。一里，有路逾東嶺來，即大寨西來者，隨之西南下坡。半里，忽一廬踞坡，西向而居。其廬雖茅蓋而簷高牖爽，植木環之，不似大寨、海子諸茅舍。姑入而問其地，則瑪瑙山也。一主人衣冠而出，揖而肅❹客，則馬元康也。余夙知有瑪瑙山❺，以為杖履所經，亦可一寓目，而不知為馬氏之居。馬元中曾為余言其兄之待余，余以為即九隆後之馬家莊，而不知有瑪瑙山之舍。瑪瑙山，《一統志》言瑪瑙出哀牢支隴，余以為在東山後。乃知出東山後者，為土瑪瑙，惟出此山者，由石穴中鑿石得之。其山皆馬氏之業。元康一見即諦視曰：「即徐先生耶？」問何以知之，曰：「吾弟言之，余望之久矣。」蓋元中應試省中，先以書囑元康者，乃瑪瑙山而非九隆後之馬家莊也。元康即為投轄❻，割雞為黍，見其二子。深山杳藹❼之中，疑無人跡，而有此知己，如遇仙矣！

下午，從廬西下坡峽中，一里轉北，下臨峽流，上多危崖，藤樹倒罨，鑿崖迸石，則瑪瑙嵌其中焉。其色有白有紅，皆不甚大，僅如拳，此其蔓也。隨之深入，間得結瓜之處，大如升，圓如毬，中懸為宕，而不粘於石。宕中有水養之，其精瑩堅緻，異於常蔓，此瑪瑙之上品，不可猝遇，其常積而市於人者，皆鑿蔓所得也。其拳大而堅者，價每觔二錢；更碎而次者，每觔一錢而已。是山從海子峽口橋東，南環而下，此其西掉而北向處，即大寨西山之西坡也。峽口下流懸級為三瀑布，皆在深箐迴崖間，雖相距咫尺，但聞其聲，而樹石擁蔽，不能見其形，況可至其處耶？坐瑪瑙崖洞間，有覆若堂皇，有深若曲房，其上皆垂幹虬枝，倒交橫絡，但有氤氳之氣，已無斧鑿之痕，不知其出自人工者。元康命鑿崖工人停搥而垂箐，覓樹蛾一筐。乃菌之生於木上者，其色黃白，較木耳則有莖有枝，較雞蔓則非土而木，以是為異物而已。且謂余曰：「箐中三瀑，以最北者為勝。為崖崩路絕，俱不得行；當令僕人停鑿芟道，異日乃可梯崖下瞰也。」因復上坡，至其廬前，乃指點四山，審其形勢。元康瀹茗命醴，備極山家清供，視隔宵麥飯糲口，不謂之仙不可也。

【章　旨】本章記載了第三百八十九天在永昌府的行跡。在峽谷中行走，到乾海子。海子有上千畝大，地下由草和土飄浮黏結而成，因為這裡的土不能蓄水，所以不能耕種，在中央停久了就會陷下去。離開海子，路過清澄晶瑩的龍潭，雖在雜草叢生的山野中，卻唯獨不被荒草遮沒。往前看到一條小溪，靠近水的地方荒草和泥土交相黏結，四旁搖動。走進一道十分狹窄的峽谷，只需橫架一根樹木就能通過，是水口中最為縈洄盤結的地方，這水往南流下，就成了瑪瑙山後夾谷中的瀑布。在山脊上行走，回頭望見東南山塢中叢林遮掩，轟崖倒峽的水聲不絕於耳。再往前到瑪瑙山，主人出來迎客，是馬元中的兄長馬元康，想不到在深山中竟有這樣的知己，真像遇到神仙。瑪瑙山是馬家的產業，開鑿石崖，就見瑪瑙嵌在其中，顏色有紅有白，都只有拳頭那麼大。石礦中有水，上品的瑪瑙不容易得到，在市場上出賣的都是次一等的。峽口下游懸掛成三級瀑布，雖近在咫尺，但只聞其聲，不見其形。坐在瑪瑙崖洞中，已看不到人工開鑿的痕跡。元康叫人到箐谷中找來一筐樹蛾，是長在樹上的菌子。上坡到元康的屋前，考察四周的山勢。元康設宴招待，備極山中人家清雅的食品。

【注釋】❶青江壩　今名青岡壩，在保山市西境的沙河邊。❷平蕪　雜草繁茂的原野。❸羅明壩　在保山西隅，怒江東岸，羅明壩河南岸。❹肅　進；引導。❺瑪瑙山　在保山城西楊柳大海壩，現已無開採價值。❻投轄　據《漢書·陳遵傳》，陳遵嗜酒，每次宴請賓客，都要關上門，取賓客的車轄投入井中，即使有急事，也沒法離開。轄，車廂兩端的鍵，去轄則車不能行。後因以「投轄」為主人留客的典故。❼杳藹　也作「杳靄」，幽深渺茫貌。

【語譯】初六　天色陰沉。吃了麥飯，從大寨背後往西徒步渡過一條小峽的水，隨即往西上坡。走了半里，沿西山往北上去。過了二里，山坡東邊的峽谷，並列緊束如同門戶，門內的水仍往南流，但山坡峽谷都很平坦，便在峽谷中走。又往北一里，有岔路越過西山的山脊，這是去瑪瑙坡的路。我這時想去窮究乾海子，從峽谷中直往北走，小路漸漸被遮沒，水流漸漸小起來。走了一里，峽谷中接連不斷的為環珠狀的小丘，就是延伸過來的山脈，成為往南綿延的西山，這裡是它平坦的山脊。走了半里，翻山到北邊，就有坑谷往北落下。從坑谷東邊沿著大山往西北走，又過了一里，看到西邊的山塹下陷，中間圓如圍城，但底部十分平坦，這就是乾海子了。路從東山往西，環繞海子的北邊，走了一里，就乘勢隨峽谷下去。東山就是虎坡大脊的山脈，有岔路往東，越過山脊是去新建的青江壩的路，到府城較近。往南走下半里，到達海子的北邊，就有一孔泉水，在北面的山麓間，泉水從這裡淙淙流出。海子東西兩邊的山麓間，都有茅屋靠著山坡面對海子居住，而西坡上茅屋較多。又走了半里，沿著山麓進入西山麓的茅屋。這裡的房屋都在屋前橫架重疊的木頭，進出都要越過它。村裡人都不懂漢語，見人就走開。屋旁匯成小溪的水流，往南流入海子中。海子約有上千畝大，裡面都是青青的荒草，下面是草和土漂浮黏結而成的污泥，也有溪水從中流過，只是不能耕種，因為這裡的土不能蓄水。行人用腳踩地，幾丈以內都會搖動；牛馬去吃水草，只可在岸邊，在海子的中央站立久了，就會陷下去不能起來。所以住房也全靠近海子的四周，只是開墾山坡種麥子，而竟沒有去水邊種植稻田的。海子的東南有峽谷，是兩邊的山環繞湊合而成的，水從這裡流洩，路也從這裡通往瑪瑙山，但不能從海子中央橫穿過去，必須從西南沿坡灣過去。

從這裡靠著西邊的山崖往南走，過了一里多，有一個澄清的圓形水池在西邊山崖下荒蕪的海子中，池的直徑有一丈多，而像鏡子那麼圓，澄澈晶瑩很深，也稱它為龍潭。這水池在雜草叢生的山野中卻獨不被荒草遮蔽，又是什麼緣故呢？再往南走一里，經過西南隅的茅屋，這裡房屋也很多，有路往西北過山，據說通往後山，不知是什麼地方。從村南轉到山脅間，有水從石崖下流出，成為小溪往東流去。我起先接近小溪，想從荒草中渡過這條溪水，但走近水的地方，荒草和泥土交合陷下，四旁搖動，於是又繞道登上西邊的山灣，在石崖的上面盤繞，就靠著南山往東走。過了一里多，有岔路從東邊的峽谷上去，往南越過山脊，是新開的道路，從這裡可到爛泥壩。我便隨著山坡走下東邊的峽谷。過了半里，只見峽谷中橫架樹木為橋，橋下水淙淙流去，從北邊海子的茭白蒲草中流出，沖破峽谷往南落下。峽谷十分狹窄，所以架起一根樹木就能過去，這是水口中最為瀠洄盤結的地方。這水往南流下，就成為瑪瑙山後面夾谷中的瀑布了。通過橫架的樹木到東邊，再登上山坡走半里，登上它東邊的山岡，從山脊上往東南走。轉身看海子所在的山窩，嵌在它的西北方，流出峽谷的水，落到它的西南方；它下方東南的山塢中，平落到很深處，中間夾成箐谷，樹叢重重遮掩，而轟擊山崖倒入峽谷的水聲不絕於耳；在它前方只見東西兩界的山又如手臂伸開交相舒展，開出峽谷往南延伸；海子峽中橋下的水，多次懸掛在山崖上瀉入箐谷中，往南流下再向西轉到羅明壩。

於是沿著東山，俯視西峽，往東南走一里多，轉而向南下去。走了一里，有路越過東嶺過來，就是從大寨往西過來的路，隨這條路往西南下坡。過了半里，忽然看到一座房屋座落在山坡上，朝西居住。這屋雖用茅草蓋頂，但屋簷高大窗戶明亮，種樹環繞著它，不像大寨、海子各地的茅屋。姑且進屋打聽這地方，原來是瑪瑙山了。一個衣冠端整的主人出來，作揖迎客，他便是馬元康。我過去知道有座瑪瑙山，以為在路過那裡時也可看一下，而不知道是馬家的住地。馬元中曾對我說他的兄長在等我，我以為就是九隆池後面的馬家莊，卻不知還有瑪瑙山的住房。瑪瑙山，《一統志》說瑪瑙的產地在哀牢山分支的土岡上，我以為在東山後面。這時才知在東山後面出產的，是土瑪瑙，只有在這山出產的，是從石穴中鑿石取得的。這裡的山都是馬家的產業。元康一見面就注視著我說：「是徐先生嗎？」問他怎麼知道的，他說：「我兄弟談起你。我盼望你已很久了！」原來元中去省城應試時，先寫信去囑咐元康的，是在瑪瑙山，而不是九隆池後的馬家莊。元康立即留客，殺雞做飯，引見了他的兩個兒子。幽深渺茫的深山中，懷疑沒有人跡，卻有這樣知己，真像遇見神仙了！

下午，從住房西邊下坡到峽谷中，過了一里轉向北，下面對著峽谷中的水流，上面有許多懸崖，藤條樹枝倒掩，鑿裂崖石，瑪瑙就嵌在其中。它的顏色有白有紅，都不太大，僅如拳頭，這是瑪瑙蔓生的地方。隨礦深入進去，偶爾能找到結成瓜樣的瑪瑙的地方，有升那麼大，球那麼圓，中間懸空成為石礦，但不黏在岩石上。石礦中有水養護著瑪瑙，質地純淨晶瑩，堅硬細緻，和平常蔓生所產不同，這是瑪瑙的上品，不可能在突然間遇到，那些經常堆積著出售給人們的，都是在蔓生處得到的，那種拳頭大而且堅硬的瑪瑙，價格每斤二錢銀子；更碎小而次一等的，每斤一錢銀子罷了。這山從海子峽口橋的東面，往南環繞延伸，這裡是它從西掉轉向北的地方，即大寨西山的西坡。峽口下游懸掛著三級瀑布，都在幽深的箐谷迴繞的山崖中，雖然相距近在咫尺，但只聽到水聲，被樹叢石崖環擁遮蔽，不能見到它的形影，更何況走到那裡呢？坐在瑪瑙崖洞中，有的洞覆蓋如同廳堂，有的洞幽深如同密室，洞上都垂掛著盤曲的枝條，倒掛橫伸交纏相連，只有瀰漫的雲氣，已無斧鎚挖鑿的痕跡，感覺不到它們是由人工挖鑿而成的。元康叫鑿崖的工人停下捶打，垂下箐谷中，找來一筐樹蛾，是生長在樹上的菌類，顏色黃白，和木耳相比則有莖有枝，和雞葼相比則不是生在土中而是長在樹上，因此看作奇物罷了。並對我說：「箐谷中的三級瀑布，以最北的景色最美。因為山崖崩塌道路斷絕，都沒法走去；應當叫僕人停止鑿崖，割草開路，他日方可登上山崖俯視下方。」於是再登上山坡，到他的住房前面，便指點四面群山，考察周圍的形勢。元康煮了好茶，吩咐上酒，極盡了山中人家清雅的食品，比起昨夜吃的糙麥飯，不能不說已是神仙生活了。

初七日　雨。與元康為橋中之樂❶。棋子出雲南，以永昌者為上❷，而久未見敵手。元康為此中巨擘，能以雙先讓。余遂對壘者竟日。

初八日　晨飯，欲別而雨復至。主人復投轄佈枰。下午雨霽，同其次君從盧右瞰溪，懸樹下，一里，得古洞，乃舊鑿瑪瑙而深入者，高四、五尺，闊三尺，以巨木為橋圈，支架於下，若橋梁之鞏，間尺餘，輒支架之。其入甚深，有木朽而石壓者，上透為明洞。余不入而下仍懸樹，一里墜澗底。其奔湧之勢甚急，而掛瀑處俱在其上下峽中，各不得達，仍攀枝上。所攀之枝，皆結異形怪果，苔衣❸霧鬚，蒙茸於上。

仍二里，還盧舍。元康更命其僕執殳❹前驅，令次君督率之，從向來路上。二里，抵峽口橋東岡，墜崖斬箐，鑿級而下。一里餘，憑空及底，則峽中之水，倒側下墜，兩崖緊束之，其勢甚壯。黔中白水之傾瀉，無此之深；騰陽滴水❺之懸注，無此之巨。勢既高遠，峽復逼仄，湯激怒狂，非復常性；散為碎沫，倒噴滿壑，雖在數十丈之上，猶霏霏珠捲霰集。滇中之瀑，當以此為第一，惜懸之九天，蔽之九淵，千百年莫之一睹。余非元康之力，雖過此無從寓目也。

返元康廬，挑燈夜酌，復為余言：此中幽勝。其前峽下五里，有峽底橋。過之隨峽南出，有水簾洞。溯峽北入，即三瀑之下層。而水簾尤奇，但路閟難覓，明晨同往探之。此近勝也。渡上江而西，有石城插天，倚雪山之東，人跡莫到，中夜聞鼓樂聲，土人謂之鬼城。此遠勝也。上江之東，瑪瑙之北，山環谷迸，中有懸崖，峰巒倒拔❻，石洞嵅岈，是曰松坡，為其家莊。其叔玉麓構閣青蓮，在石之阿❼，其人云亡，而季叔太麓，今繼棲遲。一日當聯騎而往，此中道之勝也。余聞之，既喜此中之多奇，又喜元康之能悉其奇，而余之得聞此奇也。地主山靈，一時濟美，中夜喜而不寐。

【章　旨】本章記載了第三百九十天、第三百九十一天在永昌府的行跡。整天和馬元康對弈，次日和他的次子出遊，從樹上懸空往下，探遊過去開鑿瑪瑙的洞，洞內下方有巨木支架，如同拱橋。所攀的樹枝，結滿異形怪果。接著到峽谷橋東的山岡，開路走到峽底，水勢十分雄壯，比貴州白水河深，比騰陽滴水河大，雲南瀑布，以此為第一。元康說這裡奇景很多，聽了高興得無法入睡。

【注　釋】❶橘中之樂　即橘中樂，又稱橘中戲、橘中趣。唐牛僧孺的《幽怪錄》：「巴邛人橘園，霜後兩橘大如三斗盎。剖開，有二老叟相對象戲，談笑自若……一叟曰：『橘中之樂不減商山，但不得深根固蒂，為愚人摘下耳。』」後因稱象棋為橘中樂。但據下文，霞客似又用以指圍棋。❷棋子出雲南二句　雲南所出圍棋子稱雲子，馳名全國。永昌所出圍棋子稱永子，為雲南之祖，質地尤佳。永子始於唐、宋，盛於明、清，「其製法以瑪瑙石合紫瑛石研為粉，加以鉛硝，投以藥料，合而煅之，用長鐵蘸其汁滴以成棋。有牙色深黑者最堅，次碧綠者稍脆，又臘色、雜色及黑白皆有花者其下也。」（光緒《永昌府志》）❸苔衣　青苔；苔蘚。❹殳　古兵器名，用竹木製成，一端有棱。❺騰陽滴水　〈滇遊日記九〉四月十六日日記，「滴水」作「跌水」。❻倒拔　顛倒聳起。❼阿　曲隅；彎曲處。

【語　譯】初七　下雨。和元康下棋取樂。棋子產於雲南，以永昌出產的為上等，長期未遇上對手。元康是棋中高手，能夠先讓我兩子。我和他整天對局。

初八　早飯後，想告別但雨又下起來了。主人又留我布局，下午雨停放晴，同他的次子從屋的右邊俯視溪流，懸空從樹上往下，走了一里，看到一個古洞，是過去挖鑿瑪瑙時深入進去的洞，高四、五尺，寬三尺，用巨木作為橋圈，在下面支架，就像橋拱，相隔一尺多，就支架一木。洞內往裡很深，有的地方木已朽爛而且岩石堆壓，上面穿透成為明洞。我沒進去，仍然從樹上懸空往下，過了一里，落到澗底。澗水奔騰，水勢很急，而瀑布懸掛處都在澗水上下的峽谷中，都不能到達。仍然攀著樹枝往上升。所攀的樹枝，都結著異形怪果，青苔細如霧鬚，毛茸茸地蒙在上面。

仍然走了二里，回到住房。元康叫他的僕人執著兵器在前面引路，叫次子監督率領著他們，從先前過來的路上走。過了二里，到達峽口橋東的山岡，落下山崖，砍伐竹叢，開鑿石級下去。走了一里多，凌空到達峽底，只見峽谷中的水，倒斜落下，兩邊山崖緊束著水流，水勢十分雄壯。貴州白水河奔騰傾瀉，但沒有這裡深；騰陽滴水河的高懸飛流，但沒有這裡大。水勢既高遠，峽谷又狹隘，激蕩狂怒，不同尋常的水性；散為碎沫，顛倒噴射，灑滿山壑，即使在幾十丈高的上方，依然水珠飛捲，雪珠密集。雲南的瀑布，應當以這裡為第一，可惜高懸九天之上，又被九重深淵遮蔽，千百年來沒人見它一次。要不是元康大力幫助，我雖路過這裡也無從看到。

回到元康住所，連夜挑燈飲酒，又對我說：這裡幽奇的勝景。從前面的峽谷走下五里，有峽底橋。過橋隨峽谷往南走出，有水簾洞。沿峽谷上行，往北進去，就是三級瀑布的下層。而水簾洞更為奇異，但道路堵塞難以找到，明天早晨一起前往探洞。這是近處的勝景。渡過上江往西，有石城高插雲天，靠著雪山的東面，人沒法走到那裡，半夜可聽到鼓樂的聲音，當地人稱它為鬼城。這是遠處的勝景。上江的東邊，瑪瑙山的北面，山脈環繞，峽谷迸裂，中間有懸崖，峰巒倒拔，石洞深邃，地名松坡，是他家的莊園。他叔父馬玉麓建了一座青蓮閣，在石崖的彎曲處，但人已經去世。而小叔馬太麓，如今繼續在那裡隱居，隔一天當一同騎馬前往。這是距離中途的勝景。我聽了這番話，既喜這一帶奇景多，又喜元康能熟悉這些奇景，而我得以聽到這些奇景。主人的情誼，山間的靈氣，這樣的美事，竟同時遇上，半夜高興得無法入睡。

初九日　余晨起，欲為上江之遊。元康有二騎，一往前山未歸，欲俟明日同行。余謂遊不必騎，亦不必同，惟指示之功，勝於追逐。余之欲行者，正恐其同，其不欲同者，正慮其騎也。元康固留。余曰：「俟返塗過此，當再為一日停。」乃飯而下山。元康命其幼子為水簾洞導。於是西下者五里，及峽底，始與峽口橋下下流遇。蓋歷三瀑而北迂四窠崖之下，曲而至此，乃平流也，有橋跨其上。度橋，西北盤右嶺之嘴，為爛泥壩道。從橋左登左坡之半，其上平衍，有水一塘匯岡頭，數十家倚南山而居，是為新安哨，與右嶺盤坡之道，隔峽相對也。水簾洞在橋西南峽底，倚右嶺之麓，幽閟深阻，絕無人行。初隨流覓之，傍右嶺西南，行荒棘中三里，不可得；其水漸且出峽，當削坳尖山之隩[1]矣。乃復轉，迴環遍索，得之絕壁下，其去峽底橋不一里也，但無路影，深阻莫辨耳。

其崖南向，前臨溪流，削壁層壘而上，高數丈。其上洞門崆岈，重覆疊綴，雖不甚深，而中皆旁通側透，若飛甍複閣❷，簷牖相仍。有水散流於外，垂簷而下，自崖下望之，若溜之分懸，自洞中觀之，若簾之外幕，水簾之名，最為宛肖。洞石皆檽柱綢繆，纓幡垂颺，雖淺而得玲瓏之致。但旁無側路可上，必由垂簷疊覆之級，冒溜衝波，以施攀躋，頗為不便。若從其側架梯連棧，穿腋入洞，以睇簾之外垂，祇中觀其飛灑，而不外受其淋漓，勝更十倍也。崖間有懸幹虬枝為水所淋漓者，其外皆結膚為石，蓋石膏日久凝胎而成，即片葉絲柯，皆隨形逐影，如雪之凝，如冰之裹，小大成象，中邊不欹，此又凝雪裹冰，不能若是之勻且肖者。余於左腋洞外得一垂柯，其大拱把❸，其長丈餘，其中樹幹已腐，而石膚之結於外者，厚可五分，中空如巨竹之筒而無節，擊之聲甚清越。余不能全曳，斷其三尺，攜之下，并取枝葉之綢繆凝結者藏其中，蓋葉薄枝細，易於損傷，而筒厚可借以相護，攜之甚便也。

水簾之西，又有一旱巖。其深亦止丈餘，而穹覆危崖之下，結體垂象，紛若贅旒❹，細若刻絲，攢❺冰鏤玉，千萼並頭，萬蕊簇穎，有大僅如掌，而笋乳糾纏，不下千百者，真刻楮❻雕棘❼之所不能及。余心異之，欲擊取而無由，適馬郎攜斧至，借而擊之，以衣下承，得數枝。取其不損者二枝，并石樹之筒，託馬郎攜歸瑪瑙山，俟余還取之。遂仍出橋右，與馬郎別。

乃循右坡西上里餘，隔溪瞰新安哨而行。大雨忽來，少憩樹下。又西里餘，盤右坡之嘴，轉而北行。蓋右坡自四窠崖頡頏❽西來，至此下墜，而崖石遂出，有若芙蓉，簇萼空中，有若綉屏，疊錦崖畔，不一其態。北盤三里，又隨灣西轉，一里餘，又北盤其嘴，於是向北下峽中。蓋四窠橫亘之峰，至此西墜為壑，其餘支又北轉而突於外，路下而披其隙也。二里餘，塢底有峽自東北來，遂同盤為窪而西北出。路乃挾西坡之麓，隨之西轉，其中沮洳，蹄陷深濘，豈爛泥壩之名以此耶？西北出隘，一里，循東坡平行，西瞰墜壑下環，中有村廬一所，是為爛泥壩村❾。路從其後分為二岐：一西向下塢，循村而西北者，為上江道；一北向盤坡，轉而東北登坳者，為松坡道。余取道松坡。又直北一里，挾東坡北嘴，盤之東行，半里，遂東北披峽而上，躡峻半里，其上峽遂平。溯之東入，一里，峽西轉。半里，越西峽而西北上，其坡高穹陡削。一里餘，盤其東突之崖，又里餘，逾其北亙之脊。由脊東北向隨坡一里，路又分岐為二：一直北隨脊平行者，橫松枝阻絕，以斷人行；一轉東入腋者，余姑隨之。一里，其坡東垂為脊，稍降而東屬崇峰。此峰高展眾山之上，自北而南，東截天半⑩，若屏之獨插而起者；其上松羅叢密，異於他山，豈即松坡之主峰耶？脊間路復兩分：一逾脊北去，一隨脊東抵崇峰。乃傍之南下，二里，徑漸小而翳。余初隨南下者半里，見壑下盤，繞崇峰南垂而東，不知其壑從何出，知非松坡道，乃仍還至脊，北向行，東截崇峰西塢。二里，塢北墜峽西下，路從崇峰之西北崖行，盤其灣，越突坡。三里餘，西北下峽中，其下甚峻，而路荒徑窄，疑非通道。下二里，有三、四人倚北坡而樵，呼訊之，始知去松坡⑪不遠，乃西轉而就峽平行。

里餘，出峽口，其西壑稍開，崇岡散為環阜，見有參差離立之勢。又西下里餘，有村廬當中窩而居；村中巨廬，楊氏在北，馬氏在南，乃南趨之。一翁方巾⑫藜杖⑬出迎，為馬太麓。元康長郎先已經此，為言及。翁訝元康不同來，余為道前意。翁方瀹茗，而山雨大至。俟其霽，下午乃東躡坡上青蓮閣。閣不大，在石崖之下，玉麓先生所棲真處。太麓於是日初招一僧止其中，余甫至，太麓即攜酒授餐，遂不及覽崖間諸勝。太麓年高有道氣。二子，長讀書郡城，元真。次隨侍山中。元亮。為余言，其處多巖洞，亦有可深入者二、三處，但路未開闢，當披荊入之。地當山之翠微，深崖墜壑，尚在其下，不覺其為幽閟；亂峰小岫，初環於上，不覺其為孤高。蓋崇山西北之支，分為雙臂，中環此窩，南夾為門，水從中出，而高黎工山又外障之，真棲遯勝地，買山而隱，無過於此。惟峽中無田，米從麓上，尚數里也。松坡雖太麓所居，而馬元中之莊亦在焉。

【章　旨】本章記載了第三百九十二天在永昌府的行跡。因為不想和馬元康一起騎馬遊覽，所以獨自去遊水簾洞。洞在峽谷底部，幽深閉塞，絕無人去。在荒草荊棘中到處搜索，終於在絕壁下找到。洞內雖不太深，但向旁邊穿通。洞外有水散流，從洞中觀看，像門簾在外遮擋，洞名「水簾」，十分逼真。崖上有懸垂拳曲的樹木，表皮結成石殼，大概是石膏長時間凝結而成的，如雪凝裹一般。在洞外看到一根樹枝，樹幹裡面已經腐爛，表皮凝結成石殼，割下三尺帶走。水簾洞西面有個旱洞，洞內鐘乳石如鏤冰鏤玉，萬花簇擁，千姿百態，連精巧的雕刻也趕不上，用斧敲下幾枝帶走。於是沿著右邊的山坡往上，途中望見崖石或如芙蓉，或如屏風，形態不一。繞過山口，經過一處泥沼地，到爛泥壩村，踏上去松坡的路。往前看到一座高大的山峰，自北往南，橫截高空，山上松樹密布，懷疑就是松坡的主峰。繼續翻山越嶺，走出峽口，到達松坡，馬太麓出來迎接。下午登上青蓮閣。松坡地處蔥蘢的山中，既不感到幽深閉塞，也不覺得孤立高處，外面還有高黎貢山遮擋，真是隱居的好地方。只是山上無田，運米上山要走好幾里路。

【注　釋】❶隩　水岸彎曲處。❷複閣　重疊的樓閣。❸拱把　兩手合圍或一手滿握。❹贅旒　連綴在旗幟上的飄帶。❺攢　通「鑽」。❻刻楮　戰國時宋有人用象牙雕刻楮葉，三年雕成，放在楮葉中，分不出真假。見《韓非子・喻老》，後用以比喻技藝工巧。❼雕棘　戰國時宋有人請為燕王在棘刺尖做母猴，後發覺其事虛妄，此人被殺。這裡也用以借指雕刻技藝的工巧。

❽頡頏　上下不定。❾爛泥壩村　今名小浪壩，在保山西北境，怒江東邊。❿天半　高空，如在半天之上。⓫松坡　在保山西北境，小浪壩北。⓬方巾　明代有秀才以上功名的人所戴的方形軟帽，即古代的角巾，明初服此，取四方平定之意，故也稱「四方平定巾」。⓭藜杖　用藜的老莖製成的手杖。

【語　譯】初九　我早晨起身，想去上江一遊。元康有兩匹馬，一匹去前山還沒回來，要我等到明天一起走。我認為遊覽不必騎馬，也不必陪同，只有指點的作用，比追隨大得多。我想先去那裡，正是擔心他陪同，不要他陪同，正是顧慮到他要騎馬去。元康堅決挽留。我說：「等返回時路過這裡，一定再停留一天。」於是吃了飯下山。元康叫他的小兒子為我導遊水簾洞。從這裡往西走下五里，到達峽底，才和峽口橋下水流的下游相遇。原來水流過三級瀑布後往北繞到四窠崖的下方，彎彎曲曲流到這裡，便是平緩的水流了，有橋架在水上。過了橋，往西北繞過右邊山嶺的山口，是去爛泥壩的路。從橋的左邊登上左邊的半山坡，山坡上面平坦寬廣，有一塘水匯積在岡頭，幾十戶人家靠著南山居住，這是新安哨，和右邊山嶺盤繞山坡的路，隔著峽谷相對。水簾洞在橋西南的峽底，靠著右邊山嶺的山麓，幽深閉塞，絕無人走。起先隨著水流找它，靠著右邊的山嶺往西南，在荒草荊棘中走了三里，找不到，水流漸漸將要流出峽谷，已在前面山坳尖山的彎曲處了。於是又轉回，圍繞四周到處尋找，在絕壁的下面找到了洞，離峽底橋不到一里，只是不見路的痕跡，被草深深阻隔無法辨認罷了。

這裡的山崖朝南，前面對著溪流，陡峭的崖壁層層疊疊往上，高幾丈。崖上洞門深邃，重重覆蓋，層層相連，雖然不太深，但裡面都向旁側穿通，就像飛簷重閣，屋簷窗戶互相重疊。有水在洞外散流，像從屋簷垂下，在崖下望它，如簷水分流落下，從洞中看它，像門簾在外面遮隔，「水簾」這名稱，最為逼真。洞中的岩石都像窗櫺柱子，緊密纏繞，如旗幟纓穗下垂飄揚，洞雖淺而頗有玲瓏的情趣。只是旁邊沒路可上，必須從飛簷重閣處的石級，冒著簷水衝過水波，才能攀登，十分不便。如果從它的旁邊架起梯子連成棧道，穿過內側進入洞中，來觀看外面垂掛的水簾，只在裡面觀賞水流飛灑，而不在外面被水澆淋，景物之美，將會更勝十倍。崖上有懸垂拳曲的枝幹，被水淋濕，表皮都結成石殼，大概是石膏經長期間凝結為胎而形成的，即便是一片葉子，一根細枝，全都和原物的形狀相仿，如雪凝結，如冰包裹，形成大大小小的物象，中間邊緣處也同樣均勻，這又即使雪凝冰裹，也不能如此均勻逼真了。我在洞外左腋看到一根垂下的樹枝，有兩手合圍那麼大。一丈多長，樹幹裡面已經腐爛，而結在表皮的石殼，約厚五分，中間空如巨大的竹筒但沒有節，敲擊它發出十分清脆悠揚的聲音。我不能將整根枝條拖走，割斷其中的三尺，帶它下來，並選取糾纏凝結的枝葉藏在裡面，因為葉薄枝細，容易損傷，而筒壁很厚可用以保護枝葉，攜帶十分方便。

水簾洞的西面，又有一個旱洞。洞也只有一丈多深，但在危崖之下拱起覆蓋，鐘乳石凝結的各種形狀，顯露出來，像連在旗幟上的飄帶那麼紛亂，像刻成的絲那麼細，如鑽冰鏤玉，千片花萼並頭聚合，萬朵花蕊穗尖簇擁，有的只手掌那麼大，但鐘乳石筍糾纏，不下千百個，真連精巧的雕刻也趕不上。我覺得它很奇特，想擊取它但沒辦法，恰巧馬家郎君帶著斧頭來到，借來敲擊石乳，用衣服在下面承接，得到幾枝。選取其中未損壞的兩枝，連同石樹的筒，託馬家郎君帶回瑪瑙山，等我回來時取它。便仍然從橋的右邊走出，和馬家郎君告別。

於是沿著右邊的山坡往西走上一里多，隔著溪水俯視新安哨行走。大雨忽然來臨，在樹下稍作休息。又往西走一里多，繞過右邊的山口，轉向北走。原來右邊的山坡從四窠崖高低起伏往西伸來，到這裡落下，而崖石便露了出來，有的像芙蓉，空中花萼簇擁，有的像繡花的屏風，崖邊錦繡重疊，形態不一。往北盤繞三里，再隨山灣往西轉，過了一里多，再往北繞過山口，從這裡往北走下峽谷中。因為四窠崖橫亙的山峰，到這裡往西下落成為山壑，它的餘脈又往北轉而後在外突起，路便往下穿過它的缺口。過了二里多，塢底有峽谷自東北延伸過來，便一起盤結為窪地往西北伸出。路就貼著西坡的腳下，隨坡往西轉，裡面都是泥沼，踩下去陷入深深的泥濘中，「爛泥壩」的名稱，莫非就是因為這種情況嗎？往西北走出隘口，過了一里，沿東坡平步行走，向西俯視陷落的山壑在下面環繞，裡面有一處村莊，這就是爛泥壩村。路從村後分成兩條岔路：一條往西走下塢中，沿村莊往西北的，是去上江的路；一條往北盤繞山坡，轉向東北登上山坳的，是去松坡的路。我踏上去松坡的路。再往正北走了一里，緊貼著東坡北面的山口，繞著它往東走。過了半里，就往東北穿過峽谷上去，在陡峻的山路攀登半里，上面的峽谷便平坦起來。沿峽谷上行，往東進去，走了一里，峽谷往西轉。過了半里，越過西邊的峽谷往西北上去，山坡高高隆起，十分陡峭。走了一里多，盤繞向東突起的山崖，再走了一里多，越過往北橫亙的山脊。從山脊往東北隨山坡走一里，路又分成兩條岔道：一條往正北隨山脊平行的，被橫倒的松枝堵塞，人不能通行；一條轉向東進入山坡內側，我姑且隨著它走。過了一里，山坡的東陲成為山脊，稍稍下降後往東和高大的山峰相連。這山峰高高伸展出眾山之上，從北往南，在東邊橫截高空，就像屏風一般獨自聳起；山上松樹羅列，叢生密集，和其他的山不同，莫非就是松坡的主峰嗎？山脊中路又分成兩條：一條越過山脊往北去，一條隨山脊往東到達高大的山峰。於是靠著山脊往南下去，走了二里，路漸漸變小，後來被遮蔽了。我起先隨南下的路走了半里，看見有山壑在下面盤繞，繞過高大的山峰的南陲往東，不知這山壑從哪裡伸出，知道不是去松坡的路，就仍回到山脊上，往北行走，往東橫穿高大的山峰西面的山塢。走了二里，山塢北邊往西落下成為峽谷，路從高大的山峰西北的山崖上走，繞過山灣，越過突起的山坡。走了三里多，往西北走下峽谷中，下面十分陡峻，而且小路荒蕪狹窄，懷疑不是通道。往下走了二里，有三、四個人靠著北坡打柴，向他們呼叫問路，才知離松坡不遠，就往西轉到峽谷中平步行走。

過了一里多，走出峽口，西邊的山壑稍許開闊起來，高高的山岡散布成環列的土丘，眼前出現參差並立的山勢。再往西走下一里多，有村莊住房正當中間的山窩，村中大屋，楊氏在北，馬氏在南，就往南趕去。一個老翁頭戴方巾，手拄藜杖，出來迎接，是馬太麓。元康的長子先已經過這裡，對他談起過我。老翁驚訝元康沒有一起來，我對他說明了先前的用意。老翁正在煮茶，山雨迅猛來臨。等到天放晴，下午就往東登上坡上的青蓮閣。閣不大，在石崖的下面，是馬玉麓先生隱居修養的地方。太麓在這天剛招來一個僧人住在裡面，我剛到，太麓就帶著酒送來飯菜就餐，便來不及遊覽山崖間的各處勝景。太麓年高，有超凡脫俗的氣質。有兩個兒子，長子在府城讀書，名元真。次子在山中隨身侍候。名元亮。他對我說，這裡巖洞很多，也有二、三處可以深入，但路未開闢，要撥開荊棘進去。這裡處在蔥蘢的山中，深深的山崖、陷落的山壑，還在它的下方，不覺得它幽深閉塞；雜亂的山峰、小小的山巒，本來就環繞著它的上方，不覺得它孤立高處。原來高大的山峰西北支脈，分成雙臂，中間環繞成這個山窩，南面相夾成門，水從其中流出，而高黎貢山又在外面遮擋著它，真是隱居的勝地，買山隱居，沒有比這裡更好的地方。只是峽谷中沒有田地，米糧要從山麓運上去，還有幾里路。松坡雖是太麓居住的地方，但馬元中的莊院也在這裡。

初十日　晨起，霽色可挹。遂由閣東竹塢，繞石崖之左，登其上。其崖高五、六丈，大四丈，一石擎空，四面壁立，而南突為巖，其下嵌入，崖頂平展如臺。岡脊從北來環其後，斷而復起，其斷處亦環為峽，繞崖左右，而流泉瀠之。種竹峽中，嵐翠掩映，道從之登。昔玉麓構殿三楹在頂，塑佛未竟，止有「空梁落燕泥」❶也。已復下青蓮閣，從閣側南透崖下，其巖忽綳雲罨幕，亭亭❷上覆，而下臨復跫然❸無地。轉其西，巖亦如之，第引水環流其前，而斷北通之隘，致下巖與上臺分為兩截。余謂不若通北隘，斷東路，使青蓮閣中道，由前巖之下，從西北轉達於後峽，仍自後峽上崖臺，庶漸入佳境，不分兩岐也。

既而太麓翁策杖攜晨餐至。餐畢，余以天色漸霽，急於為石城遊。太麓留探松坡石洞，余以歸途期之。太麓曰：「今日抵江邊已晚，不必渡，可見土官早龍江家投宿。彼自為登山指南。不然，其地皆彝寨，無可通語者。」余識之，遂行。乃西南下，至其廬側，遂渡塢中南出之水，其西一里，上循西坡北向行。一里，轉而披其西峽，半里，逾脊西下。一里，下至壑中，其處忽盤窩夾谷，自東北而透西南之門。路循其南坡西行，一里，涉峽中小水，同透門出，乃西南隨坡下。三里，復盤坡西轉，望見南塢中開，下始有田，有路從東南來合，即爛泥壩北來道也。坡西南麓，有數家倚坡南向，是為某某。仍下坡一里，從村左度小橋❹。是坡左右俱有小水從北峽來，而村懸其中。又西北開一峽，其水較大，亦東來合之，會同南去，當亦與松坡水同出羅明者。由是望其西北而趨，一里，逾坡入之。又渡一東北來小水，即循北坡溯澗西北行。二里，西下，渡塢中澗，復西北上澗西之山。又隨其支峽入，二里，再上盤西突之坡。坡西有壑中盤，由壑之北崖半里，環陟其西脊，約三里，由脊西南下。半里，平行枯峽中，一里，有枯峽自北來合，橫陟之，循北嶺之坡西行。一里，其處峽分四岐：余來者自東，又一峽自北，又一峽自南，雖皆中枯，皆水所從來者，又一峽向西，則諸流所由下注之口。路當從西峽北坡上行，余見北來峽底有路入，遂溯之。二里，其中復環為一壑，聞水聲淙淙，數家倚西坡而居，是為打郎❺。入詢居人，始知上江路在外峽之西，壑東北亦有路逾嶺，此亦通府之道，獨西北乃山之環脊，無通途也。乃隨西山之半南向出，二里，盤西山之南嘴而西，其前有路自峽底來合，則東來正道也。於是倚北崖西行西峽之上。峽南盤壑屢開，而水仍西注，峽北西垂漸下，石骨迸出。行二里，時上午暑甚，余擇蔭臥石半晌，乃西北下坡。

半里，有澗自東來，其水淙淙成流，越之，仍倚北坡西北行。二里，飯於坡間。又西北二里，越岡西下，其間坑塹旁午❻，陂陀間錯，木樹森羅。二里，路岐為兩，一西南，一西北。余未知所從，從西北者。已而後一人至，曰：「西南為猛賴渡江徑道，此西北道乃曲而從猛淋者。」余欲轉，其人曰：「既來一里，不必轉，即從猛淋往可也。」乃西北隨峽稍下。二里餘，有聚落倚南坡，臨北壑，是為猛淋。此乃打郎西山，南下西轉，掉尾而北，環為此壑。其壑北向頗豁，遙望有巨山在北，橫亙西下，此北沖後山，夾溪西行，而盡於猛賴溪北王尚書❼寨嶺者也。壑中水當北下北沖西溪。其人指余從猛淋村後西南逾嶺行。一里，陟嶺頭，逾而南下，遂失路。下一里，其路自西來合，遂稍東下，度一小橋，乃轉西南越坡。二里，則坡南大澗自東而西向注，有路亦自澗北西來，其路則沿坡而上，余所由路則墜崖而下，於是合而西向。半里，沿溪半線路行。其崖峭石凌空，下臨絕壑，其下奔流破峽，倒影無地，而路緣其間，嵌壁而行。西南半里，稍下離崖足，迴眺北崖上插，猶如層城疊障也。

又西二里餘，從崖足盤西南突嘴，半里，始見上江南塢，其峽大開，中嵌為平疇，祗見峽底而不見江流。有溪自西山東南橫界平疇中，直抵東山之麓，而余所循之溪，亦西南注之。峽口波光，四圍蕩漾，其處不審即峽溪所匯，抑上江之曲。余又疑東南橫界之流，即為上江，然其勢甚小，不足以當之。方疑而未定，逾突嘴而西，又半里，轉而北，隨北峽下一里，從北峽西轉，始見上江北塢，雖平疇較小於南塢，而北來江流盤折其中，東峽又有溪西向入之。其南流雖大，而江流循東山之麓，為東山虧蔽，惟當峽口，僅露一斑，不若此之全體俱現也。又西向者一里，有十餘家倚南山北向而居，其前即東峽所出溪，西南環之。問上江渡何在，村人指在其西北。問早土官何在，在其西南二里。乃北渡其溪❽。溪水頗大，而其上無橋，僅橫一木平於水面，兩接而渡之，而木為水激，撼搖不定，而水時踴躍其上。雖跣足而涉，而足下不能自主，危甚。於是上西坡，南向隨流行塍間一里，稍折而西南，又一里，入早氏之廬，已暮。始在其外室，甚陋，既乃延入中堂，主人始出揖，猶以紅布纏首者。訊余所從來，余以馬氏對。曰：「元康與我厚，何不以一柬相示？」余出元康詩示之，其人乃去纏首，易巾服❾而出，再揖，遂具晚餐，而臥其中堂。

此地為猛賴⑩，乃上江⑪東岸之中，其脈由北沖西溪北界之山，西突為王尚書營者，下墜塢中為平疇，南衍至此，上江之流西瀠之，北沖西溪東夾之，而當其交會之中。溪南即所下之嶺，自猛淋南夾溪南下，峙為下流之龍砂，而王尚書營嶺即其本支，而又為上流之虎砂也。上江之東，尚稱為「寨」，二十八寨皆土酋官舍。江以西是為十五喧⑫，「喧」者，取喧聚之義，謂眾之所集也。惟此地有此稱。其人皆彝，欄居窟處，與粵西彝地相似。而早龍江乃居中而轄之者。

【章　旨】本章記載了第三百九十三天在永昌府的行跡。登上一座石崖，一石高擎，四面陡立。崖頂平展如臺。由於水在前面環流，致使下面的山岩和上面的平臺分成兩截。早飯後告別馬太麓，翻山涉水，穿越山塢峽谷，到一處地方，峽谷分出四支。經過打郎，因上午天氣炎熱，故在樹蔭下睡了半天才又上路。又經過猛淋，在山嶺中迷路。山崖峭石凌空，下臨絕壑，路嵌在石壁中間。繞到一處山口，才看到上江南面的山塢，峽谷十分開闊，峽口波光蕩漾，但不見江流。往前又看到上江的北塢，江流到這裡全部顯現出來。北面溪水既大又急，但沒有橋，只在水面橫架一根樹木，走在上面腳無法控制，十分危險。聽從馬太麓的勸告，渡過溪水去土官早龍江家投宿。這裡地名猛賴，來時所下的山嶺為上江下游的龍砂，王尚書營嶺是上游的虎砂。上江東邊有二十八寨，西邊為十五喧。

【注　釋】❶空梁落燕泥　隋薛道衡〈昔昔鹽〉：「暗牖懸蛛網，空梁落燕泥。」燕泥，燕子作巢所銜的泥土。❷亭亭　聳立；高遠。❸蹬然　空無所有或稀少的樣子。❹從村左度小橋　左，徐本、《四庫》本作「右」。❺打郎　又名擋狼，在保山西北境。❻旁午　交錯紛繁。❼王尚書　王驥，見〈滇遊日記九〉四月十一日日記注。❽乃北渡其溪　溪指猛賴溪，今名勐來河，源出三道橋癩石頭山以北，流經瓦房街，至猛賴匯入怒江，全長六里餘。❾巾服　頭巾和長服，泛指士大夫的服飾。❿猛賴　又名勐來，在保山西北境，怒江東岸。⓫上江　雲南境內怒江有上江、下江之分。怒江流域較寬的峽谷地帶稱上江壩、潞江壩。沿上江為十五喧。〈蜀都賦〉注云：「永昌有水出金如糠，在沙中。」即指此。⓬十五喧　據清光緒《永昌府志》，十五喧為敢頂喧、早納喧、古里喧、蕩習喧、蠻雲喧、西牙喧、蠻岡喧、空廣喧、喇倫喧、蠻養上喧、蠻養下喧、蠻場喧、崩戛喧、蠻雷喧、蠻寬喧。

【語　譯】初十　早晨起身，天空晴朗，秀色可掬。就從青蓮閣東邊的竹塢，繞到石崖的左邊，登上石崖。石崖高五、六丈，寬四丈，一石高擎空中，四面如壁陡立，而南面突起成為山巖，下面嵌入，崖頂平展如臺。岡脊從北面延伸過來，在石崖後面環繞，中斷後再聳起，它斷裂的地方也在石崖的左右環繞成為峽谷，流動的泉水瀠繞著它。峽谷中種著竹子，山嵐綠樹掩映，路從這裡攀登。過去馬玉麓在山頂建了三間殿宇，佛像還沒塑造完成，唯有「空梁落燕泥」的景象。隨即又往下到青蓮閣，從閣旁往南穿到石崖下，這山巖忽然如同綳緊的雲層遮掩的幃幕，高高聳起在上面覆蓋，而下面所臨的又是一望無際的空寂之地。轉到它的西面，山巖也是這樣，只是引水環流在它前面，隔斷了通往北面的隘口，致使下面的山巖和上面的平臺分成兩截。我以為不如打通北面的隘口，隔斷東面的通路，使青蓮閣中間的道路，由前面山巖的下方，從西北轉到後面的峽谷，仍從後面的峽谷登上如平臺的崖頂，或許能漸入佳境，不會分為兩條岔路了。

不久馬太麓拄著手杖帶著早餐來到。吃完飯，我因天氣漸漸轉晴，急於去石城遊覽。太麓挽留我去探遊松坡的石洞，我和他約好在返回時去遊。太麓說：「今天到達江邊已晚了，不必渡江，可找土官早龍江家投宿，他自會成為登山的嚮導。否則那裡都是彝人的村寨，沒有可通話的人。」我記下他的話，便出發。就往西南下去，到他的住房旁邊，便渡過山塢中往南流出的水，從這裡往西一里，上山沿著西坡往北走。過了一里，轉而穿過西邊的峽谷，走了半里，越過山脊往西下去。過了一里，往下到山壑中，這裡山窩盤繞忽成夾谷，從東北穿過西南的山口。路沿著南邊的山坡往西走，過了一里，渡過峽谷中的小水，一起穿出山口，就往西南隨山坡下去。走了三里，再盤繞山坡往西轉，望見南面的山塢中間開闊，下面才有田地，有條路從東南前來會合，就是爛泥壩往北過來的路。山坡的西南麓，有幾戶人家朝南靠著山坡，這是某處。仍然下坡走了一里，從村的左邊通過小橋。這山坡左右都有小水從北面的峽谷流來，而村莊座落在其中。西北又開出一道峽谷，峽谷中的水較大，也是從東面流來和小水會合，合流後一起往南流去，應該也和松坡的水一起流到羅明壩。從此朝著它的西北方趕路，走了一里，越過山坡進入峽谷。再渡過一條從東北流來的小水，就隨著北坡沿澗水往西北上行。走了二里，往西下去，渡過塢中的澗水，再往西北登上澗水西邊的山。又隨它的支峽進去，走了二里，再往上盤繞向西突起的山坡。山坡西邊有山塹在中間盤繞，從山塹北邊的山崖走上半里，繞著登上它西邊的山脊，大約走了三里，從山脊往西南下去。走了半里，在枯竭的峽谷中平步行走，過了一里，有一道枯竭的峽谷從北面延伸過來會合，橫越這道峽谷，沿著北嶺的山坡往西走。過了一里，這裡的峽谷分出四支：我所走的從東邊過來，又一支峽谷從北邊過來，又一支峽谷從南邊過來，這些支峽中雖然都已枯竭，但都是水所流過的地方，又有一支峽谷向西伸展，則是各條水流所從流下的水口。路應當從西面峽谷的北坡往上走，我看到從北邊過來的峽谷底部，有路進去，便沿這峽谷上行。走了二里，峽谷中又環繞成一處山塹，聽到淙淙水聲，有幾戶人家靠著西邊的山坡居住，這是打郎。進去向村民打聽，才知道去上江的路在外面峽谷的西邊，山塹東北也有路過山嶺，這也是通往府城的路，唯獨西北是環繞的山脊，沒有通路。於是隨西山的半腰往南走出，過了二里，盤繞西山南面的山口往西走，在它前面有路從峽谷底部伸來會合，就是東來的正道了。從這裡靠著北邊的山崖往西在西峽上行走。峽谷南面多處開出盤繞的山塹，但水仍往西流去；峽谷北面漸漸往西垂下，岩石迸裂而出。走了二里，這時上午十分炎熱，我選了樹蔭在岩石上躺了半天，才往西北下坡。

走了半里，有澗水從東面流來，澗水淙淙成流，越過澗水，仍然靠著北坡往西北走。過了二里，在山坡上吃飯。再往西北走二里，越過山岡往西下去，裡面坑谷壕溝交錯紛繁，山坡相間錯雜，樹木森然羅列。走了二里，路岔成兩條，一條往西南，一條往西北。我不知道該走哪條路，就隨往西北的路走。不久後面有個人來到，說：「往西南的是去猛賴渡江的直路，這條往西北的是繞道從猛淋走的路。」我想轉回走，那人又說：「既然已過來一里了，不必轉回，就從猛淋前往也可。」於是往西北隨峽谷稍稍下去。走了二里多，有村落靠著南邊的山坡，面對北邊的山壑，這是猛淋。這裡是打郎的西山，往南延伸後向西轉，再掉轉尾部向北，繞成這個山壑。這壑朝北，十分開闊，遙望有大山在北方橫亙西下，這是北沖的後山，夾住溪流往西延伸，到猛賴溪北邊的王尚書寨嶺為止。山壑中的水應當往北流下北沖的西溪。那人指點我從猛淋村後往西南越過山嶺走。過了一里，登上嶺頭，越過嶺頭往南去，便迷失了道路。往下走了一里，路從西面過來會合，就稍稍偏向東下去，通過一座小橋，便轉向西南越過山坡。走了二里，只見山坡南面的大澗從東往西流去，有路也從澗水北邊往西過來，這路是沿著山坡向上，我所走的路則是沿山崖落下，在這裡會合後往西走。過了半里，沿著溪邊半條狹窄的小路走。這裡山崖峭石淩空，下臨絕壑，崖下奔瀉的急流沖破峽谷，倒瀉在幽深不測的深淵，而路靠在裡面，嵌在石壁中行走。往西南半里，稍稍下去，離開崖腳，回頭眺望，北面山崖插天，好像層層疊疊的城牆屏障。

再往西走二里多，從崖腳繞過向西南突起的山口，過了半里，才看到上江南面的山塢，那裡的峽谷十分開闊，中間嵌著平坦的田地，只見峽谷底部而不見江流。有溪水從西山往東南橫隔在平坦的田地中，直到東山的山麓，而我所沿著走的溪水，也往西南注入其中。峽口的波光，在四周蕩漾，不知這裡就是峽谷溪流匯合的地方，還是上江的彎曲處。我又懷疑往東南橫隔的水流，就是上江，但水勢很小，不足以當上江之名。正在疑惑不定，越過突起的山口往西，再走了半里，轉向北，隨北邊的峽谷走下一里，從北邊的峽谷往西轉，才看到上江北面的山塢，雖然平坦的田地比南面的山塢小些，但北來的江流在塢口曲折盤繞，東邊的峽谷又有溪水往西流入塢中。那往南的江流雖大，但江水沿東山的山麓流去，被東山所遮蔽，只在峽口稍許露出一些，不像這裡全部都顯現出來。再往西走了一里，有十多戶人家靠著南山朝北居住，村前就是東邊峽谷流出的溪水，往西南環繞著它。打聽上江的渡口在哪裡，村裡的人指在西北方。問早土官在哪裡，回答說在西南二里處。於是往北渡過這條溪水。溪水很大，但溪上沒橋，僅橫放一根樹木，平架在水面上，兩端和岸相接來渡過溪流，但樹木被水沖激，搖晃不定，而溪水時時躍起湧到它上面。雖然赤足渡過去，但腳下沒法控制，十分危險。在這裡登上西邊的山坡，往南隨水流在田埂間走了一里，稍稍轉向西南，再走了一里，進入早氏的住屋，已經天黑。起先在他的外室，很是簡陋，隨後被引進中堂，主人才出來作揖行禮，仍然用紅布纏頭。問我從哪裡來，我回答從馬氏那裡。他說：「元康和我交情深厚，為何不寫一封信給我？」我拿出元康的詩給他看，那人才去掉纏頭紅布，換了士人的服飾出來，再次作揖行禮，於是備了晚餐，而睡在他的中堂。

這裡是猛賴，在上江東岸的中段，山脈從北沖西溪北界的山，向西突起為王尚書營嶺，往下落到山塢中成為平坦的田地，往南延伸到這裡，上江的水流在西面縈繞著它，北沖的西溪在東面夾住它，而這裡正處在兩條水流交會之中。溪流南邊就是我所走下的山嶺，自猛淋南邊夾住溪水往南延伸，聳峙成為下游的龍砂，而王尚書營嶺就是它的支脈，而且又是上游的虎砂。上江的東面，還稱為「寨」，二十八寨，都是土司的官舍。上江以西是十五喧。「喧」，取喧鬧聚集的意思，是說眾多人聚集的地方。只有這裡有這種名稱。當地人都是彝族，居住在竹樓洞窩中，和粵西彝族居住的地方相似。而早龍江是居住在中間管轄十五喧的頭目。

十一日　晨起，早龍江具飯，且言：「江外土人，質野不馴，見人輒避。君欲遊石城，其山在西北崇峽之上，路由蠻邊入。蠻邊亦余所轄，當奉一檄，令其火頭供應除道，撥寨夫引至其處；不然，一時無棲託之所也。」余謝之。龍江復引余出廬前曠處，指點而言曰：「東北一峰特聳，西臨江左者，為王尚書駐營之峰。西北重峽之下，一岡東突江右者，是為蠻邊，昔麓川叛酋思任踞為巢。其後重崖上，是為石城，思酋恃以為險，與王尚書夾江相拒者也。此地昔為戰場，為賊窟，今藉天子威靈，民安地靜，物產豐盈，盛於他所。他處方苦旱，而此地之雨不絕；他處甫插蒔，而此中之新穀已登；他處多盜賊，而此中夜不閉戶，敢謂窮邊非樂土乎？第無高人至止，而今得之，豈非山川之幸！」余謝不敢當。時新穀新花，一時并出，而晚稻香風，盈川被隴，真邊境之休風，而或指以為瘴，亦此地之常耳。

既飯，龍江欲待行，余固辭之，期返途再晤，乃以其檄往。出門，即溯江東岸北行。二里，時渡舟在西岸，余坐東涯樹下待之，半晌東來，乃受之。溯流稍北，又受駝騎，此自北沖西來者。渡舟為龍江之弟龍川所管，祗駝騎各畀之錢，而罄身❶之渡，無畀錢者。時龍川居江岸，西與蠻邊之路隔一東下小溪。渡夫謂余自蠻邊回，必向溪南一晤龍川。余許之。乃從小溪北岸登涯，即西北行，於是涉上江之西矣。此十五喧之中也，循西山北二日為崩戛❷，南二日為八灣。崩戛北為紅毛野人，八灣南為潞江安撫司。昔時造橋，西逾山心，出壺瓶口，至騰陽道，尚在其南下流二十里。其天生石崖，可就❸為橋址者，又在其下。昔眾議就崖建橋，孫郡尊已同馬元中輩親至而相度之。後徐別駕及騰越督造衛官，以私意建橋於石崖北沙嘴之沖，旋為水摧去，橋竟不成。此江王靖遠與思任夾江對壘，相持❹不得渡。王命多縛筏。一夕縛羊於鼓，縛炬於筏，放之蔽江南下。思酋見之，以為筏且由下流渡，競從西岸趨下流，而王師從上流濟矣，遂克之。今東岸之羅明乃其縛松明寨，羅鼓乃其造鼓寨也。

西北三里，有溪自西峽出，北渡之。半里，有聚落倚坡東向羅列，是為蠻邊❺。按志，十五喧無「蠻邊」之名，想即所謂「中岡」也。閃太史亦有莊在焉。覓火頭不見。其妻持檄覓一僧讀之，延余坐竹欄上而具餐焉。其僧即石城下層中臺寺僧，結庵中臺之上，各喧土人俱信服之。今為取木延匠，將開建大寺。此僧甫下山，與各喧火頭議開建之事。言庵中無人，勸余姑停此，候其明日歸，方可由庵覓石城也。余從之，坐欄上作紀。下午浴於澗。復登欄，觀火頭家亨小豚祭先。今一人從外望，一人從內呼。問：「可來？」曰：「來了。」如是者數十次。以布曳路間，度入龕而酌之飯之，勸亦如生人。薄暮，其子以酒肉來獻，乃火酒也。酌於欄上，風雨忽來，雖欄無所蔽，而川中蘊❻熱，即就欄而臥，不暇移就其室也。火頭者，一喧之主也，即中土保長、里長之類。

【章 旨】本章記載了第三百九十四天在永昌府的行跡。早龍江在屋前指點當年王尚書和叛酋思任隔著怒江相持不下的地方，並說現在其他地方多災多難，而這裡安寧繁盛，誰說荒遠的邊地不是樂土？飯後帶著早龍江的檄文出發，到上江渡口坐船過江。隻身擺渡，不用付錢。過去曾商議利用西岸天生的石崖造橋，但最終沒有造成。走到蠻邊，住在火頭家的竹樓上，觀看他家祭祀祖先。

【注　釋】❶罄身　空身不帶東西。❷崩戞　今名丙貢，在瀘水南隅。❸就　趁；趁勢。❹相持　雙方對立，互不相下。❺蠻邊　在保山西北隅，怒江西岸。❻蘊　通「熅」。悶熱。

【語　譯】十一日　早晨起身，早龍江已備了飯，並說：「江外的當地人，質樸粗野，不馴服，見人就躲開。先生想要去遊石城，這山在西北高峻的峽谷上方，路從蠻邊進去。蠻邊也是我管轄的地方，應當奉送一道檄文，命令那裡的火頭供應物品，修治道路，調撥寨中的役夫引路到那地方；否則，一時也找不到寄宿的場所。」我向他致謝。龍江又領我出去到屋前的空曠處，指點著說：「東北的一座山峰特別高聳，向西面對著上江左岸的，是王尚書駐紮兵營的山峰。西北重重峽谷的下面，一座在江右岸向東突起的山岡，這是蠻邊，過去麓川叛亂的酋長思任盤踞在那裡，作為巢穴。在它後面的重重山崖上，這是石城，是思酋憑藉作為天險，和王尚書夾江相拒的地方。這裡過去是戰場，是賊窟。如今靠著天子的威靈，百姓安寧，地方平靜，物產豐富，比其他地方繁盛。其他地方正被乾旱所苦，而這裡雨水不斷；其他地方剛才插秧，而這裡的新穀已經成熟；其他地方盜賊很多，而這裡夜不閉戶，誰敢說荒遠的邊地不是樂土呢？只是沒有高人到這裡，而今天迎得先生，豈不是山川的大幸！」我辭謝不敢當。這時新生的稻穀、新開的花穗，同時長出，晚稻香風，充滿平野，遍布丘壟，真是邊境美好的風光，而有人指以為瘴癘之地，也是對這一帶通常的成見罷了。

吃罷飯，龍江想陪同我一起去，我堅決辭謝他，約定返回時再會面，就拿著他的檄文前往。出了門就沿江的東岸往北上行。走了二里，這時渡船在西岸，我坐在東岸樹下等船，過了好久，船才來到東岸，就上船沿江上行，稍許往北行駛，又載了馱物的馬匹，這是從北沖往西而來的馬幫。渡船歸早龍江的弟弟早龍川管理，只有馱物的馬匹各自交付錢，而空身渡江的，沒人付錢。這時早龍川住在江岸上，住所和西面的蠻邊隔著一條往東流下的小溪。擺渡的船夫對我說，從蠻邊回來，一定要去溪南和龍川見一次面。我答應他。於是從小溪北岸登上水邊，就往西北走，到這裡已經過江到西岸了。這裡在十五喧的中部，沿西山往北走兩天到崩戞，往南走兩天到八灣。崩戞以北是紅毛野人居住區，八灣以南是潞江安撫司。過去造橋，往西越過山心，出壺瓶口，至騰陽道，還在它南面下游二十里處。那天生的石崖，可趁勢用作橋基的地方，又在江的下游。過去眾人商議利用石崖建橋，孫知府已同馬元中等人親自去察看地形。後徐別駕及騰越的督造衛官，根據自己的意見在石崖北邊沙嘴的衝要處造了橋，不久被水沖毀，橋始終沒有建成。王靖遠和思任便在這條江的兩岸對壘，互相堅持不下，不能渡江。王靖遠下令多捆紮木筏。一天夜晚把羊繫在鼓上，將火把紮在木筏上，放筏滿江往南漂下。思酋看到後以為木筏將從下游渡江，爭著從西岸趕到下游，而王靖遠的軍隊卻從上游渡過了，就打敗思任。如今東岸的羅明壩是他捆紮照明松木的寨子，羅鼓寨是他造鼓的寨子。

往西北走三里，有溪水從西邊的峽谷流出，往北渡過溪水。走了半里，有村落靠著山坡朝東排列，這是蠻邊。據志書，十五喧中無「蠻邊」這名稱，猜想就是所謂的「中岡」。閃太史也有莊園在那裡。找火頭沒有見到，他的妻子拿著檄文找一個僧人讀了，請我坐在竹樓上而後備飯。這僧人就是石城下層中臺寺的僧人，在中臺上建庵，各喧的當地人都信服他。現在來此取木料請木匠，將創建大寺。這僧人剛下山，就和各喧的火頭商議創建大寺的事。他說庵中無人，勸我暫且留在這裡，等他明天回去，才可從庵去找石城。我聽從他的話，坐在竹樓上寫日記。下午在澗中洗澡。再登上竹樓，觀看火頭家烹小豬祭祀祖先。儀式是使一人在外面觀望，一人在裡面呼喊。問：「可來？」答：「來了。」這樣重複幾十次。將布鋪在路上，把祖先的靈魂引入神龕，給他飲酒吃飯，勸說也如同對待活人一樣。傍晚，他的兒子拿酒肉來招待，是燒酒，便一起在竹樓上飲酒。風雨忽然來臨，雖然竹樓無所遮蔽，但平野中鬱悶炎熱，便在竹樓睡下，沒空再搬到他的內室了。火頭，是一喧之主，就是中原的保長、里長之類。

十二日　火頭具飯，延一舊土官同餐。其人九十七歲矣，以年高，後改於早龍江者。喧中人皆言其人質直而不害人，為土官最久，曾不作一風波，有饋之者，千錢之外輒不受。當道屢物色❶之，終莫得其過跡。暄人感念之，共宰一牛，賣為贍老之資。既飯，以一人引余往中臺寺。余欲其人竟引探石城，不必由中臺。其人言：「暄中人俱不識石城路，惟中臺僧能識之，且路必由中臺往，無他道也。」余不信，復還，遍徵之暄中，其言合，遂與同向中臺。

由村北溯溪西向入，二里，過上蠻邊，漸入峽。又西一里餘，涉一水溝，遂臨南澗倚北坡而行。又里餘，則北坡稍開，有岐北去。又西逾坡，過一水塘，北下峽中。共二里，有溪自北峽來，架木為橋，西度之。橋之南，又有溪自南峽西來，與橋水合，迸而出於蠻邊南大溪者。既度橋西，即北向上坡。其坡峻甚，且濘甚，陷淖❷不能舉足。因其中林木深閟，牛畜蹂踐，遂成淖土，攀陟甚難。二里，就小徑行叢木中。三里，復與大路合，峻與濘愈甚。又北上一里，折而西南上峽中。一里，南逾其岡，則中臺東下之脊也。始見有茅庵當西崖之下。其崖矗然壁立於後，上參霄漢，其上蓋即石城云。乃入庵。

庵東向，乃覆茅為之者。其前積木甚巨，一匠工斲之為殿材。昨所晤老僧號滄海，四川人。已先至，即為余具飯。余告以欲登石城，僧曰：「必俟明日，今已無及矣。此路惟僧能導之，即暄中人亦不能知也。」余始信暄人之言不謬，遂停其茅中。此寺雖稱中臺，實登山第一坪也。石城之頂，橫峙於後者，為第二層。其後又環一峽，又矗而上，即雪山大脊之東突，是為第三重。自第一坪而上，皆危嶂深木，蒙翳懸阻，曾無人跡。惟此老僧昔嘗同一徒，持斧秉炬，探歷四、五日，於上二層各斫木數十株，相基卜址，欲結茅於上，以去人境太遠，乃還棲下層。今喧人歸依❸，漸有展拓矣。

【章　旨】本章記載了第三百九十五天在永昌府的行跡。火頭請了一個德高望重的土官一起吃飯，那人已九十七歲，從不害人，也不貪財。飯後由一個人引路，經過上鑾邊，走過一段十分險峻且又泥濘的山路，進入中臺寺。這是一座用茅草蓋成的寺庵，寺中老僧滄海堆積了許多巨木，準備創建大寺。寺在登山的第一層平地。石城在第二層，雪山大脊在第三層。

【注　釋】❶物色　訪求。❷淖　爛泥；泥沼。❸歸依　佛教用語，言歸投依伏，如子歸父，如民依王。佛教用以指歸從依附佛、法、僧三寶，故有「三歸」之說。也作「皈依」。

【語　譯】十二日　火頭備了飯，請來一個原土官一起用餐。那人九十七歲了，因為他年齡大，後來改任早龍江為土官。喧中人都說，這人質樸正直不會害人，任土官時間最長，從不興風作浪，有饋贈他的，超過千錢價值就不接受。當局多次察訪，始終找不到他的過失。喧中人感激懷念他，共同宰了一頭牛，賣了作為他養老的費用。飯後，讓一個人帶我去中臺寺。我想要那人引路直接去探遊石城，不必從中臺寺走。那人說：「喧中人都不識去石城的路，只有中臺寺的僧人能識路，而且路必須從中臺前往，沒有其他的路。」我不信，又返回到喧中，到處打聽，回答的話也相同，便和他一起去中臺寺。

從村北沿溪水上行，往西進去，走了二里，經過上鑾邊，漸漸進入峽谷。再往西走一里多，渡過一條水溝，便對著南邊的澗水靠著北邊的山坡走。又過了一里多，只見北邊的山坡稍許開闊，有岔路往北延伸。再往西越過山坡，經過一個水塘，往北走下峽谷中。共走了二里，有溪水從北邊的峽谷流來，用樹木架上成橋，往西渡過它。橋的南邊，又有溪水從南邊的峽谷往西流來，和橋下的水會合，奔湧而出，流到鑾邊南面的大溪中。過橋到西岸，就往北登上山坡。這山坡十分陡峻，而且很是泥濘，陷入爛泥便不能舉足。因為裡面林木幽深，牛畜蹂躪踐踏，成了泥沼，攀登非常困難。走了二里，踏上小路在樹叢中行走。過了三里，再和大路會合，更加陡峻泥濘。再往北走上一里，轉向西南往上到峽谷中。走了一里，往南越過山岡，便是中臺寺往東延伸的山脊，方才看到有茅庵位於西邊的山崖下。這山崖在後面矗立，陡削如壁，高聳雲霄，崖上大概就是石城了。便進入庵中。

庵朝東，是用茅草蓋成的。庵前堆積著很大的木頭，一個工匠在砍削木頭作為建造佛殿的材料。昨天會面的老僧法號滄海，四川人。已先到達，立即為我備飯。我告訴他想登石城，老僧說：「必須等到明天，今天已經來不及了。這條路只有僧人能引導，即使喧中人也不知道。」我這才相信喧中人的話不假，便留在他的茅庵中。這寺雖然稱為中臺，實際上是在登山的第一層的平地。石城的頂部，在後面橫峙，是第二層。在它後面又環繞一道峽谷，又往上直聳，就是雪山大脊向東突起的地方，這是第三層。從第一層平地往上，都是高峻的山峰，幽深的樹木，密密遮蔽，高高阻隔，從無人跡。只有這個老僧先前曾同一個徒弟，拿著斧頭，舉起火把，探尋了四、五天，在上面兩層各砍去幾十棵樹，觀察選擇基址，想在上面建造茅庵，因為離開人住的地方太遠，只得返回下層居住。如今喧中人信仰歸向他，庵便漸有拓展了。

十三日　僧滄海具飯，即執殳前驅。余與顧僕亦曳杖從之。從坪岡右腋仆樹上，度而入。其樹長二十餘丈，大合抱，橫架崖壁下。其兩旁皆叢箐糾藤，不可著足，其下坎坷蒙蔽，無路可通，不得不假道於樹也。過樹沿西崖石腳，南向披叢棘，頭不戴天，足不踐地，如蛇遊伏莽，猱❶過斷枝。惟隨老僧，僧攀亦攀，僧掛亦掛，僧匍匐亦匍匐。二里，過崇崖之下，又南越一岡，又東南下涉一箐，共里餘，乃南上坡，踐積茅而橫陟之。其茅倒者厚尺餘，豎者高丈餘，亦仰不辨天，俯不辨地。又里餘，出南岡之上。此岡下臨南峽，東向垂支而下。有微徑自南峽之底，西向循岡而上，於是始得路。隨之上躡，其上甚峻，蓋石城屏立，此其東南之趺，南峽又環其外，惟一線懸崖峽之間。遂從攀躋西向上者五里，乃折而北上。一里，西北陟坎坷之石，半里，抵石城❷南垂之足。乃知此山非環轉之城，其山則從其後雪山之脊，東度南折，中兜一峽，南嵌而下，至此南垂之足，乃峽中之門也。其崖則從南折之脊，橫列一屏❸，特聳而上，至此南垂之足，則承趺之座也。峽則圍三缺一，屏則界一為二，皆不可謂之城。然峽之杳渺障於內，屏之突兀臨於外，此南垂屏峽之交，正如黃河、華嶽，湊扼潼關，不可不謂險之極也。從南垂足，盤其東麓而北，為崖前壁，正臨臺庵之上。壁間有洞，亦東向，嵌高深間，登之，縹緲雲端，憑臨瓊閣，所少者石髓無停穴耳。盤其西麓而北，為崖後壁，正環墜峽之東。削壘上壓，淵塹下蟠，萬木森空，藤蘚交擁，幽峭之甚。

循崖北行，一里，路分為二：一東北上，為躡崖頂者；一西北，為盤峽坳者。乃先從峽。半里，涉其底，底亦甚平，森木皆浮空結翠，絲日不容下墜。山上多扶留藤，所謂簍子也，此處尤巨而長，有長六丈者。又有一樹徑尺，細芽如毛，密綴皮外，無毫隙。當其中有「木龍」焉，乃一巨樹也。其下體形扁，縱三尺，橫尺五。自地而上，高二尺五寸，即半摧半茂，摧者在西北，止存下節；茂者在東南，聳幹而起。其幹正圓，圍如下體之半，而高不啻十餘丈。其所存下節並附之，其圓亦如聳幹，得下體之半，而其中皆空。外膚之圍抱而附於聳幹者，其厚止寸餘，中環空腹如桶❹，而水盈焉。桶中之水深二尺餘，蓋下將及於地，而上低於外膚之邊者，一寸有五，其水不甚清，想即樹之瀝也。中有蝌蚪躍跳，杓水而乾之則不見。然底無旁穴，不旋踵而水仍滿，亦不見所自來，及滿至膚邊下寸五，輒止不溢，若有所限之者，此又何耶？其樹一名溪母樹，又名水冬瓜，言其多水也。土人言有心氣痛者，至此飲之輒愈。老僧前以砍木相基至，亦即此水為餐而食。

樹之北，有平岡自西而東，屬於石崖之峰。即度岡之北，有窪匯水，為馬鹿潭，言馬鹿❺所棲飲者。窪之北，則兩崖對束如門，潭水所從泄也。循岡西上半里，西大山之麓有坡一方，巨木交枕，雲日披空，即老僧昔來所砍而欲卜之為基者，寄宿之茅，尚在其側。由此西上，可登上臺，而路愈蔽。乃返由前岐東北躡崖，半里而凌其上。南瞰下臺之龕庵，如井底寸人豆馬，蠕蠕❻下動，此庵遂成一畫幅。其頂正如堵牆，南北雖遙而闊皆丈餘，上下雖懸而址皆直立。由其上東瞰上江如一綫，而東界極北之曹澗、極南之牛角關，可一睫而盡；惟西界之南北，為本支❼所掩，不能盡崩戛、八灣之境也；西眺雪山大脊，可以平揖而問，第深峽中嵌，不能竟陟耳。乃以老僧飯踞崖脊而餐之，仍由舊徑下趨中臺庵。未至而雨，為密樹所翳不覺也。既至而大雨。僧復具飯。下午雨止，遂別僧下山，宿於蠻邊火頭家，以燒魚供火酒而臥。

【章　旨】本章記載了第三百九十六天在永昌府的行跡。隨老僧滄海去遊石城山。因無路可通，只得在倒下的樹上借道進去。隨後披荊斬棘，頭不頂天，腳不踩地，如蛇遊行，如猱跳躍，好不容易找到路，到達石城南陲的山腳，方才知道這裡並非環轉的城堡。峽谷深遠，山嶂高聳，地勢險峻之極。崖壁間有洞，登上洞，如在雲端仙界，所欠缺的是洞內沒有鐘乳石，周圍環境也極幽峭。往前峽谷中樹木茂密，一絲陽光都照不進。山上多扶留藤，裡面有「木龍」，是一棵形狀奇特的大樹，樹幹中空如圓桶，裡面積滿水，舀乾後馬上又溢滿，但總達到一定高度，不會溢出，不知是何緣故。這樹名溪母樹，又稱水冬瓜，據說積水可治心氣痛病。樹的北面有馬鹿潭。西面大山的山麓有一片山坡，坡上巨大的樹木交枕，是老僧原先選作寺基的地方。返回時登上山崖，俯視下臺的寺庵如同一幅圖畫。在崖頂往東一覽無餘，往西可平眺雪山大脊，唯西部南北兩端被本支山脈遮掩。在雨中從原路返回中臺庵。下午告別老僧，到蠻邊火頭家住宿。

【注　釋】❶狨　猿屬，長尾，尾作金色，俗稱金絲猴。或說即猱。❷石城　山名，在保山西北，怒江西岸，雪山東面。❸其崖則從南折二句　徐本作「其南崖之脊，折而橫列一屏」。❹中環空腹如桶　原缺「空」字，據徐本、陳本、《四庫》本補。❺馬鹿　又稱赤鹿。夏季上山，冬季下山至平原密林中。❻蠕蠕　形容蟲子慢慢爬動。❼本支　指同一座山分出的支脈。

【語　譯】十三日　老僧滄海備了飯，就拿著兵器在前面開路。我和顧僕也拖著手杖跟著他走。從山坪山岡右腋倒伏的樹上，穿越進去。這樹長二十餘丈，有兩人合抱那麼粗大，橫架在崖壁下。它的兩旁都是叢生的竹林和纏繞的藤蔓，不能落腳，樹下地面高低不平，荒草遮蔽，無路可通，不得不在樹上借道走。過了樹，沿西邊山崖的石腳，往南撥開成叢的荊棘，頭不頂天，腳不著地，像蛇那樣在草叢中游動，像金絲猴那樣跳過斷枝。只能跟著老僧，老僧攀援，我也攀援，老僧懸掛，我也懸掛，老僧伏地爬行，我也伏地爬行。這樣走了二里，通過高大的山崖下方，又往南越過一座山岡，再向東南往下越過一道箐谷，共走了一里多，便往南上坡，踩著堆積的茅草橫向越過它。茅草倒伏的有一尺多厚，豎直的有一丈多高，也是抬頭不見天，俯身不見地。再走了一里多，到南面的山岡上。這山岡下面對著南邊的峽谷，支脈向東垂下。有小路從南邊峽谷的底部，往西沿山岡上去，到這裡才找到路。隨著這條小路往上攀登，上面十分陡峻，原來石城像屏風那樣豎立，這裡是它東南的底座，南邊的峽谷又在它外面環繞，只有一條狹窄的小路懸掛在山崖峽谷之間。於是跟著往西攀登走上五里，便轉向北上去。走了一里，往西北登上高低不平的岩石，走了半里，到達石城南陲的山腳。方才知道這裡並非環轉的城堡，它的山脈是從後面雪山的山脊，往東延伸後轉向南，中間兜成一道峽谷，往南嵌下，到這裡南陲的山腳，是峽中的門戶。它的山崖則從向南轉的山脊，橫列一座屏障，高聳突出，到這裡南陲的山腳，便成承受這山的底座了。峽谷三面被圍一面開口，屏障則將山一分為二，都不能稱為城。但裡面有深遠的峽谷阻隔，外面有高聳的屏障對著，這裡是南陲屏障和峽谷的相交處，正像黃河、華山湊扼潼關，不能不說險要之極了。從南陲的山腳繞著石城的東麓往北，是山崖的前壁，正對著中臺寺庵的上方。石壁間有洞，也朝東嵌在既高又深的山中，登上洞，如在縹緲的雲端，如憑臨仙界，所欠缺的只是洞中沒有鐘乳石罷了。繞過它的西麓往北，是山崖的後壁，正環繞在落下的峽谷的東面。陡削的壘壁壓在上方，深遠的溝壑盤曲在下方，萬木森然挺立空中，藤蔓蘚苔交纏簇擁，環境也極為幽深陡峭。

沿著山崖往北走一里，路分成兩條：一條往東北上去，是登上崖頂的路；一條往西北去，是繞入峽中山坳的路。便先從峽中走。過了半里，到達峽底，峽底也很平坦，茂密的樹木都浮在空中，翠色連成一片，一絲陽光也照不下。山上多扶留藤，就是所說的簍子，這裡出的更加大而長，有長達六丈的。還有一種直徑一尺，細芽如毛，密密地連綴在樹皮外，沒有絲毫空隙。在它裡面有「木龍」，是一棵大樹。樹幹下部呈扁形，縱三尺，橫一尺五寸。從地面往上，高二尺五寸，就一半被毀，一半繁茂，被毀的在西北面，只存下半節；繁茂的在東南面，樹幹聳起。樹幹呈正圓形，外圍有下部的一半大，但高不止十多丈。所存的下半節一起附在上面，也像聳起的樹幹那麼圓，有下部的一半長，但裡面都是空的。外面樹皮圍抱並附在聳起的樹幹上的，只有一寸多厚，中間圓形空腹如桶，裡面積滿了水。桶中的水，深二尺多，大概水下面將要到達地面，而上面低於外面樹皮的邊緣的，有一寸五分，這水不很清，想來便是從樹上滴下的。水中有蝌蚪跳躍，舀乾水就不見了。但底部沒有旁洞，不一會水就又溢滿了，也不見水從哪裡來，等水滿到樹皮邊緣下一寸五分時，就停止不溢。好像有什麼限制著水似的，這又是什麼緣故呢？這樹一名溪母樹，又稱水冬瓜，是說它多水。當地人說，有患心氣痛病的人，到這裡喝了水後就會痊癒。老僧前因砍樹觀察寺基來到，也用這水煮飯吃。

樹的北面，有平坦的山岡從西往東延伸，連接到石崖的山峰。就在延伸的山岡北面，有窪地積水，這是馬鹿潭，說是馬鹿棲息飲水的地方。窪地的北面，則有兩座山崖相對緊束如門，潭水從中流洩。沿著山岡往西走上半里，西面大山的山麓有一片山坡，大樹交枕橫臥，露出白雲紅日，就是老僧先前來此砍了樹，想選地為寺基的地方，寄宿的茅屋，還在它旁邊。從這裡往西上去，可登上臺，但路更加隱蔽。於是返回從前面的岔路往東北攀登山崖，過了半里，登上崖頂。向南俯視下臺的佛龕寺庵，就像井底一寸高的人、豆子那樣大的馬，在下蠕蠕爬動，這庵便成了一幅圖畫。崖頂正像一堵牆，南北相隔雖遠但寬都是一丈多，上下相距雖深但崖腳都是直立，從崖頂向東俯視上江，如同一線，而東界極北的曹澗、極南的牛角關，可以一眼望盡；只有西界的南北兩端，被本山的支脈遮掩，不能盡覽崩戛、八灣的境地；向西眺望雪山的大脊，可以在同一高度相對，只是深峽嵌在中間，不能全都登臨罷了。於是坐在崖脊上拿出老僧帶來的飯吃，仍從原路下去，趕往中臺庵。還沒到達就下起雨來，因有茂密的樹木遮蔽而不覺得。到庵後下著大雨。老僧又備了飯。下午雨停了，就告別老僧下山，在蠻邊的火頭家住宿，以燒魚燒酒供上，吃了睡下。

十四日　從蠻邊飯而行。仍從舊路東南一里，宜東下，誤循大路倚西山南行。二里，望渡處已在東北，乃轉一里，得東下之路，遂涉坑從田塍東行。一里，至早龍川家，即龍江之弟，分居於此，以主此渡者。時渡舟尚在江東岸，龍川迎坐以待之。其妻女即織紝於旁，出火酒糟生肉以供。余但飲酒而已，不能啖生也。雨忽作忽止，上午舟乃西過。又候舟人飯，當午乃發，雨大作。同渡者言：「猛賴東溪水暴漲，橫木沉水底，不能著足，徒涉之，水且及胸，過之甚難。」余初以路資空乏，擬仍宿早龍江家，一日而至松坡，二日而至瑪瑙山，皆可無煩杖頭，即取所寄水簾石樹歸。今聞此，知溪既難涉，且由溪北岸溯流而入，由北沖逾嶺，既免徒涉之險，更得分流之脊，於道里雖稍遠，況今日尚可達歪瓦，則兩日即抵郡，其行反速也。遂從渡口東向截塢望峽入，先由塢東行田塍間。一里，路為草擁，草為雨偃，幾無從覓。幸一同渡者見余從此，亦來同行，令之前驅。半里，遂及峽口，循峽北突峰南麓東向入，溪沸於下，甚洶湧。五里，峽自北來，有村在東山下，曰猛岡。路挾西山北轉上坡，五里，遂東盤東峰之南椒❶。又東十里，有峽自東南來，想即猛淋所從來之小徑也。於是折而北上山坳，二里，聞犬聲。又里餘，山環谷合，中得一坪，四、五家倚之南向而居，曰歪瓦❷，遂止而宿。

十五日　昧爽而炊❸。平明，飯而行。雨色霏霏❹。南陟東坡，一里，稍北下，三里餘，不得路。乃西向攀茅躡坡，二里，登嶺，乃得南來之路。又稍北，循崖曲復東向行，八里，有峽自東來，而大溪則自北峽來受。其迴曲處，藤木蓊蔽，惟見水勢騰躍於下。路仍北轉，溯之，遂從深箐中行。又二里，稍下，漸與溪逼。又北五里，峽復轉東，路乃東，溯之，屢降而與溪會，一路皆從溪右深箐仄崖間。東北溯流行十五里，有一溪自北峽出，而下有田緣之，漸出箐矣。又東五里，其下田遂連畦夾溪。又東五里，又有水自西北峽來，溪源遂岐為兩，有橋度其北來者，仍溯其東來者。其下田愈闢，路始無箐木之翳。又東五里，北界之山，中環為坪，而土官居之；亦早姓，為龍江之婭。南界之峽，平拓為田，而村落繞之，此即所謂北沖❺也。又東五里，山箐復合，是為箐口。時纔下午，而前無宿店，遂止。是夕為中元❻，去歲在石屏❼，其俗猶知祭先，而此則寂然矣。

【章　旨】本章記載了第三百九十七天、第三百九十八天在永昌府的行跡。沿原路到早龍川家等渡船。聽一起擺渡的人說，猛賴東溪水勢暴漲，沒法過去，於是決定從北沖回府城。經過猛岡，到歪瓦留宿。次日冒雨上路，在幽深的箐谷、狹窄的山崖中行走。經過北沖，到箐口住宿。這天是中元節，但這裡悄然無聲。

【注　釋】❶椒　山頂。❷歪瓦　在永昌北境，勐來溪北岸。❸昧爽而炊　四字原缺，據徐本、陳本、《四庫》本補。❹雨色霏霏　原作「雨中」，據徐本、陳本改。❺北沖　今名瓦房，在保山北境。❻中元　時節名，道家以農曆七月十五日為中元節。舊時道觀在這一天作齋醮，僧寺作盂蘭盆齋。❼石屏　見〈滇遊日記一・隨筆二則〉日記注。

【語　譯】十四日　從蠻邊吃了飯出發。仍然從原路往東南走一里，應當往東下去，卻誤沿大路靠著西山往南走。過了二里，望見渡口已在東北，便轉過一里，來到往東走下的路，就進入坑谷從田間往東走。過了一里，到早龍川家，就是早龍江的弟弟，分居在這裡，主管這個渡口。這時渡船還在江的東岸，龍川迎接我坐下等船。他的妻子和女兒就在旁邊紡織，拿出燒酒和酒糟生肉給我吃。我只是飲酒而已，不會吃生肉。雨忽下忽停，上午船才到西岸。又等候船夫吃飯，正午才開船，雨下得很大。一起渡江的人說：「猛賴東溪水勢暴漲，橫架溪上的樹木沉入水底，不能落腳，徒步涉水，水將淹到胸部，過溪十分困難。」我起先因為缺少路費，打算仍住早龍江家中，走一天路可到松坡，走兩天路可到瑪瑙山，都可不用帶路費，就取回寄放在水簾洞的石樹回去。現在聽到這消息，知道溪水既難渡過，姑且從溪北岸逆上行走進，從北沖越過山嶺，既免去徒步涉水的危險，還能看到分水的山脊，雖然路稍遠些，何況今天還能到達歪瓦，那麼兩天就可到府城，反而走得快了。於是從渡口向東橫穿山塢朝著峽谷進去，先從塢中往東在田埂間行走。過了一里，路被草擁塞，草被雨打伏，幾乎沒法找到。幸虧一個一同渡江的人見我從這裡走，也來一起走，我叫他在前面引路。走了半里，就到峽口，沿著峽谷北邊突起的山峰的南麓往東進去，溪水在下面奔流，十分洶湧。走了五里，峽谷從北面伸來，有村莊在東山下，名猛岡。路貼著西山往北轉登上山坡，走了五里，就往東繞到東峰南面的山頂。再往東走十里，有峽谷從東南伸來，心想就是從猛淋過來的小路了。在這裡轉向北登上山坳，走了二里，聽到狗叫聲。再走了一里多，山峰環繞山塹合抱，中間有一塊平地，四、五戶人家靠著它朝南居住，名歪瓦，便留下住宿。

十五日　拂曉燒飯。黎明，吃罷飯出發。小雨飄灑。往南登上東坡，走了一里，稍稍往北下去，走了三里多，找不到路。於是往西攀援茅草上坡，走了二里，登上山嶺，才遇上南來的路。再稍稍往北，沿山崖彎曲處再向東走。過了八里，有峽谷從東面伸來，而大溪則從北面的峽谷流來匯合。溪水的彎曲處，藤蔓樹木掩蔽，只見水勢在下面騰躍。路仍往北轉沿溪水上行，就從幽深的箐谷中走。再過了二里，稍稍往下，漸漸和溪水逼近。再往北走五里，峽谷又轉向東，路就往東沿溪流上行。經過幾次降下而後和溪水會合，一路都是從溪水右邊幽深的箐谷、狹窄的山崖中走。往東北沿溪流上行十五里，有一條溪水自北面的峽谷流出，而下面有田地沿著溪邊，漸漸走出箐谷了。再往東走五里，它下面的田地便連成一片夾住溪水。再往東走五里，又有水從西北的峽谷流來，溪水的源頭，便岔成兩條，有橋越過北來的溪水，仍然沿著東來的溪水走。山下的田地更加開闢擴展，路才沒有竹林樹木遮蔽。再往東走五里，北界的山嶺中間繞成平地，土官居住在這裡；也姓早，是早龍江的姪子。南界的峽谷，平坦地拓展成田地，村落環繞著它，這就是所說的北沖了。再往東走五里，山中箐谷又圍攏起來，這就是箐口。這時才下午，但往前沒有住宿的客店，便留在這裡。這天晚上是中元節，去年在石屏，那邊的風俗還知道祭祀祖先，而這裡則悄然無聲。

十六日　平明飯❶。由箐口東，稍下入峽。二里，有澗自東北來，越之。其大溪則自峽中東來，猶在路之南。路從兩澗中支東上，已復北倚中支，南臨大溪，且上且平。七里，稍下，又一里，下及溪，瀕溪溯水而行。又里餘，有木橋跨溪，遂度其南岸，倚南崖東向行。又里餘，復度橋，行溪北岸。由是兩崖夾澗，澗之上屢有橋左右跨，或度橋南，或度橋北，俱瀠澗倚坡，且上且折。又連度六橋，共七里，水分兩派來，一東南，一東北，俱成懸流❷。橋不復能施，遂從中坡躡峻，盤垂磴而上。曲折八里，岡脊稍平，有廬三楹橫於岡上，曰茶庵，土人又呼為蒲蠻寨，而實無寨也。有一道流淪茗於中。余知前路無居廬，乃出飯就之而啖。又北上，始臨北坑，後臨南坑，始披峽涉水，後躡磴盤脊，十里，乃東登嶺坳。既至嶺頭，雨勢滂沱，隨流南下，若騎玉龍而攬滄海者。南下三里，雨忽中止，雲靄遙滌。又二里，遂隨西峽下，墜峽穿箐，路既蒙茸，雨復連綿。又五里，從箐底踣波隨流出。又南五里，稍東，逾一東障西突之坡。從其南墜坡直下者三里，復隨峽倚東障之支南向行，其西中壑稍開，流漸成溪。二里，雨益大，沾體塗足，足滑不能定，上嶮❸涉流，隨起隨仆。如是者三、四里，頭目既傷，四肢受病，一時無可如何。雨少止，又東南五里，塢稍東曲，乃截塢而度一橋。橋下水雖洶湧渾濁，其勢猶未大，僅橫木而度。至是從溪西隨西山行，溪逼東障山去。復逾坡墜箐向東南下，五里，又東南盤一坡，下涉一箐。又五里，轉坡南，腋間得臥佛寺，已暮。急入其廚，索火炙衣，炊湯啖所存攜飯，深夜而臥其北樓。

十七日　晨起，絕糧。計此地去郡不過三十餘里，與前東自小寨歸相似❹，遂空腹行。仍再上巖殿，再下池軒，一凭眺之。東南里許，過一小室，始有二家當路，是為稅司。又南八里，過龍王塘峽，皆倚西山行。又東南五里，過郎義村，村西有路逾嶺，為清江壩、打郎道。又南二十里，至郡城北通華門外，即隨城北澗西上。二里，入仁壽門，由新城街一里餘，過法明寺前，西抵劉館。余初擬至乾海子一宿即還，至是又十三日矣。館前老嫗以潘蓮華所留折❺儀，并會真陶道所饋點畀余，且謂閃知愿使人以書儀數次來候，蓋知愿往先塋，恐余東返，即留使相待也。下午安仁來，俞禹錫同閃來，抵暮乃別。

【章　旨】本章記載了第三百九十九天、第四百天在永昌府的行跡。走進峽谷，渡過溪水，接連過了六座橋，看到兩道瀑布。經過蒲蠻寨，大雨滂沱，隨水流走下，如騎玉龍而攬滄海。雨越下越大，登上險峰，渡過急流，隨起隨仆，頭眼四肢全都受傷。傍晚趕到臥佛寺住宿。次日又斷糧，便餓著肚子上路。經過龍王塘峽谷、郎義村，進入府城仁壽門，回到劉氏書館。這次出行，又有十三天了。

【注　釋】❶平明飯　三字原缺，據徐本、陳本、《四庫》本補。❷懸流　瀑布。❸嶮　高險的山。❹與前東自小寨歸相似　見〈滇遊日記十〉六月初四日記。❺折　折簡，又作折札、折柬。

【語　譯】十六日　黎明吃飯。從箐口往東，稍稍往下進入峽谷。走了二里，有澗水從東北流來，越過它。其大溪則從峽谷中往東流來，還在路的南邊。路從兩條澗水中間的支脈往東上去，過了一會又往北靠著中間支脈走，南面對著大溪，邊上邊平坦起來。走了七里，稍稍往下，再走了一里，往下到溪邊，靠近溪流沿水上行。再走了一里多，有木橋架在溪上，就過橋到溪水南岸，靠著南邊的山崖往東走。又過了一里多，再過橋在溪水北岸走。從這裡起兩邊山崖夾住澗水，澗水上面多處有橋橫跨左右兩岸，有時過橋到南岸，有時過橋到北岸，都是繞著澗水靠著山坡，邊上邊轉。又接連通過六座橋，共走了七里，水分成兩條流來，一條從東南，一條從東北，都成為瀑布。不能再在水上建橋，就從中間的山坡登上峻嶺，盤繞懸垂的石級上升。曲曲折折走了八里，岡脊稍稍平坦起來，有三間房屋橫列岡上，名茶庵，當地人又稱為蒲蠻寨，其實沒有寨子。有一個道士在庵中煮茶。我知道往前的途中沒有住房，便拿出飯到庵中吃了。再往北上去，起先面對北邊的坑谷走，後來面對南邊的坑谷走，起先穿越峽谷渡過澗水，後來登上石級盤繞山脊，這樣走了十里，便往東登上嶺坳。到了嶺頭，大雨傾盆，隨水流往南下去，如騎玉龍而攬滄海。往南走下三里，雨忽然中止，雲霾在遠處消散。再走了二里，就隨西邊的峽谷往下，落到峽中穿越箐谷，路上既草長蓬鬆，雨又連綿不斷地下著。再走了五里，從箐谷底部踏著水波順流走出。再往南五里，稍稍往東，越過一座擋在東面向西突起的山坡。從它南面的山坡一直落下三里，再隨峽谷靠著擋在東面的山坡的分支往南走，它西邊中間的山壑稍開，水流漸漸成溪。走了二里，雨下得更大，從頭到腳都被淋濕，腳下打滑站立不穩，登上險峰，渡過急流，剛剛站起，隨即又倒下。這樣走了三、四里，頭眼既傷，四肢疲累，一時之間無可奈何。雨稍停下，又往東南走五里，山塢稍稍向東彎曲，就橫穿山塢越過一座橋，橋下水雖然洶湧渾濁，但水勢還不大，僅架樹木就可過去。到這裡從溪水西邊沿著西山走，溪水逼近擋在東面的山坡流去。再越過山坡落下箐谷，往東南下去，走了五里，再往東南繞過一座山坡，往下渡過一個箐谷。再走五里，轉到山坡南面，在山腋間找到臥佛寺，天色已晚。急忙走進寺內的廚房，要火烤衣，燒了熱湯吃所帶的剩飯，深夜住在寺內的北樓上。

十七日　早晨起身，已斷糧。估計這裡離府城不超過三十多里，和先前從東面的小寨歸來時的路程相仿，就空著肚子上路。仍然再登上巖中的殿堂，再往下到池邊的軒廊，憑眺一番。往東南走一里左右，經過一間小屋，才有兩戶人家住在路旁，這是稅司。再往南走八里，經過龍王塘的峽谷，都是靠著西山走。再往東南走五里，經過郎義村，村的西邊有路越過山嶺，是去清江壩、打郎的路。再往南走二十里，到了府城北邊的通華門外，就隨城北的澗水往西走。過了二里，進入仁壽門，從新城街走了一里多，經過法明寺前，往西到達劉氏的書館。我原先打算到乾海子過一夜就回來，到這時又是十三天了。書館前的老婦人將潘蓮華所留下的信札和贈送的路費，以及會真樓陶道士所贈的點心交給我，並說閃知愿派人拿著書信和贈送的路費幾次前來等候。原來知愿去祖先的墓地，怕我往東回去，就留下使者等待了。下午安仁來，俞禹錫同閃知愿來，到傍晚才告別。

十八日　余臥未起，馬元真同其從兄來候。余訝其早，曰：「即在北鄰，而久不知。昨暮禹錫言，始知之。且知與老父約，而不從松坡返，能不使老父盼望耶？」余始知為太麓乃郎。太麓雖言其長子讀書城中，而不知即與劉館並也。禹錫邀飯，出其岳閃太翁降乩語❶相示，錄之，暮乃返。閃知愿使以知愿書儀❷並所留柬札來，且為余作書與楊雲州。

十九日　閃太史手書候敘，既午乃赴之。留款西書舍小亭間，出董太史❸一卷一冊相示，書畫皆佳，又出大理蒼石屏置座間，另覓鮮雞葼瀹湯以佐飯。深夜乃歸館。知安仁所候閃序已得，安仁將反命麗江矣。

二十日　作書並翠生杯，託安仁師齎送麗江木公。

二十一日　命顧僕往瑪瑙山取石樹，且以失約謝馬元康。

二十二日　雨❹。禹錫同閃□□❺來寓，坐竟日，貰酒移餚，為聯句❻之飲。

二十三日　早，馬元真邀飯，以顧奴往瑪瑙山，禹錫知余無人具餐，故令元真邀余也。先是自清水關遇雨，受寒受跌且受飢，連日體甚不安，欲以汗發之。方赴市取藥，而禹錫知余僕未歸，再來邀余，乃置藥而赴之。遂痛飲。入夜，元真輩先去，余竟臥禹錫齋。禹錫攜襆被連榻，且以新綿被覆余，被褥俱麗甚。余以醉後覺蒸蒸有汗意，引被蒙面，汗出如雨，明日遂霍然，信乎挾纊❼之勝於藥石也！

二十四日　還寓。深夜而顧奴返。以馬元康見余不返，親往松坡詢踪跡，故留待三日而後歸也。

【章　旨】本章記載了第四百零一天至第四百零七天在永昌府的行跡。馬元真和馬太麓的長子來訪。去閃太史家，觀賞董其昌的卷冊，書畫俱佳。託安仁禪師將信和翠生石杯送給麗江府木公。叫顧僕去瑪瑙山取石樹。因先前在清水關遇雨，受寒跌傷加上挨餓，身體很不舒服，在俞禹錫的書齋中蒙頭睡下，出了一身大汗，病霍然而癒。

【注釋】❶降乩語　舊時方士在架子上吊一根木棍，下面放沙盤，兩人扶著架子，裝作鬼神附身，用棍子在沙盤上劃出字句，作為神的指示，預言人事禍福，稱為扶乩，又作扶箕，也叫扶鸞。乩，《說文》作「卟」，卜以問疑。❷書儀　餽贈的禮金。❸董太史　董其昌。❹雨　原缺，據徐本、陳本補。❺閃□□　葉本作「閃太史」，《四庫》本作「閃知愿」。二十九日日記中「閃□□」同。據二十六日日記，閃知愿直到那天才回永昌城，當以「閃太史」為是。❻聯句　作詩時人各一句或幾句，合而成篇。❼挾纊　披著棉衣。纊，絲綿絮。

【語　譯】十八日　我睡著還未起身，馬元真和他的從兄前來探訪。我驚訝他們來得太早，回答說：「就在北邊相鄰，但一直不知道。昨天晚上聽禹錫說起，方才知道。而且知道先生和老父相約，但沒從松坡返回，能不使老父盼望嗎？」我這才知道馬元真的從兄，是馬太麓的郎君。太麓雖說起過他的長子在城中讀書，但不知就和劉氏書館相鄰。禹錫邀請我去吃飯，拿出他岳父閃太翁扶乩時神靈降臨所寫的話給我看，抄錄下來，傍晚才返回。閃知愿的使者帶著知愿饋贈的儀金及所留的信札來到，並為我寫了信給楊雲州。

十九日　閃太史親自寫信來邀，等我去敘談，午後才去赴約。在西書房的小亭中款待留客，拿出董太史的一卷一冊給我看，書畫俱佳，又拿出大理石屏風擺在座位間。另外找來鮮雞蔓燒湯下飯。深夜才回書館。

二十日　寫了信連同翠生石杯，託安仁帶去送給麗江的木公。得知安仁所等候的閃太史序文已經拿到，安仁將回麗江覆命了。

二十一日　吩咐顧僕去瑪瑙山取石樹，並因失約向馬元康道歉。

二十二日　下雨。禹錫同閃□□來寓所，坐了一整天，買酒端菜，聯句飲酒。

二十三日　早晨，馬元真請我去吃飯。因為顧僕去了瑪瑙山，禹錫知道我沒人備飯，所以叫元真來請我。在這之前，從清水關遇雨，受寒跌傷，又挨餓，連續幾天身體很不舒服，想出身汗來散發風寒。正要去市上取藥，而禹錫知道我的僕人還沒回來，再次來邀，便不取藥而去赴約，於是開懷暢飲。入夜後，元真等先離去，我竟睡在禹錫的書齋中。禹錫拿來被褥和臥牀，並將新棉被蓋在我身上，被褥都很華麗。我因酒醉以後覺得身體熱氣上升，有出汗的樣子，拉起被子蒙住頭面，汗出如雨，第二天便霍然而癒，在棉被中取暖真勝過服藥！

二十四日　回到寓所。深夜顧僕才回來。因為馬元康見我未返回，親自去了松坡打聽行蹤，所以顧僕留下等了三天才回來。

二十五日　閃太史以所作長歌贈，更餽以爐。其歌甚暢，而字畫遒勁有法，真可與石齋贈余七言歌並鐫為合璧。已而俞禹錫又使人來邀移寓。余乃令顧僕以石樹往視之，相與抵掌為異。已而往謝太史之賜，太史亦為索觀，遂從禹錫處送往觀之。

二十六日　禹錫晨至寓，邀余移往其齋。余感其意，從之。比至而知愿歸，即同往晤，且與之別，知此後以服闋❶事，與太史俱有哭泣之哀，不復見客也。比出門，太史復令人詢靜聞名號寺名，蓋為靜聞作銘已完，將欲書以畀余也。更謂余石樹甚奇，恐致遠不便，欲留之齋頭❷，以挹清風。余謂：「此石得天祿、石渠❸之供甚幸，但余石交不固何！」知愿曰：「此正所謂石交也。」遂置石而別。余仍還劉館，作記竟日。晚還宿於俞。既臥，太史以靜聞銘來賜，謂明日五鼓祭先，不敢與外事也。

二十七日　余再還劉館，移所未盡移者。並以銀五錢畀禹錫，買雞葼六觔，濕甚。禹錫為再蒸之，縫袋以貯焉。乃為余定往順寧夫。

二十八日　夫至，欲行，禹錫固留，乃坐禹錫齋頭，閱《還魂記》❹，竟日而盡。晚酌遂醉。夜大雨。

【章　旨】本章記載了第四百零八天至第四百十一天在永昌府的行跡。閃太史以所作的長歌相贈，可和黃石齋所贈的七言歌行成合璧之作。應俞禹錫邀請，搬到他書房住。將石樹給俞禹錫觀賞。和閃知愿會面並道別。閃太史送來為靜聞所作的銘文，並要將石樹留在他的書房中。用五錢銀子買了六斤濕雞葼。在俞禹錫的書房看了一天《還魂記》。

【注　釋】❶服闋　古代喪禮規定，父母死後，服喪三年，期滿除服，稱服闋。闋，終了。❷齋頭　指書齋。❸天祿石渠　皆漢殿閣名，漢初蕭何建造，在未央宮旁，用以收藏入關所得秦朝圖籍及祕書。這裡借指閃氏的書齋。❹還魂記　即《牡丹亭》，全稱《牡丹亭還魂記》，明湯顯祖撰。記南安太守杜寶女杜麗娘，夢見書生柳夢梅，醒後相思致病而死，後麗娘復生，終與夢梅結為夫婦的愛情故事。為「玉茗堂四夢」之一。

【語　譯】二十五日　閃太史以所作的長歌相贈，另外又贈送路費。他作的歌十分流暢，而且筆畫遒勁有法度，真可和黃石齋贈我的七言歌行一同刻在石碑上成為珠聯璧合之作。隨後俞禹錫又派人來請我搬住所。我於是叫顧僕拿石樹去給他看，相互擊掌稱奇。隨後前去感謝閃太史的賜贈，太史也想要看這石樹，便從禹錫處送去給他觀賞。

二十六日　禹錫早晨來到寓所，請我搬到他的書房去住。我被他的誠意感動，聽從了他。等到了那裡而知愿也回來了，就一起前去會面，並和他道別，知道以後因為服闋一事，他和太史都要哭泣致哀，不再見客了。到出門時，太史又叫人來詢問靜聞的名號寺名，原來他為靜聞作的銘文已完成，將要書寫後交給我。再對我說，石樹十分奇異，恐怕帶著走遠路不方便，想把它留在書齋，以便清賞。我說：「這石能存放在天祿閣、石渠閣這樣地方，十分幸運，但我和此石的交誼不堅固將奈何！」知愿說：「這樣做正是出於所謂岩石般牢不可破的友情了。」於是放下石樹告別。我仍然返回劉氏書館，整天在寫日記。晚上回到俞氏書房住宿。睡下後，太史將靜聞的銘文送來，說他明天五更祭祀祖先後，不敢參與外事了。

二十七日　我又回到劉氏書館，去搬沒搬完的東西。並拿五錢銀子交給禹錫，買了六斤雞蔓，很濕。禹錫為我再蒸過，縫上口袋藏起來。於是為我定下前往順寧的挑夫。

二十八日　挑夫來了，正想出發，禹錫堅決挽留，於是坐在禹錫的書齋閱讀《還魂記》，一天便讀完。晚上喝酒竟然醉了，夜裡下著大雨。

二十九日　晨，雨時作時止。待飯待夫，久之，乃別禹錫，適馬元真、閃□□亦來送。遂出南門，從大道南，二里，至夾路村居之街，遂分路由東岐，當平塢中南行，西與沙河之道相望。五里，過神濟橋❶。其南居廬連亙，是為諸葛營❷，諸葛之祠在焉，東向，頗小。又南為東岳廟，頗巨，亦東向。又南五里，為大樹墩❸，亦多居廬。村之北有小溪東南流，村之南有小溪東北流，合於村之東而東去；此兩流即臥獅窩之水也。又南三里，有水自西沿南坡而東，此乃岰子鋪東注之水，小石橋跨其上。越橋南上坡，路分為三，一西南向大山之麓，一東南為石甸、姚關之道，一直東為養邑道。於是直東行坡上。三里，有小溪自南而北，此亦自西南而來，至此北注而入於東溪，同東向落水坑者，其源當出於冷水箐。於是下越一木橋，復東上坡，坡北有村倚之，其地為三條溝。由坡東東南下而復上，三里，越一岡，有兩、三家當岡頭，是為胡家坡。越岡而東，三里，又下，有水自南而北，南塢稍開，下盤為田，有數家倚南岡，是為阿今。過阿今復東上，三里，其南塢水遂分東西下。又東五里，乃飯。又三里，稍下，為養邑❹，南有塢盤而為田，北正對筆架山❺之南垂，有數家當塢。日纔下午，而前無止處，遂宿。

【章旨】本章記載了第四百十二天在永昌府的行跡。走出府城南門，過神濟橋，經過諸葛營、東岳廟、大樹墩、三條溝，到養邑留宿。

【注釋】❶神濟橋　在諸葛營，明永樂間建。嘉靖年間民吳貴以磚石修砌。❷諸葛營　又稱漢營，在保山城南，相傳諸葛亮在此屯營擒獲孟獲，民懷其德，立祠祭祀。當地人自稱為諸葛遺民，故名諸葛村。❸大樹墩　今名大樹屯，在保山城南。❹養邑　今名羊邑街，在保山南境。❺筆架山　在保山城東，高百餘丈，形如筆架得名。

【語譯】二十九日　早晨，雨時下時停。等吃飯等挑夫，過了好久才和俞禹錫告別。恰巧馬元真、閃□□也來送行。於是走出南門，從大路往南，走了二里，來到鄉村住房夾路的街上，就分路從東邊的岔路走，在平坦的山塢中往南，向西和去沙河的路相望。走了五里，過神濟橋。橋南住房連成一片，這是諸葛營，有諸葛亮的祠堂在裡面。祠朝東，很小。再往南為東岳廟，很大，也是朝東。再往南走五里，到大樹墩，也有很多住房。村莊的北面有條小溪往東南流去，村莊的南面有條小溪往東北流去，在村莊的東面合流後往東流去，這兩條溪流就是臥獅窩的水了。再往南走三里，有水從西面沿著南邊的山坡往東流，這是從岰子鋪往東流去的水，上面架著小石橋。過橋到南邊登上山坡，路分為三條，一條往西南通向大山的山麓，一條往東南是去石甸、姚關的路，一條往正東是去養邑的路。於是往正東在山坡上行走。過了三里，有條小溪從南流向北，這也是從西南流來，到這裡往北注入東溪，一起往東流到落水坑的水流，它的源頭應當出自冷水箐。從這裡往下過一座木橋，再往東上坡，山坡北邊有村莊靠著，地名三條溝。從山坡東邊往東南下去後再往上，走了三里，越過一座山岡，有兩、三戶人家正在岡頭，這是胡家坡。越過山岡往東，走了三里，再往下走，有水從南往北流，南邊的山塢稍為開闊些，下面盤繞田地，有幾戶人家靠著南邊的山岡，這是阿今。過了阿今再往東上去，走了三里，這南塢內的水就分東西兩邊流下。再往東走五里，才吃飯。再走三里，稍稍往下，到養邑，南面有山塢盤繞成田地，北面正對著筆架山的南陲，有幾戶人家在塢中。看日頭才下午，但往前沒有居住的地方，便在這裡留宿。

三十日　店婦雞鳴起炊，平明，余起而飯，出店東南行。稍下，渡南來小溪，即上坡東逾南轉，即養邑東環之支也。有公館當坡，西瞰壑中，田廬歷歷。東逾坡而下，又涉一小塢而東上坡，遂行岡頭。共五里，路分二岐：一東南者，為西邑[1]道；一西北者，為山河壩道。先是問道，多言由西邑逾芭蕉嶺，達亦登，有熱水從石盤中溢出，其處有大道通順寧。余欲從之，而養邑店主言：「往西邑路近，而山溪無橋。今雨後無橋，水漲難渡，當折而北，由山河壩渡其下流，仍由枯柯而達亦登為便。」至是見同行者俱不走西邑而走山河壩，余亦從之。

遂西北兩涉小塢，二里餘，升坡而東，遂循永昌溪南崖行。溪嵌崖底，止見北崖削壁下嵌，而猶不見水。又東二里，稍下，見水嵌崖底如一綫，遂東見其門對東如削。門外環疇盤錯，溪流曲折其中，有村倚北崖之東，即落水寨也。其南崖之夾溪為川者，東突如踞獅，水從其北出，路從其南下。半里，遂由獅腋下降，路甚逼仄，半里，抵獅麓。又東半里，一溪自南塢來，有壩堰其上流，有橋跨其下流。渡橋東行田塍間，濘甚。一里，登塢東岡南行。一里，見塢西有瀑掛西崖，歷兩層而下，注塢中南來之溪。路隔對之，東向入峽，雨大至。二里，逾嶺頭，有路西南來合，山頭坑窪旁錯，亂水交流。又東三里，再度坑坳，盤而東北行。其下有流❷，破石搜崖，亦突而北注。隨之一里餘，乃東下越其流。又東北上半里，見東塢又有小水自東而西向，與南來之溪，合於北崖下。北崖純石聳起，其上樹木蔥鬱，而下則有穴，伏而暗墜，二水之所從入也。又東向上嶺，半里，逾其脊，行嶺頭。半里，始見東壑有田下盤，其東復有山夾之。路從嶺上轉而南行，一里餘而下。下半里，其塢自南而北，水亦經之。度橋溯流而南，二里，南塢稍開，是為五馬❸。其西南壑中居廬頗多，東坡上亦有四、五家居路左。坡南有一坑，自東峽出，有小水從其中注西南壑。下坑，涉其水之南，溯之東上，里餘，隨峽南轉，而坑中水遂窮。有脊自東而西，度脊南，復墜坑而下，從脊東行，轉坑東之崖。其下亦嵌而成壑，壑中亦有人家，隱於深崖重箐之間，但聞雞鳴舂響而已。東坑既盡，從其上涉塢升岡。見岡南一峰特聳而卓立，白霧偏籠其半，乃東來脊上石峰之層起者。由其北穿坳而東，共二里，而抵坳中之脊。有巨石當脊而中踞，其高及丈，大亦如之。其上有孔，大及尺，深亦如之，中貯水及其半，不涸不盈，正與哀牢金井之孔相似。踞大石而飯。土人即名此嶺為大石頭。

從石東下塢中，道分為二：一由東向逾岡者為大道，稍迂而達大臘彝；一由東南下峽者為捷道，稍近而抵小臘彝，此皆枯柯屬寨也。乃由峽中下，於是石崖南突，箐叢交縈，北嵌為峽，南聳為崖。二里，行南岡之上。又二里，盤岡嘴而南，其東峽中，平墜南繞。蓋由此嘴東墜，其下皆削崖，故路又分為二，一由崖下循崖根南轉，一由崖上躡崖端南曲。乃從崖端南逾石隙而下，一里，仍隨南坡東轉。還瞰所逾之崖，壁立下嵌，其下盤為深塢，崖根有泉淙淙出穴間，小路之下盤者因之；遙望北崖，山岡排闥東出，大道之東陟者因之。余平行南岡，又東一里，下盤之小路逾岡來合。又東一里餘，南岡復東突，路下其北腋間。復盤坳東上，半里，登東岡之南坡，始東見枯柯之川，與東山相夾，而未見其西底。又西南見嶺頭一峰，兀突插雲霧中，如大士之披絡而坐者，閃爍出沒，亭亭獨上，乃南來脊上之峰，不知其為何名也。又東一里，復轉岡之北坡，東下一里，有四、五家倚岡而居，是為小臘彝❹。余欲下坡問亦登道，土人、行人皆言下坡至江橋，不可止宿，亦無居停之家。循江而南至亦登，且五、六十里，時已不及，而途無可宿，必止於是。時纔過午，遂借止而止。幸主人楊姓者，知江流之源委，道路之曲折，詢之無不實。且知溢盤溫泉❺，不在亦登，而在雞飛。乃止而作紀，抵暮而臥。

【章　旨】本章記載了第四百十三天在永昌府的行跡。本想從去西邑的路走，遊覽從石盤溢出的溫泉，因雨後水漲，溪上無橋，改從去山河壩的路走。沿永昌溪東行，經過落水寨，南邊的山崖形如盤踞的獅子，山塢中有瀑布分兩層落下。又經過五馬，山壑中住房很多。往前看見有巨石座落在山脊的中央，石上有孔洞，洞中積水到洞的一半，不乾不滿，和哀牢山金井的孔洞相似，山嶺名大石頭。從峽谷中下去，自崖頂穿越石縫，俯視山崖壁立，下面盤繞成深塢。繼續往前，登上山岡，才望見枯柯川，又望見嶺頭一座山峰，形如觀音大士披絡而坐，在雲霧中出沒不定。最後到小臘彝住宿。得知從石盤溢出的溫泉在雞飛。

【注　釋】❶西邑　在保山南境。❷其下有流　「流」原作「坑」，據《四庫》本改。❸五馬　今名烏馬，在保山南境，西邑東郊，分上、下村。❹小臘彝　今名小臘邑，與大臘彝（今名大臘邑）都在昌寧西北隅。❺溢盤溫泉　即雞飛溫泉，在昌寧城南三十四里的雞飛峽谷。三山鼎立，兩谷相通，奇峰千疊，怪石崢嶸，雲蒸霧重，猶如人間仙境。有大石鍋、小石鍋、仙人洞、青樹塘、蒸塘等泉，各泉水溫不同，在攝氏四十至九十度。

【語　譯】三十日　雞啼時店中婦人起身煮飯，黎明，我起身吃飯，出客店往東南走。稍稍往下，渡過南來的小溪，就上坡往東越過再向南轉，就是在養邑東面環繞的支脈了。有公館在山坡上，向西俯視山壑中，田地房屋歷歷在目。往東越過山坡下去，又渡過一個小山塢往東上坡，便在岡頭行走。共過了五里，路分成兩條岔道：一條往東南的，是去西邑的路；一條往西北的，是去山河壩的路。在此之前問路，多數人說從西邑越過芭蕉嶺，到達亦登，有熱水從石盤中溢出，那裡有大路通往順寧府。我想從這條路走，但養邑的店主說：「往西邑路近，但山中溪上無橋。現在雨後水漲，無橋難以渡過，應當轉向北，從山河壩渡過它的下游，仍從枯柯而達亦登較為方便。」到這裡，又見同行的人都不去西邑而去山河壩，我也就跟著他們走。

於是往西北兩次進入小山塢，走了二里多，登上山坡往東，便沿著永昌溪南面的山崖走。溪流嵌在山崖底部，只見北面山崖陡削的石壁下嵌，但還是看不到水。再往東走二里，稍稍往下，看到溪水嵌在崖底像一條線那麼細，就見東面峽口兩邊山崖相對束攏如同削成。峽口外面田地盤繞交錯，溪水曲折流在裡面。有村莊靠在北邊的山崖東面，就是落水寨。它南邊的山崖夾住溪流形成平野，向東突起如同盤踞的獅子，水從它的北面流出，路從它的南面下去。走了半里，就從獅崖的腋部降下，路十分狹窄，走了半里，到達獅崖的山麓。再往東走半里，一條溪水從南面的山塢流來，有堤壩攔在它的上游，有橋架在它的下游。過橋到東邊在田間行走，路很泥濘。走了一里，登上山塢東面的山岡往南走。過了一里，看見山塢西邊有瀑布掛在西面的山崖上，分兩層落下，注入山塢中南來的溪流。路隔溪水和瀑布相對，往東進入峽谷，大雨來臨。走了二里，越過嶺頭，有路從西南伸來會合，山頭坑窪錯雜，亂水交流。再往東走三里，再越過坑坳，盤繞著往東北走。坑坳下面有水流，沖破岩石遍流山崖，也突出而往北流去。沿坑坳走了一里多，就往東下去越過水流。再往東北走上半里，看到東面的山塢又有小水從東往西流，和南來的溪水，在北面的山崖下合流。北面的山崖純是岩石聳起，崖上樹木鬱鬱蔥蔥，而下面則有洞穴，隱伏在黑暗中下墜，是兩條溪水所流入的洞。再往東登上山嶺，走了半里，越過嶺脊，在嶺頭行走。再過半里，才望見東邊的山壑中有田地在下面盤繞，在它東面還有山夾住它。路從嶺上轉向南走，過了一里多下山。往下走半里，山塢從南往北伸展，水也流經山塢。過橋沿水往南上行，走了二里，南面的山塢稍稍開闊，這是五馬。這村西南的山壑中住房很多，東面的山坡上也有四、五戶人家住在路的左邊。山坡南面有一個坑谷，從東面的峽谷伸出，有小水從坑中注入西南的山壑。走下坑谷，渡過水到它的南邊，沿水流往東上行，走了一里多，隨峽谷往南轉，坑谷的水就到盡頭。有山脊從東往西延伸，越過山脊到南邊，又落下坑谷，從山脊往東走，轉到坑谷東邊的山崖。崖下也陷成山壑，山壑中也有人家，隱藏在幽深的山崖和重重箐谷間，只聽到雞啼和舂米的聲響罷了。過了東邊的坑谷，從它上面進入山塢登上山岡。望見山岡南面有一座山峰高聳卓立，白色的迷霧籠罩著它的半邊，是東面延伸過來的山脊上層疊聳起的石峰。從石峰北面穿過山坳往東，共走了二里，到達坳中的山脊。有巨石座落在山脊的中央，高達一丈，寬也如此。石上有孔洞，寬達一尺，深也如此，孔洞中積水已到它的一半深，不乾也不滿，正和哀牢山金井的孔洞相似。坐在大石上吃飯。當地人就稱這山嶺為大石頭。

從巨石往東走下山塢中，路分成兩條：一條從東面越過山岡的是大路，稍許繞道到達大臘彝；一條從東南走下峽谷的是捷徑，稍許靠近到達小臘彝，這都是枯柯所屬的寨子。於是從峽谷中下去，到這裡石崖往南突起，叢生的竹林交纏，北邊陷下成峽谷，南邊聳起成山崖。過了二里，在南面的山岡上行走。再過了二里，繞過岡口往南，在它東邊的峽谷中，平緩地落下往南盤繞。原來從這岡口往東落下，下面都是陡削的山崖，所以路又分成兩條，一條從山崖下沿崖腳往南轉，一條從山崖上登上崖頂向南彎曲。於是從崖頂向南越過石縫往下，走了一里，仍然隨南面的山坡向東轉。回頭俯視所越過的山崖，如壁陡立嵌下，崖下盤繞成深深的山塢，崖腳有泉水從洞穴淙淙流出，往下盤繞的小路就沿著泉水；遙望北面的山崖，山岡像推開的門戶向東伸出，往東上去的大路，就沿著山岡走。我在南面的山岡上平步行走，又往東一里，往下盤繞的小路越過山岡前來會合。再往東走一里多，南面的山岡又向東突起，路往下到北面的山腋中。再盤繞山坳往東上去，走了半里，登上東面山岡的南坡，才望見東面枯柯川和東山相夾，但沒有看到它西面的底下。又望見西南嶺頭的一座山峰，高聳雲霧之中，就像觀音大士披著纓絡坐著，閃閃爍爍出沒不定，亭亭而立獨自聳起，是南來的山脊上的山峰，不知它叫什麼名字。又往東走一里，再轉到山岡的北坡，往東走下一里，有四、五戶人家靠著山岡居住，這是小臘彝。我想下坡打聽去亦登的路，當地人和過路人都說下坡到江橋，不能住宿，也沒有可居住停歇的人家。沿江往南到亦登，將近五、六十里路，時間已來不及，而且途中沒有可宿處，必須住在這裡。這時才過中午，就一起留下。幸虧姓楊的房主，知道江流的源委、道路的曲折，問他無不得到實際情況，而且知道從石盤中溢出的溫泉，不在亦登，而在雞飛。於是住下來寫日記，到夜晚睡下。

永昌志略

漢永昌郡[1]，元為大理金齒等處宣撫司[2]，總管置司治於永昌，後改為宣慰使司都元帥府。洪武十五年平雲南，前永昌萬戶阿鳳，率其眾詣指揮王貞降附，仍置永昌府，立金齒衛[3]。十六年六月，麓川彝叛[4]，屠其城。二十三年，省府，改金齒衛為金齒軍民指揮使司。從指揮使胡淵請也[5]。於是遂名金齒，不名永昌，而實非金齒之地，如瀾滄江在永昌，而瀾滄衛在北勝[6]，各不相蒙。蓋國初立衛，經理皆出武臣，故多名實悖戾耳。景泰[7]中設鎮守，弘治二年設金騰道[8]。嘉靖元年巡撫何子孟春[9]、郴州籍，江陰人。巡按御史陳察[10]，常熟人。疏革鎮守，設永昌府[11]，立保山縣，改金齒指揮使司為永昌衛、府，領州一騰越，縣二保山、永平，仍統潞江安撫司，鳳溪、施甸二長官司。

保山編戶⑫十里⑬。又城北彝民⑭曰「喧」，共十五；城南彝民曰「寨」，共二十八。

洪武三十三年⑮，改騰衝守禦千戶所隸金齒司。正統十四年⑯，陞為騰衝軍民指揮使司，與金齒並。嘉靖二年⑰，復置州，隸永昌府，改指揮使司為騰衝衛，州名騰越。在府城南三百六十里⑱，以地多藤，元名藤州⑲。

永平即東漢之博南縣⑳。以山名。洪武初隸永昌府。三十二年㉑，改府為金齒指揮司，屬指揮司管轄。嘉靖二年㉒，復府，仍屬府。在府東一百七十里。

潞江安撫司㉓，在城西南一百三十里㉔。元柔遠路，國初柔遠府，永樂九年，立安撫司㉕。

鳳溪長官司㉖，在城東二十五里。

施甸長官司㉗，在城南一百里。唐銀生府㉘北境，元為石甸，後訛為施甸。

【章旨】本文概括了自漢至明永昌建置的沿革，及其所屬騰越州、保山縣、永平縣、潞江安撫司、鳳溪長官司、施甸長官司的建置和地理位置。

【注釋】❶漢永昌郡　東漢永平十二年（六九），置永昌郡，治所在不韋（今保山市東北），轄地極廣，相當於今大理、保山、臨滄地區，德宏大部及西雙版納部分地區，有二十萬戶，一百八十九萬人。❷元為大理金齒等處宣撫司　蒙古至元七年（一二七〇），置大理路，治所在太和（今大理），兼置軍民總管府，又置大理金齒等處宣慰使司都元帥府。❸立金齒衛　洪武十五年（一三八二），定雲南，立金齒衛，以元雲南右丞觀音保為金齒指揮使，賜姓名李觀。❹麓川彝叛　原脫「彝」字，據徐本補。正統初，麓川宣慰使思任發乘緬甸有危，連年發兵，侵占孟定、南甸、干崖、騰衝、景東等地，勢甚猖獗，至七年（一四四二），始被兵部尚書王驥擊敗。❺從指揮使胡淵請也　《明史・雲南土司傳》載：「時西平侯沐英言，永昌居民鮮少，宜以府衛合為軍民使司，從之。」與《遊記》不合。❻瀾滄衛在北勝　明代置瀾滄江衛軍民指揮使司，屬雲南都指揮使司。又置北勝州，直隸布政使司。弘治九年（一四九六），徙州治瀾滄衛城，即今雲南永勝。❼景泰　明代宗（朱祁鈺）年號。❽弘治二年設金騰道　弘治二年，一四八九年。據《明會典》，成化十二年（一四七六），更置臨元、瀾滄、金騰、曲靖四道。金騰道駐永昌府。❾何孟春　字子元，郴州（今屬湖南）人。正德間任雲南巡撫，政務清簡，博雅冠一時。❿陳察　字元習，常熟（今屬江蘇）人。正德間任雲南巡按。每外出巡視，均騎青馬穿布袍，深入箐谷之中，察訪民間得失，彰善懲惡，貪官污吏，望風解職。⓫疏革鎮守二句　嘉靖元年（一五二二），罷金齒軍民指揮使司，止為衛，復置永昌軍民府。⓬編戶　編入戶籍的居民。⓭里　明初以一百十戶為一里。⓮城北彝民　與下「城南彝民」之「彝」字原均脫，據徐本補。⓯洪武三十三年　洪武止於三十一年（一三九八），《明史・地理志》作永樂元年（一四〇三）。⓰正統十四年　西元一四四九年。《明史・地理志》作正統十年。⓱嘉靖二年　西元一五二三年。《明史・地理志》作嘉靖三年。⓲在府城南三百六十里　《明史・地理志》作「東北距府二百七十五里」。⓳元名藤州　元至元中改置藤越州，後又增置騰衝府。⓴永平即東漢之博南縣　東漢博南縣故城，在今永平縣東花橋。㉑三十二年　據上文，當為「二十三年」。㉒嘉靖二年　據上文，當為「嘉靖元年」。㉓潞江安撫司　永樂元年析麓川平緬司地置潞江長官司，十六年（一四一八）升安撫司，在保山西南境，怒江西岸。㉔在城西南一百三十里　《明史・地理志》作「東北距府三百五十里」。㉕元柔遠路四句　據《明史・地理志》載，元置柔遠路，「洪武十五年為府，後廢，屬麓川平緬司。永樂元年正月析置潞江長官司，直隸都司。十六年六月升安撫司」。㉖鳳溪長官司　洪武二十三年置，在保山城東北，東河東岸。㉗施甸長官司　洪武十七年改元石甸長官司為施甸長官司，即今施甸。㉘銀生府　唐時南詔蒙氏置，治所在今景東東，包括今鎮沅、景東、臨滄三地。

【語　譯】漢代的永昌郡，元代為大理金齒等處宣撫司，總管在永昌設置宣撫司治所，後來改為宣慰使司都元帥府。洪武十五年，平定雲南，前永昌萬戶阿鳳，率領他的部下到指揮王貞處投降歸附，仍設置永昌府，建立金齒衛。十六年六月，麓川彝人叛亂，血洗永昌城。二十三年，撤銷府，改金齒衛為金齒軍民指揮使司。聽從指揮使胡淵的請求。於是就稱金齒，不稱永昌。但實際上不是金齒的地域，就像瀾滄江在永昌，而瀾滄衛在北勝那樣，各不相關。原來國朝初年建立衛所，籌劃處理都出自武臣，所以有許多名實不符的事罷了。景泰年間設置鎮守，弘治二年設置金騰道。嘉靖元年巡撫何孟春、原籍郴州，江陰人。巡按御史陳察，常熟人。上疏革除鎮守，設永昌府，建立保山縣，改金齒指揮使司為永昌衛、府，下轄一州騰越，兩縣保山、永平，仍然統領潞江安撫司和鳳溪、施甸兩個長官司。

保山縣編入戶籍的有十個里。另外城北的彝人居地稱為「喧」，共十五個；城南的彝人居地稱為「寨」，共二十八個。

洪武三十三年，改騰衝守禦千戶所隸屬於金齒司。正統十四年，升為騰衝軍民指揮使司，和金齒司平級。嘉靖二年，又置州，隸屬於永昌府，改指揮使司為騰衝衛，州名騰越。在府城南面三百六十里處，因為當地多藤條，元代名藤州。

永平縣就是東漢的博南縣。以山得名。洪武初年屬於永昌府。三十二年，改府為金齒指揮司，屬指揮司管轄。嘉靖二年，恢復府，仍屬府管轄。在府城東面一百七十里處。

潞江安撫司，在府城西南一百三十里處。元代為柔遠路，國朝初年為柔遠府，永樂九年，設置安撫司。

鳳溪長官司，在府城東面二十五里處。

施甸長官司，在府城南面一百里處。為唐代銀生府的北境，元代為石甸，後來訛傳為施甸。

近騰諸彝說略

騰越密邇❶諸彝，實滇西藩屏。而滇境大勢，北近吐蕃，南皆彝、緬，郡邑所置，介於其間，不過以聲教羈縻而已。正統❷以來，經略南彝者，設宣慰司六❸，禦彝府二❹，宣撫司三❺，州四❻，安撫司一❼，長官司二❽。如孟養，阻負於西，最為荒僻，而緬甸、八百、老撾，地勢瀕海，木邦、車里、猛密，又在其內，業❾非羈縻❿所可制馭，而近聽約束者，惟南甸、干崖、隴川而已。數十年頻為緬患，如刁落參⓫以南甸近彝，奪刁落寧之官，尚搆緬內訌，為兵備⓬胡公心忠⓭所殲；岳鳳父子以隴川舍目謀主多思順之地，造逆犯順，為參將劉綎所擒⓮。邊境賴以安。其後阿瓦⓯日強，蠶食日多，幸撫彝同知漆文昌⓰、知州余懋學，請大司馬陳公用賓⓱檄暹羅以弱緬⓲，而騰獲稍康。迨思正就戮，瓦酋猖獗⓳，命思華據迤西⓴，思禮據木邦，思綿據蠻莫，而內地漸為逆緬所竊。至若多俺㉑席麓川之舊，附緬而叛天朝，參將胡顯忠平之。多安民㉒藉安酋瓦酋之援，負固以拒天兵，兵備黃公文炳、參將董獻策取之，騰之獲存者，幸也！目今瓦酋獷悍稱雄，諸彝悉聽號召，倘經略失馭，其造亂者，尤有甚於昔也，為騰計者慎之！外芒市雖屬府，近以猛穩㉓為木邦轄，藏賊劫掠，騰境不安，所恃放廷臣防禦之，而反罹其害。自後當重其責以弭變，庶於騰少安云。

【章旨】本文概括了騰越州的地理形勢及近時的邊亂狀況。騰越為雲南西部的屏障，從正統以來，增添不少建置，但近數十年來，緬甸屢屢製造邊患。如今彝人都聽緬酋號令，騰越境內不得安寧，對此應慎重考慮。

【注釋】❶密邇　貼近；靠近。❷正統　明英宗（朱祁鎮）年號。❸宣慰司六　見〈滇遊日記九〉四月十六日日記注。❹禦彝府二　即孟定禦彝府、孟艮禦彝府。❺宣撫司三　見〈滇遊日記九〉四月十六日日記注。❻州四　即威遠禦彝州、大侯禦彝州、灣甸禦彝州、鎮康禦彝州。❼安撫司一　即孟密安撫司，見〈滇遊日記九〉四月十六日日記注。❽長官司二　即鈕兀禦彝長官司及芒市禦彝長官司。鈕兀，古蠻地，名也兀，宣德年間始來歸，宣德八年（一四三三）置長官司，在今西雙版納的江城。芒市禦彝長官司，見〈滇遊日記九〉四月十六日日記注。❾業　既然；已經。❿羈縻　喻籠絡、維繫。羈，馬籠頭。縻，牛鼻繩。⓫刁落參　洪武初，江南上元（在今南京）人龔氏隨師南征至南甸，改名刀貢猛，以功授騰衝千戶，永樂中其弟刀貢蠻入貢，升南甸土知州。原文「刁」字當為「刀」之誤。下同。⓬兵備　明代在各省重要地區設整飭兵備的道員，稱兵備道。清代沿置。⓭胡公心忠　《雲南通志》「忠」作「得」。字元靜，浙江德清人，萬曆間任金騰兵備道。時緬甸侵犯干崖、南甸，刀森及武生岳大成為緬間諜，胡心忠設計擒刀森，杖斃岳大成。⓮岳鳳父子三句　岳鳳，江西撫州人，為人狡黠，原在隴川經商，得隴川宣撫使多士寧信任，娶士寧之妹為妻。岳鳳曲媚士寧，陰奪其權，與三宣六慰各土舍罕拔等歃血結盟。萬曆元年（一五七三），使其子曩烏鴆士寧，並殺其妻女，奪印投緬，代士寧為宣撫。十年，岳鳳導緬兵襲破干崖，奪罕氏印。十一年，焚掠施甸，侵犯順寧。巡撫劉世曾以劉綎為騰越遊擊、鄧子龍為永昌參將，於攀枝花大破叛軍，岳鳳及其子皆伏誅。多思寧之子多思順襲隴川宣撫使。「參將」當為「遊擊」之誤。⓯阿瓦　見〈滇遊日記九〉四月十三日日記注。⓰漆文昌　江西瑞州（治所在今高安）人。為人沉毅有謀略，為永昌撫彝同知。時緬甸連年入寇，巡撫蕭彥令文昌前往安撫。文昌單騎入敵酋營壘，宣講朝廷德意，眾彝皆服，稽首聽命。於是築關屯田，緬人不敢進犯。萬曆間擢為金騰兵備副使。⓱陳公用賓　陳用賓，福建晉江人。萬曆初任雲南巡撫，治邊頗有雄略，以功晉右都御史兼兵部右侍郎，卒謚襄毅。⓲檄暹羅以弱緬　萬曆二十二年（一五九四），巡撫陳用賓設八關，留兵戍守，募人至暹羅，約交夾攻緬甸。暹羅，即今泰國。⓳迨思正就戮二句　萬曆年間，稅使楊榮縱容部下，以開採為名，橫徵暴斂，恣行其虐，當地彝人不勝其苦。緬酋於是藉口奉開採使命，殺蠻莫思正以開道路。當時人說全滇之禍，都起自開採。⓴迤西　指孟養長官司，治所在今緬甸孟養。㉑多俺　萬曆年間，緬甸人侵，以猛卯（在今瑞麗）同知多俺為其嚮導，明軍遣木邦宣慰使罕欽擒殺多俺。㉒多安民　萬曆年間，多思順子多安民因守將索賂，叛逃緬甸。不久被遣歸，據蠻灣，桀驁不馴。明軍討伐，族人挾其弟多安靖殺安民。㉓猛穩　今名勐穩，在潞西南境。

【語　譯】騰越緊靠彝人地區，是雲南西部的屏障。而雲南邊境的整體形勢，北面接近吐蕃，南面都是彝人和緬甸，設置府縣的地區，介於其間，不過用聲威教化來籠絡維繫罷了。正統以來，籌劃治理南彝的措施，設置了六個宣慰使司，兩個禦彝府，三個宣撫司，四個州，一個安撫司，兩個長官司。如孟養，在西面憑恃險阻，最為荒涼僻遠，而緬甸、八百、老撾，地勢近海，木邦、車里、猛密，又在它們的裡面，已經不是靠羈縻政策所能制服駕馭了，而在近處聽從約束的，只有南甸、干崖、隴川罷了。數十年來緬人多次製造邊患，如刁落參因為南甸靠近彝人住地，奪了刁落寧的官位，還造成緬人內訌，被兵備胡心忠殲滅；岳鳳父子以隴川土司頭目的身分，圖謀主管多思順的領土，造反作亂，被遊擊將軍劉綎擒獲，邊境賴以安定。此後阿瓦日益強盛，逐漸侵吞邊地的事，也日益增多，幸虧永昌撫彝同知漆文昌、知州余懋學，請大司馬陳用賓發檄文給暹羅國來削弱緬甸，騰越才稍稍得到安全。等到思正被殺，瓦酋又猖獗起來，使思華占據迤西，思禮占據木邦，思綿占據蠻莫，而內地漸漸被叛逆的緬人所竊據。至於像多俺倚仗是麓川的舊部，歸附緬甸反叛天朝，被參將胡顯忠平定。多安民依靠安酋、瓦酋的援助，憑恃險固抗拒天朝大軍，被兵備道黃文炳、參將董獻策攻克，騰越的獲得保存，真是僥倖啊！如今看著瓦酋凶悍稱雄，彝族都聽從他的號令，如果籌劃治理失控，那些製造叛亂的人，更比以前厲害，為騰越謀劃的當局，對此情況要慎重考慮！外面的芒市雖然隸屬於府，近來因為猛穩被木邦管轄，窩藏盜賊搶劫殺掠，騰越境內不得安寧，所依賴的是朝廷派大臣來防禦，但反而遭到他們禍害。從今以後，應當加重邊臣的職責以消除變故，或許騰越還能稍得安寧。

【研　析】永昌西北，既有滔滔怒江穿行，又有皚皚雪山聳峙。據久居此地的馬元康介紹，這裡勝景迭出，有石乳如雪凝冰裹的水簾洞、峰巒倒拔的松坡、半夜如有鼓樂之聲的鬼城，以及林海茫茫道路難行的石城山。

只是人跡罕至，自古為幽僻神祕之地。徐霞客第三次離永昌城出遊，原擬在考察乾海子後立即返回，聽了馬元康的介紹，喜不自勝，於是深入內地，繼續遊訪。當他打算去水簾洞時，辭謝了馬元康約他騎馬同遊的邀請，認為「遊不必騎，亦不必同，惟指示之功，勝於追逐」。在西遊途中，徐霞客並不像他朋友所說的那樣，「天與雙趼，不假輿騎」，「單裝徒步，行十萬餘里」。但他確確實實反對作走馬觀花、蜻蜓點水式的觀賞，也不願只在一些人所共知的景點與世人爭逐。在他看來，要真能領略自然之美，就先得發現美，而要發現美，又必須探尋美，真正的美感，只存在於不懈的追求之中。

乾海子「大可千畝，中皆蕪草青青，下乃草土浮結而成者……行者以足撼之，數丈內俱動；牛馬之就水草者，祇可在涯涘間，當其中央，駐久輒陷不能起」。可見在當時是一片大沼澤地。《遊記》中所描寫的第一片沼澤，是雁蕩山頂的雁湖，在西遊途中遇見的沼澤地並不多。沼澤不是湖泊，常人避之不及，更不必說細心考察了。作為一種比較特殊的水文狀況，徐霞客對此從不曾有所忽視，而他對沼澤的描述，以乾海子最為詳明，不僅寫了這裡的範圍、形態、特性、生物，同時記載了因這種特殊地貌引起的土壤和水文變化及其對生產的影響。他注意到這裡雖然也有溪水流過，但「以其土不貯水」，所以「不可耕藝」。居住在這片沼澤地附近的農戶，也只是「墾坡布麥，而竟無就水為稻畦者」。在乾海子附近山崖下荒蕪的海子中，還有一塊圓形的窪地，「其大徑丈餘，而圓如鏡，澄瑩甚深，亦謂之龍潭」，和乾海子的景象完全不同。這種本來具有觀賞價值的景觀反差，映入徐霞客的眼簾，便成了一個值得思索的科學問題：這個清池，「在平蕪中而獨不為蕪翳」，又是什麼緣故？和乾海子鄰近的瑪瑙山，是馬氏的產業，以產瑪瑙知名。《遊記》中對瑪瑙的顏色、形狀、品種、價格及其開採狀況，都作了記載。

在瑪瑙山停留時，徐霞客在馬元康的幫助下，開山鑿路，憑空落到峽底，看到一道氣勢十分雄壯的瀑布。《遊記》中前後記載了七十多道大小不同的瀑布，有過不少出色的描寫。為避免重複，也為了突出這道瀑布的特色，他選擇既簡潔又明瞭的對比手法，來描寫這裡峽谷的幽深、水勢的浩大：「黔中白水之傾瀉，無此之深；騰陽滴水之懸注，無此之巨。勢既高遠，峽復逼仄，盪激怒狂，非復常性；散為碎沫，倒噴滿壑，雖在數十丈之上，猶霏霏珠捲霰集。」自然界的瀑布雖多，但有幾條能和白水河、疊水河瀑布相比？這道瀑布竟然比白水河瀑布更高，比疊水河瀑布更大，其壯觀也就不言而喻了。「湓激怒狂，非復常性」八字，使這道瀑布添上一層原始野蠻的色彩，從中凸現出力量。徐霞客認為：「滇中之瀑，當以此為第一。」只是直到現在，為人稱道的雲南瀑布，仍只有路南大疊水瀑布、羅平大疊水瀑布、大姚三潭瀑布、廣南三臘瀑布、盈江虎跳石瀑布、騰衝疊水河瀑布這幾處，這道位於永昌瑪瑙山的瀑布，依然「懸之九天，蔽之九淵，千百年莫之一睹」，令人讀了《遊記》之後，在神往之餘，又不禁為自己沒有徐霞客那樣的精神和膽識，不能親臨其境，而感到愧疚和遺憾。

水簾洞在峽谷底部，「幽閟深阻，絕無人行」。徐霞客在荒野中披荊斬棘，到處尋找，才在懸崖峭壁下發現了這個洞。洞內旁通側透，如飛簷層閣，洞前泉水散流，如簾幕垂掛。雖然洞外地勢幽險，足以動人心目，但徐霞客似乎對洞內的鐘乳石情有獨鍾。在他眼中，「洞石皆檽柱綢繆，纓幡垂颺，雖淺而得玲瓏之致」，「即片葉絲柯，皆隨形逐影，如雪之凝，如冰之裹，小大成象，中邊不欹，此又凝雪裹冰，不能若是之勻且肖者」。大凡石灰岩溶洞，只要遊人一多，便會風化變色，可見這裡很少有人來到，這就使徐霞客能有安寧的環境、從容的心情，細細觀賞。他看到「崖間有懸幹虬枝為水所淋漓者，其外皆結膚為石」，聯想起以前在眾多溶洞所見的景狀，得出這些鐘乳石「蓋石膏日久凝胎而成」，即地下水溶蝕而成的結論，而這正是溶洞中的鐘乳石共同的成因。他又在洞外發現一根垂下的枝條，「其大拱把，其長丈餘，其中樹幹已腐，而石膚之結於外者，厚可五分，中空如巨竹之筒而無節，擊之聲甚清越」。這種石樹，現稱樹根管鐘乳石，十分罕見，即使慣入溶洞的徐霞客也覺得稀罕，於是割斷三尺，作為標本帶走。在水簾洞西邊的懸崖下，他又發現一個旱洞，這裡的鐘乳石同樣璀璨多姿：「結體垂象，紛若贅旒，細若刻絲，攢冰鏤玉，千萼並頭，萬蕊簇穎，有大僅如掌，而筍乳糾纏，不下千百者。」面對大自然的鬼斧神工，人類的藝術表現總顯得捉襟見肘，徐霞客在作了窮極工巧的描述後，不禁發出「真刻楮雕棘之所不能及」的慨歎，隨後又選了兩株作為標本帶走。

和位於雪山東麓、怒江西岸的石城山相比，水簾洞就無幽險可言了。《遊記》中用層層烘托、步步深入、漸漸入勝的手法，來描述這處真正幽絕險絕奇絕勝絕的境地。文中先寫了這裡極其幽僻的地理位置，上山的路只有僧人才知道，甚至連當地山民都不知如何走。接著又考察了山勢，在登山第一層的平地上有中臺寺，寺所靠的山崖如壁陡立，上參雲霄，在它後面聳起的石城山頂為第二層，再往上便是第三層雪山大脊，一路往上，「皆危嶂深木，蒙翳懸阻，曾無人跡」。再寫路極難走，常常「頭不戴天，足不踐地，如蛇遊伏莽，猱過斷枝」，徐霞客只有緊跟在老僧滄海的後面，「僧攀亦攀，僧掛亦掛，僧匍匐亦匍匐」。再寫山極陡險，途中發現從後面的雪山大脊，兜出一道圍三缺一的峽谷，「正如黃河、華嶽，湊扼潼關，不可不謂險之極也」。《遊記》中著重描寫這裡實際上是一片尚處於洪荒中的原始森林地帶。由於無路可走，不得不在樹上借道。「兩旁皆叢箐糾藤，不可著足，其下坎坷蒙蔽，無路可通」；山坡上茅草，「倒者厚尺餘，豎者高丈餘，亦仰不辨天，俯不辨地」；峽谷中，「削壘上壓，淵塹下蟠，萬木森空，藤蘚交擁，幽峭之甚」，「森木皆浮空結翠，絲日不容下墜」。山上多「尤巨而長」的扶留藤，還發現了一棵形狀奇特、被稱為「木龍」的巨樹。那些已被世人濫用的形容詞，只能用於司空見慣的景物，若用於世上罕見的壯觀時，無不顯得空洞貧乏，纖弱無力，缺少生氣，缺乏想像。有鑒於此，徐霞客摒棄了陳詞濫調，用充滿色彩感、立體感、動態感、力量感，乃至壓抑感、震撼感的描述，烘托原始森林特有的幽峭、深邃、蒙昧、神祕的景象，令人有置身其間、觸手可摸的感覺。

徐霞客遊石城山，一個意外的發現是在被世人遺棄的荒遠之地，竟有一塊在當時相對比較安寧的樂土。他到怒江邊的猛賴，正值「新穀新花，一時并出，而晚稻香風，盈川被隴」。據土官早龍江說，當地「民安地靜，物產豐盈，盛於他所。他處方苦旱，而此地之雨不絕；他處甫插蒔，而此中之新穀已登；他處多盜賊，而此中夜不閉戶，敢謂窮邊非樂土乎？」徐霞客感受更深的是當地民風的淳樸。雖然是一個土官，但早龍江對讀書人卻十分尊重，在看了馬元康寫給徐霞客的詩後，立即換了衣服，準備晚餐，留徐霞客住在他家中，並下令沿途村寨，為徐霞客安排食宿，派役夫引路，提供一切方便。早龍江的弟弟掌管怒江擺渡之事，但只收馬幫的錢，空手擺渡的人，都不用付錢。這和徐霞客在右甸遇上的渾身市儈氣和無賴味的店主和挑夫，形成鮮明的對照。特別讓人感佩的是，早龍江的前任土官，這時已九十七歲，「喧中人皆言其人質直而不害人，為土官最久，曾不作一風波，有饋之者，千錢之外輒不受。當道屢物色之，終莫得其過跡。喧人感念之，共宰一牛，賣為贍老之資」。貪財是古今官吏的通病，害人是他們的職業習慣，而興風作浪則是炫示他們權勢的最佳手段，而這個土官竟能久入污泥而不染，致使當局少見多怪，反而多次派人求疵索瘢。面對這些衣冠不整、舉止隨便、言辭木訥、文化不高、歷來遭鄙視、被凌辱的邊鄙彝人，再看那些高論廟堂之上、出令府署之中的大小官紳嗜痂逐臭、皮厚心黑、口蜜腹劍、傷天害理的行徑，不能不感歎人類在污染、破壞自然生態環境的同時，也將自身的素質毫不可惜地污染、作踐了。

在永昌期間，徐霞客雖然得到不少朋友的幫助，但仍常常處在困境之中，他曾三次斷糧，為飢餓所困擾，以致發出「百杯之招，不若一斗之粟，可以飽數日」的慨歎。閃太翁的女婿、蘇州人俞禹錫有僕人返回故鄉，主動提出為徐霞客捎帶家信，但他聽後，反感到十分不安，「余念浮沉之身，恐家人已認為無定河邊物；若書至家中，知身猶在，又恐身反不在也，乃作書辭之」。寥寥數語，文曲意深，包含著無限感喟。此時霞客已離家三載，心非木石，又怎能不思念家鄉，將心比心，家人對自己的牽掛，自然更加強烈。這是一層意思。但由於交通不便，已久無音信來往，怕家人以為自己早已死去，雖為生離，實則死別，其情何堪！這是第二層意思。若家人真以為自己已死，在一慟之後，割斷牽掛，倒也無須再為自己擔驚受怕，省卻不少煩惱。這是第三層意思。現在有人能往家中捎信，傳語報平安，這對家人來說，無疑是最大的喜事，機會難得，又怎能錯過？這是第四層意思。只是這樣一來，家人又得為自己牽腸掛肚，更可悲的是，現在遠隔萬里，而自己又身心交瘁，後會無期，如果信帶到家中，而自己卻已死去，豈不是反讓家人承擔無止境的煎熬？這是第五層意思。想到這裡，為了讓家人徹底解脫，徐霞客認為不捎家信為好，故辭謝了俞禹錫的幫助。只是久客在外，思鄉心切，更何況親情難斷，特別是在孤身飄泊之時，親情就顯得更加可貴。以此，徐霞客思前想後，猶豫不決，一夜未眠，理智的考慮終於難敵情感的力量，最後還是寫了一封家信託俞禹錫的僕人帶回。

在離開永昌前，徐霞客花了整整一天時間，坐在俞禹錫的書房閱讀湯顯祖的《還魂記》（《牡丹亭》）。無論在《遊記》，還是在他朋友所寫的傳、誌中，徐霞客都是以一個在困境中拼搏、在逆境中抗爭的硬漢子形象出現的，猶如「所向無空闊」的駿馬，似乎從不曾被兒女之情羈絆過。「生平只負雲山夢，一步能空天下山」，「丈夫出門乃其事，兒女湫湫當破顏」。唐泰這首贈詩，可謂得霞客之心，摹霞客之神。至於陳繼儒說霞客「墨顴雲齒，長六尺，望之如枯道人」，錢謙益說他「奇情鬱然，玄對山水」，則又似雲中之鶴，似超然遠引不食人間煙火者。但他竟能用整天時間，一口氣將這部表現男女之情的傳奇劇看完，雖然未作任何評論，但已被此書深深吸引，是無庸置疑的。這對全面了解徐霞客，是一個微妙的啟示。

徐霞客十分關心邊事，在永昌寫了兩篇專題論文。〈永昌志略〉概括了永昌府建置的歷史沿革，只是在年代、地名上都存在著一些錯誤。〈近騰諸彝說略〉分析形勢，切中時弊，提出建議，從中表現出他對世事的深刻了解，對邊患的深切憂慮，以及對治邊的深思熟慮。《遊記》中的某些記載，如順寧猛氏為蜀漢時孟獲之後等，也可補正史的不足。不過由於憂憤心切，也造成了對一些問題評判的偏頗，如對雲南巡撫陳用賓誣殺土司猛廷瑞、俸祿，也作了不恰當的肯定。

滇遊日記十二

【題解】 崇禎十二年（一六三九）八月，徐霞客自小臘彝渡過枯柯河，經過枯柯新街、右甸（今昌寧），在錫鉛溫泉洗澡，然後經過順寧府（今鳳慶），直抵雲州城（今雲縣），查訪瀾滄江下游的情況。隨即返回順寧，寄宿龍泉寺。再往北渡過瀾滄江、黑惠江（漾濞江下游），到達蒙化府（今巍山），遊覽了天姥崖。接著經過龍慶關，到迷渡（今彌渡）考察禮社江上游。又到洱海衛（今祥雲）重遊清華洞，然後北上賓川，返回雞足山，在悉檀寺居住。

己卯八月初一日　余自小臘彝東下山。臘彝者，即石甸北松子山北曲之脈，其脊度大石頭而北接天生橋，其東垂之嶺，與枯柯山東西相夾。永昌之水，出洞而南流，其中開塢，南北長四十里，此其西界之嶺頭也。有大、小二臘彝寨，大臘彝在北嶺，小臘彝在南嶺，相去五里，皆枯柯之屬。自大石頭分嶺為界，東為順寧，西為永昌，至此已入順寧界八里矣。然余憶永昌舊志，枯柯、阿思郎，皆二十八寨之屬。今詢土人，業雖永昌之產，而地實隸順寧，豈順寧設流後畀之耶？又憶《一統志》、《永昌志》二者，皆謂永昌之水，東入峽口，出枯柯而東下瀾滄。余按《姚關圖說》，已疑之。至是詢之土人，攬❶其形勢，而後知此水入峽口山❷，

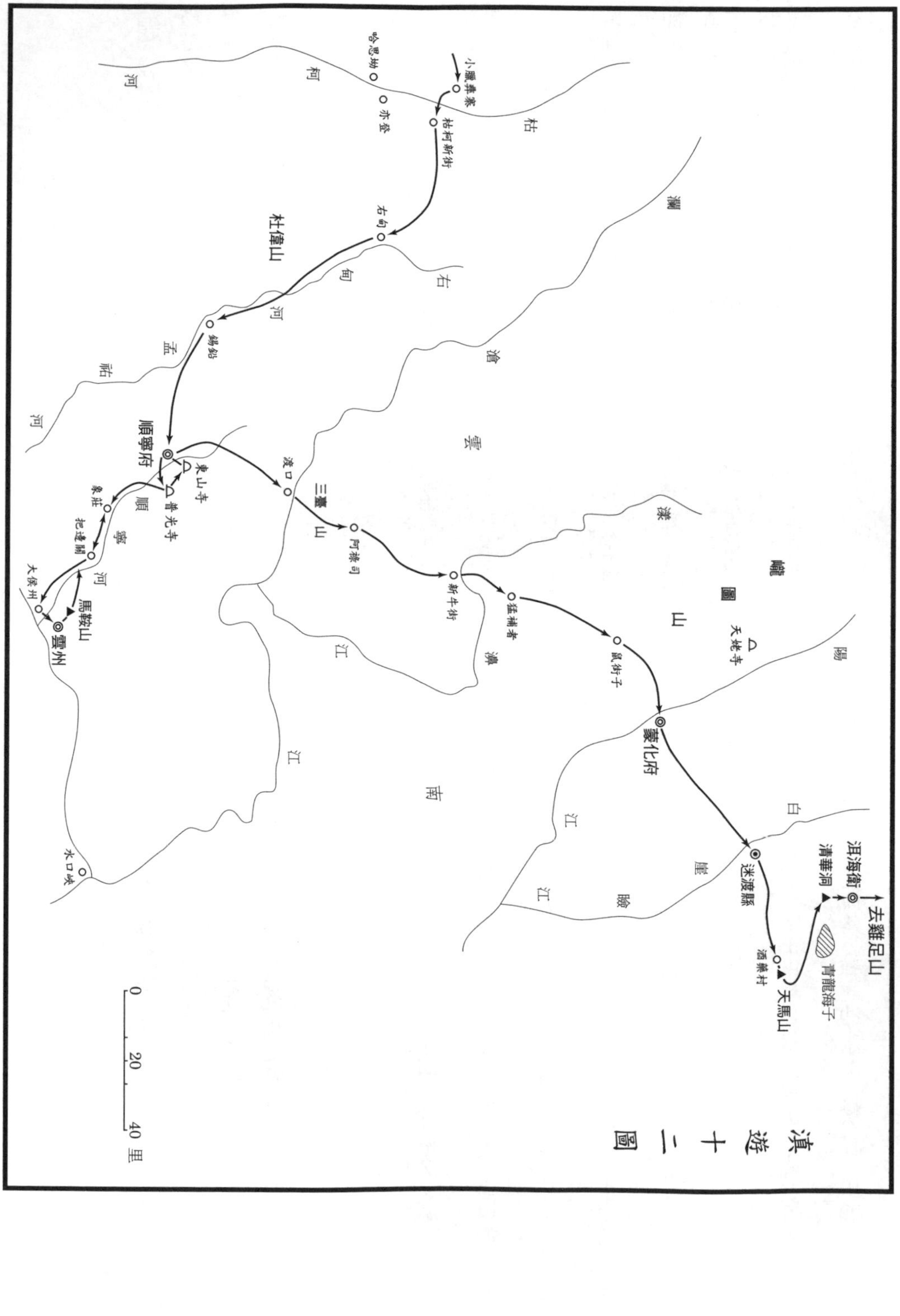
滇遊十二圖
順寧府
雲州
馬鞍山
蒙化府
迷渡縣
洱海衛
清華洞
去雞足山
青龍海子
天馬山
東山寺
普光寺
三臺山
阿祿司
新牛街
鼠街子
天姥寺
右甸
錫鉛
枯柯新街
哈思坳
0
20
40 里

透天生橋，即東出阿思郎，遂南經枯柯橋❸，漸西南，共四十里而下哈思坳，即南流上灣甸❹，合姚關❺水，又南流下灣甸，會猛多羅❻，而潞江之水，北折而迎之，合流南去。此說余遍訪而得之臘彝主人楊姓者，與目之所睹，《姚關圖》所云，皆合，乃知《統志》與郡志之所誤不淺也。其流既西南合潞江，則枯柯一川❼，皆首尾環向永昌，其地北至都魯坳❽南窩，南至哈思坳❾，皆屬永為是，其界不當以大石頭嶺分，當以枯柯嶺分也。

由嶺頭東南直下者三里，始望見江水曲折，南流川中。又下三里，乃抵江上。有鐵鎖橋橫架江上，其製一如龍江曲尺❿，而較之狹其半。其上覆屋五、六楹，而水甚急。土人言橋下舊有黑龍，毒甚，見者無不斃，又畏江邊惡瘴，行者不敢竚足云。其南哈思坳更惡，勢更甚於潞江，豈其峽逼而深墜故耶。其水自阿思郎東向出石崖洞，而西南入哈思坳峽中者，即永昌峽口山入洞之下流也。按阿思郎在臘彝北二十里，其北有南窩都魯坳，則此塢極北之迴環處也。逾嶺而北，其下即為滄江東向之曲。乃知羅岷之山，西南下者盡於筆架，直南下者盡於峽口山，東南挾滄江而東，為都魯南窩北脊。山從其東復分支焉，一支瀕江而東，一支直南而下，即枯柯之東嶺也，為此中分水之脊，迤邐由灣甸、都康⓫而南界瀾滄、潞江之中，為孟定⓬、孟艮⓭諸彝，而直抵交趾者也。其瀨江東去之支，一包而南為右甸，再包而南為順寧、大侯⑭即今之雲州。焉，是塢南北二坳，北都魯，南哈思。相距四、五十里，甚狹而深。瀨江兩岸俱田，惟僰彝⑮、儸儸居之，漢人反不敢居，謂一入其地即「發擺」⑯，寒戰頭疼也。故雖有膏腴而讓之彝人焉。

渡橋沿江東岸，西南至哈思坳，共四十里而至亦登⑰；沿江東岸，東南逾岡入峽，六十里而至雞飛⑱。余初聞有熱水溢於石盤中，盤復嵌於臺上，皆天成者；又一冷水流而環之，其出亦異。始以為在亦登；問道亦登，又以為在雞飛；問道雞飛，又以為瘴不可行，又以為茅塞無路，又以為其地去村遠，絕無居人，晚須露宿。余輾然⑲曰：「山川真脈，余已得之，一盤可無問也。」遂從東大路上坡，向枯柯、右甸道。始稍北，遂東上一里，而平行西下之岡。三里，有墟茅三、四在岡頭，是為枯柯新街⑳。又東一里，有一樹立岡頭，大合抱，其本挺直㉑，其枝盤繞，有膠淋漓於本上，是為紫梗樹，其膠即紫梗㉒也；初出小孔中，亦桃膠之類，而蟲蟻附集於外，故多穢雜云。岡左右俱有坑夾之，北坑即從岡盤窪下，南坑則自東峽而出。於是南轉東盤北坑，又半里，轉東，半里，抵東峰下，乃拾級上躋。三里，始登南突之嶺，始望見南峽兩山壁夾，自東而西，從此西出，則盤壑而西注於江橋之南，同赴哈思之坳者。乃知其山之度脊，尚在嶺之東上，不可亟問也。此坡之上，即為團霸營，蓋土官之雄一方者，即枯柯之夜郎矣。於是循南峽而東躡，又一里，再登嶺頭，有一家隱路南，其後竹樹夾路。從樹中東行一里，稍轉而北，盤一南突之坳，又東上盤坡而東，有大樹踞路旁，下臨西出之澗。其樹南北大丈餘，東西大七尺，中為火焚，盡成空窟，僅膚皮四立，厚二尺餘，東西全在，而南北俱缺，如二門，中高丈餘，如一亭子，可坐可憩，而其上枝葉旁覆，猶青青也。是所謂枯柯者，里之所從得名，豈以此耶？由此又東二里，折而北上一坡，盤其南下之坳。坳北有居廬，東西夾峙，而西廬茅簷竹徑，倚雲臨壑，尤有幽思。其東有神宇[23]踞坡間，聞鯨音[24]鼓賽[25]，出絕頂間，甚異之。有一家踞路南，籬門竹徑，清楚可愛。入問之，曰：「此枯柯小街也。」距所上坡又二里矣。

於是又東沿北坡平上，其南即西出深澗，北乃崇山，竹樹蒙蔽，而村廬踞其端，東向連絡不絕。南望峽南之嶺，與北峰相持西下，而蕎地旱穀，墾遍山頭，與雲影嵐光，浮沉出沒，亦甚異也。北山之上雖高，而近為坡掩，但循崖而行，不辨其崇墜。而南山則自東西墜，而盡於江橋之南，其東崇巘穹窿，高擁獨雄，時風霾蒙翳，出沒無定，此南山東上最高之峰，自北嶺東度，再突而起者也。沿之東行，南瞰深壑，北倚叢巘，又東二里，有岐，一南下塢中，為墾壑之道，一北上叢嶺，為盧坡之居，而路由中東行，南瞰下坳，有水出穴間。又東二里，下瞰南壑，有水一方，倚北坡之上，路即由之北向而上，以有峽尚環而東也。北上里餘，又轉而東，盤北坳而東上坡，屢上不止，又七里而至中火鋪。其坡南突，最高，中臨南峽之上，峽脊由其東南環而西下。於坡之對崖，南面復聳一峰，高籠雲霧間，即前所望東畔穹窿之頂也。自枯柯江橋東沿峽坡迤邐而上，約三十里矣。踞坡頭西瞰江橋峽中，其水曲折西南下，松子山北環之嶺，東北而突為臘彝之嶺；峽南穹窿之峰，又南亙分支西繞，橫截於江橋塢之南，西至哈思坳。坳之南復有小支，自臘彝西南灣中東突而出，與橫截塢南之山湊，西南駢峙如門。門內之灣，即為哈思坳，門外又有重峰西障，此即松子山南下之脊，環石甸[26]於西者也。自此坡遙望之，午霧忽開，西南五十里，歷歷可睹。

坡之東有瓦室三楹，踞岡東南，兩旁翼以茅屋，即所謂中火鋪，有守者賣腐於中，遂就炊湯而飯。及出戶，則濃霧自西馳而東，其南峽近嶺，俱不復睹。東下半里，渡一脊，瞰其南北二峽，環墜如穽，而叢木深翳，不見其底，當猶西下而分注江橋南北者也。其脊甚狹，度而東，復上坡，山雨倏至，從雨中涉之，得雨而霧反霽。一里餘，盤崖逾坳，或循北峰，或循南峰，兩度過脊，始東上，沿北坡而東。一里餘，又涉一南突最高之嶺，有哨房一龕踞其上，是為瓦房哨。於是南臨南峽，與峽南穹窿之頂，平揖而對瞰矣。至是雨晴峰出，復見峽南穹頂直南亙而去，其分支西下者，即橫截塢南之岡，西與哈思坳相湊成門者也。穹頂東環之脈，尚從東度，但其脊稍下，反不若西頂之高，皆由此北坡最高之嶺，東下曲而度脈者。始辨都魯坳東所分南下之脊，至此中突，其分而西者，為中火鋪枯柯寨之嶺；其曲而東降者，度脊南轉西向而突為穹窿之頂。此分水之正脈也。

由瓦房哨東下半里，復東度脊，始見北峽墜坑，為東北而下右甸之上流，是北水之所分也，而南水猶西下南峽。又東度兩脊，穿兩夾嶺，一里，復盤南嶺之陰而上。其處深木叢篁，夾坡籠坳，多盤北坑之上。又一里，南轉而凌其西下之坳，始逾南峽上流，從其東涉岡東上，始逾南渡之脊，此分水正脈所由度而西轉者也。又東一里，有草龕踞北岡，是為草房哨。從其東又東北下一里，稍轉而東南半里，有脊又南度而東轉，此右甸南環之嶺所由盤礴[27]者也。於是東向而下，二里餘，下度一曲，有小水北下成小溪，小橋橫涉之。又東逾一岡，共下四里，始南峽成溪，遂望見右甸城㉘在東塢中。有岐從東北坡去，而大道循南峽東向平下。二里，南峽中始有村廬夾塢，舂杵之聲相應。又南三里，遂出坡口，乃更下一里而及坡麓。路由田塍中東南行，望見右甸之城，中懸南坡之下，甸中平疇一圍，聚落頗盛。四面山環不甚高，都魯坳東分之脈，北橫一支，直亙東去，又南分一支，南環右甸之東；草房哨南度之脈，東環右甸之南，從甸南界東北轉，與甸東界南環之支湊。甸中之水，東向而破其湊峽，下錫鉛去。甸中自成一洞天，其地猶高，而甸乃圓平，非狹嵌，故無熱蘊之瘴，居者無江橋毒瘴之畏，而城廬相託焉。由塍中行共四里，入其北門。暮宿街心之葛店。葛，江西人。

右甸在永昌東一百五十里，在順寧西一百三十里。其東北鄰莽水㉙之境，正與蘆塘廠㉚對；其西南鄰雞飛之境，正與姚關對。其正南與灣甸對，正北與博南山㉛對，正西與潞江安撫司對，正東與三臺山對。數年前土人不靖，曾殺二衛官之涖其地者；今設城，以順寧督捕同知駐守焉。城不大而頗高，亦邊疆之雄也。

【章旨】本章記載了進入雲南後第四百十四天在順寧府的行跡。大石頭嶺是順寧、永昌的分界，到大、小臘彝寨，已入順寧地界，根據實地考察，方知《一統志》和《永昌府志》關於永昌水的記載，誤人不淺。走到枯柯江邊，有鐵索橋。因畏懼江邊惡毒的瘴氣，行人不敢停留。南面的哈思坳，毒勢比怒江更加厲害。在這裡考察江水的流向，以及羅岷山及其分支延伸的狀況。沿江的田地，雖然肥沃，因漢人不敢在此居住，都讓給了彝人。過江到東岸，往西南可到哈思坳、亦登，往東南可到雞飛。聽說雞飛有熱水從石盤中溢出，但無法去那裡。往東經過枯柯新街，看到一棵紫梗樹，樹幹上沾著樹膠。山坡上有團霸營，是枯柯的夜郎國。前面山坡上有棵大樹，樹幹被火燒成空洞，僅存四面樹皮，但上面的枝葉仍很茂盛。地名「枯柯」，莫非就因為這樹的緣故。山坳中有住房，環境幽雅，尤多情趣。山坡上有神宇，感到很奇怪。又經過枯柯小街，望見山頭到處開墾出田地，種上蕎麥旱穀。沿著山崖走，看到一座隆起的最高的山峰，在夾著塵土的大風中出沒不定。坐在坡頭俯視枯柯江橋所在的峽中，考察這裡的地勢，西南五十里外，歷歷可見。到中火鋪吃飯，越過山脊，山中因下雨而霧反消散。經過瓦房哨，考察了分水嶺的正脈。再經過草房哨，到達右甸城。甸中自成一處洞天，為圓形的平地。城不大但很高，也是一處邊疆的雄鎮。

【注釋】❶攬　通「覽」。❷峽口山　在保山東南。山下有石洞，據說保山的水流，都從這裡流洩。❸枯柯橋　即濟虹橋。在昌寧西北二百里處。明萬曆年間知府李忠臣所建鐵索橋，清康熙四十一年重修。❹上灣甸　明永樂元年（一四〇三），析麓川平緬地置灣甸長官司，三年升為灣甸禦彝州。治所在細甸（今昌寧西南灣甸鎮）。上灣甸稱城子，下灣甸稱新城。❺姚關　在施甸東南，為古代軍事重鎮。明嘉靖間，緬軍以象陣為前驅，渡勐波羅河，進逼姚關。明將鄧子龍設計大破敵軍，擒緬象千餘頭，萬曆年間在姚關築城，並烹象以犒軍士。現仍存古城牆、烹象亭、看山亭、磨劍亭等古蹟。看山亭下的清平洞，為鄧子龍所闢，風景秀麗，文物薈萃。❻猛多羅　今名勐波羅河。❼枯柯一川　枯柯河，源出保山老營西北一碗水梁子，因流經枯柯壩得名。上游稱東河，流入昌寧後縱貫枯柯、灣甸兩壩與鎮康河交匯出境，稱勐波羅河，往西南入怒江。下游流經卡斯壩和灣甸壩一段，分別稱卡斯河和灣甸河。❽都魯坳　在昌寧西北臘邑村北。❾哈思坳　今名卡斯坳，在枯柯壩南端。❿龍江曲尺　據〈滇遊日記九〉四月二十九日日記，「尺」當作「石」。⓫都康　當為「鎮康」，洪武十五年（一三八二）置府，後廢，以其地屬灣甸州，永樂七年（一四〇九）復置鎮康禦彝州，直隸布政使司，治所在今雲南鎮康。⓬孟定　洪武十五年置孟定禦彝府，治所在今耿馬城西孟定。⓭孟艮　古時不通中國。永樂三年來歸，置孟艮禦彝府，直隸雲南都司，治所在今緬甸撣邦景棟。⑭大侯　本作「大猴」，據八月九日日記改。永樂元年析麓川平緬地，置大侯長官司，宣德三年（一四二八）升為大侯禦彝州，直隸布政使司。萬曆二十五年（一五九七），更名雲州，隸順寧府。⑮僰彝　見〈滇遊日記九〉四月二十五日日記注。⑯發擺　今稱「打擺子」，患瘧疾。⑰亦登　今名邑等，在昌寧西境，枯柯河東岸。⑱雞飛　在昌寧西南三十四里，澡塘河東岸，雞飛澡塘為一處溫泉群。⑲囅然　笑的樣子。⑳枯柯新街　今名柯街，在昌寧西境。㉑其本挺直　直，原作「植」，據《四庫》本改。㉒紫梗　即紫膠，又稱蟲膠，是一種微小昆蟲（即紫膠蟲）寄生在某些樹上吸取樹汁而分泌出來的一種天然樹脂。㉓神宇　供奉神靈的屋宇。㉔鯨音　古時刻杵作鯨形以撞鐘，故稱鐘聲為鯨音。㉕鼓賽　擊鼓賽神，古時稱酬神謂「賽」。㉖石甸　元置石甸長官司，明初更名施甸長官司。㉗盤礴　延伸；逶迤。㉘右甸城　明宣德五年（一四三〇）升廣邑寨為州，直隸布政使司。正統元年（一四三六）遷州治於順寧府的右甸。右甸城在今昌寧老城。㉙莽水　今名漭水，在昌寧東境，瀾滄江西岸。㉚蘆塘廠　即爐塘廠，又稱銅礦場，見〈滇遊日記八〉三月二十五日日記。㉛博南山　見〈滇遊日記八〉三月二十七日日記注。

【語　譯】崇禎十二年八月初一　我從小臘彝往東下山。臘彝就是石甸北面松子山往北彎曲的山脈，它的山脊伸過大石頭後往北和天生橋相接，它東陲的山嶺，和枯柯山東西相夾。永昌的水，出洞後往南流，其中開出山塢，南北長四十里，這裡是山塢西界的嶺頭。有大、小兩個臘彝寨，大臘彝在北邊的山嶺，小臘彝在南邊的山嶺，相距五里，都是枯柯的屬地。從大石頭的山嶺為分界，東邊是順寧府，西邊是永昌府，到這裡已進入順寧地界八里了。但我想起永昌舊志書上說，枯柯、阿思郎都屬二十八寨。今天詢問當地人，寨子雖是永昌府的產業，但地方實際上隸屬於順寧府，難道是順寧設流官後劃給它的嗎？又想起《一統志》、《永昌府志》兩書，都說永昌的水，往東流入峽口，到枯柯後往東流下瀾滄江。我根據《姚關圖說》，已懷疑這種說法。到這裡詢問當地人，觀察地理形勢，而後知道這水流入峽口山，穿過天生橋，就往東流出阿思郎，於是往南流經枯柯橋，漸漸往西南，共四十里後往下流到哈思坳，便往南流到上灣甸，會合姚關的水流，又往南流到下灣甸，會合猛多羅的水，而怒江的水流，轉向北迎著它，合流後往南流去。這種說法是我到處探訪後在臘彝姓楊的房主人那裡聽到的，和我親眼所看到的，以及《姚關圖說》所記載的，都相合，這才知道《一統志》

和《永昌府志》誤人不淺。這水流向既然在西南和怒江會合，那麼一條枯柯河，首尾都向永昌環繞，北到都魯坳南窩，南到哈思坳的地區，都屬永昌才對，順寧和永昌的地界不應以大石頭嶺來劃分，而應當以枯柯嶺來劃分了。

從嶺頭往東南一直走下三里，才望見曲折的江水，往南流入平野中。又往下走三里，才到達江邊。有鐵鎖橋橫架在江上，它的式樣和龍川江的曲石橋完全一樣，但比它狹窄一半。橋上蓋著五、六間屋，但水流很急。當地人說橋下過去有黑龍，很毒，見到的人無不死去，又怕江邊惡毒的瘴氣，過路的人不敢停步。在它南邊的哈思坳更厲害，毒勢比怒江更厲害。難道是因為那裡峽谷狹窄而且深深墜下的緣故嗎？這江水從阿思郎向東流出石崖洞，而後往西南流入哈思坳的峽谷中，就是在永昌峽口山流入洞中的水的下游。按阿思郎在臘彝北面二十里，在它北面有都魯坳南窩，是這山塢最北邊的迴繞處。越過山嶺往北，山下就是瀾滄江向東流的彎曲處。方才知道羅岷山的山脈，往西南延伸的到筆架山為止，往正南延伸的到峽口山為止，往東南延伸的貼著瀾滄江往東，成為都魯坳南窩北面的山脊。山從它的東面又分出支脈，一支靠近江水往東延伸，一支往正南延伸，就是枯柯的東嶺了，是這裡的分水脊，曲折綿延從灣甸、都康往南，隔在瀾滄江、怒江的中間，是孟定、孟艮等彝族地區，而後直達交趾。那靠近江流往東延伸的支脈，向南圍繞一次，裡面為右甸，再向南圍繞，裡面為順寧府、大侯州。就是如今的雲州。這裡山塢南北的兩個山坳，北邊是都魯坳，南邊是哈思坳。相隔四、五十里，很狹而且很深。靠近江的兩岸都是農田，只有僰彝、儸儸在這裡居住，漢人反而不敢住，據說是一進入這裡就「打擺子」，寒戰頭痛。所以雖有肥沃的土地只能讓給彝族了。

過橋後沿著江的東岸走，往西南到哈思坳，共走四十里到亦登；沿著江的東岸走，往東南越過山岡進入峽谷，過了六十里到達雞飛。我原先聽說那裡有熱水從石盤中溢出，石盤又嵌在平臺上，都是天然形成的；另有一條冷水繞著它流過，冷水的流出也很奇異。最初以為是在亦登；問去亦登的路，有的又認為是在雞飛；問去雞飛的路，有的又認為有瘴氣不可走，有的又認為因茅草阻塞無路可走，有的又認為那地方離村莊太遠，絕無居民，晚上必須露宿。我笑著說：「山川的真脈，我已經找到了，一處石盤可以不必過問了。」於是從東邊的大路上坡，走向去枯柯、右甸的路。開始稍稍往北，就向東走上一里，而在往西伸下的山岡上平步行走。過了三里，有三、四間集市茅屋在岡頭，這是枯柯新街。再往東走一里，有一棵樹立在岡頭，有兩人合抱那麼大，樹幹挺直，樹枝盤繞，有膠濕淋淋地沾在樹幹上，這是紫梗樹，它的膠就是紫梗了；起先從小孔中流出來，也是桃膠之類，但蟲子螞蟻附集在外邊，所以夾雜著許多髒物。山岡左右兩邊都有坑谷夾著它，北邊的坑谷就從山岡盤繞的洞窟下去，南邊的坑谷則從東面的峽谷伸出。到這裡由南轉向東盤繞北邊的坑谷走，又過了半里，轉向東再走半里，到達東面的山峰下，就踏著石級上升。走了三里，才登上往南突起的山嶺，望見南面的峽谷兩邊的山如壁夾立，由東向西，從這裡往西流出的，便是從盤繞的山壑往西流到江橋的南面，一起奔向哈思坳的水。方才知道這座山延伸的山脊，還在山嶺東邊的上方，不能急於探訪。這山坡的上方，就是團霸營，是土官稱雄的地方，即枯柯的夜郎國了。從這裡沿著南邊的峽谷往東上去，又走了一里，再登上嶺頭，有一戶人家隱藏在路的南面，屋後路的兩旁，長滿竹樹。從樹林中往東走了一里，稍稍轉向北，繞過一處往南突起的山坳，又往東上去繞著山坡向東走，有棵大樹盤踞路旁，下面對著往西流出的澗水。這樹南北長一丈多，東西長七尺，中間被火焚燒，全都成了空洞，僅有樹皮四面立著，厚二尺多，東西兩面全在，但南北兩面都缺，如同兩道門，中間高一丈多，如同一座亭子，可以坐下休息，而樹上枝葉往四旁覆蓋，仍然很茂盛。這就是所謂的「枯柯」，里之得名，莫非就是因為這樹的緣故嗎？從這裡再往東走二里，轉向北登上一座山坡，繞過它往南延伸的山坳。山坳北邊有居民住房，東西夾峙，西邊的房屋是茅草蓋成，有竹林小路，上依白雲，下臨深壑，更有幽雅的情趣。在它東面有神宇座落在山坡上，聽到酬神的鐘鼓聲，從絕頂中間傳出，感到十分奇怪。有一戶人家座落在路的南邊，籬笆作門，竹林小徑，清朗可愛。進門問路，回答說：「這裡是枯柯小街。」離所上的山坡又有二里了。

從這裡再往東沿北邊的山坡平步走上。山坡南面就是往西流出的深澗，北面是高山，竹林樹木密密遮蔽，而村莊房屋高踞在坡頭，向東連接不斷。向南望見峽谷南邊的山嶺，和北邊的山峰相持往西延伸，山頭到處開墾，種著蕎麥旱穀，和雲霧的光影，浮沉出沒，也十分奇異。北面大山的上方，雖然很高，但近處被山坡遮掩，只是沿著山崖走，分不清它的高處深處。而南面的山則從東往西落下，到江橋的南邊為止，在它東邊隆起高大的山峰，高高擁立，獨自稱雄，這時大風夾著塵土吹下，把山遮掩，出沒不定，這是南山東邊上方最高的山峰，是從北嶺往東延伸，再次突起的山峰。沿著它往東走，南邊俯視深壑，北邊靠著叢峰。又往東走二里，有岔路，一條往南走下山塢中，是開墾山壑的路，一條往北登上叢嶺，是有住房的山坡，而路從中間往東走，向南俯視下面的山坳，有水從洞穴中流出。再往東走二里，向下俯視南邊的山壑，有一池水，靠在北面的山坡上，路就從水池往北上去，因為有峽谷還繞向東邊。往北走上一里多，再轉向東，繞過北面的山坳往東上坡，多次不停地往上走，又過了七里，到達中火鋪。這裡的山坡往南突起，最高，居中面對南邊峽谷的上方，峽脊從它的東南向西繞下。在山坡對面的山崖，南面又聳起一座山峰，高高籠罩在雲霧中，這就是前面所望見的在東邊隆起的山頂了。從枯柯江橋往東沿著峽坡曲折往上走，約有三十里了。坐在坡頭向西俯視江橋所在的峽谷，裡面的水往西南曲折流下，松子山往北環繞的山嶺，在東北突起成為臘彝的山嶺；峽谷南邊隆起的山峰，又向南綿延分出支峰往西繞去，橫截在江橋所在山塢的南面，往西到達哈思坳。哈思坳的南面又有小支脈，從臘彝西南的山灣中向東突出，和橫截在山塢南面的山峰湊合，在西南方並立如同門戶。門內的灣處，就是哈思坳，門外又有重重山峰擋在西邊，這就是松子山往南延伸的山脊，在西面環繞著石甸。從這裡的山坡遠遠望去，午間的雲霧忽然散開，西南五十里外，歷歷可見。

山坡的東面，有三間瓦房，座落在山岡的東南，兩旁添蓋茅屋護著，就是所謂的中火鋪，有守鋪的人在裡面賣豆腐，於是去那裡燒湯吃飯。到出門時，只見濃霧滾滾，自西向東馳去，那南面的峽谷和附近的山嶺，都被遮沒看不見了。往東走下半里，越過一道山脊，俯視山脊南北的兩道峽谷，環繞下落，如同陷阱，而成叢的樹木深深遮蔽，看不到峽底，應當還有往西流下而分別注入江橋南北的水。這山脊十分狹窄，越過山脊到東面，再登上山坡，山雨忽然來臨，在雨中跋涉，下了雨霧氣反而消散。走了一里多，繞過山崖越過山坳，有時沿著北邊的山峰走，有時沿著南邊的山峰走，兩次越過山脊，才往東上去，沿著北邊的山坡往東。走了一里多，又到一座向南突起的最高山嶺，有一間哨房座落在山嶺上，這是瓦房哨。在這裡向南對著南峽，和峽谷南面隆起的山頂，在同一高度相對了。到這時雨過天晴，山峰露了出來，又看見峽谷南面隆起的山頂往正南延伸過去，它向西延伸的分支，就是橫截山塢南面的山岡，和西面哈思坳互相湊合形成門戶。隆起的山頂往東環繞的山脈，還從東面延伸，但它的山脊稍許低下，反不如西邊的山頂高，都是從這裡北坡最高的山嶺，向東曲折往下延伸的山脈。這才辨出都魯坳東面分出的往南延伸的山脊，到這裡從中突起，那向西的分支，是中火鋪、枯柯寨所在的山嶺；那曲折向東降下的山脈，往南延伸的山脊轉向西而後突起成為隆起的山頂。這是分水嶺的正脈。

從瓦房哨往東走下半里，再往東越過山脊，才看見北邊峽谷中的水墜入深坑，成為往東北流下右甸的水的上游，這是北面分流的水，而南面的水仍往西流下南邊的峽谷。再向東越過兩道山脊，穿過兩處相夾的山嶺，走了一里，再盤繞南邊的山嶺的北面上去。這裡樹木幽深，翠竹成叢，夾住山坡，籠罩山坳，大多數繞在北面坑谷的上方。再走了一里，轉向南面，登上往西延伸的山坳，才越過南邊峽谷的上游，從它的東面登上山岡往東，才越過往南延伸的山脊，這是分水嶺的正脈所伸過轉而向西的地方。再往東走一里，有草房座落在北面的山岡上，這是草房哨。從它的東邊又往東北走下一里，稍稍轉向東南走了半里，又有山脊往南延伸後向東轉，這是右甸南面環繞的山嶺所延伸的地方。從這裡往東走下，過了二里多，往下越過一個山灣，有小水往北流下形成小溪，上有小橋橫架溪水。再往東越過一座山岡，共走下四里，南邊的峽谷中才形成溪流，就望見右甸城在東面的山塢中。有岔路從東北的山坡上去，而大路沿南邊的峽谷往東平緩走下。過了二里，南邊的峽谷中才有村莊房屋夾住山塢，杵臼搗穀的聲音相互應和。再往南三里，便走出坡口，再往下走一里到達坡麓。路從田埂中往東南走，望見右甸的城牆，居中懸立在南面山坡的下方，甸中有一圍平坦的田野，村落十分興盛。四面環繞的山不太高，都魯坳東面分出的山脈，北邊橫出一支，直往東延伸過去，又在南邊分出一支，往南環繞右甸的東面；草房哨往南延伸的山脈，往東環繞右甸的南面，從甸的南界往東北轉，和甸的東界往南環繞的支脈湊合。甸中的水流，向東沖破那聚攏的峽谷，流下錫鉛去。甸中自成一處洞天，這裡的地勢仍然很高，但甸中圓形平坦，不是狹窄陷下的地方，所以沒有悶熱的瘴氣，居民沒有像對江橋的毒瘴那樣的畏懼，從而城中住房依託在這裡。從田埂中共走了四里，進入右甸城的北門。傍晚在街心的葛家客店住宿。葛氏是江西人。

右甸在永昌東面一百五十里，在順寧西面一百三十里。它的東北和莽水的地界相鄰，正好和蘆塘廠相對；它的西南和雞飛的地界相鄰，正好和姚關相對。它的正南和灣甸州相對，正北和博南山相對，正西和潞江安撫司相對，正東和三臺山相對。幾年以前，當地人不安定，曾殺了兩個到這裡任職的衛官；如今建了城，派順寧府督捕同知駐守在這裡。城不大但很高，也算是一處邊疆的雄鎮。

初二日　晨起，霧色陰翳。方覓飯而夫逃。再覓夫代行，久之不得。雨復狎❶至，遂鬱鬱作記寓中者竟日。

初三日　雨復霏霏，又不得夫，坐邸樓鬱鬱作記竟日。其店主葛姓者，乃市儈之尤，口云為覓夫，而竟不一覓，視人之悶以為快也。

初四日　早霧而晴。顧僕及主人覓夫俱不足恃，乃自行市中。是日為本甸街子。仍從北門內南轉岡脊，是為督捕同知公署，署門東向；其南即往南門街，而東則曲向東門街，皆為市之地也。余往來稠人中，得二人，一擔往順寧，一馱往錫鉛，皆期日中至葛寓，余乃返。迨午，往錫鉛馱騎先至，遂倩❷之；而往順寧者亦至，已無及矣。乃飯，以馱騎行。

出東門，循南坡東向半里，涉東來之塢，渡小溪東，山岡漸折而東南行。四里，遂臨東塢。東塢者，右甸東南落水之塢尾也。城北大甸圓而東南開此塢，南、北、西三面之水，皆合而趨之。路臨其西坡，於是南轉，二里餘，又涉二東北注之坑，復依南麓東行。二里餘，上北突之嘴，則甸東之山，亦自北南環，與嘴湊峽，於是相對若門，而甸水由其中東注焉。此甸中第一重東鎖之鑰，亦為右甸東第一重東環南下之分支，雖不峻而蜿蜒山頂，地位實崇也。逾嘴東稍下，湊峽之外，復開小塢而東，水由其底，路由其南坡之半。又東二里餘，有數家倚坡，北向塢而廬。過此東南下，有水自南峽出，涉之，上其東坡，遂循坡之南峽東南上，水流其岡北，路由其岡南，於是始不與水見。又東南循岡三里，盤一北下之坳而上岡頭，是為玉壁嶺。其嶺自南北突，東、西俱下分為坑，有兩、三家駐峰頭。時日尚高，以前路無可止，遂歇。

【章　旨】本章記載了第四百十五天至第四百十七天在順寧府的行跡。因找不到挑夫，天又下雨，在旅店悶悶不樂寫了二天日記。天晴後上街找了一個用馬馱貨的人上路。經過東塢，南、北、西三面的水，都會合後流到這裡。又登上一個山口，是右甸東面第一重要地，地勢很高。往前到玉壁嶺留宿。

【注　釋】❶狎　更替。❷倩　請人替自己做事。

【語譯】初二　早晨起身，天上雲霧陰蔽。正找飯吃，挑夫逃走了。再去找挑夫代替，過了很久仍沒找到。雨又斷斷續續下了起來，就悶悶不樂地整天在寓所中寫日記。

初三　雨又飄灑起來，仍找不到挑夫，坐在客店的樓上悶悶不樂地整天寫日記。姓葛的店主，是個典型的市儈，嘴上說是為我找挑夫，但竟然不去找一次，以看別人的煩悶作為樂趣。

初四　早晨霧後放晴。叫顧僕和店主去找挑夫都不可靠，於是自己到街市上找。這天是本甸的街子。就從北門內往南轉到岡脊，這裡是督捕同知的衙門，衙門朝東；南邊就通往南門街，而東邊則彎向東門街，都是街市所在地。我在密集的人群中走動，找到兩個人，一個挑擔去順寧，一個用馬馱物去錫鉛，都約定中午到姓葛的寓所，我才返回。到中午，馱物去錫鉛的馬匹先到，便雇用他；而往順寧的人也到，已來不及用他了。於是吃飯，用馬馱物上路。

走出東門，沿著南邊的山坡往東走了半里，到東來的山塢，渡過小溪到東岸，沿山岡漸漸轉向東南走。過了四里，便來到東塢。東塢是右甸東南落水的山塢的末端。城北的大甸圓圓地形伸向東南開出這個山塢，南、北、西三面的水流，都會合後流到這裡。路延伸到它的西邊山坡，從這裡往南轉，走了二里多，又渡過兩處往東北流去的水坑，再靠著南麓往東走。過了二里多，登上往北突起的山口，只見甸東的山，也從北向南環繞，和山口湊合形成峽谷，在這裡相對如同門戶，而甸中的水從峽谷中往東流去。這是甸中東面第一重的要地，也是右甸東面第一重往東環繞再向南伸下的分支，雖不高峻，但在山頂曲折延伸，地勢實際上很高。越過山口往東稍稍走下，湊合的峽谷外面，又向東開出小山塢，水從山塢的底部流，路從山塢南坡的半腰走。再往東走了二里多，有幾戶人家靠著山坡，朝著北面的山塢居住。經過這裡往東南下去，有水從南面的峽谷流出，渡過水流，登上它東面的坡，就沿山坡南面的峽谷往東南上去，水在這山岡的北邊流，路從這山岡的南邊走，到這裡才看不到水流。又往東南沿著山岡走了三里，繞過一處往北伸下的山坳登上岡頭，這是玉璧嶺。這嶺從南向北突起，東西兩邊分別落下形成坑谷，有兩、三戶人家住在峰頭。這時日頭還高，因為前面路中沒有可宿的地方，便在此歇腳。

初五日　平明起，飯而行，宿霧未收。下其東坑，涉之。復東南上一里，又循東來之峽，而行夾岡之南。東向四里，度其北過之脊，仍循峽東下，行夾岡之南。二里餘，又稍下，涉北出之水，又循東來之峽，而行夾岡之南。東向二里，復度其北過之脊，於是從脊北東行之支，東向行其上。半里，有兩、三家夾道，是為水塘哨。由此東南行山夾間，五里，始墜坡而下。其右又墜一峽東下，其左路再隨崖東下者二里，西臨右峽之上。而路左忽墜一坑，盤穽而下者二丈，有水沉其底，長二丈，闊八尺，而狹處僅二尺，若琵琶然，淵然下嵌，左倚危壁，右界片棧，而外即深峽之下盤者，不知此水之何以獨止也。由其南又半里，而躡嵴下墜者半里，左崖之端遂盡，而右峽來環其前。還望左崖盡處，叢石盤崖，儼如花簇，而右崖西界大山，亦懸屏削於重樹間，幽異之甚。由峽底又東南行一里，其峽外東如門，披門南出，稍轉東而下坡。半里，有水自東曲而西，大木橫架其上，南度之，是為大橋。橋下水即右甸下流❶，東行南轉，至是西折過橋，又盤西崖南去，已成湯湯之流。橋南沿流之峽，皆隨之為田，而三、四家倚橋南東坡上，有中火之館。此右甸第二重東鎖之鑰，亦為右甸東第二重東環南下之分支，與東南行大脊右甸。相對成峽，夾溪南去者也。

由橋南即躡東南坡而上，水由峽直南去，路躡坡東南升。一上者二里，凌嶺頭，西望夾溪之山，稍南有破峽從西來者，即水塘哨西下之水也；其南夾水一支，亦至是東盡，而有寨盤其上焉；其又南一支，嶙峋獨聳，上出層巒，是為杜偉山❷。此乃右甸南東來之正脊，自草房哨度脈至此，更崇隆而起，轉而直南去，而東夾此溪。其脊乃東南下老龍，自雲州南下，分瀾滄、潞江之脊，而直下交南者也。所望處，尚在寨盤頂之東北。從此更夭矯南向，夾溪漸上，又二里，而隔溪與寨盤之頂對。又二里，降坡南下，穿坳而東，見其東又墜為小坑，路下而涉之。一里，又南逾東坡西環之坳。又一里，有數家倚東坡而居，其東又有一溪自東北來，環所廬之坡而注西峽；西峽水自北南下，與此水夾流而合於坡南。此坡居廬頗盛，是為小橋，正西與杜偉山對。遙望杜偉山自西北來，至此南轉，其挾臂而抱於西南者，皆灣甸州之境，水亦皆西南流；其北峽與寨盤之頂夾而東出者，皆順寧之境，水皆東南流。則此山真一方之望，而為順寧、灣甸之東西界者也。

飯於村家，大雨復至。久而後行，由坡東下，渡北來之溪，小石梁跨之。所謂小者，以別於大溪之橋也。復東南上，隔溪對杜偉山而南，下瞰西峽之底，二流相合，盤壑南去。此山為右甸東第三重東環南下之分支，為錫鉛之脈者也。南五里，或穿嶺而左，見嶺東近峽墜坑，其遠峰又環峙而東，又或分而南；穿嶺而右，見嶺西近峽，西溪盤底，杜偉駢夾。如是二里，乃墜其南坡，或盤壑西轉，或躡坳東折，或上或下，又五里，有兩、三家當坳而廬，是為兔威哨。於是再上其東坡，則東西壑皆可並睹矣。西壑直逼西麓而長，以杜偉西屏也；東壑遙盤東谷，其下叢沓，而猶不見底。其東北有橫浮一抹者，此挾江瀾滄。而東南之嶺也；其正東有分支南抱者，此中垂而為順寧之脈也。從嶺漸下，或左或右，嶺脊漸狹。四里，始望見東塢有溪，亦盤折其底，與西峽似；而西界外山，自杜偉頂南，其勢漸伏，又紆而南，則東轉而環其前；東界外山，則直亙南向，與東轉前環之嶺湊。問東西峽水，則合於錫鉛之前，而東南當湊峙之峽而去；問順寧之道，則逾東界之嶺而行，有道逾前山南環之嶺者，為猛峒❸道，從獵昔、猛打渡江而至興隆廠者也。於是從岡脊轉東行，其脊甚狹。又二里，西峽之溪，直逼南麓下，而東峽溪亦近夾，遂如堵牆上行。又東二里，又東南下者二里，坡盡而錫鉛❹之聚落倚之。此右甸東分支南下第三重之盡處也。其前東、西二溪交會，有溫泉當其交會之北涘，水淺，而以木環其四周，無金雞❺、永平❻之房覆，亦無騰越❼、左所❽之石盤，然當兩流交合之間，而獨有此，亦一奇也。

是日下午至，駝騎稅駕逆旅，先覓得一夫，索價甚貴，強從之，乃南步公館，即錫鉛驛也。按舊志作「習謙」，土人謂出錫與鐵，作「錫鉛」。返飯於肆，亟南由公館側浴於溫泉，暮返而臥。

初六日　晨起而飯。其夫至，付錢整擔而行，以一飯包加其上，輒棄之去，遂不得行。余乃散步東溪，有大木橫其上為橋，即順寧道也。仍西上公館，從其西南下西溪，是為猛峒道。有茅茨叢北岡上，是為錫鉛街子。問得一夫，其索價亦貴甚，且明日行，遂返邸作記。

【章旨】本章記載了第四百十八天、第四百十九天在順寧府的行跡。經過水塘哨，看到有一坑水，坑阱的外面就是往下盤繞的深峽。望見叢叢岩石盤繞山崖，很像簇擁的花朵，環境極為幽深奇異。又通過一座大橋，橋下的水就是右甸河的下游，已到右甸東面第二重要地。登上嶺頭，向西望見杜偉山岩石嶙峋，獨自高聳，是右甸南面往東伸來的山脈的主脊，從雲州南下，成為瀾滄江、怒江的分水脊，直到交趾南部。再經過一座小橋，遠望正西的杜偉山，這山真是一方名山，而成為順寧府、灣甸州的東西分界。飯後通過一座小石橋，望見右甸東面第三重往東環繞再向南延伸的分支，是錫鉛的山脈。繼續往前，時而往東，時而往西，時而往上，時而往下，經過兔威哨，遠遠望見有山嶺夾著瀾滄江往東延伸。從一道十分狹窄的岡脊往東，就像在一堵牆上行走。山坡盡頭便是錫鉛，這裡是右甸東面第三重向南延伸的分支的盡頭處。有溫泉在東、西兩條溪水的交會處，也是一處奇觀。下午去錫鉛驛，到溫泉洗澡。因挑夫刁蠻，不肯走，第二天仍留在錫鉛。

【注釋】❶右甸下流　右甸河，古稱順甸河，源出昌寧北境松子山東麓，從北往南經右甸壩，於灣塘村東南入鳳慶，再流經雲縣入瀾滄江。❷杜偉山　又名度偉山，在鳳慶北境，右甸河西。❸猛峒　今名勐統，在昌寧南隅。❹錫鉛　今名習謙，在鳳慶西隅。❺金雞　指保山市金雞村溫泉，見〈滇遊日記十〉六月十四日日記。❻永平　指永平石洞村溫泉，見〈滇遊日記八〉三月二十五日日記。❼騰越　指騰衝大洞黃坡溫泉，見〈滇遊日記十〉五月十九日日記。❽左所　指騰衝熱水塘，見〈滇遊日記九〉四月二十六日日記。

【語　譯】初五　黎明起身，吃了飯出發，夜間的霧氣還沒消散。走下嶺東的坑谷，越過它。再往東南走上一里，又沿著東來的峽谷，在相夾的山岡南面行走。往東四里，越過它往北伸過的山脊，仍沿峽谷往東下去，在夾立的山岡南面行走。過了二里多，又稍稍下去，渡過北邊流出的水，又沿東來的峽谷，而在夾立的山岡南面行走。往東二里，再越過它往北伸過的山脊，到這裡從山脊北面往東延伸的支脈，在山脊上向東行走。過了半里，有兩、三戶人家在路兩旁，這是水塘哨。從這裡往東南在山峽間行走，過了五里，才沿山坡落下。山坡右面又有一道峽谷往東落下，山坡左面的路再沿著山崖往東走下二里，西邊對著右面峽谷的上方。而路的左邊忽然有個坑阱陷落，盤繞坑阱下去二丈，有水沉在坑底，長二丈，寬八尺，但窄處只有二尺，形如琵琶一樣，下面陷得很深。左邊靠著峭壁，右邊隔著一段棧道，而外邊就是往下盤繞的深峽，不知這水為何能獨獨蓄積在這裡。從它的南邊又走了半里，而後登上山口下落處走了半里，左邊山崖便走到了盡頭，而右邊峽谷伸來環繞在它的前面。回頭望見左邊山崖的盡頭處，岩石成叢，山崖盤繞，很像花朵簇擁，而右邊山崖西界的大山，也像陡峭的屏障懸立在重重樹林之中，極其幽深奇異。從峽底又往東南走一里，這峽谷外邊東擁如同門戶。穿過門往南走出，稍稍轉向東下坡。走了半里，有水從東彎向西流，大樹橫架在水上，往南渡過，這是大橋。橋下的水就是右甸河的下游，往東流再向南轉，到這裡轉向西過橋，又繞過西邊的山崖往南流去，已成浩浩蕩蕩的水流。橋南沿水流的峽谷，都順流開墾成田地，三、四戶人家靠在橋南的東坡上，有供中途做飯的客館。這是右甸東面第二重要地，也是右甸東面第二重往東環繞再向南伸下的分支，和往東南延伸的大山脊右甸。相對形成峽谷，夾著溪流往南延伸。

從橋南立即登上東南的山坡上去，水從峽谷中直往南流去，路上坡往東南攀登。一口氣走上二里，登上嶺頭。向西眺望夾住溪流的山，稍南處有沖破峽谷從西面流來的水流，就是從水塘哨往西流下的水；在它南面夾住水流的一條支脈，也到此便是東面的盡頭，有寨子盤踞在山上；再往南的一條支脈，岩石嶙峋，獨自聳立，高出層層山巒之上，是杜偉山。這是右甸南面往東伸來的山脈的正脊，山脈從草房哨延伸到這裡，更加高高隆起，轉向正南伸去，而在東面夾著這條溪水。這山脊是往東南延伸的主脈，從雲州往南延伸，成為瀾滄江、怒江的分水脊，而後一直往下到交趾南部。所望見的地方，還在寨子盤踞的山頂的東北。從這裡再屈曲往南，沿著溪邊漸漸往上，又過了二里，便隔著溪水和寨子盤踞的山頂相對。再走二里，往南走下山坡，穿過山坳向東，看見它的東邊又陷落成小坑，路往下越過小坑。走了一里，再往南越過東邊山坡向西環繞的山坳。再走一里，有幾戶人家靠著東邊的山坡居住，在它的東邊又有一條溪水從東北流來，環繞住房所在的山坡流入西面的峽谷；西面峽谷中的水從北往南流下，和這條溪水夾流，在山坡南面匯合。這山坡住房很多，這是小橋，正西和杜偉山相對。遙望杜偉山從西北延伸過來，到這裡往南轉，它在西南像手臂從兩邊合抱的地方，都是灣甸州的轄境，水也都是往西南流；它北面的峽谷和寨子盤踞的山頂相夾往東伸出的地方，都是順寧府的轄境，水都往東南流。那麼這山真是這一地區的名山，而且成為順寧、灣甸東西分界的山。

在村民家中吃飯，大雨又來臨。過了很久才出發，從山坡向東下去，渡過北來的溪水，有小石橋架在溪上。所以說它小，是為了有別於大溪上的橋。再往東南上去，隔著溪水面對杜偉山向南走，向下俯視西面峽谷的底部，兩條水流會合，盤繞山壑往南流去。這山是右甸東面第三重往東環繞再向南延伸的分支，是錫鉛所在的山脈。往南走五里，有時穿過山嶺到左邊，望見山嶺東邊鄰近峽谷下陷成坑，遠處的山峰又往東環繞聳峙，又有山峰分出往南；穿過山嶺到右邊，見山嶺西邊鄰近峽谷，西面的溪水在峽底盤繞，杜偉山並列夾峙。這樣走了二里，就落下嶺南的山坡，有時盤繞山壑往西轉，有時登上山坳往東轉，時上時下，又走了五里，有兩、三戶人家在山坳中居住，這是兔威哨。從這裡再登上它的東坡，那麼東西兩邊的山壑都可以一起見到了。西邊的山壑直逼到西麓而且較長，以杜偉山作為西面的屏障；東邊的山壑遠遠盤繞東谷，下面樹木成叢雜亂，而仍見不到底。它的東北有山如一抹橫浮的雲，這是夾往江流瀾滄江。往東南延伸的山嶺；它的正東有往南環抱的分支，這是居中垂下成為順寧的山脈。從嶺上漸漸走下，有時往左，有時往右，嶺脊漸漸狹窄起來，走了四里，才望見東邊的山塢中有溪流，也在塢底曲折盤繞，和西邊的峽谷相似；而西界外圍的山，從杜偉山頂往南，山勢漸漸低伏，又繞向南，便轉向東繞到它的前面；東界外圍的山，則一直往南延伸，和轉向東繞到前面的山嶺聚攏。打聽東、西峽谷中的水，就在錫鉛的前面合流，而後往東南在聚攏對峙的峽谷中流去；打聽去順寧的路，則越過東界的山嶺走，有路翻越前山往南環繞山嶺的，是去猛峒的路，從獵昔、猛打渡江後可到興隆廠。到這裡從岡脊轉向東走，岡脊十分狹窄。再走了二里，西邊峽谷的溪水，直逼南面的山麓下，而東邊峽谷的溪水也在近處相夾，就像在一堵牆上走。再往東走二里，又往東南走下二里，到山坡盡頭，錫鉛的村落就靠在山坡上。這是右甸東面第三重向南延伸的分支的盡頭處。在它前面東、西兩條溪水交流會合，有溫泉在交會處的北岸，水淺，四周樹木環繞，沒有金雞村、永平那樣的房屋覆蓋，也沒有騰越、左所那樣的石盤，不過正當兩條水流交會之間，而獨有這處溫泉，也是一處奇觀了。

這天下午到這裡，馱物的馬匹到客店投宿，先找到一個挑夫，要價很貴，勉強答應了他，就往南走入公館，就是錫鉛驛。按過去的志書上寫作「習謙」，當地人說這裡出產錫和鐵，稱為「錫鉛」。回到店裡吃飯，急忙往南從公館旁邊到溫泉洗澡，傍晚返回睡下。

初六　早晨起身吃飯。挑夫來到，付了錢整理擔子上路，將一包飯加在擔子上，他就拋下擔子走了，便不能成行。我就到東溪散步，有大樹橫在溪上作為橋梁，就是去順寧的路。仍然往西走上公館，從它的西南走下西溪，這是去猛峒的路。有茅屋聚集在北邊的山岡上，這是錫鉛街子。打聽到有個挑夫，他要價也很貴，並且要明天才走，於是返回客店寫日記。

初七日　前棄擔去者復來，乃飯而同之行。從公館東向下，涉東溪獨木橋，遂東上坡。半里，平行坡上，或穿坳而南，或穿坳而北，南北皆深坑，而路中穿之。東去二里餘，沿南崖北轉，半里，穿西突之坳，半里，復東逾嶺而南，半里，又出南崖上。於是見南壑大開，壑中支條崩疊，木樹茸蘢❶，皆出其下，而錫鉛南山，其南又疊一支，紆而東南下，以開此壑。所陟山東自東大山分支，西突此岡，為錫鉛東鎖鑰，直西南逼湊南山，水下其中甚束，至此而始出東壑也。瞰南倚北，又二里，見岡北亦嵌為東西塢。聞水聲淙淙，余以為即西下錫鉛東溪者，而孰知從倚北之嶺已分脊，此塢且東南下矣。於是反倚坡北下，共半里而涉一橋，度塢中水，是為孟祐之西溪；其水南出前塢，與錫鉛之水合於孟祐之南，所謂孟祐河❷者也。澗之東，居廬疊出，有坡自北來懸其中，一里，東向躡其上，當坡而居者甚盛。又東轉，再盤一坡，共一里，又有居廬當坡，皆所謂孟祐村❸矣，此右甸東分支南下第四重之盡處也。於是又見一溪自東塢出，環塢而前，與西溪交盤南壑中。南壑平開，而南抵南山下。錫鉛之水，沿其北麓，又破峽東南去。東南開峽甚遙，而溪流曲折其間，直達雲州舊城焉。

由村東即循峽北入東塢，一里，東下，度峽中橋。其橋東西跨溪上，上覆以亭，橋內大水自東北透峽出，橋外小水自東南透峽出。過橋東向，緣西垂之嶺上，其上甚峻，曲折梯危，折而左則臨左峽，折而右則臨右峽，木蔭藤翳，連幄牽翠，高下虧蔽，左右疊換，屢屢不已。五里，漸平，則或沿左坡，或沿右坡，或陟中脊。脊甚狹，而左右下瞰者，亦與前無異也。又三里，則從坡右稍下，約一里，陟脊坳而東，又緣坡左上。一里，臨南坡之上，於是迴望孟祐、錫鉛諸山，層環疊繞，山外復見山焉。余初疑錫鉛西嶺頗伏，何以猛峒之道，不西由其坳而南陟其岑❹；又疑灣甸之界，既東以猛峒，而猛峒以北，杜偉山以南，其西又作何狀。至是而遙見西嶺，又有崇峰一重，臂抱於西。蓋枯柯東嶺老脊之南度者，一由瓦房哨東度脊西南下，其亙反高，夾永昌之流而南下哈思坳；坳之南，其脈猶未盡，故亦登、溫板、雞飛在此脊之西者，猶順寧屬；而其南即東與杜偉山自草房哨度脊者，如椅之交環其臂，其中皆叢沓之山，直下東南，而開峽底於猛峒西坳之伏處；其西正開峽之始，南降三十里，而後及猛峒焉。猛峒富庶，以其屬灣甸境也。此正西遙望之所及者。而正南則前夾之頂，至是平等，而猶不能瞰其外。正北則本坡自障之，正東即其過脈分支之處，第見南峽之猶自東北環來也。

又東上五里餘，坡脊遂中夾為槽。路由槽中行里餘，透槽東出，脊乃北轉，其下右壑盤沓如初，而左峽又墜南下之坑，故路隨脊北轉焉。又一里，脊東有峰中突，稍上有中火之館，西向倚峰而峙，顏曰「金馬雄關」，前有兩家，即所謂「塘報」❺也，鋪司鋪兵之類。賣腐以供旅人之飯云。既飯，由館左又東半里，轉而北透一坳，其西峰即中火之館所倚者，此其後過脈處，與東峰夾成坳。由其中北透半里，即東轉，挾過脈東峰之北東向下。半里，又臨北壑之上，旋入夾槽中，兩崖如剖，中嵌僅通三尺，而底甚平。槽上叢木交蔽，半里，有倒而橫跨其上者，連兩株，皆如從橋下行；又一里，其跨者巨而低，必傴伏而過焉。槽南闕處，猶時時見西墜之峽，最後又見槽北之峽，猶西墜也。共二里，稍東上，逾脊南轉，有架木為門踞嶺東者，為白沙鋪哨。此南度之脊也，乃右甸東分支南下之第五重。其脈獨長，挾西分四支而抱於內，又南度而東南行，與右甸南杜偉山之脊，西夾孟祐河而出於雲州舊城西；又與第六重沿瀾滄南岸之脊，東夾順寧河而出於雲州舊城東。從此南度，紆而西南，折而東南下，東突為順寧郡城，又東南而盡於雲州舊城焉。

由哨門南向稍下，輒聞水聲潺潺，從西南迸峽下，即東北墜坑去，而路從其南東向下，猶有夾槽墜其中。二里餘，出槽，東行岡脊上，於是見北壑之北，則瀾滄南岸之山，紆迴東抱；而南為老脊東之第六支，屏亙於順寧河之東，今謂之東山❻，即志所稱某山也。其脊南至雲州西南突者，盡於新城西；東北由茅家哨過脈而南者，盡於雲州舊城所合二水東下而入瀾滄處。南壑之南，則即此白沙脊南度東轉，為老脊東之第五支，屏亙於順寧城之西，今謂之西山❼，即志所稱某山也。兩山夾塢東南去，而順寧郡城踞其中西山下，西北盤東山之坳，為三臺山渡江大道；東南塢盡之隙，則雲州在焉。此一川大概也，而川中欹側，不若永昌騰越之平展云。

從岡平行二里，又稍下一里，前有一峰中道而突，穿其坳而上，約一里，有一、二家倚坡東，是為望城關❽，從東南壑中遂見郡城故也。從此又迤邐下坡，十里，抵坡下。東出大路，兩度小橋，上一坡，約二里，入郡城新城❾之北門。南過郡治前，稍轉東街，則市肆在焉。又南逾一坡，出南門，半里而入龍泉寺❿，寺門亦東向。其地名為舊城，而實無城也。時寺中開講甫完，僧俗擾擾，余入適當其齋，遂飽餐之而停擔於內。

【章　旨】本章記載了第四百二十天在順寧府的行跡。穿過山坳，望見南面的山壑十分開闊，所登的山為錫鉛東面的要地。越過孟祐河的上游，到孟祐村，這裡是右甸東面第四重向南延伸的分支。通過峽中的一座橋，上山的路很陡峻，綠樹成蔭，上下遮蔽。在山坡上遙望孟祐、錫鉛的群山，層疊環繞，山外有山，在這裡考察了枯柯東嶺往南延伸的主脊的分支走向。往前坡脊中間夾成槽道，經過一處匾額寫作「金馬雄關」的公館。飯後越過山脊到白沙鋪哨，是右甸東面第五重往南延伸的分支。又在這裡考察山勢，辨別順寧府城和雲州舊城所在的山脈。走出槽道，在岡脊上行走，考察這裡的山勢，主脊東面第六條支脈橫亙在順寧河東面稱為東山，主脊東面第五條支脈橫亙在順寧城西面稱為西山，順寧府城在西山下，雲州城在山塢盡頭處。再往前經過望城關，進入順寧府新城，到龍泉寺住下。

【注　釋】❶茸蘢　又作蘢茸，草木叢聚密集。❷孟祐河　右甸河往南流至孟祐以下，稱勐佑河，今名南橋河。流經雪山鎮轉向東北流，至雲縣東南合北橋河入瀾滄江。❸孟祐村　今名勐佑，在鳳慶西境。❹岑　小而高的山。❺塘報　緊急軍情報告，另外邸報也稱塘報。舊時驛站設有塘兵，沿途接替。❻東山　又名凰山。在鳳慶城東，與鳳山對峙，若相頡頏。❼西山　又名鳳山。在鳳慶城西。山脈從西北延伸過來，綿亙數百里，軒翔迴伏，宛如鳳凰。❽望城關　在鳳慶城西北十五里處，通往保山的大路上。❾郡城新城　明代設順寧府，治所在今鳳慶。順寧土府原為土城，萬曆年間改土歸流，知府余懋學依鳳山改築磚城，設四門，東名朝天，南名慶雲，西名永定，北名隆昌。閉不開。❿龍泉寺　在鳳慶城南一里。明天啟間建。原為土官猛氏園亭。清康熙間重修，內有十王殿、斗母宮，旁有龍泉，伏流而出，不盈不涸。

【語　譯】初七　昨天拋下擔子離開的挑夫又來了，就吃了飯和他一起走。從公館往東下去，通過東溪上的獨木橋，就往東上坡。走了半里，在山坡上平步行走，有時穿過山坳往南，有時穿過山坳往北，南北都是深坑，而路從中間穿行。往東走了二里多，沿著南邊的山崖往北轉，過了半里，穿過向西突起的山坳，又走了半里，再往東越過山嶺南去，再走了半里，又到南邊的山崖上。在這裡望見南面的山壑十分開闊，山壑中分出的條坡崩裂重疊，樹木叢聚密集，都出現在下面，而在錫鉛南山的南面，又疊起一條支脈，往東南曲而延伸，因此開出這座山壑。所登的山從東面的東大山分支，向西突成這座山岡，成為錫鉛東面的要地，一直往西南逼近南山，水流到裡面十分狹窄，到這裡才流出東面的山壑。靠著北邊俯視南面，又走了二里，望見山岡北邊也往下陷落成為東西向的山塢。聽到淙淙的水聲，我以為就是往西走下錫鉛東溪的路，哪裡知道從所靠北邊的山嶺起，山脊已經分開，而且這山塢往東南延伸下去了。到這裡反靠著山坡往北走下，共過了半里，通過一座橋，越過塢中的水，這是孟祐的西溪；這溪水往南流出前面的山塢，和錫鉛的水在孟祐的南面合流，就是所說的孟祐河了。澗水的東面，住房層疊出現，有山坡從北面伸來懸在塢中，走了一里，往東登上山坡，在山坡上居住的人家很多。又往東轉，再繞過一道山坡，共走了一里，又有住房在山坡上，都是所說的孟祐村了，這是右甸東面第四重往南延伸的分支的盡頭處。在這裡又看到一條溪水從東邊的山塢中流出，繞過山塢往前流，和西溪在南面的山壑中交流盤繞。南面的山壑平向展開，往南到達南山下。錫鉛的水，沿著南山的北麓，又沖破峽谷往東南流去。東南開出的峽谷十分遙遠，而溪水在其間曲折流過，直達雲州的舊城。

從村的東邊就沿著峽谷往北走入東塢，過了一里，往東下去，通過峽中的橋。這橋東西向跨在溪上，上面蓋著亭子，橋內的大水從東北穿過峽谷流出，橋外的小水從東南穿過峽谷流出。過橋向東，沿著西陲的山嶺往上走，上面的路十分陡峻，曲曲折折攀登懸崖，轉向左就對著左邊的峽谷，轉向右就對著右邊的峽谷，樹木成蔭，藤蔓密蔽，就像連接的幃幕，結成一片翠色，上下遮掩，左右重疊變換，接連不斷。過了五里，路漸漸平坦起來，便有時沿著左邊的山坡走，有時沿著右面的山坡走，有時登上中間的山脊。山脊十分狹窄，可向左右俯視，景象也和前面無異。又走了三里，就從山坡右面稍稍走下，大約過了一里，登上脊的坳地往東，又沿山坡往左上去。走了一里，面對南坡的上方，在這裡回頭望見孟祐、錫鉛的群山，層層疊疊環繞，山外又見有山了。我起先懷疑錫鉛西面的山嶺很低，為何去猛峒的路，不往西從那裡的山坳卻往南登上那座小山走？又懷疑灣甸州的邊界，既然東面以猛峒劃分，而猛峒以北，杜偉山以南，往西又出現什麼狀況。到這裡遠遠望見西邊的山嶺，又有一層高峰在西面如張開的手臂圍抱。大概枯柯東嶺往南延伸的主脊，一條從瓦房哨東面往西南延伸的山脊，它綿延的山勢反而高，夾住永昌的水流往南伸下哈思坳；到哈思坳的南邊這山脈還沒盡頭，所以亦登、溫板、雞飛在這條山脊以西的地方，仍然屬於順寧府；而它的南面就和東面的杜偉山從草房哨延伸的山脊，像椅子的扶手那樣交加環抱，其間都是成叢雜亂的山，直往下延伸到東南方，而在猛峒西面山坳的低伏處開出峽谷的底部；它的西面正是開始開出峽谷的地方，往南降下三十里，而後到達猛峒。猛峒富庶，因為它屬灣甸州的地界。這是向正西遙望所能見到的。而正南則在前面相夾的山頂，到這裡同樣高度，還不能俯視它的外面。正北則被這座山坡自身擋住，正東就是延伸過來的山脊分支的地方，只能看到南面的峽谷仍然從東北環繞過來。

再往東走上五里多，坡脊就在中間夾成槽道。路從槽道中走了一里多，往東穿出槽道，山脊便向北轉，山下右邊的山壑像原先那樣盤繞雜亂，而左邊的峽谷又往南下陷成深坑，所以路隨著山脊往北轉。再走了一里，山脊東面有山峰從中突起，稍稍往上，有供途中做飯的公館，朝西靠著山峰峙立，匾額為「金馬雄關」，前面有兩戶人家，就是所說的「塘報」了，驛站機構、驛站駐兵之類。賣豆腐供旅客吃飯。飯後，從公館左邊再往東走半里，轉向北穿過一個山坳，它西邊的山峰就是做飯的公館所靠處，這裡是它後面山脈伸過的地方，和東邊的山峰夾成山坳。從這兩座山峰的中間往北穿越半里，就向東轉，緊貼著伸過的山脈東峰的北面往東下去。走了半里，又到了北面的山壑上方，隨即走進相夾的槽道中，兩旁山崖如同劈成，中間嵌著只有三尺寬的通道，但底部很是平坦。槽道上樹木叢生交相遮蔽，走了半里，有倒臥橫跨在槽上的樹，接連兩棵，都像是從橋下走過；又走了一里，那橫跨在槽上的樹又大又低，必須彎腰曲背伏下才能過去。槽道南面的缺口處，還能時時望見往西落下的峽谷，最後又見槽道北面的峽谷，仍然往西落下。共走了二里，稍稍往東上去，越過山脊往南轉，有用樹木架成門盤踞在山嶺東面的地方，是白沙鋪哨。這是往南延伸的山脊，是右甸東面第五重往南延伸的支脈。唯獨這山脈最長，貼著往西分出的第四重支脈而在裡面環抱，又往南延伸再向東南去，和右甸南面杜偉山的山脊，在西面夾著孟祐河到雲州舊城西邊伸出；又和第六重沿瀾滄江南岸延伸的山脊，在東面夾著順寧河到雲州舊城東邊伸出，從這裡往南延伸，繞向西南，轉向東南伸下，往東突起成為順寧府城所在的山脈，再往東南到雲州舊城為止。

從哨門往南稍稍走下，就聽到潺潺的水聲，從西南的峽谷迸湧流下，就往東北落下坑谷流去，而路從它的南邊往東下去，仍然有相夾的槽道陷在中間。過了二里多，走出槽道，往東在岡脊上行走，在這裡望見北邊山壑的北面，便是瀾滄江南岸的山，繞到東面環抱；而南面為主脊東面的第六條支脈，在順寧河東面橫亙，如同屏障，如今稱它為東山，就是志書上所稱的某山了。這道山脊往南延伸到雲州西南突起的山脈，在新城西邊為止；從東北茅家哨往南延伸的山脈，在雲州舊城兩條水會合後往東流下注入瀾滄江的地方為止。南邊山壑的南面，便是這條白沙脊往南延伸再向東轉，成為主脊東面的第五條支脈，在順寧府城的西面橫亙，如同屏障，如今稱它為西山，就是志書上所稱的某山了。兩山夾著山塢往東南伸去，而順寧府城座落在其中的西山下，往西北盤繞東山的山坳，是去三臺山渡江的大道；東南山塢盡頭的裂口處，便是雲州的所在地了。這是這一帶平野的大致情況，但平野中有傾斜不平之處，不像永昌、騰越的平展。

從山岡上平步行走二里，又稍稍走下一里，前面有一座山峰在道路中間突起，穿過它的坳地往上，約走了一里，有一、兩戶人家靠在山坡東面，這是望城關，因為從東南的山壑中便能望見府城的緣故。從這裡又曲折不斷地下坡，走了十里，到山坡下。向東走上大路，兩次通過小橋，登上一道山坡，大約走了二里，進入府城新城的北門。往南經過府衙門前，稍稍轉到東街，街市店鋪便在這裡。又往南越過一道山坡，走出南門，過了半里，進入龍泉寺。寺門也朝東。這裡名舊城，而實際上沒有城。這時寺中開堂講經剛結束，僧侶俗人十分混亂，我進入寺時恰巧趕上寺中施齋，就飽餐一頓，而把擔子停放在寺內。

初八日　晨起，從殿後靜室往叩講師，當其止靜❶，未晤而出。余時欲趨雲州，雲州有路可達蒙化。念從此而往，則雇夫尚艱，不若仍返順寧，可省兩日負載。乃以行李寄住持師達周，以輕囊同僕行。達師留候飯。上午乃出寺前，東隨小溪下川中，一里，渡亭橋，循東界山麓南行。三里，稍上一西突之坡，村廬夾道，有普光寺傍東山西向。又東南半里，下涉一小澗，仍南上坡，居廬不絕。已而其山東夾而入，又有小水自東壑來，渡之。又東南逾一坡，共五里，則大溪❷之水，自西而東折，有亭橋名歸化❸。跨之，其水湯湯大矣。由橋南里餘，漸西南上東突之坡。上一里，村廬夾道。倚西山東向，有長窰高倚西坡，東下而西上，是為瓦罐窰。由其南再越東突之脊，一里餘，東南下東出之峽。一里，又東南上，循西界山麓南行。再下再上，五里，有一、二家倚東突之坡，坡間有小池一方，是為鴨子塘。又東南五里，岡頭有村，倚西岡東向，是為象莊，此未改流時土酋猛廷瑞❹畜象之所也。由其南稍折而下，一里，渡一澗。其澗懸岡東下，其西山環峽復東。南上二里，逾其東突之崗，盤之而西南下。二里，抵西坳下，折而循南岡東上，盤嘴而南。六里，有坊倚路左，其上有村曰安樂村。又東南四里，稍下，有村倚西坡東向，是為鹿塘❺。自歸化橋渡溪右，循西界山行，其南支峰東突，溪流盤峽中，至鹿塘。其下壑稍盤而開，田塍益盛，村廬之踞東西兩山者甚繁，而西坡之鹿塘尤為最云。時日纔下午，前無宿店，遂止邸樓作記。

【章旨】本章記載了第四百二十一天在順寧府的行跡。和顧僕輕裝去雲州，看到普光寺靠在東山上。通過歸化橋，橋下的溪水很大。又經過瓦罐窰、過去土酋猛廷瑞養象的象莊、安樂村，到鹿塘留宿。

【注釋】❶止靜　止，止寂，佛教名詞，「禪定」的另一稱謂。靜，入靜，即禪家入定。❷大溪　即順寧河，今名鳳慶河。

源出鳳慶北境，流經城東匯入勐佑河。❸歸化　歸化橋，在鳳慶城南十五里處。❹猛廷瑞　見〈滇遊日記八〉三月二十八日記注。❺鹿塘　今名洛黨，在鳳慶至雲縣的路中。

【語　譯】初八　早晨起身，從殿後的靜室去叩見講經的法師，正遇上他坐禪入定，未見面便走出來。我這時想去雲州，雲州有路可通往蒙化。考慮從那裡走，雇用挑夫還是很難，不如仍舊返回順寧，可省下兩天的挑擔錢。便將行李寄放在住持法師達周處，同僕人輕裝上路。達周法師留我等吃了飯走。上午才走出寺前，往東隨小溪走下平野中，過了一里，渡過一座亭橋，沿東界的山麓往南走。過了三里，稍稍登上一道向西突起的山坡，路兩邊是村莊的住房，有普光寺朝西靠著東山。再向東南走半里，往下渡過一條小澗水，仍然往南登上山坡，住房接連不斷。隨後這山往東夾立伸入，又有小水從東邊的山壑流來，渡過這小水。再往東南越過一道山坡，共走了五里，只見大溪的水從西轉向東，有座亭橋名歸化。架在溪上。過橋，溪水已浩浩蕩蕩了。從橋南走一里多，漸漸往西南登上向東突起的山坡。往上走一里，有村莊的住房在路兩旁。靠著西山往東，有長長的窰洞高高靠在西邊的山坡上，從東邊走下而後從西邊上去，這是瓦罐窰。從它的南面再越過向東突起的山脊，走了一里多，往東南走下向東伸出的峽谷。過了一里，又往東南攀登，沿著西界的山麓往南走。兩下兩上走了五里，有一兩戶人家靠著向東突起的山坡，坡間有方小池，這是鴨子塘。再往東南走五里，岡頭有個村莊，朝東靠著西邊的山岡，就是象莊，這是未改設流官時土酋猛廷瑞養象的地方。從它的南邊稍稍往下轉，走了一里，渡過一條澗水。這澗水懸掛在山岡上往東流下，西山繞成峽谷，再往東伸展。往南走上二里，越過向東突起的山岡，繞著它往西南下去。走了二里，到達西邊的山坳下。轉而沿著南邊的山岡往東上去，繞過山口往南。走了六里，有牌坊靠在路的左邊，上面有村名叫安樂村。再往東南走四里，稍稍往下，有村莊朝東靠著西邊的山坡，這是鹿塘。從歸化橋渡過溪水到右岸，沿西界的山走，山南的支峰向東突出，溪流在峽谷中盤繞，到達鹿塘。下面的山壑稍稍盤繞而開闊，田地更多，村莊房舍座落在東西兩邊的山上很多，而西邊山坡上的鹿塘尤為最大。這時天色才到下午，因前面沒有住宿的旅店，就留在客店樓中寫日記。

初九日　平明，飯而行。仍循西界山南行，八里，西界山忽橫突而東，大溪乃東北折入峽，有小溪自西南山腋來合。乃捨大溪，溯小溪南，半里，東度小溪石橋。又南半里，有村三、四家倚南山東坳。由南山躡西坳而上，一里，南逾東突之脊，有茅屋三楹踞脊間，是為把邊關❶，有兩、三家傍之居，即西山之東突者，而溪流則繞其東峽而南焉。由關南下峽中，半里，透峽，仍循西山行，復東見溪流自其東破峽南出。又下一里，溪流西南來，路東南臨其上，兩盤西灣之峽，又稍上，共一里，有村踞路右岡上。又南一里，稍下，再盤西灣，南逾小石東行之脊，遂東南行坡塍間。一里餘，又稍上東突之坡，東南盤其嘴。一里餘，路分兩岐：一東南下峽者，為渡溪往新城道；一西南循嶺者，為翁溪往舊城道。蓋新城道由溪東峽中行，舊城道由溪西崖半行也。時峽中溪橋，已為水漲沖去，須由翁溪涉溪而渡，而水急難涉，不若由舊城東北度橋，迂道至新城，雖繞路十里，而免徒涉之艱焉。時聞楊州尊已入簾❷去，閃知愿書亦不必投，正可從舊城兼收之。

乃由溪西西南循山行，復入坡塍，一里，東南上東突之坡。又南二里，有村倚西山嶺上，是為翁溪村。村之南，西界山又環而東突，東界山亦折而東向去，中開東西塢，大溪東盤塢底，平疇夾之，翁溪之村，正東向而下臨塢中。有路下涉塢中者，即渡溪往新城道也；由村南循南山東轉者，即舊城道也。乃循山東行一里，復東南緣坡上，北瞰塢中溪，南逼坡足，瀠而東流。路躡坡上，甚峻，二里，東登嶺頭，乃轉南行，塢亦隨之，南向破峽出。路南行西坡，一里，大溪紆東南去，路乃南下坡。二里，有數家分廬塢中，是為順德堡。堡南有山，自西界橫度而東突，大溪紆之。路南由其度脊處穿坳而過，半里，抵坳南，輒分峽下。又一里，有峽自南來。蓋西大山由坳西直南去，南抵舊城之後，其東餘支，又北轉如掉尾，而中夾為塢，其來頗深，有村廬倚西坡上，二峽合於前，遂東向成流墜峽下。路亦挾北坡東下，隨之半里，度峽中小橋，其南則掉尾之支，又橫度東突，路復南向其度脊處，穿坳而上。一里餘，逾嶺坳南下，有村在南塢，大溪自馬鞍山西，盤西界東突之嘴，循東山南行塢東，路循西麓南行塢西。二里，西界山之南，復一支橫障而東，又有數家倚南山，廬間曲路隨山東轉，溪亦隨塢東折。一里餘，盤其東突之嘴，大溪亦直搗其下，路與水俱抱之而南。南壑頗開，廬塍交錯，黍禾茂盛，半秀半熟，間有刈者。壑中諸廬，函宗❸地名。最大，倚西山而居壑中，一里餘，及之，由其前東南行塍間，一里餘，南從大溪西岸行。二里餘，東西兩界餘支交環於前，而西支迴突為尤甚，既東向環而至，中復起一小尖，若當門之標，水由其東裂塹出，路由其西逾坳上。是為順寧、雲州分界。

越脊南下，則其南壑又大開，坡流雜沓於其間。而遠山旁午，或斜疊於南，則西大脊自錫鉛南盤繞而東者，或夭矯於東，則東界分支沿瀾滄西岸，度茅家哨而南盡於順江小水者。此其外繞之崇峰也。而近山則塢北西山之脈，至此南盡於西，為舊城，東山之脈，至此南盡於東，為新城；塢西則西大脊之中，一峰從灣中東突，直臨舊城之西；塢南則西大脊東轉之支，又從南大脊之北，先夾一支為近案；塢東則東界沿江之支，又從東西轉，直抱於新城之前為龍砂。此其內逼之迴巒也。然猶近不見壑中諸水，而祇見舊城廬落即在南岡，一里，及之，亦數百家之聚也。

飯於舊城，乃東向下坡。半里，有大道沿坡西南去者，與隆廠道也；東北去者，新城道也。於是東北行田塍間，半里，有新牆一圍，中建觀音閣，甚整，而功未就，然規模雄麗，亦此中所未覩也。其處當壑之中兩水交會處，目界四達。於是始見孟祐河即繞其東，順寧河即出其北，遂共會於東北焉。於是西向遙望，有特出而臨於西者，即大脊灣中東突之峰；其北開一隙，自西北來者，孟祐河所從出也；其南紆一隙向西南峽者，與隆廠所從逾也。有中界而垂於東者，即沿江渡茅家哨西環之支；其北開一隙，直上而夾茅家哨者，新城所託之塢也；其南迸一隙，東疊而注於順江小水者，諸流所匯之口也。

小憩閣中，日色正午，涼風悠然，僧瀹茗為供。已出闈牆北，則順寧之水正出當門之塹。循北崖東轉，架亭橋其上，名曰砥柱。其水出橋東，繞觀音閣後，則孟祐河自西南來，合之東去，入水口峽❹者也。度橋即東北上坡，是坡即順寧東山之支，自瀾滄西岸迤邐而來，其東南直下者，過茅家哨，此其西南分支者，至此將盡，結為馬鞍山；東下之脈為新城，而此其東南盡處也。登坡里餘，下瞰二流既合，盤曲壑底，如玉龍曲折。其北又有一坡東下，即新、舊兩城中界之砂，夾水而逼於南山者。稍下而上，里餘，又越其脊，始望見新城❺在北峽之口，倚西山東下之脈。又三里，稍下，越一小橋，又半里，抵城之東南角。循城北行，又半里，入雲州東門。州中寥寥，州署東向，祇一街當其前，南北相達而已。至時日纔過午，遂止州治南逆旅。

雲州即古之大侯州也。昔為土知州，俸姓，萬曆間俸貞以從逆誅❻，遂并順寧，設流官，即以此州屬之。州治前額標「欽命雲州」四字，想經御定而名之也。

今順寧猛廷瑞後已絕，而俸氏之後，猶有奉祀子孫，歲給八十五金之餼焉。

雲州疆界：北至順寧界止數里；東北至滄江渡八十里，為蒙化界；西南逾猛打江⑦二百三十里，為耿馬⑧界；東至順江小水一百五十里，為景東⑨界；東南至夾裏滄江渡二百里，亦景東界。

余初意雲州晤楊州尊，即東南窮瀾滄下流，以《一統志》言瀾滄從景東西南下車里，而於元江府臨安河下元江，又注謂出自禮社江，由白崖城合瀾滄而南。余原疑瀾滄不與禮社合，與禮社合者，乃馬龍江及源自祿豐者，但無明證瀾滄之直南而不東者，故欲由此窮之⑩。前過舊城遇一跛者，其言獨歷歷有據，曰：「潞江在此地西三百餘里，為雲州西界，南由耿馬而去，為渣里江⑪，不東曲而合瀾滄也。瀾滄江在此地東百五十里，為雲州東界，南由威遠州而去，為撾龍江⑫，不東曲而合元江也。」於是始知撾龍之名，始知東合之說為妄。又詢之新城居人，雖土著不能悉，間有江右、四川向走外地者，其言與之合，乃釋然無疑，遂無復南窮之意，而此來雖不遇楊，亦不虛度也。

【章旨】本章記載了第四百二十二天在順寧府的行跡。黎明出發，經過把邊關，沿著西山走。因峽谷中的橋被上漲的溪水沖走，決定先去雲州舊城，再繞道去新城，兼遊兩地的景觀。繼續翻山越嶺，穿塢過橋，沿大溪往前，經過翁溪村、順德堡，到一處開闊的山塹，塹中莊稼茂盛，村落以函宗最大。越過作為順寧府和雲州分界的山坳，往前考察了在外圍環繞的高峰，向內逼近環繞的山巒，到雲州舊城吃飯。飯後在田間行走，途中看到還未完工的觀音閣，規模雄麗，在這一帶從未見過。這裡正當兩條水的交會處，可放眼遠望四方，於是考察了四面的山勢水文狀況。接著來到砥柱橋，看到橋下的順寧河和孟祐河會合後往東流去。過橋登上順寧東山支脈的山坡，俯視兩條水合流後在山塹底部盤繞，就像曲折的玉龍。再經過作為新、舊兩城中間分界的山，走進雲州城東門。城內很荒涼，就在旅店住宿。因為懷疑《一統志》的記載有誤，原先打算到這裡後就往東南去窮究瀾滄江的下游，在這裡遇見一個跛子，說怒江不彎向東和瀾滄江會合，瀾滄江也不彎向東和元江會合。因他說得明明白白，有根有據，便打消了往南窮究的想法。

【注　釋】❶把邊關　在鳳慶城南五十里處，通往雲州的大路上。這裡兩山夾谷，中間開出一條通道，古時為一府扼吭之地。❷入簾　明、清科舉制度，鄉試、會試時有內簾、外簾之分，統稱簾官。內簾在至公堂後，有門，加簾以隔之。內簾為主考或總裁及同考官所居，掌閱卷，並有內提調、監試、收掌等官，以管理試卷等事。外簾為監臨、外提調、監試、收掌、謄錄等官所居，以管理考場事務。考試期間，簾官都不得外出，故稱入簾。❸函宗　在鳳慶東南隅。❹水口峽　在雲縣東隅，勐佑河東流至此入瀾滄江。❺新城　明代雲州隸順寧府，治所在今雲縣。雲州土州原無城，萬曆間改土歸流，知府劉秉爚始築磚城，設四門，東名震生，南名嚮明，北名承恩，唯西門無名也無樓，永閉不開。❻萬曆間俸貞以從逆誅　據《明史・雲南土司傳》，萬曆間，巡撫陳用賓誣奏順寧土知府猛廷瑞與其婿大侯土司頭目俸學反叛，猛廷瑞斬俸學首獻上以求自解。俸學子俸先與其族爭殺抗命。次年被討平，改大侯為雲州，設流官。❼猛打江　今名南定河，源出臨滄，流經耿馬入緬甸匯入薩爾溫江。❽耿馬　萬曆十三年（一五八五），析孟定地置耿馬安撫司，即今耿馬。❾景東　見〈滇遊日記八〉三月二十八日日記注。❿以一統志言瀾滄九句　參見〈滇遊日記八〉三月二十八日日記。⓫渣里江　又作喳哩江，怒江流入緬甸，在木邦以東，鎮康至孟連以西的一段，稱渣里江，今名薩爾溫江。⓬撾龍江　又名九龍江。西雙版納傣族稱瀾滄江為九龍江。

【語　譯】初九　黎明，吃了飯出發。仍然沿西界的山往南走，過了八里，西界的山忽然向東橫突，大溪便往東北轉入峽谷，有小溪從西南的山腋流來會合。於是離開大溪，沿小溪往南上行，走了半里，往東通過小溪上的石橋，再往南走半里，有個三、四戶人家的村莊靠著南山東邊的山坳。從南山登上西邊的山坳往上走，過了一里，往南越過向東突起的山脊，有三間茅屋座落在山脊上，這是把邊關，有兩、三戶人家靠著關口居住，就是西山向東突起的山脊，而溪水則繞到它東邊的峽谷往南流。從關南走下峽谷中，過了半里，穿出峽谷，仍然沿著西山走，再次望見東面的溪水從它的東邊沖破峽谷往南流出。再走下一里，溪水從西南流來，路往東南來到溪邊。兩次繞過向西彎曲的峽谷，再稍稍往上，共走了一里，有村莊座落在路的右邊山岡上。再往南走一里，稍稍往下，再繞過西邊的山灣，往南越過小石山往東延伸的山脊，便往東南在山坡的田間行走。過了一里多，又稍稍登上向東突起的山坡，往東南繞過山口。走了一里多，路分成兩條岔道：一條往東南走下峽谷的，是渡過溪水前往新城的路；一條往西南沿著山嶺走的，是從翁溪前往舊城的路。原來去新城的路從溪水東邊的峽谷中走，去舊城的路從溪水西邊的山崖半腰上走。這時峽谷中溪上的橋，已被上漲的水流沖走，必須從翁溪涉水過去，但水急難渡，不如從舊城的東北過橋，繞道到新城，雖然繞了十里路，但免去了徒步渡水的艱難。這時聽說楊知州去任簾官，閔知愿的信也不必投遞了，正可從舊城走兼遊兩地的景觀。

於是從溪水的西邊沿山往西南走，再次進入山坡的田地，走了一里，往東南登上向東突起的山坡。又往南走二里，有村莊靠在西山的山嶺上，這是翁溪村。村莊的南面，西界的山又環繞向東突起，東界的山也轉向東延伸，中間開出東西向的山塢，大溪向東在塢底盤繞，兩邊都是平坦的田野。翁溪村正朝東對著下面的山塢。有條往下到山塢中的路，就是渡過溪水前往新城的路了；從村南沿南山向東轉的，就是去舊城的路了。於是沿著山往東走一里，再往東南沿山坡上去，俯視北邊山塢中的溪水，往南逼近坡腳，往東瀠迴流去。路登上山坡往上，十分陡峻，走了二里，向東登上嶺頭，便轉向南走，山塢也隨著伸展，向南破峽谷而出。路往南在西邊的山坡上行走，過了一里，大溪彎向東南流去，路就往南下坡。走了二里，有幾戶人家散布在山塢中，這是順德堡。堡南有山，從西界橫向延伸往東突起，大溪繞過這山。路往南從山脊延伸處穿過山坳，走了半里，到達山坳南邊，就分出峽谷伸下。再走了一里，有峽谷自南面伸來。原來西面的大山從山坳西邊直往南延伸，往南直到舊城的後面，它東面餘下的支脈，又像掉轉尾部向北轉，而中間夾成山塢，從很遠處延伸過來，有村莊的住房靠在西邊的山坡上，兩條峽谷在前面會合，便向東形成溪流落下峽谷。路也貼著北邊的山坡往東下去，隨山坡走半里，通過峽谷中的小橋，橋南便是尾部掉轉的支脈，又橫向延伸往東突起，路再向南到山脊延伸處，穿過山坳往上。走了一里多，越過嶺坳往南下去，有村莊在南面的山塢，大溪從馬鞍山西面，繞過西界向東突起的山口，沿著東山往南在山塢東面流，路沿著西麓往南在山塢西面走。過了二里，西界山的南面，又有一條支脈橫擋著往東延伸，又有幾戶人家靠著南山，住房間彎曲的路隨山勢往東轉，溪水也隨山塢往東轉。走了一里多，繞過它向東突起的山口，大溪也直沖到山口下，路和水流都環抱著山口往南。南面的山壑十分開闊，房屋田地交錯，莊稼茂盛，一半開花，一半已經成熟，偶爾有收割的人。山壑中的各處住房，以函宗地名。最大，靠著西山居住在山壑中。走了一里多，到那裡，從它的前面往東南在田間行走，又過一里多，往南從大溪的西岸走。又過了二里多，東西兩界餘下的支脈交相環繞在前方，而西邊的支脈迴繞突起更加厲害，向東環繞到這裡後，中間又聳起一個小山尖，就像在門前的標杆，水從它東邊裂開的溝中流出，路從它西邊越過山坳向上，這裡是順寧府、雲州的分界地方。

越過山脊往南走下，只見山脊南面又開出大山壑，山坡上的水在裡面雜亂流淌。而遠山紛繁交錯，有的在南面斜疊，是西部的大山脊從錫鉛南面向東盤繞的山；有的在東面盤曲，是東界山的分支沿著瀾滄江西岸，延伸經過茅家哨往南到順江小水處為止的山。這是在外圍環繞的高峰。至於附近的山，則山塢北面西山的山脈，往南到這裡在西邊的盡頭處，成為雲州舊城；東山的山脈，往南到這裡在東邊的盡頭處，成為雲州新城；山塢西面則西界大山脊的中段，有一座山峰從山灣中向東突起，一直延伸到舊城的西邊；山塢南面則西界大山脊向東轉的支脈，又從南部大山脊的北面，先夾一條支脈成為近處的案山；山塢東面則東界沿江的支脈，又從東向西轉，一直到新城的前面環抱成為龍砂。這是向內逼近迴繞的山巒。但仍看不見近處山壑中的各條水流，而只見舊城的房屋就在南邊的山岡上，走了一里，到那裡，也是一處有幾百戶人家的聚落。

在舊城吃飯，於是往東下坡。走了半里，有條大路沿山坡往西南的，是去興隆廠的路；往東北的，是去新城的路。從這裡往東北在田間行走，過了半里，有一道新築的圍牆，裡面建有觀音閣，十分整齊，但還沒完工，不過規模雄偉壯麗，也是這一帶所未曾見過的。這裡正當山壑中央兩條水流交會處，可以放眼遠望四方。在這裡才望見孟祐河就在它的東邊環繞，順寧河就從它的北邊流出，便一起在東北會合。在這裡向西遙望，有特別高聳而對著西面的山，就是從大脊灣中向東突起的山峰；在它北面開出一個缺口，從西北過來的，是孟祐河所從流出的地方；在它南面有一個缺口彎向西南峽谷的，是去興隆廠所越過的地方。有隔在中間而下垂到東面的山，就是沿江越過茅家哨向西環繞的支脈；在它北面又開出一個缺口，直往上延伸而夾著茅家哨的地方，是新城所在的山塢；在它南面裂開一個缺口，東面層層疊疊而水注入順江小水的地方，是各條水流匯合的水口。

在閣中稍作休息，看天色正是中午，對著涼風，悠閒自得，僧人烹茶敬客。隨即從圍牆北邊走出，只見順寧河水，正流過門前的溝中。沿著北邊的山崖往東轉，有亭橋架在河上，名叫「砥柱」。這水從橋東流出，繞到觀音閣的後面，就有孟祐河從西南流來，會合後向東流去，到水口峽注入大江。過橋後就往東北上坡，這山坡就是順寧東山的支脈，從瀾滄江西岸曲折延伸過來，它往東南一直伸下的，越過茅家哨，這是它往西南延伸的分支，到這裡即將要盡頭，盤結為馬鞍山；往東延伸的山脈為新城所在處，而這裡是它東南的盡頭處。登上山坡走了一里多，向下俯視兩條水流會合後，在山壑底部盤繞，就像曲折的玉龍。在它北邊又有一道山坡往東伸下，就是隔在新、舊兩城中間的龍砂、虎砂，夾著河水逼近南山。稍稍下去後又往上走，過了一里多，又越過山脊，才望見新城在北面峽谷的出口處，靠著西山往東延伸的山脈。走了三里，稍稍往下，通過一座小橋，再走了半里，到達城的東南角。沿著城牆往北走，又過了半里，進入雲州城東門。城中很荒涼，州衙門向東，只有一條街在衙門前，南北相通罷了。到這裡時才過中午，就在州衙門南面的旅店住宿。

雲州就是古代的大侯州。從前是土州，知州姓俸，萬曆年間俸貞因為跟隨叛亂被殺，就連同順寧府，設置流官，便將這州隸屬順寧。州衙前的匾額標明「欽命雲州」四字，想來是經皇帝親自決定而命名的。如今順寧府猛廷瑞已經絕後，而俸氏的後代，還有供奉祭祀的子孫，每年給予八十五兩銀子。

雲州的疆界：北邊到順寧府界只有幾里；東北到瀾滄江渡口有八十里，是和蒙化府的分界；西南越過猛打江有二百三十里，是和耿馬安撫司的分界；東面到順江小水有一百五十里，是和景東府的分界；東南到夾裏瀾滄江渡口有二百里，也是和景東府的分界。

我起先想在雲州會晤楊知州後，就往東南去窮究瀾滄江的下游，因為《一統志》說瀾滄江從景東往西南流下車里，而後在元江府臨安河流下元江，又在注釋中說，出自禮社江，從白崖城會合瀾滄江往南流。我原來懷疑瀾滄江不和禮社江合流，和禮社江合流的，是馬龍江及源出祿豐的江水，但沒有瀾滄江一直往南流而不向東流的證明，所以想從這裡去窮究它的源流。先前路過舊城時遇見一個跛子，唯獨他的話明明白白有根有據，說：「怒江在這裡西面三百多里處，是雲州的西界，往南從耿馬過去，稱為渣里江，不彎向東和瀾滄江會合。瀾滄江在這裡東面一百五十里處，是雲州的東界，往南從威遠州過去，稱為撾龍江，不彎向東和元江會合。」到這時才知道撾龍江的名稱，才知道往東合流的說法是荒謬的。又向新城的居民打聽，即使當地人也不能詳悉，偶爾有一向走外地的江西人、四川人，他們說的和那跛子的話相合，這才釋然無疑，就不再有往南窮究的想法，而這次前來雖沒有遇上楊知州，也不算白走了。

初十日　平明，起飯。出南門，度一小坑橋，即西南循西山坡而行。二里餘，漸折而沿其南坑之崖西向上。二里餘，南盤崖嘴。此嘴東北起為峰頂，分兩丫，即所謂馬鞍山❶也；東南下為條岡，直扼舊城溪而東逼東山，界兩城之間，為舊城龍砂，新城虎砂者也。此乃順寧東山之脈，由三溝水西嶺過脊南下而盡於此者。由此循峰西向北上，又二里，始平行峰西。一里，出馬鞍峰後，為馬鞍嶺。有寺倚峰北向，前有室三楹當嶺頭，為茶房。從嶺脊西向峻下，二里始平，又半里及山麓。有澗自東北小峽來，西注順寧河，此已為順寧屬矣。蓋雲州北界，新城以馬鞍山，舊城以函宗南小尖東水之坳，其相距甚近也。

渡澗北上坡，盤北山西麓行。四里，東西崖突夾，順寧溪搗其中出，路逾其東崖而入。又北一里，其坡西懸塢中，是為花地。其坡正與翁溪村東西遙對，中墜為平塢，則田塍與溪流交絡焉。乃西北下坡，半里及塢，又有澗自東北小峽來，西注順寧溪。路從溪北西向行塢中，三里餘，將逼翁溪村之麓，大溪自北峽出，漱西麓而界之。當從此涉溪上翁溪村，出來時道，見溪東有路隨北峽入，遂從之。又里餘，路漸荒。又里餘，墜崖而下及於溪，即斷橋處也。新城之道，實出於此，不由翁溪，從東崖墜流間架橋以渡；自橋為水汩，乃取道翁溪，以溪流平塢間，可揭而涉也。臨溪波湧不得渡，乃復南還，三里，西渡翁溪。然溪闊而流漲，雖當平處，勢猶懸激，抵其中流，波及小腹，足不能定，每一移趾，輒幾隨波盪去。半晌，乃及西岸，復由田塍間上坡。一里，西抵村下大路，乃轉而北，即來時道也。循西山躡坡而下，三里，有岐自峽中來合，即斷橋舊境矣。於是隨大路又六里，過把邊關，瀹湯而飯。下坳東北一里餘，渡小橋，又一里，復與大溪遇，溯其西崖，北十里而至鹿塘。時繞過午，以暑氣逼人，遂停舊主人樓作記。

【章旨】本章記載了第四百二十三天在順寧府的行跡。走出城南門，繞過一處崖口，東北有馬鞍山，東南有舊城的龍砂、新城的虎砂。經過茶房，進入順寧府地界。登上山坡，看到順寧溪從山崖中沖出。往前走到溪邊斷橋，因溪水洶湧，便返回渡翁溪。走到溪流中間，水深淹到小腹，險些被水沖走。好不容易到達西岸，到來時的路上，經過把邊關，到鹿塘留宿。

【注釋】❶馬鞍山　又名文筆峰、旗山。起自萬峰山，如旗搖曳而下，雙峰突起，聳峙於雲縣城西南。

【語譯】初十　黎明起身吃飯。走出南門，通過一座架在小坑上的橋，就往西南沿著西邊的山坡走。過了二里多，漸漸轉去沿著它南面坑谷的山崖往西上去。走了二里多，往南繞過崖口，這崖口往東北突起成為峰頂，分叉兩支，就是所謂的馬鞍山；往東南垂下成為長條的山岡，直扼舊城的溪流而往東逼近東山，隔在兩城的中間，成為舊城的龍砂、新城的虎砂。這是順寧東山的山脈，從三溝水西嶺伸過的山脊往南延伸到這裡為止。從這裡沿著山峰的西面往北上去，再走了二里，才在山峰西面平步行走。過了一里，到馬鞍山的後面，為馬鞍嶺。有寺朝北靠著山峰，前面有三間住房在嶺頭，為茶房。從嶺脊往西在陡峻的山路上往下走，過了二里才平坦起來，再走了半里到達山麓，有澗水從東北的小峽谷流來，往西注入順寧河，這裡已是順寧府的屬地了。原來雲州的北界，新城以馬鞍山，舊城以函宗南面小尖山東攏水流的山坳劃分，其間相隔很近。

渡過澗水往北上坡，繞著北山的西麓走。過了四里，東西兩邊的山崖突立相夾，順寧溪從中沖出，路越過它東邊的山崖進去。再往北走一里，這山坡往西懸在塢中，這是花地。這山坡正好和翁溪村東西遙遙相對，中間落下成為平坦的山塢，只見田埂和溪流交相纏繞。於是往西北下坡，走了半里到達塢中，又有澗水從東北的小峽谷流來，往西注入順寧溪。路從溪水北邊往西在山塢中行走，過了三里多，即將逼近翁溪村所在的山麓，有大溪從北面的峽谷流出，沖刷著西邊的山麓將它隔開。應該從這裡渡過溪水往上到翁溪村，回到來時的路上，看見溪水東邊有路隨北面的峽谷進去，便從這條路走。又過了一里多，路漸漸荒蕪起來。再走一里多，從山崖落下，來到溪邊，就是斷橋所在的地方了。去新城的路，實際上從這裡走出，不經過翁溪村，從東邊山崖落下的水流中所架的橋過去；自從橋被水淹沒後，於是取道翁溪村，因為溪水在平坦的山塢中流過，可以掀衣涉水。現在面對溪邊水波洶湧不能過去，只得再往南返回，走了三里，往西來渡翁溪。然而溪面寬闊，水流上漲，雖在平坦的地方，水勢依然湍急，走到溪流的中間，水波淹到小腹，腳跟不能立穩，每移動一步，就要幾乎被水波沖去。過了好長時間，才到西岸，再從田埂中上坡。走了一里，往西到達村下的大路上，便轉向北走，就是來時的路了。沿著西山在山坡上往下走，過了三里，有岔路從峽谷中過來會合，就是先前斷橋所在的地方了。在這裡隨大路又走了六里，經過把邊關，燒湯吃飯。走下山坳往東北一里多，通過小橋，再走了一里，又和大溪相遇，沿著大溪從西邊的山崖上行，往北走十里到達鹿塘。這時才過中午，因為暑氣逼人，便留在先前店主的樓上寫日記。

十一日　由鹿塘三十里，過歸化橋，從溪東循東山麓行。五里，入普光寺❶。余疑以為即東山寺也，入而始知東山寺尚在北。乃復隨大路三里，抵南關坡下亭橋，即從橋東小徑東北上坡。又二里而東山寺❷倚東山西向，正臨新城也。入寺，拾級而上。正殿前以樓為門，而後有層閣，閣之上層奉玉帝。登之，則西山之支絡，郡堞之迴盤，可平揖而盡也。下閣，入其左廬，有一僧曾於龍泉一晤者，見余留同飯。既飯而共坐前門樓，乃知其僧為阿祿司西北山寺中僧也，以聽講至龍泉，而東山僧邀之飯者。為余言自少曾遍歷迤龍、木邦、阿瓦之地，其言與舊城跛者、新城客商所言，歷歷皆合。下午乃出寺。一里，度東門亭橋，入順寧東門。覓夫未得，山雨如注，乃出南關，一里，再宿龍泉寺。

【章　旨】本章記載了第四百二十四天在順寧府的行跡。通過歸化橋，進入普光寺。往前到東山寺，登上樓閣，西山、城牆，可一覽無餘。遇見一個阿祿司西北山寺的僧人，從小就曾遍遊搗龍、木邦、阿瓦等地。下午進入順寧府東門，再到龍泉寺住宿。

【注　釋】❶普光寺　在鳳慶城東南七里。❷東山寺　又名萬祥寺，在鳳慶城東二里，嘉靖間土知府猛效忠建。

【語　譯】十一日　從鹿塘往前走三十里，通過歸化橋，從溪水東邊沿東山的山麓走。過了五里，進入普光寺。我疑心以為就是東山寺了，進去後才知道東山寺還在北邊。於是又隨著大路走三里，到達南關山坡下的亭橋，就從橋東的小路往東北上坡。再走了二里，才見東山寺朝西靠著東山，正對著新城。進入寺中，踏著石級往上。正殿前面以樓作為大門，而後面有層層樓閣，樓閣的上層供奉玉皇大帝，登上樓閣，則連接的西山支脈，迴旋盤繞的府城矮牆，便可以平對而一覽無餘了。下閣後，走進它左邊的房屋，有個僧人曾在龍泉寺見過一面，看到我就留著一起吃飯。飯後一起坐在前面的門樓中，才知道這僧人是阿祿司西北山寺中的僧人，為聽講經來到龍泉寺，東山寺的僧人邀請他吃飯。他對我說，從小就曾遍遊搗龍、木邦、阿瓦等地，他的話和舊城的跛子、新城的客商所說的，明明白白，全都相合。下午才出寺。走了一里，通過東門的亭橋，進入順寧府城東門。沒找到挑夫，山雨下得很大，便走出南關，過了一里，再到龍泉寺住宿。

十二日　飯於龍泉。命顧僕入城覓夫，而於殿後靜室訪講師。既見，始知其即一葦❶也。為余瀹茗炙餅，出雞葼、松子相餉。坐間以黃慎軒翰卷相示，蓋其行腳中所物色而得者。下午，不得夫，乃遷寓入新城徐樓，與蒙化妙樂師同候駝騎。

十三日　與妙樂同寓，候騎不至。薄暮乃來，遂與妙樂各定一騎，帶行囊，期明日行。駝騎者俱從白鹽井❷駝鹽而至，可竟達雞足，甚便。時余欲從蒙化往天姥巖，恐不能待，止僱至蒙化城止。

十四日　晨起而飯。駝騎以候取鹽價，午始發。出北門，東北下，涉溪。約二里，過接官亭，有稅課司❸在焉。其岐而西者，即永昌道也。時駝騎猶未至，余先至，坐覽一郡形勢，而并詢其開郡始末。

順寧者，舊名慶甸❹，本蒲蠻❺之地。其直北為永平，西北為永昌，東北為蒙化，西南為鎮康，東南為大侯。此其四履之外接者。土官猛姓，即孟獲之後。萬曆四十年，土官猛廷瑞專恣，潛蓄異謀，開府❻陳用賓討而誅之。大侯州土官俸貞與之濟逆❼，遂并薙獮❽之，改為雲州，各設流官，而以雲州為順寧屬。今迤西流官所蒞之境，以騰越為極西，雲州為極南焉。

龍泉寺基即猛廷瑞所居之園也，從西山垂隴東下。寺前有塘一方，頗深而澈，建水月閣於其中。其後面塘為前殿，前殿之右庭中皆為透水之穴，雖小而所出不一。又西三丈，有井一圓，頗小而淺，水從中溢，東注塘中，淙淙有聲，則龍泉之源矣。前殿後為大殿，余之所憩者，其東廡也，皆開郡後所建。

舊城即龍泉寺一帶，有居廬而無雉堞。新城在其北，中隔一東下之澗。其脈亦從西山垂隴東下，謂之鳳山。府署倚之而東向。余入其堂，欲觀所圖府境四止⑨，無有也。

順寧郡城所託之峽，逼不開洋，乃兩山中一塢耳。本塢不若右甸之圓拓，旁塢亦不若孟祐村之交錯。其塢西北自甸頭村，東南至函宗百里，東西闊處不及四里。

順寧郡之境，北寬而南狹。由郡城而南，則灣甸、大侯兩州，東西夾之，尖若犁頭。由郡城而北，西去繞灣甸之北，而為錫鉛，為右甸，為枯柯，而界逾永昌之水；東去入蒙化之腋，而為三臺，為阿祿，為牛街，而界逾漾備之流；其直北則逾瀾滄上打麥隴，抵舊爐塘北嶺，始與永平分界。俱在二百里外，若扇之展者焉。自以雲州隸之，而後西南、東南，各抵東、西二江，不為蹙矣。

瀾滄江從順寧西北境，穿其腹而東，至苦思路之東，又穿其腹而南，至三臺山之南，乃南出為其東界，既與公郎⑩分蒙化，又南過雲州東，又與順江分景東。

郡之經流也。

郡境所食所燃皆核桃油。其核桃殼厚而肉嵌，一錢可數枚，捶碎蒸之，箍搞⑪為油，勝芝麻、菜子者多矣。

駝騎至，即東下坡，渡北來溪身。以鐵索架橋，亭於其上，其製倣瀾滄橋者，以孔道⑫所因也。度橋東，即北上坡，循東山之麓，北向而登。是時駝騎一群，以遲發疾趨，余賈勇隨之。上不甚峻，而屢過夾坑之脊。三里，從脊上西望望城關，祇隔一峽也。又北上，兩過旁墜之脊，三里，忽隨西坡下，轉一坳，復一里，越一西突之岡。由其北下，環山為塢，有坪西向而拓，豐禾被塍，即西突之岡所抱而成者。一里，陟坪而北，又下，連越二小溪，皆從東南腋中來下西峽者。其處支流縱橫，蹊徑旁午，而人居隱不可見。從此復北上五里，有兩、三家倚岡頭，是為二十里哨。登岡東北平行其脊，一里，復轉東向，循岡北崖下，又里餘，則有溪自東峽來。余初以為既登岡歷諸脊，當即直上逾東大山，而不意又有此溪中間之也。既下，乃溯流東入峽。半里，其水分兩峽出，一西南自岡脊後，一北自大嶺過脊處。乃依南麓涉其岡後之流，溯北澗之左，復北向上，蓋即兩水中垂之坡也。於是從叢木深翳中上，二里，逾一岡，復循南崖之上行。一里餘，又穿坳而西，臨西崖之上。兩崖俱下盤深箐，中翳叢木，而西箐即順寧北塢大溪源所出矣。又穿夾槽而上，半里，循西箐北崖上，西北平行一里，轉入北坳。平透坳北一里，其脊南之箐，猶西墜也。半里，復入夾壁之槽。平行槽中半里，亦有上跨之樹。又北一里，稍高，有石脊橫槽底，即度脈也。此脊自羅岷山⑬西天井鋪南度，迤邐隨江西岸，至此為順寧東山、雲州北山，而南盡於順江小水之口。若羅岷大脊，則自南窩東北折而南，自草房哨而去矣。已出夾槽，東北墜坑而下。一里，即有水自東南腋飛墜下西北坑者，路下循之，與白沙哨之東下者，同一胚胎。又東北陟脊，度脊再上，共三里，有四、五家踞岡頭，是為三溝水哨，蓋岡之左右下墜之水，分為三溝，而皆北注瀾滄矣。又東北下七里，盤一岡嘴。又下三里，有一、二家當路右，是為塘報營。又下三里，過一村，已昏黑。又下二里，而宿於高簡槽⑭。店主老人梅姓，頗能慰客，特煎太華茶⑮飲予。

【章 旨】本章記載了第四百二十五天至第四百二十七天在順寧府的行跡。在龍泉寺拜訪一葦法師。和蒙化的妙樂法師各自訂了一匹馬帶行李走。離開順寧府城，經過接官亭，坐下考察全府的地理形勢，並詢問順寧設府的始末。順寧本蒲蠻地界，原土官姓猛，為孟獲的後代，萬曆年間，因和雲州土官俸氏叛亂被殲滅，改設流官。龍泉寺為猛氏原先所住的園林。舊城在龍泉寺一帶，新城靠著鳳山，兩城中間隔著一條澗水。順寧府城所在的峽谷很狹窄。順寧府的境域，北面寬闊南面狹窄。瀾滄江是府境內南北向的江流。府境內所吃所燃的都是核桃油。等馬幫到後，下坡渡過一條溪水，溪上架有鐵索橋。往前經過二十里哨，穿過石壁夾立的槽道，看到山脊從羅岷山西面的天井鋪往南延伸，到這裡成為順寧的東山、雲州的北山。再經過三溝水哨，三條溝的水都往北注入瀾滄江。天黑後到高簡槽住宿。

【注釋】❶一葦　四川僧人，見〈滇遊日記〉三月二十八日日記。❷白鹽井　見〈滇遊日記五〉十二月十三日日記注。❸稅課司　明、清置，各府皆有，掌管稅收及稅契等事。❹慶甸　元代置慶甸縣，治所在鳳慶城南八里。明初廢。❺蒲蠻　蒲，又作「樸」、「譔」、「撲」等。元、明史籍對布朗族、崩龍族的泛稱。❻開府　原指成立府署，自選僚屬。漢代僅三公、將軍可以開府，魏、晉以後開府者益多，至明代始廢。後世稱督、撫為開府。❼濟逆　勾結叛亂。❽薙獮　薙，除草。獮，殺戮。這裡用作消滅。❾四止　即「四至」，四周界限。❿公郎　在南澗西南境，瀾滄江北。⓫搞　同「敲」。⓬孔道　大路。⓭羅岷山　見〈滇遊日記八〉三月二十八日日記注。⓮高簡槽　今名高梘槽，在鳳慶北境，瀾滄江南岸。⓯太華茶　以產地為昆明太華山而得名。據謝肇淛《滇略・產略》載，明代雲南有三種名茶，即太華茶、感通茶、普茶。

【語譯】十二日　在龍泉寺吃飯。吩咐顧僕進城找挑夫，而後在殿後的靜室拜訪講經的法師。見面後，才知他就是一葦。為我煮茶烤餅，拿出雞葼、松子來款待。坐談中拿出黃慎軒筆墨卷軸給我看，是他周遊途中所物色到的東西。下午，找不到挑夫，便搬到新城徐氏的樓中居住，和蒙化的妙樂法師一起等候馬幫。

十三日　和妙樂同住，等候馬幫沒到。傍晚才來，便和妙樂各自訂了一匹馬，帶行李，約好明天走。馬幫，都是從白鹽井馱鹽來到，可直達雞足山，很是方便。這時我想從蒙化去天姥巖，怕他們不能等待，只雇到蒙化城為止。

十四日　早晨起身吃飯。馬幫為等候收取鹽款，中午才出發。走出北門，往東北下去渡過溪水。大約走了二里，經過接官亭，有稅課司在這裡。那岔向西面的，就是去永昌的路了。這時馬幫還沒到，我先到達，坐下考察全府的地理形勢，並詢問順寧設府的始末。

順寧，原名慶甸，本是蒲蠻的地區。它的正北為永平縣，西北為永昌府，東北為蒙化府，西南為鎮康州，東南為大侯州。這是它四周所接壤的地方。土官姓猛，就是孟獲的後代。萬曆四十年，土官猛廷瑞獨斷恣肆，祕密蓄謀叛亂，巡撫陳用賓討伐殺了他。大侯州土官俸貞和他勾結叛亂，就一起被消滅，改為雲州，各自設了流官，而將雲州劃為順寧的屬地。如今迤西流官所治理的地區，最西為騰越，最南為雲州。

龍泉寺的基址，就是猛廷瑞居住的園林，在從西山往東下垂的山壟上。寺前有一方池塘，水很深而且清澈，建水月閣在池塘中。在它後面對著池塘的是前殿，前殿右邊的庭院中都是出水的孔洞，雖然很小但出水的不止一處。再往西三丈，有一口圓井，既小又淺，水從井中溢出，往東注入池塘，發出淙淙的聲響，是龍泉的源頭了。前殿後面為大殿，我所休息的地方，是在它的東廂房，都是設府以後所建造的。

舊城就在龍泉寺一帶，有住房但沒有城牆。新城在它的北面，中間隔著一條往東流下的澗水。這裡的山脈也是從西山下垂的山壟往東伸下，稱為鳳山。府衙門朝東靠著它。我進入府衙的大堂，想觀看府治四周邊境的地圖，但是沒有。

順寧府城所在的峽谷，狹窄而不開闊，只是兩座山中間的一個山塢罷了。山塢本身不像右甸那樣圓而拓展，旁邊的山塢也不像孟祐村那樣交錯。這山塢西北起自甸頭村，東南到函宗有一百里，東西寬闊處不到四里。

順寧府的境域，北面寬闊南面狹窄。從府城往南，是灣甸、大侯兩個州，在東、西兩邊夾著它，地形像犁頭那麼尖。從府城往北，向西繞過灣甸州的北邊，便是錫鉛、右甸、枯柯，而邊界越過永昌河；向東進入蒙化府的內側，便是三臺山、阿祿司、牛街，而邊界越過漾備江；它的正北則越過瀾滄江上的打麥隴，到達舊爐塘的北嶺，才和永平縣分界。都在二百里外，地形就像展開的扇子。自從將雲州隸屬於它，而後西南、東南各自到達東、西兩江，不再窘迫了。

瀾滄江從順寧西北境，穿過它的腹地往東，流到苦思路的東面，又穿過它的腹地往南，流到三臺山的南面，於是往南流出成為它東部的邊界，既在公郎和蒙化分界，又往南流過雲州東面，又在順江和景東府分界。這是府境內南北向的江流。

府境內所吃所燃的全是核桃油。這裡的核桃殼厚，肉在裡面，一文錢可買幾個，將它敲碎後蒸熟，箍緊榨壓成油，比芝麻油、菜子油好得多了。

馬幫到後，就往東下坡，渡過北來的溪水。用鐵索架橋，橋上蓋著亭子，橋的結構仿傚瀾滄江橋，因為是大路所通過的地方。過橋到東邊，就往北上坡，沿著東山的山麓，往北攀登。這時一群馬幫，因為出發晚了快步趕路，我鼓足勇氣跟著他們。往上走的路不太陡峻，但多次走過夾坑的山脊。過了三里，從山脊上向西望見望城關，只隔著一道峽谷。又往北上去，兩次經過向旁邊落下的山脊，走了三里，忽然隨西邊的山坡下去，轉過一個山坳，再走一里，越過一座向西突起的山岡。從它的北面下去，山岡繞成山塢，有平地向西拓展，豐美的稻禾覆蓋著田地，就是由向西突起的山岡所環抱形成的。走了一里，登上山坪往北，又往下走，接連渡過兩條小溪，都從東南的山腋中流下西邊的峽谷。這裡支流縱橫，山路交錯，但人居住的地方隱沒看不見。從這裡再往北走上五里，有兩三戶人家靠著岡頭，這是二十里哨。登上岡頭往東北，在岡脊上平步行走，過了一里，再轉向東，沿著山岡北面的山崖下去。再走了一里多，就有溪水從東邊的峽谷流來。我起先以為登上山岡越過各道山脊後，應當立即直往上越過東面的大山，而沒有想到還有這條溪水隔在中間。下去後，就沿著溪流上行，往東進入峽谷。走了半里，溪水分別從兩道峽谷中流出，一條往西南從岡脊背後流，一條往北從大嶺山脊延伸處流。於是靠著南麓渡過這山岡背後的溪流，沿著北面的澗水在左邊上行，再往北上去，原來就是兩條溪水中間下垂的山坡了。在這裡從深深遮蔽的樹叢中往上，走了二里，越過一座山岡，再沿著南邊山崖的上方走。過了一里多，又穿過山坳往西，登臨西邊的山崖上。兩邊山崖下都盤繞著幽深的箐谷，裡面樹叢密蔽，而西邊的箐谷就是順寧北塢大溪的發源處了。再穿過相夾的槽道往上，走了半里，沿西邊箐谷北面的山崖上去，往西北平步行走一里，轉入北面的山坳。平步穿越山坳往北走一里，山脊南面的箐谷，仍然往西落下。走了半里，再進入石壁相夾的槽道。在槽道中平步行走半里，途中也有跨在槽道上的樹。再往北走一里，地勢稍稍高些，有石山脊橫亙槽底，就是延伸過來的山脈。這山脊從羅岷山西面的天井鋪往南延伸，隨江的西岸曲折延伸，到這裡成為順寧的東山、雲州的北山，而後往南到順江小水的水口為止。至於羅岷山的主脊，則從南窩東北轉向南，從草房哨延伸過去。不久走出相夾的槽道，往東北落下坑谷。走了一里，就有水從東南山腋中飛落西北的坑谷，路往下沿著水流走，和白沙哨往東下去的路，一模一樣。再往東北登上山脊，越過山脊再往上，共走了三里，有四、五戶人家座落在岡頭，這是三溝水哨。原來在山岡左右兩邊落下的水，分為三條溝，而都往北注入瀾滄江了。再往東北走下七里，繞過一個岡口。再往下走三里，有一、兩戶人家在路的右邊，這是塘報營。再往下走三里，經過一個村莊，天已昏黑。再往下走二里，到高簡槽留宿。店主姓梅，是個老人，很能安慰客人，特意煎了太華茶給我喝。

十五日　平明，東北下坡。坡兩旁皆夾深崖，而坡中懸之，所謂高簡諸村廬，又中踞其上。二里，轉坡北，下峽中。一里，復轉東北，循坡而下。四里，始望見瀾滄江流下嵌峽底，自西而東；其隔峽三臺山猶為夙霧所籠，咫尺難辨。於是曲折北下者三里，有一、二家瀕江而居，是為渡口。瀾滄至此，又自西東注，其形之闊，止半於潞江，而水勢正濁而急。甫聞擊汰❶聲，舟適南來，遂受之北渡，時駝騎在後，不能待也。

登北岸，即曲折上，二里餘，躋坡頭。轉而東行坡脊，南瞰江流在足底，北眺三臺山屏迴嶺北，以為由此即層累❷而升也。又聞擊汰聲，則渡舟始橫江南去，而南岸之駝騎，猶望之不見。乃平行一里，折而北向逾脊。半里，乃循東崖瞰西塢北向行。二里，始望見三臺村館，在北山之半，懸空屏峙，以為賈勇可至。又一里，路盤東曲，反漸而就降，又二里，遂下至壑底。壑中澗分二道來，一自西北，一自東北，合於三臺之麓，而三臺則中懸之，其水由西塢而南入瀾滄。乃就小橋渡東北來澗。約一里，即從夾中上躋中懸之坡，曲折上者甚峻。六里，始有數十家倚坡坪而居，是為三臺山❸，有公館焉。又東北瞰東塢循西崖而上，十二里，躡南亙之脊，其脊之東西塢，猶南下者。又躡磴三里，有坊，其岡頭為七碗亭者。岡之東，下臨深壑，廬三間綴其上，乃昔之茶庵，而今虛無人矣。又上里餘，盤突峰之東，其峰中突，而脊則從北下而度，始曲而東起，故突峰雖為絕頂，其東下之塢猶南出云。乃踞峰頭而飯。其時四山雲霧已開，惟峰頭猶霏霏釀氤氳氣。

由峰北隨北行之脊，下墜一里餘，乃度脊東突，是為過脈。是山北從老君山❹南行，經萬松嶺、天井鋪❺，度脊南來，其東之橫嶺❻、西之博南❼二脊，皆繞斷於中，惟此支則過此而南盡於泮山❽。從其北臨西壑行，再下再上，三里餘，有哨房當路，亦虛無棲者。又東北隨嶺脊下，六里，循東塢盤西嶺。又下二里，乃北度峽中小石橋。其水從西峽來，出橋而合於南峽，北從阿祿司❾東注於新牛街，入漾濞者也。石橋之南，其路東西兩岐，東岐即余所從來道，西岐乃四川僧新開，欲上達於過脊者。度橋，即循北坡，臨南壑東北上。三里，躡岡頭，有百家倚岡而居，是為阿祿司。其地則西谿北轉，南山東環，有岡中突而垂其北，司踞其突處。其西面遙山崇列，自北南紆，即萬松、天井南下之脊，挾瀾滄江而南者；其北面亂山雜沓，中有一峰特出，詢之土人，即猛補者後山，其側有寺，而大路之所從者。余識之，再瀹湯而飯，以待駝騎，下午乃至。以前無水草，遂止而宿。

是夜為中秋，余先從順寧買胡餅一圓，懷之為看月具，而月為雲掩，竟臥。

【章　旨】本章記載了第四百二十八天在順寧府的行跡。到瀾滄江渡口，水勢渾濁急湍，江面只有怒江一半寬。過江到北岸，山壑中有兩條澗水在三臺山麓會合，往南注入瀾滄江，三臺山就在兩條澗水中間。踏上一道往南延伸的山脊，繞到一座突起的山峰，在依然雲霧瀰漫的峰頭吃飯。有山脈從北部的老君山往南延伸，經過萬松嶺、天井鋪，再過這裡往南到泮山為止。繼續上上下下，登上岡頭，在阿祿司考察四周的地形。這天是中秋節，就留下過夜。

【注　釋】❶汰　水波。❷層累　同「曾累」。層層積累。❸三臺山　在鳳慶城東北一百里處，山勢高峻，最高處可望蒼山，上有三臺相井。傳說諸葛亮率軍至此，苦無水，見一老嫗，指地得泉，因呼為觀音井，又名三臺相井。❹老君山　在麗江西南二百五十里，層巒疊嶂，高聳雲霄，樹木茂密，人跡罕至。相傳老君曾在此修鍊，山頂有丹竈，巖上有梓橦遺筆。❺萬松嶺天井鋪　見〈滇遊日記八〉三月二十四日日記。❻橫嶺　見〈滇遊日記八〉三月二十三日日記。❼博南　山名，見〈滇遊日記八〉三月二十七日日記。❽泮山　在鳳慶城東北一百二十里處，山下為瀾滄江、黑惠江交匯處。❾阿祿司　在鳳慶東北境，瀾滄江北岸的魯史。

【語　譯】十五日　黎明，往東北下坡。山坡兩旁都夾著深深的山崖，而山坡懸在中間，所說的高簡槽各處的村莊住房，又居中座落在山坡上。走了二里，轉到山坡北面，走下峽谷中。過了一里，再轉向東北，沿著山坡下去。走了四里，才望見瀾滄江的水流嵌在下面的峽谷底部，從西往東流去；隔在峽谷對面的三臺山還被晨霧所籠罩，近在咫尺也難以辨認。從這裡往北曲折走下三里，有一、兩戶人家靠近江邊居住，這是渡口。瀾滄江流到這裡，又從西往東流去，江面寬度，只有怒江的一半，但水勢正渾濁又湍急。剛聽到水波拍擊的聲音，船正好來到南岸，就上船往北渡江，這時馱貨的馬匹還在後面，不能等待了。

登上北岸，就曲折往上走了二里多，登上坡頭。轉向東在坡脊上行走，向南俯視江水在腳底奔流，向北眺望三臺山就像屏風那樣在嶺北迴繞，以為從這裡就一層層向上攀登了。又聽見水波拍擊的聲音，只見渡船開始往南橫渡江水而去，但在南岸走的馬匹，還是望不見。於是平步走了一里，轉向北越過山脊。走了半里，便沿著東邊的山崖俯視西邊的山塢往北走。過了二里，才望見三臺山的村莊公館，在北山的半腰，懸空峙立如同屏風，以為一鼓作氣，便可到達。再走了一里，路繞向東轉去，反而漸漸往下了，再走二里，就往下到山壑底部。山壑中澗水分兩條流來，一條來自西北，一條來自東北，在三臺山的山麓會合，而三臺山則高高座落在兩條澗水中間，澗水從西面的山塢往南流入瀾滄江。於是走上小橋渡過從東北流來的澗水，約走了一里，就從夾谷中往上攀登懸在中間的山坡。曲折往上的路十分險峻。走了六里，才有幾十戶人家靠著山坡的平地居住，這是三臺山，有公館在那裡。再向東北俯視東邊的山塢沿著西邊的山崖往上，走了十二里，登上往南綿亙的山脊，這山脊東西兩邊的山塢，仍然往南下去。再踏上石級走三里，有座牌坊，所在的岡頭叫七碗亭。山岡的東邊，下臨深壑，有三間房屋點綴在山岡上，是過去的茶庵，但現在已空無一人了。再往上走一里多，繞到突起的山峰東面。這山峰居中突起，而山脊則從北面往下延伸，才彎向東隆起，所以突起的山峰雖然是頂峰，它東邊下方的山塢仍是往南伸出。便坐在峰頭吃飯。這時四周的山雲霧已經散開，只有峰頭依然雲霧瀰漫。

從山峰北面隨著往北延伸的山脊，落下一里多，延伸的山脊便向東突起，這是延伸過來的山脈。這山從北面的老君山往南延伸，經過萬松嶺、天井鋪，山脊向南延伸過來，它東面的橫嶺、西面的博南山兩道山脊，都在裡面環繞中斷，只有這道山脊伸過這裡往南面到泮山為止。從它的北面對著西邊的山壑走，兩次下去，兩次往上，走了三里多，有哨房在路旁，也是空著沒人住。再往東北隨著嶺脊往下，走了六里，沿著東邊的山塢盤繞西邊的山嶺。再往下走二里，便向北通過峽谷中的小石橋。橋下的水從西面的峽谷流來，流出橋後和南面峽谷的水合流，往北從阿祿司東面流到新牛街，匯入漾濞江。石橋的南面，路岔成東西兩條，東邊的岔路就是我所過來的路，西邊的岔路是四川僧人新開拓的，想往上到達伸過的山脊的路。過橋後，就沿著北邊的山坡，對著南面的山壑往東北上去。走了三里，登上岡頭，有上百戶人家靠著山岡居住，這是阿祿司。到這裡只見西邊的谿谷往北轉去，南邊的山勢往東環繞，有山岡在中間突起而在北面垂下，阿祿司座落在山岡突起的地方。它的西面遠山高高排列，從北向南繞去，就是萬松嶺、天井鋪往南延伸的山脊，貼著瀾滄江往南；它的北面亂山雜沓，中間有一座山峰特出，向當地人打聽，就是猛補者的後山，山側有寺，而大路從那裡經過。我記下這些情況，再燒湯吃飯，等待馱貨物的馬匹，下午才到。因為前面沒有水草，便留下住宿。這夜是中秋節，我事先在順寧府買了一個燒餅，放在胸中帶回，作為賞月時的食品，但月亮被烏雲遮掩，只好睡了。

十六日　昧爽，飯而北行。隨坡平下十里，而下更峻。五里，至坡底，東西二塢水來合而北去。乃度東塢小橋，沿東麓北行塢中。隨水三里，又一溪自東峽來，渡其亭橋。又北一里，渡一大溪亭橋，是為猛家橋[1]。水由橋東破峽北出，路從橋北踰岡而上。其岡東綰溪口，有數家踞其上。從其北下，復隨溪行西岸。

曲折盤塢十二里，有百家之聚踞岡頭，東臨溪口，是為新牛街❷，俱漢人居，而地不開洋，有公館在焉，今以舊街巡司移此。由其北西北下二里，有小江自西而東，即漾濞之下流❸也，自合江鋪入蒙化境，曲折南下，又合勝備江、九渡、雙橋之水，至此而東抵猛補者❹，地名。乃南折而環洋山，入瀾滄焉。江水不及瀾滄三之一，而渾濁同之，以雨後故也。

方舟渡之，登北岸，即隨江東南行。半里，隨江東北轉，遂循突坡而上。二里，登南突之坡，下瞰隔江司，與阿祿司溪出江之口對。江流受之，遂東入峽，路從北山之半，亦盤崖而從之。半里，有一家獨踞岡頭，南臨江坡而居，頗整。又東三里，有削崖高臨路北，峭壁間有洞南向，其色斑赭，即阿祿所望北面特出之峰，此其西南隅之下層也。又東四里，有兩、三家倚岡而居，是為馬王箐，江流其前峽中，後倚特出崇峰。東望遙壑中開，東北坳中有箐盤峽而下，西與江流合而南去，其東南兩峰對峙，夾東如門，而江流由此南出焉。乃瀹湯而飯於村家。由村東北上，三里餘，當特出崇峰之南，其下江流峽中，至此亦直南去。又東北二里，盤其東南之垂支，有兩、三家踞岡上，是為猛補者，亦哨寨之名也，於是逼特出崇峰東南麓矣。其東下盤壑中迴，即東北杪松哨南箐之所下者；其正南江流直去，恰當兩門之中。又從門隙遙見外層之山，浮青遠映，此乃瀾滄江畔公郎❺之境矣。

又東北盤崖麓而上，二里而下。半里，忽澗北一崖中懸，南向特立，如獨秀之狀，有僧隱庵結飛閣三重倚之，大路過其下。時駝馬已前去，余謂此奇境不可失，乃循迴磴披石關而陟之。閣乃新構者，下層之後，有片峰中聳，與後崖夾立，中分一線，而中層即覆之，峰尖透出中層之上，上層又疊中層而起。其後皆就崖為壁，而綴之以鐵鎖，橫繫崖孔；其前飛甍疊牖，延吐烟雲，實為勝地，恨不留被襆於此，倚崖而臥明月也。隱庵為瀹茗留榻，余恐駝騎前去不及追，匆匆辭之出。此岩在特出崇峰東南峽中，登其閣，正南對雙突之門。門外又見一遠峰中懸，圓亙直上如天柱。其地當與瀾滄相近，而不知為何所。隱庵稱為鉢盂山，亦漫以此岩相對名之耳；又謂在江外，亦不辨其在碧溪江名。外，抑在瀾滄外也。

由其東又上坡，二里，登東岡。又東北迢遙而上，八里而至杪松哨❻。是哨乃東來之脊，西度而起，為特出崇峰，南盡於碧溪江東北岸，是為順寧東北盡處，與蒙化分界者也，以嶺有杪松樹最大，故名。時駝騎方飯於此，遂及之。又隨脊東上四里，轉而北登嶺頭，是為舊牛街❼。是日街子猶未散，已行八十里矣。此東來度脊之最高處，北望直抵漾濞，其東之點蒼，直雄插天半；南望則瓦屋突門之峰，又從東分支西繞，環壑於前；西望則特出崇峰，近聳西南，江外橫嶺諸峰，遙環西北，亦一爽心快目之境矣。於是北向隨嶺下，二里，盤崖轉東，循脊北東行，八里，至舊巡司。又東北下二里，盤南壑之上，有路分岐：逾脊北下，想北通漾濞者；正路又東隨脊。二里餘，逾東嶺北下，於是其峽北向墜，即隨峽東坡東北行。五里，至瓦葫蘆❽，有數十家倚坡嘴，懸居環壑中。坡東有小水，一自西腋，一自南腋，交於前壑而北去。則此瓦葫蘆者，亦山叢水溢之源也。是夜宿邸樓，月甚明，恨無貰酒之侶，悵悵而臥。

【章旨】本章記載了第四百二十九天自順寧府進入蒙化府的行跡。從猛家橋渡過一條大溪，到新牛街，這裡都是漢人居住。漾濞江從合江鋪曲折南下，會合勝備江等水，到這裡往南繞過泮山匯入瀾滄江，江面不到瀾滄江三分之一寬。過江到北岸，望見峭壁上有洞，顏色斑駁赭紅。再經過猛補者，在門縫中遠遠望見外層的青山，位於瀾滄江畔公郎的境地。往前看到一座山崖形狀如獨秀峰，崖上有三重新建的飛閣，都以山崖作為牆壁，用鐵索相連，橫繫著崖洞，確是一處勝地。門外遠處有一座圓形的山峰，橫伸直上，如同擎天柱。僧人隨口稱它為缽盂山。再登上山坡到杪松哨，這裡是順寧東北境的盡頭處，和蒙化府分界的地方。接著到舊牛街，這裡是山脊的最高處，向西面望去，往北可直望到漾濞江和點蒼山，也是一處賞心悅目的境地。最後到瓦葫蘆住宿。

【注　釋】❶猛家橋　又名大橋，在鳳慶城北一百六十里，明崇禎年間知府曹巽之建，清康熙間重修，改名興善橋。❷新牛街　即明代順寧府七巡檢司之一的牛街，今魯史的犀牛村，在鳳慶東北黑惠江南。❸漾濞之下流　漾濞江納洱海之水，自下關流至合江浦，與白石江合流往南，又稱碧溪江，再與勝備江合流至鳳慶境內，稱黑惠江。❹猛補者　今名蒙庫者，在黑惠江北岸。❺公郎　在鳳慶東北、巍山西南交界處。❻杪松哨　今名杉松哨，在巍山西南隅。❼舊牛街　今名老牛街，在巍山西南隅。❽瓦葫蘆　今名瓦鋪路，在巍山西南境。

【語　譯】十六日　拂曉，吃了飯往北走。隨山坡平步走下十里，而往下的路更加險峻。走了五里，到達坡底，東西兩邊山塢中的水流會合後向北流去。於是走過東邊山塢的小橋，沿著東麓往北在山塢中行走。隨著水流走了三里，又有一條溪水從東面的峽谷中流來，通過溪上的亭橋。再往北走一里，通過一條大溪上的亭橋，這是猛家橋。溪水從橋東沖破峽谷往北流出，路從橋北越過山岡往上。這山岡在東面束住溪口，有幾戶人家座落在山岡上。從山岡北面下去，再隨溪水西岸走。曲曲折折在塢中盤繞，走了十二里，有上百戶人家的村落座落在岡頭，向東對著溪口，這是新牛街，都是漢人在此居住，但地勢並不開闊，有公館在這裡，如今將舊街的巡檢司搬到這裡。從它的北邊往西北走下二里，有小江自西往東流，就是漾濞江的下游了，從合江鋪進入蒙化府境內，曲折往南流下，又匯合勝備江、九渡、雙橋的水，流到這裡往東到達猛補者，是地名。便向南繞到泮山，流入瀾滄江。江水不到瀾滄江三分之一寬，但水同樣渾濁，這是因為下雨過後的緣故。

兩條船並排渡江，登上北岸，就隨江流往東南走。過了半里，隨江水往東北轉，就沿著突起的山坡往上。走了二里，登上向南突起的山坡，向下俯視隔江的巡檢司，和阿祿司的溪水流出江的水口相對。江流納入溪水，就往東流入峽谷，路從北山的半腰上去，也是盤繞山崖隨江水走。過了半里，有一戶人家獨自座落在岡頭，向南對著江邊的山坡居住，很是整潔。再往東走三里，有陡峭的山崖在路的北面高聳，峭壁上有洞朝南，石色斑駁赭紅，就是在阿祿司所望見的在北面特出的山峰，這裡是它西南隅的下層。再往東走四里，有兩、三戶人家靠著山岡居住，這是馬王箐，江水從它前面的峽谷中流過，後面靠著特出的高峰。向東望見遠處山壑從中開出，東北的山坳中有箐谷盤繞峽谷伸下，和西面的江流會合後往南延伸，在它東南有兩座山峰相對峙立，夾束如同門戶，而江水從這裡往南流出。於是在村民家燒湯吃飯。從村莊往東北上去，走了三里多，在特出的高峰的南面，山下江水流過峽谷，到這裡也一直往南流去。再往東北走二里，繞過它東南垂下的支脈，有兩、三戶人家座落在山岡上，這是猛補者，也是哨寨的名稱，在這裡已逼近特出高峰的東南麓了。它東面下方盤繞的山壑在中間迴繞，就是從東北桫松哨南面箐谷伸下的；它的正南江水筆直流去，恰好在兩道門的中間，又從門縫中遠遠望見外層的山嶺，浮起一片翠色，在遠處映照，那是瀾滄江畔公郎的境地了。

再往東北繞著崖麓往上，走了二里下去。過了半里，忽見澗水北邊一座山崖居中高懸，朝南獨立，形狀如同獨秀峰，有個名隱庵的僧人靠著山崖建了三層飛閣，大路從它下面經過。這時馱貨的馬匹已往前走了，我認為這處奇境不可錯過，就沿著迴繞的石級穿過巖石關隘登上飛閣。閣是新建的，下層的背後，有一片石峰在中間聳立，和後面的山崖夾立，中間分開的地方窄如一線，而中層就覆蓋在它上面，峰尖從中層的上方穿出，上層又疊在中層的上面建起。閣的後面都以山崖作為牆壁，並用鐵索連結，橫繫著山崖的孔洞；閣的前面屋簷凌空，窗戶重重，吞吐煙雲，實在是一處勝地，遺憾的是沒有把被子鋪蓋留在這裡，可靠著山崖睡在明月之下。隱庵為我烹茶留我住下，我擔心馱貨的馬匹向前走遠追不上，匆匆辭別他走出。這山岩在特出的高峰東南的峽谷中，登上飛閣，正南對著兩道突起的門。又看見門外一座遠峰居中懸立，呈圓形橫伸直上，如同擎天柱。那裡應當和瀾滄江靠近，但不知是什麼地方。隱庵稱它為鉢盂山，也是要和這座山岩相對隨口命名罷了。又說在江外，也弄不清是在碧溪江名。外，還是瀾滄江外。

從它的東邊又走上山坡，過了二里，登上東面的山岡。再往東北遠遠上去，走了八里，到桫松哨。這哨所在東來的山脊，往西延伸後聳起，成為特出的高峰，往南到碧溪江東北岸為止，這裡是順寧府東北境的盡頭處，和蒙化府分界的地方，因為嶺上有桫松樹最大，所以以此為名。這時趕馬的人正在這裡吃飯，便追上了他。又隨山脊往東走上四里，轉向北登上嶺頭，這是舊牛街。這天集市還沒散，已走了八十里了。這裡是從東面延伸過來的山脊的最高處，向北直望到漾濞，漾濞東面的點蒼山，挺直雄偉地插在高空中；向南望去，只見瓦屋突立如門的山峰，又從東面分出支脈往西繞去，在前面山壑中環繞；向西望去，只見特出的高峰，聳立在西南的近處，江外橫嶺諸峰，在西北遠遠環繞，也是一處爽心悅目的境地。從這裡往北隨山嶺走下，過了二里，盤繞山崖向東轉，沿山脊北面往東走，過了八里，到舊巡檢司。再往東北走下二里，繞到南邊山壑的上方，有路岔開：越過山脊往北下山，猜想是朝北通往漾濞的路；正路又往東隨山脊走。過了二里多，越過東邊的山嶺往北下去，這裡的峽谷朝北落下，就隨峽谷東面的山坡往東北走。過了五里，到瓦葫蘆，有幾十戶人家靠著坡口，高高居住在環繞的山壑中。山坡東面有小水，一條出自西腋，一條出自南腋，在前面的山壑中交會後向北流去。那麼這瓦葫蘆地方，也是山嶺叢立水流溢出的源頭了。這夜在客店的樓中住宿，月光十分明亮，只恨沒有買酒的伴侶，悶悶不樂地睡下。

十七日　昧爽，飯而行。即東下坡，一里，渡西來小水，循北山而東。半里，南來小水與之合，同破峽北去，路亦隨之，挾山北轉。一里，有亭橋跨其溪，曰廣濟。渡而東，循東麓北行，二里餘，有峽自西山來合。又北五里，北壑稍開，水走西北峽去；又有一水自東峽來合，其勢相埒，即溯之入。東行里餘，有小橋架其上，北度之，復循北坡東上。半里，溯溪北轉，二里餘，轉而東，一里餘，有數十家倚北山而居，是為鼠街子❶。峽至是東西長亙，溪流峽底，路溯北崖。北崖屢有小水掛峽而下，路東盤之，屢上屢下。十里，逾坡東降，東峽稍開，盤北崖之紆，蓋北崖至是稍遜，而南障之屏削尤甚也。東三里，其溪一自北來，一自南墜，而東面則橫山障之，路乃折而溯北來之溪。二里，稍下，一里餘，涉溪東岸，復溯溪北行。半里，溪仍兩派，一西北來，一東來。乃折而從東來者上。半里，有數家倚坡間，是為豬矢河哨❷。「豬矢」乃土音。此處為諸河之始，恐是諸始河也。其處山迴峽湊，中迸垂坡：一岐直北逾嶺者，為漾備❸道；一岐逾坡東北去者，為爐塘道❹；惟東向隨峽上者，為蒙化大道。乃東上三里，稍隨一北曲之灣。灣中有小水南墜其側，岐徑緣之而北，此非漾備，即下關捷徑，惜駝騎不能從也。

又東隨大道上，或峻或平，皆瞰南壑行。五里，乃逾嶺脊。脊稍中坳，乃東北自定西嶺❺分支，西度為甸頭山❻，又分兩支：一支北轉，挾洱水北出蒼山後；一支南下，亙為蒙化西夾之山，而此其脊也。脊東即見大塢自北而南，其東界山與此脊排闥相對；而北之甸頭山，則中聯而伏，其外浮青高擁者，點蒼山也；南之甸尾❼，陽江中貫，曲折下墜，而與定邊❽接界焉。蒙化郡城已東伏平川之中，而不即東下也。從嶺脊平行而南，半里，其脊之盤礴西去者，杪松、猛補者之支所由分；旁午東出者，郡城大路隨之下。始由峽中墜者二里，既隨北坡下者三里，又從坡脊降者五里，於是路南之峽，墜而愈開，路北之峰，斷而復起。其峰自西脊下垂，至是屢伏屢聳，若貫珠而下，共四、五峰，下至東麓，而陽江之水，自城西西曲而朝之，亦一奇也。路從其南連盤二峰，則南塢大開，有數家倚南山下，而峽中皆環塍為田。又東一里，乃轉北，穿一東突峰後而透其坳。此峰即連珠下第五峰，盡於東麓者，其上諸峰皆隨下而循其南，至此峰獨中穿而逾其北。此處似有神皋⑨蘊結，而土人不識，間有旁綴而廬者，皆不得其正也。挾突峰之北而下，半里至麓。又東半里，則陽江⑩自東來，抵山而南轉去。路溯江北岸東行，半里，有三鞏石橋南架江上。逾橋南，復東一里，入蒙化⑪西門。一里餘，竟城而抵東門，內轉半里，過等覺寺⑫，稅駕⑬於寺北之冷泉庵，即妙樂師栖靜處。中有井甚甘冽，為蒙城第一泉，故以名庵。

蒙化城甚整，乃古城也⑭，而高與洱海相似。城中居廬亦甚盛，而北門外則闤闠皆聚焉。聞城中有甲科三、四家，是反勝大理也。北門外有賣餅者三、四家，想皆中土人。其製酷似吾鄉「眉公餅」，但不兼各味耳，即省中亦不及。

蒙化土知府左姓⑮，世代循良，不似景東桀驁，其居在西山北塢三十里。蒙化有流官同知一人，居城中，反有專城之重，不似他土府之外受酋制，亦不似他流官之有郡伯上壓也。蒙化衛亦居城中，為衛官者，亦勝他衛，蓋不似景東之權在土酋，亦不似永昌之人各為政也。

蒙化疆宇較蹙，其中止一川，水俱西南下瀾滄者，以定西嶺南脊之界其東也。

定西嶺從大脊分支，又為一東西之界，其西則蒙化、順寧、永昌，其東則元江、臨安、澂江、新化及楚雄。脊南之州縣水，皆從是嶺而分。南龍大脊雖長，此亦南條第一支也。至脊西之大理、劍川、蘭州，脊東之尋甸、曲靖，雖在其北，為大脊所分，而定西實承大脊而當其下流，謂非其區域所判不可也。

蒙化有四寺：曰天姥、竹掃⑯、降龍⑰、伏虎⑱，而天姥之名最著，在西北山塢間三十五里。余不及遍窮，欲首及之。

【章　旨】本章記載了第四百三十天在蒙化府的行跡。通過廣濟橋，經過鼠街子、豬矢河哨，一路穿峽渡溪，屢上屢下，或峻或平，越過一道嶺脊，考察了從東北的定西嶺分出的支脈走向，以及向四面望去的地形。從峽谷中往下走，看到有四、五座山峰往下延伸。陽江從蒙化府城西繞向它流，也是一處奇境。到山麓在陽江北岸沿水流往東上行，進入蒙化府城西門，經過等覺寺，到冷泉庵住宿。庵中有井，為蒙化城第一泉。蒙化是一座古城，很整齊，城中有三、四家進士。土知府姓左，世代奉公守法，反讓流官同知獨攬大權。蒙化府疆域比較狹窄，水都流入瀾滄江。定西嶺是大山脊南面的第一條支脈，又成為一道分隔東西的山，山脊南面各州縣的水，都從這山嶺分流。

【注　釋】❶鼠街子　今名西鼠街，在巍山縣西境。❷豬矢河哨　今名豬食河，在巍山西境。❸漾備　即「漾濞」，指漾濞街，見〈滇遊日記八〉三月二十三日日記注。❹一岐逾坡東北去者二句　爐塘在永平境內，位於巍山西北，「東北」當為「西北」之誤。❺定西嶺　本名昆彌山，俗稱紅巖坡，在大理鳳儀南面四十里處，山勢險峻，為西南要害。明初西平侯沐英過此，改名為定西嶺。山上有市集，明代在此設二巡檢司，一土官，一流官。❻甸頭山　在巍山北隅。❼甸尾　在巍山城南。❽定

邊 縣名，明代隸楚雄府，治所在今南澗。❾神皐 神明所聚之地。又指肥沃的土地。❿陽江 今名西河、蒙化大河、巍山河。源出甸頭花判山，往南流經巍山城西，又會合定邊河、馬龍河，流到楚雄境內，匯入禮社江。⓫蒙化 明代為府，治所在今巍山。⓬等覺寺 在巍山城東部，南詔蒙氏時建，明永樂年間重修，清咸豐年間毀。現為醫院所在地。⓭稅駕 解馬停車。指休息或歸宿。⓮乃古城也 蒙化為南詔發跡地，後在此建古城，並分別在城東、西、南、北、中建五座古樓。現存古樓為北門拱辰樓，明洪武年間始建，樓南北兩側分別懸掛著清乾隆年間所書的橫匾，一為「雄魁六詔」，一為「萬里瞻天」。⓯蒙化土知府左姓 洪武年間以土酋左禾為蒙化州判官，永樂年間升知州。正統中升州為府，以左伽為知府，世襲。⓰竹掃 寺名，在巍山、彌渡交界處的太極山頂。每當竹葉落時，風便自行掃去，以此得名。有虎跳澗、木蓮花等勝景。⓱降龍 寺名，疑為玄龍寺，在巍山城東玄珠山上。⓲伏虎 寺名，在巍山城東隅，南詔蒙氏時建。相傳西域僧人俱盧與南國僧人道茸，趕兩虎拖運樹木創建此寺，寺成，乘虎而去。

【語譯】十七日 拂曉，吃了飯出發。就往東下坡，走了一里，渡過西來的小溪，沿北山往東走。走了半里，南來的小水和它會合，一起沖破峽谷往北流去，路也隨著溪水，貼著山往北轉。走了一里，有座亭橋架在這溪水上，名廣濟橋。過橋到東邊，沿東麓往北走，過了二里多，有峽谷從西山伸來會合。再往北走五里，北面山壑稍微開闊，水往西北的峽谷流去；又有一條水從東面的峽谷流來會合，水勢相等，就沿著水流上行進去。往東走了一里多，有小橋架在水上，往北過橋，再沿著北邊的山坡往東上去，走了半里，沿著水流上行，向北轉去，過了二里多，轉向東又走了一里多，有幾十戶人家靠著北山居住，這是鼠街子。峽谷到這裡呈東西向綿延，溪水流過峽底，路沿著水在北邊的山崖上行。北邊的山崖上多次見有小水掛在峽壁流下，路往東繞過小水，數上數下。走了十里，越過山坡往東落下，東邊的峽谷稍許開闊，繞過北邊山崖的彎曲處，原來北邊的山崖到這裡稍稍後退，但南邊的屏障格外陡削。往東走三里，一條溪水從北邊流來，一條溪水從南邊落下，而東面則有橫列的山阻擋著溪水，路便轉而沿著北來的溪水上行。過了二里，稍稍往下，再走了一里多，渡過溪水到東岸，再逆著溪水往北上行，過了半里，溪水仍分為兩條，一條從西北流來，一條從東面流來，於是轉向沿東來的溪水往上走。過了半里，有幾戶人家靠在山坡上，這是豬矢河哨。「豬矢」是當地口音。

這裡是各條河流的起源，恐怕是「諸始河」。這裡山峰迴繞，峽谷湊聚，中間迸裂出垂下的山坡：一條岔道往正北越過山嶺的，是去漾備的路；一條岔道越過山坡往東北的，是去爐塘的路；只有往東隨峽谷向上的，是去蒙化的大路。便往東走上三里，稍稍隨一處往北紆曲的山灣走。山灣中有小水往南落到它的一旁，岔開的小路沿著小水往北走，這不是去漾備，就是去下關的捷徑，可惜馬匹不能從這裡走。

再往東隨大路上去，有時陡峻，有時平坦，都俯視著南面的山壑走。過了五里，就越過嶺脊。嶺脊稍稍往中間凹下，是從東北的定西嶺分出支脈，往西延伸為甸頭山，又分為兩條支脈：一條支脈往北轉，貼著洱水往北從蒼山背後伸出；一條支脈往南伸下，橫亙成為蒙化府西面夾立的山，這裡是它的山脊。在山脊東邊就望見大山塢從北往南伸展，它東界的山和這山脊像推開的門戶相對排列；而北面的甸頭山，則中間相連低伏，在它外面翠色浮動高高擁立的，是點蒼山；南面的甸尾，陽江從中穿過，曲折落下，和定邊縣接界。蒙化府城已隱伏在東面的平野中，但不能馬上往東下去。從嶺脊上平步往南走，過了半里，那向西延伸的山脊，是杪松哨、猛補者的支脈所從分出的地方；紛繁交錯向東伸出的山脊，去府城的大路就隨它往下走。起先從峽谷中落下二里，隨即隨北坡往下走三里，再從坡脊落下五里，到這裡路南的峽谷，落下後變得更加開闊，路北的山峰，中斷後又再聳起。這山峰從西面的山脊垂下，到這裡幾次低伏又幾次聳起，就像串在一起的珠子接連而下，共有四、五座山峰，往下直到東麓，而陽江的水，從蒙化城西彎向西再朝它流來，也是一處奇觀。路從它的南面接連繞過兩座山峰，只見南面的山塢十分開闊，有幾戶人家靠在南山下，而峽谷中都是田埂環繞的田地。再往東走一里，就轉向北，穿過一座向東突起的山峰後面走出山坳。這山峰就是連珠般伸下的第五峰，是在東麓終止的山峰，在它上面的各座山峰，都相隨往下沿著它的南面延伸，唯獨這座山峰從中穿越到它的北面。這裡似乎有神明蘊結的地方，但當地人不知，偶爾有在旁邊點綴的住房，都沒有選正位置。貼著突起的山峰北面往下走，過了半里到山麓。再往東走半里，只見陽江從東面流來，到山下往南轉去。路在江的北岸沿水往東上行，過了半里，有座三拱石橋向南架在江上。過橋到南邊，再往東走一里，進入蒙化府城西門。走了一里多，穿越全城到達東門，在城內轉了半里，經過等覺寺，在寺北的冷泉庵住宿，就是妙樂法師居住修養的處所。庵中有口井，水十分甘甜清洌，是蒙化城的第一泉，所以用作庵名。

蒙化城十分整齊，是一座古城，高和洱海衛城相似。城內居民住房也很多，而街市都聚集在北門外。聽說城裡有三、四家進士，這反而勝過大理了。北門外有三、四家賣餅的，猜想都是中原地區的人。所做的餅，很像我家鄉的「眉公餅」，但不兼有各種味道罷了，即使省城裡的餅也不及它。

蒙化的土知府姓左，世代奉公守法，不像景東的土知府桀驁不馴，他的住房在西山北塢三十里處。蒙化府有流官同知一人，住在城中，反而獨攬全城的大權，不像其他土府受外面土酋的制約，也不像其他流官上面有府官壓制。蒙化衛也在城中，任衛官的人，處境也勝過其他衛，這是因為這裡既不像景東那樣土官掌握權力，也不像永昌那樣人人各自為政。

蒙化府的疆界比較狹小，境內只是一片平野，水都往西南流下瀾滄江，因為定西嶺南面的山脊隔在它的東部。

定西嶺從大山脊分出支脈，又成為一道分隔東西的界山，它的西面是蒙化府、順寧府、永昌府，它的東面是元江府、臨安府、澂江府、新化州及楚雄府。山脊南面各州縣的水，都從這山嶺分流。南龍的大山脊雖然長，這嶺也是南面的第一條支脈。至於山脊西面的大理府、劍川州、蘭州，山脊東面的尋甸府、曲靖府，雖然在它的北面，被大山脊分開，但定西嶺實際上承接大山脊並且位於它的下方，不能說沒有根據它來劃分區域。

蒙化府有四座寺院：名天姥寺、竹掃寺、降龍寺、伏虎寺，而以天姥寺最著名，在西北山塢間三十五里處。我來不及到處去遊，打算先去天姥寺。

十八日　從冷泉庵晨起，令顧僕同妙樂覓駝騎，期以明日行。余亟飯，出北門，策騎為天姥遊，蓋以騎去，始能往返也。北二里，由演武場後西北下，約一里，渡一溝，西北當中川行。五里，過荷池。又北一里，過一溝。又西北三里，則大溪自東曲而西流，北涉之。四里，盤西山東突之嘴。其嘴東突，而大溪上流，亦西來逼之，路盤崖而北，是為蒙化、天姥適中處。又北二里，過西山之灣，又北二里，再盤一東突之嘴。又過西灣三里，其東突之嘴更長。逾其坳而北，有岐西向入峽，其峽彎環西入，內為土司左氏之世居。天姥道由坳北截西峽之口，直度北去。約三里，又盤其東突之嘴，於是居廬連絡，始望見天姥寺在北塢之半迴腋間。其山皆自西大山條分東下之迴岡也。又三里，有一圓阜當盤灣之中，如珠在盤，而路縈其前。又北三里，循坡西北上，一里而及山門，是為天姥崖，而實無崖也。其寺東向，殿宇在北，僧房在南。山門內有古坊，曰雲隱寺❶。按《一統志》，龍圩圖山❷在城西北三十五里，蒙氏龍伽獨❸自哀牢將其子細奴邏❹居其上，築龍圩圖城，自立為奇王，號蒙舍詔，今上有浮屠及雲隱寺。始知天姥崖即雲隱寺，而其山實名龍圩圖也。其浮屠在寺北迴岡上，殿宇昔極整麗，蓋土司家所為，今不免寥落矣。時日已下午，亟飯而歸。渡大溪，抵荷池已昏黑矣。入城，妙樂正篝燈相待，乃飯而臥。

【章　旨】本章記載了第四百三十一天在蒙化府的行跡。騎馬去遊天姥寺。經過荷池，到一處峽谷，峽內是土司左氏世代居住的地方。往前看到一座圓形的小丘在山灣中，就像珠子放在盤中。到山門，才發現天姥崖就是雲隱寺，而這裡的山名巃屽圖山，過去蒙詔曾在山上築巃屽圖城。寺內的殿宇從前十分華麗，現已不免冷落。晚上回城睡下。

【注　釋】❶雲隱寺　即天姥寺。在巃屽圖城遺址南面的山麓。❷巃屽圖山　在巍山西北大倉鄉。唐初蒙詔築城於此，近世出土大量建築構件及佛教造像等。❸龍伽獨　南詔二世祖。❹細奴邏　又作獨邏，南詔三世祖。唐貞觀間，代蒙舍酋長張樂進立，建大蒙政權，以巍山為首府。

【語　譯】十八日　早晨在冷泉庵起身，吩咐顧僕同妙樂去找馱貨物的馬匹，約定明天出發。我急忙吃了飯，走出北門，騎馬去遊天姥寺，因為騎馬去，才能一天往返。往北走二里，從演武場後面往西北下去，約走了一里，渡過一條水溝，往西北在平野中趕路。走了五里，經過荷池。再往北走一里，渡過一條水溝。再往西北走三里，只見大溪從東彎向西流，朝北渡過溪水。走了四里，繞過西山向東突起的山口，這山口向東突起，而大溪的上游，也往西流來逼近它，路盤繞山崖往北，這裡是從蒙化城到天姥寺的正中處。往北走二里，經過西山的山灣，再往北走二里，又繞過一處向東突起的山口。再經過西山的山灣走三里，這向東突起的山口更長。越過山坳往北，有岔路向西進入峽谷中，這峽谷向西彎繞進去，裡面為土司左氏世代居住的地方。去天姥寺的路從山坳北邊橫穿西面的峽口，直往北伸去。大約走了三里，又繞過向東突起的山口，到這裡住房連成一片，才望見天姥寺在北面的山塢半山腰迴繞的山腋中。那裡的山都是從西面的大山分出各支向東伸下迴繞的山岡。再走了三里，有一圓形的土丘在盤繞的山灣中，就像珠子放在盤中，而路在土丘前縈繞。再往北走三里，沿著山坡往西北上去，走了一里到達山門，這是天姥崖，但實際上沒有山崖。這寺朝東，殿宇在北，僧房在南。山門內有座古牌坊，題名「雲隱寺」。據《一統志》，巃屽圖山在城西北三十五里處，蒙氏龍伽獨從哀牢山帶領他兒子細奴邏住在山上，修築了巃屽圖城，自立為奇王，號蒙舍詔，如今山上有佛塔和雲隱寺。方才知道天姥崖就是雲隱寺，而這山實際名龍岈圖山。那佛塔在寺北迴繞的山岡上，過去殿宇極其整齊華麗，原來是土司家所建造，如今不免稀疏冷落了。這時天色已是下午，趕緊吃了飯回去。渡過大溪，到達荷池天已昏黑了。進城後，妙樂正點燈等候，於是吃了飯睡下。

十九日　妙樂以乳線贈余。余以俞禹錫詩扇，更作詩贈之。駝騎至，即飯而別，妙樂送出北門。仍二里，過演武場東。又北循東麓，一里，有岐分為二：一直北隨大塢者，為大理、下關❶道；一東向入峽逾山者，為迷渡、洱海道。乃從迷渡者東向上。五里，涉西下之澗，於是上躋坡。二里，得坪，有數家在坪北，曰阿兒村。更躡坡直上，五里，登坡頭，平行岡脊而南度之。此脊由南峰北度而下者，其東與大山夾為坑，北下西轉而入大川；其西則平墜川南，從其上俯瞰蒙城，如一甌脫❷也。又北倚坡再東上，三里，有三、四家當脊而居，是為沙灘哨❸。脊上有新建小庵，頗潔。又躡脊東上二里，盤崖北轉，忽北峽駢峙，路穿其中，即北來東度而南轉之脊也，是為龍慶關❹。透峽，即隨峽東墜，石骨嶙峋，半里稍平。是脊北自定西嶺南下，東挾白崖、迷渡之水為禮社江，南由定邊縣東而下元江❺；西界蒙化甸頭之水為陽江，南由定邊縣西而下瀾滄，乃景東、威遠、鎮沅❻諸郡州之脈所由度者也。

東向下者四里餘，有數家居峽中，是為石佛哨❼，乃飯。又三里，有三、四家在北坡，曰桃園哨。於是曲折行峽中，隨水而出，或東或北，不二里，輒與峽俱轉，而皆在水左。如是十里，再北轉，始望見峽口東達川中。峽中小室累累，各就水次❽，其瓦俱白，乃磨室也，以水運機，磨麥為麵，甚潔白，乃知迷渡川中，饒稻更饒麥也。又二里，度橋，由溪右出峽口，隨山南轉，半里，乃東向截川而行。其川甚平拓，北有崇山屏立，即白崖站也；西北有攢峰橫亙而南，即定西嶺南度之脊也。兩高之間，有坳在西北，即為定西嶺。逾嶺而西，為下關道；從坳北轉，為趙州❾道。余不得假道於彼，而僅一涉禮社上流，攬迷渡風景，皆駝騎累之也。

東行平堤三里，有圍牆當路左踞川中，方整而甚遙，中無巨室，乃景東衛貯糧之所，是曰新城❿。半里，其牆東盡，復行堤上，三里，有碑亭在路右，乃大理倅⓫王君署事景東，而衛人立於此者。又東半里，有溪自北而南⓬，架木橋於上，水與溪形俱不大。此即禮社之源，自白崖、定西嶺來，南注定邊，下元江，合馬龍為臨安河⓭，下蓮花灘⓮者也。時川中方苦旱，故水若衣帶。從此望之，川形如犁尖，北拓而南斂，東西兩界山，亦北高而南伏，蓋定邊、景東大道，皆由此而南去。又東半里，入迷渡⑮之西門。其牆不及新城之整，而居廬甚盛，是為舊城，有巡司居之。其地乃趙州、洱海、雲南縣、蒙化分界，而景東之屯亦在焉。買米於城。出北門，隨牆東轉，一里，有支峰自東南繞而北，有小浮屠在其上。盤其嘴入東塢中，又一里，其中又成一小壑，曰海子⑯。有倚山北向而居者，遂投之宿。

【章旨】本章記載了第四百三十二天從蒙化府進入大理府的行跡。離開蒙化城，登上山坡，經過阿兒村，在山脊上俯視蒙化城，如同一個土堡。又經過沙灘哨、龍慶關，穿過峽谷。這裡的山脊從定西嶺往南延伸，東面為禮社江，西面為陽江。再經過石佛哨、桃園哨，看到峽谷中不少地方用水力將麥子磨成麵粉。過橋後橫穿平野行走，北面有白崖站，西北有定西嶺往南延伸的山脊，中間有定西嶺。因為馱貨的馬匹牽累，沒能遍遊這些勝景。再經過新城，是景東衛貯糧的場所。接著渡過禮社江上源，因天旱水淺，僅像一條衣帶。在這裡望見迷渡平野的形狀就像犁尖。隨後進入迷渡西門，這裡是趙州、洱海衛、雲南縣、蒙化府的分界。最後到山塢中的海子投宿。

【注釋】❶下關　見〈滇遊日記八〉三月二十日日記注。❷甌脫　同「區脫」。匈奴語。指漢代與匈奴連界邊塞所建立的土堡哨所。❸沙灘哨　今名沙塘哨，在巍山東隅。❹龍慶關　今名龍箐關，為巍山、彌渡兩地分界口。❺元江　見〈滇遊日記五〉十二月十六日日記注。❻鎮沅　明代為府，治所在今鎮沅。❼石佛哨　在彌渡西隅。❽水次　水邊。❾趙州　見〈滇遊日記八〉三月二十日日記注。❿新城　在彌渡城西。⓫倅　古代地方佐貳副官，此指同知（明、清時知府、知州的佐官）。⓬有溪自北而南　即白崖瞼江，今名毗雄河，又名西大河，禮社江的東源。⓭臨安河　指元江流經臨安府內的一段。⓮蓮花灘　在今雲南邊境河口田房附近的紅河上。⓯迷渡　明代設迷渡市巡檢司，即今彌渡。⓰海子　分上、下兩村，在彌渡城東。

【語　譯】十九日　妙樂送給我乳線香，我將俞禹錫的詩扇，又寫了詩贈送他。馱貨的馬匹到後，就吃了飯告別，妙樂送我走出北門。仍走了二里，經過演武場的東邊。又往北沿東麓走一里，有岔路分成兩條：一條往正北隨大山塢走，是去大理、下關的路；一條往東進入峽谷越過山坡，是去迷渡、洱海衛的路。便從迷渡的路往東上去。走了五里，渡過往西流下的澗水，到這裡登上山坡。走了二里，到一塊平地，有幾戶人家在山坪北邊，名阿兒村。再登坡直往上走，過了五里，登上坡頭，在岡脊上平步行走，而後往南越過它。這岡脊從南面的山峰往北延伸下去，它的東面和大山夾成坑谷，往北伸下再向西轉，而後進入大平野；它的西面則平緩地落下大平野的南邊，從它上面俯視蒙化城，如同一個土堡哨所。再靠著北邊的山坡往東上去，走了三里，有三、四戶人家在山脊上居住，這是沙灘哨。山脊上有新建的小庵，十分整潔。再登上山脊往東走上二里，盤繞山崖往北轉，忽見北面峽谷並峙，路從它的中間穿過，就是從北面過來再向東延伸而後往南轉的山脊了，這是龍慶關。穿過峽谷，就隨峽谷往東落下，岩石高峻，過了半里，才稍許平坦。這山脊從北面的定西嶺往南延伸，東邊靠著白崖站、迷渡的水流為禮社江，往南從定邊縣東流下元江；西界從蒙化府甸頭流出的水為陽江，往南從定邊縣西流下瀾滄江，是景東、威遠、鎮沅各府州的山脈所從延伸過來的地方。

往東走下四里多，有幾戶人家住在峽谷中，這是石佛哨，就在這裡吃飯。再走了三里，有三、四戶人家在北坡上，名桃園哨。從這裡在峽谷中曲折行走，隨水流出去，有時往東有時往北。不到二里，就和峽谷一起掉轉，但都在水的左邊走。這樣走了十里，再向北轉，才望見峽口往東通到平野中。峽谷中小屋接連不斷，各自靠近水邊，屋上的瓦片都為白色，是磨房，用水運轉機械，將麥子磨成麵粉，十分潔白，方才知道迷渡的平野中，盛產水稻更盛產小麥了。再走了二里，過橋從溪水的右邊走出峽口，隨山勢往南轉，過了半里，就向東橫穿平野行走。這平野十分平坦開闊，北面有高山如屏風聳立，就是白崖站；西北有聚集的山峰往南橫亙，就是定西嶺向南延伸的山脊。兩面高山之間，有山坳在西北，就是定西嶺。越過山嶺往西，是去下關的路；從山坳往北轉，是去趙州的路。我不能路過那裡，而僅僅到禮社江的上游去了一回，遊覽了迷渡的風景，都是被馱貨的馬匹拖累了。

往東在平坦的堤岸上走了三里，有圍牆在路左邊的平野中，方方整整而且很長，裡面沒有大屋，是景東衛貯藏糧食的場所，名新城。走了半里，圍牆到了東邊的盡頭，再在堤岸上行走，過了三里，有座碑亭在路的右邊，是大理府同知王君治理景東衛事，而衛裡的人們為他立碑在這裡。再往東走半里，有溪水從北向南流，上面架著木橋，水勢和溪流都不大。這是禮社江的源頭，從白崖站、定西嶺流來，向南流到定邊縣，往下到元江府，會合馬龍水成為臨安河，往下流到蓮花灘。這時平野中正苦乾旱，所以水淺得像一條衣帶。從這裡望去，平野形狀如同犁尖，北面拓展而南面收斂，東西兩邊的山，也是北面高南面低，原來去定邊縣、景東府的大路，都從這裡往南走。再往東走半里，進入迷渡的西門。這裡的城牆不及新城整齊，但住房很多，這是舊城，有巡檢司在這裡。這裡是趙州、洱海衛、雲南縣、蒙化府的分界處，而景東衛的屯所也在這裡。在城內買了米。走出北門，隨城牆往東轉，過了一里，有支峰從東南繞到北面，有座小佛塔在山上。繞過它的山口，走進東面的山塢中，再走了一里，塢中又形成一個小山壑，名海子。有靠山朝北居住的人家，就去那裡投宿。

二十日❶ 平明，飯而行。又東一里，入峽，其中又成一小壑。二里，隨壑北轉，漸上坡。再上再平，三里，逾嶺頭，遵岡北行。又三里，有村在西坡腋間，為酒藥村。又北循坡行，其坡皆自東而西向下者，條岡縷縷❷，有小水界之，皆西出迷渡者。再下再上，約十里，有賣漿者廬岡頭，曰飯店；有村在東山下，曰飯店村。又北逾一岡，二里，坡西於是有山，與東坡夾而成峽，其小流南下而西注迷渡。路乃從峽中溯之北，二里餘，轉而東北上，二里餘，陟而逾其坳，此烏龍壩❸南來大脊，至此東度南轉，而峙為水目者也。脊頗平坦，南雖屢升降坡間，而上實不多，北下則平如兜❹，不知其為南龍大脊。余自二月十三從鶴慶❺度大脊而西，盤旋西南者半載餘，乃復度此脊北返，計離鄉三載，陟大脊而東西度之，不啻如織矣！

脊北平下半里，即清華洞，倚西山東向。再入之。其內黃潦盈潴，及於洞口。余去年臘月十九日❻，當雨後，洞底雖濘，而水不外盈，可以深入。茲方苦旱，而水當洞門，即外臺亦不能及，其內門俱垂垂❼浸水中，止此穿一隙，其上亦透重光，不如內頂之崇深也。稍轉而北，其上竇即黑暗而窮，其下門俱為水沒，無從入中洞也。此洞昔以無炬不能深入，然猶踐濘數十丈，披其中透頂之扃，茲以漲望門而止，不知他日歸途經此，得窮其蘊藏否也。

出洞，北行半里，逾嶺即西向白崖大道，仍捨之而北。二里，有池一方在西坡下，其西南崖石嶙峋，亦龍潭也。又北一里，過一村聚，村北路右有牆一圍，為楊土縣之宅。又北一里，即洱海衛城西南隅。從西城外行半里，過西門，余昔所投宿處也。又隨城而北半里，轉東半里，抵北門外，乃覓店而飯。先是，余從途中見牧童手持一雞葼，甚巨而鮮潔，時雞葼已過時，蓋最後者獨出而大也。余市之，至是淪湯為飯，甚適。

洱海往雞山道，在九鼎、梁王二山間，余昔所經者。騎夫以家在蕎甸，故強余迂此。蓋洱海衛所環之塢甚大，西倚大脊崇岡；東面東山對列，東南匯為青龍海子，破峽而繞小雲南驛為水口；其南即清華洞前所逾南坳；其北即梁王山東下之支，平伏而橫接東山者，自洱海北望，以為水從此洩，而不知反為上流。余亦欲經此驗之，於是北行田塍間，西瞻九鼎道，登緣坡，在隔澗之外數里也。六里，抵梁王山東支之南；有寺在其西腋，南向臨川，曰般若寺。路乃東向逾岡，一里餘，有村廬倚西山而居，曰品甸⑧。由其東一里餘，再北上坡，乃一堤也。堤西北山迴壑抱，東南積水為海，於時久旱，半已涸矣。從堤而東半里，一廟倚堤而北懸海中，為龍王祠。又東半里轉北，堤始盡。復逾東突之坡，一里，復見西腋尚蟠海子支流。平行嶺脊，又北三里，則東峽下墜，遙接東山，腋中有水盈盈，則周官步海子⑨也。其北則平岡東度，而屬於東山，此海實青龍海子之源矣。梁王之脈，由此東度，不特南環為洱城東山，即蕎甸北賓川東大山崇窿⑩，為鐵索箐、紅石崖者，皆此脊繞蕎甸東而磅礴之。余夙聞洱城北有米甸、禾甸⑪、蕎甸⑫之名，且知青海子水經小雲南隨川北轉，經臙脂壩，合禾、米諸甸水，而北入金沙。意此脊之北，蕎甸水亦東北流，至此乃知其獨西北出賓川者。始悟此脊自□□山南度為□□□山⑬，而盡於小雲南；北界於蕎甸之東，聳賓川東山，而盡於紅石崖金沙江岸。脊北盤壑，是為蕎甸，與禾、米二甸，名雖鼎列，而水則分流焉。從嶺上轉西北一里，隨北塢下，三里而至塢底。直北開一塢，其北崇山橫亙，即斜騫於賓川之東而雄峙者；西界大山，即梁王山北下之支；東界大山，即周官步北岡東度之脊所轉北而直接橫亙崇山者。從嶺上觀之，東西界僅與脊平，至此而巖巖⑭直上，其所下深也。塢中村廬纍落，即所謂蕎甸。度西南峽所出澗，稍北上坡，又一里，而止於騎夫家。下午熱甚，竟宿不行。

【章　旨】本章記載了第四百三十三天在大理府的行跡。經過酒藥村、飯店村，到一道平坦的山脊，不知它就是南龍大脊。離鄉三年來，登上大脊在東西翻越，就像織布機上的穿梭一般。從山脊北面下去，又一次來到清華洞，這裡正苦乾旱，但洞中卻漲滿了水，沒法進去。出洞經過一個龍潭，進入洱海衛城吃飯。因馬夫的家在蕎甸，便繞道從那裡走。環繞洱海衛的山塢很大，走到梁王山東面支脈的南麓，經過般若寺、品甸、龍王祠，因為久旱，所路過的湖泊一半已經乾涸。往前望見尚蟠海子的支流、青龍海子的源頭周官步海子。這裡的山脈，都從梁王山氣勢磅礴地延伸而成。因下午熱得厲害，便在蕎甸馬夫家住下。

【注　釋】❶二十日　從本日起，徐霞客基本上沿著去年十二月所走過的路，前往雞足山，以後《遊記》中所載地名，可參見〈滇遊日記五〉十二月十六日至二十二日日記注。❷縷縷　形容一條一條接連不斷。❸烏龍壩　在賓川西南境，水源出烏龍山頂。❹兜　兜鍪；頭盔。❺鶴慶　見〈滇遊日記六〉正月二十四日日記注。❻余去年臘月十九日　「十九日」原作「十八日」，徐本作「廿一日」，據〈滇遊日記五〉改。❼垂垂　漸漸。❽品甸　在祥雲北隅，其東海子，現為品甸水庫。❾周官莎海子　在祥雲北隅，現為前進水庫，又稱渾水海。❿窿　穹窿，同「穹隆」。⓫米甸禾甸　俱在祥雲東北境。⓬蕎甸　又名楊保街，在賓川東南隅。⓭始悟此脊自□□山南度為□□山　「山南度為」四字，據寧抄本補。⓮巖巖　形容山勢高峻。

【語　譯】二十日　黎明，吃了飯出發。又往東走一里，進入峽谷，峽谷中又形成一道小山壑。走了二里，隨山壑往北轉，漸漸上坡。兩次往上兩次平步行走，過了三里，越過嶺頭，沿著山岡往北走。又過了三里，有村莊在西坡的山腋中，是酒藥村。再往北沿山坡走，這些山坡都從東往西伸下，分出一條條山岡，有小水隔開它們，都是往西流到迷渡的水。兩次往下兩次往上，約走了十里，岡頭有賣漿人的屋子，名飯店；有村莊在東山下，名飯店村。再往北越過一座山岡，走了二里，到這裡，山坡西面有山，和東面的山坡相夾形成峽谷，峽谷中的小水往南流下再往西注入迷渡。路就從峽谷中沿水流往北上行，走了二里多，轉向東北上去，走了二里多，登上並越過山坳。這是從烏龍壩往南延伸的大山脊，到這裡往東再向南轉，聳峙成為水目山。山脊很平坦，往南雖然在山坡上多次升降，但上去的路實際上不多，往北走下則平如頭盔，不知它就是南龍大脊。我自二月十三日從鶴慶越過大脊往西，就在滇西南盤旋半年多時間，今天再次越過這道山脊往北返回，計自離鄉三年來，登上大脊而或向東或向西越過它，就像織布機上的穿梭那樣往來頻繁了。

從山脊北面平步走下半里，就到清華洞，朝東靠著西山。再一次進入洞。洞內充滿黃色的積水，溢到洞口。我去年臘月十九日來時，正當雨後，洞底雖然泥濘，但水沒有溢到外面，可以深入進去。現在正當乾旱，而水卻淹到洞口，即使是洞外的平臺也不能到，洞內的通口都漸漸浸在水中，只有這裡穿通一條縫隙，上面也透進陽光，不像內洞的頂部那樣高深。稍稍轉向北，它的上洞就變得黑暗並到盡頭。它下面的洞口都被水淹沒，無法進入中洞。這洞先前因沒有火把不能深入，但仍踩著泥濘的路走了幾十丈，從洞中穿到頂部的門戶，這次因為漲水望著洞口停下，不知以後返回時經過這裡，能不能窮究它蘊藏的奧祕？

出了洞，往北走半里，越過山嶺就是往西去白崖站的大路，仍然離開它往北。走了二里，有一方池水在西邊的山坡下，池西南崖石高峻，也是個龍潭。再往北走一里，經過一個村落，村北路的右邊有一道圍牆，是楊土知縣的住宅。再往北走一里，就是洱海衛城的西南隅。從西城外走半里，經過西門，是我先前投宿的地方。又隨城牆往北走半里，轉向東走半里，到達北門外，便找客店吃飯。在此之前，我在途中看到牧童手裡拿著一個雞葼，很大而且鮮潔，這時雞葼已過了季節，大概是最後獨自長出的大雞葼。我買了它，到這時燒湯下飯，十分可口。

洱海衛前往雞足山的路，在九鼎、梁王兩座山之間，是我先前所經過的路。馬夫因為家在蕎甸，所以硬要我繞道從這裡走。原來環繞洱海衛的山塢很大，西面靠著大山脊高岡；東面和東山相對排列；東南匯水成為青龍海子，沖破峽谷繞到小雲南驛成為水口；它的南面就是在清華洞前越過的南坳；北面就是梁王山往東伸下的支脈，平伏而橫接東山；從洱海衛向北望去，以為水從這裡流洩，卻不知反而是上游。我也想經過這裡實地驗證一下，從這裡往北在田埂間行走，向西瞻望去九鼎山的路，沿山坡登上，在澗水對面幾里之外。走了六里，到達梁王山東面支脈的南麓；有寺在山的西腋，朝南對著平野，名般若寺。路就向東越過山岡，走了一里多，有村莊房屋靠著西山居住，名品甸。從村東走一里多，再往北上坡，是一道堤岸，堤岸西北，山峰迴繞溪壑環抱，東南積水成為湖泊，在這時因長久乾旱，一半已經乾涸了。從堤岸上往東走半里，一座廟宇靠著堤岸懸在北面的湖泊中，是龍王祠。再往東走半里又向北轉，堤岸才到盡頭。再越過向東突起的山坡，走了一里，又看到西腋尚蟠海子的支流。在嶺脊上平步行走，再往北三里，只見東邊的峽谷落下，遠遠連接東山，山腋中有水盈盈，是周官步海子。在它北面平坦的山岡向東延伸，和東山相連，這湖泊實際上是青龍海子的源頭。梁王山的山脈，從這裡向東延伸，不但往南環繞成洱海衛城的東山，就是蕎甸北面賓川東面高高隆起的大山，稱為鐵索箐、紅石崖的山，也都是這道山脊繞過蕎甸東面氣勢磅礴地形成的。我過去聽說洱海衛城北面有米甸、禾甸、蕎甸的地名，而且知道青海子的水經過小雲南驛隨平野往北轉，經過臙脂壩，會合禾甸、米甸各處水流，而後往北匯入金沙江。原以為這道山脊的北面，蕎甸的水也往東北流，到這裡才知道它獨自往西北流到賓川。方才明白這道山脊從□□山往南延伸成為□□□山，到小雲南驛為止；北邊被隔在蕎甸的東面，聳立成賓川的東山，到金沙江岸的紅石崖為止。山脊北面盤繞的山壑，便是蕎甸，和禾甸、米甸，三者名稱雖然同列，但水卻分流了。從嶺上轉向西北走一里，隨北面的山塢下去，過了三里到達塢底。正北開出一個山塢，塢北高山橫亙，就是在賓川東面斜伸雄峙的山；西界的大山，就是梁王山向北伸下的支脈；東界的大山，就是周官步北岡向東延伸的山脊，轉向北直接橫亙的高山。從嶺上觀望，東西兩界的山僅與山脊同樣高，到這裡山勢高峻，徑直上升，因為往下已很深了。山塢中村莊住房重重疊疊，就是所說的蕎甸。越過從西南峽中流出的澗水，稍稍往北上坡，再走了一里，在馬夫家停步。下午熱得厲害，終於住下不走了。

二十一日　平明，飯而行，騎夫命其子擔而隨。纔出門，子以擔重復返，再候其父飯，仍以騎行，則上午矣。北向隨西山之麓，五里，有一村在川之東，為海子，村當川窪處，而實非海也，第東山有峽向之耳。漸轉西北，五里，西山下復過一村。又四里，有數十家倚西山而廬，其前環堤積水，曰馮翊村，其北即崇山橫障之麓。川中水[1]始沿東山北流，至是西轉，漱北山而西，西山又北突而扼之，與北麓對峙為門，水由其中西向破峽去，路由其南西向逾坳入，遂與水不復見。蓋北突之嘴，夾水不可行，故從其南披隙以逾之也。由馮翊村北一里，至此坳麓，乃西向盤崖歷壑，山雨忽來，傾盆倒峽，浹地交流。二里，轉西南盤崖上，又一里，轉西北，遂躡石坡，里餘，升岡頭。有岐：西向逾坳者，賓居道也；北向陟岡者，賓川道也。乃北上半里，遂登嶺頭。於是西瞰大川，正與賓居海東之山，隔川遙對，而川之南北尚為近山所掩，不能全覩，然峰北蕎甸之水，已透峽西出，盤折而北矣。

乃西北下山。一里餘，騎夫指北峰夾岡間，為鐵城❷舊址，昔土酋之據以為險者。蓋梁王山北盡之支，北則蕎甸水界為深塹，南則從峰頂又墜一坑環之，此岡懸其中，西向特立，亦如佛光寨恃險一女關❸之意也，非鄧中丞應龍❹。芟除諸巢，安得此寧宇乎？又下里餘，渡墜坑之水，乃循東山北行。又三里，抵蕎甸水所出口。其水分衍漫流，而北隨之，或行水中，或趨磧上，或涉水左，或涉水右，茫無正路。四里，乃上東麓，始有路北向。循麓行六里，望路西有鞏橋當川之中，則大理由賓居來大道。有聚落在橋西，是為周官營。從其東直北三里，一小坊在岡上，過之，始見賓川城。又北一里，過南薰橋，入其南門。行城中，北過州治前，約一里，出北門飯，市肉以食。

北一里，過小岡坊，西北下坡，一里，抵川中澗。其北有鞏橋，五洞，頗整，以澗水僅一衣帶，故不由橋而越澗。又西北二里餘，遂抵西山東突之嘴。盤之北，又二里，有路自西南逾嶺坳來合，即余昔從梁王山來者。其北有村廬倚西峰下，是為紅帽村，余昔來飯處也。從村後隨西山北行四里，西山開小峽，於是路分為二，遂西向入峽。一里，涉小澗北上，一里，登岡頭，過一坊，復西北行。二里，西逾岡脊，望見南山自西屏列而東，是排沙❺北界之山，西自海東，東抵賓居，南與大脊烏龍壩山並夾者，土人稱為北山，而觀音箐在其北塢。其西北瀕洱海，為魯擺山❻，則三澗門所來之脊，又東挾上、下倉之水，而北出拈花寺南橋下者也。從岡頭又西北行三里，稍下，有水自西南來，有亭橋北跨之，是為乾果橋❼。北有數家倚岡，余昔之所宿，而今亦宿之。乾果北有一尖峰，東向而突，亭亭凌上，蓋西南自魯擺海東之脊，分支東北，上為上下倉、觀音箐分界，下為煉洞、乾果二溪中垂，亦雞山東第一水口山也。

【章　旨】本章記載了第四百三十四天在大理府的行跡。經過海子、馮翊村，登上嶺頭。下山遙望鐵城舊址，過去土司據此作為天險。又經過周官營，進入賓川州城，通過南薰橋，到北門買肉吃飯。往前看到一座有五個橋洞的拱橋，再經過紅帽村，望見排沙北界的山，它的西北靠近洱海，為魯擺山。隨後到乾果橋邊的村舍投宿，村北有一座尖峰，是雞足山東面第一座水口山。

【注　釋】❶川中水　即今蕎甸河，上游分東河和西河，現為海哨水庫。❷鐵城　在賓川南境。❸佛光寨恃險一女關　見〈滇遊日記七〉二月二十三日日記注。❹應龍　鄒應龍，字雲卿，陝西長安人。嘉靖末以彈劾知名。隆慶間任雲南巡撫。萬曆年間單騎督征，討平鐵索箐少數民族叛亂。❺排沙　與上倉、下倉，俱在賓川西境。❻魯擺山　在洱海東岸。❼乾果橋　據〈滇遊日記五〉十二月二十一日日記，其地為江果村，橋當為江果橋。

【語　譯】二十一日　黎明，吃了飯出發，馬夫叫他的兒子挑擔跟我走。剛出門，他的兒子因擔子太重又返回，再等他父親吃飯，仍用馬馱著走，已是上午了。朝北沿西山的山麓，走了五里，有一個村莊在平野的東面，是海子。村莊在平野的低窪處，但實際上並不是湖泊，只是東山有峽谷通向那裡罷了。漸漸轉向西北，走了五里，在西山下再經過一個村莊。又走了四里，有幾十戶人家靠著西山建屋，前面有環繞的堤壩蓄水，名馮翊村，村北就是橫擋的高山的山麓。平野中水起先沿東山往北流，到這裡往西轉，沖刷著北山往西流去，西山又向北突起扼住水流，和北山的山麓相對峙立，形成門戶，水從中間往西沖破峽谷流去，路從它的南邊往西越過山坳進去，便和水流不再相遇。原來向北突起的山口，夾住水流不能通行，所以從它的南面穿縫隙過去。從馮翊村往北走一里，到這山坳的腳下，便往西盤繞山崖經過山壑走。山雨忽然來臨，傾盆大雨倒瀉峽谷中，遍地交流。走了二里，轉向西南盤繞山崖往上，又過一里，轉向西北，便踏上石坡，走了一里多，登上岡頭。有岔路：往西穿越山坳的，是去賓居的路；往北登上山岡的，是去賓川的路。於是往北走上半里，便登上嶺頭。在這裡向西俯視大平野，正和賓居湖泊東面的山，隔著平野遙遙相對，而平野的南北，還被近處的山所遮掩，不能看到全貌，但山峰北面蕎甸的水，已穿過峽谷往西流出，曲折盤繞往北流去了。

於是往西北下山。走了一里多，馬夫指著北面山峰相夾的山岡中，說是鐵城舊址，從前被土司占據作為天險。原來是梁王山的支脈往北到了盡頭的地方，北面有蕎甸水隔為深溝，南面從峰頂又陷落成一個坑谷環繞著它，這座山岡懸在中間，向西獨立，情況也像佛光寨憑藉一女關作為險阻一樣，如果沒有鄒中丞應龍。鏟除那裡各個巢穴，哪能有今天這樣安寧的地區呢？再往下走一里多，渡過陷落的坑谷中水，便沿著東山往北走。又過了三里，到達蕎甸水的出口處。這水分散漫流，往北隨著水流走，有時在水中行走，有時在沙石上趕路，有時渡水到左邊，有時渡水到右邊，茫然找不到正路。走了四里，便踏上東麓，才有路往北。沿山麓走了六里，望見路的西邊有座拱橋在平野中，是從大理府經過賓居延伸過來的大路。有村落在橋的西邊，這是周官營。從村東往正北走三里，有座小牌坊在山岡上，走過牌坊，才望見賓川城。再往北走一里，通過南薰橋，進入城南門。在城中行走，往北經過州衙前，大約一里，走出北門吃飯，買了肉吃。

往北走一里，經過小岡上的牌坊，往西北下坡，走了一里，到達平野中的澗水。北邊有座拱橋，有五個橋洞，很整齊，因為澗水細小，像一條衣帶，所以不從橋上走就能越過澗水。再往西北走二里多，便到達西山向東突起的山口。盤繞山口往北，又走了二里，有路從西南越過嶺坳伸來會合，這就是我先前從梁王山過來的路。在它北邊有村莊住房靠在西峰下，這是紅帽村，是我先前來時吃飯的地方。從村後隨西山往北走四里，西山開出一道小峽谷，到這裡路分為兩條，便往西進入峽谷。走了一里，渡過小澗往北上去，走了一里，登上岡頭，經過一座牌坊，再往西北走。過了二里，往西越過岡脊，望見南山像屏風那樣從西向東排列，是排沙北界的山，西邊起自洱海的東面，東邊到達賓居，南邊和大山脊烏龍壩山並列相夾，當地人稱為北山，而觀音箐在它北面的山塢。它的西北靠近洱海，為魯擺山，是三澗門延伸過來的山脊，又往東緊貼著上倉、下倉的水，往北到拈花寺南邊的橋下。從岡頭再往西北走三里，稍稍往下，有水從西南流來，有亭橋往北架在水上，這是乾果橋。橋北有幾戶人家靠著山岡，是我原先投宿的地方，今天也在這裡留宿。乾果村的北面有一座尖峰，向東突起，亭亭玉立，凌空直上，大致上西南起自洱海東面的魯擺山山脊，分出支脈往東北伸展，往上成為上倉、下倉和觀音箐的分界，往下成為煉洞、乾果兩條溪水中間垂下的山，也是雞足山東面的第一座水口山。

二十二日　平明，飯而行。西北三里餘，涉一小溪。又上里許，抵尖峰下。循其東崖而北，一里，隨崖西轉，遂出峰北。於是北塢自西而東，即雞山之水，自煉洞而東下牛井街，合賓川而北者也。路隨南崖西向下，二里，有村在路旁，上有坊，曰「金牛溢井」，土人指溪北村旁，有石穴為金牛溢處，而街則在其外。又西盤峽陟坡，二里，下渡一小水，復西北上。再下再上，五里，登一岡頭，皆自南而北突者。又二里，稍下，過「廣甸流芳」坊。又北一里，於是村廬相望，即煉洞境矣，南倚坡，北瞰塢。又二里，過公館街。又北一里，過中谿莊。李中谿公以年老，煉洞米食之易化，故置莊以供餐。雞山中谿公有三遺跡，東為此莊，西桃花箐下有中谿書院，大頂之側禮佛臺，有中谿讀書處。又北上岡，一里，茅舍累累布岡頭，是為煉洞街子。又北半里，過「煉法龍潭」坊。又北里餘，稍下，過一橋。有數家倚西山塢中，前有水一塘，其上有井，一小亭覆之，即龍潭也，不知煉法者為誰矣。村北有巨樹一株，根曲而出土上五、六尺❶，中空，鞏而復倒入地中，其下可通人行。

於是又西北二里，逾一坡，又西北一里餘，過茶庵。又西北下，涉一坑，一里，涉坑復上，乃循北山之環腋而西上。一里餘，瞰其南壑，中環如規，而底甚平。又西上一里，遂分兩岐，北向逾嶺，為雞山道。乃北上，行嶺頭二里，復西折而下。下二里餘，有峽自西南來，其底水破峽東北出，即下倉海子水所由注牛井者，有亭橋跨之。是雞山東第二水口山也。渡橋西，復北上坡，折而南，盤西峽而北，一里餘，循峽西北上，又里餘，有哨當嶺頭，從此平行直南，乃下倉道。逾嶺北下一里，則拈花寺東向倚西山，居環壑中，乃入而飯。既飯，雨至，為少憩。遂從寺左轉而西上，一里餘，逾一北突之嶺，有坊曰「佛臺仰止」，始全見雞山面目；頂聳西北，尾掉東南，高懸天際，令人神往。

逾脊西下，即轉而北，一里，下涉北墜之峽。又半里，西逾一北突之坳。坳南岐有坊倚坡，此白石崖東麓坊也，余昔來未及見，故從其西麓之坊，折而東上。過坳復西向，循大路趨里餘，過白石崖西坊。又西里餘，有岐稍下，則雞山前峽之溪，東向而入牛井街，合賓川溪，北向桑園而下金沙矣。溪有小亭橋跨其上，過橋北，騎夫東轉北上而向沙址，余西向溯溪，欲尋所謂河子孔者。時水漲，濁流奔湧，以為不復可物色。遇一嫗，問之，指在西南崖下，而沿溪路絕，水派橫流，荊棘交翳。或涉流，或踐莽，西二里，忽見一亭橋跨溪上，其大倍於下流沙址者，有路自北來。越橋南，即循南山東向，出白石崖前，乃登山官道。始知沙址小橋乃捷徑，而此橋即洗心橋也。河子孔❷即在橋南石崖下，其石橫臥二、三丈，水由其下北向溢出，穴橫長如其石，而高不及三尺，水之從中溢者甚清，而溪中之自橋西來者，渾濁如漿。蓋橋以西水從二派來：一北來者，瀑布峽中，與悉檀、龍潭二水所合；一西來者，桃花箐東下之流。二派共會橋西，出橋東，又會此孔中清派，此雞山南澗之上流也。孔上有神祠。其南崖之上，更有靜室。

於是隨北來大路，上「靈山一會」坊。二里，至坊下，即沙址西來路所合者。其西南隔澗，有寺踞坡麓，為接待寺。此古刹也，在西第一支東盡之麓。雞山諸刹，山路未闢，先有此寺，自後來者居上，而此刹頹矣。時余不知騎僕前後，徘徊一里，漸隨溪東岸而上。其東峰下臨，即東第三支迴環之嶺，新構塔基於其上，中與大士閣中第二支相對成峽，而路由其下者也。又北一里，盤坡稍上，過報恩寺。寺為東第三支山麓之首刹，亦如接待之在西支之首。惟中第二支，其麓為兩溪交會處，夾尖無刹可託，其上即大士閣中臨之而已。從報恩西又北一里，有橋西跨澗上。度橋循大士閣東麓，北向上半里，有岐：西南盤嶺者，大士閣大道也；直北臨東溪西崖而入者，悉檀、龍潭道也。問騎已先向龍潭，余隨之。一里，又東度橋，從澗東躡峻上。其上趾相疊，然巨松夾隴，翠蔭飛流，不復知有登陟之艱也。又二里，轉龍潭上，半里而入悉檀寺。時四長老俱不在，惟純白出迎。乃稅駕北樓。回憶歲初去此，已半載餘矣。

【章　旨】本章記載了第四百三十五天在大理府上雞足山的行跡。經過「金牛溢井」坊、「廣甸流芳」坊、公館街、中谿莊、煉洞街子，到「煉法龍潭」坊。村北有棵大樹，樹根呈拱形凸出地面，根下可以通行。又經過茶庵，到雞足山東面第二座水口山，再越過嶺頭，到拈花寺吃飯。隨後越過「佛臺仰止」坊，才看到雞足山的全貌，令人神往。再越過山脊往下，經過白石崖東麓和西麓的牌坊，尋找河子孔。河子孔在洗心橋的石崖下，從洞穴中溢出的水很清，但從橋西流來的水十分渾濁。接著登上「靈山一會」坊，經過接待寺、報恩寺，轉到龍潭上方，進入悉檀寺住下。從年初離開這裡，已有半年多了。

【注　釋】❶根曲而出土上五六尺　「五六尺」上原有「其」字，據徐本刪。❷河子孔　在雞足山東南麓，〈滇遊日記五〉十二月二十二日日記作「盒子孔」。

【語　譯】二十二日　黎明，吃了飯出發。往西北走三里多，渡過一條小溪，又往上走一里左右，到達尖峰下。沿著它東面的山崖往北，走了一里，隨山崖往西轉，便到山峰北面。在這裡北面的山塢從西往東伸展，就是雞足山的水流，自煉洞往東流下牛井街，會合賓川水往北流的地方。路隨南面的山崖往西下去，走了二里，有村莊在路旁，上面有牌坊，名為「金牛溢井」，當地人指著說，在溪北邊的村旁，有個石穴是金牛溢水處，而街則在村外。再往西盤繞峽谷登上山坡，走了二里，往下渡過一條小水，再往西北上去。兩次往下兩次往上，走了五里，登上一座岡頭，都是從南向北突起的。再走了二里，稍稍往下，經過題名「廣甸流芳」的牌坊。再往北走一里，到這裡村莊住房相望，就是煉洞地界了，南面靠著山坡，北面俯對山塢。再走了二里，經過公館街。再往北走一里，經過中谿莊。李中谿因為年老，煉洞的米吃了容易消化，所以購置了莊田以供食糧。中谿公在雞足山有三處遺跡：東面為這莊園，西面桃花箐下有中谿書院，大頂旁邊的禮佛臺，有中谿讀書處。再往北登上山岡，走了一里，茅屋接連不斷散布在岡頭，這是煉洞街子。再往北走半里，經過題名「煉法龍潭」的牌坊。再往北走一里多，稍稍往下，通過一座橋。有幾戶人家靠在西面的山塢中，前面有一方塘水，池塘上面有井，井上蓋著一個小亭，這就是龍潭，不知煉法的人是誰。村北有一棵大樹，樹根彎曲從地面凸出五、六尺，中間是空的，呈拱形再倒入地中，樹根下面可讓人通行。

從這裡再往西北走二里，越過一道山坡，再往西北走一里多，經過茶庵。再往西北下去，渡過一個坑谷，走了一里，渡過坑谷再往上，便沿著北山環繞的山腋往西上去。走了一里多，俯視南邊的山塹，中間環轉就像圓規，而底部很是平坦。再往西走上一里，便分出兩條岔路，往北越過山嶺，是去雞足山的路。於是往北上去在嶺頭走了二里，再轉向西下去。往下走了二里多，有峽谷從西南伸來，峽底的水沖破峽谷往東北流出。就是下倉海子的水所注入牛井街的，有座亭橋架在水上。這是雞足山東面的第二座水口山。過橋到西邊，再往北上坡，轉而向南，繞著西邊的峽谷往北，走了一里多，沿峽谷往西北上去，又走了一里多，有哨所在嶺頭，從這裡一直往南平步行走，是去下倉的路。越過山嶺往北走下一里，只見拈花寺朝東靠著西山，座落在環繞的山塹中，便進寺吃飯。飯後下起雨來，為此休息片刻。於是從寺的左邊轉向西上去，走了一里多，越過一座向北突起的山嶺，有座牌坊名「佛臺仰止」，方才看到雞足山的全貌。山頂在西北高聳，尾部掉轉向東南，高高聳立空中，令人神往。

越過嶺脊往西下去，就轉向北，走了一里，往下渡過向北落下的峽谷。再走了半里，往西越過一處向北突起的山坳。山坳南邊的岔路中有牌坊靠著山坡，這是白石崖東麓的牌坊，我先前來時沒看到，所以從它西麓的牌坊，轉向東上去。過了山坳再往西，沿大路趕了一里多，經過白石崖西麓的牌坊。再往西走一里多，有岔路稍稍往下，只見雞足山前面峽谷中的溪水，往東流入牛井街，會合賓川溪水，向北到桑園而後流下金沙江了。有小亭橋架在溪上，過橋到北邊，馬夫轉向東再北上去沙址，我往西沿溪水上行，想尋找所說的河子孔地方。這時溪水上漲，濁流奔湧，以為不再能找到。遇見一個老婦，向她打聽，指著說在西南的山崖下，但沿溪的路斷了，溪水橫流，荊棘交相遮蔽。有時渡過水流，有時踏著叢草，往西走了二里，忽然看見一座亭橋架在溪上，橋面比下游沙址的橋大一倍，有路從北面伸來。過橋到南邊，就沿南山往東，走到白石崖前，是登山的大路。方才明白從沙址小橋走是捷徑，而這橋就是洗心橋了。河子孔就在橋南的石崖下，那裡有塊岩石橫臥長二、三丈，水從石下往北溢出，洞穴橫向和岩石同樣長，但高不到三尺，從洞中溢出的水很清澈，但溪中從橋西流來的水，渾濁如同泥漿。大致橋以西的水從兩條支流流來：一條從北面流來的，在峽谷中形成瀑布，和悉檀寺、龍潭兩處水合流；一條從西面流來的，是桃花箐往東流下的水。兩條支流共同在橋西會合，流出橋東，又會合這河子孔中的清水，這是雞足山南澗的上游。河子孔上有神祠。它南面的山崖上方，還有靜室。

從這裡隨北來的大路，去「靈山一會」坊。走了二里，到牌坊下，就是從沙址往西過來的路會合的地方。在它西南隔著澗水，有寺院座落在坡麓，為接待寺。這是一座古廟，在西面第一支山東邊盡頭處的山麓。雞足山各處的寺院，山路未開闢時，先有這座寺院，自從後來者居上，這寺便頹敗了。這時我不知馬匹僕人在前還是在後，徘徊過了一里，漸漸隨溪水東岸往上。那往下伸到這裡的東峰，就是東面第三支迴繞的山嶺，嶺上新建了塔基，中間和大士閣所在的中間第二支山相對形成峽谷，而路從它的下面走。再往北一里，繞著山坡稍稍往上，經過報恩寺。這寺是東面第三支山的山麓居首的寺院，也像接待寺在西面那支山居首一樣。只有中間第二支山，山麓是兩條溪水相會處，相夾的尖角地帶沒法建造寺院，它上面只有大士閣居中對著羅了。從報恩寺西邊再往北走一里，有橋往西架在澗水上。過橋沿大士閣的東麓往北走上半里，有岔路：往西南盤繞山嶺的，是去大士閣的大路；往正北靠近東溪西邊的山崖走進的，是去悉檀寺、龍潭的路。打聽到馱貨物的馬匹已先去龍潭，我跟在後面走。過了一里，再往東過橋，從澗水東邊踏上陡峻的山路往上走去。先後的腳步重疊，但巨大的松樹夾著山隴，翠綠的樹蔭飛舞流動，不再感到登降的艱難了。再走了二里，轉到龍潭上面，過了半里，進入悉檀寺。這時四位長老都不在，只有純白出來迎接。於是在北樓住下。回憶年初離開這裡，已有半年多了。

【研　析】當徐霞客通過枯柯河上游的鐵索橋，到達東岸後，原打算探遊雞飛溫泉，因交通不便，未能如願。對此他似乎十分坦然：「山川真脈，余已得之，一盤可無問也。」在他的心目中，自然景觀始終高於人工建築，而考察山川形勢又高於單純的景物觀賞。這在他離開永昌返回雞足山的途中，表現得尤其明顯。也許是急於趕路，此行除了登上天姥崖，重遊清華洞，似乎不曾再遊其他的景觀。《遊記》中寫天姥崖，只是回顧它的歷史；寫清華洞，感興趣的是當時洞外正逢大旱，而洞內竟反漲滿了水，通篇罕見寫景的文字。但他對沿途的山貌水文，尤其是山脈的走向，比以往更為關注。在從右甸前往順寧的途中，徐霞客毫無疏漏地考察了右甸東面六重「東環南下之分支」。在順寧城外等候馬匹時，又把握時間「坐覽一郡形勢，而并詢其開郡始末」。雖然他在雲州只住了一天，但對這裡新城、舊城的地理位置，及山脈水流，都作了相當具體的記載。他回雞足山後，第一次出遊，就考察了全山的山勢，並糾正了前輩地理學家王士性記載的錯誤。

元代旅行家道士朱思本費十年之力繪成的《輿地圖》，已標明瀾滄江、怒江分道入海，但明代仍有人以為怒江東與瀾滄江合。《一統志》也說：「瀾滄從景東西南下車里，而於元江府臨安河下元江。又注謂出自禮社江，由白崖城合瀾滄而南。」照《一統志》的說法，元江上游禮社江在匯入瀾滄江後，又南下注入元江。對此，徐霞客早已生疑，只是沒有確鑿的證據，故東下雲州，打算在會見楊知州後，「即東南窮瀾滄下流」。在雲州舊城，他遇見一個跛子，對怒江、瀾滄江的源流瞭如指掌，說的話都有根有據。據他說：「潞江在此地西三百餘里，為雲州西界，南由耿馬而去，為渣里江，不東曲而合瀾滄也。瀾滄江在此地東百五十里，為雲州東界，南由威遠州而去，為撾龍江，不東曲而合元江也。」但徐霞客仍不放心，又到新城向那些在外經商的江西人、四川人打聽，回答的話和那跛子相同，這樣才釋然無疑。兩天後他到順寧的東山寺，遇見一個阿祿司僧人，年輕時曾遍遊撾龍、木邦、阿瓦等地，他的話都和跛子及客商的話相合。由此，徐霞客毫不猶豫地否定了《一統志》的錯誤說法，指出怒江、瀾滄江、元江三江分流；瀾滄江和禮社江有西、東之分，而且越往下流相隔越遠，並不會合。其實明代學者已經明白瀾滄江不合禮社江，而是南下威遠、車里，徐霞客進一步提出瀾滄江到車里後依然「直南而不東」，這是一個進步。由於他自覺已弄清了這個問題，於是放棄了去窮究瀾滄江下游的念頭。在蒙化的龍慶關考察時，他指出這裡的山脊從北面的定西嶺往南伸下，為禮社江和陽江的分水嶺，並說：「陽江，南由定邊縣西而下瀾滄」，這就錯了，其實陽江所匯入的是禮社江而不是瀾滄江。在順寧北隅的新牛街，他注意到漾濞江的下游，繞到泮山匯入瀾滄江，這還是對的。《一統志》、《永昌志》

都說永昌的水流到枯柯河東下匯入瀾滄江，徐霞客在看了《姚關圖說》後，已懷疑這種說法。在小臘彝寨，他遇見一個姓楊的店主，對江流的源委十分熟悉。他根據楊店主的話，結合自身的經歷，得出枯柯河合姚關水匯入怒江的正確結論，又一次訂正了《一統志》和府志的錯誤。當他回到雞足山時，已對雲南六大水系即大金沙江（伊洛瓦底江）、潞江（怒江）、瀾滄江、金沙江（長江上游）、元江、南盤江（珠江上游），都作了考察。

滇遊日記十三

【題解】崇禎十二年（一六三九）八月下旬，徐霞客上雞足山，考察山勢，遊覽了八功德水和水簾、翠壁，觀賞「山中第一勝」西峽瀑布，並登上九重崖的最高處。上山不久，顧僕便帶了所有財物逃走。此時霞客正患風疹，心力交瘁，且因腳病行走不便，於是應木增之聘，留在山上編修《雞足山志》。

己卯八月二十三日　雨浹日，憩悉檀。

二十四日　復雨，憩悉檀。

二十五日　雨仍浹日。下午，弘辨師自羅川、中所諸莊回。得吳方生三月二十四日書。乃麗江令人持余書往邀而寄來者。弘辨設盒夜談。

二十六日　日中雨霽，晚復連綿。

二十七日　霽，乃散步藏經閣，觀丁香花❶。其花嬌艷，在秋海棠❷、西府海棠❸之間，滇中甚多，而雞山為盛。折插御風毬❹。時毬下小截，為馳夫肩負而損，與上截接處稍解。余姑垂之牆陰，以遂其性。「御風」❺之意，思其懸崖飄颺而名之也。

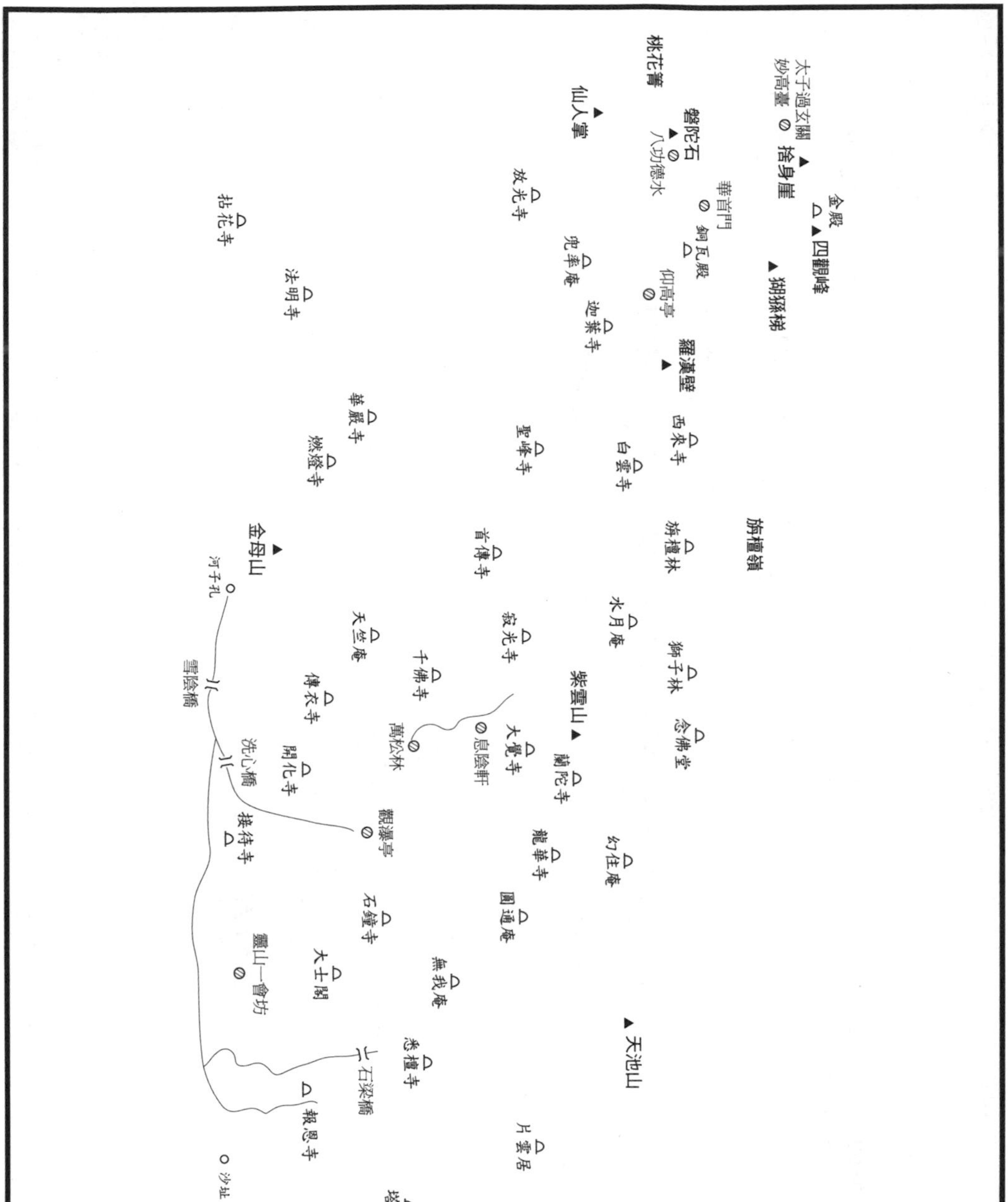
滇遊十三——雞足山示意圖
太子過玄關
妙高臺
捨身崖
金殿
四觀峰
猢猻梯
桃花箐
仙人掌
磐陀石
八功德水
華首門
銅瓦殿
放光寺
兜率庵
仰高亭
迦葉寺
羅漢壁
拈花寺
法明寺
華嚴寺
燃燈寺
聖峰寺
白雲寺
西來寺
旃檀嶺
旃檀林
首傳寺
金母山
河子孔
水月庵
寂光寺
天竺庵
千佛寺
獅子林
紫雲山
傳衣寺
萬松林
息陰軒
大覺寺
念佛堂
雪陰橋
洗心橋
闕化寺
蘭陀寺
觀瀑亭
接待寺
龍華寺
幻住庵
石鐘寺
圓通庵
大士閣
靈山一會坊
無我庵
天池山
悉檀寺
石梁橋
報恩寺
片雲居
沙址
塔院
九重巖
文筆山

二十八日　霽甚。下午，體極自摩尼山回，與摩尼長老復吾俱至。素餐極整。設盒夜談。

二十九日　為弘辨師誕日，設麵甚潔白。平午，浴於大池。余先以久涉瘴地，頭面四肢俱發癬❻塊，累累叢膚理間，左耳左足，時時有蠕動狀。半月前以為蝨也，索之無有。至是知為風，而苦於無藥。茲湯池水深，俱煎以藥草，乃久浸而薰蒸之，汗出如雨。此治風妙法，忽幸而值之，知疾有瘳機矣。下午艮一、蘭宗來。體師更以所錄山中諸剎碑文相示，且謀為余作揭❼轉報麗江。諸碑乃麗江公先命之錄者。

九月初一日　在悉檀。上午與蘭宗、艮一觀菊南樓，下午別去。

初二日　在悉檀，作記北樓。是日體極使人報麗江府。

初三日、初四日　作記北樓。

初五日　雨浹日。買土參洗而烘之。

初六日、初七日　浹日夜雨不休。是日體極邀坐南樓，設茶餅飯。出朱按君泰貞❽、謝撫臺存仁❾所書詩卷，並本山大力、本無、野愚所存詩跋，程二遊名還，省人。初遊金陵，永昌王會圖誣其騙銀，錢中丞❿逮之獄而盡其家。雲南守⓫許學道康憐其才，私釋之，避入山中。今居片角，在摩尼東三十里。詩畫圖章，章他山、陳渾之、恆之詩翰，相玩半日。

初八日　雨霽，作記北樓。體極以本無隨筆詩稿示。

【章旨】本章記載了進入雲南後第四百三十六天至第四百五十天在大理府雞足山的行跡。因連續幾天下雨，便留在悉檀寺休息，在北樓寫日記，並和弘辨、體極等人徹夜交談，賞玩詩畫。天晴時，到藏經閣散步，觀賞丁香花，並折下花插在御風毬中。因長期在瘴癘之地跋涉，渾身發滿風疹塊，苦於無藥，上山浸在用草藥煎熬的熱水池中薰蒸，病才有痊癒的希望。

【注釋】❶丁香花　又稱紫丁香、百結花，白丁香是它的變種。春季開花，清香四溢，芳菲滿目。❷秋海棠　古名八月春，又稱相思草。傳說「昔有婦人，懷人不見，恆灑淚於北牆之下，後淚灑處生草，其花甚媚，色如婦面，其葉正綠反紅，秋開，名斷腸花，即今秋海棠也」（《采蘭雜志》）。《花鏡》稱此花「嬌冶柔媚，真同美人倦妝」。秋海棠和海棠雖然同樣色澤豔麗，嬌媚可人，但前者為草本植物，後者為木本植物，在形態上毫無共同之處。❸西府海棠　「海棠四品」之一。據說因晉朝時長在西府（東晉置軍府於歷陽，稱西府，即今安徽和縣）而得名。又名海紅，為落葉喬木，四月開花，極嬌媚，被譽為「花中神仙」。《廣群芳譜》稱海棠「倏然出生，俯視眾芳，有超群絕類之勢」。❹御風毬　指在騰衝烏索附近所鉤取的木毬（木膽）。❺御風　乘風而行。❻瘮　同「疹」。❼揭　揭帖，古時一種公文書。❽朱按君泰貞　廣東南海人，天啟間任雲南巡按。❾謝撫臺存仁　安徽祁門人。崇禎間任雲南巡撫。存仁，原作「有仁」，據徐本改。❿錢中丞　錢士晉，浙江嘉善人。崇禎間任雲南巡撫。⓫守　署理，古時官階低而所署官高稱守，官階高而所署官低稱行。

【語譯】崇禎十二年八月二十三日　整天下雨，在悉檀寺休息。

二十四日　又下雨，在悉檀寺休息。

二十五日　仍然整天下雨。下午，弘辨禪師從羅川、中所各處莊院回來。接到吳方生三月二十四日信。是麗江木公派人帶著我的信去邀請他，而後寄來的回信。弘辨擺上食品和我長夜談話。

二十六日　中午雨止天晴，晚上又陰雨連綿。

二十七日　天已放晴，就到藏經閣去散步，觀賞丁香花。這花很嬌豔，介於秋海棠、西府海棠之間，雲南生長的很多，而在雞足山最為繁盛。折下花插在御風球上。這時球的下半小截，已被馬夫肩扛背負損壞，和上半截連接處稍稍分離。我暫且將它掛在牆的北面陰處，以順應它的習性。「御風」的意思，是想起它懸掛在山崖上隨風飄揚而取的名。

二十八日　天很晴朗。下午體極從摩尼山回來，和摩尼山的長老復吾一起來到。素餐十分整潔。擺設食品交談到深夜。

二十九日　是弘辨禪師的生日，擺出的麵食十分潔白。中午，在大池中洗澡。我先前因為長期在瘴癘之地跋涉，頭面四肢都發出疹塊，密密麻麻聚集在皮膚上，左耳左腳，常常感到如蟲子在上面爬行發癢。半月前以為是生了虱子，但找牠又沒有。到這時明白是患了風疹，但苦於無藥。這個熱水池水很深，都在裡面放下草藥煎熬，於是浸泡在水中薰蒸了很長時間，汗出如雨。這是醫治風疹的妙法，忽幸而遇上，知道疾病有轉機了。下午，艮一、蘭宗來到。體極禪師再拿出所抄錄的山中各寺的碑文給我看，並且商議為我寫揭帖轉報麗江府。各寺的碑文是麗江木公事先叫他抄錄的。

九月初一　在悉檀寺。上午和蘭宗、艮一在南樓觀賞菊花，下午他們告別離去。

初二　在悉檀寺北樓寫日記，這天體極派人去報告麗江府木公。

初三、初四　在北樓寫日記。

初五　整天下雨。買了土參洗淨後把它烘乾。

初六、初七　整天整夜不停地下雨，這天體極邀請我去南樓坐談，擺設了茶水餅飯。拿出朱巡按名泰貞、謝巡撫名存仁所寫的詩卷，連同本山大力、本無、野愚所保存的詩跋，程二遊名還，省城人。早年遊金陵，永昌人王會圖誣告他詐騙銀子，錢巡撫將他逮捕入獄並抄沒了他的家產。雲南署理學道許康愛惜他的才學，私下把他釋放，躲入山中。如今住片角，在摩尼山東面三十里處。的詩畫圖章，章他山、陳渾之、陳恆之的詩文，相互玩賞了半天。

初八 雨止天晴，在北樓寫日記。體極拿出本無的隨筆詩稿給我看。

初九日 霽甚。晨飯，余欲往大理取所寄衣囊，并了蒼山、洱海未了之興。體極來留曰：「已著使特往麗江。若去而麗江使人來，是誑之也。」余以即來辭。體極曰：「寧俟其信至而後去。」余從之，遂同和光師窮大覺來龍❶。從寺西一里，渡蘭那寺東南下水，過迎祥、石鐘、西竺、龍華，其南臨中谿，即萬壽寺也，俱不入。西北約二里，入大覺，訪遍周。遍周閒居片角莊，月終乃歸。遂出，過鎖水閣，於是從橋西上，共一里，至寂光東麓。仍東過澗，從澗東躡大覺後大脊北向上，一里餘，登其中岡，東望即蘭那寺峽，西望即水月庵後上烟霞室峽也。又上里餘，再登一岡。其岡西臨盤峽，西北有瀑布懸崖而下，其上靜廬臨之，即旃檀林也。東突一岡，橫抱為蘭陀後脊，岡後分峽東下，即獅子林前墜之壑也。於是岐分嶺頭：其東南來者，乃蘭那寺西上之道；東北去者，為獅林道；西北盤崖而上者，為旃檀嶺也；其西南來者，即余從大覺來道也。始辨是脊從其上望臺連聳三小峰南下，脊兩旁西墜者，南下為瀑布而出鎖水閣橋，東墜者，南下合獅林諸水而出蘭那寺東。是東下之源，即中支與東支分界之始，不可不辨也。

余時欲東至獅林，而忽見瀑布垂綃，乃昔登雞山所未曾見，姑先西北上。於是愈上愈峻，路愈狹，曲折作「之」字而北者二里，乃西盤望臺南嘴。此脊下度為大覺正脊，而東折其尾，為龍華、西竺、石鐘、迎祥諸寺，又東橫於大龍潭南，為悉檀前案，而盡於其下。此脊當雞山之中，其脈正而雄，望臺初湧處，連貫三珠，故其下當結大覺，為一山首剎，其垂端之石鐘，亦為開山第一古蹟焉。然有欲以此山作一支者，如是則塔基即不得為前三距之一，而以此支代之。但此支實短而中縮，西之大士閣，東之塔院，實交峙於前，與西支之傳衣寺嶺鼎足前列。故論支當以寂光前引之岡為中，塔基上擁之脊為東，而此脈之中縮者不與；論剎當以大覺中懸為首，而西之寂光，乃其輔翼，東之悉檀，另主東盟，而此寺之環拱者獨尊。故支為中條附庸，而寺為中條冠冕，此寺為中條重，而中條不能重寺也。嘴之西有亂礫垂峽，由此北盤峽上，路出旃檀嶺之上，為羅漢壁道；由此度峽西下，為旃檀中靜室道，而瀑布則層懸其下，反不能見焉。

乃再度峽西崖，隨之南下。一里，轉東岐，得一新闢小室。問瀑布何在？其僧樸而好事，曰：「此間有三瀑，東箐者最上而小，西峽者中懸而長，下塢者水大而短。惟中懸為第一勝，此時最可觀，而春冬則無有，此所以昔時不聞也。」老僧牽衣留待瀹茗，余急於觀瀑，僧乃前為導。西下峻級半里，越級灣之西，有小水垂崖前墜為壑，而路由其上南盤而下。又半里，即見壑東危崖盤聳，其上一瀑，垂空倒峽，飛噴迢遙，下及壑底，高百餘丈，搖嵐曳石，浮動烟雲。雖其勢小於玉龍閣前峽口瀑，而峽口內嵌於兩崖之脇，觀者不能對峽直眺，而旁覷倒瞰，不能竟其全體。此瀑高飛於穹崖之首，觀者隔峽平揖，而自顛及趾，靡有所遺，故其跌宕之勢，飄搖之形，宛轉若有餘，騰躍若不及，為粉碎於空虛，為貫珠於掌上，舞霓裳❷而骨節❸皆靈，掩鮫綃❹而丰神獨迥。不由此，幾失山中第一勝矣！

由對峽再盤西嘴，入野和靜室。門內有室三楹，甚爽，兩旁夾室亦幽潔。其門東南向，以九重崖為龍，即以本支旃檀嶺為虎，其前近山皆伏，而遠者又以賓川東山並梁王山為龍虎，中央益開展無前，直抵小雲南東水盤❺諸嶺焉。蓋雞山諸剎及靜室俱南向，以東西二支為龍虎，而西支之南，有香木坪山，最高而前聳，亦為虎翼，故藉之為勝者此，視之為祟者亦此；獨此室之向不與眾同，而此山亦伏而不見，他處不能也。野和為克新之徒，尚居寂光，以其徒知空居此。年少而文，為詩雖未工，而志甚切，以其師叔見曉寄詩相示，并己稿請正，且具餐焉。

見曉名讀徹，一號蒼雪，去山二十年，在余鄉中峰，為文湛持所推許❻，詩翰俱清雅。問克新向所居精舍，尚在西一里，而克新亦在寂光。

乃不西，復從瀑布上東盤望臺之南。二里餘，從其東脇見一靜室，其僧為一宗，已獅林西境矣。室之東有水噴小峽中，南下涉之。又東即體極靜室，其上為標月靜室。其峽中所噴小水，即下為蘭那東澗者，此其源頭也。其上去大脊已不甚遙，而崖間無道，道由望臺可上，至是已越中支之頂而御❼東支矣。由此而東半里，入白雲靜室，是為念佛堂。白雲不在。觀其靈泉，不出於峽而出於脊，不出崖外而出崖中，不出於穴孔而出於穴頂；其懸也，似有所從來而不見；其墜也，似不假灌輸而不竭❽。有是哉，佛教之神也，於是乎徵矣❾。何前不遽出，而必待結廬之後；何後不中止，而獨擅諸源之先，謂之非「功德水」可乎？較之萬佛閣巖下之潴穴，霄壤異矣。

又東一里，入野愚靜室，是為大靜室。浹談半晌。西南下一里，飯於影空靜室。與別已半載，一見把臂，乃飯而去。從其西峽下半里，至蘭宗靜室。蓋獅林中脊，自念佛堂中垂而下，中為影空，下為蘭宗兩靜室，而中突一巖間之，一踞巖端，一倚巖腳，兩崖俱墜峽環之。巖峙東西峽中，南擁如屏。東屏之上，有水上墜，洒空而下，罩於嵌壁之外，是為水簾；西屏之側，有色旁映，傅粉成金，煥乎層崖之上，是為翠壁。水簾之下，樹皆偃側，有斜騫如翅，有橫臥如虬，更有側體而橫生者。眾支皆圓而此獨扁，眾材皆奮而此獨橫，亦一奇也。

蘭宗遙從竹間望余，至即把臂留宿。時沈莘野已東遊，乃翁偶不在廬，余欲候晤，遂從之。和光欲下山，因命顧奴與俱，恐山廬無餘被，憐其寒也。奴請是鑰，余并箱篚者與之，以一時解縛不便也。奴去，蘭宗即曳杖導余，再觀水簾、翠壁、側樹諸勝。既暮，乃還其廬。是日為重陽，晴爽既甚，而夜月當中峰之上，碧落[10]如水，恍然群玉山[11]頭也。

【章　旨】本章記載了第四百五十一天在雞足山的行跡。原想去大理遊蒼山、洱海，因等候麗江的使者未能成行，便去窮究大覺寺所在的主山。走進大覺寺拜訪遍周，沒遇上。出寺到寂光寺東麓，登上山岡，嶺頭分出幾條岔路。方才明白往東流下的水源，就是中間一支山岡和東面一支山岡分界的起點。忽然望見一道先前不曾見過的瀑布，便登上陡峻狹窄的山路攀升。這山脊往下延伸成大覺寺所在的正脊，正當雞足山的中央，在望臺剛出現的地方有三座小峰如同串起的珠子接連聳起，在它下方盤結的大覺寺為全山的首剎，而在山脊下垂開端處的石鐘寺為第一古蹟。有人想把這山脊作為一條支脈，但論支脈不能將這縮在中間的山脊算在內。越過峽谷，聽一個僧人說，這裡有三道瀑布，只有懸掛在峽谷中間的為第一勝景，這時最值得觀賞，到春、冬兩季便沒有水了。望見山巒東邊有一道瀑布，高一百多丈，雖然水勢比玉龍閣前峽口的瀑布要小，但從隆起的崖頂高高飛瀉，從上到下，一覽無餘，氣勢跌宕，形態飄曳，與眾不同。不經過這裡，幾乎錯失了山中第一勝景。從對面的峽谷繞到野和的靜室，原來雞足山寺院和靜室，都朝南，以東、西兩支山作為龍砂、虎砂，西支南面的香木坪山最高，唯獨這靜室朝向與眾不同。野和的徒弟知空住在這裡，作詩的興趣很濃。經過一宗的靜室、體極的靜室，往上離大山脊不遠，已越過中間一支的山頂到東面一支山了。走進白雲的靜室，觀看靈泉，佛教的神靈，在這裡得到證實，能說它不是「功德水」嗎？再先後走進野愚、影空的靜室，到蘭宗的靜室。東邊山岩的上方有水灑下，這是水簾，西邊山岩的旁邊光彩奪目，這是翠壁。水簾下方的樹枝不圓而扁，樹幹不往上長而向旁邊橫伸，也是一處奇觀。當天就留在蘭宗靜室過夜。因怕顧僕受寒，便把鑰匙都交給他，讓他下山回去住。

【注釋】 ❶來龍　風水術稱主山為來龍，即龍脈的來源。❷霓裳　以霓為裳。唐代有〈霓裳羽衣曲〉，楊貴妃善〈霓裳羽衣舞〉。❸骨節　骨頭的關節。❹鮫綃　相傳為鮫人（傳說中居住在海底的怪人）所織的綃。後也用以指手帕。❺水盤　〈滇遊日記五〉十二月十六日日記作「水盆鋪」。❻在余鄉中峰二句　中，原作「三」，據陳本改。文湛持，即文震孟。❼御　到；登臨。❽似不假灌輸而不竭　似，原作「曾」，據徐本、陳本改。❾有是哉三句　原脫，據徐本、陳本補。❿碧落　天空。⓫群玉山　神話傳說中西王母所居的仙山。

【語譯】 初九　天氣十分晴朗。早晨吃了飯，我想去大理取回寄存的衣服行李，並了卻未能盡情遊覽蒼山、洱海的興致。體極來挽留說：「已派使者特意前往麗江。如果離去後麗江派人來，這是欺騙他了。」我用立即就回來的話推託。體極說：「寧可等麗江的信使到了以後再去。」我聽從他的話，便同和光禪師去窮究大覺寺所在的主山。

從寺的西邊走了一里，渡過從蘭那寺往東南流下的澗水，經過迎祥寺、石鐘寺、西竺寺、龍華寺，那在南面俯對中谿讀書處的，就是萬壽寺，都沒進去。往西北大約走了二里，進入大覺寺，拜訪遍周。遍周在片角莊閒居，月底才回來，沒有遇上。於是走出寺來，經過鎖水閣，在這裡從橋的西邊上去，共走了一里，到寂光寺東麓。仍然往東渡過澗水，從澗水東邊踏上大覺寺背後的大山脊往北上去，走了一里多，登上它中間的山岡，向東望去就是蘭那寺所在的峽谷，向西望去就是水月庵背後上烟霞室所在的峽谷。再往上走一里多，登上一座山岡。這山岡西面對著盤繞的峽谷，西北有瀑布懸掛在山崖上流下，在它上方有靜室，就是旃檀林了。東面突起一座山岡，橫亙合抱成為蘭陀寺後面的山脊，山岡後面分出峽谷往東伸下，就是獅子林前落下的山壑。在這裡嶺頭分出岔路：從東南來的，是蘭那寺往西上去的路；往東北走的，是去獅子林的路；往西北盤繞山崖登上的，是去旃檀嶺的路；從西南來的，就是我從大覺寺過來的路了。方才辨清這道山脊從它上面的望臺接連聳起三座小峰往南伸下，山脊兩旁往西落下的水，向南流去成為瀑布而後流出鎖水閣橋；往東落下的水，向南流去會合獅子林各條水而後流到蘭那寺東邊。那麼向東流下的水源，就是中間一支山岡和東面一支山岡分界的起點，不可不弄清楚。

我這時想往東到獅子林去，但忽然望見瀑布似一匹白綢垂掛，那是過去登雞足山時不曾見到的，姑且先往西北上去。從這裡越上去越陡峻，路越狹窄，曲曲折折作「之」字形往北走了二里，就往西繞過望臺南面的山口。這山脊往下延伸為大覺寺所在的正脊，而後向東掉轉尾部，成為龍華寺、西竺寺、石鐘寺、迎祥寺各處寺院所在的山脊，又往東橫亙在大龍潭的南面，成為悉檀寺前面的案山，而後到它的下方為止。這山脊正當雞足山的中央，山脈正而雄偉，從望臺開始湧現的地方，三座小峰接連聳起，如同串在一起的珠子，所以它的下方應當盤結大覺寺，作為全山寺院之首，位於山脊下垂開端處的石鐘寺，也成為開山以來的第一古蹟。然而有人想把這山脊看作一條支脈，如此則塔基所在的山就不能作為雞足山前的三個腳趾之一，而用這支山脊替代它。但這支山脊實際上很短而且縮在中間，西面的大士閣、東面的塔院所在的山，實際上交相聳峙在前面，和西面一支山的傳衣寺嶺在前面鼎足而立。所以論支脈應當把寂光寺前面延伸的山岡作為中間的一支，塔基上方擁立的山脊作為東面的一支，但這縮在中間的山不算在內；論寺院應當以懸立在中央的大覺寺為首位，而西面的寂光寺是輔佐它的羽翼，東面的悉檀寺，另外成為東部的盟主，只有這寺被環繞拱衛而顯得尊貴。所以分支為中條山脈的附庸，而寺院為中條山脈的冠冕，這寺院能使中條山脈變得重要，而中條山脈不能使寺院重要。山口的西邊有亂石塊落下峽谷，從這裡往北盤繞峽谷上去，路通到旃檀嶺的上方，是去羅漢壁的路；從這裡越過峽谷往西下去，是去旃檀嶺中靜室的路，而瀑布卻層層懸掛在它的下方，反而看不到了。

於是再越過峽谷到西邊的山崖上，隨著它往南下去。走了一里，轉入東邊的岔路，看到一間新建的小屋。詢問瀑布在哪裡？裡面的僧人樸實好事，說：「這一帶有三道瀑布，東邊箐谷中的在最上方但水小，西邊峽谷中的居中懸掛但水長，下面山塢中的水大但最短。只有居中懸掛的瀑布為第一勝景，此時最值得觀賞，到春冬兩季便沒有水，這就是你先前沒聽說的原因。」老僧拉住我衣服留我喝茶，我急於去觀賞瀑布，僧人就在前面為我引路。往西沿著陡峻的石級走下半里，越過石級到山灣的西邊，有小水掛在山崖前落入深壑，而路從它的上面往南繞下。再走了半里，就望見山壑東邊懸崖盤旋高聳，崖上有一道瀑布掛在空中，倒入峽谷，遠遠地飛灑噴濺，往下落到壑底，高一百多丈，山嵐搖曳，煙雲浮動。雖然水勢比玉龍閣前面峽口的瀑布要小，但峽口的瀑布往裡嵌在兩邊山崖的內側，觀看的人不能正面對著峽口眺望，而在旁邊斜望，倒著俯視，不能看到它的全貌；這道瀑布在隆起的崖頂高高飛瀉，觀看的人隔著峽谷相對平視，從頭到腳，沒有一點遺漏。所以它的跌宕氣勢，飄搖形態，似乎宛轉有餘而騰躍不足，成為空中的粉末、掌上的串珠，如穿著霓裳起舞，骨骼都感覺有靈氣在，如用手帕遮面，而丰神與眾不同。不經過這裡，幾乎錯失山中的第一勝景了。

從對面峽谷再繞過西邊的山口，進入野和的靜室。門內有三間屋子十分明亮，兩旁相夾的屋子也幽雅整潔。靜室門朝東南，以九重崖作為龍砂，就以本支旃檀嶺作為虎砂，在它前面近處都是低伏的山，而在遠處又以賓川的東山及梁王山作為龍砂虎砂，中央更加拓展沒有止境，直到小雲南驛東面的水盤各山嶺。原來雞足山各寺院及靜室，都是朝南，以東西兩條支脈作龍砂虎砂，而西支的南面，有香木坪山，最高而且向前拱衛，也是虎翼，所以憑藉它成為勝景的在此，把它看作高山的也在此；唯獨這處靜室的朝向，與眾不同，而這山也隱伏而看不到，在其他地方不可能這樣。野和是克新的徒弟，還住在寂光寺，讓他的徒弟知空住在這裡。知空年輕文雅，雖不擅長作詩，但興趣很濃，把他師叔見曉寄贈的詩給我看，連同他自己的詩稿請我指正，並且備了飯食款待。見曉法名讀徹，號蒼雪，離開雞足山已二十年，在我家鄉的中峰，被文湛持所推重，詩文都清雅可誦。打聽克新過去居住的精舍，還在西邊一里處，而克新也在寂光寺。

於是不往西走，再從瀑布上方往東繞到望臺的南邊。走了二里多，從望臺東側看到一處靜室，住在裡面的僧人是一宗，已到獅子林西境了。靜室的東邊，有水在小峽中噴瀉，往南走下渡過水流。再往東就是體極的靜室，它的上方為標月的靜室。這峽谷中所噴瀉的小水，就是流下成為蘭那寺東的澗水，這裡是它的源頭。從這裡往上離大山脊已不太遠，但山崖中沒有路，路須從望臺才可上，到了這裡已越過中間一支的山頂而登上東面一支山了。從這裡往東走半里，進入白雲的靜室，這是念佛堂。白雲不在。觀看這裡的靈泉，不從峽谷流出，而是從山脊上流出；不從山崖外流出，而是從山崖中流出；不從孔洞中流出，而是從洞穴頂部流出；它掛在高處，似乎有流出來的地方卻看不到；它落到下面，似乎不借助灌輸但又不會枯竭。有這樣的泉水，佛教的神靈，在這裡得到證實了。為什麼不在從前立即流出來，卻必定要等到建了寺院之後；為什麼後來又不中止，而獨占各處水源之先，能說它不是「功德水」嗎？將它和萬佛閣巖下的積水洞來比較，真有天地之別了。

再往東走一里，進入野愚的靜室，這是大靜室。暢談了好長時間。往西南走下一里，在影空的靜室吃飯。和他相別已有半年，一見面就親熱地挽著手臂，於是吃了飯離去。從它西邊的峽谷走下半里，到蘭宗的靜室。原來獅子林中間山脊，從念佛堂居中垂下，中間為影空、下面為蘭宗兩人的靜室，而在其中突起一巖將它們隔開，一處靜室座落在山巖頂端，一處靜室靠在山巖腳下，兩邊山崖都有落下的峽谷環繞它。山巖峙立在東西向的峽谷中，往南圍抱如同屏障。東邊屏障的上方，有水從上面落下，從空中灑下，籠罩在嵌入的石壁外，這是水簾；西邊屏障的旁邊，有色彩向四邊映照，如同抹上金粉，在層層山崖上光彩奪目，這是翠壁。水簾的下方，樹都傾斜倒伏，有的斜舉如飛鳥的翅膀，有的橫臥如虬龍，還有樹幹側著橫長的。眾多的樹枝都是圓的，唯獨這裡是扁的，眾多的樹木都是往上長的，唯獨這裡橫生，也是一處奇觀。

蘭宗在竹林中遠遠望見我，到了那裡就挽著手臂留我住下。這時沈莘野已去東遊，他的父親偶然不在屋中，我想等他見面，便聽從了蘭宗。和光想下山，於是吩咐顧僕和他一起回去。是怕山中屋內沒有多餘被子，憐惜他會受寒。顧僕請求把房門鑰匙交給他，我連同箱子竹筐的鑰匙一起給了他，因為一時間將鑰匙串線解開不方便。顧僕離開後，蘭宗就拖著手杖引路，帶我再去觀賞水簾、翠壁、倒伏樹木等勝景。到傍晚，才回到他的住屋。這天為重陽節，白天已十分晴朗，而夜間明月又高掛中峰之上，天空清澈如水，人彷彿置身於群玉山頭。

初十日　晨起，問沈翁，猶未歸。蘭宗具飯，更作餅食。余取紙為〈獅林四奇〉詩畀之。水簾、翠壁、側樹、靈泉。見顧僕不至，余疑而問之。蘭宗曰：「彼知君即下，何以復上？」而余心猶怏怏不釋，待沈翁不至，即辭蘭宗下。纔下，見一僧倉皇至，蘭宗尚隨行。訊其來何以故，曰：「悉檀長老命來候相公者。」余知僕逋矣。再訊之，曰：「長老見尊使負包囊往大理，詢和光，疑其未奉相公命，故使余來告。」余固知其逃也，非往大理也。遂別蘭宗，同僧亟下。五里，過蘭那寺前幻住庵東，又下三里，過東西兩澗會處，抵悉檀，已午。啟篋而視，所有盡去。體極、弘辨欲為余急發二寺僧往追。余止之，謂：「追或不能及，及亦不能強之必來。亦聽其去而已矣。」但離鄉三載，一主一僕，形影相依，一旦棄余於萬里之外，何其忍也！

十一日　余心忡忡。體極恐余憂悴，命其姪並純白陪余散行藏經樓諸處。有圓通庵僧妙行者，閱藏樓前，瀹茗設果。純白以象黃數珠❶見示。象黃者，牛黃❷狗寶❸之類，生象肚上，大如白果，最大者如桃，綴肚四旁，取得之，乘其軟以水浸之，製為數珠，色黃白如舍利，堅剛亦如之，舉物❹莫能碎之矣。出自小西天❺，彼處亦甚重之，惟以製佛珠，不他用也。又云，象之極大而肥者乃有之，百千中不能得一，其象亦象中之王也。坐樓前池上徵迦葉事，取《藏經》中與雞山相涉者，摘一二段錄之。始知經言「迦葉守衣入定❻，有四石山來合」，即其事也，亦未嘗有雞足名。又知迦葉亦有三，惟迦葉波名為摩訶迦葉。「摩訶」，大也，餘皆小迦葉耳。是晚，鶴慶史仲□自省來❼。史乃公子，省試下第歸，登山自遣。

【章　旨】本章記載了第四百五十二天、第四百五十三天在雞足山的行跡。由於昨晚把鑰匙交給了顧僕，他就拿了所有東西逃走。雖然制止僧人前去追趕，但心中十分傷感。在藏經樓前遇見僧人妙行，並觀賞了純白的象黃念珠。

【注　釋】❶數珠　又稱佛珠或念珠。❷牛黃　黃牛或水牛的膽囊結石，有清熱、解毒、定驚的功能，作藥用。❸狗寶　長在癩狗腹中的結石，有清熱、解毒的功能，作藥用。❹舉物　所有的東西。❺小西天　指印度。❻迦葉守衣入定　《大唐西域記》：「迦葉承佛旨住持正法，結集至盡廿年，將入定滅，乃往雞足山。」入定，指高僧圓寂。❼鶴慶史仲□自省來　《四庫》本作「鶴慶史仲文適從省來」。

【語　譯】初十　早晨起身，打聽沈翁的消息，還沒回來。蘭宗備了飯，又做餅吃。我取出紙寫了〈獅林四奇〉

詩給他。水簾、翠壁、側樹、靈泉。見顧僕沒來，我心中生疑去查問他。蘭宗說：「他知道你就要下去，何必再上來呢？」但我心中仍然怏怏不樂放心不下，沒等到沈翁，就辭別蘭宗下山。剛下去，就看到一個僧人倉皇來到。蘭宗還在隨我一起走。問僧人為何來此，回答說：「悉檀寺的長老叫我來迎候相公的。」我明白僕人逃走了，再問那僧人，他說：「長老見先生的僕人背著包袱去大理，詢問和光，也懷疑先生沒有叫他這樣做，所以派我來報告。」我明白他一定是逃跑了，不會去大理。於是告別蘭宗，同那僧人急忙下去。走了五里，經過蘭那寺前幻住庵東邊，又走下三里，經過東、西兩條澗水的會合處，到達悉檀寺，已是中午。打開箱子一看，所有東西全都拿走。體極、弘辨想要為我急速派遣兩個僧人去追，我阻止他們，說：「追或許趕不上，追到了也不能強迫他一定回來。也只能聽任他離去罷了。」只是離別家鄉三年，一主一僕，形影相依，一旦在萬里之外把我拋下，怎麼這樣狠心呢！

十一日　我憂心忡忡。體極怕我憂傷，叫他的姪子及純白陪我到藏經樓各處散步。有個圓通庵的僧人妙行，在藏經樓前讀書，煮茶設果招待。純白把象黃念珠給我看。象黃，是牛黃、狗寶之類東西，長在大象肚子上，像白果那麼大，最大的像桃子，連綴在肚子四旁，取到它後，乘它還軟時用水浸泡，製成念珠，顏色黃中帶白，就像舍利子，堅硬也像舍利子，無論用什麼東西都不能砸碎它。產於印度，那裡也很貴重它，只用來製造佛珠，不作他用。又說，只有極大而且很肥的象才長著象黃，成千上百頭象中找不到一頭，那象也算是象中之王了。坐在樓前水池邊查考迦葉的事跡，取來《大藏經》中與雞足山相關的資料，摘取一、二段抄錄下來。才知道佛經所說的「迦葉守著佛衣圓寂，有四座石山飛來合攏」，就是指在這裡的事，也未曾有雞足山的名字。又知道迦葉也有三個，只有迦葉波名為摩訶迦葉。「摩訶」，是大的意思，其餘都是小迦葉罷了。這天晚上，鶴慶史仲□從省城過來。史氏是位公子，去省城應試落第回來，登山自我排遣。

十二日　妙行來，約余往遊華嚴，謂華嚴有老僧野池，乃月輪之徒，不可不一晤。向以坐關龕中，以未接顏色為悵。昔余以歲首過華嚴，其徒俱出，無從物色。余時時悼月公無後，至是而知尚有人，亟飯而行。和光亦從。西一里，逾東中界溪，即為迎祥寺，於是涉中支界矣。又一里餘，南逾鎖水閣下流水登坡❶，於是涉中支脊矣。西北溯脊一里，過息陰軒，又循瀑布上流，西北行里餘，渡北來之溪，於是去中支涉西支界矣。又北里餘，西涉一峽溪，再上一西來小支之嘴，登之，西北行一里，又西度亭橋。橋下水為華嚴前界水，上下俱有橋，而此其下流之渡橋。內峽中有池一圓，近流水而不涸，亦龍潭類也。由溪南向西北行，於是涉西支脊矣。半里，乃入華嚴寺。寺東向，踞西支大脊之北，創自月潭，以其為南京人，又稱為南京庵。至月輪而光大之，為雞山首剎，慈聖太后賜《藏》貯之。後燬於火，野池復建，規模雖存，而法藏❷不可復矣。野池年七十餘，歷侍山中諸名宿，今老而不忘先德，以少未參學，掩關靜閱，孜孜不倦，亦可取也。聞余有修葺《雞山志》之意，以所錄《清涼通傳》假余，其意亦善。下午將別，史君聞余在，亦追隨至。余恐歸途已晚，遂別之，從別路先返，以史有輿騎也。

出寺，西北由上流度橋。四里，連東北逾三澗，而至其東界之支，即聖峰、燃燈之支垂也。又一里，東下至其盡處，有寺中懸，是為天竺寺。其北澗自仰高亭峽中下，其南澗又從西支東谷屢墜而下者，夾聖峰之支，東盡於此。王十岳遊紀以聖峰為中支❸，誤矣。由其垂度北峽小橋，於是又涉中支之西界。循北麓而東，半里，兩過南下小水，乃首傳寺前左右流也。其南峽中始闢為畦，有廬中央，是為大覺菜圃。從其左北轉，半里，逾支脊，連橫過法華、千佛、靈源三庵，是皆中脊下垂處。半里，北逾鎖水閣下流，即大覺寺矣。仍東隨大路一里，過西竺寺前，上圓通庵，觀「燈籠花樹」❹。其樹葉細如豆瓣，根大如匏瓠，花開大如山茱萸，中紅而尖蒂俱綠，似燈垂垂。余從永昌劉館見其樹，未見其花也。此庵為妙行舊居，留瀹茗乃去。一里，由迎祥寺北渡澗，仍去中界而入東支界。溯水而北，過龍泉庵、五華庵。五華今名小龍潭，乃悉檀大龍潭之上流，大龍潭已涸為深壑，乃小龍潭猶匯為下流。余屢欲探之，至是強二僧索之五華後坡，見水流淙淙，分注悉檀之右，而坡道上躋，不見其處。二僧以日暮勸返，比還，寺門且閉矣。

是夜與史君對談復吾齋頭，史君留心淵岳，談大脊自其郡西金鳳哨嶺南過海東，自五龍壩、水目寺、水盤鋪，過易門❺、昆陽❻之南，而包省會者，甚悉。且言九鼎山前梁王山西腋之溪，乃直南而下白崖、迷渡者，其溪名山溪。後人分鑿其峽，引之洱海，則此溪又一水兩分矣。果爾，則清華洞之脈，又自梁王東轉南下，而今鑿斷之者。余初謂其脊自九鼎西墜，若果有南下白崖之溪，則前之所擬，不大誤哉？目前之脈，經杖履之下如此，故知講求不可乏人也。史君謂生平好搜訪山脈，每被人哂，不敢語人，邂逅遇余，其心大快。然余亦搜訪此脊幾四十年，至此而後盡，又至此而後遇一同心者，亦奇矣。夜月甚明，碧宇如洗，心骨俱徹！

【章　旨】本章記載了第四百五十四天在雞足山的行跡。和妙行去遊華嚴寺，與老僧野池會面。這寺為月潭創建，過去是雞足山首剎。野池因年輕時沒有探究學問，如今關門苦讀。離開華嚴寺，經過天竺寺，到大覺寺，又去圓通庵觀賞「燈籠花樹」，再到五華庵後尋找小龍潭匯積的水流。這天出遊途中，經過並考察了東界、西界和中間的支脈。晚上和史君交談，史君留心山川，對大脊的走向十分熟悉。我尋訪南龍大脊將近四十年，直到這裡才完全弄清，並遇上一個志同道合者，真是奇緣。

【注　釋】❶南逾鎖水閣下流水登坡　「流」後原脫「水」字，據徐本補。❷法藏　收藏經典的府庫。❸王十岳遊紀以聖峰為中支　王士性〈遊雞足山紀〉：「由聖峰上，即走山中支，攀迦葉殿，謁尊者像。」紀，通「記」。❹燈籠花樹　《植物名實圖考》載：「燈籠花，昆明僧寺中有之……春開五棱紅筩子花，長幾徑寸，五尖翻翹，色獨新綠，黃鬚數莖，如鈴下垂，僧云移自騰越。」原產雲南西部，附生在樹木岩石上，有肥大的肉質根塊，有的形如蘿蔔，故又名「水蘿蔔」。因形狀奇特美觀，是做盆景的好材料。現唯有昆明、大理、騰衝等地有少量栽培。❺易門　明代為縣，隸昆陽州，今屬雲南。❻昆陽　見〈滇遊日記四〉十二月二十四日日記注。

【語譯】十二日　妙行來，約我去遊華嚴寺，說華嚴寺有位老僧野池，是月輪的徒弟，不可不見一面。先前因為他在佛龕中坐關，沒能見面，為此感到遺憾。上次我在年初路過華嚴寺，他的徒弟都外出了，沒法尋找。我常常哀悼月公沒有後人，到這時才知道還有人在，趕緊吃了飯出發。和光也跟著去。往西走了一里，越過作為東面一支山和中間一支山分界的溪水，便是迎祥寺，從這裡起進入中間一支山的地界了。再走了一里多，往南越過鎖水閣下游的溪水登上山坡，從這裡起到中間一支山的山脊了。往西北沿山脊上行一里，路過息陰軒，再沿瀑布的上游，往西北走一里多，渡過北來的溪水，從這裡起離開中間一支山進入西面一支山的地界了。再往北走一里多，往西渡過一條峽谷中的溪水，再往上到一支西來的小山的山口，登上山口往西北走一里，再往西通過一座亭橋。橋下的水是隔在華嚴寺前的水流，上游下游都有橋，這裡是下游的橋。橋內峽谷中有一個圓形的水池，靠近水流但不相混，也屬龍潭一類。從溪水南邊往西北走，從這裡起到西面一支山的山脊了。走了半里，便進入華嚴寺。寺朝東，座落在西面一支山大脊的北邊，由月潭創建，因為他是南京人，又稱為南京庵。到月輪光大了這寺，成為雞足山的首要寺院，慈聖太后賜下《大藏經》藏在寺內。後來毀於火災，野池重新修建，規模雖然保存原狀，但藏經的書庫不能再恢復了。野池年已七十多歲，山中各寺有名望的前輩他都一一侍候過，如今雖然年老但仍不忘先人的功德，因為自己年輕時沒有深究學問，現在閉門靜心讀書，孜孜不倦，也是值得稱道的。聽說我有修撰《雞足山志》的意圖，把所抄錄的《清涼通傳》借給我看，他的用心也是很好。下午將要告別時，史君聽說我在這裡，也追隨來到。我怕返回時起程太晚，便告別野池，從別的路先回去，因為史君有轎子、馬匹。

出寺後，往西北從上游過橋。走了四里，接連往東北越過三條澗水，而後到東界的一支山，就是聖峰寺、燃燈寺所在的一支山的邊陲。再走一里，往東下去到它的盡頭處，有寺院居中懸立，這是天竺寺。它北邊的澗水從仰高亭的峽谷中流下，它南邊的澗水又從西面一支山的東谷多次落下，夾著聖峰寺所在的支脈，往東流到這裡為止。王十岳遊記把聖峰寺所在的山作為中間一支，是錯了。從它的邊陲越過北邊峽谷中的小橋，從這裡起又進入中間一支山的西界。沿著北麓往東走半里，兩次渡過南下的小水，是首傳寺前面左右兩邊的水流。在它南邊的峽谷中才有開墾的田地，有房屋在中央，這是大覺寺的菜園。從它的左邊往北轉，走了半里，越過一條支脊，接連橫向越過法華、千佛、靈源三座寺院，都是在中間山脊垂下的地方。走了半里，往北越過鎖水閣的下游，就到大覺寺了。仍然往東隨大路走一里，經過西竺寺前，往上到圓通庵，觀賞「燈籠花樹」。這樹的葉子像豆瓣那麼細，樹根像葫蘆那麼大，開的花像山茱萸那麼大，中間紅色，但花尖花蒂都是綠色，像燈籠那樣垂下。我在永昌劉氏書館見過這種樹，沒看到它開的花。這庵是妙行的舊居，留下喝了茶才離開。走了一里，從迎祥寺往北渡過澗水，仍然離開中界一支山進入東面一支山的地界。沿著澗水往北上行，經過龍泉庵、五華庵。五華庵如今名小龍潭，是悉檀寺大龍潭的上游，大龍潭已乾涸成為深壑，而小龍潭卻仍匯水流到下游。我多次想探尋它，到這時強迫兩個僧人到五華庵的後坡去尋找，只見水流淙淙，分流到悉檀寺的右邊，而沿山坡的路往上攀登，卻看不到它所在之處。兩個僧人因為天晚勸我回去，等回到時，寺門將要關閉了。

這天夜晚，在復吾的書齋和史君交談。史君留心山川，談起大山脊的走向，是從他府城西面的金鳳哨嶺往南經過洱海東面，從五龍壩、水目寺、水盤鋪，經過易門縣、昆陽州的南部，而後包圍省城，十分熟悉。並說九鼎山前梁王山西腋的溪水，是往正南流下到白崖站、迷渡的，這溪名山溪。後人分頭把它流經的峽谷鑿通，引入洱海，那麼這條溪水又一分為二了。果真如此，那麼清華洞所在的山脈，又從梁王山往東再向南轉伸下，如今被鑿斷了。我原先認為這山脊從九鼎山往西落下，如果真有往南流下白崖站的溪水，那麼我原先所猜想的，豈不大錯了？眼前的山脈，親自走過的尚且如此，可知真不可缺少探索討論的人！史君說平生喜愛搜尋探訪山脈，常被人取笑，不敢對人說，偶然遇上我，心中十分愉快。而我也搜尋探訪這條大脊將近四十年，到這時才完全弄清，又到這裡然後才遇見一個志同道合的人，也是奇緣了。夜晚月光十分明亮，天空澄清如洗，在這樣的環境中，感到心骨也都變得純淨透徹！

十三日　史君為悉檀書巨扁，蓋此君夙以臨池❶擅名者，而詩亦不俗。復相與劇談。既午，輿人催就道，史慫余同遊九重崖，橫獅林、旃檀而西，宿羅漢壁，明日同一登絕頂作別。余從之。遂由悉檀東上坡，半里，過天池靜室。六里，而過河南止足師靜室。更北上里餘，直躡危崖下，是為德充靜室。德充為復吾高足，復吾與史君有鄉曲❷之好，故令其徒引遊此室，而自從西路上羅漢壁，具飯於西來寺，以為下榻地。

此室當九重崖之中，為九重崖最高處；室乃新構而潔，其後危巖之半，有洞中懸，可緣木而上。余昔聞之，不意追隨首及於此。余仰眺叢木森霄，其上似有洞門彷彿。時史君方停憩不前，余即躡險以登。初雖無徑，既得引水之木，隨之西行，半里，又仰眺洞當在上，復躡險以登。初亦無徑，半里，既抵巖下，見一木倚崖直立，少斫級痕以受趾，遂揉木升崖。凡數懸其級，始及木端，而石級亦如之，皆危甚。足之力半寄於手，手之力亦半無所寄，所謂憑虛御風❸，而實憑無所憑，御無所御也。洞門正南向，上下皆削壁，中嵌一門，高丈五，闊與深亦如之，而旁無餘隙。中有水自頂飛灑，貯之可供一人餐，憩之亦僅受一人榻，第無餘隙，恐不免風雨之逼。然臨之無前，近則香木坪之嶺，已伏於下，遠則五龍壩之障，正橫於南，排沙、觀音箐諸山，層層中錯，各獻其底裏而無餘蘊焉。久之，聞室中呼聲，乃下。又隨引水木而東過一棧，觀水所出處，乃一巨石下。甫出，即刳木引之西注，此最上層之水也；其下一、二丈，又出一水，則復吾之徒引入靜室；其下又出一水，則一衲軒引之。連出三級，皆一峽坳，雖穴異而脈必潛通，其旁分而支引者，舉巖中皆藉之矣。

既下室中，啜茶果，復繼以餅餌。乃隨下層引水之木，西一里，入一衲軒。延眺久之，又茶而行。西一里，過向所從登頂之坡，橫而西，路漸隘，或盤坡嘴，或過峽坳，皆亂礫垂沓，而中無滴水，故其地不能結廬，遂成莽徑。二里餘，峽坳中有一巨木，橫偃若橋。又西二里，乃踐坡轉嘴而上，過野愚靜室。又半里，上至白雲靜室。白雲固留，以日暮而去。白雲隨過體極靜室而別。西半里，過一宗靜室。傍水又躡坡半里，逾望臺南突之脊，於是暝色已來，月光漸耀。里餘，兩過望臺西坳之水，又一里，南盤旃檀嶺，乃西過羅漢壁東垂，皆乘月而行也。又稍盤嘴而上，半里，是為慧心靜室，此幻空碧雲寺前南突之坡也。余昔與慧心別於會燈寺，訪之不值，今已半載餘，乃乘月叩扉。出茗酌於月下，甚適。此地去復吾先期下榻處尚三里，而由此西下度箐，暗不可行，慧心乃曳杖為指迷。半里，度而上，又半里，登坡，與碧雲大路合。見月復如前，慧心乃別去。又西一里，過一靜室，乃盤嘴北向躡坡，則復吾使人遍呼山頭矣。又一里，入西來寺。寺僧明空他出，其弟三空，余向所就餐者，聞之，自其靜廬來迎。復吾知吾輩喜粥，為炊粥以供。久不得此，且當行陟之後，吸之明月之中，不啻仙掌金莖❹矣。

十四日　三空先具小食，饅後繼以黃黍之糕，乃小米所蒸，而柔軟更勝於糯粉者。乳酪、椒油、蔆油、梅醋，雜沓而陳，不豐而有風致。蓋史君乃厥兄明空有約而來。以下缺。

季夢良曰：「王忠紉❺先生云：『自十二年九月十五以後，俱無小紀。』余按公奉木麗江之命，在雞山修《志》，逾三月而始就。則自九月以迄明年正月，皆在悉檀修《志》之日也。公另有《雞山志》摘目三小冊，即附載此後，而〈麗江紀事〉一段及〈法王緣起〉一段，併附見焉。」

【章旨】本章記載了第四百五十五天、第四百五十六天在雞足山的行跡。史君懇請一起去遊九重崖，於是登上山坡，到德充的靜室，在九重崖最高處。看到懸崖的半腰有洞，便踏上無可借力的險道攀登。洞中有水從頂部飛灑下來，從洞前望去，遠近群山，都毫無保留地將各自的奧祕呈現出來。往下看到在同一處峽坳中，水接連從三層流出，水脈必然在暗中相通，整座山岩中用水都靠它。回到靜室後，又繼續往前走，途中都是雜亂的碎石，沒有一滴水。夜色來臨，繞過旃檀嶺，經過羅漢壁東陲，到慧心的靜室。慧心送我到大路上，走進西來寺，復吾已煮了粥招待，喝了粥覺得味道比仙掌金莖的甘露還美。次日僧人三空備了小吃，很有風味（後面的日記已缺）。

【注　釋】❶臨池　晉衛恆「臨池學書，池水盡黑。」後因以「臨池」指學習書法，或作書法的代稱。❷鄉曲　即「鄉下」，以其偏處一隅，故稱鄉曲。後引申作「鄉里」。❸憑虛御風　蘇軾〈前赤壁賦〉：「浩浩乎如憑虛御風，而不知其所止。」憑虛，凌空。❹仙掌金莖　漢武帝為求仙，在建章宮神明臺上造銅仙人，舒掌捧銅盤玉杯，以承接天上的仙露。後稱承露金人為仙掌，銅柱為金莖。❺王忠紉　《徐霞客遊記》最早的整理者。

【語　譯】十三日　史君為悉檀寺書寫巨匾，原來此君向來以書法著稱，而且詩也不俗。再次和他暢談。午後，轎夫催促上路，史君懇請我一起去遊九重崖，向西橫穿獅子林、旃檀林，在羅漢壁過夜，明天一起登上絕頂告別。我聽從他的話。於是從悉檀寺往東上坡，走了半里，經過天池的靜室，又走了六里，經過河南止足禪師的靜室。再往北走上一里多，一直走到懸崖的下面，這是德充的靜室。德充是復吾的高足，復吾和史君有同鄉的情誼，所以叫他的徒弟引路遊覽這處靜室，而自己從西路上羅漢壁，在西來寺備飯，作為住宿的地方。

這靜室正處在九重崖的中央，是九重崖最高的地方，靜室是新建的而且很整潔，在它後面懸崖的半腰，有洞懸在中間，可攀援樹木登上。我先前聽說過它，想不到跟隨別人遊山，首先來到這裡。我抬頭眺望，叢樹高聳雲霄，崖上好像有洞口。這時史君正好停下休息沒往前走，我就踏上險道攀登。開始雖然沒路，在遇到引水的木槽後，隨著它往西走，過了半里，又抬頭眺望山洞當在上方，再踏上險道攀登。開始也沒有路，走了半里，到達岩下後，看見一棵樹靠著山崖直立，崖上有稍稍砍出的石級痕跡以便落腳，便攀樹登上山崖。共懸空登上幾層樹木中的石級，才到達樹木的頂頭，而石級也到盡頭，都很危險。腳的用力一半寄託在手上，手的用力也有一半無所寄託，所謂「憑虛御風」，但實際上現在想憑靠無可憑靠，想駕御也無可駕御了。洞門面向正南，上下都是陡削的石壁，中間嵌入一門，高一丈五尺，寬和深也是這樣，而旁邊沒有其他縫隙。洞中有水從頂部飛灑下來，把它貯存起來可供一個人飲用，在這裡休息也只能放下一人的臥牀，只是沒有其他空隙，恐怕免不了受風雨的侵逼。然而在洞前一望無際，近處香木枰的山嶺，已低伏在下方，遠處五龍壩的屏障，正橫亙在南面，排沙、觀音箐的群山，層層交錯在中間，各自毫無保留地將它們的奧祕呈現出來。過了很久，聽到靜室中的呼喊聲，這才下來。仍隨引水的木槽往東經過一條棧道，觀看水所流出的地方，是在一塊大石下面。剛流出來，就有挖空的樹木引水往西流，這是最上層的水；在它下面一、二丈處，又有一條水流出，復吾的徒弟把水引入靜室；在它的下面，還有一條水流出，被一衲軒引去。水接連從三層流出，都在一處峽坳中，雖然出水的洞口不同，但水脈必定暗中相通，那向旁邊分別引去的各條水，整座山岩的用水都靠它們了。

往下到靜室中後，喝茶吃水果，接著又吃糕餅。於是隨下層引水的木槽往西走一里，進入一衲軒。抬頭眺望了很長時間，又喝了茶出發。往西走一里，經過先前過來時登頂的山坡。橫向往西，路漸漸狹窄，有時盤繞坡口，有時越過峽坳，都是雜亂的碎石落在上面，其中沒有一滴水，所以這裡不能蓋房，便成了長滿荒草的小路。走了二里多，峽坳中有一棵大樹，橫倒著就像橋梁。再往西走二里，便踏著山坡轉過山口上去，經過野愚的靜室。再走了半里，往上到白雲的靜室。白雲堅決挽留，因天晚離開了。白雲跟著我走過體極的靜室才告別。往西走半里，經過一宗的靜室。靠近水流又登上山坡走半里，越過望臺向南突起的山脊，到這裡夜色已經來臨，月光漸漸閃耀。走了一里多，兩次渡過望臺西邊山坳中的水，再走了一里，往南繞過旃檀嶺，便往西走過羅漢壁的東陲，都是在月光下行走。再稍稍繞過山口往上，走了半里，便是慧心的靜室，這裡是幻空碧雲寺前向南突起的山坡。我先前和慧心在會燈寺分別以後，拜訪他沒有遇上，至今已有半年多了，便在月下敲門。慧心拿出茶來在月下一起喝，十分舒適。這裡離復吾事先約好的住宿處還有三里，但從這裡往西下去越過箐谷，已黑暗不能行走，慧心便拖著手杖給我指引迷路。走了半里，越過這裡往上走，又過了半里，登上山坡，和碧雲寺伸來的大路會合。看到月光又如原先一樣明亮，慧心才告別離去。再往西走一里，經過一處靜室，就繞過山口往北登上山坡，只見復吾派人在山頭到處呼叫了。再走了一里，進入西來寺。寺內的僧人明空出門去了其他地方，他的徒弟三空，他和我以前曾經一起吃過飯，聽到聲音，從他的靜室走出來迎接。復吾知道我們喜歡喝粥，特意煮了粥給我吃。很久沒有吃到這東西，況且在行走攀登之後，又在明月中喝著，真同仙掌金莖的甘露沒有兩樣。

十四日　三空先準備了小吃，饅頭之後接著吃黃黍糕，是用小米蒸製的，但比用糯米粉做的更柔軟。乳酪、辣椒油、雞葼油、梅子醋，雜亂地擺設著，雖不豐盛但很有風味。原來史君是因三空的師兄明空有約而來的。以下缺。

雞山志目❶

一卷　真形統彙此山之綱領也。

山名　山脈　山形　山界　開闢　鼎盛

二卷　名勝分標勝概本乎天，故隨其發脈，自頂而下分也。

峰　巖　洞　臺　石　嶺　梯　谷　峽　箐

坪　林泉　瀑　潭　澗　溫泉

三卷　化宇❷隨支功業本乎人，故因其登陟，自卑而上升也。

中條剎舍

四卷　化宇隨支

東條剎舍　西條剎舍

五卷　化宇隨支

絕頂羅城　山外剎舍　附坊亭橋聚

六卷　神跡原始❸

傳法正宗傳　附法顯事跡　附小沈事跡

古德❹垂芬

名宿傳　高隱傳

七卷　宰官護法❺

名宦傳　鄉賢傳　附檀越❻信施

勝事紀餘

靈異十則　景致十則　物產　臨蒞　朝參　市集　塔墓

十則

八卷　藝苑集成

集詩　集文

徐子曰：志圖經❼者，有山川之一款，志山川者，又有圖經之全例，不相假也。茲帙首真形，次名勝，次化宇，漸由天而人；次古德，次護法，則純乎人矣；

勝事天之餘，藝苑人之餘，故又次焉。此編次之大意也。

【注　釋】❶雞山志目　即《雞足山志》目錄。❷化宇　奉道之室。原指道觀，此指佛寺。❸原始　探究事物發展的起源。❹古德　佛教徒對教門先輩的稱呼。如儒家稱先賢。❺護法　護持佛法。上自梵天帝釋八部鬼神，下至人世保護佛法的人，都稱護法。❻檀越　佛教名詞。音譯「陀那鉢底」。陀那為「施」，鉢底為「主」，意譯「施主」。❼圖經　文字外附有圖畫的書籍。屬地理志一類的書籍，文字外多附有地圖，故以圖經為名的尤多。

【語　譯】徐子說：記圖經的書中，有山川這一項，記述山川的書，又有圖經的全部體例，不互相借用。這套書首先記真形，其次記名勝，其次記佛寺，逐漸由天及人；其次記古德，其次記護法，則純粹為人事了；勝事是天留下的，藝苑是人留下的，所以又在其次。這是編撰次序的主要意旨。

雞山志略❶一

靈異十則

放光　老僧香　金雞泉　收蛇穴　石門復開　土主報鐘　經聲應耳　然❷身雷雨　猿猴執炊　靈泉表異

景致十則

山之有景，即山之巒洞所標也。以人遇之而景成，以情傳之而景別。故天下有四大景，圖志有八景、十景。豈天下之景，數反詘於郡邑乎？四乃拔其尤，十乃足其數也。若雞山則異於是，分言之，即一頂而已萃天下之四觀；合言之，雖十景猶拘郡邑之成數❸也。

絕頂四觀 東日、西海、北雪、南雲。

觀之有四，分於張直指❹，而實開闢以來，即羅而致之。四之中，海內得其一，已為奇絕，而況乎全備者耶？此不特首雞山，實首海內矣。詩五首未錄。

華首重門

龍華浩劫❺，轉恨此門不闢。不知使其中堂奧❻潛通，縱別有天地，不過一窈窕之區耳；何如雙闕高懸，一丸中塞❼，使仰之彌高，望之不盡乎？故方廣石梁❽，以為五百應真❾之地，而亦旁無餘竇，其意正與華首同也。詩一首未錄。

太子玄關

瓊臺中懸，已凌灝爽❿；玄關上透，更轉虛靈；棧壁排雲，出沒於烟霞之上。所稱群玉峰頭，瑤池月下⓫，彷彿在此。詩一首未錄。

羅漢絕壁

每愛袁石公⓬「補填積雪成新徑，展拓閒雲架小廬」之句。行羅漢壁，宛然詩中之畫也。至其崩雲疊翠，人皆面壁⓭，石可點頭⓮，自是一幅西來景⓯，不煩丹青[16]落筆。詩一首未錄。

獅林靈泉

山下出泉，有渟有流[17]，皆不為異。乃泉不出於麓而出於巒，巒不出於坳而出於脊，脊不出於外瀉而出於中垂，中垂不出於旁溢而出於頂灌。此惟獅林念佛堂見之，欲不謂之靈不得也。詩二首未錄。

放光瑞影

川澤之氣，發為光燄，海之蜃樓，谷之光相[18]，皆自下而上。放光四面深環，危崖上擁，靈氣攸[19]聚，瑞影斯彰，其與四大比隆，宜也。然四大亦惟峨嵋、五臺，其光最異，若九華、普陀，亦止佛燈[20]，未著光相，故放光之瑞影，真四之中、二之上者矣。詩一首未錄。

浮屠縮勝

三距東環，百剎中峙；扃龍華於雙闕，懸象魏[21]於九重。玉毫[22]遍地，只欠當門一楗[23]；金掌[24]中天，忽成華藏[25]千祥。既合此尖，永證勝果[26]。詩二首未錄。

瀑布騰空

匡廬之瀑，不及雁宕，獨得列名四景，以人所共瞻也。雞山玉龍瀑布，亦不若猴子峒峽中崖石掩映，然玉龍獨掛山前，漾盪眾壑，領挈㉗諸勝，與匡廬同，不得分大小觀也。詩一首未錄。

傳衣古松

雞山之松，以五鬣見奇，參霄蔽隴，碧蔭百里，鬚眉盡綠，然挺直而不虬，巨潤而不古。而古者常種也。龍鱗㉘鶴氅㉙，橫盤倒垂，纓絡㉚千萬，獨峙於傳衣之前。不意眾美之外，又獨出此一老。詩一首未錄。

古洞別天

雞山巖有重門，洞無奧室，獨於山後另闢神境。蓋山脈至此將盡，更出一番胚胎，令人不可測識。人所共瞻者，則扃之使不可幾；人所不到者，則通之示有所入，何山靈之幻乃爾？詩二首未錄。

【注釋】❶雞山志略　即《雞足山志》節要。❷然　即「燃」字。❸成數　整數。❹張直指　指巡按張鳳翮。崇禎間官御史，出為雲南巡按。❺龍華浩劫　佛教傳說，佛陀滅後五十六億七千萬年，彌勒菩薩自兜率天內院下生人世，坐在翅頭城華林園中龍華樹下說法，普度人天。劫，佛教稱天地的形成到毀滅為一劫。❻堂奧　堂的深處。入門先升堂，升堂而後入室，室的西南角為奧。❼雙闕高懸二句　在華首門平整的崖壁上，內剜形狀如門，自上而下，有一條裂縫，將「門」分成兩扇，「門」的中縫上，懸著上下距離大致相等的石疙瘩，故稱為「鎖」。❽方廣石梁　指天台山方廣寺旁的石梁瀑布。❾應真　佛教語，意譯「羅漢」，謂得真道的人。❿凌灝爽　即凌空。⓫群玉峰頭二句　李白〈清平調〉：「若非群玉山頭見，會向瑤臺月下逢。」群玉峰、瑤臺，都為傳說中的仙境。⓬袁石公　袁宏道，字中郎，號石公，湖廣公安（今屬湖北）人，明代文學家。⓭面壁　面向牆壁，端坐靜修。傳說禪宗初祖達摩至嵩山少林寺，面壁而坐，終日默然，長達九年，世稱「壁觀」。⓮石可點頭　傳說晉道生法師入虎丘山，聚石為徒，講《涅槃經》，群石皆為之點頭。⓯自是一幅西來景　西，指西方佛國。⓰丹青　紅色和青色的顏料，借指繪畫。⓱有渟有流　渟，原作「停」，據徐本改。⓲光相　即佛光。⓳攸　是。⓴佛燈　供於佛前的燈火，也稱長明燈。㉑象魏　古代宮廷門外有二臺，臺上起屋，稱為臺門，又稱雙闕、雙觀。因其魏（巍）然而高，故稱「魏闕」；又因其為懸示教令之數，故稱「象魏」。㉒玉毫　佛教語，指佛光。㉓楗　關門的木閂。㉔金掌　銅製的仙人手掌，為漢武帝作承露盤用。㉕華藏　又作「華臧」，佛教語，蓮花藏世界的略稱，由寶蓮花中包藏的無數小世界組成，為佛教的極樂世界。㉖永證勝果　佛教徒經過長期修行而悟人妙道，稱為「證果」。㉗領挈　帶領；統領。㉘龍鱗　龍的鱗甲，用以形容鱗狀物。㉙鶴氅　鳥羽製成的裘，用作外套，美稱鶴氅。㉚瓔絡　珠玉綴成的飾物。

【語譯】

靈異十則

放光　老僧香　金雞泉　收蛇穴　石門復開　土主報鐘　經聲應耳　然身雷雨　猿猴執炊　靈泉表異

景致十則

山之所以有景，就是由山中的峰巒洞穴顯示的。被人看到便成了景，根據人的情感來表達景便有了區別。所以天下有四大景，圖經志書中有八景、十景。難道天下的景觀，在數量上反而少於府縣嗎？四景是選拔其中格外突出的，十景只是湊足景點的數目。至於雞足山則與此不同，分開說，就是一座頂峰便已薈萃了天下的四大景觀；合起來說，即使是十景也仍然拘泥府縣的整數。

絕頂四觀東面日出、西面洱海、北面雪山、南面雲海。

分出四大景觀，起於張直指使，而實際上開天闢地以來，就已分布羅列了這些景觀。四大景觀中，天下任何地方只要得到其中的一景，已稱奇絕，何況是完全具備的地方呢？這不但是雞足山的第一景觀，實在也是天下的第一景觀了。詩五首未錄。

華首重門

龍華說法，天翻地覆，只恨這處洞門卻始終不曾開啟。不知即使其中深奧之處暗中相通，別有天地，也不過是一處幽閉的區域罷了；怎麼及得上兩邊山崖如雙闕高懸，中間只塞著一塊彈丸般的岩石，便使人仰望它更覺高大，一眼望不到邊際呢？所以方廣寺旁的石梁，作為五百羅漢得道之地，而旁邊沒有其他洞穴，它的含意和華首門正相同。詩一首未錄。

太子玄關

瓊臺居中懸立，已高聳浩瀚明朗的空中；玄關向上透出，更轉入虛幻靈妙之境；石壁上的棧道高聳入雲，在煙霞的上面出沒不定。世人所稱道的「群玉峰頭，瑤池月下」，彷彿就在這裡。詩一首未錄。

羅漢絕壁

常愛讀袁石公「補填積雪成新徑，展拓閒雲架小廬」的詩句。在羅漢壁上行走，眼前的景物如詩如畫。至於那崩垂的亂雲、層疊的翠色，人都面壁入神，石也感化點頭，本是一幅來自西方的景觀，真不必麻煩畫家落筆了。詩一首未錄。

獅林靈泉

山下流出泉水，有的停蓄，有的流動，都不足為奇。這泉不從山麓而從山巒流出，在山巒又不從山坳而從山脊流出，在山脊的水不向外傾瀉而懸垂在山中，懸垂在山中的水不往四旁溢出而從山頂灌注。這樣的景觀，只有在獅子林念佛堂看到，不能不說它太神奇了。詩二首未錄。

放光瑞影

江河湖泊的水氣，散發成光燄，幻作海上的蜃樓，山谷中的佛光，都自下而上出現。放光寺四面深壑環繞，懸崖簇擁，靈氣所聚，祥瑞的光影就會顯現出來，它具有和四大佛山同樣崇高的地位，理應如此。不過四大佛山也只有峨嵋山、五臺山，佛光最為奇異，至於九華山、普陀山，只有佛燈，沒有佛光，所以放光寺的祥瑞光影，真可居四大佛山之中，兩座佛山之上了。詩一首未錄。

浮屠絹勝

三支雞爪般的山脈環列在東方，上百座寺院並峙在山中；雙闕鎖住龍華寺，象魏高懸九重崖，佛光遍地，只缺當門一楗；金掌擎天，忽然化作華藏世界的千種祥瑞。既聚這座寶塔，便能永證善果。詩二首未錄。

瀑布騰空

廬山的瀑布，不及雁宕山，但唯獨它能名列四景之中，這是因為人們共同瞻望的緣故。雞足山的玉龍瀑布，也不及猴子峒峽中那樣崖石掩映，然而玉龍瀑布獨自掛在山前，在眾多山壑中盪漾，統領各處勝景，和廬山的瀑布相同，不能僅以水勢來區分景觀的大小。詩一首未錄。

傳衣古松

雞足山的松樹，以五鬣松見奇，高聳入雲，遮蔽山隴，綠蔭籠罩上百里的地方，鬚眉也都被染綠了，但挺直而不蟠曲，壯潤而不古拙。不過古拙的樹都是普通的品種。龍鱗般的樹皮，鶴氅似的枝葉，橫繞倒掛，如千萬纓絡，獨自峙立在傳衣寺前。想不到在眾多美景之外，又獨現這樣一棵老樹。詩一首未錄。

古洞別天

雞足山的巖洞有重重洞門，洞中沒有內室，唯獨在山後另外開出神奇之境。原來山脈到這裡即將終止，另外展現出一片新的天地，令人不可測知。人所共同瞻望的地方，則將它封閉使人無法考察；人所不能到達的地方，則將它打通以示有可以進入的路，為何山靈竟如此變幻莫測呢？詩二首未錄。

諸寺原始俱以年次為先後。

接待寺嘉靖間，天心和尚跪華首門，遙禮初祖迦葉為師，落髮，乃創此寺於山麓，又建聖峰寺於山半。其後嗣有寶山禪師，得授衣鉢❶，現在。講師和雅，住聖峰寺。

聖峰寺寶山禪師建，後嗣和雅。

龍華寺隆慶間，元慶和尚開山❷，後閣是嗣孫雪亭重建❸。前題「石鼓名區」，閣題「水月」。石鼓，以左峰絕頂高聳，有聲如鼓也。

石鐘寺以樓下掘出石形如鐘形，故云「石鐘」；又云以建寺時，側崖有石，風吹如鐘聲。皆無的據。

放光寺嘉靖間，古德無窮禪師，河南人，創建。護法檀越李中谿先生。無窮後嗣有歸空禪師，建藏經閣。閣成，而神宗賜《藏》。

寂光寺嘉靖間，古德定堂禪師創建。檀越李中谿、蘇大雲、趙雪屏三先生俱翰林。又居士楊碧泉，皈依禪師捐資建造。後嗣用周禪師，大興弘敞，又建大覺寺，請無心禪師住持。後嗣野愚大師現住靜，見曉現住南直中峰，克心現住持。

大覺寺萬曆間，無心禪師奉密旨，齎華嚴寺《藏經》至此。用周請住此寺。後嗣遍周現在。

幻住庵嘉靖間，寂安禪師創建。德行具碑紀。後嗣定光，今名福寧，現在。住持紗宗。天香壽九旬。

華嚴寺嘉靖間，南京古德月堂創建。聖母賜《藏》。回祿❹後，有法孫野池重建，參隨❺張賓軒護法。

那蘭陀寺萬曆間，古德所庵禪師創建。師尋甸人，護法檀越黔國武靖公，參隨張賓軒。後嗣高僧本無，講師了宗、念休現在。克徽在滇省圓通寺。禪師大力現在。靜主蘭宗、幹蠱。常住艮一。

悉檀寺萬曆間，古德本無建，護法檀越麗府生白木公。後嗣法潤、弘辨、安仁、體極，住靜白雲❻。

補處庵嘉靖間，古德廣西如正禪師創建。後嗣本真、所庵禪師傳記，念誠住持。

西竺寺萬曆間，古德飲光禪師創建。

會燈寺嘉靖間，闊然老師先結靜室，今法嗣朗耀創建叢林❼，迦葉殿法眷❽。

大士閣萬曆間，直指沈建立，請古德拙愚禪師住持。師乃五華、龍泉二寺法眷之主。後嗣虛宇，現在大士閣中住持。

傳衣寺古圓信庵，古德大機禪師❾創建，中谿李先生護法。後嗣映光禪師弘建。回祿後，映光後嗣法界重建，即今覺悟住持。旁建八角庵、圓通庵、慈聖庵、雷雲寺、靜雲庵、淨土庵、開化庵、九蓮寺、報恩寺、白石庵。

萬松庵萬曆間，古德中泉禪師創建。後嗣離微禪師重修，現在。

古迦葉殿

羅漢壁靜室廣西禪師　印宗禪師　幻空禪師

獅子林靜室蘭宗禪師　大力禪師

大靜室野愚禪師

旃檀嶺靜室克心禪師

九重崖靜室本無禪師　大定禪師　聞璽禪師

各剎碑記

〈止止庵記〉賓州[10]知州黃岡[11]廖自伸記，萬曆三十二年。

又〈止止庵記〉荊州[12]知府、前翰林庶吉士、監察御史、郡人李元陽記，嘉靖三十八年。

〈傳衣寺記〉長蘆[13]運使[14]、郡人阮尚賓記，萬曆甲辰[15]。

〈鼎建大士閣三摩禪寺記〉知賓州廖自伸記，萬曆丙午[16]。

〈重建放光寺銅碑〉李元陽記。

〈仰高亭記〉柱史[17]周茂相記，萬曆三十五年。

〈寂光寺傳衣法嗣紀略〉雲洱舉人孫啟祚撰，崇禎九年。

〈西竺寺碑記〉進士陶珽[18]撰，萬曆戊午[19]。

〈寂光寺用周禪師道行碑記〉御史昆明傅宗龍[20]撰，萬曆己未[21]。

【注　釋】❶授衣鉢　禪宗師徒間道法的授受，常付衣鉢為信，稱為「衣鉢相傳」或「授衣鉢」。衣鉢，佛教用語，「衣」指袈裟（三衣），「鉢」指食器。❷開山　佛家多擇名山創建寺院，稱為開山。❸後閣是嗣孫雪亭重建　原脫「閣是」二字，據徐本補。❹回祿　傳說中的火神名，後用以指火災。❺參隨　明代武官到任時所帶的隨從，其中幼官或舍人稱參隨。❻住靜白雲　原脫，據徐本補。❼叢林　佛教語，指僧侶聚居的寺院。❽法眷　佛教語，指共同修行的道友。❾大機禪師　徐本作「大和禪師」。❿賓州　明代隸思恩府，治所在今廣西賓陽。⓫黃岡　明代為黃州府附郭縣，即今湖北黃岡。⓬荊州　明代為府，治所在江陵（今屬湖北）。⓭長蘆　在河北、天津渤海沿岸，為北起山海關南至黃驊縣的鹽場總稱。元始設河間鹽運司，明初改名長蘆，以運司駐在長蘆鎮（今河北滄州）而得名。⓮運使　元、明、清三朝有都轉鹽運使，專管鹽務。⓯萬曆甲辰　萬曆三十二年（一六〇四）。⓰萬曆丙午　萬曆三十四年。⓱柱史　周、秦時有柱下史，即御史。⓲陶珽　姚安人。萬曆進士，累官武昌兵備道。正直端方，為世所重。⓳萬曆戊午　萬曆四十六年。⓴傅宗龍　號括蒼，昆明人。萬曆進士，官至薊遼總督，以忤旨罷職。崇禎間為陝西總督，在征討李自成時被俘殺害。㉑萬曆己未　萬曆四十七年。

【語　譯】

諸寺原始都按年代先後為次序。

接待寺嘉靖年間，天心和尚跪在華首門，遙拜初祖迦葉為師，削髮為僧，於是在山麓創建這寺，又在半山腰建了聖峰寺。他的傳人有寶山禪師得衣鉢相傳。現今還健在。講經的法師是和雅，住在聖峰寺。

聖峰寺寶山禪師創建，傳人為和雅。

龍華寺隆慶年間，元慶和尚創建，後閣是徒孫雪亭重建。前殿的匾額為「石鼓名區」，後閣的匾額為「水月」。石鼓，是因為左邊山峰的絕頂高聳，有聲音如同鼓聲。

石鐘寺因為在樓下挖出的岩石形狀像鐘，所以名「石鐘」。又據說在建寺時，旁邊的山崖上有岩石，風吹時發出如敲鐘的聲音。都沒有確實的證據。

放光寺嘉靖年間，先輩河南人無窮禪師創建。護法施主為李中谿先生。無窮的傳人有歸空禪師，修建了藏經閣。藏經閣建成後，神宗賜給《大藏經》。

寂光寺嘉靖年間，先輩定堂禪師創建。施主為李中谿、蘇大雲、趙雪屏三位先生都是翰林。又有居士楊碧泉，皈依定堂禪師捐資建造。傳人用周禪師，大興土木擴建，又建了大覺寺，請無心禪師住持。傳人野愚大師現住靜，見曉現住南直隸的中峰，克心現住持。

大覺寺萬曆年間，無心禪師奉皇帝密旨，帶著華嚴寺的《大藏經》到這裡，用周請他住持這寺。傳人遍周現今還健在。

幻住庵嘉靖年間，寂安禪師創建。德行載在碑記中。傳人定光，今名福寧，現今還健在。住持為妙宗。天香年九十歲。

華嚴寺嘉靖年間，南京先輩月堂創建。皇太后賜給《大藏經》。火災後，徒孫野池重建，參隨張賓軒護法。

那蘭陀寺萬曆年間，先輩所庵禪師創建。禪師為尋甸人。護法施主為黔國武靖公、參隨張賓軒。傳人為高僧本無，講經法師了宗、念休，現今還健在。克徽，在雲南省城圓通寺。大力禪師現今還健在。靜室主人蘭宗、幹蠱。常住艮一。

悉檀寺萬曆年間，先輩本無建。護法施主為麗江府木公生白。傳人法潤、弘辨、安仁、體極，住靜白雲。

補處庵嘉靖年間，先輩廣西如正禪師創建。傳人本真、所庵禪師有傳記，念誠住持。

西竺寺萬曆年間，先輩飲光禪師創建。

會燈寺嘉靖年間，闊然老禪師先建靜室，如今傳人朗耀創建了寺院，為迦葉殿道友。

大士閣萬曆年間，沈巡按建立，請先輩拙愚禪師住持。禪師是五華寺、龍泉寺道友之主。傳人虛宇，現在大士閣住持。

傳衣寺即舊時圓信庵，先輩大機禪師創建，李中谿先生護法。傳人映光禪師擴建。火災後，映光傳人法界重建，就是如今住持覺悟。旁邊建有八角庵、圓通庵、慈聖庵、雷雲寺、靜雲庵、淨土庵、開化庵、九蓮寺、報恩寺、白石庵。

萬松庵萬曆年間，先輩中泉禪師創建。傳人離微禪師重修，現今還健在。

古迦葉殿

羅漢壁靜室廣西禪師　印宗禪師　幻空禪師

獅子林靜室蘭宗禪師　大力禪師
大靜室野愚禪師
旃檀嶺靜室克心禪師
九重崖靜室本無禪師　大定禪師　聞璽禪師

各剎碑記

〈止止庵記〉賓州知州黃岡人廖自伸記。萬曆三十二年。
又一篇〈止止庵記〉荊州知府、前翰林院庶吉士、監察御史、本府人李元陽記。嘉靖三十八年。
〈傳衣寺記〉長蘆鹽運使、本府人阮尚賓記。萬曆甲辰年。
〈鼎建大士閣三摩禪寺記〉賓州知州廖自伸記。萬曆丙午年。
〈重建放光寺銅碑〉李元陽記。
〈仰高亭記〉御史周茂相記。萬曆三十五年。
〈寂光寺傳衣法嗣紀略〉雲南洱海衛舉人孫啟祚撰。崇禎九年。
〈西竺寺碑記〉進士陶珽撰。萬曆戊午年。
〈寂光寺用周禪師道行碑記〉御史昆明人傳宗龍撰。萬曆己未年。

麗江紀略

麗江名山牯岡、犛果，俱與臘羅相近。東北界。胡股、必烈❶，俱麗江北界番❷名。甲戌歲❸，先有必烈部下管鷹犬部落，得罪必烈番主，遁居界上，剽竊為害。其北胡股販商，與西北大寶法王❹往來之道❺，皆為其所中阻。乙亥❻秋，麗江出兵往討之，彼先以卑辭驕其師，又托言遠遁，麗人信之，遂乘懈返襲，麗師大敗。麗自先世雄視南服❼，所往必克，而忽為所創，國人大憤，而未能報也。

【章　旨】麗江與臘羅相近，前幾年有必烈部下逃到邊界上劫掠作亂，麗江派兵討伐，反而中計大敗，但沒能報復。

【注　釋】❶必烈　疑為「必力工」，明代烏思藏都司闡教王駐地。其地在今西藏拉薩東的墨竹工卡境。❷番　舊指中國西部及西南部的少數民族。唐代常用以指藏族。❸甲戌歲　崇禎七年（一六三四）。❹大寶法王　元、明兩代對喇嘛教首領的封號。如元至正間封八思巴為大寶法王，明永樂間封哈立麻為大寶法王。❺往來之道　「往來」二字原脫，據徐本補。❻乙亥　崇禎八年。❼南服　南方邊遠地區。服，古代指王畿以外的地方。

【語　譯】麗江的名山牯岡、葦果，都和臘羅相近。東北邊界。胡股、必烈都是麗江北部邊界少數民族的名稱。崇禎七年，先有必烈的部下管鷹犬部落，因得罪了必烈的首領，逃到邊界上居住，搶劫為害。他北面胡股族的商販和西北大寶法王往來的通道，全被他們從中隔斷。崇禎八年秋季，麗江府出兵去討伐，他們先用謙讓恭敬的話來使麗江的軍隊驕傲自大，又找了藉口遠遠逃跑了，麗江人信以為真，於是乘麗江人鬆懈怠惰之時，回師襲擊，麗江軍隊便大敗。麗江從前代起雄視南部邊疆，無往不勝，忽然被他們傷害，全民十分憤恨，但也無法報復。

法王緣起

吐蕃國❶有法王❷、人王❸。人王主兵革，初有四，今併一。法王主佛教，亦有二。人王以土地養法王，而不知有中國；法王代人王化人民，而遵奉朝廷。其教，大法王與二法王更相為師弟❹。大法王將沒，即先語二法王以托生之地，二法王如其言往求之，必得所生，即抱奉歸養為大法王，而傳之道。其抱歸時，雖年甚幼，而前生所遺事，如探環穴中，歷歷不爽。二法王沒，亦先語於大法王，而往覓與抱歸傳教，亦如之。其托生之家，各不甚遙絕，若祇借為萌芽，而果則不易也。大與二，亦祇互為淵源，而位則不更也。

庚戌❺年，二法王曾至麗江，遂至雞足。

大寶法王於嘉靖間朝京師，參五臺。

麗江北至必烈界，幾兩月程。又兩月，西北至大寶法王。

【章旨】吐蕃有法王、人王，一掌佛教，一掌軍事。其教行轉世制度。大法王和二法王互相更替作師兄弟。嘉靖間，大寶法王上京師朝見，參拜五臺山。

【注釋】❶吐蕃國　西元七世紀在青藏高原建立的藏族奴隸制政權。八世紀時最為強盛。其間贊普松贊干布、棄隸縮贊先後與唐文成公主、金城公主聯姻，與中原交往密切。九世紀中瓦解。計傳位九代，歷時二百多年。明代在其地設烏思藏都司和都甘都司。❷法王　原為佛陀稱號之一。元、明兩朝用作對喇嘛首領的封號。明朝分別封噶舉派、薩迦派、格魯派的喇嘛首領為大寶法王、大乘法王、大慈法王等。前二派的主要寺院分別為止貢替寺（在今拉薩東墨竹工卡境）、薩迦寺（在今日喀則西薩迦境），後一派的主要寺院有甘丹寺、哲蚌寺、色拉寺、布達拉宮（均在拉薩郊外）及塔爾寺（在今青海湟中境）。❸人

王　元、明兩朝對青藏地區封建領主的封號。據《明史・西域傳》，有闡化王，駐地在烈伍棟（今乃東）；贊善王，駐地在靈藏（在今四川德格北境）；護教王，駐地在館覺（在今貢覺南境）；闡教王，駐地在必力工（在今墨竹工卡）；輔教王，駐地在思達藏（今吉塘）。❹大法王與二法王更相為師弟　此指喇嘛教為解決其首領繼承問題，取佛教靈魂轉世、生死輪迴之說，而設立的一種轉世制度，始於十三世紀的噶舉派。格魯派興起後，其創始人宗喀巴進行改革，嚴禁僧人娶妻生子，後也採用轉世制度，起於達賴三世鎖南嘉錯。❺庚戌　萬曆三十八年（一六一〇）。

【語　譯】吐蕃國有法王、人王。人王掌管軍事，原先有四個，如今合併為一個。法王掌管佛教，也有兩個。人王用土地供養法王，而不知有中國；法王代表人王教化百姓，而遵從朝廷。他們的教規，大法王和二法王互相更替為師徒。大法王將死時，就先把自己的託生地告訴二法王，二法王按照他的話去尋找，必定能找到轉生的人，就抱回來奉養作為大法王，並傳授他道法。他抱回時雖然年齡很小，但前生的遺事，如在環形的洞穴中取物，一件件清楚分明不會差錯。二法王死時，也是先把託生地告訴大法王，同樣去尋找並抱回傳教。他們託生的人家，各在不太遙遠隔絕的地方，好像只借作萌芽，但結果則不變。大法王和二法王，也只是互為淵源，而地位則不變。

萬曆三十八年，二法王曾到麗江府，便上雞足山。大寶法王於嘉靖年間上京師朝見，參拜五臺山。從麗江府往北到必烈境內，將近兩個月的路程。再走兩個月，可到西北大寶法王的駐地。

【研　析】雞足山有三道瀑布，其中在西峽居中懸掛的為第一勝景。但這道瀑布春、秋兩季斷流，唯有夏天才有水，故徐霞客上次在山上並未見到。無論在哪裡，瀑布都是一道異常亮麗的風景線，聽了僧人的介紹，他迫不及待地趕到那裡，看到「壑東危崖盤聳，其上一瀑，垂空倒峽，飛噴迢遙，下及壑底，高百餘丈，搖嵐曳石，浮動烟雲」。就水勢而言，這道瀑布比先前所見的玉龍閣瀑布還小些，但徐霞客很快發現，這道瀑布之所以能呈現玉龍閣瀑布所不及的壯觀，是由它們所處的不同的地理條件及觀賞位置決定的。玉龍閣瀑布嵌在兩座山峰的內側，觀賞者無法從正面眺望，只能「旁覷倒瞰」，因此也就難見全貌。而這道瀑布高高飛掛在隆起的山崖的頂端，隔著峽谷望去，自上而下，一覽無遺。由於它所在的空間遠比玉龍閣開闊，觀賞者的視野自然也更寬廣。瀑布通常以氣勢跌宕取勝，而《遊記》中卻說這道瀑布「宛轉若有餘，騰躍若不及」，乍看似有貶意，很難將它同「山中第一勝」聯繫起來。但細加分析，正是這二句話，點出了這道瀑布的特色。因這道瀑布水勢並不大，無飛流直下之概，當然顯得「騰躍若不足」，但也因此展現出飄曳之態，轉覺「宛轉若有餘」。文中用「舞霓裳而骨節皆靈，掩鮫綃而丰神獨迥」這樣既出人意外又極為形象的比喻，來形容這道瀑布婀娜的麗姿，化壯為媚，令人歎賞。從李白到鄭珍，在詩文中出現了不少描寫瀑布的名篇，但大多堆積意象，備極形容，乍看眼花撩亂，細味模糊不清，「如七寶樓臺，眩人眼目，碎拆下來，不成片段」。而像徐霞客那樣，將景物特徵與其所在的地理條件聯繫起來，將觀賞與考察結合起來，將科學與藝術合一，可謂絕無僅有了。

徐霞客上次在雞足山，於正月初一到念佛堂看見一條奇特的泉水，這次重遊，他更注意結合地貌，在更大的範圍內考察這條靈泉，發現泉水「不出於峽而出於脊，不出於崖外而出於崖中，不出於穴孔而出於穴頂；其懸也，似有所從來而不見；其墜也，似不假灌輸而不竭」。只是無法解釋這種奇特的現象。在水簾、翠壁遊覽時，他被那裡形狀奇特的樹木所吸引，再一次顯示地形、風向對植物生長的影響。《遊記》中特別提到圓通庵中的燈籠花樹，這是雲南特有的奇樹，形狀奇特美觀，至今仍很少見。

回到雞足山後，徐霞客經受了繼靜聞去世的又一個巨大打擊，即顧僕（顧行）逃跑。在較早的〈浙遊日記〉中，徐霞客稱顧僕為「僮」、「僮子」，可見年紀還輕。在後來的日記中有時又稱作「顧奴」。徐霞客死後不久，清兵南下，江南時有「奴變」發生，即奴僕為討還賣身契而發生暴動，殺傷主人。順治二年（一六四五）七月中元夜，徐家也發生「奴變」，包括徐霞客長子徐屺在內有二十多人喪生。顧僕似乎也是那種從小被賣到徐家、並無人身自由的奴僕。從《遊記》中看，他對徐霞客可謂忠心耿耿，唯命是從。在西遊途中，他或許是最辛苦的人，既要陪同徐霞客履危涉險，又要料理燒飯洗衣、問路送信、挑運行李等一應雜務。湘江遇盜時，顧僕身受四刀，進入廣西後，一度重病在身，難以行走，但他依然任勞任怨，毫不怠懈。在西遊最危險最困難的時候，唯有顧僕始終留在霞客的身邊。就霞客而言，真正和他同命運、共患難的，唯有顧僕、靜聞二人而已。從《遊記》中看，主僕間感情甚篤，在失散時「憂心惶惶」，重逢時「喜若更生」。正因為想到顧僕的種種好處，想到他為自己遭受了不少苦難，霞客才制止雞足山僧人追趕，聽任顧僕捲走所有的財物。也正因為他是唯一和自己朝夕相處、生死與共的人，故霞客感到格外悲傷，歎道：「離鄉三載，一主一僕，形影相依，一旦棄余於萬里之外，何其忍也！」但顧僕畢竟不是霞客，他沒有霞客遍遊天下名山大川、探自然奧祕、覽萬物奇觀的情懷，對他來說，陪霞客西遊，只是一種義務，而不是事業，只是負擔，而不是遊樂，因而始終處在逆來順受的被動狀態中。如果說剛出遊時，外界景物對他有些新鮮的刺激作用，那麼在經歷千山萬水之後，在對山山水水的感覺變得日益麻木之時，在身心越來越感到疲憊，對故鄉的懷念、對險難的畏懼、對那無止境的探遊的厭倦，便自然襲上他的心頭。他有自己實實在在的追求和希望，有自己嚮往的生活方式，不會有霞客那樣的獻身精神。特別是他還年輕，不可能像霞客那樣「幻泡其身」，害怕像靜聞那樣猝然客死他鄉，因此不願再無休止地陪霞客繼續走下去。他看到霞客毫無東歸之意，又明知自己不可能勸阻霞客，於是選擇了離開霞客獨自逃跑的路。顧僕後來回到江陰，不知他是否參加了順治二年在徐家發生的那次「奴變」？

顧僕逃跑後，徐霞客憂心忡忡，情緒極為低落，幸虧他在這時認識了因鄉試落第而上雞足山排遣的鶴慶人史仲文。中國境內有無數名山大川，但都被當作走馬觀賞的對象，又有幾人能深入其中探索？即使有少數幾個有志者，也得不到世人的理解和支持。史仲文「留心淵岳」，「生平好搜訪山脈」，但「每被人哂，不敢語人」。而霞客為考察南龍大脊，歷時長達四十年，直到這裡才剛弄清楚，而且又到這裡才遇上一個真正的志同道合者。兩人意外相遇，感到格外高興。此外，像華嚴寺的僧人野池，因年輕時沒有求學，老來「掩關靜閱，孜孜不倦」；圓通庵僧人妙行，在藏經樓前專心讀書，「潛心淨果」。這對處於困境中的霞客，都起了鼓勵作用。他贈妙行二首詩的原件，是現在僅存的徐霞客手跡。

在山上居留期間，徐霞客應木增的聘請，修撰《雞足山志》。陳函輝、錢謙益都說「三月而《志》成」。

據〈雞山志目〉，霞客所擬定的《山志》分八卷。現存《雞足山志》是康熙間刻印的，共十卷。主修錢邦芑，明末為雲南巡撫，明亡後上雞足山出家，號大錯。據他說，霞客「創稿四卷，未幾，以病辭歸」。看來應以錢說為是。霞客對以前的志書，都頗為不滿，他撰寫的〈雞山志目〉，編排次序「由天而人」，在識見上確有超人之處。其中尤可注意的是「名勝分標」卷，對地形山貌作了十分詳盡的分類。

在〈雞山志略〉中，徐霞客介紹了雞足山十景，並寫了〈雞山十景〉詩。西遊途中，他應該作過不少詩，現《遊記》中提到的有五十一首，但僅存遊廣西三里城白崖堡南巖的一首。據季會明說，霞客留有詩稿一卷，族兄徐仲昭交陳仲鄰刻印，清兵入關，陳仲鄰遇難，詩稿也不知去向。徐霞客的一些友人，對他的詩文頗為讚賞，如陳函輝說他「工詩，工古文詞」，黃道周更稱霞客詩「詞意高妙，備極諸長」。霞客現存詩三十八首，另有三首斷句，二首為湘江遇盜時作：「簫管孤舟悲赤壁，琵琶兩袖濕青衫。」及「灘驚回雁天方一，月叫杜鵑更已三。」「同是天涯遇難人，一生何堪對一死。」一首為下寧洋溪中作：「難詠舊句舡梭織，峰翠山軸卷溪梢。」其中如〈哭靜聞禪侶〉詩等，洵為佳作，但從整體上看，作詩非其所長，和他的朋友相比，雖勝黃道周一籌，但不如唐泰。不過他的詩確有其特色，如「春隨香草千年豔，人與梅花一樣清」；「峰頭且莫騎黃鶴，留遍江城鐵笛聲」；「秋空淨無極，兀兀片雲孤」；「我欲倒騎玉龍背，峰巔群鶴共翩翩」，跌宕飄逸，屬辭不凡，有孤標傲世、超然遠引之意，自我形象表現得十分鮮明。

從石城山返回永昌時，徐霞客在清水關遇上一場大雨，他「上嶮涉流，隨起隨仆」，「頭目既傷，四肢受病，一時無可如何」。因「受寒受跌且受飢」，留下了病根，回到永昌後，接連幾天身體不適。因為久涉瘴癘之地，回到雞足山，已「頭面四肢俱發瘮塊，累累叢膚理間，左耳左足，時時有蠕動狀」。明知是風疹，但苦於無藥治療，直到至雞足山悉檀寺在煎了草藥的熱水池中浸泡薰蒸之後，才汗出如雨，有好轉的感覺。雖然徐霞客筋骨強壯，「捷如青猿，健如黃犢」，有很強的適應力，但畢竟已非壯年，加上旅途生活極為艱苦，嚴重損害了他的健康。《雞足山志》尚未修完，便因病由木增派人送回故鄉。半年後，這個「御風萬里，上下川岑」，「蘧廬天地，旦暮古今」的嶔崟獨行之士，終於在病魔的困擾之中結束了他曾經無險不披、無難不克的一生。

溯江紀源❶

一作江源考

【題　解】陳函輝說：「霞客於峨眉山前，作一札寄予。其出外番分界地，又有書貽錢牧齋宗伯，併託致予。書中皆言所歷涉山川險僻諸瑰狀，併言江非始自岷山，河亦不由天上。其發源河自崑崙之北，江自崑崙之南……爰著成〈溯江紀源〉一篇。」錢謙益也說霞客「還至峨眉山下，託估客附所得奇樹虬根以歸，並以〈溯江紀源〉一篇寓余。言〈禹貢〉『岷山導江』，乃汎濫中國之始，非發源也」。現存〈溯江紀源〉中三次提到位於金沙江邊的麗江石門關，並有「西出石門金沙」之語。據此，有的學者認為霞客東歸，似經石門關渡金沙江，隨後北上經中甸由瀘沽湖入川，再經瓦屋（在今四川越西縣北）、曬經（在今四川甘洛北隅，越西河入大渡河處）二山至峨眉山，然後經嘉定（今樂山）、敘州（今宜賓），沿長江東下。〈溯江紀源〉當作於東歸途中。據錢謙益說，此書有「數萬言」。時任靖江縣令的陳函輝和江陰縣令李令皙將此書分別刻入靖江、江陰兩縣的縣志中。原書已佚，現存附入《江陰縣志》的只是僅「千餘言」的摘錄，其他都已刪去。但據陳〈志〉錢〈傳〉，此書的主要觀點已包括在這篇摘錄中，刪去的部分，可能是敘述山脈、水流延伸分布的具體狀況。

江、河為南北二經流，以其特達於海也。而余邑❷正當大江入海之衝，邑以江名，亦以江之勢至此而大且盡也。生長其地者，望洋❸擊楫❹，知其大不知其遠；溯流窮源，知其遠者，亦以為發源岷山❺而已。余初考紀籍❻，見大河自積石⑦入中國，溯其源者，前有博望之乘槎⑧，後有都實之佩金虎符⑨。其言不一，皆云在崑崙⑩之北，計其地，去岷山西北萬餘里，何江源短而河源長也？豈河之大更倍于江乎？迨躡淮⑪涉汴⑫，而後睹河流如帶，其闊不及江三之一，豈江之大，其所入之水，不及於河乎？迨北歷三秦⑬，南極五嶺⑭，西出石門⑮、金沙⑯，而後知中國入河之水，為省五⑰，陝西、山西、河南、山東、南直隸⑱。入江之水，為省十一⑲，西北自陝西、四川、河南、湖廣、南直；西南自雲南、貴州、廣西、廣東、福建、浙江。計其吐納，江既倍于河，其大固宜也。

按其發源，河自崑崙之北，江亦自崑崙之南，其遠亦同也。發於北者曰星宿海⑳，佛經謂之徙多河㉑。北流經積石，始東折入寧夏㉒，為河套㉓，又南曲為龍門㉔大河，而與渭㉕合。發於南者曰犂牛石㉖，佛經謂之殑伽河㉗。南流經石門關，始東折而入麗江，為金沙江㉘，又北曲為敘州㉙大江，與岷山之江合。余按岷江㉚經成都㉛至敘，不及千里，金沙江經麗江、雲南㉜、烏蒙㉝至敘，共二千餘里；捨遠而宗近，豈其源獨與河異乎？非也！河源屢經尋討，故始得其遠；江源從無問津，故僅宗其近。其實岷之入江，與渭之入河，皆中國之支流，而岷江為舟楫所通，金沙江盤折蠻獠谿峒㉞間，水陸俱莫能溯。在敘州者，衹知其水出於馬湖㉟、烏蒙，而不知上流之由雲南、麗江；在雲南、麗江者，知其為金沙江，而不知下流之出敘，為江源。雲南亦有二金沙江：一南流北轉，即此江，乃佛經所謂殑伽河也；一南流下海，即王靖遠征麓川，緬人恃以為險者[36]，乃佛經所謂信度河[37]也。雲南諸志，俱不載其出入之異，互相疑溷，尚不悉其是一是二，分北分南，又何由辨其為源與否也！既不悉其孰遠孰近，第見〈禹貢〉[38]「岷山導江」之文，遂以江源歸之，而不知禹之導，乃其為害于中國之始，非其濫觴發脈之始也。導河自積石[39]，而河源不始於積石；導江自岷山，而江源亦不出於岷山。岷流入江，而未始為江源，正如渭流入河，而未始為河源也。不第此也，岷流之南，又有大渡河[40]，西自吐蕃，經黎[41]、雅[42]，與岷江合，在金沙江西北，其源亦長於岷，而不及金沙，故推江源者，必當以金沙為首。

不第此之，宋儒謂中國三大龍[43]，而南龍之脈，亦自岷山，瀕大江南岸而下，東渡城陵[44]、湖口[45]而抵金陵[46]，此亦不審大渡、金沙之界斷其中也。不第此也，並不審城陵磯、湖口縣為洞庭[47]、鄱陽[48]二巨浸[49]入江之口。洞庭之西源自沅[50]，發於貴州之谷芒關[51]；南源自湘[52]，發於粵西之釜山、龍廟。鄱陽之南源自贛[53]，發於粵東之湘頭[54]、平遠[55]；東源自信豐[56]，發於閩之漁梁山[57]、浙之仙霞南嶺[58]。是南龍盤曲去江之南且三千里，而謂南龍瀕江乎？不第此也，不審龍脈，所以不辨江源。今詳三龍大勢：北龍夾河之北，南龍抱江之南，而中龍中界之，特短。北龍亦祇南向半支入中國；俱另有說。惟南龍磅礡半宇內，而其脈亦發於崑崙，與金沙江相持南下，經石門、麗江，東金沙、西瀾滄[59]，二水夾之。環滇池[60]之南，由普定[61]度貴竺[62]、都黎[63]南界，以趨五嶺。龍遠江亦遠，脈長源亦長，此江之所以大於河也。不第此也，南龍自五嶺東趨閩之漁梁，南散為閩省之鼓山[64]，東分為浙之台、宕[65]。正脈北轉為小箬嶺[66]，閩、浙界。度草坪驛[67]，江、浙界。峙為浙嶺[68]、徽[69]、浙界。黃山，徽、寧[70]界。而東抵叢山關[71]，績溪[72]、建平[73]界。東分為天目[74]、武林[75]。正脈北度東壩[76]，而峙為句曲[77]，於是迴龍西結金陵，餘脈東趨余邑。是余邑不特為大江盡處，亦南龍盡處也。龍與江同發於崑崙，同盡於余邑，屹為江、海鎖鑰，以奠金陵，擁護留都[78]，千載不拔之基以此。豈若大河下流，昔曲而北趨碣石[79]，今徙而南奪淮、泗[80]，漫無鎖鑰耶？然則江之大於河者，不第其源之共遠，亦以其龍之交會矣。故不探江源，不知其大於河；不與河相提而論，不知其源之遠。談經流者，先南而次北可也。

【章旨】長江、黃河為南北兩條幹流。世人都說黃河發源於崑崙山，長江發源於岷山。但長江的江面比黃河寬得多，水量比黃河大得多，怎麼源頭會比黃河近得多呢？考察它們的源頭，黃河出自崑崙山北面的星宿海；長江出自崑崙山南面的犛牛石，流入麗江府為金沙江，再彎向北和岷江會合。金沙江比岷江遠得多，世人為何捨遠取近呢？這是因為黃河源頭經過多次探討，而金沙江在荒遠之地，無人問津，故輕信了〈禹貢〉「岷山導江」的話。不知大禹疏導岷江，是因為它是造成中原水災的起點，並不是長江的發端，就像疏導黃河起自積石山，但黃河源頭並不起自積石山。另外還有大渡河，水源比岷江遠，比金沙江近，所以推尋長江源頭，必定以金沙江為首。宋儒說中國有三大龍脈，其中南方的龍脈也起自岷江，靠近長江南岸延伸，到達金陵。這種說法，既不明白大渡河、金沙江在中間隔斷，也不明白洞庭湖、鄱陽湖水匯入長江，其實南方的龍脈曲折盤繞長江南岸將近三千里。因為不清楚龍脈的情況，所以不能分辨長江的源頭。北方的龍脈只有向南延伸的半支進入中原，唯獨南方龍脈在半天下伸展，它的山脈也發端於崑崙山，和金沙江並行南下。南龍脈遠長江也遠，山脈長江源也長，所以長江比黃河大。南龍和長江共同發端於崑崙山，又共同到我家鄉江陰為止。

【注釋】❶溯江紀源　此篇出馮士仁崇禎《江陰縣志》，原序云：「談江源者，久沿〈禹貢〉『岷山導江』之說。近邑人徐弘祖，字霞客，夙好遠遊，欲討江源，崇禎丙子夏，辭家出流沙外，至庚辰秋歸，計程十萬，計日四年。其所紀覈，從足與目互訂而得之，直補桑《經》、酈《注》所未及。夫江邑為江之尾閭，適志山川，而霞客歸，出〈溯江紀源〉，遂附刻之。」篇末陳體靜跋云：「此〈考〉原本已失，茲從本邑馮《志》中錄出，非全文也。前人謂其書數萬言，今所存者，僅千有餘言而已。〈考〉內『北龍亦衹南向半支入中國』下，註云：『俱另有說』，其說必甚長，乃一概刪去，殊為可惜。」❷余邑　指徐霞客故鄉江陰縣。❸望洋　《莊子．秋水》：「(河伯)順流而東行，至於北海，東面而視，不見水端，於是焉河伯始旋其面目，望洋向若（海若，海神）而歎曰……」江陰在長江入海口，故用「望洋」之語。❹擊楫　敲著船槳。《晉書．祖逖傳》：祖逖渡江北伐，「中流擊楫而誓曰：『祖逖不能清中原而復濟者，有如大江！』」❺岷山　在四川北部，綿延四川、甘肅兩省邊境。主峰雪寶頂，在松潘城東。❻余初考紀籍　初，徐本作「幼」。❼積石　山名，分大、小積石山。大積石山即今青海南部的阿尼馬卿山，距黃河源頭甚近。小積石山在今甘肅、青海交界處，黃河從中流出。《元史．地理志．河源附錄》以小積石山為〈禹貢〉積石。❽博望之乘槎　西漢張騫封博望侯。元鼎二年（前一一五），出使烏孫，西域各國自此始與漢通。回來後向武帝報告：「于闐之西，則水皆西流，注西海；其東，水東流，注鹽澤。鹽澤潛行地下，其南則河源出焉。」見《史記・大宛列傳》。乘槎事見晉張華的《博物志》，言天河通海，古時有個住在海邊的人，常見每年八月海上有槎（木筏）來，就登槎到達天河。後人常將張騫與乘槎事誤作一談。❾都實之佩金虎符　都實，元至元十七年（一二八〇）為招討使，佩金虎符，往求河源。見《元史・地理志》。金虎符，用金鑄的虎符。虎符，是古時調兵遣將的信物。虎形，背有銘文，分兩半，右半存在朝廷，左半給統兵將帥或出使大臣。❿崑崙　山名，古人所指的崑崙山說法不一。張騫說在于闐（今新疆和田一帶），都實謂即阿尼馬卿山。⓫淮　淮河，源出河南桐柏山，流經安徽，至江蘇入洪澤湖。⓬汴　汴水，又名汴河。古時指從河南滎陽流經開封及江蘇徐州轉入泗水的一段河道。金、元後全流皆為黃河所奪，汴水一名，廢棄不用。⓭三秦　指關中地區。秦亡，項羽三分秦故地關中：封秦降將章邯為雍王，領有今陝西中部咸陽以西和甘肅東部地區；封司馬欣為塞王，領有今陝西咸陽以東地區；封董翳為翟王，領有今陝西北部地區，合稱三秦。⓮五嶺　即越城、都龐、萌渚、騎田、大庾五嶺的總稱。明代，越城嶺又稱始安嶠，都龐嶺又稱永明嶺，萌渚嶺又稱白芒嶺，騎田嶺又稱黃岑山，大庾嶺又稱梅嶺。五嶺也合稱南嶺，蜿蜒在今湖南、江西、廣東、廣西四省的邊境。⓯石門　關名，明代設石門關巡檢司，在今麗江西境，石鼓稍北的金沙江西岸。⓰金沙　江名，古稱繩水、瀘水，指長江上游自青海玉樹巴塘河口至四川宜賓的一段，長四六一六里。⓱入河之水二句　明代陝西省包括甘肅省，南直隸包括安徽、江蘇兩省。⓲南直隸　明代稱直隸於京師的地區為直隸。永樂初自南京遷都北京後，稱直隸於北京的地區為北直隸，稱直隸於南京的地區為南直隸，簡稱南直，相當今江蘇、安徽兩省。⓳入江之水二句　霞客所記有誤。按廣東、福建不屬長江水系，而江西則屬長江水系。⓴星宿海　又名星宿川、火敦腦兒。在青海省曲麻萊城東北，近河源。為黃河散流地面而形成的淺湖群。㉑徙多河　古代印度傳說，以為地面各大河流都從雪山（指今喜馬拉雅山西部一帶）四向分流，山北流出的一條稱徙多河。後來隨著中西交通發展，又把徙多河稱呼今葉爾羌河和塔里木河，並誤認它是黃河上源。實與星宿海無涉。㉒寧夏　明代置寧夏衛、寧夏前衛、寧夏左屯衛、寧夏右屯衛，治所在今寧夏銀川市；寧夏中衛，治所在今寧夏中衛；寧夏後衛，即今寧夏鹽池縣。均隸陝西都司。㉓河套　在內蒙古和寧夏境內，為黃河上游的沖積平原，西至賀蘭山，北至陰山，南界鄂爾多斯高原，溝渠縱橫，有「黃河百害，惟富一套」的諺語。㉔龍門　山名，在山西河津和陝西韓城之間，懸崖壁立，黃河從中流過。㉕渭　渭水。黃河最大的支流。源出甘肅渭源鳥鼠山，東流經陝西省渭河平原至潼關入黃河。㉖犂牛石　一作「犛牛石」，即今唐古拉山。明張機〈北金沙江源流〉：「按金沙江源出吐蕃共龍川犂牛石下，謂之犂牛河，又名犂水，訛名為麗，又名麗江，即古麗水，蓋以其江內產黃金，故名金沙江。」㉗殑伽河　古印度傳說中從雪山流出的四河之一，東面流出的為殑伽河，即今印度恆河。與犂牛石無涉。㉘入麗江二句　霞客以雲南麗江府至四川敘州府一段江水為金沙江。㉙敘州　明代為府，治所在今四川宜賓。㉚岷江　長江支流。源出岷山南麓，往南縱貫四川中部，至宜賓匯入金沙江。㉛成都　明代為府，治所在今四川成都。㉜雲南　明代為府，治所在今雲南昆明。㉝烏蒙　明代為府，治所在今雲南通昭。㉞蠻僚谿峒　古代對南方各少數民族泛稱「蠻」。對分布在西南、兩廣部分少數民族泛稱「僚」。對西南山區少數民族聚居地泛稱「峒」。清陸次雲有《峒谿纖志》，即記粵、滇、黔、蜀苗族的部族、風俗、物產。㉟馬湖　明代為府，治所在今四川屏山縣。㊱即王靖遠征麓川二句　明洪武間置麓川平緬軍民宣慰使司（故治在今雲南瑞麗西隅，中緬邊境），正統間，土司思任發叛亂，朝廷派兵部尚書王驥（死後贈靖遠侯）三征麓川。最後一次渡過二百多條用船連成的浮橋，到大金沙江西岸，攻拔思任發子思機發築在鬼哭山上、綿亙一百餘里的大小營寨，並越過孟養至孟那，深入緬甸境內，麓川部將都驚恐地說：「自古漢人無渡金沙江者，今王師至此，真天威也！」㊲信度河　古印度傳說中四河之一，南面流出的一條稱信度河，即今巴基斯坦的印度河。金沙江，明代稱為大金沙江，即今緬甸的伊洛瓦底江。與信度河無涉。另外西面流出的一條稱縛芻河，即今阿姆河。㊳禹貢　《尚書》的篇名。作者不詳，著作年代無定論，一般認為約在戰國時期。用自然分區的方法，記述當時中國的地理情況，把全國分為九州，對黃河流域的山嶺、河流、澤藪、土壤、物產、貢賦、交通等記述較詳；淮河、長江等南方流域的記述相對粗略。它由夏禹治水的傳說，發展成為一篇珍貴的古代地理記載，是中國最早的科學價值很高的地理著作。㊴導河自積石　疏導黃河，從積石山開始。〈禹貢〉：「導河積石，至於龍門。」㊵大渡河　古稱沫水，岷江最大支流。主流大金川西源麻爾柯河出青海、四川兩省邊境果洛山，東源梭磨河出四川紅原境。兩源匯合後稱大金川，至丹巴納小金川，始稱大渡河。流至石棉轉向東流，至樂山納青衣江入岷江。㊶黎　明代置黎州安撫司，萬曆年間降為千戶所。治所在今四川漢源西北九襄鎮。㊷雅　明代置雅州，直隸四川布政使司，治所在今四川雅安。大渡河主流並未流經雅州，其支流青衣江從此州流至嘉定州入大渡河。㊸三大龍　龍脈之說起於堪輿家，歷宋迄明成「三龍」之說。明王士性在〈五岳遊草〉中敘述尤詳：「崑崙據地之中，四傍山麓，各入大荒外。入中國者，一東南支也。其支又於塞外分三支：左支環虜庭陰山賀蘭，入山西起太行數千里，出為醫巫閭，渡遼海而止，為北龍。中支循西番入趨岷山，沿岷江左右，出江右者包敘州而止；江左者北趨關中，脈系大散關，左渭右漢中出為終南太華，下秦山，起嵩山，右轉荊山，抱淮水，左落平原千里，起泰山入海，為中龍。右支出吐蕃之西，下麗江，趨雲南，繞霑益貴竹關嶺，而東去沅陵；分其一由武岡出湘江，西至武陵止；又分其一由桂林海陽山過九嶷衡山，出湘江東趨匡廬止；又分其一過庾嶺，渡草坪，去黃山、天目、三吳止；過庾嶺者又分仙霞關，至閩止；分衢為大盤山，右下括蒼，左去為天台四明，渡海上，總為南龍。」㊹城陵　城陵磯。在湖南岳陽東北洞庭湖與長江匯合處。㊺湖口　明代為縣，隸九江府。今屬江西，為鄱陽湖口所在地。㊻金陵　戰國時，楚滅越後，在今江蘇南京清涼山，置金陵邑，後人因作南京的別稱。㊼洞庭　湖名，在湖南北部，長江南岸，為中國第二大淡水湖。㊽鄱陽　湖名，在江西北部，長江南岸，為中國最大的淡水湖。㊾巨浸　大水；湖澤。㊿沅　沅江，上游稱清水江，源出貴州東南雲霧山，自湖南黔陽黔城鎮以下始稱沅江。東北流入洞庭湖。(51)谷芒關　在貴州貴定城東。(52)湘　湘江，上游稱海洋河，源出廣西靈州東海洋山西麓，同桂江上源灕江間靈渠（湘桂運河）相通，東北流，至湖南湘陰入洞庭湖。(53)贛　贛江，東源貢水出武夷山，西源章水出大庾嶺，在贛州匯合後稱贛江。曲折北流縱貫江西全省，至星子蛟塘東入鄱陽湖。(54)浰頭　山名，在廣東和平西北，接江西界，有上、中、下三浰。(55)平遠　明代為縣，隸潮州府，在今廣州平遠北。(56)東源自信豐　信豐在江西南部，與鄱陽湖東源無涉。信豐當為信江，又稱上饒江，源出江西玉山縣懷玉山，下游在大溪渡分兩支，西支由餘干瑞洪附近入鄱陽湖，北支在鄱陽境和鄱江匯合後入鄱陽湖。(57)漁梁山　在福建浦城西北。(58)仙霞南嶺　在浙江江山市南境。為浙、閩二省的界山。(59)瀾滄　上游源出青海唐古拉山，經西藏，東南流貫雲南西部，至西雙版納出境稱湄公河。在中國境內長五〇二六里。(60)滇池　又名昆明池、昆明湖，在雲南昆明城郊。(61)普定　明代置普定衛，隸貴州都司，治所在今貴州安順。(62)貴竺　又作「貴竹」。明初置貴竹長官司，隸貴州宣慰使司，萬曆年間改置新貴縣，為貴陽府治所。(63)都黎　即都泥江。明代以今貴州惠水縣的漣江和羅甸的蒙江為都泥江，流入廣西紅水河（西江上游）後，紅水河也名都泥江。(64)鼓山　在福建福州東郊，閩江北岸，以山頂有大石如鼓得名。(65)台宕　天台山、雁蕩山。(66)小竿嶺　在浙江江山市南境，仙霞嶺南。(67)草坪驛　在浙江常山縣西南。(68)浙嶺　在江西婺源北境，新安江支流浙溪水發源於此。(69)徽　明代置徽州府，治所在今安徽歙縣。(70)寧　明代置寧國府，治所在今安徽宣城。(71)叢山關　在今安徽績溪縣北境，接寧國地界。(72)績溪　明代為縣，隸徽州府，今屬安徽。(73)建平　明代為縣，隸廣德州，即今安徽郎溪縣。績溪與建平中間隔著寧國府，與績溪接界的為寧國府的旌德。(74)天目　山名，在浙江臨安西北，分東、西二天目山，雙峰對峙，多奇峰、竹林。(75)武林　山名，為杭州靈隱、天竺諸山的總稱。林，原作「陵」，據徐本改。(76)東壩　在江蘇高淳東南，有上、下兩壩，遏中江之水，使之不入太湖。(77)句曲　山名，即今茅山。跨江蘇句容、金壇、溧水、溧陽諸縣境。(78)留都　古代王朝遷都後，在舊都置官留守，稱留都。明初建都南京應天府（今江蘇南京），永樂間遷都北京順天府（今北京），以南京為留都。(79)碣石　古山名。〈禹貢〉：「夾右碣石，入於海。」又：「太行、恆山至於碣石，入於海。」因遠望山形穹窿似冢，山頂有巨石特出，其形如柱，故名。具體位置古來說法不一，一般以為在河北昌黎西北。80泗　泗水，源出山東泗水縣東蒙山南麓，四源並發，故名。流至濟寧東南魯橋鎮入運河，又往南流至淮陰西南入淮河。

【語譯】長江、黃河是南北兩條幹流，因為它們獨自通往大海。我縣正當大江入海的要衝，縣以江命名，也因為長江的水勢到這裡十分浩大並且到了盡頭。生長在這個地方的人，面對汪洋，中流擊楫，只知道它的闊大，不知道它的流遠；溯流窮源，知道它遠來的人，也只以為發源於岷山罷了。我原先查考典籍的記載，見黃河從積石山流入中原，追溯它源頭的人，前有漢代博望侯張騫傳說乘坐木筏出使西域，後有元代的招討使都實佩帶金虎符奉命尋求河源。他們的說法不一，但都說是在崑崙山的北面，估計那地方在岷山西北一萬多里，怎麼會長江的源頭短而黃河的源頭長呢？難道說黃河之大比長江加倍嗎？及到後來越過淮河渡過汴水，才看到黃河的水流細如衣帶，河面寬不到長江的三分之一，難道長江這樣大，它所流入的水，反而不及黃河嗎？等到往北經過三秦地區，往南窮盡五嶺，往西到石門、金沙江，而後知道中國流入黃河的水為五個省，陝西、山西、河南、山東、南直隸。流入長江的水為十一個省。西北自陝西、四川、河南、湖廣、南直隸流來，西南自雲南、貴州、廣西、廣東、福建、浙江流來。估計水流的吞吐量，長江既然比黃河大一倍，那麼它的水勢浩大本來就該這樣。

考察它們的源頭，黃河出自崑崙山的北面，長江也出自崑崙山的南面，它們也同在遙遠的地方。北面的河源名星宿海，佛經中稱為徙多河。往北流經積石山，才向東轉入寧夏衛，形成河套，再往南彎曲成為龍門山的大河，而後和渭水會合。南面的江源名犛牛石，佛經中稱為殑伽河。往南流經石門關，才向東轉入麗江府，成為金沙江，再往北彎曲成為敘州府的大江，和從岷山流出的江水會合。我查考岷江流經成都府到敘州府，不到一千里，金沙江流經麗江府、雲南府、烏蒙府到敘州府，共二千多里；世人捨棄遠的而相信近的，難道長江的源頭特別，和黃河不同嗎？並非如此！黃河的源頭，經過多次尋訪，所以才找到它遠處源頭；長江的源頭，從來無人去探尋，所以只相信近處是它的源頭。其實岷江的匯入長江，和渭水的匯入黃河一樣，都是中原的支流，而岷江是通行船隻的水流，金沙江卻在西南少數民族聚居的溪谷間曲折盤繞，水陸兩路都不能追溯。在敘州府的人，只知道這條江水出自馬湖府、烏蒙府，而不知道上游流經雲南府、麗江府；在雲南府、麗江府的人，知道它是金沙江，而不知道它下游流到敘州府，是長江的源頭。雲南也有兩條金沙江：一條往南流後向北轉，就是這江，是佛經中所說的殑伽河；一條往南下大海，就是王靖遠征討麓川叛亂時，緬甸人倚仗它作為天險的江，是佛經中所說的信度河。雲南的各種志書，都不記載它們出入的不同，互相疑惑混淆，還不了解它們是一條江還是兩條江，是在北邊分，還是在南邊分，又憑什麼來辨明它是不是長江的源頭呢？既然不了解它們誰遠誰近，只看到〈禹貢〉中有「岷山導江」的文句，便把長江的源頭歸屬岷江，而不知道大禹疏導岷江，是因為它是給中原造成水災的起點，並不是長江濫觴發源的開端。疏導黃河起自積石山，可是黃河源頭並不開始於積石山；疏導長江起自岷山，而長江的源頭也不是出於岷山。岷江流入長江，但未曾為長江的源頭，正像渭水流入黃河，而未曾為黃河的源頭一樣。不但如此，岷江的南面，還有大渡河，從西面的吐蕃，流經黎州、雅州和岷江會合，在金沙江的西北，它的水源也比岷江長，但不及金沙江，所以推究長江的源頭，一定應該以金沙江作為第一。

不但如此，宋儒認為中國有三大龍脈，而南方的龍脈，也起自岷山，靠近長江南岸伸下，往東越過城陵磯、湖口縣而後到達金陵。這也是不明白大渡河、金沙江在其中隔斷了。不但如此，並且也不明白城陵磯、湖口縣是洞庭湖、鄱陽湖兩個巨大的湖泊匯入長江的水口。洞庭湖西邊的水源來自沅江，發源於貴州的谷芒關；南邊的水源來自湘江，發源於廣西的釜山、龍廟。鄱陽湖南邊的水源來自贛江，發源於廣東的洌頭、平遠；東邊的水源來自信江，發源於福建的漁梁山、浙江的仙霞南嶺。這樣南方的龍脈曲折盤繞離長江南岸將有三千里，能說南方的龍脈是靠近長江嗎？不但如此，因為不清楚龍脈的情況，所以不能分辨長江的源頭。現已詳悉三條龍脈的大勢：北方的龍脈夾在黃河的北面，南方的龍脈環繞在長江的南面，而中部的龍脈隔在它們中間，特別短。北方的龍脈也只有往南延伸的半支進入中原。都另有解說。唯獨南方的龍脈氣勢磅礴伸展到半個中國，而它的山脈也是起於崑崙山，和金沙江並行往南延伸，經過石門關、麗江府，東邊是金沙江，西邊是瀾滄江，兩條江水夾著它。繞過滇池的南面，從普定延伸到貴竺司、都泥江的南境，直奔向五嶺。南龍遠長江也遠，山脈長江源也長，這就是長江所以比黃河大的原因。不但如此，南方的龍脈，從五嶺往東伸向福建的漁梁山，往南分散成為福建省的鼓山，往東分出成為浙江的天台山、雁蕩山。正脈向北轉是小箄嶺，福建、浙江的交界。延伸到草坪驛，江西、浙江的交界。聳峙為浙嶺、徽州、浙江的交界。黃山，徽州府、寧國府的交界。往東到達叢山關，績溪縣、建平縣的交界。往東分出為天目山、武林山。正脈往北伸過東壩，而後聳峙為句曲山，到這裡龍脈向西迴繞盤結在金陵，餘脈往東奔向我縣。這樣我縣不僅是大江的盡頭處，也是南方龍脈的盡頭處。龍脈和長江一起發源於崑崙山，一起到我縣為止，屹立成為長江入海處的重鎮，以奠定金陵，圍擁留都，因而成為千載不敗的基礎。哪裡像黃河下游，過去是彎向北流奔往碣石，如今往南遷移奪取淮河、泗水的流道，不受約束，沒有一處重鎮呢？那麼長江大於黃河，不僅在它們的源頭一樣遠，也是因它和龍脈交會了。所以不探明長江的源頭，就不知道它比黃河大；不和黃河相提並論，就不知道它的源頭遠。談論幹流的人，應該以南方的長江為首，而北方的黃河為其次。

【研　析】

劈開蕃城斧無痕，流出犂牛向麗奔。
一綫中分天作塹，兩山夾鬬石為門。
波搖日月蒼藤細，沙走雷霆白日昏。
倒峽翻浪自今古，更從何處覓江源？
——清孫髯〈金沙江〉

最早提出長江之源的，是中國第一部地理著作〈禹貢〉，雖僅「岷山導江」四字，但千百年來，一直被奉為金科玉律，無人置疑。從刻於南宋紹興年間的中國現存最早的碑刻地圖〈禹跡圖〉，到明嘉靖間羅洪先以朱思本《輿地圖》為藍本編繪的《廣輿圖》，無不以岷江作為長江的源頭。

徐霞客生在江陰，「正當大江入海之衝」。當他少年時代，站在江邊，面對眼前壯觀，不禁神思飛越，望洋發問：「這滔滔不絕之水，究竟來自何處？」他既不甘「知其大不知其遠」，又不願輕信前人的陳說，因而在心中時時湧起「溯江探源」的衝動。崇禎五年（一六三二），徐霞客再遊天台、雁蕩山，途中會晤了陳函輝，在交談中說：「昔人志星官輿地，多以承襲附會；即江、河二經，山脈三條，自紀載來，俱囿於中國一方，未測浩衍，遂欲為崑崙海外之遊。」（〈霞客徐先生墓志銘〉）他決意西遊，考察江源應是一個最有力的促動。

徐霞客明確反對「舍遠而宗近」、「棄大源而取支水」，力主「惟遠是源」的原則。為了澄清認識，他將長江和黃河進行比較。當時認為黃河發源於崑崙山，河源比江源要遠。徐霞客從河牀寬窄、河水流量、河流長度、流域範圍這四個方面，證明長江大於黃河，江源理應比河源遠，從而反證長江源於岷山是個誤說。他說「入河之水，為省五」，「入江之水，為省十一」，已含有流域的概念。他在根本無法到達長江上源的狀況下，敏銳地感到「河（源）自崑崙之北，江亦（源）自崑崙之南」，黃河流至龍門為大河，而後與渭水會合，長江流至麗江為金沙江，而後與岷江會合。並已注意到金沙江不僅比岷江長，而且也比大渡河長，因此，「推江源者，必當以金沙為首」。崇禎十一年（一六三八）十一月，霞客到雲南元謀，北渡金沙江，到達「蜀、滇交會的江驛（今姜驛）。崇禎十三年，他因病東歸，「西出石門金沙」，探訪「長江第一灣」，應該就在這時。馮士仁說〈溯江紀源〉所載，「從足與目互訂而得之」，即進行實地考察的結果。直到半個世紀之後，即清康熙年間，西方傳教士測繪中國地圖，才又重申了金沙江為長江正源的看法。

在〈禹貢〉中已有「三條四列」的山脈說，唐代天文學家僧人一行以山脈上應天文、下關人事，提出「山河兩戒」說，即兩大山系說。唐代堪輿家又提出「龍脈」的概念，歷宋迄明，形成「三龍」說，即都從崑崙發端的北龍、中龍、南龍三支山系。徐霞客繼承了前人的「三龍」說，並有所修正和發展。他認識到山脈的大勢和江河的源流有著密切的關係，山脈的分布和走向，決定水系的源流，認為山系的分界，也是水系的分水線，進而提出「龍遠江亦遠，脈長源亦長」這句名言。他認為前人之所以不能探明長江之源，是由於他們一直沒有認清南龍的分布和走向，「不審龍脈，所以不辨江源」。為此，他從一開始十分注意考察南龍。他在雞足山和史仲文交談時，自稱搜訪南龍大脊已有四十年。也就是說，在他「髫年蓄五嶽志」之時，就已注意有關南龍的情況。在西遊途中，他特別注意五嶺和橫斷山脈在南龍的地位。五嶺是南龍承前啟後的重要一環，南龍與金沙江相持直下，經貴州高原直趨五嶺，又從五嶺散為閩、浙諸山。徐霞客進入湖南後，探訪九疑山，考察瀟水源頭，就是想親歷其境，為探江溯源作準備。橫斷山脈是南龍從崑崙山伸出後的第一環，雲南的名山，大多集聚在橫斷山區內，山脈對水流的制約和影響，也在這裡表現得最為明顯，金沙江、瀾滄江、怒江這幾條大江，都在橫斷山脈的鉗制下奔流。徐霞客在雲南探遊時，對橫斷山區內的眾山考察尤為周詳。崇禎十二年（一六三九）二月十三日，他「從鶴慶度（南龍）大脊而西，盤旋西南者半載餘」，到同年八月二十日，「乃復度此脊北返，計離鄉三載，陟大脊而東西度之，不啻如織矣！」他第一次上雞足山，就對「南龍大脈」的走向及其對各地分界的影響，作了十分詳明的記載。在蒙化時，他考察了定西嶺，指出「南龍大脊雖長，此亦南條第一支也」。在從迷渡前往清華洞的途中，他又考察了烏龍壩南來大脊，指出這就是常人所忽視的南龍大脊。萬里西遊，使徐霞客把握了南方的地理大勢，從而能站在常人無法企及的高度，運用常人根本不可能掌握的考察資料，來探討長江的源頭。不過在徐霞客的論述中，也未免「十九世紀以前言山脈者之通病」（丁文江語），即根據各條江河的分水嶺來確定山脈的走向，這和實際地理狀況並不一定相合。

徐霞客的連襟吳國華為他作生壙志，稱他晚年「探江、河發源，尋三大龍脈；此又臺、禽所未經，桑、酈所未疏，直抉鴻濛來未鑿之竅」；錢謙益作傳，也說〈溯江紀源〉「皆訂補桑《經》、酈《注》及漢、宋諸儒疏解〈禹貢〉所未及」。丁文江在〈年譜〉中更斷言「知金沙江為揚子江上游自先生始，亦即先生地理上最重要之發現也」。其實不然。《漢書‧地理志》已載：「繩水出徼外，東至僰道入（長）江。」並載繩水（即今金沙江）、若水（即今雅礱江，與金沙江會合）、涐水（又名沫水，即今大渡河），都比岷江長。《隋書‧經籍志》中有《尋江源記》一卷，此書雖已佚，但也可見在隋代以前，就已有人探尋江源，並作了記載。故並未到過南方，自稱「少無尋人之趣，長違問津之性」的酈道元，對長江上游的情況，已了解得相當清楚。《水經注‧若水注》載：「繩水出徼外。《山海經》曰：巴遂之山，繩水出焉。東南流，分為二水。」「若水至僰道縣，又謂之馬湖江。繩水、瀘水、孫水、淹水、大渡水，隨決入而納通稱，是以諸書錄記群水，或言入若，又言注繩，亦咸言至僰道入江。」馬湖江為今金沙江下游，瀘水為今金沙江中游，淹水為今金沙江上游，孫水即今安寧河，大渡水即今壩拉河。明初高僧宗泐曾奉使西域，言江、河均源出西番抹必力赤巴山（即今巴顏喀拉山），東北為河源，西南為江源。這和今天關於江源和河源的說法已經一致，而遠遠高於徐霞客的認識水平。故譚其驤說：「霞客所知前人無不知之，然而前人終無以金沙江為江源者，以『岷山導江』為聖經之文，不敢輕言改易耳。霞客以真理駁聖經，敢言前人所不敢言，其正名之功，誠有足多，若云發現，則不知其可。」（〈論丁文江所謂徐霞客地理上之重要發現〉）

〈禹貢〉是《尚書》中的一篇，古時視為經典。徐霞客明確否定了「岷山導江」的說法，在那對儒家經籍不容置疑的徵聖宗經的年代，無疑具有石破天驚、震聾發聵的作用，而不僅僅是一處江源的發現，一個地理學上的問題。以後的思想批判者，就可以他為榜樣，以此為突破口，對其他經籍都產生懷疑，重新加以審視和評價。這對破除迷信，打破偶像，擺脫一切思想禁錮，會產生無比深遠的影響。這種離經叛道論，這種超越時代的思想，當然難以被時人、甚至一些有識的學者所接受。如著名的地理學家顧祖禹指責說：「近代有創為迂誕之說者，謂江源亦出於崑崙。好事者復為之附會以實其說，陋矣！」（《讀史方輿紀要·禹貢山川》）敢於懷疑《易圖》的胡渭，卻不敢懷疑〈禹貢〉，也說：「岷山導江，經有明文，其可以麗水（即金沙江）為正源乎？霞客不足道。」（《禹貢錐指》附〈論江源〉）以「事信而言文」著稱的萬斯同，也以霞客之論為妄說。《大清一統志》聚集了當時許多著名學者參與編修，但仍以岷江為江源。致使徐霞客的思想，未能及時得到光大。這正是中國科學在近代落伍的根本原因，是中華民族極大的悲哀。

附編

詩文

山中逸趣跋

自兩儀肇分，重者為地，重之極而山出焉。以鎮定之體，奠鰲極而□方岳，但見其靜而有常而已，未有能授之□者。孰知其體靜而神自逸，其跡定而天自逸，□夫逃形滅影，鑿坏湮谷，曾是以為逸乎，宜直與山為搆者也。從而求之，伊尹逸於耕，太公逸於釣，□傅逸於弈，陶侃逸於甌。逸不可疎，求類若此，而大舜有大焉，其與木石居、鹿豕游者，誰其為沛然決策□禦者又誰踈。野人求之不得□，大舜困之不□，是所謂真逸也。千古帝皇，莫不以舜為兢業。自乃鼓琴被袗，其得力於深山者固趣□。自有虞以後，山川之勞人亦久矣。神禹以之胼手胝足，秦人因之驅石斸城，□□所謂逸。乃麗江世公生自老□本獨有山中逸趣者何，非天下皆勞，而我獨逸，天下慮悲，而我欲趣，□以天下之勞擾，□之天下，而我不與之搆，以我之鎮定□之，我而退下，陰受其庇，與山之不能靜者，我欲歸之，是山非天下之山，乃我之能□能定之山也。此山非我一方之山，乃天下之□，而受鎮受定之山也。□□□而犅石者，逸為出岫之卷舒，氣斷而飛絮者，逸為天半之璚玉，泉靜而濫□者，逸為左右之逢源之□。而宮商之音，逸為太始賦□。而金石之宣，逸為鈞天。先生此集，所以卷綸藏□者，與□渭各異而鎮惜念之心，故悠然跡外，即納之大麓，又何與於舜庭之揚歌。垂□則能齎天下於春□者，此趣能賜太侖於寰宇者，□趣而山中云乎哉！□必係之山中者，所□奠鼇□而穮□岳也。弘祖偏覓山於天下而□乃得逸於山中，故喜極而為之序。

崇禎己卯仲春朔旦江左教下後學
徐弘祖霞逸父稽首拜書於靜悅檀林

致陳繼儒書

每晉謁非祁寒即溽暑。猶記東郊雪色，佘塢松風，時時引人著勝地也。此曠古勝事，弘祖何人，乃每歲得之老先生。挾纊披襟，骨朽猶艷。前又蒙即席成韻，使王母筵端標霞迴漢，覺周穆王之白珪重錦，俱為奪色；董雙成之琅璈雲和，難與競響，真堪白雲謠賡酬矣！敝鄉暑旱為厲，自三時至三伏，無浥塵之滴。環望四境之外，無不沾足者，獨一方人苗俱稿，如火城炭冶，朝夕煅爍，想獨劫灰此一塊土也。遙引清標高蔭，又不覺出九天之上矣。

弘祖將決策西遊，從牂牁夜郎以極碉門鐵橋之外。其地皆豺嗥鼯嘯，魑魅縱橫之區，往返難以時計，死生不能自保。嘗恨上無以窮天文之杳渺，下無以研性命之深微，中無以砥世俗之紛沓，惟此高深之間，可以目摭而足析。然無紫囊真嶽之形，而效青牛出關之轍，漫以血肉，償彼險巇。他日或老先生憫其畢命，招以楚聲，絕域遊魂，堪傲玉門生入者矣。特勒此奉別。

計八月乘槎，春初當從麗江出番界。昔年曾經其地，候一僧失期而返。窺其山川絕勝，以地屬殊方，人非俗習，惴惴斂屐去。前從函丈讀《木氏世傳》，始知其裒然賢者，何第夜郎之翹楚乎。乃信九夷之思我聖人固非虛擬。而東魯西羌，聲氣固自旁通。幸藉鴻輝於復函中，不靳齒牙之餘，或他時瓢笠所經，偶有不測，得借以自解，使之無疑其他。即開山之圖，護身之符，不啻矣！若其使已去，不識可以一函賚往乎？弘祖於中原地主，悉不欲一通姓名，何敢妄及殊俗？正以異域之靈岨閟景，靡非蜀道，非仰資旭輪，無以廓昭靈藏耳。萬源分派，總屬朝宗，眾嶠懸標，具瞻東岱。印川之心，不殊景獄之思。靡替臨風，無限神渲。

題小香山梅花堂詩五首有序

予兄雷門，結廬種梅於小香山，山以吳妃採香名也。千年跡冷荒邱，一旦香生群玉，不特花香、境香夢亦香，可謂不負此山矣。堂顏為坡仙筆。坡仙愛梅花以名堂，予兄借坡筆以酬梅，可謂不負此花矣。堂後削石為壁，刓石為池，面石為軒，中供繡大士，旁設榻几以憩客。月隱崖端，則暗香浮動；風生波面，則泛玉參差；其近景之妙也。堂前憑空攬翠，岫樹江雲，羅列獻奇，帆影樽前，墟烟鏡裏，陰晴之態互殊，晨夕之觀夐別；其遠景之妙也。可謂不負此堂矣。予來時倏雨倏晴。予兄課僕移竹前村，乘月種之；中夜寒甚，各擁褥浮白而觀。觴政鋤聲，互相磊落，孤山韻裏，羅浮夢中，未見此豪致也，可謂不負此遊矣。予與兄同有山癖；予之汗漫，無所取裁，兄以一邱一壑過之，且築壙于側，與山締生死盟，必如予兄而後為不負此癖也。行吟之餘，忘其蕪鄙，敬列如左，以當山中蛙鼓云。

得壺字

佳跡空山漫記吳，幽人逸興寄髯蘇。種來香霧三千界，削就雲根第一株。水月遙分大士供，陰晴遞換小山圖。片時脫盡塵凡夢，鶴骨森寒對玉壺。

得橫字

幻出烟蘿傍玉京，須知片石是三生。春隨香草千年豔，人與梅花一樣清。混沌鑿開雲上下，崆峒坐倚月縱橫。峰頭且莫騎黃鶴，留遍江城鐵笛聲。

和兄韻

結廬當遙岑，愛此山境寂。展開明月光，幻作流霞壁。壁上叠梅花，壁下飛香雪。泠然小有天，洵矣眾香國！香留妃子名，花灑名賢筆。名以還山靈，筆以表山骨。幽人物外緣，今古妙胎合。造化已在手，香色俱陳迹。相對兩忘言，寒光連太乙。

醉中漫歌

吳妃當日將香採，此地遺名遂千載。香魂芳草幾悠悠，泡玉連珠為誰在？天留名壤待名人，吾家季兄能采真。九龍萬笏掉頭過，愛此荒寂之嶙峋。冰雪長盟物外契，烟霞幻出人間世。一斧劈開混沌天，千株忽現崆峒一作「嵯峨」樹。繞屋梅花香更清，當窗竹影雲俱輕。梅香宜月竹宜雨，一時雅致誰與並？我來恰值陰晴會，曉色空濛夜明媚。雨中移竹月中栽，客與梅花同一醉。不知孰主孰為客，不知是梅還是月。此時香色已俱空，三島十洲竟誰別？自憐從來汗漫偏，將無失卻壺中天？何如向此媚幽獨，長抱月明朝紫烟？

月中種竹歌

香山仙子孤山癖，愛種梅花向明月。花香月色兩空濛，更借琅玕點幽碧。帶雨遙分前浦雲，當窗漫鑿峰頭石。移來細細記南枝，種去蕭蕭映香雪。移時雨候種時晴，透嶺披巒月重白。初照揮鋤若有神，再照清標次第出。一株新栽鸞鳳翩，兩株對舞蛟龍立。三株四株幾十株，影搖星斗天文坼。一鋤一盃月倒吸，一株一醉風生腋。當年何數竹林賢？此日真成君子宅！羅浮夢一作「香」

杳翠凝裳，湘水魂清一作「消」玉為骨。尚憶騎鶴崆峒遊，翻恨中無此香色。撇卻手中九節筇，和雲好共此間植。他年酒醉竹成林，分向瑤池配丹闕。

遊桃花澗有序

澗去梅花堂一里，堂以幽，澗以壯，各擅一奇，亦相為勝：一如洞門仙子，環窈窕之雲；一如天際真人，標峨嵋之雪。予兄既種梅以閘山，復買松以存澗。予兩遊俱從月下，石得之白，松得之清，于泉之觀未也。庚午崇禎三年春季，乘雨躡屩，九天風雨，三峽波濤，觀斯盡矣。并記之。

睡足山中雨，起探雲裏泉。重崖一作「百重」嵐掩映，複道水潺湲。澗是桃花舊，波搖松影鮮。層層聲搗石，矯矯勢垂天。吼虎深藏峽，狂龍倒掛川。怒疑連壁墜，宛似趁風旋。玉迸絲絲立，珠傾個個圓。石文喧舊鼓，松韻押疎絃。叱咤驚虞美，嬌啼響杜鵑。江光借飛影，海勢助雄濺。轉覺一山靜，遙分眾壑妍。我來當雨後，波去落衣邊。始信前來興，無如此際緣。銀河鵲飄渺，華表鶴蹁躚。灑雪魂俱白，披濤骨欲仙。誰施開峽斧？更賴買山錢。巧樹皆垂臂，危巖並倚肩。石牽綃作幕，松滴翠為鈿。隔塢飛雲屐，凌空駕鐵船。不愁山欲暮，共與水爭先。何必尋三峽？還須受一廛。

賦得孤雲獨往還五首有跋

秋空淨無極，兀兀片雲孤。不與風同駛，遙令雨自蘇。卷舒如有約，尺寸豈隨膚？我欲神相倚，從之徑轉無。

為靄並為雹，瀰天總是雲。誰能繪霄漢，了不作氤氳？捧日開朝霽，飛霞散夕曛。此中無一繫，何處著紛紛？

出岫何幽獨？悠然颺一作「漾」碧空。遙分秋水影，忽度夕陽風。長天不留蹟，冷月若為容。歸宿應何在？崆峒第一峰。

彩霞竟何往？蒼狗自徜徉。出沒千峰迥，夷猶一壑長。鸞飛難作伴，龍躍豈相忘？不待為霖日，方今天漢章。

卷舒有妙理，誰云倦始還？垂天寧幻態，觸石豈無關？神遠群俱渙，情空跡自閒。始知能體物，造化掌中删。

壬申崇禎五年秋，同徐振之泛舟洞庭，還宿楞枷山，即席分韻，共賦「孤雲獨往還」，而振之詩先成。喜其詞意高妙，備極諸長，因錄於上，方知予作之不逮也。七月望日，弟黃道周書。

宿妙峰山

路織千山積翠連，窮邊欲盡到天邊。峰留古德雲遠在，界闢諸天月正懸。獅窟吼風隨法鼓，龍泉噴玉護金蓮。我來萬里瞻慈筏，一榻三生豈偶然。

哭靜聞禪侶六首有引

靜上人與予矢志名山，來朝雞足，萬里至此，一病不痊，寄榻南寧崇善寺。分袂未幾，遂成永訣。死生之痛，情見乎詞。

曉共雲關暮共龕，梵音燈影對偏安。禪銷白骨空餘夢，瘦比黃花不耐寒。西望有山生死共，東瞻無侶去來難。故鄉衹道登高少，魂斷天涯只獨看！

崎嶇千水復千山，戒染清流忍垢顏。上人戒律精嚴，涕吐不入水。在舟遭此危疾，寧以身累受眾訴詈，誓不污清流也。魚腹臥舟寧眾謫，龍華寄榻轉孤潛。可憐瀕死人先別，未必浮生我獨還！含淚痛君仍自痛，存亡分影不分關。

客裏仍離病裏人，別時還憶昔時身。死生忽地分今日，聚散經年共此晨。發足已拚隨壑轉，到頭空呼過河頻！半生瓢飲千山屐，斷送枯骸瘴海濱。

同向西南浪泊間，忍看仙侶墮飛鳶？不毛尚與名山隔，裹革難隨故國旋。黃菊淚分千里道，白茅魂斷五花烟。別君已許攜君骨，夜夜空山泣杜鵑。

鶴影萍蹤總莫憑，浮生誰為證三生？護經白刃身俱贅，守律清流唾不輕。一簣難將餘骨補，半途空託寸心盟。別時已恐無時見，幾度臨行未肯行。江中被劫，上人獨留，刃下冒死守經，經免焚溺。

一番魔障一番憨，夢寐名山亦是貪。井不及泉無論九，河難復渡尚呼三！疲津此子心惟佛，移谷愚公骨作男。幻聚幻離俱幻相，好將生死夢同參。

靜聞事略 附

馮志《仙釋傳》：靜聞，迎福寺僧蓮舟法嗣也。禪誦垂二十年，刺血寫成《法華經》，願供之雞足山。丙子崇禎九年同霞客西遊抵湘江，遇盜槊墮灘水，擎經于頂，獨不失遺。後竟以病創死。霞客為函骨與經，間關五千餘里，供雞足之悉檀寺，并瘗骨焉。太史閃仲儼為塔銘。

雞山十景十七首

絕頂四觀東日、西海、南雲、北雪。

芙蓉萬仞削中天，摶捖乾坤面面懸。勢壓東溟日半夜，天連北極雪千年。晴光西洱搖金鏡，瑞色南雲列一作「引」綵一作「綺」筵。奇觀盡收今古勝，帝庭呼吸獨為偏。

日觀

天門遙與海門通，夜半車輪透影紅。不信下方猶夢寐，反疑忘打五更鐘。

雪觀

北辰咫尺玉龍眠，粉碎虛空雪萬年。華表不驚遼海鶴，崆峒只對藐姑仙。

海觀

萬壑歸同一壑滙，銀河遙點九天秋。滄桑下界何須問？直已乘槎到斗牛。

雲觀

白雲本是山中一作「無心」物，南極祥光五色徧。蓊地兜羅成世界，一身卻在玉毫巔。

華首重門

巍崖高聳白雲端，翠壁蒼屏路幾盤。重闕春藏天地老，雙扉晝扃日星寒。金襴浩劫還依定，錦砌當空孰為攢？何必拈花問迦葉？巖巖直作破顏看。

太子玄關

菡萏亭亭影倒摩，凌空忽透枕中符。崆峒無跡潛翻島，閬苑有天常在壺。影入循環雙竅迥，座通呼吸一身孤。從茲脫盡人間滓，兩腋風生骨欲蘇。

羅漢絕壁

列錦標霞景色酣，莫將枯寂覷雲嵐。面來絕壁雲常定，放出重巒一作「嵐」石共參。枝借翠微棲各一，水供香積獻分三。藏頭換骨形何幻？崖靄層層露法曇。

獅林靈泉

千燧明珠孰為探？靈源絕頂濬靈龕。湛搖松影雪千尺，冷浸梅花月一潭。碧玉眼中丹透液，青蓮石一作「舌」上露成甘。滿林不乏人天供，灑作天花潤法曇。

靜裏泉流石忽穿，峰頭明月鬬娟娟。竅通骨節涼生髓，源自頭顱玉作涎。祇道醍醐天上落，直將沆瀣掌中懸。青衣丹鳳尋常事，誰解靈源此更偏？

放光瑞影

靈區迴合轉祥輪，五色氤氳法界新。透卻塵關空即色，翻成寶相影皆真。蜃樓非海誰噓氣？玉鏡中天獨攝身。轉覺一山凡草木，含輝一作「暉」濯影遍精神。

浮屠綰勝

阿育當年願力雄，萬山深處露神工。諸天環向尖皆合，一柱孤撐楗正中。勝壓鰲峰仙鎖鑰，光搖鷲嶺玉芙蓉。峰頭王母如相過，長劍崆峒此又逢。

誰將手影布神通，仙掌凌空結構重？震旦名山膺九錫，巽門文筆插雙峰。翠微四壁開生面，金粟三天現法容。漫向慈恩誇作賦，滇南此日壯一作「北」登封。

瀑布騰空

三支東向誰為鑰？疋練中懸萬壑前。鼎足共瞻雞在後，濤頭忽見馬爭先。珠璣錯落九天影，冰雪翻成雙壁喧。我欲倒騎玉龍背，峰巔群鶴共翩翩。

傳衣古松

碧樹千尋雲影重，凌風老幹獨蒙茸。直將秦帝登封物，常作僧伽護法龍。鱗甲半天一作「空」猿臂舞，幢幡千隊鳳毛縫。餐冰飽雪千年煉，還共拈花一笑供。

古洞別天

鸞鶴空山路渺茫，重巒絕處逗雲房。何人天外能來往？有洞花間獨閟藏。瑤草瓊枝開自落，金莖玉乳滴還長。神龍百尺潭時護，不許桃花出夜郎。

洞天原不在人寰，三派東邊更躋一作「仰」攀。直到萬峰窮極處，忽懸雙闕窈冥間。碧桃開落門常在，玄鶴縱橫路不關。東向蓬萊三萬里，片雲時去又時還。

贈雞足山僧妙行七律二首有序

妙行師雞山勝侶也，閱《藏》悉檀，潛心淨果，穆然清風，如披慧日。爰賦二律，以景孤標，并請法正。

華首門高掩薜蘿，何人彈指叩巖阿。經從鳳闕傳金縷，地傍龍宮展貝多。明月一簾心般若，慈雲四壁影婆娑。笑中誰是拈華意，會卻拈華笑亦多。

玉毫高擁翠芙蓉，碎卻虛空獨有宗。鐘磬靜中雲一壑，蒲團悟後月千峰。拈來腐草機隨在，
探得衣珠案又重。是自名山堪結習，天華如意落從容。

傳誌敘

徐霞客壙志銘

吳國華

江上徐霞客，余襟亞也。生有奇癖，一舉興而徧華藏不可說不可說之世界。其橫足所指，橫手所出，蹠實憑虛，西方懷其好音矣，胡復東也？其東也，蓋以傷足尋息壤云。霞客之言曰：「向之天遊，此身乃山川之身也，可了藏舟委蛻之緣；今之天則，此身仍父母之身也，可完體受全歸之義。」乃自營壙於璜溪之左，若將終焉。

伯子屺入都，攜書與余，索生壙志。余惟霞客之家世：自南渡來梧塍，至我國朝，旌義門，直史館，舉制科，官典客，鴻文懿行，著表江南，人能言之矣。霞客之生平：磊落英奇，目空萬卷，少應試不得志，即肆志玄覽，盡發先世藏書，並鬻未見書，縑緗充棟，叩如探囊，稱博雅君子，人能言之矣。霞客之孝行：徒跣救父於盜厄，盡心大事，築堂治圃，以娛壽母，晴山堂有〈記〉，秋圃晨機有〈圖〉有〈詠〉，人能言之矣。霞客之行義：恤孤矜寡，拯溺救飢，葺祖墓碑亭，復君山張侯廟，諸如赴知己急難，不以生死患難易心，人能言之矣。獨其遊，人能言之，而人不能言之，蓋人所能言者，非據見聞所及，則按之圖經，參之志籍。霞客嘗謂山川面目，多為圖經志籍所蒙，故窮九州內外，探奇測幽，至廢寢食，窮下上，高而為鳥，險而為猿，下而為魚，不憚以身命殉。最奇者，晚年流沙一行，登崑崙天柱，參西番法寶，往來雞足山中。單裝徒步，行十萬餘里，因得探江、河發源，尋三大龍脈；此又臺、禽所未經，桑、酈所未疏，直抉鴻濛來未鑿之竅，非有勝情勝具能之乎？然霞客之遊，非僅有勝情勝具也，實有至性。先以母在堂，定方而往，如期而還。如遊東白玄三岳，齋戒為母祈年，至九鯉湖求夢，為母卜算，每得仙芝異結，必獻為母壽。母以八十餘大歸，始放志戴遠遊冠，而過名山福地，必涕泣顙顙，為父母求冥福。即今日從海外歸父母之邦，猶曰以身還父母也，可以遠遊目之耶？

霞客名弘祖，字振之，西遊歸，在崇禎庚辰之六月，而請余壙志，在歸之十月，時其年五十有五。余習其素履，因志其大都，並係以銘。銘曰：

御風萬里，上下川岑。歸途遄指，仍在梧陰。析骨析肉，不忘本心。蘧廬天地，旦暮古今。達者之言，大半欺人。如處甕甓，仰爥呻吟。司空營壙，漫託遐襟。何似南州，道氣可欽。蒹葭不遠，白石空林。茫茫嶽瀆，同此高深。我預題銘，附爾知音。

霞客徐先生墓志銘

陳函輝

墓志者，志墓中人事也。霞客先生，余石友，而其為人也雅善遊。一生所涉歷，手攀星岳，足躡遐荒，而今則遊道山矣！遊帝所矣！又飄飄乎乘雲氣而遊八極之表矣！所謂鳳凰已翔千仞之上，猶與言人間棲止乎？雖然，志墓，古禮也。向先生作汗漫遊，同志者恆恐夸父逐日車，未必能返首坵而視城郭。今且奉身歸全，寄形先壟，是先生道骨仙才，仍以正教後世，則其生平孝友大節，俠烈古心，與文章品尚之表表在人，應與遊乘並傳海宇，皆不可不為彰明以告之來者。顧先生平生至交，若眉公、明卿、西溪諸君子，都先書玉樓，黃石齋師，近縶非所，而先生之兄仲昭，因以志與銘下而命函輝執筆摛詞，此又鸑鳩賦希有鳥事矣。然輝與先生交最久，義不敢以不敏辭。

謹按狀：先生名弘祖，字振之，霞客其別號也。石齋師為更號霞逸，而薄海內外，以眉公所號之霞客行。其先代蓋南州高士之後，宋開封尹錮者，扈蹕南渡，諸子姓散居荊溪、雲間、琴川。迨十一承事，始卜居澄江之梧塍里，子孫俱誓不仕元。入國朝，本中以人材徵使蜀，景南出粟助邊振饑；咸膺國命之榮，載在鉅公之乘。景南生一庵公頤，以六書拜中翰，與弟解元荊州守泰，並以才名耀仕籍。一庵生梓庭公元獻，梓庭生西塢公經，父子魁南榜。西塢生雲岐公洽，官鴻臚簿。雲岐生柴石公衍芳，贈光祿丞，此歷傳皆有家集垂世。而柴石生豫庵公有勉，則即霞客之尊甫公矣。

豫庵配王孺人，懷霞客彌月，以異夢誕生。生而修幹瑞眉，雙顱峰起，綠睛炯炯，十二時不瞑，見者已目為餐霞中人。童時出就師塾，矢口即成誦，搦管即成章，而膝下孺慕依依，其天性也。又特好奇書，侈博覽古今史籍及輿地志、山海圖經以及一切沖舉高蹈之蹟，每私覆經書下潛玩，神栩栩動。特恐違兩尊人意，俯就鉛槧，應括帖藻芹之業，雅非其所好。嘗讀〈陶水監傳〉，輒笑曰：「為是松風可聽耳。若覩青天而攀白日，夫何遠之有？」及觀嚴夫子「州有九，涉其八；岳有五，登其四」，又撫掌曰：「丈夫當朝碧海而暮蒼梧，乃以一隅自限耶？」人或怪其誕，夷然不屑。益搜古人逸事，與丹臺石室之藏，靡不旁覽。遇酒人詞客，與親故過從，觴詠流連，動輒達旦。而又朝夕溫溫，小物克謹，所言皆準忠孝；維桑與梓，必恭敬止，裘馬少年之習，秉心恥之；與童子鴻不因人熱，殆相彷彿。纔逾齠齔，豫庵遇盜，阨於別墅，跣足奔救，扶侍湯藥者逾年。至於大故，哀毀骨立。里人以稺孝稱。畢力喪葬後，外侮疊來，視之如白衣蒼狗，愈復厭棄塵俗。欲問奇於名山大川，自以有母在堂，戀戀菽水溫清，不敢請。母王夫人勉之曰：「志在四方，男子事也。即《語》稱：『遊必有方』，不過稽遠近，計歲月，往返如期，豈令兒以藩中雉、轅下駒坐困為？」遂為製遠遊冠，以壯其行色。而霞客蹇衛芒鞋，探幽凌險，以四大付之八寰，自此遂無停轍矣。

記在壬申秋，以三遊台、宕，偕仲昭過余小寒山中，燒燈夜話，粗敘其半生遊屐之概。自言：「萬曆丁未，始汎舟太湖，登眺東、西洞庭兩山，訪靈威丈人遺跡。自此歷齊、魯、燕、冀間，上泰岱，拜孔林，謁孟廟三遷故里，嶧山弔枯桐，皆在己酉。而余南渡大士落迦山，還過此中，陟華頂萬八千丈之巔，東看大、小龍湫，以及石門仙都，是在癸丑。惟甲乙之間，私念家在吳中，安得近舍四郡？秣陵為六朝佳麗地，高皇帝所定鼎也。二十四橋明月，三十六曲濁河，豈可交臂失之！迨丙辰之履益復遠：春初，即為黃山、白岳遊；夏入武彝九曲；秋還五泄、蘭亭，一觀禹陵窆石；繫纜西子湖，又將匝月。丁巳家居，亦入善權、張公諸洞。

登九華而望五老，則戊午也。抵魚龍洞，試浙江潮，至江郎山、九鯉湖而返，則庚申也。以辛酉、壬戌兩歲，歷覽嵩、華、玄三岳，俯窺瀛、渤，下溯瀟、湘，齊州九點煙，尚隱隱如指掌間，憶所遇異人，如匡廬之慧燈禪師，終南之採藥野人，太華之休糧道者，了無風塵色相，至今猶隱隱在目中也。」

予聽其言，猶河漢而無極。因問：「先生之遊倦乎？」曰：「未也。吾於皇輿所及，且未悉其涯涘；粵西、滇南，尚有待焉。即峨嵋一行，以奢酋發難，草草至秦隴而回，非我志也。自此當一問閬風崑崙諸遐方矣！」仲昭因為余言：「吾弟性至孝，每遊，輒攜琪花瑤草碧藕雪桃歸，為阿母壽。又為言各方風土之異，靈怪窟宅之渺，崖壑梯磴之所見聞，有令人舌撟汗駭者，母意反大愜。」霞客以母氏春秋高，願謹受不遠遊之戒，而母則曰：「向固與若言，吾尚善飯。今以身先之。」令霞客侍遊荊溪、句曲，趾每先霞客。咸笑謂勝具真有種也。天啟甲子，母壽八十，眉公先生為〈壽序〉，張芩石作《秋圃晨機圖》，李本寧宗伯〈引〉之。時三老皆在七十之上。名公題詠，幾遍海內；霞客悉以壽之貞珉，今所傳〈晴山堂帖〉是也。是年，霞客復出門。正遊華下青柯坪，忽心動，亟絆草履馳歸，而母已示疾。乙丑，自春徂秋，視湯藥床褥間，衣未嘗解帶。母不食，霞客亦不食，母為強食之。迨以上壽終，霞客日夜作孺子啼，乞言於董宗伯、陳司成諸公，匍匐踉蹌，哀感行路。其病劇時，籲天願以身代，與遍索名參為餌，篤孝種種，不可枚舉，幾貽譏於滅性矣。

至服闋，慨然曰：「昔人以母在，此身未可許人也；今不可許之山水乎？」遂再拜辭兩尊人墓下，不計程，亦不計年，旅泊巖棲，遊行無礙。其言遊與人異：持數尺鐵作磴道，無險不披；能霜露下宿，能忍數日飢，能逢食即喫，能與山魈野魅夜話，能襆被單夾耐寒暑。尤異者，天與雙趼，不假輿騎；或叢箐懸崖，計程將百里，夜就破壁枯樹下，即然脂拾穗記之。偶逢一人，與言某州某地勝，掉臂便往。過數月，又尋其人，指點彼中未見諸秘狀。

予席上問霞客：「君曾一造雁山絕頂否？」霞客聽而色動。次日，天未曉，攜雙不借叩予臥榻外曰：「予且再往，歸當語卿。」過十日而霞客來，言：「吾已取間道，捫蘿上。上龍湫三十里，有宕焉，雁所家也。

再攀磴往，上十數里，正德間白雲、雲外兩僧團瓢尚在。又復二十里許而立其巔，罡風逼人，有麋鹿數百群，夜繞予宿。予三宿而始下山。」其果敢直前如此。仲昭笑曰：「此咫尺地何難？記入燕，陳明卿與言崆峒廣成子所居，其上可窺塞外。霞客裹三日糗竟行，返即告明卿以所未有。不數日虜已抵薊門矣！自江上走閩，訪石齋於墓次；又為賫手柬抵粵，登羅浮，攜山中梅樹歸。次年，追石齋及於雲陽道上。猶憶余在西陵，霞客從曹娥江獨走四明，五日，赤足提朱蘭來，誇我以山心石窗之勝。吾弟之信心獨往，無所顧忌，而復不輕為然諾，皆此類也。」——詳諸先生敘贊中。

霞客不喜讖緯術數家言。遊蹤既遍天下，於星辰經絡，地氣縈迴，咸得其分合淵源所自。云昔人志星官輿地，多以承襲附會；即江、河二經，山脈三條，自紀載來，俱囿於中國一方，未測浩衍，遂欲為崑崙海外之遊。因述向子平語曰：「譬如吾已死，幸無以家累相牽矣。」丙子九月，寄一行書別予江外，惟言「問津西域，不知何時復返東土。如有奇肱之便，當以異境作報章也。」俟仲昭自閩回，執手一別，即大笑出門。一僧一僕偕焉。僧號靜聞，焚修破寺中，聞其言而悅之者，不知十駕之難及也。發軔兩浙、九江、三楚，多屬舊遊。至湘江遇盜，行笈一空。靜聞被創斃，霞客僅以身免。僉謂再生不如息趾，霞客謂：「吾荷一鍤來，何處不可埋吾骨耶？」從鄉人相識者貸數金，負靜聞遺骼，泛洞庭躋衡岳，窮七十二峰、十洞、十五巖、三十八泉、二十五溪之靈奧。念前者，峨遊既未暢，遂從蜀道登嵋，北抵岷山，極於松潘。又南過大渡河，至黎、雅、瓦屋、曬經諸山，復尋金沙江，極於犛牛徼外。由金沙而南汎瀾滄，由瀾滄而北尋盤江，大約多在西南諸彝境，而貴筑、滇南之觀亦幾盡。木麗江聞而出迎，禮甚恭。且先於所往，羅番執箠，蒙酋負弩，不減列子饋漿；霞客多脫屣去之，不以口腹累也。沐黔國亦隆以客禮。聞其攜奇樹虬根，請觀之，欲以鎰金易。霞客笑曰：「即非趙璧，吾自適吾意耳，豈假十五城乎？」黔國益高之。憩點蒼、雞足，禮佛衣，遂窆靜聞骨於迦葉道場，閃太史中畀為塔銘。由雞足而西出石門關數千里，至崑崙，窮星宿海。登半山，風吹衣欲墮，望見外方黃金寶塔，又數千里遙矣。遂發願復策杖西番，參大寶法王。

嗚沙以外，咸稱火聚，如迷盧、阿耨諸名，由旬不能悉。據《西域志》：沙河阻遠，望人馬積骨為標幟，魍魎熱風，無得免者。即玄奘法師，受諸魔折，亦備載本傳。霞客何以如飛鳥行空，豈非有大因緣在耶？霞客西遊時，已幻泡此身；既在佛土，亦竟有委蛻意。偶簡遺籍，見有楊黼先生者，隱居五華，潛心理學。一日，思皈依法王，行道飢渴。見一人曰：「法王已南，衣某色女衣，著男履者是也。」言訖不見，遍覓卒無所遇，因歸家。其母聞剝啄聲急，拖父履而出，衣色復合，遂叩母作佛禮，仍以孔、孟教化其里人。霞客喟然曰：「三教終不外五倫耶？吾先壟在澄江，今其歸矣！」

霞客於峨眉山前，作一札寄予。其出外番分界地，又有書貽錢牧齋宗伯，併託致予。書中皆言所歷涉山川險僻諸瑰狀，併言江非始自岷山，河亦不由天上。其發源河自崑崙之北，江自崑崙之南。中國入河水為省凡五，入江水為省凡十一。其吐納江蓋倍於河矣。又辨三龍大勢：北龍夾河之北，南龍抱江之南，中龍中界之，特短；北龍亦祇南向半支入中國，惟南龍磅礴半宇內；其脈咸發自崑崙，與金沙江相持南下，環滇池以達五嶺，龍長則源脈亦長，江之所以大於河也。爰著成〈溯江紀源〉一篇。余友李端木名令晳，江陰令。與余為刻入江、靖二《志》中，以訂桑《經》、酈《注》之謬。

霞客遊軌既畢，還至滇南。一日，忽病足，不良於行。留修《雞足山志》，三月而《志》成。麗江木守為飭輿從送歸。轉側筍輿者百五十日，至楚江困甚。黃岡侯大令為具舟楫，六日而達江口，遂得生還。是庚辰夏間事也。既歸，不能肅客，惟置怪石於榻前，摩挲相對，不問家事。但語其伯子屺曰：「吾遊遍靈境，頗有所遇，已知生寄死歸，亦思乘化而遊，當更無所罣礙耳。顧以不得一見諸故交為恨。」遂遣伯子視石齋師於圜扉。伯子歸述近狀。據牀長嘆曰：「修短數也！此缺陷界中，復何問迷陽卻曲？」其彌留數日前，猶命屺顧余馬渚，手作書謂：「寒山無忘灶下。」其篤於交情，湛然不亂復如此。

先生仙遊之三日，仲昭寄一札報予曰：「霞客竟作岱遊矣！臨終以誌乘託寒山，願吾子有以不朽之。」予謂霞客不以遊重，而千古遊人，從此當以霞客重。其神仙狡獪，如東方攬轡芝田，歸牽阿母衣；其至孝誠格，如曾參感囓指而心痛；其萬里獨行，如巢父掉頭不肯住；其好奇耽癖，如李謫仙訪元丹夢遊天姥，杜拾遺經木皮嶺諸山佳者居要；其急高義赴約，如卓契順帶惠州書，郭仲仁負坦安骨；而其介性所鍾，又往往在昔賢衿契之外。仲昭又言其遊有二奇：性酷好奇書，客中見未見書，即囊無遺錢，亦解衣市之，自背負而歸；今充棟盈箱，幾比四庫，半得之遊地者。性又好奇人，遇冠蓋必避，遇都市必趨；有相向慕者即草履叩扉，袖中出半刺投之，一揖登堂，便相傾倒；若贈言則受，投貺即辭，次日不告行矣。

以余聞之江上諸友人所稱述霞客，非但重其遊也。生平事父母孝，見志傳及圖贊中；事兄如父，怡怡白首；庶弟受產鼎分，不以厚薄為治命；追念所先，誠敬更篤，與仲昭勒遺文，梓遺集，復拭遺像裝潢之，時致禮；先代墓碑在風雨中，皆甃而亭焉。辦祭田，倡族人享祀，曰：「母教也。」處三黨，見義必先，卹遺孤，撫弱女；遇歲祲，每出粟以濟翳桑，修葺津梁，興復古跡。偶從君山見祭張侯宗璉於瓦礫間，因掘得楊文貞碑，即為鳩材建宇，重勒碑石。郡邑大夫咸嘉其義。《江陰志》：張侯廟在君山之西麓，宣德七年建，祠本府同知張宗璉。其功德詳少師楊士奇〈廟碑記〉。後圮廢。弘治十一年，知縣黃傅改天妃宮為之，春秋致祭；久之復廢。天啟四年，邑人徐弘祖捐貲重造，乞宗伯董其昌書周文襄公所書楊少師碑刻於石。大學士周延儒為之記。諸若琴瑟再調無異情，子姓衣冠分列無異視，三子次第成立，出異乳，無異育，與從旅舍分金還金諸奇節，皆霞客饒為之，不暇縷縷數矣。

霞客工詩，工古文詞，更長於遊記。文湛持、黃石齋兩師津津贊美，而霞客自怡笥篋，雅不欲以示人。今散帙遺稿，皆載六合內外事，豈長卿〈封禪書〉乎？有仲昭為之較訂，此吾輩他日責也。

霞客生於萬曆丙戌，卒於崇禎辛巳，年五十有六。以壬午春三月初九日，卜葬於馬灣之新阡，小寒山陳子為之銘。銘曰：

遊龍飛鴻，追日御風；窮寰外，躡域中；歸息於化人之宮。馬灣有鬣，德心是崇。先生天遊，而人曰佳壙。嗟乎！非吳下阿蒙。

徐霞客傳

錢謙益

徐霞客者，名弘祖，江陰梧塍里人也。高祖經，與唐寅同舉除名。寅嘗以倪雲林畫卷償博進三千，手跡猶在其家。霞客生里社，奇情鬱然，玄對山水，力耕奉母，踐更繇役，蹙蹙如籠鳥之觸隅，每思颺去。年三十，母遣之出遊；每歲三時出遊，秋冬覲省以為常。東南佳山水，如東西洞庭、陽羨、京口、金陵、吳興、武林，浙西徑山、天目，浙東五泄、四明、天台、雁宕、南海落伽，皆几案衣帶間物耳。有再三至，有數至，無僅一至者。其行也：從一奴、或一僧、一杖、一襆被，不治裝，不裹糧；能忍飢數日，能遇食即飽，能徒步走數百里；凌絕壁，冒叢箐，攀援下上，懸度綆汲，捷如青猿，健如黃犢；以嵒巖為牀席，以溪澗為飲沐，以山魅、木客、王孫、玃父為伴侶，儚儚粥粥，口不能道，時與之論山經，辨水脈，搜討形勝，則劃然心開。居平未嘗鞶帨為古文辭，行遊約數百里，就破壁枯樹，然松拾穗，走筆為記，如甲乙之簿，如丹青之畫，雖才筆之士，無以加也。

遊台、宕還，過陳木叔小寒山。木叔問：「曾造雁山絕頂否？」霞客唯唯。質明已失其所在。十日而返。曰：「吾取間道，捫蘿上龍湫，三十里，有宕焉，雁所家也。攀絕磴上十數里，正德間白雲、雲外兩僧團瓢尚在。復上二十餘里，其巔罡風逼人，有麋鹿數百群，圍繞而宿。三宿而始下。」其與人爭奇逐勝，欲賭身命，皆此類也。

已而遊黃山、白岳、九華、匡廬；入閩，登武夷，泛九鯉湖；入楚，謁玄岳；北遊齊、魯、燕、冀、嵩、雒；上華山，下青柯坪，心動趣歸，則其母正屬疾嚙指相望也。母喪服闋，益放志遠遊。訪黃石齋於閩，窮閩山之勝，皆非閩人所知。登羅浮，謁曹溪，歸而追及石齋於雲陽。往復萬里，如步武耳。由終南背走峨嵋，從野人採藥，棲宿巖穴中，八日不火食。抵峨嵋，屬奢酋阻兵，乃返。隻身戴釜，訪恆山於塞外，盡歷九邊阨塞。歸過余山中，劇談四遊四極，九州九府，經緯分合，歷歷如指掌。謂：「昔人志星官輿地，多承襲傳會；江、河二經，山、川兩戒，自紀載來，多囿於中國一隅；欲為崑崙海外之遊，窮流沙而後返。」小舟如葉，大雨淋濕，要之登陸，不肯，曰：「譬如澗泉暴注，撞擊肩背，良足快耳。」

丙子九月，辭家西邁。僧靜聞願登雞足禮迦葉，請從焉。遇盜於湘江，靜聞被創病死，函其骨，負之以行。泛洞庭，上衡嶽，窮七十二峰。再登峨眉，北抵岷山，極於松潘。又南過大渡河，至黎、雅，登瓦屋、曬經諸山。復尋金沙江，極於犛牛徼外。由金沙南泛瀾滄，由瀾滄北尋盤江，大約在西南諸彝境，而貴筑、滇南之觀，亦幾盡矣。過麗江，憩點蒼、雞足，瘞靜聞骨於迦葉道場，從宿願也。由雞足而西，出石門關數千里，至崑崙山，窮星宿海，去中夏三萬四千三百里。登半山，風吹衣欲墮，望見方外黃金寶塔。又數千里，至西番，參大寶法王。鳴沙以外，咸稱胡國，如迷盧、阿耨諸名，由旬不能悉。《西域志》稱沙河阻遠，望人馬積骨為標識，鬼魅熱風，無得免者。玄奘法師，受諸魔折，具載本傳。霞客信宿往返，如適莽蒼。

還至峨眉山下，託估客附所得奇樹虬根以歸，並以〈溯江紀源〉一篇寓余。言〈禹貢〉岷山導江，乃氾濫中國之始，非發源也。中國入河之水，為省五；入江之水，為省十一。計其吐納，江倍於河。按其發源，河自崑崙之北，江亦自崑崙之南；非江源短而河源長也。又辨三龍大勢：北龍夾河之北，南龍抱江之南，中龍中界之，特短；北龍祇南向半支入中國，惟南龍磅礴半宇內，其脈亦發於崑崙，與金沙江相並南出，環滇池以達五嶺。龍長則源脈亦長，江之所以大於河也。其書數萬言，皆訂補桑《經》、酈《注》及漢、宋諸儒疏解〈禹貢〉所未及。余撮其大略如此。

霞客還滇南，足不良行。修《雞足山志》，三月而畢。麗江木太守，偫糇糧具筍輿以歸。病甚，語問疾者曰：「張騫鑿空，未覩崑崙；唐玄奘、元耶律楚材，銜人主之命，乃得西遊。吾以老布衣，孤筇雙屨，窮河沙，上崑崙，歷西域，題名絕國，與三人而為四，死不恨矣！」

余之識霞客也，因漳人劉履丁字漁仲。履丁為余言：霞客西歸，氣息支綴。聞石齋下詔獄，遣其長子間關往視。三月而返，具述石齋訟繫狀。據牀浩歎，不食而卒。其為人若此。

梧下先生曰：昔柳公權記三峰事，有王玄沖者，訪南坡僧義海，約登蓮花峰。某日屆山趾，計五千仞，為一旬之程；既上，篝烟為信。海如期宿桃林，平曉，岳色清明，佇立數息，有白烟一道，起三峰之頂。歸二旬而玄沖至，取玉井蓮落葉數瓣，及池邊鐵船寸許遺海，負笈而去。玄沖初至，海謂之曰：「茲山削成，自非馭風憑雲，無有去理。」玄沖曰：「賢人勿謂天不可登，但慮無其志耳。」霞客不欲以張騫諸人自命，以玄沖擬之，並為三清之奇士，殆庶幾乎？

霞客記遊之書，高可隱几。余囑其從兄仲昭讎勘而存之，當為古今遊記之最。霞客死時，年五十有六。西遊歸，以庚辰六月，卒以辛巳正月。葬江陰之馬灣。亦履丁云。

壽江陰徐太君王孺人八十敘

陳繼儒

余嘗纂《奇男子傳》數卷，每恨今人去古人太遠，為慨歎久之。今年王畸海先生攜一客見訪，墨顴雲齒，長六尺，望之如枯道人，有寢處山澤間儀，而實內腴，多膽骨。與之談，磊落嵯峩，皆奇遊險絕事，其足跡半錯天下矣。客乃弘祖徐君也。余叩曰：「親在乎？」曰：「吾翁豫庵公捐賓客者二十年，獨母王孺人久支門戶，課夕以繼日，縮入以待出，凡饘酏、酒醴、塗茨、樸斵以及雞塒、牛宮之類，諸童婢皆凜凜受成於母。母無他好，好習田婦織。又好植籬豆，壅溉疏剪，絞繩插架，務令高蔓旁施。綠陰障日，輒移緯車坐其下。每當藩實纍纍，則採擷盈筐，分餉諸親族，餘即以啖卯孫。」卯孫者，三歲背母，王孺人腹抱口哺之，今十歲能讀父書矣。

往徐君放絕世務，喜遊名山，遊必咨母命而後出。王孺人曰：「少而懸弧，長而有志四方，男子事也。吾為汝治裝，行矣。」徐君不借遊符，不絜侶伴，不避蟲蛇豺虎，聞奇必探，見險必截；其騰踔轉側之處，皆漁樵猿鳥之所不窺，穆王八駿、始皇六龍之所未嘗過而問焉者也。徐君忽一日仰天歎曰：「孝子不登高，不臨深。聶政云：『老母在，政身未敢許人也。』而我許身於穹崖斷壑之間，何益？」獨往獨歸，解其裝，惟冷雲怪石，及《記》若《詩》而已。王孺人迎笑曰：「兒無恙！吾貿布以易糈，摘豆以佐酒，卯孫從旁覆誦句讀以挑汝懽，吾母子尚復何求哉？」

昔者公父文伯退朝，朝其母，方績。文伯請休。其母曰：「民勞則思，思則善心生；逸則忘，忘則惡心生。男女效績，愆則有辟，古之制也。《詩》曰蘋蘩，《禮》曰穜稑，后王君公之家且然，燕惰何以長世？」王孺人種豆離離，弄杼軋軋，此雖細小龐雜，其猶有《詩》、《禮》之遺意，公父文伯母之家風乎？徐君朝饔夕餐，偃息衡門之下，與孺人謦咳必俱，呼吸相應。母不必噛指倚閭，兒不必望雲陟岵。尚禽之岳五，嚴夫子之州九，姑且掉而置之夢遊之外。尻車尚在，肉翅未生，何待去家離母，驂鸞控鶴之為快哉？「父母在，不遠遊。」吾聞其語，未見其人。今見之孝子徐君矣。君酷好異人異書與奇山水。詩文沉雄典麗，而不屑謁豪貴，博名高。此畸海先生樂為之友，而余欲列之《奇男子傳》中者也。是母生是兒，其亦可以矙然而引一觴否？

天啟甲子五月小暑日，書於長生書屋

徐氏三可傳

王思任

江陰徐公有勉，別號豫庵。年十九，兄弟割產，取其室之偏，而以其正者遜伯氏。儉口損腹，積贏餘，稍潤輒表章所居。好木石，為園以自隱。或諷之仕，掉頭不答也。晚年避盜，墜河而躄，行必藉杖。每臨影自笑，「吾與葛跛有緣，且可汰一童扶掖。」其善於自唁如此。梁溪秦中丞、侯給諫聞其風而悅之，造見。乃深匿叢竹中，俄而扁舟入太湖遯矣。兒子弘祖，每侍之，敕調是兒眉庭霞起，讀書好客，可以竟吾志，不願而富貴也。有如此之父而稱可者。

厥配王孺人事豫庵如嚴賓。喜種荳，滿架蔓施，剪芸疏溉，如奉名花；場圃潔拭，不忍婢唾。綠陰雲簇，每秋至纍纍如散于闐吐月玉也。荳之下，緯車軋然；其織布也，與緗訟價，緗反輸其輕妙。豫庵生三子，胸中有嫡、孽之畛，孺人盡為鋤之。見巫覡如見鬼仇，見餓人如見兒女子之啼切者，必飽之乃快。間嘗出兩丸示諸婦云：「老人視竈時，曾投龍眼茗中以獻翁。翁不噉也，以為田舍家無此菓；不貴難得，乃素風耳。」弘祖嘗欲為母新舍。孺人曰：「汝又欲那吾身何往？汝祖父碑像膚立，剝蝕可虞，何不撤此潽之！」弘祖有五嶽之志，母為束裝。戒之曰：「第遊名勝，歸袖圖一一示我。遊未竟，我不嚙指，去亡害。卯孫在，可伴也。」有如此之母而稱可者。

弘祖頎而黯，揖羞官，口羞阿堵；山水可以博命，文章可以鬻身。其遊山水也，章亥之所未經，酈道元之所未註，禹糧穆駿之所未歷，盧敖昌寓之所未逢，而弘祖一襆一笠，乃饒為之。間者過予，詰之以龍湫，而弘祖且襲雁湖至八十里；詰之以匡山三叠，而弘祖且至大月之山，坐踞黑石英者萬丈；詰之以通天箭括，而弘祖又往來飛下叔卿之博臺者數四。蓋叩之若鐘，談之若轂，應聲輒對，鋒出而莫能窮也。弘祖又謂：「予所憾者渾源之北嶽，桂林之千笋，未曾置足焉。」此其言不妄。夫遊亦何必如討瓜子，一粒必盡也。弘祖出遊不飲酒，不食肉。既得名勝歸，值母病疽，以孝感得愈，享年八十餘。予餐弘祖時適薦荳。弘祖淚下，至不能勝扶。望其人身體髮膚，笑談舉止，皆冷雲顥氣，濯靈充秀者，絕無纖塵，辱及大人遺體，以傷二老偕隱之心。多少顯親揚名，鬚眉拔盡，以至愧死，有如此之子而稱可者。

王思任曰：「余邂逅徐仲子，一接談而神與陸吾俱邈矣。及覩其所挾冊，玄宰、眉公兩先生，極心力以章之。至孫聞斯、文湛持素亢傑不苟狥，亦樂以筆札借人，是孝子之所得者深矣。」

舊序

季序

季夢良

崇禎丙子秋，霞客為海外遊，以緘別余而去。去五年始歸。歸而兩足俱廢。噫嘻！博望之槎既返，章亥之步亦窮。今而後，惟有臥遊而已。余時就榻前與談遊事，每丙夜不倦。既而出篋中稿示余曰：「余日必有記，但散亂無緒，子為我理而輯之。」余謝不敏。霞客堅欲授余，余方欲任其事，未幾，而霞客遂成天遊！夫霞客之事畢矣，而余事霞客之事，猶未畢也。迨其後，紀盡為王忠紉先生攜去，余謂可以謝其事矣。忠紉之任福州，仍促冢君攜歸。冢君復出以示余曰：「非吾師不能成先君之志也。」啟篋而視，一一經忠紉手較，略為敘次。余復閱一過，其間猶多殘闕焉。遍蒐遺帙，補忠紉之所未補，因地分集，錄成一編，俟名公刪定，付之梓人，以不朽霞客。余不敢謂千秋知己，亦以見一時相與之情云爾。

壬午年臘月望日友弟季夢良錄完識

史序

史夏隆

霞客徐子，畸人也。錢宗伯牧齋為之立傳，傳其人，因傳其事，而人與事之畸皆在《遊記》一書。曷言乎一書之畸也？凡經傳所稱畸人，或一事之畸，或一言之特，而徐子之畸在遊。遊之畸未可一事一言盡也。馳騖數萬里，躑躅三十年。遇名勝，必披奇抉奧；一山川，必尋源探脈；身無曠晷，路有確程，以至沿革方隅，土宜物異，一一詳誌記中。讀其記，如見其人，如歷其地，如年譜，如《職方圖》，如《十洲記》，如《水經注》，如《附後祕書》，如《皇華考》，如繪如談。畸矣，而未已也。其濟勝似有天授，危巒絕壑，險道長途，如猿升，如鶴舉，如駿足，有兼程無倦色，加以寒暑不侵，飢渴無害，而霞客之畸，畸於天矣。更值王途坦蕩，邊徼晏寧，一囊一僕，徜徉瀟灑于人跡不到之境，聲教難通之域；耳不聞金革，目不睹荒殘；而霞客更畸於時與世矣。

聞其隨笈屬稿，載述甚多。今所存《遊記》四冊，同里曹生學遊購為枕祕，余累索不得。至丙午而得之，方快披閱，而草塗蕪冗，殊難為觀，須經抄訂，方可成書。即錄其四之一，偶爾閣筆，忽忽二十年，每一檢書，心為怏悵。計圖完繕而眼愈昏，手愈懶，年愈邁。今且七十二矣！偶友人談及未見書，因出記以示。友人雅興，願代抄之。余心動展閱，終難託兩手，遂鼓腕拭目，日限一篇，凡九閱月而告竣。更念霞客一生心血，走筆成書，五十年後，予為脫稿。人置之，則廢紙也；家存之，則世珍也。適兒輩赴試澄江，命訪其子若孫而畀之，奈淪亡凋落，不可問。余方浩嘆，一片苦心，未完勝果。忽吳子天玉以善青囊術遊四方，歸而過我，問案頭何抄？余示以書，且告書故。吳子躍然曰：「今日之來，正為此書。霞客尚有子也。幼遇亂出亡，冒李姓，有父風，素與相善。方遇江干，囑往曹室訪此書。曹已亡，曹家兒惘然不知所答。今過先生而得其書，是天假先生以成霞客之畸也。」遂于甲子年清和月，率其子拜授原書。傳其書，傳其事，以傳其人，而霞客真畸人矣。

滆濱七十三老人史夏隆題

潘序

吳江潘耒

文人達士，多喜言遊。遊，未易言也：無出塵之胸襟，不能賞會山水；無濟勝之支體，不能搜剔幽祕；無閑曠之歲月，不能稱性逍遙；近遊不廣；淺遊不奇；便遊不暢；群遊不久；自非置身物外，棄絕百事，而孤行其意，雖遊猶弗遊也。余覽往昔諸名人遊記，驗諸目覩身經，知其皆嘗一臠，披一節，略涉門庭，鮮窺閫奧。若余遊履所至，必窮高極深，如遊林屋而身至隔凡，遊雁宕而目覩雁湖；勞山則登華樓之巔，羅浮則宿飛雲之頂：自以為至矣。及讀《徐霞客遊記》而後遜謝弗如也。

霞客之遊，在中州者，無大過人；其奇絕者，閩、粵、楚、蜀、滇、黔，百蠻荒徼之區，皆往返再四。其行不從官道，但有名勝，輒迂迴屈曲以尋之；先審視山脈如何去來，水脈如何分合，既得大勢，然後一丘一壑，支搜節討。登不必有徑，荒榛密箐，無不穿也；涉不必有津，衝湍惡瀧，無不絕也。峰極危者，必躍而踞其巔；洞極邃者，必猿掛蛇行，窮其旁出之竇。途窮不憂，行誤不悔。瞑則寢樹石之間，飢則啖草木之實。不避風雨，不憚虎狼，不計程期，不求伴侶。以性靈遊，以軀命遊。亙古以來，一人而已！

往年錢牧齋奇霞客之為人，特為作傳，略悉其生平，然未見所撰《遊記》，傳中語頗有失實者。余求得其書，知出玉門關、上崑崙、窮星宿海諸事，皆無之，足跡至雞足山而止。其出入粵西、貴筑、滇南諸土司蠻部間，沿瀾滄、金沙，窮南、北盤江之源，實中土人創闢之事。讀其記而後知西南區域之廣，山川多奇，遠過中夏也。記文排日編次，直敘情景，未嘗刻畫為文，而天趣旁流，自然奇警；山川條理，臚列目前；土俗人情，關梁阨塞，時時著見；向來山經地志之誤，釐正無遺；奇蹤異聞，應接不暇。然未嘗有怪迂侈大之語，欺人以所不知。故吾於霞客之遊，不服其闊遠，而服其精詳；於霞客之書，不多其博辨，而多其真實。牧齋稱為古今紀遊第一，誠然哉！

或言：「張騫、甘英之歷西域，通屬國也；玄奘之遊竺國，求梵典也；都實之至吐蕃西鄙，窮河源也；霞客果何所為？」夫惟無所為而為，故志專；志專，故行獨；行獨，故去來自如，無所不達意。造物者不欲使山川靈異，久祕不宣，故生斯人以揭露之耶？要之，宇宙間不可無此畸人，竹素中不可無此異書。惜吾衰老，不復能褰裳奮袂，躡其清塵，遂令斯人獨擅奇千古矣。

奚序

奚又溥

霞客徐先生《記遊》十卷，蓋古今一大奇著作也。其筆意似子厚，其敘事類龍門，故其狀山也，峰巒起伏，隱躍毫端；其狀水也，源流曲折，軒騰紙上；其記遐陬僻壤，則計里分疆，瞭如指掌；其記空谷窮巖，則奇蹤勝跡，燦若列星；凡在編者，無不搜奇抉怪，吐韻標新，自成一家言。人之讀之，雖越數千里之遠，而知夫山之所以高，川之所以大，與夫怪木奇材，瘴風暘暑之所侵蝕，淫霖狂颶之所摧濡，蛇虎盜賊之所脅伺，野泊郵羈傖父山鬼之所揶揄而激觸，凡自吳而楚、而兩越、而黔、而滇，一切水陸中可驚可訝者，先生以身歷之，後人以心會之。無不豁然于耳目間也。不誠自古及今未有之奇書也哉！是非先生之人之奇，不能有此遊之奇，而非先生之遊之奇，亦不能成此書之奇也！

夫司馬柳州以遊為文者也，然子厚永州記遊諸作，不過借一邱一壑，以自寫其胸中塊壘奇倔之思，非遊之大觀也。子長西至崆峒，北過涿鹿，東漸於海，南浮江、淮，遊亦壯矣；要以助發其精神，鼓盪其奇氣，為文章用，故《史記》一書，帙宕雄邁，獨絕千古，而記遊之文顧闕焉。先生之遊，過於子長，先生之才之氣，直與子長埒，而即發之於記遊，則其得山川風雨之助者，固應與子長之《史記》並垂不朽，豈僅補桑《經》酈《注》之所未備也耶？

惜先生歸未幾，即捐館舍，是書未經謄寫。時有會明季翁者，設教先生家，見而奇之。恐原稿久而失傳，為之分其卷次，訂其前後，手錄成帙，遂郁然大觀。不意鼎革時，原稿遭兵燹，謄本又缺，幾有玉毀珠沉之慨。而先生妊妾李氏出嫁所生介立李翁，痛遺文缺殘，訪得於義興之故家，塗抹刪改，非復廬山面目，翁從日影中照出原本，一一錄之，雖其間不無少缺，然不啻已毀之玉，復出崑山，既沉之珠，又還合浦，得以一顯其奇者，固亦不幸中之大幸矣。

予生也晚，不獲追隨杖履，探奇歷險，然讀先生之書，庶幾竊擬宗少文之臥遊焉。壬午冬，從先生之曾孫覲霞所，乃得縱觀其書。袖歸手錄，五越月，始告竣。嗟乎！記之失而復得，缺而復全，不至終歸湮沒者，殆如金之鍛煉於冶，而愈耀其精神，松柏之摧折於霜雪，而虬結盤鬱，益奇以固也。蓋有天焉，不可強矣。以先生之人之書之奇，固非窮愁著書者比也，而析奇闡祕，為天地間鴻寶；設不為久遠計，能保無鼠蟲狼藉而終歸散軼耶？世有同志，見而愛之，顧弗以自私，壽之梨棗，非惟不沒季、李二翁搜訂苦心，而先生大奇之著作，亦如青萍結綠，一吐光芒，得與《史記》諸書相傳弗替。予將拭目望之。

康熙癸未四月，同里後學奚又溥拜撰

楊序一

楊名時

己丑仲夏，將赴淮浦，舟中無事，展閱外舅南開先生所鈔《徐霞客遊記》。抵寓後，既終卷，念其平生胼胝蹶歷數萬里，衝風雨，觸寒暑者垂三十餘年，其所記遊跡，計日按程，鑿鑿有稽，文詞繁委，要為道所親歷，不失質實詳密之體，而形容物態，摹繪情景，時復雅麗自賞，足移人情，既可自怡悅，復堪供持贈者也。因手錄而存之，凡兩閱月而畢。曰：是殆負邁俗不羈之志，狂而不知取裁者與？觀其意趣所寄，往往出人於釋老仙佛，亦性質之近使然；而其為人之奇倔豪宕，於斯概見，未可沒也！

古之殫心於天文地理之學以成名者，冥搜閟奧，曠覽幽遐，每出於蹤跡瑰異之士，自非有好奇之癖，亦孰肯蹈絕險，赴窮荒，疲敝精力以為之哉？若其足以裨助聞見，正於學者不無補也。今觀〈國風〉、二〈雅〉所陳，〈禹貢〉、〈職方〉所紀，以及〈地理〉、〈河渠〉諸志，皆詳山川風土，以為農田水利，施政立教，因時制宜之具，其間蟲魚草木之產，兼資多識，聖教不廢，茲非其足相發明證佐者與？切而言之，深山大澤，流峙終古，皆天地法象示人之至教，本人生所應窮歷；特以手足之力有限，百年之期若瞬，勢弗能親至而目見。得斯書也，苟力所可至，境所適逢，固可展卷披對，按所已經者以為程，而所未能至者，亦可以心知其概，如涉其境焉。昔夫子亟稱原泉曾氏風雩詠歸，蓋造物與遊，所以涵泳天機，陶寫胸次。案頭置此，如朝夕晤名山水於几席間，詎非仁智養心之善物耶？

抑尤有足以警心者：霞客之遊也，升降於危崖絕壑，搜探於蛇龍窟宅，亙古人跡未到之區，不惜捐軀命，多方竭慮以赴之，期於必造其域，必窮其奧而後止；學者之於道也，若覃思鼓勇，亦如霞客之於山水，則亦何深之不窮，何遠之不屆？且入焉而安，曾無犯難輕生之虞；味焉而腴，非有飢渴疲憊之困；其為高深美富，奚啻於洞壑泉石之奇，岱、華、江、河之大哉？有志者可以觀此而興矣！余既喜其書之不為無益，且以其足為入道喻也，爰為之序，以自勗焉。

康熙己丑八月癸卯，同邑後學楊名時序

楊序二

楊名時

己丑夏秋，既手錄《徐霞客遊記》而為之序矣。重陽抵家，復得友人所藏原本校之，乃知前所鈔本，出於宜興史氏者，字多譌誤；其刪減易置處，輒於實境不符，文意不協。用歎天下之率意改竄文字，而致失作者之本來，如宜興史氏者，為可鑒也！初余錄是集之意，謂存斯書也，他年力所可至，境所適逢，可展卷披對，按已經者以為程，而所未能至者亦可以心知其概，日涉其趣焉。若如史本，則既失其真，又安用之？爰亟為改正添入，再手謄一過，以復其舊。

大抵霞客之記，皆據景直書，不憚委悉煩密，非有意於描摹點綴，託興抒懷，與古人遊記爭文章之工也。然其中所言名山巨浸弘博富麗者，皆高卑定位，動靜變化之常；下至一澗一阿，禽魚草木，亦賢人君子，偃仰棲遲，寤言寫心之境；正昔人所云取之無禁，用之不竭者也。雖止詳其形體區域，而天地山川之性情，俟人之神會而意喻者，悉已寓之矣。其得之多寡，知之淺深，存乎人耳。夫造物之奇閟，恆有待而發，亦有待而傳。有是境而人不知，則此境為虛矣。遊是境而默不言，則此遊為虛矣。霞客之前，境自在天下也，而無人乎知之，無人乎言之；即知而言之，亦舉什一於千百而已。設霞客於身到目歷之處，惟自知之而自樂之，不以記於書而傳於世，又烏知其有與無耶？然則斯書之不可沒，謂天地之迹存焉耳！而況於天地之心，生人之本，古之聖賢，心知之而身備之，而推所得以公於世者，其遺文之可寶愛為何如哉！

庚寅二月丙申朔，楊名時序

書手鈔霞客遊記後

陳泓

吾邑有三書，皆卓絕：王梧溪《詩集》、黃蘭溪《邑志》、徐霞客《遊記》是也。黃《志》余曾得家克艱校本，錄過，視他本稍佳，然猶間有譌字。梧溪《集》余止草錄一過，尚未謄真。獨《遊記》校對數次，並經融郊師訂正完好。後有得者，當為余寶之。後學陳泓識。

徐序

徐鎮

昔劉彥和著《文心雕龍》五十篇，品藻千古，經緯六合，沈水部一見即詫為異書，卒賴其力，以傳於世。迨傳之久，而滅沒滋甚，嘉禾、雲間諸刻，無完書；自錢功甫得宋槧本鈔補，而後綴學之士始得見全文，以至於今不廢。昌黎韓子有云：「莫為之前，雖美弗彰；莫為之後，雖盛弗傳。」信乎！人之名之傳世而行遠，莫不有為之先後者，其於書也，亦若是焉已矣！

族祖霞客公，生有游癖；凡屐齒所到，模範山水，積記成帙，積帙成書，昔人所稱為千古奇書者此也；惜未脫稿而公卒。賴季君會明為之次其簡編；後旋燬于兵燹。又賴公子介立訪得義興史氏曹氏錄本參校，而《游記》得復成書。於時名人巨公，莫不樂購其遺編，當臥游勝具。卒皆以謄本傳玩，而就中改換竄易者，更不一人。迄今百有四十餘年，雖得邑中楊凝齋先生手校於前，陳君體靜再訂於後，而傳寫益廣，訛落寖多，兼之俗下書傭，競於此作生活計，而任意刪節撞湊，一如彥和嘗夢索源之文，往往使讀者莫悉漏義，是可痛也！

乙未夏，適得楊、陳兩先生訂定真本，比對讎勘，將手錄一通，思有以信今而傳後。獨念兩先生當日細意搜討，謂可存其真以永世，乃轉相傳寫，而訛落者已如彼，刪抹者又如此；予即為之考其缺失，訂其異同，又安保無沿別淮混魯虎者，或從而斷脛添足，無復有作者之真面目存歟？夫是書之名世傳世，均非予小子之所敢知，要使作者之精神不澌滅於煨燼之餘，更不滅沒於妄庸之手，是則後人之責所萬不獲辭者也。爰急付梓，庶幾後世有功甫其人，或得以此比於華山槧本，則又私心之所冀幸也夫！

時乾隆四十一年歲次丙申秋九月孩浦族孫鎮謹序

書徐霞客遊記後 丁酉

盧文弨

《霞客遊記》，楊文定公有手鈔本。余前在江陰，其家以臨鈔副本畀余。置之篋中，不暇竟讀也。今年徐之族孫筠峪鎮刻成十大冊，各分上下，又以貽余。余老矣，無能遍遊宇內名山大川，聊以此作臥遊，是不可以不讀。霞客性好奇，誠未免太過，而能見重於黃石齋。有某鄉官欲與之相見，知其魏閹黨也，避不往。莫酋據歸順鎮安兩土司之地，而慨當事之姑息貽患，又覩緬甸之強，有深慮焉。則其負性直介，而又非全闕經世之務，徒為汗漫遊者比。此記所遊歷，直書即目，非有意藻繪為文章也。知書者亦正以其真而許之，然大約類形家者言為多。霞客之遊裹糧無多，屢瀕於困，而迄獲濟，疑若神助。其記巡按官一遊洞，而居民受科斂之患，費金二百。山水之趣，誠非高牙大纛者所可兼而有。此又在位者所當聞而知戒也。筠峪合諸本相讎校，洵善矣，而繡梓尚未盡工緻也。卷之前，元本間有總敘其所歷以為提綱者，今刻本去之，似少眉目。《雞足山志》中諸詩，及石齋諸公之詩，凡鈔本所有者，似亦非後人所當削也。削之則仍非全書矣。余故仍以楊氏所貽之鈔本為善本云。

葉序

葉廷甲

《周官》大司徒之職，以天下土地之圖，周知九州地域廣輪之數；辨其山林、川澤、邱陵、墳衍、原隰之名物。漢司馬子長創為〈河渠書〉，後漢班孟堅始志〈地理〉，前宋范蔚宗始志〈郡國〉；自是有史即有志。沿及唐、宋，而郡縣有志，寰宇有記；凡建置、沿革、疆域、田賦、戶口、關塞、險要、名勝、古蹟，皆在所詳；至於山川之源委脈絡，未必能知其曲折，辨其經緯，歷歷如指諸掌也。恭讀乾隆四十七年刊行《欽定四庫全書簡明書目》，史部地理類開列《徐霞客遊記》十二卷，分注云：明徐宏祖少好遊，足迹幾遍天下。嘗西行數千里，求河源。是編皆其紀遊之文。舊本缺殘失次，楊名時重為編訂，以地理區分，定為此本。是書上邀乙覽，蓋能詳人所略，為從來史志之所未備。

嘉慶十一年冬，筠峪徐氏以所梓行《遊記》之板歸余。廷甲生平無他嗜好，見書之有益於學術治道者，每不惜重價得之，遂積至萬有餘卷，丹鉛甲乙，日不暇給。前既校刻《楊氏全書》，今復得徐氏《遊記》板，翻閱之，朽蠹頗多。乃借楊文定公手錄本暨陳君體靜所校本，與徐本悉心讎勘。其文之不同者以萬計，其字之舛誤者以千計。其文之不同而義可通者仍其舊，其字之舛誤而文義不可通者不得不亟為改正。抑徐刻分十冊，與進呈之楊本卷帙不同，此無從更正者。且楊、陳二本於〈滇遊日記〉卷首俱有提綱，楊本每記有總評，陳本每記有旁批，此又無從增補者。惟是霞客有遺詩數十首，石齋黃公歎為詞意高妙，忍令其祕藏而弗彰乎？又一切名人巨公題贈諸作，俱足以考見霞客之素履，又安可不傳信於來茲乎？十三年春，延梓人於家，訛者削改，朽者重鐫，又增輯〈補編〉一卷附於後，庶幾霞客之精神面目，更可傳播於宇內也。

雖然，霞客記遊之書，豈僅此哉？前人謂霞客西出石門關，至崑崙山，窮星宿海；今所刻之本，暨楊、陳二鈔本，其遊覽日記，不過至滇南雞足山而止耳。廷甲聞郡城莊氏家藏鈔本有六十卷。戊辰三月往郡訪之。莊後人云：「先世信有之，今已散失。」果爾，今之所刻，不過六分之一耳。然一展卷而浙、而閩、而江右；自豫而秦、而荊襄；又自燕而雁門、而雲中；又自楚而粵西、而貴筑、而滇南；其所經歷之山川，靡不辨其源委脈絡，而一一詳記之，至土風民俗物產，亦隨地附見焉。是豈獨為山人逸士濟勝之資？凡以民物為己任而有政教之責者，周覽是書，於裁成輔相左右宜民之道，不無少補焉。邑前輩文定楊公，久任滇、黔，利民之事，次第舉行，人第知其學術之深醇，庸詎知其於《遊記》一書，手錄二過，於山林、川澤、邱陵、墳衍、原隰之名物，早已周知也哉？夾漈鄭氏曰：「州縣之設，有時而更；山川之形，千古不易。」霞客此書，固千古不易之書也！士人束髮受書，在堂戶之上，而四海九州之大，無所不知，然後可以出而履天下之任。若僅以此書當臥遊勝具，豈廷甲補輯是書之志也耶？

時嘉慶十三年歲次戊辰四月，同邑後學葉廷甲識於水心齋

題辭

趙翼

承示《徐霞客遊記》，并欲補刻其遺詩，具見表彰前輩盛意，謹賦五古一首奉呈。

豎亥步紘埏，若士遊汗漫。尻車神為馬，古語本荒幻。霞客乃好奇，足踏天下半。肩荷一襆被，手挾一油繖；非奔走衣食，非馳驅仕宦；南狎橫海鯨，北追出塞鴈；水愕險灘千，陸跋危巇萬；曉寒風裂膚，暑雨泥沒骭；渴掬懸瀑流，飢拾墮樵爨；身衝魑魅過，膽不豺虎憚。問渠意何為？曰欲窮壯觀，將成一家言，親歷異遙盼。註證酈、桑精，經訂岳、瀆誕，以俟後子雲，南針指一綫。果有葉保堂，曠世起驚嘆，購得舊板完，兼搜逸篇散。方輿燦列眉，一一可覆按。惜哉醫無閭，作者未識面？西土梁、雍州，亦未度雲棧；遼左及隴、蜀，其遊跡未到。想當明末造，霞客之遊在崇禎中。遼瀋界久判，陝、蜀莽盜區，更難結鞅絆。今幸世昇平，萬里慶清晏。保堂興既豪，意氣薄霄漢。曷勿繼遐蹤，探奇盡禹甸，歸補圖經全，供我臥遊徧。

嘉慶戊辰春仲，甌北趙翼，時年八十有二

四庫全書總目提要

《徐霞客遊記》十二卷兩江總督採進本

明徐宏祖撰。宏祖，江陰人，霞客其號也。少負奇氣。年三十出遊，攜一襆被，遍歷東南佳山水；自吳、越之閩，之楚，北歷魯、燕、冀、嵩、雒，登華山而歸。旋復由閩之粵，又由終南背走峨嵋，訪恆山，又南過大渡河，至黎、雅，尋金沙江，從瀾滄北尋盤江，復出石門關數千里，窮星宿海而還。所至輒為文以志遊

蹟。沒後手稿散逸。其友季夢良求得之，而中多闕失；宜興史氏亦有鈔本，而譌異尤甚。此則楊名時所重加編訂者也。第一卷自天台雁蕩以及五臺、恆、華，各為一篇；第二卷以下，皆〈西南遊記〉，凡二十五篇：首浙江、江西一篇，次湖廣一篇，次廣西六篇，次貴州一篇，次雲南十有六篇；所闕者，一篇而已。自古名山大澤，秩祀所先，但以表望封圻，未聞品題名勝；逮典午而後，遊迹始盛。六朝文士，無不託興登臨；史冊所載，若謝靈運〈居名山志〉、〈遊名山志〉之類，撰述日繁，然未有累牘連篇，都為一集者。宏祖耽奇嗜僻，刻意遠遊；既銳於搜尋，尤工於摹寫；遊記之夥，遂莫過於斯編。雖足迹所經，排日紀載，未嘗有意於為文，然以耳目所親，見聞較確；且黔滇荒遠，輿志多疏，此書於山川脈絡，剖析詳明，尤為有資考證；是亦山經之別乘，輿記之外篇矣。存茲一體，於地理之學，未嘗無補也。

徐霞客年譜

萬曆十四年丙戌（一五八六）　一歲。

十一月二十七日（西元一五八七年一月五日）誕生於南直隸江陰南暘岐（今江蘇江陰馬鎮鄉南暘岐村）。是年霞客父有勉、母王孺人均四十二歲。

萬曆十五年丁亥（一五八七）　二歲。

宋應星（一五八七—？）生。應星，字長庚，江西奉新人。著有《天工開物》。

萬曆二十年壬辰（一五九二）　七歲。

就讀塾師。

陳函輝〈霞客徐先生墓志銘〉（以下簡稱陳〈志〉）云：「童時出就師塾，矢口即成誦，搦管即成章，而膝下孺慕依依，其天性也。」

萬曆二十一年癸巳（一五九三）　八歲。

李時珍（一五一八—一五九三）卒。時珍，字東璧，號瀕湖，湖北蘄州（今蘄春）人。著有《本草綱目》。

萬曆二十二年甲午（一五九四）　九歲。

吏部郎中顧憲成推薦孫金龍等任閣事，被責革職，削籍歸無錫。憲成與弟允成及高攀龍等在東林書院講學，議論朝政，品評人物。憲成和鄒元標、趙南星號稱「三君」。「東林」黨議始於此。

萬曆二十九年辛丑（一六〇一）　十六歲。

少時即有周遊天下名山大川、考察南龍的志趣。

〈遊嵩山日記〉云：「余髫年蓄五岳志，而玄岳出五岳之上，慕尤切。」

〈滇遊日記十三〉崇禎十二年九月十二日日記云：「余亦搜訪此脊（按：指南龍大脊）幾四十年，至此而後盡，又至此而後遇一同心者。」

陳〈志〉云：「特好奇書，侈博覽古今史籍及輿地志、山海圖經以及一切沖舉高蹈之蹟，每私覆經書下潛玩，神栩栩動。特恐違兩尊人意，俯就鉛槧，應括帖藻芹之業，雅非其所好……人或怪其誕，夷然不屑。益搜古人逸事，與丹臺石室之藏，靡不旁覽。」

萬曆三十年壬寅（一六〇二）　十七歲。

奉父母之命參加童生試，未中，從此放棄科舉。

萬曆三十一年癸卯（一六〇三）　十八歲。

父有勉與弟宏禔居治坊橋之別墅，遇盜受傷，霞客奔赴侍候。

萬曆三十二年甲辰（一六〇四）　十九歲。

父有勉卒。霞客兄弟分居，母王孺人獨與霞客同住。

萬曆三十三年乙巳（一六〇五）　二十歲。

在家守孝。立志遠遊，得到母王孺人支持。

陳〈志〉云：「畢力喪葬後，外侮疊來，視之如白衣蒼狗，愈復厭棄塵俗。欲問奇於名山大川，自以有母在堂，戀戀菽水溫清，不敢請。母王夫人勉之曰：『志在四方，男子事也，即《語》稱：『遊必有方』，不過稽遠近，計歲月，往返如期，豈令兒以藩中雉、猿下駒坐困為？』」

萬曆三十五年丁未（一六〇七）　二十二歲。

守孝期滿。與江陰大族出身的許氏成婚。

陳〈志〉云：「萬曆丁未，始汎舟太湖，登眺東、西洞庭兩山，訪靈威丈人遺跡（按：即洞庭西山林屋洞）。」

母王孺人為製遠遊冠，以壯其行。

萬曆三十六年戊申（一六〇八）　二十三歲。

南畿大水，蘇、松、常、鎮被淹，為二百年來所未有。

萬曆三十七年己酉（一六〇九）　二十四歲。

遊齊、魯、燕、冀，未存日記。

陳〈志〉云：「自此歷齊、魯、燕、冀間，上泰岱，拜孔林，謁孟廟三遷故里，嶧山弔枯桐，皆在己酉。」

萬曆四十一年癸丑（一六一三）　二十八歲。

入浙至西陵（今蕭山西興），訪族兄仲昭。渡曹娥江至寧波，渡海遊落迦山（即普陀山），返遊天台、雁蕩。

陳〈志〉載：「余南渡大士落迦山，還過此中（指天台縣），陟華頂萬八千丈之巔，東看大、小龍湫，以及石門仙都，是在癸丑。」

霞客曾三遊台、蕩，這是第一次。於三月晦（三十日）自寧海縣城西行，過筋竹嶺，抵天封寺，登華頂山，觀石梁飛瀑諸勝。又經瓊臺、雙闕，自赤城山返國清寺。

離天台山後，經黃巖驛，往遊雁蕩山。四月十一日過大荊驛，宿靈峰寺，在山上遊靈巖寺、小龍湫諸勝，過常雲峰，觀大龍湫瀑布，尋峰頂湖不得，返宿能仁寺。

石門山在浙江青田，仙都山又名縉雲山，在浙江縉雲。則霞客在遊雁蕩之後，曾經樂清、青田、縉雲等地。

萬曆四十二年甲寅（一六一四）　二十九歲。

冬遊金陵、揚州，未存日記。

陳〈志〉載：「甲乙之間（按：甲寅、乙卯之間），私念家在吳中，安得近舍四郡？秣陵為六朝佳麗地，高皇帝所定鼎也。二十四橋明月，三十六曲濁河，豈可交臂失之！」

萬曆四十三年乙卯（一六一五）　三十歲。

長子屺（字子依）生。

萬曆四十四年丙辰（一六一六）　三十一歲。

正月二十六日自浙入皖，至休寧白岳山（即齊雲山）榔梅庵，繼遊太素宮、捨身崖諸勝。

二月二日下白岳山，往遊黃山。三日至祥符寺，浴湯池，隨後遊慈光寺、蓮花峰、平天矼、獅子林、松谷庵等處。初十過飛來峰，出天門。同時考察了黃山水系的分布。

〈江右遊日記〉崇禎九年十月十八日記云：「至鉛山之河口……又二十里，過旁羅，南望鵝峰，峭削天際，此昔余假道分水關而趨幔亭之處，轉盼已二十年矣。」可見這年遊武夷山，是由皖入贛，經廣信、鉛山，過分水關入閩的。

二月二十一日由崇安舟行入武夷山九曲溪，登天遊峰，遠眺九曲形勢，返宿舟中。又經靈峰，入伏羲洞，至架壑舟，遊幔亭峰、水簾洞諸勝，然後返回崇安。期間考察了全山形勢。

歸途中，曾遊諸暨五泄瀑布、紹興蘭亭、禹陵以及杭州西湖。未存日記。

陳〈志〉云：「追丙辰之履益復遠：春初，即為黃山、白岳遊；夏入武彝九曲；秋還五泄、蘭亭，一觀禹陵窆石；繫纜西子湖，又將匝月。」

是年努爾哈赤建都於赫圖阿拉（在今遼寧新賓），稱大汗，建元天命，國號金，史稱後金。

萬曆四十五年丁巳（一六一七）　三十二歲。

與母同遊宜興張公、善權諸洞。未存遊記。

陳〈志〉云：「丁巳家居，亦入善權、張公諸洞。」

妻許氏卒。

萬曆四十六年戊午（一六一八）　三十三歲。

八月十八日至九江，上廬山，宿東林寺。繼登石門，至獅子巖，宿天池寺。趨文殊臺，過神龍宮，又登蓮花峰，至仰天坪，宿漢陽峰下慧燈僧處，遇雲南雞足山僧。再登五老峰，觀三疊瀑，宿方廣寺。遊白鹿洞，宿開先寺。登文殊臺、黃石巖。

九月初三，出白岳山榔梅庵。經湯口上黃山，登天都峰，宿文殊院。又登蓮花峰，宿獅子林。再經丞相原、九龍潭，下山去太平縣。

陳〈志〉云：「登九華而望五老，則戊午也。」遊九華山當在黃山之後，未存日記。

續娶羅氏（羅濟之女）。

萬曆四十七年己未（一六一九）　三十四歲。

次子峴（字子久）生。

三子李寄當亦生於是年十二月。

光緒《江陰縣志》載：「李寄，字介立，母周氏，徐弘祖妾，方孕，而嫡嫁之，以育於李氏，故名李寄，以介兩姓，歷兩朝，故自命介立。性穎異，好學，少應郡試，拔第一。既而悔曰：『奈何以文字干榮哉！』棄去，奉母居定山，終身不娶。母卒，隱由里之山居庵，號由里山人……著有《天香閣集》、《歷代兵鑒》、《輿圖集要》、《藝圃存稿》及生平所為詩二百餘卷。」

徐恪〈題昆侖山樵傳後并序〉載：「昆侖山樵李介立，江陰人……少奇才，不經師授，郡守祖星岳試邑弟子，拔第一，李自成陷京師，徒步走留都，上〈平賊十策〉，不報。後祖星岳官關中，官湖襄，又資之遊，西登太華，望秦隴，走雍岐，南下湘漢，過鄱陽，泛浙江。歸里隱遊鯉山僧舍，嘗以遭世革命，不欲仕，號『昆侖山樵』。」

泰昌元年庚申（一六二〇）　三十五歲。

五月六日，離家入浙，沿錢塘江上行。二十三日抵江山青湖，途中眺望江郎山。隨後踰仙霞嶺入閩，抵興化府（今莆田北），經莒溪，於六月八日至九鯉湖，宿九仙祠，遊九漈，至莒溪之石步。隨後往遊石竹山。

〈遊九鯉湖日記〉云：「是遊也，為日六十有三，歷省二，經縣十九，府十一，遊名山者三。」

母王孺人病疽，初癒，建晴山堂，取「晴轉南山」之意。與族兄遵湯（仲昭）搜求先世遺墨題贈，刻於石上，為〈晴山堂帖〉之始。

七月二十日，神宗朱翊鈞卒。太子朱常洛即位，是為光宗，改元泰昌。

八月二十九日，光宗因服紅丸卒。九月皇長子朱由校即位，是為熹宗，翌年改元天啟。

天啟元年辛酉（一六二一）　三十六歲。

家居。

天啟二年壬戌（一六二二）　三十七歲。

家居。

天啟三年癸亥（一六二三）　三十八歲。

二月初一離家出發，沿運河至徐州，經開封、鄭州，入登封界。二十日抵嵩山中嶽廟，次日由金華玉女溝，登太室絕頂真武廟，下宿法皇寺。又經嵩陽宮廢址，觀三將軍柏，登少室山絕頂，宿少林寺。

二月二十五日，經伊闕入陝，過潼關，宿華山西嶽廟。隨後上青柯坪、蒼龍嶺、玉女祠，宿迎陽洞。又上南峰、西峰、東峰，下山至莎羅坪。再南下至秦嶺南側洛水上源，越嶺宿老君峪。

乘舟下丹江，於三月十日離陝入鄂，抵均州（今丹江口西）。十三日上太和山（即武當山），經迎恩宮、草店、遇真宮，登紫霄宮，再上榔林祠，至三天門、朝天宮，抵金頂天柱峰，下宿太和宮，遊蠟燭峰、瓊臺觀、紫霄殿。隨後從北天門下山，沿長江乘舟返回家鄉。

天啟四年甲子（一六二四）　三十九歲。

母王孺人年八十。霞客奉母遊句曲（句容茅山）、荊溪（今宜興）。

五月，因閩人王畸海引薦，向陳繼儒（眉公）求壽母之文，始相識。

陳繼儒〈壽江陰徐太君王孺人八十敘〉云：「王畸海先生擕一客見訪，墨顴雲齒，長六尺，望之如枯道人，有寢處山澤間儀，而實內腴，多膽骨。與之談，磊落嵯峩，皆奇遊險絕事，其足跡半錯天下矣。客乃弘祖徐君也。」

是年請梁溪（今無錫）陳伯符、吳中（今蘇州）張靈石繪製〈秋圃晨機圖〉。同時名人題詠的有長洲文震孟（字文起，號湛持，文徵明之孫）、無錫高攀龍（字存之）等。詳見〈晴山堂石刻〉中。

四子峋生（妾金氏所出）。

奉母命置祭田，並重修名宦張宗璉廟於君山，請董其昌書碑，何喬遠作紀序。

是年左副都御史楊漣劾魏忠賢二十四大罪，左光斗、魏大中等相繼攻魏。魏忠賢興大獄，三人均受酷刑而死。閹黨翻「三案」，借以攻擊東林。

天啟五年乙丑（一六二五）　四十歲。

九月，母王孺人去世，請陳繼儒作父母合傳、董其昌作〈墓志銘〉、王思任作〈徐氏三可傳〉、孫慎行追書沈應奎所題〈秋圃晨機圖〉詩，均見〈晴山堂帖〉中。

天啟六年丙寅（一六二六）　四十一歲。

家居。

魏忠賢用事，再興大獄。蘇州士民反對逮捕周順昌，聚眾數萬逐緹騎，殺旗尉一人。為首五人被官府處死，後葬虎丘山房，號「五義士墓」。

二月，後金以五、六萬騎兵攻寧遠，被袁崇煥用西洋大炮擊退。努爾哈赤負重傷，八月卒。九月，皇太極嗣位，是為後金太宗，翌年改元「天聰」。

天啟七年丁卯（一六二七）　四十二歲。

家居。

八月，熹宗朱由校卒。弟朱由檢立，是為思宗，翌年正月初一，改元崇禎。

崇禎元年戊辰（一六二八）　四十三歲。

二月二十日出遊，三月十一日抵浙江江山縣青湖。隨後過仙霞嶺，入福建。又過仙陽嶺，經浦城縣，抵建寧府（今建甌）、延平府（今南平），過順昌縣，至將樂縣，遊玉華洞。再經永安縣，過大泄嶺，至寧洋縣（今漳平北雙洋）上船，抵漳平縣，上岸越過華封嶺，於四月四日興行抵漳州，至南靖訪族叔漳州司理徐日升。

是年訪黃道周（石齋）於漳浦墓次。這是霞客同道周首次會面。又因道周介紹，赴廣東羅浮山訪鄭鄤。

鄭鄤跋黃道周〈七言古一首贈霞客〉詩後云：「石齋過毗陵，為余言霞客之奇。徒步三千里，訪之墓下。當事者假以郵符，卻勿納。時聞余在羅浮，則又徒步訪余於羅浮。」

錢謙益〈徐霞客傳〉云：「訪黃石齋於閩，窮閩山之勝，皆非閩人所知。登羅浮，謁曹溪，歸而追及石齋於雲陽。」則霞客自羅浮的歸途，當道經曹溪（在韶州府南，即今馬壩河）。又北經大庾嶺，然後由贛南入福建。

是年八月中秋，至青浦佘山訪陳繼儒。

崇禎二年己巳（一六二九）　四十四歲。

秋至京師，遊薊縣盤山、崆峒山。可能還遊過碣石山，至山海關，越燕山返京。此行未存日記。

陳仁錫跋黃道周〈丹陽道中贈先生〉詩云：「霞客遊之奇，無如盤山一遊。予歸自寧（遠）錦（州），憩山海（關），奇永平（今盧龍）山水甚，駐釣臺，俯危石，一過崆峒訪道之處，有盤山焉，竟數日不能去。所見古松百株，半掛藤蘿，半星斗，疑野僧，疑詩鬼，歸示霞客。霞客踵及燕山，劍及雲中，無何而虜至。嗟呼！將吏如君，半肩行李，無疑，無畏怖，名王不足繫也。」

崇禎三年庚午（一六三〇）　四十五歲。

二月訪鄭鄤於常州，聞黃道周過此北上京師，乘小船追趕，至丹陽相遇。道周作〈七言古一首贈霞客〉即於此時。同時在座的有陳仁錫、文震孟、項煜、鄭鄤等，均先後書跋。

是年春，為族兄雷門作〈題小香山梅花堂〉詩五首。另有〈遊桃花澗〉詩。

七月，再遊閩訪族叔日升。七月十七日啟程，經武林（杭州）渡錢塘，過龍游，抵青湖。八月過仙霞嶺，遊跨浙、閩、贛三省的浮蓋山，探龍洞，登浮蓋最高處。繼下浦城舟，經延平，溯永安溪，又經沙縣，入永安境，遊桃源洞、一綫天。再經永安登陸，越大煞嶺，過寧洋、華封，越華封嶺，沿山溪行，下觀最險的石灘，於十九日抵漳州司理署。

崇禎四年辛未（一六三一）　四十六歲。

家居。

五月，訪文震孟於清瑤嶼。

崇禎五年壬申（一六三二）　四十七歲。

三月十四日，偕族兄仲昭再遊天台、雁蕩。自寧海出發，經筋竹嶺，宿華頂寺。繼登華頂觀日出。又過龍王堂、大悲寺、高明寺，遊螺絲潭，下山至天台縣。隨後往遊雁宕山，至四月十六日返回。未存日記。

接著三遊天台山，至赤城山，上桐柏山，遊瓊臺、雙闕、寒巖、明巖，再遊桃源，取道萬年寺，下牛牯嶺。在天台山考察了山上溪流狀況。

陳〈志〉載：「王申秋，以三遊台、宕，偕仲昭過余小寒山中，燒燈夜話，粗敘其半生遊屐之概。」

四月二十八日三上雁蕩山，經黃巖、大荊驛，至靈峰寺、風洞、真濟寺，返宿靈峰。又經響巖至靈巖寺，觀天聰洞、小龍湫，上雁湖頂，下宿羅漢寺。隨即返登大龍湫上遊絕頂，統覽雁山形勢。再至靈巖寺，宿靈峰寺，遊洞仙塢，訪子晉仙橋，然後返回天台縣小寒山訪陳函輝。

是年黃道周以上疏得罪，掛冠還鄉。途中曾與霞客遊鎮江金、焦二山，及句容茅山華陽洞。七月十五日，霞客又與黃道周、陳仁錫同遊太湖洞庭山，至林屋洞，還宿楞伽山。其間霞客和道周以「孤雲獨往還」為韻，各作五律五首。

崇禎六年癸酉（一六三三）　四十八歲。

七月二十八日，離開北京，經阜平，過龍泉關，於八月五日入五臺境，登南臺絕頂。又登西臺、中臺，遊獅子窠、萬佛閣，同時考察了五臺山內外眾山分布的形勢。

八月九日，入渾源州界。又經龍峪口、龍山、懸空寺，登上恆山絕頂。途中考察了自龍泉關至恆山一帶的山勢。

是年秋，第三次赴漳州。此行專程拜訪黃道周，為第四次也是最後一次與黃相會。未存日記。

黃道周〈贈霞客五言古風四首〉跋云：「右四章，百韻，千字，值徐振之行，潦草成篇，聊存遠證……癸酉（崇禎六年）長秋，丹霞僑次，弟黃道周書。」

黃道周與霞客〈分鬮十六韻〉引云：「徐霞客自毗陵來，訪予山中，不一日輒搜奇南下。覓籃輿追之百里，乃及。相將於大峰巖次，兼訪劉完公孝廉不值。阻雨，分鬮各得十六韻。」

丹霞，即漳州城東的「雲洞巖」，稱「丹霞第一洞天」。大峰巖即平和西南的靈通巖，最高峰獅子巖即大峰山。

是年為長子屺娶繆氏（繆昌期孫女）。

徐光啟（一五六二—一六三三）卒。著有《農政全書》。

崇禎七年甲戌（一六三四）　四十九歲。

家居。長孫建極生。

崇禎八年乙亥（一六三五） 年五十歲。

家居。次孫建樞生。為次子峴娶黃氏。

崇禎九年丙子（一六三六） 五十一歲。

是年霞客決策西遊，作「萬里遐征」。江陰迎福寺僧人靜聞，刺血寫《法華經》，願供之於雲南雞足山，故隨霞客行。除靜聞外，同行的有顧僕、王奴。王於十月十五日棄擔逃跑，僅顧僕隨從。

〈浙遊日記〉九月十九日記云：「余久擬西遊，遷延二載，老病將至，必難再遲。……今日為出門計，適杜若叔至，飲至子夜，乘醉放舟。同行者為靜聞師。」

九月 經無錫、蘇州、昆山，過青浦，抵佘山，訪陳繼儒於頑仙廬。於二十八日抵浙江省城杭州。

十月 在杭州登寶石山，過岳王墳，遊靈隱飛來峰，記石灰岩地形特徵。隨後至餘杭，遊洞山。又過臨安、分水、桐廬，入七里瀧，至嚴州府（今建德）。再經蘭溪，至金華府。訪鹿田寺，遊金華北山的朝真、冰壺、雙龍三洞，並遊蘭溪的白雲、紫雲、水源諸洞。接著經龍遊、衢州府、常山，於十七日入江西境。自玉山沿上饒江（信江）舟行至廣信府（今上饒），遊叫巖。又至弋陽，遊龜巖。過羊角嶠、天柱峰至展旗峰，詳記附近山勢水道，並遊水簾洞。再至貴溪，遊象山、西華山、徐仙巖、馬祖巖，經排衙石、仙巖，遊龍虎觀、上清街、真人府，接著經金溪，抵建昌府（今南城）。

十一月 在建昌遊麻姑山，觀噴雪雙瀑。又過飛爐峰，出從姑山，遊天柱峰、鐵仙巖。再經新城（今黎川），至應感巖，登會仙絕頂。然後經南豐，登軍峰山，觀看日出。又至宜黃，遊獅子巖、仙巖，訪石蛩寺、曹山寺。登華蓋山，宿大陂，再北上會仙峰。由烏江航行，經永豐，至吉水。

十二月 溯贛江南行，遇棍徒洗劫，霞客一躍上岸得免。於初二泊吉安府白鷺洲。繼登嵩華山，遊巖洞。再經夏朗至西園張氏家，拜訪張宗璉後裔。接著遊吉安城，登神岡山，經廖仙巖、禾水黃牛灘（十八灘自此始），至還古遊梅田洞。再下山至永新，除夕至李田。

是年陳仁錫、文震孟卒。文震孟曾祖文徵明與霞客曾祖徐經為至交，陳仁錫與霞客岳父羅繼之為姻戚，故交甚厚。

霞客平生交遊，大半與文、陳有關。

是年李自成代高迎祥為闖王，率其眾入蜀。

四月，皇太極即帝位，建國號大清，改元崇德。七月，清兵由喜峰口入長城，過保定，破十二城。

崇禎十年丁丑（一六三七） 五十二歲。

正月 初四登武功山絕頂的千丈崖，遊石城洞，至石門寺。初十至荔子樹下。十一日入湖南境。至茶陵州上岸，遊雲嶁山、靈巖，登紫雲山、雲陽山，至洪山廟。又遊秦人東西兩洞，並遊麻葉洞。再經攸縣，於二十一日過衡山縣，上衡山，至南嶽廟，遊九真洞，經上封寺，上祝融峰、天柱峰，訪方廣寺。二十九日抵衡州府（今衡陽）。

二月 在衡州上回雁峰，登石鼓山，記衡州山川形勢，遊來雁塔。十一日晚泊新塘站上游，遇盜舟焚，顧僕與靜聞俱受傷，行李盡失，乃返衡州。

三月 自衡州登舟溯湘江上行，經祁陽，遊浯溪。十三日抵永州府，訪柳宗元遺跡，遊芝山、朝陽巖。再溯瀟水經香爐山，遊澹巖。隨後抵道州（今道縣），西行經濂溪寺遊月巖、華巖。又經江華，至浪石寺，遊大佛嶺、獅子洞。二十四日上九疑山，至舜陵，遊蓮花洞、斜巖、玉琯巖、簫韶峰、飛龍巖。二十八日至三分石，考察瀟水上源，晚宿山頂。

四月 經江山嶺遊龍洞，至臨武，遊鳳頭巖。又經宜章，過黃岑田（騎田嶺），訪高雲寺。隨後至郴州，遊白鹿洞。再沿耒水乘舟北行，經永興、耒陽，過新城，蔬米俱盡。於十六日返回衡州，籌措遊資。二十日沿湘江東南行，經祁陽，遊甘泉寺。

閏四月 自祁陽乘舟上行，初三過湘口（瀟水入湘之口），又過兵書峽，於初七入廣西境。經全州，登越城嶺金寶頂。又自興安至狀元峰、九龍廟，登金鼎山，考察靈渠和嚴關，並窮湘水、灕水上源。再過海陽山，於二十八日抵省城桂林，遊虞山。

五月 在桂林遊疊彩山、伏波山、七星巖、隱山、雉巖、劉仙巖、荷葉洞、劉巖山、象鼻山、龍隱巖、屏風巖、隱山呂公洞、辰山各洞、堯山、黃金巖、屏風山。二十一日沿灕江舟行，過水月洞、穿山、崖頭諸山，經興坪，抵陽朔，至佛力司（今為福利），遊龍洞、來仙洞。隨後自陽朔乘舟北返，過螺螄巖、畫山、冠巖，於二十八日返桂林。

六月　在桂林再遊七星巖，考察各洞口。又遊獅子巖、牛角洞。初十離桂林西行，遊琴潭巖、荔枝巖、牛洞，至蘇橋。經永福、雒容，於十四日至柳州府。繼遊羅洞巖，謁柳侯廟，然後乘舟溯柳江上行，將柳江與灕江、洛青江作比較。再經柳城至融縣（今融水），遊赤龍巖、真仙巖，至老人巖，聯桴遊水洞，並遊劉公巖。

七月　遊真仙巖後深井洞，稱「真仙為天下第一，此又真仙第一也」。並遊鐵棋巖、龍洞。初九自融縣乘舟南行返柳州府，遊仙奕、屏風、登臺諸巖。隨後舟行至三江口，沿黔江經象州、武宣，過大藤峽，於二十日至潯州府（今桂平）。接著登白石山，經中都峽，過鬱林州，遊水月巖。又東行經北流，至勾漏山。

八月　遊寶圭洞、白砂洞及黃婆巖。再過容縣，遊都嶠山，於初九返回潯州。次日沿鬱江上行，遊羅叢巖、水洞及龍洞。又經貴縣，過烏蠻灘，至橫州，上岸遊寶華山，訪建文遺跡。再過十二磯，經永淳（今橫縣西的巒城），於二十三日抵南寧府。

九月　在南寧約一月。從八月二十四日至九月二十一日，僅存九月九日一天日記，其餘均缺。二十二日離南寧，舟行至右江口，作左右江考。又乘舟溯左江上行，至新寧州（今扶綏），遊穿山、犀牛洞。

十月　初四至太平府（今崇左），遊白雲巖、碧雲洞，考察壺關，得知靜聞於上月在南寧崇善寺病故。又經太平州、安平州、恩城州、龍英州，遊飄巖、觀音巖，再經下雷州，抵胡潤寨（皆今大新境）。

十一月　至向武州（在今天等境），為向武土知州黃紹倫留住十六日。其間遊百感巖、琊巖、百感東上巖、水巖等七洞。又經鎮遠州、佶倫州、佶倫舊州（皆在今天等境），於二十七日至都結州（在今隆安西境）。

十二月　至隆安，沿左江南岸行走，至右江口的宋村（即古合江鎮）。初十至南寧崇善寺，始悉靜聞歿於九月二十四日，作〈哭靜聞禪侶〉詩六首。十九日離南寧東北行，過崑崙關及賓州南境的古漏關，於二十二日過洋渡至南丹衛治三里城（在今上林境）。

崇禎十一年戊寅（一六三八）　五十三歲。

正月　在三里城參將陸萬里處，遊獨山巖、小獨山、周泊隘、白崖堡巖洞、青獅巖等。

二月　自去年十二月二十三日至三里城，至今年二月十三日離開，共留居五十日。其間所遊巖洞尚有韋龜巖、琴水巖、佛子嶺諸巖、砥柱巖等。並綜述三里城的自然地理形勢。離三里城至周安，又遊羅隱巖，渡都泥江（即紅水河），過永定司（今三寨），至慶遠府（今宜山）。隨即遊雪花洞、百子巖、中觀、東觀、白雲洞、觀巖等，因雨宿香山寺。又過大歇嶺，登多靈山頂。

三月　自二月十七日至慶遠，迄三月初十啟程，共留居二十三日，其間遊北山（會仙山）、南山（龍隱巖）、西山（九洞山）。自慶遠府西行。經懷遠鎮，至德勝鎮，遊袁家山、獅子洞、韋家山。又至河池所（今宜山德勝西），再過金城江，經河池州，至南丹州。二十七日出廣西境，入貴州。在貴州經豐寧下司、上司，至獨山州。

四月　至都勻府城。隨後經麻哈州（今麻江）、平越衛（今福泉）、新添衛（今貴定）、龍里衛（今龍里），於十一日至省城貴陽府。遊古佛洞，隨後至白雲山訪建文遺跡，觀南京井、跪勺泉。又經平壩衛、安順府（普定衛）、鎮寧州（安莊衛），遊雙明洞。於二十三日觀白水河瀑布（即今黃果樹瀑布）。過河至關索嶺所（今關嶺）。再過北盤江橋，至永寧州（安南衛，今晴隆），遊三明洞。再經新興所（今普安），至普安州（今盤縣）記州城附近地理形勢，遊丹霞山，並考察南、北盤江的源流。

五月　下丹霞山，遊碧雲洞，返普安。初九西行至貴州西隅的亦字孔驛。

自五月十日入滇，至八月六日，前後共八十七天無日記。據〈盤江考〉、〈遊太華山記〉、〈遊顏洞記〉及八月十二日、十三日、十六日、九月初七、十二日、二十九日、十月二十三日、二十九日日記，其間行程當自勝境關入雲南，經平彝衛（今富源）、交水（今曲靖西平）、曲靖、越州衛、陸涼（今陸良），沐石堡溫泉，遊覽石門（今稱古石林）。再返交水，經馬龍、河口、楊林（在嵩明南境）至省城昆明，遊太華山。隨後沿滇池東岸南行，經呈貢、晉寧、江川，至通海遊秀山，又南行至臨安府（今建水），考察瀘江上源。再西行至石屏，返回臨安遊顏洞，往東北經阿迷州（今開遠），至廣西府（今瀘西）。在省城時居住昆明城南門外吳方生處。遊太華山後，至晉寧訪唐大來。

八月　在廣西府，已遊覽矣邦池、發果山、瀘源洞。離廣西至師宗州，經張飛哨，過白臘山，至羅平州，考察南盤江下游。隨後過江底河，至江底寨，又入貴州境。再經黃草壩（今貴州興義），記當地歷史、地理狀況，比較桂、黔、滇三省地形。於月底至碧峒。

九月　過黃泥河，復入雲南境。經亦佐縣（今富源南境），進入越州衛境，至石堡溫泉，北上曲靖府，二遊交水（即今曲靖北西平鎮）。隨後西行登翠峰山，宿朝陽庵。又過阿合交溪，經尋甸府，至嵩明州，遊覽法界寺，眺望梁王山。再過靈雲山，迂道經甸頭（舊邵甸），至昆明北郊的三家村。

至此完成了對南、北盤江源流的考察，作〈盤江考〉。

十月　初一回省城昆明。隨後乘舟渡滇池至晉寧州（今晉寧東晉城），重會唐大來及知州唐玄鶴。隨後遊天女城、明惠夫人廟，考察羅藏山。接著經昆陽州（今晉寧）至海口，遊石城。沿螳螂川北上，至安寧州，遊虛明洞、溫泉，去曹溪寺觀聖泉。又經碧雞關至棋盤山，於二十九日三進省城。

十一月　北遊筇竹寺，與住持僧體空相約在歸途時再會。又遊妙高寺、沙朗天生橋、河上洞，經富民，至武定府。季會明曰：「此後共缺十九日（指十一月十二日至三十日無記）。詢其從遊之僕，云武定府有獅子山，叢林甚盛，僧亦敬客，留憩數日，遍閱武定諸名勝。後至元謀縣，登雷應山，見活佛，為作碑記，窮金沙江。由是出官莊，經三姚（大姚縣、姚安府、姚州），而達雞足。此其大略也。余由十二月記憶之，其在武定、元謀間無疑矣。夫霞客雖往，而其僕猶在，文之所缺者，從而考之。是僕足當霞客之遺獻云。」

十二月　在元謀官莊茶房。在此之前，曾北至位於金沙北岸、蜀滇交會處的江驛（今姜驛）。隨後至大姚，訪妙峰山德雲寺。又經姚安府，遊白塔、活佛寺。再經小雲南驛（在今祥雲東境）、洱海衛城（今祥雲），遊清華洞，登九鼎山，於二十二日抵雞足山悉檀寺。二十六日靜聞入窆。此後在雞足山共住三十一天，期間往來於悉檀、大覺、碧雲諸寺。登雞足山絕頂，觀日出，遊捨身崖、禮佛臺、太子過玄關、猢猻梯、華首門、銅佛殿、迦葉殿、八功德水諸勝。在獅子林沈莘野靜室渡歲，觀朝山者燈火徹夜熒然不絕。

崇禎十二年己卯（一六三九）　五十四歲。

是年清兵大舉入侵，盧象昇奉命督天下兵，實際不足二萬，在巨鹿與清軍激戰陣亡。

正月　遍遊傳衣寺、放光寺諸寺廟。觀玉龍瀑布、珠簾、翠壁。詳記雞足山形勢。再登絕頂，眺望四周山勢。二十二日應麗江知府木增邀請，自悉檀寺啟程赴麗江。經南衙，遊腰龍洞，再過鶴慶府，探龍珠山石穴，經七和、邱塘關，至麗江府。於二十九日至解脫林。

二月　在麗江留居十三日。初一至初九在解脫林，受到最隆重的禮遇。初十至麗江府南木家院。十一日南行過邱塘關至馮密，探筆架峰，遊青玄洞。再至鶴慶府，記山川形勢。隨後西行到劍川州，上金華山，經莽歇嶺，遊石寶山，訪石寶寺。然後南行至浪穹（今洱源），遊茈碧湖、九炁臺、一女關、佛光寨，訪何鳴鳳。

三月　自浪穹南行至古鳳羽縣。遊鳥弔山、清源洞，考察鐵甲場。又過練城，遊普陀崆，觀熱水洞溫泉。隨後泛舟鄧川州（在今洱源南部）西湖，考察德源古城，觀「十里香」奇樹。至龍首關，觀蛺蝶泉，探古佛洞。再沿洱海南行，遊清碧溪，至感通寺，過楊升庵寫韻樓故址，覓波羅巖，於十三日入大理府城，宿三塔寺，拜李中谿墓。十六日觀大理三月街子。接著南行至下關，經合江浦，訪藥師寺。登石門、筆架峰。再西行經漾濞街，過漾濞江、勝備江。又經天頂鋪、永平縣、石洞溫泉、爐塘，至寶臺山慧光寺，考察寶臺山形勢。於二十八日過瀾滄江鐵索橋，入永昌府境，遊覽「入滇第一勝」水寨。

四月　初一至初九日記均缺，據季夢良云，當在永昌府（今保山）訪閃仲嗣及其弟知愿。

初十自永昌西南行，遊覽險冠滇南的古盤蛇谷，於十一日渡潞江（今怒江），越高黎工山，過龍川江，十三日至騰越州城（今騰衝）。原想去緬甸，被潘一桂勸阻，在騰越留住四十天。期間觀跌水河瀑布，遊寶峰山，考察山川形勢及交通關隘。又北行過大盈江，至打鷹山，觀火山遺跡。沿龍川江支流上行，經尖山（雲峰山）、熱水塘，北至阿幸廠，再東行遊石房洞，經歷生平第一險境。至南香甸，記明光六廠。隨後經曲石返騰越州。

五月　記敘考察騰越山川形勢。經來鳳山、長洞山，考察硫磺塘沸泉，再經半箇山，回騰越城。又觀大洞溫泉，東返時過分水關，遊芭蕉洞，抵永昌法明寺，仍憩會真樓。月底遊九龍泉，登太保山頂的寨子城，上哀牢山。

六月　留居永昌，探落水坑，遊馬園、臥佛寺、金雞村溫泉，還居劉北有書館抄書。

七月　經九隆池、乾海子，至瑪瑙山，觀賞「滇中第一」的瀑布，並遊水簾洞及旱巖。繼續北上，經松坡、猛賴，渡潞江，至蠻邊，宿中臺寺，遊石城山，然後返回永昌府。自五月二十四日由騰越返永昌，至本月二十九日離永昌東歸，在永昌留居六十五天，其間三度斷糧。三十日行至小臘彝寨。

八月　由小臘彝東行，過枯柯河，記周圍山川形勢。經錫鉛，至順寧府城（今鳳慶）。隨即至雲州（今雲縣），旋返順寧，再宿龍泉寺。接著過瀾滄江、三臺山，至阿祿司，又過漾濞江，至蒙化府（今巍山），遊天姥崖。再經迷渡（彌渡），重遊清華洞。然後取道蕎甸，經賓川州、煉洞，於二十二日回雞足山，留居悉檀寺。

九月　自悉檀寺至大覺寺，觀「山中第一勝」西峽瀑布，隨即過念佛堂，觀水簾、翠壁諸勝。初十顧僕遁歸。十二日晚，與史仲文暢談南龍大脊。次日重遊九重崖，至西來寺。

自十五日以後，無日記。據季會明云，當應木增邀請，在山上修《雞足山志》，歷時三個月。

是年陳繼儒去世。鄭鄤被處死。

是年清軍南下攻陷濟南，又陷汶上，攻兗州，距徐州僅百餘里。關外清軍攻錦州、松山。

崇禎十三年庚辰（一六四〇）　五十五歲。

一月至六月，自雲南雞足山返回江陰家中。

陳〈志〉云：「霞客遊軌既畢，還至滇南。一日，忽病足，不良於行。留修《雞足山志》，三月而《志》成。麗江木守為飭輿從送歸。轉側筍輿者百五十日，至楚江困甚。黃岡侯大令為具舟楫，六日而達江口，遂得生還。是庚辰夏間事也。」

吳國華〈壙志銘〉云：「西遊歸，在崇禎庚辰之六月，而請余壙志，在歸之十月，時其年五十有五。」

歸途作〈溯江紀源〉，明確提出金沙江為長江上源。

七月至十二月　陳〈志〉云：「既歸，不能肅客，惟置怪石於榻前，摩挲相對，不問家事。但語其伯子屺曰：『……顧以不得一見諸故交為恨。』遂遣伯子視石齋師（黃道周）於圜扉。」

崇禎十四年辛巳（一六四一）　五十六歲。

李自成重入河南。張獻忠入四川。

正月二十七日（西曆三月八日），霞客在家逝世，葬於璜溪西岸馬灣沈村。墓址由霞客生前選中。吳國華作〈壙志銘〉、陳函輝作〈墓志銘〉、錢謙益作〈傳〉。

新譯李商隱詩選
新譯范文正公選集
新譯蘇洵文選
新譯蘇軾文選
新譯蘇軾詞選
新譯蘇轍文選
新譯曾鞏文選
新譯王安石文選
新譯唐宋八大家文選
新譯柳永詞集
新譯李清照集
新譯辛棄疾詞選
新譯陸游詩文選
新譯歸有光文選
新譯唐順之詩文選
新譯徐渭詩文選
新譯薑齋文集
新譯顧亭林文集
新譯納蘭性德詞
新譯方苞文選
新譯鄭板橋集
新譯袁枚詩文選
新譯李慈銘詩文選
新譯聊齋誌異選
新譯閱微草堂筆記
新譯浮生六記
新譯弘一大師詩詞全編

教育類

新譯爾雅讀本
新譯顏氏家訓
新譯聰訓齋語
新譯曾文正公家書
新譯三字經
新譯百家姓
新譯幼學瓊林
新譯增廣賢文・千字文
新譯格言聯璧

歷史類

新譯史記
新譯漢書
新譯後漢書
新譯三國志
新譯資治通鑑
新譯史記——名篇精選
新譯尚書讀本
新譯周禮讀本
新譯逸周書
新譯左傳讀本
新譯公羊傳
新譯穀梁傳
新譯春秋穀梁傳
新譯戰國策
新譯國語讀本
新譯說苑讀本
新譯新序讀本
新譯吳越春秋
新譯西京雜記
新譯列女傳
新譯越絕書
新譯燕丹子
新譯東萊博議
新譯唐六典
新譯唐摭言

宗教類

新譯金剛經
新譯高僧傳
新譯碧巖集
新譯百喻經
新譯楞嚴經
新譯梵網經
新譯圓覺經
新譯法句經
新譯六祖壇經
新譯禪林寶訓
新譯維摩詰經
新譯經律異相
新譯阿彌陀經
新譯無量壽經
新譯妙法蓮華經
新譯景德傳燈錄
新譯大乘起信論
新譯釋禪波羅蜜
新譯八識規矩頌
新譯永嘉大師證道歌
新譯華嚴經入法界品
新譯地藏菩薩本願經
新譯悟真篇
新譯无能子
新譯坐忘論
新譯列仙傳
新譯抱朴子
新譯神仙傳
新譯性命圭旨
新譯老子想爾注
新譯周易參同契
新譯道門觀心經
新譯養性延命錄
新譯樂育堂語錄
新譯沖虛至德真經
新譯長春真人西遊記
新譯黃庭經・陰符經

地志類

新譯山海經
新譯水經注
新譯佛國記
新譯大唐西域記
新譯洛陽伽藍記
新譯徐霞客遊記
新譯東京夢華錄

政事類

新譯商君書
新譯鹽鐵論
新譯貞觀政要

軍事類

新譯孫子讀本
新譯司馬法
新譯尉繚子
新譯三略讀本
新譯六韜讀本
新譯吳子讀本
新譯李衛公問對

國家圖書館出版品預行編目資料

新譯徐霞客遊記／黃珅注譯;黃志民校閱.——二版一刷.——臺北市：三民，2022
面；　公分.——（古籍今注新譯叢書）

ISBN 978-957-14-6613-2（平裝）
1. 遊記 2. 中國

690　　108004464

古籍今注新譯叢書
新譯徐霞客遊記（下）

注譯者	黃　珅
校閱者	黃志民
發行人	劉振強
出版者	三民書局股份有限公司
地址	臺北市復興北路 386 號 (復北門市) 臺北市重慶南路一段 61 號 (重南門市)
電話	(02)25006600
網址	三民網路書店 https://www.sanmin.com.tw
出版日期	初版一刷 2002 年 4 月 二版一刷 2022 年 11 月
書籍編號	S031850
ISBN	978-957-14-6613-2